广西壮族自治区测绘局　　　　国家测绘局地图图形审核批准号：（2004）325号　　　　2004年5月

中国和东盟各国国旗及东盟旗

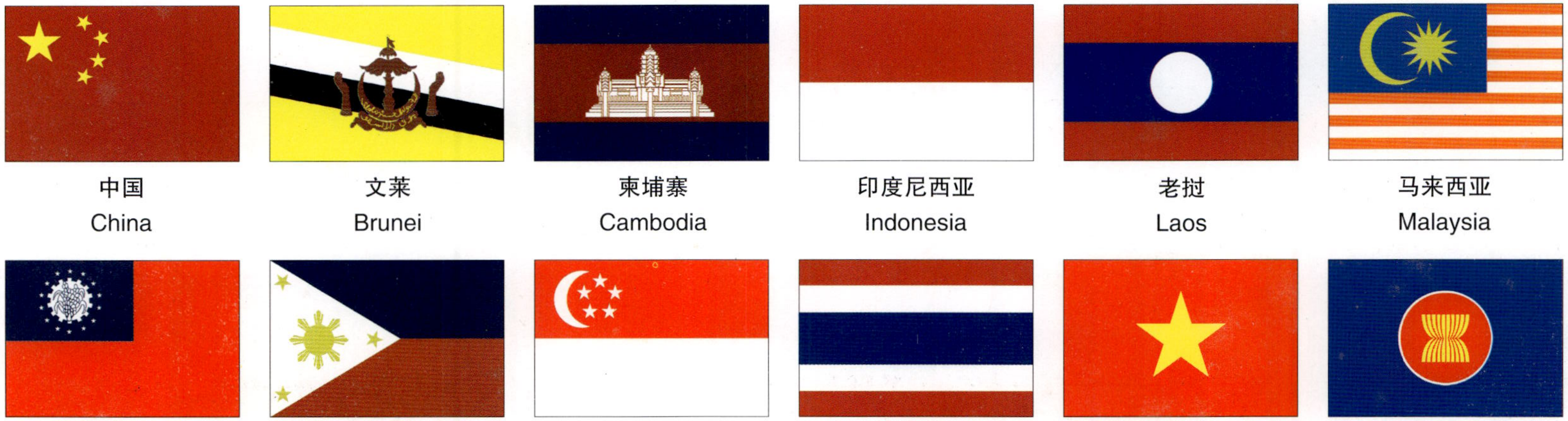

中国 China　文莱 Brunei　柬埔寨 Cambodia　印度尼西亚 Indonesia　老挝 Laos　马来西亚 Malaysia

缅甸 Myanmar　菲律宾 Philippines　新加坡 Singapore　泰国 Thailand　越南 Viet Nam　东盟 Asean

CAEXPO
中国—东盟博览会

第二届
中国-东盟博览会

2005年10月19日，第二届中国—东盟博览会在中国广西南宁国际会展中心隆重开幕。中国国家副主席曾庆红、柬埔寨政府首相洪森、缅甸政府总理梭温、老挝国家副主席朱马里、泰国政府副总理颂奇、越南政府常务副总理阮晋勇，以及文莱工业和初级资源部部长佩显·阿哈迈德·朱马特、印度尼西亚贸易部部长冯惠兰、马来西亚贸工部政务次长陈仪乔、菲律宾贸工部副部长朱瑞达·艾朱莉娅·C·阿龙佐、新加坡贸工部部长兼教育政务部部长曾士生、中国商务部部长薄熙来、东盟秘书处秘书长王景荣，中共广西壮族自治区委员会书记、自治区人大常委会主任曹伯纯及自治区主席陆兵、副主席李金早等出席开幕式。

① 曾庆红宣布第二届中国—东盟博览会开幕
② 东盟秘书处秘书长王景荣致词
③ 曾庆红与东盟各国政要参观博览会
④ 曾庆红与东盟各国政要、东盟秘书处领导、中国广西壮族自治区领导在开幕式上。

①

②

③

④

届中国一东盟博览会开幕式
China-ASEAN

CAEXPO
中国－东盟博览会

第二届
中国-东盟博览会

2005年10月19日，第二届中国—东盟商务与投资峰会在中国广西南宁荔园山庄开幕。本届峰会以“中国与东盟国家：市场的开放及开发”为主题，分为峰会开幕式暨领导人演讲、高官论坛、工商精英论坛三大板块。峰会由中国商务部、中国国际贸易促进会、广西壮族自治区人民政府共同主办，老挝国家副主席朱马里、泰国政府副总理颂奇、越南政府常务副总理阮晋勇、缅甸政府总理梭温、中国商务部部长薄熙来、中国国际贸易促进会会长万季飞、中共广西壮族自治区委员会书记曹伯纯、广西壮族自治区主席陆兵、东盟秘书长王景荣等出席。来自中国、东盟10国及其他国家的1000多名代表参加峰会开幕式，100多名新闻记者到会采访。

①②③ 峰会会场。 部分发表演讲的领导人：④ 缅甸政府总理梭温、⑤ 泰国政府副总理颂奇、⑥ 老挝国家副主席朱马里、⑦ 中国商务部部长薄熙来、⑧ 东盟秘书长王景荣、⑨ 广西壮族自治区主席陆兵、⑩ 马来西亚贸工部政务次长陈仪乔、⑪ 新加坡贸工部兼教育政务部部长曾士生。⑫~⑰ 博览会期间举行的经济论坛、商务推介会、合作洽谈会等。

①

②

④

⑤

⑥

③

⑫

第二届中国—东盟商务与投资峰会
THE 2nd CHINA-ASEAN BUSINESS & INVESTMENT SUMMIT
ABIS
主办单位：中华人民共和国商务部
中国国际贸易促进委员会
中国广西壮族自治区人民政府
承办单位：中国—东盟商务与投资峰会秘书处
Organized by: Secretariat of the China-ASEAN Business & Investment Summit
协办单位：东盟工商会
中国—东盟商务理事会
Supported by: ASEAN CCI
ASEAN-China Business Council

⑦

⑧

⑨

⑩

⑪

泰国与中国广西投资机遇洽谈会
Investment Opportunities between Thailand and Guangxi, China
泰国投资促进委员会
Thailand Board of Investment
中国·广西·南宁 2005·10·19
⑬

PHILIPPINES: YOUR PARTNER IN ASIA
菲律宾：您在亚洲的合作伙伴
⑭

EXPLORE BRUNEI DARUSSALAM
文莱—充满商机的国度
⑮

BUSINESS OPPORTUNITIES IN MALAYSIA
马来西亚商务机会推介说明会
Sponsor: Malaysia Government
主办：马来西亚政府
⑯

Listing in Singapore
新加坡交易所融资论坛
Sponsor:Singapore Government
主办：新加坡政府
Nanning,Guangxi,China October 2005
中国·广西·南宁 2005.10
⑰

CAEXPO
中国-东盟博览会

第二届
中国-东盟博览会

第二届中国—东盟博览会设国家专题、商品贸易专题、投资合作专题和旅游专题四大展区，展厅16个，展位3300个，展位面积6万多平方米。展位数比首届博览会增加800个，其中东盟及其他国家（地区）展位721个，比上届增加16%。参展企业2000家，比上届增加33%。参会的中国采购商约5000人，国外采购商3000人。参展商品200多类，涉及机械、家电、电子信息、汽车及配件、五金建材、农产品、医药化工、轻工等11个行业。截至10月22日，博览会交易总额11.5亿美元，比上届增长6%。其中出口8.2亿美元，进口1.7亿美元，国内贸易1.6亿美元。

① 展厅一角
② 贸易洽谈
③~⑫ 国家专题展区“魅力之城”形象展示
⑬~⑲ 博览会期间举办南宁国际民歌节开幕式晚会、第二届中国—东盟博览会闭幕式晚会等文艺活动。图为晚会场景和部分表演照。

①

②

③

④

⑤

⑥

⑦

⑧

⑨

⑩

⑪

⑫

⑬

⑭

⑮

⑯

⑰

⑱

⑲

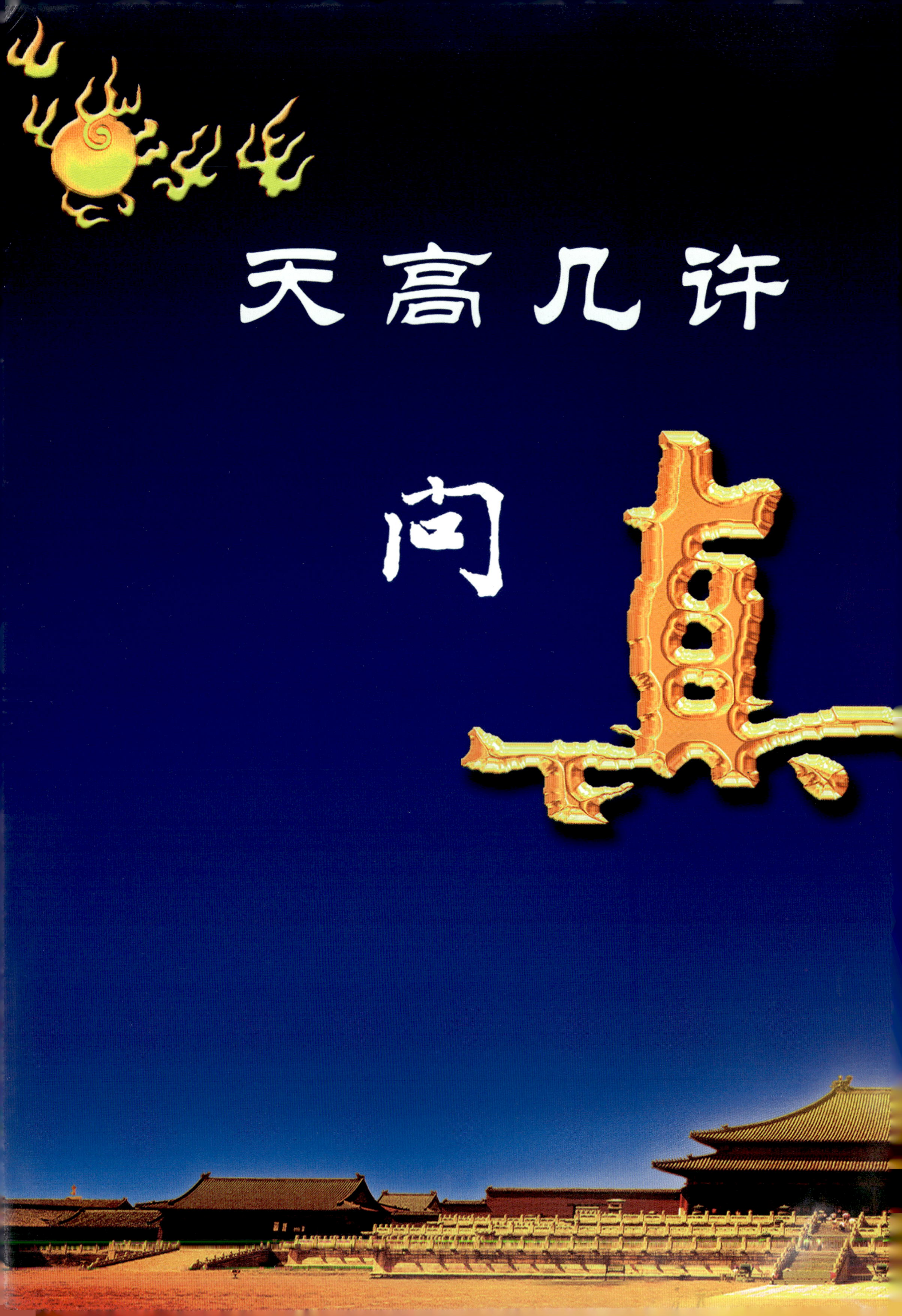
天高几许
问
真

广西红十字会

动员人道力量　改善最易受损害群体境况

广西红十字会副会长：方南亭

广西红十字会是中国红十字会的地方分会。广西早在1910年就有红十字会活动，当时主要从事战地救护，灾民赠医施粥，收养弃婴和孤儿等工作。新中国成立后，中国红十字会的各级组织均进行了改组。1956年国务批复中国红十字会总会的编制中，明确广西分会的人员编制共38人。1963年11月，负责统筹协调、指导、管全广西红十字会活动的广西壮族自治区红十字会成立。1967年，受"文化大革命"冲击，广西红十字会组织被消，工作停顿。1978年8月，广西红十字会恢复工作。1993年10月31日，《中华人民共和国红十字会法》颁实施后，为红十字事业发展提供了法律保障。2003年1月1日，《广西壮族自治区实施〈中华人民共和国红十字法〉办法》出台，是广西红十字事业发展的里程碑，广西红十字会各项工作步入规范化发展轨道。

动员人道力量，改善最易受损害群体境况，实现好、发展好、维护好广大人民群众根本利益是红十字会工的出发点和落脚点。大力弘扬"人道、博爱、奉献"精神，协助各级政府开展人道救助工作，在救灾、救护、助等工作方面得到广大人民群众的认可和赞赏。2005年广西红十字会开展社会募捐筹款和接受国际援助款物4450万元，为救助印度洋海啸灾民、广西水灾灾民和贫困群众作出积极贡献。

改水改厕

2005年广西红十字会利用红十字国际委员会、国际联合会及欧盟人道主义援助部、澳大利亚红十字会等援助款600多万元，在全自治区建造3717座生态旱厕、7项饮水工程，在桂林华侨农场开展饮水工程改造项目在桂林、河池、柳州等地开展"社区为本备灾教育培训"项目，取得良好的社会效益。

项目援助热线：(0771)5870362

救灾救助

2005年广西红十字会积极开展募捐救助活动，为印度洋海啸募捐善款1122万元；积极争取红十字国际联合会、总会、各省（自治区、直辖市）红十字会援助，全自治区红十字会共为灾区群众募捐款物总值2052万元，衣物近12万件。

募捐热线：(0771)5860326

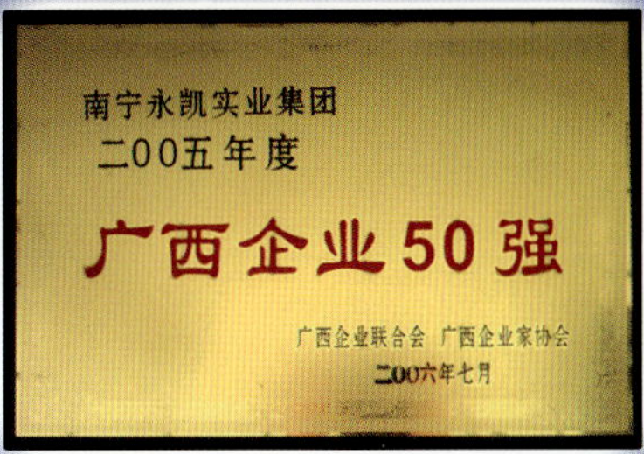

南宁永

董事局主席、总裁赖可宾

与法国家乐福签约

永凯现代城奠基暨签约仪式

集制糖、房地产开发、餐旅服务、科技信息开发、物流运输等于一体的大型民营企业，广西企业50强之一。母公司为南宁永凯实业集团有限责任公司，所属企业有广西永凯糖业股份有限公司(下设左江分公司、大桥分公司、黎塘分公司)、南宁华凯房地产开发有限责任公司、南宁春晖房地产开发有限责任公司、南宁永凯房地产策划销售咨询有限责任公司、南宁永凯大酒店有限公司、广西宾阳县黎塘永凯大酒店有限责任公司、广西宾阳县永凯运输有限公司、南宁永凯物业管理有限责任公司等。员工3000多人，固定资产总值16亿元，年工业总产值10亿多元，2005年缴税9200多万元。

制糖生产能力为日榨原料蔗2.4万吨、年产糖35万吨。两家大酒店拥有三星级的设施、管理和服务。房地产开发项目永凯现代城、永凯现代花园、永凯春晖花园等楼盘于2005年全面动工，建筑总面积50万平方米。

坚持“以人为本”的理念，诚信经营，与时俱进，不断探索企业创新发展道路。1995年创建广西崇左县左江制糖有限责任公司，开广西民营制糖企业先河。2000年成为广西率先进入全国民营纳税百强企业行列，2001年获南宁地区私营企业依法纳税大户奖，2004年纳税总额名列全国私营企业纳税百强第二十七位、广西第一位。至2005年发展成为日榨甘蔗1.2万吨的大型制糖企业。2001年参与宾阳县国有大桥糖厂和黎塘糖厂改革，组建广西宾阳永凯糖业有限责任公司，仅两年时间，两家糖厂从亏损大户转为纳税大户，生产规模翻了一番多，达到日榨甘蔗1.2万吨。公司“翠蕊”品牌被评为广西著名商标，产品白砂糖被评为广西名牌产品。2005年纳税5436万元，名列全国私营企业纳税百强第五十六位、广西第一位。

2002年通过整合资源，组建南宁永凯实业集团，进一步规范企业经营模式，实行集团化管理。2003年挺进房地产业，先后成立南宁华凯房地产开发有限责任公司、南宁春晖房地产开发有限责任公司、南宁永凯房地产策划销售咨询有限责任公司等。2004年建筑总面积50万平方米的房地产开发项目启动，宾阳9.5万吨纸浆项目同时动工兴建。自主开发的制糖企业信息远程处理系统获2004年广西计算机推广应用成果一等奖、2005年获自治区科技进步三等奖和南宁市科技进步二等奖。建成自动化管理信息网络，通过网络实现总部与所属各公司相联并实现实时远程无缝管理，集团管理水平和管理效率进一步提升。

2002年被评为全国推进就业与再就业、积极参加社会保障先进企业，2003年被评为南宁市明星私营企业，2004年被评为广西诚信私营企业，2004年、2005年获振兴南宁“创新·经济效益杯”劳动竞赛金杯奖，连续两年被评为广西优秀企业，进入广西企业50强，2006年被评为广西和谐劳动关系优秀企业。董事局主席、总裁赖可宾获得广西先进乡镇企业家、广西优秀中国特色社会主义事业建设者、广西百名优秀企业家、南宁市劳动模范、南宁市十大杰出青年等殊荣，并被推选为南宁市人大代表、广西政协委员。

广西永凯糖业股份有限公司左江分公司生产区

龍

卫生救护

利用国家彩票公益金举办卫生救护师资培训班，共培训师资206人、救护员1600多人。

卫生救护培训、普及自救、互救知识热线：(0771)5840997

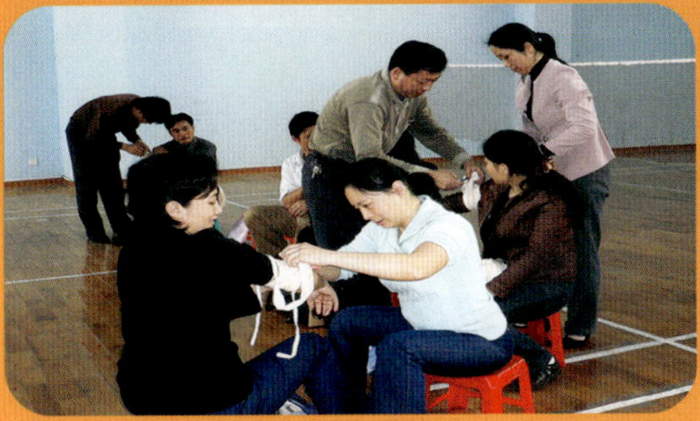

助　学

2005年援建罗城峡山博爱小学、怀群加碗博爱小学，资助南宁一中民族教育助学班47名少数民族贫困生全部学杂费及生活费，帮助他们完成高中学业。

民族教育助学捐助热线：(0771)5888642

中华骨髓库广西分库

截至2006年9月，中国造血干细胞捐献者资料库广西分库实现入库HLA分型数据5200人份，并有8人成功捐献。

捐献造血干细胞咨询热线：(0771)5891561

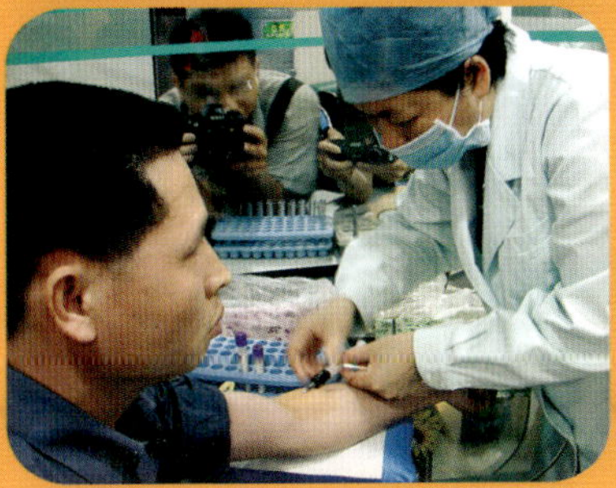

广西社会科学院东南亚研究所

前身为1978年12月成立的广西社会科学研究所印度支那研究室，1979年2月更名为广西社会科学院印度支那研究所，1989年5月更名为广西社会科学院东南亚研究所，是中国南方5个专门研究东南亚国家和中国与东南亚各国关系的研究机构之一。重点研究越南、老挝、柬埔寨、泰国等东南亚国家的政治、经济、文化、民族以及中国和上述国家的关系，主要研究学科有历史学（东南亚史，中国与东南亚关系史）、国际经济（东南亚经济）、国际政治（东南亚政治与法律）、华侨与华人（东南亚华侨与华人、广西籍华侨华人的历史与现状）、民族学（东南亚民族、壮族与泰族、老族等民族的历史关系）、区域经济合作（广西对东南亚开放、中越边境经济合作、中国－东盟自由贸易区建设、中国－东盟博览会、大湄公河次区域合作、中越“两廊一圈”建设）。

设越南研究室、东盟研究室、国际关系研究室、华侨华人研究室、综合研究室、编辑室、资料室，有研究人员20人，其中具有高级专业技术职务任职资格的11人，中级7人，初级2人。所长古小松（广西社会科学院副院长），常务副所长农立夫（正处级，主持工作），副所长杨亚非（正处级）、刘建文。

编辑出版《东南亚纵横》杂志（月刊），2002年获全国中文核心期刊称号。

主要研究成果：

专著类：《柬埔寨》、《越南经济》、《中越关系史简编》、《近代中越关系史资料选编》（上、中、下）、《广西籍华侨华人资料选编》、《邓承修勘界资料汇编》、《越南的经济改革》、《东南亚妇女》、《东南亚手册》、《中越经济改革比较研究》、《中国－东盟自由贸易区建设与广西》、《中国－东盟自由贸易区知识读本》、《越南华人华侨》、《中国－东盟知识读本》、《现代中越关系资料选编》（上、中、下）、《越南老挝柬埔寨手册》、《越南的社会主义》、《胡志明与中国》、《广西籍华侨华人研究》、《越南经济的发展》、《越南国情报告》（2000、2001、2002、2003～2004、2005、2006年）、《中国－东盟年鉴》（2004、2005、2006年）。

研究报告类：《中越关系研究》、《中柬关系研究》、《越南经济研究》、《广西对东南亚开放战略研究》、《中国－东盟自由贸易区建立与广西的对策研究》、《中国一东盟自由贸易区建立与广西农业发展研究》、《中越边贸研究》、《东盟在亚太经济政治中的地位、作用及对中国的影响》、《广西对东南亚开放研究》、《广西与东南亚旅游合作研究》、《广西与东南亚经济贸易合作研究》、《广西与越南经济贸易合作研究》、《广西华人华侨研究》、《中国一东盟博览会方案》、《东南亚发展报告》、《广西参与大湄公河次区域合作研究》、《中越“两廊一圈”建设研究》等。

研究人员均掌握研究对象国家的语言文字，可提供越南语、泰国语、柬埔寨语、老挝语、缅甸语、英语、法语资料翻译、培训，举办国际学术研讨会。多年来与国内和越南、老挝、柬埔寨、泰国、新加坡、马来西亚、印度尼西亚、缅甸、菲律宾、美国、日本等国家和香港、台湾地区的学术研究机构、大学等建立友好合作关系。

电　　话：86-771-5860584
传　　真：86-771-5864736
电子邮箱：dnyyjs@163.com

中国—东盟年鉴
CHINA – ASEAN YEARBOOK
2006

许家康 古小松 主编

线装书局

图书在版编目(CIP)数据

中国—东盟年鉴·2006/许家康，古小松主编．
北京:线装书局,2006.9
ISBN 7-80106-639-1

Ⅰ.中… Ⅱ.①许…②古… Ⅲ.自由贸易区—东南亚、中国—2006—年鉴 Ⅳ.F752.733-54

中国版本图书馆CIP数据核字(2006)第119739号

中国—东盟年鉴
2006

主　　管： 广西社会科学院　广西社会科学界联合会
主　　办： 广西年鉴社　广西社会科学院东南亚研究所　广西东南亚研究会
主　　编： 许家康　古小松
责任编辑： 易　行　高晓彬

出版发行： 线 装 书 局
地址：　北京市鼓楼西大街41号
邮编：　100009
网址：　www.xzhbc.com
经　　销： 新华书店北京发行所
印　　刷： 广西壮族自治区民族印刷厂

开　　本： 889×1194　1/16
印　　张： 24.5
字　　数： 926千字
版　　次： 2006年10月第1版　2006年10月第1次印刷
印　　数： 0001—3000册

书　　号： ISBN 7-80106-639-1　　定价:170.00元

广告许可证号: 京西工商广字第8011号(1-1)

编辑说明

一、《中国—东盟年鉴》是一部国际综合性年鉴，着重收载中国和东盟各国的基本资料及区域内各方面的重要信息，旨在为海内外各界人士了解中国和东盟各国（包括国际组织）的基本情况及中国—东盟自由贸易区的建设进程提供一个窗口，以促进国际间的相互了解和合作交流。《中国—东盟年鉴》面向国内外广大读者、面向中国—东盟博览会，及时为国内外读者和中国—东盟博览会与会人士提供相关资讯。

二、《中国—东盟年鉴》的编辑，坚持实事求是的科学精神，客观反映有关各国情况，追求年鉴的科学性、权威性和实用性。

三、本年鉴从2004年起逐年编纂出版，2006卷为第三卷。本卷年鉴着重记述2005年发生的事情并收入相关资料，其中部分内容为保持资料的完整性适当追溯历史，并收录一些历时性资料。为提高年鉴的时效，卷中大事记除记述2005年大事外，还记述了2006年1~6月的大事。

四、本卷年鉴的主要栏目有：概况、动态、发展报告、东南亚国家联盟、中国—东盟自由贸易区、中国—东盟博览会、新闻人物、大事记、重要文献、工商资讯、统计资料、附录等。年鉴中的概况和动态信息一般作条目化处理，发展报告和某些附属资料则采用文章体。东盟各国资料的编排，依国际惯例按国名的英文字母顺序排列；一国之内发生的事情，在同一栏目中一般按时序编排。

五、本年鉴由广西社会科学院、广西社会科学界联合会联合主管，广西年鉴社、广西社会科学院东南亚研究所、广西东南亚研究会联合主办，中国版协年鉴研究会会长、广西社科联副主席许家康编审和中国东南亚研究会副会长、广西社科院副院长兼东南亚研究所所长古小松研究员共同主编。供稿者均为专事东南亚研究的社会科学工作者，文献资料主要来自国内权威机关、传媒或网站，具有一定的权威性和较高的参考价值。

六、作为资料性工具书，本年鉴内容资料的选题选材和编排，条目的内容要素和记述程序等，都依年鉴的体例有所规范。为方便读者阅读、检索，本年鉴配备双重检索系统：书前刊有详细目录，书后备有索引。

七、由于资料采集艰辛和成书时间仓促，本卷年鉴难免有所疏漏和不足，欢迎国内外各界读者批评指正，我们将在今后的编纂工作中努力改进。

本年鉴在策划和编纂过程中，得到有关领导机关、协办单位和社会各界人士的大力支持和帮助，谨表示衷心的感谢！

《中国—东盟年鉴》主创单位及人员

主管单位 广西社会科学院

广西社会科学界联合会

主办单位 广西年鉴社

广西社会科学院东南亚研究所

广西东南亚研究会

支持单位 中国版协年鉴研究会

中国东南亚研究会

协办单位 广西中烟工业公司（广西卷烟总厂）

南宁永凯实业集团

广西红十字会

编委会主任 韦克义 庞汉生

编委会委员（以姓名首字笔画为序）

古小松 许家康 庞隆昌 赵公立 钟启泉

顾　　问 孙福生 庄国土 梁志明 韩　锋 余定邦 高伟浓 曹云华 戴可来

贺圣达 王士录

主　　编 许家康 古小松

副 主 编 黄瑞禄 徐远征 陈冠文 农立夫 刘建文

发稿编辑 黄瑞禄 徐远征 陈冠文 叶建维 莫声光

主要撰稿人（以姓名首字笔画为序）

马金案 寸雪涛 韦朝晖 古小松 玉东平 叶建维 刘建文 农立夫 孙小迎

杨　然 杨小强 李碧华 何　战 张　宁 陆冬梅 陈　文 陈红升 陈有金

罗　梅 罗奕原 林智荣 梁　薇 黄伟生 黄耀东 游辉彩 覃秀红 廖子良

目录翻译 张永平

彩图设计 刘唐雄 廖建宏 吴茂铨

工作人员 刘丽娜 林燕萍 陆宗强 韦建海 石茂华 蒙颖东 梁秋敏

目　　录

概　　况

动　　态

发 展 报 告

东南亚国家联盟

中国—东盟自由贸易区

中国—东盟博览会

新　闻　人　物

大　事　记

文　　献

工　商　资　讯

统计资料

附　录

彩图插页

China – ASEAN Yearbook
Contents

概　况

中　国

国　名

中华人民共和国(The People's Republic of China),简称中国、中或华。

地　理

位　置　中国位于亚洲东部。地处北纬4°~53°、东经73°~135°之间。东部和南部濒临太平洋,西靠中亚大陆,西南与中南半岛和南亚次大陆相接,北面紧邻蒙古高原和西伯利亚。

面　积　陆地面积960万平方公里,约占全球陆地面积的1/15。

疆界和邻国　陆上边界漫长,从东北与朝鲜交界的鸭绿江口起,经北面、西面,到西南与越南交界的北仑河口,全长1万多公里,依次与朝鲜、俄罗斯、蒙古、哈萨克斯坦、吉尔吉斯斯坦、塔吉克斯坦、阿富汗、巴基斯坦、印度、尼泊尔、不丹、缅甸、老挝、越南等13个国家为邻。领海宽广,东面与韩国、日本隔黄海、东海相望,东南面和南面隔南海与菲律宾、马来西亚、文莱、印度尼西亚等国相望。

地形地貌　地形复杂多样,地球陆地上的山地、丘陵、高原、平原、盆地等5种基本类型都有分布。山地、丘陵和比较崎岖的高原约占陆地面积的2/3。地势东低西高,呈阶梯状分布:第一级是东部的平原、低山和丘陵,海拔一般在500米以下;第二级是中部、西部的高原和盆地,海拔大多在1000~2000米之间;第三级是青藏高原,平均海拔超过4000米。第一级阶梯的东面和东南面是浅海大陆架,坡度平缓。主要山脉和山系有:东西走向的南岭山脉、昆仑山脉、秦岭山脉、天山山脉和阴山山脉,东北—西南走向的台湾山脉、长白山脉、武夷山脉、大兴安岭山脉、太行山脉、巫山山脉和雪峰山脉,西南—东南走向的祁连山脉和阿尔泰山脉,南北走向的贺兰山脉和横断山脉,以及唐古拉山、图库斯山、喜马拉雅山等弧形山系。弧形山系中的喜马拉雅山脉是全球最高大、最雄伟的山脉,高峰林立,其中中国与尼泊尔边界上的珠穆朗玛峰海拔8844.43米,为世界第一高峰。丘陵主要有东南丘陵、两广丘陵、山东丘陵和辽东丘陵。高原主要有黄土高原、内蒙古高原、云贵高原和青藏高原,其中面积最大的是青藏高原,约占全国面积的1/4。平原主要包括东北平原、华北平原、长江中下游平原三大平原以及珠江三角洲平原、成都平原、汾渭平原、台湾西部平原等,是主要农耕区。盆地主要有四川盆地、塔里木盆地、准噶尔盆地、柴达木盆地和吐鲁番盆地,其中塔里木盆地面积最大,该盆地中的塔克拉玛干沙漠是中国面积最大的沙漠;吐鲁番盆地地势最低,最低点低于海平面155米。

江河湖泊　江河众多,其中流域面积超过1000平方公里的有1500多条。属太平洋水系的河流主要有黑龙江、辽河、海河、黄河、长江、钱塘江、闽江、珠江、澜沧江等,其中长江是中国第一大河、世界第三大河,干流长6300公里。属印度洋水系的河流有怒江和雅鲁藏布江。属北冰洋水系的有额尔齐斯河。此外,还有一些内流河,其中最长的是新疆南部的塔里木河,全长2179公里。湖泊有2.48万个,其中面积超过1平方公里的天然湖泊2800多个。主要湖泊有青海湖、洞庭湖、鄱阳湖、太湖、洪泽湖等。青海湖是中国第一大湖和最大的咸水湖。

海岸海岛　大陆东部和南部濒临渤海、黄海、东海和南海,其中渤海是内海,黄海、东海和南海是边海。大陆海岸线长1.8万公里。沿海岛屿有5000多个,其中面积超过700平方公里的有台湾岛、海南岛、崇明岛、舟山岛、东山岛、海坛岛和长兴岛,其中台湾岛和海南岛分别是中国第一、第二大岛。较大的群岛有舟山群岛、东沙群岛、南沙群岛、西沙群岛和中沙群岛。较大的半岛有辽东半岛、山东半岛和雷州半岛。

气　候　大部分地区属东亚季风气候区。全国冬季寒冷干燥,南北温差巨大;夏季普遍高温,降水较多。各地年平均降水量差异大,东南沿海在1500毫米以上，西北部一些地方低于50毫米。

风景名胜　重要的风景名胜有：长城，北京故宫、颐和园、天坛、明清皇室陵寝、周口店猿人遗址，北戴河，承德避暑山庄和外八庙，沈阳故宫，山东曲阜孔庙、孔府、孔林和泰山风景名胜区，陕西秦始皇陵及兵马俑，甘肃敦煌莫高窟，河南洛阳龙门石窟和白马寺、登封少林寺，江苏苏州古典园林，安徽黄山风景名胜区，江西庐山风景名胜区，广西桂林漓江风景名胜区，四川九寨沟风景名胜区和峨眉山—乐山风景名胜区，西藏布达拉宫，台湾日月潭，等等。

国　民

人　口　中国2005年人口13.08亿（不含香港、澳门两个特别行政区和台湾省人口）。按性别分，男性6.74亿人，女性6.34亿人；按城乡分，城镇5.62亿人，乡村7.45亿人。东部人口稠密，西部人口稀少。

民　族　有56个民族，即汉、蒙古、回、藏、维吾尔、苗、彝、壮、布依、朝鲜、满、侗、瑶、白、土家、哈尼、哈萨克、傣、黎、傈僳、佤、畲、高山、拉祜、水、东乡、纳西、景颇、柯尔克孜、土、达斡尔、仫佬、羌、布朗、撒拉、毛南、仡佬、锡伯、阿昌、普米、塔吉克、怒、乌兹别克、俄罗斯、鄂温克、德昂、保安、裕固、京、塔塔尔、独龙、鄂伦春、赫哲、门巴、珞巴、基诺等族。

语　言　汉族和回族使用汉语，其他54个民族使用本民族语言。现代汉语的共同语言是普通话。

宗　教　宪法规定公民享有宗教信仰自由。国民信仰的宗教有佛教、道教、伊斯兰教和基督教（包括天主教）。

资源物产

土地资源　中国耕地面积9940万公顷。绝对数虽大，但人均占有量少且地区分布不匀。

水资源　水能资源蕴藏量6.8亿千瓦，居世界首位。人均径流量约2200立方米，仅为世界人均径流量的24.7%。在各流域中，珠江流域人均水资源最丰富。水资源分布为南多北少，水土资源配合欠佳。

生物资源　植被种类丰富多样，有种子植物300科、2980属、2.4万种，其中被子植物2946属，占全球被子植物总属的23.6%。陆栖脊椎动物有2070种，占全球陆栖脊椎动物的9.8%，其中兽类420种、鸟类1170种、两栖类184种。海鱼约有1500种，淡水鱼约500种。

矿产资源　已发现矿种171种，其中探明储量的158种，包括能源矿产10种、金属矿产54种、非金属矿产91种、水气矿产3种。重要矿产资源有煤、石油、油页岩、天然气、铁、锰、钼、钒、钛、汞、磷、铜、钨、锑、锡、铬、铅锌、铝土、镍、稀土、银、金、菱镁、普通萤石、硫铁、钾、盐、硭硝、重晶石、石墨、玻璃硅原料、清石、高岭土等，其中钨、锑、稀土、钼、钒、钛的探明储量在世界各国中居首位，煤、铁、铅锌、铜、银、汞、锡、镍、磷灰石、石棉等位居前列。

物　产　有谷物（小麦、稻谷）、棉花、油料（油菜籽、花生、油茶籽、芝麻）、麻类、糖料（甘蔗、甜菜）、大豆、茶叶、烟叶、水果（苹果、柑橘、香蕉、葡萄）、西瓜、大牲畜（牛、马、骡、驴）、肉类（猪肉、牛肉、羊肉）、奶类、羊毛（绵羊毛、山羊毛）、水产品（海水产品、淡水产品）等，其中谷物、棉花、花生、油菜籽、水果、肉类的产量在世界各国中居首位，大豆、甘蔗、茶叶的产量位居前列。此外，还有松脂、中药材、桐油、生丝、漆、灵香草、八角、茴油、肉桂、荔枝、龙眼等特产。

国体政体

国　体　中华人民共和国是工人阶级领导的、以工农联盟为基础的人民民主专政的社会主义国家。社会主义是国家的根本制度。国家的一切权力属于人民，实行人民代表制度。

全国人民代表大会　国家的最高权力机关。常设机构是全国人民代表大会常务委员会。全国人民代表大会和全国人民代表大会常务委员会行使国家立法权。

代表中国古代建筑最高水平的故宫是全世界规模最大、保存最完好的古代皇宫建筑群，明清时称紫禁城。图为故宫全景。　（原载《占芭》）

国务院　即中央人民政府,是最高权力机关的执行机关,最高国家行政机关。

中央军事委员会　全国武装力量领导机关。实行主席负责制度,对全国人民代表大会及其常务委员会负责。

最高人民法院　国家的最高审判机关。

最高人民检察院　国家的最高检察机关。

中国人民政治协商会议　由各党派、各阶层组成。宪法规定,中国共产党领导的多党合作和政治协商制度将长期存在和发展。

党　派　中国大陆有9个党派,即中国共产党、中国国民党革命委员会、中国民主同盟、中国民主建国会、中国民主促进会、中国农工民主党、中国致公党、九三学社和台湾民主自治同盟。

国家领导人

国家主席　胡锦涛,2003年3月当选。

全国人民代表大会常务委员会委员长　吴邦国,2003年3月当选。

国务院总理　温家宝,2003年3月任职。

中国人民政治协商会议全国委员会主席　贾庆林,2003年3月当选。

国家中央军事委员会主席　胡锦涛,2005年3月当选。

行政区划

一级行政区划　中国行政区划为34个省、自治区、直辖市和特别行政区,即:黑龙江、吉林、辽宁、河北、山西、山东、江苏、浙江、安徽、江西、福建、台湾、河南、湖北、湖南、广东、海南、云南、贵州、四川、陕西、甘肃、青海等23个省,广西、西藏、新疆、内蒙古、宁夏等5个自治区,北京、天津、上海、重庆等4个直辖市,香港、澳门两个特别行政区。

主要城市　首都北京市,位于华北平原西北端,是中国政治、经济、文化和国际交流中心,综合性产业城市,著名古都,重要航空港。行政区域面积1043.5平方公里。2005年末户籍人口1180.7万,常住人口1538万。其他重要城市有上海、广州、天津、哈尔滨、长春、沈阳、大连、呼和浩特、太原、石家庄、济南、青岛、南京、苏州、杭州、合肥、福州、厦门、南昌、郑州、武汉、长沙、南宁、桂林、深圳、海口、昆明、贵阳、成都、重庆、拉萨、乌鲁木齐、兰州、西安、西宁、银川、香港、澳门、台北、高雄等。

经　济

国内生产总值　中国2005年国内生产总值18.23万亿元(不含香港、澳门两个特别行政区和台湾省,下同),比上年增长9.9%。人均国内生产总值13944元(约合1703美元)。

产　业　第一产业包括农业、林业、畜牧业和渔业。种植业是农业的支柱,主要包括粮食作物种植业和经济作物种植业。2005年第一产业产值占国民生产总值的12.4%。第二产业包括工业和建筑业。工业门类齐全,主要有矿产采选、金属冶炼及压延加工、金属制品、机械制造、化学原料及制品、医药、纺织及服装制造、家具制造、食品加工和制造等行业。第二产业在国民经济中占主导地位,2005年第二产业产值占国民经济总值的47.3%。第三产业包括地质勘查和水利管理、交通运输仓储邮电通信、批发和零售贸易、金融保险、房地产、卫生体育和社会福利、教育文化艺术、广播电影电视、科学研究和综合技术服务等行业。第三产业在国民经济中的地位不断上升,2005年第三产业产值占国民生产总值的40.3%。

财　政　2005年国家中央财政收入1.73万亿元,支出2.02万亿元。

金　融　主要银行有中国人民银行、中国建设银行、中国工商银行、中国农业银行、中国银行、中国农业发展银行、中国进出口银行、国家开发银行、交通银行、中国光大银行、中信实业银行等,其中中国人民银行是国家中央银行。主要保险公司有中国人民财产保险股份有限公司、中国人寿保险股份有限公司、中国太平洋财产保险股份有限公司、中国太平洋人寿保险股份有限公司、中国平安财产保险股份有限公司、中国平安人寿保险股份有限公司、新华人寿保险股份有限公司等。证券交易所有上海证券交易所和深圳证券交易所。货币名称为人民币,单位为元。2005年末人民币与美元比价为8.07:1。

进出口贸易　2005年进出口贸易总额1.43万亿美元,其中出口额7670亿美元,进口额6651亿美元。

交通通信

中国2005年拥有铁路营运里程7.54万公里,公路193.05万公里(其中高速公路4.1万公里)。民用汽车拥有量3159.66万辆,其中载货汽车955.55万辆,载客汽车2132.46万辆。

沿海港口主要有大连港、营口港、秦皇岛港、天津新港、烟台港、威海港、连云港、上海港、宁波港、温州港、马尾港、厦门港、汕头港、黄埔港、湛江港、北海港、防城港、海口港、香港、基隆港、高雄港等。内河港口主要有宜宾港、重庆港、万州港、宜昌港、武汉港、九江港、芜湖港、南京港、镇江港、张家港、南通港、上海港、广州港、梧州港、贵港港等。

主要机场有北京首都机场、广州花都机场、上海浦东机场、上海虹桥机场、深圳宝安机场、昆明巫家坝机场、成都双流机场、西安咸阳机场、厦门高崎机场、桂林两江机场、重庆江北机场、大连周水子机场、天津滨海机场、杭州萧山机场、青岛流亭机场、南京禄口机场、武汉天河机场、南宁吴圩机场、长沙黄花机场、乌鲁木齐地窝铺机场、拉萨贡嘎机场、香港机场、台北桃园机场等。

2005年全国固定电话用户3.50亿户，移动电话用户3.93亿户。

教　育

中国实行9年制义务教育。各级教育学制为初小4年，高小2年；初中3年，高中3年；高等专科教育2~3年，本科教育4~6年。

2005年有各级各类学校45.6万所，其中小学36.62万所，普通中学7.8万所，普通高等学校1792所。有幼儿园12.44万所，特殊教育学校1593所。在校学生人数：普通小学1.09亿人，初中6215万人，普通高中2409万人，各类中等专业学校1559万人，普通高等教育1562万人，研究生教育98万人。著名大学有北京大学、清华大学、复旦大学、浙江大学、南京大学、华中科技大学、上海交通大学、武汉大学、吉林大学、中山大学等。

传　媒

中国官方新闻社为新华社。主要报刊有《人民日报》、《光明日报》、《解放军报》、《中国日报》、《参考消息》、《经济日报》、《中国青年报》、《工人日报》、《中国文化报》、《中国体育报》、《中国妇女报》、《经济参考报》、《中国政协报》、《科学时报》、《健康报》、《中国商报》等。主要电视台有中央电视台、中国教育台等。主要广播电台有中央人民广播电台、中国对外广播电台等。

医药卫生

中国2005年有卫生机构30万个，其中医院、卫生院6万个，妇幼保健院（所、站）2964个，专科疾病防治院（所、站）1470个。医院和卫生院床位307万张。卫生技术人员445.6万人，其中执业医师和执业助理医师193.8万人，注册护士130.4万人。平均每万人拥有医生15.1人。截至2005年9月，全国有671个县（市）开展新型合作医疗试点，有1.77亿农民参加合作医疗。

科　技

中国主要科学研究机构有中国科学院和中国社会科学院。2005年末全国国有事业和企业单位有各类专业技术人员2720万人。全年科学研究和技术发展（R&D）经费支出2367亿元，占国内生产总值的1.3%，其中基础研究经费135亿元。国家安排科技攻关计划课题288项、“863”计划课题911项，新建国家工程研究中心19个，安排国家重点实验室改造项目16项。全国取得省、部级以上科技成果3.6万项。受理国内外专利申请47.6万件，受理国内外发明专利申请17.3万件。成功发射卫星5次。神舟六号载人航天飞行取得圆满成功。

2005年末全国有产品检测实验室1.89万个，产品质量、体系认证机构177个，法定计量技术机构4037个。全年制定、修订国家标准1304项，其中新制定673项。有气象台站9881个，地震台站1253个，地震遥测台网31个，海洋观测站、监测站位8376个。测绘部门公开出版地图1667种，测绘图书497种。

历　史

中国是世界文明古国之一，已经有5000年文字记载的历史。

原始社会晚期，中原一带出现若干部落，其中以黄帝、炎帝和蚩尤为首的三个部落较为强大。黄帝和炎帝后来被华夏民族尊为共同祖先。

公元前2070年，夏王朝建立，是为中国奴隶社会的开端。

公元前1600年左右，商王朝取代夏王朝。商代，青铜冶炼和青铜器铸造技术水平较高，还出现甲骨文。

公元前1046年，周王朝取代商王朝。自此到公元前476年，中国经历西周（公元前1046年至公元前771年）、春秋（公元前770年至公元前476年）两个时期。

公元前475年，进入战国时期，封建社会逐步确立。此时，诸侯纷争，社会动荡；在思想领域出现百家争鸣的繁荣局面，形成长期影响中国社会的儒、法、道、墨、名、农、杂等学派。

公元前221年，秦王嬴政统一中原，建立秦王朝，后又统一西南、东南地区，成为统一的多民族的中央集权国家。秦始皇实行统一文字、度量衡等措施，对后世影响巨大。

公元前206年，汉王朝取代秦王朝。汉代社会经济发展较快，科学文化事业繁荣。特别是汉武帝时，国力强盛，所开辟的丝绸之路促进了中外经济文化交流。

公元220~589年，历经三国、两晋和十六国、南北朝三个时期。这三个时期的特点是国家分裂和中华民族大融合。

581年，隋王朝建立。当时，大运河凿通，便利了南北交通，促进了经济和文化的交流；六部官制设立和开科取士制度推行，对中国此后的政治、教育产生了深远影响。

618年，唐王朝取代隋王朝。唐代社会经济全面发展。商业繁荣，形成长安、扬州、广州等商业中心。文化发达，出现李白、杜甫等一批伟大诗人。技术发明不断，火药、雕版印刷术、天文钟等相继问世，在世界科技史上举足轻重。

907年，唐王朝灭亡，中国出现封建割据局面。从907到960年，史称五代十国时期。

960年，宋王朝建立。宋代（分北宋、南宋两个时期），农业和工业技术都有所发展，尤其是造船技术和指南针的发明，促进了海外贸易的繁荣。与此同时，中国北方先后出现辽、金、西夏、元等政权。

1279年，统一了北方的元灭南宋，统一全国。元代，经济、文化继续发展。当时实行的行省制度一直沿袭至今。

1368年，明王朝建立。明代，江南出现资本主义萌芽，朝廷派郑和率船队七下西洋，西方传教士开始进入中国传教和传播西方科学技术。

1644年，清王朝取代明王朝。清代前期，国家强盛，经济、文化继续发展。后期，国力疲敝。

1840年，英帝国主义发动鸦片战争，清廷屈服，中国逐渐沦为半封建半殖民社会。

1911年，爆发辛亥革命，清王朝被推翻。翌年，中华民国成立。

1921年，中国共产党成立。中国共产党领导中国人民先后开展土地革命战争、抗日战争和解放战争，推翻了压在中国人民头上的“三座大山”，取得了新民主主义革命胜利。1949年10月1日，中华人民共和国建立。

中华人民共和国建立后，中国人民在中国共产党的领导下开展社会主义实践，取得巨大成就。特别是1978年中共十一届三中全会后，致力经济建设，实行改革开放，经济快速发展，社会稳定，人民生活水平不断提高。

文　莱

国　名

文莱达鲁萨兰国（Brunei Darussalam），简称文莱。

地　理

位　置　文莱位于亚洲东南部的加里曼丹岛（旧称婆罗洲）的西北部。地处北纬4°2′~5°3′、东经114°4′~115°22′之间。北面濒临南中国海和文莱湾。

面　积　陆地面积5765平方公里。

疆界和邻国　东、南、西三面与马来西亚的沙捞越州接壤，并被沙捞越州的林梦分隔为不相连的东、西两部分。北面隔海与菲律宾、中国和越南相望。

地形地貌　陆地海拔在300~500米之间，地势东高西低。北部是平原，南部是丘陵，东部多为沼泽地，西部沿海为狭长平原。东南部与马来西亚沙捞越交界的阿干山海拔1808米，为全国最高峰。

江　河　主要河流有马拉奕河、都东河、淡布隆河和文莱河。这些河流发源于南部山区，由南向北流入大海。马拉奕河为全国最大河流，全长32公里。

海岸海岛　海岸线长约161公里。有33个岛屿，总面积79.39平方公里。大部分岛屿分布在文莱河的下游或河口地区。靠近海边的地带是长满红树林的淡水沼泽，约占陆地总面积的10%。近海海底平缓，海水较浅，海面平静，素有“少女海”之称。沿海缺乏避风港和深水港湾。

气　候　属热带雨林气候区。终年炎热多雨，没有明显的干旱季节。各地年平均降雨量在2500毫米以上。年平均气温28°C，各月温差不大。空气湿度较大，达67%~91%。

风景名胜　首都斯里巴加湾市有历史悠久的水村—KamPong Ayer，东南亚最堂皇的清真寺—奥玛尔·阿里赛夫丁、苏丹文物纪念馆、文莱博物馆、苏丹皇宫、水晶公园等，马来奕区有陆上油井石油生产纪念碑和其他与石油生产有关的景观。

国　民

人　口　文莱人口约37万（2005年4月），人口密度为每平方公里59人。城市人口约占79%。男女性别比为1.06∶1。人口出生率2.4%，死亡率0.68%。

民　族　主要民族有20个。马来人（七大土著合称，包括文莱马来人、都东人、克达岩人、马来奕人、比沙雅人、姆鲁人和杜顺人）占总人口的67.2%，华人占15%，原住民（包括伊班族、达雅族和格拉比族）占5.5%，其他种族占12.3%。

语　言　主要语言是马来语，为国语。英语使用广泛。华语主要在华人中使用（多数讲闽南话，少数讲广东话）。

宗　教　宪法规定伊斯兰教为国教。大部分居民信奉伊斯兰教，少数信奉佛教、基督教等。

资源物产

文莱的矿产资源主要有石油和天然气。据官方公布的数据，石油蕴藏量14亿桶，天然气储量约3200亿立方米。是东南亚主要产油国和世界主要液化天然气生产国，产油量在东南亚仅次于印度尼西亚和马来西亚。探明蕴藏量较大、具有经济价值的矿产资源还有金、煤、汞、锑、铅、矾土和硅。

耕地面积仅占国土面积的5%，而且土壤贫瘠。主要农产品有稻米、咖啡、橡胶、椰子、西谷米、胡椒、甘蔗、花生、玉米、日罗东胶（口香糖的主要原料）、蔬菜、香蕉、菠萝等。森林面积46.9万公顷，森林覆盖率75%。植物资源较为丰富，其中以木本植物居多，有

5000多种。领海有丰富的海洋生物资源，主要河流盛产鱼、虾等水产品。陆上动物有象、犀牛、野牛、猿、猴、野猪、鹿、鳄鱼、巨蟒、眼镜蛇、狐蝠、松鼠、蜥蜴、犀鸟、雨燕等。

文莱博尔基亚清真寺。　（原载《中国—东盟博览》）

国体政体

国　体　文莱是伊斯兰教绝对君主制国家。君主（苏丹）拥有行政、立法、司法全部权力，同时也是宗教领袖。设宗教、枢密、内阁、立法、世袭等5个委员会协助苏丹理政。

议　会　称立法委员会，由议长和21名议员（其中当然议员6人，高官议员5人，委任议员10人）组成。全部议员由苏丹任命。

政　府　本届政府于2005年5月由苏丹宣布组成。设首相署、国防部、财政部、外交和贸易部、司法部、教育部、交通部、宗教部、文化青年体育部、内政部、发展部、卫生部、首相署能源部、工业和初级资源部等机构。

司　法　司法体制以英国习惯法为基础。中央设有司法会议，其主要职能是代表苏丹执行司法权力，各级法院的法官都由苏丹任命。审判机关实行审判独立原则，由最高法院、高等法院、上诉法院及地方法院组成。另设宗教法院，负责审理有关伊斯兰教的案件。

党　派　有文莱国家团结党、Parti Pembangunan Negara两个党派，均不参政。

国家元首和政府首脑

文莱国家元首是苏丹·哈吉·哈桑纳尔·博尔基亚·穆伊扎丁·瓦达乌拉。1967年10月5日继位。兼任首相、国防大臣和财政大臣。

行政区划

一级行政区划　文莱划分为文莱—穆阿拉、马来奕、都东、淡布隆等4个区。

主要城市　首都斯里巴加湾市，位于文莱河畔，是文莱的政治、经济、文化、交通中心。面积16平方公里，人口6万（2002年）。曾被列为亚洲十佳生活城市之一。其他重要城市有马来奕、诗里亚、都东和邦加。

经　济

国内生产总值　文莱2005年国内生产总值98.21亿文莱元，比上年增长3.6%。人均国内生产总值2.6万文莱元。

产　业　主要产业是石油和天然气开采业，2005年产值约占国内生产总值的43.1%。全年原油产量约7300万桶，天然气产量约132亿立方米（根据文莱首相署经济统计公报2004年1～3月日产量估算）。

财　政　财政收入的主要来源是公司税和政府财政收益（即政府在国内和国外投资所获取的收益），这两项财源历年占财政总收入的比例均在95%以上。财政支出主要有固定支出、经常支出、开发基金3项，其中经常支出约占财政总支出的76%。2004～2005年财政年度预算支出49.9亿文莱元。

金　融　不设国家中央银行，在财政部设货币局和金融局负责金融的管理。全国有9家银行、5家金融公司、26家保险公司和1家证券交易公司。银行总资产134.95亿文莱元（2003年）。货币名称为文莱元，与新加坡元等值。文莱元与美元2005年平均比价为1.67∶1。2005年官方外汇储备约200亿美元，黄金储备30亿美元。

进出口贸易　主要出口原油、石油产品和液化天然气，进口机器和运输设备、工业品、食物、药品等。主要贸易对象是日本、英国、新加坡、泰国、马来西亚和美国。2005年进出口贸易总额128.78亿文莱元，其中出口额103.97亿文莱元，进口额24.81亿文莱元。

利用外资　2005年外商在文莱的投资为44亿文莱元，主要来自英国、荷兰、日本和美国。外资主要投向石油勘探和开采、天然气液化工程、电力等领域。

对外投资　长期以来，文莱依靠出口石油和天然气积累了大量外汇，逐年增加对外投资。截至2004年底，文莱在海外的投资累计达到500亿美元，年盈利约20亿美元。

交通通信

公路交通　文莱公路总长3470.5公里（2003年），其中高等级公路2500公里。全国约有汽车26.4万辆（2005年），每千人拥有汽车近700辆。

水　运　港口有穆阿拉深水港、斯里巴加湾市港、马来奕港、卢穆港等，主要供出口石油和液化天然气使用。各港口与新加坡、马来西亚、中国香港、泰国、菲律宾、印度尼西亚和中国台湾有定期货运航班。拥有各类注册船只210艘（2003年）。

民用航空　首都斯里巴加湾市有国际机场。文莱皇家航空公司拥有10架客机，辟有26条国际航线。

电　信　邮电通信业比较发达。建有卫星地面站3个。拥有全国性的数字交换网络，互联网用户8668户。固定电话普及率26.4%，95%以上的家庭有固定电话；移动电话普及率16%。全国设有6个邮政局和1个邮电代理处。

教　育

文莱的教育经费一直占政府年度财政预算的10%以上。政府实行免费教育，并资助留学费用。绝大多数学校由政府设立，另有少数教会学校和私立学校。全国有各类学校263所（2004年），其中幼儿园、小学及普通中学252所，学生10.63万人，教师9467人；职业技术学校8所，学生3105人，教师496人；师范学校1所，学生315人，教师43人；大专学院1所，学生480人，教师99人；大学1所，学生3445人，教师303人。全国9岁以上人口识字率达95%。

教育制度主要是依照英国模式建立，并依照英国的教学大纲进行教学。小学学制6年，初级中学3年，中级中学2年，高级中学或大学预科2年。只有修完13年学业的青年，才有资格进入高等学校继续深造。

传　媒

文莱新闻社是官方新闻机构，创建于1959年。主要报纸有：《婆罗州公报》，日报（英文、马来文），创办于1953年，日发行量7万份；《文莱灯塔》，周报（马来文），创办于1956年，由政府的文化青年体育部新闻局主办，每周三出版，期发行量4.5万份。

文莱广播电视台由政府主办，创建于1957年5月，是该国惟一的广播电视台。文莱电台拥有两个广播网，一个用马来语和方言广播，一个用英语、华语和廓尔喀语广播，每天播音超过30小时。电视台从1975年起开设彩色电视频道，播放马来语和英语节目。

医疗卫生

文莱国家财政每年拨出巨额资金用于医疗卫生事业，公民享受免费医疗保健服务。2004年全国有医院11所（政府医院5所、私人医院1所、军队医院5所），医务所38个，诊所92个（含私立诊所）；医院床位967张；医生约300人（牙医35人），护士约1500人。国民平均预期寿命：男性74.4岁，女性77.4岁。

科　技

文莱约有科技人员7000人。由于科技人才有限，国内没有独立的研究机构，主要是通过与发达国家合作研究取得科技成果。

历　史

文莱建国于公元4世纪，有着悠久的历史。

从4世纪到9世纪，为独立王国时期，共400余年。这一时期，文莱国土辽阔，国力强盛，物产丰富，民众殷实。与中国的封建王朝常有往来，当时中国的史籍称其为婆罗国和渤泥。

从9世纪中叶到10世纪后期，为室利佛逝王朝占领时期，共约150年。文莱的经济及社会遭到严重破坏，对外交往受到影响。

从10世纪到14世纪30年代，为恢复时期，共300余年。当时的文莱幅员广阔，人口众多，物产丰富，重视商业，崇尚佛教，对外贸易发达，国际交往频繁。

从14世纪中到15世纪初，为麻诺巴歇（又译满者伯夷）帝国占领时期，共50年左右。这一时期，文莱丧失大部分领土，成为麻诺巴歇的附属国。

15世纪初，文莱国王遐旺·阿拉克·贝塔塔尔投向马来半岛南端的信奉伊斯兰教的满剌加国。1414年，他娶满剌加国苏丹的女儿为妻，并被该国苏丹授予穆罕默德的称号，因而皈依伊斯兰教，并将文莱改为苏丹国，从而成为文莱的第一世苏丹。以后的文莱君主都使用“苏丹”这一头衔。伊斯兰教从此传入文莱。

从15世纪末到17世纪初，即第五世苏丹博尔基亚到第九世苏丹哈桑在位的100多年，文莱国力强盛，成为当时东南亚较有影响的国家之一。

进入17世纪后半期，文莱苏丹国进入长期衰弱时期。相继被葡萄牙、西班牙、荷兰、英国侵入。文莱苏丹对边远地区的统治已经名存实亡。

1847年5月，英国迫使文莱签订不平等的《英国和文莱友好通商条约》。文莱由一个独立自主的主权国家沦为受英国支配的半殖民地。

1888年9月，文莱沦为英国的保护国。

1941年12月至1945年6月，文莱被日本占领。

1946年，英国恢复对文莱的控制。1959年，英国同意文莱自治。

1984年1月1日，英国放弃其掌管的文莱外交和国防权力，文莱完全独立。

1984年1月7日，文莱加入东南亚国家联盟。

文莱独立后，政治社会稳定，经济持续发展，人民生活富裕。在外交方面，奉行不结盟和同各国友好的政策，到2005年，已与141个国家建立外交关系。

柬 埔 寨

国 名

柬埔寨王国（The Kingdom of Cambodia），简称柬埔寨。

地 理

位　置　柬埔寨位于中南半岛南部。地处北纬10°20′～14°32′、东经102°18′～107°37′之间。西南濒临暹罗湾。

面　积　陆地面积18.10万平方公里。

疆界和邻国　东部、东南部与越南接壤，东北部与老挝相邻，西北部与泰国交界。陆地边界线长约2050公里。

地形地貌　东、北、西三面地势较高，中部和南部低缓。东部、北部、西部为高原，山地环绕。中部和南部是湄公河及其支流的冲积平原。平原、高原、山地分别占陆地面积的46%、29%和25%。西南地区的豆蔻山山脉有全国最高峰奥拉山，海拔1813米。

江河湖泊　河流纵横密布。东南亚最大河流湄公河在境内流长约500公里，接纳境内绝大多数河流。连接洞里萨湖的洞里萨河是第二大河流，长155公里。洞里萨湖（又称大湖、金边湖）是中南半岛第一大湖，也是东南亚地区最大的天然淡水湖，湖面在旱季时约2500平方公里，雨季时约1万平方公里。

海岸海岛　海岸线长约460公里，岸线曲折、多岬角。沿海有不少岛屿和海港。戈公岛是最大的岛屿。

气　候　属热带季风气候区。各地年平均降雨量在1000～1800毫米之间，年平均气温27℃。每年5～11月是雨季，降雨量约占全年的80%以上；12月至次年4月是旱季，旱季又分凉、热两季。

名胜古迹　首都金边市有王城、塔仔山、国家博物馆等。暹粒市有列入世界文化遗产名录的吴哥古迹群。西哈努克市是境内有名的旅游、避暑胜地。

国 民

人　口　柬埔寨2004年末人口1440万，人口自然增长率1.4%。人口密度为每平方公里74人。城市人口约占总人口的20%，农村人口约占80%。

民　族　有20多个民族。高棉族人口最多，约占总人口的85%。人口较多的民族还有华族、占族、卜农族、老族、泰族、马来族、斯丁族、越族等。

语　言　各民族的通用语是高棉语（官方语言）。

宗　教　小乘佛教是国教。高棉族人绝大部分信奉小乘佛教。占族人大多数信奉伊斯兰教。

资源物产

柬埔寨的矿产资源主要有金、磷酸盐、宝石和石油。土地肥沃，盛产稻谷、橡胶、胡椒、糖棕、腰果、烟草及各种热带水果。橡胶是主要出口产品之一。所产林木200余种，柚木、铁木、紫檀、黑檀、白卯、观丹木等热带林木较为有名。渔业资源丰富，洞里萨湖是东南亚最大的天然淡水渔场。西南沿海渔场经济鱼类也较多。

国体政体

国　体　柬埔寨是君主立宪制国家。实行民主多党制。立法、行政、司法三权分立。国王是终身国家元首、国家军队最高司令、国家统一和延续的象征，有权宣布大赦，根据首相的提议并征得国民议会主席同意后宣布解散国民议会。

议　会　由国民议会和参议院组成。国民议会是国家最高权力机构和立法机构，每届任期5年。本届国民议会成立于2003年10月，由123名议员组成。参议院是国家立法机关，有权审议国会通过的法案，每届任期6年。本届参议院成立于2006年3月20日，由61名参议员组成。

政　府　设有首相府、农业部、商业部、文化部、国防部、教育部、外交部、财经部等部门。本届政府于2004年7月15日成立。

司　法　法院分初级法院、上诉法院、最高法院三级。各级法院设检察官，行使检察职能。

政　党　主要有柬埔寨人民党、奉辛比克党、桑兰西党等。2003年大选时有23个政党参选。

国家元首和政府首脑

国　王　诺罗敦·西哈莫尼。2004年10月29日登基。

政府首相　洪森。2004年7月15日当选连任。

行政区划

一级行政区划　柬埔寨有20个省和4个直辖市。分别是：马德望省、贡布省、干丹省、磅湛省、磅清扬省、磅士卑省、磅同省、桔井省、波罗勉省、班迭棉吉省、暹粒省、上丁省、茶胶省、柴桢省、蒙多基里省、柏威夏省、戈公省、奥多棉吉省、菩萨省和腊塔纳基里省，金边市、西哈努克市、白马市和拜林市。

主要城市　首都金边市，位于南部，湄公河西岸，面积290平方公里，人口100万，是全国政治、经济、文化中心。其他重要城市有暹粒、西哈努克、白马、拜林等。

经　济

国内生产总值　柬埔寨2005年国内生产总值54亿美元,比上年增长7%。人均国内生产总值388美元。

产　业　以农业为主,从事农业人口占全国从业人数的80%以上。工业行业主要有纺织业、制鞋业等。旅游业发展迅速,2005年接待外国游客140万人次。

财　政　2005年财政收入5.6亿美元,支出7.8亿美元。

金　融　国家中央银行是柬埔寨国家银行。最大的银行是加华银行。货币名称为瑞尔。瑞尔对外币的汇率自由浮动。2005年瑞尔与美元平均比价为4100∶1。年末官方外汇储备8.31亿美元。通货膨胀率4%。

进出口贸易　2005年进出口贸易总额52.4亿美元,其中出口额26.9亿美元,进口额25.5亿美元。主要出口服装纺织类产品和农产品。

外商投资　2005年批准外商投资6.82亿美元。主要来自中国大陆、泰国、韩国、马来西亚、中国台湾、新加坡等国家和地区。

交通通信

铁路交通　柬埔寨有两条窄轨铁路,一条由金边经马德望省通往柬泰边界的波贝,与泰国境内的铁路连接,全长385公里;另一条从金边通往西哈努克港,全长270公里。这两条铁路由于年久失修,运输能力低下。

公路交通　国道、省道共有6000公里(柏油路面路段约占50%),其中10条国道全长2000多公里(柏油路面路段约占80%)。公路网以首都金边为中心。拥有各种运输车辆(不含摩托车)约13万辆。

水　运　以湄公河、洞里萨湖的航运为主。流经金边的湄公河,向北可通航老挝、泰国,向南经越南出海。有西哈努克港、金边港两个国际港口。西哈努克港是主要对外海港,可以停靠万吨级远洋货轮。金边港是最大的内河港口。

民用航空　主要民用机场有金边国际机场(原名波成东机场)和吴哥机场(原名暹粒机场)。此外,西哈努克市、马德望省、腊塔那基里省、蒙多基里省、上丁省和戈公省也建有简易机场。

电　信　2004年底有固定电话和移动电话用户69.85万户,电话普及率4.9%。主要互联网网站有柬埔寨电信camnet.com.kh(柬埔寨邮电部开设)和online.com.kh。

教　育

柬埔寨小学学制6年,中学学制6年(初中、高中各3年)。2004年,全国有幼儿园1200多所,在园儿童6万人;小学6000多所,在校生274万人;中学698所,在校生61万人;大学35所(其中公立大学9所,私立大学26所),在校生3万多人。金边王家大学是著名的综合性大学,在校生2000多人,教师400余人。

传　媒

2004年柬埔寨有注册报刊209种。发行量较大的报刊有:《柬埔寨之光报》(柬文,日报)、《人民报》(人民党党报,柬文)、《和平岛报》(柬文,日报)、《柬埔寨日报》(英文、柬文)、《金边邮报》(英文,双周报)、《柬埔寨时报》(英文、柬文,周报)等。发行较正规、影响较大的中文报纸有《华商日报》、《柬华日报》和《星洲日报》。

柬新社(AKP)为官方通讯社,成立于1980年。全国有广播电台28家,其中FM103台属国家广播电台,每天播音18个小时。国家电视台(TVK)建于1984年,以柬语节目为主。

医疗卫生

柬埔寨2004年有医疗中心833所,其中可以提供中等水平医疗服务的723所。农村缺医少药,医疗设施较差。国民平均预期寿命57.92岁,其中男性55.49岁,女性60.47岁。

历　史

柬埔寨是历史悠久的文明古国。建国于公元1世纪。在古代,历经扶南、真腊两个时期,其中9世纪至15世纪初叶的吴哥王朝国力强盛,创造了举世闻名的吴哥文明。从16世纪末叶开始,真腊走向衰落。至18世纪末,基本上处于强邻暹罗的控制之下,成为暹罗的属国。

1863年8月,法国采取炮舰政策,强迫柬埔寨签订不平等的《法柬条约》,柬埔寨沦为法国的保护国。1884年6月,法国以逼宫方式获得柬埔寨的全部政治权利,柬埔寨沦为法国的殖民地。1940~1945年,柬埔寨被日本占领。日本战败后,法国重新控制柬埔寨。

1953年11月9日,柬埔寨获得独立。独立后的柬埔寨奉行中立政策,经济发展迅速,成为当时东南亚最富庶的国家。

1970年3月18日,朗诺—施里玛达集团在美国的支持下发动政变,推翻西哈努克亲王领导的王国政府,建立高棉共和国。同年3月23日,西哈努克亲王在中国北京宣布成立柬埔寨民族统一阵线;5月5日,成立以宾努亲王为首相、乔森潘为副首相的柬埔寨王国民族团结政府，致力于推翻朗诺政权。1975年4月17日，红色高棉攻占金边，高棉共和国垮台。

1976年1月，柬埔寨王国民族团结政府颁布新宪法，改国名为民主柬埔寨。民主柬埔寨政府大力推行合作社，取消货币，禁止商品交换，在对外事务方面也执行一系列不适合国情的路线、政策。

1978年12月25日，越南出兵柬埔寨，扶持以韩桑林为首的金边政权。1982年7月，西哈努克亲王、乔森潘、宋双三派抵抗力量实现联合，组成民主柬埔寨联合政府。柬埔寨境内出现两个政权并立的局面。

1990年9月，柬埔寨抵抗力量三方同金边政权的代表在印尼雅加达会晤，宣布组成柬埔寨全国最高委员会。1991年10月23日，柬埔寨问题国际会议在法国巴黎举行，与会各方签署《柬埔寨冲突全面政治解决协定》。1993年5月23～28日，柬埔寨在联合国的监督下举行制宪会议大选。大选后，组成柬埔寨王国联合政府，恢复柬埔寨国名、国旗和国歌，恢复君主立宪制度，建立民主多党的政治制度和开放的市场经济制度，诺罗敦·西哈努克重新登上王位。

2004年10月29日，诺罗敦·西哈莫尼登基，接替诺罗敦·西哈努克成为柬埔寨新国王。

柬埔寨于1999年4月30日加入东南亚国家联盟。

印度尼西亚

国　名

印度尼西亚共和国（The Republic of Indonesia），简称印度尼西亚或印尼。素有万岛之国、千岛之国、水中岛国、赤道翡翠、火山之国等别称。

地　理

位　置　印度尼西亚位于亚洲东南部。国土横跨赤道。地处东经141°～95°、北纬6°至南纬11°之间。

面　积　陆地国土面积190.44万平方公里。国土面积居东南亚国家之首。

疆界和邻国　疆域辽阔，东西跨度5110公里，南北跨度1888公里。与其接壤的国家有巴布亚新几内亚、东帝汶、马来西亚，陆地边界线总长2830公里。隔海相邻的国家有澳大利亚、印度、泰国、中国、菲律宾等。

地形地貌　国土由18110个岛屿组成。岛屿较为分散，主要有加里曼丹岛、苏门答腊岛、伊里安岛、苏拉威西岛和爪哇岛。各岛内多崎岖山地和丘陵，沿海有狭长的平原和沼泽，并有浅海和珊瑚环绕。加里曼丹岛，山地从中部向四面伸展，沿海平原广阔，南部多沼泽。苏门答腊岛，山脉自西北向东南斜贯，山脉东北侧为丘陵和较宽阔的沿海冲积平原，平原东部多沼泽。苏拉威西岛，大多为山地，沿海有狭窄平原。爪哇岛，北部是平原，南部是熔岩高原和山地，山间有宽广的盆地。伊里安岛，西部高山横亘，有全国最高峰查亚峰，海拔5030米；南部平原较宽广。由于地处亚欧大陆与太平洋板块的接触带，火山活跃，地震频繁。境内有火山400多座，其中活火山120多座，约占世界活火山1/6。爪哇岛火山最多，地震最为频繁。

江河湖泊　河流众多，水量丰沛，但都比较短小。较大的河流有爪哇岛的梭罗河以及加里曼丹岛的巴里托河、卡普阿斯河、马哈坎河，其中梭罗河全长560公里。较大的湖泊有多巴湖、马宁焦湖、车卡拉湖、坦佩湖、托武帝湖、帕尼艾湖等，其中苏门答腊岛的多巴湖为全国第一大湖。

海岸海岛　海岸线全长10.80万公里。岛屿之间构成许多海峡与内海，主要有巽他海峡、马六甲海峡、龙目海峡、爪哇海、苏拉威西海、弗洛勒斯海、阿拉弗拉海、班达海等。内海中，除爪哇海、阿拉弗拉海为浅海外，其余多为深海，其中班达海最深处达7000多米。海中珊瑚礁分布甚广，总面积达2万平方公里。主要群岛有大巽达群岛、努沙登加拉群岛（又称小巽达群岛）、马鲁古群岛和伊里安查雅群岛。

气　候　大部分地区属热带雨林气候（努沙登加拉群岛上的平原、谷地属热带草原气候），终年高温多雨，湿度大。年平均气温25℃～27℃，温差很小，无寒暑季节变化。年平均降水量在2000毫米以上。爪哇岛是世界上雷雨最多的地区，有"雷都"之称。每年分旱、雨两季，一般4～9月为旱季，10月至次年3月为雨季，但各地不完全一致。

风景名胜　在首都雅加达，有雅加达博物馆、印度尼西亚缩影公园、茂物大植物园、查雅安佐尔寻梦公园、拉古南动物园、波格尔植物园、独立纪念碑、独立广场等。在日惹，有婆罗浮屠佛塔、普兰班南寺庙群、日惹苏丹王宫、恩藏高原等。在巴厘岛，有古打海滩、海神庙、金巴兰海滩、努瓦角海滩、爬行动物公园等。此外，还有北苏门答腊的多巴湖及湖心岛，西伊里安的查业维查亚山，小班达群岛，爪哇的苏腊卡尔塔、喀拉喀托火山、乌绒库伦自然保护区、三宝垄、巴淡岛等。

国　民

人　口　印度尼西亚2005年末人口2.41亿，其中0～14岁人口占29.1%，15～64岁人口占65.7%，65岁以上人口占5.2%。人口分布极不均衡，绝大多数国民居住在5个主要岛屿和30个较小的群岛上。全国人口密度为每平方公里89人。人口自然增长率1.45%。

民　族　有100多个民族。人口较多的民族是爪哇族、巽他族、马都拉族和马来族，其中爪哇族、巽他族

分别占总人口的45%和14%,马都拉族和马来族各占7.5%。

语 言 各民族语言有200多种。官方语言为印尼语。通用英语。

宗 教 国民中,约88%信奉伊斯兰教,5%信奉基督教新教,3%信奉天主教,2%信奉印度教,1%信奉佛教。是世界上穆斯林人口最多的国家。

资源物产

印度尼西亚矿产资源主要有石油、天然气、煤、锡、铝矾土、镍、铜、金、银等。其中,石油和锡在世界上占有重要地位,是东南亚石油储量和产量最大的国家。至2004年底,探明石油储量90亿桶,探明天然气储量94.75万亿立方米。

森林面积1.45亿公顷,约占陆地面积的74%。动植物种类繁多,其中包括苏门答腊虎、象、犀牛、科摩罗巨蜥、黑猴、人猿、天堂鸟、袋貂、袋鼠、食火鸡、鹦鹉、鹿、倭水牛等珍稀物种。盛产各种香料、热带林木及热带经济作物。胡椒、木棉、金鸡纳霜产量居世界首位,天然橡胶、棕榈油产量居世界第二位,丁香、椰子、咖啡等产量居世界前列。加里曼丹和苏门答腊的铁木,努沙登加拉的檀木,爪哇和苏拉威西的乌木、柚木驰名于世。海域、江河、湖泊盛产鱼类、贝类、海参、珍珠等。

国体政体

国 体 印度尼西亚是单一的共和制国家。立法、行政、司法三权分立。实行总统内阁制。总统任期5年,只能连选连任1次。自2004年起,总统和副总统由人民直选产生。总统任命内阁,但需征得国会同意。

人民协商会议 国家最高权力机构。负责制定、修改和颁布宪法及国家大政方针,并对总统进行监督。每5年换届选举。本届人民协商会议于2004年10月1日通过全民直选产生,成员678名(包括550名国会议员和128名地方代表理事会议员)。

人民代表会议 即国会。国家立法机构。行使除修宪和制定国家大政方针之外的一般立法权。人民代表会议无权解除总统职务,总统也不能宣布解散人民代表会议;但如总统违反宪法,人民代表会议有权建议人民协商会议追究总统责任。本届人民代表会议于2004年10月1日通过全民直选产生,有议员550名。议员任期5年。

政 府 设有外交部、国防部、财政部、贸易部、内政部、国家紧急事务部、社会事务部、交通部、海洋和渔业部、矿产资源部、妇女部、国家建设发展计划部、工业部、农业部、卫生部、劳工部、教育部、文化旅游部、青年运动部、经济统筹部、政治法律安全统筹部、宗教部等部门。本届政府内阁于2004年10月21日组成,有阁员36人。

司 法 最高法院和最高检察院独立于立法和行政机构之外。最高法院正副院长由人民代表会议提名,总统任命。最高检察长由总统任免。

党 派 党派众多,主要有专业集团党、斗争民主党、建设团结党、民主党、民族复兴党、国民使命党、福利公正党等。2004年大选时,经全国选举委员会批准获得参选资格的政党有24个。

国家元首和政府首脑

总 统 苏西洛·班邦·尤多约诺。2004年10月8日当选。

人民协商会议主席 希达亚特·努尔·瓦希德。2004年10月1日当选。

人民代表会议议长 阿贡·拉克索诺。2004年10月6日当选。

行政区划

一级行政区划 印度尼西亚包括3个特区和27个省,分别是雅加达首都特区和日惹、亚齐达鲁萨兰地方特区,以及北苏门答腊、西苏门答腊、廖内、占碑、明古鲁、南苏门答腊、楠榜、邦加—勿里洞、西爪哇、中爪哇、东爪哇、万丹、巴厘、西努沙登加拉、东努沙登加拉、北马鲁古、南马鲁古、巴布亚、北苏拉威西、中苏拉威西、东南苏拉威西、南苏拉威西、哥伦打洛、东加里曼丹、中加里曼丹、南加里曼丹、西加里曼丹省。

主要城市 首都雅加达,位于爪哇岛西部,面积661.52平方公里,人口970万,是全国政治、经济、文化中心,别称"椰城"。其他重要城市有泗水、万隆、棉兰、三宝垄、日惹等。

经 济

国内生产总值 印度尼西亚2005年国内生产总值2702.1亿美元,比上年增长5.6%。人均国内生产总值1232.5美元。

产 业 农业以种植业为主,是世界主要热带经济作物生产国。采矿业为工业支柱产业,其中石油、天然气开采占主导地位,是世界主要石油生产国。电子、汽车等新兴工业发展迅速。服务业在国民经济中的比重逐年提高。

财 政 2005年财政收入495.4万亿印尼盾,支出509.4万亿印尼盾。

金 融 货币名称为印尼盾。2005年印尼盾与美元平均比价为9739:1。2005年末国家外汇储备347亿美元,外债余额661亿美元。

进出口贸易 2005年出口总额855.6亿美元,进口总额577.0亿美元。主要贸易伙伴是日本、美国、新加坡、韩国、中国、马来西亚、泰国、澳大利亚和沙特阿拉伯。

交通通信

铁路交通　印度尼西亚铁路总长6458公里,75%在爪哇岛。其中,1.067~1米轨道6336公里(其中电气化125公里,复线250公里),0.75~1米轨道497公里。

公路交通　公路总长36.84万公里(2004年)。公路客运量、货运量分别占全国总量的90%和50%。公路交通网集中在爪哇岛和苏门答腊岛。

水　运　航道总长2.16万公里(2004年),其中苏门答腊岛5471公里,加里曼丹岛1.05万公里。有各类港口700个,河运、海运船只近5000艘(商船728艘)。主要港口有雅加达的丹戎不碌国际港、泗水的丹戎佩拉、棉兰的勿老港等。

民用航空　有机场690个(含直升机场23个)。雅加达附近的苏加诺—哈达机场为国内最大机场。主要航空公司有鹰记、鸽记、辛巴迪等。

电　信　2004年底全国有移动电话用户2700万户,移动电话普及率12%;固定电话用户近900万户,固定电话普及率3.7%;国际互联网终端用户6.2万户。

教　育

印度尼西亚实行九年制义务教育。学制为:小学6年,初中、高中各3年,大学3~7年。全国有小学约15万所,在校学生约2200万人;中学3万余所,在校学生约760万人;职业学校和大学5000所。著名大学有:雅加达的印度尼西亚大学,日惹的加查马达大学,泗水的艾尔朗卡大学、泗水工学院、阿伊兰卡大学,万隆的班查查兰大学等。

全国15岁以上人口文盲率为10%。

传　媒

印度尼西亚有各类报刊1687种。主要印尼文报纸有《罗盘报》、《专业之声报》、《印尼媒体报》、《共和国日报》、《革新之声报》、《印尼商报》等。英文报纸有《雅加达邮报》、《印尼观察家报》等。中文报纸有《印度尼西亚日报》、《国际日报》、《世界日报》、《华文邮报》(中文和印尼文互译)、《商报》、《新生日报》、《千岛日报》等。

通讯社有国营的安塔拉通讯社和私营的印尼民族通讯社。电视台有41家,其中影响较大的有印度尼西亚共和国电视台、教育电视台、美都电视台等。官办的印度尼西亚共和国电视台有12个分台,覆盖印尼全境。主要广播电台有印度尼西亚共和国广播电台。

医疗卫生

印度尼西亚有医院1112所,病床总数12.32万张;公共保健中心7248个,辅助中心2.18万个,流动服务站6849个。医生约3.52万人,护士16.47万人,药剂师1.07万人。2005年国民平均寿命69.57岁,其中男性67.13岁,女性72.13岁。人口死亡率6.25‰。

科　技

印度尼西亚从事科技活动的主要是国家各部委的直属研究机构、非部级中央直属研究机构、各大学和国有企业以及私营企业的研究开发机构等。中央直属研究机构由总统直接领导,从事战略性、交叉和多学科的研究与开发,科技活动由研究与技术国务部长统筹与协调;非部级中央直属研究机构有印度尼西亚科学院、国家核能机构、技术评价与应用署、国家航空航天研究机构等。全国拥有科技人员约5万人。科技经费主要来自财政拨款。

历　史

印度尼西亚历史悠久。古代,长期处于封建割据状态,先后分为印度教王国、伊斯兰教王国两个时期。公元1世纪,佛教传入,印尼进入印度宗教文化影响时期。5世纪,出现最早的王国—加里曼丹东部的古戴王国和西爪哇的达鲁玛王国。7世纪,在苏门达腊的巨港出现强大的海上王国室利佛逝。13世纪末,拉登威查雅在爪哇建立强大的麻喏巴歇王国,统一印尼。自13世纪起,伊斯兰教逐步传入印尼。16世纪,伊斯兰教王国淡目灭掉麻喏巴歇,印尼进入伊斯兰王国鼎盛时期。

1511年,葡萄牙人为掠夺香料侵入印尼东部的马鲁古群岛。西班牙人也接踵而来。1596年,荷兰侵入。1602年,荷兰在印尼建立具有政府职能的“东印度公司”。1799年12月,荷属东印度公司宣布破产。1800年,殖民政府取而代之,通称“荷印政府”。1811~1816年,英国取代荷兰在印尼建立殖民政府。1816年后,荷兰逐渐恢复对印尼的殖民统治,至1903年征服亚齐,完全占有整个印尼。期间,印尼各地从未间断反抗荷兰的斗争,其中最著名的有1816~1818年马鲁古反荷起义、1825~1830年爪哇人民大起义、西苏门答腊反荷战争、1873~1903年亚齐战争等。

20世纪初,印尼出现民族觉醒运动。1927年,苏加诺等组建印尼民族党,采取与荷兰不合作政策,争取民族独立。1942年,日本侵占印尼。1945年日本投降后,印尼爆发“八月革命”。

1945年8月17日,印度尼西亚共和国建立。1947年7月和1948年12月,荷军先后两次在印尼发动殖民战争。1949年11月,印荷双方签订《圆桌会议协定》,印尼成为联邦共和国,加入荷印联邦。1950年8月,统一的印度尼西亚共和国成立。同年8月27日,印尼加入联合国。

1954年8月，印尼宣布脱离荷印联邦。1950～1959年，印尼实行议会制。1959年起实行总统制。

1999年6月，印尼举行独立后的第一次民主选举。

2004年7月，印尼开始首次民主直选。10月8日，选举产生新一任总统。

印尼为东南亚国家联盟创始成员国。

老　挝

国　名

老挝人民民主共和国（The Lao People's Democratic Republic），简称老挝。

地　理

位　置　老挝位于中南半岛北部。地处北纬13°52′～22°05′、东经100°10′～107°30′之间。

面　积　国土面积23.68万平方公里。

疆界与邻国　东与越南为邻，南与柬埔寨相接，西与泰国、缅甸交界，北与中国接壤。边界线长5119公里。

地形地貌　东南亚惟一的内陆国。疆域南北宽、东西窄，南北最长处1050公里，东西最宽处500公里。80%的国土为山地和高原，平原限于湄公河谷地。地势北高南低，由西北向东南倾斜。北部海拔500～1500米，局部地区超过2000米，号称“印度支那屋脊”；大多为山地且起伏大，湄公河沿岸狭谷陡峻。有会芬高原、川圹高原、查尔平原、班班平原、康开谷地等，其中川圹高原海拔2000～2800米。全国最高峰普比亚山，海拔2817米，屹立于川圹高原南部。中部、南部地区的东半部是长山山脉西坡的一系列中山和低山，地势和缓。山脉拥有一系列东西走向的山口和隘道，如骄诺山口、穆嘉关山口、老保山口等，为老挝与越南之间的交通要冲。山脉西侧南、北各有一片高原，北为甘蒙高原，南为波罗芬高原。中部、南部地区的西半部，即万象以南的湄公河沿岸，主要有万象平原、沙湾拿吉平原和巴色低地。

江　河　有流程在200公里以上的河流20多条。湄公河纵贯国境，在境内流长1877公里（其中1100公里为界河），水流湍急，多险滩；有南塔河、南乌江、南俄河、南吞河、宾非河、色贡河、宾汉河、色顿河、南卡定河、南坎河等13条支流，大多由东向西汇入干流。全国93%以上的地域属湄公河流域。

气　候　属热带季风气候区。各地年平均气温20℃～30℃，最凉月（12月）平均气温21℃左右，最热月（4月）平均气温29℃左右。最高气温可达38℃。高原地区最低气温可降至零下。分旱季（11月至次年4月）和雨季（5～10月）。年平均降雨量1600～1800毫米，高原和高山地区降水较多，季节差别大。

风景名胜　万象市有塔銮、玉佛寺，琅勃拉邦省有国家博物馆、香通寺、迈佛寺、维春寺、光西瀑布，占巴塞省有孔埠瀑布和以瓦普神庙建筑群为主体的占巴塞文化景区。琅勃拉邦古城、占巴塞文化景区被联合国教科文组织列入世界文化遗产名录。

国　民

人　口　老挝2005年人口584万。全国人口密度为每平方公里24.6人。人口出生率4%，死亡率1.5%，人口自然增长率2.5%（1995年人口普查数据）。国民平均预期寿命61岁。

民　族　有68个民族。按历史、语言、文化和地理分布状况，通常分为老龙（意即低地老挝人）、老松（坡地老挝人）、老听（山顶老挝人）三大族系。老龙族系属泰老语系，占总人口的70%，包括寮、泰、芬、卢等族。老听族系属蒙高棉语系，占总人口的20%。老松族系属苗瑶语系，占总人口的10%。

语　言　官方语言是老挝语。部分国民也使用泰语、华语。老挝语和泰语大致可以相通。

老挝首都万象市中心的凯旋门。　（原载《占芭》）

宗　教　90%国民信奉小乘佛教，少数信奉基督教、原始宗教等。

资源物产

老挝的矿产资源主要有锡、铅、钾、铜、铁、金、石膏、煤、盐等。水力资源丰富，可开发装机容量1300万千瓦。森林面积1116万公顷，森林覆盖率47%。北部和南部出产柚木、紫檀、红木等珍贵木材。耕地面积约80万公顷，主要农产品有稻米、玉米、木薯、红薯、豆类、咖啡、烟叶、花生、水果、棉花等，咖啡出口量较大。

国体政体

国　体　老挝宪法规定：老挝人民民主共和国是人民民主国家，全部权力属于人民，各族人民在老挝人民革命党领导下行使当家作主的权力。

国　会　国家最高权力机构和立法机构。

政　府　本届政府于2006年6月8日组成。设有计划与投资委员会、外交部、公安部、国防部、教育部、劳动社会福利部、交通运输邮电建设部、财政部、工业贸易部、新闻文化部、农业与林业部、能源矿产部、卫生部、司法部等部门。

司　法　最高人民法院为国家最高审判机关。最高人民检察院是国家最高检察机关。

老挝人民革命党　老挝人民民主共和国的执政党，也是老挝惟一的政党，成立于1955年，原名为老挝人民党，1972年在第二次代表大会上改为现名，目前有党员14.8万名。

老挝建国阵线　老挝人民革命党领导下的民族统一战线组织。

国家领导人

国家主席　朱马利·赛雅贡。2006年6月当选连任。

国会主席　通邢·塔马冯。2006年5月当选连任。

政府总理　波松·布帕万。2006年6月当选。

老挝人民革命党中央委员会总书记　朱马利·赛雅贡。2006年3月当选。

行政区划

一级行政区划　老挝设有16个省、1个直辖市和1个行政特区，分别是：丰沙里省、琅南塔省、博乔省、乌多姆赛省、琅勃拉邦省、华潘省、沙耶武里省、川圹省、万象省、波里坎赛省、甘蒙省、沙湾拿吉省、沙拉湾省、色贡（公河）省、占巴塞省、阿速坡省，万象直辖市，赛宋本行政特区。

首　都　万象市，位于中部万象平原南端、湄公河左岸，面积约3920平方公里，人口60多万，是全国政治、经济、文化中心，也是历史古城和佛教圣地。其他重要城市有琅勃拉邦、沙湾拿吉和巴色。

经　济

国内生产总值　老挝2005年国内生产总值22.4亿美元，比上年增长4.2%。人均国内生产总值491美元。

产　业　农业在国民经济中占较大比重。2005年农林业总产值11.57亿基普；粮食产量260多万吨，实现自给并略有剩余。工业主要有电力、森工、采矿、炼铁、水泥、服装、食品、制药、编织等行业，共有企业2.62万家，从业人数约10万人（约占劳动力总数的4.2%）。全年工业总产值6.69亿基普。入境游客年接待量91.69万人次。

金　融　国家中央银行是老挝人民民主共和国国家银行。货币名称为基普。通货膨胀率8%。2005年基普与美元平均比价为10400:1。

进出口贸易　2005年出口总额4.46亿美元。主要外贸对象为泰国、越南、中国、日本、欧盟、美国和加拿大。主要出口商品有服装、电力、木材、咖啡等，进口商品有各种机动车、摩托车、自行车、燃料、水泥、钢材、食糖等。

外国投资　2005年获得国外援助4.36亿美元。批准外资引进项目127个，合同外资额12.5亿美元，实际到位资金4亿美元。

交通通信

老挝的交通运输以公路运输为主。全国公路总长3.12万公里（其中泥土路面1.66万公里），道路以南北行的13号公路为主干，连接各支线，沟通国内主要城镇。内河航道总长4600公里，其中湄公河老挝境内河段通航里程1600公里，是全国水运干道；除万象到沙湾拿吉河段可全年通航外，其余河段因水流湍急、多瀑布险滩，须分段航行。国际机场有万象瓦岱机场、琅勃拉邦机场和巴色机场，辟有万象—中国昆明、万象—中国景洪、万象—泰国曼谷、万象—泰国清迈、万象—越南河内、万象—越南胡志明市、万象—柬埔寨金边等7条国际航线。

通信设施落后。城市的电话交换机容量很小，许多乡村不通电话。2005年全国有固定电话和移动电话用户77.21万户。

教　育

老挝的旧式教育以佛寺为中心，佛寺是学校，住持即校长，僧侣为教师。老挝现有佛寺2000多座，寺庙除举办佛事活动外，普遍开展教学活动。僧人在寺庙里不仅学习经文，还学习数学、历史等。僧侣教育由国家支持，分小学、中学、佛学院（相当于高中）三级。后者由教育部主管，毕业生被授予“马哈”的尊称。

国民教育的学制为小学5年,初中、高中各3年。2005年全国有各级各类学校约9270所,在校学生133万人,教师4.55万人。其中,高等院校38所,在校学生3.54万人,教师1684人。老挝国立大学是老挝惟一的综合性大学,其前身为老挝东都师范学院,1995年由东都师范学院与其他10所高等院校合并而成,设8个学院,2005年有学生1.12万人、教师1000人。

传　媒

老挝有报刊20种。主要老挝文报纸有《人民报》(老挝人民革命党中央机关报,创刊于1950年)、《新万象报》、《人民军报》、《青年报》等。外文报纸有英文报《VIENTIANETIMES》和法文报《LE RENOVATEUR》。

巴特寮通讯社是官方通讯社。广播电台有老挝国家广播电台、老挝人民军广播电台和14个省级广播电台。老挝国家广播电台对内用老挝语广播,对外用越、柬、法、英、泰等5种语言广播。电视台有老挝国家电视台和17家省(直辖市)电视台。老挝国家电视台建于1983年,每天播放老挝语节目5小时左右。

医疗卫生

老挝主要城市卫生条件较好,广大农村特别是山区大都缺医少药。国家重视医疗卫生事业,国家职工和普通居民均享受免费医疗。2005年底,全国有公立医院151所、卫生所746所,私人诊所254所;每千人拥有病床1.6张、医生9人。

科　技

老挝的科技较为落后,主要侧重于农业先进技术的研究开发、应用与推广。国家的科技管理工作由科技环境部负责。

历　史

老挝有悠久的历史。从公元1世纪到14世纪中叶,在今老挝疆域内曾先后出现过3个古国,即科达蒙、文单(或称陆真腊)和澜沧(亦译南掌,意为万象之邦)。1353年,孟骚(今琅勃拉邦,澜沧的政治中心)的统治者法昂统一今老挝全境,建立澜沧王国,形成老挝历史上第一个多民族的封建国家。

18世纪初叶,澜沧王国解体,分裂成为琅勃拉邦、万象、川圹、占巴塞等4个王国。从18世纪末叶到19世纪中叶,这些王国相继为暹罗所统治。1893年,老挝成为法国保护国,法国取代暹罗的统治。1907年,法国、暹罗签订《法暹条约》,规定老挝边界。1940年9月,老挝被日本占领。

1945年日本投降后,老挝开展独立运动,建立以佩差拉亲王为首的政府,并于10月12日宣布独立。

1946年,法国再次入侵。1954年7月,根据关于恢复印度支那和平的日内瓦协议,法国开始从老挝撤军。不久,美国入侵。1962年,老挝成立以富马亲王为首相、苏发努冯亲王为副首相的联合政府。1964年,美国支持亲美势力破坏联合政府,进攻解放区。

1973年2月,老挝各方签署关于在老挝恢复和平与民族和睦的协定。1974年4月,成立以富马为首相的新联合政府和以苏发努冯为主席的政治联合委员会。

1975年12月,老挝人民民主共和国成立,宣布废除君主制。

1997年7月老挝加入东南亚国家联盟。

马来西亚

国　名

马来西亚联邦(Federation of Malaysia),简称马来西亚。

地　理

位　置　马来西亚地处北纬1°~7°、东经97°~120°之间。国土被南中国海分隔成东、西两部分。西马位于马来半岛南部,东临南中国海,西濒马六甲海峡;东马位于加里曼丹岛北部。

面　积　陆地国土面积33.02万平方公里。

疆界和邻国　陆上疆界长2669公里。西马北与泰国接壤,南与新加坡隔海相望;东马与印尼、文莱、中国、菲律宾相邻。

地形地貌　西马地势南低北高,东、西两侧沿岸为冲积平原,中部为山地。大汉山海拔2185米,为西马最高峰。东马沙巴州西部为沿海平原,内部为山地,克罗克山脉纵贯南北,其主峰基纳巴卢山海拔4101米,为全国最高峰,也是东南亚地区最高峰;沙捞越州沿海为冲积平原,内地为丘陵和山地。

江　河　境内河流密布,但大河很少。位于东马的拉让河是全国第一大河。

海岸海岛　海岸线曲折,总长4192公里。西马西南部是著名的马六甲海峡,水道狭长,是连接太平洋与印度洋的重要海上通道。岛屿众多,共有1007个,但大部分面积较小。较大的岛屿有兰卡威岛、刁曼岛、乐浪岛和邦咯岛。

气　候　属热带海洋性气候区。内地山区年平均气温22℃~28℃,沿海平原为25℃~30℃。马来半岛西岸每年9~12月为雨季,西马东岸、沙巴、沙捞越等地雨季为10月至翌年2月。

风景名胜　吉隆坡市内有世界著名的高楼　双

峰塔、苏丹亚都沙末大厦、独立广场、苏丹王宫、国家清真寺、杰姆清真寺、湖滨公园、胡姬花公园、国家博物馆、国家动物馆、天后宫、黑风洞等。槟城有圣乔治教堂、康华利斯堡、大会堂、钟楼、龙山堂、极乐寺、蛇庙、郑和庙、卧佛寺、马里安曼寺、雅哲清真寺、甲必丹武吉清真寺等。马六甲有荷兰红屋、三保山、三保庙、三保井、圣保罗教堂、古城门、葡萄牙村、马六甲文化博物馆等。此外,还有兰卡威岛、刁曼岛、乐浪岛、邦喀岛、大汉山国家公园、京那巴鲁公园、尼亚国家公园、姆鲁国家公园、金马伦高原、云顶高原等旅游景区。

国 民

人　口　马来西亚2005年人口2638万。人口平均密度为每平方公里79.89人。

民　族　有30多个民族。马来人、华人和印度人人口较多,分别占总人口的61.5%、23.6%和7.1%。少数民族有尼格列多族(又称矮黑人)、塞诺伊族、原古马来族、海达雅克族(又称伊班族)、陆达雅克族(又称比达育族)、米兰诺族、卡达山族、穆鲁特族、巴查乌族、印度尼西亚族等。

语　言　马来语为国语。通用英语。华语使用也较广泛。

宗　教　国民信奉的宗教主要有伊斯兰教、佛教、印度教、基督教等。伊斯兰教为国教。

资源物产

马来西亚自然资源丰富。锡矿品位高,储量居世界第二位。沿海蕴藏着丰富的石油和天然气,石油储量34亿桶(1997年探明量),天然气储量2.27万亿立方米(1998年探明量)。铁矿品位也较高,含铁量超过50%,储藏量1亿多吨。此外,还有铜、金、钨、煤、铝土、锰等矿产资源。

动植物种类繁多,被列为世界12个最大生物多样化国家之一。森林覆盖率59.5%,盛产热带硬木。是橡胶、油棕、胡椒、可可、椰子等热带经济作物的重要产地,橡胶、棕油、胡椒的产量和出口量居世界前列,其中棕油产量居世界首位。

国体政体

政　体　马来西亚是君主立宪联邦制国家。最高元首和州的苏丹分别是该国及州的立宪君主。宪法规定,最高元首为国家权威的象征、伊斯兰教领袖兼武装部队统帅。正、副最高元首只能由统治者会议从9个世袭苏丹中轮流选举产生,任期5年,轮流执政,不能连任。

统治者会议　由柔佛、彭亨、雪兰莪、森美兰、霹雳、丁加奴、吉兰丹、吉打、玻璃市等9个州的世袭苏丹和马六甲、槟州、沙捞越、沙巴等4个州的州元首组成,其职能是在9个世袭苏丹中轮流选举产生最高元首和副最高元首(4个州的州长没有选举权和被选举权),并对国家的政策、法律和宗教问题进行审议。

联邦议会　也称国会,是国家最高立法机构。由上议院(参议院)和下议院(众议院)组成。上议院议员任期3年,有70个议席;下议院议员任期5年,有219个议席。本届国会于2004年3月全国大选后组成。

内　阁　联邦政府采用责任内阁制。内阁是马来西亚最高行政机关,由选举中占半数以上席位的政党组成。政府首脑为总理,由最高元首任命。本届政府内阁于2004年3月全国大选后组成,设有28个部门。

各州国家机关　各州设有州政府,享有内政独立的自主权。君主立宪制原则适用于9个有世袭苏丹的州。槟榔屿、马六甲、沙巴、沙捞越等4个州的州长,由联邦政府委任。

司法机关　最高司法机关为联邦法院。西马、东马分别设有马来亚高级法院和婆罗洲高级法院。各州设有地方法院和推事庭。此外,还有特别军事法庭和伊斯兰教法庭以及审理苏丹刑、民事案件的特别法庭。

政　党　全国有注册政党40多个。多党联盟执政一直是马来西亚政治的特点。现执政的国民阵线由马来民族统一机构(又称巫统)、马来西亚华人公会、马来西亚印度人国大党、人民运动党、马来西亚人民进步党、沙捞越土著保守统一党、沙捞越人民联合党、沙捞越国民党、沙捞越达雅克族党、沙巴自由民主党、沙巴进步党、沙巴人民团结党、沙巴民主党、沙巴团结党等14个政党组成。其他政党均为反对党,主要有伊斯兰教党、民主行动党等。

国家元首和政府首脑

最高元首　端古·赛义德·西拉杰丁,2001年12月12日在第191次统治者会议上当选,2002年4月25日登基。

政府总理　阿卜杜拉·巴达维。2004年3月22日当选连任。是国民阵线主席。

行政区划

一级行政区　马来西亚划分为13个州和3个直辖区。其中,西马有柔佛州、吉打州、吉兰丹州、马六甲州、森美兰州、彭亨州、槟榔屿州、霹雳州、玻璃市州、雪兰莪州、丁加奴州、吉隆坡直辖区、布特拉加亚直辖区,东马有沙巴州、沙捞越州、纳闽联邦直辖区。

主要城市　首都吉隆坡,位于马来半岛南部,西濒马六甲海峡,面积243.65平方公里,人口约130万,是全国政治、经济、文化、交通中心。其他重要城市有马六甲、槟城、古晋、怡保、新山、巴生、山打根等。

经　济

国内生产总值　马来西亚 2005 年国内生产总值 4945.44 亿林吉特，比上年增长 5.3%。人均国内生产总值 18764 林吉特。

产　业　农业以种植业为主，渔业也有一定规模。农业从业人员 149.11 万人，产值 221.42 亿林吉特。工业主要有电子、汽车、钢铁、石油化工、纺织、采矿等行业，从业人员 293.84 万人，产值 1729.66 亿林吉特。制造业发展较快，在国民经济中占有重要地位。服务业发达，从业人员 567.15 万人，产值 1511.44 亿林吉特。其中旅游业是国民经济的第三大支柱。2005 年外国游客人数 1640 万人次，旅游收入 320 亿林吉特。

财　政　2005 年财政收入 1058.56 亿林吉特，支出 1245.1 亿林吉特。

金　融　有商业银行 35 家，外商银行办事处 36 家，证券银行 12 家，伊斯兰银行 8 家，金融公司 25 家。中央银行是 Bank Negara Malaysia。货币名称为林吉特。2005 年林吉特与美元平均比率为 3.78∶1。2005 年底国家外汇储备 2752.78 亿林吉特（约合 728.25 亿美元）。

进出口贸易　2005 年进出口贸易总额 9677.98 亿林吉特，其中出口额 5337.88 亿林吉特，进口额 4340.10 亿林吉特。主要贸易对象是美国、新加坡、日本和中国。主要出口电子电器产品、棕油、石油、化工产品、液化天然气，进口机械运输设备、食品、烟草、燃料等。

交通通信

铁路交通　马来西亚的铁路主要干线贯穿马来半岛南北。铁路总长 2418 公里，年客运量约 540 万人次。

公路交通　拥有良好的公路网。连接马来半岛南北的高速公路（亦称南北大道）和穿越中央山脉的东西高速公路是交通主动脉。公路总长 6.59 万公里。全国注册交通工具 1480 余万辆（2005 年），其中绝大部分为私人拥有。

水　运　有各类船只 1008 艘。其中 100 吨位以上的注册商船 508 艘，总吨位 175.5 万吨；远洋船只 50 艘。有港口 19 个，主要有巴生港、槟城港、关丹港、新山港、马六甲港、古晋港、纳闽港等，其中巴生港和槟城港是最繁忙的港口。内河运输主要集中在东马地区。

民用航空　有机场 37 个，其中国际机场 5 个，分别是吉隆坡国际机场、槟城机场、兰卡威机场、哥打基那巴鲁机场和古晋机场。马来西亚航空公司是全国最大的航空公司，拥有飞机 110 余架，辟有 113 条国际航线。2005 年民航客运量 4160 万人次。

电　信　2004 年全国拥有固定电话 457 万部，2005 年注册移动电话 1582 万部。2005 年互联网用户平均每百人 21.8 户。

教　育

马来西亚强制实行 9 年义务教育。小学学制 6 年，免费教育；初中学制 3 年；高中学制 4 年；大学学制一般为 4～5 年。全国有小学 7084 所，在校学生 283 万人，每 18 名小学生配备 1 名教师，小学适龄儿童入学率 96.8%；中学 1538 所，在校学生 172 万人，每 17 名中学生配备 1 名教师；公立高等院校 10 所，私立学院 662 所。著名大学有马来亚大学、马来西亚理工大学、马来西亚博特拉大学（农业大学）、马来西亚理科大学、国际伊斯兰大学、马来西亚北方大学、国民大学等。

国家财政教育经费支出占国民生产总值的 6.2%。全国 15 岁以上人口识字率 88.7%。

传　媒

马来西亚国家新闻社（简称马新社）是半官方性质的新闻机构，成立于 1968 年，在亚太地区设有 32 家分社。

全国约有 50 种报纸和杂志，用 8 种文字出版。主要马来文报纸有《马来先锋报》、《马来西亚使者报》、《每日新闻》和《祖国报》，主要英文报纸有《新海峡时报》、《太阳报》、《星报》和《马来邮报》，主要华文报纸有《南洋商报》、《星洲日报》和《中国报》。

主要广播电台有马来西亚广播电台和马来西亚之声。其中，马来西亚广播电台为官办，建于 1946 年，拥有 6 个广播网，用马来语、英语、华语和泰米尔语广播；马来西亚之声建于 1963 年，用马来语、阿拉伯语、英语、印尼语、缅甸语、他加禄语、泰语等语言对外广播。主要电视台有马来西亚电视台、第三电视台、城市电视台、国民电视台、第七电视台、美佳电视台和寰宇有线电视台，其中马来西亚电视台（包括第一电视台和第二电视台）为官办，建于 1963 年，播放马来语、英语、华语和泰米尔语节目。

医疗卫生

马来西亚有公立医院 118 所（2000 年，下同），病床 3.57 万张；县、乡医务所 3115 个。全国有医生 1.02 万人，护士 1.46 万人。平均每 1455 人有 1 名医生，1.27 万人有 1 名药剂师，1.15 万人有 1 名牙医。2005 年国民平均预期寿命 74 岁（男性 71.8 岁，女性 76.2 岁），婴儿死亡率 5.1‰，人口自然增长率 15.2‰。

科　技

马来西亚科技体系由政府机构、高等教育研究机构、私人机构三大部分组成。内阁科学技术委员会为马来西亚科学技术政策的最高决策机构，由总理兼任主席，成员包括科学技术与环境部、国际贸易与工业部、教育部、财政部和人力资源部的部长。科学技术与环境部下属科技机构主要有环境局、化工局、气象局、野生保护和国家公园、核技术研究所、微电子系统研究所、原子能许可委员会、马来西亚标准研究所、太空研究局和国家生物工艺学委员会。高等教育研究机构设在各大学中。马来西亚国家科学研究与开发理事会为协调机构，也是马来西亚政府科学技术方面的全国性顾问组织。

历　史

距今1万年前，马来半岛就已经有人类居住。

公元初，马来半岛出现羯荼、狼牙修等古国。15世纪初，以马六甲为中心的满剌加王国统一马来半岛的大部分，伊斯兰教也因此在当地传播开来。

从16世纪起，先后被葡萄牙、荷兰、英国占领。20世纪初，完全沦为英国殖民地。1888年，沙捞越、沙巴(历史上属文莱)也沦为英国保护地。第二次世界大战期间，马来亚、沙捞越、沙巴被日本占领。战后，英国恢复殖民统治。

1957年8月31日，马来亚联合邦宣布独立。1963年9月16日，马来亚联合邦同新加坡、沙捞越、沙巴合并组成马来西亚联邦(新加坡于1965年8月9日退出)。

马来西亚是东南亚国家联盟创始成员国。

缅　　甸

国　名

缅甸联邦(The Union of Myanmar)，简称缅甸。

地　理

位　置　缅甸位于中南半岛西部。地处东经92°20′~101°11′、北纬9°58′~28°31′之间。西南濒临孟加拉湾和安达曼海。

面　积　陆地国土面积67.66万平方公里。

疆界和邻国　东北与中国毗邻，西北与印度、孟加拉国接壤，东南与老挝、泰国交界。陆地边界线长5800公里。

地形地貌　地势大体上是两边高、中间低，北边高、南边低。东面是掸邦高原，西面为西部山地，中部是伊洛瓦底江谷地。伊洛瓦底江的中下游为平原，称为中央大平原，是缅甸经济最发达的地区。大部分国土是山地和高原。

江　河　大多为南北走向。主要河流有伊洛瓦底江和萨尔温江。伊洛瓦底江起源于中国的青藏高原，纵贯缅甸南北，全长2150公里，注入印度洋的安达曼海，流域面积占全国陆地面积的60%。东部的萨尔温江，与伊洛瓦底江差不多平行，起源于中国的唐古拉山脉，它的上游是中国的怒江。萨尔温江在缅甸境内流长1600公里，是缅甸第二大河，流域面积约20万平方公里。

海岸海岛　海岸线长3200公里，均在南部。可划分为3段：北段是阿尔干湾岸，中段是伊洛瓦底江三角洲，南段是丹那沙林海岸。

气　候　属热带季风气候区。分热、雨、凉三季，3~5月为热季，6~9月为雨季，10月到次年2月为凉季。各地年平均气温27℃，年平均降雨量3000~5000毫米。平原和丘陵地区炎热潮湿，山区比较凉爽。

风景名胜　主要有仰光大金塔、曼得勒山、蒲甘佛塔群、波芭山、茵莱湖风景区等。

国　民

人　口　缅甸人口约5200万(2001年)。

民　族　有135个民族。缅族是主体民族，约占全国人口的2/3。人口较多的民族还有掸族、克钦族、钦族、克伦族、孟族、若开族、勃欧族、佤族、克耶族等。华侨、华人约占全国人口 的4% ~5%。缅族大多居住在平原，华人主要居住在仰光一带，其他民族大多居住在山区。

语　言　各民族都有自己的语言，缅甸语为国语。缅族、克钦族、克伦族、掸族、孟族等民族有自己的文字。

宗　教　85%的国民信仰佛教(小乘佛教)。男性青少年都要出家为僧一段时间。各地佛塔林立。佛教文化是缅甸文化的重要组成部分，佛教教义规范着缅甸人民的社会生活。少数国民信奉伊斯兰教、天主教和原始宗教。

国民收入　2004/2005财政年度(缅甸财政年度自当年的4月1日起至次年的3月31日止)国民人均收入16.57万缅元。

资源物产

缅甸是著名的“稻米之国”和“森林之国”。稻米盛产于伊洛瓦底江三角洲和锡唐河河谷一带。全国森林覆盖率53%，拥有林地3412万公顷，出产柚木、花梨木、丁纹木、鸡翅木、黑檀木、铁木等名贵木材。矿产资源主要有石油、天然气、宝石、玉石、锡、钨、锌、铝、锑、锰、金、银等。水力资源丰富。

国体政体

国　体　缅甸是联邦制国家。

国家和平与发展委员会　国家最高权力机构。由

13人组成。

联邦政府　国家最高行政机关。设有国防部、内务部等部门。

司法机关　法院、检察院均分为4级，第一级是最高法院和最高检察院。

党　派　全国有10个党派，即全国民族联盟、民族团结党、掸邦民族联合会、联邦勃欧族联合会、掸邦果敢民族党、谬族（克密族）团结协会、拉祜族发展党、联邦克伦族联盟、果敢民族团结党和佤族发展党。

国家元首和政府首脑

国家和平与发展委员会主席　丹瑞大将。1997年任职。兼任国防军最高司令部司令。

政府总理　梭温中将。2004年10月19日任职。

行政区划

一级行政区划　缅甸一级行政区划包括7个省和7个少数民族邦，分别是：德林达依、仰光、勃固、曼德勒、实皆、马圭、伊洛瓦底等7个省，克伦、克钦、克耶、掸、孟、钦、若开7个邦。

主要城市　首都仰光市，位于南部，市区面积696.71平方公里，人口约500万（2000年），是全国经济、文化中心。其他重要城市有曼得勒、毛淡棉、勃生、蒲甘等。

经　济

国内生产总值　缅甸2005年国内生产总值3.69万亿缅元，比上年增长12.2%。人均国内生产总值16万缅元。

产　业　农业在国民经济中占较大比重（产值约占国内生产总值的50.5%），以种植业为主。2005年大米产量2450万吨，豆类总产量360万吨，橡胶产量50多万吨，玉米产量70多万吨。工业主要行业有农产品加工、油气开采、小型机械制造、纺织印染、木材加工、制糖、造纸、化肥、制药、电力等。第三产业发展较快，产值约占国内生产总值的34.9%。2005年接待外国游客66万人次，旅游收入1.53亿美元。

金　融　国有银行5家，私人银行20家。货币名称为缅甸币，单位为元。2005年官方汇价为6.5缅元兑换1美元。2004/2005财政年度通货膨胀率9%。

进出口贸易　2005年进出口贸易总额43.7亿美元，其中出口额27.7亿美元，进口额16亿美元。在进出口总额中，私营占54%，国营占46%。主要贸易伙伴是泰国、新加坡、中国、印度、日本和马来西亚。主要出口商品有天然气、服装、豆类、虾类、柚木、硬木等，进口商品有机械及运输设备、精炼矿物油、纺织品、一般金属及金属制品、电子设备及电器、塑料等。

外国投资　2004/2005财政年度，缅甸批准吸引外资1.1亿美元。外资主要来自中国、日本和欧盟。

交通通信

公路交通　缅甸有公路515条，总里程22.21万公里。全国机动车保有量95万辆（2004年），其中摩托车60多万辆，私人小轿车18.5万辆。

铁路交通　铁路总里程4000多公里，主要是窄轨铁路。拥有蒸汽机车43台，柴油机车270台。

水　运　内河航道总里程9219英里。拥有各种船只537艘。可供远洋货轮停靠的港口主要有仰光港、勃生港和毛淡棉港，其中仰光港是最大的海港。全国仅有缅甸五星轮船公司经营远洋运输。

民用航空　有机场43个，其中主要的有仰光机场、曼得勒机场、黑河机场、蒲甘机场、丹兑机场等。仰光机场和曼得勒机场为国际机场。主要航空公司有缅甸国际航空公司、仰光航空公司、曼得勒航空公司和蒲甘航空公司。国际直达航线联系13个国家和地区。国内航线有17条，大城市和主要旅游景点均已通航。

电　信　固定电话用户35.94万户，移动电话用户5万户（2004年11月）。

教　育

缅甸的基础教育学制为10年。全国有小学（1～4年级）3.5万所，在校学生约500万人，教师15万人；初级中学（5～8年级）3000多所，在校学生约200万人，教师5万多人；高级中学（9～

缅甸曼德勒皇宫。　（原载《吉祥》）

10年级)180多所,在校学生约65万人,教师1600多人。高等院校有154所,主要大学有仰光大学、曼得勒大学、毛淡棉大学等。

传 媒

缅甸通讯社是国家通讯社。

报纸均为政府所办。主要报刊有英、缅文版的《星光报》、《劳动人民报》、《镜报》等。《缅甸华报》是全国惟一允许公开发行的华文报刊。杂志和期刊有140多种。

政府主办的“缅甸之声”是全国惟一的广播电台,用缅语、英语和8种少数民族语言广播。全国有两家电视台,即缅甸电视台和妙瓦底电视台。境内大部分地区都能收看到电视节目。

医疗卫生

缅甸有医院819所(不含14所中医医院),其中拥有300张以上病床的114所。最好的医院是仰光的亚洲皇家医院和仰光市总医院。此外,还有农村卫生所1404所。全国有医生1.66万人。

科 技

缅甸有科技研究机构12个。另有科技大学3所、技术学院26所、计算机学院2所、航空工程和海事学院2所,这些高等院校也从事科学研究。

联邦政府科学技术部负责管理全国的科学技术工作。

历 史

公元1044年形成统一的国家。历经蒲甘、东坞、贡榜3个封建王朝。

19世纪,英国殖民主义者以武力占领缅甸,并将缅甸划为英属印度的一个省。1937年,实行“印缅分治”,由英王直接统辖缅甸。缅甸人民从1920年开始争取民族解放斗争。1932年,“我缅人党”成立,开展大规模的反英运动。1942年5月,日军占领缅甸,缅甸人民开展英勇的抗日斗争。1945年3月,全国总起义,缅甸光复。不久,仍被英国控制。缅甸人民继续开展民族独立运动。

1948年1月4日,缅甸独立,成立缅甸联邦,组成以吴努为首的政府,实行多党议会制。

1962年,奈温将军发动政变,推翻吴努政府,成立革命委员会执政。1974年1月,将国名改为缅甸联邦社会主义共和国,并颁布新宪法,成立人民议会,组建以奈温为主席的社会主义纲领党。1988年7月,因经济恶化,爆发全国性群众游行示威,奈温和吴山友(总统)辞职。

1988年9月18日,时任国防部长的苏貌将军率军队接管政权,成立国家恢复法律和秩序委员会,并宣布废除宪法,解散人民议会和政权机构。同年9月23日,军政府将国名改为缅甸联邦。1997年11月15日,国家恢复法律和秩序委员会改名为国家和平与发展委员会。10多年来,军政府奉行民族和解与合作政策,实行民族自治,国内民族矛盾逐渐缓和。

1997年,缅甸联邦加入东南亚国家联盟。

菲 律 宾

国 名

菲律宾共和国(The Republic of the Philippines),简称菲律宾。

地 理

位 置 菲律宾位于亚洲东南部。地处北纬4°35′~21°08′、东经116°55′~126°37′之间。西濒南中国海,东临太平洋。

面 积 陆地面积30.08万平方公里。

疆界和邻国 疆域从北到南跨度达1000公里。北面、西面与中国为邻,南面与印度尼西亚、马来西亚隔海相望。

地形地貌 陆地国土由7107个岛屿组成,素有“千岛之国”之称。按照地形和岛屿排列情况,菲律宾群岛通常分为吕宋岛(第一大岛,面积4.08万平方公里)、维萨亚群岛、棉兰老岛(第二大岛,面积3.69万平方公里)、巴拉湾群岛、苏禄群岛五大部分。地貌复杂多样,山地面积占陆地总面积的2/3。群岛上横亘7座山脉,其中谢拉马德雷山脉最长,从北到南纵贯吕宋岛东部。最高峰是阿卓山(休眠火山),海拔2955米,位于棉兰老岛。最有名的平原是吕宋平原,有“菲律宾粮仓”之称。海拔最高的地区是吕宋岛北部的Benguet高原。海岸线蜿蜒曲折,总长10850公里;颇多天然良港。马尼拉湾是世界上最好的港湾之一,水域达770平方公里。位于棉兰老岛东面海域的菲律宾海沟深达10540米,为世界最深的海沟。由于地处太平洋边缘的火山地震带,常发生地震。境内有火山50多座,其中活火山11座。吕宋岛上的活火山马荣火山在1616~1968年间共喷发30余次。

江河湖泊 群岛河流遍布,最长的河流是卡拉延河。吕宋岛的内湖是最大的淡水湖。

气 候 属热带海洋性气候区。分干、湿两季:5~10月为湿季,高温多雨;11月至次年4月为干季,炎热干燥。由于国土南北跨度大和东西有山脉分隔,南部与北部、东海岸与西海岸的气候有较大差别。全国年平均气温26.6℃。东面海域是台风发源地,境内常

受台风影响。

风景名胜　主要旅游景点有百胜滩、蓝色港湾、碧瑶市、马荣火山、伊富高省原始梯田等。

国　民

人　口　菲律宾人口8500万(2005年1月)。

民　族　有80多个民族。其中,马来族(包括他加禄人、伊洛戈人、邦班牙人、比萨亚人、比戈尔人等)约占全国人口的85%,华人(约150万)、印度尼西亚人、阿拉伯人、印度人、西班牙人、美国人等族群约占5%。

语　言　有70多种语言。通用语是以他加禄语为基础的菲律宾语。官方语言为英语。西班牙语也较流行。

宗　教　约84%的国民信奉天主教,4.9%信奉伊斯兰教。华人多信奉佛教。原住民多信奉原始宗教。

资源物产

菲律宾探明储量的金属矿有13种,非金属矿29种。储量较大的金属矿有铜、金、银、铁、铬、镍和铝土,其中铜矿储量37.16亿吨,镍矿1.27亿吨、金矿1.36亿吨。非金属矿主要有石灰石、大理石等。地热资源丰富,估计有相当于20.9亿桶原油的热能资源。巴拉望岛西北部海域石油储量约3.5亿桶。

全国有可耕地1400万公顷,占土地总面积的46.9%。粮食作物主要是稻谷和玉米。经济作物主要有椰子、甘蔗、蕉麻、烟草、香蕉、菠萝、橡胶、咖啡、芒果等,其中椰子产量和出口量均占世界的60%以上。森林面积1250万公顷,森林覆盖率约41%,有红木、樟木等名贵木材。经济鱼类有2400多种,金枪鱼资源居世界前列。开发的海水、淡水鱼场面积2080平方公里。

国体政体

国　体　菲律宾是共和制国家。立法、行政、司法三权分立。实行总统内阁制。总统由人民直接选举产生,任期6年。

国　会　国家最高立法机构。由参、众两院组成。参议院议员24名,由全国直接选举产生,任期6年,每3年改选1/2,可连任两届。众议院议员250名,其中200名由各省、市按人口比例分配,从全国各选区选出;25名由参选获胜政党委派;另外25名由总统任命。众议员任期3年,可连任3届。本届国会于2001年5月选举产生。

政　府　由总统、副总统和内阁成员组成。设住房和城市发展协调委员会、执行部、外交部、财政部、司法部、农业部、国防部、贸易与工业部、公共工程与公路部、教育文化与体育部、劳工与就业部、社会经济计划部、卫生部、土地改革部、警察总监、内务与地方政务部、环境与自然资源部、交通与运输部、社会福利部、预算与管理部、科技部、旅游部、能源部、新闻部等部门。本届总统、副总统于2004年6月选举产生,内阁于同年8月组成。

司法机构　司法权属最高法院和各级法院。最高法院拥有最高司法权,有1名首席法官和14名陪审法官,均由总统任命。检察工作由司法部检察长办公室负责。

政　党　有政党100余个,大多数为地方性小党。主要政党有基督教穆斯林民主力量党(简称拉卡斯,最大政党,现执政党)、民族主义人民联盟、摩洛民族解放阵线、摩洛伊斯兰解放阵线、共产党、自由党、民主行动党、地方发展优先党、改革党、民主战斗党、民族党等。

国家元首和政府首脑

总统是国家元首、政府首脑兼武装部队总司令。现任总统格洛丽亚·马卡帕加尔·阿罗约,于2004年6月当选连任。

行政区划

一级行政区划　菲律宾划分为吕宋、维萨亚、棉兰老三大部分,设有首都地区、科迪勒拉行政区和棉兰老穆斯林自治区,以及伊罗戈区、卡加延谷区、中吕宋区、南塔加罗格区、比克尔区、西维萨亚区、中维萨亚区、东

菲律宾长滩岛的美丽海滩。　(原载《中国—东盟博览》)

维萨亚区、西棉兰老区、北棉兰老区、南棉兰老区、中棉兰老区、卡拉加区等13个地区。下设79个省和116个市。

主要城市　首都大马尼拉市，位于吕宋岛南部，人口1050万(2000年)，是全国政治、经济、文化、交通中心。其他重要城市有马尼拉、奎松、达澳、宿务、卡洛奥坎、三宝颜、帕萨伊、巴戈洛德、伊洛伊洛、卡加延德奥罗等。

经　济

国内生产总值　菲律宾2005年国内生产总值5.38万亿比索，比上年增长5.1%。人均国内生产总值1084美元。

产　业　农业以种植业为主。工业以农、林产品加工业为主，制造业发展迅速。服务业在国民经济占较大比重，从业人员1400多万人，约占全国就业人数的40%。

财　政　2005年财政收入7957亿比索，支出9422亿比索。

金　融　主要银行有首都银行、商业银行等。货币名称为比索。2005年比索与美元平均比价为53.1∶1。年末国家外汇储备208.4亿美元，黄金储备79亿美元，外债总额700亿美元。

对外贸易　与150个国家和地区有贸易往来。2005年出口额412.2亿美元，进口额522.1亿美元。出口商品主要有矿产品、成衣、电子产品、工艺品、家具、化肥等，进口商品主要有电机、机械、纺织纱线、化工产品、电子产品、谷物等。

交通通信

民用航空　菲律宾航空业比较发达。全国有机场288个。主要机场有尼诺·阿基诺国际机场、宿务麦克坦国际机场、达澳国际机场、苏比克国际机场、克拉克国际机场和拉瓦格国际机场，其中马尼拉的尼诺·阿基诺国际机场是全国最大的航空港。国内航线通达40多个城市。国际航线较多，与30多个国家签有国际航运协定。

铁路交通　铁路总里程1200多公里，集中在吕宋岛。铁路网以马尼拉为中心，北达圣费尔南多，南到黎牙实比。

公路交通　公路总里程约20万公里。注册机动车辆418.77万辆(2002年)。

水　运　航道总长3219公里。全国有港口数百个，商船千余艘。主要港口有马尼拉、宿务、怡朗、三宝颜等。2005年全国港口货物吞吐量1.49亿吨。

教　育

菲律宾的学前教育可自由选择。初等教育(即小学教育)为义务教育，学制6年(一些私立学校为7年)。中等教育(即中学教育)学制4年。学位制高等教育学制一般为4年(工程学、法律、医学等专业需要至少5年的在校教育)。鼓励私人办学。全国成人识字率95%(2000年)。

全国有小学3.93万所，适龄儿童入学率97%；中学7128所，入学率65%。高等教育主要由私人举办。有高等院校1479所，其中公立174所，私立1305所；在校生总数200多万人。著名高等院校有菲律宾大学、阿特尼奥大学、东方大学、远东大学、圣托玛斯大学等。

传　媒

菲律宾通讯社为官方通讯社。新闻出版组织有菲律宾全国新闻记者俱乐部、菲律宾新闻摄影家协会、菲律宾出版者协会等。全国有出版机构257家，广播电台629家，电视台137家。在菲律宾广播电台、电视台中，除人民电视台为官办外，其余均为私人举办；所播节目主要是英语、他加禄语、华语节目。主要英文报纸有《马尼拉公报》、《菲律宾星报》、《菲律宾询问日报》、《自由报》、《马尼拉时报》和《马尼拉纪事报》，主要菲文报纸有《消息报》和《菲律宾快报》，主要华文报纸有《世界日报》、《商报》、《菲华时报》、《联合日报》和《环球日报》。

医疗卫生

菲律宾有医院1708所(其中公立640所，私立1068所)，医师2957人，牙医1958人，护士4819人，助产士1.66万人；村镇医疗站1.51万个，农村医疗单位1879个(以上均为2001年数据)。人口平均预期寿命70岁(2002年)，其中男性66.93岁，女性72.18岁。

历　史

菲律宾是一个历史悠久的国家。最早生活在菲律宾群岛上的居民是尼格列多人。西班牙入侵之前，菲律宾存在许多土著部落和马来族移民建立的割据王国，其中最著名的是14世纪70年代兴起的海上强国苏禄王国。

1531年，西班牙远征队在比萨亚群岛(现名宿务港)登陆，宣布占领该群岛。1543年，入侵的西班牙军队以其国王菲律浦二世名字命名该群岛，这是“菲律宾”称呼的由来。

1565年，西班牙占领菲律宾全境，并对其实行长达300多年的殖民统治。

1898年6月12日，菲律宾起义者借美(国)西(班牙)战争之机，宣告独立，成立菲律宾历史上第一个共和国。同年12月，美国通过美西战争后签订的《巴黎条约》占领菲律宾，菲律宾又沦为美国的殖民地。

1935 年 11 月,菲律宾成立自治政府。

1941 年 12 月 8 日,日本入侵菲律宾。

1945 年,美国重新恢复对菲律宾的殖民统治。

1946 年 7 月 4 日,菲律宾宣告独立。

1996 年 9 月 2 日,菲律宾政府与最大的反政府组织摩洛民族解放阵线签署和平协议,其南部长达 24 年的战乱局面结束。

菲律宾是东南亚国家联盟创始成员国。

新　加　坡

国　名

新加坡共和国(The Republic of Singapore),简称新加坡。

地　理

位　置　新加坡位于亚洲东南部的马来半岛南端。地处北纬 1°09′~1°29′、东经 103°36′~104°25′之间。南面为太平洋与印度洋之间的航运重要通道——马六甲海峡的东部出入口。

面　积　陆地面积 699.4 平方公里。

邻　国　北隔柔佛海峡与马来西亚为邻,南隔新加坡海峡与印度尼西亚相望。

地形地貌　陆地国土由新加坡本岛和 63 个小岛组成。大部分土地为低地,这些低地已开发为市区和工业区。海岸平缓,沿岸大多经过人工改造。新加坡岛呈菱形,是该国的主岛,面积约 585 平方公里,约占全国陆地面积的 91.6%。新加坡本岛以外的其他岛屿,较大的有大德光岛(24.4 平方公里)、乌敏岛(10.2 平方公里)和圣陶沙岛(3.5 平方公里),其中圣陶沙岛和乌敏岛是旅游景点,大德光岛是重要的工业基地。

气　候　属热带海洋性气候。常年高温、潮湿、多雨。年平均气温 24℃~27℃,日平均气温 26.8℃。年平均降水量 2344 毫米。年平均湿度 84.3%。

风景名胜　主要有牛车水、小印度、鱼尾狮公园、裕廊飞禽公园、新加坡植物园、花柏山、圣淘沙岛、乌敏岛等。

国　民

人　口　新加坡人口 435.1 万(2005 年),其中本国公民和永久居民 355.4 万人,其他为居住一年以上的外国居民。人口密度为每平方公里 6004 人。

民　族　种族多元,民族众多。在国民中,76.2% 是华人,13.8% 是马来人,8.3% 是印度人。

语　言　马来语是国语。英语、华语、马来语和泰米尔语均为官方语言。英语是行政语言,使用最为广泛。大多数新加坡人都会讲母语、英语两种语言。

宗　教　佛教、道教、基督教、伊斯兰教在新加坡均有较大影响。各类宗教信徒约占全国 10 岁以上人口的 86%。华人大多信奉佛教,马来人多信奉伊斯兰教,印度人多信奉印度教。

资源物产

新加坡自然资源匮乏。除在本岛中部、北部及大、小德光岛等几个岛屿有花岗石外,至今尚未发现有其他矿藏。虽然四面环海,但渔业并不发达,年产量仅 1 万余吨。

植物资源比较丰富,品种有 2000 多种,多属热带低地常绿植物。普遍种植热带观赏花卉胡姬花(即兰花),品种繁多,娇美艳丽,四季盛放。所产胡姬花大量出口欧洲各国及美国、日本等国家和地区。

国体政体

国　体　新加坡是议会制国家。宪法规定,总统为国家元首,由国会选举产生。国会是一院制。实行立法、行政、司法三权分立。

国　会　国家的立法机构。由议会和总统组成。

政府内阁　国家行政权力机关。由总理、副总理、各部部长组成。总统委任国会中多数党领袖为总理。根据总理提名,总统任命内阁部长。总理、部长都必须是国会议员。设有国防及安全统筹部、律政部、内政部、外交部、国防部、交通部、贸工部、新闻通讯及艺术部、教育部。

司　法　设最高法院和总检察署。最高法院由最高法庭和上诉庭组成。最高法院大法官由总理推荐、总统委任。总检察长公署下设立法处、刑事处、民事处 3 个部门。总统根据总理建议任命总检察长。

政　党　注册的政党有 24 个。主要有人民行动党、工人党、新加坡民主党等。人民行动党从 1959 年 6 月起连续执政至今。

国家元首和政府首脑

总　统　纳丹。2005 年 8 月 17 日当选连任。

政府总理　李显龙。2004 年 8 月 12 日任职。

行政区划

新加坡是一个城市国家。在地理上分为中央区、内市区、外市区、新镇、内郊区、外郊区等 6 个地区。选举时分为 75 个选区。不设区政权机构,由中央各部直接管理各项事务。设有公民咨询委员会、民众联络所、人民协会等社区组织,担负起准地方政府的任务,作为沟通政府与居民之间的桥梁。

首都新加坡市,位于新加坡岛东南,南临新加坡海峡。是东南亚最大的海港、重要商业城市和转口贸易中心，也是国际金融中心、航空中心。市容整洁美观，到处树木葱茏，浓荫密布，绿草如茵，百花娇艳，香飘四季，被誉为“世界花园城市”。

经　济

国内生产总值　新加坡2005年国内生产总值1934.53亿新美元，比上年增长6.4%。

产　业　农业在经济中所占比重很小。工业化程度高，主要行业是制造业和建筑业。是世界第三大炼油中心。服务业发达，包括零售与批发贸易、旅游、交通与电信、金融服务、商业服务等行业。旅游业兴旺发达，被誉为“亚洲旅游王国”。2005年接待外国游客894万人次。

对外贸易　新加坡国民经济的重要支柱。2005年进出口贸易总额4300亿美元，其中进口额2002亿美元，出口额2298亿美元。主要出口商品有电子真空管、数据处理机、加工石油产品、电讯设备等。

财　政　2005年财政收入281亿新元，支出288亿新元。

金　融　由金融管理局负责制定和实施各项金融政策，负责监督与管理商业银行及其他金融机构的经营活动，实际上执行着中央银行的职能，但不发行货币。拥有1000多家金融机构。货币名称为新加坡元。2005年新加坡元与美元平均比价为1.655∶1。年末国家外汇储备总额1166亿美元（含外汇、黄金及存放在国际货币基金的储备金和特别提款权）。

交通通信

铁路交通　新加坡的铁路交通以地铁为主。设有65个站，全长109.4公里。1999年11月建成轻轨铁路，与地铁相连。

公路交通　全国公路总长3164公里，其中高速公路150公里。拥有机动车辆71.1万辆（2003年），其中小汽车40万辆，出租车1.94万辆，公共汽车1.3万辆，摩托车13.56万辆，货车或其他用途车13.53万辆。

水　运　新加坡港是世界最繁忙的港口和亚洲主要转口枢纽之一。有300多条航线连接世界740个港口。2005年新加坡港集装箱吞吐量2320万标准箱。全国有注册商船3063艘（2003年），总吨位2600万吨。

民用航空　新加坡航空公司及其子公司胜安航空公司拥有飞机96架。外国70家航空公司每周提供超过3700班次的定期飞行服务。航线联系世界55个国家的175个城市。樟宜机场连续多年被评为世界最佳机场。

信息通信　通过3个国际数码电话网、3个地面卫星转播站和海底管道电缆网络与80多个国家建立高速电信网络联系。每万人有3530条家用电话线。移动电话用户约占总人口的71.5%。互联网上网人数242万人。

教　育

新加坡自治和独立以来，教育发展大致经历两个阶段。第一阶段从1959年到1979年，偏重于普及性和职业教育，为工业化初级阶段的经济发展培养熟练劳动力。第二阶段从1979年至今，重点发展高等普通教育和高等职业技术教育，培养高层次专业技术人才。

实行精英制教育。青少年一般必须接受10年正规教育，其中小学6年，中学4年。强调识字、识数、双语、体育、道德教育、创新和独立思考能力并重。要求学生除了学习英文，还要兼通母语。政府还推行“资讯科技教育”，促使学生掌握电脑知识。全国有小学197所，中学165所，高级中学2所，初级学院16所。大学主要有国立大学、南洋理工大学和新加坡管理大学。此外，还有4所理工学院和33所技术/商业训练学院。

传　媒

新加坡主要报刊有：英文日报《海峡时报》、《商业

夜色中的新加坡美不胜收。　（原载《源》）

日报》、《新报》,华文日报《联合早报》、《联合晚报》、《新明日报》,马来文日报《每日新闻》,泰米尔文日报《慕拉素淡米尔日报》。其他重要传媒有新加坡广播电台和新加坡电视台。新加坡广播电台拥有并经营12个国内电台和3个国际电台。新加坡电视台辟有6个频道,并开通有线电视网和卫星电视。

医疗卫生

新加坡政府通过财政投入建立完善的社区医疗卫生中心,社区医疗服务覆盖所有居民。医疗机构分两种,一种是个人出资兴办的营利性综合全科医院,一种是政府和慈善机构建立的非营利性医院。政府推行“三重安全保健网”(即保健储蓄计划、保健双全计划、保健基金),以确保国民都有求医受诊的能力和机会。全国有27所医院/专科中心,其中14所属于公共部门,13所属于私人机构。病床总数1.19万张(2001年),医生6268人,护士1.74万人。新生儿死亡率2.9‰(2003年)。国民平均预期寿命:男性76.9岁,女性80.9岁。

科 技

新加坡在重要领域具备科研能力的机构有13家。这13家研究机构由两个研究理事会直接管理,其中生物医药研究理事会管理5家从事生物和医药研究领域的研究所,科学与工程研究理事会管理其他8家研究所。科学技术研究局、经济发展局、资讯通信管理局、国际企业发展局、标准及生产力与创新局等政府机构在科研体系中发挥重要作用。科学技术研究局的工作以科研院(中心)、大学、医院等公共科研机构为工作对象,着眼发展公共科研机构的科研人力资源,并为他们提供科研资金;经济发展局以公司为工作对象,负责支援公司的研究和创新项目,并为新的起步公司提供资金。国家财政科研经费支出约占国内生产总值的2%。

历 史

新加坡古称单马锡,公元8世纪建国,属印度尼西亚的室利佛逝王朝。10世纪前后,已成为繁荣的港口。13世纪中叶,随着室利佛逝王朝的衰落,单马锡改称信诃补罗。到14世纪中期,信诃补罗成为连接东西方的一个著名国际贸易港口。1350年后,屡遭爪哇的麻喏巴歇王朝和暹罗的大城王朝侵略,于14世纪末灭亡并变成暹罗的属地。18~19世纪,是马来西亚柔佛王国的一部分。

1819年,英国殖民地开拓者莱佛士登陆新加坡。1826年新加坡沦为英国殖民地。英国一直把新加坡作为远东转口贸易的重要商埠和在东南亚的主要军事基地。第二次世界大战期间,新加坡被日本占领。1945年日本投降后,英国恢复其在新加坡的殖民统治。随后,新加坡人民展开各种形式的斗争,迫使英国殖民当局改变统治方式。1954年2月,英国发表《伦德尔宪调查报告书》,提出在新加坡成立一个有32个席位的立法议会(7席由官方委任,25席由民众选举产生),并在此基础上成立民选政府。1955年,内阁式的政府成立,但重要的部长职位仍属于殖民当局。1956年3月12~18日,新加坡爆发要求结束殖民统治、实行独立的“独立运动周”,20多万新加坡居民在独立意见书上签字。在此形势下,英国政府3次邀请新加坡各派政治力量到伦敦谈判,讨论新加坡政治地位问题。

1958年4月18日,英、新代表签订《关于新加坡自治宪法草案》,英国同意新加坡成立自治邦,实行内部自治,但保留国防、外交、修宪和颁布紧急法令权,并驻有军队。1959年5月30日,举行新立法议会选举,人民行动党获胜。1959年6月,新加坡成立自治邦,实行内部自治,英国保留国防、外交权利。

1963年,新加坡同马来西亚、沙捞越和沙巴组成马来西亚联邦。1965年8月9日退出联邦,成立新加坡共和国。

新加坡共和国是东南亚国家联盟创始成员国。

泰 国

国 名

泰王国(The Kingdom of Thailand),简称泰国。

地 理

位 置　泰国位于中南半岛中南部。地处北纬5°37′~20°27′、东经97°22′~105°37′之间。东南濒临泰国湾,西南面向印度洋的安达曼海。

面 积　陆地国土面积51.31万平方公里。

疆界和邻国　东与柬埔寨毗邻,东北与老挝交界,西面和北面与缅甸为邻,南与马来西亚联邦接壤。陆地边界线长3400公里。

地形地貌　地势北高南低,由西北向东南倾斜。地形复杂,全国大体分为5个地形区:一、北部和西部内陆山区。北部山区山脉、河流众多,是湄南河的发源地。主要山脉有登劳山、坤丹山、匹邦南山和琅勃拉邦山,平均海拔1600米,是全国地势最高的地区。位于清迈的因他暖峰海拔2576米,是全国最高峰。西部山区多为山岭、峡谷。二、东北部高原。也称柯叻高原,包括东北部17个府的广大地区。整个高原由西向东南方向倾斜,构成柯叻、沙功那空两个盆地。三、中部流域平原。包括湄南河流域以及夜功河、他真河和挽巴功河流域的中下游广大地区，是泰国最大的冲积平原和水稻主产区，素有“泰国粮仓”之称。四、东南沿海地区。包括巴真武里、差春骚、春武里、罗勇、占他武里、达叻等6个府的狭小地区。五、南部半岛。包括马来半岛的一部分以及连接半岛和大陆的克拉地峡。

海岸海岛　海岸线长2616.4公里。东南沿海岸线曲折，近海有阁昌、阁谷、阁锡昌等岛屿。南部半岛地区西海岸为下沉海岸，大陆架狭窄，岸线曲折破碎且多为岩岸，主要岛屿有普吉岛（全国最大岛屿，面积500多平方公里）、象岛、苏梅岛、PP岛、沙美岛、道岛、希美兰岛等；东海岸平直开阔，多沙滩，少海湾。

江河湖泊　境内河流纵横。主要河流有湄南河和湄公河。湄南河注入泰国湾，河谷宽阔，倾斜度很小，雨季常形成水患。湄公河在境内流长930公里，部分河段水深流急，礁石起伏，交通不便。南部半岛的宋卡湖是全国最大湖泊。其他湖泊有波拉碧湖、农汉湖、公博哇丕湖、农雅湖等。

气　候　大部分地区属于热带季风气候区，全年分为热、雨、凉三季。2月中旬到5月中旬为热季，5月到10月中旬为雨季，11月至次年2月为凉季。凉季和热季少雨，因此也合称干季或旱季。南部半岛地区属热带雨林气候区，终年炎热多雨。全国年平均降水量约1550毫米，年平均气温24℃～30℃。由于地形不同，各地的降水、气温有较大差别。

风景名胜　大王宫、卧佛寺、郑王庙、曼谷水上市场、古城博物馆、清迈素贴山、帕提亚、普吉岛、象岛、苏梅岛、PP岛、沙美岛、道岛、希美兰岛等。

国　民

人　口　泰国2005年末人口6476万。人口密度为每平方公里126人，其中首都曼谷市的人口密度每平方公里4332人。

民　族　有30多个民族。泰族是主体民族，占总人口的52%。人口较多的民族还有老龙族、马来族和高棉族，分别占总人口的35%、3.5%和2%。

语　言　泰语为国语。分为中部方言、南部方言、北部方言、东北部方言等4种方言，其中中部方言为全国通用的标准泰语。

宗　教　90%以上的国民信奉佛教，少数信奉伊斯兰教（马来族）、基督教新教、天主教和印度教。佛教为国教，对泰国文化的影响很深。

资源物产

泰国的主要矿产资源有钾盐、锡、褐煤、油页岩、天然气、铅锌、钨、铁、锑、铬、重晶石、宝石、石油等。其中，钾盐储量4070万吨，居世界首位；锡矿储量占全世界的12%；油页岩蕴藏量187万吨。全国耕地面积2070万公顷，占土地总面积的38%。主要农产品有稻谷、玉米、木薯、橡胶、甘蔗、绿豆、麻、烟草、咖啡豆、棉花、棕榈油等。是世界大米主产国和第一出口国。水产品产量大，虾产量居世界首位。盛产各类热带水果，主要有榴莲、山竹、荔枝、龙眼、椰子等。

国体政体

国　体　泰国是君主立宪制国家。宪法规定：实行以国王为元首的民主政治制度；国王为国家元首和王家武装部队最高统帅，神圣不可冒犯，任何人不得指责或控告国王。国王通过国会、内阁和法院，分别行使立法、行政和司法权。

国　会　由上议院、下议院组成。负责立法、审议政府施政方针和国家预算、对政府工作进行监督等职能。议员均直接来自民选。上议院议员不得隶属任何政党，不得担任阁员。下议院议员担任内阁职务须辞去议员资格。

内　阁　国家最高行政机关。政府总理来自下议员，由国会主席兼下议院长提名，经下议院表决并获半数以上票数通过，由国会主席呈报国王任命。总理在解散议会前需得到内阁批准并报国王审批，在不信任

举世公认的度假天堂——泰国普吉岛。　（原载《湄公河》）

案期间不得解散议会。设总理府、国防部、财政部、外交部、旅游与体育部、社会发展和人类安全部、农业和合作社部、交通部、自然资源和环境部、信息技术和通讯部、能源部、商业部、内政部、司法部、劳工部、文化部等部门。本届政府内阁于2005年3月14日组成，有阁员36人。

司　法　最高司法机构为司法委员会，由8名委员组成。司法系统由宪法法院、司法法院、行政法院和军事法院构成。检察机关实行垂直领导，分为最高检察院、区域检察院、府检察院三级。

国家元首和政府首脑

国　王　普密蓬·阿杜德。1946年即位，1950年5月加冕。

政府总理　他信·西那瓦。2005年2月当选连任。

行政区划

一级行政区划　泰国设有76个府和1个直辖市。府级直辖市是曼谷。各府分别是：素可泰、彭世洛、甘烹碧、披集、碧差汶、那空沙旺、素攀、北榄、龙仔厝、夜功、那空那育、曼谷、暖武里、巴吞他尼、阿育陀耶、北标、华富里、红统、信武里、猜纳、乌泰他尼、佛统、清迈、清莱、夜丰颂、程逸、帕夭、喃邦、喃奔、难、帕、孔敬、那空帕农、乌汶、也梭吞、庵纳乍仑、呵叻、廊开、莫拉限、吗哈沙拉堪、沙功那空、莱、黎逸、廊磨喃普、胶拉信、四色菊、素辇、猜也奔、武里喃、乌隆、春武里、罗勇、哒叻、尖竹汶、巴真武里、北柳、沙缴、来兴、北碧、佛丕、叻丕、巴蜀、惹拉、沙敦、普吉、甲米、攀牙、拉农、董里、宋卡、陶公、素叻他尼、洛坤、春蓬、博他仑、北大年。

主要城市　首都曼谷，位于中部，是全国政治、经济、文化、交通中心，人口约679.6万，市区面积1568平方公里。其他重要城市有清迈、清莱、大城、普吉等。

经　济

国内生产总值　泰国2005年国内生产总值3.67万亿铢，比上年增长4.5%。人均国内生产总值10.03万铢。

产　业　农业较发达，农产品出口是外汇收入的重要来源。制造业在国民经济中占较大比重，主要工业行业有采矿、纺织、电子、塑料、食品加工、玩具、汽车装配、建材、石油化工等。旅游业发展很快，设施完善，服务质量较高，2005年接待游客8962万人次（其中外国游客1338万人次），旅游总收入3.92万亿铢。

财　政　2005年财政收入4739.5亿铢。

金　融　货币名称为铢。2005年泰铢与美元平均比价为40.29:1。与上年相比，国内信贷（含投资）增长3.2%，年末银行存款余额增长8.4%。国家外汇储备521亿美元，外债总额505亿美元。

进出口贸易　2005年进出口贸易总额2269.99亿美元，其中出口额1092.11亿美元，进口额1177.88亿美元。主要贸易伙伴是日本、美国、中国、新加坡和马来西亚。主要出口产品有自动数据处理机、集成电路板、汽车及零配件、成衣、鲜冻虾、宝石和珠宝、初级化纤、大米、收音机和电视机、橡胶等。

交　通

泰国的交通以公路和航空为主。全国铁路总长4452公里，主要是窄轨铁路。公路总长4.60万公里，其中国道1.79万公里。公路四通八达，各府、县都有公路相连。湄公河、湄南河为泰国两大水路交通干线。曼谷是最重要的港口，承担全国95%的出口和几乎全部进口商品的吞吐。此外，还有廉差邦港、梭桃邑港、宋卡港、普吉港等。海运线可达中国、日本、美国和欧洲。曼谷廊曼国际机场是东南亚地区重要的航空枢纽，国际航线可通达欧洲、美洲、亚洲和大洋洲的40多个城市。国际机场还有清迈机场、普吉机场和合艾机场。

教　育

泰国的中小学教育学制为12年，即小学6年、初中3年、高中3年。中等专科职业学校为3年制。大学一般为4年制，医科大学为5年制。2005年度教育经费预算为1871.62亿铢，占财政预算支出的15.5%。

2005年全国在校学生1423.47万人，其中学前教育180.33万人，小学583.67万人，初中272.02万人，高中173.91万人，高等教育214.80万人。教师总数67.65万人。有国立大学77所，私立大学59所。著名高等院校有朱拉隆功大学、法政大学、农业大学、清迈大学、玛希敦大学、诗纳卡琳威洛大学、易三仓大学、亚洲理工学院等。

传　媒

泰国的主要泰文报纸有《泰叻报》、《民意报》、《每日新闻》、《国家报》、《沙炎叻报》、《经理报》等，主要华文报纸有《新中原报》、《中华日报》、《星暹日报》、《亚洲日报》、《世界日报》、《京华中原日报》等，主要英文报纸有《曼谷邮报》、《民族报》等。广播电台有230多家，其中由政府民众联络厅掌管的59家。泰国国家广播电台为官方电台，设有国际部，用泰、英、法、华、马来、越、老、柬、缅、日等语言广播。电视台主要有6家，都设在曼谷。

历　史

泰国曾称“暹罗”。公元1238年建立素可泰王朝，这是泰国历史上第一个王朝。之后，经历泰国历史上持续时间最长的王朝——阿瑜陀耶王朝和短暂的吞武里王朝以及延续至今的曼谷王朝。

从16世纪起，泰国先后遭到葡萄牙、荷兰、英国、法国的入侵。19世纪末，曼谷王朝五世王大量吸收西方经验进行社会改革。1896年，英国、法国签订条约，规定暹罗为英属缅甸和法属印度支那之间的缓冲国，暹罗因此成为东南亚惟一没有沦为殖民地的国家。

1932年6月，民党发动政变，建立君主立宪政体。1938年，銮披汶执政，1939年6月改称泰国（意为"自由之地"）。1941年泰国被日本占领，宣布加入轴心国。

1945年，恢复暹罗国名。1949年5月复称泰国。

泰国是东南亚国家联盟创始成员国。

越　南

国　名

越南社会主义共和国（The Socialist Republic of Viet Nam），简称越南。

地　理

位　置　越南位于中南半岛东部。地处北纬8°30′～23°22′、东经102°～109°29′之间。东和东南濒临南中国海。

面　积　陆地面积32.9万平方公里。

疆界和邻国　北、东、东南与中国为邻，西与老挝交界，西南与柬埔寨接壤，南面隔海与马来西亚相望。陆地边界线长3927公里。

地形地貌　地形狭长，呈S形。南北最长处约1640公里；东西最宽处约600公里，最窄处仅48公里。地势是西北高、东南低。山地和高原占全国陆地面积的3/4。有红河三角洲、湄公河三角洲两大平原，面积分别为2万平方公里和5万平方公里，是主要农业区。

江　河　河流密布，其中长度在10公里以上的有2860条。较大的河流有红河、湄公河（九龙江）、沱江（黑水河）、泸江、太平河等。

海岸海岛　海岸线长3260公里。沿海有岛屿2000多个，其中面积在10平方公里以上的20多个。较大的岛屿有盖宝岛、吉婆岛、昆仑岛、富国岛等。

气　候　属热带季风气候区。北部四季分明，多数地区年平均气温23℃～25℃。南部分为旱季（10月至次年3月）和雨季（4～9月），多数地区年平均气温26℃～27℃。空气湿润，雨量充沛，全国年平均降雨量1500～2000毫米。

风景名胜　在北方，首都河内有还剑湖、西湖、巴亭广场、胡志明陵、文庙、二征夫人庙、三岛山等，海防市有图山海滨风景区，广宁省有被称为"海上桂林"、列入世界自然遗产名录的下龙湾，老街省有著名的避暑胜地沙巴。在中部，有被列入世界文化遗产名录的古都顺化，列入世界自然遗产名录的风雅洞，以及会安古城、美山占婆文化遗址等。在南方，胡志明市有旧总统府、古芝地道等，其他地区有芽庄海滩、大叻避暑风景区、滨海旅游胜地头顿、天涯海角名城河仙等。

国　民

人　口　越南人口8203万（2004年）。其中，城市人口约占26%，农村人口约占74%；男性约占49%，女性约占51%。人口平均密度为每平方公里249人。

民　族　有54个民族，其中人口在50万以上的有京族（也称越族）、岱依族、泰族、华族（即华人）、高棉族、芒族和侬族。主体民族京族占总人口的80%以上。

语　言　各民族的通用语言是越南语。英语和华语广泛使用。

宗　教　国民受儒家思想影响较深。部分人信奉佛教、天主教、和好教、高台教等。祖先神灵崇拜在国民生活中占有重要地位。每年中国农历三月初十是祭雄王日。民间传说，雄王是越南的国祖。许多家庭都立有祖先的牌位，每逢初一、十五进香祭拜。

资源物产

矿产资源　越南发现矿种90多种，其中探明储量40多种。重要矿产资源有煤、石油、天然气、铁、锰、铬、钛、锆、铝、铜、镍、铅锌、锡、铍、金、稀土、磷灰石、石墨、瓷土、膨润土、重晶石、宝石等，其中煤储量65亿吨，铝土储量4亿吨。

生物资源　动植物种类繁多。有爬行动物约300种，禽类1000多种，鱼类1000多种。陆栖野生动物主要有象、犀牛、虎、豹、熊、鹿、猴、白眉猿、孔雀、翡翠鸟、金丝鸟等。森林面积931.5万公顷，森林覆盖率22%。盛产格木、柚木、楠木等。此外，还有竹林170多万公顷。

物　产　主要粮食作物有稻谷、小麦、玉米、高粱、薯类等。经济作物有茶叶、橡胶、咖啡、可可、槟榔、油桐、胡椒、八角、烟草、棉花、花生、甘蔗、麻类等。药材有党参、何首乌、通草、苍耳、砂仁、桂皮、三七、巴戟、黄连等。盛产菠萝、香蕉、椰子、杧果、波罗蜜、柚子、荔枝等热带水果。

国体政体

国　体　越南社会主义共和国宪法规定：越南是社会主义国家，越南共产党是领导国家和社会的力量，国家一切权力属于人民，实行人民代表制度。

国　会　国家最高权力机关，行使国家立法权。国会代表以普选制投票产生。

政　府　设有国防部、公安部、外交部、司法部、计划投资部、财政部、贸易部、农业农村发展部、交通运输部、建设部、工业部、邮政电信部、水产部、劳动荣军社会部、科学技术部、资源环境部、文化新闻部、教育培训部、卫生部、民族和山区委员会、政府干部人事部、国家监察部、体育委员会、人口家庭与儿童委员会、国家银行、政府办公厅等机构。

最高人民法院　国家最高审判机关。

最高人民检察院　国家最高检察机关。

越南共产党　越南社会主义共和国的执政党，也是越南惟一的政党。

越南祖国阵线　由各阶层组成，并参政议政。

国家领导人

国会主席　阮文安，2001 年当选。

国家主席　国家元首，统帅武装力量，由国会选举产生。现任国家主席陈德良，1997 年当选。

政府总理　潘文凯，1997 年当选。

越南共产党总书记　农德孟，2001 年当选。

越南祖国阵线中央委员会主席　范世阅。

行政区划

一级行政区划　越南设 5 个直辖市和 59 个省，并按地域划分为八大区：一、红河平原 11 省（市），分别是河内、海防、永福、河西、北宁、海阳、兴安、河南、南定、太平和宁平，面积 14812 平方公里，人口 1784 万（2004 年统计数，下同）；二、东北 11 省，分别是河江、高平、老街、北件、谅山、宣光、安沛、太原、富寿、北江和广宁，面积 65329 平方公里，人口 924 万；三、西北 4 省，分别是莱州、奠边、山罗和和平，面积 35637 平方公里，人口 252 万；四、中部北区 6 省，分别是清化、义安、河静、广平、广治和承天（顺化），面积 51510 平方公里，人口 1050 万；五、中部南沿海地区 6 省（市），分别是岘港、广南、广义、平定、富安和庆和，面积 33069 平方公里，人口 698 万；六、西原 5 省，分别是昆嵩、嘉莱、多乐、多农和林同，面积 54473 平方公里，人口 467 万；七、南部东区 8 省（市），分别是胡志明、宁顺、平福、西宁、平阳、同奈、平顺和巴地（头顿），面积 34743 平方公里，人口 1319 万；八、湄公河平原 13 省（市），分别是隆安、同塔、安江、前江、永隆、槟知、坚江、芹苴、后江、茶荣、朔庄、薄辽和金瓯，面积 39738 平方公里，人口 1707 万。

主要城市　首都河内市，位于红河三角洲平原中部，面积 921 平方公里，人口 308 万。是全国政治、文化中心，第二大城市。其他重要城市有胡志明、海防、岘港、芹苴、下龙、太原、越池、南定、顺化、头顿、大叻、芽庄、河仙等。其中，胡志明市是全国最大城市和工商业中心；海防市是北方的重要工业、港口城市，全国第三大城市；岘港市是中部的港口、工业城市；下龙市是重要的煤炭基地和著名旅游胜地。

经　济

国内生产总值　越南 2005 年国内生产总值 838 万亿越盾，其中第一产业增加值 173 万亿越盾，第二产业增加值 341 万亿越盾，第三产业增加值 324 亿越盾。人均国内生产总值 1000 万越盾（约合 640 美元）。

产　业　农业以种植业为主。工业主要有能源、机械、化工、建筑材料、钢铁、纺织、鞋类加工、食品等行业。旅游业发展迅速。主要工农业产品产量：稻谷 3580 万吨，水产品 340 万吨，原油 1850 万吨，煤 3263 万吨。全年接待入境游客 347 万人次，旅游总收入 30 万亿越盾。

财　政　全年总收入 210 万亿越盾，总支出 258 万亿越盾。

金　融　货币名称为越南盾。2005 年末越南盾与美元比价为 15500：1。主要银行有越南国家银行（亦称中央银行）、越南工商银行、越南农业和发展农村银行、越南投资和发展银行、越南外贸银行、越南国际贸易股份银行等。外汇储备 83 亿美元。

进出口贸易　2005 年进出口总额 691 亿美元，其中出口额 322 亿美元，进口额 369 亿美元。出口的大宗产品（14 亿美元以上）有原油、纺织品、鞋、水产品、木材和木制品、电子产品、大米等。进口商品主要有汽车、石油产品、钢材、化肥等。

外资引进　2005 年引进外资签约项目 771 项（截至 12 月 20 日统计数），项目注册资金 39 亿美元；外商追加投资 18 亿美元。外资主要投向工业、建筑业和服务业。

交通通信

铁路交通　越南铁路总长 2530 公里，主要是窄轨铁路（2128 公里），有 7 条干线。铁路运输量占全国客货运输总量的 7% 左右。

公路交通　公路总长 22 万公里，其中国道 93 条 1.7 万公里，省道 2.2 万公里，县道 4.5 万公里，乡村道路 12.4 万公里，市区道路 7493 公里，专用公路 7622 公里。

水　运　内河运输主要集中于湄公河三角洲、红河三角洲平原地区，有营运货船 2130 艘、客船 1603

艘。能够停靠万吨级以上轮船的港口有鸿基港、盖邻港、海防港、鸿罗港、岘港、归仁港、头顿港、西贡港等,全国有海轮1081艘,总载重量310万吨。

民用航空　有内排、新山一、岘港3个国际机场。拥有民航客机49架。2004年民航机场旅客吞吐量500万人次,营业收入约10亿美元。

电　信　2005年底全国电话用户数为1300万户(含移动电话用户和固定电话用户),平均每百人拥有电话16部。互联网用户200多万户。2004年邮电业务总量33.4万亿越盾。

教　育

越南拥有完善教育体系。基础教育学制12年,其中小学5年,初中4年,高中3年。在高中教育阶段,还有中等职业教育。大学教育学制3~6年。大学后教育,分为硕士研究生、博士研究生两个阶段。2000年宣布完成扫盲和普及小学义务教育,2001年开始普及9年义务教育。2003年,国家财政在教育方面的投入占国内生产总值的3%。

2005年全国有小学1.45万所,在校学生774.4万人,教师36.24万人;初中9041所,在校学生661.6万人,教师30.25万人;高中1828所,在校学生276.1万人,教师10.6万人;中等专业技术教育学校285所,在校学生46.5万人,教师1.39万人;大专院校230所,在校学生131.9万人,教师4.7万人。著名高等院校有河内国家大学、百科大学、胡志明市国家大学等。

传　媒

越南有定期出版物563种,2004年发行量6.7亿册。报社约150家。主要报刊有《人民报》(越共中央机关报)、《人民军队报》(越南人民军总政治局机关报)、《大团结报》(祖国阵线中央机关报)、《西贡解放报》(越共胡志明市委机关报)、《共产主义》(越共中央政治理论月刊)、《全民国防》(越南人民军理论月刊)等。

国家通讯社为越南通讯社,1945年创立,在全国各省(市)均设有分社,驻外分社有16个。国家广播电台为越南之声广播电台,成立于1954年,对内广播用越南语及多种少数民族语言播音,对外广播用中国普通话、中国广东话、俄语、英语、法语、西班牙语、日语、泰语、老挝语、柬埔寨语、印尼语、马来语等。越南中央电视台成立于1971年,可同时播送4套节目。

医疗卫生

越南有医疗机构1.31万个(2004年)。其中,医院856所,有病床19.6万张,医生5.01万人,医士4.92万人,护士4.92万人,助产士1.75万人,高级药剂师5600人,中级药剂师9100人,司药员7900人。全国平均每万人有医生6.1人。

科　技

越南有科学研究和技术发展组织1150多个。大专以上文化程度的人口180万,其中博士1.4万人,硕士1.6万人。国家财政在科技方面的投入3.15万亿盾(2003年)。重视社会科学研究,为党和政府决策提供理论依据。

历　史

越南是一个历史悠久的国家。境内发现多处旧石器时代、新石器时代文化遗址。主体民族越族的直接祖先,是起源于古代居住于从中国南方一直到红河三角洲地区的“百越”族群的一个分支——雒越。雒越人在公元前3世纪之前的很长时间里,就居住在现在的越南北部红河流域的中下游地区。越南古籍中曾有“文郎国”、“瓯雒国”的记载,反映的是古代雒越人原始部落社会的一些情况。

从公元前214年至公元10世纪初,今越南北部一直在中国封建王朝的管辖之下。公元939年,安南人(当时中国人对越南居民的泛称)吴权赶走中国官吏,自立为王。吴权死后,安南地区出现“十二使君”(即12个封建主)割据纷争局面。公元968年,安南人丁部领削平“十二使君”,统一安南,建立“大瞿越国”,随后派遣使者向中国北宋王朝请封,宋太祖封丁部领为检校太尉、交趾郡王。学术界一般将公元968年丁部领建“大瞿越国”作为越南建立自主的封建国家的开始。

此后,越南先后经历前黎朝(公元980~1009)、李朝(公元1010~1225)、陈朝(公元1225~1440)、胡朝(公元1400~1407)、后黎朝(公元1482~1784)、西山朝(公元1788~1802)、阮朝(公元1802~1885)等封建朝代。1802年,越南最后一个封建王朝的开国皇帝阮福映依惯例向中国清王朝请封。清王朝于次年封阮福映为“越南国王”。这是“越南”作为国名的开始。

19世纪下半叶,越南沦为法国的殖民地。

1945年,越南人民取得“八月革命”胜利。同年9月2日,越南宣告独立,越南民主共和国诞生。

越南独立不久,法国人卷土重来,重新占领越南。越南人民开始抗法战争。1954年5月7日,越南人民赢得奠边府战役胜利,法国军队撤离越南,越南开始南北分治。20世纪50~60年代,美国人支持南越政权,越南人民展开抗美战争。1973年美国军队撤离越南。1975年,越南南北统一。

1976年,越南民主共和国改称越南社会主义共和国。

1995年,越南社会主义共和国加入东南亚国家联盟。

动　　态

政　　治

中共开展保持共产党员先进性教育活动

根据中共十六大和十六届四中全会精神，为进一步加强党的执政能力建设，全面推进党的建设新的伟大工程，确保党始终走在时代前列，更好地肩负起历史使命，中共中央决定，从2005年1月开始，用一年半左右的时间，在全党开展以实践"三个代表"重要思想为主要内容的保持共产党员先进性教育活动。2004年11月7日，中共中央颁发关于在全党开展以实践"三个代表"重要思想为主要内容的保持共产党员先进性教育活动的意见。意见分五部分：一、开展先进性教育活动的重要性和必要性；二、开展先进性教育活动的指导思想和目标要求；三、开展先进性教育活动的指导原则；四、开展先进性教育活动的总体安排和方法步骤；五、加强对先进性教育活动的组织领导。2005年1月5日，保持共产党员先进性教育活动工作会议在北京召开，标志着保持共产党员先进性教育活动在全党开展。按照中共中央的总体安排，中共中央政治局常委参加第一批先进性教育活动。1月14日，中共中央在中南海举行新时期保持共产党员先进性专题报告会，作为中央政治局常委参加先进性教育活动的第一场重要活动；中共中央总书记胡锦涛在会上作重要讲话。1月18日，中央政治局常委以普通党员身份在北京人民大会堂集体听取牛玉儒先进事迹报告。1月24日，中央政治局举行第三次保持共产党员先进性学习活动。接着，中国各地分3批陆续开展保持共产党员先进性教育活动，每批半年左右时间。第一批为县及县以上党政机关和部分企事业单位，第二批为城市基层和乡镇机关，其余为第三批。至10月，各地已相继完成第一、二批教育活动，效果显著。11月，胡锦涛总书记就开展第三批保持共产党员先进性教育活动作出重要指示，要求农村基层党组织，结合农村实际，围绕建设社会主义新农村这个主题，有针对性地开展正面教育，解决党员队伍中存在的突出问题，解决影响改革发展稳定的主要问题，解决群众最关心的重点问题，务求取得实效。第三批教育活动随后开始。

中国国家主席胡锦涛就新形势下发展台海两岸关系提出4点意见

2005年3月4日，中共中央总书记、中国国家主席、中央军委主席胡锦涛看望参加中国全国政协会议的中国国民党革命委员会、台湾自治同盟、台联委员，参加联组会并发表讲话，就新形势下发展台湾海峡两岸关系提出4点意见：第一，坚持一个中国原则决不动摇，这是发展两岸关系的基石。台湾和大陆同属一个中国，不存在所谓大陆和台湾谁吞并谁的问题。只要台湾当局承认"九二"共识，两岸对话和谈判即可恢复，而且什么问题都可以谈。第二，争取和平统一的努力决不放弃。和平统一，不是一方吃掉另一方，而是平等协商、共议统一。实现两岸和平统一，是两岸同胞之福，是地区和世界之福。第三，贯彻寄希望于台湾人民的方针决不改变。台湾同胞是我们的骨血兄弟，是发展两岸关系的重要力量，也是遏制"台独"分裂活动的重要力量。无论在什么情况下，我们都尊重、信赖、依靠台湾同胞，并且设身处地地为他们着想，千方百计照顾和维护他们的正当权益。第四，反对"台独"分裂活动决不妥协。维护国家主权和领土完整，是国家的核心利益。在反对分裂国家这个重大原则问题上，我们决不会有丝毫犹豫、含糊和退让。胡锦涛提出的这4点意见，既有原则的坚定性，又展现了高度的灵活性，充分体现了关爱台湾同胞的亲情和善意，充分体现了维护两岸关系和平稳定的真诚愿望，充分体现了争取和平统一前景的最大诚意，充分体现了维护国家主权和领土完整的坚强决心，具有重大的指导意义，必将产生深远的影响。胡锦涛的4点意见受到了包括台湾同胞在内的13亿中国人民的高度评价，得到全国人民、海外侨胞的坚决支持。

中国大陆与台湾的关系有所突破

2005年1月15日,中国大陆和台湾民航业者在中国澳门经过沟通,就2005年台商春节包机业务安排达成共识。19日,大陆国航CA1087号航班首航台北,开始大陆民航自1949年中华人民共和国建立以后56年来的首次台航之旅,2005年台商包机正式启动。2月20日,台商春节包机结束。3月4日,中共中央总书记、中国国家主席胡锦涛就新形势下发展台湾海峡两岸关系提出4点意见:坚持一个中国原则决不动摇,争取和平统一的努力决不放弃,贯彻寄希望于台湾人民的方针决不改变,反对“台独”分裂活动决不妥协。3月28日至4月1日,台湾中国国民党副主席江丙坤率参访团访问中国大陆,中共中央台湾工作办公室主任陈云林和有关部门代表与中国国民党参访团就促进两岸经贸等领域的交流与合作举行洽谈,双方达成12项共识。4月26日至5月3日,中国国民党主席连战率国民党访问团访问大陆。4月29日,中共中央总书记胡锦涛在北京会见连战,实现国共两党时隔60年的历史性握手;会见时,胡锦涛就发展两岸关系提出4点主张。5月和7月,台湾中国亲民党主席宋楚瑜、新党主席郁慕明相继率代表团访问大陆,中共中央总书记胡锦涛分别会见宋楚瑜和郁慕明。8月19日,中共中央电贺台湾中国国民党第十七次党员代表大会召开;中共中央总书记胡锦涛电贺连战荣任中国国民党荣誉党主席。5月起,大陆陆续对台湾采取一系列友好的非常措施。5月3日,中共中央台办、中国国务院台办主任陈云林受权宣布,大陆同胞向台湾同胞赠送1对象征和平团结友好的大熊猫;大陆有关方面将开放大陆居民赴台湾旅游,扩大开放台湾水果准入并对其中10多种水果实行零关税。13日,陈云林宣布,大陆方面将进一步为台湾居民出入境提供便利;对在大陆高等院校就读的台湾学生按大陆学生标准同等收费;逐步放宽台湾同胞在大陆就业条件。9月2日,中国民航总局有关主管部门批准台湾4家航空公司飞越祖国大陆空域的申请,从9月5日零时起,允许台湾长荣、中华、立荣、华信4家航空公司飞行台北/高雄至印度孟买、德国法兰克福等地的客、货运定期航班,沿祖国大陆目前对外开放的航路飞越大陆空域。

1月29日,乘坐中国国航CA1087包机的台商登机,2005年台商春节包机启动。

(原载《人民画报》)

中国军控白皮书发表

2005年9月1日,中国国务院新闻办公室发表《中国的军控、裁军与防扩散努力》白皮书,全面阐述中国政府在军控领域的政策与主张,系统介绍中国参与国际军控所作的努力。白皮书指出,中国奉行独立自主的和平外交政策,坚持走和平发展的道路,中国永远不称霸,不首先使用核武器,这些政策不会改变;20年来,中国单方面裁军行动的范围之广、裁减幅度之大为国际军控与裁军史所少见。白皮书说,中华民族爱好和平,崇尚“以和为贵”、“协和万邦”。在近代史上,中国曾饱受外来侵略和压迫之苦,深知和平的珍贵。中国的发展需要一个持久稳定的和平国际环境,中国的发展必将促进世界的和平与进步。白皮书强调,中国将高举和平、发展、合作的旗帜,“永远做维护世界和平、促进共同发展的坚定力量”。

中国人民解放军如期裁员20万

至2005年12月底,中国人民解放军圆满完成军队体制编制调整改革方案确定的任务,如期裁减员额20万。中国人民解放军体制编制调整改革工作从2003年展开。3年间,全军共裁减编制员额20万,军队总员额下降到230万;全军团以上机关部门和直属单位调整精简任务已经结束;作战部队体制编制调整全部到位;领导指挥体制改革稳步推进;以战区为基础的联勤保障体制改革试点进展顺利;院校、训练机构调整改革已经落实;精简干部按计划顺利分流安置;有关配套政策制度相继出台,改革的既定目标如期实现。经过这次体制编制调整改革,陆军部队占全军总员额的比例已下降至历史最低点。这次体制编制调整改革的重点是精简干部。几十种管理岗位和专业技术岗位,原来由干部担任,改为士官履职;部分文职干部改为文职人员。全军精简干部17万,优化了官兵比例结构。为此,人民解放军推出了新的制度支持改革。从2006年开始,将施行文职人员和非现役公勤人员制度,改革军队力量构成和用人制度。这次体制编制的调整改革,压缩了军队规模,优化了编成结构,充实了作战力量,精干了领导机关,收缩了保障摊子,推进了制度改革。

中国隆重纪念抗日战争暨世界反法西斯战争胜利60周年

2005年5月7日，中国共产党中央委员会发出通知，对纪念中国人民抗日战争暨世界反法西斯战争胜利60周年活动作出安排部署。通知强调，纪念活动要坚持以马克思列宁主义、毛泽东思想、邓小平理论和“三个代表”重要思想为指导，全面贯彻中共十六大和十六届三中、四中全会精神，认真总结历史经验，大力弘扬以爱国主义为核心的民族精神和以改革创新为核心的时代精神，着力宣传中国人民抗日战争胜利的伟大历史意义，着力宣传抗日战争在世界反法西斯战争中的重要地位，着力宣传在中国共产党主张建立和抗日民族统一战线旗帜下全民族打败日本军国主义侵略的历史功绩，着力宣传中国共产党在全民族团结抗战中的中流砥柱作用，激励和动员全国各族人民和全体海内外中华儿女为实现中华民族的伟大复兴、促进世界和平与发展的崇高事业而努力奋斗。7月，中共中央宣传部等单位在北京联合举办伟大胜利——纪念中国人民抗日战争暨世界反法西斯战争胜利60周年大型主题展览。8月10日，中国全国台湾研究会在北京举行纪念中国人民抗日战争胜利60周年座谈会；同日，侵华日军南京大屠杀史实展在北京中国国家博物馆开幕。9月2日下午，由中国抗战民间团体发起，中国对外友协主办的《北京和平宣言》签署暨北京和平墙揭幕仪式在北京举行，200多位来自12个国家的二战老兵和100多位中国抗战将领、老战士参加揭幕仪式；晚上，纪念中国人民抗日战争暨世界反法西斯战争胜利60周年大型文艺晚会“为了正义和平”在北京举行，中共和中国领导人胡锦涛、吴邦国、温家宝等观看演出。3日上午9时，北京天安门广场举行向人民英雄纪念碑敬献花篮的仪式，中共和中国领导人胡锦涛、吴邦国、温家宝等及各界代表1万人参加；敬献花篮后，胡锦涛主席会见抗战老战士、海内外爱国人士和抗日将领代表并向这些人中的一部分颁发纪念章。同日上午10时，纪念中国人民抗日战争暨世界反法西斯战争胜利60周年大会在京举行，中共中央总书记、中国国家主席、中央军委主席胡锦涛发表重要讲话。3日晚上，纪念中国人民抗日战争暨世界反法西斯战争胜利60周年招待会在北京举行，胡锦涛等领导人出席，中共中央政治局常委、中国国务院总理温家宝致词。同时，中国一些省份也举行了纪念活动。中国中央电视台、《人民日报》还开辟《抗日英雄谱》专栏，全面地介绍一批包括国民党军队抗日将领在内的抗日英雄。

一群中国南京学生在侵华日军南京大屠杀遇难同胞纪念馆广场放飞和平鸽，祈祷世界和平。（原载《人民画报》）

中国制定《反分裂国家法》

2005年3月14日，中国第十届全国人民代表大会第三次会议通过《反分裂国家法》，中国国家主席胡锦涛于当日以主席令公布，并从公布之日起执行。《反分裂国家法》公布之后，得到中国人民的坚决支持和热烈拥护，认为这部法律充分显示了全中国人民维护国家主权和领土完整的共同意志和坚强决心，是一部维护台海地区和平稳定、促进祖国和平统一的法律，符合整个中华民族的根本利益。台湾同胞认为，《反分裂国家法》是一部务实、坚定、温和、理性的法律，为维护两岸关系创造了机会。海外华侨也纷纷表示，坚决拥护《反分裂国家法》。《反分裂国家法》共分十条。

·链接资料·

中国《反分裂国家法》

第一条　为了反对和遏制“台独”分裂势力分裂国家，促进祖国和平统一，维护台湾海峡地区和平稳定，维护国家主权和领土完整，维护中华民族的根本利益，根据宪法，制定本法。

第二条　世界上只有一个中国，大陆和台湾同属一个中国，中国的主权和领土完整不容分割。维护国家主权和领土完整是包括台湾同胞在内的全中国人民的共同义务。

台湾是中国的一部分。国家绝不允许“台独”分裂势力以任何名义、任何方式把台湾从中国分裂出去。

第三条　台湾问题是中国内战的遗留问题。

解决台湾问题，实现祖国统一，是中国的内部事务，不受任何外国势力的干涉。

第四条　完成统一祖国的大业是包括台湾同胞在内的全中国人民的神圣职责。

第五条　坚持一个中国原则，是实现祖国和平统一的基础。

以和平方式实现祖国统一，最符合台湾海峡两岸同胞的根本利益。国家以最大的诚意，尽最大的努力，实现和平统一。

三月四日，中国十届全国人大三次会议举行闭幕会，《反分裂国家法》获得高票通过。（原载《人民画报》）

国家和平统一后，台湾可以实行不同于大陆的制度，高度自治。

第六条　国家采取下列措施，维护台湾海峡地区和平稳定、发展两岸关系：

（一）鼓励和推动两岸人员往来，增进了解，增强互信；

（二）鼓励和推动两岸经济交流与合作，直接通邮通航通商，密切两岸经济关系，互利互惠；

（三）鼓励和推动两岸教育、科技、文化、卫生、体育交流，共同弘扬中华文化的优秀传统；

（四）鼓励和推动两岸共同打击犯罪；

（五）鼓励和推动有利于维护台湾海峡地区和平稳定、发展两岸关系的其他活动。

国家依法保护台湾同胞的权利和利益。

第七条　国家主张通过台湾海峡两岸平等的协商和谈判，实现和平统一。协商和谈判可以有步骤、分阶段进行，方式可以灵活多样。

台湾海峡两岸可以就下列事项进行协商和谈判：

（一）正式结束两岸敌对状态；

（二）发展两岸关系的规划；

（三）和平统一的步骤和安排；

（四）台湾当局的政治地位；

（五）台湾地区在国际上与其地位相适应的活动空间；

（六）与实现和平统一有关的其他任何问题。

第八条　“台独”分裂势力以任何名义、任何方式造成台湾从中国分裂出去的事实，或者发生将会导致台湾从中国分裂出去的事实，或者发生将会导致台湾从中国分裂出去的重大事变，或者和平统一的可能性完全丧失，国家得采取非和平方式及其他必要措施，捍卫国家主权和领土完整。

依照前款规定采取非和平方式及其他必要措施，由国务院、中央军事委员会决定和组织实施，并及时向全国人民代表大会常务委员会报告。

第九条　依照本法规定采取非和平方式及其他必要措施并组织实施时，国家尽最大可能保护台湾平民和在台湾的外国人的生命财产安全和其他正当权益，减少损失；同时，国家依法保护台湾同胞在中国其他地区的权利和利益。

第十条　本法自公布之日起施行。

《中国的民族区域自治》白皮书发表

2005年2月28日，中国国务院新闻办公室于发布《中国的民族区域自治》白皮书，系统地介绍中华人民共和国建立以来50多年中国实行民族区域自治的基本情况。白皮书分为7部分：

前言。前言说，据2000年第五次全国人口普查，除汉族外的中国55个少数民族人口为10449万，占中国人口的8.41%。在中国，民族区域自治是指在国家的统一领导下，各少数民族聚居地方实行区域自治，建立自治机关，行使自治权。

一、统一的多民族国家国情与民族区域自治：（一）统一的多民族国家的长期存在，是实行民族区域自治的历史依据；（二）近代以来在反抗外来侵略斗争中所形成的爱国主义精神，是实行民族区域自治的政治基础；（三）各民族大杂居、小聚居的人口分布格局，各地区资源条件和发展的差距，是实行民族区域自治的现实条件。

二、民族区域自治的政治地位和民族自治地方的建立：（一）民族区域自治的政治地位；（二）民族自治地方的建立；（三）民族自治地方自治机关的组成。

三、民族自治地方的自治权：（一）自主管理本民族、本地区的内部事务；（二）使用和发展本民族语言文字；（三）尊重和保障少数民族宗教信仰自由；（四）保持或者改革本民族风俗习惯；（五）自主安排、管理、发展经济建设事业；（六）自主发展教育、科技、文化等事业。

四、国家对民族自治地方的支持和帮助：（一）把加快民族自治地方的发展摆到突出地位；（二）优先合理安排民族自治地方基础设施建设项目；（三）加大对民族自治地方财政支持力度；（四）照顾少数民族特殊的生产生活需要。

五、民族自治地方各项事业的历史性发展：（一）经济快速增长;(二)人民生活水平显著提高;(三)基础设施明显改善;(四)传统文化得到保护和弘扬;(五)教育水平显著提高;(六)医疗卫生事业持续进步。

结束语。

·链接资料·

《中国的民族区域自治》白皮书公布的一些数字

民族确认

通过识别并由中国中央政府确认的民族有56个。据2000年第五次全国人口普查,55个少数民族人口为10449万,占全国总人口的8.41%。

自治地方

截至2003年底,中国共建立了155个民族自治地方,其中包括5个自治区、30个自治州、120个自治县(旗)。

在55个少数民族中,有44个建立了自治地方,实行区域自治的少数民族人口占少数民族总人口的71%,民族自治地方的面积占全国国土总面积的64%左右。

11个因人口较少且聚居区域较小而没有实行区域自治的少数民族中,有9个建有民族乡。

政治权利

中国155个民族自治地方的人民代表大会常务委员会中都有实行区域自治的民族的公民担任主任或者副主任,自治区主席、自治州州长、自治县县长全部由实行区域自治的少数民族公民担任。

中国第十届全国人民代表大会有少数民族代表415名,占代表总数的13.9%,高于人口比例5.5个百分点。每个民族都有全国人民代表大会代表。

法律变通

截至2003年底,中国民族自治地方共制定自治条例133个、单行条例384个,民族自治地方根据本地的实际,对婚姻法、继承法、选举法、土地法、草原法等法律的变通和补充规定有68件。根据《中华人民共和国立法法》,"自治条例和单行条例可以依照当地民族的特点,对法律和行政法规的规定作出变通规定。"

民族语言

中华人民共和国成立后,国家帮助10多个少数民族改进和创制了文字。在中国的55个少数民族中,除回族、满族使用汉语外,其余53个民族都有自己的语言。蒙古、藏、维吾尔、朝鲜等少数民族文字软件已实现Windows系统上的运行和激光照排。

宗教信仰

截至2003年底,中国西藏自治区共有1700多处藏传佛教活动场所,住寺僧尼约4.6万人;新疆维吾尔自治区共有清真寺2.38万座,教职人员2.6万人;宁夏回族自治区共有清真寺3500多座,教职人员5100人。

西部大开发

中国西部大开发战略实施5年来,西部地区陆续新开工60个重大建设工程,投资总规模约8500亿元人民币,对带动民族自治地方经济和社会发展发挥了重要作用。

人才培养

中国政府为加大对少数民族高层次骨干人才的培养力度,决定从2005年起在少数民族地区试点招收硕士、博士研究生2500人,力争在2007年达到年招生5000人、在校生总数1.5万人的规模。

GDP突破万亿元

2003年,中国民族自治地方国内生产总值(GDP)完成10381亿元人民币,首次突破万亿元人民币大关。1994~2003年,民族自治地方GDP年均增速为9.8%,高于全国平均水平近1个百分点。

人均收入

2003年,民族自治地方农村居民家庭平均每人纯收入为1895元人民币,比1994年增加了1.31倍。

《中国的民主政治建设》白皮书发表

2005年10月19日,中国国务院新闻办公室发表《中国的民主政治建设》白皮书。这是中国政府首次发表关于民主政治建设的政府文告。白皮书指出,中国的社会主义民主政治,植根于中华民族几千年来赖以生存和发展的广阔沃土,产生于中国共产党和中国人民为争取民族独立、人民解放和国家富强而进行的伟大实践,是适合中国国情和社会进步要求的选择。白皮书全文3.2万字,共分12部分,包括符合国情的选择、中国共产党领导人民当家作主、人民代表大会制度、中国共产党领导的多党合作制和政治协商制度、民族区域自治制度、城乡基层民主、尊重和保障人权等。白皮书指出,中国的社会主义民主政治,使占世界约1/5人口的这个东方大国的人民,在自己的国家和社会生活中当家作主,享有广泛的民主权利,这是对人类政治文明发展的重大贡献。中国的社会主义民主政治具有鲜明的中国特色:中国共产党领导的人民民主;由最广大人民当家作主的民主;以人民民主专政作为可靠保障的民主;以民主集中制为根本组织原则和活动方式的民主。白皮书说,近20年来,中国社会主义民主政治建设在实践中取得了重大进展:人民代表大会制度、中共领导的多党合作和政治协商制度、民族区域自治制度等国家民主制度不断完善和发展,城乡基层民主不断扩大,公民的基本权利得到尊重和保障,中共民主执政能力进一步提高,政府民主行政能力显著增强,司法民主体制建设不断推进。白皮书指出,中国的民主政治建设仍存在许多需要克服和解决的问题,主要是:民主制度还不够健全,人民在社会主义市场经济条件下当家作主管理国家和社会事务、管理经济和文化事务的权利在某些方面还没有得到充分实现,有法不依、执法不严、违法不究的现象依然存在,官僚主义作风、腐败现象在一些部门和地方滋生和蔓延；对权力运行进行制约和监督的有效机制有待进一步完善；全社会的民主观念和法律意识有待进一步提高；公民有序的参与尚需扩大。白皮书还说，在当前和今后一个时期，中共和中国政府将通过积极稳妥地推进政治体制改革，坚持和完善社会主义民主制度，加强和健全社会主义法制，改革和完善中共的领导方式和执政方式，改革和完善政府决策机制，推进行政管理体制改革，推进司法体制改革，深化干部人事制度改革，加强对权力的制约和监督，努力维护社会稳定，促进经济发展和社会全面进步。

文莱改组内阁

2005年5月24日，文莱国家元首苏丹宣布内阁改组。内阁成员由原8人增至16人，包括新设立的首相署高级部长、能源部长、第二财政部长、第二外交和贸易部部长4个职位，并将国家大祭司、总检察长两职位由副部级升至正部级。苏丹兼任首相、国防大臣和财政大臣。原内政、教育、交通、文化青年体育部长退出内阁。苏丹首次宣布内阁任期为5年。

·链接资料·

文莱新政府内阁成员

首相、国防大臣和财政大臣苏丹，首相署高级部长阿尔穆塔迪·比拉王储，外交和贸易部部长穆罕默德·博尔基亚亲王，教育部部长阿卜杜勒·拉赫曼，宗教事务部部长穆罕默德·扎因，工业和初级资源部部长佩欣·达图·哈吉·阿卜杜勒·拉赫曼，交通部部长佩欣·达图·哈吉阿布·巴卡尔，内政部部长阿德南，卫生部部长苏约伊，发展部部长阿卜杜拉，文化、青年和体育部部长穆罕默德，能源部部长叶海亚，第二财政部部长阿卜杜·拉赫曼，第二外交和贸易部部长林玉成，总检察长基佛拉维，国家大祭司阿卜杜勒·阿齐兹。

文莱建设立法委员会大厦并计划增加立法委员

2004年7月，文莱立法委员会恢复。2005年7月，文莱决定投资6200万文莱元建设立法委员会大厦，预计2007年3月竣工。2005年9月，文莱国家元首苏丹宣布立法委员会闭会，并公布2005～2006年度立法委员会扩大计划，委员会委员由2004年7月恢复时的21人增加到45人，其中委任委员30人，民选委员15人。苏丹的举措表明，文莱正循序渐进地为国民打造在一定范围内民众参与选举、参与决策的政治框架。

柬埔寨第三个五年计划国家发展战略研讨会召开

于2005年2月28日在金边召开。政府首相洪森出席会议并发表重要讲话。他指出，第三个五年计划主要是推行第三届政府73条施政纲领和四角战略，发展国家经济，增加人民就业机会，维护社会平等和增强各级公务员的工作能力，重点是反对腐败，推行良好管理，最终实现至2015年把贫困人口减至总人口的19.5%的目标。洪森强调，第三个五年计划期间，柬埔寨政府将力争实现三个目标：一、保持每年经济增长率6%～7%的水平；二、继续推行人口政策，结合计划生育，确保柬埔寨人口质量与健康素质不断提高；三、加快行政管理改革进程，特别是加强打击腐败行为的力度，确保实现经济增长。洪森要求各部门、各单位必须与计划部紧密合作，经常深入调查，客观评估工作成绩，以促进第三个五年计划于2006年初顺利推行。柬埔寨政府推行第一个五年计划的时间为1996～2000年，第二个五年计划为2001～2005年，第三个五年计划为2006～2010年。

柬埔寨国会通过修宪案

2005年5月18日，在反对党议员仍然抵制国会会议的情况下，柬埔寨国会以89票高票通过修改宪法第八十八条和第一百一十一条议案。上述宪法条例修改后，国会和参议院普通会议的法定人数将由87人降至74人。修改后的宪法第八十八条和第一百一十一条规定，国会和参议院如需进行2/3或2/4的表决，会议必须采用70%的法定出席人数制度，即87人；如只是进行绝对多数的表决，会议必须采用60%的法定出席人数制度，即74人。采用70%法定出席人数的会议主要是审议修改宪法条例、国会内部规则或投票选举新政府等重要会议，审议一般法律草案的会议则只要有60%的国会议员参加就能成会。会议表决所采用的绝对多数方式，是指超过一半票数（50+1）。修改宪法相关条例，重新制定开会法定人数，主要是为了改善国会事务的运作。

柬埔寨桑兰西党推行党内改革

为了发展组织，壮大力量，争取和确保分别在2006年举行的参议员选举、2007年举行的乡与分区理事会选举和2008年举行的国会议员选举中获胜，桑兰西党决定进行改革，利用美国共和学院提供的50万美元援助在村至省级组织中选举一批代表参加党的决策机构，以听取来自各级组织的代表的意见和建议，克服、修正党的各种缺点、错误。选举工作于2005年6月开始进行。

柬埔寨反对党议员重返国会

2005年8月22日，中断6个月的柬埔寨第三届国民议会在国会代主席韩桑林亲王的主持下召开第三次会议，105名国会议员出席，其中包括政府首相洪森、副首相兼内政部联合部部长苏庆、诺罗敦·西里沃亲王、副首相兼国防部联合部长狄班等政府要员及16名反对党议员。韩桑林亲王对反对党重返国会表示欢迎，认为这对缓解国内政治分歧，推动国家向前发展具有历史性意义。

● 印度尼西亚与美国军事合作升温

2005年2月，美国恢复对印尼的“国际军事教育和训练计划”。5月，美国国会批准向印尼出售非致命性国防设备。5月26日，美国总统布什在会见首次访美的印尼总统苏西洛时称，美国将继续加强与印尼的军事合作。11月22日，美国政府发言人宣布，鉴于印尼政府在反恐问题上的坚定承诺以及民主的进步，美国决定取消对印尼实施6年之久的武器禁运并恢复对印尼的军事援助。美国将向印尼提供军事项目援助和武器零部件，帮助印尼军队提高现代化水平，以实现包括反恐、海上安全和灾害救援在内的双方共同安全目标。此举标志着双边军事合作关系全面正常化。2005年12月7日，印尼军队和美国太平洋司令部在遭受地震灾害的印尼尼亚斯岛共同开展为期120天的人道主义救援行动，这是美国对印尼解除军禁后双方军队的首次联合行动。

● 印度尼西亚加大反腐败力度

苏西洛于2004年当选印尼总统后，把惩治贪污腐败列为政府首要任务之一，政府反腐力度不断加大。继2004年底苏西洛总统宣布印尼进入反贪年后，反腐行动不断。多名高官在这场罕见的反腐风暴中倒下。2005年4月8日，普选委员会委员维拉·库苏马因向肃贪委员会工作人员行贿当场被捕。4月11日，亚齐省省长普德因犯贪污罪被判入狱10年。4月28日，苏西洛决定对国家秘书处、内阁秘书处、总统办公厅以及副总统办公厅的资产进行审计。5月2日，印尼反贪污协调小组成立。5月31日，印尼最大的国有银行曼蒂利银行总裁、副总裁和公司部分经理因涉嫌参与该行的非法贷款案被印尼检察署正式拘押；10月10日，万丹省省长约科涉嫌贪污140亿印尼盾被停职审查；10月27日，肃贪委员会对印尼最高法院院长巴基·马南和另外两名法官涉嫌贪污一案展开调查；12月14日，普选委员会前主席那沙鲁丁因贪污罪被判处7年徒刑。印尼反腐得到国际社会的支持和肯定。7月25日，美国政府宣布援助印尼2000万美元，以协助印尼最高法院改革法庭系统。反腐败非政府组织“透明国际”10月18日发表的报告显示，在全球159个国家中，印尼的腐败程度排名与2004年相同（第六位），但廉洁指数略有好转，从2004年的2.0升至2.2。

● 印度尼西亚总统苏西洛被评为亚洲最有影响力人物

2005年7月11日，英国出版的《商业周刊》将印尼2004年上任的总统苏西洛评选为亚洲最有影响力人物。2005年印尼经历了世界大海啸造成重大损失、国内反腐形势严峻、燃油价格大幅上涨、巴厘岛遭受第二次恐怖袭击、水灾及禽流感持续肆虐等困难和危机。《商业周刊》认为，苏西洛在妥善解决这些问题方面成绩卓著，是当之无愧的“印尼危机管理者”。苏西洛获选的另一原因是，在他的领导下，印尼经济指数明显好转，2005年第一季度经济增长率高达6.4%，全年增长率为5.6%。这是《商业周刊》第八次进行此类评选，本年度共有亚洲各国不同领域的25人获此称号。

七月十一日，印尼总统苏西洛被英国《商业周刊》评为亚洲最有影响力人物。（原载《荷花》）

● 印度尼西亚亚齐地区迎来和平新曙光

2005年8月15日，印尼中央政府与“自由亚齐运动”的代表在芬兰首都赫尔辛基签署和平协议。双方承诺立即结束一切暴力行动，重申以和平方式全面持久地解决亚齐冲突。遭受近30年战乱之苦的亚齐人民终于迎来和平与稳定的曙光。根据协议，承诺放弃独立要求的“自由亚齐运动”将分4个阶段解除武装，上缴武器；中央政府将撤出在亚齐地区的军队和编制所需之外的警察；随后政府将特赦没有参与刑事犯罪活动的“自由亚齐运动”成员，允许其回归社会。为达成这一协议，双方自2005年1月开始进行5轮和谈。2005年12月27日，“自由亚齐运动”宣布解散其总数为3000人的“亚齐国军”，至12月31日已上缴840件武器。12月29日，驻亚齐的2.4万名政府军官兵和数千名警察撤离完毕。2005年12月31日，联合国秘书长安南发表书面声明，高度评价双方的履约行为和为和平作出的努力。

● 印度尼西亚国会取消歧视华人法规

随着印尼民族和解政策的推行及华人地位的提

高,旧政权遗留的一系列针对华人的歧视政策和法规条款正逐渐退出历史舞台。2005年11月,印尼国会国籍法草案特别小组各派系就撤销关于华人必须持有国籍证书的规定达成一致意见。新法案经国会全体会议通过并经总统签署生效后,华人只要凭当地政府颁发的出生证,就可以证明自己的印尼国籍。印尼现行国籍法于1958年颁布,其中歧视性地规定以华人为主的外裔公民必须以印尼司法部颁发的国籍证来证明自己的印尼国民身份,这导致华人在办理各类证件及手续时遭遇种种不公正待遇。

印度尼西亚改组内阁

2005年12月5日,印尼总统苏西洛宣布内阁部分改组,6名内阁成员的职务发生变动。前政府财政部部长长布迪约诺取代阿布里·扎尔·巴克利任经济统筹部部长,阿布里·扎尔·巴克利改任人民福利统筹部部长;俄曼·苏帕诺任劳工移民部部长,原劳工移民部部长法米·伊德利斯被任命为工业部部长;巴斯卡·苏责塔取代斯莉·穆亚妮·英德拉瓦蒂任国家建设计划委员会主任,后者改任财政部部长;原人民福利统筹部部长阿尔威·斯哈、原财政部部长尤素福·安瓦尔和原工业部部长安东·尼蒂米哈尔贾等3人退出内阁。苏西洛总统表示内阁调整是基于部长们的能力和实际表现进行的。印尼政府希望通过内阁人员调整增强社会和市场对政府的信心,进而有利于改善印尼目前高通胀和高失业率的经济状况。

老挝人民革命党举行建党50周年庆典

于2005年3月22日在万象举行。老挝人民革命党总书记、老挝国家主席坎代·西潘敦出席庆典并发表讲话。他在讲话中回顾老挝人民革命党50年来的艰苦历程,要求全体党员继续发扬热爱祖国、热爱人民和不怕牺牲的革命精神,坚持马列主义和社会主义道路,加强党内团结,密切党群关系,坚持走和平、独立、友好和合作道路,在和平共处5项原则基础上与世界各国建立平等、互惠互利的外交关系,特别是加强同社会主义国家的关系,扩大对外交往,带领全国人民建设富裕幸福的生活和繁荣昌盛的国家。庆祝活动期间,老挝新闻文化部在国家文化宫举行老挝人民革命党50年风雨历程画展,老挝人民革命党中央政治局常委、老挝国家副主席朱马利·赛雅贡等观看画展。

老挝举行纪念凯山·丰威汉寿辰85周年庆典

于2005年12月13日在万象举行。老挝人民革命党中央政治局委员、老挝国家议会主席沙曼·维亚吉,老挝人民革命党中央政治局顾问努哈·蓬沙万,老挝人民革命党中央政治局常委、国家主席朱马利·赛雅贡出席庆典。朱马利·赛雅贡发表讲话,称凯山·丰威汉是“老挝人民的领导人和优秀的儿子,是老挝人民革命党内团结统一的中心,是全国人民团结一心的中心,是老挝革新事业的开创者,是具有纯粹国际主义精神的爱国者和卓越的外事活动家”。他要求全体党员发扬爱国、团结互助精神,合理有效地利用国内资源建设祖国。他说:“从现在开始到2010年,全党全国人民要努力创造一切条件发展经济,使国民经济保持年均增长7%~8%的速度,要调整经济结构,继续实施禁止毁林垦荒政策,基本解决贫困问题,为国家的工业化和现代化打下坚实的经济、技术、文化、科技和人才基础。要发展对外关系,坚持依靠自己,提高人民生活水平,建设富裕的祖国。”

第五十六届马来民族统一机构(巫统)代表大会召开

于2005年7月21日在吉隆坡召开,2533名代表出席大会。巫统主席巴达维发表讲话,巫统青年团代表呈交经济提案,雪兰莪州代表呈递宗教与教育提案。与会代表针对土著股权、新经济政策、马来人经济地位、马来人如何应对全球化挑战、汽车进口许可证与金钱政治等课题进行讨论。中国共产党应邀派代表出席大会,马来西亚总理、巫统主席巴达维在大会期间会见中共代表胡家燕一行。

马来西亚马华公会举行选举

2005年8月20日,马来西亚第二大政党马华公会举行第五十二届全国代表大会选举。这是马华公会中断6年后的首次全面选举。马来西亚总理、巫统主席巴达维主持开幕仪式并致词,来自全国各地的2341名马华中央代表参加大会并投票选举。选举结果,黄家定与陈广才分别蝉联总会长与署理总会长职务,25人当选马华中央委员。

缅甸总理梭温批评外国干涉缅内政

2005年7月13日,缅甸政府总理梭温在缅甸联邦巩固与发展协会干部培训班上发表讲话,强烈批评某些国家干涉缅甸内政。梭温说,少数人和一些国家借口人权和民主干涉缅甸的内部事务,不断向缅甸施加压力以达到他们的目的,他们的图谋违背了国际公认的行为准则。他说,缅甸政府已经制订并正在实施七点民主政治路线图计划,联邦巩固与发展协会的成员要为建设一个和平、现代、发展和有纪律的民主国家共同努力。

2003年8月,缅甸政府宣布旨在实现民族和解、推进民主进程的七点民主政治路线图计划,计划主要内容包括恢复中止8年的制宪国民大会、全民公决宪法草案、依法举行大选和组成新政府等。2004年,确立制宪原则的国民大会正式复会。2005年3月再次

缅甸正在实施旨在实现民族和解、推进民主进程的七点民主政治路线图计划。图为缅甸政府总理梭温接受记者采访。（原载《吉祥》）

登盛少将发表谈话表示，缅甸希望实现“有秩序的民主”，而达到这个目标的唯一途径就是政府制定的民主政治七点方案。登盛还说，这次宪法大会是民主政治过渡中的第一步，也是最重要的一步。他说，缅甸人民必须遵守政府两年前提出的方案中的7个步骤。出席会议的代表有1000多人，但包括昂山素姬领导的全国民主联盟在内的一些政治组织没有派人参加。

休会的国民大会于当年12月再次复会。但西方国家仍对缅甸政府言有微词，美国等西方国家继续对缅甸实行政治施压和经济制裁。

缅甸前总理钦纽被判44年徒刑

2005年7月22日，缅甸前总理钦纽因受包括贪污、受贿在内的8项指控，被特别法庭判处44年徒刑并缓期执行。现年66岁的钦纽是7月初从家中被秘密转移至永盛中央监狱园区内的一个特别法庭受审的。同日，钦纽的大儿子澡奈武和小儿子耶奈温也均因经济案件分别被判处有期徒刑。自缅甸国家和平与发展委员会于2004年10月19日宣布钦纽从当天起“因健康原因退休”后，钦纽就一直被软禁在家。官方曾公开批评说，前总理钦纽上将对军事情报局官员贪污受贿案和家人涉嫌受贿负有责任，并违犯军队纪律，还不能按规定履行职责。钦纽自1988年缅甸现政府执政后一直担任缅甸国家主要领导人，并一直兼任军事情报局局长和国家情报局局长。钦纽下台后，缅甸撤销了国家情报局，改组了情报系统。前军事情报局高级官员数十人因经济问题也被追究法律责任。

缅甸迁都彬马那

2005年11月6日起，缅甸政府部门开始分批迁往中部城市彬马那，酝酿已久的迁都计划开始实施。缅甸自1948年独立以来，历届中央政府一直以南部的仰光市为行政首都。政府发言人称将政府部门搬迁至彬马那是为了更有效地治理国家。彬马那是缅甸中部的一个县级城市，位于仰光以北390公里处，附近有勃固山脉依托，2005年常住人口不足10万。彬马那有农业大学、林业大学和畜牧业大学3所大学。12月10日缅甸政府通知外国使馆，可以在2007年迁往缅甸新的行政首都彬马那。

缅甸重开制宪国民大会

2005年12月5日，缅甸重开制宪国民大会。这次大会的目的是起草宪法，为实行多党选举铺平道路。在开幕式上，缅甸国家和平与发展委员会第一秘书长

菲律宾总统阿罗约提出政治体制改革

2005年7月25日，菲律宾总统阿罗约在国会发表年度国情咨文，呼吁全国改革已阻碍国家发展的政治体制。阿罗约强调，菲律宾已成为一个名字下的两个国家，即“经过多年积累经济即将腾飞的菲律宾”和“长年恶化并一直阻碍发展的政治体制下的菲律宾。”阿罗约说，2004年菲律宾经济增长率超过6%。过去4年，政府创造了400万个就业机会，包括3000万土著居民在内的6900万菲律宾人开始享受医疗保险。此外，菲律宾的基础设施建设、房屋建设以及水稻生产等都得到较快发展。她指出，在经济快速发展的同时，菲律宾的政治体制却成为发展的巨大障碍。她说，“我们的政治体制需要彻底改变，越快越好，政治体制已成为国家发展的障碍。”“菲律宾现行美国式的总统制经常使行政、司法和立法部门之间的关系陷入僵局，而实行议会制则将能打破这些僵局，联邦制也将提高地方政府在制定国家政策中的作用。国家的稳定和地方经济发展将成为联邦制的推动力。”她表示支持修改菲律宾宪法，使菲律宾的总统制向联邦议会制转变。她说，“现在是我们开始讨论修改宪法的时候了”，“实行议会制后，菲律宾将像我们的亚洲邻居一样得到较快的发展。”阿罗约说，修改宪法是国会的特权，但她建议国会尽快转变为国民修宪大会。她强调，“为使整个国家战胜21世纪以来我们面临的最大挑战，我将与国会、民间社团以及支持修宪的地方政府一道努力工作。”

新加坡加强地铁安全

为有效地对付恐怖主义威胁，加强地铁安全，新加坡于2005年4月成立地铁治安分队。8月15日，配备精良的武装警察部队在地铁站及地铁列车上巡逻，专门保卫地铁和车站安全，防范恐怖袭击。这支地铁武警部队的成员均接受过应对炸弹威胁和袭击，以及搜查人员、建筑物和车辆等专门训练。他们头戴蓝色贝雷帽，配备左轮手枪和T型警棍，两人一组巡逻执勤，并可在面对威胁时采取先发制人的行动。

新加坡立法管制生物制剂和毒素研究

从2005年6月起，新加坡卫生部实施《生物制剂和毒素法令》，对科研人员针对生物制剂和毒素进行的研究采取必要管制，以确保安全作业，避免因处理不当而引发大规模感染及不法之徒利用微生物作为武器。新法令将对近400种生物制剂和毒素在当地的使用、运送和拥有情况进行管制。新法令也将严禁科学家对进口包括天花病毒、埃博拉病毒等在内的14种高度危险的致命物质进行研究，以保障民众安全。任何违犯这一法令并利用这些危险物质作为武器的人将面对严厉的刑罚：最高可达100万新元(约合61万美元)的罚款或终身监禁，或两者兼施。其他非法使用、拥有或运送不同种类生物制剂和毒素的人，则将视情况面临不同程度的罚款或监禁，或两者兼施。

新加坡第四艘隐形护卫舰“强力”号下水

2005年7月15日在新加坡西南部的新科海事船厂下水。“强力”号是新加坡建造的第三艘隐形护卫舰，长114米、宽16米，排水量3200吨，续航能力3500海里，最高航速超过25节。该舰拥有高度自动化驾驶系统和作战指挥系统，并配备4套8单元导弹垂直发射装置和1架舰载反潜直升机，具有很强的防空、反舰和反潜能力。根据新加坡与法国2000年3月签订的合作协议，新加坡海军将在2009年前装备6艘此类隐形护卫舰，除第一艘护卫舰“威武”号在法国建造外，其余5艘都由新加坡利用法国技术在新加坡建造。此前，新加坡建造的“刚毅”号和“坚定”号护卫舰已分别于2004年7月和2005年1月下水。

纳丹连任新加坡总统

2005年8月17日，新加坡总统选举委员会在总统选举提名日活动结束后宣布：81岁的现任总统纳丹当选连任新加坡总统。在此次总统选举活动中，共有4人报名参选，但只有纳丹总统获得候选人资格合格证书，另3名参选人因条件不合格未能获得资格合格证书。由于没有任何竞争对手，纳丹总统自动当选连任，并开始为期6年的第二届任期。原定27日举行的总统大选投票活动也自动取消。新加坡总统选举每6年举行一次。1999年，75岁的纳丹作为唯一的总统参选人当选新加坡总统。

他信再度当任泰国总理

2005年2月6日，泰国举行下议院议员选举，泰爱泰党领袖他信以377票赞成、1票反对和116票弃权的表决结果当选泰国第二十四任总理，首创泰国民选总理连任历史。本次大选，泰国共有20多个政党、2289名候选人参加。泰国法律规定，总理候选人必须来自下议员，而且要获得下议院500名议员中至少1/5的联合提名。他信于1997年创建泰爱泰党并出任党主席，2001年初次参选时，赢得248个众议院席位，成为泰国首任民选总理。他信执政以来，实施“一乡镇一产品”、“三十铢治疗百病”等政策，致力于肃毒、除贫、发展经济等而赢得民众普遍支持。3月14日，他信总理率领新内阁35名成员在位于曼谷200多公里的海滨小城花欣宣誓就职。他信在就职演说中表示，他领导的新政府在未来4年里将致力于发展经济，推行教育改革，消除贫困，解决毒品、泰南不靖等难题，促进全民参与国家管理和推动国家经济持续发展。

2005年2月6日，泰国泰爱泰党领袖他信当选连任泰国政府总理。（原载《湄公河》）

·链接资料·

泰国新政府内阁成员

总理他信·钦那瓦，第一副总理兼商业部部长颂奇·扎度西披塔，副总理兼司法部部长奇猜·宛那沙提，副总理兼工业部部长素立亚·曾隆棱基，副总理素拉杰·沙田泰、素瓦·立巴攀洛、威沙努·克安、素猜·扎仁拉达纳绲，外交部部长甘达提·素帕蒙昆，农业合作部部长素拉叻·洁育拉攀，国防部部长探玛叻·伊沙郎昆，财政部部长塔侬·皮塔亚，卫生部部长皮尼·扎录松巴，自然资源与环境部部长荣育·迪亚排亚，能源部部长威瑟·朱皮版，旅游与体育部部长巴差·马立暖，教育部部长扎都伦·柴生。

泰国积极应对南部暴乱局势

2005年，为解决南部边界持续不靖问题，泰国政府采取积极应对措施。2月，政府内阁批准预算资金180亿泰铢组建开发师驻扎南部边界也拉、北大年、纳拉提瓦三府。7月15日，政府颁布“紧急状态行政管理法”取代此前实施的“局部戒严法”，并宣布自7月19日起，在南部三府实行为期3个月的紧急状态。根据管理法，泰国总理在紧急状态下有权监听电话、审查报纸，并在未接到举报的情况下有权批准对嫌疑人的拘捕令。10 月，泰国政府制定新的泰南边界地区就业计划，决定将在 2006 年年度预算里拨款为泰南边界三府实施一项紧急就业计划，为受不靖影响的当地居民创造 4200 个工作机会，通过为南部青年人提供职业培训和就业机会以对抗暴力分子的煽动与挑唆；同时泰国交通部计划 10 月开工建设泰南也拉、陶公、北大年三府新的公共汽车站；政府还派 700 名新受训的警察往南部边界地区驻扎以加强当地的安全保卫。11 月，泰国政府组成抗暴工作队，由国家特别调查厅、反洗钱委员会、毒品控制委员会办公室、警察总署等政府机构官员组成，由国家情报局局长春颇上将领导；抗暴工作队除抗击暴力分子外还负责调查从财力上支持暴力分子的幕后人物。面对南部局势，泰国诗丽吉王后极度关注并呼吁全国人民团结努力结束南部不靖。

自 2004 年初以来，暴力分子在泰南边界持续制造的不靖事件已造成上千人丧生，死者主要有警察、政府公务员及平民。暴力分子实施的暴力手段复杂多样，包括枪击、汽车炸弹、手机引爆等。爆炸场所涉及军营、医院、学校、民居、商场、酒店、火车站、飞机场等。

越南纪念南方解放和全国统一 30 周年

2005 年 4 月 30 日，越南胡志明市政府在独立宫前广场举行阅兵式和群众游行，隆重纪念越南南方解放和全国统一 30 周年。农德孟、陈德良、潘文凯、阮文安等越南党和国家领导人以及各界群众代表，老挝、柬埔寨和古巴代表团以及各国驻胡志明市使节等约 5 万人参加庆祝活动。

越南法制建设步伐加快

越南十一届国会第七、第八次会议先后于 2005 年 5 月上旬至 6 月中旬、10 月中旬至 11 月下旬在河内召开，立法工作被摆上国会工作的重要日程，两次会议共讨论并通过法律 29 部，远远高于前几年的立法量。

3 月初，越南政府向国会常务委员会提交《关于调整 2005 年法律法规建设计划的报告》。国会常务委员会研究了政府的报告，同意加快有关法律文本的起草并对部分法律进行修订。国会第七次会议通过《关于调整 2005 年法律法规建设计划的决议》。在两次国会会议讨论通过的法律中，经济法占有较大比例，如《特别销售法》、《增值税法》、《招标法》、《电子交易法》、《进出口税法(修订)》、《商业法(修订)》、《海关法(修订)》、《国家审计法》、《投资法》、《企业法》、《知识产权法》等。其中，最引人注目、最有争议的是《企业法》和《投资法》。国会通过的其他法律还有《教育法(修订)》、《民事法(修订)》、《人民公安法》、《国防法》、《青年法》、《预防和反腐败法》、《反浪费法》等。在 2005 年的越南立法工作中，经济法和反腐败法是重中之重。

外　交

中国外交工作为现代化建设营造良好的外部环境

面对复杂多变的国际形势，2005 年中国外交在理念、形式、内容上都有所创新，坚持和谐、对话、发展的理念，重点突出文化交流和救援工作，在大国、周边、发展中国家、多边等几个外交层面上积极开展活动，致力于创造和平稳定的国际环境、睦邻友好周边环境、平等互利的合作环境和客观友善的舆论环境，为实现中国全面建设小康社会创造了良好的国际环境。外交部部长李肇星在接受《人民日报》记者年终专访时说——2005 年，中国外交冷静应对形势的变化，妥善处理焦点问题，开拓进取，尽心尽力为国内经济和社会发展以及祖国统一大业多做实事。

周边睦邻友好合作取得新进展。增进与东盟的互信与合作。推动“上海合作组织”的务实合作。促成南亚联盟接受中国为观察员。在朝鲜半岛核问题上继续发挥建设性作用，推动六方会谈取得重要进展，达成共同声明。

与主要大国关系保持稳定和发展。胡锦涛主席与美国总统布什多次会晤、通信、通话，双方一致同意增进交流和互信，扩大共识与合作，全面推进中美建设性合作关系。中国同俄罗斯签署并发表《中俄关于 21 世纪国际秩序的联合声明》，启动两国战略安全磋商机制，成功举行首次联合军事演习，两国战略协作伙伴关系提升到新水平。中国与欧盟以庆祝建交 30 周年为契机，进一步巩固和充实中欧全面战略伙伴关系。

与发展中国家的友好合作不断深化。胡锦涛主席出席亚非峰会和万隆会议 50 周年纪念活动，就构筑亚非新型战略伙伴关系提出建议，并在联合国宣布中国支持发展中国家发展的具体措施，受到广泛好评。中国继续深化与发展中国家集体对话与合作，不断推进与非洲及阿拉伯国家在中非合作论坛、中阿合作论坛框架下的合作，深化与拉美区域组织的关系。

多边外交积极主动。在联合国改革进程中，努力推动改革朝着正确方向发展。中国领导人出席俄罗斯纪念卫国战争胜利 60 周年庆典、八国集团与发展中国家对话会、联合国成立 60 周年首脑会议、第十三次亚太经合组织领导人非正式会议、第二届世界议长大会、信息社会世界峰会、东盟与中日韩系列领导人会议等重大多边活动，全面阐述中国内外政策，展示中国走和平发展道路的意志和信念。

经济外交颇有成效。努力缓解经贸摩擦，加深与各国的互利合作。更多国家承认中国完全市场经济地位。积极参与多边经济机制活动和国际规则制定。首次成功主办20国集团财长和央行行长会议。

坚持维护国家主权和安全。连续第十三次和第九次挫败台湾“重返”联合国、参加世界卫生大会的图谋。中国全国人大通过的《反分裂国家法》赢得国际社会普遍理解和支持。格林纳达、塞内加尔与中国复交。

中国承诺永远走和平发展道路

2005年10月23日，中国国务院新闻办公室发表《中国的和平发展道路》白皮书。这是中国政府首次系统地阐述中国走和平发展之路的必然性和坚定决心，以及为实现这一目标而采取的战略方针和政策措施。白皮书全文约1.2万字，强调：中国坚定不移地走和平发展道路是基于中国国情的必然选择、基于中国历史文化传统的必须选择、基于当今世界发展潮流的必然选择；走和平发展道路符合中国人民的根本利益，也符合人类社会发展进步的客观要求。白皮书说，中国的发展需要和平的国际环境，并列举大量数据展示中国在和平的国际环境中所取得的举世瞩目的建设成就：中国人均国民生产总值从1978年的不足300美元增加到2004年的1400多美元；以世界10%的耕地成功地解决了占世界近22%人口的吃饭问题；约有2.2亿人初步摆脱贫困，等等。白皮书说，中国的发展离不开世界，世界的繁荣需要中国。世界银行公布的数字显示，2000～2004年，中国经济增长对世界经济增长的平均贡献率为13%。从2001年12月到2005年9月，中国平均每年进口近5000亿美元商品，为相关国家和地区创造了1000万个就业岗位。今后几年，中国每年进口将超过6000亿美元，到2010年将超过1万亿美元，将对拉动世界经济增长产生重要的积极影响。白皮书强调，建设一个持久和平、共同繁荣的和谐社会，是世界各国人民的共同心愿，是中国和平发展道路的崇高目标。中国已经加入国际原子能机构等130多个政府间国际组织，加入《不扩散核武器条约》等267个国际多边条约，在反恐、军扩、防扩散、维和、经贸、人权、发展、司法和环境等方面积极参与国际合作。中国已与12个陆地邻国签订边界条约，解决了历史遗留的边界问题。中国共向110多个国家和区域组织提供援助，援助项目2000多个。中国已减免44个发展中国家总计198笔价值约166亿元人民币的对外债务。白皮书强调，中国人民走和平发展道路，无疑为人类和平与发展的崇高事业增添了极其重要的积极因素；中国今天要走和平发展道路，将来强大了也要走和平发展道路。

十一月十九日，胡锦涛主席等亚太经合组织成员的领导人出席《亚太经济合作组织第十三次领导人非正式会议釜山宣言》宣读仪式。（原载《人民画报》）

·链接资料·

中国与各国互利共赢

中国从2001年12月加入世界贸易组织以来，严格信守承诺，为开展国际经济技术合作创造更加良好的条件。

过去10年，中国产品使美国消费者节省了6000多亿美元。

2004年，中国成为世界第三进口国（居美国和法国之后），进口增加额达1484.7亿美元。

1990～2004年，外来投资者从中国汇出利润2506亿美元。

中国美国商会2005年调查显示，有70%左右的美国公司在华赢利；约42%的公司在华利润率超过其全球的平均利润率。

到2004年底，中国非金融类对外直接投资净额达448亿美元，投资遍及149个国家和地区。

中国平均每年进口商品近5000亿美元，为相关国家和地区创造就业岗位1000万个左右。到2020年，中国市场的规模和总需求将比2000年翻两番。

大湄公河次区域经济合作峰会在中国昆明举行

2005年7月5日，大湄公河次区域经济合作第二次领导人会议在中国昆明举行。中国国务院总理温家宝、柬埔寨政府首相洪森、老挝政府总理本扬、缅甸政府总理梭温、泰国政府总理他信和越南政府总理潘文凯以及亚洲开发银行行长黑田东彦出席会议。会议的主题是“加强伙伴关系，实现共同繁荣”。中国政府总理温家宝主持正式会议。温家宝在开幕式上发表讲话。与会的各国领导人就次区域合作成就与挑战、指导原则和实现可持续发展的未来行动等三大议题，以及加强基础设施、改善贸易投资环境、加强社会发展、筹资和深化伙伴关系等4个分议题进行讨论，达成广泛共识；并一致同意，今后着重在以下领域采取具体措施，实现次区域的发展目标：以加强和完善基础设施为合作重点，加速《大湄公河次区域电力贸易运行协定》的谈判进程和次区域信息高速公路的规划与建设，加快《大湄公河次区域便利客货跨境运输协定》各项附件和议定书的谈判、落实工作，积极实施《大湄公河次区域贸易投资便利化战略行动框架》，建设有利于次区域合作的政策环境，努力改善贸易投资环境；加强人力资源开发，促进卫生、农业、旅游发展，提高各国人民的整体素质；坚持走可持续发展道路，继续把扶贫作为工作重点，同时致力于合理开发和利用资源，加强环境治理和生态保护，落实《大湄公河次区域生物多样化保护走廊的战略框架和行动计划》。

会议通过《昆明宣言》。会后，与会领导人共同出席《大湄公河次区域便利客货跨境运输协定》有关附件和议定书等合作文件的签字仪式。

·链接资料·

大湄公河次区域经济合作

*1992*年由亚洲开发银行牵头成立。成员包括柬埔寨、中国、老挝、缅甸、泰国和越南*6*国。目的是通过各成员国之间的经济联系，促进大湄公河次区域的经济、社会发展。次区域经济合作以项目为主导。成立以来，*6*个成员国在交通、能源、电信、环境、人力资源开发、投资、贸易、旅游、农业等方面实施*119*个合作项目，动员资金总额约*53*亿美元。其中，贷款项目*19*个，投资近*52*亿美元；技术援助项目*100*个，赠款金额超过*1*亿美元。这些项目对次区域内各国经济、社会发展发挥了重要推动作用。

主要出资方是亚洲开发银行，迄今已共提供项目贷款*14*亿美元，技术援助*6000*万美元。

最高决策机构是领导人会议。领导人会议每*3*年召开一次，按照各成员国名称字母顺序轮流主办。第一次领导人会议于*2002*年*11*月*3*日在柬埔寨首都金边举行。第三次领导人会议将于*2008*年在老挝举行。

7月5日，大湄公河次区域经济合作第二次领导人会议在中国昆明举行。

（原载《吉祥》）

中国采取重大举措支持发展中国家

2005年9月14日，中国国家主席胡锦涛在联合国成立60周年首脑会议发展筹资高级别会议上宣布，中国采取重大举措支持发展中国家加快发展。第一，中国决定给予所有同中国建交的39个最不发达国家部分商品零关税待遇，优惠范围将包括这些国家的多数对华出口商品。第二，中国将进一步扩大对重债穷国和最不发达国家的援助规模，并通过双边渠道，在今后两年内免除或以其他处理方式消除所有同中国有外交关系的重债穷国2004年底前对华到期未还的全部无息和低息政府贷款。第三，中国将在今后3年内向发展中国家提供100亿美元优惠贷款及优惠出口买方信贷，用以帮助发展中国家加强基础设施建设，推动双方企业开展合资合作。第四，中国将在今后3年内增加对发展中国家特别是非洲国家的相关援助，为其提供包括防疟特效药在内的药物，帮助他们建立和改善医疗设施，培训医疗人员。具体通过中非合作论坛等机制及双边渠道落实。第五，中国将在今后3年内为发展中国家培训培养3万名各类人才，帮助有关国家加快人才培养。

中国国家主席胡锦涛就联合国改革提出4点看法

2005年9月15日，联合国成立60周年首脑圆桌会议在美国纽约联合国总部举行，中国国家主席胡锦涛出席会议，并发表题为《坚持民主协商 推进改革进程》的重要讲话。胡锦涛在讲话中强调，面对新形势，联合国面临着新挑战。我们应该抓住历史性机遇，对联合国进行合理、必要的改革，使之更好地履行联合国宪章赋予的职责。他就联合国改革问题提出4点看法：第一，要着眼大局，坚持原则。联合国改革事关联合国的前途命运，我们要立足当前、着眼长远，本着对各国人民高度负责的态度妥善加以处理。改革应该有利于坚持联合国宪章的宗旨和原则，更好地发挥联合国作用，维护会员国的共同利益。这是衡量一切改革措施的重要准绳。第二，要发扬民主，广泛协商。联合国改革涉及各方切身利益，应该充分酝酿、广泛协商，尊重各方意见，照顾彼此关切。只有这样，改革才能得到广泛支持，才能具有坚实基础。第三，要积极稳妥，循序渐进。联合国改革确有紧迫性，但越是紧迫越要把握好节奏，不能急于求成，否则就会欲速则不达。对已有或能够达成共识的改革措施,可以尽快决策,及早落实。对尚有较大分歧的改革措施,可以进一步交换意见,寻求共识。这样,既可以推动改革多出成果,又可以维护会员国团结,保证改革成果经得起时间和实践的检验。第四,要把握重点,全面推进。联合国改革涉及安全、发展、法治、机构改革等各个领域,需要统筹规划。发展中国家占联合国会员国的2/3。发展中国家的意见应该得到充分体现,发展中国家的利益应该得到切实维护,这是联合国改革取得成功的关键。增加发展中国家的代表性和发言权,加大联合国在发展问题上的投入,推动如期实现千年发展目标,应该成为联合国改革的重中之重。胡锦涛表示,中国支持联合国的改革,中国愿同各会员国携手努力,推动改革健康发展,让联合国为人类和平与发展的崇高事业作出更大贡献。

中俄联合举行军事演习

2005年8月18~26日,中国和俄罗斯联合举行代号为"和平使命—2005"的军事演习。这次演习遵循《联合国宪章》的宗旨和原则,不针对第三方,不涉及第三国利益,不对任何国家构成威胁。演习旨在深化中俄互信,增进彼此友谊,促进交流合作,提高两军应对新挑战、新威胁的能力。演习围绕共同打击国际恐怖主义、极端主义和分裂主义,应对各种危机;主要演练战略磋商与战役筹划、兵力投送与展开、实施交战3个训练问题。演习跨越两国陆、海、空域,参演军兵种齐全,中俄双方共有1万名官兵参加,其中俄罗斯军方精锐部队官兵1800名,包括被称为王牌空降师的俄军第76空降师1个空降连,俄海军陆战队1个特种连,俄空军远程战略航空兵图—160型等战略轰炸机等;演习课目较多。

这次军事演习分为3个阶段进行,第一阶段(8月18~19日),中俄双方在俄罗斯远东符拉迪沃斯托克(海参崴)举行新闻发布会,中国人民解放军总参谋长梁光烈和俄罗斯联邦武装力量总参谋长巴卢耶夫斯基大将进行沙盘推演。第二阶段(8月20~22日)在中国山东半岛的黄海水域举行实兵演习。在中国陆海空军配合下,俄罗斯空降师在青岛附近进行人员和装备的空降;空降过程包括实施400米高空人车一体空投。同时,俄罗斯太平洋舰队海军陆战师乘大型登陆舰,在反潜舰的火力掩护下在山东半岛抢滩登陆,向岸上发起进攻。第三阶段(8月23~26日)仍在中国山东半岛举行。在俄罗斯前线航空兵俄—27SM歼击机分队掩护下,俄罗斯远程航空兵出动2架图—95MS"熊"式战略轰炸机飞临黄海上空,用射程达3000公里的AS-15巡航导弹攻击海上的靶标。

中国重视发展与东南亚、南亚国家睦邻友好关系

2005年,中国在发展与东南亚、南亚国家关系上,坚决贯彻中共十六大提出的周边外交"与邻为善、以邻为伴"的方针和温家宝总理2003年在东盟系列会议上提出的"安邻、睦邻、富邻"的政策。

4月5~12日,中国国务院总理温家宝访问巴基斯坦、孟加拉国、斯里兰卡和印度4个主要南亚国家。访问期间,中国与四国共签署53个双边文件,其中2/3涉及经贸合作;中巴、中印宣布确立战略合作伙伴关系,中孟、中斯宣布确立全面合作伙伴关系,标志着中国与南亚的友好合作进入新的发展时期。访印期间,温家宝同印度领导人坦诚深入交换意见并最终就解决边界问题的政治指导原则达成共识,双方发表20多年来第一份解决边界问题的政治文件,为通过和平谈判、公正合理地解决边界问题奠定良好基础。12月11~15日,温家宝访问马来西亚,并出席在吉隆坡举行的第九次中国—东盟领导人(10+1)会议、第九次东盟与中、日、韩领导人(10+3)会议以及首届东亚峰会。

4月20~28日,国家主席胡锦涛对文莱、印度尼西亚和菲律宾进行国事访问并出席在印尼举行的2005年亚非峰会和万隆会议50周年纪念活动。此次出访,胡锦涛主席与文莱苏丹博尔基亚一致同意继续发展中文睦邻友好合作关系,与印尼总统苏西洛签署两国建立战略伙伴关系的联合宣言,与菲律宾总统阿罗约确认两国建立致力于和平与发展的战略性合作关系,使中国与文莱、印度尼西亚、菲律宾三国的传统友好关系进入了新的发展阶段。期间,中国还与文莱、印度尼西亚和菲律宾共签署近30项合作协议,协议内容涉及政治、经贸、安全、科技、文化、卫生、赈灾、人员和民间交流等各个领域。

10月19~22日,第二届中国—东盟博览会和中国—东盟商务与投资峰会在中国南宁举行,中共中央政治局常委、国家副主席曾庆红,老挝国家副主席朱马里、柬埔寨首相洪森、缅甸政府总理梭温、泰国政府第一副总理颂奇、越南政府常务副总理阮晋勇等中国和东盟国家领导人出席博览会,东盟10国经贸部长率本国政府代表团和经贸代表团参会。

2005年是中越建交55周年,10月31日至11月2日,中共中央总书记胡锦涛对越南进行正式友好访问。访问期间,胡锦涛与越共中央总书记农德孟、越南国家主席陈德良举行会谈,分别会见越南政府总理潘文凯和越南国会主席阮文安等越南党政领导人,并作为第一位外国元首在越南国会发表重要演讲,还出席第六届中越青年友好会见。双方签署《中越经济技术合作协定》等多个协议。中越双方一致表示,要确保如期实现最迟于2008年完成两国陆地边界全线勘界立碑工作,并签署新的边界管理制度文件的目标;继续认真落实北部湾划界协定和渔业合作协定;共同推进中国—东盟自由贸易区的建设进程;确保《南中国海协议区三方联合海洋地震工作协议》得到落实,共同促

进海上共同开发和局势稳定;加强两国在联合国、10+1、10+3以及亚洲合作对话、东盟地区论坛、亚太经合组织、亚欧会议、大湄公河次区域开发等多边框架下的合作与协调。

中欧中美达成纺织品贸易协定

中国是纺织品出口大国,加入世界贸易组织以后,发达国家采用反倾销、反补贴、技术标准等各种方式控制进口中国纺织品,特别是美国与欧盟的“特保”措施,对中国纺织品出口造成不利影响。为此,中国商务部分别与美国和欧盟贸易部门就中国纺织品出口的相关问题进行谈判,目的是使中国纺织品不再被挤压扣留,损失减到最小。

2005年6月10日,中国商务部部长薄熙来与专程到访的欧盟贸易委员曼德尔森在上海就中欧纺织品贸易问题举行谈判,最终中欧双方就中国部分输欧纺织品问题签署备忘录。根据《备忘录》,欧盟承诺对源自中国的棉布、T恤衫、套头衫、裤子、女式衬衫、床单、女连衣裙、胸衣、桌布、亚麻纱等10类纺织品终止调查。在2005年6月11日至2007年底,对上述10类纺织品合理确定基数,并按照每年8%～12.5%的增长率确定中方对欧出口数量。此外,欧盟承诺在2005～2007年,对于上述10类产品之外的2005年实现一体化的中国纺织品克制使用世界贸易组织242段条款;2008年,对所有2005年实现一体化的中国纺织品克制使用242段条款。双方一致同意,对今后纺织品贸易中出现的问题,将通过磋商予以解决。

在中欧达成纺织品贸易协定的背景下,中美纺织品贸易谈判也于6月17日开始,经过7轮艰苦谈判,11月8日,中国商务部部长薄熙来与美国贸易谈判代表罗伯特·波特曼在英国伦敦签署中美两国《关于纺织品和服装贸易的谅解备忘录》。中美纺织品协议将于2006年1月1日正式生效,2008年12月31日终止。中美双方同意在协议期内对中国向美国出口的棉制裤子等21个类别产品实施数量管理,包括11个类别服装产品和10个类别纺织产品,其中16个类别为2005年一体化产品,5个类别为2002年以前一体化产品;协议产品2006年基数基本上是2005年有关产品美国从中国的实际进口量,2007年和2008年基数均为上一年度全年协议量;协议产品2006年增长率为10%～15%,2007年增长率为12.5%～16%,2008年增长率为15%～17%;对协议外产品,美方将克制使用世界贸易组织的242段条款。美国对协议签署日之前,因242段条款设限个案造成的卡关货物立即放行,不计入协议量。

9月5日,中国国务院总理温家宝(右一)与英国首相布莱尔(右二)、欧盟委员会主席巴罗佐(右三)和欧盟理事会秘书长索拉纳在北京出席中欧系列合作文件签署仪式后相互祝酒。　(原载《人民画报》)

中国纪念郑和下西洋600周年

2005年是中国明朝著名航海家郑和下西洋600周年。中国在2001年即成立由交通部牵头,中共中央宣传部、外宣办和国家文化部、文物局等部门组成的郑和下西洋600周年纪念活动筹备领导小组,以“热爱祖国、睦邻友好、科学航海”为主题,举办系列重要纪念活动。7月6日,“云帆万里照重洋——郑和下西洋600周年纪念展”在北京国家博物馆开幕。展览通过80余件(组)实物和190余幅图片展示郑和下西洋的壮举。7月11日,郑和下西洋600周年纪念大会在北京举行,中共中央政治局常委、国务院副总理黄菊,中共中央政治局常委李长春等出席大会。郑和是世界航海的先驱者之一,是中国“海上丝绸之路”的主要开创者,他率领庞大船队七下西洋,访遍亚非30多个国家和地区,创造了世界航海史上的奇迹。

·链接资料·

中国明朝航海家郑和

郑和(1371～1433),中国历史上最杰出的航海家。生于云南昆明州(今昆明晋宁县),原名马和,小字三宝。洪武十五年(1383)被掳成为燕王朱棣家奴。因其在朱棣发动的靖难之变中有功,朱棣夺取政权后,即任用为“内管监太监”,列入内廷高级官员,并赐姓“郑”,改称郑和。从明永乐三年(1405)至宣德八年(1433),郑和先后率领庞大船队七下西洋,经东南亚、印度洋远航亚非地区,最远到达红海和非洲东海岸,航海足迹遍及亚、非30多个国家和地区。其规模之大,人数之多,组织之严密,航海技术之先进,航程之长,都是世界航海史上的一次空前创举。

文中两国领导人互访

2005年4月20～21日,中国国家主席胡锦涛对文莱进行国事访问。胡锦涛在与文莱苏丹会谈中说,中国和文莱的关系发展得很好，两国高层交往频繁，双方在各领域的合作成效显著，在国际和地区事务中保持着良好的协调和配合。文莱是中国的友好近邻，发展同文莱的睦邻友好合作关系是中国政府的一贯政策。中方愿同文方继续共同努力，使两国永做好邻居、好朋友、好伙伴。在胡锦涛访问文莱期间，中文两国政府有关部门和企业签署了互免持外交、公务护照人员签证，卫生合作执行计划和3G通信项目等5个双边合作文件。此前的2004年9月20～22日，应胡锦涛主席邀请，文莱苏丹对中国进行工作访问。文中两国最高领导人在7个月内互访，而胡锦涛主席本次出访东南亚3个国家，首站访问文莱，体现了中国与文莱关系的密切，两国关系堪称不同社会制度国家和睦相处、平等相待、互利合作的典范。

文莱与新加坡智利新西兰建立自由贸易区

2005年6月初，文莱与新加坡、智利和新西兰共同签署首个跨太平洋地区的自由贸易区协定——《泛太平洋战略经济伙伴关系协定》。这份自由贸易协定从2006年1月1日起生效。协定生效后，四国间90%以上的贸易将免除关税，贸易成本将降低，服务贸易也将得到加强。四国将在市场竞争、知识产权和研发等领域开展合作。四国的国内生产总值共约4000亿美元，预计该自由贸易区建成后，将会大大增加成员间的双边贸易。四国间的自由贸易谈判是2002年在墨西哥启动的，文莱最初以观察员身份参加，后正式加入谈判，成为这一自由贸易区的创始成员国。

柬埔寨老挝第八次联合委员会会议在柬召开

2005年2月15日，柬埔寨—老挝经济、文化、科学、技术合作第八次联合委员会会议在柬埔寨西哈努克市召开。会上，柬埔寨内政部与老挝安全部决定在安全领域方面继续开展合作，保证柬老两国的和平与安宁。柬埔寨方面感谢老挝政府邀请柬埔寨王家军第一军区与第四军区派代表团到老挝进行访问，学习老挝军队的先进经验。老挝方面对柬埔寨动工建设从桔井市至老柬边境的公路表示欢迎，认为这将加强老柬两国的交通联系，对发展两国经济产生重大影响。会议还对柬老两国边境委员会卓有成效的合作表示满意，两国年内完成长达465.5公里、占两国边境线全长86%的界碑树立工作。双方鼓励两国地方政府加强合作，使过境居民的通关效率更为提高。双方表示将加强两国商业往来，交流经验。双方同意柬埔寨金边市与老挝万象市结成姐妹城市。双方同意在打击毒品走私和非法砍伐木材等方面进行情报交流并加强合作。会议决定联合委员会第九次会议将在老挝举行。

柬埔寨国王会见越共中央总书记

2005年3月28日，应柬埔寨国王诺罗敦·西哈莫尼的邀请，越共中央总书记农德孟率团抵达金边，开始对柬埔寨进行为期3天的正式访问。28日，西哈莫尼国王在王宫会见农德孟一行，国王及王国政府多位领导人与农德孟就两国间的友好合作及共同关心的问题交换意见。29日，农德孟总书记拜会柬埔寨小乘佛教两大派的僧王。30日，柬越两国发表联合声明。

柬埔寨首相与新加坡总理举行会谈

2005年3月31日上午，应柬王国政府首相洪森亲王的邀请，新加坡政府总理李显龙率团抵达金边，对柬埔寨进行正式访问。洪森与李显龙就有关双边合作关系等问题举行会谈并取得一致意见。新加坡政府决定赞助柬埔寨人力资源部培训工作，承诺将促进新加坡商人到柬埔寨投资。双方对举办第一届东亚峰会表示关注并持相同立场，即扩大东盟加中国、日本、韩国，东盟加印度，东盟加新西兰和东盟加澳大利亚的会谈领域。双方认为，东盟国家必须以东盟整体的形象参加首届东亚峰会会谈。李显龙当天下午前往王宫觐见诺罗敦·西哈莫尼国王，并于下午5点30分结束在柬埔寨的访问启程回国。

柬埔寨首相接待缅甸总理造访

2005年4月8日，应柬埔寨王国政府首相洪森的邀请，缅甸政府总理梭温率团抵达金边，开始对柬埔寨进行为期两天的正式访问。洪森与梭温在首相府就有关加强彼此间的友好合作关系等问题交换了意见。梭温希望双方合作联合委员会就有关发展两国旅游合作问题进行协商，促进两国旅游业发展。梭温还向洪森通报了缅甸国内情况。洪森对缅甸政府为柬埔寨人力资源培训提供援助和接受柬埔寨僧侣赴缅甸深造表示谢意。洪森说，两国已签订了多项经济合作协议，为推动上述协议的有效落实，双方合作联合委员会有必要加强协调工作，让彼此间的经贸合作迈上更高台阶。

柬埔寨接待中国佛教代表

2005年5月31日至6月3日，应柬埔寨宗教事务部邀请，中国全国政协常委、中国佛教协会常务副会长圣辉大法师率领中国佛教代表团访问柬埔寨。6月2日，圣辉大法师在拜见柬埔寨宗教事务部部长坤汉时说，希望通过此次访问，推动两国佛教界的友谊迈上一个新台阶。圣辉大法师邀请柬埔寨宗教事务部组团到中国访问，参加2006年在中国举行的世界佛教论坛。

柬埔寨与老挝签署引渡条约

2005年6月6日，柬埔寨与老挝两国政府代表在金边签署两国同意使用引渡条件协议。该协议签署

8月11～15日，柬埔寨国王西哈莫尼即位后首次访问中国。中国国家主席胡锦涛、全国人大常委会委员长吴邦国、国务院总理温家宝分别会见西哈莫尼国王。（原载《吉祥》）

后，柬埔寨与老挝可以相互交换跨国犯罪嫌犯，方便执法，有利于消灭包括贩卖毒品、贩卖人口等在内的跨国犯罪活动。该协议从签署之日起生效。

大湄公河次区域高峰会议柬埔寨硕果累累

2005年7月3日，应中国国务院总理温家宝邀请，柬埔寨政府首相洪森率政府高级代表团抵达中国昆明，参加大湄公河次区域第二次高峰会议，并于会议结束后在中国云南省、贵州省进行两天的访问。会议期间，洪森首相与温家宝总理进行会谈，并签署对柬埔寨具有重要意义的部分文件。其中，第一份文件是建设柬埔寨首相府新办公大楼，需建设资金3000多万美元；第二份文件是关于柬埔寨向中国贷款6000多万美元，以便购买舰艇，作为防止走私、贩卖毒品之用；第三份文件是关于中国向柬埔寨无偿援助用于抗旱的抽水机200台；第四份文件是中国同意援助柬埔寨消防车30辆，其中20辆是喷水消防车，10辆是喷泡沫消防车；第五份文件是关于柬埔寨向中国贷款建设国内7号公路隆哥罗至柬老边境路段。柬中双方还签订关于中国投资建设柬埔寨贡布省甘再水电站的谅解备忘录，该水电站预计建设经费3亿美元，发电能力18万千瓦。中国将向柬埔寨提供包括投资、贷款与无偿援助的款项共4亿多美元，显示了两国友好合作关系更为巩固与发展。

柬埔寨新国王首次出访中国

2005年8月11日，柬埔寨新国王诺罗敦·西哈莫尼访问中国。这是诺罗敦·西哈莫尼国王于2004年10月29日即位以来首次正式出国访问。中国国家主席胡锦涛在北京会见西哈莫尼国王，宾主进行亲切友好的谈话。胡锦涛主席说，事实证明，中柬是相互信赖、密切合作的好邻居、好朋友、好伙伴。西哈莫尼国王深情回顾和赞扬西哈努克前国王和中国几代领导人共同精心培育的柬中传统友谊，他说，继承和弘扬两国人民友好事业是柬埔寨王室的愿望，也是他此次出访的目的。8月13日，西哈莫尼国王访问天津，观看了天津市为他准备的一场芭蕾精品演出，会见了曾经与他一起学习、演出的演员朋友。演出晚会还特别安排两首由柬埔寨前国王西哈努克亲王作词作曲的歌曲——《我的第二故乡》和《怀念中国》的演唱。西哈莫尼国王曾于20世纪70年代在天津学习芭蕾舞，并在芭蕾舞剧《白毛女》中演过重要角色。

柬埔寨驻中国南宁总领馆开馆

2005年10月21日举行开馆仪式。柬埔寨商业部长古比塞、柬埔寨驻中国大使凯勒昂、柬埔寨驻南宁总领馆首任总领事龙萨瑞，中共广西壮族自治区委员会副书记刘奇葆、广西壮族自治区副主席李金早、南宁市副市长陈瑞贤等为总领馆象征性剪彩。凯勒昂大使指出，广西是中国对东盟国家的一个重要窗口，柬埔寨政府决定在广西南宁设立总领馆，希望这座桥梁能进一步促进双方各领域的交流与合作。南宁总领馆是继上海、广州、重庆、云南之后，柬埔寨在中国设立的第五个总领馆。

印度尼西亚与东帝汶边界划界工作基本完成

印尼和东帝汶陆地边界总长230公里。2005年4月8日，两国外长在东帝汶首都帝力签署具有历史性意义的边界协定，从而确定两国间96%的边界线，为促进双方完全和解及加强经贸往来清除最后障碍。7月8日，在双方部长级联合委员会第三次会议上，两国同意尽快进行下一轮磋商，解决最后4%的边界问题。同时，树立界标的工作全面开展。2005年双方共同树立界标50块。

印度尼西亚与中国建立战略伙伴关系

2005年4月25日，印尼总统苏西洛与中国国家主席胡锦涛在印尼雅加达共同签署两国关于建立战略伙伴关系的联合宣言，宣布建立旨在促进两国和两国人民的和平、稳定与繁荣的战略伙伴关系。作为加强中

4月21日，中国国家主席胡锦涛访问印尼。印尼总统苏西洛夫妇会见到访的胡锦涛夫妇。（原载《中华英才》）

国—东盟战略伙伴关系的重要支柱及发展中国家南南合作的重要组成部分，印尼与中国的战略伙伴关系是不结盟、非排他的关系，以加强政治与安全合作、深化经济与发展合作、促进社会文化合作、扩大民间交往为主要内涵。印尼与中国1990年复交以来，双边关系得到全面恢复和发展，战略伙伴关系的建立标志着两国关系进入了新的发展阶段。作为对胡锦涛主席2005年4月25～26日访问印尼的回访，印尼总统苏西洛于2005年7月27～30日访问中国。两国在7月29日发表的联合声明中称，此次访问是中国与印尼55年外交关系历程中的一个重要里程碑，对深化中国与印尼战略伙伴关系具有重要意义。

印度尼西亚与印度建立新型战略伙伴关系

2005年11月21～23日，印尼总统苏西洛对印度进行国事访问。期间双方发表联合声明，宣布建立新型战略伙伴关系，包括进行更为密切的外交磋商和军事合作，并深化经济领域，尤其是贸易和投资方面的来往。苏西洛说，这是一种着眼于未来并通过具体合作体现的关系。双方已确认一系列合作计划，涉及商贸、投资、农业、服务、技术、教育、文化、国防、安全等多个领域。如在能源方面，两国将合建炼油厂，开展生物能源开发研究；在国防方面，将进行国防科技交流，合作开发军用和警用武器装备；在新型战略伙伴关系框架下，双方还将承认彼此的经济专属区，同时开展海事合作。

印度尼西亚与巴基斯坦加强反恐情报合作

2005年11月24日，印尼与巴基斯坦在伊斯兰堡签署关于建立反恐联合工作组的谅解备忘录。根据协议，专门成立的反恐联合工作组将负责协调两国在反恐行动中的合作，并加强信息和情报交流。

老柬缅越四国加强官方合作

2005年12月11～14日，第十一届东亚首脑峰会在马来西亚吉隆坡举行，东盟10国和中国、韩国、日本、印度、俄国、澳大利亚、新西兰等国首脑参加。会议期间，老挝、柬埔寨、缅甸、越南四国总理举行会谈，就四国合作成效及未来合作方针、地区合作、寻求资金、东盟发展水平差距等议题交换意见，并发表老、柬、缅、越四国第二次峰会联合声明。声明指出：四国的联系是各国经济可持续发展，提高社会福利，促进相互理解的重要内容。四国同意保持经济性访问和会晤，继续加强官方合作，加快四国参与地区、国际一体化特别是东盟一体化的步伐。四国将加强农业、工业、能源、运输、技术、信息、通信、旅游、人力资源开发等领域的合作，缩小东盟内部发展水平差距，加快区域经济一体化。四国将继续改善投资环境，吸引更多的外国直接投资，并鼓励和支持国内企业到对方投资。四国欢迎东盟其他国家及国际社会尤其是东盟对话伙伴国所提供的资金、技术援助，以促进四国经济、社会的发展。

老挝领导人会晤越共中央总书记农德孟

2005年3月24～25日，越南共产党中央总书记农德孟对老挝进行正式友好访问。访问期间，老挝人民革命党总书记、老挝国家主席坎代·西潘敦与农德孟举行会晤。两国领导人互相通报了国内情况，对两国特殊的团结友谊关系表示满意，并表示要进一步加强两国在经济、贸易、投资等领域的合作，连通两国的交通、电信、电力等网络，不断增加两国贸易额，加快建立越老自由贸易区，继续推动两国在文化、新闻、教育、党建、人才、卫生、体育、旅游等领域的全面合作。

第九次东盟财政部长会议在老挝万象举行

于2005年4月6日举行。会议听取东盟地区及世界经济发展报告，听取并通过东盟财政合作进展报告、东盟货币和金融一体化计划等文件。东盟10国财政部长共同讨论东盟内部关税、保险及各种合作鼓励机制等问题，签订东盟金融服务自由化协议。

老挝越南共庆越南南方解放30周年

2005年4月29日，老挝万象市党委、政府与老越友协共同在老挝国家文化宫举行越南南方解放30周年庆祝会。老挝党中央政治局委员、万象市市长通星·坦马翁沙，老挝党中央政治局委员、政府副总理、国务委员波松·布帕湾和其他部委高级官员以及越南驻老挝大使阮辉光等出席庆祝会。会上，通星说：越南南方解放是越南民族独立斗争史上一件具有重要历史意义的事件，是越南民族革命斗争的最高点，是越南政治的一个标志，它开启了越南独立、统一、社会主义的新纪元，是世界进步斗争运动和革命力量的一个伟大胜利，鼓舞了其他国家的民族独立斗争，促进了印度支那地区民主革命斗争并掀起夺权浪潮。阮辉光说：1975 年 4 月 30 日的胜利不仅仅是越南争取全国胜利的关键，同时也是具有深刻时代意义的伟大胜利，它是人类追求良知和道德、争取民族独立和自由的象征。

● 老挝越南联合举行团结友谊关系画展

2005 年 5 月 17 日，越南胡志明博物馆与老挝凯山丰威汉博物馆在老挝国家文化宫联合举行胡志明与越南老挝团结友谊关系画展活动。画展共展出图画 126 幅，集中展示越南与老挝两国在开国领袖领导下特殊的团结和友谊关系。

● 第三十八届东盟外长会议在老挝万象举行

2005 年 7 月 26～29 日举行。老挝政府总理本扬·沃拉吉出席开幕式并发表题为《东盟：走向和谐、和睦与一体化》的演讲。同时召开的还有东盟 10 + 3 外长会议、东盟与对话伙伴国会议、东盟地区论坛等重要会议。这些会议取得丰硕成果：签署《建立东盟发展基金协议》，讨论并通过《东盟宪章草案》，发表《东盟与对话伙伴国 10 + 10 会议的联合声明》等。会议取得圆满成功，提升了老挝在地区和国际上的声望。

● 马来西亚与中国关系稳步发展

2005 年 2 月 28 日，中国国家主席胡锦涛在北京会见到访的马来西亚最高元首西拉杰丁。3 月 1 日，中国国务院总理温家宝会见西拉杰丁。温家宝表示，当前中马关系呈现出良好的发展势头，两国在各领域的合作不断加深。西拉杰丁称马来西亚坚定奉行一个中国政策并致力于不断加强相互尊重、互利友好的马中合作关系。他表示，马中经贸关系发展迅速，完全有可能实现双边贸易 2010 年超过 500 亿美元的宏伟目标。马来西亚企业对扩大两国经贸往来态度积极，也愿同中国企业在第三国开展建筑、能源合作。

5 月 31 日，西拉杰丁在首都吉隆坡会见到访的中国全国人大常委会委员长吴邦国。吴邦国说，中方高兴看到，中马睦邻关系经过多年的发展已步入成熟和全面发展的新时期，相信只要双方本着这一共同愿望，不断加强经贸、人文等领域的交流与合作，中马关系一定会更加美好。

9 月 1 日，中国国务院副总理黄菊在北京与到访的马来西亚副总理兼国防部长纳吉布举行会谈。中方高度赞赏马方长期以来为发展中国与东盟关系所作的积极努力和重要贡献，愿与包括马来西亚在内的东盟国家一道，共同促进本地区的和平、稳定和繁荣。纳吉布表示，马来西亚政府高度重视对华贸易关系发展，尤其是加强两国在能源领域的合作。同日，中国国务院总理温家宝在北京会见纳吉布。温家宝高度评价 2004 年中国和马来西亚同意进行战略性合作的重大举措。纳吉布表示，马来西亚希望进一步加强同中国在经贸、能源、旅游、防务等各领域的合作，推动两国关系取得更大发展。9 月 2 日，中国中央军委副主席、国防部长曹刚川在北京会见纳吉布。曹刚川感谢马来西亚政府长期坚持一个中国政策。中国军队愿与马来西亚继续努力，不断推动中马两军关系向更高水平发展。纳吉布称，马来西亚坚持奉行一个中国政策并致力于不断加强相互尊重、互利友好的马中合作关系，马来西亚防务部门和武装部队愿进一步发展与中国军队的友谊。

12 月 15 日，马来西亚最高元首西拉杰丁在吉隆坡会见到访的中国总理温家宝。马来西亚总理巴达维同温家宝举行会谈，会后发表联合公报。根据联合公报，中马两国外交部将制定中马战略性合作行动计划；双方将在《防务合作谅解备忘录》框架内尽早启动中马防务安全磋商机制，并就马六甲海峡安全合作进行积极讨论；双方将继续致力于维护南海地区的和平与稳定；双方将加强外交、经贸、科技等各领域的磋商与合作机制。联合公报说，马来西亚重申坚持一个中国政策，中方感谢马方在中国和平统一问题上给予的理解和支持。

7 月 26～29 日，第三十八届东盟外长会议在老挝万象举行。（原载《占芭》）

● 马华总会举办郑和讲座批驳中国威胁论

2005 年 4 月 2 日，马来西亚中华大会党联合总会（华总）总会长林玉唐在郑和下西洋 600 周年纪念巡回讲座会上发表演讲时说，郑和的和平外交符合中华文化中以德服人的精神，这足以驳斥一些人所谓的“中国威胁论”。讲座由华总文化委员会和《南洋商报》联合举办，邀请3位中国对郑和有深入研究的学者主讲。华总希望通过举办郑和讲座，让更多人对曾被美国《生活》杂志列为世界千年人物之一的郑和有进一步的认识。

不结盟运动首次妇女发展问题部长会议在马来西亚举行

2005年5月9～10日在马来西亚普特拉贾亚举行，不结盟运动中大约80个成员国负责妇女事务的部长和代表出席会议。不结盟运动现任主席、马来西亚总理巴达维呼吁各成员国运用法律手段，在经济、社会和文化等方面促进男女平等。

马来西亚和日本建立经济伙伴关系

2005年5月22日，马来西亚国际贸易和工业部长在吉隆坡举行的新闻发布会上宣布，马来西亚和日本从2003年12月开始的两国经济伙伴关系协议的谈判已顺利完成，双方将于2005年底签署这一协议。马日两国经济伙伴关系协议不仅包括双边自由贸易协议，也涉及农业、旅游业、知识产权保护等各个领域的合作。双方谈判的结果将作为协议的基础提交两国领导人。

中国全国人大常委会委员长吴邦国在吉隆坡发表面向亚洲的重要演讲

2005年5月30日，正在马来西亚进行正式友好访问的中国全国人大常委会委员长吴邦国应马来西亚外交部的邀请，在吉隆坡发表题为《深化睦邻友好共创亚洲繁荣》的重要演讲。演讲会由马来西亚外交学院承办。马来西亚政府和国会的高级官员、工商界人士、专家学者和华人社团领袖以及部分国家驻马来西亚的使节共300多人参加演讲会。吴邦国的演讲在回顾中马睦邻友好关系的发展历程后，全面阐述了中国的亚洲政策。吴邦国说，中国的发展离不开亚洲，亚洲的发展需要中国。我们始终奉行“与邻为善、以邻为伴”的周边外交方针和“睦邻、安邻、富邻”的周边外交政策。他强调，无论过去、现在、还是将来，中国都致力于发展同亚洲国家的友好合作关系，共同营造和平安宁的地区环境，促进亚洲国家的共同发展。吴邦国指出，经济全球化趋势正在深入发展，亚洲国家既面临难得的发展机遇，也面临严峻的挑战。亚洲国家应抓住机遇，迎接挑战，加强合作，共谋发展。我们应牢牢把握发展这条主线，着力把本国的事情办好，在实现自身发展的同时，促进亚洲共同繁荣。我们应全面推动双边和多边平等互利合作，努力形成优势互补、携手并进的发展格局，推动经济全球化朝着均衡、普惠、共赢的方向发展。我们应牢固树立亚洲大家庭观念，相互尊重，友好协商，妥善处理各种分歧和矛盾，共同维护和促进亚洲的和平与稳定。

马来西亚称不会成为美国基地

2005年6月3日，马来西亚副总理纳吉布在吉隆坡说，马来西亚可在维护独立与主权的原则下同美国合作，以维护本地区的安全，但马来西亚不会成为美国的基地。马来西亚坚持与包括美国在内的各国合作的立场没有改变，但这种合作必须建立在尊重独立与主权的外交原则上。只要尊重这些外交原则，马来西亚愿意同任何国家合作。马来西亚与美国如有适当的合作方式大可实行合作，但是马来西亚的政策不会因此而受到任何影响。关于日本军事力量增强可能会在亚洲引起危机的问题，纳吉布说，对此问题有各种各样的预测，但是重要的是鼓励通过和平协商来解决危机和冲突。

马来西亚重申外部力量不得损害海峡沿岸国家主权

2005年7月31日，马来西亚外交部部长赛义德重申，即使外部力量有可能参与维护马六甲海峡安全的合作，也不得损害海峡沿岸国家（即马来西亚、新加坡和印度尼西亚）的主权。赛义德说，马来西亚并不反对在维护马六甲海峡安全问题上与美国、澳大利亚和日本进行合作，但他强调，马六甲海峡沿岸国家有能力保障海峡安全，并已展开合作，进行协调巡逻。

马来西亚努力推动东盟建设

2005年8月7日，马来西亚政府总理巴达维表示，作为东南亚国家联盟（东盟）轮值主席国，马来西亚将从7个方面积极推动东盟的建设。这些工作主要包括鼓励普通民众参与东盟活动、制定东盟宪章、建立东盟

二月十五日，马来西亚国家元首西拉杰丁会见到访的中国国务院总理温家宝。（原载《荷花》）

发展基金、减小成员国发展差距等内容。

马来西亚与文莱加强合作

2005年8月29日，马来西亚政府总理巴达维抵达文莱，与文莱领导人举行第九次互访磋商会谈。会谈期间，文莱同意向马来西亚银行和保险业等领域投资。马来西亚表示，将为文莱学生到马来西亚大学学习开放更广阔的空间，同时将接纳更多的文莱公务员到马来西亚政府部门进行培训。30日，巴达维结束对文莱的工作访问时与文莱苏丹博尔基亚发表联合声明。联合声明说，两国政府已同意在银行、保险、旅游和食品等领域探索新的合作途径，同时加强双方在教育等领域里的合作。双方将建立相应机构来负责实施在这些领域的合作。联合声明对两国已经在贸易、投资、国防、卫生、教育、金融等领域里的合作表示满意，同时强调进一步发展双边经贸关系的重要性。联合声明还对两国完成避免双重征税协议谈判表示乐观，并期待早日签署这项协议。声明还指出，双方在海上边界划分问题上已经取得进展，双方高层官员将尽全力尽快解决这个问题。

中国国务院总理温家宝在吉隆坡会见马中友协负责人和华侨华人代表

2005年12月13日，出席东亚峰会领袖对话会的中国国务院总理温家宝在吉隆坡会见马中友协负责人和华侨华人代表，并与他们亲切交谈。温家宝表示，中马自古就是友好邻邦，建交31年来，双方在各领域的友好合作取得了长足进展。2004年我们隆重庆祝中马建交30周年，2005年双方又举办纪念郑和下西洋600周年活动，进一步弘扬了中马传统友谊。两国领导人保持接触，相互信任增加。经贸合作成果显著，贸易额比建交时增长百余倍。双方人员往来每年超过百万人次，往来航班每周100架次。中国留学生在马来西亚有近万人，马来西亚在华留学生约有1000人。中马睦邻友好合作已经取得了实实在在的成果。希望两国各界人士共同努力，不断将中马友好合作关系提升到新的高度。马方代表表示，期待马中关系越来越好、合作不断加强。马来西亚前马中工商会主席、前交通部长林良实表示，中国是本地区和平、友谊和合作的启动者，他赞赏中国的睦邻政策，指出中国的发展是邻国的机遇，而不是威胁。同日，温家宝还会见马来西亚前总理马哈蒂尔。温家宝高度评价马哈蒂尔长期为发展中马友好合作关系所作的努力，希望他继续为此做出贡献。

马来西亚与中国澳门设立反贪情报互换机制

2005年12月，马来西亚反贪总局派团首次访问中国澳门廉政公署。双方同意日后加强人员培训交流，同时就设立情报互换机制达成共识。这次会晤是澳门廉政公署2005年7月出访马来西亚反贪局后，对方作出的回访。双方就两地的反贪工作交流经验，并且认同应进一步加强合作。在个案协查方面，双方将设立政策及执行两个层面上的交流机制，方便日后进行情报交换，如有需要，也会进行联合执法行动；在人员培训方面，双方欢迎互派人员参与对方举办的培训课程。

缅甸领导人会见中国全国人大常委会副委员长王兆国

2005年11月14～16日，中共中央政治局委员、中国全国人大常委会副委员长王兆国率团访问缅甸。16日，缅甸国家和平与发展委员会主席丹瑞大将会见王兆国一行。丹瑞在会见时说，缅中"胞波"（兄弟）情谊源远流长。缅方高度评价当前缅中关系发展，视中国为好朋友、好邻居。巩固和发展缅中世代友好合作关系在缅对外政策中占有优先地位。他强调缅甸将继续坚持一个中国政策，反对"台独"。王兆国说，中缅两国是友好邻邦，两国人民自古亲密交往，和睦相处，结下"胞波"情谊。建交55年来，建立在和平共处五项原则基础上的中缅关系一直保持良好的发展势头。两国在政治、经济、文化等各领域的交流与合作不断扩大。中方赞赏缅方长期以来坚持一个中国政策，反对"台独"的立场。他强调，中国奉行"与邻为善、以邻为伴"的外交方针，愿一如既往地发展同缅甸的睦邻友好合作关系，巩固传统友谊，深化互利合作，谋求共同发展。访缅期间，缅甸联邦巩固与发展协会主席泰乌也会见了王兆国。

12月12日，第九次中国—东盟领导人会议在吉隆坡举行。　（原载《占芭》）

缅甸总理梭温会晤新加坡总理李显龙

2005年3月31日，缅甸政府总理梭温在仰光会见到访的新加坡政府总理李显龙。两位领导人决定改善两国的航空交通，包括增加来往两国的航班，并开辟新的航线，以促进旅游业发展。双方还就两国的技术合作，改善商业环境和吸引外资等问题进行讨论。

缅甸接待中国佛教代表团

2005年5月27～31日，由中国全国政协常委、中国佛教协会常务副会长圣辉大法师率领的中国佛教代表团应邀访问缅甸。30日，圣辉大法师在仰光拜会缅甸国家僧侣主席团副主席阿依牙毕万沙大法师并互赠纪念品。中缅两国大法师都表示要进一步加强两国佛教界的交流，发展两国佛教徒和两国人民之间的友谊，共同促进佛教事业与世界和平。

缅甸政府总理梭温会晤中国国务院总理温家宝

2005年7月3日，缅甸政府总理梭温抵达中国昆明出席大湄公河次区域经济合作第二次领导人会议，并于4日会晤中国国务院总理温家宝。两国总理会谈时，温家宝表示中方希望缅甸实现国家长治久安，不论国际形势如何变化，中方发展中缅睦邻友好合作的方针不会改变。中方支持缅甸为保持国家稳定、促进民族和解、扩大对外交往所做的努力。中国政府将继续鼓励和支持有实力、信誉好的中国企业到缅甸开展合作，并将尽力对缅甸的建设提供支持和援助。梭温说，缅甸感谢中方在许多问题上给予缅方的坚定支持与帮助，并视中国为真诚的朋友。缅方希望扩大两国贸易规模，与中方共同认真执行已签署的多项合作文件。双方对两国关系予以高度评价并同意加强在禁毒领域的合作。

缅甸领导人会见中国外交部部长李肇星

2005年7月28日，缅甸国家和平与发展委员会主席丹瑞和政府总理梭温在仰光分别会见到访的中国外交部部长李肇星。缅甸领导人强调两国关系具有强大生命力，缅甸高度重视发展对华关系。李肇星表示，中方将一如既往地加强两国合作关系，密切在国际和地区事务中的协调与配合。丹瑞和梭温表示，缅中两国人民一直有着“胞波”（兄弟）般深情厚谊。缅中建交55年来，双方高层接触日益频繁，建立在和平共处五项原则基础上的缅中关系不断巩固和发展，具有强大的生命力。中国的快速发展有利于本地区的稳定与发展。缅甸高度重视发展对华关系，愿与中方一道努力，按照两国领导人达成的共识，加强经贸、基础设施建设、电力、民航等领域的合作，使缅中友谊世代相传。缅方将继续奉行一个中国政策，坚定支持中国的统一大业。李肇星说，中缅建交55年来，建立在和平共处五项原则基础上的中缅友好关系稳步发展，政治互信不断加强，经贸合作成果显著，各领域的交流也不断加强，并在国际和地区事务中相互支持与配合。目前，两国都在积极落实两国领导人就加强中缅睦邻友好合作关系达成的重要共识。中方高度赞赏缅方长期坚持一个中国的政策，将一如既往地奉行对缅友好政策，愿与缅方共同努力，巩固传统友谊，深化经贸等领域的互利合作，密切在国际和地区事务中的协调与配合，将中缅关系不断提高到新的发展水平。李肇星是出席东盟与中、日、韩外长会议和对老挝正式访问后，于27日抵达仰光对缅甸进行正式访问的。

中菲越三国合作开展南海海域事务

2005年3月14日，菲律宾国家石油公司、中国海洋石油总公司及越南石油和天然气公司在菲律宾首都马尼拉签署《在南中国海协议区三方联合海洋地震工作协议》。三方将通过这项合作，实践各自国家政府作出的使南海地区变为“和平、稳定、合作与发展地区”的承诺。对此次签署的协议，中、菲、越三方都给予高度评价。菲律宾总统阿罗约专门接见三国石油代表，对这项协议予以高度评价。她

①② *4月27日，中国国家主席胡锦涛访问菲律宾，与菲律宾总统阿罗约举行会谈。③ 3月中旬，中、菲、越三方在马尼拉签署联合海洋地震工作协议，阿罗约总统会见出席协议签署仪式的中方代表。（原载《中华英才》、《荷花》）*

表示，协议的签署是中国与东盟落实《南海各方行为宣言》的历史性突破。中国外交部发言人15日表示，中国愿意在"搁置争议、共同开发"的主张下，与东盟有关国家在南海海域开展务实合作，使南海成为"友谊之海"、"合作之海"。

菲律宾总统阿罗约接受中国国家主席胡锦涛造访

2005年4月27～28日，中国国家主席胡锦涛偕夫人刘永清对菲律宾进行国事访问。胡锦涛是在中国与菲律宾建交30周年之际，应菲律宾总统阿罗约邀请对菲律宾进行国事访问的。

两国领导人回顾了1975年《中菲建交公报》有关原则，重申将继续坚持两国于2000年5月14日签署的关于21世纪双边合作框架《联合声明》的精神，愿在中国与东盟面向和平与繁荣的战略伙伴关系的框架下，积极推动中菲建立致力于和平与发展的战略性合作关系，并在保持高层经常交往与接触、大力推进经贸合作、继续深化农业合作、加强基础设施建设合作、拓展矿产资源开发合作、密切人员交往、加强中国南部省份与菲律宾北吕宋的联系、增进防务与安全合作等方面达成共识。双方承诺在涉及国家主权和领土完整的重大问题上相互理解、相互支持。菲律宾重申坚持一个中国政策，理解中国政府为实现国家统一所作的努力，支持并赞赏中国为和平解决台湾问题所作的努力。双方同意继续致力于维护南海地区的和平与稳定，愿与其他东盟国家一道，积极落实《南海各方行为宣言》。双方一致认为，中菲率先启动南海共同开发促进了中菲关系发展，为推动有关国家在南海开展务实合作，促进本地区和平、稳定与繁荣作出了历史性贡献。双方对中国海洋石油公司、越南油气总公司和菲律宾国家石油公司签订《南中国海协议区三方联合海洋地震工作协议》表示欢迎，认为这是具有历史意义的一步，将使南海成为友谊之海、合作之海。双方同意进一步加强在联合国、东盟地区论坛、亚太经合组织、亚欧会议、世界贸易组织及其他多边组织的协调与配合，并认为，和平与发展是当今世界的主题。国际社会应尊重世界多样性，保持国际关系公正、平衡，充分发挥联合国在重大国际事务中的主导作用。双方表示支持通过必要和合理的改革加强联合国的作用，并主张推动落实发展问题、维护发展中国家合法权益、加强发展中国家在国际事务中的发言权和代表性，应成为联合国改革的重点。双方表示将加强在国际组织中的合作，推动经济全球化在公平的基础上平衡发展，以确保发展中国家在全球化进程中能充分受益。双方表示反对一切形式的恐怖主义，认为国际社会有必要共同防范恐怖主义威胁。

菲律宾—中国14对省市缔结友好关系

至2005年6月24日，菲中两国有14对省市缔结为友好省市。这些结对省市分别为杭州市和碧瑶市、广州市和马尼拉市、上海市和大马尼拉市、厦门市和宿务市、沈阳市和奎松市、抚顺市和利巴市、海南省和宿务省、三亚市和拉普拉市、淄博市和万那威市、山东省和北伊洛戈省、安徽省和新怡诗夏省、石狮市和那牙市、柳州市和穆汀鲁帕市、贺州市和圣费尔南多市。

新加坡领导人接待中国全国人大常委会委员长吴邦国造访

2005年5月17日，中国全国人大常委会委员长吴邦国对新加坡进行正式友好访问。访新期间，吴邦国与纳丹总统、李显龙总理、阿都拉议长和李光耀资政等新加坡领导人就双边关系和共同关心的其他问题深入交换意见。吴邦国出席中新经贸合作论坛开幕式并发表主旨演讲，提出进一步推动中新两国经贸合作的"四大建议"：第一，进一步加强经贸合作的基础；第二，充分发挥企业在经贸合作中的重要作用；第三，积极开辟经贸合作的新增长点；第四，继续加强在多边贸易合作中的协调与配合，争取到2010年使双边贸易额比2004年增长近1倍，突破500亿美元。

新加坡总理会见中国国务院副总理吴仪

2005年9月19日，中国国务院副总理吴仪对新加坡进行正式访问。9月20日，新加坡政府总理李显龙会见吴仪，双方强调要进一步拓展两国在各领域的交流与合作，不断深化中新友好合作关系。李显龙说，新中关系发展很好，两国在贸易、旅游、投资等各领域的合作进展顺利，相信在双方共同努力下，两国2010年双边贸易额达到500亿美元的目标一定会提前实现。双方还就中国与东盟关系交换了看法，一致同意将继续致力于推进中国与东盟关系的发展，特别是大力推进中国—东盟自由贸易区建设进程。同日，吴仪副总理与新加坡政府副总理黄根成共同主持中新双边合作联委会第二次会议。吴仪就如何推进两国重点领域合作提出具体设想和建议：第一，继续扩大高科技合作，加强双方在信息通信技术、微电子和纳米电子技术、纳米材料、制造技术等领域的合作。第二，欢迎新方参与西部大开发和振兴东北等老工业基地，发挥管理、人才、投资优势，积极参与中国国有企业改组、改造和基础设施、矿产、生态保护及农牧业加工等项目，为中国有实力的企业开拓海外市场提供支持。第三，继续本着互利、互惠的原则，为双方企业合作搭建更多、更广的平台。第四，继续加强人才交流与培训。黄根成对吴仪提出的上述建议作出积极回应，强调新方愿不断密切新中双边关系，拓展合作领域，充实合作内容，在经济全球化的发展中相互促进，共同发展。

吴仪和黄根成还一同出席中国—新加坡经贸合作网站开通仪式并共同开通网站。该网站由中国商务部和新加坡贸工部合作建立，旨在推动双边经贸合作发展，为双方企业特别是中小企业服务，内容涵盖中新贸易、投资、经济技术合作和企业产品等多项领域。

新加坡与美国加强安全合作

新加坡与美国一直保持着密切的政治、经济和军事关系。2005 年 7 月 12 日，新加坡政府总理李显龙访问美国。这是李显龙 2004 年 8 月出任新加坡总理后第一次访美。美国总统布什会见李显龙，双方就双边关系以及国际和地区问题交换了意见，并签署扩大两国安全合作的战略框架协议。布什在与李显龙会谈后对媒体发表谈话说，美新签署战略框架协议使得两国关系超越了经济范畴，成为一种战略关系，并将对两国关系产生长远影响。李显龙表示，新美签署的协议将增进两国在开展国际反恐以及防止大规模杀伤性武器扩散等领域的合作。

2005 年新加坡和美国之间的军事技术合作不断升温。新加坡已宣布正式加入美国领导的 F－35 联合攻击战斗机研制计划，成为第一个参与该机开发的东南亚国家。为加强海军力量，新加坡还向美国西科斯飞机公司订购 6 架 S－70B 多用途直升机，这些直升机将于 2008～2010 年交付，直升机上配备的先进的反潜探测装置和武器，届时也将配备在法国为新加坡制造的新型护卫舰上。

新加坡与印尼关系发展良好

2005 年 2 月 15 日，印度尼西亚总统苏西洛对新加坡进行国事访问，与新加坡政府总理李显龙举行会谈。这是李显龙和苏西洛自 2004 年相继就任现职后的第四次会晤。10 月，李显龙在印尼巴厘岛发生恐怖爆炸案后两天按计划访问印尼，与苏西洛会晤，对印尼政府的反恐立场给予及时和有力的支持。

印度洋大海啸发生后，新加坡立即为印尼亚齐灾区提供援助，协助重灾区米拉务展开重建工作。在应对禽流感方面，新加坡也向印尼提供所需的帮助，包括交流防范、应付禽流感疫情的经验，提供医疗器材与防疫人员培训等。

两国在经济领域展开多方位合作。2005 年新加坡与印尼贸易总额为 542 亿新元，其中新加坡出口印尼 368 亿新元，从印尼进口 174 亿新元。印尼是新加坡第五大贸易伙伴，排在马来西亚、欧盟、美国和中国之后。新加坡过去几年一直是对印尼投资的前五名投资国，1997～2004 年在印尼的投资额累计达 108 亿新元。近年主要在银行及金融业、电信业、汽车业及油气等领域增加投资，双方也在航空联系网络及促进旅游业发展方面加强合作。印尼总统苏西洛明确指出，廖内群岛要成功发展旅游业，就必须与新加坡进行合作，借鉴新加坡的成功经验。

新加坡与印尼有良好的防务合作，双方军队定期举行联合军事演习，进行人员交流，并让对方使用一些军事设施。2005 年新加坡与印尼就签订双边国防合作协定的谈判已取得良好进展。

双方还在东盟、亚太经济合作组织及东亚峰会、马六甲海峡航行安全等领域进行合作。

世界经济论坛首届亚洲圆桌会议在新加坡举行

2005 年 4 月 28 日，由总部设在瑞士日内瓦的世界经济论坛与新加坡经济发展局联合举办的世界经济论坛首届亚洲圆桌会议在新加坡举行，34 个国家和地区的 250 多位政府、商界及媒体代表到会，并就亚洲地区未来面临的主要挑战与机遇问题进行讨论。新加坡政府总理李显龙在会议上说，中国和印度的发展改变了亚洲经济的景象。他说，过去亚洲经济是吸引来自美国、欧洲和日本的投资而保持繁荣的，现在这种格局正在发生变化；虽然发达国家依然是投资的主要来源，但在贸易方面，中国已经超越美国，成为许多亚洲国家的主要出口市场，地区之间的贸易、旅游及投资也在快速增长。李显龙还说，亚洲经济目前正在趋于一体化，由于在贸易与投资上的互动增加，亚洲国家之间的相互依存正在加强。东盟正在朝 2020 年之前实现经济共同体的方向而努力，并正与中国等国家展开自由贸易协议谈判。

第四届亚洲安全大会在新加坡举行

2005 年 6 月 3～5 日举行。来自亚太地区及欧洲 20 多个国家和地区的大约 200 多名国防部长、政府代

5 月 30 日，中国全国人大常委会委员长吴邦国访问新加坡。新加坡总统纳丹、政府总理李显龙分别会见吴邦国。

（原载《荷花》）

表和安全问题专家到会，就亚洲地区安全所面临的挑战及应对办法进行探讨。与会代表普遍认为，各国要更加重视以对话与合作的方式解决本地区面临的挑战等诸多问题；要相互尊重，共同努力营造一个良好的安全环境，实现亚洲地区的共同稳定与繁荣。新加坡政府总理李显龙在开幕式上发表题为《确保新亚洲的未来》的讲话。他认为，与会者就亚洲安全面临的挑战问题进行交流，将会增进相互信任和理解，促进亚洲地区的稳定。李显龙表示，中国的崛起已成为亚洲一个重要现实。中国不仅已成为许多亚洲国家的主要贸易伙伴，而且也是一些国家境外游客和外资的重要来源，并有快速增长之势。亚洲所有国家现在都想加强同中国的经济关系，而中国也一直在积极帮助其他国家从中国经济增长中受益。他认为，地缘政治的平衡，有助于维持本地区的和平与稳定，其中美国、中国、日本及印度等大国之间的良性互动关系尤为重要。他呼吁有关各方在解决朝核问题方面加强协作。

亚洲安全大会由总部设在伦敦的国际战略研究所主办，自2002年以来每年都在新加坡举行。

● 泰国举行泰中关系学术研讨会暨诗琳通公主50华诞纪念活动

2005年3月28日，为纪念泰中建交30周年，同时庆祝诗琳通公主50华诞，泰国清莱皇太后大学、朱拉隆功大学和泰华农民银行联合主办“行进在康庄大道上的中泰关系”学术研讨会，诗琳通公主出席并致开幕词。泰华社会各界代表近1000人出席研讨会。研讨会上，泰中两国专家学者和知名人士就两国政治、经济、历史、文化、教育等领域的交流与合作进行研讨。此次研讨会正值诗琳通公主第二十次访华前夕，与研讨会同期还举办“诗琳通公主在龙的国土”图片展，展示诗琳通公主24年来在中国参观学习的情景。诗琳通公主热爱中国文化，20多年来坚持学习汉语，为增进泰中友谊，推进两国关系的发展作出突出贡献。

● 泰国总理他信访问中国

2005年7月1日是泰中建交30周年纪念日。应中国国务院总理温家宝邀请，泰王国政府总理他信于6月30日晚抵达北京，开始对中国进行为期3天的正式访问，并参加中泰建交30周年庆祝活动。1日，中国国务院总理温家宝、副总理黄菊在北京会见他信。温家宝和黄菊对他信率团访华，与中方共同庆祝两国建交30周年表示欢迎。温家宝说，中泰自古就是友好近邻，两国建交30年来，无论国际风云如何变幻，双方始终真诚相待，彼此信赖。泰中关系已成为中国与周边国家睦邻友好的典范。中国政府高度重视泰中关系，愿与泰方共同努力，不断提升两国合作水平，使泰中两国永做好邻居、好朋友、好伙伴、好兄弟。黄菊说为进一步拓展中泰经贸合作，双方应积极扩大机电、高新技术等高附加值产品的贸易规模，鼓励相互投资，增加大型合作项目。中方愿与泰方加强在中国—东盟自由贸易区建设、大湄公河次区域合作、亚太经合组织等领域的协调与配合，共同促进本地区经济发展。他信说，泰中之间有着兄弟般的亲密关系，泰国政府和人民珍视同中国的传统友谊，愿以两国建交30周年为契机，深化在各领域的互利合作，推动泰中战略性合作关系进一步发展。会见后，黄菊和他信共同出席为庆祝泰中建交30周年举行的泰国图片展。当日下午，他信还参加了主题为“为了共同成功创建更紧密的经济合作伙伴关系”的泰中投资研讨会。

他信此次访华除深化两国关系和经贸合作外，另一目的是寻根问祖。他信是第四代泰国华裔，中文名字为丘达新。他信祖辈在广东梅州梅教村居住。他信1949年7月26日生于泰北清迈府，1994年开始从政，曾任外交部长、两届内阁副总理、正义力量党主席等职，1998年创建泰爱泰党并任主席。2001年2月出任泰国内阁总理，2005年3月连任。这次访华是他信任总理后第三次访华。

中泰建交30年成为泰国大小媒体聚焦的热点。泰国英文日报《民族报》、《曼谷邮报》与华文《亚洲日报》等纷纷对泰中关系30年发表评论。

● 泰中总理就两国建交30周年互致贺电

2005年7月1日，泰国政府总理他信和中国国务院总理温家宝互致贺电，祝贺泰中建交30周年。他信在贺电中说，在过去的30年里，泰中两国在双边、地区

6月30日至7月2日，泰国政府总理他信访问中国。中国国务院总理温家宝举行欢迎仪式欢迎他信。 （原载《荷花》）

以及多边领域的友好关系发展顺利，尤其是在政治、经济合作方面为两国以及本地区的和平与稳定作出了贡献。温家宝在贺电中说，中泰是好邻居、好朋友、好伙伴。建交30年来，两国关系全面发展，给两国人民带来了实实在在的利益，也为促进本地区的和平、稳定与繁荣作出了积极的贡献。

泰中两国关系进一步加强

2005年是泰中建交30周年。为庆祝这一具有历史意义的时刻，泰中双方高层互访不断，社会各界积极组织一系列的庆祝活动。2月9~15日，中国文化部和中国驻泰使馆与泰国旅游体育部、曼谷市政府、泰华各界在泰国联合举办2005年中国春节文化周。3月28日，为纪念泰中建交30周年暨庆祝诗琳通公主50岁生日，泰国清莱皇太后大学、朱拉隆功大学和泰华农民银行联合主办"行进在康庄大道上的中泰关系"学术研讨会。4月3日，诗琳通公主启程对中国进行为期10天的正式访问，此访是公主第二十次访华。公主为北京大学诗琳通科技文化交流中心揭幕，并出席在该校举行的庆祝中泰建交30周年研讨会。7月1日，应中国国务院总理温家宝邀请，泰国政府总理他信对中国进行为期3天的正式访问。7月24日，泰国中华总商会、明联总会、商联总会和德教慈善会联合各侨团在曼谷国际贸易展览中心举行盛大招待会，纪念中泰建交30周年。7月29日，中国科技部与泰国科技部在曼谷共同签署两国科技合作谅解备忘录。8月28日，中国前任驻泰大使代表团应泰国外交部邀请访问泰国，期间谒见泰国国王普密蓬并拜会泰国政府总理他信。9月21~23日，中国国务院副总理吴仪访问泰国并与泰国政府副总理颂奇共同主持泰中贸易、投资和经济合作联委会第二会议。9月30日，由泰中友协、泰国艺术家联合会、泰国文化中心和中国文联等单位联合主办的庆祝泰中建交30周年"中泰手足情，绵延千秋好"艺术联展开幕式在曼谷隆重举行。10月19日，泰国政府第一副总理颂奇在中国南宁出席第二届中国—东盟商务与投资峰会。10月22日至11月2日，应泰国朱拉蓬研究院邀请，中国文化部副部长陈晓光率中国政府文化代表团及艺术团90多人访问泰国并参加由朱拉蓬公主举办的第二届"中泰一家亲"音乐会。11月10日，泰国泰中文化经济协会、泰中友协和泰中促进投资与贸易商会在曼谷陆军俱乐部举行酒会，庆祝中国"神州六号"载人飞船圆满完成太空飞行任务。11月9~14日，泰国上议院议长素春率泰国上议院代表团应邀对中国进行正式友好访问。11月26日，泰国泰中友好协会在曼谷国家大剧院举办和平友谊合唱音乐会，庆祝泰中建交30周年和抗日战争胜利60周年。12月12日，中国国务院总理温家宝在马来西亚吉隆坡会见泰国政府总理他信。12月13日，泰国政府副总理素里亚和上议院议长素春会见赴泰访问的中国全国政协副主席王忠禹。12月21日，中国人民对外友好协会会长陈昊苏、中泰友好协会会长石广生访问泰国，受到泰国政府总理他信接见，他信祝贺中泰建交30周年纪念活动取得圆满成功。

泰国积极促进朝鲜半岛和平

2005年7月25日，值泰国与朝鲜建交30周年之际，朝鲜人民民主共和国外交部部长倍南颂访问泰国并与泰国政府总理他信会晤，双方进行了亲切友好的

①中国国务委员陈至立会见到访的泰国公主诗琳通（左）。②~④7月在泰国举行的庆祝泰中建交30周年文娱活动。（原载《荷花》）

交谈。他信认为朝鲜半岛的和平对本地区来说非常重要，泰国作为韩国、朝鲜以及美国的友好盟国有多次机会与三国领导人会晤，各方都热切期待以和平手段解决朝鲜半岛问题与实现朝鲜半岛的和平统一。南北朝鲜有着共同的历史、语言、文化根基，问题与分裂的产生是历史造成的，各方应以积极的态度共同解决问题。他信表示，当泰国朝鲜建交30周年之际，泰国将委派外交部部长甘拉提作为特别代表访问朝鲜，并表示若朝鲜认为泰国能为促进朝鲜半岛和平统一发挥作用，自己将随时访问朝鲜。倍南颂对泰国政府及泰国人民8年来对朝鲜的友好援助表示感谢，同时表示朝鲜半岛和平谈判已取得很大进展，南北朝鲜支持国家间的互访与民间的来往，南北双方正在共同修筑国际铁路并共同建设工业园区，以造福两国人民。

泰国与新加坡全面扩大合作

2005年9月2～3日，泰国政府总理他信在北部城市清迈与新加坡政府总理李显龙会晤。此次会晤为双方第三次非正式会晤，双方就两国政府在经济、旅游、教育以及国防等方面的合作问题开展讨论，表示重视在东盟框架下2＋X的合作。经济方面，双方探讨了现有的证券市场合作框架，认为将来引入东盟的Virtual Stock Mark将有助于吸引更多国外资金进入东盟市场。旅游合作方面，双方同意采用现代化手段简化签证程序，加快签证效率，共同发展旅游业。双方还就东盟成员国在公共卫生事业方面合作展开商讨，提议建立疫苗库以控制与预防新发性疾病与常见性疾病。对于多边合作框架，双方一致认为，东亚峰会框架是促进成员国间紧密合作的框架。国家安全合作方面，双方共同签署《防御亚洲武装海盗区域性合作协定》。关于区域性安全问题，双方表示，为了本地区的和平安定，任何形式的恐怖活动或发生在任何国家的恐怖活动，都是两国共同关注并着力解决的问题。双方同意下一次非正式会晤在新加坡举行。

泰国援助美国、巴基斯坦灾民

2005年9月，美国遭受"卡特里娜"飓风袭击，泰国国王普密蓬陛下致电慰问，代表泰国及泰国人民对飓风造成的重大财产损失和人员伤亡向美国政府和美国人民表示同情。同时，泰国政府总理他信派遣由100名医务人员组成的医疗队赴美国援救灾民。10月8日，南亚克什米尔地区发生的里氏7.6级地震给巴基斯坦等国造成重大人员伤亡与经济损失，泰国政府总理他信在地震发生后第二天致电巴基斯坦总统穆沙拉夫，代表泰国政府和人民向巴基斯坦政府、人民和受伤人员表示诚挚慰问；总理顾问汪努亲赴巴基斯坦转交泰国政府提供的人道主义援助，包括400万泰铢的救灾款及食品、衣服、帐篷等物资。同时，泰国政府还派遣医疗队赴巴基斯坦灾区协助救助工作。

泰国总理他信会见中国全国人大常委会副委员长王兆国

2005年11月7日，泰国政府总理他信在曼谷会见到访的中共中央政治局委员、全国人大常委会副委员长王兆国，双方进行了友好交谈。王兆国说，泰中建交30年来，两国高层领导互访频繁，政治互信不断增强，经贸、文化、教育、军事等领域的互利合作持续深化，在国际和地区事务中保持着良好的协调与配合；泰中两国议会交往密切，合作良好，中方对此表示满意。他信说，泰中一家亲，泰方高度重视对华关系，积极评价泰中关系发展。泰国政府将继续坚持一个中国政策，愿与中方一道，推动泰中关系不断向前发展。当日，泰国国会主席兼下议院议长波金和上议院院长素春在议会大厦分别会见王兆国。王兆国率领的中国全国人大代表团是应泰国国会主席兼下议院议长波金的邀请，于11月4日开始对泰国进行正式友好访问的。

越南积极发挥东盟成员国的重要作用

2005年越南主持召开多次东盟部长级会议：1月的东盟副外长级关于讨论东亚与东盟宪章会议，4月的东盟经济部长会议，9月的第六次东盟司法部长会议和第五次东盟信息产业部长会议等。年内，印尼总统苏西诺和缅甸政府总理梭温分别对越南进行访问。11月，在曼谷召开的伊洛瓦底江—湄南河—湄公河经济战略合作组织第二次高级领导人会议上，越南被接收为该组织的正式成员。会上，越南与缅甸、泰国、老挝、柬埔寨等其他4个成员国发表联合声明，强调将在工业、农业、边境贸易、旅游、人力资源、卫生等领域开展广泛合作。

越南大力发展与老挝柬埔寨关系

越南把对老挝的关系视为两国两党全面合作的特别友好关系，建立有常年举行最高国家领导人会晤等机制。2005年3月24～26日，越共中央总书记农德孟访问老挝。越老两国的部门和地方也建立了交流合作关系，在许多地区和国际讲坛上双方协调步调。2005年双方办理完毕越南在老挝投资2.37亿美元建设色卡曼水电站的全部手续。越南也非常重视对柬埔寨的关系，双方确定"睦邻友好，全面合作，牢固长远"发展双边关系的方针。2005年3月29～31日，越共中央总书记农德孟访问柬埔寨。同年10月10日，柬埔寨政府总理洪森访问越南。尤其重要的是年内两国国会批准《1985年边界条约的补充协定》，使一度陷入僵持状态的该协定于2005年12月6日正式生效。

越南与美国关系取得进展

2005年6月19～25日，越南政府总理潘文凯率领

10月31日至11月2日，中国国家主席胡锦涛访问越南。越共中央总书记农德孟（中）、越南国家主席陈良德（左）陪同胡锦涛检阅三军仪仗队。 （原载《荷花》）

200人的代表团访问美国。这是越战结束30年后越南政府领导人首次访问美国。6月21日，潘文凯在白宫与美国总统布什举行会谈，然后两国发表联合声明，表示愿意建立建设性合作伙伴关系。两国建立多渠道的联系途径，加强交换信息。双方签署协议，越南军事人员将接受美国在技术、医疗、语言等方面的培训。3月底至4月初，美国导弹护卫舰"加里"号访问西贡港，这是近一年半来美国军舰第三次访问越南。

越南积极发展与中国的友好关系

2005年7月18～22日，应中国国家主席胡锦涛邀请，越南国家主席陈德良对中国进行国事访问。18日，陈德良与胡锦涛举行会谈。双方一致同意，以两国建交55周年为契机，进一步加强全面合作，推动中越睦邻友好合作关系更快更好地发展。胡锦涛表示，为进一步加强和发展中越睦邻友好与全面合作关系，深化务实合作，促进共同发展，中方提出4点建议。会谈后，两国元首出席关于中越世界贸易组织双边市场准入协议等3个文件的签字仪式。19日和20日，中国全国人大常委会委员长吴邦国、国务院总理温家宝和全国政协主席贾庆林分别会见陈德良。来自中国和越南的30多家企业19日在北京举行的中国—越南企业家论坛上签署涉及机电、旅游、医药、通信等领域的合作协议。

越南国防部长范文茶访华

2005年10月26～28日，越南国防部部长范文茶访问中国。中国中央军委副主席、国务委员兼国防部长曹刚川于26日在北京与范文茶举行会谈。双方就国际和地区形势两国两军关系等问题交换了意见。期间，两国军方签署《中越海军北部湾联合巡逻协议》，曹刚川与范文茶共同出席签字仪式。

越南接待中国国家主席胡锦涛访问

2005年10月31日至11月2日，中国国家主席胡锦涛应邀访问越南。访越期间，胡锦涛在越南国会发表讲演。这是在越南国会发表讲演的首位外国国家元首。中越两国发表联合声明，强调相互理解，相互尊重，相互支持，相互信任，相互合作，继续按"长期稳定，面向未来，睦邻友好，全面合作"16字方针发展两党两国友好关系，做好邻居、好朋友、好同志、好伙伴，加强两国高层往来，扩大经贸合作，加强协调配合。双方一致同意加快两国陆地边界全线勘界立碑步伐，以在2008年完成此项工作。双方同意认真落实北部湾划界和渔业合作协定，积极开展北部湾共同渔区资源联合调查，启动跨界油气构造勘采合作，早日实施两国海军北部湾联合巡逻。双方同意尽早开始北部湾湾口外海域的划界谈判并商谈海域的共同开发问题。

经　　济

中国经济保持平稳增长

2005年中国实现国内生产总值18.23万亿元，比上年增长9.9%；财政收入超过3万亿元，增加5232亿元。社会消费品零售总额6.72万亿元，比上年增长12.9%，扣除价格上涨因素，实际增长12.0%；居民消费价格总水平上涨1.8%。进出口贸易总额1.42万亿美元，增长23.2%；实际利用外商直接投资603亿美元；国家外汇储备8189亿美元。城镇新增就业970万人；城镇居民人均可支配收入1.05万元，农村居民人均纯收入3255元，扣除价格因素，分别增长9.6%和6.2%。

中国粮食生产保持良好增长势头

2005年1月30日，中共中央、国务院于颁布《关于进一步加强农村工作，提高农业综合生产能力若干政策的意见》，提出要坚持"多予少取放活"的方针，稳定、完善和强化各项支农政策。2月，中国农业部下发《关于2005年发展粮食生产的意见》，提出要稳定增加粮食播种面积，主攻单产，优化品种、品质结构，努力实现粮食产量稳定增加、种粮效益明显提高。28个省(自治区、直辖市)全部免征农业税。增加对种粮农民的补贴和对产粮大县及财政困难县的转移支付,对部分粮食主产区的重点粮食品种实行最低收购价政策。全年中央财政用于"三农"的支出达到2975亿元,比上年增加349亿元。粮食种植面积10427万公顷,比上年增加267万公顷。粮食总产量48401万吨,比上年增产1454万吨,增产3.1%。

中共中央提出中国第十一个五年规划的建议

2005年10月8~11日,中国共产党第十六届中央委员会第五次全体会议在北京举行。会议听取和讨论胡锦涛受中央政治局委托作的工作报告,审议通过《中共中央关于制定国民经济和社会发展第十一个五年规划的建议》。这个"建议"提出中国未来五年经济社会发展的奋斗目标、指导方针和重大战略部署,是指导今后五年中国国民经济和社会发展的纲领性文件。"建议"提出的中国"十一五"时期经济社会发展的目标是:在优化结构、提高效益和降低消耗的基础上,实现2010年人均国内生产总值比2000年翻一番;资源利用率显著提高,单位国内生产总值能源消耗比"十五"期末降低20%左右;形成一批拥有自主知识产权和知名品牌、国际竞争力较强的优势企业;社会主义市场经济体制比较完善,开放型经济达到新水平,国际收支基本平衡;普及和巩固九年义务教育,城镇就业岗位持续增加,社会保障体系比较健全,贫困人口继续减少;城乡居民收入水平和生活质量普遍提高,价格总水平基本稳定,居住、交通、教育、文化、卫生和环境等方面的条件有较大改善;民主法制建设和精神文明建设取得新进展,社会治安和安全生产状况进一步好转,构建和谐社会取得新进步。

"建议"提出今后五年中国经济社会发展和改革开放的主要任务是:建设社会主义新农村,推进产业结构优化升级,促进区域协调发展,建设资源节约型、环境友好型社会,深化体制改革和提高对外开放水平,深入实施科技兴国战略和人才强国战略,推进社会主义和谐社会建设。

中国取消农业税

2005年12月29日,中国第十届全国人民代表大会常务委员会第十九次会议表决决定,第一届全国人大常委会第九十六次会议于1958年6月3日通过的农业税条例自2006年1月1日起废止。这意味着9亿中国农民从2006年第一天开始,将依法彻底告别延续了2600年的"皇粮国税"——农业税。中华人民共和国建立后,中国政府依照有关规定,在农村地区征收农业税。从1983年起,国务院根据农业税条例的规定,决定另外开征农林特产农业税,1994年改为农业特产农业税;牧区省份则根据授权开征牧业税。这样,中国现行农业税实际上包括农业税、农业特产税和牧业税等3种形式。农业税条例的施行,对贯彻国家的农村政策,正确处理国家与农民的分配关系,发展农业生产,保证国家掌握必要的粮源,保证基层政权的运转等方面,发挥了重要作用。现今,中国的工业化已发展到相当水平,二、三产业的税收已成为国家财政收入的主体,农业税仅占总税收的百分之几。这个时候,工业应该反哺农业,不仅要免征农业税,同时还要补贴农业。2004年,中国政府开始实行减征或免征农业税的优惠政策,先对黑龙江、吉林两省进行免征农业税试点,上海、北京、天津、浙江、福建等5个省份宣布自主免征或基本免征农业税,加上西藏自治区一直免征农牧业税,全国共有8个省份免征农业税。2005年元旦前后,广东、江苏等14个省份宣布从2005年起全面取消农业税,使免征农业税的省份增加到22个。2005年,又有广西等省份宣布取消农业税,到年底,宣布取消农业税的省份达到28个,从而为全国取消农业税准备了充分条件,使中国政府的惠农政策上升为国家法律,提前实现温家宝总理于2004年提出的5年内全部取消农业税的目标。

①

②

③

①中国加大中央财政投入,支持农业产业化组织发展。图为山东龙大集团脱水蔬菜产品生产车间。②③中国取消农业税,对发展农业生产,保证粮源,提高农民生活水平发挥了重要作用。图为粮食收仓作业和江苏华西村农民住宅。

(原载《人民画报》、《占芭》)

中国青藏铁路全线贯通

10月15日，中国青藏铁路全线贯通。　（原载《吉祥》、《湄公河》）

2005年10月15日，中国青藏铁路全线贯通庆祝大会在西藏自治区拉萨市拉萨火车站举行，宣告青海省西宁至拉萨的青藏铁路全线贯通。中共中央总书记、中国国家主席、中央军委主席胡锦涛为青藏铁路全线铺通致贺信，代表中共中央、国务院向铁道部、青海省和西藏自治区各族群众以及青藏铁路全体参建干部职工表示热烈祝贺。中共中央政治局委员、国务院副总理黄菊出席庆祝大会并发表讲话。

青藏铁路全线长度为1956公里。其中西宁至格尔木段814公里已于1979年铺通，1984年投入运营。格尔木至拉萨段长1142公里，其中新建线路1110公里，2001年6月29日动工建设。这段铁路跨越昆仑山、唐古拉山，通过550公里长的多年冻土层，其间经过海拔4000米以上地段960公里，最高点海拔5072米，是世界上海拔最高、线路最长、穿越冻土区最长的高原铁路。青藏铁路建设采用热棒、片石通风路基、铺设保温板和以桥代路等世界领先技术来解决冻土层问题，创造了世界海拔最高的车站，世界海拔最高、最长的高原永久冻土隧道等多项世界新记录。青藏铁路是目前中国环保投入最多的线路建设项目，将工程对高原生态环境的影响减小到最低限度。线路沿线专门设置33处通道供野生动物迁徙通行。青藏铁路通车后，估计进出西藏的货运量有75%左右将由铁路承担，将大大降低运输成本，使各族群众直接受益。2006年7月，青藏铁路将进行试运营。今后5年，中国将建设拉萨至日喀则、林芝等地的青藏线路延伸工程。

中国人民银行发布完善人民币汇率形成机制改革公告

2005年7月21日，中国人民银行发布公告称，为建立和完善中国社会主义市场经济体制，充分发挥市场在资源配置中的基础性作用，建立健全以市场供求为基础、有管理的浮动汇率制度，经中国国务院批准，现就完善人民币汇率形成机制改革有关事宜公告如下：一、自即日起，中国开始实行以市场供求为基础、参考一篮子货币进行调节、有管理的浮动汇率制度。人民币汇率不再盯住单一美元，形成更富弹性的人民币汇率机制。二、中国人民银行于每个工作日闭市后公布当日银行间外汇市场美元等交易货币对人民币汇率的收盘价，作为下一个工作日该货币对人民币交易的中间价格。三、2005年7月21日19时，美元对人民币交易价格调整为1美元兑8.11元人民币，作为次日银行间外汇市场上外汇指定银行之间交易的中间价，外汇指定银行可自此时起调整客户的挂牌汇价。四、现阶段，每日银行间外汇市场美元对人民币的交易价仍在人民银行公布的美元交易中间价上下千分之三的幅度内浮动，非美元货币对人民币的交易价在人民银行公布的该货币交易中间价上下一定幅度内浮动。中国人民银行将根据市场发育状况和经济金融形势，适时调整汇率浮动区间。同时，中国人民银行负责根据国内外经济金融形势，以市场供求为基础，参考一篮子货币汇率变动，对人民币汇率进行管理和调节，维护人民币汇率的正常浮动，保持人民币汇率在合理、均衡水平上的基本稳定，促进国际收支基本平衡，维护宏观经济和金融市场的稳定。7月22日起，中国人民银行上调境内商业银行美元、港元小额外币存款利率上限，其中，一年期美元、港币存款利率上限均提高0.5个百分点，调整后利率上限分别为1.625%和1.5%。这次提高境内外币存款利率，与人民币升值2%直接相关。人民币汇率调整消息，推动了亚洲货币汇价上升。

中国房地产新政策出台

2005年5月11日，中国建设部、发改委、财政部、国土资源部、人民银行、税务总局和银监局等7部门联合出台《关于做好稳定住房价格工作意见的通知》，提出新的房地产政策。新政策的要点包括保证中小套型住房供应、打击炒卖地皮、禁止期房转让等。一、土地闲置两年收回使用权。“通知”要求加大对闲置土地的清理力度，切实制止囤积土地行为，严格执行法律规定，对超过出让合同约定的动工开发日期满1年未开工的，征收土地闲置费；满2年未动工开发的，无偿收回土地使用权。二、买房就转手将征高税。对个人购房后转手交易，尤其是个人购房不足2年即转手交易的行为加大税收调控力度。对个人购买住房不足2年转手交易的，销售时按其取得的售房收入金额征收营业税；个人购买普通住房超过2年(含2年)转手交易的，销售时免征营业税；对个人购买非普通住房超过2年(含2年)转手交易的，销售时按其售房收入减去买房屋的价款后的差额征收营业税。三、禁止期房转让。国务院决定，禁止商品房预购人将购买未竣工的预售商品房再行转让。在预售商品房竣工交付、预购人取得房屋所有权证之前，房地产主管部门不得为其办理转让等手续；房屋所有权申请人与登记备案的预售合同载明的预购人不一致的，房屋权属登记机关不得为其办理房屋权属登记手续。四、中小套型政策优惠多。国家将对中小套型、中低价位的普通住房给予多项政策优惠，享受优惠政策的普通住房需满足3个条件：住宅小区建筑容积率在1.0以上；单套建筑面积在120平方米以下；实际成交价格低于同级别土地上住房平均交易价格1.2倍以下。若满足这3个条件，在规定审批、土地供应以及信贷、税收等方面，对中小型套、中低价位普通住房给予优惠政策支持。"意见"要求，加强经济适用住房建设，严格实行政府指导价，控制套型面积和销售对象，切实降低开发建设成本，建设单位利润要控制在3%以内。

文莱经济保持稳步增长

文莱首相府统计局预测，2005年文莱国内生产总值为98.21亿文莱元(约合58.8亿美元)，其中石油、天然气收入42.25亿文莱元(约合25.3亿美元)，比上年增长4.1%，非石油、天然气收入55.95亿文莱元(约合33.5亿美元)，增长7.4%。在非石油、天然气收入中，公共部门收入20.86亿文莱元(约合12.41亿美元)，私有部门收入35.09亿文莱元(约合20.88亿美元)。预计全年国内生产总值增长3.6%，人均国内生产总值2.6万文莱元(约合1.57万美元)。文莱经济保持稳步增长促进了对外贸易。年内进出口贸易总额128.78亿文莱元(约合77.11亿美元)，比上年增长8.4%。其中，出口103.97亿文莱元(约合62.26亿美元)，增长21.4%；进口24.81亿文莱元(约合14.85亿美元)，增长2.8%；进出口贸易实现顺差79.16亿文莱元(约合47.4亿美元)，增长28.7%。

文莱发现新的石油天然气储藏

2005年8月，文莱壳牌石油公司宣布在诗里亚北侧发现新的石油天然气储藏。12月，该公司还宣布在诗里亚浅水区北侧发现新石油储藏，这是该公司在这一地区发现的第五个石油蕴藏区。该区离海岸约1公里，水深4～10米。预计新油井的建设工程将于2006年完成。

柬中企业合作在柬勘探铁矿

2005年3月19日，柬埔寨PPM GROUP公司、RO-TANAK STONE公司和中国机械装备集团公司在金边签署铁矿勘探合作协议，三方将坚持"以矿养铁、以铁养钢"的方针，共同在柬埔寨柏威夏省发展钢铁工业。柬埔寨政府工业部副国务秘书恩本那拉、柬埔寨王家军副司令波沙良四星上将和中国驻柬埔寨大使胡乾文参加签字仪式。柬埔寨早在20世纪60年代就已发现铁矿，但具体储量还不清楚，有待详细的勘探后，才能制定合理的开发计划。

柬中友谊丹斯道大桥通车

2005年3月26日，柬埔寨政府首相洪森与中国驻柬埔寨大使胡乾文共同为位于磅湛省哥梳丁县的贝雷钢桥(装配式钢桥)通车仪式剪彩。该座由中国援建的钢桥长164米、宽7.2米，桥头两边斜坡铺钢筋水泥，路面铺沥青，耗资近200万美元。为缅怀两国政府和人民的深厚情谊，洪森首相提议命名此桥为"柬中友谊丹斯道大桥"。在仪式上，洪森首相回顾了两国的友谊，对中国政府提供的援助表示感谢，并为胡乾文大使颁发"国家建设勋章"。胡乾文宣布，根据洪森首相的要求，为继续支持柬埔寨基础设施建设，中国政府决定再向柬埔寨王国政府提供1500米贝雷钢桥建设物资的无偿援助。中国政府于2000年向柬埔寨王国政府无偿援助价值5000万元人民币、总长度1000米贝雷钢桥的建设物资，丹斯道大桥就是利用这批援助物资的一部分建设起来的。中国对柬埔寨另一项大规模援助正在进行，即修建柬埔寨国家7号公路桔井至柬埔寨与老挝边境约200公里路段，并提供20台挖掘机和15台公路养护设备。中国援助的柬埔寨新政府办公大楼也在筹建中。

柬埔寨橡胶发展协会成立

2005年10月15日在金边成立。该协会是在柬埔寨农业部支持下，由柬埔寨橡胶总局、国家7个橡胶园公司、柬埔寨橡胶种植研究学院和私人橡胶园公司联合成立的。协会注重发展橡胶种植和橡胶经营活动，不断提高橡胶原料质量，以达到国际橡胶市场的标准。柬埔寨橡胶协会曾于20世纪60年代成立，70年代因战乱而宣布解散。

柬埔寨棕糖产品在巴黎获金奖

2005年10月15～17日，在法国巴黎举办的国际天然产品博览会上，由柬埔寨棕糖树酿造公司生产，以柬埔寨植物棕糖树果汁酿造而成的系列产品，包括棕糖、棕糖酒、棕糖汁及用棕糖木制成的瓶塞等,获得天然产品金牌。此次博览会共有来自世界各国的352种天然产品参展,评委们对各种产品进行分析评估后,首轮选出100种产品,再从100种产品中评选出5种排名颁奖。这一国际天然产品博览会每两年举办一次。

印度尼西亚召开基础设施峰会

为改善印度尼西亚的基础设施,加大建设力度和资金投入,吸引民间资本和国外资金进入印尼基础设施建设市场,2005年1月17~18日,印尼基础设施峰会在雅加达召开。印尼政府在峰会上推出91个基础设施建设项目,主要是在2005~2009年间实施的重点优先项目,如道路、石油管道、电力、机场、供水、铁路、通信等,投资总额225亿美元。来自20个国家的500多家公司投资商参加峰会。印尼总统苏西洛在会上表示,自1997金融危机以来,印尼基础设施建设一直严重滞后,已经成为制约印尼投资和经济增长的瓶颈,也是印尼经济一直难以恢复的重要原因。印尼政府估计,改善印尼各种基础设施所需的1450亿美元资金中约800亿美元要依赖国内外投资。为吸引投资并保障投资者的合法利益,印尼政府与与会者签署了《雅加达宣言》,承诺将通过制订和修改相关法规、严惩腐败、提高政府办事效率和推出投资优惠政策等措施改善投资环境。

印度尼西亚大幅度提高燃油价格

2005年3月1日起,印度尼西亚成品油(除家用煤油外)价格全面提升,平均涨幅为29%。10月1日,政府再次宣布调整燃油价格,油价平均上浮126%,其中标准汽油从每升2400印尼盾涨至4500印尼盾,涨幅为87%;柴油从每升2100印尼盾涨至4300印尼盾,涨幅为104%;家庭用煤油从每升700印尼盾涨至2000印尼盾,涨幅达185%。油价调整主要出于三个目的:一是缓解燃油补贴给财政带来沉重的压力。2004年政府燃油补贴达到74.88万亿印尼盾,由于国际油价节节攀高,2005年1~9月的补贴额已达80万亿印尼盾。为减轻赤字压力,印尼国会于9月27日通过财政预算修正案,将全年燃油补贴额上限确定为89.2万亿印尼盾。二是改善印尼盾的信誉,以利于重振印尼经济。三是调控国内石油消费,促进能源消费多元化发展。印尼石油公司2005年10月5日发表的数据表明,涨价后印尼汽油和柴油日均消费量分别下降37%和50%。

印度尼西亚通过举办或参加商品交易会,商品交易额明显增长。图为参加中国—东盟博览会的印尼客商。

(原载《中国—东盟博览》)

第三十八届雅加达博览会成交额达5000亿印尼盾

一年一度的雅加达博览会是印度尼西亚最重要的展会活动。本届博览会于2005年6月16日在雅加达展览会馆隆重开幕。有来自印尼国内外的大约900家企业参展,在1个月的展期中吸引了240万人参观和购物。商品交易额累计达5000亿印尼盾,比2004年增长28.5%。其中摩托车和汽车分别成交9800台和1300台,在交易总额中所占比重最大,共达3000亿印尼盾。此外,中小企业生产的五金机电、家具、食品类商品成交额同比也有明显增长。

印度尼西亚延长进口大米禁令

2005年,印度尼西亚由于粮食和大米库存充足,政府将于6月底到期的关于禁止大米进口的政策延长至12月。印尼农业部预计年内全国干稻谷产量将达5300万吨,出现160万吨的消费盈余,加上2004年的库存余粮,总计有420万吨存量。旨在保护本地粮农利益的大米进口禁令自2004年1月开始实施,并已两次延长期限。印尼政府表示当大米库存低于100万吨或中等品质大米市场价格超过每公斤3500印尼盾时,上述禁令将被取消。

世贸组织裁决韩国纸张反倾销案印度尼西亚胜诉

2005年10月31日,世界贸易组织就印尼诉韩国反倾销案做出裁决,认定韩国对从印尼进口的特定纸张实施的反倾销措施违反了国际贸易规则。此次争端的起因是2002年11月26日韩国贸易委员会对原产于印尼的双胶纸、复印纸等产品进行反倾销立案调查。2003年11月,韩国贸易委员会宣布对原产于印尼的纸浆和造纸企业征收2.8%~8.22%的反倾销税,印尼第一大纸张出口商金光集团因此每月须向韩国政府缴纳50万美元的反倾销税,对韩国的纸张出口额从受反倾销制裁前的每年1亿美元下降至6000万美元。2004年6月4日,印尼启动世界贸易组织争端解决机制,指控韩国的反倾销措施违反了关贸总协定1994年第六条以及《反倾销协定》的部分条款。

印度尼西亚发射通信卫星

经过2004年11月以来多达9次的推迟发射后，2005年11月16日，印尼通信公司使用阿里亚纳－5火箭在法属圭亚那高卢基地成功发射Telkom－2通信卫星，以替换于2003年5月达到使用寿命的帕拉帕B4号通信卫星。Telkom－2自重1975公斤，总造价1.7亿美元，设计在轨寿命15年。相对于帕拉帕B4，Telkom－2的覆盖范围更广，包括东南亚及印度、关岛等地区。在其24个C频段的卫星转发器中，印尼通信公司自用14个，另10个将用于商业出租。由于人口众多，居住区域分散，印尼很难通过铺设管线覆盖全国通信网，因此自1976年开始使用通信卫星，至今印尼总共发射了8颗通信卫星。

印度尼西亚汽车出口增长近1倍

2005年印尼汽车出口9.17万辆，比2004年的4.6万辆增长99.49%，主要销往沙特、阿曼、科威特、阿联酋等国。其中丰田车出口量最大（7.86万辆），比上年增长77.6%，其余依次是铃木（1.18万辆）、本田（1207辆）、标致（72辆）、大发（4辆）和三菱车（4辆）。

老挝农林部年度工作总结会议

2005年9月4日在万象举行。老挝农林部部长仙·沙旁通在工作报告中指出，老挝2005年经济增长率不低于7%，其中农林业增长率4%～5%，农林业经济总值占国民经济总值的47%。年内完成解决贫困人口任务的39%，停止毁林种地任务的70%。水稻种植总面积达到77.44万公顷（晚稻65.5万公顷，早稻约9万公顷），实现人均粮食产量450～500公斤。肉蛋产量20.52万吨，完成计划的85%。生产疫苗270万支，完成计划的65%。沙旁通指出，今后5年老挝仍要集中精力发展农林业，2005～2006年度要实现如下指标：减少旱地种植面积7000公顷，在900个村完成林地承包工作，完成水稻产量265万吨、蔬菜产量79万吨、薯类产量19.5万吨、水果产量32.95万吨的生产目标，养殖蛋鸡31.2万只和肉鸡13.52万只。

马来西亚降低汽车进口关税

自2005年1月起，马来西亚从东盟其他成员国进口汽车零部件的关税降至0%～25%。同时，马来西亚把国产及进口车的消费税大幅提高90%～250%，产自东盟其他成员国的进口车的消费税在此基础上降低20%，产自东盟以外的进口车关税降为50%。东盟其他成员国已自2004年1月起将进口汽车的关税降至0.5%，马来西亚则推迟1年以使国内汽车产业的发展有更多缓冲时间。

马来西亚向外资开放金融市场

马来西亚正逐步开放金融服务领域，包括期货交易、证券及资产管理等，让外国公司参与，使本地资金市场更具竞争力。根据马来西亚财政预算案中资金市场开放计划，允许外国证券公司在本地设立子公司并拥有100%股权，以便与当地的OSK控股、黄氏发展证券和肯纳格控股等6家国际证券公司竞争。为配合政府逐步开放金融市场以促进竞争的政策，总理兼财政部长巴达维于2005年3月22日宣布，将向5家外国证券公司颁发在马来西亚营业的执照，这5家公司分别是里昂证券、瑞士信贷第一波士顿、摩根大通公司、澳大利亚麦格里银行和瑞银华宝；同时，向苏格兰阿伯丁资产管理公司发放本地基金经理执照，使该公司成为第一家进入马来西亚基金管理市场的外国公司。巴达维同时宣布三项新措施，以重组国内资金市场。这些措施包括：一是符合“最少1+1合并条例”的证券公司，被允许提供一揽子的企业咨询服务，包括向证券监督委员会提呈企业建议，从2006年起可无限制开设分行；二是国家银行与证监会制定设立“国内投资银行”架构，以提高国内现有资金市场的专业性并提供统一的服务产品，投资银行将由中央银行及证监会负责监管；三是符合条件的环球证券行可参与银行同业市场，不过仍受到中央银行所制定的条例限制，以确保其财务稳定。

马来西亚在华投资大型娱乐设施

2005年3月28日，投资总额4.8亿美元的大型娱乐休闲设施成功（中国）大广场在中国河北燕郊开发区破土动工。这一项目位于北京东部潮白河畔，距北京市中心30公里。工程一期投资2.6亿美元，建筑总面积100万平方米，由马来西亚成功集团投资兴建。全部工程计划于2008年北京奥运会前建成，将成为集旅游、休闲、文化、健身及商贸于一体的大型娱乐休闲中心。

马来西亚鼓励中国企业到马投资

在2005年3月30日举行的中国—马来西亚商务洽谈会上，马来西亚国际贸易暨工业部副部长马袖强表示，中国企业要进入东盟市场，马来西亚愿作跳板。中马两国可合作的领域宽广，欢迎中国的零部件、模块制造业等到马来西亚投资。他举例说，在环保方面，马来西亚需要更多的污水处理设备，希望进一步引入中国内地厂家进行生产。与马来西亚迄今在中国实际投入24亿美元相比，中国商人到马的投资太少。马来西亚已经进入世界贸易20强国行列，为鼓励中国投资，马来西亚制定不少优惠政策，特别鼓励进口先进的机械设备。2004年马来西亚进口的机械设备额达28亿美元，作为优先行业，中国企业如到马来西亚投资机械设备产业,可获法定收入100%免税10年等特殊优惠。

马来西亚与中国贸易关系增强

马来西亚与中国双边贸易关系近年来取得重大进展。2000~2004年,两国贸易总额由169.6亿林吉特增至714.3亿林吉特,年均增长34.3%。马来西亚对中国出口贸易额由88亿林吉特增至321.4亿林吉特,增长近4倍;从中国进口贸易额由81.5亿林吉特增至392.9亿林吉特,年均增长38.2%。2004年中国是马来西亚第四大贸易、出口和进口国。投资方面,截至2004年,马来西亚在中国的投资总额达到24亿美元(91亿林吉特)。在批准的1796项投资计划中投资额达49亿美元(189亿林吉特)。2004年马来西亚是中国第十五大投资国。其中,中国广西壮族自治区和马来西亚2002~2004年双边贸易额分别增长15%、37%和56%,2004年双边贸易额达到7745万美元,在广西与东盟各国的贸易中居第二位。相互投资也取得较大进展,截至2004年,马来西亚在广西成立的三资企业累计有71家,合同外资金额1.75亿美元,实际投资额7240万美元。截至2004年,广西企业在马来西亚的投资项目有6项,协议投资额221万美元,在马来西亚从事工程承包合同总额1387万美元,期内营业额1974万美元。

马来西亚与中国加强经济技术合作

2005年5月30日,中国—马来西亚经济技术合作项目签字仪式在马来西亚吉隆坡举行。到访的中国全国人大常委会委员长吴邦国和马来西亚下议院议长南利参加签字仪式。根据协议,中国汽车厂商吉利集团将分3年输出9万辆未经装配的汽车到马来西亚,总值4.5亿美元。吉利集团也与马来西亚IGBumi公司签约,授权对方进口和代理5款吉利汽车。IGBumi公司估计每年可在马来西亚售出3万辆吉利汽车。除了汽车业,马来西亚沙拉越州电力供应公司也与中国机械设备进出口总公司签约,由中国公司承建总值2亿美元的沙拉越州火力发电厂。此外,马来西亚金狮集团与中国山东泸河集团签约,以联营方式在山东诸城生产各类轮胎。吴邦国表示,中国愿意加强与马来西亚和亚洲其他国家的政治及经济关系,预测马中双边贸易额将在未来5年内倍增,超过500亿美元。

马来西亚公司投资中国内河航运业

由马来西亚依苏达机构控股70%的中国浙江省德清Wuxin Line运河营运有限公司在中国浙江省获得1项价值3.86亿元人民币的运河工程,包括运河加深、加宽并重新建造12座桥梁工程。该工程于2005年9月开工,预计20个月完成。这项工程包括30年的运河收费特许经营权,收费标准由每吨0.25元人民币提高到每吨0.75元人民币。

马来西亚采取措施缓解油价攀升压力

随着国际市场原油价格节节攀升,作为石油净出口国的马来西亚也感受到了压力。2005年9月7日,马来西亚政府宣布一揽子措施,承诺年内不再提高汽油、柴油等成品油价格;大幅度削减养路费;今明两年不再提高高速公路通行费;提高低收入人口等弱势人群的福利等。此外,马来西亚还加大力度寻找替代能源,强调生态燃油对经济发展的重要性。马来西亚政府正在制定国家开发生态燃油的政策,鼓励国内运输部门和企业使用和生产生态燃油,加快本土生态燃油技术商业化。政府在开发生态燃油方面还拟定具体措施,包括用棕榈油和柴油混合生产燃油的标准,鼓励公众试用生态燃油,在全国加快生态燃油加油站的试验和建设,建立出口型生态燃油基地,制定国家生态燃油产业法等。政府还在全国开展一系列节能运动,提高公众的节能意识。有关部门要求政府所有机关办公室每天少开一点空调,以节约能源,同时呼吁私营部门积极响应;鼓励人们乘坐公共汽车、地铁、城市轻轨列车等公共交通工具上下班,少用私家车等,以节约用油。

马来西亚与中国渔业合作取得新进展

在2005年9月12日结束的马中渔业商务论坛暨马来西亚—广东渔业经贸合作交流会上,马来西亚农业与农基工业部同中国农业部和中国广东人民政府共签订15项渔业合作谅解备忘录,双方各有15家渔业公司参与,合作项目总值1.5亿林吉特(折合约4000万美元)。中国将在深海养殖、网箱养殖、水族馆和养殖饲料等方面向马来西亚提供技术援助。

马来西亚与韩国合作发展中小工业

2005年12月10日,马来西亚和韩国签署中小型工业合作协议,合作领域包括中小型工业发展、商业社会之间的合作、中小型工业援助、开展研究和培训方面

马来西亚坚持发展民族汽车工业,普罗顿和波如得来两家民族汽车公司的汽车产品占全国汽车市场份额的70%以上。图为波如得来出产的轿车。(原载《中国—东盟博览》)

的互访等。马来西亚中小型工业发展局和韩国小型工业局将负责推行这项合作计划。根据协议，马来西亚中小型工业可向韩国中小型工业取经，韩国也可为马来西亚中小型工业提供所需的技术支援。2004 年韩国成为马来西亚第八大贸易伙伴，第七大出口市场和进口来源。

中国台湾成为马来西亚第六大贸易伙伴

据 2005 年 9 月的统计报告，台商在马来西亚投资额接近百亿美元，台湾是马来西亚第三大投资伙伴，第六大贸易伙伴。马来西亚注重的三大发展领域即电脑科技、生物科技及农业科技发展领域，台湾都有十分优质的产品可供双方合作交易。在电脑科技方面，台湾有 30 项在全球排名第一的电脑科技产品；农业方面，台湾共有 130 种新鲜蔬果，且品质相当不错；至于生物科技方面，台湾的基础也相当扎实。

马来西亚外来直接投资增加

2005 年，马来西亚外来直接投资增至 250 亿林吉特，占国民生产总值的 5.3%。在进行调整和偿还海外母公司的贷款后，海外直接投资的净值为 156 亿林吉特，占国民生产总值的 3.3%。这些海外投资主要流向石油与天然气、服务业及制造业。外来直接投资的增加，主要是来自美国、中国和中国香港及德国的直接投资大量增加，也是马来西亚跨国公司继续扩展业务，落实业务多元化政策产生的良好效果。

马来西亚私人投资领域扩展带动国内需求增长

2005 年马来西亚国内需求保持强劲势头，创下比上年增长 7.3% 的良好效果。在私人投资方面，除建筑业外的其他领域均取得良好增长。尤其在制造业、服务业以及天然气与汽油领域的投资额增大，促使全年私人投资额比上年增长 10.8%。尽管年初面临油价高涨及其他因素影响，全年私人消费依然强劲，比上年增长 9.2%。私人消费增长的同时也促使私人储蓄率大为增长，全年私人储蓄率比上年增长 7.9%。

马来西亚棕油增产

原棕油是马来西亚在农业领域附加值最高（占 37%）的重要农作物。2005 年全国原棕油产量达到 2992 万吨，比上年增长 7%，连续 3 年稳定增长（2004 年 2796 万吨，增长 4.7%；2003 年 2672 万吨，增长 12.1%）。原棕油增产的主要原因：一是油棕种植面积增多，全年油棕种植面积增至 363 万公顷，比上年增长 5.2%；二是油脂提取率和鲜果产量提高。

缅甸邦朗水电站竣工发电

2005 年 3 月 25 日竣工发电。邦朗水电站位于缅甸中部邦朗河下游，1998 年动工兴建，中国云南机械设备进出口公司以卖方信贷方式参与承建，并负责提供成套机电设备、工程设计、技术指导和质量控制等。该电站有机组 4 台，装机总容量 28 万千瓦，约占缅甸全国电网总容量的 1/4。2005 年缅甸全国电力装机总容量为 120 万千瓦。除邦朗电站外，缅甸在建电力项目还有 10 个，装机总容量 170 万千瓦。

缅甸第四十二届珠宝交易会开幕

2005 年 3 月 30 日，缅甸第四十二届珠宝交易会在仰光国家珠宝馆开幕，来自世界各地的 600 多名珠宝商参加交易会。珠宝交易会上投放的红宝石、玉石、珍珠和珠宝首饰成品总价值约 2900 万美元。缅甸矿产资源丰富，珠宝闻名于世，盛产红宝石、翡翠和珍珠等。自 1964 年以来，缅甸每年举办珠宝交易会。为扩大珠宝出口，近年还在每年 10 月增办一次珠宝交易会。缅甸从历届珠宝交易会上获得的外汇收入超过 5 亿美元。

缅甸外商投资增长

2005 年，外商在缅甸的投资总额达到 1.3 亿美元，比 2004 年增长 34%。其中以中国、韩国和泰国的投资额最高，三国在缅甸投资总额达到 1.12 亿美元。外商投资领域主要是瓦斯与石油开采，还有制造业、煤矿开采、交通以及饭店设施等。中国是缅甸最大的外商投资国，投资总额 6600 万美元，占全年外商投资总额的 1/2。

缅甸达榜纸浆厂竣工投产

2005 年 5 月 14 日，由中国公司承建的缅甸最大纸浆厂——达榜纸浆厂竣工投产。缅甸政府总理梭温和多位政府部长、中国驻缅甸大使李进军、中方工程技术人员和当地民众共 2000 多人出席竣工仪式。达榜纸浆厂位于依洛瓦底省达榜镇，设计生产能力为日产纸浆 200 吨。2000 年中国冶金建设集团公司与缅甸第一工业部纸张与化学品公司签订项目承包合同，开始承建这家纸浆厂。

同日，日产 50 吨高档纸的达榜纸厂也举行奠基仪式，这是中国冶金建设集团公司与缅方的又一合作项目。

中缅合建缅甸最大水电站

2005 年 7 月 15 日，中国与缅甸在仰光签订合作协议，合作兴建缅甸最大的水电站耶瓦水电站。该水电站位于缅甸第二大城市曼德勒东南 50 公里处，装机总容量 79 万千瓦，计划 5 年内建成发电。根据协议，中方向缅方提供项目所需的全套机组设备、金属结构和安装技术服务等，合同总额约 1.25 亿美元。自 1988

年以来,缅甸全国先后建成发电站 34 座,其中水电站 28 座。

菲律宾外国直接投资势头良好

2005 年菲律宾外国直接投资净值 8.96 亿美元,比上年翻了近 1 番。外国直接投资主要集中在矿业、电力、制造、商业服务等行业。外资主要来自美国和中国香港。

菲律宾经济区投资增长

2005 年菲律宾政府向经济区投入建设资金 671.5 亿比索,直接招用员工约 7 万人。全年经济区投资比 2004 年增长 32.9%,并超过 2004 年投资计划的 10%。由经济区署批准的 389 个项目中大部分来自国外公司,占 1995~2005 年投资总额的 83%。

菲律宾成为世界上重要的劳务输出国

至 2005 年,菲律宾已向全球 194 个国家和地区输出劳务人员。自 20 世纪 90 年代末期起,菲律宾每年向海外输出的劳务人员都超过 80 万,且输出量逐年增加。至 2003 年底,在海外的菲律宾人约有 776 万。其中,合同劳务人员 338.5 万,移民和定居者 286.5 万,居留者 151 万。劳务输出为菲律宾经济发展作出了巨大的贡献。2004 年由海外劳务人员汇回菲律宾的现金 85.5 亿美元,占菲律宾国内生产总值的 10%;2005 年达到 100 亿美元。庞大的海外汇款有力地支持了菲律宾国内金融市场。由于海外劳工对菲律宾经济发展举足轻重,政府将每年的 6 月 7 日定为海外劳工日,以资纪念和表彰;政府给予海外劳工崇高的荣誉,称他们为"现代英雄"。

菲律宾与中国经贸合作有新突破

2004 年菲中贸易总额为 133.28 亿美元,比 2003 年增长 41.8%。其中中方出口 42.69 亿美元,进口 90.59 亿美元,菲方顺差 47.9 亿美元。2005 年 1~4 月,两国贸易额 48.72 亿美元,比上年同期增长 33.1%。至 2004 年底,菲在华投资协议总额 45.4 亿美元,实际投入 18.9 亿美元。2005 年 4 月,两国政府签署关于促进贸易和投资合作的谅解备忘录、关于《中国一东盟全面经济合作框架协议》早期收获计划的谅解备忘录。

农业合作发展迅速。1999 年两国农业部签署《关于加强农业及有关领域合作协定》。2000 年双方有关部门签署中方向菲方提供 1 亿美元信贷协议书。2001 年 5 月,由中方援建的中菲农业技术中心在菲动工,并于 2003 年 3 月竣工,菲律宾总统阿罗约出席竣工仪式。中国优良杂交稻种在菲律宾试种成功,正逐步推广。2004 年两国签署《渔业合作谅解备忘录》。

基础设施建设合作不断加强。2003 年 8 月,两国就合作建设菲北吕宋铁路项目分别签署谅解备忘录,中国政府向菲律宾政府提供 4 亿美元的优惠出口买方信贷。2005 年 4 月,中国决定再向菲律宾提供 5 亿美元优惠出口买方信贷,用于菲律宾基础设施建设。同月,两国商务部门签署《基础设施领域合作谅解备忘录》。

矿产资源开发合作取得进展。2005 年 1 月,中国商务部和菲律宾贸工部签署《矿业领域合作谅解备忘录》。2 月,中国五矿化工商会组团赴菲律宾出席国际矿业大会。4 月,两国公司和银行签署关于共同开发菲律宾镍矿的《诺诺克项目合作意向书》;两国石油公司还签署《关于在菲律宾西北巴拉望海域卡拉棉区域上游项目合作的框架协议》。

新加坡企业进军中国会展业

2005 年 1 月,新加坡国际会展集团与中国天津滨海国际会展中心达成协议,以合作形式同中国泰达集团一起管理会展中心,为期 15 年。双方组成联营公司,新展集团持股 51%,负责营运、市场策划和促销等业务。这是新加坡公司第一次在中国天津获得会展管理合约并于 2005 年第三季开始举行展览。这个由新加坡国际企业发展局推动的投资项目,还结合另外 3 家新加坡公司,分别在建筑管理、货运物流和摊位承包方面为新加坡国际会展集团提供支援。新加坡公司以结盟的形式,共同在海外管理投资项目,是新加坡国际企业发展局大力推动的计划。

新加坡是一个区域会展中心,每年估计举行大小会议 500 多个,并创造总值大约 6.15 亿新元的附加经济效益。在 2003 年主办国际会议城市的排名中,新加坡名列第三。新加坡也是登上全球十大会展城市排行榜中唯一的亚洲国家,在会展领域积累了丰富的经验。近年来新加坡企业不断进军中国巨大的会展市场,如 2004 年新加坡承办在沈阳举行的第三届中国国际装备制造业博览会,新加坡会议与展览管理有限公司也于同年在北京举办旅游博览会,吸引了来自 20 个国家的 120 名业者参展。

新加坡与印度开展全面经济合作

2005 年 6 月 29 日,印度政府总理曼莫汉·辛格与到访的新加坡总理李显龙签署两国全面经济合作协议,内容涉及投资、银行业开放、商品和服务贸易以及关税等多个领域。协议自 8 月 1 日起生效。协议规定,印度将允许新加坡星展、华侨和大华 3 家大银行在印度设立独资分支机构,在开设分支机构的数量、地点和风险管理标准上享受与印度本土银行一样的待遇。相应的,已经在新加坡营业的印度银行也将获得完全的从业资格,即可以经营电汇和清算业务,并进入当地的 ATM 银联网络；从 8 月 1 日起，印度和新加坡将相互免去 506 种商品关税（这些商品占两国双边商品贸易总量的 80%），同时将放宽对 127 类专业技术人员的签证限制。2004～2005 年，印度和新加坡双边贸易额为 64 亿美元。印度还将特许新加坡投资机构淡马锡集团和新加坡政府投资公司持有印度本土公司 20% 的股份。而根据印度政府规定，外资公司只能持有其本土公司最多 10% 的股份。

全面经济合作协定签订之后，2005 年新加坡与印度的双边贸易额增长 41%。

新加坡第一座海水淡化厂投入使用

2005 年 9 月 13 日，新加坡第一座海水淡化厂——新泉海水淡化厂投入使用。该厂位于新加坡西南部端士，投资总额 2 亿新元（约合 1.2 亿美元），占地 6 公顷。该厂利用反渗透薄膜系统对海水进行淡化处理，符合世界卫生组织食用水安全标准，每天可供应 3000 万加仑的淡化海水，能够满足全国 10% 的用水需求。

新加坡航空公司竞相推出廉价机票促销计划

2005 年，面对航空市场日益激烈的竞争，新加坡一些航空公司竞相推出廉价机票以吸引顾客。3 月 27 日，虎航宣布推出 9.98 新元（约合 6 美元）的超低价单程机票，飞往包括曼谷、清迈、胡志明、河内、澳门和马尼拉等在内的 10 个城市。但这种廉价机票必须从网上订购，时间限定在 3 月 28 日至 4 月 1 日，且飞行日期必须在 7～10 月之间的星期一至星期四。捷星亚洲也推出飞往马尼拉的单程促销机票，票价为 99 新元（约合 60 美元）。这一促销票价限定于 4 月 27 日到 6 月 30 日，过了促销期，其单程票价则为 129 新元（约合 78.8 美元）。此前，捷星亚洲为促销其飞往曼谷的新航线，曾于 3 月 3～16 日推出 1000 张免费往返机票和 28 新元（约合 17 美元）的单程机票，条件是只能从捷星亚洲的网站购票。

新加坡原有虎航、惠旅和捷星亚洲 3 家廉价航空公司。7 月 24 日，捷星亚洲和惠旅宣布合并成一家新公司，以便更好地应对竞争日益激烈的廉价航空市场。

面对廉价航空公司的有力竞争，新加坡航空公司 3 月 14 日宣布推出往返曼谷、香港、雅加达、河内等 7 个亚洲城市的廉价机票，票价为 98 新元（约合 60 美元），远远低于该航空公司普通票价。该航空公司往返河内的票价通常是 550 新元（约合 336 美元）。

新加坡航空公司获得多项国际大奖

2005 年新加坡航空公司继续凭借高水准的服务质量和营运表现，连续获得多项国际大奖：7 月 28 日被美国杂志《旅游与康乐》的全球读者投选为最佳航空公司。这份杂志自 10 年前举办这项投选活动以来，新加坡航空公司每年均名列第一。评选的 5 项标准是机舱舒适、餐饮、机舱服务、客户服务和是否物有所值。8 月，在知名的德国商业杂志《Capital》备受瞩目的年度调查中被选为 2005 年度最佳洲际航空公司。11 月，在《商旅（中国版）》杂志首次推出的 2005 年度旅游大奖评选中被评为世界最佳航空公司和最佳服务中国亚洲航空公司；同月获得《商务旅客（亚太版）》颁发的最佳航空公司大奖，这是新加坡航空公司连续十四年蝉联该项奖励。新加坡航空公司凭借其在准时、效率、服务以及儿童设施等项目上获得的高分，被著名旅游杂志《Condé Nast Travellers》评选为 2005 年度最佳远程休闲航空公司。新加坡航空公司还获得亚太旅行社协会颁发的最佳营销大奖，这是为表彰新加坡航空公司在海啸和恐怖事件过后为马尔代夫、斯里兰卡和印尼巴厘岛受灾地区带来旅客。

新加坡高技术企业快速发展

新加坡的亲商和吸引外国企业人才到新加坡创业的开放政策及其他配套措施取得成果，越来越多的外国企业家前往新加坡创业。新加坡每年新成立的高技术公司约有 3600 家，其中 18% 是外国企业家在新加坡设立的。在新加坡创设企业的外国企业家来自世界各地，包括美国、中国、印度、澳大利亚、德国和日本。这些外国企业家为新加坡带来新的创意、技术和智慧财产，给新加坡经济带来更大的活力。新加坡的亲商政策还吸引众多的风险投资企业，为起步公司带来资金血液。2005 年新加坡大约有风险投资企业 160 家，管理着风险投资资金 164 亿新元（约合 100 亿美元）。新加坡政府于 4 年前推出起步企业发展计划，以资助起步公司的发展。至 2005 年，已为 150 家起步公司承诺投资 3600 万新元。预计到 2007 年，这些公司将为新加坡带来 10 亿新元的增加值，并且为 5000 多人创造就业机会。新加坡政府将拨出 6000 万新元，协助起步公司筹集资金。其中 3000 万新元用来设立一项新的融资计划，鼓励投资者与具有高增长潜能的起步公司合作；另外 3000 万新元将拨入起步企业发展计划。

新加坡政府的努力获得国际研究机构好评。世界经济论坛 2005 年度调查报告将新加坡在全球经济体竞争力的排名列于第六位，比 2004 年提升 1 位；在商业竞争力上，新加坡名列全球第五。世界经济论坛对新加坡的技术创新和转化、公共研究机构质量以及整体宏观经济政策给予高度评价。在世界银行主持的全球最适合经商地的评选中，新加坡名列第二。

新加坡资讯通信业雇员人数创新高

2005 年新加坡资讯通信业雇用的员工人数增至 11.14 万人，比 2004 年高出 3.1%。其中市场对高增值的相关专业人才的需求尤其显著，从事技术支援、程序编写与软件设计、资讯通信营销等工作的人才就业率最高。在11.14万名受雇的资讯通信专业人士中，44%有学士文凭，24%考取专业文凭，15%具有研究生资格。

泰国与澳大利亚自由贸易协定启动

2005年1月1日，泰国与澳大利亚的自由贸易区协定正式启动，5502项商品开始依照自由贸易条件进行进出口贸易。1月，泰国对澳大利亚出口商品总值76.43亿铢，比2004年同期增长18%。出口最多的商品是：货车（占23%）、空调机（占7%）、金枪鱼罐头（占3%）、半成品黄金（占2%）、轿车（占2%）。泰国自澳大利亚进口商品总值110.57亿铢，比2004年同期增长89%，主要是黄金（占51%）。当月泰国与澳大利亚出现贸易逆差34.15亿铢。

第十五届亚洲企业峰会在泰国曼谷开幕

2005年6月13日，由亚洲协会、道琼斯公司、泰国外交部共同主办的第十五届亚洲企业峰会在泰国曼谷开幕。泰国政府总理他信、副总理素拉杰，越南政府总理潘文凯，东盟秘书长王景荣及来自世界各地政要与工商领袖与会。本届会议以“成长的东南亚：亚洲经济体中一个正在迅速成长的地区”为主题。与会代表共同探讨泰国经济长久、持续、稳定增长的潜力以及有关东南亚经济等一系列问题，包括东南亚的能源和基础设施需求、东南亚重要行业的贸易自由化和吸引外国投资、与东南亚建立新关系的印度、中国成长与日本复苏的作用、海啸灾难后南亚与东南亚的重建与复苏等。

·链接资料·

亚洲企业峰会

始办于1989年，是亚洲协会每年一届在亚洲国家和地区间轮流举行的高级别会议，主要审视亚洲乃至全球的宏观经济趋势和地缘政治发展。亚洲协会总部设在美国纽约，是美国一个致力加强与美国关系、增进亚洲与美国人民相互了解的非盈利性无党派组织，在华盛顿、香港、马尼拉、上海等城市设有地区中心。

泰国推出节能新举措

2005年6月1日，泰国公布实施以“集全民力量节约能源”为主题的新的节能措施。新举措包括：一、每晚9点45分全国各家各户关闭1盏灯，时间长5分钟，每年共节省电费12亿泰铢；二、每日12～13点关闭空调1小时，每月共节省电费6000万泰铢；三、号召民众驾车时速不超过每小时90公里，每月共节省石油开支15亿泰铢。新措施实施3个月后政府将对实施结果进行评估，同时对节能优秀个人和单位（团体）颁奖。

日本经济联盟全力支持泰国成为亚洲工业基地

2005年7月25日，日本经济联盟主席希洛期访问泰国并与泰国政府总理他信会晤。他信对泰日经济股份议定的谈判进展表示关注，认为工业产品与农产品的生产是两国共同关注的问题。希洛期认为，双方关于自由贸易协议的谈判从长远看有利于消费者，可促进国际市场流通与资金运转。泰国是一个有着良好工业生产基础的国家，提高日本产品在泰国的产量将有助于引进技术、提高消费、扩大就业、提高佣金与增加国家税收，因此，日本私企机构非常乐意支持泰国成为日本重要的工业生产基地。希洛期强调，自由贸易协议谈判的成功有助于密切两国政治与经济关系，促使泰国成为通往同盟及中国的贸易窗口；两国间的经济议定也将有助于日本加大步伐走进东盟市场，在未来的东盟自由贸易中取得更大经济利益。日本将全力支持泰国在世界市场上的竞争。此前的7月14日，日本商会主席恳集·期纳萨奇在与他信会晤时也表示支持与泰国各方面的合作，并表示将继续扩大在泰国的汽车生产。他信对日本商会在经济文化交流中的长期帮助表示感谢，表示政府将全力支持并促进泰国成为汽车生产中心。

2005年日本商会在泰国有会员公司1240家，是日本在国外会员最多的商业会馆和泰国会员公司最多的外国商会。

第二届三河（伊洛瓦底江、湄南河、湄公河）经济合作战略峰会在泰国曼谷召开

2005年11月1日开幕。缅甸、柬埔寨、越南、老挝、泰国等五国领导人聚首曼谷共商次区域经济合作问题。2日，五国外交部长会面，并举行峰会框架内的部长级会谈。3日，泰国总理他信、越南总理潘文凯、柬埔寨首相洪森、老挝总理本扬·沃拉吉、缅甸总理梭温等五国政府首脑就次区域能源开发与合作等议题展开对话，就贸易与投资便利化、农业与工业合作、交通连接、旅游合作、人力资源开发、公共卫生等6个领域合作进展情况进行交流，并发表联合宣言。

第一届三河经济合作战略峰会于2003年11月在缅甸勃固市召开。峰会旨在建立次区域范围内的合作框架，促进各成员国之间的平衡发展。第一届峰会后，缅、柬、越、老、泰五国定期举行资深官员级和部长级会议，就有关问题进行协调。

泰国成为世界第十四大汽车生产国

至2005年11月底，泰国实现全年100万辆汽车生产目标，从而跃居世界第十四大汽车生产国。泰国汽车工业始于1961年，通过引进资金、引入先进技术、提升竞争力等举措实现快速稳定发展，成为泰国主要

工业产业。2004 年泰国是世界第八大汽车出口国和世界第十五大汽车生产国，汽车出口额占泰国年出口总额的 1/3。泰国政府副总理兼工业部部长素立亚表示，到 2005 年底，泰国汽车产量可达 115 万辆，其中出口 45 万辆，出口总额约 3330 亿泰铢，比 2004 年增长 32%，有望成为世界第七大汽车出口国。泰国计划到 2010 年实现汽车年产量 180 万 ~200 万辆的目标。

● 泰国新机场通过技术系统检测试飞

于 2005 年 9 月 29 日成功通过试飞。参与此次试飞的航空公司为泰国航空公司和曼谷航空公司。泰国政府总理他信等政府领导人和部分政府部门官员，以及国内外贵宾、记者约 200 多人分别登上 GT8960 和 GT8962 班机参与首次试飞。泰语意为金土地的"素宛那普"新机场的修建构想由 45 年前的泰国总理沙立·塔纳拉上将提出，他信政府于 2004 年动工修建。新机场位于泰国沙姆巴干府邦差龙镇与拉查贴瓦镇，占地 3460 多公顷，比泰国现用国际机场廊曼机场大 6 倍。概算投资总额 1200 亿泰铢，计划于 2006 年 11 月 30 日竣工。新机场候机室面积约 57 万平方米，设计年客容量 4500 万人次。机场设检票口 360 个，入境护照检查口 127 个，出境护照检查口 72 个，登机口 120 个。有 2 条长达 400 米的跑道可供飞机同时升降，每小时可供 76 架飞机起飞。机场还拥有 58 万平方米的货物运输区，具有每年可提供空运货物 300 万吨能力。机场室内装修豪华，各项服务设施完善。机场大部分建筑材料为国产，建筑师均为泰国人，日本政府提供全部机场建设贷款。

● 泰国打造茉莉香米品牌

泰国茉莉香米有 5500 年种植历史，是世界上唯一具有天然香味的米种。为让全世界认识泰国茉莉香米的独特品质，提高茉莉香米的附加值，泰国商业部于 2005 年 11 月 27 日在曼谷举行泰国茉莉香米品牌营销战役启动仪式，邀请数百名世界各地的大米进口商和业务关联企业代表、外交官员、新闻记者、游客等参与。该活动鼓励本地企业家开发品牌，注重以包装、标签和商标塑造茉莉香米的整体形象，以便在世界市场上获得法律保护。营销战役的措施包括向商人和游客播放资料片，在泰航班机上发放宣传册和纪念品，向旅客发放提供泰国茉莉香米食品的 100 家餐馆名录，在曼谷国际机场设置展览等。11 月 28 ~30 日，泰国商业部还在东北部的乌汶府举办 2005 泰国茉莉香米大会，来自世界各地的大米商与泰国茉莉香米贸易商进行洽谈。主要出口市场是塞内加尔、美国、中国香港、中国内地和象牙海岸。预计全年出口茉莉香米 130 万吨，价值 4.97 亿美元。2006 年有望增至 240 万吨。

● 泰国制订措施应对欧盟进口管制

2005 年，为调整泰国工业体系，泰国工业部制订 5 项应对欧盟严格管制进口商品的措施并拟提交内阁批准。泰国工业部常务次长加卡蒙称，由于欧盟开始执行严格的进口措施，如果泰国不加紧制订相关措施将会影响泰国工业竞争力，尤其是化学品出口方面；欧盟对进口商品采取严格管理措施是为保护消费者安全，泰国企业尤其是私人企业应按照欧盟的生产标准进行生产。工业部制订的应对措施主要包括 5 个方面：一是为经营者传授知识及刺激国内市场；二是为经营者提供有关出口方面的咨询服务以及跟踪各国的规则；三是加紧基础研究，提高综合开发能力；四是提高经营者的竞争力；五是规定有关环境保护措施。

● 越南经济增长率创新高

2005 年越南国内生产总值比 2004 年增长 8.4%，创东南亚金融危机爆发后 9 年来的最高记录。其中，第一产业增加值增长 4%，第二产业增加值增长 10.6%，第三产业增加值增长 8.5%。社会商品零售和服务消费总额 475.38 万亿越盾，比 2004 年增长 20.5%，为历年增长之最；全社会发展投资 324 万亿越盾，比计划增长 8%。全年进出口总额超过 690 亿美元，增幅达 18.2%，其中出口 322 亿多美元，增长 21.6%，进口 368 亿多美元，增长 15.4%，外贸逆差 46.5 亿美元，下降 6.2 个百分点。引进外资项目合同金额约达 40 亿美元，原有项目追加投资 18 亿美元，两项合计超过 58 亿美元，是近年来吸引外资最多的一年。外资企业（不含油气企业）出口创汇 103 亿美元，占全国出口总值的 35%（加上原油则占 56%）；上缴国家财政 12.9 亿美元，增长近 40%（占国家财政总收入的 12%）；外资企业从业总人数约 87 万人。

● 越南旅游业保持稳定增长

2005 年越南接待国外游客 347 万人次，比 2004 年增长 18.4%；接待国内游客 1610 万人次，增长 11%；

泰国大米注重包装、标签和商标塑造，具有较高的附加值，远销世界各地。（原载《中国—东盟博览》）

旅游营业总收入约30万亿越盾,增长15.4%。从国外游客到越南的目的来看,旅游休闲占58.7%,工作占13.51%,探亲占15.60%,其他目的占12.09%;从国外旅游客源市场结构来看,中国占22%,中国香港和东北亚国家占25%,东盟国家占16%,欧洲国家占13%,北美国家占12%,澳大利亚与新西兰占8%,其他国家占4%。10个重要旅游客源市场保持稳定增长,这些重要旅游客源市场分别是中国、美国、日本、韩国、中国台湾、柬埔寨、澳大利亚、法国、泰国和马来西亚,这些国家或地区的游客占越南国外游客总量的60%~70%。

越南与中国合作经营橡胶产业

2005年8月11日,越南橡胶总公司与中国海南天然橡胶产业集团股份有限公司在中国海口签订框架性合作协议,双方就越中两国在天然橡胶营销、加工技术研发、信息等领域展开合作。越南橡胶总公司是越南最大的橡胶经营公司,下属子公司40家、农场39个和加工厂30家,橡胶年产量超过30万吨,占全国橡胶总产量的70%。该公司橡胶产品主要出口中国。越南天然橡胶年产量位居世界第六。

越南批准贸易部重点产品贸易促进计划

2005年越南政府批准贸易部提出的18种重点产品贸易促进计划。具体为:大米、水海产品、茶叶、咖啡、橡胶、腰果、胡椒、鲜果蔬、经加工果蔬、木制品、手工艺品、塑料产品、纺织成衣、鞋类、电子信息产品、机械产品、肉类及食品。重点市场是中国、美国、欧盟、日本和非洲。计划投入资金6000亿越盾(约合3821万美元)。

越南第二家证券交易中心开业

2005年3月8日,越南第二家证券交易中心——河内证券交易中心正式开业。越南邮政设备厂100万美元的股票首先在新落成的证券交易中心上市。越南证券市场正处于起步阶段,目前只有27种、价值8440万美元的上市股票,另有220种、价值约16亿美元的上市债券,其中多数为政府债券。越南政府已出台相关证券市场发展规划,鼓励外资企业、大型国有企业以及商业银行上市交易。

越南降低部分摩托车和原装轻型载重汽车零配件进口关税

2005年5月31日,越南财政部下发关于降低部分摩托车、原装轻型载重汽车零配件进口关税的通知。据此,进口部分摩托车、原装轻型载重汽车零配件将适用CEPT特别优惠进口税税率,但必须符合以下条件:2005年越南颁布第48/2005ND-CP号决定附件的进口商品目录和税率;从泰国进口零配件将依据越南贸易部规定的直接运输原则;产地必须是东盟国家,经泰国贸易部或授权机关出具的C/O,D样产地证;商品进口报关单须在2005年4月1日至2007年12月31日期间在海关登记。

文　　化

中国对外文化交流工作成果丰硕

2005年中国对外文化交流工作活跃,成果丰硕。9月底,历时两年的中法文化年在中国圆满闭幕。中法文化年是中法两国元首倡议,由中国文化部牵头,众多部门和省份参与,同法国政府合作举办的特大型文化活动,是中华人民共和国建立以来中国与外国开展的规模最大的一次文化交流活动,被誉为中欧文化交流史上的创举。中法文化年影响巨大,盛况空前,全面提升了两国的政治、经济、文化关系,把中法两国以至中国与欧盟的伙伴关系推向了新高度,并对周边国家产生了示范作用,俄罗斯、意大利、西班牙、德国、希腊等国家已分别提出与中国举办文化节的要求。10月1日,由中国文化部同美国肯尼迪表演艺术中心合作举办的"中国文化节"在美国华盛顿开幕,中国国家主席胡锦涛和美国总统布什夫妇等致信祝贺,对增进中美两国人民的了解和友谊,促进两国关系的发展发挥了积极作用;美国《纽约时报》和《华盛顿邮报》把这次活动称为"艺术中心历史上最大胆,投入最多的国际文化合作项目,其广度和深度前所未有。"10月,由中国文化部和中国天津市政府共同主办的意大利"中国天津周"在意大利罗马、米兰和那不勒斯举行;活动以文化为主线,涉及经济、旅游、体育等领域;意大利总统钱皮会见中方代表团,并对活动的举办表示祝贺。同月,由荷兰民间发起,基本依靠赞助和商业运作,荷兰国家文化部积极支持并资助的"中国文化艺术节"在荷兰阿姆斯特丹、海牙等地开展,共举行100多场活动,吸引观众7万多人次。12月,第四届中国商品博览会暨中泰民族文化节在泰国曼谷举行。

年内,中国在北京举行亚洲文化合作会议。广东佛山举办首届亚洲文化部长论坛和第七届亚洲艺术节,并签署《佛山宣言》。中华海外联谊会和中华文化学院在北京联合举办振兴中华·海联论坛——中华文化与中华民族凝聚力研讨会。

中国积极的对外文化交流活动,在一些国家掀起了"中国热"。

联合国设立孔子教育奖　世界各国开设孔子学院

2005年11月30日,联合国教科文组织在中国北京举行发布会,宣布从2006年起在联合国教科文组织设立孔子教育奖，用于奖励在全民教育领域取得突出成就的政府机构、非政府组织和有突出贡献的个人。孔子教育奖将每年由一个国际专家委员会评审后产生两名获奖者，由联合国教科文组织总干事每年在国际扫盲日（9月8日）颁发，获奖者将获得奖金、证书和奖牌，并享有一次到孔子故里济宁考察的机会。孔子教育奖由中国山东省济宁市政府每年出资15万美元（首期为5年），以中国政府的名义在联合国教科文组织设立。这是联合国教科文组织首次设立以中国人命名的国际奖项。山东省和济宁市政府早在2003年度便多次与中国联合国教科文组织全国委员会协商，并向联合国教科文组织提出设立"联合国教科文组织孔子教育奖"的设想，现在终于变成了现实。

2004年11月21日，第一所孔子学院在韩国首尔挂牌。2005年，孔子学院像雨后春笋般在世界各地出现，如美国、法国、德国、瑞典、肯尼亚、新加坡、澳大利亚、英国、葡萄牙、乌兹别克斯坦等国都建立了孔子学院，孔子学院已开设25家。9月28日，孔子诞辰2556周年之际，全球首次联合祭孔活动在世界各地孔庙同时展开。

孔子是中国春秋末期的思想家、政治家、教育家，是儒学的创始人。

·链接资料·

孔　子

孔子（前*551*～前*479*）　中国春秋末期思想家、政治家、教育家，儒学创始人。名丘，字仲尼。鲁国陬邑（今山东曲阜东南）人。先世为宋国贵族。在鲁曾任相礼、委吏、乘田等小官，鲁定公时任中都宰、司寇；后周游卫、宋、陈、蔡、楚等国，终不见用，归老于鲁。少时学无常师，相传曾问礼于老聃，学乐于苌弘，学琴于师襄。长期聚徒讲学，开私人办学风气，相传有弟子三千人，贤者七十二人。提出"学而不思则罔，思而不学则殆"和"温故知新"等命题。主张"有教无类"，因材施教，并有"学而不厌，诲人不倦"的精神。晚年整理《诗》、《书》等古文献，把鲁国史官所记《春秋》删修成为中国第一部编年体历史著作。去世后形成一个对后世具有重要影响的儒家学派。他的学说以"仁"为核心，以"礼"为手段。现存《论语》一书，记载孔子的谈话及其他门人的问答，是研究孔子的重要材料。

中国公布珠穆朗玛峰高程测量结果为8844.43米

经中国国务院批准并授权，中国国家测绘局于2005年10月9日公布2005年中国珠穆朗玛峰高程测量的结果：珠穆朗玛峰峰顶岩石面海拔高程为8844.43米，精确度为±0.21米，峰顶冰雪深度为3.50米。中国国家测绘局局长陈邦柱同时宣布，根据国家测绘局发布的有关公告，珠穆朗玛峰的新高程数据8844.43米，即日起开始在行政管理、新闻传播、对外交流、公开出版的地图、教材及社会公众活动中使用；1975年公布的珠穆朗玛峰原高程数据8848.13米停止使用。与1975年的数据相比，珠穆朗玛峰"矮"了3.70米，但它依然是世界最高峰。目前世界第二高峰乔戈里峰高程为8611米，仍比珠穆朗玛峰低200多米。

中国这次从2004年着手准备，2005年3月正式开始的珠穆朗玛峰高程测量，历经艰难险阻，于5月22日成功进行登顶测量。随后，科学家在理论研究、严密计算和反复验证的基础上，最终确定珠穆朗玛峰的精确高程。中国科学院院士陈俊勇说，与1975年中国珠

·链接资料·

19世纪以来以不同手段测量的珠穆朗玛峰高程

观测年代	国别	珠峰高程	测站距离/高度	归算
1847 年	印度	*8778*	*322/70*	确定珠峰最高
1849～1850 年	印度	*8840*	*177/250*	折光 *0.7～0.8* 首次考虑折光影响
1880～1883 年	印度	*8882*	*145/3000*	折光 *0.05* 首次将水准引上三角点
1946～1953 年	印度	*8848* 雪面	*56/4500*	天文水准折光　印度公认值
1966～1968 年	中国	*8850.32* 雪面	*8.5/5700～6242*	天文重力水准三角折光，高程
1975 年	中国	*8848.13*	*5/5700～6336* 重力点 *1.9/7000*	觇标天文重力水准三角折光 （雪深值 *92* 厘米）
1992 年	中国/意大利	*8846.27*		峰顶觇标、棱镜、*GPS*、南北两侧观测，（雪深值 *255* 厘米）雪深问题成为珠峰高程精确测定焦点。
1999 年	美国	*8850* 雪面		*GPS* 立于峰顶，*GPS/GEOID96*
2004 年	意大利			*GPS/GPR* 雪深探测仪
2005 年	中国	*8844.43*	*2/7790*	*GPS/GPR*/重力/水准/折光/激光

穆朗玛峰测高以及其他测量活动相比,这次中国珠穆朗玛峰高程测量手段有5个方面的创新,确保了本次测出的高程的科学性和可信度:采用先进的GPS测量系统,获得的数据更加精确;使用冰雪深雷达探测仪取代人工插杆测量,精确测得峰顶冰雪深度;采用激光测距手段,使相关精度比1975年提高1倍以上;广泛参与国内外相关资料,使珠峰“身高”起算点——大地水准面的确定更精确。测量技术、设备的突破,使这次测量精度从1975年的±0.35米提高到±0.21米。

中国神舟六号载人飞船发射成功

2005年10月12日9时9分52秒,中国自主研制的神舟六号载人飞船在甘肃酒泉卫星发射中心发射升空,准确进入预定轨道。航天员费俊龙和聂海胜乘神舟六号飞船升入太空。完成预定空间飞行实验后,神舟六号飞船返回舱于17日凌晨4时33分在内蒙古四子王旗主着陆场降落,航天员费俊龙和聂海胜自主走出船舱。11月26日,中共中央、中国国务院、中央军委在北京举行大会,庆祝神舟六号载人航天飞行圆满成功,中共中央总书记、中国国家主席、中央军委主席胡锦涛为航天员费俊龙、聂海胜颁发奖章和证书。

神舟六号载人飞船在太空中飞行115个多小时,是中国首次真正意义上有人参与的空间飞行试验。航天员费俊龙和聂海胜是中国载人航天史上行程最远的人,而且在太空中创造了多项第一:第一次进行多人多天太空飞行试验;第一次进入轨道舱,第一次实验对地观测、海洋污染监测、大气状况监测、植被状况监测以及生物科学和材料科学的研究;第一次在太空完成压力服穿脱试验、吃上热食和复水食品……神舟六号飞船突破了再入升力控制、防热、舱段间分离等13项载人飞船的关键技术,总体性能达到国外目前正在使用的第三代载人飞船水平。这是中国载人航天工程“三步走”(发射载人飞船—发射空间实验室—建立永久性空间站)战略进入第二步任务的重要开局,中国载人航天工程从此进入了一个新阶段。

中国神舟六号载人飞船发射成功。图为航天员费俊龙和聂海胜。
(原载《占芭》)

中国陕西省韩城周代遗址稀世珍宝出土

2005年4月开始,中国陕西省考古研究所、渭南市文物保护考古研究所和韩城市文物旅游局联合对梁带村附近的古代文物遗存进行调查勘探,发现西周和东周时期的遗址范围大,遗存丰富,仅墓地便占地500亩,其中在50亩墓地的考古勘探中发现两周时期墓葬103座,车马坑17座。通过对1座车马坑和3座大墓的抢救性发掘,出土一大批珍稀文物:青铜礼器30件,青铜鱼和青铜车马器600多件,玛瑙珠和陶珠6000多件,石贝、海贝等1300多枚……其中车马坑中出土马车4辆,马骨架5具,轮、舆、轭、辕等马车构件20件。3座大墓中出土的大量10多厘米长的青铜鱼,印证了《礼记》中关于“鱼跃拂池”的记述。10件龙纹镂空铜环在周代墓葬中属于罕见,大量排列有序的串饰在周代墓葬中是首次发现。第二十六号墓局部发掘至椁顶板,出土了石人、玉管等文物。制作精美、风格独特的金剑鞘是西周考古领域的第一次发现。在一座贵族墓葬中出土的鼓乐器漆器建鼓是考古发掘中首次见到的实物。

专家们认为,韩城梁带村周代遗址和高等级贵族墓葬的发现,是2005年中国重大的考古发现。这几座两周墓葬是中国陕西地区30多年来发现的少见的未被盗扰的周代高等级贵族墓葬,对研究周代的政治、经济和墓葬、礼乐制度有重大意义。

中国加强义务教育

2005年中国重点加强义务教育,其中重点是农村义务教育。在确保建设中的“农村寄宿制学校建设工程”、“国家贫困地区义务教育工程”和“农村中小学危房改造工程”质量的同时,工程进度有所加快。“两免一补”政策在各地逐步落实,全年中央和地方财政共安排专项资金70多亿元,对592个重点贫困县1700万名贫困家庭学生免除学杂费、免费提供教科书和补助寄宿生生活费,还为中西部地区1700多万名贫困家庭学生免费提供教科书,许多辍学儿童重新回到学校。西部地区“两基”(基本普及九年义务教育和基本扫除青壮年文盲)攻坚计划得到扎实推进。

中国运动员获得106个世界冠军

2005年中国运动员参加世界杯赛、世界锦标赛等国际体育赛事,在乒乓球、体操、柔道、拳击、射击、短道速滑、现代五项等22个项目比赛中，共获得106个世界冠军，8人2队15项创造世界纪录。其中获得夏季奥运会项目10个项目的28个世界冠军（美国、俄罗斯、德国运动员分别获得41个、34个、16个夏季奥运会项目的世界冠军），比2004年获得的夏季奥运会项目14个项目的32个世界冠军略少。在非奥运会项目方面，2005年中国运动员在国际大赛中，共获得中国象棋、保龄球、健美、龙舟、武术、航海模型等项目的63个世界冠军，其中健美和保龄球两项是第一次获得世界冠军。在亚奥理事会主办的以非奥运项目设项为主的第一届亚洲室内运动会上，中国运动员获得24枚金牌、19枚银牌、13枚铜牌，名列奖牌榜首位。

从1949年10月1日中华人民共和国建立至2005年，中国运动员共获得世界冠军1901个，创造和超过世界纪录1140次。其中在第十个五年计划期间（2001～2005）获得世界冠军493个，创造和超过世界纪录98次。

中国第十届全运会在南京举行

2005年10月12～23日举行。中国国家主席胡锦涛、国际奥委会主席罗格等出席开幕式。国务院总理温家宝出席闭幕式。全运会是中国国内最重要的综合性运动会，历届全运会均为政府指定举办地，本届全运会第一次采用国内各地争办的方式决定承办权，最终江苏省获得承办权。本届全运会是2008年北京奥运会前的最后一届全运会，因此也是中国为迎接北京2008年奥运会对各个竞技项目所作的一次整体演练。全运会设32个大项、357个小项，共有46个代表团的9985名运动员参加决赛阶段的比赛。共决出金牌482枚，江苏省代表团以56枚金牌雄居榜首，广东代表团获46枚、解放军代表团获44枚，分别排金牌榜第二、第三位。有15人21次超6项世界纪录，7人7次平6项世界纪录，5人6次创5项亚洲纪录。

第四届东亚运动会在中国澳门特别行政区举行

2005年10月29日至11月6日举行。中共中央政治局委员、国务院副总理吴仪出席运动会开幕式并宣布开幕。来自东亚9个国家和地区的2700多名运动员参加17个大项的角逐。本届运动会刷新1项世界纪录、7项亚洲纪录，有136名运动员打破48项大会纪录。中国代表团获得127枚金牌，总奖牌数达到223枚，金牌数和总奖牌数都超过历届，名列金牌榜和总奖牌榜第一名。澳门作为东道主摘取了运动会的首枚金牌，夺得包括11枚金牌在内的44枚奖牌，超过历届最好成绩。澳门媒体对举办此届东亚运动会给予高度评价，称为是澳门开埠近500年来的大盛典，认为东亚运动会的成功举办，让澳门大踏步走向世界。

文莱协助中国中央电视台《郑和下西洋》摄制组在文莱拍摄采访活动

2005年1月2日，由中国中央电视台和国家博物馆联合组成的《郑和下西洋》摄制组抵达文莱进行为期两天的拍摄、采访活动。期间，得到文莱有关单位的大力配合。3日，摄制组拍摄文莱穆斯林公墓中的南宋墓碑。此墓碑立于公元1264年，是南宋泉州回回望族蒲公的墓志。随后到文莱国家博物馆拍摄保存在考古楼和摆设在陈列馆里的沉船遗物，前往里茂玛尼河拍摄明代沉船遗址，并在返途中拍摄博尔基亚清真寺。文莱历史中心和国家博物馆的专家事先对采访内容做了精心准备，先后向摄制组介绍了明代文莱苏丹及其家人去中国南京的事迹和介绍文莱水下考古等情况，访谈效果良好。文莱的英文报纸和华文报纸跟踪报道了摄制组在文莱的各项活动。

文莱参加聚焦广西国际电视采访活动

2005年6月10～22日，文莱国家电视台派摄制组到中国广西参加2005年度“聚焦广西”国际电视采访活动。文莱摄制组选题范围比较广泛，先后到广西的南宁、柳州、桂林市和资源县进行采访摄影，是参加这次国际电视采访活动拍摄点最多、制作节目量最大的摄制组，他们计划制作6集每集15分钟的专题节目，向文莱观众介绍中国—东盟博览会举办地——广西的情况，以增进文莱与中国的友好关系。

文莱致力塑造知识型社会

文莱政府历来重视文化教育事业，通过实行免费教育，使国民受到良好教育，9岁以上人口识字率达92.5%。2005年文莱提出要塑造一个知识型社会，为此，各有关教育单位积极采取措施实现这一目标。8月15～18日，文莱理工学院举办文莱国际机械工程与科技展，主题为“利用机械工程与科技来塑造一个知识型社会”。此次科技展涉及六大领域，即工商管理、电脑与资讯科技、土木工程、机电工程、电子与通信工

文莱提出要塑造一个知识型社会，并为此采取一系列措施。图为文莱举行大使杯汉语比赛。　（原载《荷花》）

程和能源。

文莱龙辇永久落户中国—东盟博览会举办地南宁

2005年10月21日，出席在中国南宁举办的第二届中国—东盟博览会的文莱工业和初级资源部部长佩欣代表文莱政府将文莱国宝——苏丹龙辇的复制品赠予广西壮族自治区人民政府，并永久在南宁市展出。龙辇为文莱29世苏丹陛下专用，是国家至高权力的象征，也是文莱皇家登基加冕的座驾，平时摆放于文莱首都斯里巴加湾的皇室博物馆。自1968年文莱苏丹龙辇建造使用以来，第一次制成复制品在文莱国外展示。龙辇复制珍品选用4吨高级木材、6吨钢材和大量烫金制成，长22.13米，高宽均为3.15米，由前拉杆、虎头凤身、车身和后拉杆4部分组成，是代表文莱最顶尖民族文化的艺术品。文莱苏丹陛下应允复制龙辇并作为礼物赠送给中国，体现了文莱对中国—东盟博览会的高度重视和大力支持，也体现了文莱对中国的友好和充分信任。

柬埔寨仙女舞专著出版发行

2005年2月21日，专门介绍柬埔寨仙女舞的著作《吴哥仙女》在金边发行。该书第一版印制6000册，彩色印刷。此书获柬埔寨前国王诺罗敦·西哈努克的经费赞助，法国作家克里斯多皮·罗文尼、柬埔寨文化艺术前部部长诺罗敦·帕花戴维公主和联合国教科文组织联合编撰，由柬埔寨新闻部部长乔干那烈翻译成柬文，苏基密公司赞助印刷费，西巴组织出版。发行当天，西巴组织向皇家艺术大学赠送450册，施梳越·芳尼丽·莫尼芳公主代表西哈莫尼国王陛下主持赠送仪式。据历史记载，早在公元802年，柬埔寨的王家古典舞蹈（包括仙女舞）就已在宫廷中演出，至今有1000多年的历史。在吴哥壁画上，也有许多栩栩如生的仙女舞雕刻。2003年11月7日，柬埔寨王家古典舞蹈被联合国教科文组织列入世界人类文化遗产名录，2004年又获该组织授予的人类文化遗产特别奖。

柬埔寨举行第七届国家文化日活动

2005年4月7日，柬埔寨政府副首相兼内政部联合部部长诺罗敦·西里沃亲王以洪森首相的名义在金边主持柬埔寨第七届国家文化日活动，并开展以“高棉文学和国家形象”为主题的宣传。柬埔寨文化与艺术部部长兼部级委员会主席施梳越·巴那拉西里沃亲王在致欢迎词时着重强调，本次国家文化日的主题是“高棉文学和国家形象”，主要目的是为了让每个人都有机会参与保护并弘扬高棉祖先遗留下来的无可估价的高棉文化，使之得以承传、发扬光大和普及，符合王国政府的四角战略，更好地保护和发展民族文化，促进各种科学著作的撰写和资料的编辑整理，保持高棉语言文字的纯洁和规范。

柬埔寨实行双语教育试验

2005年6月，柬埔寨政府代表、柬埔寨少数民族代表和联合国教科文组织代表在柬埔寨拉达那基里省实行柬埔寨首次双语教育试验，即对拉达那基里省的车奔族和格令族用柬埔寨语加少数民族语言进行教学。命名为“高地儿童教育计划”双语初级教育试验已在拉达那基里省6个村的一年级和二年级中展开。

柬埔寨首次举办阅读节

2005年11月24～26日由柬埔寨国家图书馆、法语系国家高等教育合作社与法国驻柬埔寨大使馆联合举办。阅读节期间，民众可到金边法国文化中心和柬埔寨国家图书馆免费阅读、参观展出的各种书籍、资料和图片等。此次阅读节是为庆祝法语国家第二十五次阅读节而举办的。该节于1981年由法国创办，后来有90多个法语系国家举办，阅读节的目的在于启发人们珍爱书籍，培养良好的阅读习惯，提高知识文化水平。

第二届柬埔寨电影节举行

2005年11月28日至12月2日在金边举行。柬埔寨政府副首相兼首相府部长宋安主持开幕式。来自政府的高级官员和相关部门代表、演员和13个影业公司代表约700人出席开幕式。本次电影节共设最佳影片、最佳男女演员、最佳导演、最佳剧本、最佳摄影、最佳剪辑、最佳音效、最佳造型设计和最佳视觉效果等9个奖项。期间有22部影片参加放映。1990年4月，柬埔寨新闻与文化部举办了第一届柬埔寨影片和录像带节活动。柬埔寨电影业在20世纪六七十年代有较快发展，后因内战而停顿，给后来的发展带来了困难。

柬埔寨阇耶跋摩七世石雕像恢复原貌

阇耶跋摩七世是真腊历史上一位著名的君主，他建立了当时中南半岛地区版图最大、实力最强的“吉蔑帝国”，重建了著名的大吴哥王城，实现了吴哥王朝的再次兴盛。但长期以来在柬埔寨国内展出的阇耶跋摩七世石雕造像都断了双臂，不能给人以完美形象。为了改变这种现状，柬埔寨派专家在泰国、老挝博物馆和在柬埔寨国内进行长期考察，然后重新设计，在善心人士资助下，于2005年重新雕刻3座分别高2米、1.8米和1.5米，四肢完整的阇耶跋摩七世石像，且有两种造型，一为双手合十的姿势，另一为双手平托的姿势。石雕像完工后，于10月28～30日在暹粒省举行隆重开光仪式。

印度尼西亚举办首届中学生汉语演讲比赛

2005年7月9日，由印尼国民教育部中等教育司与印尼华文教育协调机构联合举办，中国国家对外汉语教学领导小组办公室协办的印尼首届全国中学生汉语演讲比赛在雅加达举行。中国驻印尼大使馆、印尼国民教育部中等教育司和印尼华文教育协调机构的官员，参赛选手及媒体记者等200余人出席演讲比赛会。参赛的20名中学生来自全国各地，是各省、市比赛中的优胜者，经过激烈的角逐，最后决出前5名。这是印尼华文教育中断30多年后的第一次中学生华文活动盛会，得到印尼社会各界的重视。7月中旬，参赛的20名选手应中国国家对外汉语教学领导小组办公室的邀请，代表印尼中学生到北京参观学习。

● 印度尼西亚举行郑和航海600周年纪念活动

中国明朝航海家郑和七下西洋，3次到访印尼，在印尼留下诸多遗迹和佳话。2005年8月1～7日，印尼郑和航海600周年纪念活动在中爪哇省首府三宝垄市举行。期间，中爪哇省政府与中国驻印尼大使馆、中国文化部等部门合作，举办了新三保庙揭幕仪式、郑和航海意义研讨会、国家地理杂志郑和专题摄影展以及“来自中国的和平使者”巡回展等多种活动，以纪念和弘扬郑和下西洋所体现的不同民族和国家间睦邻友好、相互尊重、和谐共处的伟大精神。

● 纪念郑和下西洋600周年国际巡回展在吉隆坡开幕

2005年7月5日，由中国文化部和马来西亚文化、艺术及文化遗产部主办，马来西亚国家博物馆文物局和绿野集团承办的郑和下西洋600周年全球纪念活动暨“来自中国的和平使者”巡回展在吉隆坡隆重开幕。马来西亚总理巴达维和中国驻马来西亚大使王春贵出席开幕式并致辞。马来西亚有关政府部门、马中友协的官员和社会团体代表及中国文化部代表等上千人出席。开幕式场面壮观，展品丰富，气氛热烈、友好。纪念活动受到中马两国政府的高度重视。中国国务院总理温家宝特别为展览题词“航海先驱 友谊使者”。巴达维总理在开幕式讲话中表示，郑和当年率领强大舰队抵达马六甲，并没有像葡萄牙等国那样对马来西亚进行侵略和征服，也未干涉马六甲王朝内政，而是致力于贸易往来，与马六甲王朝建立和睦关系，为马中友好奠定了坚实基础。巴达维赞扬前总理拉扎克的远见卓识，毅然开启两国邦交。巴达维认为两国现在的关系是牢固的、战略性的和互惠的，郑和开创的马中友好将世代相传。王春贵大使表示，中国在全球举办郑和下西洋巡回展旨在向世人展示中国悠久的文明，表达中国愿继承“和平、友好、合作”的传统，与世界各国开展对话与沟通。国际巡回展选择马来西亚作为开展地，是因为郑和七下西洋5次驻节马六甲，开辟了中马友好历史的先河。只要发扬郑和精神，中马两国一定会永做好邻居、好朋友和好伙伴。开幕仪式后，王春贵大使陪同巴达维总理等参观郑和下西洋巡回展和仿制宝船，并出席马来西亚邮政公司“郑和下西洋纪念邮票”和庆祝中马建交30周年书刊发行仪式。

7月，纪念郑和下西洋600周年国际巡展在马来西亚吉隆坡开幕。

（原载《荷花》、《湄公河》）

● 第二届万隆短片电影节举行

2005年8月22～24日举办。参展影片限定为放映时间5～15分钟，以“文化和自然”为主题的纪录片。印尼、澳大利亚、美国等国家的37部影片参展。万隆短片电影节举办的初衷是为了鼓励印尼的青年电影制作人拍摄与本民族社会文化相关、短小精炼且成本低廉的纪录影片。首届万隆短片电影节于2004年举办，有105部影片参展，其中纪录片10部。主办方万隆文化纪录论坛负责人认为，这次电影节主题更加明确，参展的纪录片数量有大幅增长，国内外的纪录片同行达到了相互学习和交流的目的。

● 印度尼西亚选手获第八届健美奥林匹亚赛冠军

在2005年11月19日于美国拉斯维加斯举办的

第八届健美奥林匹亚赛中，来自印尼的选手阿尔那瓦以完美的表现勇夺80公斤级决赛冠军。这是印尼健美运动员首次在国际赛事中夺冠。阿尔那瓦出生于巴厘岛，1997年曾获在万隆举行的全国锦标赛健美冠军和雅加达第十九届东南亚运动会亚军。

印度尼西亚发现神秘哺乳类动物

2005年12月5日，世界野生动物基金会发表声明说，研究人员在印度尼西亚加里曼丹岛国家自然森林公园发现一种罕见的哺乳动物。该动物比家猫体形稍大，皮毛呈深红色，长尾，尖鼻，小耳，后肢强健有力。初步判断，该动物可能是全新物种，也可能是猫与狐狸的混种。这可能是1895年发现雪貂獾以来的100多年间，在印度洋和太平洋之间第一次发现这么大的食肉动物新物种。

老挝消除文盲步伐加快

2005年9月9日，老挝《人民报》发表题为《老挝消除40多万文盲》的文章说，老挝15～40岁年龄段人的识字率达到78.57%，15岁以上的达到73%，小学毕业人数21.99万人。政府对教育奖励基金的投入达到73亿基普，已建成初级中学40多所、各类培训中心365个和群众教育中心302个。老挝教育部将加强对外合作，争取更多的国际组织和友好国家的无偿援助，到2020年在全国彻底消除文盲。

马来西亚积极发展宇航科技事业

马来西亚一直重视发展宇航科技事业，先后制定国家太空计划，开展国际宇航科技合作、进行太空导弹研发、建造卫星发射基地等。在本土发射自己研制的卫星上太空，是马来西亚努力实现的目标。马来西亚第一颗卫星——东亚卫星于1996年在法属圭亚那升空。第一颗自制小型卫星TiungSAT于2000年9月升空。第二颗自制小型卫星以马来西亚第二任首相名字命名为RazakSAT，2005年已完成一期工程，预计将于2006年初发射升空。政府在第八大马计划期间开始在瓜拉冷岳建造国家太空中心，该太空中心具有“区域核心”功能，可供本区域其他国家测试卫星和开展交流合作。该太空中心将在第十大马计划期间建成。为促进宇航事业的发展，马来西亚重视发展宇航教育事业，现阶段马来西亚博特拉大学宇航工程系、马来西亚理工大学和工艺大学的宇航科技系是主要的宇航人才培养基地。马来西亚的太空计划得到俄罗斯帮助。根据俄罗斯和马来西亚政府间协议，俄罗斯将帮助马来西亚在2007年实现马来西亚人登上太空的目标。2003年马来西亚政府成立特别委员会，在全国公开选拔宇航员。2005年宇航员的选拔工作进行到第二轮，将从初选的854名候选者中选出首位宇航员。中选者将于2007年10月与俄罗斯宇航员一起乘坐宇宙飞船进入太空。

马来西亚第二届中国高等教育展

2005年3月26日起先后在吉隆坡、新山和古晋三地举行。清华大学、复旦大学、浙江大学、哈尔滨工业大学、暨南大学、上海第二医科大学等46所中国顶尖大学参加展览。展览活动使马来西亚民众了解到中国高等教育的基本情况，促进马中两国高等教育交流，开拓马来西亚学生新的升学途径。展览期间观众达2万人次。

马新社华语新闻专线开播

2005年3月29日，马来西亚新闻社（马新社）宣布，决定开播华语新闻专线。这一决定将使政府的各项政策和信息更好地传达给马来西亚华人社会，并有助于海外华语听众对马来西亚的了解。这不但表明中文的使用在马来西亚再次得到肯定，而且表明马来西亚政府对中文所采取的开明政策。随着华语新闻专线的推出，该社还设立中文网站，并将利用中文短讯播发国内外新闻。

马来西亚制订中医学历教育制度

2005年4月，马来西亚中医师及针灸联合总会下属的中医教育管理委员会制订统一教育计划——“3+1”学制中医学历教育制度，以促进马来西亚中医师培训的系统化及专业化。“3+1”学制中医学历教育制度的教育计划，强调早见习，多临床，先揣摩、后操作的中医教育方案，对毕业生授予专科学历证书。“3+1”学制的含义是3年理论加1年临床课，教学内容是把中国教育部规定的必修中医课程分成3组共同科和1组方向科，学制最少3年、最长5年，视中医学院上课的时间而定。4月18日，马来西亚中医师及针灸联合总会召开全国中医学院交流会议，研究这项计划。6月，“3+1”教育计划在全国推行。

马来西亚全国水上活动节

2005年4月1日至5月8日举行。马来西亚最高元首西拉杰丁主持4月2日在布特拉再也湖泊俱乐部举行的开幕式，马来西亚总理巴达维出席开幕式。为期5个星期的活动包括水上摩托、划船、长舟、钓鱼、游泳比赛等。5月8日在诗巫闭幕。

马来西亚与中国加强新闻信息交流

2005年5月9日，马来西亚广播电视局和中国国家广播电影电视总局在马来西亚首都吉隆坡签署关于新闻和信息交换的协议。两国将加强在政治、经济、文化等领域的新闻信息交流，使两国民众更多地了解对方基本情况。

国际文化书法联盟大展在马来西亚举行

2005年6月4～13日，由马来西亚文化、艺术及文物部推动，马来西亚华人文化协会、马来西亚国际现代书画联盟、国际书法联盟总会及国家画廊联合主办的国际文化书法联盟大展在吉隆坡举行。中国、新加坡、日本、韩国、加拿大、澳大利亚、马来西亚等国家和台湾、香港地区的书法作品200多幅参展，其中有马来西亚书法家伯圆长老、拿督沈慕羽和任雨农的墨宝。此次展览鼓励马来西亚各民族书法家以中国毛笔创作的阿拉伯文、淡米尔文及其他语文形式的书法作品参展。

马来西亚力争中国首肯在马设孔子学院

2005年7月，马来西亚董教总与中国有关方面商讨在马来西亚设立孔子学院，作为向大马主流社会推广作为第二语言的中文的教学场所。正在中国参加世界汉语大会的董教总主席叶新田23日从北京发回信息说，正在与中方商讨设立孔子学院的计划，中国方面已在考虑具体方案，比如由中方主办，大马当地教育机构联办。他说，当日刚落幕的第一届世界汉语大会与此殊途同归，中国希望让全球不谙中文者学习中文，并计划在世界多处开办孔子学院，培训中文师资，这是推广中文有效且重要的措施之一。

马来西亚农业生物科技业务研讨会

2005年7月14～15日在吉隆坡举行。研讨会就如何提高农业生物科技业务水平等问题进行研讨，并展示具有市场潜能的农业生物科研成果与发展模式，以鼓励更多的企业、跨国公司进入马来西亚农业生物科技领域。马来西亚总理巴达维、农业及农基工业部部长慕尤丁、国际贸易及工业部部长拉菲达参加研讨会并发表讲话。马来西亚、中国、澳大利亚、印度及中国台湾生物科技界的15位专家在会上进行演讲。

马来西亚同时举办3个科技展览会

2005年7月20～23日，来自40个国家的约600家公司在吉隆坡同时参加3个展览会，即东盟电气工程及科技展览会、马来西亚工业自动化展览会和马来西亚安全科技及消防展览会。展会设立德国、印度、新加坡、韩国、土耳其和英国等国别馆，展品涉及能源、电气和电子、工业自动化、安全及消防等行业最新科技成果，总值约2.5亿林吉特。

第九届多媒体超级走廊国际咨询顾问团会议在马来西亚槟城举行

2005年9月8日举行。马来西亚总理巴达维主持开幕典礼，前总理马哈蒂尔首次以荣誉成员身份出席会议。有34名顾问团成员、代表及观察员与会。会议主旨是“资讯通信工艺领航创意社会”。为配合此届会议，9月7～10日举办多媒体及资讯通信工艺展、全球多媒体电子企业家研讨会、亚太资讯通信工艺奖颁奖典礼、全球公共政策研讨会、东盟传播及多媒体展、大马电子防范研讨会、沙捞越资讯通信工艺奖及农业资讯通信工艺研讨会等一系列活动。

第五十届亚太影展在马来西亚吉隆坡举行

2005年9月28日至10月1日举行。来自马来西亚、日本、加拿大、泰国、伊朗、越南、俄罗斯、韩国和中国香港、台湾等15个国家和地区的27部故事片、12部短片、7部动画片参展。此次影展颁发两项特别纪念奖，其中1项由邵逸夫获得；评审团特别奖增设至5项。姜帝圭执导的韩国电影《太极旗飘扬：生死有情》获得最佳导演、最佳影片奖，台湾电影《月光下我记得》的编剧（兼导演）林正盛获得最佳剧本奖，中国香港、台湾演员成龙、杨贵媚获得评审团特别奖，韩国演员珠铉获得最佳男主角奖，马来西亚演员蒂雅拉·积奎琳获得最佳女主角奖，中国香港演员黄秋生获得最佳男配角奖，印度尼西亚演员芮玛·梅拉蒂获得最佳女配角奖，马来西亚短片《伊班族姑娘》获得最佳短片与纪录片奖，中国台湾导演王童执导的动画电影《红孩儿：决战火焰山》获得最佳动画片奖。

马来西亚电影在海外获奖

2005年马来西亚摄制的电影多次参加海外电影活动并获奖。由李添兴导演的《美丽的洗衣机》获泰国曼谷国际电影节最佳东南亚影片奖，并参加荷兰鹿特丹影展、意大利都灵影展；由苏倧兴导演的《Puteri Gunung Ledang》获第五十届亚太影展最佳女主角奖、奥斯卡金像奖外语片提名，并参加美国棕榈国际电影节、曼谷国际电影节展演；由何宇恒导演的《雾》获鹿特丹影展亚洲电影评审团奖、VPRO老虎奖，并参加釜山影展；由雅丝敏阿末导演的《单眼皮》获法国Creteil国际女导演电影展评审大奖、东京影展最佳亚洲电影奖、大马电影节最佳电影奖，并参加巴塞罗那亚洲电影节展演；由陈翠梅导演的《Tanjung Malim有棵树》获德国Oberhausen短片大奖，并参加鹿特丹影展国际短片展和曼谷影展国际短片展；由李添兴、何宇恒、黄天汉、刘艺苑导演的大马第一部中文影片《四人夜话》参加荷兰鹿特丹影展。

第五届马来西亚表演艺术薪传奖颁奖

2005年12月18日在吉隆坡举行颁奖典礼。薪传奖是马来西亚为提升表演艺术水平，推动表演艺术创作，带动表演艺术朝专业方向发展和发挥表演艺术互动作用的奖项。当天颁发的团体荣誉薪传奖由吉打德教会济阳阁华乐团获得，个人成功荣誉薪传奖由周扬平、张诚忠获得，终身卓越服务荣誉薪传奖由张材光获得，学校荣誉薪传奖由恒毅中学获得，杰出青年薪传奖由李永强、刘锦康获得。

马来西亚体育选手在国际比赛中取得好成绩

2005年马来西亚运动员参加世界体育比赛取得好成绩。7月参加亚洲青年武术锦标赛获得2枚金牌、6枚银牌、6枚铜牌。8月参加在丹麦阿尔堡举行的世界女子保龄球锦标赛，19岁运动员谢美兰获得单人赛金牌，成为马来西亚第一次获得世界保龄球单人赛金牌的女运动员。11月参加世界武术比赛获得4枚金牌、1枚银牌、6枚铜牌，居奖牌榜第三位，是自1991年世界武术比赛举办以来马来西亚取得的最佳成绩。11月底参加马尼拉东盟运动会，获得61枚金牌、49枚银牌、60枚铜牌，是马来西亚参加东盟运动会以来的最好成绩。12月参加世界壁球比赛，22岁女运动员妮柯戴维获得冠军，成为最年轻的世界壁球冠军，也是亚洲第一位获得世界壁球冠军的运动员。

缅甸举办"中国文化月"活动

2005年5月，为庆祝缅中建交55周年，缅甸文化部、新闻部与中国驻缅甸大使馆在仰光联合举办"中国文化月"活动，主要内容包括中国图片绘画摄影展、中国电影展、黑龙江省艺术团访缅演出和四川男排访缅友谊赛等。作为"文化月"主要内容之一的中国图片绘画展于5月9日在缅甸国家博物馆开幕，缅甸文化部部长基昂少将、中国驻缅甸大使李进军等为展览揭幕剪彩；展览受到缅甸观众的普遍欢迎和称赞。为期一周的展览突出"把目光投向中国"的主题，生动反映了中国灿烂的文明和辉煌的成就。展览大厅同时展出两国领导人近年互访的照片、云南省腾冲农民画家耿卫民等人的摄影和绘画作品以及四川省成都桑田摄影师陈小川拍摄的缅甸风光照片。同日，为期一周的中国电影展也在仰光开幕，电影展主要放映中国摄制的4部电影《美丽的大脚》、《和你在一起》、《手机》和《天地英雄》。

中国驻缅甸大使馆举办中国文化知识竞赛，有500多名缅甸青少年参赛。图为部分获奖者和华文补习班的教师。

（原载《吉祥》）

菲律宾华裔学生学中文夏令营在中国集美开营

2005年4月3日开营。中国国务院侨务办公室副主任许又声、福建省副省长王美香出席开营式并讲话。第四届世界福建同乡恳亲大会组委会主任、菲律宾航空公司董事长陈永栽先后率领由他组织和赞助的900多名华裔师生参加中文夏令营活动。许又声在讲话中赞扬陈永栽先生对华文教育的贡献，并代表国务院侨务办公室向陈永栽颁发"倾心华教，泽被侨胞"的奖匾。陈永栽先生连年组织、赞助菲华裔学生到中国福建举办学中文夏令营。他希望参加夏令营的同学珍惜学习机会，提高自己的中文水平，将来像祖辈父辈那样，既为住在国住在地尽责尽力，也为祖籍地做贡献。

菲律宾华商总会举办菲华传统文化节

2005年5月14～15日，菲律宾华商总会与菲律宾国家文化艺术委员会等单位联合举办菲华传统文化节系列活动。菲律宾总统阿罗约于2003年8月11日签署的第439号总统公告宣布，每年5月为菲华传统文化月，各有关单位可以选择具有文化底蕴的场所，举办展览、视觉艺术、烹调及其他传统文化等庆祝活动。参与此次活动的华社团体及个人包括中正学院舞蹈团、侨中学院舞蹈团、计顺市菲华中学管弦乐队等。

新加坡举办职业和教育展

2005年3月2日，新加坡职业和教育展开幕。来自20个国家的550多家机构参展，其中有政府教育部门、学校、中介公司以及企业等。这些机构将给新加坡在校学生、应届毕业生和求职者提供5万多个学习机会和1万多个就业机会。展会期间，各参展学校在展厅向参观者介绍各自的办学特色、优势以及为外国留学生设置的课程。各国教育界专家和教育工作者还将举办150多场讨论会，就职业选择和海外留学等相关问题交换意见、交流经验。

由中国教育部组织，北京大学、中国人民大学、复旦大学、南开大学以及中国人民大学附属中学和北京市第二实验小学等20多所中国名校组成的代表团参加了展览会。

新加坡职业和教育展始于1971年，每年举行一次，是本地区规模最大的教育展。

新加坡中资企业协会出版华文经贸丛书

2005年，新加坡中资企业协会与中国驻新加坡大使馆经商处、新加坡国际企业发展局和新加坡交易所等机构合作，共同编辑出版新加坡经贸法律丛书（华文版），帮助更多的本地中资企业家学法、懂法和守法，促进新中两国经贸活动的健康发展。2005年4月出版的《新加坡上市规则手册》是这套丛书的第一本。

有关方面正在组织编写华文版《新加坡主要经贸法律》、《新加坡税务、会计和审计制度手册》、《新加坡政府机构、工商团体和企业名录手册》和《新加坡优势产业和企业介绍》等。《在新加坡上市的中资企业》也计划于年内出版，并将在新加坡和中国同时发行。

新加坡中资企业协会拥有148家公司会员，涵盖金融、航运、贸易、建筑、劳务、科技和新闻媒体等多种行业。其中，大型国有企业占70%。会员总资产超过100亿美元，雇佣员工近万人，部分企业在行业内已成为知名企业。

新加坡设立生物工程和纳米技术研究所

2005年5月13日，新加坡南洋理工大学和日本三丰公司合作，正式在新加坡设立生物工程和纳米技术研究所，以促进新加坡成为这项尖端科技的区域中心。新设立的研究所配备4台总价值200万新元（约合121万美元）的高技术纳米测量仪，能够量度极微小的材料。除科学研究外，该所希望能得到更多私人企业的支持，把纳米技术运用于各种产业。新加坡政府近年来十分重视纳米技术的研发，不断增加资金投入。2002年1月，在新加坡国立大学设立纳米科学技术推进机构，建立由多个学科研究人员参加的跨学科综合科研小组。新成立的研究所吸引了来自美国、英国、德国、日本、印度、中国等10多个国家的研究人员。

新加坡推出H5N1禽流感病毒快速检测装置

2005年7月28日，新加坡VEREDUS生物技术公司宣布成功开发能快速有效检验H5N1型禽流感病毒的检测器。这种检测器使用新加坡基因研究所开发的基因诊断涂料，敏感度较高，能够在4小时内检测出H5N1型病毒中的特殊基因，在病发后两天内对禽流感病毒进行诊断，从而将禽流感的诊断时间提前数日。

同年11月11日，新加坡瑞科生物医药公司宣布推出两种可用于人类或家禽的禽流感快速检测器。这两种检测器检测方便快捷，整个检测过程只需10分钟。用于家禽的检测器采用家禽的排泄物、血液或浆液样本进行检测；而用于人类的检测器则必须从鼻子或喉咙中取样进行检测。家禽用检测器价格为6美元，人类用检测器的价格为10～12美元。

新加坡研制出运送治癌药物的智能纳米载体

2005年新加坡生物工程与纳米科技研究院的科学家研制出一种智能纳米载体，能够把癌症治疗药物准确地运送到癌细胞里，从而更有效地抑制肿瘤生长，却不损害正常细胞。这种智能纳米载体大小不超过200纳米，约为头发直径的五百分之一。微粒内部中空，可以装载治癌药物，其聚合物制成的外壳可以保护药物不被消化液消化。在一般环境下，该载体结构稳定，遇到低酸性的癌细胞时，载体会形成一个疏水外壳，附着在癌细胞表面。过去研究出的类似微粒只对温度变化产生反应，科学家必须在人体外部通过温度变化控制微粒在体内的行进，而这种智能载体只靠酸碱度变化就可以把治癌药物运送到癌细胞中；当癌细胞吸收这些载体后，药物分子可顺利释放到细胞质和细胞核中。比起现有的癌症治疗方法，这种载体能够更有效地运送治癌药物来杀死癌细胞，却不对正常细胞产生毒害，从而避免骨髓抑制、心脏损害、胃肠道紊乱以及疲劳、脱发、身体虚弱等副作用。新加坡生物工程与纳米科技研究院的科学家预计，智能纳米载体的人体临床实验将在5年内展开。预计到2007年，运送治癌药物载体的全球市场总值将达到154亿美元，这项研究应用前景广阔。

新加坡成功研发车辆安全检查系统

2005年新加坡PCS安全公司成功研发一种车辆安全检查系统，这种系统能检查出车辆是否藏有偷渡者或其他走私物品，也能使车辆暗藏的炸药等危险品原形毕露。新系统只需先把各种车辆的重量资料输入系统，当接受检查的车辆在驶入长4.8米、宽2.2米的平台时，系统的电脑在接收到被检查车辆的重量和乘客人数等数据后，会快速进行分析。一旦发现重量有明显差距，系统会自动发出警告。目前使用的车辆检查系统只能检查汽车底部是否藏有炸弹，而新系统除了具备这项功能外，还能探测到车内是否藏有大量炸

新加坡举行建国40周年庆祝活动。　（原载《源》）

药。此外,该系统还装备有对准车牌的摄像机,能发现伪造车牌或报失车辆,使不法之徒无法瞒天过海。这套系统适用于检查在边境口岸出入的车辆,而且只需1人操作,每辆汽车的“通关”时间仅约20秒。

新加坡发明能替聋哑人“说话”的手套

2005年新加坡义安理工学院学生黄富耀和吴坤益发明一种智能手套系统,聋哑人和不懂手语的正常人之间通过一副智能手套和一台掌上电脑就能进行交流。使用这种系统时,掌上电脑一方面可以将戴有智能手套的聋哑人的手语转换成语音让正常人识别,另一方面也可以将正常人的语音转换成文字让聋哑人阅读。发明者表示,他们将进一步完善这套系统,使聋哑人和正常人能够打电话,让双方在互不见面的情况下听见和看见对方在说什么。此外,新加坡国立大学机械工程系的研究人员也开发一项能让残疾人遥控电器的技术,残疾人只要稍微移动头部就可以开关电器、转换电视频道、调整音量,甚至浏览互联网。

新加坡开展讲华语运动

2005年11月15日,新加坡政府总理李显龙为2005年的“讲华语运动”主持开幕仪式。李显龙鼓励新加坡人进一步提高使用华语的能力,提升新加坡社会的华语水平,加深对华族文化的认识。李显龙指出,新加坡华人学华语说华语有文化和经济两方面的意义。从文化方面看,掌握华语可使新加坡华人有身份认同感,了解自己的根,对中华艺术、文化和传统有更深的认识。从经济角度看,中国的崛起将使世界的经济中心转移到亚洲,掌握华语有助于新加坡人在中国经商,开拓商机,在竞争中具有更大的优势。

新加坡华人占全国总人口的75%以上。为规范新加坡的华语和华文,新加坡政府从1979年就开始推行“讲华语运动”。目前,大多数新加坡人运用华语只能日常会话,遇到较复杂的问题不得不用英语(英语是新加坡的行政和商业用语),李显龙总理希望这种现象能得到改变。

李显龙总理的父亲、内阁资政李光耀对中国与华语的前景十分看好。他表示,作为华人特征之一就是能说华语。海外华人能够讲华语、用中文,就能更好地保存和珍惜中华文化遗产。2005年6月,李光耀出版了中英文版本的《学以致用:李光耀中文学习心得》一书,通过文字、图片及访谈等形式,介绍他学习中文的经验。新加坡总统纳丹是印度族人,如今已年过八旬,但多年来仍孜孜不倦地学习华文。

为配合讲华语运动,新加坡《海峡时报》出版《Cool Speak》手册,收录流行华语词汇,并以英语和华语注释。《联合早报》是新加坡最大的华文报纸,在鼓励新加坡人学习中文方面起着十分重要的作用。

新加坡三所公立大学实行自主化管理

2005年,新加坡政府决定赋予新加坡国立大学、南洋理工大学和新加坡管理大学等3所公立大学更大的自主权,以促进这些学校实现教学形式多样化,增强与海外大学竞争的能力。新加坡国立大学和南洋理工大学目前以法定机构的形式运作。在这项大学改革计划下,政府将修改相关的大学法令,使新加坡国立大学和南洋理工大学沿着新加坡管理大学的模式走向企业化,在未来几年将逐步完成自主化过程。这两所大学已进行内部改革,调整研究发展方向、内部自治及管理层结构,为从新加坡教育部手中接过监管权作准备。

新加坡国立大学是久负盛名的大学,其前身可追溯到1905年设立的英皇爱德华七世医学院和1927年设立的莱佛士学院。该校2005年有本科生2.3万人,设9个学院、50多个系科。新加坡南洋理工大学成立于1981年,2005年有在校生2.5万人。新加坡管理大学成立于2000年1月,由于采取灵活的办学与教学方式,发展势头良好。

泰国互联网用户猛增

2005年,泰国互联网用户达到700万户,占全国总人口的12.5%。有关机构估计至2008年将超过1000万户。泰国互联网用户主要集中在曼谷及其周边地区。15~24岁的年轻人占总用户数量的1/2,学生和白领阶层是互联网最大的用户群体。曼谷以外地区的互联网用户数量、互联网服务商数量、互联网接入技术、互联网应用服务也将持续增长,尤其是高速互联网、娱乐服务网站等将广受欢迎。

第四十二届世界自然医学大会在泰国清迈举行

2005年4月23~25日举行,由联合国国际交流医科大学、国际自然科学院、泰国拉芒卡拉大学、泰国卫生部和泰国旅游局等单位共同举办,约1200多名世界各国的自然医学专家参加。大会的主要议题是:通过自然医学执业者间的相互交流,促进世界各地自然医学机构的合作;推广世界各国的自然医学专家的最新研究成果;代表全世界150万自然药物从业者第十六次正式向瑞典诺贝尔基金委员会申请将东方自然医学(包括中药学)列入诺贝尔医学奖范围;为被联合国国际交流医科大学授予博士学位以及获得联合国有关奖项的医学专家颁奖。世界自然医学大会由联合国国际交流医科大学发起,旨在推广世界传统医学和最新研究成果,加强各国(地区)之间的医学交流。

泰国重奖运动员

2005年12月9日,泰国政府总理他信在曼谷主持宴会,宴请泰国参加第一届亚洲室内体育运动会及第二十三届东盟运动会的全体运动员、教练员。与会人员约1600人。在宴会上,他信向39个体育协会及教练员、运动员代表颁发奖金。副总理素瓦作2005年国家体育发展资金管理委员会关于颁发比赛奖金规定的报告。报告指出,参加亚洲室内体育运动比赛的奖牌获得者将获得奖金额为:金牌100万泰铢、银牌55万泰铢、铜牌20万泰铢。泰国共有122名运动员参加此次亚洲室内体育运动会,共获得奖牌总数73枚,名列亚洲第三名,其中金牌19枚、银牌21枚、铜牌34枚。运动员获奖金总额7380万泰铢,教练员获奖金总额7496万泰铢,各体育协会获奖金总额2214万泰铢,各项奖金总额1.707亿泰铢。参加第二十三届东盟运动会获奖牌的运动员奖金将比原先制定的标准高1倍,即金牌20万泰铢、银牌10万泰铢、铜牌4万泰铢。泰国共派出445名运动员参加此次东盟运动会,共获得奖牌283枚,名列东盟国家第二位,其中金牌87枚、银牌79枚、铜牌117枚。运动员获奖金总额5946万泰铢,教练员获奖金594万泰铢,各体育协会获奖金891万泰铢,各项奖金共计7432万泰铢。另外,对打破东盟运动会比赛成绩记录者增加奖金10万泰铢,连续3次获金牌者增加奖金10万泰铢。

由泰国主办的第一届亚洲室内体育运动会于2005年11月12~19日在曼谷举行,共有37个国家的2293人参加,设比赛项目9项。第二十三届东盟运动会于2005年11月27日至12月5日在菲律宾举行,共有11个国家体育代表团近7000人参加,设比赛项目38项。

泰国隆重举办中国文化周活动

2005年2月9~15日,为庆祝泰中建交30周年,中国文化部和驻泰国使馆与泰国旅游体育部、曼谷市政府及泰华各界在泰国联合举办2005年中国春节文化周活动。中国文化部副部长常克仁率中国艺术代表团共170人参加文化周活动。2月9日,泰国诗琳通公主、政府副总理素瓦、旅游体育部部长顺他雅、曼谷市市长阿披勒和中国文化部副部长常克仁、中国驻泰大使张九桓等出席在曼谷耀华力路举办的文化周开幕式。中国国务院总理温家宝和泰国政府总理他信分别为文化周致信祝贺。泰国华人和社会各界观众约180万人观看了中国艺术团献上的木偶戏、京剧、歌舞、少林功夫和四川变脸等富有中国民族特色的技艺表演。中国艺术团结束曼谷演出后赴泰国南部的合艾、普吉、攀牙等海啸灾区慰问演出。文化周活动的举办受到泰国王室、两国政府和社会各界的高度重视。泰国各媒体对文化周活动作了充分报道。

泰国华人积极促进中华文化传播

2005年11月,泰国《中华日报》推出简体横排中文版面,以丰富的内容介绍泰国政治、经济、商业、社会、旅游等情况。此前该报子报《中华青年报》曾于2004年5月率先推出简体中文版。简体中文报的发行是顺应社会与形势的需求,更好地服务旅游业、工商业及华文教育。2005年泰国有华文日报6家,即:《中华日报》、《世界日报》、《新中原报》、《星暹日报》、《亚洲日报》和《京华中原联合日报》,是东南亚华文传媒比较发达的国家。12月18日,由泰国华人投资上亿泰铢创办的泰国中文电视台在曼谷正式开播。泰国前政府总理差瓦立上将、中国对外友好协会会长陈昊苏、中国中泰友好协会会长石广生、中国驻泰国大使张九桓、泰国泰中友好协会会员功·棉帕朗西等两国各界代表出席开播仪式。泰国政府总理他信向泰国中文电视台致贺信。该台初播期间将通过泰国电视台TTV的频道在每晚9点半至次日凌晨零点30分播出新闻、综艺等节目,此后逐渐扩大投资,丰富节目内容,实现节目上卫星并24小时播出。

越南西原锣钲文化被列入人类非物质和口传文化遗产

2005年11月25日,越南西原锣钲文化被联合国教科文组织正式认定为人类非物质和口传文化杰作,成为继顺化宫廷雅乐之后越南又一人类非物质文化遗产。在公布西原锣钲文化为人类非物质文化杰作大会上,联合国教科文组织总干事小一郎·松浦先生说:"越南西原锣钲音乐及西原各民族锣钲乐队独特的乐器是越南独特的传统文化,西原锣钲文化获得人类非物质和口传文化遗产称号是当之无愧的"。

锣钲(有乳为锣,无乳为钲)在越南西原地区出现于何时无人知晓。但越南不少专家猜测锣钲文化起源于以铜鼓著称的古代东山文化(距今3500~4000年)。越南西原锣钲文化主要分布在昆嵩、嘉莱、多乐、多农及林同5省,是越南西原地区的巴拿、色登、摩农、克何、罗曼、埃第及嘉莱等民族的特色文化。

泰国首家中文电视台举行开播典礼,来自中泰两国的政府官员、华人华侨代表以及社会各界人士数百人参加。泰国政府总理为电视台开播发来贺电。

(原载《湄公河》)

锣钲艺术历经数千年已发展到相当高水平，而且种类繁多。锣钲因民族、地区而异，可以单独或成套使用，每套2~12只不等，也有18~20只为一套的。

越南运动员首次获得世界武术冠军

2005年11月，在菲律宾举行的东南亚运动会上，越南武术运动员裴梅芳首次获得包括太极拳和太极剑两个小项的全能太极拳赛冠军。在3周后的世界武术锦标赛上，裴梅芳又获取金牌，成为世界冠军。这是越南武术运动员在世界级比赛中获取的首枚金牌。

越南举办规模较大花节

2005年12月10日，越南规模较大的花节在万花之城大叻市举行。花节期间，共展出40多万盘花卉，这些花卉主要来自越南大叻市、河内市、胡志明市及其他18个省市，以及日本、瑞士、韩国、泰国等国家。同时举办的“大叻——万紫千红之约”鲜花展销会、“高原香醇”红酒晚宴、“花城旋律”艺术表演、“大叻——爱情之约”集体婚礼等活动为花节增添了亮丽色彩。这次花节创造越南历届花节之最：游行花车最多，达到160辆；发出花贴最多，花节当天发出花帖1.2万张。花节吸引7万多名国内外游客。

社　会

中国国家主席胡锦涛带头送温暖

2005年中国部分地区发生严重自然灾害，给受灾地区群众生产生活造成较大影响。此外，部分城市低保户、农村贫困户的生活也面临一些困难。中共中央、国务院及时作出部署，为困难群众特别是受灾群众送温暖。12月，国家主席胡锦涛倡导并带头为困难群众特别是受灾群众“送温暖、献爱心”，中共中央政治局常委在中南海捐款捐物，此后一场募捐高潮在中央国家机关掀起，全国各地积极响应，踊跃捐献。据统计，募捐活动开展1个月来，中央部门和单位共收到捐款4005万元，棉衣被52万件；全国各地收到捐款2亿元，衣被2300多万件，受益人数超过2000万。2005年底的这场送温暖活动最大亮点是国家主席胡锦涛倡导并带头捐赠、中央政府全力支持，从而使这场全国每年开展的惠及上千万困难群众的“送温暖”行动成为全球规模最大、受益面最广的政府爱心工程。

中国严厉打击赌博犯罪活动

2005年1月至6月，中国在全国范围内组织开展集中打击赌博违法犯罪活动专项行动，重点打击五类人：境外赌场、赌博（博彩）公司和赌博网站在中国境内的代理人、代理机构，赌博网站的开办者、维护者，六合彩、赌球赌马等赌博活动的组织者，开设赌场、聚众赌博的组织者，参与赌博的党员领导干部、国家公务员、企业事业单位负责人。重点整治地区包括网络赌博和赌球赌马问题严重的地区，六合彩、私彩赌博问题严重的地区，境外设有赌场的边境地区，群众举报赌博线索严重的地区。

这次专项行动将达到三个方面的目标：一是坚决打掉一批赌博团伙、窝点，关闭、铲除境内赌博网站，查破一批赌博大案要案，严惩一批赌博违法犯罪分子。二是有效遏制网络赌博、六合彩赌博、赌球赌马等赌博活动蔓延的势头；严肃查处党员领导干部、国家公务员、企业事业单位负责人参与赌博或赴境外赌场参赌的问题；切实堵住国内大批公民赴周边国家境外赌场参赌的渠道；坚决取缔境外赌博（博彩）公司、赌博网站在中国境内设立的代理机构、赌博网点。三是建立打击赌博违法犯罪活动的长效工作机制，净化社会环境，形成广大人民群众自觉抵制赌博违法犯罪活动的良好社会氛围。

为确保集中打击赌博违法犯罪活动专项行动达到如期目标，公安、检察院、法院、监察、信息产业、银监会等部门将各司其职，全力配合，严厉查处赌博违法犯罪活动，切实扭转赌博活动猖獗的局面。

专项行动将区分赌博行为和群众娱乐活动，对群众带有少量彩头的打麻将、玩扑克等娱乐活动，不作为赌博行为查处。

1~6月份，26个省（自治区、直辖市）共查处参加赌博的党员干部4627人，党员干部参加赌博的歪风得到有效遏制。31个省（自治区、直辖市）和大多数中央国家机关成立贯彻落实《建立健全教育、制度、监督并重的惩治和预防腐败体系实施纲要》的领导机构，25个省（自治区、直辖市）和36个部委下发贯彻落实“实施纲要”的具体实施意见。

中国煤矿“官股”大撤资

为遏止煤炭生产中的严重安全事故发生，中国采取包括整顿煤矿、实施关闭与吊销煤炭生产许可证、存储安全抵押金、清查“官股”等严厉措施。2005年8月30日，中共中央纪律检查委员会、中国监察部、中国国务院国资委、国家安全生产监督管理总局联合下达要求官员从煤矿撤资的“九二二”（9月22日）时限。迫于压力，部分地方官员相继从煤矿撤资。至10月20日，全国共报告登记在煤矿投资入股的国家机关工作人员和国有企业负责人4578人，其中国家机关工作人员3002人，登记入股金额6.53亿元，已经撤资4.73亿元。11月1日，中央纪委、监察部、国务院国资委、安监总局在北京举行的新闻发布会宣布，清理纠正工作已经取得初步成效。但据《第一财经日报》报道，煤矿官股撤资遭遇“明退暗持”的尴尬，一些在煤矿入股的地方官员采取对策，弄虚作假，或寻找代理人轻松入账，甚至继续投资。监察部副部长陈昌智在新闻发布会上说，“对逾期未登记申报的，私自将股份转予他人或私下退股的，采取各种形式继续持有股份的，以及通过‘干股’形式参股的，一经查实，一律就地免职，并依据有关规定严肃查处；涉嫌犯罪的，移送司法机关依法处理。”

● 中国关闭一批煤矿矿井

2005年11月7日，中国国家煤矿安全监察局透露，全国各地已累计责令停产整顿的煤矿矿井1.2万个，年内全国关闭矿井总数不能少于4000个。11月21日，国家发改委发布公告，公告全国第一批580处实施关闭与吊销煤炭生产许可证煤矿名录，其中广东省最多，为214处。

● 中国公安部门开门大接访

2005年5月18日，中国全国公安部门开展群众大接访活动，各地公安局长在公开场所面对面地接待来访群众，倾听群众呼声，体会群众切肤之痛，集中处理群众来访中反映的问题。开门大接访进行了4个月，全国公安机关累计接待群众来访20.4万起，绝大多数地区公安机关停访息诉率达到80%以上。

● 中国居民安全感上升

在中共十六届五中全会上，中共中央总书记胡锦涛强调，开展平安建设活动，加强社会治安综合治理，推进社会治安防控体系建设，建立健全“严打”经常性机制，依法严厉打击严重刑事犯罪，是构建社会主义和谐社会的重要工作。2005年各地都在平安建设上下大力气，群众安全感有所上升。中国国家统计局于2005年10月进行的第五次全国群众安全感抽样调查的结果显示，91.9%的被调查者认为社会治安环境“安全”或“基本安全”，比上次调查结果上升1个百分点。中国第五次全国群众安全感抽样调查由中国国家统计局主持，对中国内地31个省（自治区、直辖市）的5302个乡、镇、街道的10.41万个家庭进行抽查，每个家庭随机抽取一名16岁以上人员调查，其中社会风气、社会治安和教育问题是最受关注的问题。对于中国目前的社会治安环境，被调查者认为“安全”的占37.1%，认为“基本安全”的占54.8%，认为“不安全”的占8.1%；与上次抽样调查结果相比，认为“安全”的比重上升2.6个百分点，认为“基本安全”的下降1.6个百分点。在影响群众安全感的问题中，被调查者选择“刑事犯罪”的占30.9%，选择“公共秩序”的占31.9%，选择“交通事故”的占28.2%，选择“火灾”的占9%。对于所在地的社会治安状况，选择“好”的占34.1%，比上次调查结果上升2.9个百分点，选择“一般”的占59.8%，下降2个百分点，选择“差”的占6.1%，下降0.9个百分点。对于对违法犯罪活动的打击力度，认为打击“有力”的占42.5%，比上次调查结果上升3.4个百分点，认为“不太有力”的占48%，下降2.3个百分点，认为“不力”的占9.5%，下降1.1个百分点。

·链接资料·

中国居民最关心的三个问题

中国国家统计局1月10日发布的2005年第五次全国群众安全感抽样调查结果显示，在群众最关注的社会问题中，被调查者选择社会风气、社会治安和教育问题的合计过半。

在第五次全国群众安全感抽样调查中，在最关注的社会问题的选项中，被调查者选择“社会风气问题”的占18.5%，比上次调查下降0.3个百分点；选择“社会治安问题”的占17.5%，上升0.4个百分点；选择“教育问题”的占16%，上升1.4个百分点。

被调查者选择“就业失业问题”的占15.4%，下降1.3个百分点；选择“腐败问题”的占12.6%，下降1.7个百分点；选择“工资待遇问题”的占7.5%，下降0.9个百分点；选择“环保问题”的占5.8%，上升1.1个百分点；选择“住房问题”的占4.4%，上升1个百分点；选择“征地搬迁问题”的占2.3%，上升0.3个百分点。

● 中国人口超过13亿

2005年1月6日零时2分，中国第13亿个小公民在北京妇产医院诞生。中国全国人大常委会副委员长、全国妇联主席顾秀莲和中国国家计生委主任张维庆到医院看望第13亿个小公民，张维庆为中国第13亿个小公民颁发荣誉证书和礼物。至此，中国人口达到13亿（不包括香港、澳门特别行政区和台湾省人口）。2005年，中国人口超过13亿。由于中国控制人口和实行计划生育，使世界60亿人口日和中国13亿

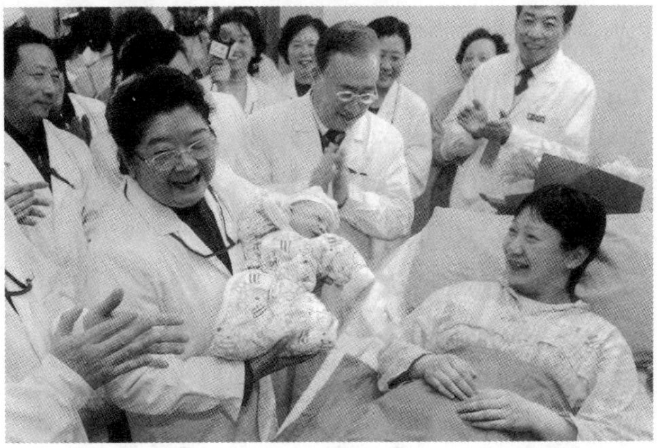

1月6日零时2分，中国第13亿个小公民在北京妇产医院诞生。中国全国人大常委会副委员长、全国妇联主席顾秀莲和中国国家计生委主任张维庆到医院道贺。

（原载《人民画报》）

人口日的到来推迟了4年，为世界人口的稳定发展做出了积极的贡献，也为中国实现可持续发展和全面建设小康社会创造了良好的人口环境条件。第13亿个小公民象征着中国的人口总量达到新的高点，人口问题依然是中国在社会主义初级阶段长期面临的重大问题，计划生育是天下第一难的工作性质没有根本改变，计划生育仍然是中国必须长期坚持的基本国策。

中国新“百家姓”排位“出炉”

中国科学院遗传与发育生物学研究所与广东省深圳市鼎昌实业有限公司通过对中国人姓氏进行大规模调查结果，排出中国人新的“百家姓”，其中李、王、张三姓居前三位，分别占中国总人口的7.4%、7.2%、6.8%。这项由中国自然科学基金委员会支持的姓氏研究项目从2004年开始，历时两年，调查涉及中国1110个县、市，占中国县份的40%左右，得到2.96亿人口的数据，共获得4100个姓氏。在这些姓氏中，占中国全国总人口1%以上的有18个姓氏，其中居前三位的分别为李姓、王姓和张姓，这三大姓的总人口都未超过1亿；占中国总人口0.1%以上的姓氏共129个，这129个姓氏的人口占中国总人口的87%左右。1987年公布的数据显示，中国姓氏中的三大姓也是李、王、张，但占中国总人口的比例分别为7.9%、7.4%和7.1%，均高出这次调查结果。据有关人员介绍，与1987年相比，这次调查的样本范围更大，涉及几乎都使用汉字姓的全国近40%的县，所以调查结果更接近中国人姓氏的分布现状；以中国第一大姓李姓为例，1987年的调查样本只有57万个，而这次达到近3亿个。尤其是中国人前300个常见姓氏的数据和分布地区，对于研究中国人Y染色体多样性、疾病的分布、汉民族源流以及其他学科领域，都有可能提供新的线索和参考，具有极高的研究和实际使用价值。

·链接资料·

新“百家姓”

李王张刘陈杨黄赵周吴
徐孙朱马胡郭林何高梁
郑罗宋谢唐韩曹许邓萧
冯曾程蔡彭潘袁于董余
苏叶吕魏蒋田杜丁沈姜
范江傅钟卢汪戴崔任陆
廖姚方金邱夏谭韦贾邹
石熊孟秦阎薛侯雷白龙
段郝孔邵史毛常万顾赖
武康贺严尹钱施牛洪龚

其中：李姓占中国总人口的7.4%，王姓占中国总人口的7.2%，张姓占中国总人口的6.8%。

姓　氏

姓氏是姓与氏的合称。古代男子称氏，妇女称姓。氏表贵贱的身分，或以官为氏，或以封邑为姓。贱者有名无氏。姓所以别婚姻，故有同姓、异姓、庶姓之别。氏同姓不同者，可通婚姻；姓同氏不同者，不可通婚姻。秦汉以后，姓氏合而为一。有单姓、复姓之分；复姓有多字，其中以二字复姓较多。明凌迪知《古今万姓统谱》记载的姓氏超过1万个。

中国重视人口较少民族的发展

2005年5月18日，中国国务院总理温家宝主持召开国务院常务会议，讨论并原则通过《扶持人口较少民族发展规划(2005～2010年)》。会议要求，各有关地区和部门要高度重视扶持人口较少民族发展工作，按照国家扶持、省(自治区)负总责、县抓落实、整村推进的原则，加大工作力度和资金投入，并组织沿海发达地区和大中城市、大型企业对口帮扶，通过5年左右努力，使这些地区经济社会发展达到当地中等或中等以上水平。会议提出，为此要重点抓好4项工作：一、加强包括人畜饮水、交通、通电、广播电视、安居、基本农田等基础设施项目的建设，努力改善他们的生产生活条件；二、努力调整经济结构，立足发展当地资源优势，发展特色产业，促进群众增收；三、大力发展科技、教育、卫生、文化等社会事业，促进社会进步；四、加大人才培训力度，加强科普工作，提高群众的科学文化素质和健康水平。9月6日，中国国家民族事务委员会副主任杨健强在国务院新闻办公室举行的新闻发布会上进一步表示，用5年时间基本解决人口较少民族的脱贫问题后，再通过一段时间努力，使人口较少民族达到全面建设小康社会的要求。杨健强说，在执行国家对少数民族和民族地区的特殊扶持政策的同时，对人口较少民族给予更多的支持和照顾；要对人口较少民族聚居的640个行政村，整村推进，一个村一个村地扶持，一个村一个村地搞好，分期分批地改变面貌。

1999年，中国国家民委与国务院扶贫办密切合作，联合在云南省西双版纳傣族自治州基诺山和布朗山开展“两山”集中帮扶试点示范工作，投入7300万元，通过3年左右努力，使人口较少的基诺族和布朗族这两个民族聚居区基本改变了面貌。

中国实施促进“有利于穷人”的经济增长

从2004年开始，中国采取4项措施，促进“有利于穷人的经济增长”，成绩显著。一是加强宏观调控，加大对农业、农村的投入，进一步促进农民减贫增收。从2005年起，全国592个国家扶贫开发工作重点县全部免除农业税。二是推进农村扶贫开发，提高贫困农民自我积累和自我发展能力。三是加大对中西部地区政策支持和财政投入，促进各项社会事业发展。从2005年起，免除国家扶贫开发工作重点县农村义务教育阶段贫困家庭学生的书本费、杂费，并补助寄宿学生生活费。同时，加大对农村贫困劳动力转移培训力度，推进新型农村合作医疗制度试点。四是实施城镇居民就业工程，进一步健全社会保障体系。此外，中国还启动新的农村扶贫规划，在原来重点扶持的592个贫困县之外，又决定重点扶持14.8万个贫困村，覆盖80%的农村贫困人口。

中国采取措施遏制重大事故多发势头

2005年中国连续发生多起重特大安全生产事故，给人民群众生命财产造成严重损失。这些重特大事故，引起中共中央和中国国务院的高度关注，中共中央总书记胡锦涛、国务院总理温家宝等领导人多次作出重要指示，要求中国有关部门采取一切措施，全力抢救受伤人员，做好善后工作，依法惩处肇事者和责任人；吸取教训，迅速采取有效措施，切实加强安全生产工作，坚决遏制重特大事故多发势头，确保人民群众生命财产安全。11月24日，国务院召开专题会议，分析安全生产工作形势，部署安全生产工作，强调冬春季节历来是安全生产事故易发期、多发期，各地区各部门要及早部署，认真做好煤矿、非煤矿山、危险化学品、交通运输、烟花爆竹及消防安全等重点工作，把工作抓紧、抓实、抓细，有效遏制重特大事故的发生。根据中央指示和各部门具体情况，有关部门吸取教训，采取综合治理措施：一、在道路交通安全方面，公安部从11月20日开始在全国开展预防特大交通事故百日竞赛活动，严格依法查处客运车辆超员、机动车超速、货车违法载人、酒后驾驶、疲劳驾驶和无牌无证车辆等严重交通违法行为。二、在学校安全方面，为杜绝山西"一一一四"特大交通事故的惨剧再次发生，教育部对学校组织体育活动作出了明确规定：严禁城镇学校组织学生在主要街道和交通要道上进行集体跑步等体育活动。三、在水上交通安全方面，交通部及时发出通知，要求对冬季易发事故的区域、航段、环节，采取更加严密的监管措施。针对屡禁不止的非客船载客问题，交通部决定加大打击力度，采取到港抽查的办法，发现船舶非法载客后从重从严处罚，滞留当事船舶，对非法载客船舶的所属航运公司处以停业整顿。四、在危险品生产和运输方面，安全监督总局发出通报，要求各地企业认真吸取吉林石化苯胺装置爆炸和首钢化工厂煤气泄漏事故的教训，开展以查"三违"、查隐患、查制度、查培训、查应急预案为主要内容的安全生产检查，同时在企业内部开展反习惯性违章活动。五、在煤矿安全方面，安全监管总局要求各地充分认识到煤矿安全仍是当前安全生产工作的重中之重，必须集中精力打好瓦斯治理和整顿关闭两个攻坚战。安全监督总局对9个省（自治区）的整顿关闭工作进行了督查，针对督查发现的问题，要求各地进一步落实整顿关闭责任，严把复产验收关，坚持"谁验收、谁签字、谁负责"。在非煤矿山安全方面，安全监督总局要求各地以河北省邢台县"一一·六"石膏矿特大坍塌事故为戒，突出抓好安全隐患的排查治理，严格实施安全生产许可证制度，对没有按期提出许可证申请和限期整改后仍不能达到颁证条件的企业，要提请地方政府依法关闭。六、在烟花爆竹安全方面，安全监督总局要求各地严格实施烟花爆竹安全生产许可制度，对经过整改后仍达不到安全生产基本条件的企业，坚决予以关闭。

中国水污染事件频仍

近年来中国水污染问题突出，全国半数海域和流经城市的90%河段遭受污染。江河污染事件频发。2004年3月，四川沱江特大污染，造成内江等三县百万人口13天无干净水可用。2005年5月8日至下旬，中国全国人大常委会副委员长盛华仁带领全国人大常委会水污染防治法执法检查组对甘肃、宁夏等地贯彻实施"水污染防治法"的情况进行检查后说，由于沿黄河各地的经济快速发展，城市人口迅速增加，排污总量急剧上升，因而黄河流域水质恶化的总体趋势没有改变，水污染的形势更为严峻：第一，污水的排放总量迅速增加，现在年排放量在40亿吨上下，比上世纪80年代几乎增加1倍；第二，水污染物的排放量超过水环境容量，每年化学需氧量的排放量在140万吨上下，氨氮排放量十三四万吨，分别超过黄河水环境容量的1/3左右和2.5倍左右；第三，黄河五类、劣五类水质所占比重居高不下，因水质恶化而造成的事故不断。5月16日，因水质受污染，江西赣州市停水1天。5月16～23日，北京平谷区金海湖镇胡庄村有上百人因饮用疑为被电镀厂排出的化学物质污染的井水而出现腹泻、发烧、呕吐等症状。4～5月，宁夏银川兴庆区5个村庄的2660多公顷稻田因灌溉用水遭工业污染而濒临绝产。11月13日，中石油吉林石化公司双苯厂发生爆炸事故，造成大量苯类污染物进入松花江水体，造成松花江下游沿岸的松原、哈尔滨等大中城市的自来水停水，给人民群众生活和经济发展带来严重影响。24日，金信化工有限责任公司尿素厂造粒塔应用于尿素清洗水的集水池发生墙体意外倒塌，含有少量氨的清洗水流入资江，造成湖南冷水江市停止向市区居民供水10多小时。同日，重庆垫江英特化工厂发生爆炸事故引发苯等物泄漏，流入新民桂溪河。12月6日，上海浦东地区发生一起浓硫酸槽车与卡车相撞事故，10吨浓硫酸泄漏，造成1000平方米水体污染。12月2日，中国国家环保总局局长解振华因松花江发生重大水体污染而引咎辞职。

中国地下水超采区面积近19万平方公里

2005年2月中国最新全国水资源综合规划初步成果显示，中国全国地下水超采区面积近19万平方公里，超采的有24个省、自治区、直辖市，主要分布在黄海流域，其超采面积占全国超采面积的70%以上，其中河北省超采面积占该省平原地区面积的91.6%。地下水超采状况还在继续恶化。

地下水超采危害性大，直接造成区域性地下水位持续下降、水资源枯竭，危及供水安全和饮水安全，诱发地面沉降、地面塌陷、海（咸）水入侵、荒漠化、湿地萎缩等生态环境问题。中国已有50多个城市发生地面沉降，其中江苏省苏锡常地区因地面沉降造成的直接经济损失在200亿元以上，间接经济损失约3500亿元。

文莱加强森林保护

2005年3月下旬，文莱森林局在淡布隆区的布吉巴多森林休闲公园举办一年一度的世界森林日庆祝会。该局自1983年起都为配合世界森林日而举办庆祝会，目的是让民众了解保护森林的重要意义。2005年的世界森林日主题为"森林：我们的骄傲。"文莱森林局希望通过该主题，向世人展示文莱森林保护政策所取得的成果，在严格实施森林保护政策时，使文莱境内的森林得到良好的保护。该局将继续积极鼓励各地推行完善的森林管理服务政策，推行更多植树计划。

柬埔寨红十字会举行50周年庆典

2005年2月18日，柬埔寨国王诺罗敦·西哈莫尼陛下、参议院议长谢辛亲王、国会主席拉那烈王子、政府首相洪森亲王、柬埔寨红十字会主席文拉妮·洪森夫人、国际红十字会副主席依沃·山德特以及柬埔寨政府各部门官员、外国驻柬使节、商家及社会热心人士、学生等数千人聚集在金边著名景点塔仔山，共庆柬埔寨红十字会成立50周年。庆祝活动主题为"团结一致为人道事业"。西哈莫尼国王在会上呼吁国际社会和友好国家继续支持柬埔寨红十字会的人道救援事业，希望社会各阶层热心人士一如既往地参与红十字会的工作，给予资金或物资方面的大力援助，让柬埔寨红十字会有能力帮助国内有困难的弱势族群和急需救济的灾区人民。国王还高度赞扬并肯定红十字会的工作及取得的成绩。国际红十字会副主席依沃·山德特表示，柬埔寨红十字会经过多年的内战后，于1980年重新与国际红十字会建立合作关系，先后与瑞士、澳大利亚、法国、日本、美国、韩国、挪威、英国、瑞典、丹麦等国家和中国香港地区建立友好合作关系，并与东南亚地区各国分享其工作经验，积极推动地区国家人道慈善事业的发展。会上，国王、前国王、参议院主席、国会主席、政府首相及各界热心人士均纷纷为柬埔寨人道慈善事业捐款。当天，柬埔寨红十字会收到捐款195万美元和6.67亿柬币。

柬埔寨确定打击抢匪日

2005年3月4日，柬埔寨法律与经济大学全体师生走上街头，高举标语牌，对王国政府首相洪森于3月3日宣布开展打击抢匪战役的决定表示支持。3日，洪森命令全国各省市有关当局，迅速开展打击各种抢劫行为的战役，并清查与抢劫行为勾结的人，包括金边法院的检察官与法官。洪森指出，任何人都不能违反现行法律的规定，包括首相在内；任何犯法的人都必须接受法庭审判，检察官和法官也不例外，犯错误的议员也不能行使豁免权，而应接受法庭审判；只有国王才是神圣不可侵犯的。金边警察总局第一副局长谢洛塔女士代表全市警员发表支持信，表示支持洪森首相将每年的3月3日定为打击抢匪日，认为这一决定是柬埔寨司法改革的重要部分，迈出了反贪倡廉的重要一步，将更有效地打击各种犯罪行为。

一批武器在原红色高棉最后根据地被销毁

2005年3月30日，欧盟援助柬埔寨防止轻小型武器项目第三十八次和平之火销毁武器仪式在原红色高棉的最后根据地奥多棉芷省安隆文地区举行，销毁枪支3519支。该项目的一项主要工作是欧盟帮助柬埔寨国防部实现轻小型武器登记和安全贮藏。另外，为加强反恐工作，柬埔寨与美国政府合作，已将柬埔寨国防部所贮存的233枚A72型肩扛式导弹销毁。10月25日至11月18日，在美国政府帮助下，王家军于实居省王家军坦克部队指挥部营地销毁了前苏联制造的C—125M地对空防空导弹36枚；11月24日，在实居省销毁非法枪支4153支。自1999年以来，柬埔寨已举行销毁武器活动45次，共销毁枪支17.88万支。

柬埔寨举行为天主教教皇祈祷仪式

2005年4月7日，数千柬埔寨天主教徒聚集在金边天主教主教堂，为天主教教皇约翰·保罗二世的逝世祈祷。柬埔寨佛教达摩育特派武记僧王、摩诃尼迦派狄旺僧王代表端逢僧相、国王诺罗敦·西哈莫尼、王廷事务部部长关森沃亲王、宗教事务部部长坤汉、外国驻柬埔寨使节等参加了祈祷仪式。在仪式上，西哈莫尼国王向逝世的天主教皇约翰·保罗二世遗像献花、上香祭拜，并向主管柬埔寨天主教的埃米尔·迪斯登主教转交吊唁书。

柬埔寨首相洪森被授予吴丹和平奖章

2005年9月6日，柬埔寨首相洪森在金边接受国际SRI CHINMOY中心授予的吴丹和平奖章。该奖章是专门授予那些对世界和平和人类繁荣做出巨大贡献的知名人士与组织的，它以联合国前秘书长吴丹（1961～1971）的名字命名。前苏联国家领导人戈尔巴乔夫、南非前总统曼德拉、天主教教皇保罗二世、慈母迪莉莎、南非大教主图图等，均获得过该奖章。洪森在致词中感谢SRI CHINMOY中心授予的奖章，并表示这不仅是他个人，也是全体柬埔寨人民的最高荣誉，是王国政府与全体人民共同努力的结果。

柬埔寨首部太阳能单车问世

随着国际燃油价格不断攀升,46岁的柬埔寨某校教师,美国国际劳工团结中心驻柬埔寨办事处工作人员宫帕烈萌生了自行研制太阳能单车的想法。2005年,宫帕烈用近2个月的时间,花费逾200美元,成功改装了柬埔寨首部太阳能单车。这部单车以普通越野单车为主体,后座安装一片长3寸、宽2寸中国制造的太阳能电板,车身两旁安置两个5伏特的蓄电池,该电池储存太阳能电板产生的电能并通过单车前轮上安装的发动机带动车轮转动,如果电力充足,单车可以行走16公里,而且在雨天也能行走。单车设计简单,造价仅220美元。宫帕烈为其取名为"智慧",并向有关部门申请专利。

柬埔寨首个棒球场落成

2005年7月29日,柬埔寨第一个棒球场在磅清扬省波里隆县落成。该省官员和美国职业运动协会官员主持了庆典仪式。该项目由美籍柬裔乔库克援助建成。乔库克从小移居美国,热爱棒球运动,是一个棒球协会的组织者之一,其援建的目的是希望把棒球运动带进柬埔寨。

柬埔寨龙舟队获南宁国际龙舟邀请赛金牌

2005年6月17~18日,在中国南宁举行的2005年中国南宁国际龙舟邀请赛中,柬埔寨12人龙舟队获得小龙舟500米赛金牌。这是柬埔寨赛船协会自1998年成立以来首次获得国际比赛的金牌。此次邀请赛有来自柬埔寨、澳大利亚、菲律宾、老挝、越南、中国内地和中国澳门等国家和地区的20多支龙舟队参加,设有标准龙舟800米和500米、小龙舟800米和500米、标准龙舟混合组800米和500米、小龙舟混合组800米和500米等项目。柬埔寨参加的是小龙舟800米和500米比赛,在500米赛中获第一名,在800米赛中获第四名。

印度尼西亚设总统热线电话

为了拉近与公众的距离,直接倾听人民心声,印尼总统苏西洛于2005年6月11日公布了自己的移动电话号码。此举在社会上引起强烈反响,仅1天内便有数千个电话和短信涌入,投诉的问题涉及工资拖欠、土地纷争、政府的工作作风、贪污腐败和物价上涨等方面。总统的手机最终不堪重负,宣告瘫痪。为此,苏西洛6月12日下令增设5部24小时开机的手机电话,并再次强调如果公众对政府部门有任何意见和建议,可以随时与他联系。

印度尼西亚公布人口发展预测

根据2005年8月2日发布的《2000~2025年印尼人口发展预测》,在未来20年内印尼总人口将达27365万人,居民预期寿命由目前的69岁提高到73.7岁,65岁以上老人所占比例从5%上升至8.5%。同时,妇女人均生育数将由目前的2.23人降至2.07人,新生儿死亡率由每千人23人减至15人。此项预测是由印尼建设与规划新中央统计局与联合国人口基金会合作,自2004年11月开始在广泛调查研究的基础上编制的。

印度尼西亚公务员加薪

2005年8月16日,印尼总统苏西洛在发表国情演讲时说,政府和国会预算委员会已同意从2006年1月起增加政府有关部门人员的基本工资,涨资幅度在5%~20%之间。受益人群包括在职国家机关公务员、军人、警察以及退休人员,其中低级公务员工资涨幅最大。同时,2006年政府将继续向上述人员发放由基本工资和补贴两部分构成的第13个月工资。各省、市及县政府可根据实际情况,确定地方政府公务员的工资具体调整幅度,所需资金从中央划拨的平衡资金中支出。增资后,印尼普通公务员的工资增长20万~30万印尼盾,最低工资收入将达到100万印尼盾。苏西洛表示,这是政府正在推动的公务员制度改革的一部分,印尼将通过合理提高薪资、改善公务员队伍结构及招收编外职员等措施打造一个廉洁高效的政府。

印度尼西亚巴厘岛再次发生爆炸

2005年10月1日,在2002年大爆炸3周年前夕,印尼旅游大省巴厘岛再次发生连环爆炸,导致至少23人死亡,120多人受伤。爆炸对刚刚开始复苏的印尼旅游业造成沉重打击,也给2006年的经济发展抹上了一层阴影。爆炸发生后,巴厘岛的游客锐减。至2005年底,巴厘岛星级酒店平均入住率仍在40%以下,有的甚至只有10%。印尼总统苏西洛将爆炸定性为恐怖袭击,并承诺将凶手绳之以法。警方估计此次爆炸案至少有20名与"基地"组织有联系的激进分子参与,其中11名嫌疑人已被逮捕审查。

老挝加快城市建设步伐

2005年10月3日,老挝人民报刊载的文章《老挝城市发展现状》中提到,老挝目前总人口570万,面积23.68万平方公里,人口密度为每平方公里24人。大多数人口居住在农村,只有25%的人口居住在城市。近年来,老挝城市发展速度较快,2005年全国城市人口为140万,比2000年的88.4万增长58%。老挝政府在外援的帮助下,已有50个城市共70.15万人用上自来水,比起1975年用上自来水的4万人增长近18倍。为此,老挝政府将继续加大城市建设步伐,实现到2020年80%的城市人口和50%的国内人口用上自来水的目标。

老挝举行第七届全国体育运动会

2005年12月11～12日，老挝第七届全国体育运动会在沙湾拿吉省沙湾市举行。此次运动会共设22个比赛项目，包括藤球、高尔夫球、斯诺克、网球、乒乓球、羽毛球、拳击、老挝武术、摔跤、田径、游泳、自行车、龙舟、划艇、射击、射箭、陀螺等，共有3531名运动员参赛，是老挝历史上规模最大、参赛人数最多的体育盛会。老挝总理本扬·沃拉吉出席闭幕式并发表讲话，他说：这次体育运动会取得圆满成功，是老挝建国30年来保卫国家，维护社会安定，建设和发展国家事业的一个胜利，它推动了老挝体育事业的发展，发扬了团结拼搏的精神，为2009年老挝承办第二十五届亚洲体育运动会作了准备。

马来西亚举办国庆月新村庆典活动

2005年7月16日至9月17日首次在450个华裔新村举办。为确保这项被列为官方庆典的活动顺利举行，财政部拨款200多万林吉特作为活动经费，并为每个新村提供2000林吉特。活动主题为“爱我村，因为您，马来西亚”。参与活动的新村在国庆月期间张灯结彩，张贴爱国海报并高挂国旗，举办丰富多彩的文化表演活动等。村民在8月31日国庆日到来之际，通过各种宗教方式，与全国人民一起进行祷告活动，共同感恩马来西亚。政府希望通过类似活动向人民灌输爱国意识。

马来西亚举行十大杰出青年奖颁奖典礼

2005年11月25日颁奖典礼在吉隆坡举行。16名青年成功人士当选十大杰出青年。包括国际青年商会马来西亚全国总会长史迪芬、青年与体育部副部长拿督翁诗杰、农业与农基工业部副部长拿督斯里郭洙镇、吉隆坡文华国际青年商会会长洪永明、马来西亚台湾商会联合总会总会长拿督丁重诚等在国内的国内外嘉宾近1000人出席。十大杰出青年奖旨在表彰在专业领域上有卓越表现及对社会作出贡献的国内18～40岁的各族青年，使他们成为青年人的学习楷模，并激励青年人在本专业及公益服务方面锐意进取，积极参与社会服务，担当社会重任。获奖的十大杰出青年是：朱振荣、拿督伍伟成（商业、经济或企业成就优秀奖），魏家祥（政治、法律或政府事务成就荣誉奖），尤芳达（学术领导才干及成就荣誉奖），李仕伟（优秀奖），西拉玛吉（文化成就荣誉奖），戴佩妮、巴瓦妮（优秀奖），陈慧（儿童、世界和平或人权贡献优秀奖），林沁慧（人道及自愿服务成就荣誉奖），卡欣阿里（优秀奖），谢顺吉（个人发展及成就荣誉奖），迪奥尼沙玛、哈兹占莫哈末（优秀奖），黄仕贤（医学创新成就荣誉奖），曾宗仁（优秀奖）。

缅甸加强禁毒工作

2005年6月26日，为纪念国际禁毒日，缅甸政府在仰光举行焚烧毒品仪式，当场焚烧毒品约1.9吨，其中包括鸦片625公斤、海洛因759公斤。缅甸政府高度重视禁毒工作，颁布相关法律，并制定长期禁毒计划，决心到2014年在全国完全铲除罂粟种植和毒品制造。缅甸政府表示，缅甸愿意加强与中国、泰国和印度等邻国以及国际组织在禁毒方面的合作，共同打击制毒贩毒活动。缅甸禁毒工作近年来取得重大成就。2005年前5个月，缅甸共破获毒品案942件，缴获海洛因141公斤、鸦片434公斤和兴奋药片87万片。2004年缅甸全国罂粟种植面积4.42万公顷，比2003年减少29%，比1996年减少73%。此外，掸邦东部第四特区（动拉地区）和掸邦第一特区（果敢地区）已先后于1977年和2003年宣布成为“无罂粟种植区”，掸邦第二特区（佤邦地区）也于2005年宣布成为“无罂粟种植区”。

厦门—马尼拉市海上直航线路开通

2005年10月22日，中国中外运集运厦门分公司开辟厦门直航菲律宾马尼拉海上航线，并投入两艘船舶运营。该航线是厦门至马尼拉的唯一直航航线，停靠马尼拉南港，航程只需两天。如有必要，还可加停马尼拉北港。菲律宾是闽籍华侨在东南亚的主要聚居地，与中国福建省的贸易历来十分活跃。该航线的开通，不仅可以促进中国福建省和菲律宾经济贸易的进一步发展，还可以为中外航运在厦门的进一步发展奠定良好的基础。

菲律宾安排资金预防禽流感

2005年11月20日，菲律宾总统阿罗约批准以25亿比索的预算，用于加强菲律宾对抗禽流感的保护机制。菲律宾、新加坡和文莱目前仍是东南亚没有出现禽流感的国家。菲律宾政府这笔特殊预算将被用来改善和扩充实验室设备，以检测禽流感。已先后在国内建立13个实验室，以便监视包括经常被候鸟光顾的40个地区。此外，一旦发生禽流感，为防止疫情扩散，还要随时为受影响地区的其他动物准备免疫药物，以提高预防性快速反应能力。

新加坡开展戒烟运动

从2005年6月1日起，新加坡开展为期1个月的全国戒烟运动，旨在鼓励大众特别是上班族认识戒烟的好处，争取拥有健康的身体。这一期间，宣传戒烟的志愿人员穿着印有“漂亮的肺部”的T恤，在繁华的商业区、咖啡馆及年轻人夜间经常光顾的地方散发约1万个设计精美的小礼包,以鼓励大众戒烟。新加坡全国420万人口中,吸烟者所占比例已从1992年的18%下降到14%,但年轻女性吸烟者人数增多。为此,新加坡保健促进局推出"女性清新空气"运动,引导女性戒烟。新加坡还将扩大禁烟范围,将酒吧、俱乐部和食品摊列为吸烟禁区,并强制要求各建筑物的业主安装单独通风系统,防止不吸烟者在室内吸入二手烟。10月起,全国的公共汽车站、公共游泳池和公共厕所实行禁烟。

● 全球首家华人历史展馆在新加坡开馆

2005年12月21日,由新加坡设立的全球首家以海外华人为主题的"华颂"展览馆向公众开放。展馆旨在让新加坡人及外国游客了解海外华人的奋斗和发展史以及奋发向上、奉献社会的精神。古朴典雅的"华颂"展览馆总投资780万新元(约合467万美元),设在新加坡著名华侨胡文虎于20世纪30年代修建的"虎豹别墅"西翼,占地0.8公顷。"华颂"展览馆记载早期中国人到海外谋生的开拓史,除汇集早期新加坡华人生活点滴资料外,还记载世界各地华侨华人的故事,以此讴歌并发扬华人不屈不挠的精神。展馆分8个展区,各有鲜明的主题,分别是遥遥长路、老照片、唐人街、先驱者、生存——她们的故事、恩恩厨房、长桌宴和宗乡会馆。馆内陈列大约500件复制品和将近1000件其他展品,生动形象、全面广泛地展现了19~20世纪海外华人挣扎求存、落地生根的故事。

● 泰国副总理都隆为"世贤园"揭幕

2005年6月11日,以已故泰国爱国华侨、乾泰华报人公益基金会主席陈世贤先生名字命名的东山"世贤园"于中国侨乡广东省汕头市落成。6月12日,泰国副总理都隆专程参加落成仪式。都隆在致辞中赞扬泰中建交30年来泰国华侨社团为促进两国友好所作的贡献,对陈世贤在泰华社会的重要地位及为推动泰中友好作出的努力表示钦佩。

陈世贤祖籍中国广东潮阳,是泰华社团的重要人物。他生前始终不忘回报祖国,大量捐资祖国内地。在中国改革开放初期,他率先到经济特区投资船务,1984年从香港带来第一艘往返香港和内地的龙湖轮;在汕头创办商业中心,投资地产,带动特区经济发展。他还促成其他海外华人回国投资,先后兼任中华见义勇为基金会顾问和广东、四川、天津等省、直辖市政府顾问,为泰中两国地方政府牵线搭桥,促成双方合资举办各类企业、事业。

● 第二次东盟10+3文化部长会议在泰国曼谷举行

2005年8月3~4日举行。东盟10个成员国和中、日、韩三国文化部长及其他代表共百人出席。中国文化部部长孙家正率中国文化代表团与会。本次会议旨在促进东盟成员国和中、日、韩三国的文化合作,共同应对全球化对发展中国家在经济和文化领域带来的机遇和挑战。会议着重讨论东盟国家的文化遗产保护、建立中小型文化企业以及文化领域人力资源发展等问题。东盟各国期望通过合作与交流,得到中、日、韩三个伙伴国在经济、技术等方面的支持。中、日、韩三国均表示将发挥各自优势,帮助东盟国家解决以上问题。会上,中国文化部部长孙家正与东盟秘书长王景荣共同签署《东南亚国家联盟成员国与中华人民共和国政府文化合作谅解备忘录》。

● 泰国积极应对禽流感

自2002年泰国首次发现禽流感至2005年10月,泰国证实发生禽流感疫情或出现疑似禽流感疫情的地区已扩大至39个府。其中,北碧、佛统、暖武里、素攀武理和甘烹碧5府被列入疫情最严重地区名单。2005年10月19日,泰国出现年内首例因禽流感病毒感染而致死者,这是2003年以来泰国第13名因感染禽流感病毒死亡者。对于禽流感局势的加剧,泰国各主要媒体已作充分报道。泰国政府总理他信呼吁民众保持镇定,积极配合卫生部制定的紧急措施,防止禽流感疫情扩大。为应对禽流感,泰国与日本合作研制预防禽流感疫苗。12月7日,泰国公共卫生部部长比尼·乍鲁松巴表示泰国已成功通过进口原料研制泰国版本的抗禽流感药物奥赛米韦(抗禽流感有效药物达菲的主要成分是奥塞米韦,奥塞米韦是一种口服治疗流行性感冒药物,它能在人体内分解和抑制流感病毒表面的神经氨酸酶,减少A型和B型流感病毒的复制,降低其扩散能力)。泰国预防与控制禽流感工作得到美国的大力支持,美国卫生与公众服务部表示将在2006年度向泰国提供180万美元以资助泰国应对禽流感工作。

● 第四届世界佛教领袖峰会在泰国举行

由泰国僧侣团与泰国政府联合主办。于2005年11月1~5日举行。是继5月18~21日泰国举办2005年世界佛诞节后又一次大型佛教会议。诗琳通公主主持开幕仪式。峰会主要目的是"促进佛教的统一",铸造一尊集小乘佛教与大乘佛教为一体的佛像以代表佛教的长存与世界和平。有23个国家的僧侣代表共3700人参加。会议分4个议题:一、佛教与科技信息;二、全球化下的佛教传播;三、佛教:人类的信仰;四、佛教团体反对恐怖主义与自然灾害的原则。泰国政府希望通过此次峰会的举办,促进佛教与其他宗教的团结,促使泰国成为世界佛教中心。

世界佛教领袖峰会的创始国为日本。先后举办过3届会议,第一届1998年11月1日在日本举办,第二届2000年11月2日在泰国举办,第三届2002年11月

3日在柬埔寨举行。

泰国首次举办亚洲议会和平协会第六届年会

于2005年11月20日在泰国帕塔亚举办。与会代表来自中国、韩国等成员国和20个非成员国。在开幕式上,泰国国会主席菩钦、泰国上议院议长素春、上届亚洲议会和平协会主席巴基斯坦国民议会议长阿米·侯赛因分别致辞。以上领导人一致认为,当今和平不仅仅意味着战争、冲突、暴力的结束,而且意味着人类安全的保障、人民的富裕与幸福。会上,泰国国会主席兼下议院议长菩钦当选为新的亚洲议会和平协会主席。这次为期3天的会议,与会代表就政治、社会、经济、和平与安全、妇女与青年等议题进行交流。

泰国举行海啸周年纪念活动

于2005年12月26日在泰国南部4府(普吉、攀牙、甲米、董武里)7地同时举行。纪念活动包括海啸遇难者纪念仪式、海啸纪念碑奠基仪式、宗教纪念仪式、泰国政府招待会4部分。上午,泰国政府副总理素瓦·立巴潘洛作为海啸1周年纪念组委会主席在攀牙府德古巴县咸水村主持海啸遇难者纪念仪式。与此同时,泰国副总理素立亚、威沙努、颂奇、素拉杰、奇猜和旅游体育部部长普拉差6位领导人分别出席各地举办的纪念仪式。下午,泰国政府总理他信在攀牙府考拉公园主持海啸纪念碑奠基仪式。傍晚,他信赴攀牙府德古巴县邦娘海滩主持宗教纪念仪式。参加宗教纪念仪式的还有泰国公主乌汶勒及5000多名泰国政府官员、外交使节、海啸遇难者家属与普通百姓。在宗教纪念仪式上点燃5000盏寓意祈祷与祝福的孔明灯和数万支蜡烛以祭奠海啸遇难亡灵。

2004年12月26日发生在印度洋的大海啸袭击了泰国南部濒临安达曼海的6府沿海地区,造成5395人丧生、8457人受伤、2932人失踪。泰国公主乌汶勒的儿子也在此次海啸中遇难。

泰国向新生儿童赠送礼物

2005年1月8日泰国儿童节当天,泰国政府总理他信宣布:自7月28日起,泰国新生幼儿父母将得到政府赠送的1份礼物。礼物共4件:用于培养1~5岁儿童性格与身心健康的幼儿催眠曲光盘、用于训练儿童动手能力的玩具、教授家长培育幼儿的画册、教育幼儿认字的卡通书。他信表示政府将出资在曼谷世贸大厦成立国家学习中心。该中心将为不同性别不同年龄层次的父母及儿童提供学习文化常识的机会。学习中心设有学习博物馆、儿童智力开发艺术设计中心、科技中心等。他信强调儿童是祖国的未来,培育聪明健康的儿童应从小抓起,并强调:家庭教育至关重要,父母应多与孩子沟通思想,关爱孩子。

十一月一至五日,第四届世界佛教领袖峰会在泰国举行。(原载《吉祥》)

越南洪水台风肆虐

2005年越南自然灾害频繁。年初的严重干旱导致1400万人缺水,农业经济损失达2万亿越盾。6号台风过后,强度更大的7号台风导致2人丧生,10人受伤,直接经济损失近400亿越盾。随后,安沛、和平、老街、富寿、义安等省发生严重的洪涝灾害。之后遭受8号台风袭击,导致30多人死亡或失踪。不仅北方多省连续遭受干旱、暴雨、台风、山洪、滑坡等天灾,南部九龙江平原和中部以南地区一些省份也遭受洪涝及台风袭击。除人员损失外,年内自然灾害给越南带来的直接经济损失总额约达6.5万亿越盾(约合4亿多美元)。

越南继续遭受禽流感困扰

越南第三次禽流感疫情于2004年12月在越南卷土重来,并延至2005年上半年,北方15个省、市和南方21个省、市被列为疫区。2005年9月中旬,越南卫生部宣布9月1日以来各地没发现新的病毒感染,越南已基本遏止禽流感。然而至10月初,第四次禽流感爆发,11月中旬进入高峰期,创3天之内席卷六七个省的记录。除南部的薄寮、隆安和中部的广治、广南、广义等省外,北方从河内、海防两市到河江、山罗、高平、安沛、北江、太原、永福、富寿、和平、宁平、广宁、海阳、兴安、义安、清化、太平等省接连发生疫情。2005年12月29日,越南外交部、农业与农村发展部、卫生部联合发布消息:根据世界卫生组织制定的6个等级,越南禽流感属于第三级。自2005年初以来,越南有25个省、市先后发现禽流感病人66例,死亡22人。仅从10月初到12月底,被销毁的家禽达到400万羽,直接经济损失为农业总产值的2%。

发 展 报 告

和谐与发展:2005 年的中国

2005 年是中国第十个五年计划的最后一年,中国人民在中共中央、国务院领导下,全面贯彻落实科学发展观,坚持以人为本,执行加强和改善宏观调控的各项政策措施,自主创新,经济社会走上全面、协调、和谐发展道路,取得显著成效。经济平稳、持续、快速增长,体制改革有新突破,就业和社会保障工作得到加强,对外开放不断扩大,各项社会事业继续发展,人民生活不断改善,实现年初确定的国民经济和社会发展预期目标。

一、国民经济协调发展

2005 年,中国国内生产总值达到 18.23 万亿元,比上年增长 9.9%。其中第一产业增加值 2.27 万亿元,增长 5.29%;第二产业增加值 8.62 万亿元,增长 11.4%;第三产业增加值 7.34 万亿元,增长 9.6%。按照当年平均汇率计算,国内生产总值折合为 2.23 万亿美元,人均国内生产总值(GDP)达到 1703 美元。国家财政收入 3 万亿元,比上年增加 5232 亿元。

(一) 农业增产

2005 年粮食播种面积 1.04 亿公顷,比上年增加 267 万公顷;全年粮食产量 4.84 亿吨,比上年增产 3.1%。多数经济作物产量也有不同程度增长。

(二) 工业持续增长

2005 年全部工业增加值 2.62 万亿元,比上年增长 11.4%。规模以上工业增加值 6.64 万亿元,增长 16.4%,产品销售率 98.1%,与上年持平。

主要工业产品中:一次能源全年生产总量 20.6 亿吨标准煤,比上年增长 9.5%;发电量 2.47 万亿千瓦小时,增长 12.3%;原煤 21.9 亿吨,增长 9.9%;原油 1.81 亿吨,增长 2.8%;粗钢产量 3.52 亿吨,增长 24.6%;钢材 3.97 亿吨,增长 24.1%;水泥 10.6 亿吨,增长 10%;十种有色金属产量增长 13.2%;硫酸、纯碱等主要化工产品增长 9.9% ~21.4%,汽车产量 570 万辆,增长 12.1%,其中轿车 277 万辆,增长 19.7%;程控交换机、移动通信手持机、微型电子计算机等高技术产品分别比上年增长 1.3% ~35.3%。

(三) 对外经济贸易继续增长

2005 年中国进出口贸易总额 1.42 万亿美元,比上年增长 23.2%。其中出口额 7620 亿美元,增长 28.4%;进口 6601 亿美元,增长 17.6%;实际利用外商直接投资 603 亿美元;对外直接投资额(非金融部分)69 亿美元;对外承包工程完成营业额 218 亿美元,增长 24.6%;年末国家外汇储备 8189 亿美元。

(四) 2005 年经济建设成就突出的原因

首先,中央以科学发展观统领全局,针对经济运行中一些深层次问题,出台一系列措施,妥善处理宏观调控同经济体制改革的关系。

2005 年的体制改革,主要包括国有企业改革、垄断行业改革、金融体制改革、财税投资价格改革、农村改革和政府行政管理改革等。

国有企业改革继续深化。国有经济布局和结构战略性调整步伐加快,对石油、石化、冶金等 21 个行业中央企业的资源进行整合和企业重组,国家国资委直管的中央企业减少至 169 家①。同时推进国有大型企业现代企业制度建设。宝钢集团实现整体上市,并和另外 4 家中央企业试点设立外部董事。对 24 家中央企业负责人进行经济审计试点,选择 2 家中央企业正职职位进行公开招聘;批准 60 多家中央企业主辅分离方案,进一步完善国有资产监管体制,全国半数以上地市政府组建国有资产监管机构②。

垄断行业改革稳步推进。《电力监管条例》颁布施行,四大电信运营商改制上市,铁路局(公司)直接管理站段体制全面实行,民航政企分开和机场属地化管理取得进展。

金融体制改革包括国有商业银行股份制改造、资本市场股权分置改革、汇率形成机制改革等。其中汇率形成机制改革,按照主动性、可控性和渐进性原则,从 7 月 21 日起开始实行以市场供求为基础、参考一篮子货币进行调节、有管理的浮动汇率制度，引起国内外的积极反映③。

最引人注意的是税制改革。10月27日，十届全国人大常委会第十八次会议决定对《中华人民共和国个人所得税法》作出修改，把个人所得税起征点提高至1600元。12月29日，十届全国人大常委会第十九次会议又通过决定，一届全国人大常委会第九十六次会议于1958年6月3日通过的农业税条例自2006年1月1日起废止。

·链接资料·

2005年中国工农业主要产品产量

产品名称	单位	产量	比上年增长%
农业产品			
粮食总产量	万吨	48401	3.1
棉花产量	万吨	570	-9.8
油料产量	万吨	3078	0.4
糖料产量	万吨	9551	-0.2
烤烟产量	万吨	241	11.5
茶叶产量	万吨	92	9.8
水果产量	万吨	16076	4.8
蔬菜产量	万吨	56284	2.2
工业产品			
纱	万吨	1440	11.5
布	亿米	470	11.9
化学纤维	万吨	1618	13.6
成品糖	万吨	903	-12.6
卷烟	亿支	19560	4.4
彩色电视机	万台	8283	11.5
家用电冰箱	万台	2986	-0.7
房间空气调节器	万台	6765	5.9
一次能源生产总量	亿吨标准煤	20.6	9.5
原煤	亿吨	21.9	9.9
原油	亿吨	1.81	2.8
天然气	亿立方米	500	20.6
发电量	亿千瓦小时	24747	12.3
其中：火电	亿千瓦小时	20180	12.4
水电	亿千瓦小时	4010	13.4
粗钢	万吨	35239	24.6
钢材	万吨	39692	24.1
十种有色金属	万吨	1635	13.2
其中：精炼铜(铜)	万吨	260	18.1
电解铝	万吨	779	16.4
氧化铝	万吨	851	21.9
水泥	万吨	10.6	10.0
硫酸	万吨	4529	15.3
纯碱	万吨	1467	9.9
烧碱	万吨	1264	21.4
乙烯	万吨	756	20.0
化肥(折100%)	万吨	5220	8.6
发电设备	万千瓦	9200	28.9
汽车	万辆	570	12.1
其中：轿车	万辆	277	19.7
大中型拖拉机	万台	16.2	42.7
集成电路	亿块	266	12.9
程控交换机	万线	7721	1.3
移动通信手持机(手机)	万台	30354	6.4
微型电子计算机	万台	8084	35.3

农村粮食流通体制改革和土地制度改革不断深化。继前两年的中央“一号文件”之后，2005年中央又出台一号文件，文件提出要坚持“多予少取放活”的方针，稳定、完善和强化各项支农政策。在当前和今后一个时期，要把加强农业基础设施建设，加快农业科技进步，提高农业综合生产能力，作为一项重大而紧迫的战略任务抓紧抓好。同时，中央财政继续向农村倾斜，多渠道增加农民收入。全年中央财政用于“三农”的支出达到2975亿元，比上年增加349亿元。为应对生产资料价格上扬，中央采取综合治理措施，实行政府指导价管理，增加供给、控制出口，化肥价格逐步得到控制，保护了粮农利益。针对粮价下行的压力，中央启动最低收购价政策④，粮食价格保持稳定。

在深化改革的同时，继续搞好宏观调控，坚持区别对待、有保有压原则，综合运用货币、财税、土地管理等手段，控制固定资产投资增长过快，遏制房地产投资过热和房价上涨过快的势头。同时增加对农业、能源、交通、社会事业等薄弱环节的投入，促进各项事业协调发展，增强发展后劲和持久前行力量。改革与调控同时并举、互动偕行，使2005年的中国经济协调发展，取得突出成绩。

其次，积极推进经济结构调整和增长方式的转变。中央继续大力抓好产业结构调整，制定、实施能源、重要原材料和装备制造等行业发展规划和产业政策，提出促进流通业发展的政策措施，引导和支持重点行业健康发展，淘汰一批高耗能、高污染和不符合安全生产条件的落后生产能力。为推进经济增长方式的转变，特别抓紧能源节约和环境保护，提出建设节约型社会、发展循环经济的任务和政策措施，启动178项节水节能和资源综合利用等重大项目，并强化矿产开发、土地利用和城乡规划管理⑤。

再次，加大财政投入，加快发展各项社会事业。2005中央财政用于科技、教育、卫生、文化等方面的支出1168亿元，比上年增长18.3%；投入国债建设资金95.4亿元。这对扩大内需，促进经济与社会事业的协调发展发挥了重要作用。

第四，提高自主创新能力已成为社会共识。中共十六届五中全会强调自主创新、重点跨越、支撑发展、引领未来的方针，要求把自主创新作为制定“十一五”规划的重大战略。通过宣传、学习，提高自主创新能力已成为全社会的共识，并体现在2005年产业结构调整、经济增长方式转变等方面。

最后，中国政府提出建设“和谐世界”的目标，实行“共赢”的和平外交路线和以经济为主导的战略在世界上产生重大影响，为国内经济建设营造了有利的外部环境，在推进中国与发展中国家的合作方面取得重大进展。

（五）存在问题

虽然2005年的中国经济建设成就突出，但不可避免地还存在一些困难和问题，有些问题还相当突出，必须认真对待。

一是2004年以来的宏观调控适时适度，效果明显，但一些地区、一些行业的投资冲动仍有伺机而发之势。而2005年中央经济工作会议提出2006年要"保持经济平衡较快增长的良好势头"。平衡较快增长，意味着既不过低，也不过高，要防止经济建设大起大落。因此，2006年仍要执行稳定的宏观调控政策。

二是改革到了"啃骨头"阶段。从改革内容看，目前面临的主要是一些涉及面宽、触及利益层次深、配套性强、风险大的改革，与行政体制、社会、文化等方面的改革关系密切，甚至涉及社会稳定和国家经济关系，要进一步深入下去，难度较大。

三是内需和外需的关系。中国经济过分依赖外需，而过分依赖外需必然引发贸易摩擦，2005年的中欧、中美纺织磨擦和一些国家对华商的过激行为已成为中国的心头之痛。中央政府当然已经意识到这个问题的严重性，并在前几年就提出"拉动内需"的口号，但因大多数人，尤其是农村居民收入偏低，加上对未来收入预期不容乐观和潜在的失业可能以及在子女教育、医疗、住房等方面的高额支出，拉动内需的政策未能达到预期效果。因此，提高居民收入以拉动内需、降低对外需的依赖程度以减少外贸摩擦，是2006年政府必须面对的现实问题。

四是部分行业产能过剩，以钢铁、电解铝、铁合金、电石、焦炭、汽车制造等为甚。如钢铁行业产能已大于市场需求1.2亿吨，还有在建能力7000万吨、拟建能力8000万吨。如何对待这些产能过剩行业，牵涉到地方政府的利益和工人的切身利益，不可等闲视之。

五是能源瓶颈依旧，加强能源资源管理是2006年乃至"十一五"时期必须重视的问题。

六是粮食增产和农民增收难度加大。

七是煤矿灾难频仍，交通事故不断，安全生产形势严峻。

二、社会和谐稳定

（一）政治文明建设稳步发展

1. 民主法制建设不断推进

（1）立法和立法听证

2005年全国人大及其常委会共审议25件法律、法律解释和有关法律问题决定的草案，通过18件。其中通过的法律主要有《反分裂国家法》、《可再生能源法》、《公务员法》、《治安管理处罚法》、《公证法》等。

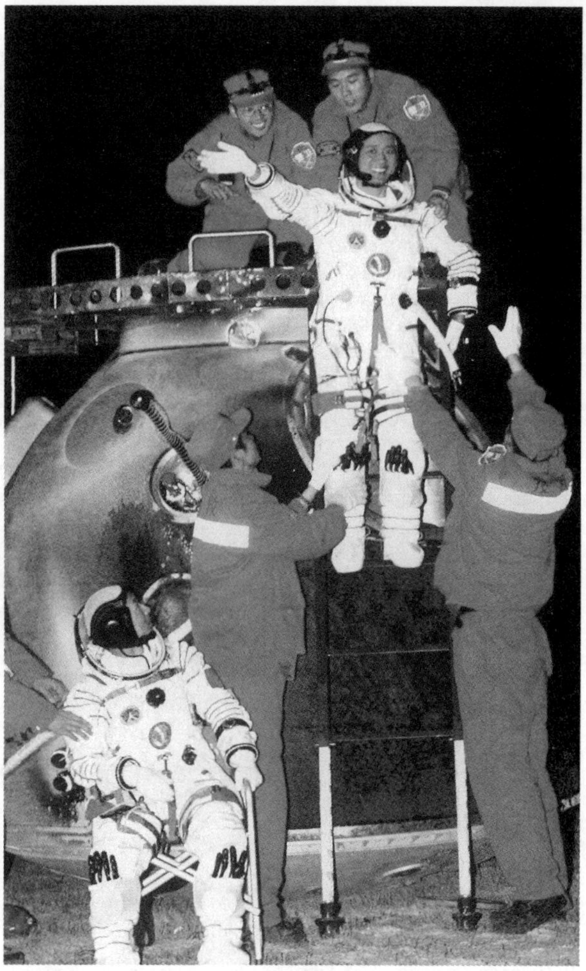

二〇〇五年十月十二日，神舟六号载人飞船发射成功。十月十七日，神舟六号返回舱在内蒙古自治区四子王旗中部草原成功着陆。图为航天员费俊龙、聂海胜自主出舱后向人们致意。（原载《人民画报》）

在立法科学化、民主化方面，全国人大在2005年进行了有益探索，主要是举行立法听证会，听取群众意见。其中重要的有两项：一是向社会公布物权法草案全文，广泛听取社会各界意见。共收到人民群众信函1.15万件，并收到来自26个省（自治区、直辖市）和15个较大市人大常委会、47个中央有关部门、16家大公司、22个教学研究机构提出的意见。二是就个人所得税法中工薪所得减除费用的标准问题举行立法听证会。

（2）反腐败和廉政建设成绩突出

在制度建设方面，中共中央纪委常委会于7月讨论通过《关于纪委协助党委组织协调反腐败工作的规定（试行）》。发布《关于纪检监察机关严格依纪依法办案的意见》；中央纪委、中央组织部、监察部、国务院国资委联合发布《国有企业领导人员廉洁从业若干规定（试行）》。在惩防体系建设方面，1月中共中央印发《建立健全教育、制度、监督并重的惩治和预防腐败体系实施纲要》；中央纪委发出官员禁赌令；8月，中央四部委联合发出通知，坚决清理纠正党政官员投资入股煤矿问题；12月《联合国反腐败公约》在中国生效。标志着中国的反腐倡廉工作在国内和国外两个战线都有了完整的战略布局和通盘规划，并且实现了国内国际两盘棋的整合。

(3) 完善人民代表大会制度

中共中央以中发[2005]9号文件批转了中共全国人大常委会党组提出的《关于进一步发挥全国人大代表作用,加强全国人大常委会制度建设的若干意见》。这是坚持和完善国家人民代表大会制度的一项重要举措。

(4) 政府工作透明度进一步提高

2005年10月中国政府网开通,“十一五规划征求意见稿”11月起正式向全社会征求意见,建立健全政府新闻发言人制度和突发事件新闻报道机制等,表明政府工作透明度进一步提高,公众参与度进一步扩大。

(5) 最高人民法院和最高人民检察法以公正和效率为改革目标

最高人民法院发布《人民法院第二个五年改革纲要》,最高人民检察院印发《关于进一步深化检察改革的三年实施意见》,分别提出下一阶段改革方案,其中,公正与效率成为最高法院和最高检察院改革措施中的核心,也是整个司法体制改革的重要目标。在此基础上,最高人民法院和最高人民检察院制定的一些具体措施,如通过司法保障人权,保障司法过程中当事人的权利,避免司法行为本身对人权的侵犯,都在更大程度上保障了人权的实现。

2. 建立沟通渠道,化解社会矛盾

(1) 公安部门开展大接访

从5月18日起,全国公安部门开展公安局长在公开场所面对面地接待信访群众的开门大接访活动,集中处理群众信访问题,解决群众最关心的问题,化解和减少社会矛盾。大接访活动持续4个月,累计接待群众来访20.4万起,绝大多数地区公安机关停访息诉率达80%以上。

(2) 开展平安建设活动

胡锦涛总书记在党的十六届五中全会上强调,开展平安建设活动,加强社会治安综合治理,推进社会治安防控体系建设。很多地区制订具体目标、任务和措施。如浙江省在“十一五”规划中,明确提出今后五年“平安浙江”建设的目标和任务,对平安市、县的考核办法也进行修订完善。广西壮族自治区在建设“平安广西”过程中,把实施社会治安综合治理“三十百千”工程,构建社会治安防控体系作为一项重要措施。

3. 保护弱势群体,社会保障体系进一步完善

2005年中央财政安排国有企业下岗职工基本生活保障专项补助、再就业补助209亿元。有17个省(自治区、直辖市)完成国有企业下岗职工基本生活保障向失业保险并轨。中央财政共安排优抚事业费74.6亿元。28个省(自治区、直辖市)、2300个县(市、区)已初步建立社会救助体系的基本框架。全年中央财政用于抗灾救灾的资金89亿元,救助受灾群众9000多万人次。农村绝对贫困人口减少。参加城镇基本养老保险、基本医疗保险、失业保险人数都有所增加。全年进入再就业服务中心的下岗职工全部按时足额领到基本生活费,并由中心代缴社会保险费。全国领取失业保险金人数为362万人。全年共有2233万城镇居民得到政府最低生活保障,比上年增加27.8万人。此外,已有北京、天津、上海、辽宁、江苏、浙江、福建、广东、海南、河北、陕西、吉林、四川13个省、直辖市分别颁布地方行政规章或以政府名义行文,在全省(市)范围内全面建立农村低保制度。

4. “三农”发展思路形成,建设社会主义新农村任务提出和实施

2005年10月,中共十六届五中全会审议通过的“十一五”规划建议中明确提出,要继续把解决好“三农”问题作为全党工作的重中之重,实行工业反哺农业、城市支持农村,推进社会主义新农村建设。全会提出了“建设社会主义新农村”的“重大历史任务”和“生产发展、生活宽裕、乡风文明、村容整洁、管理民主”的新农村内涵。2006年初,中共中央、国务院出台《关于推进社会主义新农村建设的若干意见》。这标志着中共中央在解决“三农”问题上已从单纯的利农、惠农政策全面上升为比较完整的思路。同时,一些省市开始的新农村建设的实践,如上海的郊区城市化、城市郊区化,浙江的“千村示范,万村整治”等,也为下一步在全国开展新农村建设提供了宝贵的经验。

5. 解决群众实际困难问题

2005年中国政府从解决读书难、看病难看病贵和房价上涨过快等问题入手,解决人民群众的实际困难。在解决读书难方面,西部地区继续实施“两基”攻坚计划。继续实施以银行放宽贷款期限、政府和高校共同出资设立风险补偿专项基金为主要调整内容的国家助学贷款新机制。国家还以助学金的形式加大了对高校困难学生资助的力度,2005年国家出资10亿元设立“国家助学奖学金”。在解决看病难看病贵问题方面,国家发展和改革委员会宣布从10月10日起,全国降低22种400多个剂型药品的最高零售价格,平均降幅40%左右,最大降幅达到63%,降价金额约40亿元,这是自1998年以来第17次药品降价,也是降价幅度最大的一次。全国农村实行新型农村合作医疗制度,试点已扩大到671个县,1.77亿农民受益。在解决房价上涨过快问题方面,温家宝总理在十届全国人大第三次会议上所作的《政府工作报告》中明确提出要抑制房价过快上涨。国务院办公厅下发《关于切实稳定住房价格的通知》,央行出台以调高房贷利率、提高首付比例为主要内容的房贷新政策。4月,国务院召开常委会议提出采取八项措施加强对房地产市场的引导和调控。5月,国务院办公厅印发《关于转发建设部等部门关于做好稳定住房价格工作意见的通知》,明确调控的主要政策措施。一系列政策措施的出台,全国房价上涨势头放缓,部分地区的房地产价格增幅回落。

6. 两岸关系取得突破性发展，国共两党实现时隔60年的历史性握手

2005年是大陆对台政策措施出台幅度最大、成效最为显著、主动性体现得最为明显的一年。3月4日胡锦涛总书记就新形势下发展两岸关系发表了“四点意见”，这是中共中央领导集体对台工作的纲领性文件。3月14日，全国人大审议通过的《反分裂国家法》，以法律的形式表达了中国共产党遏制“台独”分裂、捍卫国家主权与领土完整的坚强意志。4月中共中央总书记胡锦涛与到访的中国国民党主席连战在北京举行历史性会见并达成重要共识，这次国共两党跨越60年的握手，使国共关系进入新的发展阶段，标志着两岸关系取得突破性进展。5月和7月，亲民党主席宋楚瑜、新党主席郁慕明相继率团访问大陆，有力地推动了两岸关系的发展。

（二）精神文明建设亮点不断

2005年精神文明建设围绕中心，服务大局，在构建社会主义和谐社会方面取得新成绩。10月，全国精神文明建设工作表彰大会在北京人民大会堂举行。这次大会授予全国文明城市（区）称号12个，全国文明村镇494个，全国文明单位1001个；授予全国创建文明城市工作先进城市（区）58个，全国创建文明村镇工作先进村镇993个，全国精神文明建设工作先进单位1999个。授予“全国精神文明建设先进工作者”荣誉称号100名。

中国每年开展的惠及上千万困难群众的“送温暖”行动已成为全球规模最大、受益面最广的政府爱心工程。2005年底的“送温暖”活动最大亮点是国家主席胡锦涛亲自倡导并带头为困难群众特别是受灾群众“送温暖、献爱心”，中共中央政治局常委带头在中南海捐款捐物，此后一场募捐高潮在中央国家机关掀起，全国各地积极响应，踊跃捐献。据统计，募捐活动开展仅1个月，中央部门和单位共收到捐款4005万元，棉衣被52万件；全国各地收到捐款2亿元，衣被2300多万件，受益人数超过2000万。

（三）城乡居民生活不断改善

2005年全国就业人员7.58亿人，比上年增加625万人。其中城镇就业人员2.73亿人，新增加970万人，净增加855万人。城镇居民人均可支配收入10493元，扣除价格上涨因素，实际比上年增长9.6%；农村居民人均纯收入3255元，实际增长6.2%。城镇居民家庭恩格尔系数（居民家庭食品消费支出占家庭消费总支出的比重）为36.7%，农村居民家庭恩格尔系数为45.5%。按年人均纯收入低于683元的标准，年末农村贫困人口为2365万人，比上年末减少245万人，按年人均纯收入684～944元的标准，年末农村低收入人口为4067万人，比上年末减少910万人。

（四）存在问题及原因分析

2005年中国社会生活方面仍然存在教育不公、看病难看病贵、房价上涨过快、贫富悬殊继续拉大等人民群众反应强烈的问题。

造成教育不公主要原因是长期以来推行的“以城市为中心”的教育政策，使农村孩子读书难，此外，重点学校制度、高考录取线不同、歧视民办教育、教育腐败等问题是造成教育不公的原因。

造成群众看病难、看病贵的主要原因，一是政府投入不足，卫生发展落后于经济发展；二是医疗卫生资源配置不合理，城乡卫生资源分配不均；三是医疗保障体系不健全；四是公立医疗机构运行机制出现了市场化的倾向；五是药品和医用器材生产流通秩序混乱，价格过高。

导致房价上涨过快的主要原因，一是城镇居民需求最大的经济适用住房供应比例下降，低价位普通商品住房供不应求；二是房地产开发成本如土地和建筑材料价格上涨；三是政府对住房消费中的恶意炒作和投机性购房管理不到位，对违规开发商处罚不严；四是房地产开发行业竞争不充分，部分开发商联手垄断市场抬高房价。

贫富悬殊继续拉大主要体现在基尼系数不断上升。据世界银行的统计数字，中国的基尼系数在改革开放前为0.16，2003年已经升至0.458，超过国际公认的警戒线0.4，到达危险的边缘。2004年中国基尼系数已超过0.465，2005年逼近0.47。造成贫富悬殊继续拉大的原因主要是教育、医疗保障、其他资产和机会分配的不公平，以及信息获取的不公平。其次，体制不完善、地域差别、再分配手段不完善、低收入群体大量存在等因素也造成收入差距拉大。

三、2006年中国经济社会发展前景

2006年是中国第十一个五年规划的第一年，实现“十一五”规划的“开门红”，意义非常重大。中共中央、国务院于2005年11月29日至12月1日举行的中央经济工作会议提出2006年经济工作有八大任务，即：继续保持经济平稳较快发展；扎实推进社会主义新农村建设；加大产业结构调整、资源节约和环境保护力度，继续推进区域协调发展；进一步推动改革开放；高度重视解决涉及群众切身利益的问题；加强民主政治建设和维护社会稳定。

2006年国民经济和社会发展的主要预期目标是：国内生产总值增长8%左右，单位国内生产总值能耗降低4%左右；居民消费价格总水平涨幅控制在3%；城镇新增就业900万人，城镇登记失业率控制在4%；国际收支基本平衡。

为实现2006年的八大任务，温家宝总理提出政府工作的基本思路和原则。其中原则有三条：稳定政策，适当微调；把握大局，抓好重点；统筹兼顾，关注民生。

只要认真贯彻中共十六大和十六届三中、四中、五中全会精神，全面落实科学发展观，坚持加快改革开放和自主创新，坚持推进经济结构调整和增长方式的转变，2006年的八大任务一定能够实现。

（廖子良　林智荣）

注：

①②③王健君《改革之年看实绩》，《瞭望》新闻周刊，*2005*年第*51*期

④黄蕙民《"发展思路已然形成"》，同上

⑤温家宝《政府工作报告——*2006*年*3*月*5*日在第十届全国人民代表大会第四次会议上》，《人民日报》*2006.3.16*

主要参考文献：

1. 中华人民共和国国家统计局《中华人民共和国*2005*年国民经济和社会发展统计公报》，《人民日报》*2006.3.1*

2. 温家宝《政府工作报告——*2006*年*3*月*5*日在第十届全国人民代表大会第四次会议上》，《人民日报》*2006.3.16*

3.《瞭望》新闻周刊编辑部《*2005*　中国发展报告》，《瞭望》新闻周刊*2005*年第*51*期

文莱：政治社会稳定 经济平稳增长

2005年文莱内阁改组顺利，政治社会稳定，世界石油价格的飞涨带动其以石油天然气为主要产业的经济继续平稳增长，政府实行的经济多元化发展战略取得一定成效。

一、经济平稳增长

（一）石油天然气出口继续带动经济增长

2005年全球石油供应紧张，加上中东石油供应不畅，造成世界石油价格飞涨，以石油天然气为主要产业的文莱从中受益。据文莱《联合日报》报道，随着世界市场对天然气需求的增加，文莱液化天然气公司在2005年开始实施大生产设施计划，为增加生产做好准备。该公司将在未来5年内对原有天然气生产设施进行更新，增设第六条生产线，预计生产设施扩大计划完成后，生产能力将增加12%。虽然2005年文莱政府继续限制石油产量，如原油日产量限制在20万桶左右，但由于国际油价居高不下，文莱通过出口油气仍能增加收入。2005年文莱石油和天然气的主要出口市场仍然是日本，其后是东盟、韩国、澳大利亚、美国、印度和中国。据文莱海关统计，2005年文莱进出口贸易总额为128.78亿文莱元（约合77.11亿美元），比上年增长8.4%。其中，出口额103.97亿文莱元（约合62.26亿美元），增长21.4%；进口额24.81亿文莱元（约合14.85亿美元），增长2.8%；进出口贸易顺差76.16亿文莱元（约合47.4亿美元），增长28.7%。在进出口总额中石油和天然气出口额占93%。2006年2月2日，在文莱纪念世界海关日的仪式上，文莱财政部常任秘书说，2005年文莱海关税收超过1.5亿文莱元，比2004年增加11.7%。出口油价上升带动了经济增长。据文莱首相署统计局2005年12月预测，2005年文莱GDP总额为98.21亿文莱元（约合58.8亿美元），比上年增长3.6%，其中石油、天然气收入42.25亿文莱元（约合25.3亿美元），同比增长4.1%，占GDP的43.1%。人均GDP2.6万文莱元（约合1.57万美元），比上年增长8.3%。石油和天然气仍然是文莱经济的支柱产业。

（二）继续实施经济多元化战略

2005年文莱继续实施经济多元化战略取得一定的成效。

1. 支持非油气产业和私有经济发展。年内，文莱的建筑业、林业、交通运输业和以私营为主的批发零售、餐饮业等服务行业表现出色，特别是建筑业发展较快，成为仅次于油气工业的重要产业。据文莱首相署统计局2005年12月4日公布的数字，非油气产业仅在2005年第一季度就比上年同期增长6%，全年收入为55.95亿文莱元（约合33.3亿美元），其中，公共部门收入20.86亿文莱元（约合12.41亿美元）。文莱政府鼓励发展私营经济以促进经济多元化，在政策、金融等方面提供支持，除银行提供优惠贷款外，政府还鼓励小额贷款，支持当地企业家开办企业。自2001年颁布《经济发展法》、《投资促进法》及《工业调整令》以来，文莱私营经济得到较快发展。据文莱《国际时报》报道，截至2005年12月，文莱有注册私人业者和合伙营业者4万人，在5000多家公司中，中小企业占92%，大部分中小企业属于员工数量少于5人的微型企业，或者人数在6～10人之间的小型企业。中小型企业提供的就业岗位占私人企业提供就业岗位的92%。2005年文莱非油气产业创造的国内生产总值占46%，其中服务业、制造业分别占48%和40%。全年私有经济收入达到35.09亿文莱元（约合20.88亿美元）。

2. 吸引外资发展多元化经济。2005年初，文莱工业和初级资源部工业发展局提出4个产业部门为吸引外国投资者的重点领域，即制造业、初级资源产业、服务业和人力资源开发，并划出4个区级工业园支持多元化产业发展。据文莱经济发展理事会（BEDE）预计，2005年计划实施的经济多元化"双叉计划"中的几个重点项目，将为文莱带来52.9亿美元的投资，新增就业岗位1.2万个。计划在文莱西部的双溪岭建设天然气下游工业项目，在文莱东部的大穆拉岛建设大型

港口和出口加工工业区。据该理事会估计,大穆拉岛项目开始阶段引进投资15亿美元,增加就业岗位5000个。此外,还准备在该岛建设铝厂,计划引进投资5亿美元,增加就业岗位5000个。双溪岭合成氨/尿素项目引资额7.25亿美元,增加就业岗位505个;甲醇厂项目引资3.5亿美元,增加就业岗位730个;发电厂项目引进投资7亿美元,增加就业岗位200个。

3. 推动建设农业食品加工体系。文莱农业基础薄弱,粮食和食品主要靠进口。2005年,由于进口食品检验加强,鸡蛋供应短缺。文莱政府认识到必须采取措施提升农业和食品加工生产能力,才能解决食品供应问题。文莱农业部、工业和初级资源部于3月6~13日在首都斯里巴加湾市联合举办2005年文莱农业暨食品展,主题为“农商带动经济发展”,着重推介文莱农业发展成就,推广农业先进科学技术,为国内外客商提供投资机会。7月,农业部举办有40多名食品加工公司负责人及业务主管参加的食品包装技术研讨会,向与会者传授食品包装技术,指导食品公司生产高品质的产品。12月,宣布将与有意投资文莱农业食品加工工业的投资者进行合作,积极支持文莱农业食品加工体系建设,尤其是屠宰肉类食品加工体系建设。文莱政府认为,文莱农业食品加工有潜力发展成为具有竞争力的产业,可以成为区域农产品加工基地、食品加工和屠宰肉类加工中心。文莱还可以东盟市场为跳板,参与全球屠宰肉类食品市场竞争。文莱政府准备按照“生物技术谷”模式建设农业技术园,欢迎跨国公司到文莱农业园建立研究开发基地,也欢迎外国投资者建独资企业或合资企业,将为投资者提供必要的条件,其中包括配备基础设施场地,鼓励他们在农业技术园建立基地。据文莱《国际时报》报道,文莱政府计划将发展渔业作为经济多元化战略的重要组成部分,因为文莱水产品需求量约有50%的缺口,需通过进口解决;而文莱地理位置优越,海产品品质优良,是安全和清真食品,区域内清真食品市场需求巨大,海产品加工有巨大商机,渔业潜力估计每年2亿文莱元左右。文莱政府制定政策鼓励商业渔场开发,推动海产品加工业的发展,包括建设鱼类储存及批发中心和地区海产品进出口中心等。

4. 发展旅游业。旅游业是文莱近年来实施经济多元化战略中大力发展的又一产业,并已取得初步成效,每年为文莱创汇5亿多美元,这对人口只有30多万的文莱来说是一笔很大的收入。凭借文莱森林覆盖面积占陆地面积约75%,绚丽多彩的热带风光与众多的名胜古迹融为一体的美丽国度,文莱致力于建设生态旅游环境吸引国外游客,提出“绿色心脏在文莱”的口号,以宣传文莱原始气息浓厚的丛林风光。2004年文莱接待外国游客约140万人次。文莱政府日益重视开拓中国游客市场。文莱与中国于2000年签署《中国公民自费赴文莱旅游实施方案的谅解备忘录》,成为中国游客的目的地国家。2005年4月初,中国与文莱签署关于加强旅游项目合作等5个双边合作文件,对吸引中国游客起到了很大作用,2005年上半年文莱接待中国游客达5万多人次。2005年10月,在中国广西南宁举行的第二届中国—东盟博览会上,文莱旅游局局长贾玛鲁汀专程到会向中国游客推介文莱的旅游景点,并表示文莱政府正在考虑采取简化入境签证申请程序等配套措施,以吸引更多中国游客到文莱观光。

二、政治改革备受关注

2005年文莱政治社会出现引人注目的两件事:一是苏丹进行内阁改组;二是苏丹在2004年宣布恢复文莱立法委员会后,2005年又宣布扩大立法委员会和建设立法大厦。

(一) 内阁改组

2005年5月24日,文莱国家元首苏丹宣布改组内阁,增加8名内阁成员,新设立首相署高级部长(大臣)、能源部长(大臣)、第二财政部长(大臣)、第二外交和贸易部长(大臣)4个职位,并将国家大祭司、总检察长两职位由副部级升至正部级。苏丹首次宣布内阁任期为5年。原内政、教育、交通、文化青年体育部长(大臣)退出内阁。这次内阁改组有多项改革令人瞩目:

1. 增设首相署高级大臣,由穆赫塔迪·比拉王储担任,王储同时还被任命为文莱皇家武装部队上将兼警察部队副警察长,标志着王储正式入阁,舆论认为苏丹这一措施是培养锻炼王储,为今后让其掌管国家政权作准备。

2. 增设第二财政部长(大臣)、第二外交部长(大臣)职位,以辅助苏丹兼任的财政部长和穆罕默德·博尔基亚亲王担任的外交和贸易部长(大臣)。此次内阁改组把原属于工业和初级资源部负责主管东盟经贸合作、跨国经济组织以及国际经济问题等事务的国际关系与贸易司划归外交部,更名为外交和贸易部,以利于开展对外关系和贸易。

3. 苏丹首次宣布内阁任期为5年。这有利于促进政府的管理,督促部长们必须努力制定与执行其在5年任期内的工作目标和相关政策,并承担相应的责任。

4. 在副部长级别中引进新人才,是此次内阁改组的新亮点。除了依照惯例从政府常任秘书以及司长人才库中选拔外,有两名新任副部长来自私营部门。舆论对这一改革给予正面评价,认为这一举措为政府管理注入新的活力,也表明政府接受“英雄不问出处”的观念,不拘一格接纳人才。

5. 让任期超过10年且已经年迈的部长退位。新任部长年富力强，有利于加强政府各部门的领导。

6. 建立高效政府机构。苏丹进行内阁改组后，要求政府各机构积极制定计划，建立一个反应敏捷、高效运作的机构，其中一项是加快电子政务建设。文莱政府拨出10亿文莱元专款用于高效政府建设。

（二）扩大立法委员会，建设立法大厦

2004年7月，文莱苏丹宣布恢复立法委员会，2005年7月苏丹决定建立法委员会大厦，造价为6200万文莱元。苏丹亲自为大厦奠基。2005年9月，苏丹宣布立法委员会闭会，并公布2005～2006年度立法委员会扩大计划，委员总数由2004年7月恢复时的21名增加到45名，其中，委任委员30人，民选委员15名。由于选举具体方案尚待最后审批，立法委员会选举仍未进行。舆论认为，以上举措表明苏丹将继续恢复立法委员会的工作，并正循序渐进地在一定范围内让民众参与选举、参与决策的政治框架。

从2005年文莱的政治改革可以看出，文莱苏丹正在适应区域一体化和经济全球化的趋势，在政治方面继续加强绝对君主制的统治，提高政府的执政能力和效率，同时又顺应民意，允许民众参与政治，以利于保持政治社会的长久安定，为经济平稳发展提供可靠的保证。

三、对外关系：积极参与本地区和国际事务

文莱独立以来奉行不结盟和同各国友好的外交政策，随着区域经济一体化和全球化的发展，文莱对外关系越来越活跃，与世界上大多数国家建立了外交关系。截至2005年，文莱已与141个国家建立了外交关系，在32个国家设有使馆或高级专员。2005年文莱积极参与地区和国际事务，并视东盟为外交基石，对外关系仍然以参与东盟的事务为主，而继续加强与中国的密切关系是文莱2005年对外关系中的最大亮点。

（一）积极参与东盟组织的各项事务

2005年1月6日，文莱苏丹出席在印度尼西亚首都雅加达举行的东盟地震和海啸灾后问题领导人特别会议。1月25～26日，文莱派高官和专家参加在北京召开的中国—东盟地震和海啸灾后研讨会。4月22～24日，文莱苏丹出席在印度尼西亚首都雅加达举行的亚非峰会和在万隆召开的纪念万隆会议召开50周年大会；同月29日，文莱派高官参加在上海举行的第十一次中国—东盟高官磋商会议。5月6日，文莱外交和贸易大臣穆罕默德·博尔基亚亲王赴日本京都参加东盟与中日韩（10+3）外长会议；同月17～19日，文莱国家警察局局长参加在印度尼西亚巴厘省举行的第二十五届东盟国家警察局长会议；同月18日和20日，文莱派高官参加在老挝首都万象分别举行的第二届东盟地区论坛安全政策会议、第十二届东盟地区论坛高官会议。6月3～5日，文莱安全官员出席在新加坡举行的第四届亚洲安全大会。7月26～27日，文莱外交和贸易大臣穆罕默德·博尔基亚亲王参加在老挝首都万象举行的第三十八届东盟外长会议、东盟与中日韩（10+3）外长会议。8月3日，文莱文化青年体育部长参加在泰国首都曼谷举行的第二届东盟与中日韩（10+3）文化部长会议；同月18日，文莱首都斯里巴加湾市警察局长参加在北京举行的东盟及中日韩13国首都警察局长会议。9月19日，文莱派观察员参加在老挝首都万象举行的第二十六届东盟议会联盟会议。10月19～22日，文莱工业和初级资源部部长佩欣·达图·哈吉·阿卜杜勒·拉赫曼率领文莱政府代表团出席第二届中国—东盟博览会和中国—东盟商务与投资峰会；同月30日，文莱警察高官参加在北京举行的第二届东盟和中国禁毒部长会议。12月7日，文莱派高官参加在马来西亚首都吉隆坡会议中心举行的中国—东盟高官会议；同月9日，文莱外交和贸易大臣穆罕默德·博尔基亚亲王参加在吉隆坡举行的中国与东盟（10+1）外长会议；同月12、13、14日，文莱苏丹出席在吉隆坡分别举行的第九次中国—东盟（10+3）领导人会议、第九次东盟与中日韩（10+3）领导人会议、首届东盟与俄罗斯领导人会议和首届东亚峰会。

（二）热心捐款援助海啸受灾国家

2004年12月26～27日，印度洋发生强烈地震并引发海啸，沿岸国家损失惨重。文莱政府和民众积极捐款援助受灾国，除了政府提供援助外，文莱成立海啸援助基金，接收民间捐助。截至2005年5月25日，该基金收到民间组织和个人捐款307.4万文莱元。

（三）积极参加多双边贸易安排

近年来，文莱对外关系的一个明显特点是，利用良好的外交关系和立足于发展本国外向型经济，积极参加多双边贸易安排，如参加东盟自由贸易区、世界贸易组织、中国—东盟自由贸易区的贸易安排，也参加东盟东部增长区等各种区域性经贸合作。2005年6月3日，文莱与新加坡、智利和新西兰的4国贸易官员在韩国济州正式签署首个跨太平洋的自由贸易区协定——“泛太平洋战略经济伙伴关系协定”。该协定从2006年1月1日起开始生效。生效后，4国间90%以上的贸易将免除关税，这将促进文莱的对外贸易。

（四）文莱与中国高层领导互访频繁，经贸合作成果显著

文莱自1991年9月30日与中国建立正式外交关系以来，两国高层交往频繁，双方在多个领域的合作成效显著。2005年4月20～21日，中国国家主席胡锦涛对文莱进行国事访问，两国政府有关部门和企业签署互免持外交、公务护照人员签证、卫生合作执行计划和3G通讯项目等5个双边合作文件。文莱与中国良好的关系促进了两国经贸关系的较快发展。2004年两国的贸易额达到2.99亿美元，2005年两国的贸易额

达到5.67亿文莱元(约合3.48亿美元),比上年增长4.8%,创历史新高。其中文莱从中国进口1.56亿文莱元(约合0.96亿美元),增长4.7%,对中国出口4.11亿文莱元(约合2.52亿美元),增长4.8%。在相互投资方面也有很大进展,截至2005年6月底,文莱在华投资项目达562个,合同金额2.77亿美元,实际到位资金2.46亿美元。中国企业在文莱承包工程劳务合作金额1.32亿美元,完成营业额0.97亿美元。为落实两国领导人2005年4月达成的深化合作共识,推动两国关系进一步发展,双方正努力扩大双边经贸合作和双向投资,积极拓展双方在油气资源开发、IT产业、基础设施和旅游等重点领域的合作。可以预见,两国领导人达成的力争到2010年双边贸易额达到10亿美元的目标将能够如期实现。

四、2006年展望

在政治方面,文莱将致力于建立高效政府,谨慎地推行行政改革,构建对国民更为负责任的政府。在维护国家安全方面,重点是实施非传统防卫安全计划,有关部门将继续严密防范可能出现的禽流感和登革热。与此同时,文莱安全部门将密切关注来自本地区宗教激进主义者或恐怖主义的挑战。

在国际关系方面,文莱将致力于发展与东盟各国的关系,特别是与邻邦的马来西亚和新加坡保持密切关系。同时,文莱将继续积极参与力所能及的国际事务。2006年是文莱与中国建交15周年,文中两国将利用这一机会深化双边关系,推进两国关系进一步发展。

经济方面,文莱政府将继续实施经济多元化发展战略。由于世界油价将继续看涨,可以预见,文莱2006年的经济将会稳步增长,有关经济专家预测文莱经济增长率为3%。

(马金案　刘业信)

参考文献:

1. 新加坡东南亚研究所:《区域展望2006~2007年》,2005年12月

2. 中国外交部网站有关文莱情况

3. 中国驻文莱大使馆经商处网站

2005年:柬埔寨大吉大利的一年

2005年柬埔寨建立了人民党(简称人党)和奉辛比克党(简称奉党)联合政府,并顺利完成王位交接。柬国内政治稳定,法制框架下真正意义上的民主政治初步建立,政治环境得到净化。国际油价上涨对2005年柬经济运行带来不利影响,但是柬经济还是取得7%的增长率,成为1993年以来最好的年份之一。在外交上,柬埔寨政府进一步扩展国际活动空间,在复杂的国际国内条件下,加强同中国、日本、美国等3国的关系。边界问题的解决让柬埔寨—越南关系彻底放下历史包袱,进入全面发展的新阶段。2005年的柬埔寨,政治稳定、经济发展、同大国的关系加强,天时地利人和,是柬埔寨具有重要历史意义的一年。

一、政治稳定

观察2005年柬埔寨的政治发展,必须注意这种发展的前提和背景,首先是柬王位的变化,西哈努克退位,他的幼子西哈莫尼登基。其次是人党与奉党第三次合作,成立联合政府,桑兰西党继续充当反对党角色。

由于桑兰西党采取抵制参加国会的错误策略,导致自我排除在国会和参院之外的后果,但桑兰西党很快调整策略,放弃一味批评政府的立场,停止组织游行示威,要做一个"建设性的反对党",并在2005年初提出对宪法进行重大修改的建议。按照这个建议,今后国会对任命首相、组织政府这样的重大问题,不需要超过2/3议员的同意,而只需超过半数议员同意即可。这是人党梦寐以求的,桑兰西党显然有迎合人党的意思。人党看出桑兰西党的韬光养晦,以图东山再起的策略,仍然把维护和巩固与奉党的联盟作为口号和旗帜加以坚持。人党在2005年1月召开的中央全会上通过决议,重申与奉党的合作,拒绝了桑兰西党的修宪建议,党的副主席洪森表示,人党将坚持与奉党的合作,共同维护柬埔寨的民主和稳定。

奉党主席拉那烈作了同样的表示。他在一次奉党党务工作会议上,强调奉党必须加强与人党的合作关系。针对党内和社会上反对奉党与人党合作的非议,拉那烈在奉党成立24周年庆祝大会上说,他与洪森的合作、奉党与人党的合作,是人民的需要。拉那烈赞扬洪森政治上头脑清醒,坚持与奉党的合作。对于这个问题,即使在人党内部,也有人对洪森提出的与奉党分享权力方案不理解,认为将40%的政府职位送给只获得20%国会议席的奉党,作出的牺牲和让步太大。作为一个政治上成熟的中央领导集体,为长远利益计,人民党中央排除干扰,继续坚持与奉党结盟。

在人民党庆祝成立54周年大会上,党主席谢辛表示,人党将坚持与奉党的长期紧密合作,共同处理国家大事。两党合作是维护柬埔寨国家和平发展、社会稳定和民主的坚实基础。作为回应,拉那烈盛情邀请洪森出席2005年11月召开的奉党特别全国大会,洪森作为贵宾与拉那烈并排坐在主席台的最前排。他们都再次表达了两党长期合作的决心。

对反对党的策略在2005年也发生了重大变化。为体现柬民主、人权和言论自由,人党及其领导人1993年以来大都不对反对党的造谣中伤给予反击。

2005年对反对党的反击是通过法律手段进行的。按照洪森的说法,这也是从东盟一些国家那里学习来的。柬军事法庭指控桑兰西党的重要领导人谢占尼密谋组建军队,要求进行传讯。2月3日国会召开会议,以绝对多数通过决议撤销桑兰西、谢占尼和谢布等3名桑兰西党议员的豁免权。桑兰西和谢布逃亡国外,谢占尼被拘留后经法庭审判关进监狱。

美国以及欧盟等对此表示关注,希望柬政府改变决定,释放被关押的反对党人士,让桑兰西回国,但遭到人奉两党领导人的拒绝。他们强调这是司法程序,国会和政府都不便出面干预。面对日益增加的外部压力,洪森在桑兰西欲强行回国的前夕,将桑兰西告上法庭,司法战的规模迅速扩大。在2005年底至2006年初的一段时间里,在诽谤罪名下,又有9名反政府的非政府机构、社会团体和媒体负责人相继遭到司法起诉和拘留。由于这些严厉的措施出自人奉两党,并没有引发国内的政治动荡和国际社会的广泛谴责和制裁。综观2005年柬政治局面,人党和奉党联合执政取得明显效果,尽管两党在一些问题上有分歧,但并没有影响大局,保持了政治的稳定,为经济发展创造了良好的环境。

二、经济增长创造新记录

据联合国货币基金组织的年度报告,2005年柬经济增长率为13.9%。设在金边的柬经济研究所年初所作的年度报告则认为,2005年柬经济增长率为10%,而最后核实为7%。尽管预测增长率与实际增长率有差别,但与2005年世界经济只有3.2%的增长相比,柬经济在2005年取得的成绩确实令人印象深刻。

2004年底柬埔寨加入世界贸易组织后,备受出口配额限制的柬制衣业迎来前所未有的发展机遇。成衣出口迅速增加,在出口总额中的比重从1995年的3.2%上升到2005年的80%,对柬经济发展作出巨大贡献。2005年初,柬的制衣厂数量达到223家,工人27万人。单是制衣行业就养活了100多万人口。柬埔寨成衣出口市场集中在美国和欧盟国家,其中美国市场最重要。为确保配额取消的优惠得到实现,降低中国等国家对柬制衣业的冲击,柬政府与制衣厂商公会2005年联合组团访问美国,游说美国国会和政府,免除或者降低对柬成衣征收的进口税,获得成功。2005年柬对美成衣出口继续增加,在17个因取消配额而得到好处的对美出口国家中,柬对美出口总额排第七位。2005年上半年,柬成衣制品在美国市场占有率提高17%,出口总额增加20%。

制衣业以外的其他工业产值比上年增长11.7%,增幅比2004年减少4个百分点。

公共行政服务以外的其他服务行业产值比上年增长7%,其中旅游(旅店和餐饮)业增长率为16.7%。旅游业是柬的支柱产业,最近几年一直保持平均25%的增长速度。柬政府采取国家与私人共办旅游的两条腿走路的方针,柬旅游部门加强在国际上推介柬旅游项目的力度,改善旅游区接待条件,开拓新的旅游资源。灿烂的文化、悠久的历史和精美的古代遗迹吸引了各国游客。酒店业得到快速发展。仅在旅游胜地暹粒市,酒店的数目已经从2003年的68家增至82家,客房5721间。到2007年还将新增酒店20家、客房2800间,大多数是柬本国资本兴建。柬埔寨还通过开放天空、扩大与邻国旅游合作、简化出入境手续等措施加快旅游业的发展。柬泰两国已经达成协议,游客只须持有两国中任何一国的签证,就可进入对方国境。柬正在考虑将此做法扩大到其他东南亚国家。现在,中国香港的港龙航空、中国南方航空、上海航空、云南航空、马来西亚航空、泰国航空、曼谷航空等14家航空公司的客机飞抵首都金边和旅游城市暹粒,每天的航班总数增加到280个。两大廉价航空公司——亚洲航空和捷星航空分别于2005年11月1日和12月15日正式开通到柬的航线,金边—曼谷的最低票价只有25美元,到吉隆坡只有29美元,到新加坡只有79美元。它们的加入打破了少数航空公司对机票价格的垄断,降低了旅游成本,为更多国际游客到柬观光创造了条件。2005年到柬的国际游客达到135万人次,比上年猛增34个百分点。国内游客270万人次,增加就业岗位20万个,创汇9.3亿美元。韩国、日本、美国、英国、法国、泰国、中国内地、中国台湾省、越南和菲律宾成为柬的10大客源地。中国内地游客数量明显增加。柬埔寨旅游部希望2008年国际游客突破200万人次,本地游客达到350万人次,创收16.11亿美元。2010年国际游客达到300万人次,本地游客400万人次,创收23.24亿美元。

2005年柬埔寨农业增长率达到11.9%,主要得益于扩大种植面积和实现渔业生产复苏。水稻收获500多万吨,每公顷产量增加2.5吨。230万渔民为经济发展作出重要贡献。柬《经济学家报》说,2005年柬的淡水鱼产量已在世界排名第四,年产量40万吨,产值2亿美元左右,出口创汇3500万美元。

2005年柬埔寨出口总额达到29亿美元,比上年增长18%,进口总额38亿美元,分别占国内生产总值的53%和69%。出口产品主要是服装,进口产品主要有原材料、石油产品、车辆和机械。

私人投资在经历了2004年的下滑之后,2005年不论是投资项目数量还是投资金额的增长势头都十分强劲。柬发展委员会全年批准投资项目102项,总额9.76亿美元。外商投资大幅度上升,直接投资6.21亿美元,提供就业岗位8.24万个。固定资产投资额达到6.95亿美元,比上年增长200%。投资项目主要集中在工业领域，共有82个项目，其中制衣厂53个。

根据柬埔寨国家统计局的报告，2005通货膨胀率达到6.7%，高于2004年的5.6%，主要是食品和运输价格上涨。肉和鸡鸭价格上涨17.4%，鱼产品价格上涨17%，蔬菜价格上涨18.7%，从而导致食品价格上涨12%。运输价格上涨9.5%的主要原因是燃油价格上涨21.3%。

2005年柬埔寨瑞尔对美元出现疲软迹象。与2004年相比，2005年的官方对美元汇率下降1.9%，同期市场瑞尔对美元的汇率降低2.1%。柬国家银行的数据显示，2005年初，金边市场柬瑞尔相对稳定。4月份开始瑞尔贬值，对美元兑换突破1美元兑换4000瑞尔关口，达到4037瑞尔。7月1美元兑换4215瑞尔。2005年年底瑞尔对美元兑换率小幅回升。

世界银行提供数字显示，柬人口中日收入不到1美元的生活贫困线以下的人口已经从1998年的36%下降到2005年的28%；他们当中拥有收音机的人数从1998年的2%提高到32%；拥有电视机的从2%上升到36%。在20%最贫穷人口中，住茅草房的人口从1998年的74%下降到29%。小型贷款者从2002年的25万人增加到2005年的37.1万人，贷款利率从5%~6%下降到2%~3%。柬政府的脱贫计划取得显著成绩。2005年柬财政收入为6.42亿美元，比上年增长24%。财政支出8.12亿美元，增长12%。财政支出超出预算7%。国家优先发展项目卫生、教育、农业和农村发展等的支出平均增加12%，高于2004年8%的增幅。其他民事部门的财政支出增加17.6%。用于国防和安全事务的财政支出增加7%，也高于2004年3%的增幅。

2005年12月通过的2006年财政预算为9.3亿美元。预计2006年经济增长率为6.1%，低于2005年。

三、外交活跃

2005年美国调整对柬外交姿态，克制干预柬内部事务，把在东南亚推行美价值观的希望寄托在柬身上。日本保持对柬经济援助规模，但争取柬埔寨支持日本成为联合国安理会成员国提案受挫。柬越边界问题的解决，标志着两国关系取得实质性的重大发展。柬埔寨同区域和世界主要大国关系加强，创造了前所未有的良好国际环境，成为柬政治稳定、经济发展的重要保障。柬中友好关系在2005年稳步发展。继承王位不久的西哈莫尼国王，把他的首次访问定在中国，显示了历史悠久的柬中人民友谊具有坚实基础，更显示柬王室同中国的特殊友谊。年内，柬中两国高层领导保持密切交往。4月，中国政协主席贾庆林在北京会见西哈努克时表示，中国珍视同柬王室的特殊友谊，重视对柬关系。11月，贾庆林在北京会见西哈莫尼国王，赞赏柬政局稳定、民族和睦、各项事业不断发展，重申中柬是相互信赖的好邻居、好朋友、好伙伴，中国新一届中央领导集体高度重视发展与柬的友好睦邻合作关系，珍视与柬王室的特殊友谊。7月，柬埔寨政府首相洪森率团出席在中国昆明召开的大湄公河次区域第二次高峰会议，并对云南和贵州两省进行访问。访问中国期间，两国签署4个文件：中国提供5亿元人民币低息贷款购买肃毒器材，有关两个援助协定部分内容的补充协定，对7号公路的6公里路段提供无偿援助的文件，提供200台抽水机的换文。在吉隆坡召开东盟10+3会议期间，中国国务院总理温家宝会见洪森。温家宝重申两国的友谊经历时间和国际风云考验，日益深入人心。双方将继续在经济贸易方面加强合作，推动各项合作计划，为柬培训各种专业人才。洪森对即将离任的中国大使胡乾文说，中国在柬埔寨遇到困难的时候，给予柬很多的支持和帮助。他特别提到2004年柬大选面临政治僵局时，中国国务院副总理吴仪和洪森本人进行互访，给柬埔寨和国际社会发出了柬政局稳定的信息。

2005年，尽管美国对柬的民主和人权状况多有不满，柬予以反击，以维护柬的主权和尊严。柬埔寨一直将美国看作是一个重要的、不可缺少的、但是非常难打交道的超级大国。而美国似乎开始意识到，对柬采取简单的高压、粗暴的干涉，等于削弱自己在柬的影响力。美调整对柬策略，开始正面肯定柬在民主、人权和新闻自由方面取得的进步。美已不再将柬埔寨视为专制国家。双方的合作从经济、文化领域扩展到军事领域。美大使表示，“近两年来两国的关系非常好，而且还在继续得到加强。柬埔寨是个非常好的伙伴。”作为调整对柬外交姿态的一个方面，美国刻意把政府的政策与国会参众两院的立场加以区别，以消除柬的不满。美声称尽管参众两院有些议员主张中断对柬的援助，但美政府坚持认为向柬埔寨人民提供援助对于保持两国关系非常重要。美每年向柬提供的援助为6000万美元，按照柬人口平均计算，是亚洲各国中最多的。美国赞赏柬在反恐方面给予美的支持与合作。在亚洲，柬埔寨长期以来将日本和中国当作亚洲对柬影响最大、最重要的国家，同两国都保持着良好的关系，并从中获得大量援助。但是由于近年来中日关系发展不顺利，中国坚决反对日本成为联合国安理会常任理事国，柬埔寨面临近10年来最艰难的外交抉择。2005年，当日本外务大臣访柬，柬埔寨重申支持日本成为安理会常任理事国，但拒绝为这个提案联署。柬的这个立场，使日对柬的看法从此打了折扣。从1993年至2005年，日本向柬总共提供14亿美元的各种援助。在2006年举行的援助柬埔寨重建国家会议上，日本承诺提供1.3亿美元的援助，主要用于基础设施建设。

2005年柬越关系取得重大发展，两国不但顺利签署1985年边界条约的补充协定，并决定2008年完成界碑竖立工作，所需经费全部由越南承担。这凸现了柬埔寨人民党与越南共产党在柬越关系重大问题上的密切磋商与协调，以及相互支持的特殊关系。柬越两国党政军高层互访频繁，合作领域扩大。越南对柬的援助成为两国关系中引人注目的新看点。3月底，越南共产党总书记农德孟访问柬埔寨，受到高规格接待。两国发表联合公报，高度评价这次访问是一次具有历史意义的事件，双方决心以1999年和2001年柬越两国发表的联合声明为基础，巩固和发展友好合作关系。公报重申处理两国关系的重要原则，包括不允许使用各自国家的领土作为反对他国的基地，以和平方式解决两国间出现的问题等。双方一致同意加强高层领导人之间的交往，增进相互了解和信任。10月，洪森访问越南，双方签署7个文件，其中包括1985年边界条约的补充协定；越南援建柬埔寨的总长70公里的78号公路；教育培训协定；两国关于湄公河共有水域的管理和开发谅解备忘录；文化合作协定；联合打击贩卖儿童妇女的协定；以及陆路运输协定等。根据边界补充协定，边境地区的柬埔寨人将有权使用河流航行、捕鱼和用水，而不必像从前那样须获得越南方面的批准。12月，越南外长阮颐年访柬，两国外长就1985年柬越边境条约的补充协定获得两国立法机构批准进行换文，补充协议正式生效。

四、2006年展望

从2006年的头两个月观察看，柬埔寨基本政治生态已经变轨，人民党已经获得真正意义上的第一大党地位。奉党与人党的关系出现裂痕后，政治回旋余地更加狭小。拉那烈辞去国会主席后，奉党面临着空前的困难。桑兰西党在承认对洪森一系列指责都错误之后，重返政治舞台，但也为此付出沉重的政治代价。微妙的三党关系变化将贯彻整个2006年。审判红色高棉的开始势必会出现一些复杂局面，但不会脱离柬埔寨政府预设的轨道。柬埔寨的政治稳定局面不会被打破。

在政治稳定、投资环境改善的前提下，2006年外国对柬投资将有明显增加，特别是经济发达国家的投资者将开始进入柬市场。国际援助规模将有新的扩大。国际原油价格和自然气候条件仍然是影响柬埔寨经济的不确定因素。但是柬过去13年中积累的经济能量的释放，不但已在基础设施建设和土地开发等方面显露出来，而且必然会推动柬经济发展保持一个较高的增长速度。

2006年柬埔寨将继续坚持独立自主的外交方针，发展同一切国家的友好合作关系。并将坚持避免卷入大国冲突，以维护柬民族的根本利益。这是饱经30多年战乱之苦的柬埔寨人民用血泪总结的基本经验和教训。2006年的国际环境将继续对柬埔寨有利。

（邢和平）

印尼：政治较稳定　经济好转

2005年是印尼国内多灾多难的一年，苏门答腊北部特大海啸造成了特大人员伤亡和经济损失，国内因燃油价格上涨引起民众怨声载道和示威游行，巴厘岛遭到第二次恐怖袭击造成安全感下降，干旱和水灾以及禽流感蔓延造成民众生活困难等给苏西洛政府带来巨大的压力。但是，苏西洛总统带领民众克服了一个又一个困难，赢得了国内外舆论的好评。英国出版的《商业周刊》从25名候选人中，选出印尼苏西洛总统为2005年亚洲最有影响力的领袖人物，并授予“印尼危机管理人”头衔，因为他在克服海啸大灾难、反贪和反恐方面有出色的贡献①。

一、政治较稳定的一年

（一）政府理顺与议会的关系，为顺利执政打下基础

苏西洛在总统直选中获多数选民支持，但他领导的民主党在议会中居第四位，力量单薄，还遭到反对派的阻挠。执政两个月的苏西洛施展政治手腕，瓦解反对派民族联盟控制议会，为政府顺利执政铺平道路。首先，他组织以伊斯兰党为基础的人民联盟对抗民族联盟；其次，他支持副总统尤素夫·卡拉在专业集团党第七届代表大会上以320票击败获156票的原总主席丹戎，当选为党总主席，专业集团党由议会中的反对党变为支持政府的第一大党。②

2005年印尼政府两次减少国内燃油补贴，提高燃油价格，虽然遭到议会反对派和民众的强烈反对，但未造成政治危机。而在执行其他政策和法令过程中政府均未遭到议会的反对，政府与议会关系良好。

苏西洛政府执政第一年能取得较好业绩，主要原因有：政府理顺了与国会的关系，获得几个大党的支持，政局较稳定；苏西洛总统是军人出身，起用退役将领主管政府几个主要部门，政府获得军队的支持；苏西洛在瓦希德和梅加瓦蒂两届政府中担任过政治与治安统筹部长等职务，有执政经验，担任总统后，一改优柔寡断的弱点，在国内大灾难和危机面前，沉着稳健，指挥若定，领导民众战胜一个个困难和危机。

（二）加大反贪力度，努力取信于民

苏西洛执政后，在全国范围内掀起反贪运动，他任命新的最高检察官，组建反贪团队，亲自布置和检查反贪工作，将2005年定为反贪年。苏西洛指出，政府的职责是制止违反人权、贪污和恐怖活动等罪行，贪污行为已使印尼经济变得脆弱，贪污造成的高成本使印尼经济无法与邻国竞争，让投资者裹足不前。他命令总

检察署从速处理多起贪污大案。印尼《时代》周刊(TEMPO)2005年4月15日披露的印尼贪污大案有:前总统苏哈托对7个基金会共1.4亿美元的贪污案;印尼国营石油公司1993年的石油合作项目造成国家损失14亿美元的案件;印尼建设银行1993年与陈子煌合作造成国家损失1.3亿美元的案件;需赔偿国家2.43亿美元的波普·哈山林业贪污案;印尼国家银行健全机构(BLBI)滥用银行贷款144.5亿美元,使48个银行非法获得贷款80.4亿美元的案件等③。

另据印尼《罗盘报》(KOMPAS)2005年4月29日报道,从总统府做起的肃贪8项措施出台。2005年4月28日,苏西洛总统在肃贪统筹会议上,宣布8项反贪措施,向中央机关和权力中心开刀:1. 从总统府、副总统府、国务秘书处、内阁秘书处等中央机关做起,开展贪污调查工作;2. 彻查各部门、国企和其他政府机关购置设备时的舞弊或贪污罪行;3. 遏止亚齐重建工作中出现的贪污罪行;4. 防止今后5年内庞大基础设施建设投标过程的舞弊行为;5. 彻查涉嫌贪污国家财物的国家机关、国企、私企和中介机构等;6. 通缉逃到国外的贪污犯;7. 彻查非法砍伐森林案,追捕其幕后主谋;8. 清查2004年纳税者申报单,防止偷税漏税。2005年反贪年,印尼政府加大反贪力度,有了较好的开头,受到民众的欢迎。

(三) 政府与亚齐独立运动签订和平协定,维护国家统一

亚齐独立运动(GAM)由来已久。1976年亚齐独立运动宣布独立,开展游击战,企图从印尼共和国分裂出去。苏哈托时期宣布亚齐为军事行动区,打击分离主义武装,并滥杀无辜。在数十年中,双方的对抗和暴力冲突造成1.2万人丧生,数十万人流离失所。梅加瓦蒂政府主张民族和解,全方位解决亚齐问题。在国际社会调停下,2002年12月在日内瓦签订和平协定,政府给亚齐高度自治,"亚独"交出手中武器。但叛军再次违反协议,政府军于2003年5月采取军事行动。经过半年的军事行动,政府军控制了亚齐75%的土地。叛军有生力量被消灭④。

2004年12月印尼发生特大海啸灾难,亚齐成为重灾区,20万人丧生,数十万人成为难民,叛军力量受到很大削弱。政府和军队积极救灾,亚齐民众恢复对政府的信任。在国际社会的再次调停下,印尼政府与"亚独"在芬兰首都赫尔辛基举行多轮谈判,最终于2005年8月15日签订和平协定。协定规定:政府特赦亚齐独立运动成员,并解除其武装;印尼军人分期分批撤离亚齐;欧盟和亚洲的官员和军人监督协定的实施。协定的签订,结束了数十年的流血冲突,给亚齐带来和平,也维护了印尼国家的统一,受到国际社会的欢迎⑤。

2005年12月27日,亚齐独立运动宣布解散"亚齐国民军"(TNA),声明说:"我们坚决落实亚齐和平协议内容,已按协议规定缴出所有武器,并让亚齐国民军成员融入社会,与亚齐民众一道,维护和平,实现稳定与繁荣。"⑥

(四) 恐怖主义猖獗,新政府反恐斗争有成效

2005年10月1日,印尼旅游胜地巴厘岛又发生3起连环爆炸案,地点在库塔海滩和金巴兰海滩,造成26人死亡和107人受伤,其中有澳大利亚等国游客。印尼警方认定3起连环爆炸案均为自杀式袭击,其恐怖袭击特点和伊斯兰祈祷团一贯手法如出一辙。经司法判定,2002年10月12日造成202人丧生的巴厘岛大爆炸案,2003年8月5日雅加达万豪酒店爆炸案,2004年9月9日雅加达澳大利亚大使馆爆炸案都是伊斯兰祈祷团策划执行的。这次爆炸案对印尼吸引外资和巴厘岛旅游业复苏产生了负面影响。这次爆炸案再次说明印尼是国际反恐斗争的重要战场,苏西洛政府的反恐斗争任重道远⑦。从梅加瓦蒂到苏西洛两届政府都对恐怖主义采取坚决措施,先后逮捕一批凶犯并判处徒刑。2005年11月10日警察在一次行动中击毙巴厘岛爆炸案元凶炸弹专家阿扎哈里,追捕恐怖主义骨干诺丁,印尼反恐斗争初见成效。

(五) 克服海啸大灾难,亚齐灾区重建有进展

2004年12月26日,印尼苏门答腊岛北部海域发生8.9级大地震,并引发特大海啸,该岛北部的亚齐省是重灾区。亚齐省人口450万,灾难中死亡20万人,灾民近300万人,财物损失达50亿美元。在这样突如其来的大灾难面前,苏西洛政府和全国人民团结一致,共同抗灾。苏西洛总统亲临抗灾第一线,国民军迅速赶往灾区,全国各地救援队和志愿人员陆续赶赴灾区。联合国主导了南印度洋海啸救灾行动,全球各国政府、国际组织和民间组织共援助80亿美元,其中大部分用于援助印尼。中国政府和民众对印尼等受灾国表现出极大的赈灾热情,捐款捐物,共筹到赈灾款10亿多元人民币,温家宝总理赴雅加达参加各国领导人救灾峰会,随行携带中国政府向印尼灾区提供的救灾物资16吨⑧。

一年后,重灾区亚齐的重建工作有了进展。根据恢复与重建亚齐机构透露,国内外提供给亚齐重建的援助资金达70亿美元,已支用44亿美元。亚齐民众的生活逐步恢复正常,部分民众住进新房,一些道路、水电、通信设施恢复使用。但还有6.7万人住在帐篷里,5万人住在难民所,7万人由亲属收容,另有60万人失业等待政府施予援手⑨。

二、经济进一步好转

(一) 加大经济重建力度,制订经济发展计划与措施

苏西洛总统对经济发展提出的首要目标是:为努

力把印尼建设成为富裕社会而奋斗。新内阁制订《团结内阁五年建设计划》,内容包括:1. 创造就业岗位,保障劳动者权益;2. 加强宏观调控和政局稳定;3. 消除贫困;4. 提高公众的教育水平;5. 提高公众的健康水平;6. 加强宗教建设;7. 改善投资和经商环境;8. 加快基础设施建设。

按新政府制订的五年建设计划,到 2009 年,印尼的经济增长率从 2004 年的 4.6% 上升至 6.6%。为达此目标,新政府推出加快基础设施建设、促进投资和增加出口三项重大措施,调整和修订多项长期以来导致经济成本过高的政策[10]。在加强基础设施方面,新政府推出 91 项基础设施建设工程,涉及资金共达 1450 亿美元,计划在未来 3 年建设 1500 公里高速公路,还有发电、通信、机场、码头、公路和农村水利等工程设施。

政府推动银行扶持中小型企业和个体户,改变过去银行重视向大企业放贷而忽视中小企业和个体户的做法。新政府要求银行系统提高中介和服务水平,并要求银行调低利息,增加资产额和竞争力,全国 133 家银行有一部分要进行合并和重组。新政府加强对农业和农民的支持和保护,公布了振兴农业的政策,制定可行的农、渔、林业革新纲领,规定 5 年内农业年增长率为 3.5%。

积极拓展对外经济贸易。新政府加强与东南亚国家在旅游文化领域的投资与合作。为适应区域经济一体化的发展进程,印尼大力拓展对中国、马来西亚和印度的经贸合作。此外,新政府将东部地区划分为 5 个综合经济开放区,制订优惠政策,提高东部地区招商引资的水平和效率。

(二) 调整外资投资政策

新政府调整外资投资政策主要内容有:1. 外国投资者几乎对所有行业的企业拥有 100% 控股权。在基础设施等几个行业,外资控股上限为 95%。2. 取消外资企业在经营 15 年后,须将小部分股权上交印尼政府的规定。3. 投资额可由项目本身决定。4. 外资可以是公司投资,也可以是个人投资。外商可以自行确定投资项目,或购买印尼公司股权参与经营。5. 基本投资优惠政策:进口机械设备税收减免,生产头两年原料进口税收减免,加速折旧。6. 外资企业可雇佣外籍员工,但某些职位除外。在印尼东部投资,此项限制较少。7. 为增加投资机会,提升东盟国家竞争力,印尼对外资开放批发零售贸易。但该类投资需与印尼企业合作或合资经营。8. 外资企业审批程序由印尼投资协调机构给予精简,仅需 10 个工作日,其他审批也仅需 4 到 10 个工作日。

(三) 经济复苏的表现

2005 年印尼宏观经济有所好转,经济增长率达 5.6%,比 2004 年的 4.6% 有所提高,是近年来经济增长率最高的一年。外贸出口额比上年增长 19.7%,银行利率 12.7%,通货膨胀率 17%,外汇储备 347 亿美元。印尼偿还外债能力加强,2004 年偿还外债 139 亿美元,2005 年为 126 亿美元,印尼债务率从 2004 年占 GDP 的 56% 下降至 2005 年的 47%。2005 年 12 月,苏西洛总统改组内阁经济班子,起用梅加瓦蒂时期的财政部长布迪约诺任经济统筹部长,市场反应积极,印尼盾回升至 1 美元:9500 盾,雅加达综合股市指数也随之上升。

三、苏西洛政府对华政策:与中国建立战略伙伴关系

(一) 印尼从国家利益出发,需要中国在国际事务中的支持

中国是联合国安理会常任理事国,印尼希望在国际事务上遇到困难时中国能支持印尼。中国与印尼没有根本的利害冲突,印尼视中国为友好国家。印尼政府多次重申奉行"一个中国"的政策。

(二) 中国崛起成为世界经济强国,印尼需要加强与中国发展经贸关系来重建经济

经贸仍然是两国友好合作关系的重点,2004 年两国双边贸易达 132 亿美元,2005 年突破 150 亿美元,2008 年将达 200 亿美元。苏西洛总统 2005 年 7 月访华时要求双边贸易在 2010 年达到 300 亿美元。两国签署了 40 亿美元的合作协议,包括石油天然气、金融、工程承包、资讯科技等领域,中国扩大对印尼投资。苏西洛接受新华社记者采访时说:"中国一直是本地区经济发展的引擎之一,我们希望能成为中国经济成功的一部分,也希望中国能成为印尼经济成功的一部分,希望中国在印尼有更多的投资。"

(三) 印尼与中国建立战略伙伴关系,两国关系更上一层楼

为纪念中国和印尼建交 55 周年、万隆亚非会议召开 50 周年,中国国家主席胡锦涛于 2005 年 4 月赴印尼雅加达参加亚非国家领导人峰会,会后对印尼进行正式访问,与印尼苏西洛总统签订两国关于建立战略伙伴关系的联合宣言,这是中国和印尼两国发展友好合作关系的历史性文件,它将两国关系推向一个新的阶段。

在两国领导人会谈中,胡锦涛主席提出了发展中国印尼关系的七点建议:1. 加强两国战略磋商,实现元首年内互访,深化两国在各领域的战略合作。2. 拓展经贸合作,进一步加强双方在基础设施、油气资源开发和农业、渔业等领域的合作,在 3 年内使双边年贸易额突破 200 亿美元。3. 建立防务安全磋商机制,加强在反恐、禁毒等非传统安全领域合作,加强海上安全对话。4. 加强防灾和灾区重建合作。5. 扩大社会交往,使两国友好更加深入人心。6. 推进中国—东盟关系

发展和东亚合作进程。7. 加强发展中国家的团结,中方支持印尼在国际和地区事务中发挥更大作用,愿同印尼方加强在多边场合的协调和配合,为维护发展中国家的正当权益作贡献。

2005 年 7 月 27 ~ 30 日,苏西洛总统率领高官、企业家、学者和记者等 100 多人访华,其中包括外交部长哈山、经济统筹部长巴克里、商业部长冯慧兰、能源与矿业部长布诺莫等。胡锦涛主席和温家宝总理分别与苏西洛总统会谈。苏西洛总统访华取得圆满成功,中国与印尼签署五大合作文件,具体落实两国 2005 年 4 月在雅加达确定的战略伙伴关系。两国政府和企业签订 40 亿美元的合作协议,包括金融、石油天然气、工程承包、资讯科技等领域。中国与印尼还加强双方在国防和军事领域的合作,并建立两国国防和军事官员磋商机制。中国国防科工委和印尼研究技术部签署关于军工技术研究与发展合作谅解备忘录。两国还同意加强社会文化方面的合作,并由中国国家对外汉语教学领导小组办公室和印尼教育部基础与中等教育总司签署关于汉语教学的协议书。

四、问题与挑战

(一) 印尼国内问题成堆,苏西洛面临的挑战相当严峻

首先,主管经济的副总统尤素夫 · 卡拉担任第一大党专业集团党总主席后权力上升,在一些问题上与苏西洛意见相左。其次,经济仍困难重重,经济增长要连续 5 年在 6% 以上才能逐步解决 3600 万失业和半失业大军以及贫富悬殊造成的严重社会问题。第三,贪污腐败严重,贪污文化已渗透到社会和各部门,如果政府反贪达不到预期效果,民众支持率可能下降。第四,恐怖主义还相当猖獗,恐怖分子将继续进行恐怖袭击,并扬言要袭击国家领导人,为此,苏西洛总统加强了防范和警卫措施。

(二) 国内燃油涨价加剧社会矛盾

印尼盛产石油,由于政府长期实行国内燃油津贴,民用燃油价格非常低,民众从中受益。但政府为了减少财政负担而调高油价又容易引发政治危机。1998 年苏哈托下台,最初的导火线就是民众不满政府减少燃油津贴而调高油价。2003 年梅加瓦蒂政府也一度在民众示威游行中收回调高油价的决定,从而避免了一场政治危机。苏西洛政府也面临同样的挑战,2005 年 2 月 28 日,苏西洛总统签署第 22 号决定书, 燃油价调升 29% 。印尼 2005 年财政预算案中燃油津贴 21 亿美元,因受国际油价狂升影响,印尼政府燃油津贴膨胀至 60 亿美元。政府调升燃油后,可节省开支 20 亿美元,用于津贴教育、卫生、粮食等,救济全国 3600 万贫困户。但是燃油调升后,带动国内各种物价上涨,运输费、生产成本、日常必需品价格全部上涨。各大中城市的学生和市民纷纷上街示威游行。9 月 30 日,印尼政府由于世界油价又升至每桶 65 美元,再次调升国内燃油价格,汽油每公升由 2400 盾(约合 0.24 美元)升至 4500 盾(约合 0.45 美元),再次引发学生和市民的示威游行。苏西洛总统对民众说:“政府调高燃油价格,减少燃油津贴,这是一个痛苦的决定。”

(三) 解决国内分离主义问题任重道远

2005 年 8 月印尼政府和亚齐独立运动签订和平协议不久,“亚独”武装部队司令马纳夫的发言人说,“和平协议的签订不意味着亚齐独立运动的结束,我们交出武器,终止与政府的战争,但我们将继续进行非武装斗争,决不投降。我们争取公正和不受欺压的斗争不会终止。”亚齐独立运动的领袖还称,他们是结束武装斗争,但要通过非暴力斗争取得地方政权。亚齐地区民众过半无国家认同感。印尼发行量最大的《罗盘报》2005 年 12 月 1 日发表了一篇民意调查报告称,亚齐地区受访者中只有 45.5% 认为自己是印尼人,只有 35% 的人愿意为国家领土的统一而战。印尼一些政党领导人和民众担心政府让步过多会给亚齐独立运动留下许多空间。一些人认为,亚齐独立运动建立地方政党,参加地方选举,组织地方政府,将对国家统一造成威胁。亚齐地区已出现新曙光,要全面落实和平协议,需要印尼政府和亚齐独立运动双方的诚意和合作以及国际社会的支持。此外,东部巴布亚和马鲁姑的分离主义也由来已久和相当严重,苏西洛政府面临的挑战还相当严峻。

(温北炎)

注释:

①(印尼)《千岛日报》,泗水,*2005* 年 *7* 月 *4* 日

②(印尼)《罗盘报》网站,雅加达,*http://www.komqas.com*,*2004* 年 *12* 月 *9* 日

③(印尼)《时代》周刊网站,《印尼主要贪污案件》,雅加达,*http://wwwtempointeraktif.com*,*2005* 年 *4* 月 *5* 日

④(印尼)《千岛日报》,泗水,*2004* 年 *12* 月 *23* 日

⑤(新加坡)《联合早报》网站,《亚齐签订和平协定》,*http://www.tempointeraktif.com*,*2005* 年 *8* 月 *16* 日

⑥(印尼)《千岛日报》,泗水,《总统有泪不轻弹》,*2005* 年 *12* 月 *28* 日

⑦(印尼)《罗盘报》网站,雅加达,*http://www.kompas.com*,*2005* 年 *10* 月 *2* 日

⑧(新加坡)《联合早报》网站:《世界各国援助海啸受灾国》,*http://www.zaobao,com.sg*,*2005* 年 *2* 月 *28* 日

⑨(印尼)《千岛日报》,泗水,*2005* 年 *12* 月 *28* 日

⑩(印尼)*Harmen Sembling*:《提升中国与印尼经贸合作关系》,《印尼的振兴:在印尼贸易,投资的机遇与挑战论坛》,中国中山市,*2004* 年 *12* 月 *2* 日

老挝:2005 年回顾与 2006 年展望

回顾2005年,老挝政局保持稳定,社会治安良好,经济快速发展,外交积极主动。展望2006年,老挝的领导班子将进行新老交接,第六个五年计划开始实施。保持政治稳定,维护社会安定和发展经济仍然是老挝来年工作的重心。

一、政治方面

(一) 顺利进行县、省级第八届全国党代会代表选举

老挝人民革命党于2006年3月召开第八届全国代表大会,此次大会的主要任务是制定第六个五年经济社会发展计划和选举新一届领导班子。为确保大会顺利进行,老挝从2005年2月开始在全国149个县中进行县级党政领导干部选举和调整。10月开始在省、直辖市、特区和各部委等省级部门进行党政领导干部选举和调整。截至2005年12月底,老挝县、省级党代会代表选举工作圆满结束。

(二) 隆重庆祝老党建党50周年和老挝人民民主共和国建国30周年以及凯山·丰威汉诞辰85周年

2005年老挝政治上喜事多,3月22日是老挝人民革命党成立50周年纪念日,12月2日是老挝人民共和国成立30周年纪念日,12月13日是老党创建人凯山·丰威汉诞辰85周年纪念日。通过举办上述纪念庆祝活动,宣扬老挝人民革命党及其领导人的丰功伟业,同时也表达了老党继续坚持马列主义、坚持社会主义方向的决心。老挝人民革命党总书记坎代·西潘敦在建党50周年纪念庆典上说:"要发扬热爱祖国、热爱人民和不怕牺牲的革命精神,坚持马列主义思想和社会主义道路,加强党内团结,密切党群关系,坚持和平、独立、友好和合作,在和平共处五项原则基础上与世界各国建立平等、互惠互利的外交关系,特别是要加强社会主义国家的关系,扩大对外交往……"。[①]在凯山·丰威汉85岁诞辰纪念庆典上,老挝人民革命党中央政治局常委、老挝国家副主席朱马利·赛雅贡要求全体党员:"要发扬爱国、团结互助精神,利用国际机遇,合理有效利用国内资源建设祖国。"他还说:"从现在开始到2010年,全党全国人民要努力创造一切条件发展经济,使国民经济保持年均7%~8%的增长速度,要调整经济结构,继续实施停止毁林种地政策,基本解决贫困问题,为国家的工业化和现代化打下坚实的经济、技术、文化、科技和人才基础。要发展对外关系,坚持依靠自己,提高人民生活水平,建设富裕的祖国。"[②]

琅勃拉邦街边夜市。　　(原载《中国—东盟博览》)

(三) 颁布实施一批法律

2005年老挝颁布实施6部法律和335项政府令,其中包括《土地法》、《森林法》、《水和水资源法》、《农业法》、《加工业法》和《环境保护法》等,为维护老挝经济社会生活正常秩序提供了越来越多的法律保障。

二、经济方面

(一) 经济快速发展

2005年老挝经济增长速度达到4.2%,这是老挝第五个五年计划时期增幅较大的一年。农林业、工业手工业、服务业的发展有以下特点:

1. 农林业增幅较低,但仍是国民经济快速增长的重要保障。2005年老挝农林业的增长率为3.5%。稻谷产量260万吨,完成计划的96%,停止毁林种地指标完成70%。肉、蛋、鱼产量20.52万吨,完成计划的85%。老挝从2000年开始,已基本做到食糖自给自足,2005年老挝稻谷产量比2000年增长18%,人均稻谷由2000年的420公斤增加到2005年的433公斤。贫困人口减少一半,完成年度脱困任务。2005年老挝农业尽管增幅相对较低,但仍为国民经济快速发展提供了重要保障。

2. 工业手工业增势迅猛,成为国民经济快速增长的巨大动力。2005年老挝工业手工业生产总值比上年增长13%,其中电力增长最快,增幅为15%,比2001

年增长61%，电力装机容量达到690.2兆瓦，全国91.49%的城市、39.2%的乡镇和47%的家庭能用上电。加工业（主要是啤酒、饮料、水泥、钢材、混凝土、服装、医药和成品木材等）也取得较大发展，增长率为13.5%，产值占全国工业总产值的67%，提供了大量的就业岗位，年内直接就业人数达10万多人。

3. 服务业增幅较大，为国民经济的快速发展作出重要贡献。老挝的服务业相对农林业和工业手工业而言，起步较晚，所占比重是最低的。2001年仅为20%左右，2005年增幅达到8%，所占比重升至26.4%。其中旅游业表现最为突出，2005年外国游客达到105万人次，比上年增加15万人次，旅游业创汇1亿多美元。

（二）发展经济的主要措施

2005年老挝经济较快发展，主要仍得益于采取了以下措施：

1. 挖掘农业潜力，大力推动商品化生产。年内，老挝政府重视挖掘农业潜力，采取多种措施推动农业商品化生产。（1）提倡双季稻的种植。2004～2005年，老挝农民旱季种植面积为6.18万公顷，产粮27.15万吨，其他经济作物种植面积8.05万公顷；雨季种植面积68.46万公顷，产粮260万吨，其他经济作物种植面积24.75万公顷。（2）推广农业集中生产模式，使用农业新品种、新技术和兴修水利。2005年8月，老挝副总理通伦·西苏里亲自参加由老挝农林部举办的"老挝农业可持续发展研讨会"。会上，他要求老挝农林部门重视推广先进农业技术和使用新品种，由农林部和各省市负责农业技术推广。在政府的指导和推动下，老挝农林部门在沙湾拿吉省、琅勃拉邦省、川圹省等地建立集中式农业研究和推广示范中心。在川圹省试验种植旱谷、小麦等作物。（3）充分利用中国、越南等国的进口优惠政策，鼓励出口农产品。2005年在中国、越南和泰国等国家给予老挝农产品进口以零关税的优惠政策刺激下，老挝政府鼓励群众大量种植经济作物，种植面积达35.5万公顷，产量6.74万吨，其中咖啡2.5万吨，饲料玉米30.5万吨，糯玉米6.74万吨，黄豆1.11万吨，花生2.69万吨，薏米1.97万吨，芝麻8700吨，蔬菜74.4万吨。出口产品总价值达1670万美元，为平衡老挝的国际贸易作出巨大贡献。

2. 充分利用国内自然资源，出台一系列招商引资政策，扩大对外合作。老挝除具有丰富的农业资源外，其他自然资源蕴藏量也极其丰富，如电力资源、森林资源和矿产资源等。有数据显示，老挝国内河流可用来建造中小型水电站约60座，森林覆盖率近40%，已经发现的矿点有570处。为使其国内丰富的自然资源得以有效利用，近年来，老挝出台一系列招商引资政策，扩大对外合作。(1)外商在老挝可以享受最高达7年的免除利润税待遇，随后还可享受10%的利润税率。对于用于扩大投资的利润可免征利润税。(2)外商可以在其投资企业中使用不超过10%的外国员工，也可以配备老挝缺乏的相关投资项目的专家、技术及管理人员。（3）简化投资审批手续。对于投资额低于500万美元的投资项目无须经国家部门核准，由接受投资的地方政府审批，其中，无须经国家部门审批的项目可在15～25个工作日内完成审批手续，须经国家部门批准的投资项目可在45个工作日内完成审批手续。（4）实行优惠的税收政策，投资者可以享受2～7年的免税期，过了免税期，投资者还可以享受每年10%～2%的税收减免优惠政策。（5）大幅度提升中小投资者在各个项目中的投资比重，在基础设施，特别是旅游方面的基础设施如道路、酒店等的投资比重最高达100%，在旅游公司中的投资比重可达70%等[③]。通过上述措施，老挝在2001～2005年间，吸引来自36个国家的投资者到老挝投资，批准直接投资项目585项，合同投资额280亿美元。其中2005年，老挝批准投资项目127项，投资金额12.49亿美元，比上年增加近5亿美元。

3. 积极融入地区和世界经济，为经济增长注入新的活力。2005年老挝积极参加老越柬三角区域合作开发、老柬泰绿宝石三角旅游区、老柬缅泰越五国经济合作战略、老越柬缅泰中六国湄公河次区域合作等次区域经济合作项目。老挝总理本扬·沃拉芝还代表老挝政府与柬越缅四国总理在吉隆坡发表关于四国合作的联合声明以及其他次区域合作峰会的联合声明。这表明老挝在发展本国经济的同时，积极地参与地区和世界经济的合作，并主动融入其中，为其经济的快速发展注入新的活力。有资料显示，老挝加入东盟之前，1986～1990年是老挝革新初期，平均每年经济增长率为4.8%，人均GDP为114美元（1985年统计），加入东盟之后，2001～2005年GDP年均增长率为6.2%，据老挝《万象时报》2005年12月5日报道，老挝人均GDP2005年达到438美元。2005年出口总额4.46亿美元，比1996年增长84.4%。

4. 有序推进国有企业改革，发挥市场经济作用。从2003年开始，老挝政府开始对其大中型国有企业进行分批分期改革。截至2005年底，已有三批共14家国有大中型企业开始改革。通过改革，企业逐步走向市场化，按照市场规则运作。老挝成功盘活了这些企业，使它们成为老挝国内最有实力的本土公司，如老挝电力公司，掌控着全国96%以上的输电网络，还和泰国、法国一起建设南屯2期水电站，并占有25%的股份，预计未来25年内老挝可以从中获得20亿美元的直接收入。

（三）经济发展存在的问题

尽管老挝2005年经济发展取得了显著的成绩，但也存在不少问题，主要是：经济基础薄弱，产业结构不合理，宏观经济增长仍存在诸多不利因素，内部发展如动力明显不足，对外依赖过重，导致投资被动；基础建设和固定资产过度投资造成预算吃紧，经济虽有发展，但还很弱小，商品生产水平低，成本过高；国产食品和建材不能满足实际需要；中央和地方的管理分工不明确，协作配合不紧密，甚至互相推诿；执行国家法律、法令不力。特别是林业领域，对违法者的处理不坚决；财政金融状况不稳定，陈年旧账还没有彻底解决，财政—银行—企业之间的三角债务虽有一定程度的缓解，但财政资金不足，信贷质量降低，直接影响国家经济体系的信任度；税收没有完成计划，税收制度还处于初级阶段，有健全财务制度的企业单位较少，多数处于包干税制，并长期拖欠税款，对拖逃税者依法处理不严等④。

三、外交方面

2005年老挝外交主动活跃，为国民经济的发展带来新的动力，在地区和多边合作、双边关系方面均取得较好成效。

（一）发挥东盟轮值主席国的作用，提升国际地位

2005年是老挝的东盟轮值主席国年，老挝先后成功承办一系列东盟年度会议，如第十届东盟峰会、第三十八届东盟外长会议、第三十七届东盟经济部长会议、第二十六届东盟国家议会部长会议以及东盟财政会议、东盟旅游部长会议等。通过这一系列的会议，老挝向地区和世界显示了其承办大型国际会议的能力，同时也展现了发展中的老挝新形象。

（二）积极开展双边和多边外交，争取国际援助

1. 老中全面友好合作关系发展良好。双方继续保持高层互访，双方政治信任加强。2005年7月，老挝总理本扬·沃拉芝率团参加在昆明举行的湄公河次区域合作第二次领导人峰会，与中国总理温家宝进行会晤。10月，老挝国家副主席朱马利·赛雅贡率团参加在南宁举行的第二届中国—东盟博览会暨第二届中国—东盟商务与投资峰会，与中国国家副主席曾庆红进行会晤。12月，老挝国会主席沙曼·维雅吉应中国全国人大常委会委员长吴邦国的邀请率团对中国进行正式友好访问。7月，中国外交部部长李肇星率团参加在万象举行的东盟10+3外长会议，与老挝总理本扬·沃拉芝进行会晤。12月，中国对外友协应邀对老挝进行友好访问。

老中两国领导人都表示要加强双边合作以及在国际、地方事务上的协作，促进双方友好关系的发展。老中两国地方合作成效显著，中国对老挝的投资呈快速增长趋势。据老挝计划与投资委员会副主席连提乔称：老中两国先后签署贸易、投资保护、旅游、汽车运输、经济技术合作等协定，并成立双边经贸与技术合作委员会。2005年，中国公司在老挝的投资项目103项，投资领域主要集中手工业、矿业、服务业和农业。

2. 老越特殊团结友谊全面合作关系继续加强。2005年3月24～25日，越南共产党中央总书记农德孟率团到老挝进行正式友好访问，访问期间与老挝人民革命党总书记、老挝国家主席坎代·西潘敦举行会晤。两国领导人分别向对方通报国内情况，对两国特殊团结友谊关系表示满意，并表示要进一步加强两国在经济、贸易、投资等领域合作，要连通两国的交通、电信、电力等网络，不断增加两国贸易额，加快建立越老自由贸易区，要继续推动两国在文化、新闻、教育、党建、人才、卫生、体育、旅游等领域的全面合作。越南将为老挝提供最便捷的过境运输服务。2001～2005年老越双边贸易与1991～1995年相比增长1.7倍。2005年双边贸易额1.65亿美元，比上年增长15.4%。老越双边贸易增长的根本原因是双方共同制定措施，为发展双边贸易提供便利。

3. 老美关系进一步发展。2005年是老挝与美国建立外交关系50周年，老挝与美国在寻找印支战争美国士兵遗骸、禁种罂粟、扫雷、防恐等方面展开合作，经济、贸易和投资领域的合作也得到拓展，美国同意给予老挝正常贸易国地位。为纪念两国建交50周年，美国驻老挝大使馆于2005年8月在老挝国家文化宫举办美老建交50周年图画展。老挝新闻文化部部长门乔·沃拉本、老挝外交部助理部长蓬沙·瓦布帕等高级官员出席画展开展仪式。

4. 老挝与印度达成加强双边贸易及投资的协定。根据这一协定，双方将扩大双边贸易及投资合作。

5. 老挝与新西兰开展合作。老挝外长宋萨瓦利用参加在吉隆坡举行的第十一届东盟峰会和东亚峰会的机会与新西兰外长会晤，双方对两国在互访、人力资源开发和人道主义援助等方面的合作表示满意，新西兰外长表示，新西兰将增加对老挝的无偿援助，金额从原来的130万美元增至1100万美元，3年内交付到位。

四、2006年展望

2006年老挝人民革命党将召开第八届全国代表大会，选举新一届领导班子；经济上，老挝第六个五年计划（2006～2010年）开始实施。从老挝目前新领导班子候选人看来，多数人曾留学法国、俄国等国，具有较为宽阔的视野和开放的新思维，具有较强的领导能力和亲和力，很可能会在老挝革新开放事业上迈出更大步伐。而2006年作为他们领导执政的开头年，也是第六个五年计划的第一年，具有考验他们执政能力的重大政治意义。因此，从新领导班子的执政素质和外部压力这两个因素看，他们一定会集中精力和发挥最大力量做好2006年的各项工作。外交上，老挝始终把争取外援作为其发展经济的一条有效经验，围绕争取更多外援而继续保持原有外交关系和拓展更多外援空间是发展主线。

（陈有金）

注释:

①(老挝)《人民报》,*2005* 年 *3* 月 *23* 日

②(老挝)《人民报》,*2005* 年 *12* 月 *14* 日

③转引自 *http//www.dmnet.com.cn* 中国医药网 *2005* 年 *9* 月 *29* 日文章《老挝采取措施吸引外资》和 *2005* 年 *10* 月 *20* 日文章《老挝出台新措施大力吸引中小投资者》

④转引自 *http//www.dmnet.com.cn* 中国医药网 *2005* 年 *8* 月 *20* 日文章《*2005* 年老挝宏观经济展望》

马来西亚:2005 年回顾与 2006 年展望

由于一些难以预测和控制的负面因素,如国际油价腾升、国际电子产品需求萎缩以及利率提高等因素的影响,2005 年马来西亚经济发展势头明显减缓,但全年经济仍保持增长。马来西亚政局稳定,对外关系经受考验,发展顺利。

一、经济

在强劲的国内需要和国际初级产品价格持续稳定的支持下,2005 年马来西亚经济增长率达到 5.3%,虽然比上年减少 2.1 个百分点,但依然保持增长,经济发展比较稳健。

(一) 服务业

2005 年前 9 个月,服务业取得 6.3% 的增长率,全年增长率达到 5.8%。服务业占马来西亚国内生产总值的 55% 以上,对该国经济发展有决定性的影响。服务领域包括公用事业、对外贸易、港口活动、交通运输、通信、金融保险、政府服务以及其他服务等。个别行业在年内经受考验,如航空运输业受到印度洋海啸、恐怖袭击事件和飞机燃料价格高居不下的影响,损失较大,马来西亚航空公司的 76 条国际航线,损失高达 5 亿林吉特。[①]大多数行业有不同程度的发展,如第三季度零售批发酒店业增长率为 10.0%,政府服务增长率为 10.2%。据马来西亚旅游部的资料,2005 年上半年外国游客总数为 816.78 万人次,比上年同期增长 3.5%。

(二) 制造业

制造业占国内生产总值的 1/3、出口总额的 3/4 以上,就业人数占国内就业人口总数的近 30%,是马来西亚最重要的经济部门。2005 年前三季度制造业的增长率为 4.1%,全年增长 5%。马来西亚制造业以出口导向的电子电器产品为主,外部需求的强弱直接影响国内制造业的发展。受国际电子商品需求减弱以及原油价格高涨的影响,从 2004 年 10 月开始,制造业增长速度逐渐放缓,2005 年 7 月出现 0.7% 的负增长记录,8 月恢复增长,但始终在 5% 的增长水平上下波动。据马来西亚政府《2005/2006 年经济报告》提供的数字,2005 年头 7 个月,出口导向制造品产量减少 0.1%;供内需的制造业如交通设备的生产和销售,分别增长 10.2% 和 25.5%。受国内建筑业不景气的影响,各种建筑产品如五金、机械、水泥和钢材等的生产都出现萎缩。

(三) 农业、矿业和建筑业

2005 年初,由于棕油产量增加,市场价格稳定,马来西亚农业第一季度增长率达 5.7%,后三季度增长放慢,全年增长 4%。

矿业因多处油田和原油加工企业实行短期停产维修,2005 年 1~10 月石油产量为 24.15 万桶,比上年同期减少 5.42 万桶。但由于天然气产量增加,全年矿业仍有约 1.5% 的增长。

2005 年最不景气的依然是建筑业,由于政府推行谨慎财政,减少工程计划,马来西亚建筑业继 2004 年第二季、第三季和第四季分别衰退 1.5%、2.6% 和 2.6% 之后,2005 年头三季度连续出现负增长,全年萎缩 1.1%。

(四) 对外贸易

据马来西亚对外贸易促进机构的统计,2005 年对外贸易总额为 9677.98 亿林吉特,其中出口总额 5337.88 亿林吉特,进口总额 4340.10 亿林吉特。

主要出口市场的出口额都有所增长,2005 年 1~11 月,出口东盟 1270 亿林吉特,比上年增长 16.2%;出口美国 9516 亿林吉特,增长 16%;出口欧盟 563.8 亿林吉特,增长 2.5%;出口日本 453.7 亿林吉特,增长 2.8%;出口中国内地 312.8 亿林吉特,增长 6.4%;出口印度 135.1 亿林吉特,增长 30.6%。出口的主要产品有石油、石化产品、棕油、液化天然气、机械设备、电子产品等,其中石油、天然气的出口额分别达 273.2 亿林吉特和 185.7 亿林吉特,分别增长 31.2% 和 23.1%。

在进口方面,东盟、日本、美国、欧盟、中国等国家和地区是马来西亚的主要进口来源地,2005 年 1~11 月从上述国家和地区的进口额分别为 969.5 亿林吉特、576.6 亿林吉特、508.6 亿林吉特、449.3 亿林吉特和 452.9 亿林吉特。由于马来西亚增加中国制造品的进口,马来西亚与中国贸易逆差逐渐增大,2005 年 1~11 月逆差为 131.1 亿林吉特(约 34 亿美元)。马来西亚的主要进口产品为电子零件和半成品、机械设备、化工原料和化工产品等。和往年一样,电子零件和半成品依然是最大的进口商品,2005 年 1~11 月进口额为 1758.2 亿林吉特,占进口总额的 44.6%。

(五) 调整汇率

2005 年马来西亚较引人注目的经济政策变动是调整固定汇率。1998 年亚洲金融危机时期,马来西亚货币受到国际炒家狂抛猛炒,汇率持续下跌至非常危

险的水平。由于与美元脱钩的自由浮动汇率是国际炒家频频得手的主要原因之一，马来西亚政府于1998年9月1日推出固定汇率的应急措施，将汇率固定在3.80林吉特兑1美元的水平，使当时十分动荡的外汇及股市逐渐稳定下来。但随着经济逐渐复苏和稳定，固定汇率的负面影响日益明显。在固定低估汇率的情况下，马来西亚进口商品价格必然昂贵，通胀压力随之增大，2005年6月的通胀率达到3.2%，为6年以来的最高点，工商各界纷纷要求调整林吉特的汇率。几经考虑，2005年7月21日，马来西亚政府宣布林吉特与美元脱钩，选择采用可管理的一篮子货币浮动汇率措施。

由于调整汇率的前几个月，美元对其他货币的走势趋强，林吉特对各主要货币的汇价也随之增值，汇率接近比较合理的水平，加上国家银行在汇市中进行干预，林吉特与美元脱钩后并没有出现人们原来想象的太大的落差。7月新措施宣布后一直到12月，林吉特对美元的交易汇率值仅在3.78～3.79林吉特之间窄幅波动。市场曾经估计林吉特会升值至3.60林吉特比1美元的价位，数目巨大的外国“热钱”一度大举流入，以至马来西亚的外汇储备金在8月份创新纪录，达804亿美元（当时约合3031亿林吉特）。后来，随着脱钩后的林吉特汇率上升缓慢，这些外国资金随之逐渐外流，9～11月，约有80亿林吉特的外国资金流出。12月15日的外汇储备为720亿美元。国家银行宣布，720亿美元的外汇储备，不仅足以融资7.9个月进口，也是短期出口债务的6.4倍。因此，调整汇率，马来西亚经济不会造成太大的冲击。

二、政治

（一）非议席补选

2005年10月吉兰丹州议席补选，执政党国民阵线在反对党阵营的政治较量中再占上风。吉兰丹州是马来人反对党伊斯兰教党控制的唯一的一个州政府，1990年上台执政，至今已有16年，国阵一直想夺回这一州政权，但1995年、1999年和2004年连续三次大选均未能成功。2005年10月31日，吉兰丹州伊斯兰教党彭加兰巴西区州议员旺阿都阿兹因病逝世，12月6日在吉兰丹州举行2004年大选以来的全国第一场补选，国阵全力以赴，大打“发展牌”，以促进经济发展来吸引选民和进行密集拉票行动，国阵主席巴达维总理亲自到选区争取选票，国阵副主席暨副总理纳吉在补选区驻守整整6天，直接督战，其他成员党如马华公会等都予以积极配合。面对国阵倾尽全力的挑战，伊斯兰教党也放弃过去以宗教为号召的策略，改为用“发展牌”来争取民心，但终于无法与国阵抗衡。结果，国阵候选人比伊斯兰教党候选人多出134票而赢得补选[4]，形成国阵22席与伊斯兰教党23席对垒的格局。补选获胜

吉隆坡时代广场是亚洲最大的购物商场，与星光大道相辉映，交织出吉隆坡的繁华与时尚。（原载《中国—东盟博览》）

使国阵为下届大选重夺吉兰丹州政权奠定了基础。伊斯兰教党虽然仍保持执政地位，但政权岌岌可危。

（二）改革与反贪

巴达维就任马来西亚总理之后，曾提出令人振奋的施政纲领，如推行廉政、打击贪污、提高效率、民主亲民等。对于巴达维总理的个人风格和改革诚意，以及巴达维政府的许多施政策略与具体措施，马来西亚人民一直给予很大的支持和认可，但也有不少人认为政府改革和反贪的成效没有预期的明显，改革和反贪的步伐还应该加快。特别是2005年7、8月间汽车入口准证（AP）的问题披露后，人们对分配不公，职权腐败等问题无不深恶痛绝，由于汽车入口准证是由贸工部负责颁发，一些人甚至要求贸工部长辞职。据7月18日总理署通过《马新社》公布的资料，从1970年开始，政府共发放汽车入口准证6.72万份，而纳沙集团董事经理纳西姆汀、TAHB汽车有限公司董事经理赛阿兹曼、主板挂牌公司杰威资金执政董事莫哈末哈聂夫及阿祖丁阿末等4人，在2005年就获准颁发准证2.7万份。[5]

巴达维政府采取多种措施反贪，包括成立廉政学院加强反贪教育，成立皇家警察调查委员会调查警方内部的贪污舞弊问题，对付两名涉及金钱政治和贪污的部长，扣留涉嫌贪污的全国总警长巴克里的儿子等。但观察各国贪污情况的国际透明度机构认为，马来西亚的贪污风气仍然盛行，巴达维必须显示更强大的政

治肃贪意愿。[6]

三、外交

2005 年马来西亚外交总的来说有成效，也有波折。在这一年里，马来西亚与美国、澳大利亚、日本，以及欧盟诸国等发达国家的关系平稳发展，马来西亚和印尼两国曾因争夺苏拉威西石油资源而剑拔弩张，马来西亚和泰国两国也曾因泰南人双重国籍问题而互相指责，但通过多轮的磋商，马来西亚最终分别和印尼、泰国达成互相谅解，同意通过正常的外交途径解决纠纷。11 月发生的“中国女子事件”和 12 月在吉隆坡举行的东盟峰会和东亚峰会，是这一年马来西亚较为引人关注的外交事件。

（一）“中国女子事件”

“中国女子事件”最早见诸报端，是 3 位中国女子被怀疑带假护照，于 11 月 3 日在马来西亚地方警局遭受 4 天拘禁和体罚。事件公开披露后不久，3 位女子于 11 月 17 日闯入马来西亚国会，求见国会人权核心委员会主席拿督斯里纳兹里、国内安全部副部长拿督诺奥玛，要求国会还她们一个公道[7]。事件开始引起关注，中马两国报章纷纷加以报道。尔后，又再传出另一中国女公民在吉隆坡郊外的一家宾馆，遭受 3 名马来西亚空军军人和 1 名印度籍男子的性侵犯。[8]以及 30 多位中国妇女在移民局被拘被辱[9]等事件。最终引起轰动的“裸女录像”事件，即 11 月 24 日在马来西亚国会播放约 30 秒的“裸女录像”，录像显示一名女警察站在一名赤裸蹲坐女子面前，由于女子皮肤白皙，普遍以为是一名中国妇女[10]。

“裸女录像”引起中国人民的激愤和中国政府的严重关注。中国外交部副部长武大伟于 11 月 30 日在北京约见马来西亚驻华大使诺尔扎曼，就马来西亚连续发生中国公民被污辱、被伤害事件提出严正交涉。武大伟表示，中国政府高度重视维护中国公民的尊严和人身安全，对中国公民在马来西亚连续受到侵害极为关切，要求马来西亚政府以认真负责的态度尽快查处有关案件，并采取切实有效措施，防止此类事件再次发生。[11]

马来西亚政府对披露的一连串事件，给予足够的重视，并及时处理。早在 11 月 17 日，即 3 名曾被拘禁的中国女子入禀国会时，马来西亚国会人权核心委员会主席，也是首相署部长的斯里纳兹里便向她们保证，会替她们讨回公道，查出并惩罚犯错的警员。他形容这起事件令国人感到无比羞耻，表示将要求警方提供最新的进展调查，必要时直接把事件呈报最高当局。[12]第二天，受害者进入警局认人，认出 4 名涉案警员。针对中国女子被拘与怀疑持假护照有关，马来西亚内阁还专门对移民局发出指令，要求移民厅入境柜台人员对中国公民入境，只须检查其护照与签证的真伪，无须查问中国公民的入境理由。[13]不久，强奸中国女游客的 4 名疑犯被逮捕归案。“录像事件”发生后，正在马耳他首都瓦莱塔访问的马来西亚总理巴达维，于 11 月 27 日在当地举行新闻发布会表示：“如果发生针对中国游客的事件，而肇事者是大马政府官员，无论他们是移民官还是警察，我们都为此道歉”，[14]次日回国后，他立即下令成立独立调查委员会清查事件，同时决定派内务部长阿兹米卡立到中国解释马来西亚政府严肃解决事件的立场，警察总部也设立一个华裔警官组成的特别调查小组，负责调查三名中国女子被拘禁事件。随后是阿兹米卡立部长于 12 月 5～12 日先后到北京、广州等地访问，会见中国相关政府机构官员，召开新闻发布会，表示马来西亚政府和人民对受辱者的遭遇深表痛心，报道成立独立调查委员会和事件调查的进展，解释本国政府不会姑息犯错执法人员的立场。独立调查委员会于 2005 年 12 月 12～16 日举行听证会，并于 2006 年 1 月 23 日正式公布调查报告书。在 12 月 14 日的听证会上，最终查明“裸女录像”的主角是马来西亚的马来人女公民。

马来西亚政府对事件的严肃查处，以及对马中关系的高度重视和极力维护两国关系的诚意，得到中国方面的谅解和欢迎。12 月 11 日，中国国务院总理温家宝赴马出席在吉隆坡召开的东亚峰会等国际会议时，在吉隆坡机场指出：中马两国共同利益十分广泛，在政治、经贸文化等各领域的交流与合作富有成效，在国际和地区事务中保持着良好协调配合。中马关系的发展符合两国人民的利益，也有利于促进本地区的和平、稳定和繁荣。中方愿与马方共同努力，将中马关系不断推向前进。[15]按照原定计划，温家宝总理在区域峰会结束后，于 12 月 15 日访问马来西亚，并与马来西亚总理巴达维签署《中华人民共和国政府和马来西亚政府卫生合作谅解备忘录》和《中华人民共和国政府和马来西亚政府教育合作谅解备忘录》，两国当天发表《中华人民共和国和马来西亚联合公报》。

（二）三大会议

2005 年 12 月中旬，东盟在吉隆坡分别举行 3 次重要的区域性会议，即第十一届东盟峰会、第九届 10 + 3 峰会和首届东亚峰会。东盟峰会发表《吉隆坡宣言》，列出将要制定的《东盟宪章》，在政治、经济与社会文化等广泛领域必须遵循的基本原则，为加快东盟 10 国的整合奠定基础。[16]在东盟与中国、日本和韩国举行的 10 + 3 峰会上，各国领导人同意继续在维持区域能源安全方面进行合作。12 月 14 日在吉隆坡召开的首届东亚峰会，以“加强合作，增进友谊，创造一个和平的环境”为主题，参与这次会议的除东盟 10 国，还包括中国、日本、韩国、印度、澳大利亚和新西兰共 16 个国家，俄罗斯列席观察。会议发表《关于东亚峰会的吉隆坡宣言》和《关于预防、控制和应对禽流感的东亚峰会宣言》。

四、2006年展望

（一）经济

马来西亚政府计划通过促进农业、工业与建筑业的发展来推动2006年国家经济的发展，在2006年财政预算中，已决定拨出144亿林吉特推动这三大部门的发展。为促进农业发展，有关部门成立国家农业及食物机构，拨款3亿林吉特设立基金以发展农业供应链。为减轻建筑业的困境，政府也专门拨出10亿林吉特，委托建筑承包商承包公共设备维修工程。和2005年一样，国内需求估计仍然是维持2006年马来西亚增长的主要推动力，预计马国内需求占国内生产总值的比重，将从2004年的89.9%、2005年的91.5%，提高到2006年的91.7%。[17]为鼓励私人加大投资，2006年起政府采取一些税务优惠措施，包括商家可从有盈利的公司扣除税务来弥补属于亏本公司的50%亏损额等。2006年也是马来西亚第九个五年计划的第一年，虽然"九五计划"酝酿多次，还没公布，但总理巴达维宣布落实第九大马计划的十大策略中，提到加倍努力确保国家经济处于高度成长及稳健的地位；以知识作为经济发展基础，加强国家经济基础，以及开拓新兴的成长领域；继续改善公共服务行政系统；加强人力资源的能力等措施，[18]所有这些，都将会对2006年的经济发展产生积极的影响。

2006年经济发展面临的挑战也不少。如国际油价的影响，2005年下半年国际原油价格虽然趋于稳定，但比2004年平均每桶41.50美元仍高出35%～40%。随着国际能源竞争的持续激烈和中东地区政治形势的急剧变化，2006年原油价格估计仍继续波动和上涨，并必然对世界经济前景以及马来西亚的经济发展造成负面影响。此外，资金外流、利率提升、通胀率偏高、经济改革前景不明、旅游业面对的激烈竞争等因素都将继续困扰2006年的经济。所以，2006年马来西亚经济展望只能是谨慎乐观，马来西亚总理估计2006年的国内生产总值将增长5.5%，低于早前预测的6%，但比2005年5%的增长率略高一些。

（二）政治

2006年的马来西亚政局依然比较稳定，国阵政府面对的问题，不是反对党的挑战，而是如何拿出令人满意的改革和反贪的实际成果。2006年2月14日，总理巴达维宣布内阁改组，撤换数名部长和副部长。尽管人们对内阁改组期待已久，尽管新内阁的部长们都表示将为国为民履行职责，但却有评论认为内阁改组是旧酒新瓶，一点惊喜都没有。看来，出任总理两年多的巴达维，要树立更高威望，还需要做出更大的努力，启动更广泛深入的改革。

（廖小健）

注释：

①*http://www.sinhew.com.my/,2006-01-12*
②*http://www.nanyang.com/,2005-10-17*
③*http://www.matrade.gov.my/2006-01-12*
④*http://www.nanyang.com/,2005-12-07*
⑤*http://www.nanyang.com/,2005-07-18*
⑥*http://www.zaobao.com/,2005-10-31*
⑦*http://www.guangming.com.my/,2005-11-17*
⑧*http://www.zaobao.com/,2005-11-26*
⑨*http://www.zaobao.com/,2005-11-28*
⑩*http://gzdaily.dayoo.com/,2005-11-26*
⑪*http://news.xinhuanet.com/,2005-11-30*
⑫*http://www.guangming.com.my/,2005-11-17*
⑬*http://www.nanyang.com/,2005-11-20*
⑭*http://www.nanyang.com/,2005-11-28*
⑮*http://www.nanyang.com/,2005-12-11.*
⑯*http://www.zaobao.com/,2005-12-13.*
⑰*http://www.sinchew.com.my/,2005-10-12.*
⑱*http://www.nanyang.com/,2005-07-21.*

2005年缅甸形势综述

2005年缅甸在政治、经济、社会和外交方面虽然遇到重重困难，但缅甸政府对过去一年局势的评价仍持乐观态度，军政府最高领导人丹瑞大将2005年3月27日在建军节纪念大会上，宣布国家取得了发展，政治改革已取得成效，并要求军队和民众为建设一个和平、现代、发达和有纪律的民主国家而共同努力。

一、2005年的缅甸政局

2005年的缅甸政坛可谓大事不断，2月和12月两次召开国民大会，首都从相对繁华的仰光迁移到山区小城镇彬马那，军人与反对党以及少数民族之间的关系趋于紧张，昂山素季再次被无限期延长软禁，爆炸事件接连发生，毒品问题、公众卫生和健康、艾滋病的蔓延等问题趋于严重。虽然发生上述事件，但缅甸政府仍然有能力掌控国内局势。

（一）试图彻底改变少数民族武装力量"拥兵自立、占地自管"的局面

缅甸政局由国内三大政治力量——军队、民盟和少数民族武装力量共同决定，其中军队占有较大优势。从2005年的情况看，各方之间的矛盾依然存在。在民主与人权方面，2005年1月和7月，军政府释放约6000名在押人员，其中包括前副外长拉索、民盟中央

执行委员盛拉欧等反对派成员。7月初军政府又逮捕了10多名有民主倾向的人士。此外,军政府在获得美国网络公司的新防火墙技术之后,对网络的管制更加严格,高达84%的反对阵营以及民主的政治网站在缅甸国内无法正常连接。2005年6月19日,反对党领袖昂山素季在软禁中度过了60岁生日。11月27日,军政府根据反颠覆法将其软禁时间延长,但未公布延长的期限,按照现行法律为一年。

为在国内政坛发挥更大的作用和争取少数民族的权益,9个少数民族合法政党2005年初成立统一战线——各民族团结联盟(UNA)。类似的少数民族组织还有土著民族委员会(ENC)。2005年2月7日,军政府拘捕包括担任各民族团结联盟主要领导人的掸族民主同盟主席昆吞乌等11位掸族领袖。2005年11月,这些掸族领导人都被判处徒刑。军政府继续对少数民族武装力量采取分而治之的政策,试图彻底改变众多与政府达成停火协议的少数民族武装力量继续"拥兵自立、占地自管"的"国中有国"的局面。2005年,军政府这一政策取得一定成效,如崩龙邦解放军(PSLA)与北掸邦军11旅与19旅向军政府缴械。军政府的强硬政策也引起部分少数民族团结和武装的强烈不满。2005年4月17日,在加拿大的掸族王子苏坎帕宣布掸邦独立,自任总统,并要求其他国家政府承认掸邦独立,还请求联合国派维和部队到掸邦,让掸邦举行民主选举。5月5日,军政府与克伦民族联盟的和谈破裂。5月21日,赛义领导的掸邦民族军(SSNA)与约色领导的南掸邦军(SSA－S)合并,声称要恢复掸邦的自决权。

在已与政府签署和平协议的少数民族武装力量中,佤邦联合军与军政府的关系最好。由于军政府以佤联军违法使用"佤邦人民政府"的称号为由,拒绝派员参加佤邦联军的禁种鸦片仪式,双方之间的矛盾有所激化。

2005年9月中旬,克钦新民主军发生内讧。该武装力量秘书长泽龙趁主席丁英外出之机,在其总部板瓦发动政变。在军政府的支持下,丁英率部于9月下旬打回板瓦,重新掌控局势,但该武装力量已元气大伤。

（二）国民大会

2005年2月17日至3月31日,缅甸国民大会在仰光良那彬联邦礼堂举行,来自各政党、1990年大选当选议员、少数民族、农民、工人、知识分子、公务员及特邀人士等8个界别的1075名代表出席本次会议。大会讨论并通过包括国家安全、外交、经济等11个领域的立法权制宪细则以及关于行政权和司法权的制宪细则。12月5日,有1074名代表参加的国民大会继续在良那彬举行。

国民大会中新宪法的制定没有取得实质性进展。由于军政府在2月10日逮捕多名对宪法条文有不同意见的掸族领袖,掸邦各民族民主联盟(SNLD)、北掸邦军(SSA－N)和掸邦果敢民主党(SSKDP)代表缺席本阶段国民大会,民盟继续抵制本阶段国民大会。12月5日,1995年与军政府达成停火协议的新孟邦党(NMSP)以军政府不重视他们的意见为由,只派观察员参加本阶段国民大会。众多党派和民族代表缺席使得新宪法的制定难以取得实质性进展。

（三）迁都彬马那

2005年11月4日,缅甸军政府宣布将国防、外交、内政等10个政府部门从原首都仰光迁往中部的小城彬马那。缅甸迁都引发了国际社会的广泛猜测,人口只有10万的彬马那一时间成了国际关注的焦点。之所以迁都,缅甸军政府的说法是从国家的长远利益出发,要把国家的行政中心迁到全国的地理中心,加强对国家的管理和控制。

（四）社会问题

2005年缅甸发生爆炸和火灾等恶性案件比往年明显增加。5月7日下午,仰光大金塔附近的德贡商场、仰光北郊的一家超市以及仰光市区内正举行泰国商品展的仰光贸易中心几乎同时发生炸弹爆炸,造成19人死亡,160多人受伤。这是自1983年仰光烈士陵园爆炸事件发生以来缅甸最严重的一起爆炸案,对缅甸的国际形象造成严重影响。11月28日,仰光市郊发生火灾,1557户住宅被大火烧毁。

2005年9月联合国开发计划署(UNDP)发表题为"处于十字路口的国际合作,不平等的世界援助、贸易与安全"的2005年人类发展报告书,该报告根据各国政府在消除贫困、降低母婴死亡率、普及小学教育、防治艾滋病、促进两性平等、推动国际合作等方面的表现对世界各国进行评估,缅甸在189个国家中排名第129位,落后于排在第73名的泰国以及几乎和缅甸同时开始改革的越南(108名)。

缅甸目前饱受艾滋病、结核病、疟疾的困扰。亚洲开发银行2005年12月2日的报告指出,缅甸约有艾滋病患者60万,其中怀孕妇女占1.8%,这种状况将造成缅甸劳动力素质降低,严重影响缅甸经济发展。

联合国食品计划署主席莫里斯2005年8月初访问缅甸后指出,1/3的缅甸儿童营养失调,其中8%情况非常严重,且有1/3的营养失调儿童年龄在5岁以下,在少数民族地区,营养失调的儿童比例高达60%～70%。

联合国毒品控制和犯罪预防办公室2005年11月1日发布的《缅甸2005年鸦片调查报告》称,当年缅甸罂粟种植面积为3.28万公顷,比上年减少26%。同年缅甸鸦片产量约312吨,比上年减少16%。但罂粟种植问题在短期内难以根绝。

展望2006年,缅甸军政府将集中精力推进国内的民族和解与民主化进程。尽管军队与民盟、少数民族武装和团体的矛盾仍将存在,但军政府仍能控制政治社会局面,这种矛盾斗争也不会使缅甸陷入动荡之中。

二、2005 年的缅甸经济

缅甸军政府宣布 2005 年 3 月 31 日结束的 2004～2005 财政年度,缅甸的经济增长率高达 12.3%,人均收入增至 16 万缅币;2005～2006 财政年度经济增长率将达到 12.6%,人均收入增加到 18 万缅币。但剔除通货膨胀等因素的影响,缅甸经济的增长幅度不大。

(一) 主要农产品产量有所提高

2005 年缅甸经济的亮点是包括大米、玉米、橡胶在内的农产品和经济作物的产量有较大增长。据 2005 年联合国粮农组织发布的报告,同年缅甸大米产量达到 2450 万吨,比上年增加 140 万吨。2004～2005 财政年度,缅甸玉米产量 70 多万吨,比 2000～2001 财政年度增长 1 倍多。2005～2006 财政年度,缅甸玉米种植面积从 29.55 万公顷增至 31.57 万公顷。2005～2006 财政年度,缅甸橡胶种植面积从 20.24 万公顷增至 22.26 万公顷,橡胶产量将达到 6 万吨。缅甸是世界第二大豆类出口国,2004～2005 财政年度豆类种植面积 348 万公顷,总产量 340 万吨。2004～2005 财政年度,缅甸主要出口农产品——芝麻种植面积 150.99 万公顷,总产量 54.2 万吨。

(二) 重点工程建设进展较快

在国际社会的帮助下,2005 年缅甸建成一批有重要意义的工业企业和基础设施。1 月底,由中国山东省农业实业集团公司总承包、合同金额 2545 万美元的缅甸船厂 12000DWT 干船坞项目竣工。3 月 18 日,由中国天津机械进出口有限公司总承包、总投资 3200 万美元的宾普纺织厂竣工投产。这是缅甸目前技术设备最先进、规模最大的现代化纺织厂,设计规模 30000 纱锭,装备 600 台剑杆织机。3 月 25 日,缅甸政府隆重举行迄今为止该国最大的邦朗水电站(装机容量 28 万千瓦)竣工典礼。5 月 14 日,由中国冶金建设集团承建、合同金额约 9000 万美元的缅甸最大纸浆厂(日产纸浆 20 吨)——达榜纸浆厂竣工投产。11 月 25 日,缅甸另一个具有较高现代化水平的沙仑基纺织厂项目竣工。该厂由中国国际工程股份有限公司承建,合同金额约 2191 万美元,设计规模 29760 纱锭,装备 828 台织布机。

为吸引外资和发展工业,缅甸政府正在制定适用于 100% 外国投资的蒂勒瓦工业特区法。该工业区的目标是在缅甸建设首家出口加工区,工业区内可办理出口所需的一切手续,工业区内所需原材料全部免税进口,产品全部出口。

(三) 对外经济贸易有所发展

2005 年缅甸在对外贸易尤其是进口、吸引外资和国际援助以及经济技术合作方面取得一定成效。本年度缅甸政府将对外贸易政策作了一些调整。一是将边贸转为大贸。这一转型比较顺利,缅甸的出口不仅没有因此减少,反而有所增加。二是于 7 月份决定允许恢复已经停止四年的外汇转账业务。这一政策的调整意味着没有出口收入者将不再需要通过其他的进口商申请进口许可证,可以自己申请进口许可证,同时取消 80% 优先商品和 20% 自选商品的进口规定。具体说,缅甸公民只要向银行交纳外汇收入 10% 的税款即可申请进口许可证;到国外从事劳务者的外汇收入、海员外汇收入和从事来料加工的外汇收入、政府认可的珠宝交易会成交的外汇收入,只要向外贸银行交纳 10% 的收入税即可认定为合法收入,并允许申请进口许可证。

2005 年缅甸对外贸易总额为 43.7 亿美元,其中出口额约为 27.7 亿美元,进口额 16 亿美元,11 亿美元的顺差是缅甸 2002 年开始有贸易顺差以来最多的一年。但由于大米和服装出口下降,2004～2005 财政年度的对外贸易额没有达到 2002～2003 财政年度的 53 亿美元,预计 2005～2006 财政年度缅甸对外贸易额最多也只达 50 亿美元。值得指出的是,缅甸近年来与东盟成员国的贸易额增长很快。由于泰国在 2004 年给予缅甸 460 种商品优惠关税,2005 年又有 390 种缅甸出口泰国的商品实行零关税,因此,年内泰国和缅甸贸易额达到了 23 亿多美元,比上年增长 20%。此外,缅甸与越南的贸易发展也比较快。2003～2004 财政年度缅越贸易额为 2177 万美元,2004～2005 财政年度增至 3528 万美元,2005 年仅 1～8 月份就达到 3640 万美元,其中缅甸向越南出口 2400 多万美元。据不完全统计,2004～2005 财政年度,缅甸通过边境贸易向印度出口商品 1000 多万美元,出口的商品种类增加,中国和泰国的日用品也开始过境缅甸到印度销售。

2005 年缅甸吸引外资 1.1 亿美元,是近几年来吸引外资最多的年份。此外,欧盟和日本都向缅甸提供一定的援助,这不仅具有经济意义,也是缅甸对外关系的一大突破。2004 年 12 月欧盟批准对缅援助 1165 万欧元,2005 年又两次向缅甸提供人道主义援助,援助总额累计 1650 万欧元。欧盟还计划在 2007～2013 年间向缅甸教育和卫生领域提供 4000 万欧元的援助。2005 年 6 月 28 日,日本同意向缅甸提供总值 11.86 亿日元(折合 1100 万美元)的援助,主要帮助缅甸进行人力资源培训和缅甸中部气候炎热地区绿化。11 月 9 日,日本向联合国儿童基金会驻缅甸代表处捐款 380 万美元。用于帮助缅甸儿童和孕妇防治天花、破伤风、疟疾和艾滋病等项目。

2005 年缅甸的对外经济技术合作主要在能源领域。12 月 9 日,缅甸与泰国签订谅解备忘录,双方同意在萨尔温江上合作建设装机容量为 60 万千瓦的哈吉水电站，该电站建成后年均发电 量为38.2亿千瓦时。此外，缅甸与韩国、中国、印度合作勘探开采天然气和石油也取得较大进展。韩国大宇集团与韩国瓦斯公司以及两家印度国营企业共同投资3亿美元，开发缅甸A3区的天然气。

（四）通货膨胀问题严重

2005年缅甸通货膨胀率高达20%，缅币与美元的黑市比价从年初的900:1跌至1355:1，创历史新低。油价和大米等主要消费品体格不断上涨。缅甸军政府从4月1日起给包括军警在内的公务员加薪（提高150%以上），是缅甸物价大幅度上升的重要原因之一。这是缅甸军政府1988年9月执政以来的第五次加薪，加薪后的初级公务员月工资最低为17700缅元（约合16美元），中级公务员月工资最低为25000缅元（约合22.7美元），高级公务员（政府各部司局长）月工资为56000缅元（约合51美元），部长级官员月薪为30万缅元（约合272.7美元）。10月19日，缅甸能源部将按照计划提供给私人用车和出租车的每加仑燃料油（包括汽油和柴油）价格都提高至150缅元。同时仍按原来规定每天向每辆私家车和出租车以调整后的价格提供2加仑燃料油。而燃料油市场价格分别是柴油每加仑4400缅元、汽油每加仑3300缅元左右。燃油价格上涨后，公共汽车公司立即将票价由原来的20缅元提高到80缅元，出租车费也提高1倍，只有仰光市区火车仍保持10缅元的票价，导致市区火车的乘客人数急剧上升。12月初，缅甸3家私营航空公司先后将缅甸公民乘坐国内航班的机票价格上调，涨幅超过200%。此外，缅甸军政府在2004年为抑制国内米价上涨过快，限制发放稻米出口执照。2005年取消这一政策后，由于国外稻米价格高于国内，出口商大量组织出口又造成国内大米的短缺和价格上涨。

三、2005年的缅甸外交

年内缅甸虽然主动交出了东盟轮值主席国职位，但以美国为首的西方国家的压力没有减小，东盟国家的压力也在不断增大，联合国开始强力介入缅甸事务。缅甸依仗其丰富的自然资源尤其是石油天然气资源，大力发展与周边邻国的关系，并不害怕西方国家的制裁。

（一）与西方国家的关系

从总体看，2005年美国、欧盟、日本、澳大利亚、加拿大等西方国家对缅甸国内的民主和人权问题更加关注，尤其是在缅甸担任2006年东盟轮值主席国问题上态度十分坚决和强硬。缅甸放弃东盟轮值主席国职位后，西方国家也未取消对缅甸的制裁，相反制裁措施有所强化。

2005年5月26日，在2003年“五卅”事件两周年以及民盟在大选中获胜15周年纪念日前夕，美国政府发表声明，敦促缅甸军政府释放昂山素季及其他所有政治犯。11月29日，美国又一次谴责缅甸军政府延长对反对党领袖昂山素季的软禁。美国还专门指责缅甸买卖人口严重和违反宗教信仰，并连续3年把缅甸列入人口走私最严重的“第三类特别观察名单”。

2005年4月，欧盟25个成员国外长一致同意将2004年10月制定的对缅制裁措施延长6个月，继续禁止缅甸军政府的成员及他们的家属入境欧盟国家，禁止欧盟公司或组织在缅甸进行投资。欧洲议会11月17日再次通过一项关于缅甸问题的决议，呼吁联合国经济制裁缅甸。联合国安理会紧急讨论缅甸问题，要求立即释放昂山素季；再次重申严禁欧盟厂商投资缅甸或与缅甸企业合资、合作、合营。

（二）与东盟的关系

为维护东盟的整体形象和互不干涉内政的原则，东盟各国在缅甸担任东盟轮值主席国问题上没有直接施加压力。美国和日本都不出席2005年7月在老挝举行的东盟地区论坛，实际上已给东盟一个明确信号，西方国家不会因虑及与东盟的整体关系而容忍缅甸的人权、民主问题。因此，多数东盟国家希望缅甸做出符合东盟整体利益的选择，而缅甸暂时放弃东盟轮值主席国的职位可以说是一个顾全大局的选择。

2005年缅甸与东盟各成员国之间的关系也有一定的发展。4月初，缅甸总理梭温率团先后访问老挝、越南和柬埔寨，并分别与3国签署多项经济合作协议。新加坡总理李显龙3月30日访问缅甸，并会见缅甸最高领导人丹瑞和总理梭温。双方同意两国加强航空服务联系，以促进缅甸旅游业的发展。11月3日，梭温总理参加在曼谷举行的第二次伊洛瓦底江—湄南河—湄公河经济合作战略峰会，和与会各国领导人深入交流贸易与投资便利化、农业与工业合作、交通连接、旅游合作、人力资源开发、公共卫生等6个领域的合作问题，并就未来的合作达成共识。

（三）与中国的关系

2005年缅甸与中国的关系是稳中升温，各个领域的合作继续深入。双方在政治上继续通过频繁的高层互访、会晤以及发表声明相互支持。缅甸高度重视对华关系，3月14日中华人民共和国全国人民代表大会通过《反分裂国家法》后，缅甸《新光报》等官方媒体次日就刊登缅甸外交部发表的声明，声明说缅甸作为中国的友好邻邦，始终认为台湾是中国不可分割的一部分，并坚定地坚持一个中国政策，支持中国行使不可剥夺的维护国家主权和领土完整的权力。中国多次表示支持缅甸为保持国家稳定、促进民族和解、扩大对外交往所作的努力。中国国家主席胡锦涛出席在印尼举行的纪念亚非会议50周年领导人会议期间，于4月23日与缅甸国家和平与发展委员会主席丹瑞大将进行会谈。缅甸7月26日放弃东盟轮值主席资格后，中国外交部长李肇星于7月27～28日访问缅甸,表示对缅甸的支持。缅甸总理梭温7月赴中国昆明出席第二届大湄公河次区域国家领导人会议,国务院总理温家宝会见梭温总理。10月,缅甸总理赴中国南宁出席第二届中国—东盟博览会。

2005年缅中两国在贸易、投资、经济技术合作以及能源、禁毒和边境管理等方面的合作都有所发展。

中国是缅甸的第三大贸易伙伴。自2004年1月1日起,中国对缅甸出口中国的133项产品实施特惠关税。温家宝总理在2005年7月出席大湄公河次区域经济合作第二次领导人会议期间,宣布中国将扩大对缅老柬3国上述产品的特惠关税待遇。2005年12月11日,中国政府确认自2006年1月1日起对缅甸的87项输华产品实行单方面零关税待遇。为落实中缅两国领导人互访成果,2005年6月20日,中国驻缅甸大使李进军与缅甸计划与经济发展部部长吴梭达就中国援缅建设一座现代化的国际会议中心项目进行换文确认。

中国是缅甸最大的外资投资国,2004年投资总额达到6600万美元,占当年缅甸外资投资总额(1.3亿美元)的一半。2005年中国对缅甸投资超过3000万美元,仍然是缅甸最主要的外资来源。

能源领域的合作是缅中经济合作的热点。2005年1月,中海油缅甸有限公司和新加坡Golden Pte有限公司、中国寰球工程公司合作,与缅甸能源部下属的缅甸石油与天然气公司,签署缅甸陆上C—1、C—2区块、近海M—2区块共同开发和产品分成合同。迄今为止,中国公司在缅甸的开采面积约8万多平方公里,成为缅甸与外国在石油天然气领域合作的最大项目。11月25日,中海油田服务股份有限公司与缅甸大宇国际公司签订缅甸海岸的石油钻探服务协议,总值600万美元。年内,中石化集团麾下的云南滇黔桂石油勘探局与缅甸国家石油与天然气公司签署合作勘探石油天然气的合同,滇黔桂石油勘探局首期投入资金3000万美元进行为期3年的勘探,其远景目标是建成一个百万吨级的油田。如有商业发现,该合同将延长20年。至此,中国三大石油商——中石油、中海油和中石化均在缅甸开展油气勘探活动。

2005年1月12日,首次缅中边境地区合作打击跨国犯罪和维护社会治安会议在仰光召开。此外,中国商务部公布对58种易制毒化学品出口到缅甸和老挝进行严格管理的规定,受到缅方的欢迎,认为此举有助于进一步减少在缅中边境地区的毒品产量。

(四) 与其他国家的关系

2005年缅甸与印度在能源安全、打击少数民族反政府武装以及发展贸易等方面的合作有较大的发展。2月上旬,缅甸、印度和孟加拉国的能源部长达成从缅甸的实兑经孟加拉国修建天然气管道输送天然气到印度的共识,并商定正式合同于3月在达卡签订。由于孟加拉国对此管道的态度发生变化,正式合同未能签署。年内,缅甸与印度军队合作,打击印度东北部叛军。在经济领域,缅甸与印度的贸易额继续增加,出现贸易逆差,印度决定增加缅甸商品的进口。此外,印度从缅甸的近海天然气田进口天然气将有助于解决双方贸易不平衡的问题。

2005年9月24～26日,缅甸三军协调指挥官瑞曼上将率团对孟加拉国进行友好访问,双方就加强两国经贸合作和输气管道通过孟加拉国等事宜进行深入讨论。 (李晨阳)

主要参考文献和资料:

1. 缅甸军政府官方网站:http://www.myanmar.com

2. http://www.burmanet.org

3. 留台缅甸同学资讯网:http://newidea.gotgun.com

4. 中国驻缅大使馆网站:http://mm.china-embassy.org/chn

5. 新华社有关缅甸的新闻报告

菲律宾:2005年回顾与2006年展望

2005年是菲律宾历史上极不平凡的一年。政治上,身陷政治漩涡的阿罗约镇定自若,力挽狂澜,锐意改革,最终取得初步成功。经济上,减少财政赤字,增加财政收入,经济出现转机,经济增长率达到5.1%。社会方面虽然经历恐怖爆炸事件、台风洪涝灾害和纷至沓来的政治事件,但大局基本稳定。2006年将是菲律宾政治、经济、文化、外交和社会各方面大有起色、充满希望的一年。但机遇与挑战并存,政局是否稳定还有待观察。

一、政治、社会:风云不定的多事之秋

2005年的菲律宾可谓风云不定。新年伊始,菲律宾就发生震惊国人的恐怖袭击事件,6月,反对派掀起一场大规模的抗议示威游行。身陷政治漩涡中的菲律宾总统阿罗约施以政治家的铁腕,在极端困难的情况下采取有力措施平定了政治风波。

(一) 重组内阁,稳妥平定"政治风暴"

7月7日晚,菲律宾总统阿罗约发表广播讲话,要求全体内阁成员主动辞职,以便为政府重组奠定基础。阿罗约表示,希望愿意看到国家摆脱目前政治经济困境的各党派合作,修改宪法,建立一个联邦制或议会制政府,彻底改革国家的政治制度,解决国家面临的经济

社会危机，包括日益严重的国际高油价可能带来的经济社会危机。阿罗约在讲话中重申她不会辞职，因为“这样做只能让国际社会把菲律宾看作一个政治动荡不已的国家而不加尊重，对菲律宾彻底丧失投资的信心”。她说，目前的菲律宾政治制度已经走入死胡同，没有一个领导人能够正常地管理这个国家而不受到无端指责。她严厉抨击某些反对派污蔑她在2004年总统选举中舞弊，并强调自己绝对没有在选票统计完之前与任何选举委员会的人进行过电话交谈。她说，国家制度带来的弊端使政府和国会几乎无法正常运转，国家的政治生活和新闻报道每天只是充斥着无聊的丑闻调查，许多人都把心思花在互相争斗上，使国家社会无法发展而落后于其他东南亚国家。

阿罗约的广播讲话使政界哗然，反对的声音也随之而来。2005年7月8日，菲律宾政府出现“内讧”，一直支持阿罗约的内阁成员发生分裂，10名部长级官员集体辞职并且加入反对阿罗约的阵营，令风雨飘摇中的菲政局更添动荡。但此时此刻的阿罗约却通过发言人本耶说，她对内阁成员的“倒戈”感到十分难过，但不会沉浸于悲痛之中，而会尽快重组内阁，保证政府正常运行。

2005年7月13日，菲律宾首都马尼拉爆发大规模游行抗议活动，以政府反对派为首的人群以阿罗约选举舞弊和家庭腐败为由，走上街头，要求阿罗约下台，掀起一场“政治风暴”。自阿罗约2004年6月以100多万张选票的优势击败对手费尔南多·波赢得大选以来，反对派就一直攻击她通过舞弊才登上总统宝座。对此，阿罗约异常镇定，她逆流而上，对于选举舞弊的指控和丈夫涉嫌贿赂的丑闻一一向民众作了解释。

由于阿罗约政府冷静、妥善地处理这次影响较大的国内动乱，深得民心。7月16日，数万名菲律宾官员和民众在首都马尼拉举行声势浩大的支持阿罗约集会，呼吁维护国家统一、和平稳定和宪法尊严。两天后，菲律宾影响最大的天主教会发表声明，表示不赞成反对派要求阿罗约辞职的立场，但同时要求成立真相调查委员会，调查反对派对阿罗约选举舞弊的指控。菲律宾约有84%的国民信奉天主教，因此天主教会的声明使菲律宾持续一个多月的政局动荡出现缓和转机。阿罗约对天主教的立场表示感谢，并承诺会遵从教会的建议，欢迎反对派对录音事件的调查甚至弹劾。但反对派仍不罢休，7月25日对阿罗约总统提出了弹劾，对她提出贿赂、渎职腐败、严重违宪和违背大众信任等4项指控。经过一个多月的斗争，9月6日，菲律宾众议院正式否决了反对派提出的“弹劾总统阿罗约”的议案。在整个危机处理过程中，阿罗约尽显其女性领导人特有的软性手法和低调姿态，为挽救政局发挥了重要作用。

身陷政局动荡的阿罗约在整个事件前后始终在三个问题上立场坚定：没有在总统选举上舞弊；从国家全局和长远利益考虑，坚持改革；欢迎反对派与她在国会“对簿公堂”。阿罗约在声明中说，她的辞职并不能解决所有问题，就算一个新总统上任，也免不了陷入政党倾轧和政治纷争。

这场使菲律宾人心惶惶的政治风波以菲律宾政府的胜利而告终，虽然存在的问题还不少，未来的动乱也不可避免，但菲律宾会在阿罗约政府的领导下朝着健康、稳定的方向走下去。

（二）在困境中力图改革取得成效

2005年是菲律宾改革继续推进的一年。经济改革是阿罗约连任后的“第一把火”，也是她巩固政府地位和重新赢得民众信任的“法宝”。然而，她致力于改善财政赤字状况、增加政府收入以便投入公共建设的重要措施——扩大增值税法案，在最后关头被最高法院暂停实施。由于提高增值税率会导致物价上涨，增值税法案一直遭到商界和百姓的反对。为了达到2010年财政赤字减少的目标，阿罗约政府表示，将一如既往地努力确保增值税法案顺利通过，确保经济改革计划达到预期目标。

政治方面，阿罗约于2004年提出的宪政改革又被提上日程。2005年7月25日，阿罗约在国会发表年度国情咨文，呼吁全面改革已阻碍国家发展的政治体制。阿罗约强调，菲律宾已成为一个名字下的两个国家，即“经过多年积累经济即将腾飞的菲律宾”和“长年恶化并一直阻碍发展的政治体制下的菲律宾”。阿罗约说，去年菲律宾经济增长率超过6%。过去4年，政府创造了400万个就业机会，包括3000万土著居民在内的6900万菲律宾人开始享受医疗保险。此外，菲律宾的基础设施建设、房屋以及水稻生产等都得到了较快发展。她指出，在经济快速发展的同时，菲律宾的政治体制却成为发展的巨大障碍。她说，“我们的政治体制需要彻底改变，越快越好，政治体制已成为国家发展的障碍。”“菲律宾现行的美国式的总统制经常造成行政、司法和立法之间出现僵局，而议会制则将消除这些僵局，同时联邦制也将提升地方政府在制定国家政策中的作用。国家的稳定和地方经济发展将成为联邦制的推动力。”她表示支持修改菲律宾宪法，将菲律宾的总统制向联邦议会制转变。她说，“现在是我们开始讨论修改宪法的时候了”，“实行议会制后，菲律宾将像我们的亚洲邻居一样取得更快的发展。”她还说，修改宪法应该是国会的特权，但她建议国会尽快转变为国民修宪大会。她强调，“为使整个国家战胜21世纪以来我们面临的最大挑战，我将与国会、民间社团以及支持修宪的地方政府一道努力工作”。

尽管2005年菲律宾遇到了千头万绪的烦恼事情，但以阿罗约为首的菲律宾政府比较理智地平息了动乱，使濒临下滑的经济再度回升，赢得了民心。2006

年的菲律宾政局还不稳定,2月相继发生的兵变和阿罗约总统宣布全国进入紧急状态,虽然很快平息,但人们对菲律宾的政局仍然担心。

二、经济:遏制滑坡,出现增长

2005年菲律宾GDP比上年增长5.1%,其中第一、二、三、四季度分别比上年同期增长4.6%、6.2%、4.1%、5%。虽未能实现5.3%的最低发展目标,但对于多事之秋的2005年来说,已经难能可贵。

(一)经济亮点

1. 海外劳工汇款大幅度增长。2005年1~9月菲律宾海外劳工汇入国内79.44亿美元,比上年同期增长28%。菲央行预测2005年菲海外劳工汇款将达到103亿美元,占菲GDP10%以上。海外劳工汇款对菲律宾经济是巨大的支撑。

2. 财政赤字大幅度减少。庞大的财政赤字是菲政府的心病,20世纪90年代后期以来,菲律宾政府财政赤字年年攀升,2003年达到2100多亿比索,前几年菲政府一直致力于减少财政赤字,但成效不大。2004年菲大选后,新政府提出2010年消除财政赤字的目标,2005年菲政府出台一系列强化税收政策,如扩大税源、提高增值税税率等,同时,减少支出。菲政府实施增收节支政策后,2005年财政状况明显好转,财政赤字大幅度减少,全年赤字1465亿比索,比上年下降21.6%。年内,菲律宾财政收入达到7957亿比索,比计划增长125亿比索;财政支出9422亿比索,比计划减少210亿比索。

3. 国外游客增多。2005年入境旅游人数达到265万人次,比上年增长17%,预计2006年可达280万~300万人次。

(二)2006年经济发展目标

菲律宾政府公布的2006年经济发展指标为:GDP增长5.7%~6.3%,其中农业增长4.0%,工业增长5.1%,服务业增长6.7%;财政赤字目标定为1250亿比索,比上年减少215亿比索;出口预期增长10%,达到500亿美元;外来投资增长10%,达到2530亿比索。

为实现2006年经济发展目标,菲政府将推行财政税改革,改善交通、旅游、基础设施,发展农业和促进中小企业发展,支持信息技术、汽车、电子、采矿、医疗、旅游、住房、造船等产业发展。

三、外交:从单边结交到多边外交

(一)进一步密切与中国的外交关系

菲律宾与中国于1975年6月9日建交。30年来,菲中双边关系发展迅速。2005年1月,菲贸工部长普里斯马、环境和自然资源部长迪范瑟访华;2月底至3月初,菲律宾外长罗慕洛访华;4月,菲律宾第十三届众议院"菲中友好小组"成立。4月26~28日,应阿罗约总统邀请,中国国家主席胡锦涛对菲律宾进行国事访问。双方发表联合声明,确认建立致力于和平与发展的战略性合作关系。两国政府、企业和银行签署一系列双边合作协议。

菲中两国外交部自1991年建立磋商机制,至2005年已举行14次外交磋商。菲中除互设大使馆外,中国在菲律宾宿务,菲律宾在中国厦门、广州、上海和香港分别设有总领馆。2005年4月,双方就中国在菲北部拉瓦格增设领事馆换文。菲中结有14对友好省市,分别为碧瑶市和杭州市、马尼拉市和广州市、大马尼拉市和上海市、宿务市和厦门市、奎松市和沈阳市、利巴市和抚顺市、宿务省和海南省、拉普拉市和三亚市、万那威市和淄博市、北伊洛戈省和山东省、新怡诗夏省和安徽省、那牙市和石狮市、穆汀鲁帕市和柳州市、圣费尔南多市和贺州市。

结合两国官员的互访,菲中于2005年1月和4月分别签署《矿业领域合作谅解备忘录》、《诺诺克项目合作意向书》、《关于在菲律宾西北巴拉望海域卡拉棉区域上游项目合作的框架协议》、《海事合作谅解备忘录》和《青年事务合作协议》等一系列合作文件。

(二)菲美关系更加复杂和紧张

美国历来是菲律宾的盟国,但由于人质危机促使菲律宾总统阿罗约提前从伊拉克撤出其人道主义救援队,导致菲律宾与美国关系紧张。事后双方政府发表声明,强调两国在撤军问题上虽存在分歧,但双方将继续加强多领域的合作。美国国务院2005年8月9日发表的声明强调,美菲双方有长期的历史关系和共同利益,双方仍是盟友,将继续加强在多领域的合作,包括反恐合作。菲律宾总统府发言人本耶发表声明说,菲律宾对美方有关菲美关系的表态以及美国驻菲律宾大使里恰尔多内的坦率态度表示欢迎。他说,在大的战略环境下承认双方利益的独特性,是双方促进合作关系走向成熟的一部分。双方存在着共同利益,有历史悠久的友谊,美国仍是菲律宾最强大的盟国。菲律宾总统阿罗约也表示:菲美人民有长期的历史、文化和经济关系,没有哪一位总统可以打破这种关系;菲美有共同的目标,尽管采取的方式可能不尽相同;菲美将进一步加强友谊,履行双方共同的反恐承诺。

据美国驻菲大使馆提供的数据,菲律宾过去30年内共获得美国40多亿美元的发展援助。此外,菲律宾还是美国对外军事援助的主要受益国。尽管菲外交部一些官员担心,由于菲美在伊拉克问题上的分歧,美国可能会采取一定的报复措施,如减少对菲律宾的援助等,但美国国务院副发言人埃雷利对此则表示持不同意见。因此,从目前状况看,菲美两国正努力在分歧中加强合作关系。

(三)加强在东盟框架下的对外政策

菲律宾是东盟的创始成员国,自东盟1967年成立以来,菲律宾一直是其中活跃和坚定的一员。菲律宾现行的对外政策在很大程度上是在东盟这个地区组织的框架下形成并实施的。

东盟是菲律宾对外政策的关键部分,菲外交部门要确保参加东盟召开的所有会议、东盟举行的所有活动以及东盟实施的所有项目和工程,并保持与东盟各邻国及包括中国在内的对话伙伴国的密切关系。对于菲律宾来说,地区安排显得更为重要,因为菲律宾从东盟各领域有效的功能性合作中获得了巨大的利益。更为重要的是,地区框架和机制安排还有利于菲律宾在各种国际场合更清楚地表明其所持的态度。

(黄耀东)

新加坡:2005年回顾与2006年展望

2005年,新加坡加大反恐力度,政治、社会稳定;经济增长比预期好,全年经济增长率为6.4%。

一、政治、社会

(一) 加大反恐力度,确保政治社会稳定

自2001年美国发生"9·11"恐怖袭击事件后,新加坡采取一系列措施加大反恐斗争力度,以确保国家安全。2001年以来新加坡已逮捕30多名东南亚恐怖组织"伊斯兰团"成员。2005年7月7日英国伦敦发生多起爆炸事件后,新加坡迅速采取行动,全面提升全国的安全保卫工作。10月1日,印度尼西亚巴厘岛爆炸案发生后,新加坡政府告诫国人不可因未遭到恐怖袭击而掉以轻心,应随时准备应对恐怖袭击。11月11日,新加坡内政部逮捕1名"伊斯兰团"的成员。政府总理李显龙指出,同2001年的情况相比,新加坡现在应更关注恐怖主义带来的威胁,检讨现有反恐措施,重新评估恐怖主义的威胁,以便能对新的威胁作出及时反应。年内,新加坡采取的反恐措施主要有:

1. 5月20日,新加坡武装部队在西部的化工冶炼中心裕廊岛举行反恐演习,演习展现与增强了新加坡武装部队应付恐怖主义威胁的决心与能力。①

2. 在"9·11"恐怖袭击发生后,新加坡加强地铁的安全保卫工作。从2005年8月起在地铁站及地铁列车上配有专职的武装警察以防范恐怖袭击。②

3. 为保证在新加坡领海航行商船的安全,防范海上恐怖袭击,新加坡海军从2005年3月开始增设"随船保安队",派遣全副武装的海军士兵为商船护航,增加巡逻舰的巡逻次数并延长巡逻时间。③

4. 民防部队增强对化学、生物、辐射、爆炸装置及"脏弹"等非常规威胁的快速反应能力,开发一种能够对运载危险物品的车辆进行实时追踪的侦察系统,以防范恐怖袭击。④

5. 新加坡警方设立一个炸弹数据库及在现场使用快速DNA指纹检测器,以增强侦破炸弹爆炸案的能力。此外,警方在一些公共活动场所安装智能闭路电视监视系统,以加强警方对犯罪及恐怖活动的威慑与侦查能力。

6. 新加坡移民与关卡局通过使用统一的旅客扫描系统和发放具备生物辨识能力的新护照来加强安全检查。⑤

7. 加强与国际社会的合作,以应对跨国犯罪和恐怖主义活动。6月7日,新加坡和澳大利亚两国警方签订共同打击跨国犯罪的合作谅解备忘录,双方同意在打击恐怖主义活动和网络犯罪方面加强合作。此外,两国警方还加强交换情报和各方面的协调工作。这是新加坡第一次同外国警方签订打击跨国犯罪的合作协议。9月7日,马六甲和新加坡海峡雅加达会议暨加强海峡安全、保安和环保会议在印度尼西亚首都雅加达开幕。新加坡代表在开幕式上致辞,呼吁海峡沿岸国家(印尼、马、新)和海峡使用国家以及国际机构加强合作,维护马六甲和新加坡海峡的航行安全并保护好沿岸的环境。

(二) 采取措施增强社会凝聚力

1. 采取措施协助国人应付经济重组带来的冲击。年内新加坡政府宣布拨出13亿新元,帮助有困难的国民,重点扶助因经济重组而陷入困境的家庭。具体措施包括:为中小学生的教育储蓄账户填补100新元;为全体成年国民的公积金保健储蓄账户填补50~350新元;为保健基金填补额外的1亿新元;为年满50岁的国民的公积金特别账户或退休账户填补100新元;为住在一房式到五房式组屋的家庭提供水电费折扣60~200新元,设立一笔5亿新元的"社区关怀基金"等。⑥

2. 不断完善医疗保健体系。新加坡政府高度重视卫生领域的投入,实施一套由保健储蓄计划、健保双全计划和保健基金三部分组成的较为科学的医疗保健体系,并随着国家医疗市场形势的演变不断完善这一体系。面对不断高涨的医疗费用,新加坡政府决定从2005年7月1日起,通过增加健保双全计划的月保费等方式来减少病人承担的医疗费用比例。其具体做法是:(1)增加保额。重病患者医疗费每年偿付的上限从原来的3万新元增至5万新元,终生可要求偿付的上限也从原来的12万新元增至20万新元。(2)增加保费。随着可要求偿付上限的提高,保费和自付额也增加。按年龄层来计算,保费增加从每个月1.50新元(30岁以下)到11.25新元不等,平均为10新元左右。70岁以上新加坡人可享有保费折扣,每投保10年可获得10%的折扣，折扣上限为40%。(3)增加自付额。自付额是指投保人在要求赔偿前所必须自行承担的费用。经调整后，自付额在原基础上增加500新元。自付额在每一个保险年度里只须缴付一次。(4)减少共同保险费。病人和健保双全共同承担的保险费减少，从而使病人能获得更多的医药赔偿费，减少医药费的支出。从2005年10月起，新加坡的增值健保双全计划交由职总英康保险合作社负责。面对人口老龄化问题，新加坡还计划提高健保双全计划投保者的年龄上限。⑦

二、经济

（一）经济整体表现良好

2005年新加坡经济增长比预期好。新加坡贸易和工业部的报告说，2005年海外对新加坡产品和服务的需求比上年增长11%，从而促进该国经济快速增长。2005年第一季度新加坡经济增长率为3.4%，第二季度5.7%，第三季度7.6%，第四季度8.7%，全年经济增长率为6.4%，超过此前6.2%的预期。⑧

（二）经济亮点

1. 制造业持续强劲增长。过去40年来，制造业一直是推动新加坡经济增长的主要动力，制造业每年能为新加坡人创造就业岗位1.5万个，同时带动其他相关行业增加就业岗位约6500个。2005年制造业吸引固定资产投资85亿新元，制造业全年增长率达到9.3%。新加坡规划在2018年将制造业产值增至3000亿新元，新增值为800亿新元，对国内生产总值的贡献达25%。制造业在新加坡经济发展中继续扮演重要角色。

2. 旅游业发展。2005年新加坡接待入境游客894万人次，旅游收入108亿新元，增幅达到10.5%，游客在新加坡逗留的平均天数从上年的2～3天延长到3～4天，酒店入住率平均达到84%。2006年新加坡旅游局将展开"非常新加坡"市场促销活动，宣传新加坡的独特魅力，同时开展商务和会展旅游促销，巩固新加坡作为旅客心目中"亚洲最适合主办世界级会展活动的城市"的地位。商务和会展为新加坡旅游业带来的旅游收益占其旅游总收益的20%。近年来，来自中国的游客数量直线上升，中国已成为新加坡第二大旅游客源地。过去4年，新加坡平均每年接待超过60万来自中国的商业旅客和观光旅客。2005年，新加坡接待中国游客85.5万人。

3. 对外贸易再创新高。在经济全球化与区域化的进程中，新加坡与多个国家和地区展开双边自由贸易协定谈判。至2005年，已与新西兰、日本、欧洲自由贸易协会、澳大利亚、美国、约旦、印度正式签订双边自由贸易协定，并与加拿大、墨西哥、斯里兰卡、韩国等国进行双边自由贸易协定谈判。年内，新加坡对外贸易额达到4300亿美元，比上年增长13.8%。其中出口2298亿美元，进口2002亿美元。

4. 港口和海事服务业强劲增长。2005年新加坡船只总注册吨位、集装箱吞吐量、燃油销售量和船只注册数均创新纪录。这一年，新加坡保持全球最繁忙海港的地位，在新加坡海港停靠的船只总注册吨位达到11.5亿吨，比2004年增长10.5%。新加坡取代香港成为世界最繁忙的集装箱港口。2005年新加坡海港集装箱吞吐量达2320万个标准箱，比上年增长9%；总货运吨数达到4.23亿吨。新加坡推行"核准国际船务企业计划"(AIS)，至2005年吸引国际航运集团68个，比上年增长50%。这些公司每年估计有超过25亿新元的商业开支。新加坡拥有全球第五大、亚洲最大的商用船队，船只总吨位达到3300万吨，比上年增长19%。新加坡还将继续发展海事支援服务（金融、保险、法律服务等），并积极培养海事专业人才，进行海事研究，促进海事服务业的继续成长。

三、外交

（一）积极参与国际事务

印度洋海啸爆发后，新加坡对印尼灾区和泰国普吉岛迅速展开大规模的赈灾行动，并在赈灾中发挥枢纽功能。2005年2月17日，联合国秘书长安南写信给新加坡政府总理李显龙，表扬并感谢新加坡积极参与

新加坡博览中心室内展厅面积6万平方米，空间皆无栏柱，可灵活运用，室外空间2.5万平方米。有19间会议厅，有容纳2000辆汽车停泊的大型停车场。自1999年落成以来吸引了大量国际会议和展览。图为室内展厅。

（原载《中国—东盟博览》）

印度洋海啸救灾工作。4月28日，新加坡经济发展局与总部设在瑞士日内瓦的世界经济论坛联合举办世界经济论坛首届亚洲圆桌会议，来自世界34个国家和地区的250多位政府、商界及媒体代表就亚洲地区未来面临的主要挑战与机遇进行讨论与交流。新加坡总理李显龙为前来参加首届亚洲圆桌会议的代表举行晚宴并发表讲话。6月3～5日，第四届亚洲安全大会在新加坡举行。来自亚太地区及欧洲20多个国家和地区的大约200多名国防部长、政府代表和安全问题专家就亚洲地区安全所面临的挑战及应对办法进行探讨。新加坡政府总理李显龙在开幕式上发表题为《确保新亚洲的未来》的讲话。6月20日，首届亚洲—中东对话会在新加坡举行，亚洲与中东41国的政府、学术界和民间代表参加会议，展开亚洲与中东之间的首次历史性对话。双方探讨新的合作机会，以加强两大区域的政治、经济、人文与社会方面的联系。6月23日，新加坡政府总理李显龙会见出席对话会的各国代表团团长。7月3日，为期一周的第117届国际奥委会全会在新加坡莱佛士城会议中心举行。9月21日，国际标准化组织第28届全体大会在新加坡举行。新加坡贸工部长林勋强呼吁发展中国家积极参与国际标准化进程。8月4日，新加坡东南亚研究院主办纪念第二次世界大战结束60周年学术研讨会，来自新加坡、马来西亚、印度尼西亚、泰国、澳大利亚、英国和日本的十几位专家学者，以及新加坡各界人士、驻新外交人员等150多人应邀出席。与会者对亚洲在第二次世界大战中遭受日本的蹂躏，战争对东亚及东南亚国家60年来产生的政治与外交影响等问题进行广泛的讨论。

（二）加强与东盟国家的团结与合作

新加坡是东南亚国家联盟创始成员国，把加强与东盟成员国的关系作为其对外政策的基石。2005年新加坡继续保持和加强与东盟其他成员国在政治、经济、军事和文化等方面的密切合作。

1. 新加坡与印尼关系发展良好。2月15日，印度尼西亚总统苏西洛对新加坡进行国事访问，与新加坡政府总理李显龙举行会谈。这是李显龙和苏西洛自2004年相继就任后的第四次会晤。10月，新加坡政府总理李显龙在印尼巴厘岛发生恐怖爆炸案之后两天如期造访印尼，与苏西洛会晤，对印尼政府的反恐立场给予及时和有力的支持。

2005年新加坡与印尼贸易总额为542亿新元，其中新加坡出口印尼368亿新元，从印尼进口174亿新元，印尼是新加坡的第五大贸易伙伴，排在马来西亚、欧盟、美国和中国之后。1997～2004年新加坡在印尼的投资总额达108亿新元，近年主要在银行及金融业、电信业、汽车业及油气等领域增加投资，双方还在加强航空联系网络及促进旅游业发展方面进行合作。印尼总统苏西洛明确指出，廖内群岛要成功发展旅游业，必须与新加坡进行合作，借鉴新加坡的成功经验。

新加坡与印尼有良好的防务合作关系，双方军队定期举行联合军事演习及进行人员交流，并允许对方使用一些军事设施。2005年新加坡与印尼针对签订双边国防合作协定的谈判已取得良好进展。

2. 新加坡与文莱关系密切。两国高层领导人经常互访，两国政府部门之间的联系紧密，各自的货币在对方国家可自由流通。文莱政府提供场地，让新加坡武装部队人员在当地进行军事训练。2005年1月27日，文莱苏丹博尔基亚访问新加坡，新加坡政府总理李显龙与文莱苏丹博尔基亚举行会谈。苏丹接受由新加坡国立大学颁发的法学名誉博士学位。1月30日，新加坡和文莱的陆军在新加坡西部实弹军训区展开代号"龙球"的年度性联合军事演习，"龙球"军演是两国陆军的专业交流项目。两国陆军还举行年度性联合装甲部队实弹演习，目的是提高两军的协同作战能力。

3. 新泰双边关系友好。印度洋爆发大海啸后，新加坡派遣直升机和救援人员到泰南重灾区救灾。2005年1月18日，新加坡总统纳丹以新加坡红十字会赞助人身份，宣布新加坡红十字会认捐1000万泰铢（约合42万新元）给泰国红十字会，以协助泰国赈灾和灾区重建工作。新加坡与泰国在防务训练方面也有密切的合作关系。5月3～13日，日本、新加坡、泰国和美国派出5800人的部队在泰国清迈展开年度"金眼镜蛇"军事演习。

4. 新马关系步入新的发展时期。2005年1月14日，新加坡和马来西亚对新加坡在柔佛海峡附近水域填海所引起的纠纷达成协议。4月26日，新加坡和马来西亚签订一项双边协议，根据协议，新加坡对马来西亚渔民因填海工程所遭受的损失给予一定金额的赔偿；马方将从国际海洋法法庭撤诉，新加坡则同意对填海工程规划作出一些调整。标志着新马两国就新加坡填海工程而引发的双边争端最终得到解决。⑨

（三）新中友好合作关系不断深化

新加坡与中国建交15年来，双边关系发展迅速，两国高层领导人互访频繁，经贸合作成效显著，双边贸易保持快速增长，在国际和地区事务中双方保持良好的协调与配合。2005年5月17日，中国全国人大常委会委员长吴邦国对新加坡进行正式友好访问，出席中新经贸合作论坛开幕式并发表主旨演讲。吴邦国提出进一步推动中新两国经贸合作的"四大建议"：第一，进一步加强经贸合作的基础；第二，充分发挥企业在经贸合作中的重要作用；第三，积极开辟经贸合作的新增长点；第四，继续加强在多边贸易合作中的协调与配合。目标是在2010年双边贸易额突破500亿美元，比2004年增长近一倍。9月19日，中国国务院副总理吴仪对新加坡进行正式访问。9月20日，新加坡总理李显龙会见吴仪，双方强调要进一步拓展两国在各领域的交流与合作,不断深化中新友好合作关系。同日,吴仪与新加坡副总理黄根成共同主持"中新双边合作联委会"第二次会议。双方签订两国在人力资源、培训、质检等领域开展合作的有关文件,共同出席中新经贸合作网站开通仪式。10 月 24 日,新加坡政府总理李显龙对中国进行为期 7 天的正式访问。中国领导人胡锦涛、吴邦国、温家宝、贾庆林分别与李显龙进行会晤。

2005 年新中两国经贸合作取得重大进展,据中国海关统计,年内中国与新加坡贸易总额达到 331.5 亿美元,其中中国对新加坡出口额 166.3 亿美元,从新加坡进口额 165.2 亿美元,分别比上年增长 31.1% 和 18%。

2005 年新加坡对华直接投资项目 1217 项,合同投资总额 52.14 亿美元,比上年增长 17.9%;实际投资额 22.04 亿美元,增长 9.8%。新加坡已成为中国第六大外资来源地。截至 2005 年底,新加坡累计在华投资项目 14367 项,合同投资总额 532 亿美元,实际投资额 277.4 亿美元。

中国企业赴新加坡上市融资继续保持良性发展势头。2005 年共有 24 家中资或中资背景的企业在新加坡交易所上市,当年企业首次公开发售股票融资额约 6.6 亿新元(约合 4.97 亿美元)。截至 2005 年底,有 90 家中资或中资背景的企业在新加坡交易所上市,总市值约 160 亿新元(约合 98 亿美元),累计融资额约 26.4 亿新元(约合 16.2 亿美元)。

四、2006 年展望

政治、社会方面:新加坡政府总理李显龙强调将继续增强各族群的凝聚力,并设立一个由副总理兼内政部长黄根成领导的社区参与计划部长级委员会,加强国民对付恐怖主义威胁的思想准备;2006 年新加坡政府将以总额高达 26 亿新元的具体配套措施扶助低薪工人及低收入家庭,减轻他们在全球化环境中所受到的冲击,确保多元种族和多元社会的和谐。

2006 年新加坡经济虽面临油价上升、国际收支不平衡、恐怖活动和禽流感等不稳定因素的影响,但整体经济展望乐观,经济将继续稳健增长。由于外部经济环境良好,如 2006 年美国经济将保持强劲,日本和欧盟经济体的展望较乐观,中国与印度将继续强劲增长,区域经济会有不错的表现等等,加上国内需求旺盛,新加坡 2006 年的经济增长率预计可达 4% ~6%,高于预期的 3% ~5%。

(罗　梅)

注释:

①新华网 *www.xinhuanet.com2005* 年 *5* 月 *20* 日
②新华网 *www.xinhuanet.com2005* 年 *4* 月 *5* 日
③新华网 *www.xinhuanet.com2005* 年 *3* 月 *2* 日
④新华网 *www.xinhuanet.com2005* 年 *6* 月 *6* 日
⑤新华网 *www.xinhuanet.com2005* 年 *1* 月 *17* 日
⑥(新加坡)《联合早报》*2005* 年 *2* 月 *19* 日
⑦新华网 *www.xinhuanet.com2005* 年 *8* 月 *16* 日
⑧(新加坡)《联合早报》*2005* 年 *2* 月 *17* 日
⑨(新加坡)联合早报网 *2005* 年 *1* 月 *14* 日

泰国:2005 年回顾与 2006 年展望

2005 年泰国政治、经济、外交在平稳中发展。泰爱泰党在选举中获胜,首次成为获得足够选票而不需要与其他政党联合组阁的泰国第一大政党,他信当选连任政府总理,成为二战以来泰国唯一一位顺利完成 4 年任期并继续连任的政府总理。泰国经济克服各种不利因素的影响,取得不俗成绩,全年 GDP 增长率达到 4.5%。在外交方面,他信政府坚持独立自主和全方位的外交政策,与各国的友好合作关系进一步发展。

一、政治

泰国的政治动荡主要表现为高层的权力变动,民主党领袖川·立派当选总理以来,历届政府都未能安然地度过 4 年任期。高层权力变动频仍,成为影响泰国社会经济平稳持续发展的一个重要原因。泰爱泰党领袖他信在 2001 年大选中获胜并组阁后,顺利完成 4 年任期,并在 2005 年的大选中再度获胜连任,充分显示他信政府执政的成功。

2005 年大选与 2001 年大选相比,有两点区别:(一)2001 年大选,泰爱泰党只获得微弱多数选票,须与其他党合作组阁。2005 年泰爱泰党在下议院选举中获得绝对多数选票,能够独自组阁,成为泰国最大的执政党。(二)他信在 2001 年的大选中虽然当选为总理,但能否走马上任,仍受到质疑,因为他面临着隐瞒财产申报的弹劾,直到同年 6 月 21 日宪法法庭裁定他隐瞒财产申报一案无罪后,才确保总理位置,真正开始工作。2005 年的大选,他信成了泰国人尊敬和爱戴的政治偶像。从上述变化可以说明他信政府在政治方面取得的巨大成绩。

泰国由于长期受到封建专制和军人独裁统治的影响,政治民主化的进程既缓慢又曲折,但毕竟是在向前发展。2005 年的大选体现了泰国在政治民主化方面的进步。

二、经济

2005 年泰国经济的发展趋势是先抑后扬。年初由于受海啸灾难影响,使得作为泰国支柱产业的旅游业大受挫折。按正常年份计算,旅游业收入约占泰国国内生产总值的6%，而海啸灾及的6府每年从国外游客获得的收入占旅游业总收入的1/4。海啸造成的直接经济损失达3亿～4亿铢，间接经济损失高达1000亿铢。海啸使2005年泰国经济增长率下降0.35～4个百分点。

干旱亦是造成2005年年初泰国经济下滑的一个重要原因。2005年第二季度泰国稻谷产量大约为522万吨，比上年同期减少17.6%①。玉米减产20万吨，每公斤玉米价格上涨5.3～5.5铢。玉米的出口随之减少，降至50万～70万吨。

禽流感疫情直接影响泰国家禽出口。泰国家禽年出口额约4.1亿美元，2004年发生的禽流感疫情使泰国家禽饲养业受到重挫，许多国家禁止进口泰国家禽。2005年初疫情虽有所好转，欧盟、日本已经解除泰国家禽进口的禁令，但仍有一些国家不准进口泰国家禽。更为严重的是禽流感造成心理方面的影响，许多外国人害怕禽流感而不愿到泰国旅游。

此外，世界油价居高不下，泰铢贬值，也是造成2005年初泰国经济下滑的客观因素。2005年第一季度泰国的经济增长率仅为3.3%，第四季度为5.5%。与此同时，出口增速放缓，进口却快速增长。年内泰国出口额比上年增长18.5%，低于2004年21.6%的增长水平。石油进口高达160亿～180亿美元。进口增长24.1%，出现83亿美元的逆差。经常赤字38亿～43亿美元，相当于GDP的2.5%。通货膨胀加剧，全年的通货膨胀率为4.6%，比上年高1.9个百分点。基本消费品价格上涨，消费者收入没有增加，使得消费不振，消费增长率仅为4%，比上年减少1.6个百分点。私人对泰国的投资也放缓，2005年私人投资增长率为1.2%，低于2004年15.3%的增长水平。

面对2005年年初泰国经济发展受抑的趋势，他信政府采取果断措施，振兴经济。在泰国政府的不懈努力和国际社会的支援帮助下，把海啸造成的损失减低到最小。2005年前三季度到泰国旅游的人数从负增长10.1%，变为负增长1.2%和负增长1.1%，旅游业逐渐走出低谷。

泰国政府还计划加大对公共事业的投资，在未来5年内投资1.8万亿铢（约合439亿美元），修建铁路、公路和学校，以此刺激内需和增加劳动就业。同时，他信政府从2005年10月1日起拨款100亿铢，用来提高公务员薪金，平均每人提高5%。这不仅有助于改善公务员的生活，而且有利于增加社会购买力，促进消费增长。

节约能源消耗，也是振兴经济的重要措施。据2004年统计，泰国每日原油产量20.5万桶，不足国内需求的1/3，其余2/3的石油依靠进口。针对这种情况，他信政府出台三项强制性节能措施：（一）从2005年7月15日起，全国除机场、主要公路区的紧急加油站外，所有加油站从22时到次日凌晨停止营业。（二）从2005年8月1日起，所有超过32平方米、高出地面4米，使用电力超过1000瓦的商业广告牌、霓虹灯，只许19时至22时照明，其他时间不许用电。（三）政府部门及国有企业不准报销进口汽车加油票，只能报销泰国自产汽车的票据。如能认真执行上述三项措施，估计每年可节省68亿铢（约合1.7亿美元）的能源消费。

由于他信政府采取一系列振兴经济的措施，泰国经济在2005年下半年大幅回升②。

三、外交

2005年他信政府坚持进取性的外交政策，贯彻独立自主的外交方针，适应国际形势的变化，面向全球，发展与所有国家的友好合作关系。泰国政府坚持以经济外交为中心，以与东盟各国的全面合作为外交基石，促进地区发展战略的实施。重视与中国的战略合作伙伴关系，借助中国经济的调整发展来带动泰国经济的发展。

2005年12月，他信总理利用在吉隆坡参加东亚峰会的机会，出席泰国、马来西亚、印尼三国领袖会议。三国领导人希望通过密切合作，确保地区的稳定与和平，促进旅游业的持续发展，加强运输和能源方面的合作。会议期间，三国领袖对多项问题达成共识，包括增进三国经济合作区同步发展，减少影响繁荣发展的因素，在发展经济的同时，促进本地区的和平稳定。三国领导人一致肯定，自从1993年成立三国经济区以来，已在贸易、运输、电信和人力资源培训等方面取得显著成就，区内贸易额已达70亿美元。今后还要创造更为便利的投资、经营环境，鼓励私人参与区域贸易，发展旅游事业，采取更为务实的措施加强区域经济合作。建立有关区域贸易、投资和旅游信息的资料库，制定区域发展路线图，确定未来5年优先发展的领域。

2005年他信政府还积极参与启动东盟—韩国自由贸易区（AKFTA）的实质性谈判，该谈判将在2007年结束，所达成的各项条款将于2009年开始全面实施。届时，80%的产品关税将降为零，比中国—东盟自由贸易区提前一年。

泰国政府一贯重视保持发展与中国的战略伙伴关系。2005年是泰中建交30周年，两国分别举行隆重的庆祝活动，两国领导人互访。泰中两国之间没有政治敏感问题，在世界许多重大问题上有共识，双方的战略合作伙伴关系将得到进一步巩固发展。2005年中泰两国贸易额达50亿美元。

泰国政府十分注意维护东盟成员国的团结，致力于缩小东盟新老成员之间的差距，不仅要维持传统友谊，而且注意化解矛盾和分歧。泰国和柬埔寨曾因一些问题发生摩擦，一度关闭边界和撤离大使，后来通过双方的共同努力,2005 年两国关系恢复正常。

泰国政府对美、日、欧盟等大国实行外交平衡的政策。美国是泰国的三大贸易伙伴之一,而泰国则是美国重要的投资场所和原料来源地。日本是泰国主要的进出口市场,泰国 17% 的出口商品销往日本,30% 的进口商品来自日本。日本是泰国最大的投资国。泰国与欧盟的进出口贸易在泰国经济发展中亦占较大比重。所以,泰国政府在国际事务中十分注意大国关系的平衡。

四、展望

展望 2006 年,良好的国际环境和条件有助于泰国经济继续平稳发展。首先,美国和中国继续保持经济增长的好势头,必将带动泰国经济的发展。日本和东盟的经济复苏,为泰国经济发展带来商机。世界油价的回落,有助于泰国减少一些能源方面的开支。加上泰国政府制定的节约能源措施初见成效,可望减轻石油进口的压力。泰国国内工业生产指数一直持续增长。若干大型基础设施的开工必将带动内需的增加,如水泥的需求在 2005 年上升 10% 的基础上,继续上升,水泥价格每吨上涨 200 ~ 300 铢,泰国 TPI POLENE 水泥公司拟投资 60 亿铢扩建 4 条水泥生活线,以满足日益增长的需求[③]。

2006 年泰国要维持经济持续增长,关键是保持国内政治的稳定。泰国国内公开或隐藏的反对他信政府的势力依然存在。2006 年 2 月以来,反对派多次举行大规模集会,要求他信辞职,泰国政局发生动荡,他信于 2 月 24 日宣布解散国会下议院,并决定 4 月 2 日举行大选,看来泰国政局在大选后才能稳定下来。由于他信政府大张旗鼓地向毒品和毒贩宣战,触动了贩毒集团的利益,大毒枭们悬赏 180 万美元要取他信的人头。由于他信反对议员包二奶、逛妓院,也遭到一些人的攻击。泰国官吏的贪污腐败现象十分严重,许多官吏利用手中的权势,大搞权钱交易,通过承办大型工程,中饱私囊。这些破坏国家经济发展的蠹虫之所以难以清除,就是因为政治决策缺乏透明度,民主制度不完善,媒体舆论的监督受限制,市场经济制度不健全,法治的权威未树立。

他信政府作为一个由企业家组成的政府,发展经济是其优势和强项;但同时要进行政治方面的改革,才能保证经济持续稳定地发展。新的一年,人们寄希望于泰国政府政治改革和经济建设同步发展,充分利用有利因素,克服各种弊端,争取更大的成绩。

(段立生)

注释:

①中国农业信息网,*2005 年 4 月 1 日*

②中国—东盟医药网,*2005 年 11 月 30 日*

③中国水泥网,*2005 年 1 月 20 日*

越南:2005 年发展回眸和 2006 年展望

时值越南共产党成立 75 周年,越南社会主义共和国成立 60 周年,越南实现统一 30 周年的 2005 年,越南政治社会继续保持稳定,经济加速增长,完成 2001 ~ 2005 年五年计划。预计,2006 年越南会小心翼翼地办好两件大事:第十届越共党代会和 APEC 首脑会议,将继续保持政治社会稳定、经济快速增长的态势。

一、政治:加强党的建设深化改革开放

2005 年越南政治生活中有两件大事:一是为将于 2006 年召开的越南共产党第十届代表大会做准备;二是对越南 20 年来的改革开放作总结。

(一) 越共十届党代会的准备

越南共产党是越南的执政党,也是越南当今唯一的政党,1930 年 2 月 3 日成立于中国香港,现有党员近 300 万人。越共党代会每 5 年举行一次。越共 2001 年举行了第九届党代会,会上农德孟接替黎可漂当选为越共总书记。按计划,越共十届党代会将于 2006 年上半年举行。

根据越共九届十一、十二中全会的决定,越共中央政治局于 2005 年将越共十大各项文件草案发送给党内,从上到下,一直到基层支部的各级党组织讨论,征求意见。同时,在越南十一届国会第八次会议上征求国会代表的意见,以及征求越南祖国阵线[①]的意见。越共政治局收集整理党内外的意见,吸收各种合理化的建议,不断修改完善越共十大文件。在人事安排方面,越共认为"为越共十大中央委员会推选干部是非常重要的工作,对党代会成功与否具有直接的决定意义,对越共革命事业和越南国家的命运具有重大的深远意义"。[②]越共九届十二中全会提出越共十大人事安排的指导方针,越共各级党组织按程序推举越共十大中央委员会的人选,越共九届中央委员就自己是否再参选或推荐别的候选人提出个人的意见。2005 年越共各级党组织,尤其是各省市党委召开代表大会,选举产生新一届党委,这是越共十大人事准备的重要步骤。

在临近越共十大召开之际,越共 2006 年 1 月 11 日召开九届十三中全会,主要任务是为十大召开做好筹备工作:一是吸收各级党委、部门的意见,继续完善越共十大的各项文件;二是做好越共十大的人事安排。

越南共产党已经确定越共十大的主题是:"提高党的领导能力和战斗力,发挥全民族的力量,全面推进改革事业,早日让国家脱离欠发达状态。"[③]

（二）总结20年改革开放的经验

虽然越南从20世纪80年代初就已开始进行经济改革，但越南官方认定，1986年12月举行越共六大提出全面改革的方针才是越南改革开放的正式开始。1986年确实是越南历史发展具有里程碑的一年。这一年7月，越共长期执政达20年的强势领导人黎笋总书记去世。有越南"改革之父"之称的阮文灵一度经历了政坛沉浮之后，在越共六大上当选为总书记。

为了给召开越共十大做理论准备，2005年越南大张旗鼓地开展总结20年改革开放的活动。越南社会科学院还与联合国合作，开展"越南改革开放20年总结"的重大课题研究，完成课题后双方还举办大型的国际研讨会，越南政府常务副总理阮晋勇参加研讨会，并作重要发言。通过深入总结，越共中央认为：20年改革已经取得巨大成就并具有重大历史意义。[④]1991～2000年，越南GDP增长1倍。1991～2005年，越南连续15年年均经济增长率约达7.5%。

越南改革开放前长期处于战争状态，对内实行传统的计划经济，对外一边倒向前苏联，经济社会已陷于严重危机之中。20世纪80年代后期，阮文灵担任越共总书记后，抓住世界格局发生重大变化，冷战结束后国际环境有利的机遇调整对外政策，推行全方位的外交路线；对内进行全面改革，在坚持共产党的领导和走社会主义道路的前提下实行"社会主义方向的市场经济"。经过20年的改革开放，尽管越南还是一个欠发达国家，但越南已经摆脱多年的经济社会危机，经济发展速度加快，越南不断融入世界和区域，在国际上的地位有所提高，国家的工业化和现代化进程加快，基础设施和人民生活明显改善。

关于20年改革存在的问题，越南官方总结主要有：在经济方面，增长速度与潜力不相称，增长的质量和经济竞争力低，市场机制不配套，宏观经济平衡不稳定，融入国际经济不够主动；在人力资源方面，消除贫困速度减慢，返贫率高，各地区各阶层收入差距拉大，教育和卫生系统质量低，科技水平低于本地区多数国家，社会消极现象严重，团体犯罪、吸毒贩毒日益增加；在政府管理方面，行政改革跟不上经济社会改革的步伐，官僚主义得不到改进，浪费和贪污的现象依然严重存在[⑤]。

尽管存在问题，但从改革开放取得的成就来看，越南20年来所推行的改革路线和政策基本符合越南实际。越南官方认为："通过改革实践，人们对社会主义和社会主义道路的认识日益清晰；关于改革、社会主义社会和越南社会主义道路的理论体系基本框架已经形成"[⑥]越南领导人总结20年改革开放的经验归纳为："坚持民族独立和社会主义；全面改革；要在政治和社会稳定的基础上进行改革；为人民服务，依靠人民并听取各种新的意见；改革要自力更生，同时也要最大限度开拓国外资源；提升越南共产党的作用和能力；全面发挥民族的团结力量。"[⑦]

（三）加强党对军队的领导，推进军队现代化

越南近年改革开放取得成功，国家经济实力增强，为军队现代化提供了物质基础。1992年，越共中央和国会决定增加国防开支，促进军事现代化。近年，越南逐步减少陆军人数，保留一支适当数量的陆军来防卫大陆地区；同时，重点增强海军和空军的实力。

1982年以来，越南曾一度对军队的领导体制和指挥体制进行改革，实行"一长制"，在各军种、兵种军区、军司令部及其下属指挥机构中取消政委编制，甚至取消中央军委和师以上党委。但实践证明，这削弱了党对军队的领导。1985年越南恢复中央军委，并在各级军队组织恢复党委制。2005年越南在军队中恢复"军政双主官制"，在团级至军区级单位设置政委和政治机关，连级至营级单位设置政治指导员。

二、外交：全方位，多体化，有重点

2005年越南继续推行全方位、多样化、有重点的外交路线，创造有利的国际环境，为经济建设服务。

（一）大国平衡外交更加突显

经过近年来的调整，越南已逐步与世界各大国建立起比较稳定的关系架构，其中重点是中国和美国。

1. 越中友好关系有实质性发展。2005年在越中建交55周年之际，两国最高领导人进行互访：7月，越南国家主席陈德良访问中国；中共中央总书记、国家主席胡锦涛10月31日至11月2日访问越南。11月1日，胡锦涛在越南国会发表演讲，这是首位外国国家元首在越南国会发表演讲。在胡锦涛的演讲中，人们听到了胡志明的名言"越中情谊深，同志加兄弟"。胡锦涛访越期间，两国发表联合声明，强调相互理解，相互尊重，相互支持，相互信任，相互合作，继续按"长期稳定，面向未来，睦邻友好，全面合作"16字方针发展两党两国友好关系，做好邻居、好朋友、好同志、好伙伴，加强两国高层往来，扩大经贸合作，加强协调配合；双方一致同意加快两国陆地边界全线勘界立碑步伐，在2008年完成此项工作。两国同意认真落实北部湾划界和渔业合作协定，积极开展北部湾共同渔区渔业资源联合调查，启动跨界油气构造勘采合作，早日实施两国海军北部湾联合巡逻。双方同意尽早开始北部湾湾口外海域的划界谈判并商谈该海域的共同开发问题。2005年3月，中国、越南和菲律宾3国石油公司签署《南中国海协议区三方联合海洋地震工作协议》，这是对落实《南海各方行为宣言》（DOC）的重要贡献，对促进海上共同开发和局势稳定具有重大意义。

越中两国经贸交流合作有新进展。据中国海关统计，2005年中国与越南的双边贸易额达到82亿美元，

比上年增长21.6%。其中,中国对越南出口56.4亿美元,增长32.5%;中国自越南进口25.5亿美元,增长2.8%。中国对越贸易顺差达30.9亿美元,比上年增加13.1亿美元。中国是越南最大的贸易伙伴。越中在多个场合一致表示,力争实现2010年双边贸易额达到100亿美元的目标,预计将会提前实现。

越美关系有新突破。6月19~25日,越南总理潘文凯率领200人的庞大代表团访问美国。这是越南1975年统一以来越南国家首脑级领导人对美国的首次访问。6月21日潘文凯在白宫与美国总统布什举行会谈,两国发表联合声明,双方愿意建立"建设性合作伙伴关系"。两国建立多渠道的联系途径,交换信息。双方签署协议,越南军事人员将接受美国在技术、医疗、语言等方面的培训。3月底4月初,美国导弹护卫舰"加里"号访问西贡港,这是近一年半来美国军舰第三次访问越南。

2005年越美双边贸易额达到70亿美元,美国成为越南的第二大贸易伙伴。美国对越南的投资不断增加,至2005年已有投资项目240个,投资总额20亿美元。

越南与美国既有合作,又有斗争。美国在发展与越南合作的同时,一直没有放弃对越南在人权、宗教、民族问题等方面施加压力。越南也时刻提防美国的"和平演变"策略,在国家主权、安全等重大问题上没有让步。

(二) 邻国优先

除中国外,与越南有共同陆地边界的还有老挝和柬埔寨。越南与老挝全面合作的特别友好关系,建有常年举行最高国家领导人会晤等机制。3月24~26日,越共中央总书记农德孟访问老挝。越老两国的部门和地方也建立交流合作关系,在很多地区和国际讲坛上双方协调步调。2005年双方已经办理完毕越南在老挝投资2.37亿美元建设色卡曼水电站的全部手续。

与柬埔寨的关系:越南非常重视双方确定"睦邻友好,全面合作,牢固长远"的发展双边关系的方针。2005年3月29~31日,越共总书记农德孟访问柬埔寨。10月10日,柬埔寨首相洪森访问越南。尤其重要的是2005年两国国会批准了一度陷入僵持状态的《1985年边界条约的补充协定》,2005年12月6日该协定正式生效。

1995年越南加入东盟以来,越南在该地区组织的地位和作用不断提升,常常扮演新东盟成员国代言人的角色。2005年越南多次组织召开东盟部长级会议,如1月的东盟副外长级关于讨论东亚与东盟宪章会议,4月的东盟经济部长会议,9月的第六次东盟司法部长会议和第五次东盟信息产业部长会议等。年内,印尼总统苏西洛和缅甸总理梭温分别对越南进行访问。11月,在曼谷召开的伊洛瓦底江—湄南河—湄公河经济战略合作组织(ACMECS)第二次高级领导人会议上,越南被接收为该组织的正式成员。会上,越南与缅甸、泰国、老挝、柬埔寨等其他4个成员国发表联合声明,强调将在工业、农业、边境贸易、旅游、人力资源、卫生等领域开展广泛合作。

(三) 经济实惠为目的

越南很重视通过发展外交关系为国内的经济建设服务。2005年越南吸引外国直接投资达58亿美元,为10年来的新高。

日本是越南最大的外援国家,2005年日本承诺2006年将援助越南8.35亿美元。

越南与欧盟规划双方到2015年的关系方案,欧盟取消越南纺织品出口欧盟的额度限制,承诺继续优先向越南提供发展援助。2005年在河内举行的国际援助越南会议上,欧盟承诺2006年援助越南9.36亿美元。

(四) 2006年越南的外交方向和任务

2006年越南外交重点是为开好越共十大和新的五年计划第一年开好头、起好步服务,以及作为东道主承办好第十四次APEC首脑会议,其外交工作的主要内容确定为:"睦邻亲善,合作发展,加快融入世界"。

三、经济:加快发展,增速为10年来最高

(一) 经济增长率为亚洲金融危机以来最高

虽然2005年遭遇禽流感再次爆发等不利因素,但越南仍然较圆满地实现

越南安美德工业区外景。 (原载《中国—东盟博览》)

当初提出的增长8%～8.5%的计划，达到8.0%，其中第一产业增长4%，第二产业增长10.6%，第三产业增长8.5%。越南2005年人均GDP达到1000万越盾，约合640美元。在8.0%的增长率中，工业和建筑业的贡献最大，为4.0%；其次是服务业，为3.2%；农林渔业贡献最小，为0.8%。第二产业中增长速度最快的是加工业，达13.1%；次之为电、气、水，达12.2%；建筑业为10.8%；而重要的工业产品原油产量则有所下降，仅相当于2004年的92.3%。第三产业中增长速度最快的是宾馆餐饮业，达17%；运输、邮电和旅游业增长9.6%。入境游客总数达347万人，比上年增长18.4%，总收入达30万亿越盾。

2005年越南第二、三产业分别完成10.5%～11%和8.5%的增长计划，只有第一产业没有完成4.5%～5%的目标。在农林渔业中，渔业贡献最大，产量达到343万吨，比上年增长9.2%，产值增长12.%；粮食有微弱的增长，达3955万吨。经济发展情况良好为财政收支增长打下基础，2005年越南财政收入比上年增长16.6%，支出增长19.5%，赤字控制在相当于GDP的4.9%。

（二）快速增长的动力主要源自内需、投资和出口的增加

首先，在保持投资和出口快速增加的同时，2005年越南经济发展的重要特点是扩大内需，全年社会商品零售和服务消费总额达475.38万亿越盾，比上年增长20.5%，为历年增长之最。

其次，继续大量增加投资。2005年越南全社会发展投资达324万亿越盾，比计划增加8%。在总投资中，国家投入占53.1%，非政府投入占32.4%，外国直接投资占14.5%。越南重视基本建设投资，国家财政投入达62.93亿万越盾，为计划的121.22%。

由于政治社会稳定，外国投资不断增加，从2005年年初到12月15日止，越南发放投资项目许可证771份，投资总额39亿美元，投资商来自42个国家和地区。此外，外商追加投资509项，金额达18亿美元，2005年越南新吸收外资总额达58亿美元，为近年来最多。年内，越南首次向国外发行政府债券，发行数量达45亿美元。

在鼓励外商投资的同时，近年来越南大力促进私营个体经济发展。2005年越南工业产值比上年增长17.2%，其中非国有工业增长24.1%，外资企业工业增长20.9%，国有工业增长8.7%，大大低于平均水平。

增加出口依然是越南经济增长的重要动力。越南商品出口增长率已多年保持在20%左右，2005年出口总额为322.3亿美元，比上年增加57.3亿美元，人均出口约400美元。大宗产品出口额：原油73.9亿美元；木材和木制品、电子产品、大米均在14亿～15亿美元之间。越南大米出口首次越过500万吨大关。值得注意的是，在出口总体继续大幅增加的同时，越南有一些较有优势的产品出口呈下降趋势，如自行车及零部件下降39.2%，动植物油下降18.5%，儿童玩具下降6.6%。

2005年越南进口总额368.8亿美元，比上年增长15.4%。进出口相抵，逆差46.5亿美元。全年进出口总额为691亿美元，比上年增长18.2%。

（三）完成2001～2005年五年计划

在2001～2005年五年计划前三年（2001、2002、2003）越南没有完成制订的增长计划，分别为6.8%、7.0%、7.2%。但后两年（2004、2005）增长速度加快，分别达到8.4%和8.0%。越南终于完成当初在越共第九次代表大会上提出平均年增长7.6%的五年计划目标。

近年来，越南在工业化方面逐步取得成效，经济结构不断优化，第一、二、三产业所占比重分别从2001年的23.24%、38.13%、36.63%演变为2005年的

·链接资料·

越南主要经济指标（2001～2006年）

主要指标	单位	2001	2002	2003	2004	2005	2006（计划）
GDP增长率	6.8	7.0	7.2	7.7	8.4	8.0	8.0
第一产业	%	3.0	4.2	3.6	3.5	4.0	3.8
第二产业	%	10.4	9.5	10.5	10.2	10.6	10.2
第三产业	%	6.7	7.0	6.6	7.3	8.5	8.0
粮食产量	万吨	3400	3586	3745	3930	3955	
出口额	亿美元	156	162	199	260	322	363
国际游客	万人	233	263	245	290	347	
财政收入	万亿越盾	104	124	133	167	210	238
社会投资占GDP比重	%	34.0	35.6	35.4	37.0		38.6
消费价格上涨率	%	0.8	4.0	3.0	9.5	8.3	低于经济增长率
创造就业人数	万人	140		155		150（计划）	160

注：本表为笔者根据越南官方公布的资料整理而成。

20.89%、41.03%、38.08%,5年中第一产业比重下降2.35个百分点,第二、三产业比重分别提高2.9和1.45个百分点。

四、问题与未能实现的目标

（一）仍受禽流感疫情困扰

2003年以来,越南一直被禽流感疫情所困扰。据世界卫生组织统计,从2003年12月到2005年11月,全世界已经有126人感染禽流感,其中64人死亡。同期,越南有92人感染禽流感,其中42人死亡。2005年越南禽流感疫情一改往年重点发生在南方的情况,蔓延肆虐至越南北部地区,如北江、海阳、河内等地。由于禽流感疫情影响,2005年10~12月越南有358万羽家禽被扑杀,其中鸡121万羽,鸭189万羽。为控制疫情,越南从中国、荷兰等国引进大量禽流感疫苗,对家禽全面注射接种。

（二）未能按时加入WTO

越南于1994年12月正式提出申请加入WTO,并一直都在努力争取早日加入,并将2005年12月13~18日在中国香港举办的世界贸易组织第六次部长会议作为加入的目标时间。但是,由于多方面的原因,越南未能如愿以偿。越南经过一段时间展开与相关国家谈判,在需要谈判的28个国家和地区中,至2005年底已经完成22个,尚未完成谈判的6个国家中难度最大的是美国、新西兰和墨西哥。越南已下决心加大谈判力度,争取早日结束谈判工作,力争在2006年加入WTO。

五、2006年前瞻

越南国会2005年11月29日第十一届国会第八次会议提出的2006年经济增长指标为8%,与上年的实际增长率持平。2006年越南将面临一些挑战,如正式加入东盟自由贸易区,开放市场,降低相互间的进出口关税。这是一把双刃剑,既有挑战,也有机遇。越南有国内外和平稳定的发展环境,对内重点是举行越南共产党第十次全国代表大会,改革开放的政策将继续推进。尤其是越南采取优惠措施吸引外资,仅日本的本田和佳能等几家公司2005年就在越南投资1.76亿美元,兴建45家企业,投资额比上年增长4倍。只要越南没有重大的突发事件,2006年其经济增长率将达到8%~9%。

亚洲金融危机后,1999年越南经济增长速度跌至最低,为4.7%,之后增长速度不断提高,2000~2005年分别为6.7%、6.8%、7.0%、7.2%、7.7%和8.0%,这是一个逐步恢复的过程,至今尚未达到金融危机前1995年创下的最高年增长率9.5%的水平。可见,越南的快速增长仍有空间。从2005年的经济增长趋势看,第一季度增长率为7.2%,上半年为7.6%,前9个月为8.1%,全年为8.0%,呈不断升高趋势。所以,越南2006年经济增长速度有可能比预期更快。

（古小松）

注释:

①越南的祖国阵线类似中国的政协

②越南《共产主义》杂志2006年第2、3期合刊,第6页

③④越南《共产主义》杂志社论:《新年新力量,发展更快更稳定》,越文,载越南《共产主义》杂志2006年第2、3期合刊,河内

⑤联合国发展计划署、越南社会科学院:《越南改革20年总结首次高级研讨会纪要》,越文,河内,第22页

⑥越南《共产主义》杂志2006年第2、3期合刊,第2~3页

⑦越南常务副总理阮晋勇在2005年1月12日在联合国发展计划署、越南社会科学院于河内共同举办的越南改革20年总结首次高级研讨会上的讲话,越文,载该会的《越南改革20年总结首次高级研讨会纪要》,河内,2005年

⑧越南《共产主义》杂志2006年第2、3期合刊,第3页

⑨2005年越南原油产量虽然下降7.7%,但由于国家原油价格平均上涨40%,所以其出口价值仍然大幅度增长

⑩据新华社河内2005年11月12日电讯

⑪黎孟雄(LEMANGHUNG,越南统计总局局长):《越南2005年经济概况》,载越南《数据与事件》(CON SO VASU KIEN)2006年第1、2合刊,越文,河内

⑫中国《经济参考报》2005年12月22日

⑬越南《共产主义》杂志2006年第2、3期合刊,第32页

⑭这里主要是指越南人均GDP届时将赶上或超过印度尼西亚、菲律宾和泰国

主要参考资料:

1. 胡锦涛:《增进友好互信,促进共同发展——在越南国会的演讲(2005年11月1日)》,载2005年11月2日《人民日报》,北京

2. 农德孟(NONG DUC MANH,越共中央总书记):《集中智慧,发扬民主和高度责任感,讨论决定呈交越共十大的基本内容》,载越南《共产主义》杂志(TAP CHI CONG SAN)2006年第2、3期合刊,越文,河内

3. 联合国发展计划署、越南社会科学院:《越南改革20年总结首次高级研讨会纪要》,越文,河内,2005年

4. 阮颐年(NGU YEN DI NIEN,越南外交部长):《2005年越南的外交活动》,载越南《共产主义》杂志(TAP CHI CONG SAN)2006年第2、3期合刊,越文,河内

5. 黎孟雄(LE MANG HUNG,越南统计总局局长):《越南2005年经济概况》,载越南《数据与事件》(CON SO VA SU KIEN)2006年第1、2合刊,越文,河内

东南亚国家联盟

概　　述

东南亚国家联盟(以下简称东盟)是亚太地区重要的地区组织,包括印度尼西亚、马来西亚、菲律宾、新加坡、泰国、文莱、越南、老挝、缅甸和柬埔寨10个国家,秘书处设在印度尼西亚首都雅加达,2003年1月6日,王景荣接任东盟秘书长,任期5年。东盟10国总面积450万平方公里,人口5.58亿,2004年地区生产总值8000亿美元,贸易总额8816亿美元。东盟成立的宗旨是促进该地区的繁荣与稳定。在《东盟2020年远景》中,表示要将东盟建设成为一个充满关爱的社会,一个不分性别、种族、宗教、语言及社会和文化背景,所有人都享有平等的机会发展权的社会;成为亚太地区乃至世界上一个有效维护和平、公正和现代化的组织。

东盟的前身是马来西亚、泰国、菲律宾三国于1961年7月31日在泰国曼谷成立的东南亚联盟。1967年8月6~8日,印度尼西亚、马来西亚、新加坡、菲律宾、泰国五国发表《东南亚联盟成立宣言》即"曼谷宣言",宣告东盟成立。1976年,上述五国在印度尼西亚巴厘岛举行东盟第一次首脑会议,签署《东南亚友好合作条约》和《东南亚国家联盟协调一致宣言》(合称"巴厘第一协约"),确定东盟的宗旨和原则。这次会议成为东盟发展的重要里程碑。1984年文莱加入东盟,这6个成员称为原东盟成员国或东盟老成员国。尔后,越南于1995年7月、缅甸和老挝于1997年7月、柬埔寨于1999年4月先后成为东盟新成员,东盟在组织上实现了1994年5月提出建立"东南亚10国共同体"的目标。2003年10月7日,第九次东盟领导人会议通过了标志东盟在政治、经济、安全、社会与文化全面合作进入历史新阶段的《巴厘第二协约》,提出在2020年建立类似于欧盟的"东盟共同体",包括安全共同体、经济共同体和社会文化共同体。2004年11月,第十次东盟领导人会议通过《万象行动纲领》等一系列文件,提出进一步缩小成员国间的发展差距,在2020年将东盟建成一个对外开放、充满活力与关爱的共同体的目标。2005年12月12日,第十一次东盟领导人会议通过《吉隆坡宣言》,决定制订东盟宪章,以法律的形式确定东盟所有的准则、规定和价值观,搭建一个法律和机构框架,以加快实现东盟共同体的目标。

东盟建立一系列组织机构来加强内部以及与世界各国的合作。其中包括有:东盟领导人会议,东盟外长会议,以及农业和林业、经济、能源、环境、财政、信息通信、投资、劳工、健康、法律、地区烟雾、农村发展和减少贫困、文化、科学与技术、社会福利与发展、打击跨境犯罪、交通、旅游、青年、东盟投资区理事会、东盟自由贸易区理事会等部长级会议。部长会议下还设有29个高官委员会和122个技术工作小组。为处理东盟的对外关系,东盟在布鲁塞尔、伦敦、巴黎、华盛顿、东京、堪培拉、渥太华、威灵顿、日内瓦、汉城、新德里、纽约、北京、莫斯科、伊斯兰堡等地设有外交机构。东盟是53个非政府组织的正式会员。

2005年东盟一体化进程加快,中国—东盟自由贸易区建设进展顺利,在非传统安全领域下的内部合作及与国际社会的合作不断扩大。日本、韩国、印度、美国、欧盟、俄罗斯、澳大利亚、新西兰等国家或组织主动加强与东盟在各领域的合作。东亚国家与东盟间各种自由贸易区的谈判与实施逐步开展,首届东亚峰会的成功举行标志着以东盟为中心的东亚合作步入机制化阶段。作为一个区域性组织,东盟在国际政治舞台上的地位日益提高。

● 东盟地区安全领域合作

2005年,东盟各成员国继续坚持协商一致、平等互惠、求同存异、不干涉内政、不使用武力或不以武力相威胁的原则处理内部事务和关系,进一步加强地区安全领域方面的合作,为实现"东盟安全共同体"而努力。年内,东盟在维护地区安全与稳定上加强与世界各国的合作。5月,第十二届东盟地区论坛接受东帝汶成为论坛的第25个成员国，同意孟加拉国参加东盟地区论坛。7月，第三十八届东盟外长会议同意新西兰正式加入《东南亚友好合作条约》。蒙古也在此次会议提出加入《东南亚友好合作条约》的意愿。12月，东盟与澳大利亚在吉隆坡签署《东南亚友好合作条约》。《东南亚友好合作条约》签署国在巴布亚岛、新几内亚、中国、日本、印度、巴基斯坦、韩国、俄罗斯等国家的基础上进一步扩大。

东盟国家在反对国际恐怖主义和跨国犯罪、促进地区安全方面的合作得到加强。3月，在中国海南省三亚市举行加强非传统安全领域合作研讨会上，与会各方深入探讨亚太地区安全领域的合作问题。5月20日，第十二届东盟地区论坛高官会议决定加强亚太地区非传统安全领域的合作。7月，在老挝万象举行的东盟外长会议、东盟与中日韩10+3外长会议、东盟与对话国外长会议、东盟地区论坛外长会议等一系列会议上，着重讨论了伊拉克局势、中东和平进程和朝鲜半岛核问题，决定东盟成员国与对话伙伴在打击有组织犯罪、拐卖人口、抢劫、毒品走私、武器走私、海盗、洗钱、国际经济犯罪、网络犯罪等方面继续加强合作，共同维护地区和平与稳定。11月29日，第五届东盟打击跨国犯罪部长会议决定加大执行《东盟打击跨国犯罪的行动计划》的力度，支持于2004年11月29日签署的《针对犯罪问题法律互助条约》，呼吁成员国和对话伙伴在打击跨国犯罪方面加强法律互助合作。12月12日，在第十二次东盟领导人会议上，东盟各国领导人对全球以及东南亚地区发生的恐怖袭击事件表示谴责，呼吁加大打击恐怖主义力度，并认真找出恐怖主义根源，从根本上解决这个问题。

年内，东盟还加强与对话伙伴在打击跨国犯罪和恐怖主义方面的合作。6月28日，在美国华盛顿举行的第十八届美国—东盟对话会上，东盟接受美国提供技术援助的意愿，以提高打击跨国犯罪的能力。7月29日，在第十二届东盟地区论坛上，东盟分别与新西兰、韩国签署《合作打击国际恐怖主义的联合宣言》。在12月举行的第十一次东盟领导人会议上，东盟与对话伙伴国领导人分别举行会议，加强在打击跨国犯罪及反恐方面的合作。其中，东盟与澳大利亚领导人会议签署《东盟—澳大利亚合作发展计划》，决定在打击跨国犯罪和恐怖主义活动方面加强合作；首次举行的东盟与俄罗斯领导人会谈强调，坚决执行于2004年7月在雅加达东盟外长会议上签署的《东盟与俄罗斯打击国际恐怖主义联合宣言》，并与上海合作组织等国际组织在打击跨国犯罪和恐怖主义方面加强合作；东盟与日本第九次领导人会议决定执行《东盟与日本合作打击恐怖主义联合宣言》，加强在打击跨国犯罪和国际恐怖主义方面的双边、地区和国际合作；东盟与印度领导人会议决定，继续执行于2003年10月第二届东盟—印度领导人会议签署的《东盟与印度反对国际恐怖主义联合宣言》。近年来，东盟各国与中国在毒品预防教育、缉毒执法、戒毒康复、替代发展等领域的合作取得丰硕成果。10月18~20日在北京举行第二届东盟和中国禁毒合作部长级会议，通过了《北京宣言》以及《东盟和中国禁毒合作行动计划》和打击苯丙胺类毒品犯罪联合行动的倡议。

在共同打击跨国犯罪和国际恐怖主义活动中，东盟成员国和中、日、韩还加强了警察工作的合作。5月17日，在印度尼西亚巴厘岛举行第二十五届东盟国家警察局长会议，中国、日本、韩国、澳大利亚、新西兰、东帝汶等国以观察员身份出席会议，并就建立东盟国家警方数据库系统、双边刑事协助和加强人员交流等方面进行协商。8月16~18日，在中国北京举行东盟与中、日、韩警官合作会议。11月17~18日在雅加达举行东盟国家警察局长多边会议，商讨东盟各国与中、日、韩在联合打击跨境犯罪活动中，加强警察工作的交流与合作。

东盟经济一体化

2005年东盟自由贸易区建设进程明显加快。7月，第三十七届东盟经济部长会议签署《建立和实施东盟"单一窗口"协议》、《东盟关于建立统一电力和电子标准化机制协议》和《东盟相互承认工程服务安排》3项协议，一致同意到2015年全面实现服务贸易自由化。会议还决定全力落实《东盟关于一体化优先领域的框架协议》(2004年东盟领导人会议签署)关于原东盟成员国提前三年即在2007年之前将11个优先领域的产品关税降至零，4个新成员国在2012年前逐步减免这些领域产品关税的时间表。截至2005年9月，印度尼西亚、马来西亚、菲律宾、新加坡、泰国、文莱等原东盟6国CEPT减税清单中98.99%的产品关税降至0~5%，其中64.19%的产品实现零关税，CEPT减税清单的平均关税从1993年的12.7%下降到1.87%。柬埔寨、老挝、缅甸和越南4个东盟新成员国87.81%的产品纳入CEPT减税清单，其中71.05%的产品关税减至0~5%。12月12日，第十一次东盟领导人会议决定将东盟一体化的实现时间由2020年提前到2015年。

东盟投资区建设取得较大进展。在9月举行的第八届东盟投资区理事会上，东盟强调要采取相关措施，加强与对话伙伴合作，扩大与私人领域的联系，进一步改善投资和贸易政策，促进东盟投资区一体化建设，以吸引更多的外国直接投资。

东盟次区域合作得到加强。20世纪90年代以来，新加坡、印度尼西亚、马来西亚邻近地区的南东盟增长三角区，印度尼西亚、马来西亚、泰国相邻地区的北东盟成长三角区，文莱、印度尼西亚、马来西亚、菲律宾相邻地区的东盟东部成长区，柬埔寨—缅甸—老挝—越南经济发展区以及湄公河次区域的经济合作区合作都有较大的进展。其中，湄公河次区域合作进展较快，区域内的中国、柬埔寨、老挝、缅甸、泰国、越南等6个国家在交通、能源、农业、环境、人力资源开发、贸易与投资、旅游、禁毒等领域的合作取得显著成效。2001年6月，中国、老挝、缅甸、泰国四国实现澜沧江—湄公河商船正式通航；同年11月，第七次东盟领导人会议批准泛亚铁路和泛亚公路建设。2005年，各次区域合作得到快速推进。7月4～5日，大湄公河次区域合作第二次领导人会议通过《大湄公河次区域合作领导人宣言》，规划了未来合作方向和重点合作措施。8月，澜沧江—湄公河次区域合作外长会议在柬埔寨举行；11月，澜沧江—湄公河次区域合作首脑会议在泰国举行，探讨推进湄公河流域的合作问题，决定进一步降低人口跨国迁移门槛，促进经贸往来，中国还提出将积极出资配合泛亚铁路的建设。12月东盟领导人会议期间，第二次文莱、印度尼西亚、马来西亚、菲律宾东盟东部成长区领导人会议、首届印度尼西亚、马来西亚、泰国成长三角领导人会议、第二届柬埔寨—缅甸—老挝—越南经济发展区领导人会议等3个次区域经济合作区领导人会议相继在吉隆坡举行，探讨区域经贸、投资、旅游等领域的合作事宜，以实现2020年建成共同体的目标。

东盟还致力于消除贫困、缩小成员国之间在经济发展水平上的差距，加快实现东盟一体化。2005年9月，第二十七届东盟农业和林业部长会议决定，继续执行于2004年10月签署的《关于食品安全和减少贫困而投资农业的宣言》和《东盟食品、农业、林业合作的行动计划(2005～2010年)》，签署《东盟原油、橡胶、可可、椰椒战略行动计划》，还就紧急大米储备、有害物控制以及其他共同关心的问题进行讨论。7月，第三十八届东盟外长会议签署《设立东盟发展基金协定》，为实施缩小东盟成员国差距的《万象行动纲领》提供资金保证。

东盟成员国的金融合作继续得到加强。早在2003年5月，东盟就在泰国清迈与中、日、韩举行10+3财长会议，共同拟定对亚洲金融稳定和货币合作影响深远的《清迈倡议》。该文件的一个重要内容是将东盟之间原有的货币互换扩展到东盟所有成员国，同时把中、日、韩纳入货币互换协议的范围。会议期间，东盟成员国还分别和中、日、韩签订一系列双边货币互换协议。2005年4月初，东盟在老挝举行第十三届央行会议，讨论加强东盟与中、日、韩10+3金融、货币合作等问题，在同期进行的东盟财政及央行副手会议也对东盟经济、金融发展情况进行分析和回顾。4月6日，在老挝万象举行第九届东盟财长会议，提出东盟财政金融区域一体化的工作计划，草签《金融服务自由化协议》，并承诺开放本地区金融服务市场，同意到2010年实现东盟成员国股票市场的“联网”；签署《东盟关税发展战略计划2005～2010年》，进一步推动关税管理现代化。

电子东盟建设步伐加快。依据《万象行动计划》提出在2010年实现东盟电子一体化的目标，各成员国加快电子东盟建设步伐。2005年9月，第五届东盟电信和信息技术部长会议通过关于促进网络服务和应用以实现电子东盟的《河内协议》，还通过《2005～2010年东盟通信电子技术工作重点》，促进电子信息技术在社会、政府、工业、商业等方面的应用。2005年9月，原东盟6国全部取消电子产品贸易关税，4个新成员国也将于2008年起履行协议。东盟成员国的收音机频率识别协调工作也计划于2006年展开。

旅游方面的合作也不断得到加强。东盟各成员国在禽流感、海啸等突发性事件对旅游业产生不利影响的情况下，进一步扩大内部与地区的合作，先后举办了东盟地震和海啸灾后领导人特别会议、第八届东盟旅游部长会议、2005年东盟旅游论坛、第四届东盟与中、日、韩10+3旅游部长会议等，发起“观光东盟活动”，鼓励东盟内和东盟外旅游。东盟各成员国决定加强信息交流，完善水陆空交通网络，建立灾害预防和海啸预警机制，联合并有效地处理可能发生的突发性事件如政治动乱、恐怖活动、经济犯罪、自然灾害、SARS和其他流行性疾病的蔓延，帮助受害国尽快摆脱灾难的影响，携手重振旅游业。

东盟重视能源安全方面的合作。5月，东盟电力设施领导人会议讨论东盟电力生产与供应合作问题。7月13日，在柬埔寨暹粒市举行第二十三届东盟能源部长会议，决定在石油、天然气和电力行业创造更好的投资环境，促进公共和私营部门在开发利用太阳能、风能、地热、水电及生物能源等领域的合作。同时举行的第二届东盟与中、日、韩10+3能源部长会议，决定通过加强能源安全合作，实现安全、稳定和持续发展的目标。8月4日，在马来西亚沙捞越州首府古晋举行的首届东盟矿产部长会议，签署东盟矿产资源合作协议和《2005～2010年东盟矿产资源合作行动计划》，推进成员国矿产资源开发的合作。相关国家还加强与中国合作，共同开发南海能源。年内，菲律宾国家石油公司、越南石油和天然气公司、中国海洋石油总公司共同签署为期3年的《在南中国海协议区三方联合海洋地震工作协议》，研究开发南海石油和天然气资源。

东盟还重视交通领域的合作。2004年11月，东盟在柬埔寨金边举行的第十届交通部长会议，通过《东盟道路安全金边部长宣言》和《东盟2005～2010年道路安全战略和行动计划》。2005年11月，第十一届交通部长会议决定加快交通运输业的发展步伐，以促进相互间商品、服务、投资、人力和资金的自由往来。

在同时举行的第四次中国—东盟交通部长会议上，东盟接受中国提交的《中国与东盟区域性客货航空运输安排》的概念性文件，双方在交通领域的合作进一步扩大。

东盟社会文化合作

2005年东盟各国继续加强禁毒、控制艾滋病、防治非典型性肺炎和禽流感等流行性疾病、保护环境、社会福利、保障妇女儿童权益、青年培养、文化艺术、灾害预防与控制等社会文化方面的合作。1月6日，东盟地震和海啸灾后领导人特别会议在雅加达举行，通过赈灾救灾的行动宣言，向受灾国提供援助，以帮助受害国完全摆脱灾难的影响。各成员国对会议提出的建立地区性灾难预防和海啸预警机制、促进公共教育、知识普及和技术转让等措施表示支持。7月，第三十八届东盟外长会议签署《东盟灾害控制和应急反应协议》，为东盟协同应对各种灾害提供保证。9月，第二十七届东盟农业林业部长会议签署《控制和消除禽流感区域合作框架》。会议制订家禽食品的卫生标准和粮食、蔬菜、水果等食品农药最大残留量标准，以切实保证食品安全。此外，东盟还加强与盟外国家和国际组织在防灾救灾减灾方面的接触。1月25～26日，中国—东盟地震海啸预警研讨会在北京举行，双方签署《关于建立地震海啸预警系统技术平台的行动计划》，中方提出尽快建立印度洋海啸预警系统，帮助东盟国家提高预警能力建设。6月28日，在华盛顿举行的第十八届美国—东盟对话会上，美国同意在建立海啸预警机制方面向东盟提供技术和资金支持。9月27日，东盟国家派代表参加在北京举行的亚洲减灾大会，在会议发表的《亚洲减少灾害风险北京行动计划》中，亚洲国家决定在减少灾害方面加强合作。12月，首届东亚峰会发表《关于预防、控制和应对禽流感的东亚峰会宣言》，表示将不遗余力地应对禽流感疫情，在信息交流、资源调配机制、技术开发、监控管理等方面加强合作。

在跨境环境保护合作方面，东盟于2005年8月在马来西亚槟城举行环境高官会议，提出在《关于东盟跨境环境污染协定》的指导下，合作控制和减少跨境烟雾污染。9月27日，在新加坡建立东盟城市环境可持续发展网。9月28日，在菲律宾马尼拉举行的第九届东盟环境部长非正式会议，讨论东盟地区的自然环境保护、生物多样性、水资源管理、减少跨境烟雾污染等问题；签署《东盟水资源管理战略行动计划》；决定在雅加达设立工作组，对东盟清洁水、清洁土地和可持续发展进行指导。东盟还以与中、日、韩10+3环境部长会议的形式加强东亚环境保护合作，促进东亚各国可持续发展。9月28日，第四届东盟与中、日、韩10+3环境部长会议在菲律宾马尼拉举行，13国环境部长围绕全球环境合作、清洁生产、可持续发展监测等10个优先领域进行对话并开展项目合作。

文化教育方面的合作得到重视。2005年8月3～4日，东盟文化艺术高官会议、第二届东盟文化艺术部长会议、东盟10+3文化艺术部长会议相继举行，与会各国表示将在文化遗产保护、建立中小型文化企业以及文化领域人力资源发展等方面加大合作力度。8月19日，东盟在泰国曼谷举行教育部长会议，提出加深东盟公民对东盟地区的历史、语言、文化的认同，加强培养东盟公民的东盟意识，加强教育师资和学生培养方面的交流。会议同意建立东盟教育部长会议机制。9月27日，首届东盟与中、日、韩10+3青年友好会见活动在中国江苏举行，中国在2003年第七次东盟与中、日、韩领导人会议上提出关于建立东盟10+3青年交流合作机制的建议得到落实，参加活动的各国青年领导人以“互利合作，促进共同发展”为主题进行交流。中方还提出建立东亚青年合作机制，构建东亚青年交流网络。

在消除贫困、保障妇女儿童权益、劳工社会福利等方面的合作得到加强。2005年7月26日，第三十八届东盟外长会议提出加强东盟国家在社会文化方面的合作，包括青年、劳工等领域的合作。10月12～14日，第五届东盟关于农村发展与消除贫困高官会议讨论了《发展农村和消除贫困行动框架计划(2004～2010年)》的实行情况，决定在建立小额贷款体制、推进公私领域合作等方面继续努力，以建立东盟社会文化共同体，实现东盟千年发展目标。11月9～11日，在柬埔寨吴哥举行的第九次东盟移民局长和主管领事外长会议，决定为执行第十次东盟领导人会议发表的《东盟打击人口尤其是妇女儿童贩卖宣言》制定相关措施，切实保障该地区妇女儿童的合法权益。

法律方面合作取得进展。2005年9月19～20日，第六届东盟法律部长会议在越南河内举行。会议决定召开东盟法律高官会议，成立工作组检验成员国的贸易法规，拟定一个引渡逃犯条约和海运安全条约，整合和协调东盟成员国的法律，建立东盟法律法规框架，以支撑实现《巴厘第二协约》和《万象行动计划》所制定的目标。12月，第十二次东盟领导人会议通过关于制订东盟宪章的《吉隆坡宣言》，决定成立一个“东盟名人小组”负责审议并提出东盟宪章中有关东盟共同体建设的指导方针和性质，责成各成员国在必要时成立工作小组，在《吉隆坡宣言》和“东盟名人小组”建议的基础上起草东盟宪章。法律合作的地区范围逐步扩大。9月1～4日，首届中国—东盟法律合作与发展高层论坛在中国广西举行，会议签署《南宁宣言》，表示东盟各国与中国将加强在法学、法律界之间的对话、交流与合作，保障相互间的贸易和投资顺畅，促进中国—东盟全面合作关系的发展。

东盟与亚洲国家的合作

亚洲金融危机之后，东盟更注重加强与亚洲邻国的合作，尤其是发展与东亚国家的友好关系，每年举行一次东盟与中国、日本、韩国10+3以及东盟分别与中、日、韩10+1领导人非正式会晤，以加强东盟与东亚国家在经济、政治、安全、社会等领域的合作。

东盟与东亚合作逐步机制化。多年来，东亚一直是全球经济增长最快的地区。自1999年东亚领导人非正式会议发表《东亚合作联合声明》以来，东亚国家间经贸关系日益紧密，区内贸易占到东亚贸易总额的50%以上，区内投资占东亚经济体引资总额的2/3左右。2004年11月，第八次东盟与中、日、韩10+3领导人会议讨论建立东亚领导人会议机制和建设东亚自由贸易区的可能性。2005年12月13日，在马来西亚吉隆坡举行的首届东亚峰会，通过《关于东亚峰会的吉隆坡宣言》，同意将东亚峰会建成一个以东盟为主导的开放、包容、透明和外向型的论坛，就共同感兴趣和关切的战略、政治和经济问题进行对话，目标是促进东亚地区的和平、稳定和经济繁荣。东亚峰会16个成员国人口近30亿，占世界人口总数的一半；GDP超过8万亿美元，占全球22%，外汇储备远远超过欧元区，经济互补性突出，有极大的合作潜力和空间。首届东亚峰会突破10+3范围，允许本地区成员参与多种合作机制，以多种方式吸纳外部成员参与，以东盟为中心的“大东亚合作”已经步入机制化和可操作阶段。年内，一系列东亚合作会议陆续举行。7月2~3日，在中国山东威海举办东亚投资论坛，以“加强投资合作、打造东亚经济新引擎”为主题，就东亚国家经济合作的现状与前景等问题进行了广泛、深入的交流和探讨。10月30日，在北京举行的东亚合作联合研究大会，旨在集中东亚各国的学术资源，共同探讨东亚合作问题。11月31日，第三届东亚合作论坛在北京举行，强调东亚要与区域外国家加强沟通和联系，在开放包容中实现互利共赢。

东盟与中、日、韩10+3、10+1合作继续加强。2005年12月举行的第九次东盟与中、日、韩10+3领导人会议重申，东盟和中、日、韩将在东盟领导人会议期间继续举行年度东盟与中、日、韩10+3领导人会议，为在东盟与中、日、韩合作框架下实现地区一体化提供指导和政治动力。10+3框架下部长级会议在2004年增加打击跨国犯罪、社会福利与发展、健康、能源、信息通信、文化等部长级会议的基础上，2005年增加青年友好会见等活动，以在地区安全、区域经济发展、交通便捷化、旅游、打击跨国犯罪、卫生与健康、信息通信、能源、环境保护、劳工、青年教育等领域进行交流与合作。在10+1机制下，东盟与中、日、韩、印等亚洲国家的合作不断增强。

东盟与中国的合作发展迅速。自1997年首次东盟与中国10+1领导人会议后，至2005年已连续举行了9次会议和关于SARS的特别会议。2000年双方确定建立中国—东盟自由贸易区的目标。2002年双方签署《中国东盟全面经济合作框架协议》，发表《南海各方行为宣言》。2003年中国正式加入《东南亚友好合作条约》并发表《中国与东盟面向和平与繁荣的战略伙伴关系联合宣言》；同年10月1日，中国与泰国水果蔬菜贸易实现零关税。从2004年1月1日起，中国—东盟自由贸易区500多种产品开始降税；6月，中国—东盟自由贸易区的关税谈判全面结束；11月，第八次东盟与中国领导人会议签署《中国—东盟全面经济合作框架协议货物贸易协议》、《中国—东盟争端解决机制协议》。2005年中国—东盟自由贸易区降税进程全面启动，大约7000种产品逐步实现零关税。年内中国与东盟双边贸易额1303.7亿美元，其中中国出口东盟553.7亿美元，从东盟进口750亿美元，东盟成为中国的第五大贸易伙伴、第五大出口市场和第三大进口市场。此外，东盟与中国的合作还在灾害处理与预警、地区安全、投资、交通、信息通信、人力资源开发、基础设施建设、卫生与健康、旅游、环境、法律、次区域经济合作等领域取得进展。

东盟与日本的合作继续加强。日本是东盟国家的主要投资来源国、主要贸易伙伴和最大的援助国。2004年东盟与日本双边贸易额达到1359亿美元，日本首次超过美国成为东盟最大的贸易伙伴；日本全年流入东盟的资金达25.4亿美元，成为东盟第三大外资来源。2005年日本参加了所有的东盟与中、日、韩10+3部长会议及东盟与日本10+1领导人会议，积极探讨10+3、10+1各领域的合作问题。12月13日，第九届东盟与日本领导人会议发表关于深化和扩大东盟日本战略伙伴关系联合声明，日本承诺提供7000万美元作为东盟发展基金和东盟—日本合作基金，以促进东盟一体化进程。双方表示在灾难处理、控制传染性疾病、能源安全、社会文化、人力资源开发、人员往来、深化东亚合作、应对国际问题等方面加强合作。日本在与新加坡签署自由贸易协定并达成自由贸易协定的基本协议后，2005年又与泰国、马来西亚等国家展开多轮双边自由贸易谈判。

东盟与印度、韩国的合作不断推进。印度自1992年实施“东向战略”以来，与东盟的经济关系迅速发展。2002年决定建立东盟—印度自由贸易区，推动双边贸易发展。2004年东盟与印度双边贸易总额达到176.1亿美元。同年11月30日，第三次东盟—印度领导人会议达成《东盟与印度和平、进步与共同繁荣伙伴关系协定》，双方在农业、健康和医药、科学技术、人力资源开发、运输与基础设施建设、信息通信、人员交流等方面的合作取得进展。2005年12月13日，第四届东盟—印度领导人会议在马来西亚吉隆坡举行，会议对印度提议举行东盟—印度技术峰会表示欢迎。印度领导人还参加了次日举行的首届东亚峰会。印度提供250万美元作为东盟—印度合作基金，捐资100万美元作为东盟发展基金，以支持东盟一体化建设。

韩国与东盟于2003年10月共同决定开展有关签订双边自由贸易协定的民间研究。2002～2004年，东盟与韩国的双边贸易以年均12.9%的速度增长，2004年双边贸易额达到403亿美元，比2003年增长20.4%，韩国成为东盟第五大贸易伙伴。韩国是东盟主要的投资来源地，2004年从韩国流入东盟的资金为8.96亿美元，比2003年增长42%。2004年11月，东盟—韩国领导人会议签署《东盟与韩国全面合作伙伴关系联合宣言》，并制订执行“联合宣言”的行动计划。2005年双方合作更为紧密。韩国通过参加10+1、10+3领导人会议和一系列10+3部长会议，密切与东盟的联系与合作，重要经贸伙伴关系得以巩固。3～10月，双方先后举行7次会议，完成签订自由贸易协定的双边谈判。12月12日，第九次东盟与韩国领导人会议签署东盟—韩国经济合作框架协定以及关于落实东盟与韩国全面合作伙伴关系联合宣言的行动计划。根据东盟—韩国自由贸易区时间表，到2010年，双方90%进出口产品的关税将免除，到2015年则完全免除关税，柬埔寨、老挝、缅甸、越南4个东盟新成员同时得到特殊照顾。韩国已与新加坡签订自由贸易协定。东盟与韩国还决定在能源安全、开发、储备以及信息技术、计算机、中小型企业、人员交流、缩小东盟成员国发展差距、反恐等方面加强合作。12月，韩国参加首届东亚峰会。

东盟与亚洲外国家合作

东盟与俄罗斯合作　近年来，东盟与俄罗斯致力于发展合作关系，在双方的努力下，合作取得成效。俄罗斯于1994年加入东盟地区论坛；1996年正式成为东盟的对话伙伴国；2003年6月19日在柬埔寨首都金边签署伙伴关系宣言，重申坚持全球裁军进程和巩固不扩散大规模杀伤性武器机制等原则；2004年签署《东南亚友好条约》，签订共同打击国际恐怖主义的联合宣言。2005年，东盟与俄罗斯双边合作进一步加强。7月28日，双方开展部长级对话，同意在经济、社会、文化、旅游、打击国际恐怖主义和跨国犯罪等方面加强合作。10月10日，东盟与俄罗斯外长在吉隆坡签署《东盟与俄罗斯经济发展合作协议》。12月13日，东盟与俄罗斯领导人会谈首次举行，双方签署关于发展全面伙伴关系的联合宣言和推动双边合作的行动计划，决定此后每年定期举行领导人会议，并表示在政治、安全、经济和社会发展等领域进一步发展合作关系。《联合宣言》提及双方在2005～2015年间的合作项目和合作领域，包括旅游、传染性疾病控制、农业、中小企业、科技、能源、矿产资源利用开发、交通、环保、教育文化、信息技术、灾难处理、紧急事件应对、人力资源开发、人员交流等领域。俄罗斯表示将进一步有效地参与柬埔寨、老挝、缅甸、越南的经济发展，以帮助东盟缩小成员国间的发展差距。年内，俄罗斯与马来西亚结束关于俄罗斯加入世贸组织的双边谈判，并签署协议草案。12月，俄罗斯作为观察员参加了首届东亚峰会。

东盟与澳大利亚、新西兰的合作　2004年11月，澳大利亚、新西兰与东盟国家领导人批准启动自由贸易谈判，并计划在此后10年内全面实施澳—新—东盟自由贸易协议。2005年东盟与澳大利亚、新西兰的双边贸易增长较快，第一季度比上年同期增长16.9%。2月，澳大利亚、新西兰与东盟启动自由贸易协议第一轮谈判，并计划两年内完成整个谈判。在7月28日东盟外长会议上，东盟与新西兰签署《东南亚友好合作协定》，澳大利亚也同意签署协定。12月10日东盟与澳大利亚领导人会议期间，双方正式签署《东南亚友好合作协定》，并制定《东盟—澳大利亚合作发展计划》，决定在人员交流、打击国际恐怖主义和跨国犯罪、能源、人力资源开发、科学技术以及缩小东盟成员国发展差距等方面加强合作。年内，澳大利亚—新加坡自由贸易协议和澳大利亚—泰国自由贸易协议开始实施，澳大利亚—马来西亚自由贸易谈判积极进行。12月14日，澳大利亚、新西兰参加首届东亚峰会。

东盟与美国的合作　2005年，虽然美国多次不参加东盟会议，但是双方还是推进了合作步伐。6月28日，在华盛顿举行第十八届美国—东盟对话，双方就国际和地区问题深入交换意见，强调《东南亚友好合作条约》有利于促进东盟地区的和平与稳定，东盟欢迎美国签署该《条约》。会议检讨东盟与美国执行《关于防治艾滋病病毒/艾滋病工作计划（2005～2008年）》的进展，决定继续在控制和防治方面加强合作。美国还同意在技术、资金上援助东盟建立海啸预警机制。7月28日东盟与美国外长对话会议决定在环境、贸易便利化、打击国际恐怖主义和跨国犯罪、清洁能源生产、防治自然疾病等方面加强合作。11月18日APEC会议期间，美国与东盟7国（柬埔寨、老挝和缅甸不是APEC成员）领导人举行地区峰会，发表东盟—美国加强伙伴关系联合声明，同意共同努力促成东盟—美国贸易及投资框架协议。

东盟与国际组织的合作

东盟作为一个地区组织，在加强内部合作和与亚太国家合作的同时，努力加强与有关区域组织的合作。2005年东盟与上海合作组织建立正式联系，成为继独联体之后第二个与上海合作组织建立正式联系的地区组织。4月21日，上海合作组织与东盟秘书处在雅加达签署谅解备忘录,确定双方合作的基本方向和领域,包括经济、金融、旅游、环保、反恐和打击跨国犯罪等。东盟秘书处与联合国的联系更加紧密。东盟与联合国早于1977年就建立了联系,2002年2月曾在泰国曼谷举行第一次东盟与联合国秘书长磋商。2005年9月13日,双方在美国纽约举行第二次秘书长磋商,联合国对东盟寻求联合国观察员身份表示欢迎,东盟希望联合国继续支持东盟一体化进程,尤其是支持在技术能力、制度建设、消除贫困、预防和控制传染性疾病、灾难处理、打击跨境犯罪、贸易与投资、和平与安全、能源安全等领域的国家间、地区间的联系与合作,以实现新千年奋斗目标。东盟与欧盟的合作也得到加强。2月25~26日,在雅加达举行的第五届东盟—欧盟合作委员会会议,同意制订计划以加强对话,并就东盟—欧盟2005~2006年合作项目等进行深入讨论。3月10日,在雅加达举行的第十五届东盟—欧盟部长会议,欧盟表示将继续支持东盟生物多样性中心建设,并在环境保护方面加强合作;双方同意继续加强反恐合作,欧盟支持东盟在马来西亚吉隆坡建立东盟反恐中心和在泰国建立国际法执行研究中心。会议还就增加合作领域,进一步推动一体化进程进行磋商;决定在《巴厘第二协约》、《万象行动计划》和东盟与欧盟新的战略伙伴关系框架内加强双边合作,并为未来双边合作制订行动计划。4月27日,第六轮东盟经济部长和欧盟贸易委员会磋商在越南河内举行。会议同意考虑建立东盟—欧盟自由贸易区,讨论执行"跨地区东盟—欧盟贸易启动"和2005年具体计划,决定首先在技术援助和资本建设方面加强合作。

年内,东盟还参加了亚非首脑会议、南方峰会、亚洲合作对话、东亚和拉丁美洲合作论坛、亚欧会议、亚太经济合作、亚洲中东对话、世界贸易组织、联合国等地区或国际组织会议,探讨区域合作和全球合作问题。

年度要闻

东盟地震和海啸灾后领导人特别会议

2005年1月6日在雅加达举行。东盟10国、中国、韩国、日本、澳大利亚、美国及联合国、欧盟、世界卫生组织等20多个国家和国际组织的领导人出席会议并通过赈灾救灾的行动宣言。与会领导人高度称赞受灾国在自救方面所发挥的首要作用和联合国在紧急救援阶段提供国际援助方面所发挥的协调作用,强调进一步改善与协调救济物品发放工作,真正帮助解决受害者的困难。与会各方同意继续提供紧急援助,同时要求联合国启动国际社会支持受灾国的紧急计划,呼吁国际社会特别是捐助国和世界银行、亚洲开发银行、伊斯兰开发银行以及其他国际金融机构提供必要的资金,以保证这些国家的恢复计划得到实现。与会领导人对一些债权国商讨解决受灾国外债问题的动议表示欢迎,对东盟决定建立地区性灾难预防和海啸预警机制、促进公共教育、知识普及和技术转让等表示支持。

中国国务院总理温家宝在东盟地震和海啸灾后领导人特别会议上,发表题为《同舟共济,重建美好家园》的讲话。

(原载《新华网》)

中国加强与东盟海啸救灾和预警机制合作

在2004年年底印度洋海啸灾难发生后,中国及时在物资、医疗、技术、救援等方面给予东盟受灾国以力所能及的人道主义援助。2005年1月6日,中国国务院总理温家宝在东盟地震和海啸灾后问题领导人特别会议上,发表题为《同舟共济,重建美好家园》的讲话,就中国支持救灾和重建工作提出7项建议:提供紧急救助,准备随时增派公共卫生专家、医生、护士和志愿者等赴灾区救助;以政府信贷、无息或低息贷款等方式,支持中国企业参与灾区重建和发展,帮助受灾地区尽快修复和建设道路、桥梁、学校和医院等基础设施;积极考虑减免重灾国的到期政府债务以支持受灾地区的重建工作;重振受灾国家旅游业;建立灾害预警机制;加强信息共享与交流,开展人力资源合作;积极参与以联合国等国际组织和东盟为主导的援助计划等。1月25~26日,中国—东盟地震海啸预警研讨会在北京举行,80多名来自东盟10国、印度、斯里兰卡、美国、日本、韩国和国际组织的代表以及中方代表出席。会议总结印度洋海啸灾难的经验、教训,重点围绕进一步加强国际协调与合作,提高东南亚地区地震监测能力,加强信息共享,通过建立亚洲区域地震预警机制技术平台,为地震海啸提供早期预警等问题展开讨论。期间,中国与东盟签署《关于建立地震海啸预警系统技术平台的行动计划》,并提出4点建议:建立健全地震海啸预警机制,支持联合国在建立健全预警机制进程中发挥领导和协调作用以及东盟在本地区发挥重要作用；支持尽快建立印度洋海啸预警系统；中国政府愿意在力所能及的范围内，提供技术装备和人力资源培训等支持东盟地震海啸预警能力建设；以此次地震海啸预警合作为契机，加强同东盟在防灾减灾及建立海啸预警机制方面的合作。

东盟参加亚洲减灾大会

大会于2005年9月27日在北京举行。此次会议是2005年1月世界减灾大会和雅加达东盟地震和海啸灾后问题领导人特别会议的重要后续行动，其目标是交流亚洲各国灾害管理经验、确定减灾行动优先领域、促进区域减灾合作。大会由政策会议、专题会议和公共展览三部分组成，450多名来自亚洲和南太平洋地区42个国家和13个国际组织的代表出席，东盟国家均派代表参加。代表们围绕将减灾纳入国家政策和发展规划、将减少灾害风险纳入到海啸及其他灾害的灾后重建、社区灾害管理、区域减灾合作机制等问题，深入交流经验和看法，还围绕灾害预警与信息系统、灾害预防与减灾、灾害综合管理3个专题进行研讨。会议发表《亚洲减少灾害风险北京行动计划》。中国政府在会上提出推动区域减灾和灾害救援领域的合作，建立重大自然灾害监测、预警和评估的区域合作机制，加强减灾信息和经验的共享与交流，加强资金技术援助和减灾能力建设等建议。

东盟各国重振旅游业

旅游业是东盟地区最大的行业，为东盟地区提供了许多就业和商业机会。面对2004年印度洋海啸灾难对旅游业的冲击，东盟各国采取积极措施重振旅游业。2005年1月24日，第八届东盟旅游部长会议在马来西亚兰卡威岛举行。与会旅游部长就海啸给印度尼西亚、泰国、马来西亚等国人民生命财产造成重大损失以及对旅游业造成严重打击的现实，讨论振兴旅游业的对策，同意通过加强信息交流、完善水陆空交通网络等，携手重建经济，重振旅游业。会议还决定各国联合发起“观光东盟活动”，鼓励东盟内和东盟外旅游。同时举行的东盟旅游论坛表示，东盟各国将进一步深化旅游合作。此外，东盟还加强与中、日、韩等盟外国家或组织在旅游方面的合作。中、日、韩是东盟重要的海外客源地，2004年3国的游客占东盟国家海外游客总数的20%。在1月25日举行的第四届东盟和中、日、韩10+3旅游部长会议的新闻公报说，中、日、韩3国将鼓励国民到海啸受灾国观光旅游，以促进当地旅游业的恢复。会议支持相关国家旅游组织关于在共同开发旅游市场、加强旅游业资金投入和人力资源开发等方面进行合作的建议。年内，东盟还与欧盟、澳大利亚、新西兰、印度、俄罗斯、美国等国家或国际组织就加强旅游合作开展讨论。

东盟积极推进经济一体化

2005年4月27日，东盟在越南下龙湾举行经济部长会议，旨在落实上年东盟领导人会议的有关决议，扩大各成员国间的经济合作，加快东盟经济一体化进程。会议就进一步加强东盟与日本、韩国、印度、澳大利亚和新西兰等国的经贸往来进行磋商。7月26日，第三十八届东盟外长会议重申缩小成员国间的发展差距，加快东盟经济一体化进程。9月28日，在老挝万象举行的第三十七届东盟经济部长会议新闻公报表示：尽管面临地区及全球的各种挑战，东盟仍将根据各个具体时间表全力落实上届经济部长会议所确定的农产品等11个优先整合领域合作发展的措施，以推进东盟经济共同体建设进程。部长们强调应利用现有机制通过既具战略性又富有活力的方法来加快地区整合，特别是旅游业和航空业的整合，以推动与对话伙伴建立自由贸易区的谈判；一致同意到2015年全面实现服务贸易自由化。12月9日，各成员国在吉隆坡签署《关于相互承认工程服务安排》、《统一东盟电力和电子标准化机制》、《建立东盟“一个窗口机制”》等3项协议，其中《建立东盟“一个窗口机制”》协议是东盟在经济一体化进程中取得的又一重要成果。12月12日，第十一次东盟领导人会议将东盟一体化的实现时间由2020年提前到2015年。

第十三次东盟央行会议

2005年4月在老挝万象举行，着重讨论加强东盟与中、日、韩10+3金融、货币合作等问题。同时举行东盟财政及央行副手会议，分析当前东盟经济、金融发展情况，回顾东盟在国际金融体制改革、保险、反洗钱、东盟金融—货币一体化等领域的合作成效。

第九届东盟财长会议

2005年4月6日在老挝万象举行。会议提出东盟财政金融区域一体化的工作计划并表示继续执行《万象行动计划》，就放宽使用货币互换协议额度，让双边货币互换协议的使用更加便捷化的方案以及发展债券市场等问题进行讨论。东盟成员国财长们草签《金融服务自由化协议》，承诺将依据《东盟服务业框架协议》开放金融服务市场，加强彼此间服务业的合作，消除服务业贸易限制，扩大服务业自由化的深度和广度。会议一致同意加快落实2003年达成的亚洲债券市场倡议，发展该地区流动性债券市场，并于2010年实现东盟成员国股票市场的“联网”。财长们还就今后5年内东盟关税发展策略交换意见并达成共识，签署《东盟关税发展战略计划（2005～2010年）》，进一步推动东盟关税管理的现代化。

第八届东盟与中日韩10+3财长会议

2005年5月4日在土耳其伊斯坦布尔举行。与会各国财长对区域内财政和金融领域合作所取得的成绩表示满意。会议联合声明表示将重点推进亚洲债券发展倡议,并在近期完成审议的基础上,采取措施加强"清迈倡议"的有效性,以推动区域经济合作走向深入。会议重申,2005年将继续实施经济结构调整,采取适当的宏观经济政策,推动各国经济增长。中国财长在会上强调,东亚各国应进一步加强经济政策的对话与发展经验的交流,引导本地区私人部门在更大程度上参与区域财政与金融合作;各国应加大在重大国际财政与金融问题上的磋商,在建立公平、合理的国际经济体制过程中发挥更为积极的作用。

东盟次区域合作加强

2005年东盟各成员国继续推进次区域合作,以进一步缩小成员国间的发展差距。东盟的次区域合作包括东盟—湄公河流域次区域、澜沧江—湄公河次区域、大湄公河次区域规划、西东走廊、新马泰成长三角、文印(尼)马菲成长区、柬缅老越经济发展区合作等。6月,大湄公河次区域规划会议在中国昆明举行。8月,澜沧江—湄公河次区域合作外长会议在柬埔寨举行。11月,澜沧江—湄公河次区域合作首脑会议在泰国举行。12月11日,东盟在吉隆坡举行3个次区域经济合作区领导人会议,探讨各次区域合作事宜。一、文莱、印度尼西亚、马来西亚、菲律宾东盟东部成长区第二次峰会,达成进一步加强区域内各国在航空和航海领域的联系,改善航空及海港基础设施,批准成长区2006~2010年发展路线图,以推动各方在交通运输、基础设施、信息与通信技术及中小企业发展等领域的合作;与会领导人还表示欢迎澳大利亚和中国参与该成长区的合作与发展。二、首届印度尼西亚、马来西亚、泰国成长三角领导人会议,与会领导人表示该三角区建设已在贸易、运输、电信及人力资源培训等方面取得显著成就,区内贸易额达70亿美元。会议一致同意将创造更为便利的投资、经营环境,以支持和鼓励私营部门参与区域贸易和旅游业发展;采取更为务实的措施加强区域合作,包括建立区域贸易、投资和旅游业的信息资料库,制订区域发展路线图,确定未来5年优先发展领域。三、第二届柬埔寨—缅甸—老挝—越南经济发展区领导人会议,集中讨论旨在缩小发展差距的区域经济合作等问题。

东盟能源合作加强

面对全球能源供应持续紧张的局势,东盟国家于2005年5月9~10日,在老挝万象举行第二十一届东盟电力主管领导会议,进一步加强能源方面的合作。东盟10国及东盟秘书处、东盟能源中心、东盟电力设施委员会等派代表与会。会议审议东盟领导人签署的《万象行动计划(2004~2010年)》中关于电力战略性行动计划以及东盟能源部长会议签署的《东盟能源合作行动计划(2004~2009年)》的执行情况;确定由东盟电力设施委员会制定《关于东盟电网谅解备忘录》,提交即将举行的第二十四届东盟能源部长会议和第二十二届东盟电力主管领导会议签署,并尽快执行该备忘录中5个相关的电力项目建设;检查东盟电力设施委员会下设的电力生产、传输、分配、可再生能源和环境、电力供应服务、能源开发、电力质量与安全、人力资源开发等8个工作小组工作进展情况。会议欢迎亚洲银行扩大对东盟电网设施建设的资金支持。7月13日,在柬埔寨暹粒市举行主题为"加强能源稳定、安全和持续性——迈向东盟2020"的第二十三届东盟能源部长会议。会议联合声明说,面对国际油价的持续不断上涨,东盟国家必须采取应对措施。与会各国承诺在地区石油、天然气和电力行业创造更好的投资环境,促进公共和私营部门在开发利用太阳能、风能、地热、水电及生物能源等领域的合作。7月26日,在老挝万象举行第三十八届东盟外长会议,再次强调加强能源合作。

第二届东盟与中日韩10+3能源部长会议

2005年7月13日在柬埔寨暹粒市举行。与会部长们表示在东盟10+3能源合作的框架下,通过广泛合作寻求减少因能源成本增加而对经济增长造成的影响,包括加强协调使可替代和可再生能源进入地区能源供应体系;对石油储备进行可行性研究,在维护能源市场稳定方面密切合作,为应对可能发生的能源供应中断作准备。会议声明显示,13国同意采取必要措施应对高油价,包括共同研究石油市场和东盟与中、日、韩13国之间的石油贸易、能源供应多样性等,同时加强与中东和其他产油国的交流与合作,努力实现能源安全、稳定和持续性的目标。

首届东盟矿产部长会议

2005年8月4日在沙捞越州首府古晋举行。会议签署东盟矿产合作协议。根据协议,东盟各国将加强矿业领域的贸易与投资、无害化矿产开发活动和优化利用矿产资源等方面的合作。会议还通过《2005~2010年东盟矿产资源合作行动计划》,以实施《万象行动计划》和东盟矿产资源合作协议中所制定的政策。为有效实施这个行动计划,会议批准成立4个工作小组,分别负责矿产资源信息交换和建立数据库、矿产资源贸易与投资、矿产资源可持续开发、提高矿产资源开发能力等4个方面的合作问题。会议同意东盟成员国与对话伙伴国以及有关的国际、地区组织在矿产资源开发和技术转让方面加强合作,对马来西亚提出的邀请中国、日本、韩国参加2006年东盟10+3矿产资源合作磋商会议的建议表示欢迎。

东盟警务交流与合作

东盟国家警备交流与合作由来已久,其中警察局长会议始于1981年,每年举行一次,其宗旨是加强东盟成员国警察组织及机构之间的信息交流和执法合作。2005年5月17日,在印度尼西亚巴厘省举行第二十五届东盟国家警察局长会议,中国、日本、韩国、澳大利亚、新西兰、东帝汶以观察员身份出席会议,其中中国为首次。代表们就禁毒和打击恐怖主义、武器走私、人口贩卖、海事诈骗、金融犯罪、网络犯罪、伪造旅行证件等跨国犯罪问题进行研讨,还就推进东盟国家警方数据库系统的应用、双边刑事协助和加强人员交流等进行磋商。11月17~18日,在雅加达举行东盟国家警察局长多边会议,商讨联合打击跨境犯罪活动。东盟在加强成员国之间警察工作合作的同时,还与中、日、韩加强警务交流与合作。2005年8月16~18日,东盟与中、日、韩首都警察局警务交流与合作研讨会在中国北京举行,13国首都警察局负责人就共同关注的恐怖活动、跨国犯罪、大型活动安全、外国人管理等领域的警务工作进行深入探讨,签署《关于加强东盟与中、日、韩首都警察局合作的北京宣言》,以加强本地区国家之间多层面、多方式的警务交流与合作,打击跨国犯罪活动,构建本地区良好的社会治安环境。

第三十八届东盟外长系列会议

2005年7月26~29日在老挝万象举行,主要有第三十八届东盟外长会议,东盟与中、日、韩10+3外长会议,东盟与对话国外长会议和第十二届东盟地区论坛外长会议。7月26日举行的第三十八届东盟外长会议,以"团结和睦、生机勃勃和一体化"为主题开展一系列行动,主要有:讨论设立东盟发展基金问题,就起草东盟宪章草案达成共识,邀请印度、新西兰、澳大利亚参加首届东亚峰会,决定同韩国、新西兰和巴基斯坦分别签署旨在打击国际恐怖主义的联合宣言,调整会议方式,同意孟加拉国参加东盟地区论坛等。会议签署《关于设立东盟发展基金协定》,为旨在缩小东盟成员国发展差距的《万象行动纲领》提供资金保证。东盟10国外长还就东盟一体化和共同关心的地区和国际问题发表联合公报。在自然灾害紧急应对措施问题上,外长们重申将提供必要物资以支持东盟救灾计划,并签署《东盟灾害控制和应急反应协议》。在朝鲜半岛问题上,部长们对在中国举行的六方会谈表示欢迎,并希望有关各方能够找到促使朝鲜半岛无核化的解决方案。由于美国和欧盟的压力,东盟外长们就缅甸是否担任东盟轮值国主席问题发表联合声明,称缅甸决定放弃担当2006年度的东盟轮值主席国,以便将注意力集中到国内民族和解和民主建设进程上来;菲律宾将担当2006年度的东盟轮值主席国。在联合国改革问题上,会议发表关于联合国改革的联合声明,希望联合国在维护世界和平方面发挥更大的作用。会议期间,新西兰政府宣布同意签署《东南亚友好条约》,蒙古也表示愿意加入该《条约》。

7月29日,来自东盟10国和其他15个国家的外长和代表出席第十二届东盟地区论坛外长会议。会议联合声明表示,各成员国将继续遵循建立在广泛共识基础上进行决策的原则,推动论坛发挥更大的作用。会议接受东帝汶为论坛的第25个成员国,同意孟加拉国参加东盟地区论坛。会议期间,韩国、新西兰、巴基斯坦分别与东盟签署反恐协议。中国强调应保持论坛性质,遵循协商一致的原则,坚持以建立信任措施为重点,加强在非传统安全领域的合作,欢迎设立"建立信任措施与预防性外交会间会",希望这一机制在建立信任措施和预防性外交会的重叠领域发挥重要作用。

·链接资料·

《关于设立东盟发展基金协定》

2005年7月26日在第三十八届东盟外长会议上签署。协定规定东盟每个成员国出资100万美元,共同建立东盟发展基金,为缩小东盟成员国间的发展差距,推进东盟经济一体化步伐,实现《万象行动计划》目标提供资金支持。决定将1994年东盟外长会议签署《关于建立东盟基金协定》所建立的东盟基金转入东盟发展基金,用于东盟成员国的发展。

《东盟灾害控制和应急反应协议》

2005年7月26日在第三十八届东盟外长会议上签署。协议针对2004年底发生的印度洋地震和海啸灾难,为有效减少东盟成员国在社会、经济、环境等方面的灾害损失,实现2020年建立东盟共同体目标而签署。协议对灾害识别与监视、灾害预防和避免、灾害早期预警、减缓灾害的筹备和紧急事件的反应、各国紧急事件的应对、东盟各国联合应对、援助的指导和管理、各国法律和条约的应对、在应急时人员设备物资等的过境、技术合作、科技研究、建立东盟人道主义援助中心、设立东盟灾害管理和紧急事件应对基金等作出详细规定。该协议的签署,为东盟国家在应对灾害和紧急事件方面加强合作提供了法律依据。

东盟与中日韩10+3外长会议

分别于2005年5月6日在日本京都、7月27日在老挝万象举行。在5月非正式会议上,外长们就加强东盟与中、日、韩合作,东亚峰会等问题展开讨论。中国外长称,10+3机制堪称本地区最为成功、最富活力的合作机制之一,应该为地区和平与稳定发挥更重要的作用；在东亚峰会问题上，中方尊重东盟共识，支持东盟发挥主导作用。与会外长还就联合国改革、朝鲜半岛核问题等交换看法。在7月会议上，13国外长就国际局势、10+3合作前景、东亚峰会、国防部长会议等议题进行广泛深入的讨论。会议声明对重启朝鲜核问题六方会谈表示欢迎，希望有关各方在相互尊重主权和平等的基础上，达成各方都能接受的方案，实现朝鲜半岛无核化；对发生在伊拉克境内持续不断的暴力事件表示关注，强烈谴责在英国和埃及发生的恐怖袭击事件，对恐怖袭击事件的受害者及其家属表示同情和慰问。声明还表示支持联合国进行全方位改革，认为联合国应在维护国际和平与促进社会发展方面发挥更大作用，但强调改革应该考虑发展中国家的利益。中国外长在会上就巩固和加强东亚区域合作提出五点建议：第一，坚持以10+3为主渠道推动合作。第二，坚持东盟在合作中的主导地位。第三，坚持务实共赢原则，继续深化各领域合作；以经济合作为重点，逐步拓展社会文化和政治安全领域的合作，不断充实合作内容，为东亚共同体建设打下坚实基础。第四，保持开放、透明的原则，推动10+3合作与本地区其他合作机制和谐共存，相互促进，共同发展。第五，不断总结经验，务实规划10+3合作的发展方向、重点领域和具体项目，改进和完善合作机制和方式。

第六届东盟统计局负责人会议

2005年8月16~17日在菲律宾马尼拉举行。与会代表就统计方面的全球化和区域化发展情况交换意见，讨论统计在支持东盟《万象行动计划》的合作进展以及《东盟统计合作框架》具体措施的执行情况，同意在统计协调、采用一体化的国际统计标准、良好培训、能力建设和人力资源开发等方面加强合作；同意重新检讨东盟相关统计标准，尤其是11个优先领域的统计标准，以加强东盟在中长期内的统计合作与发展。会议决定采取措施提高东盟成员国在国际商品贸易、国际服务贸易、外国直接投资、健康、教育、信息通信技术、非传统经济以及其他领域的统计质量。东盟秘书处每年出版《东盟统计年鉴》并使用统一的统计标准。

东盟教育部长非正式会议

2005年8月19日在泰国曼谷举行。东盟9国（缅甸未参加）教育部长和主管教育领导、东盟秘书处代表出席。与会代表讨论教育对于东盟经济和社会发展、建立强有力的东盟共同体、增强东盟竞争力的重要作用等，并就加深东盟公民对本地区的历史、语言、文化的认同以及培养共同价值观交换意见，并在以下方面达成共识：一、通过发展教育促进建立牢固的东盟社会文化共同体，增强东盟公民尤其是青年的东盟意识，发展东盟文化的多样性，增进多元文化和多元宗教的相互理解，以促进东盟的和平与稳定；构建知识经济的学习社会，在东盟营造终身教育的氛围，以缩小成员国间的发展差距。二、通过教育增进东盟公民间的相互理解，应对全球化和技术发展带来的挑战，发展东盟的图书和网站。三、加强能力建设，增加成员国之间教师、职员、学生和学者的交流，加强教学人员和英语、数学、科学等专业领域的培训，制订优秀学生培养计划。四、加强东盟大学学习网络建设，以利于成员国间学术级别和资格的相互认证。五、同意建立东盟教育部长会议机制，在地区和国际层面上加强东盟的教育合作。

东盟环境保护合作继续深化

2005年8月16~17日，东盟在马来西亚槟城举行环境高官会议，就由火灾引起的跨境烟雾和空气质量下降等情况进行讨论，提出各成员国将在信息交流、资源动员方面加强合作，并采取如动员各国资源、执行协定、零燃点、控制焚烧活动等相关预防措施，减少跨境烟雾污染。会议还建议建立一个环境评估和协调的专家平台，以便快速作出火灾形势评估并动员资源减灾。9月27日，东盟在新加坡建立东盟城市环境可持续发展网。9月28日，第九届东盟环境部长非正式会议在菲律宾马尼拉举行，10国环境部长及东盟生物多样性中心负责人、东盟秘书长等参加会议。会议重点讨论东盟地区的自然环境保护、生物多样性、水资源管理、减少跨境烟雾污染等问题，决定于12月在雅加达成立一个工作小组，对清洁水、清洁陆地、清洁空气和东盟城市环境可持续发展等工作进行指导。部长们还就东盟减少陆地森林火灾和跨境环境污染的具体措施进行广泛讨论。会议发表《东盟关于跨境烟雾污染的联合声明》，签署《东盟水资源管理战略行动计划》，出版《东盟水资源管理状况报告》。在同日举行的第四届东盟与中、日、韩10+3环境部长会议上，东盟成员国和中、日、韩13国环境部长围绕全球环境合作、清洁生产、可持续发展监测等10个优先领域进行对话并探讨开展项目合作，以加强东亚区域环境合作，促进各国可持续发展。

第六届东盟法律部长会议

2005年9月19~20日在越南河内举行。会议旨在整合和协调成员国的法律，建立东盟法律法规框架，以支持实现《巴厘第二协约》和《万象行动计划》的目标。会议决定举行东盟法律高官会议，委托处理东盟法律合作事务，构建东盟区域法律框架，以促进东盟一体化进程；决定加强与东盟打击跨境犯罪部长会议的联系，以预防和打击跨国犯罪和国际恐怖主义。会议同意建立一个东盟法律工作和仲裁小组，检验各成员国的贸易法规，拟定东盟的外国服务法律协定、引渡逃犯条约和海运安全条约等；还同意举行旨在增强东盟公民和商业法律服务合作的第三届东盟法律论坛，以制订第三个东盟政府法律合作计划。

东盟自由贸易区建设加快

2005年东盟自由贸易区建设进程加快，到9月27日第十九届东盟自由贸易区理事会议举行之时，印度尼西亚、马来西亚、菲律宾、新加坡、泰国、文莱等原东盟6国的CEPT减税清单中98.99%的产品关税已降至0～5%，有64.19%的产品实现零关税，CEPT减税清单的平均关税从1993年的12.7%下降到1.87%。柬埔寨、老挝、缅甸和越南4个东盟新成员国87.81%的产品纳入CEPT减税清单，其中71.05%的产品关税减至0～5%。原东盟6国已经不再有临时例外产品没有纳入CEPT清单，新成员国的老挝已经将所有的临时例外清单的制成品纳入CEPT清单，缅甸也只有1.26%的产品尚未纳入CEPT清单，柬埔寨则于2007年前将所有的临时例外产品纳入CEPT清单，越南于2006年1月1日前将所有的临时例外产品和敏感、高敏感产品纳入CEPT清单。在第十九届东盟自由贸易区理事会议上，与会的各国贸易（商务）部长讨论了东盟自由贸易区CEPT计划的进展和CEPT减税清单、东盟一体化、电子产品贸易自由化、取消非关税壁垒、原产地原则等问题，呼吁东盟高官会议讨论取消非关税壁垒问题。在原产地原则问题上，会议规定小麦产品、木材产品、铝产品、钢铁产品应遵循东盟增值原则达到40%。东盟将继续执行相互认证安排协定，协调技术规则和产品标准，以加快东盟一体化步伐。

东盟地区的外国直接投资增长

尽管面临国际恐怖主义和流行性疾病爆发的挑战，东盟地区仍吸引了大量的外国直接投资，投资增幅连续两年超过世界平均水平，其中2004年吸收外国直接投资总额达到256亿美元。2005年第一季度外国直接投资额达58亿美元，比上年同期增长39%。外国直接投资主要来自美国、日本和欧盟；投资的行业主要是制造业，大部分来自日本和欧盟。2004年东盟制造业外国直接投资增加到208亿美元，比上年同期增长13.4%，外国直接投资制造业的5个主要领域是电器和电子、化工和化学产品、装配金属产品、食品产品和饮料、机械和设备等。金融服务业（包括保险业）也是外国直接投资的重要领域，在东盟利用外资总额中占30%的比例，美国是该领域的主要投资者。2005年9月27日，在老挝万象举行的第八届东盟投资区理事会议发表声明说，东盟各国决心完善投资贸易政策，加强同对话伙伴在航空运输、电子电器等11个优先整合领域的合作，以增强吸引外资的竞争力。

电子东盟建设步伐加快

2005年9月27日，东盟在越南河内举行第五届电信和信息技术部长会议，通过关于促进网络服务和应用以实现电子东盟的河内协议，决定加强信息通信技术合作，促进电子技术在公民、政府、商业、工业等方面的应用。会议还通过《2005～2010年东盟通信电子技术工作重点》，以加快建设信息社会步伐，加强区域联系，增强竞争力。同意于2006年对所有成员国的收音机频率识别进行协调，准备制订政策和调整框架以促进电子新技术的开发。为促进电子东盟建设，如期实现电子东盟目标，东盟希望与对话伙伴加强网络安全、电子技术开发、人力资源等方面的合作。截至2005年9月，原东盟6国已全部取消电子产品贸易关税，4个新成员国也将于2008年1月1日起取消电子产品贸易关税。

东盟农林业合作得到重视

2005年9月26日，第二十七届东盟农业和林业部长会议在菲律宾塔盖泰举行，与会的各国农业部长回顾成员国在农业、林业、食品各行业的合作进展，签署《东盟原油、橡胶、可可、椒椒战略行动计划》，并将任务派给各行业商会和各国主要工作组，以实现2005～2010年战略计划。会议还签署《控制和消除禽流感区域合作框架》。强调增强食品安全的重要性，并对104种水果、蔬菜及其他农作物的杀虫剂最大残留量作出具体规定。会议同意与中国、日本、韩国在东亚紧急大米储备、食品安全信息机制方面扩大合作。此外，东盟在联合国林业论坛上采取一致的立场，承诺加强可持续的森林管理，积极参与国际林业对话，加强林业开发与保护的地区合作。所建立的东盟健康动物信托基金也有新的发展。

第三十七届东盟经济部长会议

2005年9月28日在老挝首都万象举行。东盟10国、东盟对话伙伴以及相关机构的代表约400人出席。会议重点讨论建设东盟经济共同体、东盟自由贸易区、与对话伙伴建立自由贸易区、吸引投资等重大问题，签署《建立和实施东盟“单一窗口”协议》、《东盟关于建立统一电力和电子标准化机制协议》、《东盟相互承认工程服务安排》等3项协议，一致同意到2015年全面实现服务贸易自由化。与会部长强调，东盟仍将根据各个具体时间表全力落实关于11个优先整合领域的措施，推进东盟经济共同体进程；强调利用现有机制加快区域整合，特别是加快旅游业和航空业的整合进程，以此推动东盟与对话伙伴建立自由贸易区。

第二十六届东盟议会联盟会议

2005年9月19～22日在老挝万象举行。与会代表重点讨论打击恐怖主义和海盗活动、《东南亚友好合作条约》及南海合作、建立东南亚发展基金、开展打击拐卖妇女儿童犯罪活动的司法合作以及自然灾害防控等问题。会议期间，东盟10国代表还与澳大利亚、加拿大、中国、欧盟、日本、新西兰、巴布亚新几内亚、俄罗斯、韩国等9个观察员举行对话，探讨国际安全、贸易自由化、预防自然灾害、教育以及技术转让等合作问题。

东盟重视构建关爱社会合作

第十次东盟领导人会议提出把东盟建成关爱的社会。2005年7月26日，第三十八届东盟外长会议提出加强东盟社会文化合作的领域：一是灾害管理，签署《东盟灾害管理和紧急事件反应协定》，将为减轻本地区的自然和人类灾害、各国协同一致应对紧急灾害、强化地区合作提供有效的地区机制。二是环境合作，湄公河流域可持续发展、东盟跨境烟雾污染控制、执行《东盟遗产公园宣言》和《东盟城市环境可持续发展框架》的具体措施，并提出22个候选城市。此外，会议还对健康、贫困、文化与信息、毒品、劳工、青年等领域的合作制定规划。10月12～14日，在马尼拉举行的第五届东盟农村发展与消除贫困高官会议，认为在东盟根除贫困和缩小东盟成员国间的发展差距，对东盟一体化发展具有重要意义。会议回顾《发展农村和消除贫困行动计划(2004－2010年)》的实行情况以及东盟与对话伙伴、国际组织的合作情况，决定在建立小额贷款体制、推进公私领域合作等方面加强合作。

首届东盟与中日韩青年友好会见活动

东盟与中、日、韩青年友好会见活动是中国政府总理温家宝于2003年第七次东盟与中、日、韩领导人会议上提出关于建立东盟10＋3青年交流合作机制建议的具体落实。2005年9月27日，首届青年友好会见活动在中国江苏无锡举行，130多名来自东盟各国及东盟秘书处、日本、韩国、中国的青年事务高官、青年企业家和青年学者参加活动。活动期间，各国青年领导人就“加强互利合作，促进共同发展”的主题进行交流；青年学者对东盟与中、日、韩合作的前景进行探讨；各国青年企业家进行投资环境考察及开展项目洽谈。中国共青团中央领导在会见讲话中，就加强东亚青年合作提出3点建议：建立东亚青年合作机制，构建东亚青年交流网络；拓展东亚青年合作领域，深化合作内涵；丰富东亚青年合作形式，增强东亚青年合作实效。

东盟加强跨境人员流动管理合作

随着东盟一体化步伐的加快，东盟成员国间的人员往来日益频繁，如何加强跨境人员管理、提供流动便捷条件成为东盟国家面临的重要问题。2005年7月，东盟移民论坛在印度尼西亚举行，重点探讨成员国的移民管理合作问题。11月9～11日东盟在柬埔寨吴哥举行第九届移民局长和主管领事外长会议，讨论2002年签署的《东盟移民事务行动计划》的执行情况，强调成员国在防止和打击跨国犯罪与恐怖主义方面加强合作的重要性，决定制定执行《东盟打击贩卖人口尤其是贩卖妇女儿童宣言》的相关措施；强调移民局长会议在该区域打击跨国犯罪，促进旅客、专业人士、商人的跨境流动方面的重要作用；同意与澳大利亚移民局长进行磋商，商讨双方在移民问题上可能合作的领域。

东盟合作打击跨境犯罪活动

2005年11月29日，东盟在越南河内举行第五届打击跨国犯罪部长会议。与会部长一致认为，面对跨境犯罪的日益猖獗，东盟应增强《东盟打击跨国犯罪行动计划》的执行力度，加强成员国政府机构间的联系与合作，及时交流情报和信息。会议支持2004年11月29日在吉隆坡签署的《针对犯罪问题法律互助条约》，建议为执行《东盟反恐协定》建立一个联合小组，所有成员国尽早签署抑制核恐怖主义活动的国际协定。此前，东盟已与相关对话伙伴签署《打击国际恐怖主义的联合宣言》，在打击跨国犯罪和恐怖主义方面与区域外国家加强合作。11月30日，东盟在越南河内举行第二届东盟与中、日、韩10＋3打击跨国犯罪部长会议，签署《东盟与中、日、韩10＋3合作打击国际恐怖主义工作计划原则》，强调在打击跨境犯罪和恐怖主义方面继续合作。与会部长表示将在专家和资源方面提供支持援助、情报交换和信息共享方面进一步加强合作，在《针对犯罪问题法律互助条约》下构建东盟10＋3的法律合作框架。

东盟内部交通合作紧密

2005年11月17日，第十一届东盟交通部长会议在老挝万象举行。会议讨论《东盟2005～2010年交通行动计划》的执行情况、加快整合交通业的政策措施以及燃油价格上涨对东盟交通运输业发展的不利影响等，提出在发展交通业的同时，各成员国要合作研究和开发环保型的燃料，注意保护环境；签署《东盟多模式交通框架协定》；决定进一步加强东盟海、陆、空交通能力建设，加快泛亚公路建设，鼓励私人领域和国际、地区组织参与东盟交通运输业建设，增强交通服务的安全性，促进货物、人员流通的便捷化和自由化。会议强调将继续加强与中国、日本、印度等对话伙伴及国际组织在交通领域的合作；执行东盟与日本交通伙伴关系下的海运航空安全、城市交通可持续发展、海运管理等方面的合作等。

第十一次东盟领导人会议

2005年12月12日在马来西亚吉隆坡举行。与会各国领导人集中讨论了东盟经济整合以及建设东盟共同体问题，并就加强东盟内部团结与合作、增强东盟竞争力、推动区域经济一体化进程和东盟与区域外合作、有效应对各种挑战等问题达成共识。会议最重要的成果是通过《吉隆坡宣言》。根据这一文件，东盟决定制订东盟宪章，为东盟实现其目标搭建一个法律和机构框架，以法律的形式确定东盟所有的准则、规定和价值观，以便在全球和地区经济、政治环境不断变化的情况下，加快实现东盟共同体的建设，为东盟的发展奠定坚实的基础。会议决定成立一个"东盟名人小组"，负责审议并提出东盟宪章中有关东盟共同体建设的指导方针和性质。还责成各成员国在必要时成立一个"高级工作小组"，在《吉隆坡宣言》和"东盟名人小组"建议的基础上负责起草东盟宪章。

东盟各国领导人对东盟经济部长签署《建立和实施东盟"单一窗口"协议》、《东盟关于建立统一电力和电子标准化机制协议》、《东盟相互承认工程服务安排》等3份文件表示满意，并敦促各国加快旅游和航空运输业一体化步伐；对《万象行动计划》的稳步实施也感到满意；对东盟发展基金的建立表示支持，呼吁成员国以及对话伙伴为这个基金作出贡献，努力缩小东盟成员国间的发展差距，以支持东盟一体化建设进程。会议讨论修改东盟经济一体化进程时间表，决定把实现东盟经济一体化的具体时间由2020年提前到2015年，希望大多数成员国在这个期限前实现这一目标。在反恐问题上，与会各国领导人对全球以及东南亚地区发生的恐怖袭击事件表示谴责，呼吁加大打击力度并认真找出恐怖主义根源，从根本上解决这个问题。在灾害及禽流感问题上，各国领导人认为各成员国要在防治方面密切合作，并讨论马来西亚提出的建立东南亚地区禽流感防治研究中心和合作中心的建议。会议认为有必要建立东南亚自然灾害早期预警系统，以应对海啸等灾害的再度发生。与会各国领导人一致同意加强教育领域的合作，其中包括举办东盟大学生运动会、成立东盟青年和平队、举办东盟电脑游戏奥林匹克比赛和东盟科技奥林匹克比赛等。东盟各国还一致表示支持推举泰国外长素拉革出任联合国秘书长。

第九次东盟与中日韩10+3领导人会议

2005年12月12日在马来西亚吉隆坡举行。会议发表的《吉隆坡宣言》重申共同致力于实现东亚经济一体化这一长远目标，以及为维护东亚地区环境和世界和平与安全、繁荣与进步作出的贡献。宣言指出，在实现东亚经济一体化目标的过程中，将继续以10+3机制为主渠道，由东盟发挥主导作用，通过东盟与中、日、韩积极参与，增强共同的主人翁意识。宣言认为，在地区一体化建设进程中，东盟一体化、东盟共同体建设以及中、日、韩三国继续向东盟提供支持均具有重要

第九届东盟与中日韩领导人会议签署《吉隆坡宣言》后，各国领导人相互手拉手。（刘卫兵 摄）

意义。与会领导人在10+1合作对东盟与中、日、韩框架下的整体合作具有重要作用问题上形成共识，相信东盟与中、日、韩之间增强互动有助于加深对话，有助于形成合力，有助于把握迅速发展和全球化的世界带来的机遇，迎接各种挑战。宣言对首届东亚峰会表示欢迎，重申将继续在东盟领导人会议期间举行年度东盟10+3领导人会议，为在东盟与中、日、韩合作框架下实现地区一体化提供指导和政治动力。

首届东亚峰会

2005年12月14日在吉隆坡举行。东盟10国、中国、印度、日本、韩国、澳大利亚和新西兰的领导人参加会议，俄罗斯以观察员身份与会。会议发表《关于东亚峰会的吉隆坡宣言》和《关于预防、控制和应对禽流感的东亚峰会宣言》。与会各国领导人集中讨论本地区一体化发展战略、政治、经济、贸易和投资问题，并就这些领域加强双边和多边对话。

《关于东亚峰会的吉隆坡宣言》称：东亚峰会参加国认识到，实现东亚及世界的和平、安全与繁荣符合各国的利益，愿意本着平等的伙伴精神和协商一致的原则，加强合作、增进友谊，创造一个和平的环境，为本地区及世界的和平、安全与经济繁荣作出贡献，东亚峰会原则应与东盟建设保持一致。

《关于预防、控制和应对禽流感的东亚峰会宣言》说，东亚峰会参加国认识到禽流感在本地区许多国家爆发，不仅殃及家禽产业，也危及本地区的公众健康、畜类养殖、贸易、旅游、经济和社会发展，其影响严重。参加首届东亚峰会的东盟10国与中、日、韩、印度、澳大利亚、新西兰等国将不遗余力，增强本国、本地区和国际社会应对防控禽流感疫情的能力。与会各国也表示将及时关注疫情，防止其转变为大规模流行的人类流感。为此，各国表示愿意建立国家和地区性的禽流感和流感大流行预防战略以及抗病毒药物储备网络。其中，预防战略包括明确的工作计划和资源调配机制以及必要的国家立法和专业技术等方面的内容。根据宣言精神，各国将全面完善防控新发传染病的国家政

策;控制和根除各国的禽流感以减少风险;在与会国间相互提供一切可能的支持;加强国家和地区各层面的协调;签署国家和多边组织间信息共享协议,确保在流感大流行爆发前或爆发时进行有效、及时和实质性的沟通;在疫苗及抗病毒药物的研发和生产等方面,加强相互间以及与世界卫生组织等国际组织之间的合作。

·链接资料·

东亚峰会

在2000年东盟与中、日、韩10+3领导人会议上,马来西亚总理马哈蒂尔提出召开东亚峰会和成立东亚秘书处,新加坡总理也就此提出5年举办一次,由中、日、韩三国轮流承办的建议。2001年,东亚展望小组报告正式提出举行东亚峰会。在2003年东盟与中、日、韩10+3领导人会议上,柬埔寨总理洪森提出由13国按字母顺序举办。2004年初,马来西亚表示愿意承办首次东亚峰会。2004年底,东盟领导人会议决定于2005年底在马来西亚召开首届东亚峰会。后来,新加坡、印度尼西亚在东亚峰会成员问题上提出应有别于10+3领导人会议。为此,印度、澳大利亚、新西兰先后正式提出希望参加东亚峰会,日本竭力推动美国参加,俄罗斯、欧盟、巴基斯坦、蒙古和加拿大也以各种形式表达了参加的愿望。2005年4月,东盟10国磋商后提出参加东亚峰会的三个条件:一是与东盟有实质性的政治和经济关系,二是东盟的对话伙伴,三是已加入《东南亚友好合作条约》。7月,东盟外长万象会议建议,东亚峰会定期在东盟成员国举行,由东盟轮值主席国主办。同期举行的东盟与中、日、韩10+3外长会议决定,除东盟10国与中、日、韩外,东亚峰会还邀请澳大利亚、新西兰、印度参加。这个决定最大程度保持了东盟的主导权及峰会的开放性。

东亚峰会创造了一种新的区域合作模式,它将建成一个以东盟为主导的开放、包容、透明和外向型的论坛,与会国可就共同感兴趣和关切的战略、政治和经济问题进行对话,促进东亚地区的和平、稳定和经济繁荣,为在各国最高首脑层面研究和确立东亚合作的方向和战略提供了可能。

东亚合作联合研究大会

由中国国务院总理温家宝在2004年东盟与中、日、韩10+3领导人会议上提出,旨在集中东亚各国的学术资源,共同探讨东亚合作问题。大会于2005年10月30日在北京举行。与会代表主要就东亚经济一体化进展情况、东亚共同体建设进程中存在的问题及东亚共同体路线图等交换意见。代表们充分肯定东亚合作取得的积极进展,认为在东亚合作迈向东亚共同体进程中应继续以10+3为主渠道,发挥本地区其他合作机制的作用,努力实现东亚与世界其他地区的共同发展与繁荣。中国外交部副部长武大伟提出加强合作的几个方面:加强学术研究机构之间的横向沟通与交流;加强对具有现实紧迫性和长远战略性课题的研究;增强学术界与官方和民间的互动;保持开放的态度,增强本地区与其他国家和地区有关学术机构之间的交流,学习和借鉴各国对东亚研究的最新成果。研讨会还就东亚合作的目标、机制、内容等问题进行深入而富有成效的探讨,为实现本地区和本区域共同发展出谋划策。

第三届东亚论坛

2005年11月31日在北京举行。来自东盟国家和中国、日本、韩国的近100名政府官员、学者和产业界人士与会。与会代表就东亚合作的发展方向、目标、途径、政策措施以及存在的问题坦诚深入地交换意见,认为东亚经济一体化是大势所趋,应坚定不移地推进东亚共同体建设。东亚合作以东盟、中、日、韩合作机制为主渠道,东亚国家应充分利用现有渠道和机制,更加重视社会各界的参与,以推动东亚合作取得更全面的进展。与会代表强调,东亚要加强与区域外国家的沟通与联系,在开放包容中实现互利共赢;认为东亚峰会应与东盟和中、日、韩等合作机制相互补充、相互促进,为东亚合作和世界发展作出积极贡献。

中国—东盟自由贸易区进展顺利

根据2004年11月签订的《货物贸易协议》时间表,中国—东盟自由贸易区降税计划从2005年7月20日起,对文莱、印度尼西亚、马来西亚、缅甸、新加坡、泰国等原东盟6国实施协定税率(含现行对上述6国实施的“早期收获”商品协定税率)。对6国实施协定税率后,共有3408种商品的协定税率低于相应的最惠国税率(含37种从量税及复合税商品),其余商品的协定税率与相应的2005年最惠国税率持平。7月20日后,中国对原东盟6国平均关税税率为8.1%,比最惠国平均税率水平低1.8个百分点。此后逐步调低7000种商品的关税,目标是在2010年前将关税减至0~5%。而柬埔寨、老挝、缅甸、越南4个新成员国,将多享受5年的过渡期,在2015年前将关税降至0~5%。东盟成员国中,文莱、马来西亚、缅甸、新加坡已完成《货物贸易协议》的国内审批程序,印度尼西亚和泰国也即将完成;柬埔寨、老挝、菲律宾、越南则将在完成国内审批程序后,与中国相互实施降税计划。在2004年老挝万象会议上,东盟与中国签订自由贸易协定,决定通过商品贸易、服务贸易和跨国投资逐渐推进双方的经贸合作。根据协定,常规贸易商品到2010年将取消全部关税;列入“敏感商品”清单的商品种类最多只有400个(中国列了钢铁,东盟国家列了糖、植物油等),这些商品的关税税率将在2012年减至20%,2018年则减至5%以下。列入“高敏感商品”的有大米、汽车和部分石化产品,这部分商品将继续受关税保护,但税额比例将逐步减少。

中国—东盟自由贸易区的建立,不仅是削减关税和消除贸易壁垒,还包括农业、信息通信、人力资源开发、设施建设及湄公河开发等广泛领域的合作,为亚洲经济带来活力。中国—东盟自由贸易区自2002年启动后,中国与东盟双边贸易快速增长,2002~2004年间年均增长率为38.9%,双边贸易额增加500亿美元。2005年东盟与中国双边贸易额为1303.7亿美元,其中中国出口东盟553.7亿美元,从东盟进口750亿美元,东盟成为中国的第五大贸易伙伴、第五大出口市场和第三大进口市场。

● 中国—东盟电信周部长论坛

2005年5月12日在北京举行。论坛通过《北京宣言》,倡导建立"面向共同发展的信息通信领域伙伴关系"。宣言说,中国与东盟双方将进一步加强电信基础设施、人力资源、技术研发、网络与信息安全、政策环境、产品贸易等方面的合作,特别是加强在固定通信网、移动通信网、卫星通信网、互联网等信息通信基础设施建设与发展方面的合作,并积极探讨建设中国—东盟信息高速公路。中国与东盟各国应进一步缩小"数字鸿沟",推进电信普遍服务,促进农村和边远地区通信发展。要进一步落实中国领导人关于5年内为东盟国家培训500名中高级电信管理和技术人员的倡议,完善信息通信人力资源开发合作。宣言还说,目前中国和东盟各国网络与信息安全正面临着严峻挑战,双方应增加在网络与信息安全领域的沟通与合作,探讨建立中国—东盟网络与信息安全应急处理协作框架,促进地区贸易和投资便利化,加强电子商务、电子政务、社会信息化领域的交流与合作,推动ICT技能认证、电信设备认证的相互承认安排,改善各国的投资环境。

●《中国与东盟成员国政府文化合作谅解备忘录》签署

2005年8月3日第二届东盟与中、日、韩文化部长会议期间,中国与东盟正式签署《中华人民共和国与东南亚国家联盟成员国政府文化合作谅解备忘录》。这是中国与区域组织签订的首个文化合作文件,标志着中国与东盟各成员国之间的文化交流与合作进入新的发展时期,为中国—东盟全面合作增加了新的内容。双方在备忘录中承诺将加强在文化领域的交流合作、共同研发和信息共享。备忘录还要求各国鼓励和支持对文化遗产的保护、开发和培养文化领域的人力资源以及加强文化企业的合作。

●《在南中国海协议区三方联合海洋地震工作协议》签署

2005年3月14日,中国海洋石油总公司、菲律宾国家石油公司、越南石油和天然气公司在马尼拉签署《在南中国海协议区三方联合海洋地震工作协议》。此次合作是中、菲、越三方共同落实《南海各方行为宣言》的重要举措,为促进南海地区的稳定与发展作出了历史性的贡献。根据协议,三大公司将联手合作,在3年协议期内,收集南海协议区内定量二维和三维地震数据,并对区内现有的二维地震线进行处理。协议合作区总面积超过14万平方公里。三大石油公司在联合新闻公报中说,这一协议表达了三方联合考察南海协议区内石油资源储量的意愿,但不会损害各有关国家政府在南海问题上的基本立场。中、菲、越从促进本地区稳定及中国与东盟面向和平与繁荣战略伙伴关系的大局出发,本着互利共赢、灵活务实的精神,创造性地启动南海共同开发进程,为和平解决南海争端、甚至为世界其他地区有关国家解决类似问题开辟了一条新的道路。

● 东盟与中国交通合作加强

2005年中国与东盟积极推进在基础设施建设、运输便利化、海上安全与保安、航空运输、人力资源开发等交通领域的合作。在交通运输便利化方面,《GMS便利货物及人员跨境运输协定》下的20个附件和议定书于11月全部结束谈判,并确定以中国河口和越南老街为试点口岸启动协定采取的措施,推行"单一窗口"和"一站式"检查。在航空运输领域,中国与东盟国家的主要城市均开通了直达航班,建立起覆盖中国与东盟国家各主要通航点的国际航空运输网络。在海运领域,双方就《中国与东盟区域性海运合作框架性协定》进行3次磋商,并取得重大进展。在海上安全与保安方面,中国作为海峡使用国及东盟的合作伙伴,积极参与马六甲海峡沿岸新加坡、马来西亚和印度尼西亚等国举办的部长级会议和航行安全技术专家组会议,共同商讨加强海峡安全事宜。在人力资源开发合作方面,中国先后举办了东盟国家内陆航道整治技术培训班、船舶油污赔偿研讨会及东海搜救演习等,完成《改善柬埔寨、老挝、缅甸、越南四国内陆航道发展研究》工作大纲。11月18日,中国、东盟10国的交通部长和东盟秘书处代表出席在老挝万象举行的第四届中国—东盟交通部长会议。会上,中国提交《中国与东盟区域性客货航空运输安排》的概念性文件,还就如何增强中国与东盟交通合作提出五点倡议:第一,制订中国—东盟交通合作发展战略规划,加强未来合作的前瞻性;第二,继续加快交通基础设施建设,完善交通运输网络;第三,加强交通政策协调,促进交通运输便利化;第四,加强海上安全与保安合作,确保高效顺畅的海上贸易运输;第五,加强人力资源开发合作,提高中国与东盟交通运输能力建设的整体水平。

中国—东盟自由贸易区

概　　述

中国—东盟自由贸易区，是时任中国国务院总理朱镕基同意东盟领导人关于对中国加入世界贸易组织的影响进行联合研究后的建议，并提出进行中国—东盟自由贸易区的可行性研究，得到东盟方面的积极响应，在东南亚国家联盟之间的经济合作和东盟自由贸易区的基础上发展起来的。

东盟初期的经济合作

1967年，在东南亚国家联盟成立宣言——《曼谷宣言》中，东盟各国提出成立东盟的宗旨是："通过共同努力加速本地区的经济增长、社会进步和文化发展"，"在经济、社会、文化、技术、科学和行政管理方面共同关心的问题上促进积极的合作和互助"。1976年，在《东南亚友好合作条约》和《东南亚国家联盟协调一致宣言》中再次提出"缔约国为了实现社会公正和提高本地区人民的生活水平应当加强经济合作"。并具体指出在基本商品，特别是粮食和能源方面的合作；在建立大型工厂方面的合作；在贸易方面的合作。为此，东盟各国签署了《东盟特惠贸易安排协定》（于1978年1月1日生效，实际执行期至《共同有效优惠关税》出台，约15年）。协定的基本目的是扩大东盟国家之间的贸易往来和产品的市场，促进东盟各国之间的产业调整，强化东盟各成员间的经济合作。1990年1月，新加坡、马来西亚柔佛州和印度尼西亚在廖内群岛的巴淡岛建立"增长三角"经济合作区，称为"新柔廖增长三角"或"东盟南部增长三角"。

东盟自由贸易区建立过程

20世纪90年代初，世界经济向区域化和集团化方向发展，东盟经济出现减速和下降迹象。为了应对世界经济环境对东盟的负面影响，1990年10月，在东盟第22届经济部长会议上，泰国提出10年内在东盟内部建立自由贸易区，以消除各成员国之间的关税和非关税壁垒的建议，得到成员国普遍认同。1992年1月，在新加坡召开的第四次东盟首脑会议上，东盟各国认为，面对欧洲统一大市场和强大的竞争力，东盟国家必须团结一致，增强实力，扩大合作范围，在国际竞争中获胜。在这次会议上，东盟各国首脑分别代表本国签署了《1992年新加坡宣言》和《加强东盟经济合作框架协议》，东盟经济部长签署了《东盟自由贸易区共同有效优惠关税协定》；所有成员国一致同意从1993～2008年的15年间，建立并参加东盟自由贸易区。东盟各成员国逐步削减和消除关税与非关税贸易壁垒，将关税降至5%以下。《加强东盟经济合作框架协议》还提出：《东盟自由贸易区共同有效优惠关税协定》是东盟自由贸易区的主要执行机制，并将设立一个部长级的理事会来监督、协调和检查东盟自由贸易区计划的实施。在这次会议上，东盟各国还表示，欢迎印支3国和缅甸加入东盟。

东亚经济核心论坛的提出

东盟在构建自由贸易区的同时，还提出建立更大范围的次区域经济合作组织的倡议。1990年，马来西亚总理马哈蒂尔提议，东北亚与东南亚的国家和地区，包括日、中、韩、港、台和东盟组成一个区域性经济集团，即"东亚经济集团"，共同对付欧共体和北美自由贸易区等区外组织。后来，为了降低集团化的调子，东盟将其名称改为"东亚经济核心论坛"。尽管"东亚经济核心论坛"至今尚未正式成立，但在1995年泰国曼谷东盟第五次首脑会议上，东盟还是提出了与中、日、韩3国举行会晤的设想。

东亚10+3、10+1及在此框架下的中日韩对话机制与合作

1997年12月，首次东盟9国与中、日、韩3国领导人非正式会议在马来西亚首都吉隆坡举行。会议的主要议题是：21世纪东亚的发展前景、亚洲金融危机、深

化地区经济联系。至此，10+3东亚领导人和10+1东盟分别与中国、日本、韩国领导人之间的对话与合作的会议机制正式建立（柬埔寨当时尚未加入东盟，所以也称9+1和9+3对话）。此后，10+3和10+1的东亚合作行动框架也逐步建立。10+3、10+1合作机制以经济合作为重点，逐渐向政治、安全、文化等领域拓展，已经形成多层次、宽领域、全方位合作的良好局面。在10+3框架内，中、日、韩三边合作逐步开展，确定八大重点合作领域，建立8个部长会议机制，包括外长、经济、财政、农业、劳动、旅游、环境和卫生部长会议。10+1确定五大重点合作领域，即农业、信息通信、人力资源开发、相互投资和湄公河流域开发。中、日、韩合作也确定五大领域，包括经贸、信息产业、环保、人力资源开发和文化合作，并建立相应的部长会议机制。在10+3、10+1和中、日、韩合作机制下，每年均召开首脑会议、部长会议、高官会议和工作层会议。

·链接资料·

东盟与中国的会议机制及合作机制

随着中国与东盟关系的不断发展，双方合作机制也不断建立和完善，形成了多方位、多层次的合作框架。

一、会议机制

（一）领导人会议。自1997年起，中国和东盟领导人在每年10+3领导人会议期间举行非正式会议（也称10+1领导人会议）。第一次非正式会议在马来西亚吉隆坡举行。此后，在河内、马尼拉和新加坡分别举行第二、三、四次会议，并从第四次会议起，改称中国—东盟领导人会议。第五次会议于2001年11月在文莱召开。双方领导人决定在10年内建成中国—东盟自由贸易区，并将农业、信息产业、人力资源开发和湄公河流域开发等确定为双方新世纪初的重点合作领域。

（二）外长会议。自1991年起，中国与东盟各国的外长每年均举行会议，就中国与东盟关系以及其他双方感兴趣的问题交换意见。1997年起，外长会议还为年底的中国与东盟领导人会议做准备。

（三）东盟与对话伙伴国会议。始于1978年，是东盟外长会议的后续会议。其10个对话伙伴是澳大利亚、加拿大、中国、欧盟、印度、日本、新西兰、俄罗斯、韩国和美国。每年由东盟成员国和对话伙伴国的外长出席会议，主要讨论政治、经济、东盟与对话伙伴国的合作等问题。中国于1996年成为东盟全面对话伙伴国。

二、经过双方多年的共同努力，中国与东盟合作逐渐形成如下工作机制：

（一）中国—东盟高官磋商。自1995年4月起，中国与东盟开始在高官（副部级）层次就共同关心的政治与安全问题举行年度磋商，时称中国—东盟高官政治磋商。第四次磋商起更名为中国—东盟高官磋商。通过这一机制，双方加强了在政治、安全等领域的相互了解和信任。

（二）中国—东盟联合合作委员会。1997年2月，中国—东盟联合合作委员会在北京成立，该委员会的成立是中国与东盟建立全面对话伙伴关系的后续行动，旨在促进中国和东盟之间各领域合作的协调发展，并着力推动双方在人力资源开发、人员和文化交流等方面的合作。为此，中国于同年出资70万美元建立中国—东盟合作基金，资助联委会确定的合作项目。2000年中国向中国—东盟合作基金增资500万美元，主要用于人力资源开发。基金迄今已资助10多个合作项目，并取得较好效果。

（三）中国—东盟经济贸易联系委员会。1993年，东盟秘书长访华，双方同意建立经贸联委会，并于1994年7月通过换文正式建立。经贸联委会主要就国际和地区经济问题交换意见，并讨论如何推动中国与东盟贸易和投资合作。第三次会议宣布成立“中国—东盟经济合作专家组”，研究加强双方经济联系、提供贸易和投资便利等问题。

（四）中国—东盟科学技术联系委员会。1993年东盟秘书长访华时，双方同意建立科技联委会，并于1994年7月通过换文正式建立。科技联委会于1995年3月在文莱举行首次会议，第二次会议于2001年10月在中国海南举行。会议确定将功能食品、海洋技术和热带生物资源开发等作为下一步双方合作的重点领域。

（五）中国—东盟商务理事会。1997年4月，中国国际贸易促进会与东盟商会签署谅解备忘录，决定成立中国—东盟商务理事会。因受东亚金融危机影响，理事会一直没有正式启动。2001年11月，在中国国务院总理朱镕基访问印尼期间，理事会召开第一次会议，标志着理事会的正式启动。朱镕基和梅加瓦蒂共同出席了会议。

（六）东盟北京委员会。该委员会是中国与东盟建立全面对话伙伴关系的另一后续安排。1996年在北京成立，由当时东盟7国驻华大使组成，旨在促进东盟驻华机构与中国政府部门的交流与合作。东盟北京委员会现在由东盟10国驻华大使组成，轮流任主席，任期半年。

《东亚合作联合声明》的发表

1999年11月28日，第三次10+3东亚领导人会议在菲律宾首都马尼拉举行。这次会议是东亚合作的一个重要转折点和新起点。会议就推动东亚合作的原则、方向和重点领域达成共识，发表《东亚合作联合声明》。声明强调，东亚各国决心促进本地区在21世纪向稳定的方向努力，在以下各个领域实现合作：在经济合作方面，加速贸易、投资和技术转让，鼓励技术和电子商务方面的技术合作,推动工农业合作,加强中小企业合作,启动东亚产业论坛,推动东亚经济增长区,如湄公河盆地的发展,考虑建立"东亚经济委员会"等。在货币与金融合作方面,加强政策对话、协调与合作,包括宏观经济风险管理、公司管理、资本流动的地区监控,强化银行和金融体系,通过 10 + 3 的框架,加强地区的自救与自助机制。在社会和人力资源方面,推动实施"东盟人力资源开发倡议",建立"人力开发基金";加强科技发展领域的合作,加强能力建设,促进东亚地区经济增长;加强文化和信息领域的合作,加强地区的文化交流,加深了解;加强发展合作,推动经济的可持续发展;加强政治和安全对话、协调与合作,加强相互理解和信任,在跨国问题上加强合作。

● 从"亚洲货币基金组织"的提出到达成"清迈协议"

1997 年 7 月,从泰国开始爆发了亚洲金融危机。日本为了防止金融危机的蔓延,立即提出"亚洲货币基金组织"的构想,但是这一构想因遭美国反对而夭折。1998 年,在中国倡议下,东盟 10 国和中、日、韩建立金融合作机制,目的是加强政策对话和建立共同抵御金融危机的资金援助机制。2000 年 5 月,东盟 10 + 3 财政部长在泰国清迈召开的亚洲开发银行年会上达成清迈协议,即"东盟 + 3"(10 + 3)财政部长会议联合声明。根据亚洲已经发生和可能发生的金融危机,协议涉及金融合作的内容有:充分利用东盟 10 + 3 的组织框架,加强有关资本流动的数据及信息的交换;扩大东盟的货币互换协议,同时在东盟与其他三国(中国、日本和韩国)之间构筑双边货币互换交易网和债券交易网;研究如何将东盟 10 + 3 各国超过 7000 亿美元的外汇储备用于相互之间的金融合作,以稳定亚洲区域内的货币市场。

· 链接资料 ·

"东盟 + 3"财政部长会议联合声明

(2000 年 5 月 6 日,泰国清迈)

一、导言

(一)根据去年 *11* 月在马尼拉举行的"东盟 + 3"领导人非正式会议上做出的"东亚合作联合声明",我们——东盟、中国、日本和韩国的财长们在清迈召开会议,就经济和金融形势交流看法并讨论东亚地区进一步的合作。

(二)本次会议由文莱财政部长 *H. E. Pehin Orang Kaya Laila Wigaya Dato Haji Abdul Aziz Umar* 主持。

二、加强东亚金融合作

(一)我们赞同亚洲发展银行对东亚经济和金融状况的倡议,并欢迎我们成员国的经济出现比预期的更强劲的复苏。为了进一步维持这一经济增长,我们同意加强我们之间的政策性对话,并加强在流动资本监控、自助和支持机制,以及国际金融改革领域里的合作。

(二)关于流动资本的监控,我们的专家们今年 *4* 月在马尼拉会议上就流动资本监控机制交换了看法,并讨论了在东亚建立一个地区性监控机构的可能性。我们同意运用"东盟 + *3*"的机构,以便于连续性的和及时的数据以及流动资本信息的交换。

(三)作为在东亚建立起一个更充分协调的经济和金融监控体制的第一步,我们同意建立一个人员联系网,以利于在东亚的地区性监督。此举将增加我们经济考察和政治对话的效果。

(四)为了通过"东盟 + *3*"框架加强我们在东亚的自助与支持机制,我们认为有必要建立一个地区性的金融安排(机制),以补充现有的国际金融业务。作为开始,我们同意通过"清迈协议"来加强我们现行的货币管理合作机制。"清迈协议"的内容包括扩充的"东盟互换协定",包括所有东盟国家及东盟与中、日、韩"双边货币互换协定"。

(五)我们请求东盟秘书处,领导和协调一项关于建立能够为东亚地区金融稳定提供及时充分支持的机构的研究。

(六)鉴于人力资源的重要性和为筹备政策性对话及磋商进行合作研究的必要性,我们同意建立一个旨在就共同利益进行研究和培训的网络。在此情况下,我们感谢日本在培训财政官员、成立研究班、为加强财政合作、国债处理及货币政策派遣专家等方面提供的技术上的支持。我们也欢迎中国和韩国通过培训计划,在本地区的金融业、银行业及财政官员培训方面,提供技术援助。

● 东盟与中国 10 + 1 领导人会议及各次会议议题和重要成果

东盟与中国领导人会议是 10 + 1 对话与合作机制的组成部分。1997 年 12 月 16 日,首次东盟 9 国与中国的领导人非正式会晤在马来西亚吉隆坡举行。中国国家主席江泽民发表《建立面向 21 世纪的睦邻互信伙伴关系》的讲话。会议结束,双方发表《中华人民共和国与东盟国家首脑会晤联合声明》,声明提出建立面向 21 世纪的睦邻互信伙伴关系。

1998 年 12 月 16 日,东亚合作河内会议的议题是:加强地区合作,克服金融危机,恢复地区经济增长和促进地区的安全与稳定。中国国家副主席胡锦涛在会上发表讲话,就东亚如何摆脱金融危机、恢复经济增长提出中方的建议:倡议召开 10 + 3 财政和金融副手会议。与此同时,第二次东盟—中国领导人非正式会议也在越南首都河内举行,双方领导人回顾了 1997 年首次领导人非正式会议以来双方关系的新进展,并对今后双方关系的发展进行了讨论。双方同意通过全面对话合作框架，开辟多种合作渠道，坚持通过平等友好协商，妥善处理彼此间存在的一些分歧和争议，进一步推进睦邻互信伙伴关系的发展。

1999 年 11 月 28 日，第三次东盟—中国领导人非正式会议在菲律宾首都马尼拉举行，中国国务院总理朱镕基出席。朱镕基总理在会上提出中方对在新世纪加强与东盟睦邻互信伙伴关系的主张和具体建议，表示中国将继续深化与东盟国家和东盟组织在各个领域、各个层次的对话与合作，尤其是在经贸、科技和金融等领域的合作。东盟国家高度评价中国在亚洲金融危机中给予东盟国家的援助和支持。

2000 年 11 月 25 日，第四次东盟—中国领导人会议（从这次会议起，改称东盟—中国领导人会议）在新加坡举行，中国国务院总理朱镕基出席。朱镕基总理在会上积极评价中国与东盟双边关系，并就今后一段时间双方在政治领域、人力资源开发、加强湄公河流域基础设施建设、高新技术领域、农业、贸易与投资等方面的合作提出了具体建议。

2001 年 11 月 6 日，第五次东盟—中国领导人会议在文莱举行。中国国务院总理朱镕基发表《携手共创中国与东盟合作的新局面》的讲话。讲话提出 3 项建议，一是确定中国与东盟之间的重要合作领域；二是建立中国与东盟自由贸易区；三是加强政治互信与支持。

2002 年 11 月 4 日，第六次东盟—中国领导人会议在柬埔寨首都金边举行。中国国务院总理朱镕基出席会议并讲话，提出启动中国与东盟自由贸易区进程的建议。朱镕基总理和东盟 10 国领导人签署《中国与东盟全面经济合作框架协议》，决定到 2010 年建成中国—东盟自由贸易区。中国与东盟领导人发表《中国—东盟关于非传统安全领域合作联合宣言》。中国和东盟秘书处签署《农业合作谅解备忘录》。中国与东盟各国外长及外长代表还签署《南海各方行为宣言》。宣言确认中国与东盟致力于加强睦邻互信伙伴关系，共同维护南海地区的和平与稳定。宣言强调通过友好协商和谈判，以和平方式解决南海有关争议。

2003 年 10 月 8 日，第七次东盟—中国领导人会议在印度尼西亚巴厘岛举行。中国国务院总理温家宝出席，并发表以“全面深入合作、促进和平繁荣”为主题的讲话。他在讲话中建议，为促进双方商界合作，中方建议从 2004 年起每年在广西南宁举办中国—东盟博览会。他还建议，2004 年初正式开工承建昆明—曼谷公路的老挝路段，并将出资帮助柬埔寨对其境内的泛亚铁路缺失路段修复工程进行可行性研究。在这次会议上，温家宝总理与东盟 10 国领导人签署《中华人民共和国与东盟国家领导人联合宣言》，双方宣布建立面向和平与繁荣的战略伙伴关系。外交部长李肇星与东盟 10 国外长签署文件，宣布中国正式加入《东南亚友好合作条约》，从而使中国成为东南亚地区以外第一个加入该条约的大国。

2004 年 11 月 29 日，第八次东盟—中国领导人会议在老挝首都万象举行。中国国务院总理温家宝和东盟 10 国领导人出席会议。会议由本次会议东道主、东盟轮值主席国老挝政府总理本南·沃拉芝主持。温家宝在会议上发表了题为《深化战略伙伴关系，推进全方位合作》的讲话。在会上，各国领导人高度评价中国为推动东盟与中国战略伙伴关系、实现本地区和平、稳定和发展、增强欠发达国家能力建设方面做出的重要努力，欢迎温家宝为加强双方合作提出的一系列倡议。各国领导人回顾了东盟与中国在政治、经济和安全等领域合作的进展情况，明确了新形势下双方关系的发展方向。领导人表示，中国是负责任的国家，也是值得信赖的国家，认为中国的发展给东盟各国带来了利益和机遇，希望双方继续落实有关协议和共识，深化和扩大在贸易、投资、农业、科技、文化和安全等领域及国际和地区事务中的互利合作。会议发表《落实中国—东盟面向和平与繁荣的战略伙伴关系联合宣言的行动计划》。

·链接资料·

“与邻为善、以邻为伴”的周边外交方针及其内容

2002 年 11 月 8 日，中国国家主席江泽民在中共十六大报告《全面建设小康社会，开创中国特色社会主义事业新局面》中指出：“我们主张顺应历史潮流，维护全人类的共同利益”；“主张建立公正合理的国际政治经济新秩序；主张维护世界多样性，提倡国际关系民主化和发展模式多样化”；“主张反对一切形式的恐怖主义”。为此，他进一步提出了周边外交方针：“我们将继续加强睦邻友好，坚持与邻为善、以邻为伴，加强区域合作，把同周边国家的交流和合作推向新水平。”

2003 年 10 月 7 日，中国国务院总理温家宝在印度尼西亚巴厘岛举行的首次东盟商业与投资峰会的演讲《中国的发展和亚洲的振兴》中，提出了周边外交方针的重要内容：“睦邻”、“安邻”、“富邻”。“睦邻”，就是继承和发扬中华民族亲仁善邻、以和为贵的哲学思想，在与周边国家和睦相处的原则下，共筑本地区稳定、和谐的国家关系结构；“安邻”，就是积极维护本地区的和平与稳定，坚持通过对话合作增进互信，通过和平谈判解决分歧，为亚洲的发展营造和平安定的地区环境；“富邻”，就是加强与邻国的互利合作，深化区域和次区域合作，积极推进地区经济一体化，与亚洲各国实现共同发展。在这次东盟—中国 10+1 峰会上，温家宝总理建议：从 2004 年起每年在中国广西南宁举办中国—东盟博览会，并得到响应。

● 建立中国—东盟自由贸易区的目标和原则

与东盟建立自由贸易区，是中国在积极参与多边贸易体系的同时，努力加强与周边邻国开展区域经济合作的一项重要举措。自由贸易区是当前区域经济合作的最主要形式,与世界贸易组织(WTO)为代表的多边贸易体制相辅相成,互为补充。从法律上讲,自由贸易区是对WTO最惠国待遇原则的例外。WTO通过关贸总协定第二十四条和服务贸易总协定第五条认可了这种例外,同时也对自由贸易区进行了必要的规范和约束。也就是说,中国和东盟在建立自由贸易区的过程中,必须遵守WTO的一般原则和规则,但在市场准入方面,双方相互给予的待遇,可以比双方在最惠国待遇基础上给予其他WTO成员的条件更加优惠。也就是说,中国—东盟自由贸易区与WTO倡导的贸易自由化宗旨和目标相一致,同时,它在市场开放程度上比WTO更进一步。另外,中国—东盟自由贸易区的各种谈判已经启动或者即将启动。这一谈判要面对各种各样的问题,克服许许多多的困难,花费较长的时间。中国的目标是:达成一个令各方都满意的自由贸易安排,为双方经济的持续稳定增长,为中国与东盟关系的发展,为亚洲的全面合作开辟新的道路。为此,中国与东盟将本着大小国家一律平等的精神和互利互惠的原则进行谈判。中国还将充分考虑东盟内部发展水平不同的情况,对东盟的欠发达国家予以照顾。事实上中国已经承诺向柬埔寨、老挝和缅甸提供特别优惠关税待遇。

中国—东盟自贸区谈判进程

在提出中国—东盟自由贸易区之前,中国与东盟合作关系已经有了一定的基础。1992年,中国成为东盟的"磋商伙伴";1993年,中国—东盟经济贸易联系委员会和科学技术联系委员会成立;1995年,中国—东盟高官会议机制正式建立;1996年,中国正式成为东盟的"对话伙伴国";1997年,双方发表联合声明,提出建立面向21世纪的睦邻互信伙伴关系。

2001年11月,在第五次东盟—中国领导人会议上,中国和东盟双方领导人达成10年内建立自由贸易区的意向。中国国务院总理朱镕基和东盟领导人授权各自的经济部长和高官,尽快启动自由贸易区谈判。在此后的一年内,经过6次谈判,基本清除双方签署正式贸易框架协议的障碍。

2002年5月14~16日,第三次中国—东盟经济高官会议在北京召开。这次会议的主要内容包括:一、审议中国和东盟经济合作的五个重点领域,即农业、信息技术、人力资源开发、投资和湄公河流域开发。二、对中国—东盟经济合作框架协议进行探讨,认为《框架协议》是未来中国和东盟开展经济合作的法律依据,《框架协议》将涵盖货物、服务、投资及其他相关领域的广泛合作,将确定自由贸易区及其"早期收获(early harvest)"的方针和原则、模式和范围。考虑到中国和东盟不同的发展水平,中国给予东盟新成员的特殊差别优惠待遇及灵活性。另外,会议还决定成立中国—东盟贸易谈判委员会(TNC),就《框架协议》的制定进行深入讨论。随后,召开第一次中国—东盟谈判委员会会议,正式启动中国—东盟自由贸易区工作级磋商。会议就自由贸易区谈判的原则、模式、内容、时间框架等问题进行讨论,为未来的谈判制定工作计划。并约定在此之后每月进行一次谈判,最终将中国—东盟经济合作框架协议(FAACEC)提交给当年召开的中国—东盟领导人会议,供领导人审议批准。

2003年6月,中泰两国在北京签署协议,决定从2003年10月1日起,在中国—东盟自由贸易区框架下提前实现中泰之间水果和蔬菜贸易的零关税。2003年10月至2004年2月,泰国出口中国的水果和蔬菜同比增长80%,顺差达3.6亿泰铢。

2003年9月3日,第二次中国—东盟经贸部长会议在金边举行。本次中国与东盟经贸部长会议就中国—东盟自由贸易区框架下的"早期收获"及自贸区谈判的进展等进行讨论。会议发表的《联合新闻声明》指出:中国—东盟经贸部长们对自贸区谈判进展表示满意,并有信心在《框架协议》规定的时间内如期完成自贸区的谈判。

经过对敏感商品的原产地问题的多回合谈判,2004年在第八次东盟—中国领导人会议期间,双方签署《中国—东盟全面经济合作框架协议货物贸易协议》,协议包括23个条款及3个附件。东盟在协议中宣布所有成员国承认中国是一个完全市场经济体。根据协议,中国—东盟自贸区将包括货物贸易、服务贸易、投资和经济合作等内容。其中货物贸易是自贸区的核心内容,除涉及国家安全、人类健康、公共道德、文化艺术保护等世界贸易组织允许例外的产品以及少数敏感产品外,其他全部产品的关税和贸易限制措施都应逐步取消。根据协议,区内商品被分为"常规贸易商品"、"敏感商品"和"高敏感商品"。没被列入敏感、高敏感项目清单的商品,都属常规贸易商品,到2010年将取消全部关税。被列入"敏感商品"清单的商品有400种,中国列入钢铁产品,东盟国家则列入糖和植物油等,这些商品的关税比率将在2012年减至20%,2018年则减至5%以下。被列入"高敏感商品"的有大米、汽车和一些石化产品,这些商品将继续受关税保护,但税额比例将逐步减少。根据协议,双方将从2005年7月1日起全面启动降低关税进程,对7000种产品逐步削减和取消关税。到2010年,中国与东盟6个老成员国(文莱、印度尼西亚、马来西亚、菲律宾、新加坡、泰国)将把绝大多数常规贸易商品的关税降为零,即建成自由贸易区。东盟4个新成员(缅甸、柬埔寨、老挝、越南)则可在2015年将绝大多数常规贸易商品的关税降为零。

除货物贸易协议外,中国商务部部长薄熙来与东盟10国经济部长还共同签署《中国—东盟全面经济合作框架协议争端解决机制》。这是规范中国与东盟双方在自由贸易区框架下处理有关贸易争端的法律文件，共包括18个条款。中国商务部官员认为，这两个协议的签署将为开创中国—东盟经贸关系的双赢局面，推动亚洲区域经济一体化进程产生积极和深远的影响，标志着中国与东盟的经济贸易合作进入一个崭新阶段，中国—东盟自由贸易区真正启动。

·链接资料·

《中国—东盟全面经济合作框架协议》(简称《框架协议》)

简　介

2002 年 *11* 月 *4* 日，中国国务院总理朱镕基和东盟 *10* 国领导人共同签署《中国—东盟全面经济合作框架协议》(简称《框架协议》)，这标志着中国与东盟的经贸合作进入一个新的历史阶段。《框架协议》是未来自贸区的法律基础，共有 *16* 个条款，总体确定了中国—东盟自贸区的基本架构。

一、中国—东盟自贸区包括的内容。根据《框架协议》，中国—东盟自贸区将包括货物贸易、服务贸易、投资和经济合作等内容。其中货物贸易是自贸区的核心内容，除涉及国家安全、人类健康、公共道德、文化艺术保护等 *WTO* 允许例外的产品以及少数敏感产品外，其他全部产品的关税和贸易限制措施都应逐步取消。

二、相关领域的谈判时间安排。关于货物贸易的谈判将从 *2003* 年初开始，*2004* 年 *6* 月 *30* 日前结束。关于服务贸易和投资的谈判将从 *2003* 年开始，并应尽快结束。在经济合作方面，双方商定将以农业、信息通信技术、人力资源开发、投资促进和湄公河流域开发为重点，并逐步向其他领域拓展。

三、中国—东盟自贸区的时间框架。《框架协议》规定，中国和东盟双方从 *2005* 年起开始常规贸易商品的降税，*2010* 年中国与东盟老成员(即文莱、印度尼西亚、马来西亚、菲律宾、新加坡和泰国)将建成自贸区，*2015* 年和东盟新成员(即越南、老挝、柬埔寨和缅甸)将建成自贸区。届时，中国与东盟的绝大多数产品将实行零关税，取消非关税措施，双方的贸易将实现自由化。

四、"早期收获"方案的主要内容。为使中国和东盟双方尽快享受到自贸区的好处，双方制订了"早期收获"方案，决定从 *2004* 年 *1* 月 *1* 日起对 *500* 多种产品(主要是《税则》第一章至第八章的农产品)实行降税，到 *2006* 年这些产品的关税将降到零。

五、关于给予东盟非 *WTO* 成员以多边最惠国待遇的承诺。东盟中越南、老挝、柬埔寨尚未加入 *WTO*。为了帮助这些国家的发展，中国同意给予东盟非 *WTO* 成员以多边最惠国待遇，即将中国加入 *WTO* 时的承诺适用于这些国家。

六、有关贸易规则的制订。《框架协议》规定，中国与东盟将制订原产地规则，反倾销、反补贴、保障措施、争端解决机制等贸易规则，以保证未来中国—东盟自贸区的正常运转。(《框架协议》全文见《文献·重要文件》)

大湄公河次区域经济合作

1992年由亚洲开发银行发起。成员国为中国、缅甸、老挝、泰国、柬埔寨、越南。有7个重点合作领域(即交通、能源、环境与自然资源、人力资源开发、贸易与投资、旅游、通信)和103项优选项目。1998年，在菲律宾的马尼拉亚洲开发银行总部召开"大湄公河次区域经济合作"第八次部长级会议。此次会议引进了以交通走廊、基础设施建设为主体的"经济走廊"概念和机制，要将次区域合作的资源集中于"三纵两横"的经济走廊(即南北向的昆明—曼德勒—仰光，昆明—老挝—曼谷，昆明—河内—海防；东西向的仰光—曼谷—金边—胡志明，毛淡棉—彭世洛—沙湾拿吉—岘港)，在原来的交通走廊的基础上，跳出单个领域和地区合作的狭隘，建立起以基础设施为重点，将投资、贸易、生产有机相连的国家间的综合经济合作发展合作机制。

2000年11月24日，中国国务院总理朱镕基出席在泰国清迈召开的东盟—中日韩(10+3)领导人会议时，建议加强对湄公河流域开发的投入。在湄公河流域开发问题上，朱镕基明确阐述了中方积极参与的态度，宣布中方将出资帮助老挝和缅甸疏通河道，以便按期实现中国、老挝、缅甸、泰国4国通航。2001年6月，中老缅泰4国澜沧江—湄公河商船正式通航。

2002年11月3日，首次大湄公河次区域经济合作领导人会议在柬埔寨金边举行。这次领导人会议的主题为"通过区域一体化实现大湄公河次区域的增长、公平和繁荣"，议题是：一、回顾十年合作成就，包括合作原则和关键问题；二、确认未来十年的合作前景及承诺；三、加强发展伙伴关系，包括筹集资金和亚行的作用等。会议批准《次区域发展未来十年战略框架》，使次区域合作进入了一个新阶段。会议发表的联合宣言称，今后每3年在成员国轮流举行一次大湄公河次区域领导人会议。会后，有关国家签署《大湄公河次区域便利运输协定》谅解备忘录、《大湄公河次区域便利运输协定》中方加入书和《大湄公河次区域政府间电力贸易协定》。中国为大湄公河次区域经济合作的重点项目昆曼公路的建设提供无息贷款和赠款。

2005年7月4日，大湄公河次区域经济合作第二次领导人会议在中国云南昆明举行，会议主题为"加强伙伴关系，实现共同繁荣"。中国国务院总理温家宝在会议开幕式上发表讲话。会议通过《昆明宣言》，并决定第三次领导人会议将于2008年在老挝举行。

加快建成中国—东盟自由贸易区的意义

2002年11月4日,中国国务院总理朱镕基在第六次东盟与中国领导人会议的讲话中指出,中国与东盟关系处于历史上最好的时期,并表示应巩固成果,深化合作,推动双方关系进入全面发展的新阶段。为此,他提出启动中国和东盟自由贸易区进程,推进双方全面经济合作的建议。他说,在第五次中国与东盟领导人会议上,双方同意建立中国与东盟自由贸易区,有力地推动了双方关系,在本地区乃至世界都产生了良好影响。经过双方共同努力,已就《中国与东盟全面经济合作框架协议》达成一致。加快建设中国与东盟自由贸易区,政治上可显示双方的团结与合作,经济上也符合双方的共同利益。自由贸易区越早建成,中国就会越早向东盟国家打开市场,中国与东盟市场进一步畅通,将有利于东盟的发展与繁荣,有利于东亚合作的进一步深入。因此,中方支持将2010年确定为自由贸易区的建成时间。

中国—东盟自由贸易区建成后,将形成一个拥有18亿消费者、近2万亿美元国内生产总值、1.2万亿美元贸易总量的经济区。中国—东盟自由贸易区将是世界上人口最多的自由贸易区,也将是发展中国家组成的最大的自由贸易区。中国—东盟经济合作专家组的研究分析表明,中国—东盟自由贸易区建成后,中国对东盟的出口将增加106亿美元,增幅为55.1%,东盟对中国的出口将增加130亿美元,增幅为48%。据东盟的专家测算,到2010年,东盟—中国自由贸易区内贸易额将从目前的1万亿美元大幅提高到接近欧盟和北美自由贸易区的水平,并使东盟和中国的经济增长率分别提高1个和0.8个百分点。中国和东盟各国发展水平各异,社会制度不同,但同属发展中国家,在迅速变化的世界中面临共同的机遇和挑战。如果双方通过建立自由贸易区形成有效的互补机制,将提升各自经济抵御外部风险的能力,减轻对发达国家市场的过度倚重,从而开创发展中国家互助合作的新典范。

年 度 要 闻

胡锦涛对文莱印尼菲律宾进行国事访问

2005年4月20~28日,中国国家主席胡锦涛应文莱达鲁萨兰国苏丹哈吉·哈桑纳尔·博尔基亚、印度尼西亚共和国总统苏西洛·班邦·尤多约诺和菲律宾共和国总统格洛丽亚·马卡帕加尔·阿罗约的邀请,对上述三国进行国事访问,并应印尼总统苏西洛和南非总统塔博·姆贝基的邀请出席在印尼举行的2005年亚非峰会和万隆会议50周年纪念活动。

中国国家主席胡锦涛4月20日下午在斯里巴加湾王宫同文莱苏丹哈桑纳尔·博尔基亚举行会谈,就双边关系和共同关心的地区问题深入交换看法并达成重要共识。胡锦涛表示,为进一步发展两国关系,中方愿提出以下几点想法。第一,利用明年两国建交15周年,双方共同举办庆祝活动,进一步弘扬两国人民的传统友谊,兴起两国友好的新高潮。第二,中文两国经济具有较强的互补性。中国在人力资源、市场、技术方面具有优势,文莱资金雄厚、油气资源丰富,双方经贸合作具有较大潜力,可结合各自的发展战略进一步拓展经贸合作领域,实现互利双赢。第三,双方在能源领域合作密切,原油贸易已成为双方经贸合作的支柱,两国企业可进一步加强交流和合作。第四,中方高度重视同文莱发展旅游和航空合作,将继续鼓励中国游客赴文莱旅游。第五,双方可继续加强在军队人员交流、培训等领域的合作,推动两军关系取得更大进展。第六,中方欢迎文莱在香港和上海开设总领事馆。此外,两国领导人还谈到南海合作问题。胡锦涛表示,中国一贯主张根据搁置争议、共同开发的精神妥善解决南海争议。我们愿同文莱以及东盟其他有关国家,在相互尊重、平等互利的基础上,本着灵活和开放的态度,积极探讨在南海争议海域开展共同开发的途径和方式,使南海成为友谊之海、合作之海,成为联系中国和东盟国家的友好纽带。

4月24日,中国国家主席胡锦涛与参加2005年亚非峰会的其他国家领导人一起从萨沃尔—霍曼饭店沿着亚菲大街步行前往万隆会议旧址——独立大厦,参加纪念万隆会议50周年庆典活动。 (原载《人民画报》)

在访问印尼期间,胡锦涛与苏西洛总统共同签署联合宣言,宣布正式建立中国—印尼战略伙伴关系。双方还就扩大经贸、科技、电信等领域的合作深入交换意见。访问菲律宾期间，双方就全面深化中菲战略性合作关系交换意见，也深入探讨经贸、交通、基础设施建设、资源开发等领域的合作。

东亚自贸区可行性学术研究联合专家组第一次会议

2005年4月20日，东亚自贸区可行性学术研究联合专家组第一次会议在中国北京召开。此次会议是在中国国务院总理温家宝倡导下，由东盟和中、日、韩领导人在2004年10+3领导人会议上一致决定召开的。来自东盟10国及中日韩的专家参加了本次会议。

中国商务部部长助理易小准出席会议开幕式。他在发言中指出，随着经济全球化的不断深入和区域经济一体化的加速发展，以自由贸易区为主要形式的各种区域贸易安排不断涌现，成为当前世界经济发展的一个显著特点。召开本次会议，是落实领导人共识的一项重要行动，对加强东亚区域经济合作、推动东亚经济一体化的进程具有重要意义。

本次会议为期两天，与会专家就东亚自贸区可行性学术研究的目标、范围和工作计划等问题进行了深入的讨论。

亚洲企业峰会

2005年6月8日，由亚洲协会、道琼斯公司、泰国外交部共同主办的第十五届亚洲企业峰会在泰国曼谷开幕。来自世界各地的政要和工商领袖聚集曼谷，泰国总理他信在开幕式上致辞。泰国副总理素拉杰、越南总理潘文凯、东盟秘书长王景荣、联合国亚太经社会执行秘书金学洙等在会上演讲。

本届会议的主题是“成长的东南亚：亚洲经济体中一个正在迅速成长的地区”。在随后两天的会议中，与会者共同探讨泰国经济长久、持续、稳定增长的潜力，以及有关东南亚经济的能源和基础设施需求、东南亚重要行业的贸易自由化和吸引外国投资、与东南亚建立新关系的印度因素、中国成长与日本复苏的作用等。海啸灾难后南亚与东南亚的重建和复苏也纳入了这次会议的视野。与会者共同关注受灾地区的需求以及重建努力中的地区和国际合作，让公众进一步认识海啸对亚洲各国政治、经济、社会、文化、环境的长期影响和美国与亚洲的关系。

由亚洲协会主办的亚洲企业峰会始于1989年，每年一届在亚洲国家和地区间轮流举行的高级别会议，主要审视亚洲乃至全球的宏观经济趋势和地缘政治发展。亚洲协会是美国一个致力加强亚洲与美国关系、增进亚洲与美国人民相互了解的非盈利性无党派组织，总部设在纽约，在华盛顿、香港、马尼拉、上海等多个城市设有地区中心。

大湄公河次区域经济合作第二次领导人会议

2005年7月5日，大湄公河次区域经济合作第二次领导人会议在中国昆明召开。中国国务院总理温家宝、柬埔寨首相洪森、老挝总理本南、缅甸总理梭温、泰国总理他信和越南总理潘文凯以及亚洲开发银行行长黑田东彦出席会议。本次会议的主题是“加强伙伴关系，实现共同繁荣”。

温家宝在开幕式上发表讲话并主持正式会议。与会领导人就大湄公河次区域合作成就与挑战、指导原则和实现可持续发展的未来行动等三大议题及加强基础设施、改善贸易投资环境、加强社会发展、筹资和深化伙伴关系等4个分议题进行了深入、务实、自由的讨论并达成广泛共识。各国领导人认为，大湄公河次区域经济合作机制成立以来，各国在交通、能源、电信、环境、人力资源开发、投资、贸易、旅游和农业等领域开展了大量合作，取得了丰硕成果。各国基础设施建设取得进展、贸易投资环境有所改善，人员培训和机制建设得到增强。同时，次区域合作的发展仍面临巨大挑战。如何应对全球化挑战并从中受益，实现发展，消除贫困，是各国面临的重要课题。此外，大力控制疾病传播、促进农业发展、打击跨国犯罪、保护环境、防止自然灾害发生，有效保障各国人民的生命和财产安全，这些问题都需要各国进一步采取行动，加强合作。这也说明，次区域合作还有很大的潜力。

各国领导人一致同意，本着“相互尊重、平等协商、注重实效、循序渐进”的原则，动员各种资源，继续推动次区域合作。今后，着重在以下领域采取具体措施，实现次区域发展目标：以加强和完善基础设施为合作重点，加速《次区域电力贸易运行协定》的谈判进程和次区域信息高速公路的规划与建设，加快《大湄公河次区域便利客货跨境运输协定》各项附件和议定书的谈判和落实工作；积极实施《大湄公河次区域贸易投资便利化战略行动框架》，建设有利于次区域合作的政策环境，努力改善贸易投资环境；加强人力资源开发，促进卫生、农业、旅游发展，提高各国人民的整体素质；坚持走可持续发展道路，继续把扶贫作为工作重点，同时致力于合理开发和利用资源，加强环境治理和生态保护，落实《大湄公河次区域生物多样化保护走廊的战略框架和行动计划》；各方还充分肯定亚行在次区域合作进程中的关键作用，呼吁加强包括私营部门在内的工商界和发展伙伴对次区域合作的参与，进一步深化伙伴关系，动员各方力量，推进次区域合作进程。会议最后通过《昆明宣言》，并决定第三次领导人会议将于2008年在老挝举行。

会议结束后，与会领导人共同出席《大湄公河次区域便利客货跨境运输协定》有关附件和议定书等合作文件的签字仪式。

● 温家宝在大湄公河次区域经济合作第二次领导人会议开幕式上发表讲话

2005年7月5日，中国国务院总理温家宝在大湄公河次区域经济合作第二次领导人会议开幕式上发表题为《加强伙伴关系，实现共同繁荣》的讲话。温家宝说："十多年前，亚洲开发银行发起了大湄公河次区域经济合作，实践证明，这对促进本区域经济发展发挥着越来越重要的作用。三年前，我们六国的领导人在金边首次相聚，共同表达了深化大湄公河次区域经济合作的决心。今天，我们再次聚首，回顾次区域合作走过的历程，共谋未来发展大计。""次区域合作机制启动以来，我们加强在交通、能源、电信、贸易、投资、旅游、环境、人力资源、农业等领域合作，卓有成效地实施了100多个合作项目，建成了一批标志性工程，促进了各国经济和社会发展，使成千上万的人口特别是贫困人口从中受益，也对维护地区和世界和平做出了积极贡献。"

温家宝总结了促使大湄公河次区域区经济合作成功的4个做法和经验：相互尊重，平等协商；加强合作，注重实效；突出重点，循序渐进；统筹兼顾，协调推进。他指出，这些做法和经验，既反映了各成员的不同特点和要求，也符合所有成员的共同利益和目标，既体现了大湄公河次区域经济合作灵活务实的合作特色，也是次区域合作的生命力之所在，得到了各方的普遍赞同，我们应该长期坚持下去。他说，从大湄公河次区域经济合作机制启动以来，中国一直本着积极务实的态度参与各项合作。中方既是次区域合作的受益者，也为次区域的发展做出了贡献。他还说，大湄公河次区域合作取得成效，应该感谢亚洲开发银行的积极参与和支持。希望亚洲开发银行在今后的合作中发挥更大作用。

温家宝总理还对推进大湄公河次区域经济合作提出7项建议：一、加强基础设施建设。继续落实在交通、能源和电信等领域的合作项目，加快建设"南北经济走廊"、"东西经济走廊"和"南部经济走廊"，加强航运开发和信息高速公路建设，推进次区域电力联网和电力贸易。二、推进贸易投资便利化。加快《大湄公河次区域便利客货跨境运输协定》附件和议定书谈判工作，认真执行《贸易投资便利化战略行动框架》，促进次区域贸易投资便利化与中国—东盟自贸区建设的互动，为商品的流通和人员的交往创造良好的环境，推进双方贸易与投资合作在未来几年内取得较大的发展。中国决定自2006年1月1日起，单方面向柬埔寨、老挝和缅甸三国扩大特惠关税产品范围，以提高区域贸易合作水平。三、深化农业发展合作。大力拓展在农业技术和农业信息领域的交流与合作，加快农业信息网站建设。尽早签署次区域农业合作谅解备忘录，适时召开次区域农业部长会议，共同探讨发展现代农业的途径。四、重视保护资源与环境。大湄公河次区域资源丰富，但生态环境相对脆弱。各成员国都应科学规划，合理开发资源，加强生态建设和环境保护，走可持续发展之路。应当加强保护资源和环境的信息交流与执法合作，积极实施生物多样性保护走廊计划。五、加强人力资源培训。应在金边计划等成功经验的基础上，在医疗、卫生、教育、文化等领域探讨形式多样的人力资源培训，提高次区域全体劳动者的科学文化水平和创业技能。六、积极推进卫生合作。加强禽流感、艾滋病等重大传染病的防控合作，建立传染病监测网络，开展疫情通报和联防联控，提高传染病防控和突发公共卫生事件的应急反应能力。为此，中国倡议建立大湄公河次区域卫生论坛，以促进和协调卫生合作。七、探索多元化筹集发展资金。大湄公河次区域合作的深入发展需要持续稳定的资金投入。中方将继续为次区域合作发展提供力所能及的资金支持。

温家宝最后说："大湄公河次区域国家都是中国的近邻，各国人民同饮一江水，友谊源远流长。""早在半个世纪前，我们就提出了处理国与国之间关系的'和平共处五项原则'，主张国家无论大小、贫富、强弱，应当一律平等。""进入新世纪，我们又制定了与邻为善、以邻为伴的周边外交方针，致力于加强与周边国家的伙伴关系，真正做周边国家的好邻居，好伙伴、好朋友。我们决心与各国一起努力，进一步巩固和发展传统友谊，不断扩大平等互利合作，共同营造一个安全稳定的区域环境，为本地区经济和社会发展创造良好的条件。"

·链接资料·

中国广西参加大湄公河次区域经济合作

2004年11月，中国国务院总理温家宝在老挝万象召开的中国与东盟领导人会议上，提议把中国广西纳入大湄公河次区域合作（英文缩写GMS）并获批准。2005年7月，广西作为继中国云南省之后第二个省区正式参与GMS合作。广西壮族自治区主席陆兵率团出席第二届大湄公河次区域合作领导人会议。在此次会议上，人民日报社记者对陆兵进行了专访。

在谈到广西将如何参与GMS合作时，陆兵说，广西将坚持"睦邻友好，扩大交往；政府主导，企业运作；先易后难，由点及面；突出重点，注重实效"的原则，坚持"加快启动，重点突破，逐步推进"的方针，以项目合作为突破口，这些突破口包括6个方面：一、在交通合作方面，将整体规划建设广西与越南东、中、西三条水陆交通通道及空中通道等基础设施的建设力度，着力发展与GMS国家的跨境交通运输合作。其中包括"十一五"期间重点推进的项目。二、在旅游合作方面，广西将联合云南等大西南省区，共同推进中国大西南与湄公河次区域国家旅游合作圈建设，并力争成为区域性的国际旅游目的地，成为 *GMS* 东北的门户。三、在农业合作方面，广西将在《中国与东盟农业合作的中长期发展规划》的指导下，发展与次区域各国在农业技术交流、北部湾渔业资源开发、共建动植物免疫体系、共建农产品原料基地、贸易加工及物流中心、农业信息共享等方面的合作。四、在产业合作方面，广西将充分发挥在汽车、农机、有色冶金、糖业、食品、医药、林浆纸、化工和建材等重点传统产业的成熟经验和技术领先优势，通过技术转让、设备出口、工程承包、投资入股等方式参与次区域国家的产业投资和贸易合作。五、在资源综合开发方面，广西将加大与 *GMS* 国家在有色金属、煤炭、电力等方面的合作力度。其中包括“十一五”期间重点推进项目。六、在通关便利化方面，广西将加快边境、沿海、空港和铁路口岸基础设施建设，推进“广西电子口岸”工程。

陆兵说，广西参与次区域合作开发还存在经验不足、基础薄弱、资金不足等困难，还面临着经济全球化的压力。广西作为新的参与方，除了争取国家在重大项目、资金和政策等方面的支持外，还将采取切实有效的措施，确保各项合作的开展和落实。

中国—东盟自由贸易区降税计划正式启动

2005 年 7 月 19 日，中国商务部新闻办公室宣布：2005 年 7 月 20 日按照中国—东盟自贸区《货物贸易协议》规定的时间表，中国与东盟的货物贸易降税计划正式启动，中国将和文莱、印度尼西亚、马来西亚、缅甸、新加坡和泰国等东盟 6 国相互实施自贸区协定税率。

中国—东盟自贸区货物贸易降税计划共涉及 7000 种商品，按照《货物贸易协议》的规定，2005 年中国实际下调税率的商品共 3408 种，包括 2004 年 1 月 1 日已开始实施优惠税率的“早期收获”产品。其中，对东盟 6 国统一适用协定税率的产品共 2810 种，对六国分别适用协定税率的产品共 561 种，此外还包括 37 种实行从量税和复合税的产品。其他商品仍暂按最惠国税率执行。从 2005 年 7 月 20 日起，中国海关将凭上述 6 国指定签发机构所签发的原产地证书（Form E），按照中国—东盟自贸区协定税率征税验放。中国国家质量监督检验检疫总局及各地检验检疫局也将同时开始签发面向东盟 6 国的原产地证书，中国企业可到国家质检总局及各地检验检疫局申领原产地证书并凭证对东盟 6 国按协定税率出口。东盟中的柬埔寨、老挝、菲律宾和越南将在完成其国内审批程序后与中国相互实施自贸区协定税率。

另外，据中国驻马来西亚大使馆经济商参处消息：2005 年 10 月 9 日，马来西亚国际贸易及工业部（以下简称贸工部）副部长马袖强指出，有关中国—东盟货物贸易的最新关税表已编入《马来西亚 1967 关税法令》，并在 2005 年 9 月底下发至马各大港口及关税局。从即日起，从中国进口商品的马来西亚商家可到贸工部官方网站 www. miti. gov. my 及马关税局查询最新关税表。马进口商可根据有关征税率，向关税局申请返还自 2005 年 7 月 20 日以来多付的关税数额。马关税局官员表示，约需 3 个月时间来处理关税返还事宜。

第三十七届东盟经济部长会议

2005 年 9 月 28 日，第三十七届东盟经济部长会议在老挝首都万象召开。会议就推进东盟经济共同体和东盟自由贸易区建设，以及加强吸引地区内外投资等诸多问题达成广泛共识。会议提出实现服务贸易自由化和实施“一个窗口”机制的具体时间表。为简化货物通关手续、加快通关速度及降低商业成本，会议提出到 2012 年全面实施东盟“一个窗口”机制的时间表，相关具体协议将在 2005 年 12 月的吉隆坡首脑会议上签署。泰国和菲律宾已被确定为 2005 年底开始的试点国。根据计划，东盟 6 个老成员泰国、菲律宾、印度尼西亚、新加坡、文莱和马来西亚最晚于 2008 年全面实施“一个窗口”机制，其余 4 个新成员老挝、缅甸、柬埔寨和越南于 2012 年完成。

在此次会议上，与会部长敦促东盟成员加快落实作为到 2020 年实现东盟共同体重要步骤的《万象行动纲领》，并采取具体措施推动实施关于 11 个优先整合领域的框架协议。被确定的 11 个优先整合（优先开放和取消关税）的领域是：农业、渔业、汽车机械、木材加工产品、橡胶制品、纺织与成衣产品、电子产品、航空运输、旅游、电子商业和卫生保健，所包含产品多达上万种。东盟 6 个老成员将于 2007 年全面开放上述领域市场，4 个新成员将在 2012 年完成，最终实现东盟经济一体化。会议还强调应制订一项既具有战略性又富有活力的机制来加快地区整合，特别是旅游和航空业的整合进程，并以此推动与对话伙伴建立自由贸易区的谈判。此次会议还强调开放服务贸易市场的重要性，并一致同意在 2015 年全面实现服务贸易自由化。会议敦促各国经济高官通过制订具体路线图来推进服务贸易自由化的进程。东盟成员已完成关于服务贸易自由化工程服务协议的相关程序，另一份相关服务协议也在加紧拟订中，这两项协议可望于 2005 年 12 月在吉隆坡举行的第十一届首脑会议上签署。会议还就加强地区能源合作达成广泛一致。与会部长一致表示，面对世界油价攀升和原油供应短缺对地区经济造成负面影响的情况，各国有必要提高本地区的反应能力，加强能源安全，积极推动各方在提高能源利用率、开发利用可再生能源以及完善能源储备等方面的合作。东盟秘书长王景荣表示，与会部长就共同应对高油价的原则性问题进行讨论，并同意有必要增加资源来抵消油价上涨造成的成本压力。

第四次中国—东盟(10+1)经贸部长会议

2005年9月29日,第四次中国—东盟(10+1)经贸部长会议在老挝首都万象举行。会议的主题是,推动服务贸易和投资谈判,以及中国—东盟自由贸易区的建设。中国商务部副部长于广洲代表薄熙来部长参加本次会议,并与东盟10国部长一起听取关于中国—东盟自由贸易区早期收获计划实施情况的报告。早期收获计划于2004年1月1日开始实施。2005年,中国与东盟在自贸区下实现零关税的产品占全部产品的比例从2004年的2.6%增加到2005年上半年的4.8%,早期收获产品贸易额也从2003年的15.5亿美元增加到2004年的20亿美元。

与会各国部长还就中国—东盟自由贸易区建设进程交换意见,并赞赏双方结束货物贸易谈判,并在2004年11月签署《货物贸易协议》。部长们呼吁尚未完成必要程序部分的缔约方加快进度,早日参加到自贸区的建设进程中来。他们还敦促双方加快服务贸易谈判和投资谈判,争取在2005年12月的领导人会议上签署服务贸易协议。与会部长还就中国参与东盟东部增长区建设问题交换了意见。

与会部长对在中国广西南宁举行的第一届中国—东盟博览会的成果表示满意。第二届中国—东盟博览会将在2005年10月19~22日在南宁举行。与此同时,中国—东盟贸易和投资峰会也将同期举行。于广洲副部长还向东盟方面通报了第二届中国—东盟博览会的筹备情况,并邀请和欢迎各国经贸部长率团与会。

韩国与东盟双边自由贸易谈判

2005年4月19日,韩国与东盟在汉城举行第二次协商,讨论签署双边自由贸易协定问题。根据双方原则同意的自由贸易区框架协定草案,韩国和东盟将本着在商品、服务和投资领域促进自由化的基本原则,为自由贸易协定的签署开展全面工作。

2005年4月21日,韩国外交通商部宣布,韩国与东盟当天就双方拟签的自由贸易区框架协定达成原则协议。双方在协商中同意,在2005年10月底之前,将至少就签署自由贸易协定问题再举行3次双边协商。这项自由贸易协定拟在2009年底之前使双方80%以上的商品实现贸易自由。韩国政府官员说,韩国拟在年内与东盟商妥在商品领域进行自由贸易的协议,以便为韩国企业首先进入东盟国家市场开展自由贸易创造条件。韩国与东盟就自由贸易区框架协定达成原则协议,将为双方在2005年底举行的东盟与中、日、韩(10+3)会议期间签署关于建立自由贸易区的正式协定奠定基础。

但是,2005年9月30日,韩国政府外交通商部宣布,韩国和东盟最近举行的有关签订自由贸易协定的谈判因双方存在分歧而搁浅。在本次谈判中,越南和柬埔寨等东盟成员国要求增加推迟取消关税的敏感商品目录,以保护本国产业;韩方则坚持在商品领域实行自由贸易,尽可能减少推迟取消关税的敏感商品目录。韩国方面提出,希望东盟承认韩方企业在韩朝联合开发的开城工业园区内生产的产品为韩国产品,给予免关税待遇。部分东盟国家认为在开城工业园区生产的产品为朝鲜产品,不同意给予免关税待遇。经过双方不懈的努力,2005年12月13日,在马来西亚吉隆坡举行韩国—东盟首脑会议时签订双边自由贸易框架协议,并在2006年底前签订其他协定。韩国与东盟拟就的市场开放实施细则规定,双方以贸易额和商品数量为基准,取消90%商品的关税。双方就此达成协议,意味着韩国汽车、钢铁、电子产品等有望扩大对东盟国家的出口。同时,东盟大多数国家同意将在朝鲜开城工业园区生产的产品作为韩国产品加以进口。将3%的"超敏感商品"排除在开放商品目录之外,在农产品贸易领域,东盟方面同意将大米、苹果和梨等农产品列入"超敏感商品"名录。对其余7%的商品延期开放问题另行协商。

中国菲律宾越南联合开发南海的第一阶段工作告捷

据《国际先驱导报》报道:2005年11月19日,中、菲、越联合进行南海地震工作的第一阶段——数据采集阶段完成的庆祝仪式在菲律宾海港八打雁举行。参加合同三方的具体单位是:中国的中海油田服务公司(COSL)、菲律宾的国家石油公司(PNOC)、越南的越南油气公司(PetroVietnam)。根据合同,中方负责数据采集,越南负责数据处理,菲律宾负责最后的数据解读。在每个操作环节,三方保持着透明公开的沟通和商讨机制。在第一阶段工作中,中方提前5个月完成勘测任务。中方在数据收集作业中采用铺设海底电缆并以气压震荡的方式探测海床地质结构,总共铺设电缆1.1万公里,覆盖海域约14万平方公里;所收集的原始数据已被存储,即将由越南合同方进行进一步处理,以转换为可见形式。在庆祝仪式上,中国驻菲律宾大使馆临时代办肖千认为,在中菲越三国共同有主权争议的南海协议区内进行如此出色的勘测工作实属不易,表明中国在南海问题上"搁置争议,共同开发"的外交政策是完全可行的。中海油副总裁兼勘探部经理朱伟林说,第一阶段任务的完成是南海协议三方合作中的里程碑,菲律宾和越南方面与中方的充分互信与合作确保了任务的顺利进行,也使中方对未来协议内的合作充满了信心。菲方代表、PNOC勘探公司总裁兼首席执行官爱德华多·马纳拉克在祝酒词中说,如今看到各国间的政治僵局正在成为历史,中菲越三方以合作谋求共同利益,各方都是赢家,他十分欣慰。马纳拉克还说："全世界都在看着我们是否有足够的勇气将南海合作的势头推进下去。"越南协议方——越南油气公司(PetroVietnam)向中菲两国的合作伙伴发来贺信。贺信中说，三方协议的落实表明，中菲越之间的能源勘探合作机制将是稳定和长期的，希望今后再创合作的新高峰。

第九届东亚经济合作论坛

2005年11月24～25日在中国广西南宁举行。由日本综合研究开发机构和综合开发研究院(中国·深圳)举办，中国广西壮族自治区人民政府提供支持。中国广西壮族自治区党政领导人曹伯纯、陆兵、刘奇葆、杨道喜到会并作讲话。本届论坛的主题是"东亚区域经济整合：地区发展的新机遇"。来自中国、日本、新加坡、菲律宾、马来西亚、越南、柬埔寨等国及台湾、澳门等地的著名专家学者50多人对东亚区域经济发展和未来前景展望、东盟"10+3"对东亚经济发展的影响、中国广西与东盟在东亚地区合作中的作用、环北部湾经济区的前景与影响等专题进行研讨。中国经济体制改革研究会会长高尚全在谈到环北部湾经济区时指出，在环北部湾经济圈中，中国广西是双向沟通中国华南与西南的大通道和双向沟通中国与东盟的重要桥梁。随着中国—东盟自由贸易区的推进，环北部湾经济圈将是继珠三角、长三角和环渤海经济圈之后的中国"第四圈"。新加坡国立大学东亚研究所研究主任黄朝翰指出，目前开发环北部湾经济圈的时机已基本成熟。中国广西社科院副院长、东南亚研究所所长古小松博士认为，中国广西有这么好的地理位置，应该可以成为东亚水陆空运输的枢纽。综合开发研究院(中国·深圳)副理事长兼秘书长李罗力认为，环北部湾经济圈是一个新的课题，是10+1框架下的次区域经济合作，该区域应围绕海洋资源与海上通道来开发，使发达地区与不发达地区形成连接，形成大的通道经济。

温家宝总理出席第九次中国—东盟领导人会议并发表讲话

2005年12月12日，第九次中国—东盟领导人会议在马来西亚首都吉隆坡会议中心举行。中国国务院总理温家宝和东盟10国领导人出席会议。在此次会议上，与会各国领导人在亲切友好的气氛中共商合作大计。为进一步推进中国和东盟的合作，温家宝发表《深化全面合作，推进中国—东盟战略伙伴关系不断发展》的重要讲话。温家宝总理的讲话首先列举中国—东盟合作一年来的4项成果：一、全面合作发展势头强劲。推进中国—东盟战略伙伴关系的《行动计划》开始全面实施。双方制定了为期2年的具体执行方案。经贸、社会、文化、科技、青年等各领域合作都取得了可喜进展。双方关系进入了更加务实、更加全面的新阶段。二、自贸区建设迈出坚实步伐。货物自由贸易开始实施，2005年7月启动了全面降税进程。双方贸易进一步增长。2005年有望突破1200亿美元。服务贸易和投资协议谈判正在进行。三、安全合作富有成效。中国、菲律宾和越南三方签署了南中国海协议区联合海洋地震工作协议，实现了南海共同开发的重大突破。《南海各方行为宣言》高官会和工作组会议召开，启动了落实《宣言》的进程。不久前，首次中国—东盟打击跨国犯罪部长级非正式会议成功举行，进一步深化了双方在反恐、禁毒、执法等方面的合作。四、发展合作进展明显。2005年7月，大湄公河次区域经济合作第二次领导人会议在中国昆明成功举行，通过了《昆明宣言》。中国成为东盟东部增长区的发展伙伴，将开辟双方合作的新渠道。温家宝说，在中国—东盟对话伙伴关系近15年的发展历程中，双方的政治互信日益加深，对话交流更加深入，互利合作不断丰富和深化。中国—东盟关系年年有新进展，年年有新局面，进入历史上最好的发展时期。温家宝的讲话还谈到中国—东盟关系的成功实践在5个方面的重要启示：一、平等互利是中国与东盟关系发展的首要前提。二、共同需要是联系中国与东盟的重要纽带，其中包括消除贫困和维护地区持久和平与稳定。三、协商一致是中国与东盟合作的主要方式，其方式是坚持求同存异，充分照顾彼此的关切。四、合作机制是中国—东盟关系发展的有效依托。五、开拓创新是中国—东盟关系发展的不竭动力。温家宝说："为使明年中国与东盟关系更加有声有色、富有成果，我愿提出以下合作倡议"：一、推动友好深入人心。以中国—东盟建立对话关系15周年和"中国—东盟友好合作年"为契机，广泛开展纪念活动，推动社会各界积极参与。二、全面规划双方关系。应结合中国—东盟《行动计划》加以研究落实。三、切实搞好自贸区建设。加快降税进程，全面高效地落实好《货物贸易协议》，继续推进服务贸易和投资协议谈判，如期完成中国—东盟自由贸易区建设。四、确定新的重点合作领域。在深化农业、信息产业、人力资源开发、相互投资和湄公河流域开发合作的基础上，建议将交通、能源、文化、旅游和公共卫生确定为中国—东盟新的五大重点合作领域。他说，在今年举办的第二届中国—东盟博览会上，中国先进适用技术展览受到东盟方欢迎，中方愿于2006年继续举办，并在东盟国家举办巡回展。五、积极促进人员交流与往来，建议双方在2006年内实现外交、公务签证互免，并继续探讨人员往来便利化措施。

中国向柬埔寨老挝缅甸扩大特殊优惠关税待遇

2005年12月11日，中华人民共和国商务部副部长于广洲在吉隆坡与柬埔寨国务兼商业大臣占蒲拉西、老挝贸易部长苏里冯·达拉冯、缅甸国家计划和经济发展部副部长杜英佐签署换文,正式确认中国将自2006年1月1日起对柬埔寨的83项、老挝的91项、缅甸的87项输华产品实行单方面零关税待遇。

柬埔寨、老挝和缅甸为东盟中欠发达国家。自2004年1月1日,中国对柬、老、缅的部分输华产品提供了第一批特惠关税待遇,柬埔寨的335项、老挝的239项、缅甸的133项产品享受了这一优惠待遇。为进一步帮助这三个国家的经济发展,实现本地区的共同繁荣,温家宝总理在2005年7月出席大湄公河次区域经济合作第二次领导人会议期间,宣布中国将扩大对上述三国的特惠关税待遇。

温家宝总理出席第九次东盟与中日韩领导人会议并讲话

2005年12月12日,第九次东盟与中日韩领导人(10+3)会议在吉隆坡会议中心举行。中国国务院总理温家宝出席会议并在会上发表题为《巩固深化合作,共创美好未来》的重要讲话。温家宝在讲话中重点肯定东盟和中日韩(10+3)在金融和打击犯罪领域的合作,他说:"金融合作继续深化,在'清迈倡议'框架下已签署17个双边货币互换协议。各方就建立和完善双边基础上的集体决策机制和货币互换启动程序达成共识,'清迈倡议'多边化进程逐步启动。亚洲债券市场建设取得实质性进展,东亚货币债券市场迅速扩大。打击跨国犯罪等非传统安全领域的合作日益深入。"温家宝还从5个方面谈了他对东盟与中日韩(10+3)合作机制的看法:一、10+3催生和加强了东亚意识,带动了东亚的发展,牢固地树立了东亚合作的先导地位,为继续深化合作奠定了坚实的基础。二、10+3立足各国国情和发展不平衡的现实,形成了一整套行之有效的经验和做法,成为推进东亚国家发展的重要动力。三、10+3坚持平等对话,协商一致,循序渐进,互利共赢,注意发挥本地区多样性优势,有助于在东亚形成一个和平、和睦与和谐的地区环境。四、10+3尊重东盟在合作进程中的主导作用,探索出一个符合东亚实际、有东亚特色的区域合作模式,有力地促进了东亚地区的整体发展。五、10+3坚持开放的地区主义,以本地区国家为主体,但不封闭,不排他,不针对任何特定一方,不仅推动本地区发展,也为其他地区提供巨大的发展机遇,有助于实现东亚与世界的共同繁荣与进步。他说,中方支持东盟关于坚持10+3作为东亚合作主渠道的立场,这有利于凝聚共识,巩固合作势头,推动东亚合作不断走向深入;有利于发挥各方优势,协调各方利益,促进东盟和东亚共同体的建设;有利于突出重点,提高合作效率和质量,赋予东亚合作持久旺盛的生命力。

温家宝在讲话中对如何抓住当前难得的发展机遇,建设一个持久和平与稳定、共同发展与繁荣的东亚提出了可供探讨的4点看法:一、着眼长远发展,扎实推进合作。二、采取灵活方式,保持开放进程。三、增强相互信任,秉持求同存异。四、照顾各方关系,谋求共赢成果。

温家宝在讲话中提出6点倡议:一、10+3合作即将迎来10周年,中方支持在2007年10+3领导人会议时发表第二份《东亚合作联合声明》,总结经验,规划未来。为此,可以考虑成立一个专门的工作机制。二、继续深化10+3及东亚经贸合作。推进东盟与中、日、韩之间的自由贸易进程,加快东亚自由贸易区可行性研究。加快"清迈倡议"多边化进程,探讨可行的区域金融合作框架。面对日益严峻的国际能源形势,东亚国家应加强能源合作。三、将应对突发公共卫生事件和重大自然灾害作为10+3合作的重点领域。四、加大发展合作力度,缩小发展差距。联合国开发计划署已在中国设立了区域扶贫中心,中国愿在2006年承办第二届10+3区域扶贫高层研讨会,与各国加强减贫方面的合作。五、加强非传统安全领域合作。共同打击恐怖主义、走私、贩毒等跨国犯罪活动,推动海上安全合作。六、深化和拓展文化、教育和青年合作。

温家宝说:中国与东盟合作是10+3合作的重要组成部分。过去5年,我们向东盟国家提供了近30亿美元的经济援助和优惠信贷。在联合国发展筹资高级别会议上,中国国家主席胡锦涛宣布今后3年向发展中国家提供100亿美元的优惠贷款及优惠出口买方信贷。我们将把其中的大约三分之一提供给东盟国家。他还说,相互投资是中国与东盟新世纪初五大重点合作领域之一。中国将在现有基础上增加50亿美元优惠贷款,用于支持中国企业在东盟国家的投资项目。中方对东盟的支持是真诚的,不附带任何政治条件,是互利互惠,致力于双方共赢的。我们说到的一定会做到。

温家宝出席东亚峰会领袖对话会并发表演讲

2005年12月12日,东亚峰会领袖对话会议在吉隆坡举行,来自东亚各国和地区近800名工商界领导人和企业家出席会议。中国国务院总理温家宝出席会议并发表题为《中国的和平发展与东亚的机遇》的演讲。

温家宝在演讲中回顾东亚经济的发展进程,详细介绍中国改革开放取得的成就和中国与东盟的关系,并对中国和东盟、东盟与中日韩以及东盟与其他地区的合作等提出建议和主张。温家宝说,当前世界经济全球化和区域合作深入发展,东亚国家多年来顺应经济全球化的趋势,调整经济结构,扩大对外开放,推进区域合作,经济社会发展取得了显著成就。但是国际经济竞争日趋激烈,国际经济秩序仍不合理,贸易保护主义有新的表现,温家宝向与会人士介绍了中国改革开放27年来取得的成就。他说,中国经济以年均9.4%的速度快速增长,中国的现代化事业取得了巨大成就。同时,中国处于并将长期处于不发达的阶段,在前进的道路上仍有许多困难和挑战。在未来五年,中国将以科学发展观统领经济社会发展全局,加快经济结构战略性调整,走新型工业化道路,增强自主创新能力,加强和谐社会建设,积极参与经济全球化,坚持互利共赢的开放战略。他指出,中国的发展离不开世界,更离不开东亚。中国所奉行的"与邻为善、以邻为伴"的外交政策进一步拉近了中国与周边国家的关系。中国积极致力于东亚合作,目的是为了"睦邻、安邻、富邻"。中国希望通过合作,促进本地区的和平与繁荣,同时为自身的发展创造良好的外部环境。温家宝说,工商界是推动各国经济发展的中坚力量,也是中国与东亚各国经贸联系的桥梁和纽带。希望工商界朋友们同我们一起,抓住中国和本地区经济发展的良好机遇,扩大交流,加强合作,为东亚地区经济社会发展做出更大的贡献。

与会者对温家宝总理的演讲给予高度评价。马来西亚前驻华大使马吉德说,温家宝总理在讲话中表示将继续加强中国与东盟的友好合作关系,我们对此表示热烈欢迎。温家宝总理介绍的中国自己的发展政策和中国发展同周边国家关系的政策,使我们进一步增加了对中国的了解。马来西亚—中国经济贸易总商会会长杨天陪说,总理在讲话中提到睦邻、安邻和富邻的政策,为地区的发展提供了一个良好的大环境,这具有非常重大的意义。

首届东盟—俄罗斯峰会

2005年12月13日,首届东盟与俄罗斯领导人会议在马来西亚首都吉隆坡举行。作为本届峰会的具体成果,东盟10国领导人与俄罗斯总统普京签署了一份关于发展全面伙伴关系的联合宣言和推动双边合作的行动计划。东盟和俄罗斯领导人在联合宣言中承诺,将在政治、安全、经济和社会发展等领域进一步发展多边合作。双方领导人指出,发展伙伴关系是为了在平等、相互依存和共同负责的原则基础上鼓励经济增长和可持续发展、繁荣和社会进步,并在亚洲和环太平洋地区推动和平、稳定与繁荣。东盟和俄罗斯领导人决定今后定期举行东盟—俄罗斯峰会。东盟轮值主席国马来西亚总理巴达维在东盟—俄罗斯峰会上发表讲话说,首届峰会具有非常重要的意义,为进一步加强和深化东盟与俄罗斯的关系搭建了一个平台。联合宣言的签署和东盟与俄罗斯已缔结的其他协议为双方发展更具实质性的对话关系铺平了道路。巴达维说,东盟和俄罗斯今后将进一步寻求多层次、多样化的交流与合作,特别是在能源安全领域加强双方的互利合作。东盟期待与俄罗斯推动曾一度中断的发展合作。

温家宝出席首届东亚峰会并发表讲话

2005年12月14日,首届东亚峰会在马来西亚首都吉隆坡举行。来自东盟10国和中国、日本、韩国、印度、澳大利亚和新西兰等16个国家元首或政府首脑参加会议。马来西亚总理巴达维主持当天的会议并发表讲话。俄罗斯总统普京应邀在峰会上发表讲话。与会各国领导人签署《吉隆坡宣言》,并讨论通过关于预防、控制和应对禽流感东亚峰会宣言。与会各国领导人还集中讨论本地区一体化发展战略、政治、经济、贸易和投资以及就上述问题加强双边和多边互动与合作进行对话。会议确定了东亚峰会的发展方向及模式,东盟将在东亚峰会及东亚合作进程中发挥主导作用。

中国国务院总理温家宝出席会议,并在会上发表题为《坚持开放包容,实现互利共赢》的讲话。温家宝说,东亚峰会的召开是东亚合作进程中的一件大事,是经济全球化与区域合作加快发展的客观要求,是本地区各国相互依存、共同利益不断扩大的必然结果,标志着东亚合作进入一个新的发展阶段。东亚峰会为与会各国共商发展大计提供了一个新的平台。

温家宝指出,当今世界,和平、发展、合作成为不可阻挡的时代潮流,为本地区国家的发展营造了有利的外部环境。本地区对话与协作不断增强,区域合作方兴未艾,为各国共同发展注入强大动力。他说,科技进步日新月异,全球产业调整与生产要素转移加快,为各国实现更快发展提供了历史性机遇。丰富的资源、广阔的市场、积累多年的经验,为东亚的发展与振兴奠定了坚实基础。但是,我们也面临着不少困难和挑战。东亚地区既有冷战阴霾和长期存在的领土、民族、宗教等历史问题,也有日益突出的恐怖主义、跨国犯罪、自然灾害、传染性疾病蔓延等新问题;既有发展不平衡,贫富差距拉大的问题,也有能源、资源消耗大幅增长,生态与环境恶化的问题。这些问题相互交织,影响和制约着本地区的稳定与发展。

为此,温家宝提出了3个可供探讨的看法:一、以发展为中心,促进共同繁荣。他说,东亚是世界上贫困人口较多、贫富差距较大的地区。发展是本地区最突出的矛盾,也是各国面临的首要任务。所以,应努力探索符合各自国情的发展道路,减少和消除贫困人口,不断提高人民生活水平。应重视体制改革和科技创新,优化经济结构,转变增长方式,努力实现经济社会全面、协调与可持续发展。应充分交流和借鉴彼此的发展经验,加大对本地区欠发达国家的支持,促进缩小地区差距,实现共同发展。二、构建和睦关系,维护和平稳定。他说,东亚地区历史遗留问题较多,新旧矛盾错综复杂。所以,应建立一个各国相互信任、和睦相处的国家关系框架,实现本地区和平与发展的前提和保障。应坚持相互尊重、平等相待,通过对话化解矛盾,通过协商消除分歧。应密切高层往来,加强对国际和地区问题的磋商与协调,增进互信,凝聚共识。应推进文化交流,促进文明对话,增进人民间的友谊,夯实国家关系发展的基础,共同营造一个和平、发展、和谐的地区环境。三、以合作为途径,实现互利共赢。他说,合作是新形势下实现共同发展的必由之路。惟有合作才能超越彼此分歧;惟有合作才能不断扩大共同利益;惟有合作才能有效应对各种挑战,抵达共赢的彼岸。所以,应从战略高度看待和推进本地区的合作进程。应尊重本地区的多样性,探索出一条符合地区特色的区域合作之路。应从本地区的实际出发,把握节奏,扎实推进,使区域合作更加贴近民众,始终沿着有利于本地区互利共赢的方向发展。

温家宝在讲话中强调,中国支持东亚合作保持透明和开放,反对搞封闭的、排他的和针对任何特定一方的东亚合作。中国主张,在区域合作进程中,要坚持开放的思维,倡导开放的地区主义,在开放中推动各国共同进步、促进各地区共同发展。他从3个方面阐述了开放的重要性:一、只有开放的合作才能实现不断进步。只有以开放的心态和宽广的胸襟,学习和借鉴其他地区的经验,才能具有持久旺盛的生命力。二、只有开放的合作才能更好地发挥区域优势。本地区各国的国情各异,发展模式与发展阶段不同,文化传统各具特色,多样性突出。各方的利益与合作的需要不尽相同。只有保持区域合作的开放性和透明度,才能凝聚共识,发挥多样性的优势,推动区域合作不断深入。三、只有开放的合作才能顺应时代潮流。在经济全球化迅速发展的条件下,任何国家和地区都不可能孤立地实现发展。封闭、排他只会导致僵化和落后。只有兼容并蓄,海纳百川,吸收人类一切优秀文明成果,融入世界经济发展大潮,才能保持东亚合作持续、健康发展。历史和现实经验告诉我们,东亚的发展离不开世界。要大力推进由本地区国家参加、具有本地区特色、符合本地区要求的区域合作,继续支持东盟在东亚合作进程中发挥主导作用。与此同时,也要考虑和照顾区域外国家在本地区的合理利益,增进这些国家对东亚合作的理解与支持。印度、澳大利亚和新西兰参与到东亚合作进程中,必将为今后的合作开拓更大的发展空间。我们期待着与3国共同推进东亚的发展与合作大业。我们欢迎俄罗斯参加东亚峰会,也欢迎美国、欧盟等其他区域外国家和组织与东亚合作建立联系,为东亚的稳定与发展发挥积极的建设性作用。我们支持东亚合作与上海合作组织、东盟地区论坛、亚洲合作对话、亚太经合组织、亚欧会议、东亚—拉美合作论坛、亚洲—中东对话、南亚区域合作联盟等机制保持协调,努力营造多种区域合作机制各展所长、相互促进、共同发展的地区合作新格局。

温家宝在讲话中强调:中国走和平发展的道路,将自身利益与世界各国的利益紧密结合起来,将中国的发展繁荣融入地区和世界发展繁荣之中。中国将继续坚定地奉行"与邻为善、以邻为伴"的方针和"睦邻、安邻、富邻"的政策,致力于发展与本地区国家的友好合作关系。中国将继续坚持和平共处五项原则,通过对话协商,和平解决与其他国家的争端。中国将继续积极参与区域合作,为推进地区经济一体化做出不懈努力。中国将继续坚持互信、互利、平等、协作的新安全观,促进解决地区热点问题,推动多边安全合作,维护地区的和平稳定。中国将继续尊重本地区文化、宗教和价值观的多样性,推动不同文明与文化间的平等对话与交流。他说,事实已经并将继续证明,中国是一个负责任的国家,是维护世界和平、促进共同发展的坚定力量。不管国际风云如何变幻,中国将永远做本地区人民可信、可靠的合作伙伴。中国绝不会在本地区谋求支配性地位。中国的发展,不会妨碍任何人,不会对任何国家构成威胁。一个稳定、开放、繁荣的中国,一定会为维护地区与世界和平、促进人类共同发展做出更大贡献。

·链接资料·

《吉隆坡宣言》主要内容

2005年12月14日,首届东亚峰会在马来西亚首都吉隆坡举行。与会各国领导人通过并签署《吉隆坡宣言》,其主要内容有:

(一)东亚峰会参加国认识到,实现东亚及世界的和平、安全与繁荣符合各国的共同利益,愿意本着平等的伙伴精神和协商一致的原则,加强合作、增进友谊、创造一个和平的环境,为地区及世界的和平、安全与经济繁荣做出贡献。

(二)宣言确信,东亚峰会参加国相互之间乃至与世界各国就共同感兴趣和关切的问题加强双边和多边互动与合作,对促进和平与经济繁荣具有重要意义。

(三)宣言认同东亚峰会可以在本地区一体化建设的过程中发挥重要作用。

(四)与会各国领导人同意将东亚峰会建成一个论坛,就共同感兴趣和关切的战略、政治和经济问题进行对话,东亚峰会在努力推进本地区一体化建设时,应与东盟建设保持一致。

(五)与会各国将就政治和安全问题加强战略对话与合作,通过加强技术转移、基础设施建设、人道主义援助,促进东亚的发展,推动贸易和投资的扩大和自由化进程;加强民间交往,增进相互信任和团结,推动在保护环境、预防传染病及减灾等领域的合作。

(六)东亚峰会将定期举行,由东盟主席国主办并担任主席,与东盟年度首脑会议同期举行,峰会的模式将由东盟和东亚峰会其他所有参加国共同审议。

(据中华人民共和国驻马来西亚大使馆)

中国—东盟博览会

第二届中国—东盟博览会

第二届中国—东盟博览会招商招展

2005年3月30日,广西壮族自治区主席陆兵率由政府代表团和经贸代表团组成的广西代表团,前往马来西亚、印度尼西亚、越南进行为期半个月的访问。此次出访主要是与越南政府及有关部门讨论落实"两廊一圈"合作机制及具体项目,举办合作说明会、项目洽谈会;在马来西亚、印度尼西亚举办广西商品展销会、投资说明会、企业合作洽谈会;拜会越南、马来西亚、印度尼西亚三国政府有关部门,征求对首届博览会意见、建议,邀请参加第二届博览会,探讨加强合作的具体项目和措施。4月1日,代表团在吉隆坡太子世贸中心举办中国(广西)—马来西亚商品展览会、第二届中国—东盟博览会暨广西(马来西亚)投资合作推介会和博览会重要客商座谈会。展览会得到马来西亚贸工部等10多个单位的大力支持。有130多家广西企业、厂商参展,展品涵盖机电、纺织服装、五矿化工、轻工工艺、医药保健、食品等六大类共2000多种。广西壮族自治区政府主席陆兵、中国驻马来西亚大使王春贵、经济商务参赞张应文、广西壮族自治区政府秘书长陈武、商务厅厅长刘树森,马来西亚贸工部政务次长陈仪乔女士等官员以及多家知名企业的企业家出席推介会。中国—东盟博览会秘书处秘书长助理黄平西详细介绍了首届博览会取得的成果,并大力推介第二届博览会。在同日举行的中国(广西)—马来西亚合作项目签约仪式上,双方签订了26个项目的合同、协议或意向,投资总额4亿多美元。4月4日,代表团抵达雅加达,开始对印度尼西亚进行为期6天的访问。4月5日,陆兵在雅加达会见印度尼西亚工商企业界人士,通报首届中国—东盟博览会情况,征询办好第二届中国—东盟博览会的建议。4月6日,陆兵拜会印度尼西亚副总统尤索夫·卡拉,就办好第二届中国—东盟博览会,进一步加强中国广西与印度尼西亚的经贸交流与合作交换意见和看法。尤索夫·卡拉表示,政府将大力支持工商企业界参加博览会,他本人也会尽可能前往参会。4月7日,中国—东盟博览会秘书处在雅加达举办第二届中国—东盟博览会暨广西(印度尼西亚)投资合作推介会、中国(广西)—印度尼西亚合作项目签约仪式和博览会重要客商座谈会。推介会主要介绍了第二届博览会筹备情况和广西投资环境、项目信息以及广西对外投资合作发展状况。活动当天签订项目合同、协议、意向共24项,协议外资额2.33亿美元,其中投资额在1000万美元以上的项目8项。在博览会重要客商座谈会上,印尼中华总商会总主席陈大江先生等多位知名商界领袖均表示将积极组织和推动更多印尼企业参加第二届中国—东盟博览会。4月10日,代表团抵达越南胡志明市,开始对越南进行为期5天的访问。4月11日,陆兵一行拜会了胡志明市人民委员会主席黎清海,双方就加强广西与胡志明市的交流与合作进行座谈。陆兵向黎清海介绍了首届博览会有关情况和筹划建设中国—东盟商贸城的设想,希望胡志明市有关企业积极参与中国—东盟商贸城的建设,促进双方的经贸交流与合作。同日,代表团在胡志明市举办第二届博览会重要客商座谈会,征求办好第二届博览会的建议。4月14日,第二届中国—东盟博览会暨广西(越南)投资合作推介会、中国(广西)—越南合作签约仪式在河内举行。中国广西壮族自治区副主席李金早,越南工业部副部长杜友豪、工商会副主席段维江、计划投资部外国投资促进局副局长黄文训,以及当地300多名政界和工商界人士出席推介会。在签约仪式上,陆兵代表中国广西与越南高平、谅山两省签署《关于建立边境磋商合作机制问题的会谈备忘录》,李金早代表中国广西与越南广宁省签署《关于建立边境磋商合作机制问题的会谈备忘录》。双方还签订项目合同、协议、意向23个,项目投资总额4981万美元。

由于第二届中国—东盟博览会招商组展工作谋划早、运作早,境外招商组展工作取得较好效果。印度尼西亚、泰国表示展位数不低于上年；文莱、柬埔寨表示参展规模有信心达到首届水平，并争取展位有所增加；马来西亚表示展位规模将比首届增加一倍；越南政府部门表示将组织至少100家企业参展，展位数量不少于首届。

第二届中国—东盟博览会开幕式

2005年10月19日11时，第二届中国—东盟博览会在南宁国际会展中心隆重开幕。中国国家副主席曾庆红、柬埔寨首相洪森、缅甸总理梭温、老挝国家副主席朱马里、泰国副总理颂奇、越南副总理阮晋勇，以及文莱工业和初级资源部部长佩显·阿哈迈德·朱马特、印度尼西亚贸易部部长冯惠兰、马来西亚贸工部政务次长陈仪乔、菲律宾贸工部副部长朱瑞达·艾米莉娅·C·阿龙佐、新加坡贸工部部长兼教育部政务部长曾士生、中国商务部部长薄熙来、东盟秘书处秘书长王景荣，中共广西壮族自治区委员会书记、自治区人大常委会主任曹伯纯及自治区主席陆兵、副主席李金早等出席博览会开幕式。来自海内外的100多名部长级贵宾和上万名嘉宾、客商参加开幕式。开幕式由中国—东盟博览会组委会副主任兼秘书长、广西壮族自治区副主席李金早主持。中国商务部部长薄熙来、广西壮族自治区主席陆兵、东盟秘书处秘书长王景荣先后在开幕式上致词。对开幕式前突如其来的秋雨，中国商务部部长薄熙来微笑着说："承蒙老天今天送来喜雨，为我们浇灌中国—东盟博览会这棵友谊之树。"在来宾们热烈的掌声和音乐声中，象征"友谊之门"的LED大屏幕缓缓开启，中国国家副主席曾庆红和东盟各国政要携手通过"友谊之门"走上主席台就座。11时20分，曾庆红宣布第二届中国—东盟博览会开幕。曾庆红话音刚落，主席台两侧十几道礼花喷洒而出，五彩礼花在空中"架"起一道绚丽的彩虹，象征着中国—东盟博览会就是那把中国与东盟国家紧密地连接起来的彩虹之桥。11时28分，第二届中国—东盟博览会开幕式进入高潮。曾庆红与东盟各国政要、东盟秘书处领导、中国广西壮族自治区领导一起走上前台，同时按动主席台上的水晶球按钮，11股"合作之泉"从舞台前方喷涌而出，汇聚一起。此时，主席台两侧两面写着"10+1"和">11"的巨型展板向主席台中央缓缓靠拢，最终在"相聚到永久"的音乐声中，合成"10+1>11"的整幅画面。广场上，花瓣飞舞，红色气球拉起写有"10+1>11"字样的巨型条幅慢慢升空。主席台西侧，伫立着一枚高近3米、披着红色中国结的"中国—东盟合作之印"，此时，中国与东盟各国商协会会长共同盖下这枚象征博览会商机无限、中国与东盟各国经贸往来不断扩大的合作之印，以体现本届博览会经贸合作的主题及尊商重信的理念。中国国家副主席曾庆红与东盟各国政要、中国商务部部长薄熙来、东盟秘书处秘书长王景荣和中共广西壮族自治区委员会书记、自治区人大常委会主任曹伯纯，共同为博览会开幕剪彩，共祝中国和东盟合作共赢、走向繁荣。

第二届中国—东盟博览会博览成效显著

第二届博览会参展企业2000家，比上届增加33%。参会的中国采购商约5000人，国外采购商3000人，比上届增加10%。参展商品200多类，涉及机械、家电、电子信息、汽车及配件、五金建材、农产品、医药化工、轻工等11个行业。与上届相比，第二届博览会具有如下特点：

一是商品贸易更加活跃。截至10月22日16时，交易总额累计达到11.5亿美元，比上届增长6%。其中，出口8.2亿美元，进口1.7亿美元，国内贸易1.6亿美元。按行业分，机械设备成交2.5亿美元，农产品成交1.1亿美元，电子电器成交1.8亿美元，五金建材成交1.3亿美元，其他商品成交4.8亿美元。

二是投资促进活动更务实。博览会期间举行28

2005年10月19日，第二届中国东盟博览会隆重开幕。图①开幕式剪彩仪式。图②中国国家副主席曾庆红宣布博览会开幕。（广西博览局供稿）

场投资促进活动和签约仪式，主要是：老挝投资旅游推介会，新加坡交易所融资论坛，“金色缅甸无限商机”缅甸投资政策、环境推介会，泰国魅力之城清迈市投资政策、环境推介会，“投资泰国，迈向成功之路”暨泰国与广西投资机遇洽谈会，文莱苏丹龙辇复制珍品赠予仪式暨新闻发布会，越南—中国经济贸易论坛，马来西亚新闻发布会，“菲律宾，您在亚洲的合作伙伴”投资推介会，印尼投资推介会，中国农垦新闻发布会暨项目签约仪式，中国—东盟博览会国际投资合作项目仪式，广西企业国有产权和旅游合作项目专场推介会，第二届中国—东盟商务与投资峰会工商精英论坛，中国—东盟商会经贸合作论坛暨广西四川商会周年庆典，先进适用技术项目推介会等。

与会各方签订国际投资合作项目 126 项，投资总额 52.9 亿美元，比上届增长 5.9%；项目涉及工业、农林牧渔业、矿产开采与加工、商贸物流、房地产开发、能源、旅游、基础设施建设和高新科技等行业。中国国内投资合作项目签约 263 项，投资总额 501.8 亿元，增长 5.5%；项目投资额超过亿元的达到 65 项。

三是贸易配对和项目对接更为优化。博览会期间的每天，在资讯中心查询合作伙伴信息的客商近千人，有 100 多名客商通过配对系统找到合作伙伴。博览会秘书处与东盟国家经贸主管部门及商协会共同建设的贸易和投资项目数据库，共征集国内外推介项目 6655 项，其中国内招商引资项目 5592 项，对外投资项目 336 项，国外招商引资项目 727 项。

四是展区功能设置更加简约、方便。会展中心设置了更多的洽谈区，加上有效控制社会公众进场参观人次，使展馆秩序更加有序，洽谈交易环境改善。在本届博览会上，有 34 项国际投资项目和 168 项中国国内项目在签约中心完成合约签订。此外，本届博览会推出的“中国—东盟魅力之城”特别推介，将成为今后国家专题的主要内容，将中国与东盟的交往由国家层面延伸到城市之间。“魅力之城”主题活动参与方共同签署了《“魅力之城”南宁合作宣言》，各“魅力之城”均表示将利用好博览会这个平台，加强各国地方政府、企业之间的交流与合作。

● 第二届中国—东盟博览会展厅布置

第二届中国—东盟博览会会场设国家专题、商品贸易专题、投资合作专题和旅游专题四大展区，展厅 16 个，展位 3300 个，展位面积 6 万多平方米。展位数比首届博览会增加 800 个，其中东盟及其他国家（地区）展位 721 个，增加 16%。

1 号展厅　国际经济合作展区。设展位 135 个，参展企业 74 家。参展企业大都由中国对外承包工程商会组织，是中国到东盟国家开展国际工程承包、劳务合作、境外加工贸易等业务的骨干企业，如中国水利水电对外公司、中国机械进出口集团等。一批直接为国际经济技术合作提供服务的金融机构，如中国出口信用保险公司和中国建设银行、中国工商银行、中国农业银行、中国银行等也参展。此外，中国东部经济发达的上海、浙江、江苏、广东省等，也组织有实力的外向型企业参展。这批实力雄厚的企业希望通过博览会这个平台，进一步深化与东盟国家在国际经济技术合作领域的交流。

2 号展厅　国家专题展区，设展位 462 个，主要是 11 个“魅力之城”和 37 家国际知名企业在此进行形象展示。“魅力之城”是第二届博览会的创新和亮点，是本届博览会的特别推介和今后国家专题的主要内容。即由各国选择具有代表性的城市作为“魅力之城”，综合展示其在贸易、投资、科技文化、旅游等方面的发展和商机，使中国和东盟各国在国家层面的合作延伸至地方政府的合作，进一步深化友好关系。参展的国际知名企业有属“世界 500 强”的西门子、爱立信等。

3 号展厅　先进适用技术展区，设展位 135 个，由中国科技部组织先进、适用技术参展。参展企业 248 家，展出先进适用技术项目 414 个。其中，中国科技部所属企业 202 家，参展项目 226 个；国防科工委所属企业 34 家，参展项目 134 个；中科院所属企业 12 家，参展项目 54 个。中国“星火计划”项目展是展厅的亮点，主要展出适合在农村推广的“短、平、快”科技项目，非常适合东盟国家推广应用。组织这些项目参展，目的是务实地推动中国和东盟的科技交流与合作。

4 号展厅　东盟商品展厅。设展位 114 个，其中印尼 50 个，马来西亚 52 个，泰国 10 个。三国的参展项目充分体现本国的产业优势和资源禀赋特点，展示中国—东盟自由贸易区广阔的商机。印尼参展企业主要有印尼天然气公司、印尼纺织协会等，马来西亚参展项目主要是轻工工艺类。

5 号展厅　东盟商品展厅。设展位 153 个，其中泰国 111 个，柬埔寨 26 个，菲律宾 10 个。泰国是本届博览会展位数最多的东盟国家。泰国的参展企业除知名的正大集团外，还有众多中小企业。泰国清迈“一村一品”展是该国此次参展的一个亮点，清迈市每个地方都有一个优势特色产品在这里展出，具有浓厚的地域特色，也展示了独特的商机。菲律宾参展商品主要是食品。食品产业是菲律宾的优势产业，菲律宾希望通过本届博览会，使这一产业的优势在中国—东盟 10+1 合作中得到充分发挥。柬埔寨参展商品主要有吴哥啤酒和其他极富特色的展品。

6 号展厅　东盟商品展厅。设展位 185 个，其中越南 109 个，老挝 35 个，缅甸 39 个，新加坡 2 个。越南参展的商品主要是家具、农产品和工艺品。老挝展示的主要商品是家具。缅甸展示的主要是珠宝和工艺品。这些参展行业和商品，代表四国的资源优势和产

业特色。

7 号展厅　电子电器类展厅。设展位 180 个，参展企业 116 家。电子电器是中国和东盟贸易额较大的商品类别，是本届博览会重点引导的五大类商品之一。中国参展的知名企业和品牌主要有上广电集团、厦华电子、阿里巴巴（上海）网络科技有限公司、小天鹅、河南新飞、青岛澳柯玛等。中国电子电器行业重要生产基地——深圳市组织强大阵容参展，利用展位 147 个，展示创维电视等众多的相关品牌。

8 号展厅　机械设备类展厅。设展位 177 个，参展企业 113 家。参展商品以重型机器和电力设备为主，集中了中国在这一领域的重要生产基地和骨干企业。中国老工业基地——辽宁省沈阳市组织一批实力雄厚的企业参展，反映了中国老工业基地参与中国和东盟经贸合作的积极性。中国上海、广东、天津、重庆、四川等省（市）的机械设备生产企业也纷纷展示自己的主导产品。机械设备是中国和东盟经贸合作的重点领域，也是本届博览会重点引导的五大类商品之一。在本届博览会上，机械设备展位数比例最大，这与中国和东盟贸易往来的现状相吻合，同时表明参展商品进一步向中国和东盟之间有市场、有潜力的商品类别集中。

9 号展厅　机械设备类展厅。设展位 150 个，参展企业 102 家。参展商品以工程机械和电气设备为主。集中展示中国江苏、上海、辽宁、北京、广东、湖南、广西等地工程机械、电气设备的知名企业和优势产品。东盟是中国工程机械产品的重要出口市场，中国和东盟在这一领域有很强的互补性，双方合作前景广阔。

10 号展厅　食品包装机械类展厅。设展位 150 个，参展企业 97 家。其中大都由中国食品包装机械协会组织，占展位 115 个。主要参展企业有力劲集团、上海集美食品机械等。近年来食品包装机械行业在中国和东盟均快速发展，是中国和东盟合作潜力巨大的一个行业。参展企业带来的都是本行业的优质产品、新产品以及适合东盟市场的产品。

11 号展厅　汽车及配件展厅。设展位 182 个，参展企业 82 家。参展的中国知名汽车生产企业有上海汽车集团、华普汽车、东风汽车、奇瑞汽车、吉奥汽车等。这些企业带来许多专门为东盟市场设计和制造的产品。如上汽通用五菱、右方向盘的华普汽车等。汽车产业也是中国与东盟国家重点合作领域之一。

12 号展厅　主要是摩托车及配件展厅。设展位 182 个，其中有 16 个日本企业展位和部分陶瓷、轻工业品展位，参展企业 122 家。中国参展企业主要有江门大长江集团、北方建设、上海嘉陵车业，以及代表行业先进水平的河北陶瓷和大连轻工。日本企业的积极参展，表明日本企业家看好博览会的巨大商机。

13 号展厅　建材五金类展区。设展位 184 个，参展企业 129 家。主要有世界 500 强企业宝钢股份、中国建材协会常任理事单位金德管业集团、广西南南铝业、广西华锡集团、广州嘉宝莉日化等。五金建材是中国和东盟贸易额较大的行业，也是本届博览会重点引导的五大类商品之一。

14 号展厅　轻工工艺类展厅。设展位 161 个，参展企业 131 家。主要有世界 500 强企业日本王子造纸株式会社、芬兰斯道拉恩索以及办公文具行业知名企业得力集团、中国日化、柳州两面针集团、广州立白集团、大连星海集团、河南荣昌钧瓷等。中国台湾和韩国的轻工工艺生产企业也在这一展区展出其主导产品。轻工产品是中国和东盟贸易额较大的商品类别，也是本届博览会重点引导的五大类商品之一。

15 号展厅　食品类展区。设展位 114 个，参展企业 86 家。集中展示中国各地的优势食品、特色食品。主要参展企业和品牌有北京二商集团、桂林漓泉啤酒、国窖 1573、河南双汇、郑州三全食品、广西梧州冰泉豆浆等。

16 号展厅　农产品、食品类展区。设展位 192 个，参展企业 219 家。参展的中国著名企业有红塔集团、中国农垦、云南普洱茶集团、光明乳业、完达山乳业、王朝葡萄酒集团、三元集团、上海海丰集团等。与东盟国家合作密切的中国农垦展出面积达 500 多平方米。中国贵州黔南少数民族特色产品也参加展示。农产品和食品是中国和东盟有很强互补性的合作领域，也是本届博览会重点引导的五大类商品之一。

● 第二届中国—东盟博览会“魅力之城”简介

宿务（Cebu）　是菲律宾仅次于首都马尼拉的第二大城市和重要海港。位于菲律宾维萨亚斯群岛（Visayas）中心，由百余个岛屿组成，面积 326.1 平方公里，人口 70 多万，曾为菲律宾首都。宿务市以其高度发达的商业和工业成为首都马尼拉之外最大的经济中心，其财政收入在菲律宾举足轻重。玉米、椰子干、芒果、烟草、水产品、木材等在菲律宾经济中占有重要地位。宿务拥有菲律宾最大的椰子油提炼厂，还有卷烟厂、制糖、陶瓷和啤酒厂。以自然旅游资源为主的旅游业是宿务的重要产业，作为菲律宾最著名的旅游胜地之一，宿务素有“南方皇后都市”（Queen of the South）之称，每年有约 40 万国内外游客。宿务气候宜人，水清沙白，因而又有“度假伊甸园”的美誉。宿务的贝壳工艺品制作业因资源丰富而产量很大。宿务交通便利，是菲律宾南部的海运和空运中心。菲律宾 80% 的国内航运以宿务港为基地，有 20 多条海运线通往国内 40 多个港口。

宿务展区以“菲中携手”为主题，集中反映这个最具菲律宾历史文化特色的城市在贸易、农业、投资、科技、文化等领域的成就以及菲律宾与中国合作的美好前景，同时打造度假伊甸园。蓝色和白色，明亮和单纯，东南亚歌舞和东南亚服饰，是宿务在博览会上的形象。

暹粒(Siem Reap)　位于柬埔寨首都金边北方311公里，是柬埔寨暹粒省的首府，人口约8000。暹粒有“酣睡的洞穴”之称，掩藏在热带丛林中的吴哥遗迹令世界各地旅行者趋之若鹜。在那45平方公里丛林里，有40余处600多座气势恢弘且雕刻精美的建筑遗迹，其中闻名遐迩的吴哥窟列入世界七大奇迹，被誉为人类建筑史上最辉煌作品的代表，亦是柬埔寨的象征。其次，还有那以“高棉的微笑”而著名的巴扬石建筑，让世人看到了一个微笑着面对历史与现实，从容地接受生活苦难与希望的柬埔寨。

暹粒展区以吴哥古迹为原型搭建而成，“魅力之城”大门就是大吴哥城门。城里一条长长的堤道通往各个引楼，仙女石雕像和神兵石雕分别排列两旁。门前威武的狮子，象征着权力和皇室，同时象征着高棉土地和河流。金色的吴哥形象傲立于“城”中央，以其独特的建筑与民族风格再现当年高棉帝国的繁荣与进步。“城”的左边还摆放着古代高棉农民发明的水车，右边则展示着最受暹粒人欢迎的小食品，观众从中可领略其独特魅力与文化风格。

雅加达(Jakarta)　东南亚第一大城市，印尼三大旅游城市之一，历史悠久。早在14世纪就是初具规模的港口城市，当时称巽他加拉巴，意思是“椰子”。约在16世纪改名为雅加达，意思是“胜利和光荣之堡”。雅加达建有中央博物馆、历史博物馆、皮影博物馆、石碑博物馆、文学资料博物馆，还有著名的波格尔植物园及茶园、独立广场公园、印度尼西亚缩影公园、安佐尔梦幻公园、千岛群岛、伊斯蒂赫拉尔清真寺等名胜古迹。

雅加达展区虽略显朴素，大片的褚红却透着一种典雅蕴藉、庄重大气的魅力。雅加达展示的内容有经济、贸易、投资状况及旅游资源。

斯里巴加湾(Bandar Seri Begawan)　文莱首都，位于文莱湾西南角滨海平原文莱河畔。原称文莱市，1970年改为现名。“斯里巴加”是现任文莱苏丹父亲的封号，意为光荣、辉煌和神圣。居民房屋多沿河而建，用木桩支撑于河滩上并以板桥与河岸相连。水上的小屋、碧蓝的海水、棕红的树林，使斯里巴加湾市具有“东方威尼斯”的美称。随着文莱石油经济的飞速发展，该市很快成为一个现代化城市。市容整洁，草木青葱，繁花似锦，处处呈现高贵、典雅、祥和的景象。斯里巴加湾市主要展示其经济、贸易、投资状况及旅游资源。

占地近400平方米的展区处处流露出高贵、典雅、祥和的气息。敬放在“城”中央的文莱国宝——苏丹龙辇1∶1的仿真品金碧辉煌、尊贵非凡。展区还展出金碧辉煌的努鲁尔·伊曼王宫和文莱老国王建造的赛福丁清真寺及现任苏丹建造的清真寺。

北京(Beijing)　中国首都，是中国政治、经济、文化中心，世界历史文化名城和古都。3000多年为城的营建，800多年为都的缔造，使北京积淀下煌煌帝都景观和淳厚文化神韵，成为其最为独特和最有诱惑的吸引——天坛的明月，北海的风，卢沟桥的石狮，潭柘寺的松；红墙碧瓦太和殿，紫藤古槐四合院，十里长街卧彩虹；20世纪50年代的旧城改建，60年代的地铁建造、70年代的立交桥兴起，80年代的十大建筑，90年代的亚运场馆又为北京城锦上添花，2008年的奥运盛会更是令人期盼。走进北京，俯首皆是岁月珍藏的记忆、举目所及总有令人雀跃的惊喜。这是一座厚重悠久的文化古城，一个充满现代气息、朝气蓬勃的国际都会，是中华大地上最令人神往的地方。北京展区以国家首都、世界城市、文化名城、宜居城市为主题，展示2008年奥运商机，以及其深厚的文化底蕴和丰富的旅游资源。

暹粒

雅加达

菲律宾
宿务

斯里巴加湾

北京

展区陈列着祈年殿、天安门、颐和园昆明湖和佛香阁、北海白塔等巨幅照片，还以图片和多媒体形式介绍北京的总体规划和交通、教育、文化、人才、科研、现代制造业、高新技术产业、房地产业等方面的发展信息。最引人注目的是展区中央关于2008年北京奥运会的介绍和形如"鸟巢"设计的国家体育场微缩景观。

清迈（Chiang Mai） 泰国古都，著名历史文化古城，建于1296年。作为兰纳王朝（Lanna Thai）的都城，从建造至1556年，一直是泰国宗教、文化和商业中心。四角的城门、环城流淌的护城河、泰北高脚式的木构建筑、城垣大多保存至今。清迈也是泰国第二大城市，是泰国北部政治、经济、文化教育中心。清迈地处高原盆地，四周群山环抱，清澈的滨河流经市区，气候凉爽，号称"清凉之都"。居民大都笃信佛教，市内古代历史文化遗迹遍布，各种佛塔和寺庙近百座，是寺庙佛塔之城。近年大量兴建的现代民居、别墅、商务楼林立。清迈树木葱翠，景色旖旎，商业繁荣，民风淳朴，交通便利，设施配套，是东南亚著名的避暑旅游胜地，每年游客上百万。当地手工艺品名闻全国，远销国外。

清迈展区以商业与休闲的完美结合为主题，展示清迈的独特资源、商机、经济发展成就和其人与自然和谐的优美环境。传统的四立柱框架结构的古建筑、雕花的木制栏板、精美的宗教饰物、丰富的手工艺品向前来参观的人们展示一座历史悠久的城市。馆内宣传画介绍了国家公园、瀑布、山地民族村落、大象村和略带点冒险的活动。在具有浓郁兰纳风格的木楼前，悦耳的泰国乐器声和美丽女子表演的传统舞蹈，以及传统按摩技法吸引众多的参观者。展区的图片资料展示清迈贸易、制造业、运输业、农产品加工、机动车、电子、能源及信息技术和会展业迅速发展的情况。

新加坡城（Singapore City） 是新加坡共和国首都，位于新加坡岛南端，面积约98平方公里，是世界最大港口之一和重要的国际金融中心。市中心区在新加坡河口南北两岸，南岸是绿树环绕、高楼林立的繁华商业区，北岸是环境幽静的行政区。市区有高等植物2000多种，各种花卉、草坪、花坛小型公园及枝繁叶茂的路树让人仿佛进入一个大花园，是享誉世界的花园城市。

新加坡展区以非常新加坡为主题，展示其独特的城市魅力和在经贸、旅游等领域的发展成就及商机。展区耀眼的鲜红色板块、晶莹的水晶帘幕、环绕四周的电子屏幕、按现代风格展示的图片资料给人一种现代的感觉。电子屏幕显示和图片资料的介绍，让人们清楚地了解其风景如画的城市、闻名遐迩的旅游胜景以及在全球经济中举足轻重的地位。

琅勃拉邦（Lang Prabang） 位于湄公河畔群山环抱的谷地，距老挝首都万象约500多公里，是一座古典的小山城。琅勃拉邦是老挝佛教中心，有1000多年的历史；当地居民笃信佛教，城中寺庙、佛塔林立，其中包括列为东南亚名寺的玄通寺和维崇寺。经联合国专家组考察，琅勃拉邦有保存价值的古老建筑物达679座。1995年12月，该市被联合国教科文组织列入世界文化遗产名录。琅勃拉邦民风淳朴，自然生态保护完好，被公认为东南亚传统与殖民风格保存最为完好的城市，成为西方游客追求的"世外桃源"。把这座古老城市作为魅力城市，有助于增加各国人民对老挝悠久历史和灿烂文化的进一步了解。

参展的琅勃拉邦就像一个世外仙境。掩映在绿色椰树之中的街道、淳朴祥和的民风、林立的佛塔、古朴别致的法式别墅，让人充分感受到这座环境优美、风光独特、古香古色的历史名城之魅力。

河内（Hanoi） 位于红河平原中部，是越南社会主义共和国首都。原称大罗，是有着千年悠久历史的古城，曾为越南李、陈、后黎等封建王朝的京城。城内古老街道、法式别墅建筑与现代建筑和谐一体，湖泊星罗棋布，终年树木常青，鲜花盛开，风光秀丽，是越南的重要旅游城市，有"万花春城"之称。

新加坡城

河内

清迈

布城

曼德勒

琅勃拉邦

河内展区以绿色、清洁、美丽、和平之城为主题，展示在经济、环境、旅游等方面的发展成就和商机。展区大门仿寺庙大门搭建，左右配有两个偏门。走进大门，正中是一个高约3米、通体明亮、装饰豪华、缓缓转动着的棱柱。棱柱的每个侧面都绘有一幅反映不同民族风情和具有不同特色的建筑。展区中一个个图文并茂的平面，分别介绍越南的工业、农业、文化、国防、渔业及相关的投资政策，最显眼的是胡志明等越南领导人关注民生、日理万机的画面。展区采用很多根雕和古木进行布置，让人们清楚地了解其根雕业在国际上的优势。

布城(Putrajaya)　是马来西亚的联邦直辖区，距首都吉隆坡仅25公里，占地4932公顷，是马来西亚计划中的新行政首都。城市规划发展为马来西亚的“智慧型花园城市”，建成后将成为21世纪拥有最先进基建设施及高科技便利的城市。布城山林起伏，翠绿环绕，环境清幽宜人。经过近年的建设，布城已成为一座颇具规模且现代化程度较高的新兴城市。随着马来西亚首相署和政府各部的迁入，住宅区、商业区和文化、休闲设施及交通体系基本配套。集经典与时尚于一体的布城，既有传统风格的伊斯兰圆顶建筑，也有现代气息浓厚的高楼大厦，它的城市设计、建筑格调反映马来西亚的内在灵魂与精神，因此被冠以马来西亚未来遗产的美誉。

布城展区以未来城市的领航者为主题，展示当地的广阔商机，人与自然的和谐以及城市美好的发展前景。展区建成两层楼高，喻示着布城人“站得高看得远”。一楼展厅造型简洁明朗，微缩景观模型和一幅幅精美的图片，让人们充分领略这座新兴城市浓浓的现代气息和名副其实的绿城风采。二楼展厅辟为参展人士开会和与客人洽谈的雅屋，这也体现了注重实效的布城作风。

曼德勒(Mandalay)　位于缅甸中部偏北的内陆，是缅甸第二大城市，曼德勒省的省会，人口80多万，是缅甸政治、经济和文化中心。曼德勒在巴利语中意为多宝之城，是昔日缅甸王朝众多古都中较为完整保存下来的一个。又因缅甸著名古都阿瓦在其近郊，故旅缅华侨称其为“瓦城”。曼德勒是缅甸传统文化的心脏和宗教中心，有着丰富的文化遗产。全市大小佛塔1000多座，高僧、学者、艺术家和文豪云集。曼德勒也是缅甸第二大工业城市和旅游中心。

展区以曼德勒古王城为原形设计，四周设墙并各开一城门，方便观众出入。为更好展示缅甸的特色文化，在仿真城墙周边摆设精心挑选的缅甸风光图片，其中有著名的瑞德贡大舍塔、良芜古城、仰光大湖、吉提佑佛塔、蒲甘城、茵莱湖等。展区中间摆放着琳琅满目的缅甸特色产品，其中有精巧高雅的民族竖琴，有反映缅甸王家生活的金丝银线绣，有缅甸翡翠和红宝石，有巧夺天工的柚木雕刻，有散发异香的香皂和茶叶。

第二届中国—东盟博览会涉外投资合作项目签约仪式

2005年10月20日在南宁举行。中国商务部合作司副司长赵闯主持，东盟秘书处秘书长王景荣、柬埔寨贸易部国务秘书索广达、越南谅山省人民委员会主席段伯然、印度尼西亚投资协调局官员苏万迪、新加坡旅游局官员徐明华、泰国工商总会秘书长朱秀宝、西班牙驻华使馆高级专员卡斯迪洛、中国商务部部长助理陈健以及广西壮族自治区主席陆兵、副主席李金早等出席签约仪式并为项目签约做见证。出席仪式的还有来自世界24个国家和地区的200多位外商和中国各地的企业家。来自东盟的越南、印度尼西亚、马来西亚、柬埔寨、泰国、新加坡、缅甸、老挝和美国、英国、加拿大、日本等国家以及中国香港、澳门、台湾地区的企业，分别与中国内地企业签订合作项目95项，投资总额47.95亿美元。签约项目中，中国与东盟国家的投资合作项目34项，项目投资总额7.81亿美元。印度尼西亚、新加坡、泰国、马来西亚四国对中国的投资项目11项，项目投资总额7.4亿美元，其中东盟资金4.76亿美元；中国对东盟国家投资项目26项，项目投资总额2.43亿美元。中国的广西、云南、广东与东盟国家签订投资合作项目较多。其中广东省湛江家用电器工业公司投资5000万美元，在印度尼西亚建设家用电器生产线项目，是本届博览会中国最大的对外投资工业合作项目。港澳台地区投资合作活动也十分活跃，其中香港签约项目32项，项目投资总额23.59亿美元，投资额遥遥领先于其他国家和地区；台湾签约4项，投

第二届中国—东盟博览会投资合作项目签约仪式现场。(广西博览局供稿)

资总额4.7亿美元;澳门签约2项,投资总额1.31亿美元。

与首届中国—东盟博览会相比,本届博览会国际投资合作有如下特点:一是合作企业所在国家和地区增多。合作企业所在的东盟国家由7个增加到9个(新增菲律宾、老挝),东盟以外的国家和地区由13个增加到22个。表明博览会不仅使中国与东盟各国间的经贸合作关系更加紧密,也促进了世界各国投资商与中国和东盟国家的合作。二是优势资源深加工项目成为境外投资热点。中国广西百色探明储量超过10亿吨的高品位铝矿,吸引了众多投资商。在此次签约仪式上,来自香港和澳大利亚的企业与广西百色市签订铝工业生产项目3项。其中澳大利亚EEC集团投资2.5亿美元的钛硅铝项目、广西平果亚洲铝业有限公司和香港海域铝业控股有限公司投资1.5亿美元生产高精度铝板带箔合作项目,对提高百色铝的深加工水平、丰富铝加工品种、加快桂西铝工业基地建设将发挥重要的促进作用。三是合作开采矿产与加工成为新亮点。在此次签约仪式上,中国企业借助中国—东盟博览会的平台,主动走出国门开展投资合作,共有7个项目投资越南、印度尼西亚及朝鲜的矿产开采和矿产品加工。四是旅游方面的投资有较大突破。(英国)红楼梦世界集团有限责任公司与中国广西都安瑶族自治县签订建设红楼梦世界南城石山王国基地项目,投资总额达到9.9亿元人民币。

第二届中国—东盟博览会中国国内合作项目签约仪式

2005年10月20日在南宁举行,共签约国内合作项目95项,项目投资总额277.51亿元。签约的合作项目投资额均在3000万元以上,其中超亿元的项目有65项,投资总额261.91亿元,占签约项目投资总额的94%。

与首届博览会相比,本届博览会国内合作的特点首先是合作地区范围扩大,体现了中国—东盟博览会由全国共同参与办会的趋势。其次是投资领域由资源型向资源深加工方面发展。签约的工业和矿产开采及加工项目共44项,占国内合作签约项目总数的46.3%;投资总额达147.66亿元,占投资总额的一半多。再次是参与国有企业改革的力度加大。共签约国企改革项目5项,投资总额达到2.09亿元。

第二届中国—东盟博览会开幕式晚会

2005年10月19日晚,第二届中国—东盟博览会《大地飞歌·2005》南宁国际民歌节开幕式晚会在南宁市民歌广场隆重举行。出席晚会的嘉宾有缅甸总理梭温,越南副总理阮晋勇,东盟秘书处秘书长王景荣,东盟10国有关机构和东盟秘书处官员,东盟国家驻华使节,中国商务部、外交部和国家其他部委、人民团体以及国家开发银行的代表,中国各省、自治区、直辖市代表团和新疆生产建设兵团的有关负责人,广西壮族自治区党、政、军领导,参加中国—东盟博览会、中国—东盟商务与投资峰会的中国驻外使节,国内外企业代表,国内外友好城市代表,各地知名人士以及港澳台同胞、海外侨胞、华侨代表等。晚会由著名电视节目主持人丁羽萍、张政、刘芳菲联袂主持。

晚会取名《四季歌圩》,由序、春、夏、秋、冬、尾声6个板块组成。绿、红、金、白的四季天使分别在春、夏、秋、冬开篇“从天而降”,将吉祥和祝福带给人间。晚会现场近300盏回光灯在大舞台背景上变幻色彩;近千盏LED灯犹如满天星斗,熠熠生辉。舞台中央680平方米的巨型电视墙,不断地映出各国人文景致和美丽风光。舞台上峻岩、峭石、榕树、凤尾竹的布景一派壮族乡土风情。中国的《山歌好比春江水》、《走壮乡》、《采茶歌》、《山歌牵出月亮来》、《歌·轮回》、《扁担挑出新希望》、《梦幻·刘三姐》、《生如夏花》等歌曲,广西融水苗族自治县芦笙队和南丹县里湖瑶族乡白裤瑶铜鼓队的芦笙、铜鼓表演,给风情画卷抹上浓墨重彩的一笔。维也纳童声合唱团的《蓝色多瑙河圆舞曲》、俄罗斯红军歌舞团的《喀秋莎》、瑞典歌唱家桑德拉用中文演唱的《康定情歌》,无一不激荡着观众的情怀。来自欧洲的“钢琴王子”罗勃特的激情演奏与中国柔术演员的表演,刚柔碰撞,给观众带来全新的愉悦。在260名民族乡土歌手的伴唱中,中国歌唱家黄莺和俄罗斯红军歌舞团功勋演员阿列格·古柯达联袂演唱晚会主题曲《大地飞歌》。最后,伴随着歌曲《今夜无眠》的动人旋律,晚会在五彩焰火、彩纸飘扬的喜庆气氛中落下帷幕。

第二届中国—东盟商务与投资峰会

2005年10月19日在南宁荔园山庄开幕。本届峰会以“中国与东盟国家:市场的开放及开发”为主题,分为峰会开幕式暨领导人演讲、高官论坛和工商精英论坛三大板块。峰会由中国商务部、中国国际贸易促进委员会、广西壮族自治区人民政府共同主办,老挝国家副主席朱马里、泰国副总理颂奇、越南常务副总理阮晋勇、缅甸总理梭温、中国商务部部长薄熙来、中国国际贸易促进委员会会长万季飞、中共广西壮族自治区委员会书记曹伯纯、广西壮族自治区主席陆兵、东盟秘书处秘书长王景荣出席。广西壮族自治区副主席郭声琨主持开幕式。来自中国、东盟10国及其他国家的1000多名代表参加峰会开幕式,100多名新闻记者到会采访。中国商务部部长薄熙来在致词中说,本届博览会,中国和缅甸、老挝、越南、泰国等国的领导人专程出席,充分体现了中国和东盟各国领导人对发展双边经贸关系的重视和共同心愿。中国国家主席胡锦涛、国务院总理温家宝等领导人都强调中国坚持睦邻、安邻、富邻的政策，愿意进一步发展与东盟的互利合作，实现共同发展。胡锦涛主席在4月访问东盟国家的时候提出，到2010年，中国和东盟双边贸易额要达到2000亿美元。届时，中国—东盟自由贸易区也将基本建成，双边互利合作将达到新的水平。我们深信，在中国和东盟各国领导人的推动下，在各国企业的积极参与下，中国与东盟的经贸关系一定会有更加美好的未来。中国国际贸易促进委员会会长万季飞在致词中说，中国和东盟国家政府领导人、政府高官、商协会和企业领导人再次相聚一堂，共同探讨"中国与东盟国家：市场的开放及开发"这一话题，促进中国—东盟自由贸易区的建设，展望中国与东盟未来合作前景，有助于加强相互沟通与了解、增进互信与合作，为中国与东盟经贸关系的进一步发展，为本地区的和平与繁荣作出积极的贡献。广西壮族自治区主席陆兵在致词中希望进一步加强与东盟各国的全面经济合作，相互开放开发市场，以大开放促进大合作，以大合作促进大开发，以大开发促进大发展。为此，陆兵提出五点建议：一是共同把中国—东盟博览会和中国—东盟商务与投资峰会办得更好，发挥博览会和峰会在促进相互开放开发市场及建设自由贸易区中的积极作用；二是共同建好中国—东盟国际商务区，把国际商务区建设成为永不落幕的博览会，为中国与东盟相互开放开发市场提供更加稳定的平台和基地；三是促进经贸合作、产业开发和相互投资，实现贸易合作、产业开发与相互投资的良性互动；四是共同探索促进物流、人流、资金流的便利化措施，促进资金、技术、商品、服务、信息和人员的流动；五是共同探索完善政府间的合作机制，形成推动双方市场相互开放开发的强大合力。东盟秘书处秘书长王景荣在致辞中说，近年来，中国与东盟经济贸易合作的步伐不断加快，形成了较世界其他区域合作更广阔的市场。相互开放的市场能为企业"走出去"提供更多的便利，能使企业在市场一体化中获得更多的利益。

*2005*年*10*月*19*日，第二届中国—东盟商务与投资峰会在南宁荔园山庄开幕。图为峰会主席台。（刘　宇　摄）

峰会开幕式结束后，老挝国家副主席朱马里、缅甸政府总理梭温、泰国政府副总理颂奇先后在峰会上发表演讲，就"中国与东盟国家：市场的开放及开发"主题发表看法。最后，中国—东盟博览会组委会副主任兼秘书长、广西壮族自治区副主席李金早介绍了本届中国—东盟商务与投资峰会基本情况。他说，与博览会同期举办的峰会富有新意，主题深化，形式创新。它的圆满成功，成为本年度中国与东盟商务与投资界最高级别的盛会。

·资料链接·

中国—东盟商务与投资峰会会徽

会徽由11道彩色弧线组成，色彩由左至右颜色为蓝至红、由暗到亮，色彩层次渐变，充满动感。整个图案像一双充满力量的翅膀，象征着中国与东盟10国的诚挚合作、共谋发展。

中国—东盟博览会闭幕式晚会

2005年10月22日晚，第二届中国—东盟博览会闭幕式晚会《风情东南亚·相聚南宁2005》在广西体育场举行。中国前副总理李岚清，广西壮族自治区党委、政府、人大、政协四大班子部分领导以及前来参加博览会和商务与投资峰会的中外嘉宾出席晚会，并与南宁观众一同观看演出。晚会由《万种风情之高贵》、《万种风情之神秘》、《万种风情之淳朴》、《万种风情之浪漫》、《万种风情之热情》5个篇章构成。晚上8时，一出大型时尚风情歌舞《阿依莎拉·莉娅》拉开晚会序幕。在多声部大合唱中，舞台上近百名身姿婀娜的舞者与高贵的女神"阿依莎拉·莉娅"曼妙的舞姿描绘出一幅幅美不胜收的画面。神秘的音乐、特殊的光效，具有东南亚地区特色的"百米浮雕艺术长廊"在舞台上绽放熠熠光彩。柬埔寨吴哥窟、泰国王宫、越南独角寺、曼谷菩提寺、金色的紫禁城、婆娑的椰林、浪漫的海滩……，整个舞台金碧辉煌，流光溢彩，尽显中国—东盟的独特风光，将人们带入一种古老而又神秘的意境。华美圣洁的开场过后，几组中国及东南亚各国原生态歌舞生动地诠释着晚会"风情东南亚，风靡全世界"的主题。柬埔寨民间歌舞，缅甸民间歌舞组合，文莱民间歌舞，马来西亚民间舞蹈，菲律宾现代芭蕾舞，神秘的东方文化演绎着别样的东南亚风情。情景歌舞剧《梦中的吴哥窟》再现古老吴哥窟的原始面貌，掀起了晚会的高潮。广西歌手潘傲峰与越南女歌手演唱的越南歌曲《越南—中国》，广西天然质朴、原汁原味的女子三声部与流行时尚的蚂蚁组合演唱的传统民歌

《祝酒歌》,广西大型原生态民族歌舞《鼓的呼唤》、《七彩八桂》,马来西亚歌手光良的歌声,以及民间艺人的"变脸"、"蛙人舞"、"铜鼓舞"、"莲花灯"、"扁担舞"等在展示民间艺术魅力的同时,还预示着中国与东南亚各国和平友好相处的美好前程。歌星陈慧琳、周华健、景岗山、朱桦、马雁、袁泉等为晚会作了演出。晚会主题曲《阿依莎拉·莉娅》的优美旋律贯穿始终。

第二届中国—东盟博览会纪事

2005 年

1 月 6 日 中国—东盟博览会秘书处举行向印度洋海啸灾区捐款活动。

3 月 1 日 中国广西壮族自治区主席陆兵主持召开中国—东盟博览会广西领导小组会议,强调要继续举全自治区之力办好第二届中国—东盟博览会。

△中国—东盟博览会秘书处副秘书长龚勋率中国—东盟博览会代表团一行 6 人对文莱进行为期 8 天的访问,宣传推介第二届中国—东盟博览会并参加由文莱工业和初级资源部农业局举办的 2005 文莱农业—食品展。

3 月 22 日 中国—东盟博览会专用邮资封发行。

3 月 27 日 中国广西壮族自治区副主席、中国—东盟博览会组委会副主任兼秘书长李金早率代表团一行 7 人先后对新加坡、韩国、日本进行为期 15 天的访问。

3 月 30 日 中国广西壮族自治区主席陆兵率代表团出访马来西亚、印度尼西亚和越南。

4 月 1 日 由中国广西主办的第二届中国—东盟博览会暨广西(马来西亚)投资合作推介会在吉隆坡举行。

4 月 7 日 中国—东盟博览会秘书处在雅加达举办第二届中国—东盟博览会暨广西(印度尼西亚)投资合作推介会。

4 月 8 日 第二届中国—东盟博览会筹备工作会议在中国广西桂林召开。广西壮族自治区副主席吴恒、中国商务部有关司局领导出席。

4 月 11 日 中国广西政府代表团在越南胡志明市召开中国—东盟博览会重要客商座谈会。

4 月 14 日 第二届中国—东盟博览会暨广西(越南)投资合作推介会在越南河内举行。

4 月 26 日 中国商务部在广西桂林主持召开第二届中国—东盟博览会高官会。70 多名与会代表就第二届中国—东盟博览会和中国—东盟商务与投资峰会有关筹备事宜进行商讨。

7 月 3 日 广西壮族自治区人民政府、亚洲资本论坛等单位在广西北海联合举办主题为"持续强劲的区域影响力"的 2005 中国—东盟工商领袖论坛。来自中国、东盟各国及其他国家和地区的 250 多名工商领袖、专家学者、政府官员参加论坛活动。

△广西壮族自治区主席陆兵在南宁国际会展中心会见前来广西采访的东盟九国电视台记者团。

7 月 4 日 广西壮族自治区主席陆兵在昆明会见参加大湄公河次区域经济合作峰会的亚洲开发银行行长黑田东彦。陆兵表示,广西将积极参与大湄公河次区域经济合作。

7 月 22 日 第二届中国—东盟博览会、中国—东盟商务与投资峰会开幕倒计时启动仪式在广西南宁举行。

8 月 3 日 第二届中国—东盟商务与投资峰会筹备工作汇报会在南宁召开。由广西国际博览事务局、广西贸促分会联合组成的峰会秘书处正式成立。

8 月 19 日 第二届中国—东盟博览会和中国—东盟商务与投资峰会指挥中心成立。指挥中心总指挥由中国—东盟博览会组委会副主任兼秘书长李金早担任。

9 月 5 日 第二届中国—东盟商务与投资峰会新闻发布会在南宁召开,正式发布中国—东盟商务与投资峰会会徽,中国—东盟商务与投资峰会官方网站同时开通。

9 月 6 日 第二届中国—东盟博览会国礼新闻发布会宣布:"大宋官窑"的荣昌钧瓷将作为博览会国礼,赠送给前来参加第二届博览会的东盟国家领导人。

·资料链接·

荣昌钧瓷

是中国—东盟博览会秘书处赠与前来参加第二届中国—东盟博览会贵宾的国礼。钧瓷始产于唐代,盛于宋代,是中国传统文化的结晶,既代表中国民族文化特色,又具有极高的欣赏价值和艺术价值。国礼钧瓷由河南荣昌钧瓷坊设计制造,共 22 套,由于窑变作用,每套作品均不尽相同。国礼钧瓷作品取型于中国古代礼仪庆祝的盛酒器具"觚",寓意友好和尊贵。瓶体由 11 根竹节合拢而成,寓意凝聚和节节高;顶面化成 11 个中国古钱,构成一朵盛开的太阳花,寓意财富和繁荣,体现了中国—东盟博览会"10+1"的概念,表达了中国与东盟国家互利合作、共享繁荣的美好愿望。

9 月 14 日 中国共青团广西区委、广西国际博览事务局、广西壮族自治区教育厅联合召开第二届中国—东盟博览会志愿者招募动员会,启动博览会专业志愿者招募工作。

9 月 15 日 国务院新闻办公室在北京举行第二届中国—东盟博览会、中国—东盟商务与投资峰会新闻发布会,宣布第二届博览会和商务与投资峰会于 10 月 19~22 日在广西南宁同期举办。博览会组委会副主任兼秘书长李金早在会上通报了两会的筹备情况。

9 月 19 日 中国—东盟博览会经贸考察团新闻发布会在吉隆坡太子世界贸易中心举行。新闻发布会由马中经贸总商会及马中友好协会联合主办,中国驻马大使馆、博览会驻马代表处及马来西亚广西会馆协办。

9月28日 第二届中国—东盟博览会专题册《相聚到永久》、《中华国宝珍藏》系列邮品发行。

10月8日 第二届中国—东盟博览会暨中国—东盟商务与投资峰会新闻宣传工作会议在南宁召开。

10月9日 第二届中国—东盟博览会合作伙伴新闻发布会召开。会上，30多家企业与博览会建立合作伙伴关系。

△第二届中国—东盟博览会指定公务用车和接受捐资仪式及新闻发布会在南宁国际会展中心举行。

10月10日 为中国—东盟博览会提供资讯的《中国—东盟年鉴》2005卷出版发行。

△文莱苏丹龙辇的仿真品运抵南宁国际会展中心。这座龙辇仿真品作为文莱的珍贵礼物赠予中国广西政府和人民，并将在第二届中国—东盟博览会文莱国家形象展区展出。

·资料链接·

文莱苏丹龙辇仿真品

文莱苏丹龙辇是现任苏丹哈桑纳尔·博尔基亚于1968年8月1日登基时建造，金碧辉煌、尊贵非凡。龙辇长22米，高宽均为3.5米，底部安装6个汽车轮；前后两条拉杆各长6米，每条拉杆设计左右6个拉位，需要48人拉动；前车身两边是虎头凤身的镶金雕刻，雕刻图案精致，尽显尊贵与雍华。龙辇凝聚着文莱民族文化的精华，是文莱苏丹至高权力的象征。龙辇通常只用于苏丹的加冕礼，平时摆放于文莱首都斯里巴加湾的皇室博物馆内。2005年，文莱苏丹首次恩准制作仿真品并在文莱国外展示。第二届中国—东盟博览会展出的苏丹龙辇，是1:1的仿真品。在本届博览会上，文莱政府专门举行赠予仪式，将此珍品作为特别礼物赠予中国广西政府和人民，永久存放于南宁拟建的东盟博物馆。这是继首届博览会上柬埔寨将其国家形象展区的吴哥窟女王宫模型赠予中国政府后，又一个代表国家形象的珍品落户南宁。

10月13日 中共广西壮族自治区委员会副书记李纪恒会见前来检查指导第二届中国—东盟博览会新闻宣传工作的中国中央外宣办副主任王国庆一行。

△第二届中国—东盟博览会指定公路客运服务商发车仪式和博览会指定公务用车交车仪式在南宁举行。由广西运德汽车运输集团、运德集团北海汽运有限公司提供的20辆豪华快巴和由广西弘通汽车销售服务有限公司提供的120辆别克汽车投入使用。

10月17日 中共中央政治局常委、国家副主席曾庆红抵达南宁，出席将于19日开幕的第二届中国—东盟博览会。

△中国广西壮族自治区人大常委会副主任潘琦，自治区副主席吴恒、刘新文在南宁吴圩国际机场迎接参加第二届中国—东盟博览会的缅甸总理梭温一行。自治区主席陆兵稍晚也正式拜会了梭温总理。

△中国广西壮族自治区副主席刘新文会见泰中经济贸易交流中心总裁、泰中艺术家联合会会长蔡义批先生一行。

10月18日 中共中央政治局常委、国家副主席曾庆红在南宁专题听取第二届中国—东盟博览会和商务与投资峰会筹办情况汇报。下午，曾庆红会见前来参加博览会的缅甸总理梭温、越南常务副总理阮晋勇、老挝国家副主席朱马里以及东盟10国经贸部长。

△中国商务部部长薄熙来抵达南宁，出席翌日开幕的第二届中国—东盟博览会。

△参加第二届中国—东盟博览会的越南常务副总理阮晋勇、柬埔寨总理洪森、泰国第一副总理颂奇、老挝人民民主共和国副主席朱马里·赛雅颂及各国代表团陆续抵达南宁。

△第二届中国—东盟博览会暨中国—东盟商务与投资峰会新闻吹风会在南宁举行。中国商务部办公厅主任、新闻发言人崇泉向中外记者介绍了两会相关情况。

△东盟秘书处秘书长王景荣、缅甸总理梭温、越南常务副总理阮晋勇、柬埔寨首相洪森、老挝国家副主席朱马里、马来西亚国际贸易与工业部政务次长陈仪乔、菲律宾贸工部副部长阿龙佐以及文莱代表团成员参观博览会各展厅、展区。

△东盟10国国礼特展和中国—东盟农资商会筹备会议、2005城市可持续发展南宁国际会议、第四届中国—东盟商务理事会等会议在南宁举行。

10月19日 第二届中国—东盟博览会在南宁隆重开幕。中国和东盟国家100多位部长级贵宾参会，2万多名中外客商到会参会办展，183家中外媒体记者到会采访。开幕式后，由老挝政府主办的老挝投资旅游推介会，由新加坡政府主办的新加坡交易所融资论坛，由泰国政府主办的泰国与广西投资机遇洽谈会，由缅甸政府主办的缅甸投资政策、环境推介会，由泰国商业部主办的泰国魅力之城清迈市投资政策、环境推介会相继在南宁国际会展中心举行。

△中共中央政治局常委、国家副主席曾庆红在南宁分别会见前来参加第二届中国—东盟博览会的柬埔寨首相洪森和泰国第一副总理颂奇。

△中共广西壮族自治区委员会书记曹伯纯分别拜会前来参加第二届中国—东盟博览会和商务与投资峰会的越南常务副总理阮晋勇和泰国第一副总理颂奇。广西壮族自治区主席陆兵拜会出席第二届中国—东盟博览会的老挝国家副主席朱马里·赛雅颂。

△广西壮族自治区主席陆兵会见前来参加第二届中国—东盟博览会的柬埔寨首相洪森一行，并代表自治区人民政府授予洪森首相广西荣誉公民称号。

△第二届中国—东盟商务与投资峰会在中国南宁隆重开幕。

△中国广西与东盟地区缔结友好城市关系签约仪式暨国际友好城市招待酒会在南宁举行。

△《大地飞歌·2005》南宁国际民歌节开幕式晚会在南宁民歌广场举行。

10 月 20 日 由印尼投资合作局主办的印尼投资推介会，由越南工商会、中国国际贸易促进委员会主办的越南—中国经济贸易论坛，由菲律宾贸易与工业部主办的“菲律宾：您在亚洲的合作伙伴”主题推介会，由马来西亚政府主办的新闻发布会在南宁国际会展中心举行。下午，第二届中国—东盟博览会涉外投资合作项目签约仪式，第二届中国—东盟博览会中国国内合作项目签约仪式举行。

△文莱苏丹龙辇复制珍品赠予仪式暨新闻发布会在南宁国际会展中心举行。

△第二届中国—东盟商务与投资峰会工商精英论坛在南宁举行。

△中共广西壮族自治区委员会副书记刘奇葆会见文莱工业和初级资源部部长朱马特一行。

△中国—东盟商会经贸合作论坛暨广西四川商会周年庆典在南宁举行。

10 月 21 日 柬埔寨王国驻南宁总领事馆开馆。

10 月 22 日 中国商务部在南宁主持召开中国—东盟博览会高官会暨第三届中国—东盟博览会国家专题展区抽签仪式。

△中国广西壮族自治区主席陆兵在南宁会见出席第二届中国—东盟博览会的越南副总理阮晋勇一行。

△第二届中国—东盟博览会闭幕式晚会《风情东南亚·相聚南宁 2005》隆重举行。

举办地概况

广西壮族自治区

简称“桂”。地处中国南部边疆，南临北部湾，陆地周边与国内的广东、湖南、贵州、云南等省接壤，西南与越南社会主义共和国毗邻，陆地边境线长 637 公里。行政区域面积 23.67 万平方公里，设 14 个市，109 个县（市、区），1126 个乡（镇）。其中有民族自治县 12 个，民族乡 61 个。地势由西北向东南倾斜，四周山地环绕，呈盆地状，中部和南部多为平地。在陆地面积中，山地、石山、丘陵、台地占 76.1%，平原占 20.6%，水面占 3.3%。森林面积 981.91 万公顷，林木蓄积量 3.65 亿立方米。境内河流众多，水量丰富，落差大。沿海地区海岸线曲折，有众多的天然良港。大陆海岸线东起与广东省交界的洗米河口，西至中越边境的北仑河口，长 1595 公里，海岸类型分冲积平原海岸和台地海岸两种。沿海岛屿有 697 个，总面积 84 平方公里，岛屿岸线长 600 多公里。涠洲岛是沿海最大的岛屿，面积约 28 平方公里。广西属亚热带季风气候区，夏天时间长、气温高、降雨多，冬天时间短、天气干暖。年平均气温 20.8℃，年日照时数 1462 小时，年平均降雨量 1444.3 毫米。2005 年末总人口 4925 万，其中男 2587 万人，女性 2338 万人；人口自然增长率 8.17‰，人口密度为每平方公里 208 人。在总人口中，城镇人口 1656 万，农村人口 3269 万。世居民族有壮、汉、瑶、苗、侗、仫佬、毛南、回、京、彝、水、仡佬等 12 个，另有 40 个其他民族成分。汉族人口约占总人口的 62%，少数民族人口约占 38%，其中壮族人口约 1500 多万。

广西资源物产丰饶。是中国 10 个重点有色金属产区之一。在探明储量的 97 种矿藏中，储量居中国前 10 位的有 64 种，居第一的有 12 种，主要是铝土矿、锰矿、锡矿、锑矿、铟矿等；石灰岩、高岭土、滑石、膨润土等非金属矿储量亦居中国前列，但煤、石油等能源矿较贫乏。水能资源丰富，单河理论蕴藏量 1 万千瓦以上的河流 246 条，技术可开发量 1897 万千瓦，是中国优先开发的三大水电建设基地之一，其中红水河水能资源占广西水能资源总量的 68%。耕地总面积 255.91 万公顷，人均耕地 0.05 公顷。农产品丰富多样，盛产水稻、蔬菜、甘蔗及各种热带和亚热带水果等。粮食种植面积 335.09 万公顷，粮食总产量 1516.3 万吨；果园面积 86.52 万公顷，水果总产量 571.6 万吨；甘蔗种植面积约 74.76 万公顷，是世界十大产糖区之一。可利用草山草坡 450 万公顷，草食家畜养殖量较大。适宜水产养殖的水域面积宽广，罗非鱼等淡水养殖品种在国内占较大份额。所临北部湾是著名热带渔场，鱼类资源有 500 多种，虾蟹类 220 多种（浅海主要经济鱼类 50 多种、经济虾蟹类 10 多种）。海滩涂面积约 1005 平方公里，20 米水深以内的浅海面积 6488 平方公里，对虾、珍珠、牡蛎等优势和特色海产品养殖量大质优，是驰名中外的南珠产地。旅游资源丰富，有景区（点）400 多个，其中国家级的风景名胜区 3 个、旅游度假区 1 个，自治区级风景名胜区 31 个、旅游度假区 9 个，历史文物保护单位 220 个。桂林是享誉世界的旅游城市，素有“山水甲天下”之美称。

广西交通通信状况较好。自治区内有国家铁路营业里程 2536.4 公里，地方铁路营业里程 700 公里。沿海有防城、钦州、北海、铁山、珍珠等 5 个天然良港；内河通航里程 5591 公里，有贵港、梧州、南宁、柳州等 4 个内河对外开放港口。民用机场 5 个，开辟国内外航线 100 多条，通达国内 42 个城市及日本、韩国、泰国、越南等国家。有固定电话用户 931.2 万户，移动电话用户 1021 万户，互联网络用户 184 万户；电话普及率 38.52 部/100 人。

工业主要有有色金属、机械、建材、冶金、石油化工、煤炭、造纸、电力、制糖、食品、卷烟等13大类，其中有色金属、冶金、制糖、造纸、电力、建材等资源利用型工业及机械工业较为发达。制糖工业产业链较长，综合利用技术达到世界先进水平，食糖产量占中国一半以上。电力总装机容量1000万千瓦。称为中国水能开发富矿的红水河自上而下开发建设10座梯级电站，装机总容量1291万千瓦。在建中的龙滩水电站装机容量540万千瓦，是中国仅次于长江三峡水电工程的特大型水电工程。机械工业有中国最大的车用内燃机生产企业玉柴机器股份有限公司、最大预应力机具生产企业柳州建筑机械总厂、中国装载机龙头企业柳州工程机械股份公司和全国主要微型车生产企业上汽通用五菱汽车股份有限公司。冶金工业中的铝工业和锰工业是广西最具发展潜力和优势的支柱行业，其中有平果铝业公司、桂西氧化铝厂、大锰锰业等大型企业。建材工业尤其是水泥工业具有相当规模，水泥产能达到3306.13万吨。

2005年广西经济社会发展取得显著成效，经济继续保持高位运行：工业经济快速发展，三次产业全面增长；地区生产总值和财政收入保持较快的增长速度；对外开放取得新成绩；就业超过预期目标，人民生活水平有新的提高；社会和谐稳定，社会主义物质文明、政治文明和精神文明共同进步。

年内，广西积极落实各项支农政策，在抓好粮食生产的同时深化农业产业结构调整，优势农产品种植规模不断扩大。其中，粮食种植面积335.09万公顷，比上年增长1.1%，总产量达到1516.3万吨；甘蔗种植面积增长3.3%，产量达到5154.7万吨；果园面积86.52万公顷，增长2.5%，水果产量达到571.58万吨；蔬菜栽培面积109.44万公顷，产量达到2118.4万吨；桑园面积8.37万公顷，增长37.4%，桑蚕茧产量达到14.85万吨。水产畜牧业保持较快增长，水产畜牧业产值达到651.5亿元，比上年增长9.1%。农业产业化经营稳步推进，农产品加工龙头企业逐步壮大，农村合作经济组织健康发展，产业化经济组织带动农户增收的能力明显提高。水利和农村基础设施建设投入加大，完成水库除险加固178座，渠道防渗1836公里，恢复和新增灌溉面积5.16万公顷。林业生产稳步发展，全年完成植树造林19.07万公顷，速生丰产用材林在林纸、林板产业的带动下得到快速发展。全自治区农林牧渔业总产值比上年增长6.9%，达到1448.37亿元。工业结构调整步伐加快，优势产业和强优企业的技术改造投入大幅增加，工业企业全年完成更新改造投资275.8亿元。制糖、冶金、机械、电力等优势产业得到长足发展。全自治区规模以上工业实现增加值834.92亿元，产品销售收入达到2466.79亿元。强优企业发展壮大。柳州钢铁（集团）公司、广西电网公司、玉柴机器集团公司、上汽通用五菱汽车股份有限公司、广西卷烟总厂等5家企业年主营业务收入或产品销售收入均超过100亿元。铝工业、锰工业、林浆纸一体化产业、沿海重化工业等新优势产业培育取得进展。旅游业等第三产业加快发展，全年完成生产值1652.57亿元。国内旅游人数6493万人次，比上年增长17.7%；入境旅游人数146.16万人次，增长29.9%。批发零售业、餐饮业、交通运输业、邮电业、仓储业得到进一步发展，房地产业、现代物流业、金融服务业、会展业、信息咨询业、卫生体育保健业等发展势头良好。全社会固定资产投资完成1769.1亿元，比上年增长40%，其中城镇固定资产投资完成1595.7亿元，增长42.2%。14个地级市的固定资产投资有5个增幅超50%。沿海基础设施建设大会战37个项目有8个完工，完成投资32.58亿元。

改革开放取得明显成效。国有企业改革深入推进，规模以上国有企业产权制度改革基本完成，体制机制创新取得进展。农村税费改革步伐加快，年内全面免征农业税。财税、金融、投资等方面的改革扎实有效。在中国—东盟博览会和中国—东盟商务与投资峰会的推动下，国际国内区域合作取得新成效，对外开放水平进一步提高。2005年全自治区外贸进出口总额达到51.83亿美元，其中进口总额23.05亿美元，出口总额28.77亿美元；引进外商投资项目351项，实际利用外资3.79亿美元；引进国内区域合作资金414.5亿元，增长66%。

社会事业加快发展。全年科学研究与技术开发财政投入7.7亿元，教育事业财政投入183.28亿元，卫生事业财政投入13.26亿元，社会保障财政投入30.92亿元。共组织实施科技创新计划项目1600多项，推广

广西水能开发具有相当规模，电力装机容量超过1000万千瓦，一批大型电源项目建设进度加快，发展后劲增强。图为龙滩水电站施工场面。

（原载《广西年鉴》）

广西机械工业龙头企业柳工机械股份有限公司装载机生产车间。
（原载《广西年鉴》）

农业先进适用技术242项，引进应用先进工业技术183项。各级各类教育协调发展，教育基础设施得到完善。全自治区"两基"人口覆盖率92.3%。小学、中学在校生691.81万人，中等职业教育、高等教育在校生84.5万人。人才强桂战略全面实施，人才队伍整体实力持续提升。文化基础设施和公共文化服务体系建设进一步加强，舞台艺术精品工程成果喜人，群众性文化活动广泛开展，文化产业加快发展。公共卫生体系进一步健全，突发公共卫生事件应急防控能力有新提高，禽流感等重大疾病和疫情得到有效防治；新型农村合作医疗试点扩大，农村卫生服务条件有所改善。群众性体育活动广泛开展，竞技体育运动取得新成绩。新闻出版事业更加繁荣，出版物和网络管理得到加强。广播电视覆盖率达到91%，农村地区"村村通"广播电视工程阶段性目标全面实现。综合治理人口问题工作格局形成，人口计划控制目标得到实现。资源开发利用逐步合理化，环境保护和生态建设得到加强。

城乡人民生活明显改善。城镇居民人均可支配收入8917元，比上年增长9%；农村居民人均纯收入2495元，增长8.2%。就业、再就业和社会保障的各项政策措施得到落实。城镇登记失业率控制在4.6%以内。农村地区新阶段扶贫开发深入推进，全年筹集扶贫资金14.13亿元，有10万农村贫困人口解决温饱问题。社会保险覆盖面进一步扩大，全年筹集城镇最低生活保障资金4.84亿元，城镇低收入群体做到应保尽保。农民工工资保障金制度、工资支付预警机制和监测制度全面建立。农村五保村建设得到加强，五保对象住房难问题得到解决，基本生活进一步得到保障。扶残、济困、济贫、救灾等制度得到充分落实，大批残疾人员、社会流浪人员、受灾致贫人员得到妥善安顿。全年发放救灾款4.48亿元、近300万人领到救济口粮。城乡居民生活质量明显提高，生活水平实现由温饱到总体小康的历史性跨越。

南宁市

位于广西南部，是广西壮族自治区首府，广西政治、经济、文化、信息、金融中心，中国南部对外开放的重要城市。辖6个城区和6个县，行政区域面积2.21万平方公里，其中建成区面积6479平方公里。2005年末总人口659.54万人，其中市区人口249.67万人。有壮、汉、苗、瑶等世居民族，少数民族人口380万。

南宁地处北回归线南侧，位于东经107°45′～109°38′，北纬22°12′～24°02′之间。属热带亚热带季风气候，受海洋气候调节，全年阳光充足，雨量充沛，霜少无雪，夏长冬短，气候温和，夏季潮湿，冬季稍显干燥，干湿季节分明。年平均气温21.7°C，多年平均降雨量在1241～1753毫米之间，平均相对湿度79%。河系发达，流域集水面积在200平方公里以上的河流有39条。主要河流郁江南宁段称为邕江。邕江是南宁的母亲河，年平均流量410亿立方米。岩溶地区地下水资源丰富，多年平均浅层地下水资源补给量25亿立方米；地表径流156亿立方米，水资源储量556亿立方米。矿产资源丰富，探明储量的矿产资源有煤、铜、钨、耐火粘土等20多种，其中不乏品位较高、具有开采价值的品种。土地资源丰富，其中耕地面积61.5万公顷，园地面积7.6万公顷，林地面积77.24万公顷。建成区绿化覆盖面积4437公顷，绿地率26.1%，有绿城之称。盛产水稻、花生、木薯、红麻、茶叶等农产品和香蕉、菠萝、柑、橙、荔枝、龙眼等热带亚热带水果。工业基本形成食品、化工、机械、制糖、造纸、铝加工、电子信息产品制造等成熟行业，以南宁卷烟厂、凤凰纸业公司、南宁啤酒厂、南糖股份有限公司、南化集团、南宁手扶拖拉机厂、南宁浮法玻璃有限公司为代表的工业在广西工业中有重要地位。市内有国家级开发区2个，自治区级开发区7个，开发区工业占全市工业总量的20.6%，比重逐步提高。南宁是广西四大旅游区之一，也是中国优秀旅游城市。扬美古风、青山塔影、明山锦绣、望仙怀古、伊岭神宫、九龙戏珠、南湖情韵、龙虎猴趣、凤江绿野、邕江泛春是南宁的十大景观。

南宁自古以来就是桂西南和云贵川地区的流通中心和主要物资集散地。近年来，南宁市发挥地域优势，努力构筑大西南出海通道枢纽和建设现代化城市。初步形成较完整的铁路、公路、水路、航空立体运输网络。水路开通至龙州、百色、贵港、梧州、广州、深圳、珠海、香港等8条航线，内河通航里程1400多公里。公路网络密集，高等级公路连接湘、粤、黔、滇4省及越南。铁路有湘桂、黔桂、黎湛、南昆等干线和通往防城、钦州、北海3个港口城市的地方铁路。航空运输繁忙，开通的国内国际航线达到40多条。城市公共交通系统完善，公共交通营运车辆近万辆。

2005年南宁市经济社会全面协调发展，社会政治稳定，人民安居乐业。全年实现地区生产总值722.66亿元，其中第一产业增加值119.57亿元，第二产业增加值230.99亿元，第三产业增加值372.1亿元；人均地区生产总值1.1万元。财政收入110.22亿元。全社会固定资产投资完成额362.9亿元。社会消费品零售总额378亿元。外贸出口总额5.77亿美元（海关数）。实际利用外资1.15亿美元，其中外商直接投资8578万美元。城镇居民人均可支配收入9203元，人均消费性支出6883元。农村居民人均纯收入2677元，人均生活费支出2270元。城乡居民年末储蓄存款余额598.23亿元。

农业和农村经济发展势头良好，农村基础设施改善，农业产业化规模扩大，农产品的商品率和竞争力提高，特色产业和优势农产品有较快发展。全市农林牧渔业实现总产值191.1亿元，增加值119亿元，均比上年增长8.2%。粮食总产量181.02万吨，蔬菜、水果、肉类、水产品产量分别达到268.5万吨、71.82万吨、46.48万吨和16.73万吨，分别比上年增长6%、7.1%、10.7%和5.1%。黑五类、皇氏乳业等农产品加工龙头企业有效带动了优势农产品基地建设和规模养殖业的发展，全市新建家禽养殖小区305个，养羊小区42个，肉牛养殖小区及奶源生产基地15个。农村基础设施建设资金投入达4.6亿元，修建乡村道路865.24公里，新建沼气池3.02万座，改善耕地灌溉面积4.26万公顷。

工业经济快速增长，经济效益明显提高。全市工业完成更新改造投资59.23亿元，完成技术创新投资4.2亿元，实施技术创新项目230项。规模以上工业企业实现总产值369.81亿元，其中轻工业产值184.09亿元，重工业产值185.72亿元；利润13.6亿元；产品销售率96.5%；工业经济效益综合指数达156.91，比上年高9.35个百分点。重点企业实力增强，工业产值超过1亿元的有77家，销售收入超过1亿元的有67家。高新技术产业开发区、经济开发区、华侨投资区共完成工业产值76.13亿元，比上年增长47.9%。

商贸、旅游等第三产业强劲增长，整体实力不断增强。消费品市场供应旺盛，食品、汽车、通信类产品保持热销势头，房地产销售稳步增长，假日消费持续活跃，全社会消费品零售总额378亿元，比上年增长13.84%。旅游业各项指标均创历史最高水平。全年接待海外游客8.33万人次，国内游客1623.47万人次，分别比上年增长27%和17.1%；旅游业总收入85.29亿元，增长16.7%。邮电通信业稳步发展。邮电业务总量29.36亿元，增长18.4%，其中邮政业务总量2.63亿元，电信业务总量26.73亿元，分别增长6.6%和19.7%。金融保险业继续发展。年末，金融机构各项存款余额1263.6亿元，增长14.4%，其中企业存款余额452.29亿元，城乡居民储蓄存款余额598.23亿元，分别增长7.0%和16.0%；各项贷款余额1381.65亿元。保险业保费收入19.72亿元，增长15.0%，其中财产保险保费收入6.83亿元，人身保险保费收入12.89亿元，分别增长23.9%和10.8%。

对外经济保持良好发展势头，招商引资取得新成效。全年外贸进出口总额7.19亿美元，其中出口5.77亿美元，分别比上年增长13%和10%。国内经济协作引进资金372.8亿元，到位资金180.37亿元，分别比上年增长45.6%和47.2%；利用外资8600多万美元，增长10.4%。

各项社会事业全面发展。科技与经济结合取得新进展，年内组织实施国家级科技计划项目28项、自治区级科技计划项目46项；组织实施创新计划项目349项；立项实施市本级科学研究与技术开发计划173项；签约科技合作项目55项，签约金额11.63亿元；申请专利475件，获得授权专利315件。教育事业财政投入14.46亿元，各级各类学校发展到2793所，教师10万人，在校学生140万人。文化建设取得优异成绩，知识工程、文化信息资源共享工程深入开展。全市有县级以上图书馆16个（藏书373.2万册），专业艺术表演团体18个。广播、电视人口覆盖率分别达到94%和94.4%，有线电视用户达到40.66万户。卫生医疗特别是农村医疗卫生状况大有改善。全市医疗卫生机构达到1695个，卫生技术人员2.49万人，97.96%的行政村建有卫生室，疾病预防控制、妇幼保健工作得到加强。全民健身活动广泛开展，竞技体育成绩突出。中小学在校生体育锻炼达标率96%，运动员在各类赛事中获金牌292枚、银牌229枚，运动员创造世界记录1项、亚洲记录1项。人口低生育水平保持稳定，人口自然增长率6.84‰。环境保护事业取得新进展。全年大气环境质量优良天数达到97%，饮用水水源地水质达标率98%，声环境质量达到国家考核要求。就业和社会保障工作不断加强。新增城镇就业人数5.26万人，有1.27万下岗失业人员实现再就业，高校毕业生就业率达到85.2%；城镇失业率控制在4%以内。养老、失业、医疗保险参保面扩大，社会保险配套政策和社会化管理服务逐步完善，企业离退休人员养老金足额发放。城市低收入居民、农村五保户和特困户实现应保尽保，社会稳定和谐。

城市规划建设管理明显进步。全年开工城市建设项目92项，完成投资77.15亿元。城市交通路网初步形成“五横三纵四环”的格局，旧城改造完成拆迁72万平方米，市政公用设施逐步完善。服务中国—东盟博览会的各项建设如期进行，中国—东盟商务区进入实质性开发建设阶段，越南、马来西亚、老挝联络部（办事处）开工建设。

新 闻 人 物

胡锦涛

当选中华人民共和国中央军事委员会主席。1942年12月生,中国安徽绩溪人,汉族。1959~1964年就读于清华大学水利工程系。1964年4月加入中国共产党。1965年7月参加工作。曾任甘肃省建委副主任,共青团甘肃省委书记,共青团中央书记处书记,全国青联主席,共青团中央书记处第一书记,中共贵州省委书记,中共贵州军区委员会第一书记,中共西藏自治区委员会书记,中共西藏军区委员会第一书记,中共中央政治局常委、中央书记处书记,中央党校校长,国家副主席,中共中央军事委员会副主席,国家中央军事委员会副主席等职。现任中共中央委员会总书记、中共中央军事委员会主席、国家主席、国家中央军事委员会主席。是中共第十二届中央委员会候补委员、委员,第十三届、第十四届、第十五届、第十六届中央委员会委员,第十四届、第十五届中央政治局委员、常委、中央书记处书记,第十六届中央政治局委员、常委、中央委员会总书记。2005年3月13日,在中国第十届全国人民代表大会第三次会议上当选国家中央军事委员会主席。

2005年4月20~28日,访问文莱、印度尼西亚和菲律宾,并出席在印尼举行的2005年亚非峰会和万隆会议50周年纪念活动。在4月22日举行的亚非峰会上,作题为"与时俱进,继往开来,构筑亚非新型战略伙伴关系"的发言。5月8~10日,赴俄罗斯出席纪念卫国战争胜利60周年庆典。6月30日至7月7日,访问俄罗斯和哈萨克斯坦,并出席在哈萨克斯坦首都阿斯塔纳举行的上海合作组织元首会议及在英国举行的八国集团与中国、印度、巴西、南非、墨西哥五国领导人对话会。9月8~17日,访问加拿大和墨西哥,并出席联合国成立60周年首脑会议。10月28日至11月2日,访问朝鲜和越南。11月8~19日,访问英国、德国、西班牙和韩国,并出席在韩国釜山举行的亚太经合组织第十三次领导人非正式会议。

(据《人民日报》)

解振华

所主政的中国国家环保总局2005年对一批未严格执行环保法规的大型建设项目和企业予以曝光,其本人因松花江环境污染事件主动提出辞职,引起媒体关注。中国天津人。工程师。1977年毕业于清华大学工程物理系,1993年获武汉大学环境法硕士学位。1980~1982年在国家建委机关党委工作。1982年5月至1990年5月,历任国家环境保护局助理工程师、工程师、人事处处长兼放射处处长、行政体制与人事司司长、局直属机关党委副书记。1990年5月~1993年6月先后任国家环境保护局副局长、党组成员、局直属机关党委书记。1993年6月至1998年3月,任国家环境保护局局长、党组书记、国务院环委会副主任兼秘书长。1998年3月起任国家环境保护总局局长、党组书记,曾被视为"世界上最资深的环保局长"。2005年1月18日,解振华任局长的中国国家环保总局对没有通过环保评估的30个大型项目(大部分是电力工程项目)予以通报,并责令整改。其中22个项目因此按规定停工,20个项目提交检查报告,不少大型电力企业主动与环保总局沟通并检讨错误。此举得到国务院总理温家宝的肯定。随后,国家环保总局又曝光46家没有配套脱硫装置的电厂。国家环保总局的上述举措引发巨大震动,被媒体称为中国的"环保风暴"。2005年12月,因松花江环境污染事件,解振华提出辞去国家环保总局局长职务,国务院批准其请求。

连 战

应中国共产党邀请,于2005年4月26日至5月3日率中国国民党访问团访问中国大陆,进行以"和解对话"为主题的"和平之旅",引起世人瞩目。中国国民党主席(任至2005年8月)。祖籍中国福建漳州。1936年生于陕西西安。1946年随母赴台湾。1953年考入台湾大学政治系。1959年就读于美国芝加哥大学,1965年获芝加哥大学政治学博士学位。1968年,出任台湾大学政治系暨政治研究所主任。1975年,出任台湾驻萨尔瓦多“大使”。1993 年当选中国国民党副主席，旋即出任台湾“行政院院长”。1996 年当选“副总统”，并一度兼任“行政院院长”。2000 年 3 月，作为中国国民党候选人参与台湾“总统”选举落选。中国国民党下野后出任党主席，2004 年连任。连战始终认为，“我是一个台湾人，但我更要强调说，我是中国人。”他认为，“国家的统一是全中国人的理念和最高理想”。2005 年 4 月 29 日，中国共产党中央委员会总书记胡锦涛与连战会晤，开启了台湾海峡两岸关系新的历史时期。连战在访问大陆时，所到之处都充满感情地说：“非常想念大家”，“这一步来得不容易。”2005 年 8 月 19 日，在中国国民党第十七次党员代表会上辞去中国国民党主席职务，将重任交付给国民党新一代领导人马英九，改任中国国民党荣誉党主席。

费孝通

2005 年 4 月 24 日因病在北京逝世，享年 95 岁。中国著名社会学家、人类学家和社会活动家，中国民主同盟的卓越领导人。曾任中国第七届、第八届全国人民代表大会常务委员会副委员长，中国人民政治协商会议第六届委员会副主席，中国民主同盟中央委员会名誉主席。1910 年 11 月生于江苏吴江。1928 年就读东吴大学，读完两年医学预科后，因受革命思想影响决定改学社会科学。1930 ~ 1933 年就读于燕京大学社会学系。1933 年考入清华大学社会学及人类学系攻读硕士研究生学位，1935 年通过毕业考试并取得公费留学资格。出国前，偕同新婚妻子王同惠前往广西大瑶山进行社会调查，迷路并误踏陷阱，致腰、腿受伤，其妻出外寻求支援时不幸溺水身亡。伤愈后回家乡休养，继续进行社会调查。1936 年赴英国留学，1938 年获伦敦大学研究院哲学博士学位。其博士论文《江村经济》，将人类学的研究方法引入社会科学，曾被国外许多大学的社会人类学系列为学生必读参考书。1938 年回国后，继续深入调查研究农村、工厂、少数民族地区的各种不同类型的社区。1944 年访美归来后参加中国民主同盟，投身爱国民主运动，曾任清华大学教授。1955 年到贵州进行民族识别，参加少数民族社会历史调查。1992 年发表《行行重行行》，收入自己 20 世纪 80 年代以来考察沿海地区乡镇企业的主要研究报告，就中国乡镇企业的发展及其在改革和国民经济中的位置提出精辟见解。一生致力于社会学、人类学研究，和国内同行搭建起中国人类学研究的基本框架。主要论著有《江村经济》、《禄村农田》、《生育制度》、《乡土中国》等，译作有《文化论》、《人文类型》、《工业文明的社会文明》等。1988 年获《大英百科全书》奖。

1995 年 10 月，荣毅仁在无锡“听涛园”家中。

（原载《人民画报》）

荣毅仁

2005 年 10 月 26 日因病在北京逝世，享年 89 岁。中国现代民族工商业者的杰出代表，卓越的国家领导人，伟大的爱国主义、共产主义战士。1916 年 5 月生于江苏无锡。1937 年毕业于上海圣约翰大学历史系。1950 年加入中国民主建国会，曾任民建中央常委、民建上海市委副主委。1985 年 7 月 1 日加入中国共产党。1957 年任上海市副市长、市工商联副主委。1959 年任纺织工业部副部长，国家进出口管理委员会顾问。1978 年任第五届全国政协副主席。1979 年任中国国际信托投资公司董事长兼总经理。1982 年至 2001 年 3 月任宋庆龄基金会副主席。1982 年后任香港特别行政区基本法起草委员会委员，暨南大学校董事会董事长。1983 年当选全国工商联第六届执委会主席、第六届全国人大常委会副委员长。1988 年当选第七届全国人大常委会副委员长。1992 年 12 月至 1993 年任第一届海协会名誉会长。1993 年 3 月至 1998 年 3 月任国家副主席。1996 年 9 月 9 日被推举为中国扶贫基金会第三届理事会荣誉会长。历任全国工商联第一至第五届执委会副主席（副主任委员），第六届主席；民建第一至第四届中央常委、副主委。是第一、第二、第三、第八届全国人大代表，第四、第五届全国人大常委；第二届全国政协委员，第三、第四届全国政协常委。

1957 年曾被陈毅副总理誉为“红色资本家”。1979 年创办中国国际信托投资公司，开辟中国第一个对外开放的窗口。1986 年底，被美国《幸福》半月刊评为世界50名知名企业家之一，是中华人民共和国建立后国内企业家跻身世界知名企业家行列的第一人。

巴　金

2005年10月17日因病在上海逝世，享年101岁。中国著名的文学大师，杰出的社会活动家，知名的无党派爱国民主人士，中国共产党的亲密朋友。原名李尧棠，字芾甘。1904年11月25日生于四川成都。1927年赴法国巴黎求学，并创作反抗黑暗势力的第一部长篇小说《灭亡》。1929年第一次以"巴金"的笔名在《小说月报》发表作品，引起文坛关注。1949年中华人民共和国成立前夕，作为中华全国文学艺术界联合会的代表，出席中国人民政治协商会议和第一届全体会议。中华人民共和国建立后，多次作为中国民间的外交使者出国访问，参加国际文化交流等活动。曾任中国人民政治协商会议第六、第七、第八、第九、第十届全国委员会副主席，中国作家协会主席。终生从事文学创作，是中国"五四"新文化运动以来影响较大的文学家、翻译家、出版家。先后创作"激流三部曲"(《家》、《春》、《秋》)、"爱情三部曲"(《雾》、《雨》、《电》)、《憩园》、《寒夜》等长篇、中篇小说，以及为数众多的短篇小说、散文、报告特写等。通晓英语、法语、俄语、德语等多种语言及文字，翻译十几种名著。所创办、主编的大型文学刊物《收获》，是中国影响较大的文学杂志。在年近八旬的时候，仍以坚强的毅力写完5卷《随想录》。

吴孟超

获得中国2005年度国家最高科学技术奖。中国肝脏外科专家。中国科学院院士。1922年8月生于福建。1949年毕业于同济大学医学院，获学士学位。曾任第二军医大学副校长、中华医学会副会长、中国人民解放军医学科学技术委员会副主任等职，12次担任国际肝炎肝癌会议等重要学术会议的主席或共同主席。现任中国人民解放军第二军医大学东方肝胆外科医院院长、东方肝胆外科研究所所长。1956年起从事肝脏外科事业。在建立人体肝脏灌注腐蚀并进行详尽观察研究和外科实践的基础上，提出纠正肝癌术后常见的致命性生化代谢紊乱的新策略；率先成功施行以中肝叶切除为代表的一系列标志性手术，为奠定肝脏外科基础作出重大贡献。创立肝脏外科关键理论和技术体系，创造性地提出"五叶四段"解剖学理论。为解决肝脏手术出血这一重要难题，在动物实验和临床探索基础上，建立"常温下间歇肝门阻断"肝脏止血技术。开辟肝癌基础与临床研究新领域，率先提出"肝癌复发再手术"观点，显著延长了肝癌患者的生存时间。从事肝脏外科领域研究近50年来，获得中国国家、军队、省部级科技奖励26项，获中央军委授予的"模范医学专家"称号、国际肝胆胰协会授予的"杰出成就奖"等荣誉26项。

叶笃正

获得中国2005年度国家最高科学技术奖。中国气象学家。中国科学院院士。1916年2月生于天津。1948年11月在美国芝加哥大学获得博士学位。历任中国科学院地球物理研究所研究员、研究室主任，大气物理研究所研究员、所长，中国科学院副院长等职。现任中国科学院特邀顾问、中国科学院大气物理研究所名誉所长。是美国气象学会荣誉会员，英国皇家气象学会会员，芬兰科学院外籍院士。曾在许多国际国内学术组织中担任重要职务。开创青藏高原气象学，为青藏高原气象学的建立奠定科学基础；创立大气长波能量频散理论，为现代大气长波的预报提供理论基础；创立东亚大气环流和季节突变理论；创立大气运动的适应尺度理论，并在天气预报业务上得到应用；开拓全球变化科学新领域，贡献了一系列科学思想。其理论研究成果对提高气象业务水平起到重要作用。积极参与和指导建立中国气象业务系统，特别是对中国气象局气象中心、气候中心、信息中心的建立不遗余力，为中国现代气象事业作出卓越贡献。先后获得国家自然科学一等奖、何梁何利基金科学与技术成就奖、陈家庚地球科学奖、第四十六届IMO奖(世界气象组织最高奖)等。

费俊龙/聂海胜

2005年10月12日乘坐中国神舟六号飞船升入太空。在中国载人航天史上，费俊龙和聂海胜成为行程最远的人，并在太空中创造多项第一：第一次进行多人多天太空飞行试验，第一次进入轨道舱，第一次实施对地观察、海洋污染监测、大气状况监测、植被状况监测、生物科学研究和材料科学研究，第一次在太空完成压力服穿脱试验、食用热食和复水食品。10月16日20时，他俩在太空向中国全国人民和海外侨胞问好。经过5天5夜的绕地球航行，于17日凌晨4时33分乘飞船返回舱在内蒙古自治区四子王旗主着陆场安全降落，自主走出舱门。11月底至12月初，应邀先后访问香港特别行政区和澳门特别行政区，受到两地群众热烈欢迎。11月26日，获中共中央、国务院、中央军委颁发的奖章和证书。

费俊龙　中国人民解放军空军特级飞行员。中国人民解放军航天员大队三级航天员，上校军衔。江苏昆山人。1965年生。1982年参加中国人民解放军。1986年毕业于长春航校。曾任空军某飞行学院飞行技术检查员，安全飞行1790小时。1998年成为中国首批航天员之一。

聂海胜　中国人民解放军空军一级飞行员。中国

人民解放军航天员大队三级航天员，上校军衔。湖北枣阳人。1964年9月生。1983年参加中国人民解放军。1987年毕业于空军第七飞行学院。曾任空军航空兵某师某团领航主任，安全飞行1480小时。1998年成为中国首批航天员之一。

马　云

因完成中国互联网史上最大一起并购，即收购雅虎中国全部资产，被《人物》杂志评为最成功的网络“掮客”。阿里巴巴公司董事局主席兼首席执行官。1964年10月生于中国杭州。1988年6月毕业于杭州师范学院外语系。1995年4月创办第一家网上中文商业信息站点“中国黄页”网站。1997年加盟外经贸部中国国际电子商务中心，开发外经贸部官方站点、网上中国商品交易市场等一系列站点。1999年初回到杭州，以50万元人民币创业，开发阿里巴巴网站。2000年10月，为表彰马云在创新商业模式及帮助各国企业进入国际市场方面所作出的贡献，美国亚洲商业协会将他选为本年度“商业领袖”。2001年阿里巴巴推出“中国供应商”服务，向全球推荐中国优秀的出口企业和商品，同时推出“阿里巴巴推荐采购商”服务，与国际采购集团沃尔玛、通用电气、Markant、Sobond等结盟，共同在网上进行跨国采购。同年，阿里巴巴在全球率先推出企业级网上信用管理产品“诚信通”，哈佛商学院将阿里巴巴转型期的管理实践选为案例研究。2001年9月，美国权威财经杂志《福布斯》再次将阿里巴巴选为全球最佳B2B站点之一，是中国惟一入选网站。2005年8月11日，马云和雅虎公司全球首席运营官罗森格在北京签订合作协议。根据协议，阿里巴巴公司收购雅虎中国公司全部资产，享有“雅虎”品牌在中国的无限期独家使用权；雅虎公司将其在华所有资产及业务作价10亿美元，置换阿里巴巴公司40%的股权和35%的投票权。双方还在协议中约定，未来1～2年内，雅虎公司再以“最高不超过10亿美元的价格”，收购阿里巴巴公司余下股份，最终实现全资收购阿里巴巴公司。

穆罕默德·博尔基亚

致力于发展文莱和中国的友好关系。文莱外交和贸易部部长（大臣）。1947年8月27日生于斯里巴加湾市，文莱苏丹大弟。1960年赴马来西亚吉隆坡维多利亚学院学习。1964年就读文莱赛福丁学院。1965～1967年在英国皇家圣赫斯特陆军学院受训。1971年在英国伦敦加入爱尔兰卫队，后到英国国防部工作。1984年起任文莱外交大臣（2005年5月文莱苏丹宣布改组内阁，改称外交和贸易大臣）。现兼任文莱皇室继承委员会和国家经济理事会主席。在苏丹出国期间摄政。穆罕默德亲王于1993年6月正式访华，1997年7月1日应邀出席中国香港政权交接仪式，2002年6月又来华参加第四届亚欧外长会议并访问。2005年9月24日，会见访问文莱的中国国务院副总理吴仪。穆罕默德亲王在会见吴仪时说，文中两国有着悠久的文化和历史渊源，建交14年来两国关系一直发展良好，高层互访频繁，民间往来日益加强。他重申，文莱继续坚持一个中国政策，支持中国统一事业。还表示，文方愿进一步扩大双边经贸合作，包括原油贸易，力争实现2010年双边贸易额达到10亿美元。

佩欣·达图·哈吉·阿卜杜勒·拉赫曼

率领文莱代表团参加在中国广西南宁举办的第二届中国—东盟博览会。文莱工业和初级资源部部长，枢密委员会成员。1942年12月5日生于文莱马拉奕区。青少年时代在文莱读小学和中学。1966年在马来西亚大学获（荣誉）学士学位。1970年在英国牛津大学参加高级官员管理课程学习。1979～1980年在牛津大学学习外交课程。1966年5月作为语言官员开始在文莱政府部门工作。20世纪70年代初曾任首席部长的私人助理。1981年12月任代理国务秘书。1984年1月任发展大臣。1986年10月任教育大臣。1988年任文莱达鲁萨兰大学副校长。1989年1月起任现职。曾参加亚太经社理事会组织的多种研讨会和会议。2004年11月3～6日和2005年10月19～22日，两次率领文莱代表团参加在中国广西南宁举办的中国—东盟博览会。2005年10月21日，出席第二届中国—东盟博览会的佩欣·达图·哈吉·阿卜杜勒·拉赫曼代表文莱政府，将文莱国宝——苏丹龙辇的复制品赠予中国广西壮族自治区人民政府，并在南宁市永久展出。

诺罗敦·西哈莫尼

对中国进行其即位后的首次国事访问。柬埔寨国王。前国王诺罗敦·西哈努克与王后诺罗敦·莫尼列之子。1953年5月14日生于金边。1959～1965年在金边读小学。1965～1967年在捷克首都布拉格读中学。1975年毕业于布拉格音乐艺术博士学院。1975～1976年在朝鲜学拍电影。20世纪80年代旅居法国，在巴黎莫扎特音乐学院担任古典舞蹈和艺术教授。1992～1993年任柬埔寨常驻联合国代表。1993年8月至2004年任柬埔寨驻联合国教科文组织代表。2003年任前国王诺罗敦·西哈努克最高私人顾问。2004年8月被封为亲王。2004年10月被柬埔寨王位委员会遴选为国王，同月29日在金边宣誓即位。曾多次访问中国。2005年8月10～14日，应中国国家主席胡锦涛邀请，对中国进行其即位后的首次国事访问。中国国家主席胡锦涛、全国人大常委会委员长吴邦国、国务院总理温家宝分别会见西哈莫尼国王。

桑兰西

因诽谤罪被判刑。柬埔寨著名反对党桑兰西党的领导人。1949年生于金边。20世纪50年代末，因其父发动政变被西哈努克下令处以极刑，随家人流亡法国。在巴黎完成学业后任职法国银行工会，并创办私人金融企业。20世纪80年代中期加入奉辛比克党，并成为该党的主要成员。1993年当选国会议员，任第一届联合政府财政部长。1994年底，因批评政府被免职，后又被取消议员资格。1995年5月，被奉辛比克党开除。1995年11月9日，组建高棉民族党（1998年改称桑兰西党），任党主席。因政府不承认该党而被迫流亡海外。1997年7月，高棉民族党参加拉那烈领导的四党联盟。1998年3月，桑兰西回到柬埔寨并宣布桑兰西党参加大选，该党在第二届国民议会中获得的议席居第三位。2003年7月27日，第三届国民议会换届选举，桑兰西党获24席；8月23日，该党与获26席的奉辛比克党正式组成民主联盟，桑兰西任民主联盟第一副主席。因民主联盟与获得73席的人民党在组建新政府问题上存在分歧，致组阁陷入僵局。2004年3月，奉辛比克党主席拉那烈在未与桑兰西磋商的情况下会见人民党副主席洪森，并决定成立人、奉两党联合工作组；7月15日，随着人、奉两党组成的柬埔寨新一届王国政府的成立，桑兰西党遂成为柬埔寨第一反对党。2005年2月，柬埔寨国民议会以侵犯他人合法权益应受到法律制裁为由，投票表决暂时搁置桑兰西、姜占尼、谢卜等3名桑党议员的豁免权。桑兰西在被剥夺豁免权后，流亡国外。2005年12月22日，柬埔寨金边法庭对桑兰西进行缺席宣判，判决桑兰西诽谤柬埔寨国民议会议长、奉辛比克党主席拉那烈和政府首相、柬埔寨人民党副主席洪森的罪名成立，判处其18个月监禁并处以罚款5600万瑞尔（1美元约合4000瑞尔）。

蒂娜·阿斯蒂达

入选《时代》周刊“全球百名最具影响力人物”。印度尼西亚苏门答腊扎朗镇的一名小学英语教师。1971年6月6日生。在2004年12月26日使扎郎镇90%居民罹难的海啸中失去3名子女。为避免灾区儿童失学，她多方奔走，向国际救援组织争取帐篷、课桌、书本、衣物、接送车辆等物资，并组织师资开展教学。当地801名幸存儿童因此在最短时间内重获宝贵的学习机会。她在印尼赈灾重建中的行为感动世界。2005年4月10日，入选《时代》周刊“全球百名最具影响力人物”，成为全球获此殊荣的18名女性之一。

冯慧兰

出席中国—东盟博览会。印度尼西亚贸易部部长。1956年10月23日生于雅加达。1980年毕业于堪培拉澳大利亚国立大学，获经济发展与会计专业学士学位。1986年获加里佛利亚大学财政金融、国际商贸专业博士学位。1997年任印尼国际问题战略与研究中心主任，并在印尼大学经济系任教，被视为印尼自由贸易与市场经济的积极推动者。1999年辞职，迁居美国休斯敦。2004年10月，出任印尼新内阁贸易部部长，是印尼第一位华裔女性部长。重视发展印尼与中国的经贸合作。2004年11月和2005年10月，先后两次出席在中国广西南宁举办的中国—东盟博览会。

苏坦多

出任印度尼西亚警察总长。上将警衔。1950年9月30日生于印尼中爪哇省。1973年毕业于印尼警官学院。1995～1998年任总统随从副官。2000年任北苏门答腊省警察局局长。2000～2002年任东爪哇省警察局局长。2002～2005年任印尼警察教育与训练局局长。2005年任国家麻醉品管理局局长。2005年7月，接替达伊·巴赫蒂亚尔出任印尼警察总长。

朱马利·赛雅贡

率领老挝代表团参加第二届中国—东盟博览会。1936年3月6日生于老挝阿速坡省赛舍塔县瓦纳阿村的一个农民家庭。老龙族。1954年入伍。1955年12月7日加入老挝人民革命党。1955～1956年，参加桑怒集结区保卫战等多次重要战役，经历民族解放革命战争烈火的锻炼和考验。从1960年起，历任副班长、排长、营长、营党委书记。1972年起，先后任老挝人民军川圹军区参谋长、党委副书记、党委书记。1975年，率部先后解放沙拉富昆、加西、万荣、蓬洪、万象，为老挝人民民主共和国的建立创造了有利条件。1980年起，先后任老挝人民军总参谋部作战局局长、副部长、党委成员、党委书记。1982年任国防部副部长。1990年获中将军衔。1991年任国防部部长。2001年3月当选国家副主席，兼任中央国防治安委员会副主席。2002年4月当选连任国家副主席。曾在前苏联高级军事学校及越南高级理论学校学习。曾于1991年、1994年和1999年率老挝国防部代表团访问中国。是老挝人民革命党第四届中央委员会委员，第五届中央委员会政治局候补委员，第六、第七届中央委员会政治局常委。2006年3月21日，在老挝人民革命党第八届全国代表大会上当选中央委员会总书记。2005年10月，率领老挝代表团参加在中国广西南宁举行的第二届中国—东盟博览会，出席中国—东盟商务与投资峰会。

本扬·沃拉芝

出席湄公河次区域合作第二次国家领导人峰会。

老挝政府总理。1937年8月生于沙湾拿吉。1952年参加老挝人民军。1969～1982年，先后任老挝人民军川圹军区组织部部长、琅勃拉邦军区力量党委书记、中部军区政治部主任。1982～1991年，任老挝人民革命党沙湾拿吉省委书记、沙湾拿吉省省长。1991～1996年，任老挝人民革命党万象市委书记、万象市市长。1996～2001年任老挝政府副总理，1999年兼任财政部部长。2001年起任老挝政府总理。是老挝人民革命党第三、第四、第五届中央委员会委员，第六、第七届中央政治局委员。曾于1993年、1997年、2002年和2004年访问中国。2005年7月，参加在中国云南昆明举行的湄公河次区域合作第二次国家领导人峰会。

● 恩　顿

2005年10月20日因病逝世。马来西亚政府总理阿卜杜拉·巴达维夫人。1940年12月24日生。早年在马来西亚霹雳州金宝的美以美学校接受小学教育，后入圣玛丽女子中学就读。1965年与巴达维结为夫妻。1976年退休。是马来西亚峇迪大使，积极推广峇迪业，使峇迪艺术、传统服装逐渐走向国际服装舞台。著有两部书籍，介绍娘惹传统服装卡巴雅。常动员政府官员们在官方正式场合穿着马来传统服装。积极参与社会福利工作，曾任正副部长夫人协会主席、爱心基金会主席等职，推动多项福利活动。2004年8月，为表彰她在妇女和社会发展工作中作出的贡献，马来西亚国家妇女联合会给她颁发敦法蒂玛金奖。同年，大马科技大学授予她荣誉博士学位。

● 黄家定

当选连任马华公会总会长。马来西亚房屋与地方政府部部长。1956年生于马来西亚霹雳州。马来西亚大学毕业。1986年任马华公会青年中委。1987年任马华公会青年委员会总稽查。1988年代表马华公会成为国家经济咨询理事会成员。1990年当选笨珍区国会议员、马华公会会长理事会成员和国家卫生部政务次长。1991年任国家内政部政务次长。1993年任马华公会宣传局主任。1995年，连任笨珍区国会议员，出任国家内政部副部长。1996年当选马华公会副总会长。1997年任沙巴州联委会主席及马华公会党中央华团资讯局主任。1999年任国家房屋与地方政府部部长。2002年任雪兰莪州联委会主席。2003年当选马华公会总会长，2005年在马华公会选举中再次当选连任。

● 钟廷森

所办公司百盛超级市场集团在香港联交所上市。马来西亚金狮集团董事长，马来西亚中华工商联合会总会长。祖籍中国广东潮阳。1943年生于新加坡。幼年在新加坡华文小学念书，后转入马来西亚吉隆坡英文中学求学。1958年起参与其父在马来西亚所办公司的工作。1978年投资1200万林吉特成立金狮合营制钢厂（当时马来西亚较大的一家钢铁厂）。父亲去世后，接管其父在马来西亚的业务，将其父创办的德兴制造公司、德昌制造公司及金狮金属制造公司合并，改名金狮（私人）有限公司，并于1981年在吉隆坡股票交易所上市。合营制钢厂也于1982年在吉隆坡股票交易所上市。1986年创办百盛超级市场集团。他的金狮集团分别在新加坡股票交易所和吉隆坡股票交易所上市，是马来西亚制造业最大的私人投资企业，所控制的万嘉制钢私人有限公司与合营制钢有限公司的钢铁产量占全国钢铁产量的60%。其家族的产业涉及钢铁、车辆、轮胎、电脑、百货、房地产、纸浆与纸张、种植等行业。其本人曾获马来西亚最高元首封赐为丹斯里。百盛超级市场集团近年来发展迅猛，现已成为马来西亚最大的超级市场集团；其业务亦拓展至国外，其中在中国的分店就有40多家。2005年11月，百盛在香港联交所上市。

● 伍伟成

当选马来西亚十大杰出青年。马来西亚JF国际美容集团行政总裁，吉隆坡文华国际青年商会副会长，大马青年创业协会理事，大马美容技术协会发起人及总秘书。1965年生于怡保。1984年踏入职场，曾任文员、推销员、寿险代理员、多层次传销代理员、报馆广告员等职。1986年在怡保设立美容院，1991年成立JF国际美容集团，创立自己的品牌。2001年于韩国通过考试获得高级训练讲师（PRIME）证书 。JF国际美容集团现已在海内外拥有70家连锁店，其中直营店13家。2005年当选马来西亚十大杰出青年，获得商业、经济或企业成就优秀奖。

● 戴佩妮

当选马来西亚十大杰出青年。英文名Penny。马来西亚著名歌手和词曲作家。1978年4月22日生于柔佛州。读小学4年级时即开始习舞，主修华族舞蹈与现代舞。14岁开始编舞演出。19岁参与舞蹈教育工作。舞蹈功底深厚，多次赴国外演出。17岁开始创作词曲，偏好各式摇滚曲。声音极富弹性，音色甜美。创作并演唱的歌曲多次获奖。2005年当选马来西亚十大杰出青年，获得文化成就优秀奖；再次被评为马来西亚十大歌星，获得最佳演绎奖，最受欢迎金曲和网上最受欢迎歌手奖；获得第一届马来西亚最受欢迎金艺创作歌手奖，成为最受欢迎马来西亚区域金艺歌手。此外，还凭借6张个人全创作专辑、58首词曲作品，成为大马纪录大全中“拥有最多个人创作之华裔女艺人”。

梁静茹

当选第十一届全球华语榜中榜最佳女歌手。马来西亚著名歌手。1978年6月16日生。在学校读书时就参加演唱比赛并获奖。进入歌坛后，曾多次获得国内外音乐大奖，先后被评为新加坡金曲奖最佳演绎女歌手、全球华语歌曲榜马来西亚区杰出歌手、马来西亚最受欢迎歌手等。代表歌曲有《勇气》、《无条件为你》、《分手快乐》、《为我好》、《听不到》等，在各种媒体推出的流行歌曲排行榜中排名靠前。2005年当选第十一届全球华语榜中榜最佳女歌手。

谢顺吉

当选马来西亚十大杰出青年。马来西亚国家羽毛球队女子双打项目教练。1968年1月9日生于怡保。18岁成为国家羽毛球队队员。是20世纪90年代世界羽坛顶尖男子双打球星，曾获得世界杯男双冠军、瑞典羽毛球公开赛男双冠军、亚洲羽毛球锦标赛男双冠军、奥运会羽毛球男双亚军、汤姆斯杯羽毛球赛亚军、世界羽毛球锦标赛男双亚军等。2005年当选马来西亚十大杰出青年，获得个人发展及成就荣誉奖。

丹　瑞

公开承诺“有步骤地还政于民”。缅甸国家和平与发展委员会主席、国防部部长、三军总司令。大将军衔。1933年2月2日生于曼德勒省皎栖市。1951年从皎栖市国立中学毕业后，在密铁拉邮电局任职。1953年入伍，历任排长、连长、中央政治大学战术教研室主任、国防部二级参谋、营长、国防部一级参谋、第八十八机动师副师长、师长等职。1983年当选缅甸纲领党第四届中央委员会委员；同年7月任西南军区司令，兼任纲领党伊洛瓦底省委员会主席。1985年11月任国防部陆军副参谋长。1988年7月，出任国防部副部长兼陆军副参谋长，在纲领党五届十中全会上当选中央执行委员会委员；9月中旬，退出纲领党。1988年“九一八”政变后，出任国家恢复法律与秩序委员会委员。1989年10月，被增选为国家恢复法律与秩序委员会副主席，出任三军副总司令。1990年5月，根据新颁布的缅甸军官服役条例，兼任陆军司令。1992年3月，出任国防部长；4月，出任三军总司令，接替苏貌任国家恢复法律与秩序委员会主席、政府总理；7月，任边境少数民族地区发展委员会主席。1997年11月任国家和平与发展委员会主席。2003年8月25日辞去政府总理职务。曾多次访华。2005年6月30日，在缅甸老军人协会代表大会上说，缅甸正在实施国家发展7点路线图计划，以便“有步骤地还政于民”。这是他首次在公开场合谈及“还政于民”。

2005年10月19日，缅甸政府总理梭温出席第二届中国—东盟商务与投资峰会。图为梭温总理在峰会上讲话。

（原载《中国—东盟博览》）

梭　温

到中国出席大湄公河次区域经济合作第二次领导人会议和第二届中国—东盟博览会。缅甸政府总理。上将军衔。1949年5月生。大学文化程度。曾任副连长、作战参谋、连长、副营长、营长、副师长、师长等职。1997年3月任缅甸西北军区司令。1999年调国防部任职。2003年2月，任国家和平与发展委员会第二秘书；8月，任缅甸国家和平与发展委员会第一秘书，兼任防空兵司令部司令。2004年10月19日，任政府总理。2004年11月，率团参加首届中国—东盟博览会。2005年7月，出席在中国云南昆明举行的大湄公河次区域经济合作第二次领导人会议；10月，率团参加在广西南宁举行的第二届中国—东盟博览会和中国—东盟商务与投资峰会。

钦　纽

被缅甸特别法庭判处44年徒刑。缅甸政府前总理。上将军衔。1943年10月生于仰光省。大学文化程度。1959年入伍。1960年被选送到陆军军官学校第二十五期学习。从军校毕业后到军事情报部门任职。后被选派到美国高级陆军学院情报系深造3年，回国后历任军情局少校军官、二级少校参谋、中校处长、代理战指指挥官、上校战指指挥官等职。1988年9月任国家恢复法律与秩序委员会第一秘书，后兼任缅甸边境少数民族地区发展委员会主席。1993 年 3 月任国防部战略研究部部长。1997 年 11 月任国家和平与发展委员会第一秘书。2003 年 8 月任政府总理。2004 年 10 月 19 日,缅甸国家和平与发展委员会宣布,钦纽从当天起“因健康原因退休”。2005 年 7 月 22 日,被缅甸特别法庭判处 44 年徒刑,缓期执行。

吴炳祥

当选菲律宾国家红十字会总督。菲律宾杰出的社会服务工作者。菲华消防队员联合总会永远荣誉会长。发起创立菲华消防队员联合总会,率先建立“16016”防火救灾热线,成立菲律宾第一支拥有热线的救火队伍。他为社会所作的贡献,获得菲律宾民众的普遍认同和充分肯定。2003 年获得菲律宾政府颁发的优秀社会服务奖,2004 年获得扶西黎刹杰出华裔菲人服务奖。2005 年 11 月,在菲律宾国家红十字会年会上当选第二十六届总督。

李显龙

对中国进行正式访问。新加坡政府总理。前总理李光耀长子。1952 年 2 月 10 日生。1974 年毕业于英国剑桥大学。1978 年在美国堪萨斯州莱文沃堡进修陆军指挥和参谋课程。1979 年获美国哈佛大学肯尼迪行政管理学院公共行政学硕士学位。回国后服兵役,任新加坡武装部队参谋长兼联合行动与策划司长。1984 年 6 月,晋升准将;9 月,辞去军职,任国防部长政治秘书;12 月,当选国会议员。1984 年 12 月 31 日至 1986 年 2 月任国防部政务部长兼贸易和工业部政务部长。1986 年 2～12 月任贸易和工业部代理部长,11 月当选新加坡人民行动党执委会委员,12 月任贸易和工业部部长。1988 年 9 月任第二国防部长。1990 年 11 月任政府副总理兼贸易和工业部部长。1994 年 1 月任政府副总理并负责监督贸工部及国防部的工作,还兼任经济委员会主席(部长级),人民行动党第一助理秘书长。1997 年 1 月连任政府副总理,兼任金融管理局主席。2001 年 11 月任政府副总理(总理公署)兼财政部长。2004 年 5 月 31 日,被执政的人民行动党中央执行委员会定为下届政府总理人选;8 月 12 日,出任新加坡第三任政府总理;12 月,当选人民行动党秘书长。曾多次访问中国。2005 年 10 月 24～30 日,对中国进行正式访问,这是他就任政府总理后首次访华。

纳　丹

当选连任新加坡共和国总统。1924 年 7 月 3 日生于新加坡的一个印度人家庭。1954 年毕业于新加坡马来亚大学。1955 年进入民事服务部门工作。1966 年起,先后担任外交部助理秘书、首席助理秘书和副常任秘书。1971 年任内政部代理常任秘书,当年转任国防部常任秘书。1979 年任外交部第一常任秘书。1982 年任《海峡时报》集团执行主席和数家公司董事。1988 年任新加坡驻马来西亚高级专员。1990 年任新加坡驻美国大使。1996 年任外交部巡回大使,兼任南洋理工大学国防与战略研究院院长。1999 年 8 月 18 日当选总统,2005 年 9 月再次当选连任。曾于 2001 年 9 月对中国进行国事访问。2005 年 1 月访问泰国,3 月 13 日访问澳大利亚。

李光耀

两次到访中国。新加坡政府内阁资政,前总理。1923 年 9 月 16 日生于新加坡。祖籍中国广东大埔。1941 年毕业于新加坡莱佛士学院。1940～1950 年先后在伦敦经济学院、剑桥大学和中殿律师学院深造,1950 年获中殿律师学院律师资格。1954 年 11 月参与创建新加坡人民行动党,并任秘书长。1955 年当选立法议会(1965 年 12 月改称国会)议员。1959 年 6 月任新加坡自治政府首届总理。1965 年 8 月 9 日新加坡共和国成立后,担任政府总理至 1990 年 11 月 27 日。1991 年 9 月任总理公署高级部长。1994 年 10 月当选为新成立的国际儒学联合会名誉理事长。1997 年 1 月以后一直任内阁资政。重视并致力于发展与中国的友好关系,1976 年以来多次访问中国。2005 年 4 月 22～24 日,出席在中国海南举行的博鳌亚洲论坛 2005 年年会;5 月 14 日,访问中国上海,获复旦大学授予的名誉博士学位。

马苏里

2005 年 12 月 6 日逝世,享年 78 岁。新加坡马来文学的重要代表人物。1926 年生于新加坡。14 岁开始从事教育工作,1981 年退休。1992 年起任新加坡国家艺术理事会艺术咨询委员会委员。2004 年应邀参加出版津贴审核委员会。2001 年和 2005 年,先后担任金笔奖马来诗歌组的评判。他的创作以诗歌成就最大,已发表和未发表的作品有 1000 多首,有“马来新诗之父”的美称。曾获得多个重要文学奖项,包括东盟文学奖、东盟文化通讯奖、新加坡 2000 年卓越服务勋章等。对新加坡马来文、马来文学与马来教育的进步有重大贡献。

颂堤·林通坤

因抨击政府腐败被起诉。泰国法政大学传媒系特别教师,《经理报》集团顾问,泰国第九电视台“泰国周刊”节目主持人。原名林明达。1947 年 10 月 7 日生。以办中文报纸起家。2005 年 9 月,泰国政府总理他信·西那瓦为让泰国第九电视台停止关于政府腐败的论题,以诽谤罪及多项刑事罪状告颂堤和“泰国周刊”节目共同主持人莎罗诧·潘伍东萨女士及节目组,导致“泰国周刊”停播。此后,颂堤每周周五在伦披尼公园举行演讲,抨击政府、总理及其家属的腐败问题,并提出“为国王而战”、“做国家的守护者”等口号，关注者甚众。颂堤逐渐成为“倒他派”的领袖人物。迫于多方压力，他信总理于2006年2月24日宣布解散国会下议院，并于4月4日宣布辞职。

● 他信·西那瓦

当选连任泰国政府总理。1949年7月26日生。1994年进入政界，同年10月26日任泰国外交部部长。1995年7月20日至1996年11月任政府副总理。1997年8月15日至1997年11月再次出任政府副总理。1997年建立泰爱泰党，任主席。2001年1月泰爱泰党在议会选举中获胜，同年2月9日出任总理。2005年2月，他领导的泰爱泰党在泰国国会下议院选举中取得压倒性优势，赢得绝对多数议席，因此继续执政，这是泰国1932年立宪以来首次出现一党执政局面。2005年3月9日，泰国国王普密蓬签署御令，正式任命他信为泰国第二十四任政府总理。他信成为泰国历史上第一位赢得连任的民选总理。

● 玛哈扎克里·诗琳通公主

致力于泰中友好，获中国北京语言大学授予名誉教授称号。泰国国王普密蓬次女。1955年4月2日生。1976年毕业于泰国朱拉隆功大学。1979年获泰国艺术大学东方文字考古学专业硕士学位。1980年获泰国朱拉隆功大学梵文——巴利文专业硕士学位。1986年获泰国诗纳卡林威洛大学发展教育学专业博士学位。出版的诗集有《诗琳琅》和《琢玉诗词》，童话有《淘气的盖尔》和《小草的歌》，译著有《蝴蝶》和《行云流水》。1980年开始学习中文。1981～2005年，先后22次访问中国。记录访华所见所闻的书籍有《踏访龙的国土》、《平沙万里行》、《云雾中的雪花》、《云南白云下》、《清清长江水》、《归还中华领土》等，在泰国引起巨大反响，对泰国人民更好地了解中国、认识中国、研究中国起到重大作用。鉴于诗琳通公主长年孜孜不倦地向泰国人民真实地介绍中国的历史和文化，为中泰文化交流和两国人民友谊作出的巨大贡献，2000年中国教育部授予她中国语言文化友谊奖；2001年2～3月，作为中华文化研究项目奖学金的获得者在北京大学进行学习研究，北京大学授予她名誉博士学位；2001年8月，中国作家协会中华文学基金会授予她理解与友谊国际文学奖；2003年，中山大学特邀她为客座教授；2004年，中国人民对外友好协会授予她“人民友好使者”称号。2005年2月23日，北京语言大学授予她名誉教授称号。

● 素拉革·沙提拉泰

出任泰国政府副总理。1958年出生。能讲流利的英语和法语。从泰国朱拉隆功大学毕业后，赴美求学，先在塔夫特大学获得法律外交学硕士学位，后又成为泰国首位获得哈佛大学法学院博士学位的年轻学者。精通国际法，多次应邀出任政府总理顾问、国有企业经理和内阁成员。1995年7月至1996年5月任泰国财政部部长。2001年2月任外交部部长。2005年3月，出任泰国副总理。在外交事务和管理领域才能突出，是泰国推出的联合国秘书长候选人人选。

● 陈德良

应邀对中国进行国事访问。越南国家主席。1937年5月5日生于越南广义省。1955年参加工作。毕业于河内矿业地质大学，长期从事地质工作。历任国家地质总局副局长、总局长，全国总工会中央执委会委员，国会科技委员会副主任、主任等职。1982年在越南共产党五大上当选候补中央委员。1986年在越共六大上当选中央委员。1987年任部长会议副主席（后改称政府副总理）。1991年在越共七大上继续当选中央委员。1996年在越共八大上当选中央政治局委员。1997年在第十届国会上当选国家主席。2001年在越共九大上继续当选中央政治局委员。2002年7月当选连任国家主席。1995年曾随时任越共中央总书记的杜梅访华。2002年12月以国家主席身份正式访华。2005年7月18～22日，应中国国家主席胡锦涛邀请，对中国进行国事访问。访华期间，两国签署关于中越世界贸易组织双边市场准入协议等3项文件，在北京举行中国—越南企业家论坛。

● 潘文凯

出访美国。越南政府总理。1933年12月25日生于西贡（今胡志明市）。1959年加入越南共产党。1959～1965年留学原苏联国民经济大学。长期在基层和国家计委工作。1976～1984年，历任胡志明市计委副主任、主任，市人民委员会副主席、主席，越共胡志明市委常委、副书记。1982年在越共五大上当选候补中央委员，后递补为中央委员。1989～1991年任国家计划委员会主任。1991年在越共七大上当选中央委员，任部长会议常务副主席（后改称政府常务副总理）。1996年在越共八大上当选中央政治局委员。1997年9月任政府总理。1998年当选越共中央政治局常委。2001年在越共九大上当选中央政治局委员（不再设常委）。曾于1994年和1997年随时任越共中央总书记的杜梅访华。出任政府总理后，分别于1998年10月、2000年9月和2004年5月访华。2005年6月19～21日，访问美国并与美国总统布什举行会谈，这是越战结束30年后越南政府领导人首次访美。访美期间，越、美两国发表联合声明，表示双方愿意建立“建设性合作伙伴关系”；双方签署关于越南军事人员在美国接受技术、医疗等方面培训的协议。

大　事　记

2005 年

1 月

1 日　中国国际救援队在印度尼西亚亚齐重灾区展开救援工作。

△新加坡政府决定从 2005 年 1 月起再次调低船只海港税，减幅 20% ~50%。

2 日　是日起，中国各地各界踊跃捐款，救援印度洋海啸灾区灾民。

△缅甸华商商会在仰光举行会员大会，庆祝商会成立 96 周年。

4 日　新加坡政府总理李显龙赴印度尼西亚重灾区亚齐省省会班达亚齐察看灾情，看望在那里开展救灾工作的新加坡救援人员，并约见中国国际救援队领队赵和平。

5 日　中国政府向缅甸政府提供 20 万美元现款援助，用于救助遭遇地震和海啸的缅甸灾民。

△中国国务院总理温家宝前往印度尼西亚首都雅加达出席 6 日在当地举行的东盟地震和海啸灾后问题领导人特别会议，同机搭载中国政府向印度尼西亚提供的 16 吨紧急救灾物资。温家宝在雅加达分别会见印尼总统苏西洛等受灾国领导人。温家宝代表中国政府和人民，代表国家主席胡锦涛，对遭受重大地震和海啸灾难的各国人民表示慰问，向遇难者哀悼。

6 日　由联合国主持的东盟地震和海啸灾后问题领导人特别会议在印度尼西亚首都雅加达举行。来自东盟 10 国、中国、韩国、澳大利亚、美国、日本、联合国、欧盟、世界卫生组织等 20 多个国家和国际组织的领导人与会。中国国务院总理温家宝出席会议并作题为《同舟共济重建美好家园》的讲话。会议通过行动宣言。

△中国大陆总人口达到 13 亿。中国政府在 13 亿人口日举行全国电视电话大会。

10 ~14 日　亚太议会论坛第十三届年会在越南下龙举行。中国全国人大常委会副委员长顾秀莲率团出席 10 日的开幕式并发表讲话。

11 日　中国银联股份有限公司在新加坡开通银联人民币卡的提款和消费业务。

12 日和 15 日　越南政府总理潘文凯、国会主席阮文安在河内先后会见中国全国人大常委会副委员长顾秀莲率领的中国全国人大代表团。

14 日　中国共产党中央政治局常委李长春在北京会见柬埔寨奉辛比克党秘书长、柬埔寨政府副首相施里武亲王。

△新加坡与马来西亚就新加坡在柔佛海峡附近水域填海所引起的纠纷达成协议。

△中泰两国以换文形式确定，双方合作检测泰国南部海啸遇难者遗体的 DNA 样本。根据双方达成的协议，中方将免费承担泰国南部地区海啸遇难者 DNA 样本的检测工作，并将检测结果送交泰方进行比对，以最终鉴定海啸遇难者的身份。

15 日　中国外交部公布：1 月 8 日上午，中国海南省几艘渔船在北部湾中越海上分界线中方一侧正常作业时，遭 3 艘身份不明的武装船只抢劫和开枪袭击。中国公安船艇在得到渔民报警信息后及时赶到现场解救，3 艘武装船只首先开枪，击伤中方船艇和执法人员。中方海警被迫采取必要行动，击毙数名武装抢劫人员，抓获抢劫船 1 艘和 8 名抢劫人员，并当场缴获作案用的武器弹药和工具。被抓获的抢劫人员自供为越南人。中方已根据《中越领事条约》向越方详细通报有关情况。

17 日　世界宣明会决定在新加坡设立亚洲海啸救济协调中心。

△印度尼西亚基础设施建设峰会在雅加达举行。印尼总统苏西洛和来自 20 个国家 500 多家公司的近 600 名国内外投资商出席。印尼政府在峰会上推出 2005 ~2009 年间重点优先实施的 91 个基础设施建设项目。

18 日　中国和越南两国领导人互致贺电，庆祝两国建交 55 周年。

19 日　中国国务院总理温家宝主持召开国务院常务会议，严肃处理河南郑煤集团大平煤矿“十·二〇”特大瓦斯爆炸事故相关责任人，研究加强煤矿安全生产工作。

△中国国航CA1087号航班首航台北，开始大陆民航客机56年来的首次台航之旅，2005年台商春节包机正式启动。2月20日，台商春节包机结束。

19～20日 第十四届援印度尼西亚国际协商集团会议在印尼首都雅加达举行。会议主题是“加速成长，迈向公正与平等社会”。会议着重讨论印尼政府中期施政计划、集团国对印尼财政及灾后重建援助等问题。22个资助国、11个国际和区域机构、13个社会自筹组织的代表，13位印尼内阁部长，印尼央行行长，以及部分外国企业家出席会议。

21日 中泰两国关于刑事司法协助条约互换批准书仪式在中国北京举行。该条约自2005年2月20日开始生效。此前，双方曾缔结《中泰民商事司法协助和仲裁合作条约》《中泰引渡条约》两项条约。

△新加坡国际企业发展局公布：2004年新加坡与印度尼西亚的双边贸易额达到301亿新元，比上年增长15%，其中新加坡从印尼进口164亿新元，对印尼出口137亿新元。

24日 新加坡卫生部公布：2004年新加坡新生婴儿3.69万，比上年减少700人，新生婴儿为近年最少。

25～26日 中国—东盟地震海啸预警研讨会在中国北京举行。此次研讨会是根据中国国务院总理温家宝在东盟地震和海啸灾后问题领导人特别会议上的倡议举办的。中国和东盟10国的高官、专家，东盟秘书处、联合国人道主义事务办公室、联合国教科文组织、联合国减灾战略办公室、联合国气象组织的有关官员，以及印度、斯里兰卡、马尔代夫、塞舌尔、美国、日本、韩国等国的代表近百人出席。中国国务院副总理回良玉出席研讨会开幕式并代表中国政府致词。

26日 中国东盟协会网站（www.chinaasean.org）开通仪式暨新春招待会在北京举行。中国东盟协会会长、全国人大常委会副委员长顾秀莲，中泰友协、中越友协等7个东盟国家双边对口友协的负责人及东盟各国驻华使节出席。

27日 柬埔寨政府首相洪森在金边会见到访的中国建设部部长汪光焘。

△文莱苏丹哈吉·哈桑纳尔·博尔基亚·穆伊扎丁·瓦达乌拉苏丹访问新加坡。新加坡政府总理李显龙与苏丹举行会谈。苏丹接受由新加坡国立大学颁发的法学名誉博士学位。

28～29日 海啸预警安排区域合作部长会议在泰国普吉举行。来自40多个国家和地区的部长或高级官员及10多个国际和地区组织的代表出席。28日，泰国政府总理他信在会见与会的中国官员时表示，泰国方面对中国政府支持泰国救灾表示衷心感谢。29日，中国外交部部长李肇星率团出席会议并发表讲话，他表示：中国政府和人民积极支持受灾地区的救灾工作，对灾区援助已愈12亿元人民币。

29日 新加坡自制的第二艘隐形护卫舰“坚信号”下水。这艘护卫舰长114米，排水量640吨，是新加坡海军最大战舰。

30日 新加坡、文莱两国的陆军在新加坡西部实弹军训区展开第十八次、代号为“龙球”的年度性联合军事演习。

2月

1日 中国外交部部长李肇星在北京与到访的新加坡外交部部长杨荣文举行会谈。

2日 中国国务院总理温家宝在北京会见到访的新加坡外交部部长杨荣文。温家宝积极评价中新建交以来两国关系取得的进展，希望双方在相互尊重、平等互利的基础上立足长远，面向未来，共同推动两国关系健康稳定地向前发展。

3日 中国共产党中央委员会致电越南共产党中央委员会，祝贺越南共产党成立75周年。

6日 泰国下议院选举投票结束，由现任政府总理他信领导的泰爱泰党取得压倒性优势，赢得下议院的399个席位，大大超过下议院500席的半数。他信宣布，由他领导的泰爱泰党在当天的泰国下议院选举中获胜。

8日 印度尼西亚总统苏西洛在总统府接受即将离任的中国驻印尼大使卢树民的辞行拜会时表示：印尼期望与中国加强经济、能源等领域的互利合作，希望两国关系取得更快、更好的发展。

9～15日 中国文化部和中国驻泰国使馆与泰国旅游体育部、曼谷市政府和泰华各界在泰国联合举办2005年中国春节文化周活动。中国文化部副部长常克仁率中国政府文化代表团及大型艺术团共170人应邀访问泰国并参加文化周活动。

10日 2005年中国春节文化周在泰国首都曼谷开幕。中国国务院总理温家宝致信表示祝贺。

13日 印度尼西亚总统苏西洛在出席由印尼孔教高级理事会举办的春节联欢会时向全体华人华族致以节日问候，并充分肯定华人在印尼多元化文化中的作用。

14日 印度尼西亚总统苏西洛抵吉隆坡，开始对马来西亚进行为期两天的国事访问。苏西洛与马来西亚政府总理巴达维举行会谈，双方表示将在亚齐重建和印尼非法劳工等问题上加强协调与合作。这是苏西洛2004年10月出任印尼总统以来首次出访东盟国家。

△中国辽宁阜新矿业集团公司孙家湾煤矿发生特别重大瓦斯爆炸事故，在井下作业的矿工215人死亡。

15日 印度尼西亚总统苏西洛抵新加坡进行国事访问，与新加坡政府总理李显龙举行会谈。这是苏西洛和李显龙自2004年相继就任后的第四次会晤。

△新加坡政府在美芝路日本占领时期死难人民纪念碑前举办第三十八届悼念活动，缅怀在第二次世界大战中死难的新加坡人。

△柬埔寨—老挝经济、文化、科学、技术合作第八次联合委员会会议在柬埔寨西哈努克市举行。

16 日 马来西亚国营石油公司宣布把靠近马来西亚、印度尼西亚两国交界处近海的安巴拉特海域划为自己的海上招标区域，并把开发权授予壳牌石油公司。印尼外交部就此提出抗议，印尼海军和空军随后陆续向这一海域派出 7 艘军舰和数架 F—16 战机巡逻。

△新加坡和印度尼西亚签订一项投资保障协议。根据协议，双方将相互给予对方投资最惠国待遇。

17 日 缅甸制宪国民大会在仰光远郊岛那彬复会，不包括主要反对党在内的 1075 名各界代表出席会议。缅甸国家和平与发展委员会第一秘书长、国民大会召集委员会主席登盛中将出席开幕式并发表讲话。缅甸官方媒体称，制宪国民大会的召开是缅甸在实施民族和解“路线图”计划方面迈出的第一步，也是至关重要的一步。

△泰国那拉提瓦府斯艾勾罗县的一家酒店附近发生炸弹爆炸事件，造成至少 4 人死亡和 40 人受伤。从 2004 年年初至 2005 年 2 月，泰国南部的那拉提瓦、北大年、也拉三府不断发生袭击行人、焚烧学校、破坏公共设施等暴力事件，累计造成至少 700 人丧生。

△联合国秘书长安南致信新加坡政府总理李显龙，表扬并感谢新加坡积极参与印度洋海啸救灾工作。

△中国驻新加坡大使馆代表中国教育部向新加坡南洋女子中学赠送中文图书 500 册。

19 日 中国共产党中央委员会总书记、国家主席、中共中央军委主席胡锦涛在省部级主要领导干部提高构建社会主义和谐社会能力专题研讨班开班仪式上强调，要深刻认识构建社会主义和谐社会的重大意义，扎实做好工作，大力促进社会和谐团结。

△泰国清迈府一大象园中 8 头大象在长 6 米、宽 2.4 米的帆布上创作的一幅丙烯画以约 3.95 万美元的价格售出，打破大象绘画最高售价的吉尼斯世界纪录。

23 日 正在泰国访问的中国北京语言大学校长曲德林拜会诗琳通公主殿下，并授予公主北京语言大学名誉教授称号。

23～25 日 由联合国粮农组织和世界动物卫生组织（国际兽医局）共同主办的亚洲地区防治禽流感会议在越南胡志明市举行，来自全球的 100 多名各界代表与会。

28 日 中国国家主席胡锦涛在北京会见到访的马来西亚最高元首西拉杰丁。

△中国国务院新闻办公室发布《中国的民族区域自治》白皮书，系统介绍 50 多年来中国实行民族区域自治的基本情况。

△新加坡、印度尼西亚两国官员举行第一次技术性谈判，就解决两国海上边界争端交换意见。

△柬埔寨第三个五年计划国家发展研讨会在金边举行。政府首相洪森出席会议并发表重要讲话。

3 月

1 日 中国国务院总理温家宝在北京分别会见到访的马来西亚最高元首西拉杰丁和菲律宾外长罗慕洛。

2 日 新加坡职业和教育展开幕。来自 20 个国家的 550 多个机构参展，其中中国派出由 20 多所名校组成的展团参展。新加坡职业和教育展始于 1971 年，每年举行一次。

3 日 中国人民政治协商会议第十届全国委员会第三次会议在北京开幕。12 日，会议闭幕。会议增选董建华、张梅颖、张榕明为政协十届全国委员会副主席。

△印度尼西亚雅加达南区法院以合谋 2002 年巴厘岛爆炸案的罪名，判处“伊斯兰团”精神领袖阿布·巴卡尔·巴希尔两年半徒刑。

3～8 日 泰国海军舰艇编队对中国上海进行友好访问，以庆祝泰中两国建交 30 周年。这是泰国海军舰艇编队第六次访问上海。

4 日 中国共产党中央委员会总书记、国家主席、中共中央军委主席胡锦涛在看望参加全国政协十届三次会议的民革、台盟、台联委员时，就新形势下发展台湾海峡两岸关系提出四点意见：坚持一个中国原则决不动摇，争取和平统一的努力决不放弃，贯彻寄希望于台湾人民的方针决不改变，反对“台独”分裂活动决不妥协；强调包括台湾同胞在内的全体中华儿女团结起来，共同为推动祖国和平统一大业而努力奋斗。

5～14 日 中国第十届全国人民代表大会第三次会议在北京举行。会议听取、审议和通过国务院总理温家宝作的政府工作报告和其他重要报告，选举胡锦涛为中华人民共和国中央军事委员会主席，表决通过《反分裂国家法》。

△新加坡决定，将以观察国身份再加入联合国教科文组织。

8～12 日 文莱王储比拉赫应新加坡国防部长张志贤邀请访问新加坡。

9 日 他信·西那瓦在泰国国会下议院的政府总理选举中获胜。泰国国王普密蓬签署御令，正式任命他信为泰国第二十四任政府总理。他信是泰国历史上第一位赢得连任的民选总理。中国国务院总理温家宝电贺他信当选连任泰国政府总理。

11 日 当选连任泰国政府总理的他信宣布：泰国新一届政府组成，新内阁组成人员名单当天已经国王普密蓬批准。这是泰国历史上第一个一党执政政府。

12 日 中国 8 名志愿者在广西疾病控制预防中心接种中国

第一批艾滋病疫苗(或称安慰剂)。

14日 中国第十届全国人民代表大会第三次会议通过《反分裂国家法》后,东盟国家表示完全支持和理解。柬埔寨政府首相洪森表示:中国全国人大表决通过《反分裂国家法》对中国和平统一大业具有重大的现实意义和深远的历史意义,柬埔寨坚决支持中国在台湾问题上采取的任何行动和措施。柬埔寨政府还发表声明说:中国制定《反分裂国家法》是维护国家核心利益的立法行动,合法合理,符合国际惯例。老挝、缅甸两国的外交部分别于15日、16日发表声明,支持中国全国人大通过《反分裂国家法》。

△泰国政府总理他信率领新内阁35名成员在曼谷南面的滨海小城花欣宣誓就职。

△菲律宾国家石油公司、中国海洋石油总公司、越南石油和天然气公司在菲律宾首都马尼拉共同签署《在南中国海协议区三方联合海洋地震工作协议》,实践各自国家政府作出的使南中国海地区变成"和平、稳定、合作与发展地区"的承诺。

△新加坡航空公司推出一项促销计划,向顾客提供从新加坡到泰国曼谷、中国香港、印度尼西亚雅加达、越南河内、中国台北、中国深圳、澳大利亚珀斯等7个城市的廉价往返机票。

△为庆祝泰国国王密蓬和王后结婚55周年,55对来自世界各地的有情人在泰国清迈举行一场独特的集体婚礼——泰国传统婚礼。

15日 新加坡中华总商会举行第五十三届董事会就职典礼,蔡天宝接替郭令裕就任新一届会长。新加坡中华总商会成立于1906年,当时称新加坡中华商务总会,1921年改为现名。中华总商会是新加坡规模最大、历史悠久的商团机构,目前拥有4000多个商号会员、个人会员以及114个商团会员。

17日 中国—东盟灾后防疫研讨会在中国北京举行。

△世界首例成活体细胞克隆水牛在中国广西大学诞生。

18~21日 2005年东南亚(广西)国际水产畜牧交易博览会在中国南宁举行。

19日 中国南宁—马来西亚吉隆坡直航包机定期航班开通。

△泰国警方在泰国湾水域破获10年来最大的一起海洛因走私案,共缴获海洛因546千克。

20日 中国国家主席胡锦涛、国务院总理温家宝在北京分别会见美国国务卿赖斯。

△中国地质科学院在北京宣布:该院在河北丰宁晚中生代地层中,首次发现迄今世界上最原始的鸟类化石(已命名为华美金凤鸟)。

21日 中国共产党中央委员会颁发《关于进一步加强中国共产党领导的多党合作制和政治协商制度建设的意见》。

21~23日 新加坡商务代表团在中国天津考察,全面了解天津投资环境,谋求合作商机。

22日 老挝人民革命党在首都万象举行盛大仪式,隆重庆祝建党50周年。中国共产党中央委员会电贺老挝人民革命党成立50周年。

△新加坡政府总理李显龙接见到访的中国苏州市委书记王荣及苏州市市长阎立。双方就新中苏州工业园区的发展情况进行讨论。

23日 泰国政府总理他信向国会提交新一届政府的施政纲领。这份施政纲领从政治、经济、外交、文化、社会等9个方面阐述他信政府在未来4年内的工作重点。

25日 中国最高人民检察院检察长贾春旺在北京会见由总检察长坎皮·考差率领的泰国检察代表团。

△中国科技大学宣布:该校研究人员通过与国外机构合作,已经找到阻断艾滋病病毒复制的新途径,为无抗药性艾滋病药物的研制提供了新手段。

27~31日 中国广西壮族自治区副主席、中国—东盟博览会组委会秘书长李金早率广西代表团访问新加坡。30日,广西与新加坡就广西防城港集装箱码头项目签署合作意向书。

△为纪念泰中两国建交30周年,同时庆祝诗琳通公主50诞辰,泰国清莱皇太后大学、朱拉隆功大学和泰华农民银行联合主办"行进在康庄大道上的泰中关系"学术研讨会。诗琳通公主出席研讨会并致开幕词。泰华社会各界知名人士上千人出席研讨会。

28~30日 应柬埔寨国王诺罗敦·西哈莫尼邀请,越南共产党中央委员会总书记农德孟率团对柬埔寨进行正式访问。30日,柬越两国发表联合声明。

28日至4月1日 中国国民党副主席江丙坤率参访团访问中国大陆。参访团先后在广州、南京、北京拜谒黄花岗七十二烈士墓、中山陵和孙中山衣冠冢,并与当地台商交谈。中共中央台湾工作办公室主任陈云林和有关部门代表与中国国民党参访团就促进两岸经贸等领域的交流与合作举行会谈,双方达成12项共识。中国国民党主席连战表示接受邀请,将择期访问大陆。

29日 印度尼西亚苏门答腊岛附近海域当地时间28日23时9分(北京时间29日零时9分)发生里氏8.5级强烈地震,这是继2004年12月26日该海域发生9级地震后的又一次强震。这次强震后还发生里氏6级余震。近3000人在地震中遇难。中国国家主席胡锦涛致电印尼总统苏西洛,代表中国政府和人民,对遇难者表示深切哀悼,向遇难者亲属表示诚挚慰问。中国政府提供50万美元现汇援助,用于开展地震救灾工作。中国红十字会紧急拨付30万美元支持印尼红十字会开展救灾工作。

△美国导弹护卫舰"加里"号驶入越南胡志明市西贡港,开始对越南进行为期4天的访问。这是美国军舰自1975年越南战争结束后第三次访问越南。

△新加坡交通部部长姚照东与中国交通部部长张春贤签署海运协定修改议定书，新中两国的船运公司将能在对方国家设立独资子公司拓展业务。

30 日 中国《广西日报》披露从中国—东盟博览会秘书处获得的信息：经征求东盟国家意见，并报请中国商务部批准，中国—东盟博览会从 2005 年起，举办日期调整为每年的 10 月 19 ~ 22 日。

30 日至 4 月 15 日 中国广西壮族自治区主席陆兵率广西政府代表团先后访问马来西亚、印度尼西亚和越南。

31 日 应柬埔寨政府首相洪森邀请，新加坡政府总理李显龙对柬埔寨进行 6 个小时的短暂访问。双方就包括鼓励新加坡企业到柬埔寨投资、帮助柬埔寨培训人才等双边合作问题交换意见。

4 月

1 日 第二届中国—东盟博览会暨广西（马来西亚）投资合作推介会和中国（广西）—马来西亚合作项目签约仪式先后在马来西亚首都吉隆坡举行。

△越南共产党中央书记处书记、内政部部长张永年在河内会见由中国共产党纪委委员、中共河南省副书记李清林率领的中国共产党友好代表团。

2 日 中国远洋科学考察船“大洋一号”从青岛起航，开始执行中国首次环球大洋科学考察任务。

3 ~ 7 日 各国议会联盟第一百一十二届大会在菲律宾首都大马尼拉市举行。来自 140 多个国家的 700 多名代表与会。会议的主要议题包括为战争罪、反人类罪、恐怖主义等违法行为建立判决和量刑机制等。中国全国人大常委会副委员长韩启德率中国代表团出席会议并发表演讲。

3 ~ 13 日 泰国公主诗琳通对中国进行为期 10 天的正式访问，这是她第二十次访华。在北京期间，中国国家副主席曾庆红、国务委员陈至立、全国人大常委会副委员长顾秀莲先后会见诗琳通公主。

5 日 到中国陕西参加乙酉年清明公祭轩辕黄帝陵典礼的新加坡金鹰国际集团主席陈江和先生捐赠 500 万元人民币，用于定向资助中国陕西省的职教和扶贫事业。

△亚洲备灾中心（ADPC）在泰国首都曼谷举行签字仪式。中国和斯里兰卡代表在 ADPC 新章程上签字，成为 ADPC 作为政府间国际组织的创始成员。泰国、孟加拉、柬埔寨、尼泊尔、巴基斯坦、菲律宾等国此前已在新章程上签字。ADPC 原为非政府国际基金组织，为适应地区减灾形势发展需要，通过修订章程，转为政府间国际组织，其宗旨是通过减灾实现更安全的社会和获得可持续发展。

5 ~ 12 日 中国国务院总理温家宝先后对巴基斯坦、孟加拉、斯里兰卡和印度进行正式访问，并出席 6 日在巴基斯坦首都伊斯兰堡举行的亚洲合作对话第四次外长会议开幕式。

6 日 印度尼西亚政府公布的一份官方统计显示，2004 年 12 月 26 日印度洋海啸过后，印尼共掩埋 126915 具遇难者尸体，低于外界所估计的数字。此外，根据统计结果，印尼共有 37063 人被列入失踪者名单，另有 514150 名登记在册的难民。据早先的估计，海啸给印尼造成的死亡和失踪人数超过 23 万人。

△第九次东盟财政部长会议在老挝首都万象举行。

8 日 越南政府总理潘文凯在河内召开的援助越南国际会议上说：越南正努力争取 2005 年国内生产总值突破 500 亿美元大关，人均国内生产总值达到 600 美元；越南 2006 ~ 2010 年五年计划期间的国内生产总值年均增长率预计为 7.5% ~ 8%，到 2010 年，越南人均国内生产总值比 2000 年翻一番，达到人均 950 ~ 1000 美元。

8 ~ 9 日 应柬埔寨政府首相洪森邀请，缅甸政府总理梭温率团对柬埔寨进行正式访问，洪森和梭温就加强两国间的友好合作关系等问题交换意见。

9 日 新加坡教育部部长尚达曼表示：新加坡教育部将从 2005 年开始在学校实施新的华文创意教学法，以激发学生学习华文的兴趣。

11 日 新加坡总统纳丹应马来西亚最高元首西拉杰丁邀请访问马来西亚。

12 日 中国在西昌卫星发射中心成功发射“亚太六号”通信卫星。这是中国自 1999 年以来首次发射国际商业通信卫星发射。

△菲律宾外交部向美国发出外交照会，抗议美国驻菲律宾外交官公开将菲律宾南部棉兰老岛称作“恐怖主义的新圣地”和“下一个阿富汗”。

13 日 中国国家主席胡锦涛与印度尼西亚总统苏西洛互致贺电，祝贺两国建交 55 周年。

17 日 10 万多印度尼西亚民众在首都雅加达和其他大城市示威游行，呼吁保护耶路撒冷的阿克萨清真寺，强烈抗议以色列压迫巴勒斯坦人。

19 日 泰国内政部公布：在 2004 年底的海啸灾难中，泰国有 5395 人死亡、8457 人受伤、2845 人失踪，财产损失 149.34 亿铢（约 3.83 亿美元）。海啸袭击普吉、攀牙等 6 个府，共 25 个县、407 个村庄；受灾家庭 1.2 万户，受灾人口 5.85 万。为救援海啸灾民和恢复当地经济，泰国政府投入救灾资金 200 亿铢（5.13 亿美元），其中 20 亿铢（5128 万美元）来自社会各界捐款。

20 日 亚非部长级会议在印度尼西亚首都雅加达举行，70 多个亚非国家的外交部长或其代表与会。会议主要讨论建立亚非新型战略伙伴关系以及加强亚非国家在减灾等领域合作的问题，并为亚非峰会做准备。

20～21日　中国国家主席胡锦涛访问文莱。20日，胡锦涛同文莱苏丹哈吉·哈桑纳尔·博尔基亚·穆伊扎丁·瓦达乌拉举行会谈。胡锦涛提出进一步发展两国关系的6点建议。21日，胡锦涛出席文莱—中国友好协会举行的工商界午餐会并发表讲话。

21日　上海合作组织秘书长张德广与东盟秘书长王景荣在雅加达东盟总部举行会谈，双方签署上海合作组织秘书处与东盟秘书处谅解备忘录。

22日　中国国家副主席曾庆红会见前来北京出席"中国科学与人文论坛"活动的新加坡内阁资政李光耀。

22～23日　亚非106个国家的领导人出席在印度尼西亚首都雅加达举行的亚非峰会。中国国家主席胡锦涛出席峰会。会议通过《亚非新型战略伙伴关系宣言》。

23日　博鳌亚洲论坛2005年年会在中国海南博鳌开幕。

23～25日　由联合国国际交流医科大学发起，联合国国际交流医学大学、国际自然科学院、泰国拉芒卡拉大学、泰国卫生部和泰国旅游局等单位共同举办的第四十二届世界自然医学大会在泰国清迈大学举行，1200多名来自各国的自然医学专家参加会议。

24日　参加亚非峰会的各国领导人到达印度尼西亚万隆，参加纪念万隆会议召开50周年活动。

25日　中国国家主席胡锦涛访问印度尼西亚。胡锦涛在雅加达同印尼总统苏西洛进行会谈，并就推动两国战略伙伴关系提出7点建议。双方签署关于建立战略伙伴关系的联合宣言。两国元首出席多个双边合作文件的签字仪式并共同会见记者。胡锦涛还分别会见印尼副总统优素福、人民协商会议主席希达亚特、人民代表会议议长阿贡和地方代表理事会议长吉南亚尔。

△中国著名社会学家、人类学家和社会活动动家费孝通在北京逝世，享年95岁。

26日　中国政府决定在已向印度尼西亚提供50万美元现汇援助的基础上，再提供总值200万美元的现汇和物资援助。2004年底印尼苏门答腊北部海域发生强烈地震和海啸后，中国政府先后向印尼提供2亿元人民币的援助，派出近100人的医疗队。

△中国商务部在广西桂林主持召开第二届中国—东盟博览会高官会议，来自中国、东盟10国以及东盟秘书处的70多名高级官员共商第二届中国—东盟博览会和中国—东盟商务与投资峰会有关筹备事宜。

△新加坡和马来西亚签订一项双边协议，以解决两国就新加坡在柔佛海峡附近填海而引发的争端。

△新加坡政府批准拨款10亿美元用于采购一批新式战斗机。2005年，新加坡用于国防领域的预算开支为92.6亿美元。

26日至5月3日　中国国民党主席连战率国民党访问团访问中国大陆。4月29日，中国共产党中央委员会总书记胡锦涛在北京会见连战，并就发展两岸关系提出4点主张。

27～28日　中国国家主席胡锦涛对菲律宾进行国事访问。27日，胡锦涛同菲律宾总统阿罗约举行会谈，胡锦涛就推动中菲关系的发展提出7点建议，两国决定建立致力于和平与发展的战略合作关系。会谈后，双方签署多项合作协议和文件，涉及金融、贸易投资、经济技术合作、交通、青年交流、能源等领域。胡锦涛还在菲律宾国会参、众两院联席会议上发表重要讲话。

28日　新加坡海港在2005年度亚洲货运业及物流链奖评比中获得亚洲最佳海港称号。这一奖项设立19年来，新加坡已是第十七次获此称号。

29日　第十一次中国—东盟高官磋商会议在中国上海举行。中国外交部副部长武大伟、东盟10国外交部高官或高官代表以及东盟秘书长王景荣分别率团出席会议。会议通过中国—东盟名人小组议事规则，讨论中国—东盟对话伙伴关系15周年纪念活动规划，同意尽快召开落实《南海各方行为宣言》的首次工作组会议。中国重申加入《东南亚无核武器条约》议定书的意愿。

29～30日　中国广西壮族自治区主席陆兵率广西代表团访问柬埔寨。

30日　越南胡志明市政府在独立宫广场举行阅兵和群众游行，隆重纪念越南南方解放和全国统一30周年。农德孟、陈德良、潘文凯、阮文安等越南党和国家领导人以及其他党、政、军和各界群众代表，老挝、柬埔寨、古巴三国的代表团成员以及各国驻胡志明市使节等约5万人参加庆祝活动。

△中国连接江苏镇江、扬州的润扬长江公路大桥建成通车。润扬长江公路大桥全长35.66公里。

5月

1日　新加坡加入《防止船只制造污染国际公约》第四项附加规章，为防止海洋污染尽力。至此，新加坡加入该公约所有规章。

2日　日本、新加坡、泰国和美国派出大约5800人的部队在泰国清迈展开年度"金色眼镜蛇"军事演习。

△新加坡前总统黄金辉逝世，享年89岁。黄金辉生于1915年11月，祖籍中国福建。1985～1993年担任新加坡第四任总统。在担任总统期间，黄金辉曾对中国进行国事访问。

3日　中国共产党中央台办、国务院台办主任陈云林受权在北京宣布：大陆同胞向台湾同胞赠送1对象征和平团结友好的大熊猫；大陆有关方面将于近期开放大陆居民赴台湾旅游，扩大开放台湾水果准入并对其中10余种实行零关税。

4日 参加在土耳其伊斯坦布尔举行的亚洲银行理事会第三十八届年会的东盟10国与中、日、韩3国财长举行第八届东盟10+3财长会议。会议讨论区域宏观经济形势和加强东亚货币金融合作等议题。会议结束时发表联合声明。

5~13日 台湾中国新民党主席宋楚瑜率中国新民党代表团访问大陆。12日，中共中央总书记胡锦涛在北京会见宋楚瑜，并与宋楚瑜举行会谈，双方发表会谈公报。

6日 东盟与中日韩(10+3)外长会议在日本京都举行。会议主要讨论东盟与中日韩合作、东亚峰会等问题。

7日 缅甸首都仰光发生3起炸弹爆炸事件，共造成11人死亡、162人受伤。缅甸政府发言人、新闻部长觉山准将称，连环爆炸事件是多个反政府组织的恐怖分子所为。

8日 中国国家主席胡锦涛抵达俄罗斯首都莫斯科，出席9日在莫斯科举行的俄罗斯纪念卫国战争胜利60周年庆典。胡锦涛在莫斯科会见韩国总统卢武铉、土库曼斯坦总统尼亚佐夫、俄罗斯总统普京、法国总统希拉克、罗马尼亚总统伯塞斯库以及当年曾在中国东北参加中国抗日战争的俄罗斯老战士代表。

12~18日 中国—东盟电信周分3个阶段相继在中国北京、上海、深圳举行。12日，中共中央政治局常委、国务院副总理黄菊出席在北京举行的开幕式并致词。电信周期间，中国和东盟各国信息通信主管部门部长及东盟秘书长一致通过《中国—东盟建立面向共同发展的信息通信领域伙伴关系北京宣言》，中国—东盟信息通信合作网站启动。

13日 中国共产党中央台办、国务院台办主任陈云林在北京宣布：大陆方面将进一步为台湾居民出入境提供便利，对在高等院校就读的台湾学生按大陆学生标准收费，逐步放宽台湾同胞在大陆就业条件。

16日 中国北京《财富》全球论坛开讲。中国国家主席胡锦涛出席开幕式并发表重要讲话。

17~19日 第二十五届东盟国家警察会议在印度尼西亚巴厘岛举行。中国公安部首次以观察员身份出席会议。

17~31日 中国全国人民代表大会常务委员会委员长吴邦国先后访问新加坡、澳大利亚、新西兰和马来西亚。

18日 中国银行间外汇市场正式推出外币买卖业务。

△印度尼西亚政府决定，亚齐地区从是日起取消实施一年之久的民事紧急状态，恢复正常状态。

△老挝政府总理本扬·沃拉芝在万象会见出席第二届东盟地区论坛安全政策会议的中国人民解放军副总参谋长熊光楷上将。同日，老挝国防部部长多昂斋·比芝少将也会见熊光楷。

△中国商务部与新加坡贸工部签署协议，成立中国—新加坡双边投资促进委员会。

20日 中国共产党中央政治局常委、国务院副总理黄菊在北京会见泰国第一副总理、泰中经济文化协会会长颂吉。

△第二十二届东盟地区论坛高官会在在老挝首都万象举行。论坛的重点议题是国际与地区安全形势。

23日 菲律宾总统阿罗约在总统府会见到访的中国人民解放军副总参谋长熊光楷上将。熊光楷向阿罗约转达中国国家主席胡锦涛的问候。熊光楷还拜会菲律宾国家安全顾问萨雷斯、国防部部长克鲁斯、三军总参谋长阿布等菲律宾官员，并与菲律宾国防部副部长桑托斯举行中菲首次防务与安全磋商。

△新加坡政府总理李显龙访问日本，并与日本政府首相小泉纯一郎会晤，讨论新日双边关系和亚太区域局势发展问题。这是李显龙自2004年上任以来首次访日。

24日 文莱苏丹哈吉·哈桑纳尔·博尔基亚·穆伊扎丁·瓦达乌拉宣布内阁改组，原由8名部长组成改为16名部长组成，包括新设立的首相高级部长、能源部长、第二部长和原有的国家祭司、总检察长等，并首次宣布内阁任期为5年，原内政、教育、交通、文化青年体育部长退出内阁。

25日 中国第一座长距离跨海大桥——全长32.5公里的上海国际航运中心洋山深水港(一期)工程东海大桥全线贯通。

26日 中国国务委员、公安部部长周永康在北京与到访的老挝公安部部长通班·显阿蓬举行会谈。

△旅游杂志OAG与中东版的《商旅杂志》分别把全球最佳机场奖颁发给新加坡樟宜机场。这是樟宜机场第九次获OAG奖，第二次获《商旅杂志》奖。

27日 中国中央民族工作会议暨国务院第四次全国民族团结表彰大会在北京举行，中共中央总书记、国家主席、中央军委主席胡锦涛在会上发表重要讲话。

△中国外交部部长李肇星在北京会见到访的老挝政府副总理兼外长宋萨瓦·伦萨瓦。

28日 新加坡加入《斯德哥尔摩公约》和《鹿特丹公约》两个环保国际公约，以加强该国对持久性有机污染物质的使用与生产限制，以及对有害化学品的进出口管制。

31日 新加坡海军与美国海军在新加坡举行代号为“卡拉特2005”的联合军事演习。

△马来西亚国家元首西拉杰丁在吉隆坡会见到访的中国全国人大常委会委员长吴邦国。

6月

1日 是日起，新加坡航空公司新加坡至北京定期往返航班由每日两班增至3班，航运能力提高50%，每天增加乘客座位288个。

3 日 柬埔寨政府首相洪森在金边表示，柬埔寨政府欢迎美国警方 2 日逮捕反政府武装“柬埔寨自由战士运动”头目春亚仕，认为这是柬美两国反恐合作的成果。

△新加坡《联合早报》报道，新加坡南洋理工大学将和中国国家对外汉语教学领导小组合作，在新加坡设立孔子学院，为提高本地中华语言文化的水平提供更多汉语进修的渠道。

3~5 日 第四届亚洲安全大会在新加坡举行。3 日，新加坡政府总理李显龙在开幕式上发表题为《确保新亚洲的未来》的演讲。5 日，马六甲海峡沿岸国马来西亚和新加坡在大会上强调，针对保卫马六甲海峡安全而采取的任何措施必须尊重沿岸国家的主权和国际法。

4 日 菲律宾总统阿罗约接受外国传媒专访时说：菲中两国关系不断改善，两国贸易正迅速增长，2004 年已超过 130 亿美元；而在中国加入世贸之前，两国贸易几乎是空白。她还说，菲律宾将增强与中国的双边关系，特别是贸易往来关系。

5 日 新加坡、文莱、智利和新西兰的贸易官员宣布，四国达成首个跨太平洋的自由贸易协定。

5~9 日 中国陕西省副省长赵德全率领 100 多人的政府和企业家代表团访问新加坡。代表团在新加坡举办中国西安阎良国家级航空产业基地招商说明会、陕西旅游推介会、西安—新加坡经贸洽谈暨项目对接会。

7 日 中国政府发布《中国关于联合国改革问题的立场文件》。

8 日 中国国家主席胡锦涛与缅甸国家和平与发展委员会主席丹瑞互致贺电，庆祝两国建交 55 周年。中国国务院总理温家宝、国家副主席曾庆红、外交部部长李肇星也就中缅建交 55 周年分别与缅甸政府总理梭温、国家和平与发展委员会副主席貌埃、外交部部长吴年温互致贺电。

9 日 中国国家主席胡锦涛与菲律宾总统阿罗约互致贺电，庆祝两国建交 30 周年。

△中、日、韩三国学者共同编写的《东亚三国的近现代史》中文版在北京发行。

10 日 柬埔寨—泰国综合边界委员会第四次会议在柬埔寨首都金边结束，双方一致表示将继续全面推进两国边界合作。

△中国黑龙江省牡丹江地区宁安市沙兰镇遭受百年不遇的山洪和泥石流灾害，造成 117 人死亡（其中学生 105 人）。

11 日 在菲律宾首都大马尼拉市举行的纪念菲律宾独立 107 周年国庆活动上，阿罗约总统发表讲话，呼吁菲律宾人民保持团结，反对动乱，警惕少数企图颠覆政府的人的险恶用心。

△中国和欧盟就解决纺织品贸易问题在中国北京进行谈判后达成一致意见。

△亚洲新闻网报道，环球咨询公司凯捷和美林发表的一份报告显示，2004 年全球百万富翁人士增长最快的国家排名，新加坡名列榜首。

13 日 第二届中国—东盟自由贸易区高层论坛在中国北京举行。

14 日 中共中央军委副主席、中国国务委员兼国防部长曹刚川在北京会见到访的泰国陆军司令布拉威·翁素万。

16 日 第二届中国—东盟博览会（中国广西南宁）缅甸推介会在仰光举行。中国广西政协副主席姜兴和、中国驻缅甸大使李进军、缅甸商务部贸易司司长钦茂雷上校等出席。

△缅甸国家和平与发展委员会主席丹瑞大将、政府总理梭温中将、国家和平与发展委员会副主席貌埃二级大将分别致电中国领导人胡锦涛、温家宝、曾庆红，就中国南部地区发生水灾表示慰问。

△柬埔寨暹粒市一所国际学校发生劫持人质事件，1 名加拿大男孩遭歹徒杀害，其余人质均被警方救出。制造此次人质劫持事件的 4 名歹徒全部被捕。

17 日 中国建设银行和美洲银行在北京共同宣布：美洲银行将出资 30 亿美元参股建设银行，美洲银行最终持有股权可达到 19.9%。

△中国银行新加坡分行与中银信用卡（国际）有限公司签署一项策略联盟协议，推出威士、万事达两种全新的信用卡服务业务，以促进新加坡信用卡业务发展。

19~21 日 越南政府总理潘文凯访问美国。这是越战结束 30 年后越南政府领导人首次访美。21 日，潘文凯与美国总统布什会谈，会谈的主题是加强越美两国之间的经贸、军事和安全合作。会谈后布什表示，他已接受潘文凯的邀请，期待明年访问越南并参加在越南举办的亚太经合组织首脑会议。

20~23 日 首届亚洲—中东对话会在新加坡举行。亚洲、中东 41 个国家的政府、学术界和民间代表参加会议，展开亚洲与中东之间的首次历史性对话。双方探讨新的合作机会，以加强两大区域的政治、经济、人文与社会方面的联系。23 日，新加坡政府总理李显龙会见出席对话会的各国代表团团长。

23~25 日 菲律宾参议院议长富兰克林·德里隆访问中国。

24 日 亚洲新闻网报道：2004 年新加坡与中国辽宁省双边贸易额达到 6 亿美元。截至 2004 年底，新加坡在辽宁省共有 637 个投资项目，投资总额超过 27 亿美元，居外国在辽宁省投资的第六位。

26 日 第六届亚欧财长会议在中国天津举行。

△缅甸国家禁毒委员会在仰光举行纪念国际禁毒日毒品销毁大会暨第十九届查获毒品销毁大会，缅甸高级官员及

各国驻缅使节参加。会上当众销毁价值3亿多美元的毒品。

29日 新加坡和印度签署全面经济合作协议。

30日 缅甸国家和平与发展委员会主席丹瑞大将在缅甸老军人协会代表大会上说，缅甸正在实施国家发展7点路线图计划，以便“有步骤地还政于民”。这是缅甸最高领导人丹瑞首次在公开场合的讲话中谈及“还政于民”。

30日至7月2日 泰国政府总理他信访华。7月1日，他信与中国国务院总理温家宝举行会谈。同日，温家宝与他信互致贺电，祝贺中国和泰国建交30周年；泰国政府接受中国政府正式提交的1100多份泰国海啸遇难者DNA数据的检测结果，他信和温家宝出席在北京举行的交接仪式；中泰两国政府签署涉及能源、矿产、食品、零售等多个领域的10项双边经贸合作协定。

30日至7月6日 中国国家主席胡锦涛访问俄罗斯和哈萨克斯坦，并出席在哈萨克斯首都阿斯塔纳举行的上海合作组织元首会议。7月1日，胡锦涛与俄罗斯总统普京在莫斯科签署《中国和俄罗斯联盟关于21世纪国际秩序的联合声明》。

6月底 中国海信集团研制成功中国音视频领域第一块具有自主知识产权的数字电视处理芯片——“信芯”。

7月

1日 中国第十届全国人民代表大会常委会第十六次会议决定，批准外交部部长唐家璇代表中华人民共和国于2001年10月30日在北京签署的《中华人民共和国和菲律宾共和国引渡条约》。

△由中国国际贸易促进委员会和泰国投资促进委员会共同主办的中泰投资研讨会在北京举行。中国国务院副总理回良玉和到访的泰国政府总理他信出席。

1~3日 为庆祝泰中建交30周年，泰国驻华使馆和中国北京市人民政府在北京朝阳公园共同举办“泰·美好”2005泰国风情节。泰国总理他信主持开幕仪式，代表泰国人民向中国人民赠送象征着泰中两个文明古国间深厚友谊的“泰中友谊亭”。

2日 中国、越南、老挝三国交界点界碑立碑仪式在位于中国云南省、越南奠边府省、老挝丰沙里省交界处的十层大山山顶举行。

4日 中国国务院总理温家宝在昆明分别会见前来出席大湄公河次区域经济合作第二次领导人会议的越南政府总理潘文凯、老挝政府总理本扬、缅甸政府总理梭温和柬埔寨政府首相洪森，并与他们就双边关系深入交换意见。

5日 大湄公河次区域经济合作第二次领导人会议在中国昆明举行。中国国务院总理温家宝，柬埔寨政府首相洪森，老挝政府总理本扬，缅甸政府总理梭温，泰国政府总理他信，越南政府总理潘文凯，以及亚洲开发银行行长黑白东彦出席。本次会议主题是“加强伙伴关系，实现共同繁荣”。温家宝总理在开幕式上发表讲话并主持正式会议。会后通过《昆明宣言》，并决定第三次领导人会议将于2008年在老挝举行。

△由中国文化部推出的郑和下西洋600周年全球纪念活动暨“来自中国的和平使者”巡回展览在马来西亚首都吉隆坡开幕。中国国务院总理温家宝为这次开幕展览作“航海先驱，友谊使者”的题词，马来西亚政府总理巴达维出席开幕式并致词。

6日 中国自行研制的“长征二号丁”运载火箭在酒泉卫星发射中心升空，将“实践七号”科学试验卫星送入太空预定轨道。

6~13日 （台湾）新党纪念抗战胜利60周年大陆访问团先后访问广州、南京、大连、北京。12日，中共中央总书记胡锦涛在北京会见新党主席郁慕明及其率领的新党大陆访问团一行。

7日 中国国家主席胡锦涛出席在英国举行的八国集团与中国、印度、巴西、南非、墨西哥五国领导人对话会。胡锦涛同印度、巴西、南非、墨西哥等4个国家的领导人举行集体会晤，并分别会见英国政府首相布莱尔、德国政府总理施罗德、美国总统布什和法国总统希拉克。

△中共中央宣传部等单位联合举办的《伟大胜利——纪念中国人民抗日战争暨世界反法西斯战争胜利60周年大型主题展览》在北京中国人民抗日战争纪念馆开展。

△中国最大规模的水上综合搜救演习——2005年东海联合搜救演习在上海洋山港水域举行。

△中国国务院召开协调会议，研究做好第二届中国—东盟博览会和中国—东盟商务投资峰会有关工作。

9日 中共中央政治局常委、中国国务院副总理黄菊在北京会见到访的泰国正大集团董事长谢国民一行。

11日 中国在北京举行郑和下西洋600周年纪念大会。

△中国新疆阜康神龙煤矿发生瓦斯爆炸事故，造成79人死亡、4人失踪。

12日 新加坡政府总理李显龙访问美国，与美国总统布什就双边关系以及国际和地区问题交换意见，并签署扩大两国安全合作的战略框架协议。这是李显龙2004年8月出任新加坡政府总理后首次访美。

△由中国驻新加坡大使馆经济商务参赞处和新加坡贸工部国际企业发展局联合举办的中国投资政策研讨会在新加坡举行。

15日 中国国家主席胡锦涛在北京会见到访的欧盟委员会主席巴罗佐。

△中国外交部就日本经济产业省14日正式宣布授予日本帝国石油公司在东海中日争议海域的试开采权一事，向日

方提出严正交涉。

△老挝人民革命党中央政治局委员、国家副主席朱马利在万象会见由中国共产党中央委员、浙江省委书记习近平率领的中国共产党代表团。

△新加坡第四艘隐形护卫舰“强力”号在新加坡西南部的新科海事船厂下水。

△中国与缅甸合作建设缅甸耶瓦水电站项目合同签约仪式在缅甸首都仰光举行。这是缅甸最大的水电站项目。根据合同，中方将向缅方提供项目所需的成套机组设备、金属结构和安装技术服务等，合同总价值约1.25亿美元。

17日 印度尼西亚总统苏西洛批准印尼政府与亚齐分离主义组织“自由亚齐运动”谈判代表在芬兰赫尔辛基签署的和平协议草案。8月15日，印尼政府与“自由亚齐运动”正式签署和平协议，这是双方第三次达成和平协议。

18～20日 应新加坡人民行动党邀请，由中国新疆维吾尔自治区党委副书记、纪检委书记胡家燕率领中共友好代表团访问新加坡。

18～22日 应中国国家主席胡锦涛的邀请，越南国家主席陈德良对中国进行国事访问。18日，陈德良与胡锦涛举行会谈，胡锦涛对进一步加强和发展中越睦邻友好与全面合作关系提出4点建议。19～20日，中国全国人大常委会委员长吴邦国、国务院总理温家宝和全国政协主席贾庆林先后会见陈德良。

19日 中国和越南的30多家企业在北京举行中国—越南企业家论坛，会上签署超过10亿美元涉及机电、旅游、医药、通信等领域的合作协议。随同越南国家主席陈德良访华的越南政府副总理阮进勇出席签字仪式。

△泰国政府宣布：自即日起在南部也拉、北大年、那拉提瓦三府实行为期3个月的紧急状态，政府将实行新近生效的《紧急状态行政管理法》。根据这一法令，在紧急状态下，政府总理有权监听电话和审查报纸；在未接到举报的情况下，有权批准对嫌疑人的拘捕令。

20日 是日起，中国对文莱、印度尼西亚、马来西亚、缅甸、新加坡、泰国等6个国家实施中国—东盟自由贸易区协定税率。实施的协定税率共3408种，涵盖现行对这6个国家已经实施的“早期收获”商品的协定税率，其中有2810种商品的协定税率对6国统一适用，561种商品的协定税率对6国分别适用。

21日 中国人民银行发布完善人民币汇率形成机制改革公告。是日起，中国开始实行以市场供求为基础、参考一篮子货币进行调节、有管理的浮动汇率制度；人民币汇率不再盯住单一美元，形成更富弹性的人民币汇率机制。

△空中客车公司与中国航空器材进出口公司和中国国际航空股份有限公司签署框架协议，中国将从空中客车公司购买20架A330型飞机。中国国务院总理温家宝和西班牙首相萨帕特罗出席签约仪式。

△第五十六届马来民族统一机构（巫统）代表大会在吉隆坡召开。中国共产党应邀派代表出席。

22日 由越南国家工商会和中国国际贸促会广西分会共同主办的越南—中国企业论坛在中国广西南宁举行。

△缅甸媒体报道：缅甸政府前总理钦纽上将因包括贪污腐败在内的8项指控被判处44年徒刑。

25日 菲律宾总统阿罗约在国会参、众两院联席会议上发表国情咨文，呼吁菲律宾进行宪法和政治改革，摆脱政治纷争，以保证经济和社会持续发展。同日，阿罗约的反对派向国会正式提出弹劾法案，以阿罗约涉嫌在2004年大选操纵票数以及其家人涉嫌收受非法赌博回扣为由要求国会罢免她的职务。

26日 第三十八届东盟外长会议在老挝首都万象举行，来自东盟10个国家的外长就建立一个“团结和睦、生机勃勃和一体化”的东盟进行广泛讨论并达成共识。会议结束时发表东盟外长会议公报，并联合签署《建立东盟发展基金协议》和《建立灾害控制和应急反应协议》。与会外长还发表一项联合声明：缅甸决定放弃2006年度东盟轮值主席国职位，菲律宾将担此任。

△第四轮六方（中国、朝鲜、美国、韩国、俄罗斯、日本）会谈第一阶段会议在北京开幕，8月7日休会。

27日 东盟与中日韩（10+3）外长会议在老挝首都万象举行。会议就共同关心的国际和地区问题发表声明。老挝政府总理本扬会见出席会议并对老挝进行正式访问的中国外交部长李肇星。

27～30日 应中国国家主席胡锦涛邀请，印度尼西亚总统苏西洛对中国进行国事访问。28日，苏西洛与胡锦涛举行会谈后，一起出席经济技术合作协定等双边合作文件的签字仪式；同日，中国国务院总理温家宝会见苏西洛。29日，印尼、中国双方共约500位企业家出席由中国国际贸易促进委员会和印尼工商会在北京联合举办的中国印度尼西亚商务午餐会和企业合作签约仪式，签约总金额逾40亿美元；同日，两国发表联合声明。

28日 缅甸国家和平与发展委员会主席丹瑞大将和政府总理梭温上将分别会见到访的中国外交部长李肇星。

△新加坡VEREDUS生物技术公司宣布，成功开发出能快速有效检验H5N1型禽流感病毒的检测器。

△新加坡航空公司获美国杂志《旅游与康乐》的读者选为全球最佳航空公司。这份杂志自1995年举办这项评选活动以来，新加坡航空公司每年均被评为最佳。

△越南和老挝签署一项协议，将双方相关产品关税降至0～5%。这项协议将从2005年9月1日起生效。

29日 中国政府和柬埔寨王国政府以互换照会形式达成协议，同意柬埔寨在南宁设立总领事馆，领区为广西壮族自治区。

△中国—东盟博览会工作小组在中国重庆举办中国—东盟博览会推介座谈会。

△中国科技部部长徐冠华与泰国科技部部长功·塔帕朗西在泰国首都曼谷共同签署《中华人民共和国科技部和泰王国科技部科技合作谅解备忘录》。备忘录规定未来两国科技合作的目标与方式。

31日 应中国人民政治协商会议全国委员会邀请,由越南祖国阵线中央主席团副主席杜维常率领的越南祖国阵线代表团访问中国。8月2日,中国全国政协主席贾庆林在北京会见杜维常一行。

8月

1日 中国外交部副部长戴华国与美国常务副国务卿佐利克在中国北京举行首次中美战略对话。

△老挝人民革命党中央政治局委员、国家副主席朱马利在万象会见以中国共产党中央办公厅副主任毛林坤为团长的中共干部代表团,他表示加强老中全面友好合作关系符合两国人民的根本利益。

△泰国政府总理他信、副总理素拉革与日本经济产业相中川昭一在曼谷就泰日自由贸易协定举行会谈。

2日 马来西亚政府副总理兼国防部长纳吉布·敦·拉扎克在吉隆坡说,马来西亚、新加坡、印度尼西亚3个马六甲海峡沿岸国家已原则上同意从9月开始在马六甲海峡进行联合空中巡逻。

△泰国政府总理他信宣布改组内阁,调整包括内政、财政、旅游部长在内的16位内阁成员的职务。在获得泰国国王普密蓬·阿杜德的批准后,新内阁于3日宣誓就职。此次改组内阁,旨在提高内阁的工作效率,解决国家面临的经济问题和稳定南部局势。

3日 第二届东盟与中日韩(10+3)文化部长会议在泰国首都曼谷举行。会上,中国文化部部长孙家正和东盟秘书长王景荣共同签署《中华人民共和国与东南亚国家联盟成员国政府文化合作谅解备忘录》。

4日 越南外交部发言人黎勇表示,越南当天开始在北部的南定省及南部的前江省给当地的家禽(包括鸡、鸭和鸽子)注射从中国引进的禽流感疫苗。

△新加坡举行纪念第二次世界大战结束60周年学术研讨会,来自新加坡、马来西亚、印度尼西亚、泰国、澳大利亚、英国和日本的专家学者以及新加坡各界人士、各国驻新外交人员等共150多人出席。与会人员对亚洲在第二次世界大战中遭受日本的蹂躏,以及战争对东亚及东南亚国家60年来产生的政治与外交影响进行广泛讨论。

△新加坡与韩国签署自由贸易协定(FTA)。

5日 柬、老、越、缅、泰五国外长会议和五国外长与发展伙伴经济合作会议在柬埔寨暹粒举行,亚洲开发银行和欧盟、新加坡、日本、澳大利亚等国家与国际机构的代表出席会议。

9日 新加坡举行40周年国庆庆典活动。活动内容有阅兵式、歌舞表演、焰火晚会、花车游行等。新加坡国家领导人、各国驻新外交使团以及2.5万名民众参加庆典活动。

10~14日 应中国国家主席胡锦涛的邀请,柬埔寨国王诺罗敦·西哈莫尼对中国进行国事访问。中国国家主席胡锦涛、全国人大常委会委员长吴邦国、国务院总理温家宝分别会见西哈莫尼国王。这是西哈莫尼国王于2004年10月29日即位以来首次正式出国访问。

11日 柬埔寨第一个经济特区在地处柬越边境的柴桢省动工兴建。柬埔寨政府首相洪森出席开工典礼并发表讲话,希望经济特区的建立能吸引更多的外商来柬投资,参与柬埔寨的建设与发展。

16日 新华社报道:由中国长春新产业光电技术有限公司承担的大功率全固态蓝光激光器研制开发项目(2003年度吉林省科技发展计划重点项目)通过吉林省科技厅组织的科技鉴定,中国因此成为能够生产大功率蓝光激光器的少数国家之一。

17日 新加坡总统选举委员会宣布现任总统纳丹当选连任。

△2005曼谷时装周在泰国首都曼谷诗丽吉皇后国家会议中心开幕。

18日 东盟10国及中、日、韩3国首都警方在中国北京共同签署《关于加强东盟与中、日、韩首都警察局合作的北京宣言》,以加强彼此间交流与合作,打击跨国犯罪活动。

△印度尼西亚爪哇岛和巴厘岛发生大面积停电事故,首都雅加达也在停电区域内,共有近1亿人口的生活受到影响。22日,印尼政府公布调查结果,称停电事故系技术故障造成。

18~25日 "和平使命—2005"中俄联合军事演习先后在俄罗斯符拉迪沃斯托克和中国山东半岛及附近海域进行。

19日 中国共产党中央委员会电贺中国国民党第十七次党员代表大会召开。

△中国共产党中央委员会总书记胡锦涛电贺连战荣任中国国民党荣誉党主席。

21日 新加坡政府总理李显龙在一年一度的群众大会演讲时表示,新加坡一贯坚持一个中国政策,并很高兴看到海峡两岸的关系出现缓和。

25日 中国国务院副总理吴仪在北京会见来访的泰国政府第一副总理兼商业部长颂吉。吴仪说,中泰经贸合作近年来成效显著,双边贸易和双向投资增势良好,两国贸易额2010年达到300亿美元的目标有望提前实现。

26日 中国《南国早报》报道:截至8月2日,中国—东盟博览会秘书处已经收到泰国政府总理他信等11位东盟国家领导人和高官为博览会作的题词。

△中国外交部长李肇星在北京与来访的泰国外交部长甘达提举行会谈,双方就中国与东盟关系、联合国改革、朝核

等共同关心的问题交换意见。

△中共中央政治局召开会议,研究进一步做好新世纪新阶段的西藏工作。

30日 印度尼西亚中央银行宣布大幅度提高基准利率,以缓解印尼盾不断贬值的局面。从是日起,将1月期基准利率提高0.75个百分点至9.5%,将7天期利率提高1个百分点至8.5%。印尼总统苏西洛呼吁人民保持冷静,称此次贬值不同于金融危机时期的货币贬值。

△马来西亚政府总理巴达维与文莱领导人举行第九次互访磋商会谈。两国政府已同意在银行、保险、旅游和食品等领域探索新的合作途径。

△印度尼西亚总统苏西洛签署法令,赦免狱中的1500名"自由亚齐运动"成员。

30日至9月1日 印度尼西亚副总统尤素福·卡拉对中国进行非正式访问。31日,中国国家副主席曾庆红在北京会见尤素福。在北京期间,尤素福出席由印尼贸易部、印尼工商会、中国商务部、中国国际贸易促进会共同举办的第二届印度尼西亚贸易旅游投资展览会,并会见中国企业家。他表示,印尼方面将全力支持办好中国—东盟博览会。

31日 中国国家主席胡锦涛致电美国总统布什,就美国路易斯安等州遭受飓风袭击、造成严重人员伤亡和财产损失表示慰问。9月3日,中国政府决定向美国飓风灾区人民提供500万美元救灾援助,并另提供一批救灾急需物资。

9月

1日 中国国务院新闻办公室发表《中国的军控、裁军与防扩散努力》白皮书,全面阐述中国政府在军控领域的政策与主张,系统介绍中国参与国际军控所作的努力。

△中国广西壮族自治区主席陆兵分别致电越南广宁、凉山、高平三省人民委员会主席,祝贺越南建国60周年。

△中国广西壮族自治区副主席张文学在南宁会见由泰国皇太后山区发展计划秘书长蒂斯娜达亲王率领的泰国油茶考察团一行。

△当选连任新加坡总统的纳丹在总统府宣誓就职。

1~2日 马来西亚政府副总理兼国防部长纳吉布·敦·拉扎克访华。中国国务院总理温家宝、副总理黄菊于1日,中央军委副主席、国务委员兼国防部长曹刚川于2日在北京分别会见纳吉布。

△由中国法学会主办的首届中国—东盟法律合作与发展高层论坛在广西南宁举行。来自文莱、柬埔寨、印度尼西亚、老挝、马来西亚、缅甸、菲律宾、泰国、越南等国,以及中国司法界官员、资深法学专家和法律实务工作者共100余人参加。2日,与会代表共同签署《南宁宣言》,以表达与会各方希望加强中国与东盟在法律领域的交流与合作,为各国全面发展提供法律支持的共同心愿。同日,与会各国代表还参加首届论坛的永久纪念——中国—东盟法律文化广场揭幕仪式。

2日 越南在首都河内举行集会和游行,隆重庆祝越南社会主义共和国成立60周年。越共中央总书记农德孟、国家主席陈德良、国会主席阮文安、政府总理潘文凯等党和国家领导人参加庆祝活动,国家主席陈德良在庆祝会上发表讲话。

△中国民航总局有关部门批准中国台湾4家航空公司飞越中国大陆专线的申请,从9月5日零时起,允许台湾长荣等4家航空公司飞行台北和高雄至法国巴黎等地点的客、货运定期航班,沿大陆已对外开放的航路飞越大陆空域。

3日 中国纪念中国人民战争暨世界反法西斯战争胜利60周年大会在北京举行。中国党和国家领导人胡锦涛等和北京各界代表1万多人向人民英雄纪念碑敬献花篮。中共中央总书记、中国国家主席、中央军委主席胡锦涛向抗战老战士、爱国人士和抗日将领代表颁发中国人民抗日战争胜利60周年纪念章。

4日 中国国务委员唐家璇在北京会见前来出席"21世纪论坛"2005年会议(北京)的马来西亚前总理马哈蒂尔。

5日 中国和新加坡两国消费者协会在新加坡签订一项旨在进一步加强合作、共同维护消费者合法权益的谅解备忘录。

6日 菲律宾众议院否决反对派于7月25日对总统阿罗约提出的包括违反宪法、背弃民众、腐败以及行贿等多项指控的3项弹劾议案。阿罗约随后发表声明,赞扬菲律宾人民在此次弹劾风波中体现出的政治成熟确保了国家局势稳定和秩序恢复。

7~8日 马六甲和新加坡海峡安全会议在印度尼西亚首都雅加达举行。会议通过《雅加达声明》,承诺将进一步加强马六甲海峡的安全、保安和环保工作,维护马六甲和新加坡海峡的安全。

7~11日 由中国驻新加坡大使馆经商处和新加坡国际企业发展局共同组织、邀请的新加坡企业家代表团和中资企业(新加坡)协会代表团参加在厦门举办的第九届中国国际投资贸易洽谈会。

13日 正在纽约出席联合国成立60周年首脑会议的中国国家主席胡锦涛会见菲律宾总统阿罗约。

△印度尼西亚、马来西亚、新加坡、泰国4国对马六甲海峡的联合空中巡逻正式开始。这是印度尼西亚、马来西亚、新加坡首次邀请非沿岸国参与巡逻。

△印度尼西亚首都雅加达南区法院判处参与2004年澳大利亚驻印尼大使馆爆炸案的主犯罗伊斯死刑。

△新加坡第一座海水淡化厂——新泉海水淡化厂投入使用。

14日 中国国家主席胡锦涛出席联合国成立60周年首脑会议开幕式并宣布:中国将采取五项重大举措支持发展中国家加快发展。

19日 第四轮北京六方会谈结束,各方一致同意通过会谈启动以来的第一份共同声明。

△第二十六届东盟议会联盟会议在老挝首都万象举行。东盟议会联盟共有柬埔寨、印度尼西亚、老挝、马来西亚、新加坡、菲律宾、泰国、越南等8个成员国,文莱和缅甸因没有议会而作为特别观察员参加会议。此次会议特邀中国为特别观察员,中国全国人大常委会委员、全国人大外事委员会副主任委员王英凡率领中国全国人大观察员代表团出席。

△第六次东盟司法部长会议在越南首都河内举行。与会各方就进一步加强司法合作达成共识。

19~25日 中国国务院副总理吴仪应邀访问新加坡、泰国和文莱。19日和20日,新加坡总统纳丹、政府总理李显龙先后会见吴仪。20日,吴仪与新加坡政府副总理黄根成共同主持中国—新加坡双边合作联委会第二次会议。22日,泰国政府总理他信在清迈会见吴仪。24日,吴仪在斯里巴加湾分别会见文莱王储比拉与外交和贸易大臣穆罕默德·博尔基亚亲王。

21日 国际标准化组织第二十八届全体大会在新加坡举行。新加坡贸工部长林勋强在会上呼吁发展中国家积极参与国际标准化进程。

23日 中国自主研制的探空一号(TK-1)气象火箭探测系统在南昌通过设计定型审查。

△中国人民银行决定:从是日起,中国扩大银行间即期外汇市场非美元货币对人民币交易价的浮动幅度,从原来的上下1.5%扩大到上下3%;适当扩大银行对客户美元挂牌汇价价差幅度,并取消银行对客户挂牌的非美元货币的价差幅度限制。

26~30日 第二十七次东盟农业和林业部长会议在菲律宾塔盖泰举行。东盟10国农业部长在30日会议闭幕式上共同表示,将联手对抗禽流感的威胁。

28日 2005年澜沧江、湄公河次区域经济合作中国云南省西双版纳边贸旅游交易会开幕。

△中国国家发展和改革委员会宣布:降低22种药品的最高零售价格,平均降幅40%左右,最大降幅为63%,降价金额约合40亿美元。

△在世界经济论坛正式发表的年度竞争力报告中,新加坡排名世界第六,比2004年上升一个位次。

29日 第四次东盟—中国10+1和第八次东盟—中、日、韩10+3经贸部长会议在老挝首都万象举行。中国商务部副部长于广州代表商务部部长薄熙来率团与会。

10月

1日 印度尼西亚旅游胜地巴厘岛同时发生3起爆炸,共造成26人死亡、100多人受伤。这是继2002年恐怖爆炸袭击事件以来,巴厘岛第二次遭遇重大恐怖袭击。2日,印尼总统苏西洛在视察遭受连环爆炸袭击的巴厘岛时说,警方已查明这是一起自杀式恐怖袭击事件。

△印度尼西亚10余个城市爆发游行示威,抗议政府大幅度提高燃油价格。

1~30日 中国文化节在美国华盛顿肯尼迪表演艺术中心举行。

5日 在庆祝印度尼西亚建军60周年典礼上,苏西洛总统说,恐怖分子的行为已经一再玷污了印尼在国际社会上的好名声。他呼吁印尼军队要有效地加入预防和打击恐怖主义的行动当中。

7日 柬埔寨近70年来首部以本国语言文字编纂的词典出版。该词典收录约4.1万个词条,由20名学者历时7年编纂完成。

8~11日 中国共产党第十六届中央委员会第五次全体会议在北京举行。会议听取和讨论胡锦涛受中央政治局委托作的工作报告,审议通过《中共中央关于制定国民经济和社会发展第十一个五年计划的建议》。温家宝就《中共中央关于制定国民经济和社会发展第十一个五年计划的建议》讨论稿向全会作了说明。

10日 越南政府总理潘文凯与到访的柬埔寨政府首相洪森举行会谈,双方强调将按照东盟框架协议和次区域合作机制促进两国之间的交流。洪森还与越共总书记农德孟、国会主席阮文安等会晤。

12日 北京时间9时9分52秒,中国自主研制的"神舟六号"载人飞船在酒泉卫星发射中心发射升空,准确进入预定轨道。飞船搭载两名航天员,分别是费俊龙和聂海胜。完成预定空间飞行实验后,飞船返回舱于17日凌晨4时33分在内蒙古四王子旗主着陆场安全降落。

△中国第十届全国运动会在江苏南京开幕。

△中国全国人民代表大会常务委员会副委员长司马义·艾买提在北京会见以壮阿宝为团长的越南国会民族委员会代表团。

14日 中国全国人民代表大会常务委员会副委员长路甬祥在北京会见以主任武卯为团长的越南国会对外委员会代表团。

△中国农业部在北京宣布:中国农业科学院哈尔滨兽医药研究所(国家禽流感参考实验室)的科研人员选择中国自行培育、免疫效果良好的一株新城疫病毒弱毒疫苗为载体,采用国际先进的反向基因操作技术,经过4年时间,在国际上首次研制出表达H5亚型高致病力禽流感病毒抗原基因的重组新城疫病毒载体双价疫苗。

△中国何梁何利基金2005年度颁奖大会在上海举行。著名化学家徐光宪院士、著名数学家谷超豪院士获何梁何利基金科学与技术成就奖,另外45名科学家获何梁何利基金科学与技术进步奖。

15日 第七届20国集团财长和央行行长会议在中国北京举行。中国国家主席胡锦涛出席开幕式并发表题为《加强全球合作,促进共同发展》的讲话。

△中国青藏铁路全线铺通庆祝大会在西藏拉萨举行。

16日 美国和菲律宾举行联合军事演习,大约4500名美国海军陆战队士兵与大约700名菲律宾士兵参加,演练联合两栖登陆和其他行动,旨在加强两军的相互配合能力。演习至11月1日结束。

17日 中国著名作家巴金在上海逝世,享年101岁。

△中国外交部发表声明,严厉谴责日本政府首相小泉纯一郎再次参拜靖国神社。

18日 中国人民对外友好协会、中国东盟友好协会和中国新加坡友好协会在北京举行招待会,庆祝中新建交15周年。中国全国人大常委会副委员长顾秀莲出席招待会。

△新加坡国会通过一项有关生物和有毒物质的法令,以加强对这些危险物质的有效管理,防止恐怖分子发动生化袭击。

19~22日 第二届中国—东盟博览会和中国—东盟商务与投资峰会在中国广西南宁举行。中共中央政治局常委、国家副主席曾庆红,老挝国家副主席朱马利,柬埔寨政府首相洪森,缅甸政府总理梭温,泰国政府第一副总理颂吉,越南政府常务副总理阮晋勇等中国和东盟国家领导人出席博览会和峰会。第二届博览会取得令人满意的经贸成果,交易总额达到11.5亿美元,同比增长6%;签订国际投资合作项目126项,总投资52.9亿美元,同比增长5.9%。18日,中国国家副主席曾庆红在南宁分别会见前来参加第二届中国—东盟博览会的缅甸政府总理梭温、老挝国家副主席朱马利、越南政府常务副总理阮晋勇及东盟各国经贸部长。

20日 第二届东盟和中国禁毒合作部长级会议在中国北京举行。

△中国国务院新闻办公室发表《中国的民主政治建设》白皮书。这是中国政府首次发表关于民主政治建设的政府文告。

21日 柬埔寨驻中国南宁总领事馆举行开馆仪式。龙萨瑞出任首任柬埔寨驻南宁总领事。

23日 中国国务院新闻办公室发表《中国的和平发展道路》白皮书。这是中国政府首次系统地阐述中国走和平发展之路的必然性和坚定决心,以及为实现这一目标而采取的战略方针和政策措施。

25日 中国与塞内加尔恢复外交关系。

25~26日 新加坡政府总理李显龙访问中国。25日,中国国务院总理温家宝在北京与李显龙会谈,温家宝就深化中新友好合作提出4点建议。26日,中国国家主席胡锦涛会见李显龙。胡锦涛表示:2005年是中新建交15周年,中方建议与新方一道,以此为契机,发扬两国关系发展中的成功经验,推动中新友好互利合作关系再上新台阶。

26~28日 越南国防部长范文茶访问中国。26日,中国中央军委副主席、国务委员兼国防部长曹刚川在北京与范文茶会谈,就国际和地区形势、两国两军关系等问题交换意见。会谈后,曹刚川和范文茶出席《中越海军北部湾联合巡逻协议》签字仪式。期间,中国国家副主席曾庆红会见范文茶。

27日 中国原国家副主席荣毅仁在北京逝世,享年89岁。

28日 中国国务院副总理回良玉在北京会见泰国正大集团董事长谢国民一行。

28~30日 中国共产党中央委员会总书记、国家主席胡锦涛访问朝鲜。

10月29日至11月6日 第四届东亚运动会在中国澳门举行。

10月31日至11月2日 中国共产党中央委员会总书记、国家主席胡锦涛对越南进行正式友好访问。10月31日下午,越南共产党中央委员会总书记农德孟、国家主席陈德良与胡锦涛举行会谈,并共同出席《中越经济技术合作协定》等多项协定(协议)签字仪式。

11月

1日 正在越南访问的中共中央总书记、国家主席胡锦涛在河内分别会见越南国会主席阮文安、政府总理潘文凯、越中友协主席段孟蛟,与越共中央总书记农德孟会见参加第六届中越青年友好会见活动的中越青年代表,并在越南国会发表题为《增进友好互信促进共同发展》的重要演讲。胡锦涛是首位在越南国会发表演讲的外国国家元首。

△第四届世界佛教大会在泰国首都曼谷举行。来自23个国家的3500多名佛教界代表及僧侣就有关佛教与信息技术等4个议题进行讨论。泰国公主诗琳通主持大会开幕式。

△第二届伊洛瓦底江—湄南河—湄公河经济合作战略峰会在泰国首都曼谷开幕。缅甸、柬埔寨、越南、老挝、泰国等5国领导人共商次区域经济合作事宜。

2日 中国和越南发表联合声明。

△中国人民政治协商会议全国委员会主席贾庆林在北京分别会见平山郁夫率领的日中友好协会代表团和柬埔寨国王西哈莫尼。

△泰国政府总理、泰国泰爱泰党主席他信在首都曼谷会见到访的中国共产党中央政治局委员、中央书记处书记、中宣部部长刘云山。刘云山是应泰爱泰党的邀请率中共中央代表团于11月1日抵达曼谷进行友好访问的。

2日至12月1日 由"深圳"号导弹驱逐船和"微山湖"号远洋补给舰组成的中国海军舰艇队对印度进行访问。12月1日上午,与印度海军举行代号为"中印友谊——2005"的联合军事演习。

3日 中国国务院总理温家宝与到访的俄罗斯政府总理弗拉

德科夫举行中俄总理第十次定期会晤。

4 日 中国国家主席胡锦涛在北京会见到访的俄罗斯政府总理弗拉德科夫。

5 日 中国国家副主席曾庆红在陕西杨凌会见出席“一村一品”国际研讨会的泰国政府副总理颂吉。

6 日 中国国务院在北京召开防控高致病性禽流感电视电话会议。

7 日 缅甸政府发言人、新闻部长觉山准将说,缅甸政府部门已从6日起开始分批迁往缅甸中部城市彬马那。已经开始搬迁的首批9个部门包括外交部、国防部、商业部、农业部等。其他政府部门也将陆续迁至彬马那。彬马那是缅甸中部的一个县级城市,位于仰光以北390公里处,常住人口不足10万。迁都后,彬马那将作为缅甸新的行政首都,成为缅甸的政治中心,而拥有500多万人口的现首都仰光将作为商业之都。

△泰国政府总理他信在总理府会见到访的中国共产党中央政治局委员、全国人大常委会副委员长王兆国。王兆国是应邀率中国全国人大代表团于4日开始对泰国进行正式友好访问的。

8 日 柬埔寨国王诺罗敦·西哈莫尼,柬人民党主席、参议院议长谢辛亲王,奉辛比克党主席、国民议会议长诺罗敦·拉那烈亲王和柬人民党副主席、政府首相洪森亲王在金边分别会见中国共产党中央政治局委员、书记处书记、中宣部部长刘云山及其率领的中共代表团。刘云山分别转达胡锦涛、吴邦国、温家宝、贾庆林等中国共产党和国家领导人对西哈莫尼国王、谢辛主席、拉那烈主席和洪森首相的亲切问候和良好祝愿。刘云山率领的中共代表团是应柬人民党和奉辛比克党的联合邀请于5日开始对柬埔寨进行友好访问的。

△中国和美国就纺织品问题在英国伦敦达成协议。

8~18 日 中国国家主席胡锦涛对英国、德国、西班牙、韩国进行国事访问。18日,胡锦涛出席在韩国釜山举行的亚太经合组织第十三次领导人非正式会议。

9 日 2005年中国—东盟标准研讨会在中国广西南宁举行。此次会议的主题是:技术标准与中国—东盟自由贸易区建立和贸易健康发展;加强标准合作与相互支持,促进中国—东盟自由贸易区建设和贸易健康发展。

△柬埔寨国家领导人及社会各界人士共万余人在金边独立纪念碑下举行仪式,庆祝国家独立52周年。柬埔寨国王西哈莫尼主持独立节庆祝仪式并检阅仪仗队。

9~11 日 朝鲜半岛核问题第五轮六方会谈第一阶段会议在中国北京举行。在闭幕式上,各方鼓掌通过《主席声明》。

10 日 欧亚经济论坛在中国西安举行。

11 日 中国教育部副部长袁贵仁与越南教育培训部副部长陈文戎在越南首都河内签署《中越2005年至2009年教育交流协议》。

△菲律宾总统阿罗约会见到访的中国共产党中央政治局委员、广东省委书记张德江一行,高度评价菲中两国友好合作关系。

11~12 日 亚洲文化部长论坛在中国广东佛山举行,亚洲23个国家的文化部长或代表参加。

12 日 菲律宾武装部队总参谋长赫内罗索·森加中将说,于11日在马尼拉结束的东盟武装部队领导人非正式会议上,印度尼西亚、马来西亚、泰国、越南等东南亚国家的国防部门领导人签署一项协定,决定加强联合行动,防止恐怖主义、禽流感等各种越境威胁。

△泰国和比利时政府签署关于引渡罪犯、联合调查跨国案件两项处理跨国犯罪问题的协议。

13 日 中国吉林省吉林市的中石油吉林石化公司双苯厂一化工车间发生连续爆炸事故,造成5人死亡、1人失踪,约有100吨苯类污染物进入松花江水体。泄漏的苯类污染物对松花江造成严重污染。

14 日 连接中国与哈萨克斯坦的石油管道在中哈边境口岸阿拉山口实现跨国对接。

△印度尼西亚总统苏西洛在总统府会见到访的中国共产党中央政治局委员、广东省委书记张德江一行。

15 日 新加坡政府总理李显龙主持2005年“讲华语运动”开幕仪式。李显龙鼓励新加坡人进一步提高掌握华语的能力,提升新加坡社会的华语水平,加深对华族文化的认识。

15~18 日 应新加坡淡马锡控股公司(Temasek Holdings)邀请,中国工程院院长徐匡迪访问新加坡。访新期间,徐匡迪出席淡马锡公司2005论坛,参加淡马锡公司国际顾问委员会会议。

16 日 中国全国人民代表大会常务委员会委员长吴邦国在北京会见新加坡国防部长张志贤。

△中越两国陆地边界中国云南与越南交界段勘界工作取得阶段性成果。截至2005年10月底,已确定296块基本界碑位置,竖立258块界碑,勘定294公里边界线。

△缅甸国家和平与发展委员会主席丹瑞大将在首都仰光会见到访的中国共产党中央政治局委员、全国人大常委会副委员长王兆国。

△泰国政府总理他信在总理府会见到访的中国共产党中央政治局委员、广东省委书记张德江。

18 日 《中华人民共和国政府和智利共和国政府自由贸易协定》签字仪式在韩国釜山举行。

△中国共产党中央委员会举行座谈会,纪念原中共中央总书记胡耀邦诞辰90周年。

19 日 泰国、柬埔寨两国首脑和外交部长互致贺电,庆祝两国建交55周年。双方表示要加强文化交流，并在东盟的框架下加强双边合作。

19～21日 美国总统布什访问中国。20日，中国国家主席胡锦涛在北京与布什举行会谈，中国国务院总理温家宝会见布什。

20日 中国航空器进出口集团公司与美国波音公司在北京签订购买70架波音B737－700和B737－800飞机的框架协议。

21～23日 柬埔寨人民党特别代表大会在金边举行。会议决定推荐柬人民党副主席、现任王国政府首相洪森为下届政府首相候选人。

△泰国政府副总理素拉革·沙提拉泰对中国进行工作访问。21日，中国国务院总理温家宝在北京会见沙提拉泰，国务委员唐家璇与素拉革·沙提拉泰举行会谈。

△印度尼西亚总统苏西洛对印度进行国事访问。期间，两国发表联合声明，宣布建立新型战略伙伴关系。

22日 中国共产党代表团出访印度尼西亚。

△中国国家食品药品监督管理局在北京宣布，批准北京科兴生物制品有限公司和中国疾病预防控制中心共同研制的人用禽流感苗（大流行流感疫苗）开始临床试验。

△美国政府宣布恢复同印度尼西亚的军事关系，解除对印尼实施6年的军事援助禁令。

26日 中国江西瑞昌、九江交界地带发生5.7级地震，造成12人死亡、70人受伤，房屋倒塌200多间。

27日 北京时间20时，中国黑龙江七台河东风煤矿发生重大井下煤矿爆炸事故，造成171人死亡。

27日至12月5日 第二十三届东南亚运动会在菲律宾举行。

28日至12月2日 第二届柬埔寨电影节在金边举行

29日 越南第十一届国会第八次大会通过《反贪污法》《投资法》《营业法》《进出口法》《竞争法》《投标法》《实行节约反对浪费法》等法律。

30日 柬埔寨国王西哈莫尼签署法令，批准颁布实施柬越两国关于1985年边界条约的补充条约。

12月

3日 中国人民政治协商会议全国委员会副主席、中国经社理事会主席王忠禹率中国政协开始对菲律宾、越南、老挝和泰国进行访问。

4～15日 中国国务院总理温家宝先后对法国、斯洛伐克、捷克、葡萄牙、马来西亚进行正式访问，并出席在马来西亚吉隆坡举行的第九次中国—东盟10＋1领导人会议、第九次东国与中日韩10＋3领导人会议和首届东亚峰会。在法国访问期间，温家宝在巴黎综合理工大学发表重要演讲。在马来西亚出席东亚峰会领袖对话会时，温家宝发表题为《中国的和平发展与东亚的机遇》的重要讲话。

5日 印度尼西亚总统苏西洛宣布对内阁进行部分改组。经济学家布迪奥诺出任经济统筹部长，原经济统筹部部长阿布里·扎尔·巴克里改任人民福利统筹部部长，原国务部长、国家发展计划委员会主席斯里·穆尔亚尼·因德拉瓦蒂取代尤素福·安瓦尔担任财政部部长，原人力和移民部部长法赫米·伊德里斯改任工业部部长，埃尔曼·苏帕诺被任命为人力和移民部部长，帕斯卡·苏泽塔被任命为国务部长、国家发展计划委员会主席。改组后的印尼内阁仍由36名部长和国务部长组成。除上述内阁成员外，其他人员职务没有变化。

△中国航空油料集团公司与BP亚洲投资有限公司和淡马锡ARANDA投资私人有限公司签署向中航油新加坡公司注资1.3亿美元的协议。

△新加坡新闻、通讯及艺术部高级政务部长巴拉吉宣布：新加坡将投入1.2亿新元实施资讯通信人力发展计划，以推动该国资讯通信技术的发展。

△缅甸重开制宪大会。这次大会的目的是起草宪法，为多党选举铺平道路。

6日 越南国家主席陈德良在胡志明市统一宫会见到访的中国人民政治协商会议全国委员会副主席王忠禹一行。

7日 中国—东盟高官会议在马来西亚首都吉隆坡会议中心举行。当天，在吉隆坡还举行东盟高级官员会议、东盟常委会预备会、东盟经济高官会以及东盟与日、韩高官会。

△中国共产党中央政治局常委吴官正在北京会见到访的印度尼西亚民主党代表团。

△中国外交部副部长戴秉国与美国国务院副国务卿佐利克在美国举行中美第二次战略对话。

8日 中国建设银行广西分行与越南农业与农村发展银行广宁分行在中国广西北海市签订边贸业务合作协议。

9日 第二次中国与东盟10＋1外长会议在马来西亚首都吉隆坡举行。

△东盟和韩国签署《货品自由贸易协定》。

10～16日 由阿贡·拉克索诺议长率领的印度尼西亚人民会议（国会）代表团访问中国。14日，中国全国人民代表大会常务委员会委员长吴邦国、国家副主席曾庆红在北京分别会见阿贡。

11日 中国国务院总理温家宝在马来西亚首都吉隆坡分别会见菲律宾总统阿罗约和柬埔寨政府首相洪森。

△中国向柬埔寨、老挝、缅甸扩大特殊优惠关税待遇的换文签署仪式在马来西亚首都吉隆坡举行，中国将从2006年起对上述3个国家的部分输华产品实行单方面零关税待遇。

12 日 第九次中国—东盟领导人 10+1 会议、第九次东盟与中日韩 10+3 领导人会议在马来西亚首都吉隆坡举行，中国国务院总理温家宝和东盟 10 国、日本、韩国领导人出席。

△中国河北唐山刘官屯煤矿发生瓦斯爆炸事故，造成 74 人死亡。

△第十一届东盟首脑会议在马来西亚首都吉隆坡闭幕。作为会议的具体成果，与会东盟 10 国领导人审议通过 10 项协议文件，其中包括关于制订东盟宪章的《吉隆坡宣言》。

13 日 首届东盟与俄罗斯领导人会议在马来西亚首都吉隆坡举行。会上，东盟 10 国领导人与俄罗斯总统普京签署关于发展全面伙伴关系的联合宣言和推动双边合作的行动计划。马来西亚与俄罗斯签署双边协议，支持俄罗斯加入世界贸易组织。

△由“深圳”号导弹驱逐舰和“微山湖”号综合补给舰组成的中国舰艇编队在泰国湾海域与泰国海军举行代号“中泰友谊—2005”联合搜救演习。此次联合演习包括通信联络、海空搜索、联合救援、编队补给等 4 项内容。

13～18 日 世界贸易组织第六次部长级会议在中国香港举行。

14 日 首届东亚峰会在马来西亚首都吉隆坡闭幕。出席峰会的东盟 10 个成员国、澳大利亚、中国、印度、日本、韩国和新西兰的国家元首或政府首脑共同发表《吉隆坡宣言》和《关于预防、控制和应对禽流感的东亚峰会宣言》。中国国务院总理温家宝出席会议，并在当天会见缅甸政府总理梭温。

△泰国国家统计办事处公布最新人口统计数据：2005 年 7 月全国人口为 6476 万，人口平均密度为每平方公里 126 人（其中首都曼谷市为 4332 人）。

14～15 日 应泰国政府总理他信邀请，约旦国王阿卜杜拉二世·本·侯赛因对泰国进行友好访问。

15 日 中国国务院总理温家宝对马来西亚进行正式友好访问，并与马来西亚政府总理巴达维举行会谈。会后，中马两国发表联合公报。当天，马来西亚最高元首西拉杰丁会见温家宝。

16 日 泰国政府总理他信在曼谷会见来访的印度尼西亚总统苏西洛，双方就商贸投资、渔业、观光和反恐安全合作等问题举行磋商，并在禽流感防治、渔业、农产品采购等方面的合作达成共识。

18 日 第四届中国商品博览会暨中泰民族文化节在泰国首都曼谷开幕。

△泰国首家中文电视台开播。

18～23 日 应中国全国人民代表大会常务委员会委员长吴邦国邀请，老挝人民共和国国会主席沙曼·维雅吉率老挝国会代表团访华。21 日，吴邦国在北京会见沙曼。

20 日 中国疾病预防控制中心向世界卫生组织提交两份人禽流感病例毒株和毒株基因序列信息。

△印度尼西亚军方从亚齐省撤出 1600 多名驻军，以履行 8 月在芬兰与“自由亚齐运动”达成的和平协议。

21 日 泰国政府总理他信在总理府会见到访并参加中泰建交 30 周年庆祝活动的中国人民对外友好协会会长陈昊苏和中泰友好协会会长石广生一行。当天，泰国国会主席兼下议院议长波金在国会大厦会见陈昊苏和石广生。

△由新加坡设立的全球首家以海外华人为主题的华颂展览馆向公众开放。展馆的设立，旨在让新加坡人及外国游客了解海外华人的奋斗和发展史以及奋发向上、奉献社会的精神。

22 日 柬埔寨金边市法庭宣布，柬反对党桑兰西党主席桑兰西犯有诽谤罪，判处其 18 个月监禁并处以 5600 万瑞尔罚款。金边市法庭的判决书指出，桑兰西诽谤柬国民议会议长、奉辛比克党主席诺罗敦·拉那烈和王国政府首相、柬人民党副主席洪森的罪名成立。

△应缅甸国防部邀请，中国人民解放军成都军区副司令桂全智中将率领中国军事友好代表团对缅甸进行为期 5 天的访问。缅甸国家和平与发展委员会副主席、三军副总司令貌埃上将在仰光会见桂全智一行。

23 日 经中国国务院同意，中国陕西铜川、广东兴宁等 6 起煤矿特别重大事故的 222 名责任人受到追究。

26 日 中国金沙江溪洛渡水电工程开工建设。该电站设计装机总容量 1260 万千瓦，装机规模在中国仅次于三峡水电站。

△值印度洋海啸 1 周年纪念日，泰国南部 4 府 7 地举行活动，悼念海啸死难者。泰国政府高官，各国驻泰使节，以及来自 37 个国家和地区的 7000 多名海啸遇难者家属共数万人参加纪念活动。

27 日 印度尼西亚“自由亚齐运动”在亚齐省首府班达亚齐市宣布解散其军事组织“亚齐国民军”，以落实与印尼政府签署的和平协议。

28 日 中国政府向柬埔寨王国政府提供 1 亿元人民币的经济援助协议在柬埔寨首都金边签署。柬埔寨外交与国际合作大臣贺南洪和中国驻柬大使胡乾文代表各自政府在协议上签字。柬埔寨首相洪森出席协议签字仪式。根据协议，中国政府将向柬埔寨提供 5000 万元人民币的无偿援助和 5000 万元人民币的无息贷款，用于两国政府商定的经济技术合作项目。

29 日 中国第十届全国人民代表大会常务委员会第十九次会议表决决定，第一届全国人大常委会第九十六次会议于 1958 年 6 月 3 日通过的《中华人民共和国农业税条例》自 2006 年 1 月 1 日起废止。这意味着中国从 2006 年 1 月 1 日起免征农业税。

31 日 印度尼西亚中苏拉威西省帕卢镇的一个市场发生炸弹爆炸事件，造成 6 人死亡、45 人受伤。

2006年1～6月

1月

1日 经中国国务院常务会议批准，中华人民共和国中央政府门户网站（简称中国政府网，网址是 www. gov. cn）开通。

3～20日 新加坡和印度两国空军展开第二次代号为“新印”的联合军事演习。新加坡空军派出8架F－16战斗机，飞往印度的卡莱昆达空军基地参加演习。

4日 缅甸国家和平与发展委员会主席丹瑞大将发布独立节贺词，敦促国民继续推动实施七点路线图计划，催生基础牢固的新宪法。缅甸军政府于2003年8月宣布旨在实现民族和解、推进民主进程的七点路线图计划，其主要内容包括恢复中止8年的制宪国民大会、举行宪法草案全民公决以及依法举行大选和组成新政府等。

5日 泰国启动“10铢便当饱腹计划”，以缓解物价高涨问题。

6日 印度尼西亚外交部长哈桑·维拉尤达在年度记者招待会上谈到东亚地区形势时说，最近15年来中国经济巨大进步促进东南亚和东亚地区各国经济发展，给它们带来了积极影响。

8日 中国国务院副总理回良玉在北京会见到访的柬埔寨高级大臣兼宗教事务大臣坤杭一行。

9～11日 中国科学技术大会在北京举行。中共中央总书记、国家主席、中央军委主席胡锦涛，中国国务院总理温家宝在会上发表重要讲话。叶笃正、吴孟超获得2005年度国家最高科学技术奖。

11日 越南共产党第九届中央委员会第十三次会议在河内举行。越共中央总书记农德孟在会上作重要讲话。此次会议主要是为召开越共第十届全国代表大会作如下准备：一是继续征求各级党的机关、组织对党代会的意见，以便在党代会召开前修改完善会议的各项文件草案；二是为第十届中央委员会做人事安排准备。

△中泰两国在泰国首都曼谷签署教育合作协议，以全面推动两国之间教育的长期友好合作，尤其是泰国汉语教学发展。

12日 中国政府发布《中国对非洲政策文件》。这是中国政府首次发布对非洲政策文件。

△泰国华侨崇圣大学授予中国全国政协副主席罗豪才法学名誉博士学位，以表彰其在科技、教育等领域为推动泰中友好关系作出的杰出贡献。

13日 中国共产党中央政治局常委吴官正在北京会见由老挝人民革命党中央委员、政府副总理宋萨瓦·伦萨瓦率领的老挝人民革命党考察团。

14日 印度尼西亚雅加达中国书画展举行，从而揭开为期1个月的“中国文化节”（印度尼西亚）系列迎春活动的序幕。系列迎春活动由印尼《国际日报》和芒加杜阿广场商业中心共同举办。期间，雅加达各界举行丰富多彩的中华文化交流活动，主要有中国象棋大赛、舞龙舞狮比赛、千人太极拳晨运、中国杂技表演、财神爷游行等。

16日 中国人民政治协商会议全国委员会主席贾庆林在北京会见来访的泰国政府前总理差瓦立。

16～20日 亚太议会论坛第十四届年会在印度尼西亚首都雅加达举行。来自27个国家的300名代表与会。中国全国人大常委会委员、全国人大外事委员会副主任委员王英凡率领中国代表团出席年会。

17日 泰国实施严格禁烟令，禁止在任何公共场所内吸烟。禁烟令规定，凡违反者每人每次罚款2000铢，违禁者的主管官员也要“连坐”并罚款2万铢。

18日 中国国务院总理温家宝主持召开国务院常务会议，审议并原则通过《国务院关于解决农民工问题的若干意见》、《艾滋病防治条例（草案）》和《娱乐场所管理条例（修订草案）》。

19日 新加坡举行防禽流感演习，以检验医护人员及公众在禽流感暴发时的应对能力。

20日 在中国春节即将到来之际，中国国务院总理温家宝在北京看望柬埔寨前国王西哈努克和夫人。温家宝高度评价西哈努克半个世纪以来为中柬关系发展作出的卓越贡献。

22日 柬埔寨进行参议院议员选举，执政的人民党获得最多议席。

△横跨湄赛河（泰国和缅甸界河）的第二座“友谊桥”竣工通车。该桥连接泰国北部的清莱府和缅甸边贸重镇大其力，全长90米。

23日 泰国与瑞典签署“合作行动计划”，以加强两国在投资、观光、教育、文化等方面的合作。

24日 新加坡政府出资经营的淡马锡控股公司与暹罗商业银行以及部分泰国投资者共同出资，购买SHIN集团（泰国总理他信家族的主要产业）49.6%的股权，总金额高达738亿泰铢，创泰国企业史上最高金额的并购纪录。

24日至2月2日 为庆祝泰国国王登基60周年并庆祝2006年中国春节，泰国旅游体育部、曼谷市政府、泰华社团、中国文化部和中国驻泰国使馆在泰国联合举办“中国春节文化周”。

31 日 据印度尼西亚媒体报道,印尼一艘载有 105 人的渡船当天晚上在该国东部海域沉没,造成至少 30 人死亡。

2 月

4 日 印度尼西亚孔教协会在雅加达举行盛大联欢会庆祝中国春节。印尼总统苏西洛及夫人、前总统瓦希德、雅加达特区省长苏迪约梭、中国驻印尼大使兰立俊等印(尼)中各界人士出席。来自印尼各地的华族代表约 4500 人参加庆祝活动。印尼总统苏西洛在致词中表示,非常高兴和华人一起庆祝春节,谨向全国华族人民致以节日问候。

△马来西亚联邦政府艺术、文化和遗产部以及槟榔屿州政府和华人社团,在槟榔屿州首府槟榔屿市(槟城)举行马来西亚全国新春大团拜活动。马来西亚国家最高元首西拉杰丁、政府总理巴达维等领导人,全国各地的政府官员、华侨华人社团成员,以及一些国家的外交使节等数万人共聚槟城,欢庆中国农历新年。

7 日 泰国红十字会在曼谷与来访的中国红十字会代表团签署一项旨在加强双方在备灾救灾和灾后重建、医院保健等领域的交流与合作的联合声明。

8 日 中国政府向印度尼西亚海啸灾区儿童捐赠学习用品(价值 550 万美元)移交仪式在印尼亚齐省首府班达亚齐市举行。

9 日 《中共中央国务院关于实施科技规划纲要增强自主创新能力的决定》和《国家中长期科学和技术发展规划纲要》发布。这是中国建设创新型国家的纲领性文件。

△由美国、澳大利亚、印度尼西亚三国科学家组成的探险队宣布:探险队在印度尼西亚巴布亚省从未有人涉足的热带雨林考察时,发现至少 40 个新物种和许多珍稀物种。

10 日 中国历时 5 个多月的月球探测工程标识征集和评选活动结束,以中国书法笔触抽象地勾勒出一轮圆月、一双脚印踏在其上的作品,被最终确定为中国月球探测工程形象标识。

△中国驻菲律宾大使李进军与菲律宾外交部长罗慕洛互换《中华人民共和国和菲律宾共和国引渡条约》批准书。

11 日 为庆祝国王普密蓬登基 60 周年,泰国皇家空军和国际跳伞协会共同举办 2006 集体跳伞活动。960 名来自世界各国的跳伞选手在曼谷郊区同时跳伞,创造一项新的吉尼斯世界纪录。

13 日 柬埔寨政府首相洪森发表声明重申:柬埔寨政府将坚定不移地奉行一个中国政策,坚持支持中国政府为实现国家和平统一所做的一切努力。

14 日 马来西亚政府总理巴达维宣布改组内阁。这次改组涉及 16 个部门,其中 4 名原部长被除名。

14～18 日 应中国国务院总理温家宝邀请,缅甸政府总理梭温对中国进行正式访问。14 日,温家宝与梭温举行会谈,并共同出席两国政府经济技术合作协定和航班协定等文件的签字仪式。15 日,中国国家主席胡锦涛、全国人大常委会委员长吴邦国分别会见梭温。

15～21 日 第五届东盟海关税则协调会议在文莱首都斯里巴加湾市举行。约 40 名来自东盟 10 国的海关官员参加会议。

16 日 为庆祝国王普密蓬登基 60 周年,泰国政府在总理府举行“泰国盛情邀请年”活动开幕式。他信总理出席开幕式,并在一份邀请函上郑重签名,诚邀世界各国人民访泰,参与各项庆典活动。

17 日 菲律宾中部南莱特省一村庄发生山体滑坡,造成 1800 人死亡(菲律宾官员 18 日估计数)。当天,中国国家主席胡锦涛向菲律宾总统阿罗约发去慰问电。18 日,中国政府决定向菲律宾政府提供 100 万美元的紧急援助。

17～18 日 法国总统希拉克应邀对泰国进行访问。这是泰、法两国建交以来法国国家元首第一次访问泰国。

21 日 中国新华社受权全文播发《中共中央国务院关于推进社会主义新农村建设的若干意见》。

22 日 菲律宾军方宣布于 21 日挫败一起企图推翻阿罗约政府的军事政变阴谋。

23 日 中国中央军委副主席、国务委员兼国防部长曹刚川在北京分别会见由泰国国防研究院院长巴通朋·盖萨苏率领的泰国国防学院高官班代表团一行和东帝汶国防部长罗德里格斯。

24 日 菲律宾总统阿罗约宣布已签署 1017 号令,在全国无限期实施紧急状态。

△泰国政府总理他信·西那瓦在觐见泰国国王普密蓬·阿杜德后突然宣布解散国会下议院,并决定于 4 月 2 日举行大选,以缓解泰国政局危机。

26 日 菲律宾军方宣布解除海军陆战队司令雷纲托·米兰达少将的职务。米兰达因此成为菲律宾挫败兵变以来被革职的最高级别军官。

27 日 柬埔寨国民议会投票通过决定,赦免 3 名属于桑兰西党的反对派议员。

27 日至 3 月 2 日 印度尼西亚总统苏西洛先后访问文莱、柬埔寨和缅甸。

3 月

1～2 日 印度尼西亚总统苏西洛访问缅甸。

2 日 柬埔寨国民议会审议通过宪法修正案,将议会表决方式由原来的绝对多数通过改为简单多数通过。这意味着将来在议会进行的表决只需超过半数议员同意即能通过。柬埔寨政府首相洪森说,此举是为了避免国家在大选后因组阁问题出现政治僵局,以提高国家立法机构和执法机构的效率。

△亚太经合组织(APEC)第一次高官会议在越南首都河内结束。越南外交部常务副部长黎公奉向媒体通报,与会的21个成员国1500多名代表一致通过越南提出的7项2006年APEC会议"优先主张"。

3日 菲律宾总统阿罗约对全国发表电视讲话,宣布解除一周前实施的全国紧急状态。

4日 柬埔寨国民议会议长拉那烈亲王宣布辞去议长职务。

5~14日 中国第十届全国人民代表大会第四次会议在北京召开。会议通过《关于国民经济和社会发展第十一个五年规划纲要的决议》。

6~7日 越南政府总理潘文凯访问柬埔寨,并与柬埔寨首相洪森签署一项新的边界协议。

8~11日 印度总统卡拉姆率领40人的代表团正式访问缅甸。缅、印双方签署遥感探测合作框架协议和加强油气合作、佛教研究两个谅解备忘录。印度宣布向缅甸提供3450万美元的贷款援助,

10日 印度尼西亚第一个用中国民族器乐演奏曲目的大型民间团体——印尼中华音乐团在雅加达宣布成立,并于当晚举行首场演出。

15~16日 第七次中国—东盟联合合作委员会会议在中国广西南宁举行。会议认为,双方面向和平与繁荣的战略伙伴关系持续深化,给双方带来实实在在的利益。

20日 中国国务院印发《全民科学素质行动计划纲要(2006-2010-2020年)》。

△中国全国人民代表大会常务委员会发出关于公布《中华人民共和国劳动合同法(草案)》征求意见的通知。

△柬埔寨第二届参议院在金边举行首次会议。柬人民党主席谢辛当选连任参议院议长,奉辛比克党的西索瓦·希万莫尼拉当选第一副议长,柬人民党的德诺当选第二副议长。西哈莫尼国王在参议院首次会议上发表讲话,要求新一届参议院为全面推动民主化进程,促进国家的经济社会发展,减少贫困和保护各阶层民众利益作出积极贡献。

20~24日 中共中央政治局常委、全国政协主席贾庆林对越南进行正式友好访问。期间,贾庆林与越南共产党中央政治局委员、书记处常务书记潘演和越南祖国阵线主席范世阅分别举行会谈,并会见越共中央总书记农德孟、国家主席陈德良、政府总理潘文凯等越方领导人。双方就进一步推进中越睦邻友好关系和双方关心的问题深入交换意见,并达成广泛共识。

21日 经中国国务院批准,中国财政部、国家税务总局联合发出《关于调整和完善消费税政策的通知》。从4月1日起,中国对现行消费税的税目、税率及相关政策进行调整。

△老挝人民革命党第八次全国代表大会在首都万象闭幕。大会接受坎代·西潘敦辞去老挝人民革命党中央委员会主席职务的请求,通过老挝人民革命党第八次代表大会决议,选举产生11名中央政治局委员和55名中央委员会委员。朱马利·赛雅贡当选老挝人民革命党中央委员会总书记(前称主席)。当天,中国共产党中央委员会总书记胡锦涛电贺朱马利·赛雅贡当选。

21~22日 俄罗斯总统普京对中国进行国事访问。中国国家主席胡锦涛与普京共同出席中国"俄罗斯年"开幕式和中俄经济工商界高峰论坛开幕式。

24~28日 中国全国政协主席贾庆林对印度尼西亚进行正式友好访问。

27日 中国共产党中央政治局召开会议,研究促进中部地区崛起工作。

△中国国务院办公厅印发《保护知识产权行动纲要(2006~2007年)》。

△缅甸在新首都彬马那举行盛大阅兵式,纪念建军61周年。

29日 菲律宾总统阿罗约、众议长德贝内西亚在马尼拉分别会见到访的中国广西壮族自治区主席陆兵一行。

29~31日 中国全国政协主席贾庆林访问马来西亚。

31日 中国国家主席胡锦涛会见日本日中友好七团体负责人。在会见时,胡锦涛主席强调,中国政府在对日关系上的立场是明确的、一贯的、坚定不移的。

4月

1日 中国国务院总理温家宝应澳大利亚联邦总理霍华德、斐济群岛共和国总理恩加拉塞、新西兰总理克拉克和柬埔寨王国首相洪森邀请,赴上述四国进行正式访问,并出席在斐济举行的首届"中国—太平洋岛国经济发展合作论坛"会议开幕式。

2~5日 泰国议会下议院进行选举投票。4日,看守内阁总理他信发表电视讲话,宣布将不在即将组成的新一届政府中担任总理职务。5日,他信在内阁特别会议上指派副总理奇猜·万那沙提暂时行使看守内阁总理职责,并表示从即日起不再参加看守内阁会议。

3日 文莱苏丹哈桑纳尔·博尔基亚会见率代表团到访的中国广西壮族自治区主席陆兵。

3~9日 应中国外交部邀请,文莱外交和贸易部无任所大使玛斯娜公主访问中国。3日和4日,中国国务院副总理回良

玉、国务委员唐家璇分别会见玛斯娜公主。

3～13日 应中国政府邀请，泰王国玛哈扎克里·诗琳通公主访华。3日和4日，中国全国政协主席贾庆林、国务院副总理回良玉分别会见诗琳通公主。

6日 中国—太平洋岛国经济发展合作论坛首届部长级会议在斐济楠迪闭幕。中国与库克群岛、斐济、密克罗尼西亚、纽埃、巴布亚新几内亚、萨摩亚、汤加、瓦努阿图等太平洋岛国的政府共同签署《中国—太平洋岛国经济发展合作行动纲领》。

△新加坡政府总理李显龙会见率代表团到访的中国广西壮族自治区主席陆兵。

7日 中国全国政协副主席、中国国际交流协会副会长罗豪才在北京会见以中央执委、政府交通部副部长年吞昂率领的缅甸联邦巩固与发展协会代表团。

△越南国家主席陈德良在河内会见到访的中国中央军委副主席、国务委员兼国防部长曹刚川。

△泰国驻中国南宁领事办公室开馆仪式在广西南宁举行。泰王国公主诗琳通主持仪式。泰国成为继越南、柬埔寨在南宁设立总领事馆之后，第三个在南宁设立领事机构的东盟国家。

7～8日 应柬埔寨政府首相洪森邀请，中国国务院总理温家宝对柬埔寨进行正式访问。期间，温家宝同洪森举行会谈，会见柬埔寨国王诺罗敦·西哈莫尼、参议院议长谢辛和国民议会议长韩桑林。8日，中柬两国政府发表联合公报。

8～9日 中国—东盟文艺汇演暨青年音乐家交响乐表演在柬埔寨举行。这是纪念中国与东盟建立对话关系暨中国—东盟友好合作年系列庆祝活动的第一项。来自中国和东盟10国的150多名艺术家在宏伟壮观的世界文化遗产吴哥窟前同台演出。

10日 缅甸政府总理梭温在仰光会见率代表团到访的中国广西壮族自治区主席陆兵一行。

11日 第十七届中美商贸联委会在美国首都华盛顿举行。中国国务院副总理吴仪与美国商务部部长古铁雷斯、贸易代表波特曼共同主持会议。

12日 首届中国—东盟会展业国际合作高峰会在中国广西南宁国际会展中心举行。会议旨在促进中国与东盟各国国际会展企业交流与合作。

△联合国亚洲及太平洋经济社会委员会第六十二届年会在印度尼西亚闭幕。年会通过《泛亚铁路网政府间协议》。

△马来西亚政府总理巴达维在吉隆坡会见到访的中国中央军委副主席、国务委员兼国防部长曹刚川上将。

12～13日 中国国务院总理温家宝和全国政协主席贾庆林在北京分别会见到访的新加坡国务资政吴作栋。

13日 新加坡总理李显龙会见到访的中国中央军委副主席、国务委员兼国防部长曹刚川上将。

14日 越南国家主席陈德良和越南政府常务副总理阮晋勇在河内分别会见率代表团到访的中国共产党广西壮族自治区党委员会书记、广西壮族自治区人大常委会主任曹伯纯。

14～15日 中国大陆和台湾两岸经贸论坛在北京举行。中共中央政治局常委、全国政协主席贾庆林和中国国民党荣誉主席连战出席论坛并发表讲话。

16日 中国共产党中央委员会总书记胡锦涛会见参加中国大陆和台湾两岸经贸论坛的中国国民党荣誉主席连战和台湾各界人士，对两岸关系发展提出4点建议。

△中国国家旅游局、公安部、国务院台湾事务办公室联合发布《大陆居民赴台湾地区旅游管理办法》。

17～18日 中国第六次全国环境保护大会在北京举行，国务院总理温家宝出席会议并发表重要讲话。

18～25日 越南共产党第十次全国代表大会在河内召开。农德孟再次当选为越共中央总书记。18日，中国共产党中央委员会向越南共产党第十次全国代表大会发去贺电。25日，中国共产党中央委员会总书记、国家主席胡锦涛电贺农德孟再次当选。

18～29日 中国国家主席胡锦涛先后对美国、沙特阿拉伯、摩洛哥、尼日利亚、肯尼亚进行国事访问。

20日 老挝政府总理本扬在总理府会见率代表团到访的中国共产党广西壮族自治区委员会书记、广西壮族自治区人大常委会主任曹伯纯。

21日 中国国家质检总局发布公告：自2006年5月1日起，允许产自台湾地区进入大陆的水果种类从18种增加到22种，允许产自台湾地区的蔬菜11种进入大陆，允许来自台湾渔船自捕的水产品输往福建。

△第二届中国—东盟电信周信息通信部长论坛和中国—东盟电信周活动在马来西亚槟城闭幕。中国和东盟各国信息通信部长发表联合声明：中国和东盟将继续加强在信息产业领域的战略伙伴关系，为本地区的发展和繁荣作出贡献。

22日 柬埔寨政府首相洪森在金边会见率代表团到访的中国共产党广西壮族自治区委员会书记、广西壮族自治区人大常委会主任曹伯纯。

22～23日 以“亚洲寻求共赢：亚洲的新机会”为主题的博鳌亚洲论坛2006年年会在中国海南博鳌举行。

25日 中国人民对外友好协会在北京举行庆祝中国和老挝建交45周年招待会。全国人大常委会副委员长、中国东盟协会会长顾秀莲出席招待会。

25～29日 中国全国人民代表大会第十届常务委员会第二十一次会议在北京举行。会议表决通过农产品质量安全法、护照法。

26～28日 中国与文莱在北京共同举办第四届东盟地区论坛反恐与打击跨国犯罪会议。

27日 中国人民解放军海军舰艇编队同越南人民军海军舰艇编队开始在北部湾海域举行首次联合巡逻。这是中国人民解放军海军首次与外国海军举行联合巡逻。

5月

5日 中国外交部长李肇星与泰国外长甘达提通电话，双方就进一步深化中泰战略性合作关系和共同关心的问题交换看法。

6日 新加坡第十一届国会选举拉开帷幕。由政府总理李显龙领导的人民行动党最终在选举中获胜。

7日 国际卫塞节世界佛教大会在泰国佛统府开幕。大会由泰国政府主办，主题是“佛教对世界和平和可持续发展的贡献”。来自40多个国家的佛教界代表、政府官员、外交使节、专家学者以及联合国教科文组织和亚太经社理事会等国际组织的负责人共1000多人参加大会的有关活动。与会代表围绕如何增进世界佛教界的团结合作，促进世界和平，以及如何进一步弘扬佛教等议题进行研讨和交流。参加大会的各国僧人还共同为庆祝泰国王普密蓬登基60周年颂经祈福。

8日 泰国宪法法院裁定：国家选举委员会在组织4月2日国会下议院选举中有违法和违宪行为，选举结果无效，应重新进行选举。

9日 中国在第六十届联合国大会举行的全体会议上当选为新成立的联合国人权理事会成员。

△推进中印（尼）战略伙伴关系研讨会在印度尼西亚首都雅加达举行。中国驻印尼大使兰立俊，印尼贸易部部长冯慧兰等多名部长，以及两国的学者和企业家等出席会议。与会代表就战略与社会文化关系、经贸关系两个主题展开讨论。

△中国中央军委副主席、国务委员兼国防部长曹刚川在北京会见到访的菲律宾武装部队总参谋长赫内罗索·森加。

11日 中国国务委员周永康在北京会见越南公安部常务副部长阮庆全。周永康希望双方继续发扬坦诚相待、友好合作的精神，深化在打击犯罪和人员培训、警用科技装备等领域的合作，推动两国公安部门的合作全面开展。

△瑞士洛桑国际管理学院公布《国际竞争力年度报告》。中国内地的经济竞争力排名从上年的第三十一位跃居第十九位，成为排名上升最快的国家。

12日 中国国家副主席曾庆红在北京会见到访的新加坡内阁资政李光耀。

△中国单机容量最大的核电站——江苏田湾核电站1号机组并网发电。

14日 中国国务院三峡工程建设委员会派出的验收组开始对三峡工程三期枢纽工程进行验收。

15～26日 代号为“金色眼镜蛇”的多国联合军事演习在泰国举行。泰国、美国、新加坡、日本、印度尼西亚等5国的1.2万名军人参加军演，演习主要内容包括野外实战训练、各国军队之间协调和配合作战能力训练、人道主义救援行动训练等。包括中国在内的9个观察员国及一些国际组织应邀派员观摩。

16日 除泰国之外的东盟各国与韩国在菲律宾首都大马尼拉市签署旨在削减商品关税的自由贸易协定。菲律宾贸工部新闻官员说，该自由贸易协定的签署，将为韩国和东盟国家在2012年前建立韩国—东盟自由贸易区打下基础。

17日 中国全国政协主席贾庆林在北京会见菲律宾菲华各界联合会访华团一行。

△由泰国政府主办的泰国海啸纪念园设计方案征集和评选活动结束，西班牙和泰国设计师合作完成的名为“悼念之峰”的设计作品入选。

△中国东盟民间友好组织大会在中国北京举行。与会民间友好组织会后签署《中国东盟民间友好合作宣言》，承诺将加强民间的交流与合作，使中国东盟友好深入人心。

18日 民间捐款9600万元人民币援建的“中国—印尼友谊村”在印度尼西亚亚齐省大亚齐县动工建设。中国驻印尼大使兰立俊、印尼亚齐省政府秘书长胡斯尼·巴赫利、亚齐和尼亚斯灾后重建机构副主席安迪以及海啸灾民代表等共400多人出席奠基仪式。

20日 中国三峡大坝全面建成。

21日 已修复的四面佛佛像被重新安置在泰国首都曼谷爱侣湾凯悦酒店旁的旧址。泰国政府举行盛大巡游活动，并组织多位高僧为佛像开光。

22日 中国中央军委副主席、国务委员兼国防部长曹刚川上将在北京会见到访的泰国军队最高司令伦罗·玛哈沙拉暖上将一行。

△越南国家主席陈德良致电中国国家主席胡锦涛，就中方及时救助遭受台风“珍珠”袭击的越南渔民表示感谢。

23日 第二十六届东盟国家警察首脑会议在马来西亚首都吉隆坡举行。

24日 中国国家主席胡锦涛就越南中部沿海地区遭受台风袭击，正在海上作业的多艘渔船沉没或失踪，造成重大人员伤亡和财产损失向越南国家主席陈德良发去慰问电。

25 日 为期 7 天的首届东盟茶文化博览会在马来西亚首都吉隆坡闭幕。此届博览会的主题是"打造马来西亚成为世界著名的东南亚茶叶集散地,建立普洱天然茶仓文化新概念"。

△由于连续数日普降大雨,泰国北部难、达、帕、南邦、程逸、素可泰等 6 个府遭受 50 年来最严重的洪涝和泥石流灾害。

25～27 日 应泰国政府邀请,联合国秘书长安南偕夫人对泰国进行正式访问。26 日,安南向泰国国王普密蓬颁发人类发展终身成就奖,以表彰普密蓬国王为国家发展和泰国人民所作出的巨大贡献。该奖项是联合国开发计划署新设立的奖项,用于奖励那些将毕生奉献于人类发展事业的杰出人物。访泰期间,安南还参加泰国国王和人类发展研讨会,并与泰国看守内阁总理他信举行会晤。

26 日 柬埔寨政府首相洪森宣布禁止在国内开通网络手机(3G)服务。事缘为他的妻子和一些政府高层的配偶都投诉 3G 手机容易发送色情影像,指责手机的录影功能破坏柬埔寨文化和给青少年带来不良影响。

27 日 中国和缅甸签署《中国政府和缅甸政府关于禁止非法贩运和滥用麻醉药品和精神药物的合作协议》。正在缅甸访问的中国国家禁毒委员会副主任、公安部副部长张新枫和缅甸内政部副部长蓬瑞分别代表本国政府在协议上签字。

27 日 印度尼西亚爪哇岛中部的日惹地区发生里氏 5.9 级地震。据印尼政府 6 月 1 日统计,地震已造成 6234 人死亡,4.6 万人受伤。地震发生当天,中国国家主席胡锦涛就日惹地区发生强烈地震导致重大人员伤亡和财产损失向印尼总统苏西洛发去慰问电,中国政府决定向印尼灾区紧急提供 200 万美元现汇援助。

28 日 鉴于日惹地区发生强烈地震,印尼政府宣布国家进入紧急状态,为期 3 个月。

29 日 中国和印度尼西亚签署加强反洗黑钱合作谅解备忘录。

29～30 日 第十二次中国—东盟高官磋商在柬埔寨暹粒举行。中国外交部副部长武大伟、东盟 10 国外交部主管副部长及东盟秘书长出席会议。

30 日 新加坡政府总理李显龙及新内阁成员宣誓就职。新内阁成员包括国务资政吴作栋、内阁资政李光耀、副总理贾古玛和黄根成,以及 13 名部长。

6 月

2～3 日 亚太经合组织(APEC)贸易部长会议在越南胡志明市举行。2 日,越南副总理武宽在胡志明市统一宫会见前来出席会议的中国商务部部长薄熙来,双方就加强两国关系,特别是经贸合作关系等问题广泛交换意见。

4～5 日 美国国防部长拉姆斯菲尔德访问越南。拉姆斯菲尔德在与越南政军领导人会谈后表示,要与越南加强军事交流。

4～9 日 应中国国家副主席曾庆红邀请,菲律宾副总统诺利·德卡斯特罗对中国进行正式访问。5 日,曾庆红与德卡斯特罗举行会谈。6 日,中国国务院总理温家宝会见德卡斯特罗。

5 日 由中国商务部、菲律宾贸工部共同主办的首届中国—菲律宾经贸合作论坛在菲律宾首都大马尼拉市举行。菲律宾总统阿罗约出席论坛并致词。中国商务部部长薄熙来与菲律宾贸易与工业部长彼得·法维拉在论坛开幕式上共同签署关于中菲建立经贸合作伙伴关系的谅解备忘录。

△中国科学院第十三次院士大会、中国工程院第八次院士大会在北京人民大会堂开幕。中共中央总书记、国家主席、中央军委主席胡锦涛出席大会并发表重要讲话。

5～6 日 第一届东盟东部增长区交通部长会议在文莱举行。来自增长区 4 国的交通部长、私营企业代表和增长区商务理事会主席出席会议。会议讨论进一步加强增长区各方在交通领域的合作,落实 2005 年底增长区首脑峰会确立的 2006～2010 年东盟东部增长区发展路线图计划。

6 日 国务委员唐家璇在北京会见到访的文莱外交和贸易部第二部长林玉成。

△美国国防部长拉姆斯菲尔德访问印度尼西亚。拉姆斯菲尔德在与印尼国防部长尤沃诺·苏达索诺会谈时说,美国已宣布全面恢复同印尼的军事关系。

8 日 老挝第六届国会第一会议选举老挝人民革命党中央委员会主席朱马利·赛雅贡为国家主席,中央政治局委员本扬·沃拉芝为国家副主席,中央政治局委员布阿索内·布帕万为政府总理,中央政治局委员通·辛·坦马冯为第六届国会主席。

9 日 泰国国王普密蓬·阿杜德在曼谷发表登基 60 周年讲话,呼吁民族团结,号召所有泰国人齐心保卫国家的稳定和繁荣。

12 日 中国国务委员唐家璇在北京会见到访的印度尼西亚外长哈桑。唐家璇赞赏印尼为中国与东盟关系发展作出的贡献,表示中方愿意与印尼一道,推动中国与东盟关系迈上新的台阶。

△泰国隆重庆祝国王普密蓬·阿杜德登基 60 周年,来自全球 25 个国家的王室成员及代表参加庆典。

13 日 第三届中国—东盟博览会高官会在中国广西南宁举行,来自东盟以及东盟秘书处的近 60 名代表共商第三届中国—东盟博览会筹备工作。

△世界经济论坛北京代表处成立仪式在钓鱼台国宾馆举行,中国国务院副总理曾培炎出席。

15 日 上海合作组织成员国元首理事会第六次会议在中国上海举行。中国国家主席胡锦涛、哈萨克斯坦总统纳扎尔巴耶夫、吉尔吉斯总统巴基耶夫、俄罗斯总统普京、塔吉克斯坦总统拉赫莫诺夫、乌兹别克斯坦总统卡里莫夫与会。

△上海合作组织峰会在上海举行。东盟秘书处副秘书长比利亚科塔列席峰会并发言，他高度评价上海合作组织成立5年来各领域合作取得显著成就，希望进一步加强同上海合作组织的合作。

20 日 第四届世界华人论坛在中国北京举行，中国国务委员唐家璇在开幕式上致词。

22 日 马来西亚农业和农用工业部长毛希丁宣布：马来西亚境内已经消灭禽流感，但禽流感预防措施将继续实施。

23 日 中国共产党中央政治局常委、中国全国政协主席贾庆林在北京会见由党总主席、前总统梅加瓦蒂率领的印度尼西亚民主斗争党代表团。

24 日 菲律宾总统阿罗约签署关于废除死刑的法令。

△越南国家主席陈德良、政府总理潘文凯和国会主席阮文安在越南第十一届国会第九次会议上递交辞呈，国会以投票方式通过他们的辞呈，并开始选举新一任国家主席、政府总理和国会主席。

25～27 日 中国印度边界问题特别代表第八次会晤在中国北京举行。中方特别代表、外交部副部长戴秉国与印度特别代表、国家安全顾问纳拉亚南就边界问题的解决框架进一步交换意见。

26 日 越南第十一届国会第九次会议选举越共中央政治局委员、河内市委书记阮富仲为国会主席。27日，选举越共中央政治局委员、胡志明市委书记阮明哲为国家主席，越共中央政治局委员、政府常务副总理阮晋勇为政府总理。

27 日至 7 月 2 日 应中国共产党中央委员会总书记、国家主席胡锦涛邀请，老挝人民革命党中央委员会总书记、国家主席朱马利·赛雅贡对中国进行访问。27日，胡锦涛在北京与朱马利·赛雅贡举行会谈，并共同出席两国政府间有关合作协定的签字仪式。28～29日，中共中央政治局常委、全国人大常委会委员长吴邦国，国务院总理温家宝，国家副主席曾庆红先后会见朱马利·赛雅贡。

28 日 越南第十一届国会第九次会议投票通过新任政府总理阮晋勇递交的8名内阁新成员名单。根据这份名单，范家谦继续担任政府副总理并兼任外交部部长，阮生雄和张永仲出任政府副总理，冯光青出任国防部部长，武文宁出任财政部部长，黎尹合出任文化和通讯部部长，阮善仁出任教育和培训部部长，胡义勇出任交通和运输部部长，陈文传出任政府监察总署总监察长。当天，越南国会还通过国会主席阮富仲关于选举王庭惠担任国家审计署总审计长的提议。

28～20 日 中国共产党中央政治局常委、全国人大常委会委员长吴邦国和中共中央政治局常委吴官正在北京分别会见到访的菲律宾基督教穆斯林民主力量党总裁、众议长何塞·德贝内西亚。

29 日 中国第十届全国人民代表大会常务委员会第二十二次会议通过《中华人民共和国刑法修正案(六)》。

△新当选的越南国家主席阮明哲在越南第十一届国会第九次会议闭幕后举行的新闻发布会上说，他期待着在河内11月举行亚太经合组织领导人非正式会议上会见中国国家主席胡锦涛，共同探讨进一步巩固和发展双边关系的有效措施，使两国关系更加密切。

30 日 老挝人民革命党中央委员会、越南共产党中央委员会分别致电中国共产党中央委员会，祝贺中国共产党建党85周年。

中国与东盟关系大事记
(1991 年至 2004 年)

1991 年

1 月 22～27 日 老挝最高人民议会主席诺哈·冯沙万率领议会代表团访问中国。中国全国人民代表大会常务委员会委员长万里、副委员长陈慕华，国务院总理李鹏，国家主席杨尚昆分别会见代表团一行。

2 月 12 日 中国国务院总理李鹏在北京会见柬埔寨主席西哈努克亲王。

3 月 14 日 中国国务院总理李鹏在北京会见柬埔寨抵抗力量三方领导人，重申中国将继续支持他们为政治解决柬埔寨问题所作的努力。

6 月 5～10 日 中国国家主席杨尚昆对印度尼西亚进行国事访问。印尼总统苏哈托、副总统苏达尔莫与杨尚昆会谈，讨论双边关系和共同关心的国际问题，并达成广泛共识。

6 月 10～15 日 中国国家主席杨尚昆对泰国进行国事访问。泰国国王普密蓬、政府总理阿南、国家安全委员会主席顺通上将和政府前副总理差瓦立分别会见杨尚昆。

7 月 3 日 中国国家主席杨尚昆在北京会见柬埔寨主席诺罗敦·西哈努克亲王和夫人莫尼克公主。

7 月 17 日 中国国务院总理李鹏在北京会见西哈努克亲王。李鹏对柬埔寨全国最高委员会北京工作会议成功召开和西哈努克亲王出任柬全国最高委员会主席表示祝贺，并且表示：联合国安理会制定的框架文件，为政治解决柬埔寨问题提供了一个基础，但起决定性作用的还是西哈努克亲王为首的柬埔寨全国最高委员会。

7 月 19～20 日 中国国务委员兼外交部长钱其琛出席第二

十四届东盟外长会议开幕式,并同东盟6国外长就本地区的形势、合作以及中国同东盟进一步发展友好关系等问题交换意见。这是中国首次同东盟组织进行正式接触,标志着中国同东盟对话的开始。

8月20~25日 缅甸联邦国家恢复法律和秩序委员会主席苏貌大将对中国进行工作访问。中国国家主席杨尚昆、国务院总理李鹏和中共中央总书记江泽民分别会见苏貌。23日,中缅两国签署经济技术合作协定。

9月6~12日 马来西亚最高元首阿兹兰·沙阿对中国进行国事访问。中国国家主席杨尚昆和国务院总理李鹏分别会见阿兹兰·沙阿。李鹏在会见时说:马来西亚提出的关于建立东亚经济集团的倡议,对加强东亚地区的经济合作有积极意义;中国理解马方所做的努力,并愿就此问题同马方保持联系,希望这个建议能获得成功。

9月7日 中国共产党中央委员会总书记江泽民在北京会见柬埔寨全国最高委员会主席诺罗敦·西哈努克亲王。江泽民对西哈努克亲王成功主持在泰国帕塔亚举行的柬全国最高委员会会议表示祝贺,对会议的成果高度赞赏。

9月9~16日 新加坡共和国总统黄金辉对中国进行国事访问。中国国家主席杨尚昆、中共中央总书记江泽民、国务院总理李鹏分别会见黄金辉。10日,中国国务委员兼外交部部长钱其琛与陪同黄金辉来访的新加坡外交部部长黄根成会谈,就双边关系和共同关心的国际问题交换意见。

9月22~25日 泰国政府总理阿南·班雅拉春对中国进行正式友好访问。中国国务院总理李鹏、国家主席杨尚昆、中共中央总书记江泽民分别会见阿南。李鹏在会见时说:中国重视同所有周边国家发展睦邻友好关系,这是中国政府一项长期的坚定不移的政策。

9月30日 中国外交部部长钱其琛和文莱外交大臣穆罕默德·博尔基亚亲王在纽约联合国总部签署关于中文两国正式建交的联合公报,宣布两国从是日起建立大使级外交关系,两国政府同意在和平共处五项原则和联合国宪章的基础上发展友好合作关系。至此,中国与东盟所有国家建立或恢复外交关系。

10月9~11日 印度尼西亚人民协商会议主席兼国会议长哈里斯·苏胡德率领印尼议会代表团对中国进行友好访问。中国全国人大常委会委员长万里、外交部部长钱其琛、国家主席杨尚昆分别会见哈里斯·苏胡德一行。

10月22~25日 老挝人民民主共和国政府总理坎代·西潘敦对中国进行正式友好访问。中国国务院总理李鹏、国家主席杨尚昆分别会见坎代。24日,两国总理签署中国和老挝边界条约。

11月5~10日 应中国共产党中央委员会总书记江泽民和中国国务院总理李鹏邀请,越南共产党中央委员会总书记杜梅和部长会议主席武文杰率领越南高级代表团对中国进行正式访问。江泽民、李鹏同杜梅、武文杰举行会谈。两国领导人一致认为,中越关系已经实现正常化。7日,中越两国签署贸易协定等文件。10日,双方发表联合公报。

11月9日 中国国家主席杨尚昆会见并宴请柬埔寨全国最高委员会主席西哈努克亲王和夫人莫尼克公主,祝贺巴黎柬埔寨问题国际会议取得成功。11日,中国国务院总理李鹏会见和宴请即将回国的西哈努克和夫人,祝愿柬埔寨人民在亲王领导下建设自己幸福的生活。

1992年

1月7~10日 中国国家主席杨尚昆访问新加坡。新加坡总统黄金辉、政府总理吴作栋、内阁资政李光耀分别会见杨尚昆。杨尚昆在会见时说:中国愿意同包括新加坡在内的东南亚各国一道继续努力,促进本地区以及世界的和平与发展。

1月10~14日 国家主席杨尚昆访问马来西亚。马来西亚最高元首阿兹兰·沙阿和政府总理马哈蒂尔会见杨尚昆,就双边关系、国际形势交换意见,并取得广泛共识。

3月27日 越南部长会议主席作出关于在越南—中国边境线开放21个边境贸易点的指示。

4月1日 越南开放谅山口岸。

4月9~11日 柬埔寨国家元首、全国最高委员会主席诺罗敦·西哈努克亲王率领柬埔寨全国最高委员会代表团访问中国。中共中央总书记江泽民、国务院总理李鹏、国家主席杨尚昆分别会见西哈努克亲王一行。

4月10~13日 印度尼西亚副总统苏达尔莫诺访问中国。中国国务院李鹏总理、中共中央总书记江泽民、国家主席杨尚昆分别会见苏达尔莫诺。李鹏在会见时说:中国同印尼复交以来,两国关系得到稳步发展,特别是两国的经贸关系在不断地扩大,希望双方的有关部门继续加强联系。

4月26日至5月3日 老挝人民民主共和国主席、老挝人民革命党中央委员会主席凯山·丰威汉访问中国。中国国家主席杨尚昆、中共中央总书记江泽民、国务院总理李鹏分别会见凯山。杨尚昆在会见时说:李鹏总理和坎代总理的互访标志着两国关系进入一个新的发展阶段,中老边界条约的顺利签署充分体现了双方的密切合作。

5月3~19日 应中国共产党中央委员会邀请,越南共产党中央委员会顾问阮文灵访问中国。中共中央总书记江泽民、国务院总理李鹏分别会见阮文灵。

5月11日 中国全国人民代表大会常务委员会委员长万里在北京会见由新加坡国会议长陈树群率领的新加坡国会代表团。

5 月 14 日 中国国家主席杨尚昆在北京会见由新加坡国会议长陈树群率领的新加坡国会代表团。

6 月 24 日 中国全国人民代表大会常务委员会委员长万里、外交部部长钱其琛在北京分别会见由菲律宾参议院副主席马赛达率领的菲律宾参议院代表团。

6 月 26 日 中国国务院总理李鹏在北京会见柬埔寨国家元首、全国最高委员会主席诺罗敦·西哈努克亲王。李鹏在会见时说：希望柬埔寨各方真诚努力，解决目前出现的困难，全面、公正地实施巴黎协定。

7 月 12 日 中国国务院总理李鹏、外交部部长钱其琛在北京分别会见柬埔寨金边方面领导人谢辛及其一行。钱其琛在会见时说：巴黎协定签署后，中国对柬四方采取一视同仁的态度，希望柬各方真正实现民族和解。

7 月 17～23 日 中国外交部部长钱其琛访问文莱和菲律宾，并出席 21～22 日在菲律宾首都大马尼拉市举行的第二十五届东盟外长会议。在文莱，钱其琛会见文莱苏丹哈吉·哈桑纳尔·博尔基亚。钱其琛在会见文莱苏丹时说：中文两国建交后关系发展很好，不存在任何问题，双方经贸合作关系还有很大潜力，可以多进行直接贸易。访菲期间，钱其琛分别会见菲律宾外交部部长曼格拉普斯、总统拉莫斯。就中菲双边关系，拉莫斯总统重申：菲律宾新政府将恪守 1975 年两国建交公报原则，奉行一个中国的政策，同台湾只进行民间的经济往来。

7 月 21 日 中国成为东盟的“磋商伙伴”。中国外交部部长钱其琛参加在菲律宾首都大马尼拉市举行的第二十五届东盟外长会议及有关活动。钱其琛在会议上代表中国政府宣布：中国支持东盟关于建立东南亚和平、自由、中立区和东南亚无核区的主张，愿意同东盟在维护地区和平与稳定方面进行广泛密切的合作。钱其琛还阐述中国在南沙群岛问题上的立场：搁置争议，共同开发，在条件成熟时同有关国家谈判寻求解决的途径。

8 月 21～22 日 中国国务院总理李鹏、全国人大常委会委员长万里在北京分别会见由泰国上议院议长米猜·吕初攀率领的泰国上议院代表团。

9 月 27 日 中国国务院总理李鹏在北京会见柬埔寨国家元首、全国最高委员会主席西哈努克亲王一行。李鹏在会见西哈努克亲王时说：中国作为巴黎协定的签字国，将遵守巴黎协定并努力促进协定的全面执行。

11 月 7 日 中国国务院总理李鹏在北京会见以新加坡律政兼内政部长贾古玛为团长的新加坡代表团。

11 月 22 日 中国国家主席杨尚昆在北京会见柬埔寨国家元首、全国最高委员会主席西哈努克亲王和夫人。

11 月 30 日至 12 月 4 日 中国国务院总理李鹏对越南进行正式友好访问。越南领导人杜梅、黎德英和武文杰分别会见李鹏。12 月 2 日，中越两国签署《投资保护协定》《经济技术合作协定》《科学技术合作协定》《文化协定》。12 月 4 日，中越双方发表联合公报。

1993 年

1 月 31 日 正在老挝首都万象访问的中国国务委员兼外交部长钱其琛和老挝政府副总理兼外长奔·西巴色分别代表两国政府签署《中老边界协定书》和《中老投资保护协定》。

2 月 2 日 缅甸国家治安建设委员会主席丹瑞在仰光会见来访的中国国务委员兼外交部长钱其琛。钱其琛在会见时表示：中缅友谊源远流长，中国将继续维护并发展中缅两国间的友谊和合作关系。

3 月 30 日 越南国家主席黎德英、国会主席农德孟、政府总理武文杰、越南祖国阵线主席阮友寿、外交部部长阮孟琴分别致电中国国家主席江泽民、全国人大常委会委员长乔石、国务院总理李鹏、全国政协主席李瑞环、国务院副总理兼外交部长钱其琛，对他们继续当选中国国家领导职务表示祝贺。

3 月 30 日 中国国务院总理李鹏在北京会见柬埔寨国家元首、全国最高委员会主席诺罗敦·西哈努克亲王和夫人一行。李鹏在会见时重申：中国始终主张全面实施巴黎协定，政治解决柬埔寨问题；支持柬各方在西哈努克亲王的领导下，全面实现民族和解，共建自己的国家。

4 月 19～21 日 新加坡政府总理吴作栋访问中国。中国国家主席江泽民、全国人大常委会委员长乔石、国务院总理李鹏分别会见吴作栋。江泽民在会见时说：现在有人散布“中国威胁论”的提法是别有用心的，中国永远不称霸。

4 月 26～27 日 菲律宾总统拉莫斯访问中国。中国国家主席江泽民、全国人大常委会委员长乔石分别会见拉莫斯。江泽民对菲取消对华贸易限制表示赞赏，并称中国政府已同意向菲提供 2500 万美元的卖方信贷；重申中国对南沙群岛问题的原则立场和“搁置争议，共同开发”的主张。中菲双方签署 3 个合作文件和 9 项贸易合作协议。

5 月 21 日 中国全国人民代表大会常务委员会委员长乔石在北京会见柬埔寨国家元首、全国最高委员会主席诺罗敦·西哈努克亲王和夫人。乔石委员长在会见时重申：中国支持柬各方实现民族和解的立场。

6 月 9～14 日 文莱外交大臣穆罕默德·博尔基亚亲王对中国进行正式访问。这是两国建交后，文莱外交大臣首次访华。中国国务院副总理兼外交部长钱其琛同博尔基亚亲王就两国关系、国际和地区问题会谈，双方同意两国在对方首都互设常驻使馆。

6 月 13～22 日 马来西亚政府总理达图·马哈蒂尔·宾·

穆罕默德对中国进行正式访问。中国国家主席江泽民、国务院总理李鹏、全国人大常委会委员长乔石分别会见马哈蒂尔。中马双方签订29个协议或合作备忘录。

7月25~29日 中国全国人民代表大会常务委员会委员长乔石访问马来西亚。马来西亚总理马哈蒂尔、下议院议长穆罕默德·扎希尔分别与乔石会谈。乔石表示:中国一贯支持马哈蒂尔所倡导的东亚经济会议的设想。马哈蒂尔说:东亚国家经济的发展以及相互间的进一步合作,将有利于所有国家更好地合作。

7月20~24日 应印度尼西亚人民协商会议和人民代表会议主席瓦霍诺邀请,中国全国人民代表大会常务委员会委员长乔石对印尼进行正式友好访问。印尼总统苏哈托和瓦霍诺主席分别会见乔石。

7月29~31日 中国全国人民代表大会常务委员会委员长乔石应邀访问新加坡。新加坡总统黄金辉、政府总理吴作栋、政府副总理王鼎昌、国会议长陈树群、内阁资政李光耀等分别会见乔石。乔石在会见时说:这次访问东盟的任务之一就是在立法方面向东盟国家学习,中国愿意汲取和借鉴新加坡的一些行之有效的经验和做法。

7月 中国外交部部长钱其琛参加在新加坡举行的第二十六届东盟外长会议及有关活动,就进一步发展中国同东盟友好合作关系及双方共同关心的国际和地区问题与东盟各国外长交换看法。

8月1~5日 中国全国人民代表大会常务委员会委员长乔石访问泰国。泰国国王普密蓬·阿杜德、政府总理川·立派、国会主席兼下议院议长玛鲁·汶纳、上议院议长米猜·立初潘等分别会见乔石。普密蓬国王在会见时说:泰国希望能与中国在煤炭、电力等能源方面开展合作。

8月7~11日 中国全国人民代表大会常务委员会委员长乔石访问菲律宾。菲律宾总统拉莫斯、众议院议长德维尼西亚、副总统约瑟夫·埃斯特拉达等分别会见乔石。乔石在会见时说:中国十分重视同东盟国家的友好合作关系,双方关系进入了一个全面发展的新阶段。

8月25日 泰国政府总理川·立派对中国进行正式友好访问。中国国务院总理李鹏、全国人大常委会委员长乔石分别会见川·立派总理。李鹏在会见时说:这次随川·立派总理访华的有泰国两位副总理和几位内阁部长以及120名泰国工商企业界知名人士,这反映出泰方对两国经贸合作的重视。

9月 中国和东盟举行首次经贸、科技合作磋商。双方决定建立中国—东盟经济、贸易合作联合委员会和中国—东盟科学技术合作联合委员会,以进一步发展双方在经济、贸易与科学技术领域的合作与交流。

10月19日 中国外交部副部长唐家璇与越南外交部副部长武宽分别代表本国政府在越南首都河内签署《关于解决中华人民共和国和越南社会主义共和国边界领土问题的基本原则协议》。

10月 中国、文莱两国正式通航。

10月和11月 中国、文莱两国先后在对方首都设立使馆,互派常驻大使。

11月9~15日 越南国家主席黎德英对中国进行友好访问。中国国家主席江泽民与黎德英会谈,双方在许多重大问题上取得相同或相似的看法。

11月 文莱苏丹哈桑纳尔·博尔基亚对中国进行国事访问,受到中国政府隆重热烈欢迎。苏丹访华期间,中文两国签署《民用航空运输协定》。

12月3~7日 老挝人民革命党中央委员会主席、政府总理坎代·西潘敦访问中国。中老两国签署《中老边界制度条约》和《中老汽车运输协定》。

1994年

1月6~19日 中国中央军委副主席刘华清上将对印度尼西亚进行正式友好访问。印尼总统苏哈托、副总统特里·苏特里斯诺以及印尼的军方领导人分别会见刘华清。

1月17~21日 柬埔寨政府第一首相诺罗敦·拉那烈和第二首相洪森率柬政府代表团对中国进行正式访问。中国国家主席江泽民、国务院总理李鹏分别与他们会谈。

2月21~28日 由越南共产党中央政治局委员、国会主席农德孟率领的越南国会代表团对中国进行正式访问。22日,中国全国人民代表大会常务委员会委员长乔石与农德孟会谈。23日,中国国家主席江泽民会见农德孟。

2月 新加坡政府总理吴作栋访问中国。

4月17日 中国东兴口岸与越南芒街口岸开通。

5月10~13日 马来西亚政府总理马哈蒂尔访问中国。中国国家主席江泽民、国务院总理李鹏在会见马哈蒂尔时强调,中国的稳定有利于亚洲和世界的稳定及和平。双方表示,愿意在友好合作的基础上通过对话和平解决南沙群岛问题。

6月2~4日 柬埔寨国王诺罗敦·西哈努克访问中国。

6月6~14日 以东盟各国议会组织当届轮值主席、菲律宾众议院议长何塞·德维内西亚为团长的东盟各国议会组织代表团访问中国。中国国家主席江泽民、全国人大常委会委员长乔石分别会见代表团一行。

6 月 18 ~20 日 菲律宾副总统约瑟夫·埃斯特拉达对中国进行正式访问。中国国务院总理李鹏、全国人大常委会委员长乔石、全国政协主席李瑞环、国家副主席荣毅仁分别会见约瑟夫·埃斯特拉达。

6 月 29 日至 7 月 5 日 泰国上议院议长米猜·立初潘访问中国。中国全国政协主席李瑞环、全国人大常委会委员长乔石分别会见米猜·立初潘。

7 月 4 ~6 日 中国国家主席、中央军委主席江泽民和中央军委副主席刘华清在北京分别会见来访的印度尼西亚武装部队司令费萨尔·丹戎。

7 月 20 ~21 日 中国外交部部长钱其琛访问泰国。泰国总理川·立派会见钱其琛,双方就进一步加强两国经贸合作等问题交换意见。

7 月 25 日 中国外交部部长钱其琛参加在泰国首都曼谷举行的东盟地区论坛首次会议,并发言阐述中国对亚太地区安全的立场和观点以及关于亚太安全合作的原则和措施。

7 月 作为磋商伙伴国代表,中国外交部部长钱其琛参加在泰国首都曼谷举行的第二十七届东盟外长会议,并同与各方代表签署关于建立东盟—中国经济、贸易合作联合委员会和东盟—中国科学技术合作联合委员会的协议。委员会将轮流在中国和东盟各国定期举行会议,研究和探讨进一步扩大双方在经贸和科技领域合作的途径。

8 月 11 ~14 日 中国外交部副部长唐家璇率中国政府代表团访问老挝。老挝政府副总理坎培·乔布拉帕会见唐家璇。唐家璇还与老挝副外长蓬沙瓦举行会谈,双方交换《中老边界制度条约》批准书。

9 月 8 ~9 日 缅甸恢复法律和秩序委员会秘书长钦纽中将访问中国。中国国务委员兼国务院秘书长罗干与钦纽会谈。中国国务院总理李鹏、国家副主席荣毅仁分别会见钦纽。

9 月 15 日 中国全国人民代表大会常务委员会委员长乔石在北京会见新加坡国会议长陈树群。

10 月 6 日 中国国务院总理李鹏在北京会见到访的新加坡内阁资政李光耀。李鹏在会见时说:中新两国政府在建设苏州工业园区上的合作进展顺利,希望两国企业界本着平等互利的原则开展各种形式的经济合作。

10 月 7 日 泰、中、老、缅运输和旅游合作会议在老挝首都万象开幕。会议主要讨论 4 国在湄公河上游航运和旅游合作问题。

11 月 7 日 中国交通部长黄镇东出访老挝。中老双方签署《澜沧江—湄公河客货运输协定》。

11 月 8 ~9 日 中国国家主席江泽民对新加坡进行正式访问。新加坡总统王鼎昌、政府总理吴作栋、内阁资政李光耀分别会见江泽民。

11 月 10 ~13 日 中国国家主席江泽民对马来西亚进行正式访问。马来西亚最高元首加法尔、政府总理马哈蒂尔分别会见江泽民。

11 月 16 ~19 日 中国国家主席江泽民对印度尼西亚进行国事访问。印尼总统苏哈托、副总统特里·苏特里斯诺分别会见江泽民主席。两国政府签订《关于促进和保护投资协定》和《科学技术合作谅解备忘录》。

11 月 20 ~22 日 中国国家主席江泽民对越南进行正式访问。越南共产党中央委员会总书记杜梅、国家主席黎德英、政府总理武文杰分别会见江泽民。中越双方发表联合声明,签订《关于成立中越经贸合作委员会协定》《汽车运输协定》《关于保证出口商品质量和互相承认的合作协定》。

11 月 28 日 中国国务院总理李鹏在北京会见来访的泰国外交部部长他信·西那瓦。中国国务院副总理兼外交部部长钱其琛同他信·西那瓦举行会谈。

12 月 26 ~28 日 中国国务院总理李鹏对缅甸进行正式友好访问。缅甸国家恢复法律和秩序委员会主席兼政府总理丹瑞与举行李鹏会谈。中缅双方发表联合新闻公报,为两国在新的形势和条件下进一步发展各项合作确定了方向。

12 月 31 日 中国国家主席江泽民会见并宴请柬埔寨国王诺罗敦·西哈努克和莫尼克王后。

1994 年 文莱苏丹胞妹、外交部无任所大使玛斯娜公主访问中国。

1995 年

1 月 4 日 中国中央军委副主席刘华清在北京会见来访的泰国武装部队最高司令瓦达那差·武提西里上将。

1 月 7 ~13 日 缅甸领导人丹瑞应邀对中国进行正式友好访问。这是他担任缅甸国家恢复法律和秩序委员会主席后首次访华。

1 月 中国国务委员兼国务院秘书长罗干应邀对文莱进行友好访问。

4 月 3 ~4 日 中国与东盟高级官员(副外长级)首次磋商会在中国浙江杭州举行。中国、东盟 6 国和东盟秘书处外交高级官员出席会议。磋商的主要议题:一是关于中国同东盟的关系,二是国际和地区形势等问题,三是亚太地区的安全和合作及有关问题。

5 月 11 ~21 日 新加坡政府总理吴作栋访问中国。

5 月 27 日 第一次亚区域禁毒会议在中国北京举行。柬、中、老、缅、泰、越等6个国家的代表和联合国禁毒署官员出席。会议通过《亚区域禁毒行动计划》和《北京宣言》。

6月14~17日 柬埔寨外交与国际合作大臣黄胡访问中国。中国国务院总理李鹏、国务院副总理兼外交部部长钱其琛分别会见黄胡。

6月29日 新加坡总统王鼎昌、政府总理吴作栋、内阁资政李光耀分别会见来访的中国国务院副总理邹家华。邹家华在与他们会见时指出:苏州工业园区等合作项目正在顺利进行,两国科技合作已进入务实阶段。

6月29日至7月6日 老挝国家主席诺哈·冯沙万对中国进行国事访问。中国国家主席江泽民、国务院总理李鹏、全国人大常委会委员长乔石分别会见冯沙万。中老两国签署经济技术合作协定,发表新闻公报。

7月19~20日 印度尼西亚外交部部长阿里·阿拉塔斯访问中国。中国国务院总理李鹏、全国政协主席李瑞环、国务院副总理兼外交部部长钱其琛分别会见阿里·阿拉塔斯。

7月21~26日 中国国务院副总理兼外交部部长钱其琛出席在印尼首都雅加达举行第三届东盟地区论坛和东盟与对话国会议。

8月21~28日 新加坡总统王鼎昌、内阁资政李光耀访问中国。中国国家主席江泽民、全国人大常委会委员长乔石、国务院总理李鹏、全国政协主席李瑞环分别会见他们。两国领导人就加强在旅游、通讯等领域的合作交换看法。

9月1日 中国共产党中央委员会总书记、中国国家主席江泽民和国务院总理李鹏,致电越南共产党中央委员会总书记杜梅、国家主席黎德英、政府总理武文杰、国会主席农德孟,热烈祝贺越南社会主义共和国成立50周年。

9月7日 中国全国人民代表大会常务委员会委员长乔石在北京会见来访的菲律宾参议院副主席莱蒂西亚·拉莫斯·沙哈尼。

9月15日 中国全国人民代表大会常务委员会委员长乔石在北京会见来访的泰国上议院议长米猜·立初潘。

10月11日 《中华人民共和国与老挝人民民主共和国和缅甸联邦政府关于确定三国交界点协议》核准书和批准书交换仪式在老挝首都万象举行。该协议从是日起生效。

10月19日 中国国务院副总理兼外交部部长钱其琛在北京会见柬埔寨国王诺罗敦·西哈努克。

10月29日至11月4日 菲律宾参议院议长冈萨雷斯访问中国。中国国家主席江泽民、全国人大常委会委员长乔石会见冈萨雷斯。

11月4日 中国人民政治协商会议全国委员会主席李瑞环在北京会见泰国国会主席汶鄂·巴色素旺。

11月26日至12月2日 越南共产党中央委员会总书记杜梅对中国进行正式友好访问。中共中央总书记江泽民与杜梅会谈。中越两国发表《联合公报》,并就两国铁路通车问题达成原则协议。

12月5~27日 中国人民政治协商会议全国委员会主席李瑞环先后对柬埔寨、缅甸、马来西亚、新加坡和泰国进行友好访问,并会见上述5国的领导人。

1996年

1月7~13日 缅甸国家元首丹瑞大将对中国进行正式友好访问。中国国家主席江泽民、国务院总理李鹏、全国政协主席李瑞环分别会见丹瑞。中缅两国签署经济技术合作协定和1份框架协议,并发表联合公报。

1月21日 中国国务院副总理兼外交部部长钱其琛在北京会见新加坡政府副总理李显龙。

2月6~7日 中国国家主席江泽民、国务院总理李鹏、全国政协主席李瑞环在北京分别会见泰国上议院议长米猜·立初潘一行。

2月11日 中国、缅甸和联合国代表在缅甸首都仰光签署关于在缅甸佤邦南部地区合作开展禁毒项目的文件。

2月14日 中断17年的中国凭祥—越南同登铁路恢复通车。

3月24~29日 泰国政府总理班汉·西巴阿差对中国进行正式访问。中国国家主席江泽民、国务院总理李鹏和全国政协主席李瑞环分别会见班汉·西巴阿差。两位总理共同出席中泰两国政府关于增设总领事馆的协议签字仪式。

5月13~26日 中国国务院副总理朱镕基先后对印度尼西亚、泰国和马来西亚进行正式访问。

5月 东盟高级官员会议在印度尼西亚首都雅加达举行。会议决定把中国列为东盟的对话伙伴国。

6月6~7日 中国国家主席江泽民、国务院总理李鹏、国家副主席荣毅仁在北京分别会见来访的菲律宾外交部部长多明戈·西亚松。中国国务院副总理兼外交部部长钱其琛与多明戈·西亚松举行会谈。

6月10~11日 中国与东盟第二次外交部高级官员政治磋商在印度尼西亚武吉丁宜市举行。双方就台湾、南海问题进行磋商,并就当时国际及地区形势、东盟地区论坛、亚太经合组织等问题交换看法,取得广泛一致的共识。中国外交部副部长唐家璇、印尼外交部政治总司长易卜拉欣共同主持磋商。

6 月 12 日 中国国务院总理李鹏和夫人会见柬埔寨国王诺罗敦·西哈努克和王后。

6 月 23～30 日 由东盟各国议会组织当届轮值主席、泰国国会主席汶鄂·巴色素旺率领的东盟各国议会组织代表团对中国进行友好访问。中国国务院总理李鹏、全国人大常委会委员长乔石分别会见东盟客人。

6 月 24 日 印度尼西亚外交部部长阿拉塔斯代表东盟各国外长正式致函中国国务院副总理兼外交部部长钱其琛，表示东盟各国外交部部长一致同意将东盟和中国的磋商伙伴关系改为全面对话伙伴关系，并邀请钱其琛出席 7 月下旬在雅加达举行的东盟对话国会议。

6 月 27～28 日 应越南共产党中央委员会邀请，中国共产党中央政治局常委、中国国务院总理李鹏率领中共代表团出席越南共产党第八次全国代表大会，并在大会上发表重要讲话，代表中国共产党对越共八大的召开表示热烈祝贺。越共中央总书记杜梅在河内会见李鹏。

7 月 1 日 中国共产党中央委员会总书记江泽民致电祝贺杜梅当选越南共产党中央委员会总书记。

7 月 18～22 日 柬埔寨政府第二首相洪森对中国进行工作访问。中国国家主席江泽民、国务院总理李鹏分别会见洪森。李鹏和洪森共同出席两国政府关于促进和保护投资协定、贸易协定等合作文件的签字仪式。

7 月 21～26 日 中国国务院副总理兼外长钱其琛出席在印度尼西亚首都雅加达举行的第三届东盟地区论坛外长会议和东盟与对话国会议，并分别在这两个会议上发表讲话。印尼总统苏哈托会见钱其琛。

8 月 24～27 日 马来西亚政府总理马哈蒂尔对中国进行工作访问。

8 月 30 日 亚洲银行澜沧江—湄公河区域经济合作第六届部长级会议在中国云南昆明举行。

11 月 17～21 日 由中国全国人民代表大会常务委员会委员长乔石率领的中国人大代表团访问越南。越南国会主席农德孟与乔石会谈。

11 月 21～23 日 应老挝国会主席沙曼·维雅吉邀请，中国全国人民代表大会常务委员会委员长乔石对老挝进行正式友好访问。

11 月 26～27 日 中国国家主席江泽民对菲律宾进行正式访问。两国领导人同意建立中菲面向 21 世纪的睦邻互信合作关系，并就在南海问题上“搁置争议，共同开发”达成重要共识和谅解。

1996 年 东盟北京委员会（ACB）在中国北京成立。该委员会是中国与东盟建立全面对话伙伴关系的一项后续安排。由当时的东盟 7 国驻华大使组成，旨在促进东盟驻华机构与中国政府部门的交流与合作。ACB 现由东盟 10 国驻华大使组成，按半年期轮任主席。

△中国、文莱两国签署卫生合作谅解备忘录。

1997 年

2 月 14～20 日 中国中央军委副主席、国务委员兼国防部部长迟浩田访问菲律宾。19 日，菲律宾总统拉莫斯会见迟浩田。

2 月 20 日 越南共产党中央委员会总书记杜梅、国家主席黎德英、政府总理武文杰、国会主席农德孟向中国共产党中央委员会总书记、国家主席江泽民和国务院总理李鹏致唁电，哀悼邓小平同志逝世。

2 月 26 日 中国—东盟联合委员会在中国北京成立并举行首次会议。中国国务院副总理钱其琛和东盟秘书长阿吉特·辛格出席开幕式并致词。该委员会的成立是中国与东盟建立全面对话伙伴关系的后续行动之一，旨在促进中国和东盟之间各领域合作的协调发展，并着力推动双方在人力资源开发、人员和文化交流等方面的合作。至此，中国与东盟已建立 5 个平等机制的总体对话框架，即中国—东盟经贸联委会、中国—东盟高官磋商、中国—东盟科技联委会、中国—东盟联合合作委员会和东盟北京委员会。这些对话框架的建立，标志着中国和东盟的友好合作关系进入一个新的时期。

3 月 11 日 中国国际商会和东盟商会在印度尼西亚首都雅加达宣布，双方一致同意建立中国—东盟商务理事会及中国—东盟信息中心。

4 月 2～5 日 泰国政府总理差瓦立访问中国。中国国家主席江泽民、国家军委副主席刘华清、国务院副总理朱镕基会见差瓦立。中国国务院总理李鹏与差瓦立举行会谈。

4 月 4 日 中国国家主席江泽民在北京会见来访的菲律宾参议院议长马塞达。

4 月 27 日至 5 月 3 日 新加坡政府总理吴作栋访问中国。中国国家主席江泽民、全国政协主席李瑞环、国务院副总理李岚清分别会见吴作栋。中国国务院总理李鹏与吴作栋举行会谈。中新两国签署关于民事和商务司法协助的条约等文件。

4 月 中国国际贸易促进会与东盟商会签署谅解备忘录，决定成立中国—东盟商务理事会。

5 月 23 日 菲律宾驻中国广州总领馆开馆。这是菲律宾继在中国厦门设立总领馆后在中国开设的第二个总领馆。

5 月 中国—东盟黄山会议举行。会上，中国承诺不在东南亚使用核武器，东盟表示支持一个中国的政策。

6月 文莱外交大臣穆罕默德·博尔基亚亲王应邀出席中国香港政权交接仪式。

7月8～15日 马来西亚最高国家元首端古·贾阿法对中国进行国事访问。

7月14～18日 越南共产党中央委员会总书记杜梅对中国进行正式友好访问。中越双方就双边关系和共同关心的问题取得广泛共识。

7月29日 中国与东盟国家对话会议在马来西亚必打灵查亚举行。中国国务院副总理兼外交部部长钱其琛出席。

8月13日 中国国务院总理李鹏在北京会见由代理国家元首谢辛率领的来华觐见西哈努克国王的柬埔寨高级代表团。

8月14日 中国政府决定向泰国提供10亿美元3～5年期贷款，参加国际货币基金组织的一揽子援泰融资方案。

8月21～24日 中国国务院总理李鹏访问马来西亚。22日，马来西亚最高元首会见李鹏，政府总理马哈蒂尔与李鹏举行会谈。

8月25～26日 中国国务院总理李鹏访问新加坡。新加坡政府总理吴作栋与李鹏举行会谈，总统王鼎昌与内阁资政李光耀分别会见李鹏。

8月26日 中国国务院副总理兼外交部部长钱其琛在北京与来访的老挝外交部部长宋沙瓦·凌沙瓦举行会谈。

8月27日 中国全国人民代表大会常务委员会委员长乔石在北京会见即将回国的柬埔寨国王西哈努克和王后，并转达中国国家主席江泽民、国务院总理李鹏的亲切问候和良好祝愿。

8月28日 中国国务院总理李鹏在北京会见来访的老挝外交部部长宋沙瓦·凌沙瓦。

10月7～8日 中国国务院总理李鹏和中央军委副主席、国务委员兼国防部长迟浩田分别在北京会见印度尼西亚国防和安全部长埃迪·苏德拉查特。

10月31日 中国人民政治协商会议全国委员会主席李瑞环会见来北京进行例行体检的柬埔寨国王西哈努克，祝贺他75岁生日。

11月24～25日 由中国全国人大常委会副委员长王汉斌率领的中国人大常委会代表团印度尼西亚。印尼副总统特里·苏特里斯诺、国会兼人民协商会议议长哈尔莫科分别会见代表团一行。

12月7～10日 中国全国政协主席李瑞环访问越南。

12月16日 首次东盟—中国领导人非正式会议在马来西亚首都吉隆坡举行。中国国家主席江泽民出席会议并发表题为《建立面向21世纪的睦邻互信伙伴关系》的重要讲话。会议结束后，双方发表《中华人民共和国与东盟国家首脑会晤联合声明》。联合声明确定了指导双方关系的原则，并将建立面向21世纪的睦邻互信伙伴关系作为共同的政策目标。此后，双方领导人在每年“10＋3”领导人会议期间定期以“10＋1”形式举行会议。

12月29日 中国共产党中央委员会总书记、国家主席江泽民致电祝贺黎可漂当选越南共产党中央委员会总书记。

1998年

3月23～29日 老挝国家副主席、建国阵线中央委员会主席乌敦·卡迪亚访问中国。中国全国政协主席李瑞环、国家副主席胡锦涛分别会见乌敦·卡迪亚一行。

4月9日 中国全国人民代表大会常务委员会委员长李鹏在北京会见柬埔寨国王诺罗敦·西哈努克。

4月11～13日 中国外交部部长唐家璇对印度尼西亚进行工作访问。

4月16～17日 第四次中国—东盟高级官员磋商在马来西亚举行。双方在磋商中重点就落实中国与东盟首脑会晤的成果、进一步加强全面合作交换意见。

4月17日 中国国务院总理朱镕基会见到访的泰国政府副总理兼商业部长素帕猜一行。

5月10～18日 以泰国国会主席兼下议院议长万·穆罕默德·努·玛他为团长的泰国国会代表团对中国进行正式友好访问。

5月13日 中国中央军委副主席迟浩田在北京会见来访的印度尼西亚空军参谋长杜巴斯上将。

5月27日 中国国务院总理朱镕基、副总理李岚清在北京分别会见由新加坡政府副总理兼国防部长、新加坡—美国工商理事会主席陈庆炎率领的新加坡—美国工商理事会代表团。

△中国中央军委副主席迟浩田在北京会见来访的菲律宾国防部长福图纳托·阿瓦特。

6月16日 中国国务院副总理吴邦国会见由缅甸电力部部长丁图率领的缅甸电力代表团。

6月 中国全国人民代表大会常务委员会副委员长谢非应邀对文莱进行友好访问。

7月25日 中国外交部部长唐家璇率团前往菲律宾大马尼

拉市出席第五届东盟地区论坛外长会、东盟与对话国会议以及中国与东盟对话会。会议结束后，唐家璇顺访菲律宾，并对马来西亚进行工作访问。

10月19日 中国国务院副总理吴邦国在北京会见缅甸第二工业部长拉敏瑞一行。

10月19～23日 越南政府总理潘文凯对中国进行正式访问。中国领导人江泽民、李鹏、胡锦涛分别会见潘文凯。中国国务院总理朱镕基与潘文凯举行会谈。两国政府签署民事和刑事司法协助条约、边贸协定和领事条约。

11月9日 中国国务院副总理钱其琛在北京会见印度尼西亚总统特使杰姆斯·利亚迪。

11月17～18日 亚太经合组织第六次领导人非正式会议在马来西亚首都吉隆坡举行。中国国家主席江泽民出席会议并发表重要讲话。会后发表《吉隆坡宣言》，并通过根据江泽民倡议制定的“走向21世纪的APEC科技产业合作议程”和马来西亚提出的“技能开发行动计划”。

12月3～6日 中国国务院副总理李岚清对泰国进行正式访问，并出席第十三届亚洲运动会开幕式。泰国政府总理川·立派会见李岚清。

12月15～19日 中国国家副主席胡锦涛对越南进行正式友好访问。越南国家主席陈德良会见胡锦涛。越南共产党中央政治局常委范世阅、国家副主席阮氏萍与胡锦涛举行会谈，并出席中越经济技术合作协定签字仪式。

12月16日 第二次东盟—中、日、韩领导人非正式会晤和东盟—中国领导人非正式会晤在越南首都河内举行。中国国家副主席胡锦涛出席会议。在东盟—中国领导人非正式会晤中，双方领导人同意通过全面对话合作框架，保持东盟国家与中国在各个层次、各个领域、各个渠道的友好交往，通过协商妥善处理彼此间存在的一些分歧和争议，进一步推进睦邻互信伙伴关系的发展。

12月18日 中国全国人民代表大会常务委员会委员长李鹏在北京会见柬埔寨政府首相洪森。

12月21日 中国国家主席江泽民在北京会见柬埔寨国王诺罗敦·西哈努克和王后。

1999年

1月24～31日 老挝政府总理西沙瓦·乔本潘对中国进行正式访问。中国国家主席江泽民、全国人大常委会委员长李鹏分别会见西沙瓦·乔本潘，国务院总理朱镕基与他举行会谈。双方签署《中老两国关于民事、刑事司法协助的协定》《中老两国政府关于避免双重征税的协定》《中老两国政府关于中国向老挝提供优惠贷款的框架协议》《中老两国政府经济技术合作协议》《中老两国教育部1999～2001年教育合作计划》。

2月9～12日 柬埔寨政府首相洪森对中国进行正式访问。中国国家主席江泽民、全国政协主席李瑞环分别会见洪森，国务院总理朱镕基与他举行会谈。两国签署《中柬经济技术合作协定》《中国政府向柬埔寨政府提供优惠贷款的框架协议》《中柬政府文化协定》《中柬引渡条约》《中柬政府旅游合作协定》。

2月25日至3月2日 越南共产党中央委员会总书记黎可漂对中国进行正式友好访问。中共中央总书记江泽民与黎可漂举行会谈，并共同出席《中越经济技术合作协议》签字仪式。中国全国人大常委会委员长李鹏、全国政协主席李瑞环、国家副主席胡锦涛、国务院副总理李岚清分别会见黎可漂。中越双方发表《联合声明》，确定两国“长期稳定、面向未来、睦邻友好、全面合作”的16字指导方针。

4月13～18日 中国全国人民代表大会常务委员会委员长李鹏访问泰国。泰国国会上议院议长米猜、政府总理川·立派、国会主席兼下议院议长万诺、国王普密蓬·阿杜德分别会见李鹏。

4月27日至5月3日 泰国政府总理川·立派应邀对中国进行正式访问并出席昆明世界园艺博览会。28日，中国国务院总理朱镕基与川·立派会谈。

4月30日 中国国家主席江泽民在昆明分别会见柬埔寨国王西哈努克和泰国政府总理川·立派。

6月8日 中国国务院总理朱镕基、全国政协主席李瑞环、国务院副总理吴邦国、国务委员迟浩田在北京分别会见来访的缅甸国家和平与发展委员会秘书长钦纽。

6月9日 中国国务院总理朱镕基在北京会见来访的老挝政府副总理兼国防部长朱马利·赛雅贡中将及其率领的老挝高级军事代表团。

6月21日 中国全国人大常委会委员长李鹏、全国政协主席李瑞环分别会见来访的柬埔寨国民议会议长诺罗敦·拉那烈亲王。

6月25日 中国中央军委副主席、国务委员兼国防部长迟浩田会见来访的新加坡教育部长兼第二国防部长张志贤。

8月18日 马来西亚政府总理马哈蒂尔访问中国。中国国务院总理朱镕基与马哈蒂尔举行会谈。19日，中国国家主席江泽民会见马哈蒂尔。

8月19日 第三届马中论坛在中国北京举行，中国国务院副总理李岚清和马来西亚政府总理马哈蒂尔与会。会议主题是“金融危机后的复兴与合作”。

8月22～26日 应中国国家主席江泽民邀请，文莱苏丹哈吉

·哈桑纳尔·博尔基亚对中国进行工作访问。两国发表关于双边合作关系发展方向的联合公报,签署《文化合作谅解备忘录》。两国外交部已建立定期磋商制度。

9月2~6日 应泰国国王普密蓬·阿杜德邀请,中国国家主席江泽民对泰国进行国事访问。普密蓬国王和王后2日到机场迎接。

9月22~27日 新加坡内阁资政李光耀对中国进行工作访问。中国国务院总理朱镕基、全国人大常委会委员长李鹏在北京分别会见李光耀。27日,中国国家主席江泽民在上海会见李光耀。

11月22~26日 中国国务院总理朱镕基对马来西亚进行正式访问。两国签署文化合作协定及一些合作协议。

11月28日 第三次东盟—中国领导人会议在菲律宾首都大马尼拉市举行。中国国务院总理朱镕基在会上提出中方在新世纪加强与东盟睦邻互信伙伴关系的主张和具体建议。东盟国家对中国发展建设所取得的成就表示赞赏,高度评价中国在亚洲金融危机中给予东盟国家的支持和援助。

11月29日 中国国务院总理朱镕基对菲律宾进行正式访问,并出席在大马尼拉市举行的东盟与中日韩领导人第三次非正式会晤。朱镕基对发展中菲关系提出5点意见。

11月29日至12月1日 中国国务院总理朱镕基对新加坡进行正式访问。

12月1~3日 印度尼西亚总统瓦希德对中国进行国事访问。中国和印尼发表联合新闻公报。

12月1~4日 中国国务院总理朱镕基对越南进行正式访问,与越南领导人就两国关系、国际和地区形势及共同关心的问题深入交换意见,取得广泛共识。

12月3日 中越双方共同宣布:两国陆地边界存在的问题已全部解决,有关实质性谈判业已结束,力争年内正式签署两国陆地边界条约。

12月23日 中国国家副主席胡锦涛、国务院副总理吴邦国在北京分别会见来访的缅甸外交部部长吴温昂。

12月30日 中国外交部部长唐家璇在越南首都河内与越南副总理兼外交部部长阮孟琴分别代表两国签署《中国与越南陆地边界条约》。31日,越南共产党中央委员会总书记黎可漂在河内会见唐家璇,高度评价两国签署陆地边界条约。

2000年

1月17日 印度尼西亚总统瓦希德签署2000年第六号总统决定书,宣布撤销1967年颁布的限制华人公开庆祝自己节日的第十四号总统决定书。

△中国和越南两国的党和国家领导人互致贺电,祝贺两国建交50周年。

4月9~19日 新加坡政府总理吴作栋访问中国。11日,中新两国在北京发表关于双边合作的联合声明。

5月 菲律宾总统埃斯特拉达对中国进行国事访问。埃斯特拉达访问期间,中、菲两国外交部部长在北京签署《中华人民共和国政府和菲律宾共和国政府关于21世纪双边合作框架的联合声明》,两国政府签署文化合作协定2000~2001年执行计划、关于在菲律宾建立中国农业技术中心的换文等文件。

7月6日 《中国和越南陆地边界条约》批准书互换仪式在中国北京举行。该条约于是日起生效。

9月25~28日 越南政府总理潘文凯访问中国。中国国家主席江泽民在北京会见潘文凯时表示:希望双方在边界问题上继续以大局为重,互谅互让以便年内解决北部湾划界问题。期间,中国国务院总理朱镕基与潘文凯举行会谈。

10月16~31日 泰国王后诗丽吉代表国王普密蓬对中国进行国事访问。

11月13~14日 中国国家主席江泽民对柬埔寨进行国事访问。两国签署《中柬关于双边合作的联合声明》。

11月11~13日 中国国家主席江泽民对老挝进行国事访问。

11月14~18日 中国国家主席江泽民出席在文莱举行的第八次亚太经合组织领导人非正式会议,并对文莱进行国事访问。17日,江泽民与文莱苏丹哈吉·哈桑纳尔·博尔基亚举行会谈,就加强两国在新世纪的双边关系等问题交换意见和看法,并取得一致。苏丹向江泽民主席授予最珍贵的王室勋章。两国签署《互相鼓励和保护投资协议》《中国公民自费赴文旅游实施方案的谅解备忘录》等。

11月15日 中国国家主席江泽民会见在文莱出席亚太经合组织领导人第八次非正式会议的马来西亚政府总理马哈蒂尔,双方就共同面临的问题再次交换意见。

11月24日 中国国务院总理朱镕基在新加坡会见一起出席第四次东盟与中、日、韩10+3领导人会议的马来西亚政府总理马哈蒂尔。朱镕基在会见马哈蒂尔时说:中国政府十分重视与东盟的合作,愿根据《东亚合作联合声明》确定的方向向前推进;双方可以积极致力于湄公河流域开发、泛亚公路、铁路的建设以及为预防金融危机再度发生加强对话与协调。

11月25日 第四次东盟—中国领导人会议在新加坡举行。中国国务院总理朱镕基在会上积极评价中国与东盟双边关系,并就以后一段时间内双方在政治领域、人力资源开发、加强湄公河流域基础设施建设、高新技术领域、农业、贸易与投资等方面的合作提出具体建议。

11 月 29 日 中国国务院总理朱镕基访问新加坡。

12 月 25～29 日 越南国家主席陈德良对中国进行正式访问。中国国家主席江泽民和陈德良举行亲切友好会谈，双方就共同关心的问题达成广泛共识。会谈后，两国签署《中越关于新世纪全面合作的联合声明》《中越关于两国在北部湾领海、专属经济区和大陆架的划界协定》《中越政府北部湾渔业合作协定》《中越政府和平利用核能合作协定》《新华通讯社和越南通讯社新闻合作协定》等重要文件。

2000 年 中国和菲律宾签署信贷协议书，中方承诺向菲方提供 1 亿美元信贷。菲律宾在中国澳门开设总领馆。

2001 年

2 月 26 日 中国国家主席江泽民在海南博鳌会见前来参加博鳌亚洲论坛的特邀嘉宾马来西亚政府总理马哈蒂尔。马哈蒂尔阐述了他对经济全球化问题的看法。江泽民说：为了有效应对经济全球化的挑战，亚洲国家有必要加强合作，以提高整体竞争能力和抵御风险的能力。

3 月 28 日 中国—东盟经合联委会第三次会议在马来西亚首都吉隆坡举行。会议宣布在该联委会框架下成立中国—东盟经济合作专家组。

4 月 19～22 日 以中国共产党中央政治局常委、国家副主席胡锦涛为团长的中共代表团先后出席越南共产党第九届全国代表大会开幕式和闭幕式。胡锦涛在越共九大开幕式上递交中共中央致越共九大的贺词，并作重要讲话。

4 月 22 日 中国共产党中央委员会总书记江泽民致电祝贺农德孟当选越南共产党中央委员会总书记。

4 月 24～29 日 马来西亚最高元首萨拉赫丁·阿卜杜勒·阿齐兹·沙阿对中国进行国事访问。中国国家主席江泽民、国务院总理朱镕基分别会见沙阿。江泽民在会见时表示：当前中马两国领导人保持着经常性交往，两国领导人之间的互访和接触，为增进两国人民的了解、友谊与信任发挥了重要作用。

5 月 14～17 日 文莱苏丹哈桑纳尔·博尔基亚出席在中国举行的亚太经合组织人力资源能力建设高峰会议并访问中国。

5 月 19 日 中国国务院总理朱镕基对泰国进行正式访问。泰国总理他信·西那瓦与朱镕基举行会谈，双方就进一步加强中泰两国在各个领域的合作深入交换意见。双方表示，愿进一步扩大在文化、教育等领域的交流与合作。

5 月 21 日 中国国务院总理朱镕基和夫人劳安到泰国国王在华欣的行宫拜会普密蓬国王和诗丽吉王后。普密蓬国王对朱镕基访问泰国表示热烈欢迎。

5 月 21 日 中国全国人民代表大会常务委员会委员长李鹏访问文莱。

5 月 23 日 越南共产党中央委员会总书记农德孟在河内表示：越南共产党和政府将竭尽全力落实越中两国领导人达成的"长期稳定，面向未来，睦邻友好，全面合作"这一指导 21 世纪发展两国关系的 16 字方针，使两国友好合作关系不断发展。

8 月 27～29 日 泰国政府总理他信·西那瓦对中国进行正式访问。

9 月 7～10 日 应越南共产党中央委员会、越南国会常务委员会的邀请，中国全国人民代表大会常务委员会委员长李鹏对越南进行正式友好访问。访越期间，李鹏分别与越共中央总书记农德孟和国会主席阮文安举行会谈，分别会见越南国家主席陈德良和政府总理潘文凯。

9 月 12～22 日 新加坡总统纳丹对中国进行国事访问。

10 月 19～21 日 文莱苏丹哈吉·哈桑纳尔·博尔基亚出席在中国上海举行的亚太经合组织第九次领导人非正式会议并访问中国。苏丹认为两国建交 10 年来各方面合作发展很快，并表示文方高度重视发展双方的睦邻友好关系。北京外国语大学授予苏丹国际关系名誉博士学位。

△菲律宾总统阿罗约出席在中国上海举行的亚太经合组织第九次领导人非正式会议并对中国进行国事访问。中菲双方签署《引渡条约》《打击跨国犯罪合作谅解备忘录》《打击贩毒合作协议》等双边合作协议，并就菲方在上海设立总领馆互换照会。

10 月 20 日 中国国家主席江泽民在上海会见出席亚太经合组织第九次领导人非正式会议的马来西亚政府总理马哈蒂尔。双方就大家共同关心的反对恐怖主义问题交换意见。

10 月 27 日 中国和越南陆地边界第一块界碑揭幕仪式分别在中国广西东兴口岸和越南芒街口岸举行。这标志着《中国和越南陆地边界条约》正式实施和边界实地勘界立碑工作启动。

11 月 6 日 第五次东盟—中国领导人非正式会议在文莱举行。中国国务院总理朱镕基出席会议并发表题为《携手共创中国与东盟合作的新局面》的重要讲话，他指出，中国与东盟应明确新世纪初的重点合作领域并确定建立中国—东盟自由贸易区目标。朱镕基总理与东盟领导人达成共识，一致同意在 10 年内建立中国—东盟自由贸易区，并授权经济部长和高官尽早启动自由贸易协定谈判；双方同意将农业、信息通讯、人力资源开发、相互投资和湄公河开发确定为双方在新世纪开展合作的 5 大重点领域。这是中国—东盟关系中又一个里程碑，推动了双方关系步入新的阶段。

11 月 6 日 在文莱出席东盟与中、日、韩领导人非正式会议和中国—东盟领导人非正式会议的中国国务院总理朱镕基会晤文莱苏丹哈吉·哈桑纳尔·博尔基亚。

11 月 7～11 日 中国国务院总理朱镕基对印度尼西亚进行正式访问。朱镕基访问印尼期间，中国—东盟商务理事会理事会第一次会议在印尼首都雅加达举行，他和印尼总统梅加瓦蒂共同出席会议。

11 月 30 日至 12 月 4 日 应中国共产党中央委员会总书记、国家主席江泽民邀请，越南共产党中央委员会总书记农德孟对中国进行正式友好访问。30 日，江泽民同农德孟举行会谈。12 月 1 日，中国全国人大常委会委员长李鹏、国务院总理朱镕基、全国政协主席李瑞环、国家副主席胡锦涛分别会见农德孟。2 日，中越双方在北京发表联合声明。

12 月 12～15 日 中国国家主席江泽民对缅甸进行国事访问。两国签署《中缅两国政府经济技术合作协定》《中缅两国政府投资保护协定》《中缅两国政府渔业合作协定》等 7 个文件。

2002 年

1 月 菲律宾总统阿罗约发布总统令，将中菲建交日(6 月 9 日)定为“菲华友谊日”。6 月，菲律宾外交部和华人各界举行一系列庆祝活动，阿罗约总统出席有关活动。

2 月 3～7 日 老挝政府总理本扬·沃拉芝对中国进行正式访问。两国政府签署中老引渡条约、经济技术合作协定、关于中国向老挝提供优惠贷款的框架协议、中国人民银行与老挝人民民主共和国银行双边合作协议、两国教育部 2002～2005 年教育合作计划等 5 个文件。5 日，中国国家主席江泽民会见本扬·沃拉芝。

2 月 27 日至 3 月 1 日 中国共产党中央委员会总书记、国家主席江泽民对越南进行正式友好访问。27 日，江泽民同越南共产党中央委员会总书记农德孟、国家主席陈德良举行会谈，双方一致认为：两国和两国人民要做好邻居、好朋友、好同志、好伙伴，互相信任，互帮互助，互谅互让，共同发展。两国签署《中华人民共和国政府和越南社会主义共和国政府关于中国向越南提供优惠贷款的框架协议》和《中华人民共和国政府和越南社会主义共和国政府经济技术合作协定》。28 日，江泽民在河内国家大学向师生们发表题为《共创中越关系的美好未来》的重要演讲。

3 月 22 日 文莱王储穆赫塔迪·比拉首次访问中国。中国国家主席江泽民、副主席胡锦涛分别会见穆赫塔迪·比拉。

3 月 24～28 日 印度尼西亚总统梅加瓦蒂·苏加诺对中国进行国事访问。中国国家主席江泽民与梅加瓦蒂举行会谈，并出席中国—印尼关于印尼在广州、上海设立总领事馆的协议，中国—印尼关于成立能源论坛的谅解备忘录，中国—印尼经济技术合作谅解备忘录，中国—印尼关于桥梁、公路和其他基础设施建设项目开展经济技术合作的谅解备忘录，以及中国石油天然气国际有限公司和印尼国家石油公司合作协议的谅解备忘录等 5 个文件的换文和签字仪式。

4 月 23～26 日 中国国家副主席胡锦涛访问马来西亚。马来西亚最高元首西拉杰丁、政府总理马哈蒂尔、副总理巴达维、槟州元首阿卜杜先后会见胡锦涛。胡锦涛应邀出席马来西亚亚洲战略与领导研究所举办的演讲会，并就中国和亚洲的发展问题作题为《共同谱写亚洲和平与发展的新篇章》的演讲。

5 月 14 日 中国和东盟 10 国的经济官员在中国北京举行第三次中国—东盟经济高官会，就未来 10 年内建立中国—东盟自由贸易区的目标、原则、内容、时间框架等问题进行讨论。

6 月 6 日 首次中国—东盟贸易、投资和发展合作国际研讨会在中国云南昆明举行。来自中国和东盟 10 个国家的政府官员、学术机构和企业界的代表共 400 多人参加会议，就中国东盟经贸合作的现状和前景，建立中国—东盟自由贸易区的基本框架，双方合作的重点领域及方式、途径，贸易投资的便利化，以及自由贸易区的建立对中国西部地区开发带来的机遇等议题进行研讨。

9 月 菲律宾旅游部长率菲旅游促销团访问中国。中菲双方签署《关于旅游合作谅解备忘录》。

9 月 10 日 中国国家主席江泽民会见来华访问的新加坡内阁资政李光耀。江泽民在会见时表示：中新关系发展很好，中国重视同新加坡的关系，希望双方不断拓展互利合作，促进共同发展。

9 月 12～15 日 中国全国人民代表大会常务委员会委员长李鹏对菲律宾进行正式友好访问。中菲双方签署《全国人大常委会与菲律宾众议院合作谅解备忘录》、中国向菲方提供渔港扩建项目贷款协议等 5 个合作文件。

9 月 13 日 首次中国—东盟经济贸易部长会议在文莱首都斯里巴加湾市举行。会议双方就与中国—东盟自由贸易区相关的问题，包括中国—东盟的贸易投资关系、《中国—东盟全面经济合作框架协议》、在货物贸易自由化方面的“早期收获”等内容进行磋商，并就主要问题达成共识。会议原则通过《中国—东盟全面经济合作框架协议》草案。

9 月 20 日 首次中国与东盟交通部长会议通过 2002 年 5 月交通高官会议提出的“东盟—中国交通合作职责范围”，并就以后具体合作重点项目达成一致意见。

11 月 1～4 日 中国国务院总理朱镕基对柬埔寨进行正式访问，并出席首次大湄公河次区域经济合作领导人会议、第六次东盟与中日韩 10＋3 领导人非正式会议、东盟与中国 10＋1 领导人非正式会议。期间，朱镕基与柬埔寨政府首相洪森举行会谈，朱镕基提出 4 点旨在更加密切和稳固中柬友好关系的建议。朱镕基和老挝政府总理本扬·沃拉芝在柬埔寨首都金边共同出席《中国和老挝经济技术合作协定》和《中华人民共和国政府和老挝人民民主共和国政府关于建设昆曼公路老挝境内部分路段项目的议定书》的签字仪式。此外，还签署有关中国政府向柬埔寨政府、老挝政府和缅甸政府提供特别优惠关税待遇的换文。该换文规定：自2004年1月1日起，柬埔寨、老挝和缅甸向中国出口的部分产品享受零关税待遇。

11月3日 首次大湄公河次区域经济合作(GMS)领导人会议在柬埔寨首都金边举行。中国国务院总理朱镕基出席会议，就加强次区域合作的重要性等问题作主旨发言，并表明中国参与次区域合作的决心和积极态度。

11月4日 第六次东盟与中国10+1领导人会议在柬埔寨首都金边举行。中国国务院总理朱镕基出席会议。此次会议取得如下成果：一是签署《中国与东盟全面经济合作框架协议》，启动中国与东盟建立自由贸易区的进程，决定到2010年建成中国—东盟自由贸易区；二是中国发表的《中国参与湄公河次区域合作国家报告》，决定与东盟在湄公河流域开发方面进行全面合作；三是中国和东盟共同发表《关于非传统安全领域合作联合宣言》，启动中国与东盟在非传统安全领域的全面合作；四是中国与东盟各国的外长在金边共同签署《南海各方行为宣言》。《南海各方行为宣言》强调通过友好协商和谈判，以和平方式解决南海有关争议，是中国与东盟签署的第一份有关南海问题的政治文件。

11月12日 由中国政府提供优惠贷款支持的越南太原省高岸火力发电厂项目动工建设。该电厂概算总投资1.1亿美元，是当时中越两国之间最大的经济合作项目。

11月16日 越南共产党中央委员会总书记农德孟致电祝贺胡锦涛当选中国共产党第十六届中央委员会总书记。

11月18~23日 新加坡政府总理吴作栋访问中国。

12月14日 中国和泰国在中国北京签署关于中国佛牙舍利赴泰供奉的协定。

2002年 中国和菲律宾签署《桑托斯将军港渔港改建和扩建项目贷款协议》、《北吕宋马尼拉—克拉克高速铁路项目合作谅解备忘录》和《马尼拉—南吕宋铁路项目合作谅解备忘录》等经贸合作协议。

2003年

1月7~11日 缅甸联邦国家和平与发展委员会主席丹瑞大将对中国进行国事访问。中国国家主席江泽民、中共中央总书记胡锦涛、全国人大常委会委员长李鹏、国务院总理朱镕基先后会见丹瑞。

1月14~15日 中国国务院副总理李岚清对缅甸进行正式友好访问。缅甸国家和平与发展委员会主席丹瑞大将会见李岚清。

2月18~19日 泰国政府总理他信访问中国。18日，中国国务院总理朱镕基在北京与他信举行会谈。19日，中国国家主席江泽民、国家副主席胡锦涛、国务院副总理温家宝分别会见他信。

4月7~11日 越南共产党中央委员会总书记农德孟应邀对中国进行工作访问。中共中央总书记、国家主席胡锦涛，中共中央军委主席江泽民，中共中央政治局常委、全国人大常委会委员长吴邦国，中共中央政治局常委、国务院总理温家宝分别会见农德孟。胡锦涛在会见时表示：中国共产党和中国政府愿同越方共同努力，进一步充实和丰富“长期稳定、面向未来、睦邻友好、全面合作”16字方针的内涵，把中越睦邻友好、全面合作提高到新的水平，使两国和两国人民永远做好邻居、好朋友、好同志、好伙伴。

4月16日 由中国方面组织施工的上湄公河航道主体改善工程完工。

4月29日 中国—东盟领导人关于非典型肺炎特别会议在泰国首都曼谷举行。会议就加强地区合作、采取切实措施防治“非典”问题进行讨论，就中国加入《东南亚友好合作条约》等问题进行磋商。会后发表《中华人民共和国与东盟国家领导人特别会议联合声明》。中国国务院总理温家宝出席会议并发表讲话，建议建立中国与东盟抵御“非典”及相关医疗合作的特别基金，并宣布中国政府出资1000万元人民币作为启动资金。

6月1日 出席南北领导人非正式对话会议的中国国家主席胡锦涛会见马来西亚政府总理马哈蒂尔。两国领导人就一些国际问题交换意见，一致认为：联合国在维护世界和平稳定方面发挥着不可替代的作用，各国应在联合国框架内，加强磋商和协调，共同妥善处理国际事务。

6月12~14日 老挝人民革命党中央主席、老挝人民民主共和国主席坎代·西潘敦对中国进行国事访问。12日，中共中央总书记、国家主席胡锦涛在北京与坎代举行会谈。13日，中共中央军委主席江泽民，中共中央政治局常委、全国人大常委会委员长吴邦国，中共中央政治局常委、国务院总理温家宝分别会见坎代。

6月15~17日 中国外交部部长李肇星访问柬埔寨，在金边分别会见柬国民议会主席拉那烈、政府首相洪森，同柬外交与国际合作大臣贺南洪举行正式会谈。

8月18~19日 第九次中国—东盟高官磋商在中国福建武夷山市举行。中国外交部副部长王毅和东盟10国高官率团参加，东盟秘书长王景荣出席。中方正式递交中国加入《东南亚友好合作条约》的加入书。

8月30日至9月2日 中国全国人民代表大会常务委员会委员长吴邦国对菲律宾进行正式友好访问。吴邦国与菲律宾总统阿罗约在马尼拉共同出席《中国人民银行与菲律宾中央银行货币互换协议》的换文仪式及《中国进出口银行与菲律宾财政部关于中华人民共和国政府向菲律宾共和国政府提供4亿美元优惠出口买方信贷的备忘录》的签字仪式。两国政府发表联合新闻公报。菲律宾众议院授予吴邦国国会成就勋章。

9月14~16日 马来西亚政府副总理巴达维率领各位内阁部长和数百名企业家访问中国。期间,巴达维与中国国务院副总理黄菊举行会谈,分别会见中国国家主席胡锦涛、全国人大常委会委员长吴邦国和国务院总理温家宝。两国政府签署《旅游合作谅解备忘录》《农业合作协定》《空间合作及和平利用外层空间的协定》《关于雇佣中国劳务人员合作的谅解备忘录》《关于执行马来西亚记载遥感合作计划的互换备忘录》等。

10月1日 是日起,泰国、中国开始实施果蔬零关税。

10月6日 在印度尼西亚巴厘岛出席东盟与中、日、韩10+3、东盟与中国10+1领导人会议的中国国务院总理温家宝会见文莱苏丹哈吉·哈桑纳尔·博尔基亚。温家宝充分肯定中国与文莱睦邻友好合作关系的发展,表示中国愿从文莱进口更多石油,参与文莱油气开发、港口和电信等基础设施建设,积极推进两国教育、文化等领域的合作。苏丹表示,文莱愿进一步扩大双边贸易,并加强两国企业和人民之间的友好交往。

10月8日 第七次中国与东盟领导人会议在印度尼西亚巴厘岛举行。中国国务院总理温家宝在会上发表以"全面深入合作、促进和平繁荣"为主题的讲话。双方签署中国加入《东南亚友好合作条约》、中国与东盟《全面经济合作框架协议》的补充议定书,以及信息通信谅解备忘录。温家宝与东盟国家领导人还签署《中华人民共和国与东盟国家领导人联合宣言》,宣布双方建立"面向和平与繁荣的战略伙伴关系"。

10月17~21日 中国国家主席胡锦涛对泰国进行国事访问,并出席在曼谷举行的亚太经合组织第十一次领导人非正式会议。期间,胡锦涛先后会见泰国国王普密蓬、政府总理他信、国会主席乌泰、大理院院长抑他尼滴等,两国政府签署《中华人民共和国政府和泰王国政府关于成立贸易、投资和经济合作联合委员会的协定》等5个双边合作文件。

10月25日 第二次中国—东盟交通部长会议在缅甸首都仰光举行。会后发表联合声明重申,实现交通一体化对建立中国—东盟自由贸易区至关重要。

10月31日 中国和缅甸在缅甸首都仰光签署关于在缅建立橡胶苗木基地和技术培训项目的协议。

11月1日 中国国务院总理温家宝在海南博鳌会见前来出席博鳌亚洲论坛2003年年会的新加坡政府总理吴作栋。

11月18~23日 新加坡政府总理吴作栋对中国进行工作访问。18日,中国国务院总理温家宝在北京与吴作栋举行会谈,并共同出席《中华人民共和国政府与新加坡共和国政府关于成立双边合作联合委员会的谅解备忘录》等4个文本的签字仪式。19日,中国国家主席胡锦涛、全国人大常委会委员长吴邦国分别会见吴作栋。

12月9日 印度尼西亚税务和国营企业国务部长拉克萨马纳·苏卡尔迪在出席中国驻印尼大使馆主办的"福建之夜"文艺晚宴时表示,印度尼西亚华人遭受歧视和不平等对待的时代已成为历史。印尼总统梅加瓦蒂和多位部长出席晚宴。

12月17日 中国国务院新闻办公室在北京举行新闻发布会,宣布:从2004年起,每年11月在广西南宁举办中国—东盟博览会。

2004年

1月10日 为庆祝马来西亚和中国建交30周年及中国明朝著名航海家郑和下西洋抵达马六甲600周年,马来西亚文化、艺术和旅游部及马六甲州政府在古城马六甲举行2004年马来西亚—中国友好年系列庆祝活动启动仪式。

2月2日 中国和越南就共同出资在越南莱州、老街、河江三省与中国云南省建设1个220~110千伏的输电网对接项目达成协议。

2月24日 中国国家副主席曾庆红在北京会见来访的印度尼西亚政治安全统筹部长苏西洛。

3月2日 中国—东盟防治禽流感特别会议在中国北京举行。中国国务院总理温家宝会见出席会议的各国代表团团长,国务院副总理回良玉出席会议并发表讲话。会后双方发表联合新闻声明。

4月19~25日 柬埔寨政府首相洪森对中国进行正式访问。20日,中国国务院总理温家宝在北京与洪森会谈。21日,中国全国人大常委会委员长吴邦国会见洪森。两国签署《中华人民共和国政府与柬埔寨王国政府经济技术合作协定》等10个合作文件。

4月23日 中国国家主席胡锦涛在海南博鳌会见参加博鳌亚洲论坛年会的柬埔寨政府首相洪森。

5月2日 越南驻中国南宁总领事馆开馆。

5月20~24日 越南政府总理潘文凯对中国进行正式访问。20日,中国国务院总理温家宝在北京与潘文凯举行会谈,温家宝对发展中越合作关系提出4点建议。21日,中国国家主席胡锦涛、全国人大常委会委员长吴邦国在北京分别会见潘文凯。中越双方确定合作建设"两廊一圈"(南宁—河内—海防、昆明—河内—海防经济走廊和北部湾经济圈)的意向。

5月27~31日 马来西亚政府总理巴达维正式访问中国并

出席两国建交30周年庆祝活动。中马双方发表《联合公报》，一致同意推进两国战略性合作。双方签署《中马两国政府关于在外交和国际关系教育领域合作谅解备忘录》《中马两国政府关于卫生与植物卫生合作谅解备忘录》《中国市长协会与马中商务理事会合作备忘录》等。

6月21日 中国国务院总理温家宝在青岛会见参加亚洲合作对话第三次外长会议开幕式的泰国政府总理他信。他信宣布，泰国承认中国完全市场经济地位。

6月28日 为推动"早期收获计划"和中国—东盟自由贸易区的建设进程，中国政府决定从2004年1月起，给予110种缅甸出口中国的商品享受零关税待遇。

7月12日 缅甸政府总理钦纽对中国进行正式友好访问。国务院总理温家宝与钦纽举行会谈。温家宝对缅甸政府长期以来奉行一个中国的政策表示赞赏，钦纽向温家宝介绍缅甸国内形势，双方就此交换了意见。会谈后，双方签署经济技术合作协定等11个文件。

9月1~3日 菲律宾总统阿罗约对中国进行国事访问。这是她连任后首次出访。中国国家主席胡锦涛与阿罗约总统举行会谈，并共同出席中菲渔业合作协议、旅游合作协议执行计划、中国海洋石油总公司和菲律宾国家石油公司在南海部分海域联合海洋地震作业协议等双边合作文件的签字仪式。中国中央军委主席江泽民会见阿罗约。3日，中国和菲律宾两国政府发表联合公报。在公报中，菲律宾表示承认中国的市场经济地位。

9月2日 中国国务院总理温家宝会见来华参加亚洲政党国际会议的泰国政府总理他信，就中泰双边关系和地区合作等问题交换意见。

9月3~8日 柬埔寨政府首相洪森率领的柬埔寨人民党高级代表团对中国进行正式访问，并参加第三届亚洲政党国际会议。期间，洪森先后会晤中国国务院总理温家宝和副总理吴仪，并访问深圳。

9月20~22日 应中国国家主席胡锦涛邀请，文莱苏丹哈吉·哈桑纳尔·博尔基亚对中国进行工作访问。胡锦涛在北京与苏丹举行会谈，中国全国人大常委会委员长吴邦国会见苏丹。22日，两国政府发表联合公报。

9月28日 连接中泰两国的果蔬陆路运输通道开通。这条运输通道从中国云南省景洪市出发，经打洛口岸，通过缅甸的勐拉、景栋、大其力，抵达泰国的咪赛，全长250公里，约8个小时车程。此前，中泰两国之间的货物贸易主要是通过澜沧江—湄公河水路运输。

10月6~9日 中国国务院总理温家宝对越南进行正式访问，并出席在河内举行的第五届亚欧首脑会议。7日，温家宝分别会见越南共产党中央委员会总书记农德孟、国家主席陈德良和国会主席阮文安，并与越南总理潘文凯举行会谈。两国总理出席两国政府经济技术合作协定等8项合作文件的签字仪式。

10月18日 中国国家主席胡锦涛在北京会见柬埔寨新任国王诺罗敦·西哈莫尼。

11月2日 缅甸政府新任总理梭温中将率领缅甸政府代表团乘专机前往中国广西南宁，参加中国—东盟博览会和中国—东盟商务与投资峰会。

11月3~6日 首届中国—东盟博览会在中国关系南宁国际会展中心开幕。中国国务院副总理吴仪以及柬埔寨政府首相洪森、老挝政府总理本扬、缅甸政府总理梭温、泰国政府副总理比尼、越南政府副总理范家谦等东盟国家政要出席博览会。举办中国—东盟博览会是中国政府为全面深化中国与东盟国家"面向和平与繁荣的战略伙伴关系"，推动双方自由贸易区谈判和加快自由贸易区建设进程而采取的一项具体行动。

11月19日 出席在智利首都圣地亚哥举行的亚太经济合作组织第十二次领导人非正式会议的中国国家主席胡锦涛会见新加坡政府总理李显龙。李显龙在会见表示：新加坡政府的根本立场是坚持一个中国政策，新加坡反对"台独"的立场是明确的。

11月27日 中国交通部长张春贤和东盟秘书长王景荣在老挝首都万象签署《中国—东盟交通合作备忘录》，确定双方交通合作、物流往来的蓝图。

11月28日 中国国务院总理温家宝对老挝进行正式访问。温家宝与老挝总理本扬举行会谈，并出席两国政府经济技术合作协定等5个文件的签字仪式。

11月29日 第八次东盟与中国领导人非正式会议在老挝首都万象举行。中国国务院总理温家宝和东盟10国领导人出席。双方签署《中国—东盟全面经济合作框架协议货物贸易协议》和《中国—东盟争端解决机制协议》。东盟在协议中宣布所有成员国承认中国是一个完全市场经济体。温家宝还分别会见老挝国家主席坎代·西潘敦、文莱苏丹哈吉·哈桑纳尔·博尔基亚、菲律宾总统阿罗约和缅甸政府总理梭温。

12月3日 缅甸政府总理梭温在会见到访的中国外交部副部长武大伟时重申，缅甸政府将继续坚定奉行一个中国政策，反对"台独"，高度重视发展与中国的友好关系。

12月15~17日 泰国政府副总理徒龙·猜森对中国进行正式访问。16日，中国国务院副总理回良玉会见徒龙·猜森。

12月28日 中国和越南在北京举行第十一轮政府级边界谈判。

△准备出席东盟系列峰会的中国国务院总理温家宝在老挝首都万象会见新加坡政府总理李显龙。

文　　献

重要文件

中华人民共和国政府与
东南亚国家联盟
全面经济合作框架协议争端解决机制协议

中华人民共和国政府（以下简称“中国”）与文莱达鲁萨兰国，柬埔寨王国，印度尼西亚共和国，老挝人民民主共和国，马来西亚，缅甸联邦，菲律宾共和国，新加坡共和国，泰王国和越南社会主义共和国等东南亚国家联盟成员国政府（以下将其整体简称为“东盟”或“东盟各成员国”，单独提及一国时简称“东盟成员国”）；

忆及中国和东盟各成员国家/政府首脑于 2002 年 11 月 4 日在金边签署的《中国一东盟全面经济合作框架协议》（下称《框架协议》）；

忆及《框架协议》第十一条第一款关于在《框架协议》生效一年内为《框架协议》之目的建立适当正式争端解决程序和机制的规定；

达成协议如下：

第一条　定义

为本协议之目的，除非另有规定，应当适用以下定义：

（一）《框架协议》中的所有定义应当适用于本协议；

（二）“日”为日历日，包括周末和节假日；

（三）“争端各方”、“争端当事方”或“有关当事方”，是指起诉方和被诉方；

（四）“起诉方”指依据第 4 条提出磋商请求的当事方：

（五）“被诉方”指第 4 条下磋商请求所指向的当事方。

第二条　适用范围

一、本协议适用于《框架协议》项下发生的争端，《框架协议》包含附件及其内容在内。除非另有规定，下文中提及的《框架协议》应包括将来依据《框架协议》达成的所有法律文件。

二、经缔约方全体同意，对《框架协议》中有关争端解决的特殊和附加规则，东盟秘书处可将其列为本协议附件。

三、除非本协议或者《框架协议》另有规定，或者缔约方另有约定，本协议的规定应适用于各缔约方间就其《框架协议》项下权利和义务争端的避免和解决。

四、对缔约方境内的中央、地区、地方政府或者权力机构采取的影响《框架协议》得到遵守的措施，可援引本协议的规定。

五、在遵守第六款的前提下，本协定不妨碍缔约方依据其均是缔约方的其他条约，诉诸该条约项下争端解决程序的权利。

六、涉及本协议项下或者争端当事方均是缔约方的其他条约项下具体权利或义务的争端，若本协定项下或其他条约项下的争端解决程序已经启动，起诉方所选择的争端解决场所应排除其他争端解决场所对该争端的适用。

七、对一具体争端，争端当事方明示同意选择一个以上的争端解决场所的，第五款和第六款将不适用。

八、为第五款至第七款的目的，一俟起诉方依据本协议或争端当事方均是缔约方的其他条约，要求设立或将争端提交一争端解决专家组或者仲裁庭，将视为起诉方已经选择了争端解决场所。

第三条　联系点

一、为本协议之目的，缔约方应：

（一）指定一个负责本协议所规定的所有联系事务的办公室；

（二）负责指定的办公室的运作和费用；

（三）在完成本协议生效的国内程序 30 天内，通知其他缔约方其指定的办公室的地点和地址。

二、除非本协议另有规定，将本协议项下的任何请求或文件提交一缔约方指定的办公室，应被视为向该缔约方提交了此请求或文件。

第四条　磋商

一、如由于被诉方未能履行其在《框架协议》项下的义务，导致以下情形，对起诉方就影响《框架协议》的执行或适用的任何事项提出的磋商请求，被诉方应当给予应有的考虑和充分的磋商机会：

（一）起诉方在《框架协议》项下直接或者间接获得的利益正在丧失或减损；或

（二）《框架协议》任何目标的实现正受到阻碍。

二、任何磋商请求应以书面形式提交，应包括争议的措施以及指控的事实和法律依据（包含被声称违反的《框架协议》的规定及任何其他有关规定）。起诉方应将磋商请求送达被诉方以及其他缔约方。一俟收讫，被诉方即应通知起诉方及其他缔约方收到此请求。

三、如一磋商请求被提出，则被诉方应在收到该请求之日起7天内作出答复,并应在收到该请求之日起不超过30天的期限内真诚地进行磋商,以达成双方满意的解决办法。如被诉方未在前述的7天内作出答复,或未在前述的30天内进行磋商,则起诉方可以直接依据第六条请求设立仲裁庭。

四、争端当事方应尽最大努力通过磋商对有关事项达成双方满意的解决办法。为此目的,有关当事方应当:

(一)提供充分的信息,以便对有关措施如何影响《框架协议》的执行进行全面审查;

(二)对另一当事方在磋商中提交并指定为保密的信息进行保密。本协定项下不允许提起非违反之诉。

五、磋商应保密,且不得损害任何一方在进一步或者其他诉讼程序中的权利。

六、只要一缔约方(非案件的当事方)认为按照本条进行的磋商涉及其实质利益,则该成员即可在被诉方收到磋商请求之日起10天内,将其参加磋商的愿望通知争端当事方。该缔约方应被允许加入磋商,只要被诉方同意实质利益的主张是有理由的。被诉方应当在磋商开始前将其决定通知起诉方和其他缔约方。如加入磋商请求未予接受,则提出申请的缔约方有权根据本条提出单独的磋商请求。

七、在紧急案件中,包括涉及易腐货物的案件,有关当事方应在收到请求之日起不超过10天的期限内进行磋商。如在被诉方收到请求之日起20天的期限内,磋商未能解决争端,则起诉方可依据第6条直接请求设立仲裁庭。

八、在紧急案件中,包括涉及易腐货物的案件,争端当事方及仲裁庭应尽一切努力尽最大可能加快诉讼程序。

第五条 调解或调停

一、争端当事方可随时同意进行调解或调停。此程序可由争端当事方随时开始,随时终止。

二、如争端当事方同意,在第六条项下仲裁庭解决争议的同时,调解或调停程序可在争端方同意的任何人士或者组织主持下继续进行。

三、有关调解或调停的程序以及争端当事方在这些程序中的立场,应当保密,并且不得损害任何一方在任何进一步或其他诉讼中的权利。

第六条 仲裁庭的设立

一、如在收到磋商请求之日起60天内,或在包括涉及易腐货物案件在内的紧急情况下在收到磋商请求之日起20天内,第4条所指的磋商未能解决争端,起诉方可书面通知被诉方请求依据本条设立仲裁庭。其他缔约方应收到此请求的副本。

二、设立仲裁庭的请求应当说明请求的理由,包括确认:

(一)争论中的具体措施;

(二)足以明确陈述问题的起诉的事实和法律根据(包含被声称违反的《框架协议》的规定及任何其他有关规定)。

三、如一个以上起诉方就同一事项请求设立仲裁庭,有关当事方,在考虑各自的权利情况下,只要可行,可设立单一仲裁庭来审理该事项。

四、在依据第三款设立单一仲裁庭的情况下,该仲裁庭应组织审查并将其调查结果提交所有争端当事方,以保证争端当事方在若干仲裁庭分开审查起诉时本可享受的权利决不受到减损。如争端任何一方提出请求,在撰写报告时间允许情况下,仲裁庭可就争端向有关争端当事方提交单独的报告。每一争端当事方的书面陈述应可使其他争端当事方获得,且每一争端当事方有权在本争端的其他当事方向仲裁庭陈述意见时在场。

五、如根据第三款设立一个以上的仲裁庭来审查同一事项,在最大可能的限度内,争端当事方应指定相同的人员在每一单独仲裁庭中任职,且每一单独仲裁庭程序的时间表应进行协调。

第七条 仲裁庭的组成

一、除非本协议另有规定或者争端当事方另有约定,仲裁庭应包括3名成员。

二、在被诉方收到第六条项下设立仲裁庭请求的20日内,起诉方应当为仲裁庭指定一名仲裁员。被诉方应当在其收到第六条项下设立仲裁庭请求的30日内为仲裁庭指定一名仲裁员。如争端任何一方未能在此期限内指定仲裁员,则另一方所指定的仲裁员应作为仲裁庭的独任仲裁员。

三、若起诉方和被诉方已经根据第2款分别指定了仲裁员,有关当事方应尽力就将作为仲裁庭主席的另外一名仲裁员达成一致。如第二款项下的最后一名仲裁员被指定30日后,有关当事方未能就仲裁庭主席人选达成一致,则应请求世界贸易组织(WTO)总干事来指定仲裁庭主席,且争端当事方应接受此种指定。若总干事为一争端当事方的国民,则副总干事或其他非任何争端当事方国民的次级别官员应被请求进行此种指定。若一争端当事方并非WTO成员,则争端当事方应请求国际法院院长指定仲裁庭主席,争端当事方应接受此种指定。若院长是一争端当事方的国民,则副总院长或其他非任何争端当事方国民的次级别官员应被请求进行此种指定。

四、仲裁庭组成的日期,为依照第三款指定主席的日期,或在独任仲裁员的情况下为第六条中规定的收到请求后的第30日。

五、若依照本条所指定的仲裁员辞职或者不能履行职责,继任仲裁员的选任应与最初仲裁员的指定方式相同,且继任仲裁员应享有最初仲裁员的权力和义务。在选任继任仲裁员期间,仲裁庭的工作应当中止。

六、被指定作为仲裁庭成员或者主席的人选,应在法律、国际贸易、《框架协议》涵盖的其它事项、或者国际贸易协议争端的解决方面具有专门知识或经验,并且仅在客观、可靠、公正和独立的基础上严格选任。此外,主席不应为任何争端当事方的国民,且不得在任何争端当事方的境内具有经常居住地或者为其所雇佣。

七、若根据本协议的规定,设立仲裁庭审查某事项,但由于某种原因该原仲裁庭不能进行审查,则应根据本条设立一新的仲裁庭。

第八条 仲裁庭的职能

一、仲裁庭的职能是对审议的争端作出客观评价,包括对案件事实及《框架协议》的适用性和与《框架协议》的一致性的审查。如仲裁庭认定一措施与《框架协议》的规定不一致,则应建议被诉方使该措施符合该规定。除其建议外,仲裁庭还可就被诉方如何执行建议提出办法。在其调查结果和建议中,仲裁庭不能增加或减少《框架协议》所规定的权利和义务。

二、仲裁庭应具有下列职权范围,除非争端当事方在仲裁庭组成之后20天内另有议定:"按照《框架协议》有关规定,审查(争端方名称)提交仲裁庭的事项,并提出调查结果和《框架协议》规定的决定和建议。”

仲裁庭应就争端当事方引用的《框架协议》有关规定进行专门说明。

三、依照上述第6条设立的仲裁庭：

（一）应定期与争端当事各方进行磋商，并为达成双方满意的解决方法提供充分机会；

（二）应根据《框架协议》和对争端当事各方适用的国际法规则作出裁决；

（三）应在其裁定中说明事实和法律方面的调查结果及其理由。

四、仲裁庭裁决为终局，对争端各当事方有约束力。

五、仲裁庭应基于一致作出裁决；如果仲裁庭不能取得一致，则应依照多数意见作出裁决。

六、除第六条第二款、第三款和第四款以及第九条规定的事项外，仲裁庭经与争端各当事方磋商，应规范仲裁庭有关当事方权利和其审议的程序。

第九条　仲裁庭程序

一、仲裁庭的会议不公开。争端各当事方只有在仲裁庭邀请时方可出席会议。

二、实质性会议的地点应由争端各方协商一致来确定，如果不能达成一致，则第一次实质性会议在被诉方首都举行，第二次实质性会议在起诉方首都举行。

三、在与争端各当事方磋商后，仲裁庭应尽快且只要可能，在仲裁庭组成后的巧日内，确定仲裁程序的时间表。在确定仲裁程序的时间表时，仲裁庭应为争端当事方提供充分的时间准备各自的书面陈述。仲裁庭应设定争端各方提交书面陈述的明确期限，各方应遵守此最后期限。

四、仲裁庭的审议和提交仲裁庭的文件应保密。本条的任何规定不妨碍一争端方向公众披露其自身立场或其书面陈述；一争端方应将另一争端方提交仲裁庭、并由该提交方指定为机密的信息按机密信息对待。如一争端方向仲裁庭提交其书面陈述的保密版本，则应任一争端方的请求，该争端方应提供一份其书面陈述所含信息的可对外公布的非机密摘要。

五、仲裁庭应遵守本协议附件1中的有关仲裁的规则和程序，除非仲裁庭在与争端各方磋商后另有决定。

六、仲裁庭报告应在争端各方不在场的情况下，按照提供的信息和所作的陈述起草。仲裁庭的审议应当保密。仲裁庭报告中仲裁员个人发表的意见应匿名。

七、在考虑书面陈述、口头辩论及其他提交的信息后，仲裁庭应向争端方提交一份报告草案，包括有关争端事实和争端各方争议的描述部分以及仲裁庭的调查结果和结论。在报告最终完成前，仲裁庭应给予争端方充分机会来审查整个报告草案，并在最终报告中包括对争端方评论的讨论情况。

八、仲裁庭应在其组成的120天内向争端方散发最终报告。在紧急案件中，包括涉及易腐货物的案件，仲裁庭应力求在其组成的60天内将其报告散发各争端方。如仲裁庭认为不能在120内散发最终报告，或在紧急案件中不能在60天内散发报告，则应书面通知争端方延迟的原因和散发报告的估计期限。自仲裁庭组成至报告散发争端方的期限无论如何不应超过180天。

九、仲裁庭的最终报告在散发争端方的10天后，成为公开文件。

第十条　第三方

一、任何对仲裁庭审议的争端有实质利益并且已将其利益书面通知争端当事方和其他缔约方的缔约方，应享有向仲裁庭提交书面陈述的机会。这些书面陈述也应提交争端各当事方，并应反映在仲裁庭报告中。

二、第三方应收到争端各方提交仲裁庭首次会议的书面陈述。

三、如第三方认为仲裁庭程序所涉及的措施造成其根据《框架协议》项下的利益丧失或减损，则该缔约方可援引本协议项下的正常争端解决程序。

第十一条　程序的中止和终止

一、如争端各方同意，仲裁庭可在任何时间中止其工作，期限不超过12个月。在中止后，根据争端任何一方的请求，仲裁程序即应恢复。如仲裁庭的工作已经中止12个月以上，则设立仲裁庭的授权即告终止，除非争端各方另有约定。

二、在最终报告散发前，如形成双方满意的解决方法，则争端当事方经一致同意可终止仲裁庭程序。

三、在仲裁庭作出裁决前，在程序的任何阶段，仲裁庭可建议争端当事方友好解决争端。

第十二条　执行

一、被诉方应通知起诉方关于其执行仲裁庭建议和裁决的意向。

二、如立即遵守仲裁庭建议和裁决不可行，被诉方应有一合理的执行期限。被诉方应在合理期间内执行仲裁庭的建议。合理期间应由争端当事方一致确定，如争端各方未能在仲裁庭报告散发后的30天内就合理期间达成一致，只要可能，争端任何一方可以将此事项提交原仲裁庭审查。经与争端各方磋商，仲裁庭应在该事项提交其审查的30日内确定合理期间。如仲裁庭认为其不能在该期间内提交报告，仲裁庭应书面通知争端当事方迟延的原因，并不得晚于该事项提交其审查的45日内提交报告。

三、若在第二款所指的合理期间内是否存在为遵守仲裁庭建议所采取的措施或此类措施是否与《框架协议》相一致的问题上存在分歧，只要可能，此争端应提交原仲裁庭加以决定。仲裁庭应在该事项提交其审查的60日内向争端当事方提交报告。如仲裁庭认为其不能在该期间内提交报告，仲裁庭应书面通知争端当事方迟延的原因，并不得晚于该事项提交其审查的75日内提交报告。

第十三条　补偿和中止减让或利益

一、补偿和中止减让或利益属于在建议和裁决未在合理期限内执行时可获得的临时措施。但是，无论补偿还是中止减让或利益均不如完全执行建议以使一项措施符合框架协定。补偿是自愿的，且如果给予，应与《框架协议》相一致。

二、如在第十二条第二款的合理期限内，被诉方未能使被认定与《框架协议》不一致的措施符合仲裁庭建议，则该争端方如收到请求应与起诉方进行谈判，以期达成双方均可接受的必要的补偿调整协议。

三、如在起诉方请求就补偿调整进行谈判的20天内未就补偿达成双方满意的协议，起诉方可请求原仲裁庭来确定对未能使被认定与《框架协议》不一致的措施符合仲裁庭建议的争端方实施的中止减让或利益的适当水平。仲裁庭应在该事项提交其审查的30日内向争端当事方提交报告。如仲裁庭认为其不能在该期间内提交报告，仲裁庭应书面通知争端当事方迟延的原因,并不得晚于该事项提交其审查的45日内提交报告。减让或利益不得在仲裁过程中予以中止。

四、中止减让或利益应限于在《框架协议》项下、未能使被认定与《框架协议》不一致的措施符合仲裁庭建议的争端方所享有的减让或利益。该争端方以及其他缔约方应当被通知任何此类中止的开始和详细信息。

五、在考虑中止哪些减让或利益时:

(一)起诉方应首先寻求对与仲裁庭认定有违反《框架协议》或者造成丧失或损害情形的部门相同的部门中止减让或利益;

(二)如起诉方认为对相同部门中止减让或利益不可行或无效,则可寻求中止其他部门项下的减让或利益。

六、减让或利益的中止应是临时性的,且只维持至被认定《框架协议》不一致的措施已取消,或必须执行仲裁庭建议的缔约方已经做到,或已达成双方满意的解决办法。

第十四条　语言

一、本协议项下的任何程序应以英语进行。

二、提交的用于本协议规定程序的任何文件,应为英文。如一文件的原文并非英文,则提交该文件用于本协议规定程序的一方应提供其英文翻译。

第十五条　费用

一、争端任何一方应负担其指定的仲裁员的费用,以及其自己的花费和法律费用。

二、仲裁庭主席的费用以及其他与程序进行有关的费用,应由争端当事方平均承担。

第十六条　修订

经缔约方书面一致同意达成修正,可对本协议的规定进行修订。

第十七条　交存

对东盟而言,本协议应交存于东盟总干事,且其应迅速地向每一东盟成员国提供经核准的副本。

第十八条　生效

一、本协议经缔约方代表签署后,于二〇〇五年一月一日生效。

二、缔约方应于二〇〇五一月一日前完成本协议生效的国内程序。

三、如一缔约方未能于二〇〇五年一月一日前完成本协议生效的国内程序,则该缔约方在本协议项下的权利和义务,自其国内程序完成之日起开始。

四、一俟本协议生效的国内程序完成,一缔约方应通过外交渠道通知其他缔约方。

本协议于2004年11月9日于万象签订,一式两份,每份均用中文和英文写成,两种文本同等作准。

附录:　仲裁规则和程序

一、在仲裁庭与争端当事方第一次实质性会议前,争端当事方应向仲裁庭提交书面陈述,说明案件事实和论据。

二、起诉方应在被诉方之前提交其第一次书面陈述,除非仲裁庭在确定第九条第三款所提及的时间表时,经与争端当事方磋商后,决定争端当事方应当同时提交第一次陈述。如对于提交第一次陈述有先后顺序安排,仲裁庭应确定接受被诉方陈述的明确期限。任何随后的书面陈述应同时提交。

三、在与争端当事方的第一次实质性会议上,仲裁庭应请起诉方发表陈述。随后,仍在此会议上,请被诉方发表其陈述。

四、正式辩驳应在仲裁庭第二次实质性会议上作出。被诉方有权首先发表陈述,随后由起诉方发言。争端各当事方再次会议之前,应向仲裁庭提交书面辩驳。

五、仲裁庭可随时向争端当事方提出问题,并请他们在会议过程中或者以书面形式进行说明。

六、争端各当事方应使仲裁庭可获得其口头陈述的书面版本。

七、为保持充分的透明度,第2款至第6款中所指的陈述、辩驳和说明均应在争端各方在场的情况下作出。而且,每一方的书面陈述,包括对报告草案的任何意见、口头陈述的书面版本以及对仲裁庭问题的答复,均应使其他争端方可获得.不得与仲裁庭就有关其审查的事项进行单方面的接触。

八、仲裁庭可与专家进行磋商并获得他们就该事项某些方面的意见。对于争端方所提科学或其他技术事项的事实问题,仲裁庭可请求一名或者多名专家提供书面咨询报告。仲裁庭,应一个或多个争端当事方的请求,或自行决定,经与争端当事方磋商,可选择科学或技术专家,在仲裁过程中协助仲裁庭,但是这些专家对于仲裁庭将作出的任何决定没有投票的权利。

(中华人民共和国商务部网站)

中华人民共和国和文莱达鲁萨兰国
联合新闻公报

2005年4月21日

应文莱达鲁萨兰国苏丹和国家元首苏丹·哈吉·哈桑纳尔·博尔基亚·穆伊扎丁·瓦达乌拉陛下邀请,中华人民共和国主席胡锦涛阁下于2005年4月20日至21日对文莱达鲁 ADV－CONTENT 萨兰国进行国事访问。

访问期间,胡锦涛主席与苏丹陛下举行了会谈。双方在亲切友好的气氛中就中文关系及共同关心的国际地区问题交换了意见,并达成广泛共识。

两国领导人对自1991年建交以来,中文关系取得的显著进展表示满意,认为双方在政治、经济、文化、教育、卫生、司法、军事等领域均进行了友好和富有成效的合作。双方重申将坚持互相尊重主权和领土完整、互不干涉内政的原则,共同推动中文睦邻友好合作关系取得更大发展。

双方一致认为保持高层交往和促进各层次的人员交流对两国关系发展具有重要意义。两国领导人对文莱—中国友好协会的成立表示欢迎,认为这将成为增进了解、扩大交流的新渠道。

双方同意加强经贸合作,进一步扩大贸易和相互投资,重申将致力于实现2010年双边年贸易额达到10亿美元的目标。两国领导人对双方企业为中文经贸合作做出的贡献表示赞赏。双方表示愿在能源领域保持长期合作,并进一步加强在交通、通讯和基础设施建设等领域的合作。

双方一致认为旅游业对促进国家经济发展、增加就业具有重要作用。双方同意在现有合作谅解备忘录的框架下加强合作,相互提供更多便利,促进两国往来游客数量的增长。

两国领导人对双方就互免持外交、公务护照人员签证进行换文表示欢迎，认为这将为两国官员的工作提供便利，并有利于双方开展更紧密的合作。

双方同意加强在卫生领域的合作，对两国卫生部门签署2005至2007年度卫生合作执行计划表示欢迎。

文方重申坚持一个中国政策，赞赏和支持中方为实现国家和平统一、维护台海和亚太地区和平稳定所做的努力。

双方高度评价中国与东盟友好关系近年来取得的积极进展，重申愿进一步加强合作，在中国与东盟战略伙伴关系框架下推动中国—东盟自由贸易区建设。中方重申支持东盟在东亚合作进程中发挥主导作用，文方对此表示欢迎，并感谢中方长期以来对东盟东部增长区建设的支持。

双方重申将继续致力于维护南海地区的和平与稳定，积极探讨在南海开展合作。双方同意与其他东盟国家共同落实《南海各方行为宣言》后续行动，并实施本地区的建立信任措施。

双方一致认为保持亚太地区和平与稳定对地区繁荣和发展至关重要，文方赞赏中方在维护朝鲜半岛和平稳定方面发挥的建设性作用。

双方同意继续加强在东盟地区论坛、亚太经济合作组织、亚欧会议、联合国、世界贸易组织及其他地区和国际组织中的协调与配合。

苏丹陛下感谢胡锦涛主席应邀访文。胡锦涛主席对访问期间文方给予的热情友好接待表示感谢，并邀请苏丹陛下和其他王室成员再次访华。

（中华人民共和国外交部网站）

中华人民共和国与印度尼西亚共和国关于建立战略伙伴关系的联合宣言

为纪念中华人民共和国和印度尼西亚共和国建交55周年、万隆会议召开50周年、联合国成立60周年，我们作为中国和印度尼西亚共和国国家元首，共同回顾了双边关系发展历程。

我们一致认为，中国和印尼已成为重要的合作伙伴。作为两个发展中大国，我们应从战略高度处理长远利益，把两国关系推上一个新高度，造福两国和两国人民，并为发展中国家的团结合作和人类的和平发展事业作出新的贡献。

为此，我们同意建立中华人民共和国与印度尼西亚共和国战略伙伴关系。

这一战略伙伴关系应是不结盟、非排他的关系，旨在促进两国和两国人民的和平、稳定与繁荣。这一战略伙伴关系应以《联合国宪章》、和平共处五项原则、万隆会议十项原则、《东南亚友好合作条约》以及其他公认的国际法为准则。

这一战略伙伴关系应是加强中国—东盟战略伙伴关系的重要支柱，也是发展中国家南南合作的重要组成部分。这一战略伙伴关系应成为区域、跨区域及国际论坛和组织开展密切协调与合作的一个基础，旨在致力于建立全面、互利的纽带，迎接新千年的挑战，并促进地区和世界的和平、稳定与繁荣。

这一战略伙伴关系应以加强政治与安全合作、深化经济与发展合作、促进社会文化合作、扩大民间交往为主要内涵。

为此，我们达成以下共识：

一、政治与安全合作

（一）加强高层经常性互访与沟通，促进相互接触与联系，推动双方就共同关心和关注的双边、地区和国际问题开展对话：

1. 建立国务委员和统筹部长级别的对话机制，加强中印尼关系与双方合作；

2. 巩固由两国外长牵头的中印尼政府间双边合作联委会在协调与审议现有对话机制方面的作用；

3. 加强中印尼高官级磋商在落实双边各级对话机制所作决定方面的作用，并探讨需要时在双方达成一致的基础上在各个合作领域增设适当级别的机制；

4. 鼓励中印尼立法机关直接交往，并在东盟议会组织、亚洲议会和平协会、各国议会联盟等国际议会组织中保持协调与合作。

（二）继续促进两国在相互尊重独立、主权和领土完整原则上的相互理解、相互支持。中国支持印度尼西亚共和国政府为维护国家统一和领土完整所作的努力。印尼重申继续奉行一个中国政策，承认中华人民共和国政府是代表全中国的唯一合法政府，台湾是中国不可分割的一部分。印尼支持中国的和平统一进程。

（三）继续致力于联合国系统的有效改革与民主化进程，推动多边主义，增强联合国在维护和促进国际和平、安全及可持续发展方面的作用，并保障发展中国家在联合国决策过程中拥有更大的参与权和共享权。

（四）通过亚非新型战略伙伴关系加强与亚非国家的合作，加强与不结盟运动国家和77国集团的合作，共同应对全球化和不断变化的世界环境所带来的挑战，确保发展中国家在全球化进程中充分受益。

（五）再次肯定东盟通过建设东盟共同体在促进地区合作方面发挥的作用，再次肯定中国通过参与东盟东部增长区等项目在支持东盟工作方面发挥的作用。

（六）共同鼓励所有核武器国家签署《东南亚无核武器区条约》议定书。一俟有关各方就议定书遗留问题达成各方均能接受的解决方案，中国将尽快签署《东南亚无核武器区条约》议定书。

（七）推动落实《南海各方行为宣言》，使南中国海成为合作平台和友谊桥梁。

（八）促进双方在防务和军事领域的互信，推动各自国防工业发展，积极探讨建立防务安全磋商机制。

（九）鼓励双方执法和情报部门间开展合作，通过落实现有合作协议，共同应对恐怖主义、走私、贩毒、贩卖人口、洗钱、网络犯罪及其他跨国有组织犯罪活动等非传统安全问题，并积极探讨建立磋商机制，根据各自国家法律促进其他适宜领域的合作。

（十）密切开展海上合作，提升能力建设，建立海上问题磋商与合作机制。

（十一）加强在打击各种形式的恐怖主义方面的合作。两国反对将恐怖主义与特定的宗教和民族相联系，主张反恐行动应完全遵循《联合国宪章》的宗旨和原则以及其他公认的国际法准则。

二、经济和发展合作

（十二）进一步推动双边、地区和国际合作，本着平等互利、优势互补、形式多样的原则保持经济持续增长，促进双方经济伙伴关系和经济独立。

（十三）加强与国际组织的合作，确保发展中国家在公正、平衡的情况下从多边贸易体系和贸易自由化进程中充分受益。双方强调在实现联合国千年发展目标和其他国际上达成一致的发展目标上进行合作的重要性。

（十四）加快落实《中国—东盟全面经济合作框架协议》，开放并推动货物和服务贸易，创建透明、自由、便利的投资制度。

（十五）巩固双方经贸科技联委会机制，探讨各领域合作的新思路、新途径、新方式。

（十六）促进投资合作，加强双方投资部门及私营企业间的相互了解和联系，创造更有利的经济、社会、政治和法律环境，保证投资流动。

（十七）发展各自中小企业，开展资助、人力资源开发、扩大市场准入的合作，并拓展其他可能开展合作的领域。

（十八）促进金融稳定，加强在培育资本市场，完善资金流动预警机制方面的技术互助。

（十九）加快落实现有机制，加强农业、林业和渔业领域合作，提高上述领域人力资源开发、科技开发、技术援助、生产率和多样化、可持续管理和能力建设的水平。加强双方在打击非法伐木、非法捕鱼方面的合作。

（二十）加强能源政策的对话与磋商，进一步发挥中印尼能源论坛的作用，开展政策交流，加强油气和矿产领域的交流与合作，鼓励更多企业参与联合能源资源勘探开发，建立商业上可行的本地区能源运输网络，推动能源的可持续发展，包括开发可再生能源、提高能源利用率、节约能源以及和平利用核能。

（二十一）加强道路、桥梁、港口、电力、通讯等基础设施建设的合作。印尼欢迎中国参与这一领域合作。两国也强调有必要充分利用现有机制，并探讨在陆、海、空交通运输领域扩大合作。

（二十二）加强科技合作，在食品、以生物技术为重点的医药、能源、交通、信息、通讯和国防领域开展人力资源开发和联合研究。

（二十三）推动两国政府、民间组织和公众在环境保护领域的交流与合作。

三、社会文化合作

（二十四）在平等、公正的基础上重视人权和基本自由，遵循《联合国宪章》和其他国际人权文件的原则，致力于在社会各层面和国际社会中保护上述人权和自由。

（二十五）促进文化相互尊重，开展双方旅游、艺术、新闻、体育、青年团体和民间组织的合作，确保中印尼友谊世代相传。

（二十六）加强教育合作，积极开展培训交流，鼓励相互教学对方语言。

（二十七）加强流行性和非流行性疾病防治的合作和能力建设。

（二十八）加强在预防和处理自然灾害方面的区域和跨区域合作，建立先进的预警、紧急救助和灾后重建机制。本宣言在雅加达签订，一式两份，每份均以中文、印尼文和英文写成，三种文本同等作准。

中华人民共和国代表	印度尼西亚共和国代表
胡锦涛	苏西洛·班邦·尤多约诺

（中国经济网）

中国与菲律宾发表联合声明

2005 年 4 月 28 日

2005 年 4 月 28 日，中华人民共和国与菲律宾共和国在马尼拉发表联合声明。声明说，国家主席胡锦涛 2005 年 4 月 26 日至 28 日对菲律宾进行了国事访问。访问期间，胡锦涛主席与阿罗约总统就双边关系及共同关心的国际和地区问题深入交换了意见，一致认为中菲关系已经进入伙伴关系的黄金时期，两国决定建立致力于和平与发展的战略性合作关系。

双方同意保持高层经常交往与接触，大力推进经贸合作，继续深化农业合作，加强基础设施建设合作，拓展矿产资源开发合作，密切人员交往，促进防务与安全合作，继续致力于维护南海地区和平与稳定，对中菲越三国石油公司签订南海联合海洋地震工作协议表示欢迎。

双方表示将继续致力于推进中国与东盟面向和平与繁荣的战略伙伴关系和中国—东盟自贸区建设，积极推动东亚合作进程。

菲律宾重申坚持一个中国政策，支持并赞赏中国为和平解决台湾问题、实现国家统一所作的努力。

（中华人民共和国外交部网站）

大湄公河次区域经济合作第二次领导人会议《昆明宣言》

2005 年 7 月 5 日

序　言

我们，柬埔寨王国、中华人民共和国、老挝人民民主共和国、缅甸联邦、泰王国和越南社会主义共和国的政府首脑会聚中国昆明，举行大湄公河次区域经济合作第二次领导人会议。

三年前，我们确立了建立融合、和谐、繁荣的次区域的目标。今天，我们重申承诺，将加强联系，提高竞争力，建设大家庭，推进发展议程，促进可持续发展。

成就与挑战

我们为次区域合作成立 13 年来取得的成就，特别是上次领导人会议以来的合作进展感到鼓舞。我们的合作进程日趋完整、伙伴关系更加稳固，电信、环境、旅游、农业、人力资源开发等领域的合作正不断深化，减贫方面进展显著。但同时，次区域合作也面临挑战，贫困、发展不平衡、新出现的人类安全问题、传染病、环境恶化、自然灾害等问题等需要我们妥善应对。

次区域合作指导原则

在合作进程中，逐步形成一些广为接受的原则，对保持合作势头发挥了促进作用。我们高度评价这些原则并将在今后合作中继续遵循。

相互平等、相互尊重是次区域合作的基础，协商一致、灵活务实的决策方式有助于增进各成员国的团结，面向行动、注重成效、循序渐进的合作方式直接有效地推动了合作进程。

实现可持续发展的未来行动

我们重申实现千年发展目标的承诺，将在四个关键领域加倍努力。

加强基础设施

我们支持制定次区域交通战略，加快经济走廊建设，同意将铁路、航空和水运纳入合作机制。我们指示部长们在2005年内完成所有《大湄公河次区域便利客货跨境运输协定》附件和议定书的谈判工作并尽早执行。我们将加速建设电信光纤网，特别是次区域信息高速公路。我们承诺尽快制定《次区域电力贸易运营协议》，并加强提高能效、发展替代能源和生物能方面的工作。

改善贸易投资环境

我们将提高金融效率，改善市场基本面，创造更富竞争力的贸易投资环境。我们批准《大湄公河次区域贸易投资便利化战略行动框架》，要求切实执行。

我们高度评价私营部门对次区域发展的贡献，欢迎7月4日我们与工商界代表对话会的丰富成果，将确保工商界参与次区域合作的规划与实施。

加强环境与社会发展

我们合作的核心任务是减贫。农业发展对消除贫困有重要作用。我们将加强农业合作，确保粮食安全，建立次区域农业信息网，号召尽早举行农业部长会议，并同意着手次区域间动物疫病防控方面的工作。我们将致力于加强人力资源开发，应对全球化挑战。我们敦促建立长效机制，加强卫生监控与协调。我们欢迎次区域环境部长会议通过的生物多样性保护走廊倡议以及执行核心项目的建议。我们敦促将次区域作为单一旅游目的地进行推广。

筹资和深化伙伴关系

我们高度评价亚洲开发银行对次区域合作的支持和贡献。我们将继续深化与发展伙伴、私营部门、学术界和民间社会的伙伴关系。

我们承诺加强伙伴关系，实现共同繁荣。我们坚信，经过共同努力。我们的目标一定能够实现。

（中华人民共和国外交部网站）

中华人民共和国与印度尼西亚共和国联合声明

2005年7月29日

一、应中华人民共和国主席胡锦涛阁下的邀请，印度尼西亚共和国总统苏西洛·班邦·尤多约诺阁下自2005年7月27日至30日对中国进行国事访问。此访系对胡锦涛主席2005年4月25日至26日访问印尼的回访，也是中印尼55年外交关系历程中一个重要里程碑。

二、中国政府、中国领导人和人民给予苏西洛总统和印尼代表团热情友好的接待，高度评价苏西洛总统作为印度尼西亚共和国国家元首首次访华对深化中印尼战略伙伴关系的重要意义。

三、在苏西洛总统对中国进行国事访问期间，中国国家主席胡锦涛与其举行会谈，国务院总理温家宝予以会见。苏西洛总统还在北京同两国企业界人士进行座谈，并访问了深圳。

四、在胡锦涛主席与苏西洛总统举行的会谈中，两国领导人都对两国自1990年8月8日恢复外交关系以来各领域合作不断扩大表示满意。双方认为两国和两国人民之间有着深厚的友谊，强调在平等、互利、相互理解和尊重的基础上不断巩固和加强两国友好关系的重要性。

五、胡锦涛主席与苏西洛总统强调，将不断促进两国在相互尊重独立、主权和领土完整原则上的相互理解和支持。中国支持印尼政府为维护国家统一和领土完整所作的努力。印尼重申继续奉行一个中国政策，承认中华人民共和国政府是代表全中国的唯一合法政府，台湾是中国不可分割的一部分，支持中国的和平统一进程。

六、苏西洛总统代表印尼人民，感谢中国政府和人民在印尼亚齐和北苏门答腊遭受地震海啸灾难后所提供的物资援助和道义支持。中方的援助和支持体现了两国和两国人民之间业已存在的密切关系。苏西洛总统欢迎中方继续参与灾区重建进程。

七、在经济和发展领域，胡锦涛主席和苏西洛总统注意到，在过去的几年里，中国和印尼的贸易额不断增长。两国还需为扩大经贸和投资合作创造更具吸引力且更为有利的环境，并开拓经贸互利合作的新领域。两国已就经贸合作签署了一系列文件，双方应努力确保这些合作文件得以顺利实施。双方还同意探讨设立中印尼投资促进机制，以解决与促进两国投资有关的具体事宜。

八、苏西洛总统感谢中国积极参与印尼的基础设施建设，向印尼提供无偿援助和优惠贷款。胡锦涛主席和苏西洛总统还对两国在能源领域的合作表示满意。双方强调，进一步密切两国人员和企业界往来有利于深化两国关系、促进各自国家经济发展。

九、在政治和安全领域，双方认为恐怖主义继续对本地区乃至世界的和平与安全造成威胁。胡锦涛主席和苏西洛总统强调有必要根据《联合国宪章》和其他国际法，反对、防止和遏制一切形式的恐怖主义行为。两国领导人强调加强合作，尤其加强在能力建设和技术支持方面的合作，对打击恐怖主义和跨国犯罪、全面处理非传统安全问题的重要性。两国领导人还就加强海上合作的方式和途径，特别是就航行安全和能力建设问题交换了意见。

十、两国领导人决定加强双方在国防和军事领域的合作，同意共同努力发展各自国防工业，并建立两国国防和军事官员磋商机制。胡锦涛主席和苏西洛总统均对两国签署军工技术合作谅解备忘录表示欢迎，认为这是两国推进双边合作、共同发展国防工业的良好开端。

十一、在社会文化领域，胡锦涛主席和苏西洛总统欢迎双方签署关于汉语教学安排的协议，强调加强旅游合作对促进双方相互了解和友谊、密切两国人员交往具有重要意义。两国领导人还探讨了在印尼设立中国文化和汉语教学中心的可能性。

十二、胡锦涛主席和苏西洛总统就共同关心的地区和国际问题交换了意见，认为中国和印尼建立更为密切的伙伴关系对加强多边主义、促进地区和世界的和平、稳定与发展意义重大。

十三、胡锦涛主席和苏西洛总统强调，在地区框架下，中国与印尼有必要加强合作，共同应对本地区面临的挑战。双方同意在东盟地区论坛（ARF）内加强减灾等领域的合作，共同担任2005，2006年第五、第六次ARF救灾会间会主席国。关于东亚峰会，两国领导人一致认为东盟应继续发挥主导作用。中国尊重东盟在东亚峰会问题上形成的共识。印尼认为一个欣欣向荣、富有活力的中国有利于本地区的稳定。

十四、胡锦涛主席和苏西洛总统强调，2005年4月在雅加达召开的亚非峰会对促进和深化地区间及发展中国家间合作具有重要意义。两国领导人呼吁实施具体可行的项目和倡议，以落实亚非峰会所制定的亚非新型战略伙伴关系行动计划。

十五、两国领导人讨论了联合国改革问题，一致认为，为确保联合国成为一个更加民主、公正和公平的机构，改革应是全面的，目的是加强多边主义，加强联合国的效率与有效性，及其应对新威胁和挑战的能力。联合国应加大在发展领域的投入，推动落实千年发展目标。两国领导人均表示支持对联合国安理会进行改革，强调不应人为设定时限和强行推动表决具体改革方案，而应发扬民主，充分协商，争取达成最广泛一致。

十六、两国领导人均表示支持六方会谈进程以及各方为实现朝鲜半岛无核化作出的努力。双方强调，国际社会应支持实施路线图计划，根据联合国相关决议，使中东问题最终得以全面、公正、合理的解决。

十七、会谈结束后，胡锦涛主席和苏西洛总统共同出席了以下文件的签字仪式：

（一）中华人民共和国国防科工委和印度尼西亚共和国研究技术部关于开展军工技术领域研究与发展合作谅解备忘录；

（二）中华人民共和国民政部与印度尼西亚共和国亚齐及尼亚斯岛特别重建机构关于中国民间捐款援建海啸灾区重建项目合作备忘录；

（三）中华人民共和国政府和印度尼西亚共和国政府关于经济技术合作的协定；

（四）中华人民共和国政府向印度尼西亚共和国政府提供1亿美元优惠出口买方信贷总协议；

（五）中国国家对外汉语教学领导小组办公室与印度尼西亚教育部基础与中等教育总司关于汉语教学的协议书。

上述合作文件的签署是落实《中华人民共和国和印度尼西亚共和国关于建立战略伙伴关系的联合宣言》的实质性举措。

十八、苏西洛总统对胡锦涛主席以及中国政府和人民在他和印尼代表团访华期间给予的热情欢迎和款待表示衷心感谢，此访体现了两国和两国人民之间长期存在的友谊及在各领域的全面合作。

（中国《经济日报》）

中越联合声明

一、应越南共产党中央委员会总书记农德孟和越南社会主义共和国主席陈德良的邀请，中国共产党中央委员会总书记、中华人民共和国主席胡锦涛于2005年10月31日至11月2日对越南进行了正式友好访问。访问期间，胡锦涛总书记、国家主席与农德孟总书记、陈德良国家主席举行了会谈，分别会见了越南政府总理潘文凯、国会主席阮文安，并应邀在越南国会发表了演讲。双方领导人在亲切、友好的气氛中，就进一步加强和发展两党两国关系以及共同关心的地区和国际问题深入交换了意见，取得了广泛共识。

双方认为这次成功访问将中越两党两国睦邻友好与全面合作关系提高到了一个新的发展水平，同时也将对本地区和世界的和平、稳定、发展与合作产生积极影响。

二、双方对两党两国在探索符合各自国情的社会主义发展道路中取得的历史性成就感到高兴。中国方面衷心祝愿并相信越南共产党和越南人民在建设民富国强、社会公平、民主、文明的社会主义祖国的宏伟事业中取得新的更大的成就。越南方面坚信中国共产党和中国人民在建设中国特色社会主义的宏伟事业中一定会不断取得新的成就。

三、双方回顾和总结了中越两国建交55年来，特别是关系正常化以来，两党两国睦邻友好与全面合作关系取得的丰硕成果，一致认为，相互尊重、相互理解、相互支持、相互信任、相互合作是两党两国关系稳定、健康和顺利发展的重要经验，中越友好是两党两国和两国人民的宝贵财富，长期稳定、面向未来、睦邻友好、全面合作是新时期发展两党两国关系的指导方针，永做好邻居、好朋友、好同志、好伙伴是两党两国和两国人民的共同目标。

双方认为，增进友好互信，推动互利合作，促进共同发展，符合中越两国的根本利益。为此，双方决心从大局和战略高度出发，采取行之有效的措施，全面深化和拓展两党两国关系，继续保持高层互访的良好传统，加强党政部门、议会、群众团体和地方在政治、经济、外交、国防、公安、安全、文化、教育等各个领域的交流与合作，深化治党治国和社会主义理论与实践的经验交流，进一步巩固和加深两国人民的相互了解和友谊，特别是加强对中越两国青年进行中越友好传统的宣传和教育，使中越世代友好深深植根于两国人民心中，推动两党两国关系不断开创新局面。

四、双方对近年来两国经贸关系发展表示满意。双方一致同意，力争提前实现2010年双边贸易额达到100亿美元的目标。

双方表示愿意进一步推动两国经贸关系的发展，实现优势互补、互利双赢。双方同意本着积极务实的精神，进一步扩大贸易规模，并共同采取措施促进双边贸易平衡发展；双方密切配合，积极推动两国大型经济合作项目；共同鼓励和推动两国企业开展长期合作，积极开展双向投资和多种形式的互利经济合作；加强配合，共同为双方企业合作创造便利条件。双方对中越“两廊一圈”经济合作研究取得的进展表示满意，并对其合作前景充满信心。

双方对两国顺利完成关于越南加入世贸组织的双边市场准入谈判给予高度评价。中方表示，坚决支持越南早日加入世贸组织。双方同意加强在地区和国际经贸事务上的合作，共同推进中国—东盟自由贸易区的建设进程。

双方签署了经济技术合作协定等文件。越方对中方的援助及一贯支持越南经济发展表示感谢。

五、双方认为，两国陆地边界勘界立碑工作取得了显著进展。双方同意密切配合，进一步加快工作进程，确保如期实现最迟于2008年完成陆地边界全线勘界立碑工作并签署新的边界管理制度文件的目标，把两国边界建成和平友好和长期稳定的边界。

双方积极评价北部湾划界协定和渔业合作协定的落实情况，同意继续认真落实这两个协定，共同维护海上治安和渔业生产秩序，积极开展北部湾共同渔区渔业资源联合调查，启动跨界油气构造勘采合作，早日实施两国海军北部湾联合巡逻。双方同意尽早开始湾口外海域的划界谈判并商谈该海域的共同开发问题。

双方高度评价中国、越南和菲律宾三国石油公司今年3月签署的《南中国海协议区三方联合海洋地震工作协议》，认为协议的签署是落实《南海各方行为宣言》(DOC)的重要贡献，对促进海上共同开发和局势稳定，加强有关国家睦邻互信具有积极影响。双方同意对有关公司予以积极支持，确保协议得到认真实施，使合作早日取得具体成果。双方同意维持海上问题谈判机制，坚持通过和平谈判，寻求双方均能接受的基本和长久的解决办法；在此过程中，双方将认真研究共同开发问题，以便找到双方都能接受的符合国际法、国际实践特别是1 9 82年《联合国海洋法公约》和《南海各方行为宣言》精神的共同开发模式和区域。同时双方同意恪守两国高层共识，遵循《南海各方行为宣言》的宗旨和原则，共同维护南海局势的稳定。

六、越南方面重申坚定奉行一个中国政策，支持中国统一大业，坚决反对任何形式的“台独”分裂活动，充分理解和支持中国全国人大通过《反分裂国家法》，欢迎近年来两岸关系的缓和趋势。越南绝不同台湾发展任何官方关系。中国方面对越南方面的上述立场表示赞赏。

七、双方一致认为中越两国在许多重大问题上具有共同的战略利益。要和平、促发展、谋合作是当今时代的主旋律。双方强调，要坚持国际事务中的多边主义，实现共同繁荣，在平等和相互尊重的基础上开展多边合作，反对一切形式的恐怖主义。双方主张尊重各国的历史文化、社会制度、发展模式以及世界文明的多样性，促进国际关系民主化，共建持久和平、共同繁荣的和谐的亚洲和世界。

八、双方欢迎2005年9月联合国成立60周年首脑会议通过的《成果文件》，认为当务之急是要落实千年发展目标，切实帮助发展中国家解决发展问题。双方一致认为，联合国改革应有助于提高联合国的作用、权威和效率，维护世界和平与安全以及应对新挑战和新威胁的能力，推动各成员国的共同发展，为落实千年发展目标服务。双方认为，安理会改革应从联合国长远利益出发，根据国际关系民主化原则，在广泛协商的基础上增加发展中国家的代表性，寻求兼顾各方利益的解决办法。本着上述精神，双方将就此问题继续加强磋商与合作。

双方同意继续加强在联合国、中国与东盟、东盟—中日韩、亚洲合作对话、东盟地区论坛、亚太经合组织、亚欧会议、大湄公河次区域开发等多边框架下的合作与配合。中方重申支持越南主办2006年第十四次亚太经合组织领导人非正式会议。

九、中共中央总书记、国家主席胡锦涛对越南共产党、越南政府和越南人民所给予的隆重、热情和友好的接待表示衷心感谢，并邀请农德孟总书记和陈德良国家主席在方便的时候对中国进行访问。农德孟总书记和陈德良国家主席对此表示感谢并愉快地接受了邀请。

越方再次邀请胡锦涛总书记、国家主席出席2006年底在河内举行的第十四次亚太经合组织领导人非正式会议。胡锦涛总书记、国家主席愉快地接受了邀请。

2005年11月2日于河内

（中国新闻网）

关于东盟与中日韩领导人会议的吉隆坡宣言

我们，东南亚国家联盟(东盟)成员国以及中华人民共和国、日本国和大韩民国的国家元首或政府首脑，在2005年12月12日于马来西亚吉隆坡召开第九次东盟与中日韩领导人会议之际；

确认需要通过加强团结和共同努力，维护和平、稳定与繁荣的东亚地区环境；

进一步确认遵守《联合国宪章》的宗旨和原则、《东南亚友好合作条约》及其他公认的国际法准则，并将上述作为指导国家间关系的基本准则；

忆及1999年《东亚合作联合声明》确定的东亚合作原则和宗旨；

重申共同致力于实现东亚共同体这一长远目标，为维护本地区和世界和平与安全、繁荣与进步作出贡献；

确信在实现这一目标的过程中，将继续以东盟与中日韩进程为主渠道，由东盟发挥主导作用，通过东盟与中日韩的积极参与，增强共同的主人翁意识；

认识到在地区共同体建设进程中，东盟一体化和东盟共同体建设以及中日韩三国继续向东盟提供支持具有重要意义；

进一步认识到10+1合作进程对东盟与中日韩框架下的整体合作具有重要作用；

相信东盟与中日韩之间增加互动有助于加深对话，形成合力，把握迅速发展和全球化的世界带来的机遇，迎接各种挑战；

满意地看到东盟与中日韩合作在各个领域已经取得稳步进展，增进了共同利益和相互联系，并为东亚地区的共同体建设作出了贡献；

对2002年在柬埔寨金边通过的《东亚研究小组最终报告》提出的短期和中长期措施落实情况感到鼓舞；

欢迎于2005年12月14日在吉隆坡召开首届东亚峰会；

兹宣告如下：

一、我们将在东盟首脑会议期间继续举行年度东盟与中日韩领导人会议，为在东盟与中日韩合作框架下建设东亚共同体提供指导和政治动力。

二、我们将共同努力，着手准备在2007年东盟与中日韩进程10周年之际发表第二份《东亚合作联合声明》，以巩固现有合作，明确东亚合作和共同体建设的未来方向。我们责成部长们负责协调和开展必要的后续行动。

三、我们将继续鼓励和支持10+1进程下的合作，以进一步推进东盟与中日韩框架下的全方位合作，使其成为整个地区架构中必不可少的一部分，并与其他地区论坛和进程互为补充。

四、我们将加快落实《东亚研究小组最终报告》的短期和中长期措施。

五、我们将继续支持东盟一体化，尤其是缩小发展差距，以实现东盟共同体,并为东亚共同体建设这一长远目标作出贡献。

六、我们将促进人民之间的往来,以培养一种“一家人”的意识。

七、我们将鼓励东亚国家的学生、学术人士、研究人员、艺术家、媒体和青年加强互动,交流思想。

八、我们将推动知识分子、智囊人物、宗教界人士及学者之间开展定期交流,通过加深相互了解和理解,减少偏见,促进不同文化和文明之间的理解,使东亚以及整个世界从中受益。

九、我们将提升和加强对发展东盟与中日韩合作至关重要的各种机制,包括东盟秘书处设立的东盟与中日韩小组。

2005 年 12 月 12 日签署于吉隆坡

(中华人民共和国外交部网站)

关于东亚峰会的吉隆坡宣言

我们,东南亚国家联盟(东盟)成员国、澳大利亚、中华人民共和国、印度共和国、日本国、大韩民国和新西兰的国家元首或政府首脑,于 2005 年 12 月 4 日在马来西亚吉隆坡举行具有历史意义的首届东亚峰会之际;

忆及 2004 年 11 月 29 日在老挝万象举行了第十次东盟首脑会议,决定 2005 年在马来西亚召开首届东亚峰会,得到第八次东盟与中日韩(10+3)领导人会议的支持;

重申遵守《联合国宪章》的宗旨和原则、《东南亚友好合作条约》及其他公认的国际法准则;

认识到随着国际环境迅速变化,我们的经济和社会联系日益增强,相互依赖日益加深;

意识到世界面临的挑战不断增加,需要协同地区和全球的力量加以应对;

认识到实现东亚及世界的和平、安全与繁荣符合我们的共同利益;

愿意本着平等的伙伴精神和协商一致的原则,加强合作,增进友谊,创造一个和平的环境,为地区及世界的和平、安全与经济繁荣作出贡献;

确信东亚峰会参加国相互之间乃至与整个世界就共同感兴趣和关切的问题加强双边和多边互动与合作,对促进和平与经济繁荣具有重要意义;

重申坚信多边机制有效运作是推动经济发展不可或缺的力量;

认识到本地区现已成为世界经济活力的源泉;

认同东亚峰会可以在本地区共同体建设的过程中发挥重要作用;

进一步认识到有必要支持建设一个强大的东盟共同体,为我们共同的和平与繁荣提供坚实的基础;

兹宣告如下:

首先,我们将东亚峰会建立为一个论坛,就共同感兴趣和关切的、广泛的战略、政治和经济问题进行对话,目的是促进东亚的和平、稳定与经济繁荣。

第二,东亚峰会在努力推进本地区共同体建设时,应与东盟共同体建设保持一致,并有助于这一目标的实现,成为不断发展的地区架构的有机组成部分。

第三,东亚峰会将是一个开放、包容、透明和外向型的论坛,东盟将在其中发挥主导作用,并与其他参加国携手合作,推动加强全球性的规范和国际公认的价值观。

第四,我们将着重致力于以下几个方面:

——就政治和安全问题加强战略对话与合作,确保我们之间和平相处,与整个世界生活在公正、民主与和谐的环境之中;

——通过加强技术转移、基础设施建设、能力建设、良政、人道主义援助,促进东亚的发展、金融稳定和能源安全,实现经济一体化和增长,消除贫困,缩小发展差距,并促进相互之间的金融联系,推动贸易和投资的扩大和自由化进程;

——促进更深的文化认知,加强民间交往并在提高人民生活水平和福祉方面加强合作,增进相互信任和团结,推动在保护环境、预防传染病及减灾等领域的合作。

第五,东亚峰会的参加范围将依据东盟制订的参与标准;东亚峰会将定期举行;东亚峰会将由东盟主席国主办并担任主席,与东盟年度首脑会议同期举行;东亚峰会的模式将由东盟和东亚峰会其他所有参加国共同审议。

2005 年 12 月 14 日签署于吉隆坡

中华人民共和国和马来西亚联合公报

应马来西亚总理达图·斯里·阿卜杜拉·艾哈迈德·巴达维的邀请,中华人民共和国国务院总理温家宝于 2005 年 12 月 15 日对马来西亚进行正式访问。

温家宝总理会见了马来西亚最高元首端古,赛义德,西拉杰丁,与巴达维总理举行了会谈。双方在诚挚友好的气氛中就中马关系及共同关心的国际和地区问题坦诚地交换了意见,达成了广泛共识。

两国领导人对 1974 年建交以来中马关系取得的显著进展表示满意,认为中马关系的发展给两国和两国人民带来了实实在在的利益,为促进本地区的和平、稳定与繁荣做出了积极贡献。

两国领导人回顾了 1974 年中马《建交公报》有关原则,重申将继续坚持两国 1999 年 5 月 31 日签署的《关于未来双边合作联合声明》及 2004 年 5 月 29 日发表的《中马联合公报》的精神,一致认为上述三份文件对中马关系未来发展具有重要的指导意义。

两国领导人认为,巴达维总理 2004 年 5 月访华期间,双方一致同意将积极推进中马战略性合作,为两国关系的长远发展指明了方向。为进一步拓展和深化中马战略性合作,双方达成如下共识:

——保持两国高层互访,加强两国政府、议会、政党及各界人士之间的交往。中方欢迎马领导人明年出席在南宁举行的中国—东盟博览会并顺访中国,马方对此表示感谢。

——为促进双边合作,双方将加强外交、经贸、科技领域的磋商与合作机制。

——两国外交部将制定中马战略性合作行动计划,对两国各领域合作进行全面规划。双方一致认为上述行动计划应同两国各自发展战略和区域合作进程紧密结合起来。

——继续扩大双边贸易和双向投资,积极推进贸易、投资自由化和便利化进程,努力实现 2010 年两国贸易额达到

500亿美元的目标，加强双方在农业、高新科技、信息通讯技术、资源开发、基础设施建设和旅游等重点领域的合作，积极鼓励两国企业联合到第三国投资，继续支持两国商务理事会等机构在促进两国工商界合作方面发挥积极作用。

——为推动中马经贸合作的长远发展，双方同意就商签中马紧密经济伙伴关系协议进行可行性研究。

——双方注意到两国企业正在进行的能源合作，承诺努力推进该领域的合作。双方同意支持两国有关企业探讨在油气领域设立合资公司。

——双方欢迎于2005年12月15日签署《中华人民共和国政府和马来西亚政府卫生合作谅解备忘录》和《中华人民共和国政府和马来西亚政府教育合作谅解备忘录》。卫生合作包括人力资源开发、初级卫生保健、药品、传染病控制、医学卫生研究与开发、食品安全和传统医学。教育合作涵盖各个层次。

——双方期望在水利、海洋科技和生物科技领域开展合作。

——双方期望在央行货币互换及其他金融领域加强合作。

——双方积极评价两国合作举办郑和下西洋600周年的纪念活动，同意进一步加强文化交流。双方将继续支持中马友好协会和马中友好协会在促进两国民间友好交往中更好地发挥积极作用，大力推动青年交流，使中马友好世代相传。双方同意组织两国青年开展互访活动。

——双方认为加强旅游合作对增进两国人民的相互了解与友谊具有重要意义，同意在扩大航权、出入境便利等方面加强磋商与合作。

——拓展人力资源开发合作。中方感谢马方在马来西亚技术合作计划框架下向中方人员提供的培训机会。双方将继续鼓励两国各部门开展灵活多样的培训合作。

——积极开展两国在打击跨国犯罪等非传统安全领域的信息交流与合作，共同维护本地区的安宁。

——推进两国国防安全领域的磋商与合作，扩大两军交流。双方积极评价两国国防部今年9月签署的《防务合作谅解备忘录》，同意在此谅解备忘录框架下尽早启动中马防务安全磋商机制。双方还表示愿积极探讨军工军贸合作。

——马方欢迎中方愿参与马六甲海峡安全合作，同意讨论合作形式，如情报信息的交换与分享。中方承认包括马来西亚在内的海峡沿岸国依照《联合国宪章》和其他公认的国际法维护海峡主权和安全。马方欢迎中方作为海峡主要使用国为海峡的安全做出积极贡献。

——马方重申坚持一个中国政策，认为中国的发展有利于促进本地区的和平、稳定和繁荣。中方感谢马方在中国和平统一问题上给予的理解和支持。

——中方对马方成功主办第九次中国—东盟（10+1）和东盟与中日韩（10+3）领导人会议及首届东亚峰会表示诚挚的祝贺。双方表示将加强合作，共同致力于推进东亚区域合作进程。

——双方高度评价中国与东盟关系取得的长足进展，中方高度赞赏马方在推进中国与东盟合作中所发挥的重要作用。双方同意继续致力于落实中国与东盟战略伙伴关系的行动计划，推进中国—东盟自由贸易区建设，共同举办好明年中国与东盟对话合作15周年的庆祝活动。马方欢迎中方积极参与东盟东部增长区建设，支持中方继续主办好中国—东盟博览会。双方表示将进一步拓展中国与东盟湄公河流域开发合作。

——双方重申将继续致力于维护南海地区的和平与稳定，同意与其他东盟国家一道落实《南海各方行为宣言》后续行动。双方欢迎并支持有关国家本着“搁置争议、共同开发”的精神探讨在南海争议海域开展务实合作。双方愿意把南海看作联系中国与东盟的友谊之海、合作之海。

——双方积极评价东盟与中日韩（10+3）合作取得的成果，支持以10+3为主渠道推进东亚共同体的建设进程。双方认为，东亚峰会为东亚合作搭建了新的平台，有利于调动各种积极因素促进东亚的发展。中方重申将继续支持东盟在东亚合作进程中发挥主导作用，马方对此表示赞赏。

——双方对中东局势表示关切，呼吁国际社会应为和平解决有关问题做出更大努力。双方对朝鲜半岛核问题六方会谈取得的积极进展表示欢迎。中方高度赞赏马来西亚作为不结盟运动主席国和伊斯兰会议组织主席国在国际和地区事务中所发挥的重要作用。

——双方欢迎2005年9月联合国成立60周年首脑会议通过的《成果文件》，认为当务之急是要落实千年发展目标，切实帮助发展中国家解决发展问题。

——双方同意加强在联合国改革进程中的协调与配合，认为联合国改革应有助于提高联合国的作用、权威和效率，维护世界和平与安全以及应对新挑战和新威胁的能力。双方认为安理会改革应从联合国长远利益出发，根据国际关系民主化原则，在广泛协商的基础上优先增加发展中国家的代表性，寻求兼顾各方利益的解决办法。

——双方同意在亚洲合作对话、东盟地区论坛、亚太经济合作组织、亚欧会议、亚拉论坛、世界贸易组织等多边机制中继续保持良好的协调与配合。

双方对温家宝总理访马取得的积极成果表示满意，一致认为此访将进一步加强两国关系。

温家宝总理对马来西亚政府和人民给予的热情友好接待向巴达维总理表示感谢，并邀请巴达维总理在方便的时候再次访华。巴达维总理愉快地接受了邀请。

2005年12月5日于吉隆坡

（中华人民共和国外交部网站）

重要论文及研究报告

东亚合作：从10+1到10+3
——中国与东亚自由贸易区①

古小松

2004年11月，东盟和中国的10+1及东盟和中日韩三国的10+3会议在老挝万象举行。会议取得了引人注目的两大成果：中国和东盟签署的有关协议拉开中国—东盟自由贸易区的大幕；与会国确定将于2005年在马来西亚举办首届东亚峰会。东亚峰会的举行意味着东亚合作将揭开新的篇章。

一、区域一体化趋势与自由贸易区

当前世界发展主要有两大趋势：一是经济全球化，一是区域一体化。

1. 经济全球化

经济全球化进程正在加快。主要是因为：

首先，科技革命正在迅速发展，许多科技领域，如信息技术、生物和生命工程。新能源技术正在取得不断的突破。并应用于生产、由于各国的优势领域不同，客观上要求加强全球经济技术合作。

第二，冷战结束后，妨碍各国进行经济合作的政治樊篱不再不可逾越。

第三，由于中国、俄罗斯及其他独联体国家、东欧国家和许多发展中国家都在推动市场经济改革，妨碍全球经济合作的经济体制性障碍也大大削弱。

第四，全球经济可持续发展面临的大量问题，要求开展广泛的国际合作来解决。经济全球化的主要支配力量是跨国公司。根据联合国有关机构最近的统计，全球6万多家跨国公司通过近70万家子公司，已经渗透到全世界的各个国家和地区的各个产业。它们控制着全球40%的产出、60%的贸易、70%的技术转让、90%以上的直接投资②

2. 区域一体化

区域经济一体化是指地理位置相近的两个或两个以上国家（地区），以获取区域内国家（地区）的经济集聚效应和互补效应为宗旨，为促使产品和生产要素在一定区域内的自由流动和有效配置而建立的跨国性经济区域集团。

这是由人类现阶段的生产力发展水平决定的。现代生产力所达到的水平，是以一国为经济单位已过小，以全球为经济单位尚过大，惟以相邻近的若干国家（地区）组成集团为经济单位才较适中的阶段。这是目前各国热衷于区域经济一体化，使之门庭若市的根本原因。如今，最成功的区域经济一体化组织欧洲联盟正在组织上东扩南进，向着大欧洲经济区的目标迈进。进展迅速的北美自由贸易区正在积极与其他美洲国家筹建美洲自由贸易区。亚洲、非洲和大洋洲也已成立许多区域经济一体化组织，并正积极致力于组织的扩大和深化。

3. 世界自由贸易区迅速发展

在世界经济区域一体化蓬蓬勃勃的发展趋势中，自由贸易区的广泛建立是其中重要的表现。

自由贸易区是有关各方根据签订的自由贸易协定设立的，指彼此之间在实质上取消关税和其他限制性贸易措施的两个或两个以上的一组关税领土。但是，最近几年的FTA出现新变化，其内容不仅包括货物贸易自由化，而且涉及服务贸易、投资、政府采购、知识产权保护、标准化等更多领域的相互承诺。

目前，在世界贸易组织登记的自由贸易安排或以双边自由贸易协定为基点的自由贸易区有160多个，而且世贸组织现在平均每个月都会收到一份这样的申请，97%的世贸组织成员都参加一个或者多个自由贸易区或者自由贸易安排。

在缔结自由贸易安排协定的国家和地区内，关税下降使商品、服务贸易日趋活跃，市场日趋扩大，投资协议、长期信贷条款以及规避双重税收的协议制订由难变易。和建立在多边一致基础上的世界贸易组织框架相比，自由贸易安排使符合共同利益的协定更易达成，操作也更加灵活。事实证明，自由贸易安排不仅推进成员间的贸易自由化，还将推进全球的贸易自由化。

在建立自由贸易区方面，欧洲和北美是全球区域合作的先行者，尤其是欧洲的欧盟。

4. 欧盟与北美自由贸易区

（1）欧洲联盟，其前身为欧共体，是由原欧洲共同体成员国家根据《欧洲联盟条约》（也称《马斯特里赫特条约》）组成的国际组织。欧盟是目前历史上最有力的国际组织，在某种程度上类似于一个国家。有的法律学者认为根本不应该把欧盟看作一个国际组织，而看成是一个独特的整体。目前有关欧盟的主要议题是欧盟的扩大、制定欧盟宪法等。

起初推动欧盟建立的力量是二战后对损失惨重的欧洲重建的渴望，以及防止欧洲再度陷入战争泥潭的愿望。这个主体最初是共同市场，然后变成欧洲共同体，再演变成现在的欧盟。欧盟已经从一个贸易实体转变成一个经济和政治联盟。

2004年5月1日扩大后，目前，欧盟有25个成员国，总面积约400万平方公里，人口大约4.5亿，国内生产总值超过10万亿欧元。

（2）北美自由贸易区，它是由美国、加拿大和墨西哥等北美洲3国于1994年成立的。成立至今已经有11年，发展非常迅速，基本上实现自由贸易区的目标，总体上消除关税和非关税壁垒，实现商品和投资的自由流动。

北美自由贸易区的土地面积2129万平方公里，占世界的15.92%。人口接近4亿，国内生产总值约为10万亿美元。北美自由贸易区的人口和国内生产总值与欧洲联盟相当。两相比较，在经济一体化程度上欧盟还是最高的。

在世界众多的自由贸易区中，有三大自由贸易区，除欧盟和北美自由贸易区外，还有正在建立的中国—东盟自由贸易区。

二、中国—东盟自由贸易区的建立

1. 中国—东盟合作加强

自1997年《中华人民共和国与东盟国家领导人会议联合声明》发表以来，中国与东盟关系迅速、全面、深入发展。在政治安全方面，中国与东盟国家高层互访频繁，通过谈判和平解决争议，在国际事务中不断取得共识，双方政治互信和安全合作不断加强。中国与东盟国家于2002年签署了《南海各方行为宣言》，以确保南海地区的和平与稳定。在2003年10月召开的第七次东盟与中国10+1领导人会议上，中国在《东南亚友好合作条约》上签字。中国是第一个加入该条约的非东盟国家，这也是中国首次加入一个地区性国际组织签署的条约。2003年10月中国与东盟国家还签署《中华人民共和国与东盟国家领导人联合宣言》，宣布中国与东盟建立"面向和平繁荣的战略伙伴关系"。20世纪90年代以来，中国与东盟的贸易迅速增长，目前东盟已连续10多年成为中国的五大贸易伙伴之一。

2003年10月8日，温家宝总理在印度尼西亚巴厘岛举行的第七次10+1领导人会议上表示，在新形势下，中国将从如下6个方面加强与东盟的合作：一是加强政治对话，增进相互信任。双方将进一步加强高层往来，发挥各层次对话与磋商机制的作用，进一步巩固双方关系的政治和法律基础；二是深化经贸关系，促进共同发展。进一步提高双方贸易水平，努力在2005年以前实现贸易额突破1000亿美元目标[3]。双方加快谈判,如期建成中国—东盟自由贸易区,并进一步深化金融、服务、投资、农业、信息产业等领域的合作;三是巩固安全合作,维护地区稳定;四是开展科技交流合作,实现优势互补。积极开展电子信息、生物技术、遥感技术应用、地震学、海洋科学和热带生物资源研究等领域的合作;五是拓展全面合作,造福双方人民。如湄公河流域开发、泛亚铁路、人力资源开发、公共卫生领域合作、文教领域合作、建立中国—东盟青年部长会议机制、召开中国东盟商业投资峰会等项目和活动;六是加强协调配合,创造稳定环境。

2. 中国—东盟自由贸易区的建立

(1) 中国—东盟自由贸易区的提出

中国与东盟的友好关系为中国—东盟自由贸易区的建立打下基础。

2000年9月,在新加坡举行的第四次东盟和中国10+1领导人会议上,中国国务院总理朱镕基关于建立中国—东盟自由贸易区的建议,得到东盟有关国家的赞同。2001年3月底,中国与东盟成立专家小组,专门研究建立中国—东盟自由贸易区的可行性。专家组研究结果认为,中国与东盟在贸易上的互补性十分突出,建立自由贸易区能创造出更多的贸易量,可促进双方产业结构的升级,双方都能从自由贸易区中受益。2001年11月,在文莱斯里巴加湾市召开的第五次东盟和中国10+1会议,朱镕基总理和东盟领导人支持并批准了专家组提出的建议,一致同意在10年内建立中国—东盟自由贸易区,并授权各国部长和高官尽快开始谈判。

2002年11月3~5日,在柬埔寨金边召开的东盟和中国10+1领导人会议上,中国和东盟各国领导人签署《中国与东盟全面经济合作框架协议》和《中国与东盟农业合作的谅解备忘录》。《中国与东盟全面经济合作框架协议》于2003年1月1日开始实施,双方同意最迟在2004年初前开始下调农产品关税,3年内取消其关税,从2003年起正式举行有关签订自由贸易协定的谈判,中国—东盟自由贸易区的建成目标是2010年。

(2) 中国—东盟自由贸易区的规模

中国是最大的发展中国家,面积960万平方公里,人口13亿。东盟10国,面积447万平方公里,人口5.3亿。中国—东盟自由贸易区建成后,将是世界最大的由发展中国家组成的、人口最多的自由贸易区,届时总人口将达到约20亿(目前为18亿),面积达到约1400万平方公里,GDP也将达到约3万亿~4万亿美元(目前约为2万亿),贸易规模也将在目前1.2万亿美元的基础上成倍地增加。

(3) 中国—东盟自由贸易区的框架内容

按照《中国与东盟全面经济合作框架协议》,中国—东盟自由贸易区的主要内容有:第一,货物贸易关税的减让;第二,早期收获计划;第三,逐步取消非关税壁垒(措施),简化和协调关税程序;第四,建立有效的贸易便捷化措施,包括但不限于简化海关程序和制定相互认证安排;第五,逐步实现涵盖众多部门的服务贸易自由化;第六,中国—东盟自由贸易区对东盟新成员国给予特殊和差别待遇及灵活性;第七,建立中国—东盟自由贸易区,除了货物贸易自由化外,中国与东盟合作还扩大到金融、旅游、投资、农业、人力资源开发、中小企业、产业合作、知识产权、环境保护、林业及其产品。能源及次区域开发等领域。在2001年东盟和中国10+1首脑会议上,双方领导人确定中国与东盟在新世纪重点加强5个领域的合作:农业、信息及通讯技术、人力资源开发、投资和湄公河流域开发。中国和东盟还强调加强非传统安全领域的合作;第八,中国—东盟自由贸易区的标准将以东盟自由贸易区为基础,与WTO倡导的贸易自由化宗旨和目标相一致(如便利和促进对与贸易有关的知识产权进行有效和充分的保护),同时,它在市场开放程度上比WTO更进一步。

此外,中国—东盟自由贸易区的谈判内容还包括原产地原则,配额外税率的处理,补贴、反补贴措施及反倾销措施的各项规定等。

(4) 中国—东盟自由贸易区合作框架下的"早期收获"

中国与东盟于2002年11月在金边举行的领导人会议决定,双方到2010年建成中国—东盟自由贸易区。为早日体现贸易区的成效,双方确定一个"早期收获"计划。《框架协议》第六条"早期收获"约定:从2004年1月1日起,10+1各成员国就税则第1~8章约560多种农产品开始实行快速降税,其中:中国和东盟6国(老成员国)不迟于2006年将有关产品税率减至0;东盟4国(新成员国)不迟于2010年减至0。这第1~8章产品分别是活动物、肉及食用杂碎、鱼、乳品、其他动物产品、活树、食用蔬菜和食用水果及坚果。此外,越南、老挝和柬埔寨还分别向中国提出一些税则第1~8章本国需要特殊保护的"例外清单"产品,马来西亚、印度尼西亚和泰国把本国有优势的"特定产品"也加入"早期收获"计划,主要涉及第9、15、18、27、34、38、40、70、94章。

(5) "早期收获"框架下中泰两国达成的双边蔬菜水果贸易零关税协议

从2003年10月1日起,中国与泰国开始实施"早期收

表1 2004年中国与东盟贸易情况

单位:%

国家(地区)	中国出口(亿美元)	中国进口(亿美元)	进出口总值(亿美元)	出口增长(%)	进口增长(%)	进出口增长(%)
东盟	429	630	1059	38.7	33.1	35.3
文莱	0.5	2.5	3.0	41.3	-19.6	-13.7
柬埔寨	4.5	0.3	4.8	53.6	15.1	50.5
印度尼西亚	63	72	135	39.6	25.7	31.8
老挝	1.0	0.1	1.1	2.7	13.0	3.7
马来西亚	81	182	263	31.7	29.9	30.5
缅甸	9.4	2.1	11.5	3.1	22.1	6.1
菲律宾	43	90	133	38.0	43.6	41.8
新加坡	127	140	267	43.1	33.5	37.9
泰国	58	115	173	51.6	30.8	37.0
越南	42	25	67	33.9	70.4	45.3

数据来源:中华人民共和国海关统计数据。

获"框架下达成的双边蔬菜水果贸易零关税协议，两国之间将取消188种水果和蔬菜产品的贸易关税，原来平均高达30%的水果和蔬菜产品的进口关税将降为0。这是在中国—东盟自由贸易区合作框架下的第一个"零关税"。

（6）中国—东盟自由贸易区初见成效

自从2000年中国—东盟自由贸易区提议建立以来，中国与东盟的经贸关系迅速发展。2004年双边贸易额达到1059亿美元，同比增长35.1%。其中中国从东盟进口630亿美元，同比增长33.1%；中国出口529亿美元，同比增长38.7%。这已经是从20世纪90年代以来的连续多年持续增长。1980年双边贸易额为20.64亿美元④，1990年为72.82亿美元⑤，2000年为395亿美元，2003年为782亿美元⑥。2004年1059亿美元，是仅仅4年前2000年的2.7倍，可见增长速度之快。

三、中日韩和东盟相互需要

中国与东盟贸易迅速发展，在于双方的共同努力，其中很重要的一个因素是得益于中国的快速发展。

1. 中国发展有利于区域合作

改革开放以来，中国已持续多年保持经济的快速增长，其中，20世纪90年代的年均增长率为10.1%。2004年中国国民生产总值增长9.5%，达到136515亿元人民币，约合16500亿美元⑦。

改革开放以来中国坚持发展社会主义市场经济，不断进行建立和完善社会主义市场经济体制的各项配套改革，促进了经济社会的全面进步与发展。中国各方面社会经济配套政策措施的落实，不仅为经济的持续稳定快速发展提供必要的条件，而且促进社会的公平与进步，为实现可持续发展奠定基础。中国坚持独立自主的和平外交路线和积极的对外开放政策，加强国际经济合作，主动参与国际竞争也是取得经济快速增长的一个重要原因。随着改革开放的深入发展，中国的对外贸易格局发生重大变化，对外贸易已经成为中国经济增长的重要动力。据海关初步统计，2004年全国进出口总值为11547.4亿美元，同比增长35.7%，其中：出口5933.6亿美元，增长35.4%；进口5613.8亿美元，增长36%⑧。中国已超越日本，国际贸易由2003年的世界第四位跃居至第三位，成为仅次于美国、德国的全球第三大贸易国。外商直接投资保持较大规模。2004年1～10月份，全国新设立外商投资企业35202家，比2003年同期增长7.66%；合同外资金额1189.99亿美元，同比增长34.19%。全年实际使用外资金额600多亿美元⑨。截至2004年10月底，全国累计批准设立外商投资企业500479个，合同外资金额10621.29亿美元，实际使用外资金额5552.51亿美元⑩。到2004年底，中国的外汇储备达到6100亿美元⑪。

表2　1979～2004年中国经济增长率　单位：%

年度	增长率	年度	增长率	年度	增长率
1979	7.6	1988	11.3	1997	8.8
1980	7.8	1989	4.1	1998	7.8
1981	5.2	1990	3.8	1999	7.1
1982	9.1	1991	9.1	2000	8.0
1983	10.9	1992	14.1	2001	7.3
1984	15.2	1993	13.1	2002	8.3
1985	13.5	1994	12.6	2003	9.1
1986	8.8	1995	9.0	2004	9.5
1987	11.6	1996	9.6		

资料来源：中国统计局历年公布的数据。

表3　2000年美、日、德、中、东盟的GDP

国家、区域	GDP总量（万亿美元）	排位
美　国	9.9	1
日　本	4.7	2
德　国	1.8	3
中　国	1.1	4
东　盟	0.57	5

资料来源：王少普：《试论日本经济的主要问题及其发展前景》，载《亚太论坛》2002年第1期第17页；Termsak Chalermpalanupap：《21世纪东盟与中国：睦邻互信的伙伴关系》，载《东南亚纵横》2003年第1期第3页。

2005年中国经济仍将是快速增长的年头，预计增长率将达到8%以上。

21世纪初，中国将继续推进改革开放，努力保持经济的快速增长。中共十六大提出全面建设小康社会的目标，"国内生产总值到2020年力争比2000年翻两番"，⑫也就是说届时中国的GDP将达到4万亿美元左右，与现在日本的经济总量差不多。届时中国人均GDP将接近3000美元，中国的市场潜力和为世界尤其是本地区提供的各种机遇将是巨大的。

2. 日本仍是亚洲头号经济大国

尽管中国发展速度很快，但由于基数低，在经济总量上仍然与日本有较大差距。

（1）日本经济总量亚洲第一，世界第二

二战结束后，日本经济逐步恢复和发展，20世纪50年代和60年代是日本经济高速增长期，到1970年，日本的国民生产总值跃居世界第二位，成为仅次于美国的经济大国。日本这一经济地位一直保持到现在，并会继续保持相当长的时间。

2003年日本人均GDP为33077美元，约为中国的30倍⑬。

（2）日本拥有先进的科技和制造业

日本的资本密集型、知识技术密集型产业占有绝对优势，这些产业所生产的产品具有高附加值、高技术含量。早在20世纪70年代，日本就已逐步进入以服务业为中心的"后工业化"时代，但日本仍是名副其实的国际制造业中心。2003年，日本制造业总量是9111亿美元，相当于中国的2.4倍。世界500强企业中，日本占88席之多，中国只有12席⑭。亚洲25强企业中，日本占20个。

（3）日本资本雄厚，外汇储备世界最多

1998年日本资本市场（指股票市场市值）占世界比重9.09%。到2000年底，日本的海外总资产约为32046亿美元，占全球海外总资产的一半以上，为世界最大债权国。日本的外汇储备也是世界最多的。日本财务省2005年1月11日发表的最新统计显示，截至2004年12月底，日本外汇储备达到8445亿美元，在全球各国家和地区中，日本外汇储备总额已经连续5年排名世界第一⑮。

上述可见，日本的经济实力仍为亚洲最强，近期内尚无别的国家能够替代。

3. 日本与东盟复苏的动力与困难

（1）日本经济复苏的动力主要来自中国经济增长

日本自1991年泡沫经济崩溃以来,衰退达10多年。近年日本经济开始复苏,2004年经济增长IMF测算达到4.4%[16]。日本经济增长的动力主要来自与中国快速增长的贸易。"几乎所有的经济学家都公认,日本经济能恢复到今天的程度,靠的就是日中之间贸易投资关系的扩大。"[17]日本的钢铁和造船业目前开始恢复生气是在中国经济增长的拉动下实现的。

(2)东盟国家经济仍然未恢复到危机前的发展速度

以1997年的金融危机为分水岭,东南亚地区在20世纪70到90年代上半期,经济增长速度是世界上最快的地区之一。但1997年的金融风暴使东南亚地区经济发展大伤元气。近年受中国市场的拉动,东盟各国经济发展逐步恢复。据估计,2004年东盟的经济增长率为6.2%,高于前两年的4.5%。东盟主要国家中,新加坡和马来西亚的经济表现好于预期,2004年的增长率估计分别达到8.3%和7.1%;越南继续2003年的高增长,2004年增长率为7.7%;泰国由于受到干旱和禽流感等影响,2004年增速估计为6.1%,低于2003年的6.8%;印尼和菲律宾的经济状况都有所改善,2004年增速估计分别达到4.7%和5.2%,高于2003年的4.5%和4.7%[18]。这是东南亚金融风暴以来东南亚地区经济形势最好的。而与金融风暴前的1995年相比,仍有一定差距。1995年,新加坡、马来西亚、泰国、菲律宾、印度尼西亚、越南的经济增长速度分别为:8%、9.8%。9.3%、4.7%、8.2%和9.5%[19]。

与日本一样,东盟经济恢复的重要动力之一也来自与中国的贸易。2003年,中国东盟贸易782亿美元,同比增长42%[20]。这一年美国与东盟的贸易总额1272亿美元、增长5.7%,其中对东盟出口453亿美元、增长8%,从东盟进口819亿美元、增长4.5%;日本与东盟的贸易总额138559亿日元(约合1270亿美元),增长3.2%,其中对东盟出口70829亿日元(约合650亿美元)、增长1.6%从东盟进口67730亿日元(约合620亿美元)、增长4.9%。由此测算出,中、美、日2003年对东盟地区贸易增长的拉动力分别约为4个百分点、1个百分点和0.6个百分点。可见,中国东盟贸易是当今全球贸易最活跃的区域贸易,目前拉动东盟外贸的最大动力来自中国[21]。

4. 日本、中国、东盟互为重要的经贸伙伴

(1)中国成为日本的最大贸易伙伴

据日本方面的统计,2004年日本与中国(包括香港地区)的进出口贸易总额比2003年增长17%,达到22.2万亿日元(约合2150亿美元),首次超过日本对美国的贸易总额(20.48万亿日元,约合1988亿美元)。日本从中国的进口总额同比增长16.8%,达到10.197万亿日元(约合990亿美元),连续两年更新历史最高值[22]。日本财务省2005年1月26日公布,2004年中日贸易占日本国际贸易总额的20.1%[23]。而据中国海关统计,2004年中日贸易额为1679亿美元,同比增长25.7%。

(2)日本东盟互为重要贸易伙伴

近年日本与东盟的经贸关系日益密切,包括贸易、投资、援助、旅游等方面。

日本东盟贸易关系不断增强。2000年双边贸易额为1290亿美元[24],2002年虽然有所下降,但仍然有1070亿美元,占当年日本对外贸易总额7500亿美元的14.2%。所占份额仅次于与美国的23.4%,高于与欧盟的13.9%和与中国的13.5%。东盟是日本的第二大贸易伙伴。2001年,东盟对外贸易总额5620亿美元,其中有1133亿发生在与日本之间,占对外贸易总额5620亿美元的20.2%。同年东盟与美国的贸易额占东盟对外贸易总额的21%,与欧盟的贸易额占17.5%,与中国的贸易额占6.9%。日本是东盟的第二大贸易伙伴。

在投资方面,日本是东盟的最重要投资国。尽管近年来一些东盟领导人抱怨中国在吸引外资方面与东盟形成竞争关系,但多年来东盟一直是日本的主要投资对象,日本依然是东盟最主要的资金来源。1995~2001年间,日本对外投资总额600亿美元,其中344亿美元投向东盟,占对外投资总额的57.1%,对中国投资居第二位,仅占日对外投资总额的21.5%。1995~2001年间,东盟共吸收外资2290亿美元,其中来自日本的最多,占总额的21.6%,欧盟第二,占16.8%,美国第三,占14.5%。

在援助方面,从20世纪的70年代开始,日本就已取代美国成为东盟最大的援助国。2001年,日本对外援助总额75亿美元,其中援助东盟的数额为21亿美元,占总额的28.3%,中国占9.2%。2001年,东盟共接受外来援助35亿美元,其中60.1%来自日本。近年来,日本尤其加大对东盟新加入者的经济援助力度。1993年以来,越南所接受的外来援助,历年都有半数以上来自日本。

日本对东盟援助重点是那些低收入的不发达国家。

东盟还是日本最主要的旅游目的地。2001年,日本出境旅游人数为1782万,其中有265万以东盟为目的地,占总数的14.9%,仅次于前往美国的28.5%,高于前往中国的7.1%。2001年,东盟共接受外国游客25210万,其中日本游客占14.6%,中国占11.5%,美国占8%。

表4 2004年中国有关对外贸易情况

国家(地区)	中国出口(亿美元)	中国进口(亿美元)	进出口总值(亿美元)	出口增长(%)	进口增长(%)	进出口增长(%)
总值	5934	5614	11548	35.4	36.0	35.7
日本	735	944	1679	23.7	27.3	25.7
韩国	278	623	901	38.4	44.3	42.5
中国香港特区	1009	118	1127	32.3	6.1	28.9
中国台湾省	135	648	783	50.4	31.9	34.2
东盟	429	630	1059	38.7	33.1	35.3
欧盟	1072	701	1773	36.9	28.8	33.6
美国	1249	447	1696	35.1	31.9	34.3

数据来源:中华人民共和国海关统计。

表 5　日本援助部分东南亚国家情况

国　家	年　度	金　额
印　尼	1996 ~ 2000	379 亿美元
越　南	2001 ~ 2002	1005 亿日元
缅　甸	2002	20.6 亿日元
老　挝	1996 ~ 1999	1046 亿日元
柬埔寨	1992 ~ 1999	196.5 亿日元

注:表中所列的日本对印尼提供的官方援助中,有 137 亿美元为政府贷款,12 亿美元为无偿援助,230 亿美元为技术合作。

资料来源:日本外务省网站:http://www.mota.so.jp

据《日本经济新闻》2003 年 10 月 5 日发表的数据,2002 年日本与美国、东盟、欧盟、中国内地、韩国、中国台湾省和中国香港特区的双边贸易总额分别占日本对外贸易总额的 23.4%、14.2%、13.9%、13.5%、5.8%、5.3% 和 3.6%。这里给人们的启示是:1)日本东盟间贸易份额大于日欧贸易份额;2)如果考虑到中国香港主要作为中国内地转口港的角色,日中贸易比重达 17.1%,其重要性高于日欧贸易;3)日本与东盟、中国内地、中国香港特区、中国台湾省、韩国间贸易比重高达 42.4%[25],其地位与作用几乎相当于日美间双边贸易的两倍。可见,积极推进中日韩和东盟即 10 + 3 的区域贸易合作,对有关各方有重大经济利益。

四、中日韩与东盟的共同选择:建立东亚自由贸易区

上述情况可见,日本难以解决自身的经济问题,更难帮助东盟走出困境;东盟在金融危机后本来希望日本拉一把,但日元不稳定,日本银行呆账多,自身难保,所以东盟的金融风暴蔓延成整个亚洲的经济危机,因而把鸡蛋放在日本一个篮子里也是不可靠的。在当前经济全球化和区域一体化的潮流中,东亚的主要经济体,尤其是中日韩和东盟应该携起手来,加强合作,共同发展。

首先是日本、中国和东盟三方应尽早行动起来,签订东亚自由贸易协议。

日中东盟三者各有优势,经济的互补性较强。日本有雄厚的资金、先进的技术设备和高水平的管理经验;中国是一个新兴的大市场,改革在不断深入,开放不断扩大,经济还在高速增长。既需要外部的投资,开拓外部的市场,同时随着中国实力的增强,产业的升级,也在走出去,扩大对外投资,更吸引人的是中国国内大市场。中国的劳动力素质高,但价格不高。中国的发展日益成为世界尤其是亚洲经济增长的重要动力之一;相比较日本和中国,东盟的自然资源和劳动力丰富,劳动力价格较低,区域内市场容量也很大,投资需求旺盛。日中与东盟三方协调合作好,搞好产业的分工协作,可以充分发挥各自的优势,挖掘各自的潜力,扩大相互的贸易和投资,推动各自国家的经济增长和人民生活水平的提高,实现共赢。

东亚自由贸易区可以分三步走:东盟自由贸易区→10 + 1 自由贸易区→东亚自由贸易区。第一步东盟自由贸易区框架已经搭好,有一定的基础;第二步中国—东盟自由贸易区双方已经达成协议,2010 年将建成。日本—东盟自由贸易区也已开始正式谈判,很有可能在 2012 年建成;东亚自由贸易区应该在 2015 年前建成,时间能往前赶当然更好。如果三方协调得好,还会反过来促进东盟自由贸易区、中国—东盟自由贸易区和日本—东盟自由贸易区的建立和完善。当然东亚自由贸易区还应该吸收韩国、中国的台湾省和香港特区进来[26]。

第二,日本资金—东盟资源开发和加工—中国市场模式

中国已经加入世界贸易组织,关税在逐年降低,市场会不断扩大;东盟有资源;日本有资金。日本的企业可以将三者有机结合起来,在东盟国家投资,开发矿产资源、热带农业资源,加工农产品等,供应中国市场。

第三,日本投资中国—中国投资东盟模式

近年日本企业越来越多地选择在中国投资,中国也在吸引其他国家和地区的投资,中国尤其是东部地区有些地方有些产业达到饱和,并正在调整和升级,不少企业实力壮大后已不满足于在国内的发展,而希望到国际市场去进一步拓展。它们要走出去,最方便的莫过于中南半岛,特别是与中国接壤的北部国家。中国最发达的是华南和华东沿海地区。该地区有一大批实力雄厚的民营企业,它们经营灵活,产品丰富,到东盟去发展前景看好。

第四,日本资金—东盟旅游项目—中国游客模式

东盟国家旅游资源丰富,景点多,可以多投资,开发旅游项目,建设旅游宾馆,吸引更多的外国游客,尤其是中国的游客。过去主要是东南亚的游客到中国来旅游,现在是愈来愈多的中国游客到东南亚去。就目前的经济发展水平,东南亚是中国人出国旅游的首选。2004 年,泰国共接待了中国内地 76 万游客。在海啸前,泰国预计 2005 年这一数字能增长到 90 万[27]。目前,中国已成为越南第一大外国游客来源国,越南旅游部门公布数字显示,从 2004 年初至 10 月中旬,中国内地赴越南旅游的游客人数已达 67 万,同比增长 42%,占越南当年接待外国游客总数的约 1/3。根据越南出台的新政策,从 2004 年 9 月 12 日起,中国游客无须签证,仅凭边境通行证就可进入越南全境旅游。此前,中国游客持边境通行证只能在越南北方 7 省市范围内旅游[28]。

五、东亚合作的困难与出路

(一) 合作的困难

对比欧洲,东亚的合作障碍要多得多。东亚各国的政治、经济、文化差异很大,很无助于相互之间的合作。

1. 政治多样性

东亚国家的政治体制是多种多样的,当今世界的基本政治体制类型都可以在东亚找到。如果分得细一些,则主要有如下 5 种类型:一是人民代表制的国家:中国、越南、老挝,三国都是实行共产党领导的社会主义国家;二是议会共和制国家:新加坡;三是总统制国家:韩国、印度尼西亚、菲律宾;四是君主制国家:日本、泰国、柬埔寨、马来西亚和文莱。日本是议会君主立宪制。文莱是绝对君主制国家;五是军政府国家:缅甸。

政治的多样性会使人们的决策有着复杂的考虑,对采取的措施产生不同的影响。

2. 经济发展不平衡

东亚 13 国经济发展很不平衡,按人均 GDP 可分为 4 个层次:第一层次是人均 1 万美元以上的国家有 4 个:日本、新加坡、文莱和韩国[29];第二层次是人均 1 千至 1 万美元的国家有 4 个:马来西亚、泰国、菲律宾和中国[30];第三层次是人均 500 ~ 1000 美元的国家有 2 个:印度尼西亚和越南[31];第四层次是人均 500 美元以下国家有 3 个:柬埔寨、老挝、缅甸,它们

目前仍是世界最不发达的国家。

由于经济发展水平的差异,为自身经济利益,不同的国家考虑和处理问题的出发点是不一样的。

3. 文化差异大

东亚各国民族众多。东北亚以东方文化为主。东南亚则长期受印度文化、阿拉伯文化、中国文化、西方宗教和文化等外来宗教和文化强劲的影响,所以其文化是多彩多样的。如果从宗教的角度来看,主要有佛教、伊斯兰教、天主教和东方的儒家传统文化[32]。东北亚的中国、日本、韩国加上东南亚的越南和新加坡5国,以传统的儒家文化为主;东南亚大陆北部的4个国家:缅甸、老挝、泰国、柬埔寨,地理上它们连成一体,均是以佛教为主的国家;位于印度尼西亚群岛和马来半岛的印度尼西亚、马来西亚和文莱3国,它们的居民则以信仰伊斯兰教为主。其中印度尼西亚是世界上伊斯兰教人口最多的国家[33];菲律宾则是一个以信仰天主教为主的国家。

不同文化背景的群体思考问题和理解问题的方式是有较大差异的。加上上述的政治和经济发展差异,东亚13个国家要相互了解和理解,达成共识,一致行动,是要有一个过程的。

4. 历史遗留问题与现实争端

东亚13国在不断加强合作的同时,相互之间也还存在有不少的历史恩怨和现实的争端。如二战已结束60年,但日本领导人一直未能深刻反省自己在战争中给亚洲人民曾经带来的痛苦。不少国家之间存在有领土争议,如南海问题等。诸如此类的历史遗留问题与现实争端也会在一定程度上对相互之间的合作产生负面影响。

(二) 合作的途径

东亚合作尽管有不少困难,但也应该看到有许多有利的条件和共同利益,特别是各国之间合作已有相当基础,如东盟自由贸易区、中国—东盟自由贸易区已经起步。只要各国能求同存异,多渠道、多形式推进,东亚自由贸易区乃至东亚共同体就会实现。

1. 循序渐进,多渠道、多形式推进

目前,东盟自由贸易区、中国—东盟自由贸易区在不断推进的同时,日本—东盟自由贸易区也在推进。日本—东盟经济合作谈判于2003年3月正式开始后,9月3日双方经济部长会议就谈判日程和自由化方式达成了框架协议,10月8日,在10+1会议上正式签署《日本—东盟经济合作的基本框架》。由此,双方就经济合作的目的、基本原则、实现框架性经济合作的措施、先期实施措施、自由化、最惠国待遇、协商、时间表等,进一步达成广泛共识。根据该《基本框架》,双方将于2004年初正式开始进行商品、服务贸易和投资自由化的谈判,2005年将正式开始进行经济合作协定的谈判,并争取尽快达成协议,在2012年前开始自由贸易[34]。

这样,在建立东盟自由贸易区、中国—东盟自由贸易区和日本—东盟自由贸易区的基础上,东亚各方应充分利用每年10+1和10+3的机制和渠道,特别是2005年将在马来西亚举行东亚峰会的机会,争取早日签订自由贸易协议。

2. 先易后难

寻找各国利益的共同点,先推进各方容易接受的合作领域,如"无国界旅游",各国在签证制度和出入境手续等方面进行简化,促进相互间的国际旅游活动。这样的合作成本低,推行起来较为容易。一种产品、一种产品地合作,一个领域、一个领域地合作,积少成多,最终成立东亚自由贸易区,乃至东亚共同体。中国有句俗语"不怕慢,就怕站",千里之行,始于足下,终将到达预定目标。

3. 在《清迈协议》的基础上,瞄准"亚元"

2000年5月,10+3财政部长会议在泰国清迈达成《清迈协议》,所涉及的金融合作内容主要有:(1)充分利用10+3的组织框架,加强有关资本流动的数据及信息的交换;(2)扩大东盟的货币互换协议,同时在东盟与其他3国(中国、日本和韩国)之间构筑双边货币互换交易网和债券交易网;(3)研究如何将10+3各国的外汇储备用于相互之间的金融合作,以稳定亚洲区域内的货币市场。目前,东盟10国已全部加入东盟多边货币互换协议,中、日、韩3国已经分别相互缔结货币互换协议,中、日、韩3国与东盟成员国缔结双边货币互换协议的工作也在分别进行之中。这为今后建立东亚乃至亚洲货币同盟奠定了一定的基础。

发行和使用亚元是建立东亚共同体终将要走的一步,东亚各国应该在《清迈协议》的基础上,成立由各国官员和专家组成的专家组,研究进一步的货币合作,制定一个长远规划,到时机成熟时即发行和使用亚元。

4. 推举东盟牵头

中国和日本是东亚的两个大国,哪个出面牵头,都不容易为各方所接受。东盟牵头的好处有:一是东盟一体化进程已有一定的经验,二更重要的是调动东盟国家的积极性。近几年,以东盟为中心的东亚合作框架有一些重要特点,那就是:(1)东盟一直奉行吸引大国注意和大国力量在东南亚平衡的战略;(2)中国和东盟、日本和东盟的关系不断深入;(3)正是由于这一点,东亚地区的中国、日本和东盟三边互动关系在形成。

中国、日本和东盟三边互动是东亚地区国际关系的新特征,东亚地区国际关系更加均衡,中日之间相互制约但又相互联系。东盟居于中日两国之间,中日多了一条间接联系的桥梁。这如同一个三角形,缺了那一边都不行。现在,中国东盟和日本东盟这两边都在加强,中日这一边缺了一些。但中日关系中的"东盟因素"迟早将推动中日关系的发展,比如,中日也逐步走向自由贸易关系。

结语

经济全球化和区域一体化潮流正一浪高于一浪。东亚各国有竞争,但更需要合作。东亚合作将会出现互利共赢的局面。各方应携起手来,抛弃恩怨,增加互信,多些协调,努力寻找共同的利益和结合点,在建立东盟自由贸易区、中国—东盟自由贸易区和日本—东盟自由贸易区的基础上,推动东盟牵头,先易后难,循序渐进,多渠道、多形式推进,充分利用每年10+3的机制和渠道,早日签订自由贸易协议,争取在2015年建成东亚自由贸易区,2021年建成东亚共同体[35]。

注释:

① 东亚自由贸易区第一步应先由东盟10国与中日韩共13国组成,然后再扩大至其他东亚国家和地区

② 马洪:《经济全球化与中国经济》,载《人民日报·华东新闻》2000年11月16日第3版

③ 中国与东盟2004年贸易额为1059亿美元,提前实现2005年的目标

④ 王士录、王国平著:《从东盟到大东盟——东盟30年发展研究》,第362－363页,北京,世界知识出版社,1998年版

⑤ 贺圣达、马勇著:《世纪之交的东盟与中国》,第397页,昆明,云南民族出版社,2001年版

⑥⑳ 古小松主编:《中国—东盟知识读本》,第198页、第197页,桂林,广西师范大学出版社,2004年版

⑦ 新华社2005年1月26日援引中国中央电视台的报道

⑧ 中华人民共和国商务部网站,信息来源:中华人民共和国海关统计

⑨ 墨西哥2005年2月7日《金融报》。

⑩ 同上,信息来源:中华人民共和国商务部新闻办公室

⑪ 2005年2月7日《日本时报》

⑫ 江泽民:《全面建设小康社会,开创中国特色社会主义事业新局面——在中国共产党第16次全国代表大会上的报告》,载《十六大大辅导报告》,北京,人民出版社,2002年版

⑬⑭ 赵晓:《数据日本》,载《南风窗》,广州,2004年10月上旬刊

⑮ 新华网东京1月11日电,记者乐绍延报道

⑯ 中国经济网2005年1月17日文章《2005年:世界经济仍将保持整体增长势头》,来源:《中国经济时报》

⑰ 日本《选择》月刊11月号文章《迎来转折点的对华"政府开发援助"》

⑱ 王小敏:《东盟经济形势分析与展望》,载2005年2月1日中国社会科学院院报

⑲ 亚洲开发银行:《亚洲发展展望报告》

㉑ 古小松主编:《东南亚蓝皮书——2003～2004年东南亚发展报告》,第100页,南宁,广西人民出版社,2004年版

㉒ 新华网2005年2月1日文章《日本借道中国扩大对美出口》

㉓ 新华社2005年1月26日电讯

㉔ Director of trade statistics yearbook 2001,INF

㉕ http://www.china.org.cn 2003年10月8日文章《港报评论日本与东盟中韩的双边经济合作难有突破》

㉖ 据统计,2003年东亚主要国家和地区中国、中国香港特区、中国台湾省、日本、韩国和东盟的GDP总合达7.7亿美元,占世界总量的21.2%,进出口市场规模达1.69万亿美元,占世界总额的21.8%。区内各经济体之间的贸易额为91802亿美元,占地区总出口额的54.5%

㉗《中国旅游报》2005年1月17日文章《泰国期待中国游客》

㉘《中国旅游报》2004年11月1日文章《中国赴越南旅游人数大幅上升》

㉙ 日本超过3万美元,亚洲第一。新加坡为2万多美元,亚洲第二。文莱约为1.5万美元。据韩国统计厅2003年12月25日发布的统计报告显示,2002年韩国人均国民生产总值为1221万韩元(1190韩元约合1美元),超过1万美元

㉚ 马来西亚约3000～4000美元,泰国约2000～3000美元,菲律宾约1000～2000美元,中国2004年达到约1270美元

㉛ 印度尼西亚约为700美元,越南2004年约为550美元

㉜ 从严格的意义来说,儒家思想不能算作一种宗教

㉝ 印度尼西亚人口已有2亿多,约占世界穆斯林人口的1/5

㉞ 刘昌黎:《日本与东盟经济合作新进展及其问题——评日本—东盟领导人特别会议》,载中国社会科学院日本研究所:《日本学刊》2004年第2期

㉟ 这里主要是考虑到东盟国家将于2020建成"安全"、"经济"和"社会文化"共同体,东亚共同体应紧随其后

(作者系广西社会科学院副院长、研究员兼东南亚研究所所长、广西民族学院外国语学院院长)

东盟经济共同体发展前景展望

陈乔之　张勇长

2004年11月29日至30日,为期两天的东盟首脑会议在老挝首都万象召开,会议通过了《万象行动计划》,将前一年首脑们通过的建立东盟共同体的设想具体化,这个"计划"涵盖5个部分,分别阐述东盟安全共同体、东盟经济共同体、东盟社会与文化共同体的建设目标、具体内容和采用的措施,另外还阐析了减少发展差距的目标和策略、执行机制。这个文件的通过,向世人昭示东盟将加快其内部合作步伐,并通过加快经济一体化的行为和方式来建立一个类似"欧盟"的大家庭。本文将着重分析东盟经济共同体的构思及其发展前景。

一、建立东盟经济共同体(AEC)的原因

东盟经济共同体是东盟自由贸易区下一阶段发展的首要目标,因此,了解东盟经济共同体要从东盟自由贸易区说起:

从20世纪八九十年代开始,伴随着经济全球化趋势的不断加强,区域主义发展的势头也高涨起来,"区块优势"的作用不断加强。从世界范围来看,欧洲已经建立起单一欧盟市场,并且实施了单一货币,区域一体化程度已经发展到相当高的阶段。欧盟已经成为与美、日并驾齐驱的三大经济力量之一。而在北美,美国、加拿大、墨西哥已经于1992年8月12日就《北美自由贸易协定》达成一致意见,建立了北美自由贸易区。北美自由贸易区的建立,为美国的制造业在墨西哥获得极富吸引力的、低成本的各种生产要素。同时墨西哥也会因为美国投资的涌入而受益,创造就业机会,促进经济增长。欧盟单一市场和北美自由贸易区的蓬勃发展都增强了各自所在区域经济的竞争力,促进了各自区内市场的发展,使得流向东盟的资本大大减少了。严重的竞争势态,是东盟决心建立经济共同体的重要驱动力。

进入21世纪后,相对于上个世纪90年代末而言,区域主义的趋势不但没有减弱,反而进一步加强,各种地域性和功能性的双边和多边自由贸易协定纷纷签署并生效。对东盟来说,竞争的对手也已经不仅仅是来自欧洲和北美,就身边而言,中国和印度这两个"巨人"的迅速发展,已经让东盟感到了巨大的压力。如果说在制造业方面,中国将会成为世界的工厂的话,那么,在信息技术方面,印度已经是世界主要的软件产业外包国。根据联合国贸易与发展委员会(UNCTAD)的统计,中国目前已经是世界上吸引外资最多的

国家,2002 年吸引外资达 530 亿美元,而同期的东盟仅仅只有 140 亿美元,约为中国的 1/4。而且近年来,外资进入中国依然保持了强劲的势头。而在软件行业方面,2003 年印度软件出口额高达 125 亿美元。东盟国家也把发展信息技术作为自身产业升级的一个重要手段,如马来西亚就提出了著名的"多媒体超级走廊"计划。但发展的规模和速度,远远不及印度。除了身边的中国、印度这两个"庞然大物"以外,欧盟的进一步扩大、北美自由贸易区的蓬勃发展,使得中东欧国家、拉丁美洲,都在与东盟分食世界市场这块大蛋糕。面对如此巨大的挑战,东盟国家别无选择,只有走进一步整合经济的发展道路。正如东盟秘书长王景荣所说:"虽然有一些国家不愿意这样做(发展成为东盟经济共同体),但是外界的发展迫使我们朝着这个方向发展"。

同时,建立东盟经济共同体构想的产生,与亚洲金融危机也有直接的关联,亚洲金融危机的巨大危害表明,东盟经济合作和一体化仅仅局限于贸易领域是远远不够的,东盟国家需要更高层次的经济合作和一体化。金融危机的产生,从内部原因来说,一个重要的方面,就是由于相互依赖的东盟经济缺乏强有力的内部机制进行协调和管理,从而导致危机的爆发,并很快传播开来。

从进一步加强东盟内部更紧密的经济合作来说,向东盟经济共同体发展,也是必然的选择。东盟 10 国若从每个成员来看,在绝对数量上,都是经济实力和经济规模相对较小的国家。通过加强东盟内部的经济合作,首先壮大各个成员国自身的经济实力,并提高东盟内部的效能,使得整个东盟的经济实力和规模不仅仅是 10 个会员国的简单相加。从而能够更有效地参与更大范围内的地区合作组织(例如东盟作为一个整体参加 APEC 会议);而从另一个角度来说,更高层次的地区合作能够提升东盟在全球范围内的影响力。在国际舞台上发挥更大的作用,例如在 WTO 谈判中就会因为东盟国家的团结协调而增强其讨价还价的能力。

二、建立 AEC 的路径选择

目前东盟经济合作的主要成就是东盟自由贸易区的建立,而从东盟自由贸易区发展到东盟经济共同体,路径选择有很多种,但归纳起来,主流意见有两派。一派是以新加坡东南亚研究所(ISEAS)为代表提出的超自由贸易区的(FTA PLUS)发展路径;另一派则是以印度尼西亚东盟战略与国际问题研究所(ASEAN - ISIS)提出的次共同市场(COMMON MARKET MINUS)道路。

新加坡东南亚研究所认为,到 2020 年建成的东盟经济共同体将不会是像上个世纪 50 年代欧洲经济共同体那样的关税同盟。因为关税同盟与自由贸易区的最大区别就在于对非成员国的关税税率问题,前者要求执行统一的税率而后者对此无任何要求。考虑到目前东盟各国的经济实际水平、经济开放程度、产业结构、人口素质构成和居民购买力等都存在着巨大差距,而这种差距,在短期甚至是中期内,都是难以得到有效解决的。建立关税同盟的设想不大可能实现。因此,选择超自由贸易区发展的路径较为现实。而且,东盟已经签署的一些经济合作协议,如东盟自由贸易区协议(AFTA),东盟服务贸易框架协议(AFAS),东盟投资区协议(AIA),都能够为东盟经济共同体的建立提供一个良好的平台。

而印度尼西亚东盟战略与国际问题研究所认为。2020 年建成东盟经济共同体的最终目标是一个完全一体化的市场,但是可以保留各国认为敏感的行业。该所指出,相对于形成超自由贸易区(FTAPLUS)的路径选择而言,次共同市场更加自由化。而且更重要的是,如果它与自由贸易区有着本质区别的话,那么,共同市场还包括一系列的经济产业政策协调。对于特定的产业,通过执行统一的产业政策能够使其置于区域内保护伞之下。这比仅仅扩大贸易和吸引外资来说,关注区内产业的成长,特别是培育区内弱小产业,其意义更加重大和深远。

对于这两条道路的选择问题,2003 年 3 月 9 日,多个东盟民间智库的代表相聚于新加坡,对有关东盟经济共同体的设想进行研讨,与会者一致认为东盟需要加快其经济一体化的进程,而东盟经济共同体概念的提出可谓适逢其时。会议认为,东盟经济共同体仅仅建立成为一个超自由贸易区是不够的,要考虑更深层次的区内合作,因此东盟经济共同体不应只是一个超自由贸易区的概念,应努力朝着次共同市场的方向发展。

在《万象行动宣言》中,东盟各国领导人更加确认了这一观点:所有这些策略(实现 AEC 的策略)将致力于建立一个共同市场和产品制造基地。

三、建立 AEC 需要注意的问题以及应对建议

建立东盟经济共同体无论选择哪一条道路,以下几个问题都是值得重视的:

(一) 政策执行问题

东盟经济共同体的发展,首先要立足于现有制度安排的有效实施。曾经有过评论家这样评价东盟:36 岁的东盟,以其"NATO(no action, talk only 没有行动,只有空谈)"而闻名于世,从 1992 年开始的东盟自由贸易区计划到了现在,由于各种各样的非关税壁垒,不同的生产标准区,使得区内贸易仍然在 25% 上下徘徊。

东盟区内现有的经济合作协议所包括的内容已经为东盟经济共同体的发展打下了一个良好的基础。现在东盟需要做的是进一步确保各成员国对制度和安排的执行。

为了实现制度的有效实施,对东盟机制的改革势在必行。目前东盟的制度机制无法使得区域一体化得到灵活的实施。这一制度缺陷的核心就是无法对东盟各国不执行已达成协议的行为进行有效的约束。而这一缺陷的危害,近期对于东盟自由贸易区而言,只是会减慢其发展速度,而远期对于东盟经济共同体来说,则会直接危害它的存在基础。

东盟自由贸易区执行的政策主要是削减关税。伴随着关税的削减,开放市场的国家将会由于本国要素资源得到优化配置获益,而不用考虑其他国家的行为。因而"10 - X"政策在自由贸易区下仍然可以得到执行,也不会引起过多的非议。因此,在自由贸易区内,一国将会从开放自己的市场获益,甚至在他国不执行协定,关闭自己市场的情况下也是如此。换句话说,自由贸易区内的利益和损失,对于政策的参与者和非参与者来说,都可以各得其所。而在经济共同体阶段情况则完全不是这样。经济共同体是比自由贸易区更高层次的经济合作阶段。与自由贸易区相比,除了对区内贸易的开放以外,最主要的还是包括经济政策的协调,比如增强地区吸引外资的能力等。经济共同体必须使得投资者体会到,在这一地区的任何一个国家投资开办企业的成本都是一

致或者几乎相等的。而且区域内商品的流动是顺畅的。经济共同体内各项政策的利益和代价是由所有成员国所共同分享的。有时甚至是协议破坏者所收到的好处是以协议执行者付出代价为成本的。

以各国协调一致吸引外资为例来说明：

假设东盟区内所有国家达成协议，采取某一固定的投资税率来吸引外资。但是在执行阶段，某一国家出于自身利益考虑，制定了更富竞争力的税率吸引投资者，那么不难预计其他国家最终也会退出协定，从而使得协定根本无法执行。所以对于东盟目前来说，缺乏的是一个有效的惩罚机制，这一机制要使得“政策变节者”通过不执行协定所受惩罚要大大超过其获得的好处。这样才能有效地确保东盟目前各项协议的执行。

东盟秘书长王景荣在第十七届亚洲太平洋圆桌会议上就表示：为了终止这一切（协议的执行效果不佳），一个新的监控和协调机制正在由东盟经济部长会议建立。同时东盟秘书处也会建立一个机构来辅助这一机制，包括一整套独立的争端解决机制。

因此，在前不久通过的《万象行动宣言》中，东盟各国领导人也一致认为，东盟各国在一体化进程中，在保证收益得到最大化和公平的分享的同时，也要注意成本的最小化和共同分担。东盟国家决定采取新的制度和机制来确保和加强各种已签订和将要签订的协议的效力。宣言中对资源的运用、机制安排、监控与评估都有一套新的设计。

（二）各国的原动力问题

对东盟经济共同体建设的另外一个担心就是，东盟各国是否有足够的政治意愿和原动力推动这一远景计划的实施。东盟经济共同体这一计划最初是由新加坡前总理吴作栋在东盟金边峰会上提出的。新加坡提出这一计划，与其经济结构，以及国内市场的狭小是分不开的，不可不说是集中反映了该国的利益。但是，这一构想却得到了东盟各国首脑的响应，然而根据东盟国家以往的经验，这一构想究竟能在多大程度上得到东盟各国的积极支持，都是不得而知的。尤其是在经历了1997到1998年的亚洲金融危机以后，东盟各国均清楚地认识到以前过多依赖国际经济，而忽视国内问题的这一弱点。各国纷纷加强对国内经济状况的关注，国内消费和需求正逐步升级成为各国制定经济政策时考虑的首要问题。似乎对于尽快推动实现东盟经济共同体的要求并不太迫切。

因此，东盟各国有必要清楚地认识到以下两点：

首先，全球化的趋势比起20世纪90年代不是减缓了，而是进一步加强了。而且影响也越来越深远，尤其是在区域内部，无论是积极的还是消极的影响，都是不以人们的主观意志为转移而快速传播。而且，现在东盟区内的问题，已经不仅仅是单纯的经济问题那么简单。SARS和禽流感的传播，以及恐怖主义势力在东盟区内的抬头，再次向东盟各国表明进一步加强区内合作的迫切性和重要性。

其次，富裕和相对来说比较发达的地区，已经不再能与那些似乎只有在贫困和落后地区发生的疾病和恐怖主义的威胁隔绝开来。而且，持续的贫困与落后还将为恐怖主义和各种危险疾病的传播提供肥沃的土壤。而一旦这些问题爆发，将会给区内经济产生不可估量的负面影响。据统计，SRAS影响东盟某些国家经济增长率约1%，而面对恐怖主义这一世界性的问题，东盟一国或者是几国的力量是无法解决的。再加上东盟区内有着印度尼西亚这个世界上穆斯林人口最多且内部派系复杂的国家，对这一问题的处理就显得更加重要。

基于对以上问题的考虑，笔者也认为东盟经济共同体的建立，应该不只是朝着超自由贸易区的概念发展（FTA PLUS），而应朝着次共同市场（COMMON MARKETMINUS）的方向努力。因为自由的商品贸易根本无法实现经济一体化，甚至加上服务贸易的自由化，也无法有效地推行经济一体化。东盟经济共同体必须基于超越商品和服务贸易以及投资的自由化，朝着更高层次的经济政策协调的方向迈进。

（三）发展速度不均问题

在朝向东盟经济发展的过程中，一个紧迫而且不可回避的问题就是“双层东盟”的产生，东盟老6国和新4国（CLMV）在经济、社会以及文化方面的差距在这一过程中将有可能进一步拉大而不是缩小。长此以往，东盟区内的政治和社会安定将会受到影响。

共同体，无论是50个或者5亿人，并不是简单地通过共同经济利益走在一起而建立。更重要的是共同的价值观念、社会背景。如果东盟内部经济发展的差距过大，又怎么谈得上共同的价值观念呢？

虽然东盟经济共们体的发展过程中“双层东盟”的现象似乎是不可避免的，但是东盟区内的先进国家有义务也有能力使这一差距缩小，首先是不要进一步扩大。必须确保有足够的资源帮助这些新成员国充分参与到东盟经济共同体的建设进程中来。例如：经济性和技术性的援助，以及科技的转让，教育和培训资源的提供。

不过东盟国家已经意识到这一问题的严重性，正在采取积极的措施。2000年11月在新加坡召开的第四届东盟非正式高峰会议上，与会的东盟领导人同意实行东盟一体化倡议（Initiative on ASEAN Integration，IAI），目标就是减少东盟新成员国与老成员国之间的差距，更有利于经济一体化和东盟经济共同体的建设。在随后的2001年，东盟一体化计划也已出台，这一计划包括能源基础设施的建设、人力资源的培训、通讯技术的协助，以及经济一体化能力的加强。2004年11月29日，东盟各国领导人在老挝首都万象签署的《万象行动纲领》和《东盟关于一体化优先领域的框架协议》也重申了在2020年建成自由贸易区的决心，并着重强调要缩小各国发展的差距。东盟国家领导人一致认为，缩小各国发展差距将有助于消除东盟经济共同体建立的最大限制，而东盟经济共同体的成立也将更加有利于这些差距的缩小。

同时，既然东盟经济共同体发展过程中的双重速度不可避免，那么东盟完全可以考虑在区内现有国家分阶段执行经济共同体政策，任何两个或者两个以上的国家，在某些特定产业领域内已经做好一体化的准备时，可以先采取行动。这种次区域合作可以分为两个层次：一个是东盟老六国的；比如新加坡和泰国，两国经济联系比较紧密，就可以先行执行统一的政策协调。另一个层次是新东盟四国（CLMV）；比如上文提到的东盟一体化倡议CLMV计划。这样做的好处有二：一是能够起到示范作用，使得其他国家看到执行统一协调政策有利于促进经济一体化，从而有助于加快整个东盟经济共同体建设进程；二是通过小范围的政策统一协调，有利于增强相关国家的经济实力，并在总体上增强整个区域经济的竞争地位。

（四）与区域外合作的问题

东盟在向经济共同体计划迈进，深化区内经济一体化的同时，也没有忽视经济一体化范围的扩大。横向和纵向的发展均有所考虑。这样做，对东盟来说，是有着十分重要而深远意义的。在处理跨地区间关系上，正如欧盟在处理跨大西洋关系上发挥着主要作用一样，东盟也希望在处理跨太平洋的关系上发挥积极作用。但是，要发挥这一作用，仅仅依靠东盟自身的力量是不够的。换句话说，在世界舞台上要听到“亚洲声音”，除了东盟以外，中、日、韩三国是必不可少的。目前，东盟扩大区域合作的最明显的趋势就是多个 ASEAN + 1 协定签署的并行实施。

2001 年，东盟与中国签署全面经济合作协定，决定 2002 年开始建设东盟—中国自由贸易区；2003 年，东盟和日本签署全面经济伙伴关系框架协定。与此同时，东盟和韩国也决定发展全面经济伙伴关系。此外，东盟内部的一些国家也分别与区外国家签署双边贸易协定。如新加坡就和日本在 2002 年 1 月签署新日自由贸易协定，并于 2002 年 12 月生效。泰国、菲律宾和马来西亚也分别与日本就双边贸易协定开展谈判。

总体上看，通过一系列跨区域合作协定的签署，东盟与区外国家的经济关系更紧密。但仔细分析就不难发现东盟国家在推进与区外国家经济合作政策方面存在鸡零狗碎之嫌。本来，东盟早就提出建立 ASEAN + 3 的东亚区域经济合作模式，但现在只能够在 ASEAN + 1 的模式上进行；本来东盟是作为一个整体同区外国家或者国家集团建立合作关系，现在都由东盟国家自行与区外国家签署合作协定，出现这种情况虽然是各种复杂原因所致，但毕竟这是一个明显的缺憾。

由于各种双边协定抑或是“ASEAN + X”协议，都是在没有一个整体框架约束的情况下做出的，这会对东盟经济共同体日后的发展带来潜在危害，因为各个国家的国情差别很大，各个双边协定都是量身定做的，各项协定在规定原产地规则、关税削减计划等方面都会存在很大差异。这将使得日后东盟区内商业活动成本增加，不利于区内经济合作的开展。因此，东盟有必要建立一项双边主义和区域主义的行为协调框架，使东盟及其成员国的对外经济合作行为能够较好地得到约束，并力求趋于一致，从而最终把各项不同的协议整合到东盟经济共同体之中，从而为东盟经济共同体的发展增添更多的砝码。

（作者陈乔之系暨南大学国际关系学系教授　张勇长系 2003 级硕士研究生　原载《亚太经济》2005 年第 3 期）

东南亚服务贸易自由化的进展与趋势

王　勤

战后全球的国际服务贸易迅速兴起，东南亚的服务贸易随之得到较快发展。在全球性和区域性服务贸易自由化的浪潮下，东南亚国家加快服务贸易自由化步伐，逐步降低服务贸易的市场准入条件，优先在电信服务、金融服务、运输服务等部门实施自由化计划，并取得较快进展。

一、东南亚服务贸易自由化的背景

东南亚服务贸易自由化始于 20 世纪 90 年代初，而 90 年代中期世贸组织服务贸易自由化框架的确立和东盟服务贸易框架协定的实施，有力地推动了各国服务贸易自由化的发展。因此，东南亚服务贸易自由化是以全球性和区域性服务贸易自由化加速发展为国际背景，而国内经济发展对服务贸易需求急剧增长也要求加快该领域自由化的进程。

80 年代后期，在关贸总协定（GATh）的乌拉圭回合谈判中，第一次把服务贸易领域纳入全球多边贸易组织的框架。1994 年 4 月 15 日，乌拉圭回合谈判达成《服务贸易总协定》（GATS），它标志着全球性服务贸易自由化步伐的加快。《服务贸易总协定》确定了最惠国待遇原则、法律透明度原则、市场准入原则、国民待遇原则，它要求各成员国开放各自国内的服务贸易市场，但不是普遍性开放，而是成员国以特殊承诺的方式确定开放的范围与程度。为推进服务贸易自由化，还设立服务贸易理事会专门负责监督该协定的实施。随后，世界贸易组织在服务贸易领域的后续谈判中取得实质性的成果。1997 年，又达成 3 项重要的服务贸易领域的协定，即《基础电信协定》、《信息技术协定》和《金融服务贸易协定》，大大推进这 3 大领域的服务贸易自由化。东南亚 6 国既是《服务贸易总协定》的缔约国，也是其他 3 项服务贸易协议的成员国。它们在这些协定中均作出了相应的承诺，提交了承诺项目表，其中包括各国实施自由化领域中现存的贸易壁垒和自由化的例外措施等。

随着国内经济的迅速增长，东南亚国家对各种服务的需求，尤其是为生产者提供服务的需求急剧扩大。而大部分东南亚国家的国内服务供给能力不足，这种供需上的差距要求引入国外服务资源加以弥补。由于经济快速增长凸显了基础设施建设滞后，仅靠国内的资金投入明显不足，通过放宽对服务业的市场准入条件，吸引大量的外资企业进入其国内服务领域，可以解决各国基础建设资金有限的问题。运输、通讯、金融等对应生产者的服务是经济活动的支援部门，它们的成本对整个经济发展有着较大影响。长期以来，这些服务部门受到政府的高度垄断或是严格保护，经营效率低下，营运成本居高，这种传统服务供给体制不能适应经济增长的需要。另一方面，东南亚国家普遍存在着服务贸易壁垒，直接影响到对国外服务资源的引进。例如，对外资在服务领域的过高准入条件，限制服务部门外资的股权比例，公共性强的服务业多为政府所垄断，政府优先购买本国的服务产品而形成对国外歧视性待遇。因而，逐步取消服务贸易的壁垒，放宽外资在服务领域的准入条件，消除服务产品的政府垄断或保护，成为各国加快国内经济发展和提高服务部门效率的当务之急。

1995 年 12 月，在第 5 次东盟首脑会议上，各国正式签署了《东盟服务贸易框架协定》（ASEAN Framework Agreement on Services），确定促进各成员国之间在服务领域的合作，消除服务贸易限制，以实现服务贸易自由化。它要求各国制定一项优先实现服务自由化部门的计划，这些部门涉及金融服务、电信、旅游、海运、航空、建筑业等领域。该项计划允许成员国之间相互认可服务提供者的许可证或标准证明，而非成员国则不能享有源自服务贸易协定的利益。从东盟服务贸易自由化的进程看，第一阶段的贸易自由化谈判在 1997 年底完成，主要开放的部门包括旅游业（全部成员国）、空运（文莱、马来西亚和新加坡)、海运(文莱、印尼、马来西亚和新加坡)、商务服务(菲律宾)、电信(越南);1998年完成第二阶段谈判,除开放旅游业、空运、海运、商务服务和电信外,还增加建筑业、金融服务业等领域的开放;目前,东盟服务贸易自由化谈判已经进入到第三阶段。1998年12月,在第6次东盟首脑会议上,达成在区域内非WTO成员国也享有与WTO成员在《服务贸易总协定》规范下相同的待遇。2002年9月,第34次东盟经济部长会议决定,东盟成员国在实施服务贸易自由化过程中运用"10 - X"原则,允许两个或多个国家率先实现服务贸易自由化,其他国家在准备好后便可加入。2003年9月,东盟公布《东盟服务贸易框架协定的修正案》。东盟国家旨在WTO服务贸易自由化的框架下,加快服务贸易自由化,优先在区域内实施比WTO更为彻底和更为广泛的自由化。2005年4月,第9次东盟财政部长会议草签《金融服务自由化协议》,承诺将依据《东盟服务业框架协议》开放本地区金融服务市场。各国一致同意到2010年实现东盟成员国股票市场的"联网",加快落实2003年达成的亚洲债券市场倡议,发展本地区流动性债券市场。

二、东南亚服务贸易自由化的进展

在全球性和区域性服务贸易自由化进程加快的背景下,东南亚国家的服务贸易自由化进展较快。近年来,东南亚国家在电信服务业、金融服务业、运输服务业等几个优先开放部门的自由化已初见成效。

(一) 电信服务业

长期以来,东南亚国家的电信服务业被视为自然垄断的行业。尽管有些国家已允许外国投资经营国内基础电信服务业,但仍然禁止或限制外国资本在本国电信公司中的所有权。多数电信市场依然存在局部垄断,而允许竞争的市场往往是一些具体的服务,且这些具体业务领域也限制外国公司进入的数量。1998年1月1日,WTO基础电信协定正式生效,它要求成员国实施承诺部分或全部开放国内基础电信服务市场。按照这一协定,世贸组织的亚洲成员国将在2006年全部开放本地市场。东南亚国家电信服务业开放方式的选择,具体体现在各国在《WTO基础电信协议》中的承诺。在东南亚国家,新加坡、马来西亚电信服务业自由化进展最快,而其他国家相对较慢。

新加坡在1992年将国内最大的电信公司新加坡电信公司实行私营化,1997年4月新加坡的第2家移动电话服务商第一通信公司和另3家传呼服务商开始提供服务,从此打破新电信长期垄断的局面。政府决定,从2000年4月1日起开始全面开放电信市场,除电缆电视外,其他与电信有关的项目都将全面开放,并取消外商在电信业持股不得超过49%的限制,这意味着外资可以拥有本地电信公司的控股权。同时,政府对发放电信运营执照的数目不加限制,并且新加入者将可自由决定所需设立的网络、系统与设施,以及它们计划提供的服务项目。这一开放政策,比政府在1996年5月订立的全面开放电信市场的时间表早两年。2000年9月,新加坡出台旨在规范本国电信业竞争的《电信业竞争准则》。2003年4月1日,新加坡宣布修改电信服务供应商和电信设备供应商执照的条例,取消所有本地公司申请电信服务供应商的条件,部分取消外国公司申请设备供应商的条件,进一步降低外国公司进入电信服务业的市场准入条件。

马来西亚从1987年起对国内最大的电信公司马来西亚电信公司进行私营化,并进一步开放电信市场。目前,马来西亚获准经营固定电话、移动电话和互联网服务的共有5家公司,分别是马来西亚电信、时光工程、工业资源。明讯通讯和数码电讯公司。2000年8月,马来西亚政府宣布废除实施长达14年的电信法令,这意味着取消移动电话月租费的最高限,移动电话服务商可以自由规定月租费和通话费率。同时,马来西亚政府也逐步实行对外开放政策,允许外资参与本地电信业发展。1996年开始允许外资拥有本地电信公司30%的股权,1998年初将外资持股限制放宽至49%,1999年再度放宽至61%。

印尼于1997年起逐步放宽国内电信服务的市场准入,取消原先要求新经营者必须提供经营国内电信服务时所需进行的检验。目前,印尼已有一部分经营者享有对公共语音电话、线路交换公共数据网与电视会议等服务的专有经营权。政府表示,在这些专营权期满时将进行政策审议,以决定是否允许新的经营者加入。在公共数据网服务、电传、电报和国际互联网的服务中,政府要求引入竞争机制,但须使用PT Indosat公司和阿Satehndo公司的网络。同时,政府还承诺在国内移动蜂窝电话服务。寻呼和公共付费电话服务中引入竞争。除个人通信服务中要求与国有公司进行合资外,其他所有电信服务的外资股权限制均为35%。

泰国电信服务业的国有成分比较大,政府已开始实施电信部门的私有化计划,包括修改涉及电信改革和私有化的法规。2003年9月,泰国宣布将放宽外资持有国内电信公司股权比率从现有的25%提高至49%。政府认为,泰国目前对外国电信业者持有该国电信公司股权的限制,将会对泰国希望在2006年开发电信市场的承诺造成影响。泰国已承诺自2006年起本地、国内长途及国际语音电信服务实行自由化,这一举措标志着泰国在电信服务自由化上又迈进一步。

菲律宾对电信服务业的限制仍然较多,但政府已承诺逐步将实施电信部门的私有化,对于通过商业存在的方式,以任何技术(但不包括有线电视和卫星方式)提供本地、国内长途和国际语音电话、数据传输服务和蜂窝移动电话服务等公共服务将予以开放。新的电信公司要进入市场须符合公共便利标准和需求测试标准,外国股权比例限定为40%。

(二) 金融服务业

20世纪90年代,在东南亚金融自由化的浪潮中,各国加快了金融服务业的对外开放。金融危机之后,在国际货币基金组织的援助框架下,印尼、泰国加大金融服务业开放的力度。新加坡再次放宽外资进入金融业的限制,开放程度进一步提高。马来西亚虽然实施某些金融管制措施,但放宽外资在保险和证券业的持股比率限制。

新加坡是一个国际性金融中心,金融服务业十分发达,开放程度也最高。早在20世纪60年代末,新加坡率先设立亚洲美元市场,以此带动金融自由化和国际化。随后,政府相继放宽对银行的外汇交易管制,取消对黄金交易的一切限制,全面取消外汇管制,开设国际金融交易所,建立股票期权市场,鼓励外国企业在新加坡上市。东南亚金融危机后,新加坡进一步放宽外资进入金融业的限制,加快金融服务业的开放。1999年5月,新加坡取消外国投资者在当地银行不能拥有超过40%股权的限制,但政府不允许外国人收购当地银行的立场并没有改变。2002年12月，新加坡宣布取消外国投资者在金融公司不能持有超过20%股权的限制，但不允许外国人收购本地金融公司。一旦外国投资者在金融公司持有的股权达到5%和20%时，都必须得到政府的批准。新加坡还是东南亚最开放的保险市场，外国资本对保险公司的持股比率也没有限制，在所有直接非寿险公司的保费收入中，外国保险公司超过一半。

马来西亚金融服务业的开放程度相对较高。早在90年代初，马来西亚国内33家商业银行中就有13家是外资银行，外资银行的资产所占的比重达到23%。目前，外资在马来西亚国内银行的持股比率为30%以下。在WTO金融服务协定中，马来西亚承诺将外资在国内银行的持股比率提高到51%。1998年3月，政府放宽外资在保险公司和股票行的持股比率的限制，外资在保险公司和股票行的持股比率分别提高到51%和49%。

泰国在90年代加快金融服务业开放，政府实施一系列金融改革与开放的政策。东南亚金融危机后，在国际货币基金组织的援助框架下，泰国加大金融服务业开放的力度。政府修改原规定外资最多只能拥有泰国商业银行10%的股权和其他金融机构25%的股权的限制，允许外资拥有商业银行和其他金融机构49%以上的股份，并保持10年。同时，拟允许外资拥有国内4家银行100%的股权，并让投资在5亿铢以上的外商持有国内证券行100%的股权。政府还制定保险业对外开放的实施步骤，在1997年前允许外资在保险公司的持股比率为25%以下，到2003年前允许外资持股比率由25%上升到49%，2007年前允许外资拥有50%以上的股权，实现保险市场完全对外开放。

印尼金融服务业的对外开放，在金融危机后有所加快。1997年9月，印尼取消外资持有上市公司(银行除外)49%股权的最高限。同时，政府进一步放宽对外国金融机构进入印尼的限制。1998年6月以前，取消对外国投资者对上市银行进行投资的所有限制，以此吸引外资参与国内金融部门的资本重组和国有银行的私有化。政府还承诺允许外资对非银行金融机构和上市公司拥有100%的所有权，允许外资在合资银行的持股比率限制为85%，允许外资在保险业和证券公司的持股比率分别限制为80%和85%。

菲律宾在1994年开始加快金融服务业的开放，放宽外资银行金融机构的进入限制。允许10家外国银行自1995年之后的5年中设立分行，允许外资拥有当地银行60%以下的股权，外国公司可拥有当地保险公司100%的股权。但1999年初WTO金融服务协定生效后，菲律宾银行业的市场准入条件反而有所倒退，外资在当地银行的持股比率被限制到51%以下。

（三）运输服务业

近年来，东南亚国家的运输服务业的对外开放有所进展。许多国家逐步实行领空开放政策，扩展第5航权，减少航空服务的市场准入限制。同时，积极开放港口和海运业，加快引进港口跨国营运商的投资，并取得明显的成效。

在空运方面，新加坡、马来西亚、泰国、印尼等航空公司纷纷与国际航空业的巨头结成战略联盟，相互开放航线，扩展第5航权。文莱实行领空开放政策，允许外国航空公司在国内自由经营而不受飞行频率、运输能力和机型的限制。逐步减少航空服务的市场准入限制，但仍规定外国投资者持股不得超过40%。越南允许外资经营航空服务的最高持股比率为40%，但提供飞机保养和维护的外资企业的股份可提高到70%。

在海运方面，东南亚国家积极开放港口和海运业，引进港口跨国营运商参股，加快港口营运的私有化。马来西亚的巴生西港、丹绒柏勒巴斯港、泰国的拉姆治班港的A_2码头、印尼丹戎不碌港的国际货柜码头等相继引入世界著名的港口跨国营运商参股，有效解决港口建设需要的大量资金，扩大了港口吞吐能力，提高了港口的营运效率。

三、东南亚服务贸易自由化的趋势

伴随着全球性和区域性服务贸易自由化的进程，东南亚国家的服务贸易自由化将会有所加快。不过，各国服务贸易开放的过程明显慢于货物贸易自由化，东南亚各国间和部门间自由化的程度不尽相同，而东盟区域内服务部门相互开放将得以较快发展。

（一）东南亚服务贸易自由化进程慢于货物贸易自由化

近10年来，东南亚服务贸易自由化以世贸组织服务贸易自由化框架为主导。发展中国家一般认为，服务贸易自由化的利益主要在于发达国家，发达国家应积极协助发展中国家，因而在《服务贸易总协定》条文中对“增加发展中国家的参与”和“回合谈判中发展中国家的义务减轻”作了具体规定，它使得发展中国家可拒绝将较大范围的服务部门纳入市场开放的承诺。因此，与大多数发展中国家相同，东南亚国家在《服务贸易总协定》以及其他3个服务贸易协定自由化承诺表上所涵盖的范围比较有限，因而各国在服务贸易开放速度要比商品关税减让速度缓慢得多。

在服务贸易自由化过程中，由于东南亚国家服务部门的规模有限，缺乏竞争力，难以有效地应对对外开放所带来的负面影响。例如，金融服务的开放，增加了潜在的金融风险，易于引发金融危机；电信服务的开放，可能对国内电信服务部门造成较大的冲击，导致国外电信巨头垄断国内电信市场；在信息技术服务的开放，可能使一些高科技领域受制于西方发达国家。东南亚国家服务部门开放的负面影响，在一定程度上也制约了各国服务贸易自由化的进展。

（二）各国服务贸易自由化发展不平衡

由于东南亚国家经济的发展水平、开放程度以及服务业重要性不尽相同，各国的服务贸易自由化的发展不平衡。这具体表现为：一方面，各国之间服务贸易自由化发展的不平衡。一般说，一国的经济发达、开放度高，服务业地位重要，其服务贸易自由化的进程相对较快，开放程度也高。在东南亚，作为国际性金融、海运、空运中心的新加坡，它在国际服务贸易的自由化和开放度均是最高的；马来西亚服务贸易的开放程度相对较高，电信服务、离岸金融和保险、运输服务、旅游都已对外开放；印尼、泰国、菲律宾服务贸易自由化的步伐有所加快，但仍有许多部门限制；文莱的服务部门多为政府管理，但某些部门的开放程度较高；越南、老挝、柬埔寨和缅甸经济比较落后，服务部门的开放也相对滞后。另一方面，各国服务部门之间自由化程度的不平衡。在电信服务领域，新加坡、马来西亚的自由化和开放度相对较高，而其他国家进展则较慢。在金融服务领域，新加坡的开放程度最高；马来西亚的银行业仍存在较多限制，在保险与证券业开放度较高;泰国允许在10年内外资拥有银行和金融公司多数股份,但保险业的外资股份被限制在25%以内。在运输服务领域,空运、海运的开放速度有所加快,尤其是航空公司的跨国联盟和港口跨国营运商参股发展较快,但陆运开放则明显落后。在旅游服务领域,新加坡、马来西亚的开放程度较高,而泰国对外资股份仍限制在49%以下。

(三) 区域内服务贸易自由化将有所加快

随着东盟自由贸易区进程的加快,东盟自由贸易区范围已从贸易自由化扩展至服务贸易与投资自由化。1995年12月,东盟签署《东盟服务贸易框架协定》,以实现服务贸易自由贸易区为目标。其后,各国还先后签署了《电子东盟框架协定》、《东盟旅游协定》等,分别提出了推动区域信息通信服务贸易自由化,促进区域旅游的便利化,市场准入和市场共同开发等领域的合作。在东盟服务贸易自由化的框架下,区域内服务部门相互开放将有所加快,尤其是优先开放的金融服务、电信、旅游、海运、航空、建筑业等部门。近年来,新加坡电信集团先后收购泰国亿旺资讯公司的21.5%股权、菲律宾环球电信公司的35.6%股权、投资印尼布卡卡新电信国际公司的45%股权和动电信公司的22.3%股权,新加坡星展集团先后收购泰国、菲律宾、印尼的多家银行的股权,马来西亚拥有柬埔寨航空公司40%的股权,还与新加坡、泰国等航空公司结成市场联盟。

(作者系厦门大学东南亚研究中心南洋研究院博士生导师 原载《亚太经济》2005年第4期)

东盟的对外战略

罗 建 波

东盟作为亚太地区最重要的区域集团之一,在亚太地区的政治经济发展和国际事务中发挥着重要的作用。冷战结束后,东盟对外战略的核心目标是"主导东南亚事务、争当亚太一极、扩大世界影响",实现东盟由"地区"走向"世界"的战略蓝图。这一对外战略的实施在某种程度上提升了东盟在本地区的地位和影响力。但是,由于当前东盟的发展还面临着一系列亟待解决的现实问题,由于其他大国在本地区的角逐和竞争,东盟还难以顺利实现预定战略目标,东盟的国际地位在近期内还难以得到显著提高。

一、冷战后东盟对外战略的基本框架

冷战结束后,国际格局和亚太地区局势发生了巨大变化,全新的国际环境给东盟提供了新的发展机遇,也带来了许多必须正视的挑战。一方面,全球化的加速发展和地区一体化趋势使东盟的整体利益受到强烈冲击。全球化趋势的加速发展意味着生产要素的跨国流动更趋频繁,也意味着各国间、各地区间的相互依赖和相互竞争的态势进一步强化。美欧等发达国家相继组建或深化地区一体化合作,地区组织在国际事务中的作用进一步增强,世界政治经济格局出现了"板块化"的发展趋势。全球层面和地区层面的新变化要求东盟必须扩大和深化已有的合作,否则必将在全球化和区域化浪潮中被抛在后面甚至边缘化。另一方面,冷战后亚太地区的政治和安全态势更趋复杂化,使东盟在处理地区事务时面临困难抉择。亚太地区多极化给东盟拓展国际空间提供了历史契机。同时,美国并未放弃亚太地区,企图继续控制和主导亚太地区事务的发展进程;中、日、印、俄等地区力量加强了在本地区的外交活动,各大国间的博弈使大国关系在这一地区存在着明显的复杂性和不确定性,使这一地区的政治走向更为扑朔迷离。

冷战后国际和地区局势的巨大变化促使东盟从大国争夺的夹缝中走到国际政治的前台,也促使其摆脱大国控制、主宰自己命运以及在国际事务中发挥重大作用的欲望大大增强。东盟对外战略目标逐渐清晰,概括地讲,就是"主导东南亚事务、争当亚太一极、扩大世界影响",从而实现东盟由"地区"走向"世界"的战略蓝图。在这一目标指导下,东盟迅速调整了对外政策。

1. 实施"大东盟"战略,增强东盟的整体实力,主导东南亚事务。扩大和深化东南亚地区一体化,是东盟成立之初就定下的战略目标。1984年,东盟接纳文莱作为其第6个成员国。但是,冷战时期美苏在东南亚地区奉行的扩张政策及由此带来的地区动荡,使东盟难以实现发展目标。冷战结束后,亚太地区格局的变化为东盟组织的扩展提供了难得的历史机遇,"大东盟"战略提上了东盟的议事日程。一方面,东盟加紧扩大成员国数量,增强整体实力。从1995年到1999年,越南、老挝、缅甸和柬埔寨相继加入东盟,从而实现了东盟由原先的6国增加到10国,并覆盖整个东南亚地区的战略构想。另一方面,东盟加紧深化合作与一体化进程。1994年5月,在东盟的主导下,东南亚10国在马尼拉召开非正式会议,正式提出建立东南亚共同体的主张,加强和深化东南亚国家间在经济。政治和安全等方面的合作,为实现东南亚的完全一体化准备条件。2003年第9次东盟首脑会议发表了《东盟协定宣言11》(即《巴厘协定Ⅱ》),明确提出在2020年之前把东南亚建设成欧盟模式的共同体,其内涵包括东盟经济共同体、东盟安全共同体和东盟文化共同体。

"大东盟"战略实施有深刻的政治和安全考虑:一是借此消除东南亚内部的不稳定因素,保持东南亚的长期和平与繁荣;二是通过扩大势力范围,增强整体实力,主导东南亚地区事务。以集团力量为后盾,力争主导东南亚事务,是东盟在冷战后对外战略的中心目标之一,这一目标的实现不仅有助于避免使东盟成为其他大国对外战略的覆盖区或延伸部分,也是东盟进一步扩大国际影响力的基础。

2. 实施大国平衡外交,创建"东盟地区论坛",争当亚太一极。然而,在加速形成的亚太多极化格局中,东盟这一极无论是从经济规模、军事实力还是政治影响力而言,都远逊于其他几大力量。因此,东盟在努力加强自身建设的同时,试图通过大国平衡战略和地区多边安全机制的创立,制衡大国在本地区的外交抱负,凸显自己的地位。

冷战结束后,东盟利用亚太多极化发展的现实,积极开展大国平衡外交。东盟继续发展与美国的军事安全关系,借美国的安全保护伞来抑制中国日益增强的地区作用和日本政治的右翼化,但又与美国保持一定的距离,反对克林顿政府提出的"新太平洋共同体"计划,明确表示不赞成美国在本地区谋求霸权的努力;东盟重视同日本开展经济合作,以获取经济发展所需的资金和技术,但同时又对日本加快政治、军事大国化倾向保持必要警惕;东盟注重发展同中国的关系,联合中国共同反对大国霸权主义和强权政治,在地区问题上赞同中国发挥建设性作用,但同时又对中国日益增强的军事实力和政治影响力感到担心，特别在南中国海主权归属问题上对中国存在较强的戒心。近年来，东盟还积极发展同印度、俄罗斯的关系，希望借助更多的力量牵制美国、日本和中国在本地区的外交努力。东盟大国平衡战略主要有两个层面：在全球层面，美国是核心要素；在地区层面，日本和中国是关键角色。这种平衡外交在本质上是一种典型的“骑墙战略”(Strategy of hedging)，“目的是使经济利益最大化，使安全危险最小化”。在大国关系的相互博弈中，东盟意在扮演“平衡手”的角色，使亚太地区各大力量之间相互牵制并保持某种程度的平衡，避免任何大国或大国集团主宰地区事务，而东盟也可以借此提升自己在亚太地区事务中的地位和发言权。

除了主要利用双边关系开展大国平衡外交外，东盟还试图通过地区多边安全机制制衡大国关系，提升自己在地区政治和安全事务中的地位和影响力。冷战结束以来，东盟赖以发挥其国际作用的主要政治和安全机制是以它为核心成立的“东盟外长会议”(AMM)、“东盟外长扩大会议”(PMC)和“东盟地区论坛”(ARF)，其中以东盟地区论坛发挥的作用最大。作为多边安全合作机制，东盟地区论坛是亚太地区迄今为止惟一成形的政府间多边安全会议。自1994年召开首届外长会议以来，迄今已举行12届外长会议。参与会议的除了东盟国家外，还包括中、美、日、印、俄、欧盟等多个对话伙伴国。该论坛的宗旨是通过正式和非正式的渠道(即所谓的第一轨道和第二轨道)，就亚太地区政治、安全问题展开建设性对话，在建立信任措施、核不扩散、维持和平、情报共享、海上安全和预防性外交等领域开展广泛合作。论坛以“东盟主导、多方参与、大国均衡”为基本方式，以实现大国保证下的合作安全为目标。东盟的主导作用主要体现在：以东盟地区论坛为名，表明东盟主导论坛发展方向；论坛的议题主要由东盟国家确定，并轮流在东盟国家召开；论坛以东盟的纲领性文件《东南亚和平友好条约》为指导。对东盟而言，论坛的主要意义“不在于成立了一个新的地区安全论坛，而在于论坛可以改变东盟自己的角色。东盟已经成为一个能够将许多过去的敌国以及将来的敌国都召唤到一起的组织中心。”东盟地区论坛极大地强化了东盟的地区角色和地区责任，在一定程度上标志着东盟已从被大国争取的中间力量发展成为亚太地区的力量中心之一。

3. 倡导亚欧会议，扩大自身国际影响力。亚欧会议是由东盟成员国、东亚地区3国(中国、日本、韩国)和欧盟成员国的政府首脑共同举行的大型洲际会议。其设想最初是由新加坡总理吴作栋于1994年10月提出的，东盟的目的主要有两个：一是通过东亚特别是东盟与欧盟之间高层的沟通，促进双方的经济合作和政治对话；二是通过与欧盟发展关系，扩大东盟在亚太地区乃至全世界的影响力，使东盟由此走向国际大舞台。东盟和欧盟都认识到，相比欧洲和美国、东亚和美国的关系而言，欧洲同东亚的关系要疏远得多，而只有欧洲、东亚和美国这三大力量中心建立起更为平衡的关系，世界才能获得更为协调的发展。亚欧会议成立以来，已召开多次首脑、外长、经济部长、财政部长、科技部长、环境部长和移民管理部长级会议。通过主办亚欧会议并将其制度化，大大凸显东盟在亚洲的地位并借此增强其在国际事务中的影响力。

二、东盟面临的挑战

其一，东盟的地区整合力度亟待提高。国家集团或地区组织的力量大小并非各国实力的简单相加，关键在于地区整合力度的高低和地区凝聚力的大小。东盟缺乏实施统一对外战略所必需的战略意志。从现状看，东盟各成员国之间在政治制度、社会发展模式。经济发展程度、对外政策取向等方面均存在较大的差别。这些差别使东盟国家间难以在某些对外政策上开展深度的合作，已有的政策也大多是各国对外政策的折中或妥协。特别重要的是，当面临较大的外部威胁时，东盟还难以形成一致的力量予以应对。在1997年东南亚金融危机中，东盟各国自顾不暇，甚至不惜采取影响他国利益的措施，在一定程度上加深了各国之间的矛盾，削弱了东盟作为一个整体的凝聚力，降低了东盟在国际社会的地位。尽管东盟提出在2020年之前建成东南亚共同体的目标，但从目前的情况看，显然还有很多工作要做。

其二，东盟各国还面临着许多经济和政治问题。在经济方面，东盟各国的经济结构有待完善，在金融监管、外资管理等宏观经济调控方面还有待改善，而且也缺乏足够的应对危机的能力。特别是1997年金融危机的爆发，充分说明东南亚国家在经济发展方面存在的问题，暴露了各国传统经济发展模式的弊端。在政治方面，东盟部分国家内还存在着较为尖锐的民族、政治和宗教矛盾，这些矛盾还常常以恐怖主义、武装斗争等形式表现出来。特别是在“9·11”事件后，伊斯兰激进势力的抬头，给印度尼西亚和马来西亚等国政局带来新的震荡。受恐怖主义活动的影响，东盟的经济受到打击，海外市场缩小，外资流入减少，旅游业衰退。所以，如何实现国内经济复苏和政治稳定成为东盟及其成员国当前面临的重大问题。在这些问题的处理中，东盟还有赖于外部大国的参与和扶助。例如，在金融危机爆发之后，中国和美国等对东南亚国家给予了及时的援助，特别是中国在承诺人民币不贬值的情况下，对东南亚国家提供价值40亿美元的援助。东盟的反恐计划也离不开美国的参与，在2001年美国—东盟对话发表了《美国—东盟对话第十六次会议联合声明》，把打击恐怖主义作为今后双方开展合作的一项重要内容。

其三，东盟对外战略的实施难以摆脱大国角逐的影响。东盟通过大国平衡外交和东盟地区论坛，尽管在一定程度上开创了“小国领导大国”的局面，但这种“领导”还缺乏坚实的基础，东盟只是充当了一个成功的“平衡手”或“砝码”的作用。在当前及今后一段时期内，美国仍然是亚太地区最重要的政治力量，作为美国亚太战略主要基石的美日联盟也将得到继续维持，甚至在特殊情况下还可能进一步强化。中国是亚太地区实力增长最快的国家，中国的发展和中美间的互动必将带来整个亚太地区格局的深刻变化。与此同时，俄、印、澳大利亚等国家也在积极拓展自身在亚太的影响力，其中印度拥有较强的政治和军事实力，而俄罗斯也正处于经济复兴的前夜。如果东盟的政治经济不出现大的发展，如果东盟的地区整合程度不出现质的飞跃，东盟的对外战略也将难以顺利实施，东盟在亚太地区的影响力不仅难以维持，甚至可能出现后退。可以肯定，无论东盟的实力怎样上升，在今后相当长的时期里，东盟都不可能超过美国、日本和中国，因而其在亚太格局中的地位也不可能超过美、日、中三国。

东盟国际地位的提高尽管面临许多实际问题，但东盟的逐步崛起及其在亚太地区所造成的影响仍是不可否认的历史事实。正如联合国秘书长安南所说的，“今天，东盟不仅是本地区一支发展良好、不可或缺的现实力量，而且它也是本地区之外必须加以考量的现实力量。它也是联合国在发展领域可以信任的伙伴。”当前亚太地区已经初步形成“三角四边”政治格局的基本轮廓，“三角”即 美、日、中，“四边”即美、日、中和东盟。新三角关系的力量对比及构成状况，将对亚太地区局势产生决定性影响，而这个新三角又需要东盟充当砝码，从而维持某种形式的基本平衡。“四边”是亚太地区重要的双边或多边关系，它对亚太地区经济、政治、安全发展起着重要作用。

（作者系中共中央党校国际战略研究所博士　原载《亚非纵横》2006 年第 1 期）

9·11 后美国加紧推进同东盟国家关系及我国的应对之策

张锡镇

根据 1973 年巴黎和平协议，美国撤出印度支那标志着美国在东南亚的影响力开始走下坡。随着马来西亚、菲律宾、泰国这三个美国的盟友于 70 年代中期同中国正式建交，进一步凸现美国影响力在该地区的式微。在 70 年代末和整个 80 年代．由于越南入侵柬埔寨，前苏联势力的扩张，使老东盟国家重新重视同美国的联盟关系，于是美国在该地区的影响力一度又得到某种程度的恢复。

然而，进人 90 年代，世界和地区格局都发生了巨大变化。首先在世界范围内，长期存在的两极格局瓦解了，美苏两个超级大国在东南亚的激烈争夺不复存在，东盟国家第一次感到不必为了安全而充当某一超级大国的小伙计角色，从此试图自己主宰自己的命运。其次，一度对东盟国家构成严重威胁的柬埔寨问题得到和平解决，这使东盟国家渴求美国军事保护的愿望大大减少。最后，由于菲律宾民族主义的高涨，美国被迫撤离苏比克海军基地和克拉克空军基地，从而结束了从 1993 年起美国在菲律宾驻军的历史。这表明美国在该地区的军事存在和政治影响力降到了最低点。

90 年代中期以后，美国同东盟国家关系龃龉不断。在人权问题上，马来西亚、印度尼西亚，甚至新加坡经常回击来自美国的批评；金融危机后，在对有关国家的援助问题上，美国利用国际货币基金组织胁迫这些国家接受苛刻条件引起有关国家对美国的不满；在马来西亚属于国内问题的安瓦尔事件上，美国也横加干预，遭到马来西亚的强烈抗议；在东盟接纳缅甸入盟问题上，来自美国的压力也遭到抵制；印度尼西亚军队在东帝汶的镇压活动也成了两国争吵的焦点。

这就是 2000 年小布什上台后所面临的东南亚形势。雄心勃勃的共和党政府要按照美国自己的世界观改造世界，重塑由美国领导的世界政治秩序。扭转美国在东南亚的这种颓势当然属于布什总统主要任务之列。布什的决心是：重返东南亚。然而，苦于机缘难寻。

2001 年 9 月 11 日，在纽约的几声大爆炸成了美国重返东南亚的天赐良机。美国领导的世界性的反恐战争为美国一东盟关系的强化增添了新的动力。于是在后来的几年里，双边关系的迅速升温就成为不可避免的了。

一、美国全面强化同东盟的关系

9·11 之后美国一东盟关系迅速加强主要表现在政治、经济、军事三个方面。

1. 政治关系的加强

双方政治关系强化的主要途径和表现形式是反恐合作。美国推翻阿富汗塔里班政权后几个月，布什政府就宣布要在东南亚开辟第二条反恐战线。为此，布什要求各国明确做出选择：“在反恐斗争中，要么同我们站在一起，要么反对我们。”另一方面，一些东南亚国家也确实面临恐怖主义的威胁，尤其在菲律宾、新加坡、印尼和马来西亚。因此，尽管东盟各国对布什带有威胁口吻的反恐号召有不同看法，然而它们还是同意加强同美国的合作。

2002 年 7 月底，国务卿鲍威尔在东盟地区论坛会议上说服东盟 10 国同意与美国签署《合作打击恐怖主义宣言》。宣言强调，美国同东盟一起通过双边的、地区的和全球的合作，同恐怖主义作斗争。宣言为双方的合作反恐奠定基础，同时也为美国在该地区发挥政治影响和作用提供法律依据。之后，鲍威尔在访问马来西亚时，又建议在吉隆坡设立“东南亚反恐中心”，由美国和马来西亚专业人员举办各种技术训练以提高东南亚各国的反恐能力。毫无疑问，这一中心将成为美国发挥其影响的场所。

2003 年，布什总统利用在曼谷参加 APEC 峰会的机会进行一系列的活动，进一步密切了双方的政治关系。会议期间，布什大谈反恐，谋求包括东南亚国家在内的所有国家加强同美国合作。峰会之后他还访问了菲律宾、泰国和新加坡，试图进一步推进美国同这些国家的关系。在访问菲律宾和泰国期间，布什发表讲话，正式宣布菲律宾、泰国为美国的“非北约主要盟友”，从而提升了两国同美国的政治关系。

美国同马来西亚的关系一向摩擦不断。但 9·11 之后，为了改善关系，美国停止在马来西亚关于人权问题上的批评。2002 年 5 月，马哈蒂尔总理应邀访美，两国签署《打击国际恐怖主义合作宣言》，在反恐领域加强合作。

2. 经济关系的加强

美国同东盟的经济关系一向密切，在投资和贸易方面双方互为重要的合作伙伴。9·11 后，双方的经济关系进一步发展。2002 年 10 月 26 日，布什总统提出一项《东盟企业倡议》（EAI），其目的是在美国与承诺进行改革与开放的东盟国家之间，促进双边与地区的贸易自由化进程。根据这一倡议，美国与个别东盟国家将一起确定是否以及何时举行自由贸易协定谈判，并且允许东盟国家以自己的速度与美国谈判自贸协定。

2002 年 2 月，“美国一东盟商业理事会”向美国政府提交的一份名为《东盟对美国日益增加的重要性》的报告中称，9·11事件以后，东盟对美国的重要性达到历史最高水平。由于布什政府在 9·11 之前已经开始努力增进与东盟的关系，该地区迅速加入反恐战线，这对美国反恐至关重要。除了美国在东盟地区的重大安全利益，美国在该地区的经济利益也是庞大的，并且东盟对美国保持稳定的对外贸易关系非常重要（美国对东盟出口额是对华出口额的 2 倍，东盟在美国拥有超过 500 亿美元的投资）。该报告还开列出增进美国在东盟利益至关重要的五大目标：根据《东盟企业倡议》和《东盟合作方案》执行美国在 2002 年所提出的加强与东盟关系的倡议;建立一个支持美国贸易与投资流动、美国进入东盟市场的地区安全环境;通过加强地区一体化促进东盟地区的经济增长;鼓励东盟地区的经济、金融、法规和司法改革。美国同新加坡的自由贸易谈判进展迅速。2003年5月双方签订自由贸易协定,2004年1月1日正式生效。在2003年10月布什宣布与泰国签订自由贸易协定的意愿后,两国先后进行3次协商。美国希望双方于2006年达成协议。2004年5月,美国与马来西亚签订一项协议,设立特别讨论会以提出贸易议题,这是美国与出口导向的东南亚国家建立的第五个类似协议。美马双方签署"贸易及投资架构协议",这是签订双边自由贸易协议的第一步。除了马来西亚之外,美国与印尼、菲律宾及文莱等东盟国家签有"贸易及投资框架协议"。此外,美国—东盟商业理事会还准备推动与老挝建立正常贸易关系(NTR),柬埔寨加人WTO,加快越南加人WTO的进程以及与马来西亚达成一个贸易投资框架协议(TIFA)。

3. 军事关系的加强

由于反恐本身带有军事性质,因此美国—东盟加强军事合作必然带动美国在东南亚的军事存在。美国扩大在东南亚的军事存在的重点在菲律宾。1992年,美军虽然撤出菲律宾基地,但双方于1951签订《美菲共同防御条约》仍然有效,双方仍维持着军事同盟关系。早在1999年5月,菲律宾国会批准的《美菲来访部队协议》允许美军临时使用菲律宾的基地,包括允许美国舰只在菲律宾22个海港停泊,并允许美海军陆战队官兵在菲律宾"休息和娱乐"。9·11后,菲律宾同意让美国军用飞机飞越菲领空。2002年两国签署了《共同后勤支援协定》,规定美军在使用菲海、空港口等设施上享有更大的自由。同年1月,美军以帮助菲律宾清剿阿布沙耶夫恐怖组织为名,直接进驻菲南部地区,开辟了全球反恐"第二战场",建立了新的军事"支撑点"。

2002年1月美国向菲律宾南部的棉兰老岛派遣600名海军陆战队人员和特种部队,协助打击菲南部的阿布沙耶夫武装。从那时起,美军一直有数量不等的军事人员驻扎在菲律宾,保持了在这一地区的军事存在。美菲军队在反恐的名义下进行了定期和不定期的大规模的军事演习。为了这种军事存在,美国为菲律宾提供大量的军事援助。据菲律宾总统阿罗约说,到2004年3月,美国对菲律宾的军事援助已达4亿美元。她说,目前菲律宾已成为东南亚获得美国军援最多的国家和世界第四大美国军援受益国。

除了菲律宾,新加坡算是美国强化其在东南亚军事存在的另一个积极响应者。美国《陆军时报》在题为《小型军事基地数量增加》一文中说,五角大楼已经拟定一批"前沿作战据点"的名单,这些地方即包括新加坡的基地。新加坡樟宜海军基地建造了一个能容纳美国航母的深水码头,美空军飞机使用的是新加坡的巴耶利巴空军基地。东南亚基地群现在已转向以新加坡的樟宜海军基地为中心,现在美军第七舰队的后勤司令部驻扎在新加坡,美军平时在新保持近200名军事人员常驻。

此外,美国还不断谋求在东南亚更多的军事基地和据点。2002年5月上旬,美国利用俄国撤出越南金兰湾基地的机会,以"向驻扎在亚洲的美军提供作战物资及技术支援"为名,数次向越南政府正式提出有偿使用金兰湾的港口和机场的请求。9·11事件后,泰国向美军提供军事设施,并允许美军机飞越领空。美国还先后同马来西亚、印尼、泰国、文莱以及澳大利亚达成协议,希望租用泰国乌塔保和梭桃邑、印尼莫罗泰岛和比亚克岛等军事基地,还分别在泰国湾、纳土纳群岛建立海上浮动军事基地和后勤补给维修基地。

2004年4月,驻亚太地区美军总司令托马斯·法戈上将在美国会就国防部2005年预算作证时披露,美军方正在考虑向马六甲海峡派驻海军陆战队和特种部队,以防止恐怖主义袭击,打击武器扩散、毒品走私和海盗等犯罪活动。

二、美国强化同东盟国家关系的动机

如何看待9·11之后美国势力在东南亚的扩张和美国与东盟关系的加强,如何拿捏推动美国重返东南亚的各种动因,这是一个需要我们认真分析的问题。这对我国采取正确的应对措施极为重要。笔者认为,近年来美国在东南亚积极进取、咄咄逼人、迫不及待地扩张其影响主要有三大动因。

1. 推动东南亚反恐——一箭双雕

9·11的发生对美国造成的最严重后果绝不是有形的生命财产的损失,而是整个民族心灵上的一次重创。它亵渎了美国无比优越的自豪感,它刺痛了美国无与伦比的自尊心,它动摇了美国人的自信心和安全感。的确,9·11袭击是二战以来美国领土遭受的一次可同珍珠港事件相提并论的外来的惨重袭击。因此,美国政府及民众对恐怖主义反应之激烈,反恐决心之坚定是在情理之中的。美国第一次感到,它的最直接、最危险、最现实的敌人不是虚无缥缈的共产主义,也不是遥远的俄罗斯与中国。于是美国发动和领导了一场世界性的反恐战争,只要是恐怖主义的藏身之地都是它的矛头所向。摧毁塔利班之后,布什宣布东南亚是反恐的第二战线,毫不奇怪,因为这里确实是世界恐怖主义网络的一部分,而且对美国在这里的安全利益已经构成了现实的威胁。

"基地组织"早在80年代后期就已渗透到了东南亚。本·拉登曾派他的姐夫加列法到菲律宾为阿富汗战争招募志愿战士,并与当地组织建立了合作网络,"阿布沙耶夫"恐怖组织就是该网络的一部分。与此有联系的另一个恐怖组织是基地设在印尼的"伊斯兰祈祷团"。该组织的网络还扩大到马来西亚。

美国在东南亚的机构和设施成了该组织的主要目标。后来查明,该组织早在1997年就着手寻找袭击目标,发动恐怖行动。在9·11之前,他们制定了两个行动计划,其矛头均是针对驻新加坡美军。一是乘坐往返于三巴望码头和义顺地铁站巴士的美军。为此,他们还摄制了关于义顺地铁站地理环境的录像带。另一个计划是炸毁停泊在樟宜和德岛之间海域的美国军舰。后来因为新加坡政府捕获了这些恐怖分子,此阴谋没能得逞。

这些事实证明,美国在东南亚大展拳脚,确有反恐之意,维护美国的安全利益。但必须清醒地注意,反恐只是近期目的。反恐背后则有着更长远和更具战略性意义的动机。从战略利益考虑,反恐是实现长远战略目标的手段和借口。正如一个评论所指出,"布什行政当局在东南亚开辟第二条战线的决定不是偶然的,也不是为了对付指向美国的严重威胁。白宫和五角大楼抓住9·11以加紧实现耽搁已久的计划,即扭转美国在该地区军事存在的下降趋势,主动地捍卫美国的经济和战略利益。"

2. 夺回东南亚地区战略优势,巩固全球霸权地位

布什比他的前任更加强调巩固美国一超独霸的世界领导地位。实现这一目的,必须在全世界抢占战略优势制高点。东南亚就是这样一个还没被美国完全主导的战略制高点。

在战略上,像在房地产中一样,地理位置是决定价值的重要因素。东南亚享有得天独厚的地缘战略优势。东南亚位于太平洋和大西洋之间的交通要道,自古以来就是东西方交通的要冲。马六甲海峡是这条海上通道的咽喉。几乎25%的全球海上运输以及承担世界运载能力一半的商船队需经过马六甲海峡。美国外交委员会的一个报告称,这是“世界上最关键的海路”,“任何中断这条航线,遭殃的首先是日本、韩国和中国,其次是美国的经济利益”。它指出,“控制东南亚这一关键海路或‘瓶颈’将使华盛顿处于强势地位……”美强化在东南亚的军事存在是美全球战略和亚太安全战略的重要组成部分,是加强美在亚太地区战略主导地位、实现美谋求绝对军事优势和维护其世界领导地位不可或缺的步骤。

由美国外交委员会主持的一个特别研究小组向布什提交的一个研究报告说“对我们的行政当局来说,现在是关注这一地区(指东南亚——引者)的时候了。在过去一段时间,该地区从我们的雷达屏幕上消失得太久了,这对我们总是一大危险”。

3. 围堵和遏制中国的崛起

目前,中国的崛起已是不争的事实。面对这一事实,全世界都在议论纷纷,而绝大多数人乐见其成,持欢迎态度,但少数人则忧心忡忡,冷眼相对。美国表面上欢迎中国的强大,承认中国的崛起对世界的积极意义,然而实际上却认为,中国的崛起意味着它的世界领导地位将遭到挑战。为了维护以美国为首的现存世界秩序,美国将千方百计围堵和遏制中国在地区和世界范围影响的扩大。

近几年来,中国同东盟的关系迅猛发展,中国在该地区的影响也直线上升。《南海各方行为宣言》的签订,中国对东盟《东南亚友好合作条约》的加人,以及中国—东盟战略合作伙伴关系的建立,都大大促进了双方的深度互信。中国—东盟自贸区计划的顺利发展,双方贸易额的急剧上升,以及东亚地区一体化进程的加速,都使中国—东盟的关系变得愈来愈密切。毫无疑问,中国在东南亚的地位和影响将不可避免地上升和加强。

对于冷战时期美国的势力范围—东南亚,特别是曾经是美国重要盟国的菲律宾、泰国、新加坡等,美国是绝对难以容忍中国势力的染指。美国迫不及待同新加坡达成使用军事基地协议,又把菲律宾和泰国升格为“非北约主要盟国”的地位,其用意不言自明。近几年来中泰关系越走越近,被有的西方人看成“准盟友”的关系;今年,中国又同菲律宾建立战略合作伙伴关系。这些发展都刺激了美国深感加强争夺东南亚的必要。

2000年兰德公司题为《东南亚在美国对华战略中的作用》的报告说,“中国在未来的10~15年作为地区大国的出现将会加剧美中在东南亚的竞争,增加军事冲突的潜在因素”。报告认为,新加坡、菲律宾,可能还有越南是关键地区,特别是对美国空军使用这些地方的设施。新加坡处在理想的位置,靠近“战略瓶颈”。进入菲律宾和越南有利于美国建立对南中国海的空中优势。报告要求,对菲律宾提供急需的空防装备和海军巡逻艇,以重建对中国的遏制。

三、中国的应对之策

1. 处变不惊,泰然处之;避其锋芒,迂回周旋

对美国在东南亚影响的上升不必过于敏感和惊慌,因为它对中国发展和崛起不构成直接威胁和挑战。首先,美国势力的扩大带有阻遏下滑的性质,顶多是恢复性的。近些年来在东南亚,同中国影响扶摇直上相比,美国的影响不仅相对下降,而且出现了绝对下降的趋势。面临这种形势,作为当今唯一的超级大国,它当然不能容忍这种情况继续发展下去。其次,美国在东南亚力量的膨胀空间是有限度的。其限度就是东盟的大国平衡政策。换句话说,美国的政治和军事存在不得超过东盟用来平衡中国和日本的程度。其三,中美同东盟同时加强关系不大可能导致恶性竞争,因为这种恶性竞争将会使东盟遭殃;也不会导致一方绝对压倒另一方的后果,因为东盟会发挥平衡者的作用。其四,美国在东南亚保持一定的影响和存在有利于中国同东南亚关系的继续发展。由于美国的存在,东盟国家对中国的戒心和疑虑会有所减少,因而会更加放心大胆地同中国交往。

由此看来,我们大可不必惊慌失措,反应过度。相反,我们尽可能避其锋芒,迂回周旋,实现和平的多赢的竞争与合作。

2. 以经贸促互信,提升中国东盟政治关系的质量和水平

中国军力的日益强化是必须的,不管外界有何反应。但在同东盟国家交往或提升中国影响方面,其主要手段应该是经济的,因为只有经济才能使对方受惠,只有经济才能使人们对中国更少疑虑。任何军事上的举动,特别在南中国海,都可能被美国解读为对它的挑战,同时也不利于促进东盟对中国的信任。

实践证明,中国的经济牌是相当成功的。众所周知,中国的经济活力和巨大市场的诱惑已经大大冲淡了东盟国家的“中国威胁论”。这是中国潜在的巨大优势。我们必须努力开发这方面的优势。美国这两年匆忙同东盟国家大搞自由贸易谈判,其根源在于中国—东盟自由贸易区的进展得有声有色。这从另一个侧面反映了经贸牌的威力。

3. 发挥地区一体化的融合功能,通过地区合作同东盟融为一体

东亚地区合作与一体化已成为东亚国家共识,也是大势所趋。尽管这种一体化的未来所要达到程度和目标尚不明确,甚至存有争议,但这种一体化的发展过程本身就具有重大意义,正是在这一过程中,差异和分歧逐步缩小,理解和互信逐步加深。目前在10+3合作框架基础上,正在筹备东亚首脑峰会,一旦这种形式形成机制,可以想象东亚的一体化水平会进一步提高。一旦通过地区机制将中国和东盟国家融为一体,则将一损俱损,一荣俱荣,中国作为一个大国在其中的影响不言而喻。

美国对这种将其排除在外的东亚一体化趋势虽不乐意,但也只能无奈地接受。在这方面地缘关系为中国提供了得天独厚的优势,这是美国永远也望尘莫及的。目前中国在这方面完全可以大有作为。

4. 大力开发中国软实力,扩大中华文化的影响力

一个国家的崛起不能只靠经济力、科技力和军事力,还

必须依靠它的软实力,即一个国家成功的制度而产生的吸引力,优秀的文化所产生的亲和力,良好的对外形象而产生号召力。在改革开放的20多年里,中国的软实力有了很大的增强,中国的声望、威信和亲和力都在直线上升。前不久一个美国的民意调查机构在世界范围内进行了一次调查,结果发现,对中国的好感指数居然超过了美国。这是个好的趋势,中国必须继续努力。征服一块土地、一个国家需要经济力和军实力,征服一个民族的人心则需要软实力,而只有人心才能决定你的影响力。

中国在东南亚施展其软实力有其独特的优势和有利条件。优秀的中华传统文化有着极强的感召力和感染力。在东南亚各国到处可看到经过翻译的中国历史故事、文学作品、电影电视剧 DVD、VCD。这足以证明中国文化在东南亚的影响之广。作为中国的近邻,东南亚国家同中国有上千年的友好交往史,这是中华文化在东南亚传播的悠久传统。东南亚华人将是中华文化传播的天然力量。

(作者系北京大学国际关系学院教授　原载《南洋问题研究》2005年第4期)

明智的选择——试析韩国—东盟自由贸易区的建立

乔　刚

在区域化浪潮下,韩国积极参与区域经济合作,与日本、新加坡、智利建立自由贸易区。据2004年华网汉城4月21日电(记者张锦芳),韩国外交通商部在21日宣布:韩国与东盟当天就双方拟签的自由贸易区框架协定达成原则协议,"其采取的模式基本参考中国—东盟自由贸易区"协定。韩国—东盟自由贸易区的实施从2009年启动,较东盟中国自由贸易区提前一年。据称,2009年双方将80%商品的关税降为零,剩下20%的关税税率继续谈判,对于越、老、柬、缅四个新成员将享受特别对待规则或稍后参加自由贸易区。本文从韩国方面来就韩国—东盟自由贸易区提出的背景、意义及前景进行探析。

一、韩国参与自由贸易区的背景

(一)来自东亚区域以外的区域一体化加速的压力。区域经济和贸易集团化是当今世界经济发展的重要趋势之一。通过建立各种优惠的经贸安排,寻求更大的经济发展空间,已经成为多数国家重要的政策选择。作为区域经济合作的最主要形式,近年来自由贸易区在全世界得到迅猛发展。

在欧洲,欧盟框架下的区域一体化在扩大规模与提升层次两大方面都取得空前进展。2004年5月1日,波兰、匈牙利、捷克等10个东欧国家已经正式加入欧盟,欧盟已成为一个涵盖25个国家,4.53亿人口,450万平方公里土地和GDP总量达到8万亿美元,外贸总量达到4万亿美元的一体化组织。1999年1月1日欧元成功启动,已将欧盟框架下的区域经济一体化提升到一个新的更高层次。北美自由贸易区从1994年起就已从美、加两国扩大到美、加、墨三国。在美国的控制和影响下,其协调程度已经达到相当高的水平,并开始向南美和亚太地区扩张。同年12月于迈阿密举行的美洲首脑会议上,美洲34国为通过经济统合和自由贸易而实现区内经济的持续发展,就2005年建成美洲自由贸易区(FTAA)达成协议。中东乃至非洲地区的经济一体化浪潮也方兴未艾。"到2002年1月,在世界贸易组织注册的区域经济一体化协定共有162个,其中近80%都是在90年代成立的。"在30个实力最强的经济体中,只有中国、日本、韩国没有参加任何地区性的经济一体化组织。在东北亚、中、日、韩三国合作取得一定进展,但整体来看还处于比较低的水平。"2001年,三国间贸易总量仅为它们贸易总额的19.8%。这与它们同欧盟和北美自由贸易区贸易分别达65.5%和46.5%相比,形成巨大的反差。"从短期来看,要把中、日、韩合作提升到自由贸易区水平还比较困难,这主要由于它们在经济发展水平上

表1　东盟+中国自由贸易区的宏观经济影响

单位:%

国家和地区	GDP变动	出口变动	进口变动	贸易平衡(亿美元)	贸易条件变动	福利变动(亿美元)
印度尼西亚	0.35	31.42	29.52	10.60	5.18	62.7
菲律宾	2.85	62.49	47.86	3.02	-3.45	5.77
泰　国	2.18	40.21	34.19	52.56	7.27	123.22
马来西亚	4.99	83.00	83.04	76.27	10.18	194.94
新加坡	0.34	97.29	94.28	2.48	2.89	58.58
越　南	6.74	57.41	40.76	3.09	5.57	22.45
中　国	2.40	48.08	51.99	42.10	-2.87	74.00
韩　国	-0.15	-4.26	-3.48	-14.05	-1.20	-38.71

表2　东盟+日本自由贸易区的宏观经济影响

单位:%

国家和地区	GDP变动	出口变动	进口变动	贸易平衡(亿美元)	贸易条件变动	福利变动(亿美元)
印度尼西亚	0.29	61.18	52.23	50.60	13.26	148.36
马来西亚	7.20	107.10	107.32	96.95	10.05	219.71
菲律宾	4.49	123.83	93.48	13.24	-9.04	-10.15
新加坡	0.26	118.21	115.29	-6.96	-2.61	-27.01
泰　国	4.19	68.03	55.26	106.82	5.91	145.85
越　南	8.44	86.92	62.83	3.29	20.57	48.08
中　国	1.49	19.45	25.08	-70.15	-8.79	-286.52
日　本	1.38	30.38	34.69	87.51	5.64	816.08
韩　国	-0.35	-9.67	-7.55	-37.44	-3.4	-107.09

存在较大差距。与中韩关系相比，中日关系也面临许多不利因素，这也是三国经济合作进展缓慢的主要原因。

由于韩国未参加任何形式的地区一体化组织，只能坐视积极参与区域贸易安排的国家在激烈的国际竞争中占尽先机，无法享受区域贸易安排产生的贸易创造效应；另一方面由于区域贸易安排对区内国家实行优惠待遇，其成员对区外贸易伙伴仍保留各自原有的贸易壁垒，因而其贸易转移效果甚至排他性特征日益明显，致使游离于区域贸易安排之外的国家受到程度不同的歧视性影响。这对一体化进程明显滞后的韩国产生了巨大压力，迫使韩国不得不考虑通过强化区内合作来弥补由于区外的区域一体化进展对其造成的损失。

（二）中国、日本与东盟自由贸易协定的签订给韩国带来巨大的危机感。在2001年11月上旬于文莱首都斯里巴加湾举行的第五次“中国—东盟10＋1”会议上，中国和东盟达成了共同建立自由贸易区的共识，双方领导人一致同意，在今后10年内建立中国—东盟自由贸易区。2002年11月在柬埔寨召开的10＋3首脑会议上，东盟首脑与日本首相就建立东盟—日本自由贸易区问题原则上达成一致意见，并发表“东盟—日本全面经济合作”的联合声明。中国、日本与东盟建立自由贸易区的消息对韩国震动很大，如果被孤立于区域自由贸易之外，将对韩国造成很大的损失，我们可以应用多国多部门静态“可计算一般均衡模型”（Computable General Equilibrium，CGE）为基本分析工具，对东盟与中国、日本之间建立自由贸易区的几种主要方案作一定量评估。由于文莱、缅甸、老挝、柬埔寨等国的数据获取比较困难，且考虑到这些国家的经济规模较小，因而未被包括到分析中。这里东盟以印度尼西亚、马来西亚、菲律宾、新加坡、泰国、越南等六国为代表。

在东盟与中国建立的自由贸易区中，由于中国具备比较完整的工业体系，与东盟各国的产业互补性较强，东盟各国的福利增加和GDP增长都高于东盟单独建立自由贸易区，而中国也在合作中得到福利提高。韩国在与东盟的互补性方面更接近于中国，由于没有加入自由贸易区，受到的影响较大。从韩国的GDP增长率及贸易绩效来看，韩国的福利减少38.71亿美元，GDP降低0.15%，贸易平衡出现14.05亿美元的逆差。

在东盟日本自由贸易区中，由于日本与东盟的互补性更强，东盟各国的GDP都得到更大的提高。而韩国发展水平与日本更接近，其贸易条件恶化，就等于失去东盟这个市场，其损失比东盟中国自由贸易区更严重。从韩国的GDP增长率及贸易绩效来看，韩国的福利减少107.09亿美元，GDP降低0.35%，贸易平衡出现37.44亿美元的逆差。

以上我们分析了东盟分别与中国、日本经贸合作安排对韩国的影响。可从中看出：韩国只要置身于任何一种FTA之外，经济利益都将受到不小的影响。因此，为了追求经济利益，积极参与东亚地区的经济合作是韩国应采取的正确政策，否则就会处于被边缘化的危险。

（三）韩国与东盟政治经济关系的日益加深，双方贸易还有较大的发展空间。在世界秩序重组的形势下，像韩国这样的对外战略只能是灵活能动地适应形势的变化，最大限度地减少风险，保护和增加国家利益。单纯依靠某一个大国谋求国家安全和经济繁荣的战略不会取得好的效果，对外战略的基本方向应该是多元化和多边化，所以韩国积极发展与周边国家的政治经济关系，特别是与东盟国家的关系日益加深。

从贸易方面来看，1988～1996年东盟与韩国贸易额年均增长率达22%，1998年受金融危机的影响出现负增长。从1998年以后到2000年年均增长达29.5%（同期，东盟内部只有15.5%），可见双边贸易增速一直较快，到2003年双边贸易额已经达到386亿美元的最高值（据韩国海关2004年统计）。再从投资方面来看，1995年到1999年期间韩国对东盟投资累计达32亿美元，是东盟的第十大投资体。1997年投资23亿美元，1998年迅速下降至2.48亿美元，之后开始回升。1999年韩国对东盟投资达2.71亿美元。1999年以后逐年上升。从合作内容来看，1989年11月，东盟和韩国1989年建立部门对话伙伴国关系，合作内容主要是贸易、投资和旅游。1991年7月在第24届东盟部长会议上，双方由部门对话伙伴国关系上升到全面对话伙伴国关系。此后双方共进行六次对话，不仅强调进一步加强经贸关系（范围涉及到

表3　2002年韩国与东盟主要国家贸易统计　　单位：百万美元

国　家	出口总额	%	进口总额	%	进出口总额	%
韩　国	157484	100.0	156587	100.0	314071	100.0
文　莱	18	…	491	0.3	509	0.2
印度尼西亚	3393	2.2	4758	3.0	8151	2.6
马来西亚	3671	2.3	3541	2.3	7212	2.3
菲律宾	2752	1.7	1974	1.3	4726	1.5
新加坡	3912	2.5	5729	3.7	9641	3.1
泰　国	2297	1.5	1537	1.0	3834	1.2
越　南	1879	1.2	419	0.3	2298	0.7

表4　东盟＋韩国自由贸易区的宏观经济影响　　单位：%

国家和地区	GDP变动	出口变动	进口变动	贸易平衡（亿美元）	贸易条件变动	福利变动（亿美元）
印度尼西亚	1.51	32.81	28.86	22.28	6.71	103.22
马来西亚	4.45	84.82	84.97	76.95	10.47	193.37
菲律宾	2.51	67.3	51.61	2.85	-3.62	2.47
新加坡	0.55	90.63	87.6	5.38	2.86	59.76
泰　国	2	38.63	32.93	49.88	6.46	110.85
越　南	7.84	67.61	47.83	3.85	3.38	22.08
韩　国	0.79	28.12	25.87	46.82	7.16	230.08

科技交流、人力资源开发、交流等），而且在2001年3月的第五次对话中，首次关注政治、安全议题。

虽然韩国与东盟经贸方面取得不小的进展，但双方的贸易在本国的对外贸易中所占份额还不是很大，还有较大的发展空间。

韩国在钢铁、汽车、造船等传统产业领域均拥有世界一流的制造技术，在微电子、光纤通讯、纳米技术等新兴产业和高技术材料领域也都具有相当的优势，可以为东盟国家提供资本和技术，同时也是一个重要的粮食和初级产品及原料市场。由于自然条件、发展水平和经济类型的不同，双方在经济发展的各个层面如资金、技术、贸易、能源、环境、渔业、旅游、交通等方面都具有较强的互补性。这就意味着在该区域内进行广泛而密切的经济合作，是有很大潜力和动力的。"制度变迁的成本与收益之比对于促进或推迟制度变迁起着关键作用，只有在预期收益大于预期成本的情形下，行为主体才会去推动直至最终实现制度的变迁，反之亦然，这就是制度变迁的原则。"韩国也已充分认识到区域经济一体化带来的"预期收益大于预期成本"之效果，所以积极推动与东盟自由贸易区的建立。

二、韩国—东盟自由贸易区建立的意义

建立韩国—东盟自由贸易区对韩国来说有较大的现实意义，有利于促进韩国的经济繁荣，维护地区的政治稳定，提高韩国的国际地位。主要表现在以下几个方面：

——促进韩国经济发展，减少对少数几个大国的经济依赖。韩国国内市场相对狭小，矿产资源也不太丰富，对外贸易对其国民经济发展具有重要意义，"出口立国"也一直是韩国的一项基本国策。长期以来，韩国对外贸易严重依赖美日，近年来，与中国的经济往来也日益加深。2002年，在韩国进出口贸易总额中，美国占18.6%，日本占14.1%，中国占11.0%。然而近年来，韩国的出口贸易面临着越来越严重的危机，一方面，因为中国商品的产品质量不断提高，国际市场竞争日趋激烈，更重要的是，以美国为代表的西方发达国家的贸易保护主义不断抬头，与这些国家的贸易摩擦对韩国的出口造成不利影响。韩国与东盟自由贸易区则可通过贸易创造效果及贸易转移效果，进一步推动区内外贸易与投资的活跃，促其经济增长与发展。通过图表可以看出，韩国作为FTA中经济规模最大、最为发达的经济体，尽管GDP只增长0.79%，但福利水平提高最大，达230亿美元，东盟国家福利也有不同程度的提高。

韩国—东盟自由贸易区预示着韩国与东南亚的经济合作贸易往来将进入一个突破性的新阶段，区域内贸易额将大大提高，将大大减少东亚国家对美国、欧盟等西方市场的依赖性，增加双方抵御外部风险的能力，增强其经济稳定性。

——有利于地区的稳定，为韩国经济发展提供一个和平的国际环境。冷战中，朝鲜半岛南北关系一直十分紧张。双方针对对方的军事演习一直不断，"三八"线两侧规模不等的武装冲突时有发生，双方动辄以武力相威胁。韩国为了维持和平稳定，在政治和军事上基本对美国一边倒。冷战结束后，"朝鲜的军事力量已经远不及韩国，加上韩美同盟关系，只要韩国不以武力统一朝鲜，朝韩就能维持和平"。近年来，美国以朝鲜秘密研制核武器为借口计划打朝鲜，但都以"韩国不同意美国对朝鲜实施过分强硬的政策"而没有得以实施。韩国的和平统一政策成为维护半岛稳定的基础。任何有利于韩国进一步融入区域经济合作的措施，都将使韩国对解决地区争端采取更加谨慎的态度，在缓和地区紧张局势方面采取积极的姿态，从而保持半岛的稳定。

——有利于扩大韩国的影响力，提高其国际地位。朝鲜半岛是美、日、俄、中四大国利益交汇之地，韩国在世界上是中进国，是被几个大国包围着的弱小国家，在同周边国家的双边关系上处于劣势。韩国要在这种复杂的地缘政治环境中提高其国际地位，必须实行多边外交，与相对弱小的国家相互携手和联合，才能平衡大国，才能在多边型的国际组织里听到其声音。

现行的绝大部分国际机制都是大国特别是美国主导的，韩国作为中进国，长期以来对美国的依赖关系注定了它更多的是以迁就和适应的方式来参与有关的国际组织，而不是和其他成员国来共同设计机制的建构。韩国与东盟建立自由贸易区，通过参与游戏规则的制定，将更好地实现其国家利益，扩大其国际影响力。且可以通过参加东盟自由贸易区积极地发挥作用。最终把眼光从地区扩大到全球，在国际事务中赢得更多的支持，提高韩国国际地位。

三、韩国—东盟自由贸易区的发展前景和遇到的困难

韩国主要的贸易是伙伴美国、日本、中国，东盟的主要贸易伙伴是美国、日本、欧盟、中国，双方之间的相互依赖性不是很强，所以双方建立自由贸易区相对中国—东盟自由贸易区和日本—东盟自由贸易区来说比较容易，因为双方容易找到共同的利益，存在有争议的领域比较少。今后几年内能否实现这一目标，仍然面临着不少困难和问题，存在着一些不确定因素。其中，最主要的问题是：

首选，农业问题一直是韩国建立自由贸易区进程中的瓶颈。韩国大米市场历来受到政府的保护，形成国内的米价五六倍地高于国际市场的"高坝挡水"现象。一旦大米市场开放，国际市场的廉价大米有可能如决堤似的涌入韩国市场，数百万韩国农民的生计将难以为继。在韩国农民及代表农民利益的国会议员眼中，韩国与其他国家自由贸易协定在国会获得通过，就会带来农产品和大米市场的全面开放，必将造成"割肉补疮"的严重后果。所以韩国在推进与智利的自由贸易进程中在国内遇到了强大的阻力。韩国与智利的自由贸易谈判于1999年年底开始，2003年2月两国政府正式签署了自由贸易协定，于2003年7月向国会提交了韩国和智利自由贸易协定动议案。但韩国全国农民会等农民团体对这项动议案表示强烈反对，甚至爆发大规模的游行示威，一些代表农民利益的国会议员则对国会通过此项动议案进行阻挠。直到2003年年底，动议案才在国会统一外交通商委员会获得通过，但国会此后3次就动议案进行表决的努力均告失败。在政府多方奔走游说之后，该动议案才最终于2004年2月16日在国会以162票赞成，71票反对，1票弃权的结果获得通过。韩国要与东盟建立自由贸易区同样面临向东盟开放农产品市场的巨大压力。东盟（新加坡除外）基本都属于农业国，如果不能促进对韩国农产品的出口，和韩国缔结自由贸易协定将毫无魅力可言。而对韩国来说，农业问题又是一个相当敏感的问题，由于中国已经与东盟就自由贸易区的建立达成共识，所以韩国只能参考其模式，与东盟各国讨价还价的余地很少，到底其国内各阶层能不能接受还是一

个问题。

其次，美国在东亚有着巨大的政治、经济、军事利益，美国对东亚政策的变化将对韩国与东盟自由贸易区的建立产生重要的影响。由于历史的“惯性”和地区内各国之间缺乏信任而导致相互关系的脆弱性，目前韩国与东盟各国还没有，也不可能完全摆脱对美国的依赖，特别是东南亚金融危机后，各国对美国的依赖性有所增强。泰国由于受金融危机的打击，1998 年出口总额下降 6%，但对美国却增长 7%。对美国的出口额占其出口总额的比重比 1997 年增长 3%，创 1992 年以来的最高水平；马来西亚和韩国的出口对美国的依赖度均有所增加，分别达到 21.7% 和 17.2%。美国历来反对在东北亚地区建立把它排除在外的任何区域性经济合作组织。90 年代初，马来西亚总理马哈蒂尔提出建立“东亚经济核心论坛”（EAEC）的倡议与设想，但由于遭到美国的强力反对，迟迟没有付诸实践。在 1999 年 APT 峰会上，韩国倡议设立“东亚合作展望小组”（East Asia Vision Group, EAVP），作为探索建立地区合作机制可行性的第一步，也因美国的反对而流产。鉴于以往的经验，如果美国认为这一自由贸易区影响它在东亚地区的利益，美国将加以阻挠。

总之，韩国—东盟自由贸易区的建立绝非一帆风顺，尤其涉及到农业问题。毕竟依靠出口的韩国从自由贸易得到的实惠远大于保护农产品市场之利，在自由贸易大势面前，韩国政府权衡利弊，走自由贸易之路的决心已定。只要韩国政府扶持农业的政策到位，韩国将渡过进入自由贸易之门的阵痛。随着韩国经济的发展和国力的增强，韩国也不愿意对美国惟命是从，而是实行多元化的对外战略。所以，韩国与东盟鉴定自由贸易协定只是个时间问题。

（作者系厦门大学南洋研究院国际关系专业 2003 级硕士研究生　原载《东南亚研究》2005 年第 5 期）

澳大利亚、新西兰—东盟自由贸易区的背景、意义及展望

刘　静

2 月 21 日的这次会议是继去年 11 月在老挝举行的东盟会议上这 12 个国家达成的关于两年内完成 FTA 的谈判、十年内全部实现 FTA 协议内容的一致意见后，各方的第一次会谈。澳大利亚、新西兰与东盟的合作关系由来已久，此次建立 FTA 也是各方经过长期的可行性考察做出的决定。

一、澳、新—东盟自由贸易区的背景

澳大利亚和新西兰与东盟国家的合作由来已久。早在 1974、1975 年两国就分别与东盟建立了对话关系，均是最早与东盟建立对话伙伴关系的国家之一，第一次澳大利亚—东盟、新西兰—东盟峰会于 1977 年在马来西亚吉隆坡召开。

首先，两国对东盟提供了大量的政府发展援助（ODA）。在 1974 年第一届东盟—澳大利亚论坛上，澳大利亚与东盟成立“东盟—澳大利亚经济合作计划”，该计划是澳大利亚给东盟提供发展援助的执行系统。它共分三个阶段进行：1974～1989 年，澳方提供援助 0.9 亿澳元；1989～1994 年，澳方提供援助 0.33 亿澳元；1994～2003 年，澳方提供援助 0.37 亿澳元。目前阶段的援助始于 2003 年将于 2008 年结束，澳方拟提供发展援助 0.15 亿澳元帮助东盟通过实现区域合作解决棘手问题从而促进东盟地区的可持续发展。新西兰也为东盟的发展提供大量发展援助。1975～2003 年新西兰累计向东盟提供政府发展援助 0.322 亿新西兰元。在 2003～2004 年度，新西兰共提供援助 180 万新西兰元。目前，“东盟—新西兰发展合作计划”主要致力于帮助东盟完成其地区一体化计划中在海关以及标准一致化方面的合作，同时新西兰一直是东盟湄公河合作项目的支持者。

双方在政治与安全方面的合作开始于上世纪 90 年代初。1993 年，东盟与澳大利亚的对话内容扩展到了政治与安全议题。澳、新两国一直积极参加东盟地区论坛（ASEAN Regional Forum, ARF），并在多次论坛中就和平议题发表合作者评论。两国参与东盟每年的外长会议（Post Ministerial Conferences, PMCs）有利于双方更进一步就对双方均可受益的地区以及国际事务进行对话并交换看法。去年七月在雅加达举行的“外长 +1”会议中，澳大利亚签署《东盟、澳大利亚国际反恐合作联合宣言》，这标志着双方在应对国际恐怖主义的挑战中更紧密的合作。新西兰参加东盟外长 9 +1 和 9 +10 会议使其与东盟的对话关系达到顶点并为双方交换对当代政治、安全、经济以及发展等方面的看法加强合作提供了机会。同时新西兰与东盟还建立联合管理委员会以定期审查“东盟—新西兰经济合作项目”的执行情况，该项目囊括科学技术、贸易投资的促进项目、管道运输天然气项目等方面的合作。

双方在经济方面的合作力度也逐年加大。2001 年 9 月在越南河内东盟自由贸易区（AFTA）与澳—新紧密经济关系贸易协定（CER）签署了更紧密的经济伙伴关系（CEP）框架协议，这是东盟第一次作为一个地区整体与另一个次区域建立跨区域的合作关系，三方计划在 2010 年前使双边贸易、投资总额翻倍。这一联系自 2002 年 9 月双方举行部长级会议后就一直为东盟与澳、新提供经济合作平台。CEP 旨在促进东盟与 CER 之间的贸易和投资流，并缩小两个次区域间的发展差距。CEP 包括东盟与澳、新在消除贸易中的技术壁垒以及非关税壁垒，海关，贸易和投资的促进，标准评估、电子商务以及中小企业方面的合作。为促进 CEP 中的项目与行动，东盟、澳大利亚、新西兰建立 AFTA - CEP 商务理事会（AFTA - CER Business Council, ACBC），该理事会负责推动 CEP 下双方的优先合作项目。近几年来，ASEAN 与 CER 国家之间始终保持重要的贸易伙伴关系，贸易额也逐年增长尤其是 CEP 建立以来双方贸易往来更加紧密（见表一）。2003 年东盟对澳大利亚和新西兰两国的出口额占东盟总出口额的 4.4%，进口额占其总进口额的 2.4%，当年 ASEAN - CER 的

表一：1999～2003 年东盟对澳大利亚和新西兰两国的进出口情况

年份	出口			进口		
	澳大利亚	新西兰	总额	澳大利亚	新西兰	总额
1999	7863.8	892.5	8756.3	6,093.4	751.6	6845
2000	8893.5	1213.5	10107	8695.4	1034.8	9730.2
2001	8511.8	986.7	9498.5	9500.2	1243.9	10744.1
2002	9583.7	1088.2	10671.9	7234.7	966.7	8201.4
2003	11527.5	7321.8	18849.3	7561.5	1144.4	8705.9

资料来源：作者根据《东盟 2004 年统计年鉴》第 70－73 页提供的数据计算编制。

双边贸易总额为275.6亿美元较2002年增加近33%。在直接投资方面,2003年CER对东盟的投资额约为49亿美元,比2002增加10亿美元,东盟对CER的投资也由2002年的18亿美元增加为2003年的31亿美元。同时,双边的服务贸易也呈兴旺发展趋势。2004年,到新西兰旅游的东盟国家游客超过10万人次。东盟是新西兰第四大留学生来源地,也是第三大游客来源地。泰国、新加坡、马来西亚和越南等国也成为许多新西兰人出国旅游的重要目的地。澳大利亚也是东盟国家旅游和留学的重要目的地。澳大利亚对东盟服务贸易出口的一半收入来自这两个方面。2003年共有7.57万来自东盟的学生留学澳大利亚,来澳的东盟游客也达62.55万人次。

鉴于东盟国家与澳、新在未来发展中有着巨大的合作空间,双方在2004年9月5日在雅加达召开的部长级会议中通过决议,决定向东盟和澳、新领导人推荐通过谈判建立自由贸易区来实现东盟与澳、新的经济一体化,同时还提议2005年开始谈判并在2007年完成谈判。2004年11月30日在老挝万象,东盟、澳大利亚和新西兰首脑举行了会晤以纪念2004年与2005年澳、新两国分别与东盟建立对话关系30周年,此次会晤为未来东盟、澳、新关系的发展指明方向。在此次纪念峰会上,东盟与澳、新领导人签署联合声明,这标志着东盟与澳、新合作关系发展新纪元的开端。这次会议正式通过提议,决定2005年初三方就建立东盟—澳、新自由贸易区进行谈判,谈判将按照时间表安排以及"东盟—澳、新自由贸易区指导原则"进行,谈判将持续两年。

二、万象纪念峰会上三方首脑签署的"首脑联合声明"的内容

东盟、澳大利亚和新西兰三方万象纪念峰会的召开对建立东盟—澳、新自由贸易区有着重大意义。会上通过的"首脑联合声明"指明三方未来进一步合作的目标和内容,为建立FTA进行了铺垫。会议期间各国经济部长通过的"东盟—澳、新自由贸易区指导原则"可以说是东盟—澳、新FTA建立的指导性文件。

加强政治与安全方面的合作

各方要承认并尊重各国的法律法规以及多样性尤其是在发展道路、国家安全、社会文化传统等的不同。通过联合国以及WTO等多方论坛以及双边论坛加强在裁军、军队控制以及反大型杀伤性武器制造方面的合作。东盟领导人提议澳大利亚以及新西兰承认《东盟友好关系合约》的重要性,并希望将来两国都能在三方和平友好的基础上考虑加入这一合约。

加强经济联系以及金融合作

在三方广阔的合作潜力以及AFTA-CER更紧密经济伙伴关系下已经存在的经济合作尤其是在投资、贸易便利化措施和技术援助、生产力扩展等方面的合作基础上,考虑建立东盟—澳、新自由贸易区,以推动三方经济的进一步合作。2005年初开始就东盟—澳、新自由贸易区建立进行谈判,并在两年内完成。

推动和加强在金融基础设施以及资本市场的合作以在竞争激烈的全球经济中取得发展。发掘机会以取得在旅游领域如联合促销、投资以及发展人力等方面更广阔的合作。

巩固职能性与发展合作

通过"发展合作计划"支持和帮助东盟经济发展和一体化以实现东盟共同体。澳大利亚和新西兰继续向东盟国家尤其是新成员国以及最不发达国家(LDC)提供政府发展援助(ODA),以帮助东盟缩小发展距离。通过教育机构联合进行学生交流以及奖学金的提供,进一步加强双方在人力资源发展方面的相互合作与帮助。加强在预防与抗击艾滋病、"非典"以及禽流感等传染病传播方面的合作。推动东盟与澳大利亚、新西兰建立新的地区合作伙伴关系。加强在能源安全、非传统能源的使用以及科学技术方面的合作。加强各方在农业可持续发展领域的合作,重点提高人力资源的素质和生产效率,帮助东盟最不发达国家提高卫生及植被卫生和农业标准化。通过加强在环境保护及管理各方面(如在生物多元化、化学品与危险品的处理、森林与动物区的管理、东盟遗产公园、文化遗产以及海产保护区和水资源的管理)的合作推动可持续发展。

推动人与人的联系与交流

通过各方在政府人员、教育学术单位人员、专业人员以及基层人员的交流,加深扩展各方基于相互信任尊重、平等以及相互理解各自文化与传统的伙伴关系。希望东盟、澳、新各国能主动为公民提供一个和谐有利的环境使他们可以在彼此的土地上生活、工作和学习。通过加大在公共信息、媒体合作、旅游、语言文化学习、遗产发展等方面的合作,促进文化与宗教信仰方面的对话,推动东盟、澳、新人民之间的相互了解与认识。

声明的执行以及筹资安排

各方领导人要在本国能力范围之内采取行动实现本次宣言的内容。强化融资机制以保证宣言的有效实施。利用现有对话关系中已存在的机制对此次宣言的实施情况进行阶段性监控。

三、建立澳、新—东盟自由贸易区的意义

随着东盟与澳、新国家在各个方面合作的加强,建立自由贸易区也被提上日程。

从澳大利亚和新西兰的角度看。东盟拥有5.45亿人口,GDP总和达7370亿美元,发展速度在未来几年有望大大高于世界其他国家,这一切都为澳大利亚和新西兰提供了可观的商业机会,巨大的东盟市场对澳、新两国无疑是巨大的吸引。东盟是澳大利亚重要的出口市场,2003年对东盟的出口额占澳大利亚总出口的11%。东盟对加工过的铜、乳制品以及未加工铝进口的四分之一以上都来自澳大利亚。澳大利亚实际上是东盟羊毛和生禽类的唯一供给方,而且在东盟猪肉、盐以及氧化铝进口市场上占据一半以上的份额。澳大利亚贸易部长马克·维尔称:"东盟十国为澳大利亚商品和服务出口提供了一个价值170亿美元的市场。与东盟建立FTA无疑会为澳大利亚充分发掘这一市场的潜力提供机会,同时该FTA还有助于补充澳大利亚分别与新加坡、泰国已建立的双边FTA,并帮助其对与马来西亚建立FTA进行可行性研究。"同时,东盟是新西兰乳制品、肉类、木材和海产品的巨大消费者,已成为新西兰的第五大出口市场。

东盟也可以通过FTA获得更多的援助与利益。澳、新两国自与东盟建立对话关系以来对东盟提供了大量的政府援助,始终支持东盟国家缩小发展差距加速一体化进程。同时泰国的汽车、马来西亚的计算机、印尼和越南的农副产品已成

为这些国家出口新西兰的主要商品。加大外资的引入，利于东盟的经济增长和发展，帮助提高本地区人民的生活水平。

四、建立澳、新—东盟自由贸易区的障碍与前景

老挝举行的东盟首脑峰会上，澳总理霍华德拒绝签署旨在互不侵犯的《东南亚友好合作条约》，这反映出澳大利亚与东盟国家关系仍存在不协调，澳与东盟关系仍停留在有限水平上，澳在国家问题上仍主要追随美国。某种意义上讲，澳政府拒绝签署《东南亚友好合作条约》会为澳大利亚进一步扩大与东盟的政治、经济和安全关系设置了一定障碍，加之过去澳对东盟一些国家"人权"问题的干涉，东盟国家对澳大利亚与东盟建立 FTA 的意图心存疑虑。另外由于新西兰出口也以初级产品为主，这难免与东盟的出口结构类似，在双方谈判中可能会遇到一定的困难。

总体来说，尽管澳大利亚、新西兰与东盟的经济关系中仍存在不少问题，但应看到也存在不少有利因素推动三方的经济关系继续向前发展。澳大利亚正在努力减少与东盟各国的政治分歧，以带动双边经贸关系的发展。东盟国家非常重视澳大利亚这个离它们最近的发达国家，双方各方面的交流日益增多。新西兰也主动提出应该扫除障碍发展与东盟的经贸关系。从长远来看澳大利亚、新西兰与东盟的经济关系还有很大的发展空间。FTA 的建立将使三方都从中受益。

（作者工作单位厦门大学东南亚研究中心　原载《亚太经济》2005 年第 4 期）

大湄公河次区域合作：复杂的合作机制和中国的参与

贺圣达

一、大湄公河次区域合作的特点

大湄公河次区域合作的重要特点，在于它是具有包含广泛合作内容的多领域性和众多参与方的开放性的区域合作。在大湄公河次区域合作中，有关各方和各种机制都在发挥作用，次区域参与各方既有共同的利益，但由于发展水平、需求和在次区域内位置的不同，以及所参加的各种机制的对象、作用和性质的不同，也都有各自的利益和侧重，需要沟通和协调，以更加有效地推进次区域协调。这就需要全面分析各方和各种机制参与大湄公河次区域合作的意义及参与战略和目标，加强协调和合作，以达到"多赢"的目的。而且，"湄公河开发计划显示了这个中国作为地区政治领袖和经济发展推动力量的现实世界所面临的挑战，尤其是这个多样化的、巨大的贫困地区所面临的挑战。"

就次区域合作机制而言，多种合作机制在不同层面发挥作用的格局将长期存在。次区域合作性质上的开放性，合作内容的广泛性和参与机制的多重性，成为现阶段乃至今后相当长时间内大湄公河次区域合作的重要特点。中国只是作为一方参与各种合作机制，而且以云南为主要参与省份。

就合作的开放性而言，次区域合作是在全球化和区域合作加强、中国与东盟关系以及东南亚内部都处于历史上最好时期的背景下展开的。直接参与的各方在加强彼此间合作的同时，也考虑到了次区域不发达的现状、次区域开发所需要的巨额投人以及国际社会的参与对区域合作和开发的作用，在各方充分动员本国资源积极参与的同时，欢迎也需要区域外国家和国际组织的参与。因此，尽管现在大湄公河次区域合作就其经济规模而言并不大，但合作范围广泛，参与方多，除了湄公河沿岸中南半岛各国和中国、东盟，日本、澳大利亚、新西兰、北欧国家、德国、英国和法国等发达国家，亚行、世界银行、联合国开发计划署、环境署、禁毒署、亚太经社联事会等国际组织、欧盟（参与环境保护、资源开发和行政管理合作）都在不同程度上参与了该区域的各项合作。这种情况，在当代世界次区域的合作中还是不多见的。

与这种广泛的开放性相适应，大湄公河次区域合作的机制不仅具有多样性，而且出现了多层次性。大体上可分为国际组织主要是亚洲开发银行参与的、中国一东盟框架内的、次区域六方的和次区域内几方的合作机制、次区域国家与次区域以外的印度、日本参与的合作机制，以及各种非政府、非官方、非正式的合作机制，这些机制在不同的。层面和范围内发挥作用。这种多种形式的合作机制并存的复杂状况在当代世界的次区域合作中，也是少见的，这既反映出次区域合作引起广泛的关注和重视，已成为中国、东南亚、南亚众多经济合作网络的一个连接中枢，牵动了东亚、东南亚、南亚各国、众多国际组织和民间组织逐渐成为热点，但同时也反映各方的不同利益和侧重，存在着出缺乏总体的规划和协调的问题。

二、大湄公河次区域的合作机制

大湄公河次区域复杂多样的合作机制除了全球性的国际组织（联合国、世界银行）和欧盟，本文把大湄公河次区域合作机制分为以下各种类型：

（一）大湄公河次区域第一种形式的合作机制，是由国际组织参与的机制，迄今主要是由亚洲开发银行发起、次区域中、柬、老、缅、泰、越六国参加的大湄公河次区域（GMS）合作，其主要机构是 GMS 部长级会议，自 1992 年到 2003 年已先后召开了 12 次部长级会议。在这一机制中，亚行发挥了重要的牵头作用。这是大湄公河次区域合作中最重要的国际合作开发机制，合作领域涉及交通、能源、通讯、旅游、环境、人力资源开发、贸易和投资以及环境保护和禁毒等广泛领域。2002 年 11 月在柬埔寨首都金边举行 GMS 领导人会议，通过了《领导人宣言》和《发展规划》，确定了未来十年合作的方向、规划、前景和承诺。

（二）大湄公河次区域合作的第二种形式的合作机制，包括东盟十国和中国。1996 年 6 月由东盟发起，东盟十国和中国的部长级代表聚会马来西亚首都吉隆坡，通过《东盟—湄公河流域开发合作框架协议》，正式形成的东盟—湄公河流域开发合作。合作领域包括了基础设施、投资与贸易、农业、矿业、工业及中小企业发展、人力资源开发。2003 年 8 月，该合作机制在中国昆明召开第五次部长级会议。在广义上看，《中国—东盟全面经济合作框架协议》确定的中国—东盟自由贸易区建设也是涉及中国和东盟在次区域进行合作的机制，因为该项文件不仅从总体上规定了中国和东盟未来十年的全面经济合作，而且确定了把大湄公河次区域合作作为双边合作的优先领域。

（三）大湄公河次区域合作的第三种形式的合作机制，是由次区域几方而不是全部成员参加的合作机制。这种形式的合作机制可以分为两类。

1. 第一类包括中国云南部分地区和老、缅、泰相邻地区

的“黄金四角”合作和云南—泰北合作，“黄金四角”合作始于1993年，地域范围约16万平方公里，大致包括云南省的西双版纳州和思茅地区，老挝北方七省、缅甸东部的景栋、大其力地区和泰国清迈、清莱两府为主的地区。1998年，泰国成立由总理为首的指导委员会，创建泰北经济区。2001年6月，四方就湄公河通航达成协议。云南—泰北合作，则在2004年4月召开第一次工作组会议，确定该工作组年会为云南—泰北合作的重要机制，以贸易和投资、旅游、交通、社会发展为重点，推进双方在各个领域的合作。

2. 第二类是不包括中国云南的湄公河流域国家之间的合作机制。目前有四种。老挝参加了全部四种合作机制，泰、越、柬参加了其中三种，缅甸参加其中一种。(1)大湄公河下游四国组成的湄公河委员会。1995年，柬、老、泰、越四国在湄公河工作小组的基础上，在泰国清莱签署《湄公河流域可持续发展合作协议》，正式成立了湄公河委员会，其宗旨是对整个湄公河的水资源和相关资源以及全流域的开发制定计划并进行实施和管理。它在成立后就邀请缅甸和中国加入。因此，该委员会虽然还只是下游国家的机构，但希望成为包括全流域所有国家的组织。1996年至今，中、缅两国一直是湄公河委员会的对话国。(2)越南、老挝、柬埔寨的相邻地区组成的“发展三角”，包括柬埔寨的腊塔纳基里省、上丁省，老挝的阿速坡省、公河省，越南的昆嵩省、嘉莱省和多乐省。“发展三角”于1999年10月20日成立于老挝首都万象，其目的是推进越、老、柬三国七省在农业、林业、贸易、交通、能源、教育、旅游等领域的合作。2002年1月，三国总理在越南胡志明市再次举行会议，讨论加快“发展三角”的计划、机制、政策和措施，一致同意制订三国七省的经济社会总体发展计划，建设和改造连接“发展三角”的公路，采取措施发展贸易、促进旅游合作、建设电网。(3)连接越南中部、老挝中部和泰国东北部的东西走廊(EWC)合作，其核心是建成连接越南广治省、老挝中部沙湾拿吉和泰国东北部穆达汉府的公路，把从泰国东北到越南中部海港的车行时间缩短到数小时，从而使越南中部海港成为湄公河次区域中北部内陆地区的重要出海口，促进沿走廊地区经济发展和彼此间的合作。该项合作在1998年12月作为欧盟的共同目标写入《河内行动宣言》，1999年又设立日本—东盟经济产业合作委员会领导下的工作小组，亚行和日本政府都致力于积极推进该经济走廊建设，联合国开发计划署也给予资助。(4)由柬埔寨、老挝、缅甸和泰国组成的“经济合作战略”(ECS)，这一构想是由泰国总理他信在2003年初提出来的。这一由泰国发起的合作机制，涉及湄公河流域较为发达的泰国与较不发达的柬、老、缅三国的合作。在时间上是各种小区域合作中最晚提出的，目前正在积极推进。其目的是促进四国间的合作，并进而推进东盟的一体化。2003年11月12日，四国总理在缅甸蒲甘会议上签署《蒲甘宣言》，将这一合作称为“湄公河湄南河伊洛瓦底江经济合作战略”(MMAEC)，明确提出“将四国边境地区变为永久和平区和经济增长区”，进一步确定五个优先合作领域的目的。

(四)大湄公河次区域第四种形式的合作机制，是该地区国家与次区域以外的国家主要是印度、日本等国形成的合作机制。

1. 印度参与的合作机制。20世纪九十年代初，印度就已提出了“东向”战略，积极发展与东南亚国家和东盟组织的关系。最为邻近印度的中南半岛，成为印度发展与东盟关系的前沿。印度与孟加拉国、斯里兰卡、泰国于1997年组建了环孟加拉湾经济合作组织。1998年缅甸加入后，称为孟印缅斯泰经济合作(BIMSTEC)，从而加强了印度同缅甸和泰国这两个重要湄公河流域国家的经济联系。BIMSTEC已确定在贸易和投资、交通运输、旅游、渔业、能源等领域开展合作，强调需要开放领空，建设东西走向的公路和铁路，开发湄公河流域的资源，改善农业生产，保护环境以及在金融、关税等方面进行合作，最终成为亚洲又一个自由贸易区。2000年11月印度又与柬埔寨、老挝、缅甸、泰国和越南五个国家共同成立恒河—湄公河流域合作。2001年7月，该组织通过了《湄公河—恒河合作河内行动计划》。2003年11月，双方决定在今后10年内建立东盟—印度自由贸易区。

2. 日本参与的合作机制。日本与东南亚的经济合作有深厚的根基，2002年以来日本与东盟国家合作明显加强。2003年10月双方正式签署《东盟与日本全面经济伙伴关系框架协议》。日本还承诺在今后三年内向东盟提供30亿美元的援助，用于人力资源开发和援助湄公河沿岸地区的开发。2004年2月，在泰老边境的穆汉达举行的由亚行、日本政府和日本国际开发银行以及缅、老、泰、越等国政府有关人士参加的国际会议上，日方表示将提供81亿日元的资助，修建连接穆达汉和沙湾拿吉的跨国桥梁，进而打通从越南中部经老泰两国到缅甸毛淡棉的东西交通走廊。日本与东盟在次区域开发尤其是东西交通走廊和经济走廊建设方面的合作将明显增强。在合作机制方面，涉及日本与次区域国家合作的已有日本外务省主导的“印度支那综合开发计划”、东盟经济部长会议和日本通产省主导的柬、老、缅经济合作组。这两个合作机制在实施今后三年日本对湄公河流域的30亿美元的援助计划中，可能起到重要作用。

(五)国际上的和区域内的一些组织也参与或涉及了大湄公河次区域开发合作，包括半官方和非官方的组织。半官方(半正式)的机制，有东盟人权工作组、亚太经社理事会协调的“大湄公河商务论坛”、亚欧会议(ASEM)社会论坛、亚行非政府网络ADBNEONetwork、联合国、亚太经社理事会和亚行的环境项目、东南亚水管理地区对话等。非官方、非正式的机制或合作有两类。其中一类是全球性的，如世界大坝委员会(WCD)、水、粮食和环境对话(DWFE)，在他们的活动中都包括了对湄公河流域的相关问题的关注；一类是地区性的，如以泰国曼谷为基地的“恢复生态地区联盟”(Towaids EcologicalRecovery and Regional Alliance)、东南亚河流网络。这些非政府组织关注的焦点，是大湄公河次区域的生态、环境和当地居民的利益。

(六)中国是次区域合作中的重要一方。但是，作为次区域的组成部分和中方直接参与次区域合作的云南省，在该合作中与他国地位不对称，按其确定的参与目标和承担的重任来衡量，其经济实力和直接参与能力也有待加强。

大湄公河次区域合作是中国与湄公河流域国家的合作，中国参与次区域合作的在许多方面通过云南的直接参与来体现。中国方面属于次区域范围的只有云南，次区域合作项目直接涉及云南，主要是云南在直接参与次区域合作。这就出现了在次区域地理范围内云南在省级层面参与而其他国家从国家层面参与的合作的不对称局面。云南提出了建设连接中国与东南亚的国际大通道，深化次区域合作等战略参与合作确定的目标和承担的任务都很重大，但云南现有的经济力量有限，2003 年 GDP 为 2458.8 亿人民币，相当于 300 亿美元，低于越南一国的水平，约占 2003 年大湄公河次区域(包括云南在内)GDP 总量(约 2200 亿美元)的 13%。尽管云南经济技术的发展水平在一些领域高于周边的缅、老、柬等国，但以这样的经济力量要更有效地、更有影响地参与次区域经济合作，在中国与湄公河国家的合作中充分发挥前沿和桥梁作用，对富邻、富边作出更大的贡献，其参与能力显然有待于进一步增强。

三、中国及云南省参与次区域合作的战略和措施

面临大湄公河次区域合作中复杂多样的合作机制，我们要全面认识次区域及次区域合作的现状和面临的问题，既要看到加强合作的紧迫性，也要看到合作的长期性。在战略上把次区域放在与周边合作的重要位置上，更有效地推进合作和更好地发挥中国尤其是云南直接参与的作用，全面推进新世纪初中国(云南)参与大湄公河次区域合作。

(一)把次区域合作作为中国全方位对外开放战略的重要组成部分。鉴于次区域合作的战略重要性和已有的广泛基础，中国应更积极、主动地参与大湄公河次区域合作，提升参与合作的整体水平，加大经贸合作的力度，加强与周边国家在开发资源等方面的合作，增加投入，把通过合作繁荣和发展次区域经济，与加快中国西南的发展推进西部大开发，实现睦邻、安邻、富邻、富边，作为一个全面的明确战略，作为中国与东盟共建自由贸易区和加强周边外交的重要组成部分，始终高度重视继续深化和扩大大湄公河次区域合作。

(二)鉴于次区域合作已进入全面开展和多种机制参与的阶段，积极参与以亚行牵头的大湄公河次区域合作为主流的多种机制，提升中国参与次区域合作的协调机构，加强国际国内的协调。

由于次区域总体发展水平低，对区域外资金、技术和市场依赖程度高，政治、经济、社会、民族和文化上的多样性突出，对外关系多样复杂，次区域合作必然是开放、灵活多样和多种机制并存的。大湄公河次区域国家已经达成了许多协定，既有双边的也有多边的。大湄公河次区域项目设有严格的体制限制，很少需要签署正式条约或设立机构，这种相对的非机构性质使各成员国在达成协议协定时具有很大的灵活性，这就使得推进合作"需要耐心和长期的努力"。

随着合作的扩大和深化，大湄公河次区域已有形式、作用和范围不等的多种合作机制。由于次区域合作的开放性以及需要的大量投入，也由于中国尤其是中国西南和次区域各方的经济社会发展水平、参与利益和引进外来资金、技术人才、管理的需要，次区域合作的这种多方参与的状况将长期存在。尽管多种合作机制有其矛盾和负面影响需要协调和克服，重大的问题如环境保护问题、上下游关系问题需要共同协商解决，重大项目和计划需要协商甚至整合，亚行关于大湄公河次区域经济合作规划第二个十年的战略框架提出了在众多伙伴和合作机制之间"建立战略联盟和伙伴关系"的要求。但是，这种多元机制的存在反映次区域本身的状况和各方对合作既共同又不同的需求，在相当一段时期内，指望有某一种机制来一统次区域合作、囊括现在所有的合作机制是不现实的也是不可能的，尽管需要加强协调甚至建立战略联盟；由某一个国家来主导也是不可取的，甚至不可通报，尽管经济实力较强的国家可以发挥较大的推动力作用。更为可行的是在现有的各种机制发挥作用尤其是大湄公河次区域合作作为主流合作机制充分发挥作用的同时，发挥中国作为地区大国的作用，与有关各方加强沟通和协商、规划和协调，特别是完善本国的参与机制，以实现中国作用的充分发挥和参与合作的各方的"多赢"。

(三)从大湄公河流域整体的可持续发展考虑，加强大湄公河流域环境合作治理。随着大湄公河流域开发的深化，环境问题日益引起有关国家和国际组织、非政府组织的关注，环保将成为这一地区国际关系的一个焦点问题。

涉及次区域可持续发展中争议较大的问题，还是水电开发尤其是中上游大坝建设的影响。水力资源是大湄公河流域最具有开发价值的重要资源，不仅对中国云南而且次区域的其他国家，都具有重大的发电、防洪、供水、灌溉、航运、旅游、养殖等综合效益。如果考虑到水电是一种可再生的清洁能源，该区域发展对电力的巨量需求以及该流域大部分地区还是世界上最为贫困的地区，那么开发的价值和效益就更为明显了。当然，大坝建设对环境、上游水电开发对下游地区会有一定的影响，但是，用煤和石油提供等量的能源对这一地区的生态环境也将产生巨大的问题。因此，对此要作更为全面深入的科学分析和比较研究。

由于大湄公河流域在生态环境上是一个整体，河道一半在中国境内而且位于上游，从大湄公河流域整体出发考虑生态环境状况和可持续发展战略，在今后的合作开发中，"中国应该在联合开发利用水资源和其他自然资源上与相邻国家进行更多的合作，要把开发与保护资源和环境紧密联系起来，从一个大区的角度进行设计和开发。"在具体操作上，建议加强向下游的报汛服务、信息交流等方面的工作，加强中国境内资源开发和森林保护的统筹规划，将澜沧江(上湄公河)流域列入中国国家大江大河保护林体系建设。

(四)在中央政府的领导和支持下，充分发挥云南作为中国参与次区域合作主体的优势，全面推进云南与次区域各国在各个领域的合作。

云南省是中国在澜沧江—湄公河次区域合作中的前沿和主体。中国参与次区域合作在很大程度上要靠云南省参与合作来具体实现。云南作为中国的一省，不具备国体的法律地位，同时，自身的综合经济实力也较弱，在参与次区域合作需要中央政府加强领导，给予支持。这就需要云南进一步积极争取中央政府从领导、机构、资金、政策、人才、研究等各个方面的支持，并充分运用好中央政府给予的支持，扮演好中国参与次区域合作主体的角色，充分发挥中国与次区域国家合作窗口和桥梁的作用，加大参与次区域交通、能源、电讯、环境、旅游、农业、贸易和投资、人力资源开、禁毒和替代种植等各个方面合作的力度，沟通次区域与中国内地尤其是大西南的经济联系，使合作从边境地区和中心城市延伸到全省，合作的范围更广、程度更深；在加强政府间合作的同时，适应市场经济的需要，使企业成为合作的主力。

在中国国家参与和云南具体参与合作这两个层面之间的关系上，重大的决策和国家间的合作机制重大项目等当然要由中央政府以及中央政府与次区域国家协商确定，但为了

更好地参与，云南要全面了解和深入研究次区域合作和中国云南参与的基础情况、发展动态、出现的矛盾、需要解决的问题等，提出相应的建议，包括有可操作性的实质内容，利用好有关的合作机制，做好经贸法规、管理办法的沟通、磋商和衔接工作，并为次区域合作在为国家层面的谈判、会晤、会议协议提供云南方面的建议包括对有关问题、议题的建议，在中国与次区域合作的各种机制中，充分发挥云南特定角色的作用和优势，全面推进云南与次区域各国在各个领域的合作。

为实现云南与次区域在众多领域合作的目标，综合各方面的建议，需要从以下十八个方面推进：

1. 充分发挥云南在参与次区域合作中的特定角色，将昆明作为东盟成员国和次区域与中国合作的联络点。根据《10+1协议》附件4的规定和次区域合作的要求，建议中国与东盟协商将昆明作为东盟成员国与中国的联络点和推动相关各国贸易与投资发展的中心之一，如将昆明作为执行中国东盟合作框架和次区域合作的组织机构的常设地、区域性国际经贸盛会的会展中心和次区域的商务中心，在云南与周边国家之间建立起适当的双边合作机制。

2. 落实2002年次区域领导人会议《联合宣言》提出的“将次区域纳入各国的国家发展计划”并协调战略的要求，统筹规划，制订计划，并加强国际协调。争取在云南及各方参与次区域的规划研究的基础上，制订参与次区域合作规划，把建设中国连接东南亚国际大通道和相应的基础设施作为双方经济技术合作的重要内容纳人中国—东盟自由贸易区建设框架，并与亚行提出并为次区域国家接受的经济走廊建设等合作项目相联系，作为双方长期合作的重要项目。

3. 建立法制和政策支撑体系，营造适应次区域合作的良好的软环境，包括清理、修改不适应中国—东盟自由贸易区和大湄公河次区域合作的地方性法规、规章和政策，拟定相应的地方性法规；落实各项已有的贸易、投资方面的优惠政策，修改、完善和制订新的具有较强针对性和可操作性的鼓励政策，积极反映需要由中央部门制订的政策、法规和解决的问题。

4. 推进跨国基础设施建设，加快建设中国云南通往东南亚的国际大通道的进程，加快昆曼公路、泛亚铁路、澜沧江—湄公河航道等重要通道的建设；通过合作实现滇缅公路与伊洛瓦底江航道陆水联运，尽快启动“泛亚铁路”东线中国云南境内玉溪到河口的准规新线的建设，积极推进中线(昆明曼谷)和西线(昆明、大理、保山、曼德勒)铁路建设的前期工作。在完成澜沧江—湄公河航道清障工程基础上，促进航运有更大的发展；争取在2007年前形成云南高等级公路与周边国家联网，2006年前逐步开通昆明到所有东盟国家的航线。落实、实施并完善“大湄公河次区域便利跨境客货运输协定”合作机制，依托次区域内的交通网络和通关软硬件，建设以昆明为中心的面向东南亚的国际现代物流中心，实现人员、商品货物的便捷流动。

5. 扩大贸易规模，促进投资便利化。鼓励企业在次区域内的主要城市建立商品城、国际货物批发市场等；支持昆明高新技术开发区在泰国北部清莱建设开发区和商品城；结合“边境口岸通关工程”的实施，实行口岸通关一站式服务，推进“电子口岸”建设，创造更好的贸易环境；在昆明及河口、磨憨、瑞丽等口岸城市建立一批具有中国和东盟各国特色的商品交易、展示、贸易洽谈等综合性设施；在投资方面，创新投融资体制，多渠道筹集资金，包括选准项目，积极争取国际机构组织对次区域合作的援助，建立面向次区域的开发基金和专项基金；鼓励企业、部门、财团等多元投资主体参与建设，采用TOT等创意投资方式；争取金融机构支持，加大信贷规模；放宽市场准入，采取发行债券、成立股份公司上市等多样灵活的方式，积极吸引民间资金、社会资金等。

6. 搭建金融平台。从次区域国家的经济发展和经贸易交往需要的实际出发，积极研究云南与越、老、缅、柬等国之间形成便捷、互惠互利的资金流动和银行结算新体系，以及人民币区域化的有关问题。在云南建立覆盖25个边境县市的边贸结算网，在昆明、景洪、河口、瑞丽和次区域主要商贸城市设立跨国结算中心，争取国家在对外金融方面的支持。

7. 积极参与电讯领域的合作，建设信息枢纽。加快建设昆明国际通讯辅助处理中心，建设电子交易、旅游及综合信息服务系统，进一步完善已经基本建成的“澜沧江—湄公河次区域国际合作信息中心网站”。

8. 加强次区域旅游合作。与有关国家共同研究“大湄公河次区域单一签证制度”的实施问题；与次区域国家共同开发澜沧江—湄公河黄金旅游线路，形成一体化的旅游经济走廊。

9. 推进电力贸易。按照《大湄公河次区域政府间电力贸易协议》的原则，加大电力合作的力度，在国家与次区域电力贸易协调机制基础上，组建由云南省参加的中方次区域电力贸易协调委员会，积极落实“大湄公河电力贸易协议”，使云南电力产业成为支柱产业，并成为全国最大水电出口基地。

10. 大力推动合作开发利用矿产优势资源。积极发挥云南在加工技术方面的比较优势，充分利用云南与周边国家双方丰富的能源和矿产资源，帮助和鼓励企业以国际通行方式与次区域能源和矿产资源合作开发，变资源优势为产业优势，繁荣和发展双方的经济。

11. 拓展作为双边合作的五个优先领域之一的农业领域的合作，积极参与中国农业部与东盟秘书处农业合作谅解备忘录有关项目的实施；争取各国在互相到对方的土地上开办农场、进行农业开发方面确定适当的地租、延长土地租期等问题上能达成协议；争取国家支持云南建设以肉牛、温带水果和蔬菜为主的面向东盟的农产品出口基地，在条件优越的边境地区建设畜产品交易市场，并逐步发展成中国西南与次区域国家的农产品交易中心。

12. 高度重视保护生态环境，推进次区域的可持续发展。在国家的支持下，发挥环保合作的主导作用，做好亚行大湄公河次区域合作中有关环境合作的项目，协调合作的环保标准和政策；在澜沧江、红河及怒江等主要国际河流流域建设防护林体系；在国际河流流域建立自然保护区网络，与周边国家合作建生态走廊，保护森林和珍稀物种；积极向东盟国家推介云南的环保技术和环保项目；逐步建立和完善水土流失防治体系，发展与下游国家在水资源方面的合作。

13. 积极推进人力资源开发方面的合作。争取“中国—东盟基金”支持云南开展对次区域的人才培训；统一协调次区域合作中的人才交流与劳务合作，积极吸引东南亚包括次区域的优秀人才；整合教育资源，在昆明建立“中国—东盟人力资源开发中心”，开设湄公学院昆明分院；设立面向东盟国家尤其是次区域的奖学金，面向东盟国家尤其是次区域招收留学生。

14. 积极开展科技合作与交流。建议国家科技部与老挝等国签订长期科技合作协议;成立中国与次区域国家技术合作组织,并支持在昆明建立国家级的澜沧江—湄公河次区域科学技术合作中心和科技开发合作基金。

15. 重视开展医疗卫生合作。按照已签订的《湄公河流域疾病监测项目》协议,提高登革热、疟疾等疾病等爆发流行时的监测和控制水平;建立重大疾病共同防治体系,确定各种传染病的共同防治规划和目标;积极开展中医医疗服务、学术交流、合作建立中医药临床准入制度等领域的合作,将昆明建成大湄公河次区域中医药合作交流中心。

16. 加快把昆明建设成次区域重要会展中心,为中国—东盟自由贸易区建设及次区域合作搭建公共事务平台。2005 年将在昆明召开大湄公河次区域领导人会议。充分发挥云南在大湄公河次区域的特殊区位的作用,由国家协调和安排相关国际组织机构落户昆明或在昆明召开相关国际会议,为大湄公河次区域合作中国—东盟自由贸易区建设搭建公共事务平台。云南省也要充分发挥优势并积极加强与国内外工商外经贸部门和会展机构的联系和合作,在昆明举办更多的国际性、区域性的会展。

17. 加强与周边国家与国际组织的禁毒合作,在"金三角"地区发展替代产业,同时严禁并严厉打击加工、贩运毒品等危害社会的行为,遏制境外毒品的生产和蔓延,争取 3 ~ 5 年内"替代种植"见到明显成效,并进而开展合作领域更为广泛的"替代发展"。

18. 建立"澜沧江—湄公河次区域合作研究中心",对次区域合作展开更为深入、全面的研究,积极提出可以切实推动云南参与次区域合作的战略、政策、项目、措施和意见,并加强与国外有关研究机构的联系和合作。

(作者系云南省社会科学院院副院长　教授　原载《南洋问题研究》2005 年第 1 期)

中国与东盟各国制造业竞争力比较及启示

杨先明　袁　帆

2002 年 11 月,中国和东盟国家正式签署《中国与东盟全面经济合作框架协议》,标志着中国—东盟自由贸易区的建立正式启动。中国东盟自由贸易区能否取得成功,或者能够在多大程度上给中国和东盟各国带来利益,取决于中国和东盟各国的贸易互补性和竞争性。如果互补性大于竞争性,那么将会产生很大的贸易创造效应,双方都将从中获益。如果竞争性大于互补性,那么可能贸易替代效应,导致区域内的产业结构剧烈调整,各国将付出一定的调整成本。如何分析这一问题?这就需要研究自由贸易区启动之初的产业竞争关系,而中国和东盟各国之间的制造业竞争力应当是研究问题的重要方面;在此基础上进一步分析其他重要变量对竞争格局的影响。在本文中,我们首先从要素密度密度方面研究中国与东盟各国制造业所处的产业层次;然后从劳动生产率和劳动力成本角度比较各国制造业的竞争力状况;最后分析跨国公司的直接投资对该地区制造业竞争格局的影响。

一、从要素密集度研究制造业产业层次的方法

产业的要素密集度是一个产业的生产过程中投入的各种要素的比例,根据在生产过程中密集使用的生产要素的情况,可以分为劳动密集,资本密集,或者技术密集等类型。但是要准确判断产业的类型比较困难,要素密集度是一个相对的概念,在确定一个产业的类型时存在两个问题:首先,A 产业可能相对于 B 产业是劳动密集型产业,而相对于 C 产业是资本密集型;其次,同一产业在 A 国是资本密集型产业,在 B 国是劳动密集型产业,因为不同国家要素禀赋不同。不同的人对产业要素密集度的分类可能不同,关键是要有可比性,有助于研究产业的特征。

分类的方法主要有直接的和间接的两种。直接的方法常采用资本—劳动比作为分类指标,这种分类比较直观,但是具体的操作困难,因为资本存量常常是一个很难准确测量的指标。另一种方法避开了对资本存量的测量,从要素报酬的角度出发,其思想是各种要素所获得报酬的比例反映了产业的要素密集度,劳动密集的产业劳动力所获得的报酬在总产出增加值中的比重较大,资本在资本密集型产业的总产出增加值较大。本文所使用的方法就是第二种方法。

国外的研究证明从要素报酬的角度研究制造业要素密集度是可靠的。Lary(1968)用美国制造业的数据分析了各个产业的要素密集度,采用工人人均产出增加值(value added per worker)记为,工人人均工资增加值(wage value added per worker)记为,和工人人均非工资增加值(non. - wage value added per worker)记为分类指标。工人人均工资增加值表示

表 1　中国和东盟国家部分制造业的要素密集度

制　造　业	中　国	新加坡	泰　国	马来西亚	菲律宾	印　尼	越　南
纺织业	0.63	0.58	0.8	0.84	0.56	0.75	0.35
普通机械制造业	0.73	0.6		1.14	0.56	1.05	0.56
造纸及纸制品业	0.82	0.61	1.47	0.82	0.94	1.41	0.82
橡胶制品业	0.81		0.97	0.77	0.69	0.79	0.99
金属制品业	0.87	0.37	0.97	0.87	0.53	2.25	0.76
食品加工业	1.01	0.43	0.59	1.05	1.31	1.09	0.62
饮料制造业	1.27	1.09		1.44	2.35	1.13	
化学原料及化学制品制造业	1.06	2.94	1.24		2.34	1.48	1.7
黑色金属冶炼及压延加工业	1.17	0.68	1.37	0.85	0.96	2.7	1.46
有色金属冶炼及压延加工业	1.12			1.43	1.45	2.74	0.39
烟草加工业	6.6		7.26	1.07	3.9	1.06	
石油加工业	2.52	4.98	9.68	3.25		2.12	
电子及通信设备制造业	1.62	1.3	1.39	1.13	1.29	2.3	

注:根据中国劳动与社会保障部,联合国工业发展组织(2003)数据计算得出,马来西亚为 1999 年数据,其他为 2000 年数据。

劳动的报酬,工人人均工资增加值近似表示资本的报酬(其中饮食非资本的报酬),根据他们在工人人均产出增加值中的比重就可以对产业的要素密集度分类。经验数据表明这种分析方法不仅适用于美国,甚至可以用来分析印度这样和美国发展阶段很不相同的国家的制造业。Hill 和 Philips(1997)的研究更加证明了这种方法的可靠性,他们分析了东亚六个制造业发展最快的国家和地区,包括香港、新加坡、台湾、韩国、马来西亚和泰国 1981 年到 1992 年制造业的数据,证明即使在制造业规模和结构变化较快的这段时间,这种分类法仍然具有可靠性和稳定性。

Hill 和 Philips 的方法的思想是先对一国的制造业进行分类,然后再进行多国的比较。由于各国的人均 GDP 差异很大,因此直接用一国的数据进行对比就没有可比性,科学的方法是先在一国内部进行分类,然后再进行多国比较。如果一个产业在不同的国家都表现出劳动密集或资本密集的特征,那么就可以断定这个产业是劳动密集型或资本密集型产业。在一国内,我们把某个制造业工人人均工资增加值和工人人均非工资增加值在工人人均产出增加值的比重和该国制造业的平均水平对比,就可以判断该产业在该国的要素密集度。设 *li* 表示第 *i* 产业工人人均工资增加值和制造业平均水平的比,*ki* 表示 *i* 产业工人人均非工资增加值制造业平均水平的比,*vi* 表示工人人均产出增加值的和制造业平均水平的比则有:

$$l_i=\frac{una_i}{una_i}\quad k_i=\frac{nuna_i}{nuna}\quad v_i=\frac{va_i}{va}$$

下标 i 表示第 i 个产业,字母上一横表示制造业的平均水平。根据这三个指标的大小就可以判断产业在该国的要素密集度。li、ki 和 vi 等于 1 表示相当于制造业平均水平、小于 1 表示低于制造业平均水平,大于 1 表示大于制造业平均水平。一个产业的劳动密集型特征越明显,工人的人均产出增加值、工资增加值和非工资增加值就越低,相反资本密集的特征明显,这三个指标就越高。因此从 li、ki 和 vi 我们就可以判断该产业的要素密集度。

这种方法不仅可以对产业的要素密集度分类,从分类的国际比较中,我们还可以看出统一制造业在不同的国家所处的层次,例如同样服装制造业,发达国家资本充裕,劳动力价格高,因而倾向于用较多的资本和较少的劳动力,生产高档时装。而发展中国家资本缺乏,有大量廉价劳动力,因而倾向于用较少的资本和较多的劳动力,生产普通服装。因此发达国家的服装制造业比发展中国家更具有资本密集型的特征。处于不同层次的同一产业面临不同的市场,相互间不是竞争性的。

表 2　中国和东盟的主要制造业

国　家	制造业的前五大产业
中　国	电子及通讯设备　机械设备　交通运输设备　化工产品　钢铁产品
新加坡	电子及通讯设备　办公设备和计算机　造船及船泊修理　金属制品　专用设备
马来西亚	电子及通讯设备　化工产品　食品加工　机械设备　交通运输设备
泰　国	电子及通讯设备　交通运输设备　纺织和服装　办公设备和计算机　电机设备
菲律宾	电子及通讯设备　化工产品　食品加工　饮料　石油冶炼
印　尼	组织和服装　烟草　交通运输设备　化工产品　电子及通讯设备
越　南	制鞋　制衣　非金属矿产品　食品加工　纺织
老　挝	制衣　木材加工　食品加工　玻璃及其制品　烟草
柬埔寨	制衣　玻璃及其制品　食品加工　木材加工　烟草

资料来源:联合国工业发展组织,2003。

二、中国—东盟各国制造业的产业层次和结构特征

制造业的产业层次与结构特征对各国的竞争力具有重要意义。表 *1* 是中国和东盟国家部分制造业的要素密集度比较,取值为 *li*、*ki* 和 *vi* 的均值。这里的要素包括资本和劳动力,为叙述方便统一用资本密集度表示,值越小资本密集度越低,值越大资本密集度越高。从表中我们可以看到中国的纺织业、普通机械制造业、造纸和纸制品业、橡胶制品业、金

表 3　制造业的相对劳动生产率(2000 年)

行　业	中　国	新加坡	马来西亚	菲律宾	泰　国	印　尼	越　南
纺织业	-0.62	4.29	0.64	-0.24	-0.23	-0.46	-0.9
普通机械制造业	-0.66	3.27	0.79	-0.4		-0.5	-0.86
造纸及纸制品业	-0.67	2.52		-0.05	-0.05	-0.29	-0.83
橡胶制品业	-0.38		1.36	0.45	0.5	-0.22	-0.53
金属制品业	-0.5	1.85	0.54	-0.34		0.67	-0.78
专用设备制造业	0.68	2.97				-0.53	-0.84
食品加工业	-0.5	1.43	0.45	0.64	-0.64	-0.45	-0.87
饮料制造业	-0.75	1.86	-0.31	0.12		-0.78	
化学原料及化学制品制造业	-0.89	3.24		-0.51	-0.86	-0.88	-0.93
黑色金属冶炼及压延加工业	-0.62	2.09	-0.34	-0.32	-0.38	-0.1	-0.78
有色金属冶炼及压延加工业	-0.53		0.92	0.69		0.49	-0.93
交通运输设备制造业	-0.65		0.18			1.91	-0.57
烟草加工业	-0.2		-0.64	0.32	0.26	-0.86	
石油加工业和炼焦业	-0.92	1.26	-0.72	1.98	-0.59	-0.94	
电子及通讯设备制造业	-0.61	2.82	-0.39	-0.41	-0.63	-0.52	

注:根据中国劳动与社会保障部、联合国工业发展组织(2003)数据计算得出,马来西亚为 1999 年数据,其他为 2000 年数据。

属制品业、食品加工业、饮料制造业、有色金属冶炼及压延加工业和电子及通信设备制造业与东盟主要国家具有相似的要素密集度(除了个别国家外)。比如纺织业的要素密集度,中国为0.63,新加坡为0.58,菲律宾为0.56,越南为0.35,都是非常典型的劳动密集型产业,马来西亚、泰国和印尼的纺织业虽然资本密集度比其他国家高一些,但是差距并不大。

中国的化学原料及化学制品制造业、黑色金属冶炼及压延加工工业、烟草加工业和石油加工业与东盟主要国家的要素密集度有明显的差别。例如化学原料及化学制品制造业,新加坡和菲律宾的资本密集度高于其他国家,分别为2.94和2.34;泰国、印尼和越南次之,分别为1.24、1.48和1.7,中国为1.06。烟草加工业,中国和泰国的资本密集度最高,为6.6和7.26,其次是菲律宾3.9,印尼和马来西亚比较低,分别为1.06和1.07。

总体上看,中国和东盟的制造业的大部分产业都具有非常相似的要素密集度,而且越是偏向于劳动密集型的产业,相似性越高。表明中国的制造业和东盟国家并没有拉开差距,基本上属于同一层次。这是由中国和东盟国家相似的发展阶段和要素禀赋决定的。除了新加坡发展水平比较高,新加入东盟的缅甸、老挝和柬埔寨的发展水平比较低外,其他东盟国家的发展水平和中国相比没有拉开大的差距。同时中国和东盟国家同属人口密集的发展中国家,劳动力丰富而资本缺乏,具有比较优势的产业是劳动密集型产业。此外,中国和东盟国家长期执行基于比较优势的出口导向型发展策略,鼓励外资进入促进出口,外资注入主要是利用东道国的劳动力成本优势,把劳动密集型产业从高劳动力成本国家转移到低劳动力成本国家。中国和东盟国家无论起步早晚,制造业的这一发展过程是相似的。

中国和东盟的制造业结构和发展水平都比较相似。与单个东盟国家相比,可以看出一定的差异;如果把东盟作为一个整体和中国相比,那么制造业的结构就非常相似。下表是2000年中国和东盟国家制造业前五大产业,从中可以看到机电设备是中国和东盟中相对发达的老成员国最大的制造业产业,服装、制鞋等轻工业产品则是东盟中发展相对滞后的新成员国的主要制造业。这里只列出了部分产业,如果列出更多的产业,这种相似性仍然存在。总体上说,中国的资本密集型制造业面临老东盟成员国的竞争,劳动密集型制造业面临新东盟成员国的竞争,而东盟中等发展水平的国家无论是劳动密集型还是资本密集型制造业都和中国存在竞争关系。这种竞争集中体现在市场的竞争上,因为无论中国还是东盟都有很高的对外贸易依存度,并且出口市场集中在美国、日本和欧洲。

三、中国和东盟各国制造业的劳动生产率与工资成本

亚洲金融危机以后,东盟国家的经济受到很大冲击,制造业也受到影响。1997年后的几年,东盟国家制造业发展缓慢,危机严重的国家如印尼甚至出现倒退。从1999年开始,东盟国家逐步从危机中恢复,制造业出现较快增长的趋势。在这几年中,中国制造业的发展迅速,国际直接投资也达到创纪录的规模,甚至有人开始把中国称为"世界工厂"。中国制造业取得的成就无可否认,但是应该认识到中国的制造业竞争力方面还存在很多问题。首先,中国和东盟国家制造业结构的相似性并没有改变,在层次上也没有拉开差距。其次,中国经济以及制造业迅速发展的同时,工资水平也在上升,劳动力成本相对优势减弱。第三,经过危机后的调整,东盟制造业的发展潜力仍然很大,未来的竞争力优势不容忽视。通过比较制造业的劳动生产率和工资水平,我们可以看到中国和东盟制造业的优势和劣势所在。鉴于中国和东盟都不是技术领先国,制造业以基于劳动力成本优势的加工工业为主,因此从制造业的劳动生产率和劳动力成本来比较竞争力具有说服力。文中的各指标都通过中心标准化的方法转化为相对数。

表3是2000年中国和东盟国家部分制造业的相对劳动生产率,从中可以看到劳动生产率低下是中国制造业面临的主要问题。表中大部分数值为负是因为在中心标准化过程中加入了新加坡,新加坡是区域内最发达的国家,劳动生产率远远超过其他国家。除去新加坡,我们可以看到中国制造业的劳动生产率只比越南高,大部分制造业的劳动生产率都低于马来西亚、泰国和菲律宾,和印尼比较接近。中国制造业的劳动生产率仅比新加入东盟的越南、老挝、缅甸和柬埔寨具有优势,和老东盟相比没有优势,即使和发展水平与中国接近的菲律宾和印尼相比也是如此。从产业类型看,差距比较大的产业有普通机械制造业、橡胶制品业、金属制品业、食品加工业、有色金属冶炼及压延加工业和石油加工业和炼焦业,化学原料及化学制品制造业、黑色金属冶炼及压延加工业、烟草加工业和电子及通讯设备制造业差距比较小。劳动生产率的高低基本上和各个国家的经济发展水平高低一致,特别值得注意的是菲律宾和印尼的经济发展水平与中国相近,甚至略低于中国,但是中国制造业的劳动生产率比起他们来说并不具有优势。

表4是2000年中国和东盟国家制造业的相对工资水平,从中可以看到中国制造业的竞争力的优势是基于劳动力成本的。2000年中国制造业的平均工资为1120美元,新加坡、

表4　制造业的相对工资水平

行业	中国	新加坡	马来西亚	菲律宾	泰国	印尼	越南
纺织业	-0.77	5.02	0.34	-0.36	-0.22	-0.77	-0.83
普通机械制造业	-0.77	4.01	0.35	-0.49		-0.64	-0.84
造纸及纸制品业	-0.81	3.76		-0.38	-0.22	-0.75	-0.79
橡胶制品业	-0.43		1.27	0.49	0.6	-0.4	-0.31
金属制品业	-0.72	3.53	0.41	-0.39		-0.5	-0.74
专用设备制造业	-0.84	3.31				-0.78	-0.87
食品加工业	-0.84	2.4	-0.18	-0.55	-0.57	-0.81	
饮料制造业	-0.88	2.36	-0.05	-0.52		-0.88	
化学原料及化学制品制造业	-0.52		1.73	0.35		-0.23	-0.76
黑色金属冶炼及压延加工业	-0.79	2.09	-0.08	-0.54	-0.38	-0.58	-0.78
有色金属冶炼及压延加工业	-0.53		0.92	0.69		0.49	-0.93
交通运输设备制造业	-0.65		0.18			1.91	-0.57
烟草加工业	-0.32		0.25	-0.28	1.06	-0.75	
石油加工业和炼焦业	-0.89	3.06	-0.51	-0.13	-0.59	-0.89	
电子及通讯设备制造业	-0.76	2.88	-0.28	-0.56	-0.48	-0.75	

注:根据中国劳动与社会保障部、联合国工业发展组织数据(2003)计算得出,马来西亚为1999年数据,其他为2000年数据。

马来西亚、泰国、菲律宾、印尼、越南、柬埔寨和老挝分别为20991美元、3447美元、2759美元、2288美元、929美元、802美元、659美元和414美元。除了越南、印尼、老挝、缅甸和柬埔寨外,其他东盟国家都有比中国高的劳动力成本。无论是劳动密集型还是资本密集型的产业,中国的劳动力成本优势都很明显。劳动力成本优势对资本密集型产业的竞争力意义不大,对劳动力密集型产业的竞争力有重大意义。东盟除新加坡、文莱和马来西亚外,劳动密集型产业所占的比重都很大,中国和他们相比具有比较明显的成本优势。和发达国家相比,中国和东盟都是劳动力成本低的国家,而中国制造业的劳动生产率和工资水平都低于东盟主要国家,可见中国制造业的竞争优势比东盟国家更加依赖于劳动力成本。

综合考虑劳动生产率和劳动力成本,那么中国和东盟国家劳动生产率的强弱取决于劳动生产率和劳动力成本的相对增长速度。最近几年中国制造业的竞争力相对增强正是由于劳动生产率增长速度快于工资水平的增长速度。金融危机导致东盟很多国家制造业的劳动生产率下降速度快于工资水平的下降速度。但是随着危机影响的逐步消除,东盟国家的制造业又开始恢复增长,特别是2002年以后,增长速度明显加快。从动态指标上看,中国制造业的竞争力在上升,但是如表3所示,制造业的劳动生产率仍然落后于东盟主要国家。随着老东盟国家从危机中恢复,新东盟国家经济的快速发展,中国制造业将面临东盟更大的挑战。

四、FDI的区域特征加剧中国和东盟制造业竞争

中国和东盟国家都是国际直接投资注入较多的发展中国家,从表5中我们可以看到,制造业所吸收的国际直接投资无论是在中国还是在东盟国家中都占有很大的比重。特别是在中国,国际直接投资主要集中在制造业,1999年制造业吸收的国际直接投资就已经占到实际利用国际直接投资总额的56%,而且还有不断上升的趋势,到了2002年和2003年,这一比例已经上升到70%左右。这一比例在东盟国家虽然比中国低很多,但是制造业同样是东盟吸收国际直接投资最多的产业部门。最近几年,流入东盟制造业的国际直接投资有下降的趋势,所占比例在30%上下浮动。

跨国公司对中国制造业的投资大多集中于劳动密集型产业,反映中国低廉的劳动力成本、巨大的国内市场以及制造业发展的基础设施条件,对跨国公司在全球范围内的制造业转移具有很大的吸引力。跨国公司对东盟国家的投资也集中于劳动密集型产业,这是由于除新加坡之外的东明国家,如泰国、马来西亚、印尼、菲律宾和其他新东盟成员国均处于劳动力要素推动的发展阶段,具有比较优势的产业都集中在劳动密集型产业,都是跨国公司劳动密集型制造业或部分产业价值链转移的主要目的地。因此,中国和东盟国家在吸引国际直接投资方面具有比较强的竞争性。表5在一定程度上反映了这一问题,在1999年到2003年间,中国和东盟的国际直接投资流量存在反向变化的关系,中国实际利用的国际直接投资从403亿美元增长到535亿美元,同期东盟从272亿美元下降到193亿美元。在制造业中这种反向变化的关系更加明显,中国制造业吸收的国际直接投资从226亿美元上升到369亿美元,同期东盟制造业吸收的国际直接投资从64亿美元降至46亿美元。除了同期中国经济增长速度和宏观经济稳定优于东盟外,中国和东盟之间在吸引国际直接投资方面的竞争性是造成这种情况的主要原因之一。

中国和东盟各国劳动力方面的比较优势吸引了大量的跨国公司的国际直接投资聚集在这一地区,并进一步强化了这一地区制造业的劳动密集型的特点。对中国和东盟来说,吸收国际直接投资的广度和浓度成为影响制造业竞争力的主要因素。在前文中我们提到近几年来中国和东盟相比制造业的竞争力有相对上升的趋势,联系到同期国际直接投资在中国和东盟之间的相对变化,可以认为正是跨国公司在华投资的加强改变中国与东盟各国制造业的竞争力格局。

但是,由于跨国公司在中国—东盟这一区域的投资主要集中在劳动密集型产业、或者在产业价值链的劳动力密集环节,对各国的产业升级效应不明显,因此国际直接投资大量进入无助于改变这一地区制造业处于同一层次竞争的局面,反而在一定程度强化了制造业内部产业结构的竞争性。中国和东盟都处于跨国公司国际生产布局的加工环节,产品的销售市场都是欧美和日本市场。从表6中可以看到,跨国公司对东盟的投资主要集中机电设备制造业,与跨国公司在中国的投资结构基本雷同。同时,在该地区的绝大多数的国际直接投资都属于加工贸易型的,无疑导致了劳动密集型出口市场的竞争加剧。由于劳动密集型产品市场的竞争加剧,必然产生一系列的连锁效应;产业结构的相似性和竞争性无疑会对中国和东盟的经济合作产生不利影响。首先,中国和东盟在劳动密集型制造业上的竞争,使劳动密集型产品的贸易条件恶化,从而降低了出口收益。其次,中国和东盟主要国家相似的产业结构限制了双边贸易的扩大,降低了中国东盟自由贸易区建立的经济收益。最后,争夺出口市场和吸引国际直接投资的竞争使东盟国家对中国经济和对外贸易的迅

表5　中国和东盟制造业FDI注入情况

单位:亿美元

		1999	2000	2001	2002	2003
中国	FDI	403	407	469	527	535
	其中制造业	226	258	309	368	369
	比重(%)	56	63	66	70	69
东盟各国	FDI	272	234	193	134	193
	其中制造业	64	78	65	54	46
	比重(%)	24	33	34	40	24

资料来源:《中国统计年鉴》2004年,*ASEAN STATISTICAL YEARBOOK* 2004。

表6　1999~2004年跨国公司累积对东盟投资的十大制造业

产　　业	比重
无线电,电视,通讯设备和装置制造业	27
食品和饮料制造业	20
造纸和纸制品制造业	10
橡胶和塑料制品制造业	9
机械设备制造业	7
化学原料及化学制品制造业	7
金属制品制造业	7
石油加工业和炼焦业	5
电子设备和装置制造业	4
木材加工和木制品制造业	4
合　　计	100

资料来源:*ASEAN STATISTICAL YEARBOOK* 2004。

速增长感到担忧，助长了中国威胁论。事实上，在该地区的国际直接投资同构性，必然使跨国公司之间的利润竞争转换为中国—东盟各国之间劳动工资之间的激烈竞争。

五、结论

东南亚对于中国如同拉美对于美国一样，具有重大的安全和经济意义，中国—东盟自由贸易区的建立是中国在国际政治、经济方面取得的巨大成就。中国和东盟的经济合作既有互补性又有竞争性，竞争性突出体现在制造业方面。中国和东南亚国家同属发展中国家，在经济发展过程中都采取基于比较优势的出口导向型发展策略。由于具有比较优势的产业都集中在劳动密集型产业，以比较优势为基础的出口导向型发展策略对单个国家来说是最优策略，但是如果有很多国家都执行这一战略，那么产业结构的雷同和国际市场上的过度竞争将不可避免。联合国贸发会议把发展中国家建立在低成本基础上的过度竞争导致的贸易条件恶化称为"竞争与合成的谬论"本文的研究表明，中国与东盟的制造业不仅结构相似，而且处于同一层次，如果这种趋势继续发展下去，那么中国在成为一个出口大国的同时也面临贸易条件恶化的问题，也不利于推动中国—东盟自由贸易区的建设。因此，中国必须与东盟各国寻求一种"在共同增长中促进合作"的战略思路，积极自动地加快产业升级步伐，调整贸易政策。

首先，应该以国际贸易净收益代替出口增长值作为评价对外贸易绩效的指标。长期以来中国一直过于注重出口量的增长而忽视了贸易所得，虽然中国的出口增长很快，但是其中净收益与出口额不成比例，只挣得微薄加工费和利润。应该把贸易净所得作为评价贸易成果的指标，正确引导国内的地方和厂商发展对外贸易；同时，需要通过加快政府体制改革，消除国内地区之间的贸易障碍，降低交易费用，积极发展以地区市场和区际市场为主的国内贸易，把国内需求作为带动产业升级的积极力量，统筹国内与国外市场的均衡发展。

其次，调整产业结构，争取在国际分工体系中取得有利的位置。中国与东盟国家的竞争很大程度上就是因为在国际分工体系中处于相似的位置，并且面临同样的商品销售市场。只有与东盟国家形成不同的分工，中国和东盟才能增加互补性而减少竞争性，建设中国—东盟自由贸易区得到的利益才会最大化。中国是一个大国，拥有完整的工业体系和巨大的国内市场，经济和对外贸易发展迅速，因此中国调整产业结构的能力强于东盟国家。东盟国家经过金融危机后，经济和对外贸易的发展势头不如过去，中国应该充分利用这一有利时机调整产业结构，争取和东盟国家在产业层次上拉开一定的距离。

第三，以技术发展带动中国劳动生产率和产业竞争力的提升。尽管中国是一个劳动力无限供给的大国，但是长期依赖低廉的劳动力成本来获得产业竞争力，就不可能变中国比较优势为竞争优势。从长期的角度，中国必须通过技术创新、技术转移与吸收、技术模仿和技术改造等技术发展的全过程来支持劳动生产率的提高，提升产品的技术含量；通过管理的改革与完善全面降低企业成本与社会成本，提高制造业的国际竞争力。从国际市场的竞争格局就会发现，世界上还有很多劳动力成本低的国家没有充分地融入世界经济体系，未来会有越来越多的国家进入劳动密集型产业，中国若长期定位劳动力成本优势，将进一步恶化劳动密集型产业的贸易条件，只有提高制造业的劳动生产率才能在越来越多的低成本竞争者进入的情况下保持竞争力。

最后，国际直接投资是作用于中国和东盟的产业结构和产业竞争力的变化的重要因素。中国应该加强对国际直接投资的引导，利用外资的一揽子转移的特点加快中国产业升级，防止陷入外资导向的劳动力比较优势陷阱；并加强与东盟国家在外资和产业政策上的协调，避免产业结构进一步趋同和同一层次的产业竞争，争取能够使中国和东盟各国在产业结构上拉开一定层次，或者在同一层次上展开不同的专业化分工。

（作者杨先明系云南大学发展研究院教授　袁帆系该院博士研究生　原载《云南大学学报》社科版 2005 年第 3 期）

从东南亚视角看中国的和平崛起：对一个新兴合作型强国前景的探讨

勒那托·克鲁兹·德·卡斯特罗

故善用兵者，屈人之兵而非战也，拔人之城而非攻也，毁人之国而非久也，必以全争于天下。故兵不顿而利可全，此谋攻之法也。——《孙子兵法》

中国迅速成长为一个区域性大国是 20 世纪最后一年国际体系的一个重大发展。尽管人口稠密，农村（农业）人口众多，中国却从自给自足、增长缓慢的指令型经济转型为有活力的市场驱动型经济，其强大的出口能力令世界敬畏不已。中国吸收了近 5000 亿美元的外国直接投资。这些投资增强了中国的出口能力，2003 年其出口总额高达 3800 亿美元，比 1990 年增长 8 倍。目前，中国经济正以年均 9% 的速度增长。到 2010 年，中国的经济总量将是德国的 2 倍；2020 年将超过当前作为世界第二大经济实体的日本。如今，中国已经成为全球经济的主要角色，也是 1997 年亚洲金融危机后其他东亚经济体复苏的强大推动力。未来一段时间内，中国经济似乎仍将高速增长，并成为今后几十年内其邻国不得不面对的重大问题之一。作为 20 年经济迅猛发展的结果，中国也正在国际关系领域推行投射其"大国地位"的政策。官员们这样看待他们的祖国：与其说中国类似于欠发达国家或发展中国家，不如说它与其他世界大国更加相像。北京重申，它将积极参与当前国际体系，把与世界各权力中心建立伙伴关系作为其外交政策的基础，而不是与这些权力中心对抗。

这些趋势预示着一个更加重大而且非常明显的转型——中国已经成为区域性大国，并有成为东亚强国的潜力。中国迅速崛起为区域性大国激起了外界恐惧与敬畏相交织的复杂心情。尽管北京努力以和平的意愿相抚慰，但它的飞速发展仍然使多数东亚邻国焦虑不安。东亚国家担心中国会向他们的市场倾销廉价的商品，他们的许多产品会在国际市场丧失竞争力。中国在提高军队现代化水平，为台海冲突作军事准备，并防止美国干涉等方面的努力则进一步加剧了这种忧虑。本文对中国在东亚和平崛起的前景作具体的分析，并在一般意义上探讨新大国和平兴起的前景。它试图探讨这两个中心问题：新大国的兴起是否必然破坏稳定？特定区域体系内的国家能够而且愿意将新兴大国和平地纳入现存国际秩序的可能性有多大？本文将应用合作型霸权的框架考察那些可能促使或者阻碍中国以和平方式在东亚行使主导权的因素。为此，本文提出了这些问题：中国和平崛起的必要条件是什么？为实现和平崛起，中国采取了什么战略？这些战略效果如何？影响中国和平崛起的障碍是什么？

一、合作型霸权理论

凭借生机勃勃的经济、日渐强大的军事实力以及大国地位的意识，中国向邻国表明其大国利益应当得到满足，结果它在东亚的影响力得到显著扩展。这些变化就提出了中国能否和平崛起的问题。然而，和平崛起对一些国家而言预示着危险，因为它可能导致国际冲突。赫德利·布尔认为，国际体系缺乏实现和平变革的机制，国家严重依赖战争作为社会变革的手段。马丁·怀特观察到大国在本性上倾向于扩张，这种扩张性的必然结果是，他们普遍拒绝未经争斗而丧失领地。二战前夕著书立说的爱德华·H·卡尔则坚信，国际政治研究的核心问题是如何实现变革而又避免战争，什么方案能够恰当地实现基于道义和权力的国际变革。

新兴大国的观念及其破坏稳定的后果是各种关于战争的循环理论和长周期理论的主题。这些理论用时间模式解释国际冲突：起初大国在体系内占支配地位，其后衰落，再后来遭遇新兴大国的挑战。尽管这些理论在到底是什么促使国家谋求全球霸权、遭受衰落和矫正崛起的挑战者等方面各执一词，却都着重关注民族国家权力的周期及其作为国际政治根本动力所扮演的角色。他们都认可这些看法：崛起的新大国挑战现存体系，原先占支配地位的国家则试图遏制这些挑战者，老牌霸权国要么灰飞烟灭，要么其权力地位相对于新兴挑战者无可避免的衰落。新兴大国及其倾向于引发冲突的后果也是保罗·肯尼迪于 1987 年出版的那本备受关注的著作《大国的兴衰》的主题。依照肯尼迪的看法，新兴大国的胜利和另一大国的衰败通常是这些国家的武装力量长期征伐的结果。他认为，由于经济扩张速度较快，新兴大国倾向于在国外扩展影响力。相对衰落的大国出于本能的反应加大在安全方面的投人，以应对新兴大国最终的军事挑战。肯尼迪注意到，一场重大战争最终的结果与新兴大国和衰落大国积累及动员生产资源的能力之间存在着很强的相关性。

然而，一些学者对于新兴大国自动导致国际冲突的宿命论观点持有异见。几个认为有必要由强国来管理全球经济的经济学家也相信，权力转换可以通过世界经济中的双边谈判或区域安排得以实现。爱德华·H·卡尔也提到，如果衰落中的大国能够容忍新兴大国，并“最终认可最强者领导世界的权利”，那么新大国就有可能和平兴起。在其著作《霸权之后：世界政治经济中的合作与冲突》中，罗伯特·基欧汉提出，强国的衰落有可能并不导致冲突或无法预测的变革。权力的有序转换可以通过相互的政策调整得以实现，而维持各种既能满足衰落大国利益又足以容纳新兴大国利益的机制则使这些调整成为可能。基欧汉承认，权力转换是困难的，因为这种转换在独立国家间发生，而国家行为的动机与其说是对“共同的善”的热爱不如说是自我利益的观念。然而，国家间通常存在着互补的利益，某种形式的合作能够提供潜在的好处。机制的存在就为国家间的提供了适宜的制度环境，无论这些国家是在衰落中还是正在兴起。通过设定国家行为的合法准则，并提供准则遵守状况的监测手段，机制为分散地实现诸如权力转换这样的国际变革提供了基础。

托马斯·彼得森也以新兴大国发挥合作型霸主的作用为条件，探讨了和平而有序的实现权力转换的前景。在其著作《德国、法国与欧洲一体化：一个现实主义的解释》中，彼得森探索了新兴大国通过国际机制和接受国际体系内的其他强国而逐步发挥主导作用的可能性。彼得森以 19 世纪德国的统一以及二战后德国在欧盟中的兴起作为合作型霸权的案例。合作型霸权概念的基本假设是：在一个占支配地位的强大国家有权利作出某些决定而其他弱小的国家则没有这种权利的国际环境中，某种程度的等级结构就在无政府状态中发挥着作用。这样，占支配地位的国家就控制了从属行为体的所有资源、资产和决策，这控制取决于它建立的是联盟关系、保护国关系，还是非正式的或真正的帝国关系。合作型霸主通常是缺乏独自扮演世界大国所需的资源、因而最终决定与邻邦结合以寻求国际地位的大国。彼得森讨论了合作型霸主的特征以及和平地实现权力转化所应当推行的战略。依据他的看法，合作型霸主应当：a）有建立在“强中更有强中手”（尽管对手可能正在衰落）信念基础上大战略；b）拥有庞大的人口，从而对高水平的区域机制化产生兴趣；c）在地缘政治区位上相当暴露，并因此在历史上与邻邦长期冲突。

在和平地实现权力转换的过程中，合作型霸主应当与体系内的其他国家建立起非对称性联盟。建立非对称性联盟就要给一个（或两个）国家安排独特的角色。反过来，这个（或两个）国家应当愿意分享权力并有能力运用软实力。在维护非对称性联盟体系时，合作型霸主应当推行以下外交战略：

指引方向，包括利用资源和谈判技巧行使区域主导权。合作型霸主更愿意使用软权力，这使它在相当程度上不得不依赖于能够创造知识资本的学术和商务上的领导能力。合作型霸主缺乏结构性权力，同时它又要获得弱小邻国的合作。为此，它便依靠使用补偿性支付（side - payment）这种软实力，或者威胁减少或取消对抵制国家的捐赠。

势力失衡而非均势政策。合作型霸主强调共同选择，试图压制均势机制。它避免表现得过于强大，这样小国就会发现没有平衡的必要。建立合作型霸权的关键要素恰恰在于减少恐惧感，以防止小国结成反霸权联盟。在推行该战略时，合作型霸主既可以利用经济诱导，也可使用政治谋略。

补偿性支付与权力分享。合作型霸权主要运用经济影响力获取小国的合作。故合作型霸权的战略可将补偿性支付这种能够在谈判中迅速见效的方法包括在内。合作型霸权也暗示着愿意分享权力，为小国提供制度化的发言机会。因此，如果没有其它情形，有权力分享传统和邦联制度的区域大国最适合于施行合作型霸权战略。

接受双头霸权。合作型霸权战略可由区域内的一个或两个大国来推行。由于霸权核心区的两个大国的实力通常不平衡，双头霸权会带来特殊的问题。在两个霸主的互动中，霸权内的张力会外溢到核心与外围的关系上去，小国则试图让两个霸主互相牵制以提高自己在体系内的地位。由于两个霸主在人口、物质资源、军事实力、软实力等方面的发展水平可能不同，双头霸权的进程很难维持。而管理双头霸权状态的关键在于，两霸中更强大的一方应给予正在兴起的一方至少名义上的政治平等，某些方面则给予事实上的平等。

如同在其它权力转换过程中一样，中国的和平崛起也是首选的政策结果。遏制或大国平衡态势常常伴随着新兴大国与衰落大国间的紧张关系，而和平崛起则使原来的大国得以维护他们极其重要的利益，并且不会蒙受系统性冲突的短期代价。和平崛起也使得小国得以发展经济，在大国间发挥一定的杠杆作用，避免被塞入大国冲突的夹缝中。更重要的是，和平崛起将使中国得以避免骚乱，对老牌大国和东亚邻国推行建设性的政策。本文应用彼得森的合作型霸权框架分析中国作为东亚大国和平崛起的前景。

二、作为合作型强国的中国

合作型强国的一个重要特征是，它是一个区域性大国，军事能量有限但经济能量巨大，且在领土范围之外从事广泛的经济活动。合作型强国对获取进入邻国市场的安全渠道颇感兴趣，认为打开邻国广阔的国内市场是符合其利益的。中国正是如此。尽管增加军备的报道时有所闻，但中国还远不足以依靠武力来确立强国地位，在亚太海域尤其如比。相对于强大的陆军，中国海军无论在影响力还是装备水平上都不过是一支海岸护卫队。台湾宣布独立，美国军事干涉也许会迫使中国诉诸武力，但只是在被逼无奈时解放军才会出来收拾局面。

尽管1980年代早期以来就一直在搞军事现代化，解放军当前的军力构成、作战方针、训练、布防和装备都使它几乎没有什么机会能赢得一场高科技有限战争。解放军仍然受着各种战略鸿沟的折磨，空军部队、集成后勤支持、集成作战系统和工业技术支持等方面尤其如此。中国有世界上最庞大的军队（约300万）。但解放军要转变为一支现代化的军队却不容易，除非中国大量增加军费开支或者大量裁军，但这两点在政治上都难以做到。考虑到军队质量低下，在广阔的国土上动员军队在后勤方面的困难，以及中国已不如以前重视整顿军备等因素，解放军虽有能力保卫中国本土，但军力投射力和攻击能力则非常小。地区层面上，中国不可小觑，但解放军受着以下几方面的限制：a）未能掌握和充分利用从俄罗斯购置的先进的新式武器；b）未能进行软件革新以取得联合作战的能力；c）当务之急是采取军事行动胁迫而非进攻台湾，以阻止其独立。中国在军事能力和防务预算方面要追上美国和日本尚需时日，即便在这方面做到了，军队的组织结构和军费开支的安排也还需要重大改革。

北京视经济发展为提高综合国力的关键，而不是单纯依靠军事手段来保障安全。从北京的角度看，为保护经济利益和经济发展，军事实力是必要的，但仅有军事力量还不能确保经济安全。政治领袖认为随着中国日益融入世界经济，国家安全的范围要扩大，经济领域尤其如此而经济安全只有通过发展经济才能获得。政治领袖规划了三步走的经济发展战略，期望到21世纪中叶达到中等发达国家水平。为实现这一目标，北京非常重视为经济高速发展创造良好的环境。推进地区或全球经济合作，与外界建立多样化的经济联系，打市场牌，积极参与地区或全球生产网络，就成为中国实现这一目标的手段。

以沿海地区的经济起飞为先导，参与跨国生产网络促进了中国向新兴工业化国家的转变。1988/1990年至1995/1996年间，中国的一些出口商品在国际市场的份额翻了一番，如制衣、纺织品、鞋袜、办公用品和计算机配件。取得这些成就的一个因素是，中国的经济增长与在亚太地区海外直接投资基础上发展起来的生产和服务网络有直接的关联。充满活力的中国经济是区域经济的一部分。这种区域经济日益建立在组件、配件以及其他中间产品的交换的基础之上，反映出复杂的区域内生产网络的发展。在这个网络中，生产的各个阶段被安排在不同国家。台湾和香港的公司将西方投资者和中国内地的工厂连接起来，他们按照合同在中国内地生产供出口到欧洲和美国的电子产品。这些离岸公司在中国内地建厂，主要从事作为生产过程最后阶段的低附加值的劳动密集型加工，而整个生产过程则从高度工业化的美国、日本延续到台湾和中国内地。因此，在电器和电子产品的生产方面，包括中国在内的东亚和东南亚经济体间存在着成熟的次区域劳动分工。

为了在国际经济中确保自己的利益，中国参加了许多有资格参加的重要的全球性或区域性经济组织，如世界贸易组织、国际货币基金组织，亚洲开发银行、世界银行、亚太经济合作论坛、亚欧对话会议和东盟+3进程。参与多边组织使中国能够对经济全球化或一种“可管理的”全球化施加更大的影响。参与这些经济组织的政策目标在于，按照可以控制的进程逐步地，而不是不分青红皂白地开放中国经济，以免危害长期经济安全。一位著名的中国问题专家视中国参与经济组织为一种手段，既“提供了一种最重要的参与自发的经济全球化的渠道，又使它有更多的空间对经济全球化的管理施加影响。”如今，中国在通过操纵国际市场力量促进经济安全方面已经相当熟练了。它还把区域性自由贸易安排看作中国经济融入东亚的手段，希望借此进一步刺激其出口驱动经济的发展，因为这些机制将使成员国得以更好地进行经济协调，培育国际经济的集体管理体制，以防止危机的发生和蔓延。

合作型强国的另一个重要特征是它应当有稠密的人口，从而对高水平的区域机制建设感兴趣。巨大的人口是中国经济迅猛发展的一个关键性国内因素。1990年代后期，中国12亿人口以每年约1%的速度增长，相当于每五年就增加一个欧洲大国的人口。

80、90年代改革时期的一个重要特点是农村地区的急剧增长导致工业从城市往外扩散。但工业真正进入的是城郊而不是农村，实际上导致了城市的扩大。改革给城市带来了经济利益，导致了整合的东南城市地区与分散的西部农业经济之间的差异。如今中国GDP的57%来自东部沿海地区，26%来自中部，西部只有17%。成百上千万的劳工从农村涌入城市，导致城市失业率高达8%。中国每年需要2000万个新工作岗位来吸收800万国有企业下岗职工和几百万失业农民。

要做到这一点，中国唯有继续充当和加强“世界工厂”的角色。中国经济的高速发展高度依赖于许多外部性因素，如进出口、资本流入、区域经济和世界经济的一般状况。中国的出口与GDP的比例一直在上升，这意味着出口的扩大与GDP的增长有密切的相关性。中国经济向世界工厂的转变正好与20世纪90年代东亚区域性经济组织的出现相一致。90年代之前，东亚国家传统上倾向于全球贸易体制，而回避区域性安排。由于1997年的亚洲金融危机和日本经济的持续低迷，一种新的东亚身份感或地区主义应运而生，为区域经济组织的倡议奠定基础。目前，区域内的所有国家都是一个或多个双边或多边经济组织倡议的成员。

东亚对各种区域性经济安排满怀激情的原因主要有两

个:其一,认为其他地区的区域主义皆有益于成员国的经济;其二,担心不就与竞争对手享有相似的外国市场准入问题进行谈判会损害国内经济利益。中国与其东亚经济伙伴在几个区域经济论坛上相互影响,其中最重要的包括亚太经合组织、东盟+3、上海合作组织、博鳌亚洲论坛和图们江区域发展计划。对中国而言,这意味着每个区域论坛的政治和经济动力都有细小的差别,但它们都服务于中国的外交政策目标。由于它的经济增长对区域经济的依赖很大,中国领导人视区域主义为各国共同努力以应对变幻莫测的国际经济的一种机制。他们也把区域主义看作一种对全球化力量作出反应的途径。也有人认为,北京对区域集团的支持是建立在这样的前提上的:作为多边主义的一种形式,区域集团可以作为一种手段,用来制衡美国自苏联解体以来一直没有受到抑制的金融和军事力量,从而提升其国家安全。

良性强国的最后一个特征是它的地缘政治位置暴露,历史上与邻国长期存在冲突。历史上中国一直倾向于视北疆为威胁的来源,南疆则为扩张的机会。北方的游牧民和骑士经常南下蹂躏汉族居民区。与北方不同,南方是适合于农耕的河谷、山谷和平原。东南地区更由于八、九十年代的改革成为中国最有经济活力的区域。以说粤语的珠江三角洲南部沿海地区为核心,这个区域被定为经济特区,成为香港在内地投资的最佳场所。广东省自80年代以来就成为中国经济的发动机。和上海一道,南部沿海地区吸收了来自欧洲、美国、日本跨国公司的高科技资本密集型投资。

事实上,这是19世纪通商口岸的经济发展模式在21世纪的翻版。这也使得快速发展的经济中心对于来自海外的冲击显得极其脆弱。尽管中央政府在60年代努力把核心工业与资源向内地疏散,北京现在仍非常担心北方—更重要的是东南方—在密集的导弹攻击、空中打击和海上封锁面前太脆弱。北京担心美国海军会利用东南沿海的地缘脆弱性遏制中国在东亚的军事影响力的增长,这种担心是中国地缘政治思维的关键。一旦中国试图武力收复台湾或积极巩固南中国海的领土要求,美国海军就可能攻击这个地区,解放军对这一点十分清楚。由于没有集成防空体系,不仅美国海军的航母作战编队可以攻击该地区,甚至台湾空军都可以进行报复性打击。对地缘政治脆弱性的认识可以解释中国对东亚均势变化的敏感性以及维持对本地区其他大国最低限度的战略均衡的努力。中国领导人接受美国凭借其前沿部署的海军和双边安全联盟能够极大影响中国安全环境这一事实。

除东南沿海外,中国还有14个陆地边界,这些边界有的还存在一些问题,也并非大部分毗邻国都对北京是善意而友好的。这种地理特征和百年耻辱的苦涩记忆使中国人相信,由于市场潜力巨大、廉价劳动力庞大、资源丰富、战略位置重要,中国将一直是其他国家——特别是大国——邪恶动机的目标。由于对这种脆弱性有清醒的认识,北京采用了一种着重于以武力防止外来威胁的安全战略。从毛泽东到邓小平,中国领导人都把寻求国家安全视为使用武力保家卫国、反对侵略和压迫的问题。

从1950年到1979年,中国数次使用武力解决国际争端。根据其动机,北京使用武力的情况可以分为三种:a)制止超级大国的威胁(如卷人朝鲜战争);b)保卫国土不受侵犯或收复领土;c)维持区域均势(如1979年中越边境冲突)。第一代领导人接受了战争是政治另一种形式的延续的现实主义观念,主要依靠使用武力来确保中国安全和解决国际争端。然而,随着北京确立现代化目标并着力改善早期武力解决国际争端的政策,这种状况在80年代发生了变化。吸引外国投资、确保国际市场准人的现行政策要求稳定的国际环境和睦邻关系。该政策的一个主要特征就是和平解决边境冲突,加强与东亚邻国的外交、文化和贸易联系。

三、中国与合作型强国战略

中国具有成为合作型强国的所有必要特征,具备大国推行彼得森所说的非对称性联盟或合作型霸权战略所必需的三个重要品质。与传统的霸权不同,非对称性联盟是一种“软”霸权,大体上是基欧汉关于世界政治中由单一的支配性大国构建的秩序的另一种表现形式。非对称性联盟是典型的分散型国家联合体,正式的政治领导权比较薄弱。与依靠压倒性的经济资源和充足的军事资源遏制或挫败潜在的挑战者形成鲜明对照的是,合作型强国很少有同样的军事能力,它更多地依赖与联盟内弱小国家间的契约性关系。合作型强国主要利用四种战略来培育经济上的相互依存,防止成员背离联盟。本文使用培育非对称性联盟的四种战略来分析中国外交政策的本质,以确定这能否为中国成为合作型强国创造充分条件。

(一)指引方向

1990年代后期之前,中国的外交政策一般被认为是被动的、低调的。北京寻求大国的许多权利与特权,却不接受与之相伴的大部分义务和责任,也不愿意当头。作为20世纪国际体系的后来者,中国被认为没有参与为一个可能不符合其利益的国际体系制定规则和规范的活动。90年代后期,当北京在区域和国际事务变得不那么具有对抗性,而且开始扮演更成熟、更有信心、也更具建设性的角色时,这种状况发生了变化。利用外交政策上的变化,他开始用有限的方式影响东亚地区体系的动力。

1998年,北京宣布并开始实施“新安全观”。这是它在为该地区指引新方向上作出的努力。作为外交政策的新基础,该概念表明了中国捍卫独立与主权、为经济改革和现代化创造良好的国际环境、维护世界和平、促进共同发展的愿望,大胆地倡导为确保中国的长期稳定而建立新的世界秩序。新安全观重申了在国际安全方面的立场,如,不参与也不卷入军备竞赛,同时申明了反对霸权主义、强权政治以及任何侵略和扩张行径的立场。倡导世界的多极化,强调通过谈判解决国际争端,要求联合国在国际事务中发挥主导作用。

新安全观在三个方面为东亚地区事务指引了新的前景和方向。首先,它提供了一种可供选择的安全蓝图。这个蓝图设想了一个没有同盟结构的区域性多边安全框架,可用来取代自上世纪50年代以来在地区安全领域由美国主导的双边同盟体系。新安全观间接地批评了美国的结盟思维,鼓励亚洲国家考虑推行独立于美国霸权的政策,同时用一些旨在削弱美国在该地区地位的言辞和行动向东亚邻国强调中国的新安全观。然而,9·11事件后,对美国在东亚地位的心照不宣的批评就停止了。虽然其侵蚀美国在东亚地位的努力是微妙的,但新安全观掀起了一个由中国提出各种经济、政治、安全和文化倡议的浪潮,这些倡议旨在培育更紧密的区域性双边或多边安排。

其次,新安全观为中国在东亚前所未有的外交活动铺平了道路。90年代中期以来,中国扩大、深化双边关系,组织或加入了各式各样的经济和安全协议,深化了参与关键性多边组织的程度,帮助处理了一些国际安全问题。在与韩国及东盟的关系上,外交发挥了非常重要的影响。北京的外交政策能顾及别国的感受,并且愿意接受韩国及东南亚国家的一些政治关切,这在该些国家的官员中间制造了善意的气氛。

第三,通过促进与其他国家的全面友好合作关系,提出没有强权政治的新型国际关系,新安全观发出了中国置疑军事实力在国际政治中重要性的信号。中国的官员、学者认为,随着冷战的结束,安全不应再集中于军事防御,而应当关注一些更为宽泛的安全挑战,如毒品交易、恐怖主义、有组织跨国犯罪、环境恶化、社会和民族冲突以及资源短缺。新安全观呼吁扩大安全的范围,把一些非军事问题包括在内,如经济与环境问题、贫困、自然灾害、犯罪、社会歧视及失业等社会问题。中国正在提倡一种综合安全战略,军事安全仅仅是该战略的一个组成部分。事实上,北京现在更愿意依靠外交和经济手段处理国际安全方面的关切,而军事手段则被认为变得不那么适宜了。把非传统安全方面的挑战纳入其中的首要目的在于,使美国用高度军事化或现实主义的方式对待安全问题变得不合时宜,以美国在该地区的影响为代价培育东亚国家在处理非军事威胁时的合作精神和能力。

(二)失衡而非均势

合作型强国通过合作而非合纵连横来抑制均势机制。面对另一个资源更多、军力更强的强国,合作型强国不会缔结反霸权联盟。相反,合作型强国会在区域体系内建立正式的小合作框架,以抑制更强大的老霸主。40年代以来,中国一直视美国和它的双边同盟体系为其地区影响和国家安全的主要挑战。北京经常抱怨它不得不承受来自霸权主义、强权政治的压力,其实就是指美国及其盟友以中国为代价操纵国际事务和潮流。利用中国的战略脆弱性,美国甚至于可以在解放军作出反应之前就动用其外交和军事实力牵制中国,这一点北京非常清楚。面对美国的军事优势,中国采用了孙子提出的策略,绝不正面与强敌交锋,而从侧面进攻,“出其所必趋,趋其所不意”。

中国试图以新安全观取代与美国在地缘政治上的对抗。新安全观的一个要素就是与包括美国在内的所有国家建立友好合作关系。尽管对美国的霸权持批评态度,北京现在接受了这样的事实:世界是一超独大的,美国在几十年内将继续保持其优势。它承认,中国不能(也不会)挑战美国的全球支配地位,中国接受美国支配性权力但未必接受其行径。中国军事现代化的主要目标是应对台海危机,而非美国在整个东亚——更非在朝鲜半岛冲突中——的战略姿态。中国无意组建反美联盟或破坏美国在东亚的同盟体系。更重要的是,中国接受这一事实:许多东亚国家大体上支持美国作为区域平衡者的角色,防止中日两国争夺地区主导权。

在伊拉克问题上,与法国和俄罗斯形成鲜明对照,中国没有在安理会威胁使用否决权。这表明中国第四代领导人在处理与美国的双边关系上非常谨慎。美国以伊拉克为当务之急没有从根本上改变中国对美国的看法,恰如中国官员和专家所言,他们坚信华盛顿不应该视中国为美国的挑战者。中国还支持多边主义,作为对温和的对美政策的补充。1990年代后期起,中国开始在各种讨论经济和安全问题的场合与东盟成员国接触。2003年东盟峰会上,中国提出建立新的安全论坛,期望这个安排能在东盟地区论坛的框架下为增进东亚各国武装力量间的对话提供必要的渠道。中国参与东亚的各种多边论坛的努力被认为是一种“格利佛战略”,目的在于用多边框架和约束来抑制美国的武断政策。

中国以温和的方式对待美国在国际事务上的优势,并接受它在东亚和世界事务中的主导地位,这使美国官员颇为惊讶。然而,对于中国温和对待当今世界唯一超级大国是出于什么样的考虑,这些官员却很健忘。北京非常清楚,为平衡美国在东亚的势力和影响而动员国民经济并使整个社会军事化只会妨碍经济发展这个首要目标,综合安全的目标将无法实现。领导层意识到,要确保经济发展就必须保证“经济利益不受任何内外因素的干扰或威胁”。他们知道任何抗衡美国的尝试都将导致经济和社会成本,妨碍综合安全目标的实现。这些考虑限制了中国平衡美国优势的能力和意愿。此外,用颇费踌躇而又有节制的“格利佛”方式对待美国也改善了中国作为负责任大国的形象。这将有助于限制美国在东亚的战略主动权,使美国前沿部署的军队和双边同盟变得不合时宜。通过努力地以负责任大国的姿态引导东亚走向和平、稳定的新时代,北京将使强权政治、结盟政治显得落后于时代步伐。

(三)补偿性支付与权力分享

经济影响是合作型强国获取小国合作的首要手段。因此,合作型强国将使用补偿性支付这种有效措施在实现非对称性联盟方面尽快取得成效。合作型强国应当能够在区域性非对称性联盟结构内给予小国制度化的发言机会,与这些小国分享权力。中国用三种非常重要的机制向东亚小国给予补偿性支付和制度化的发言机会:a)其迅猛发展的经济;b)东盟+3机制;c)东盟地区论坛。中国利用快速发展的经济向东盟国家提供各种机会,将他们纳入其政治轨道。繁荣富足的沿海地区更被认为是质量相对较高的东盟出口产品的重要市场。近年来泰国对华出口增长很快就是例证。2003年泰国向中国的出口增长近60%,表明泰国出口商已经学会了开拓巨大的、有利可图的中国市场。如果这种市场开拓能力能够保持,中国经济也像过去一样高速发展,中国作为泰国出口目标地的地位将极大地提高。对北京而言,双边贸易关系不仅仅是个贸易额的问题。更重要的是,这还牵涉到依赖问题,或者说其他进口来源或出口市场在多大程度上能够被替代的问题。

中国依靠东盟+3机制这种比较制度化的方式向东盟各国发放补偿性支付。中国外交官视东盟+3机制为“东亚区域合作的主要渠道”,这表明该机制相对于其他区域论坛的重要性。中国借助东盟+3机制巩固与东盟国家的双边关系。依据清迈协定,中国于2002年与印度尼西亚就15亿美元的互惠外汇信贷达成一致。北京还答应为菲律宾的一些基础设施工程提供资金支持,同意从印尼的西巴布亚省购买价值250亿美元的液化天然气。而建立自由贸易区则是中国向东盟国家提供的最重大的补偿性支付。

中国确立了在10年内完成东盟与中国自由贸易区建设的目标。这将要求北京在市场自由化方面作出广泛的努力,以抵消中国加入WTO导致的投资逃逸对东盟造成的负面影响。东盟—中国自由贸易区将创建世界上最大的单一市场,拥有近17亿的消费者,2万亿美元的GDP,双向贸易可能超过1.2万亿美元。自由贸易区将使东盟对中国的出口增长48%,使中国对东盟的出口增长55%。为吸引东盟国家参加自由贸易区,北京还以“早期收获计划”的形式提供了额外的让步,由中国在东盟国家给予回报之前开放某些市场领域,使东盟各经济体在相对较短的时期内在某些食品和农业方面具有某些比较优势。然而,有观察家认为该举措徒具其名,因为中国在WTO协议中已经作出这些让步。考虑到东盟本身在执行东盟自由贸易区协定时的困难,东盟成员国也可能会发现与中国建立自由贸易区的承诺也难以兑现。不过,由于它在地缘政治上的重要性,东盟与中国自由贸易区可能会使东盟成员国与北京的经济关系更加密切,而日本将因此付出代价,美国则更甚。

中国借重多边主义来促进与区域内小国的协商。自90年代后期起,中国因为害怕多边机制被其他国家用来对它进行惩罚和限制而放弃了此前回避多边机制的态度。90年代后半期起北京开始积极参与东盟地区论坛,借助其以温和方式抑制国家间争端的优势很快适应了东盟地区论坛的渐进式风格。1995年,中国在东北亚与美国交恶,因美济礁事件与东盟的关系也恶化了。中国对此作出反应,于1996年提升了参与区域论坛的水平。防止东盟地区论坛被用来平衡和限制中国,通过制约美国和日本突出东盟在该地区论坛的主导地位,并有效地利用论坛使邻国确信中国是善意的区域成员。为此,北京在处理与几个东盟国家关于西沙和南沙群岛的领土争端时变得特别务实。中国虽然仍然坚持这些岛屿历史上归其所有,但反复声明愿意以国际法为基础和平解决这些领土争端。经过四年的密集谈判,东盟与中国于2002年签订了行动准则宣言,揭示了双方在南中国海问题表现出“克制”的意愿。引人注目的是,东盟草案的大部分措辞被宣言的最后文本采纳了,而中国草案的措辞被采纳的却为数甚少。

(四)接受双头霸权

合作型强国战略出现在一个同时有二个或多个强国的体系之内。由于两个强国的实力可能不平衡,或者由于更强大的霸主不准备给予新兴强国名义上乃至近乎真正的政治平等,双头霸权会引发独特的问题。东亚的安全平衡在很大程度上是由美国维持的。二战后,美国不仅是占领日本的总督,而且成为整个地区的龙头老大,排挤了欧洲列强和日本的影响。如今,只有美国具备遏止军事侵略的政治和军事能力,为东亚的国家建设、经济发展和区域联系提供基础。另一方面,许多东亚国家认可并赞成美国扮演该区域主要稳定器、经纪人和平衡者的角色。二战以来,压倒性的海军优势维持着美国在该地区的硬实力地位。

日本支持美国在东亚安全中的压倒性角色。华盛顿视东京为其东亚战略与防务态势的基石。自1950年代早期起,美国的一个核心目标就是建立稳定、友好、经济上强大,并且显然顺从和依赖美国的日本。在美国的安全保护伞下,日本在与东亚国家日益增长的投资、援助以及贸易关系基础上成长为合作型强国。当东京试图调节各种不同的利益,以取得一致或至少表面一致时,它就在区域内或全球经济事务上在东亚国家之间扮演着协调员的角色。然而,90年代早期冷战的结束、中国兴起为潜在的地区大国、朝鲜半岛核危机以及当前美国的反恐战争慢慢地促使日本增强军事力量,像传统霸主一样更积极地发挥安全作用。东京建立了现代化的自卫队,承担了有限的安全使命,但在传统安全方面仍然依靠美国。

作为潜在的合作型强国,北京认为同华盛顿的战略性接触是令人鼓舞的,认为有必要与美国一道参与地区事务的管理。中国官员视美国为东亚占支配地位的大国,承认华盛顿对东亚事务的主导权。对美国霸主地位的接受是建立在中国承认冷战后美国独特地位,并企盼华盛顿满足中国在台湾问题上的利益以报答其温和外交政策的基础之上的。中国视台湾为一个省,一直对它保持着军事压力以防止它宣布独立。北京明确表示它将使用包括武力在内的一切手段捍卫国家的统一。但美国也绝不会在台湾问题上给北京自由行动权。它的政策是防止出现中国使用其巨大的军事力量解决台湾问题这种最坏的情形。华盛顿认为,中国的军事现代化既是为了增强在台海冲突中获胜的能力,又是为了在美国干预台海危机的情况下对后者的高科技能力予以反击。中国对台湾的任何军事行动都将损害美国在东亚的重要利益,即限制亚太地区可能升级为大规模区域战争的冲突。作为东亚的老霸主,美国对区域现状最细微的变化都满腹狐疑。中国对台湾发动军事行动以改变现状的任何努力,都将被华盛顿认为不仅是对美国在该地区战略优势的严峻的军事挑战,而且是明目张胆地以美国为代价增强其影响力的企图。华盛顿现在怀疑北京增加军费是一个要美军退出东亚的信号。在过去的50年里,台湾是导致中美关系紧张的最重大的问题,进入21世纪将仍然是两国争论的焦点。

另一个考验中国建立东亚非对称性联盟决心的问题是它与日本这个现存的合作型强国的不正常关系。1972年9月东京签署了公报,承认中华人民共和国为唯一合法政府,与台北断绝官方关系,与北京建交。其后,两国集中精力发展商品交换、自然资源开发、官方发展援助以及技术转让,经济联系支配了中日关系。然而,随着两国几乎同时变得强大而自信,中日关系缓慢地发生了变化。因为日益强大而自信,两国逐渐变成战略性竞争对手,东亚安全因此变得前所未有的敏感。

中国视日本为其海洋要求的一个主要竞争对手,一个能够对其兴起为本地区头号大国提出挑战的日益强大的近海平衡者。北京特别担心日本可能某天会成为一个它不得不对付的东亚军事强国,潜在地抵消中国正在兴起的实力。中国对美日在导弹防御方面的合作也忧心忡忡,担心台北会分享这种技术。日本对中国的态度更加复杂。一方面,日本欢迎中国经济的迅猛发展,因为这将促进两国间的经济合作。另一方面,日本又不能理解中国的崛起。它还担心,拥有核武器的朝鲜、与日俱增的台海紧张局势会使人们对于急剧变化的地区安全格局产生普遍的不安全感。作为对它所认为的更危险的外部安全环境的反应,日本同意与美国一道建立导弹防御体系,加强海军和空军建设,并考虑修改宪法对发展及部署海上自卫队的限制的可能性。防务政策和姿态的缓慢变化反应了日本国内对中国的普遍的焦虑态度。在中国的军事方针、部署和军力改善真正反映出和平意愿之前,东京是不大可能完全接受北京宣称的和平目标的。

四、结论

基于对中国的特征及其战略的分析,除其现行战略一个非常重要的层面——解决与原东亚霸主之间争议的能力——以外,中国可能和平地兴起为合作型的大国。中国视美国为全球性霸主和东亚的传统霸主，也愿意与华盛顿分享地区管理权。北京正在谋求华盛顿永远也不会做出的让步——在解决台湾问题上的自由行动权。北京面临着美国有可能军事干预台海危机的困难。因此，中国的军事现代化不仅是要提高其防止台湾宣布独立的能力，而且要增强制止美国在台海危机中采取军事行动的能力。军事现代化又被华盛顿解释为是北京要把美国排挤出东亚的远期目标的信号。中国与现存合作型强国日本的不正常的紧张关系也可能使北京偏离和平崛起的道路。与对待新德里、汉城及东盟国家相比，中国对待东京并不是那么大度。一方面，中国视日本为东亚主导权的重要竞争对手，一个日益强大、自信，将来可能牵制中国的隔海相望的大国。另一方面，日本把崛起的中国与其他地区安全问题一起看作是对其安全的严重威胁，因而认为有必要加强与美国的安全同盟关系。毫无疑问，北京与东京间不正常的紧张关系对中国在东亚的和平崛起提出了独特而复杂的问题。

处理中美、中日关系的任何失误都可能危害中国在东亚和平崛起的努力。许多历史个案表明，权力转换是个微妙的过程。新大国的崛起将最终改变体系内的权力配置，既给大国和小国带来危险也向他们提供了机会。如果该过程缓慢地、渐进地、稳步地发生，而不是在普遍的危机和紧张中发生，情况当然会好得多。但中国对台湾和日本的不通融行为提出了以下问题：a）崛起的中国是个愿意维持还是个决意变革现状的大国？b）如果崛起的中国确实是个决意变革现状的国家，它要求把现状改变到什么程度，这种要求的性质是什么？c）崛起的大国会增强武力变革体系的能力吗，更重要的是，会强化变革体系的意愿吗？d）若确实如此，崛起大国期望的变革如何影响该地区其他大国的利益呢？

作为新兴大国，中国有责任确保在崛起为地区大国时它能够合理合法地规划对东亚国家的对外战略。依照正在东亚兴起的地区主义意识，对于自己的优势地位中国既不能简单地采取愤世嫉俗、玩世不恭的态度，也不能赤裸裸地使用武力促成必不可少的变化。在与美国处理台湾问题时，在与本地区当前的合作型日本打交道的过程中，北京需要运用更加有创意的、温和的、灵活的方式。如果中国能在台湾及日本问题上形成和执行适当的战略，那中国便是善用兵者，“屈人之兵而非战也，拔人之城而非攻也，毁人之国而非久也。”

（作者系菲律宾德拉萨尔大学国际关系学系主任　原载《南洋问题研究》2005年第2期）

中国—东盟自由贸易区：进展与问题

陆建人

一、中国—东盟自由贸易区最新进展情况

从2003年初起，中国与东盟10国建立自由贸易区的谈判正式启动。中国—东盟自由贸易区（CAFTA）是新一代自由贸易区，其内容远远超出传统的货物贸易范围，包括货物贸易、服务贸易、投资、经济合作等诸多领域。因此，谈判所涉及的层面相当广泛。另外，这是一对十的谈判，要达成一项协议不容易。虽然碰到不少困难，但经过双方努力和十九轮谈判（截止2005年6月），最终取得积极的成果，主要有几下几项：

1．“早期收获”计划付诸实施

根据2002年双方签署的《中国—东盟全面经济合作框架协议》，实质性的谈判首先从“早期收获”计划开始。为了加速实施《框架协议》，使双方提前享受自由贸易的好处，从2004年1月1日起首先削减海关《税则》第1～8章中570种产品（均为农副产品）的关税，这便是“早期收获”计划。出于贸易平衡考虑，另有30多种特定产品也包括在该计划之内。

不过，此项谈判进展并不顺利，东盟10个成员各有各的要求。最终除菲律宾外，中国已与东盟其他9个成员分别达成“早期收获”计划协议。2004年1月1日起，协议（9＋1）已如期实行。

谈判期间，菲律宾正面临着大选，中央政府的精力集中在处理国内矛盾上，而且政府的约束力有限，农业部门保守势力强，农产品自由化阻力大。另一方面，由于气候、运输等方面的问题，菲政府在蔬菜自由化上确实面临一些困难。菲最终未与中国谈成“早期收获”协定，但也未关上谈判窗口，并表示要继续参加后面的谈判。中方则表态，菲方可随时恢复“早期收获”计划谈判。

2005年4月下旬，中国国家主席胡锦涛访问菲律宾时期，双方终于签署“早期收获”协定，并将从2006年1月1日起实施。不过，菲方参与的减税项目尚不足一半（参见表1）。对此中方表示了理解。至此，中国和东盟全部成员都加入了“早期收获”计划。中国—东盟自由贸易区建设的第一阶段圆满完成。

“早期收获”计划的实施给中国和东盟成员都带来了益处。据中国商务部统计，截止2005年6月，中国享受“早期收获”计划从东盟国家进口的产品货值已达11.53亿美元，税收优惠总额达到10.16亿元人民币。中国品种繁多的蔬菜、肉类和其他农产品，以优惠税率进入东盟市场，也为东盟国家居民带来了实惠。按照这个进程，“早期收获”计划所列的这600多种农产品到2006年要全部实现零关税。（不过，越南将推迟到2008年，老挝、缅甸2009年，柬埔寨2010年。）本来，农产品关税的削减一直是贸易自由化的一个难题，但中国—东盟自由贸易区的实施却从农产品开始，其原因是中国真心希望让东盟国家“先摘桃”，首先从其优势产品中享受到利益。

2．中泰签署水果、蔬菜协议

2003年6月，中国与泰国在“早期收获”计划框架内签署了取消水果、蔬菜关税协议，并于同年10月1日起付诸实施。这是CAFTA的首项成果，对促进以后的各项谈判具有十分积极的意义。该协议实施后，效果显著。在水果贸易上，泰方的热带果品（龙眼、荔枝、芒果、榴莲）颇具优势，而中国

表1　参与“早期收获”计划的减税项目数量

国　家	减税项目数量
中　国	593
文　莱	597
柬埔寨	539
印度尼西亚	595
老　挝	406
马来西亚	599
缅　甸	579
菲律宾	214
新加坡	602
泰　国	581
越　南	547

资料来源：*China – ASEAN Business Week*，*International*。

的温带水果(梨和苹果)很有竞争力,双方的出口量都大幅增长。中泰签署的该项协议,对东盟其他成员也产生了激励作用。2004年6月,新加坡也加入该项协议。新声称,它基本不生产和出口水果,蔬菜,加入该项协议目的是为了推动CAFTA的建设。最近越南也提出加入该项协议的要求。

3.签署货物贸易和争端解决机制两项重要协议

“早期收获”计划付诸实施后,双方接着就有关正常产品和敏感产品(指需适当加以保护的产品)的降税模式(即高税率和低税率的商品如何分阶段降税)进行谈判,至2004年6月基本达成一致。虽各方有关敏感产品清单的分歧较大,但经过努力,已在同年9月初就货物贸易的主要内容达成原则协议。

另外,有关货物贸易原产地规则的谈判也已完成,这是很重要的一个环节。各类自由贸易区有各不相同的原产地规则。在CAFTA中,绝大多数产品均以至少增值40%作为原产地的认定标准。

此外,双方还达成《争端解决机制协议》,这是规范中国和东盟双方在CAFTA框架下处理贸易纠纷的法律文件,对于维护双边自由贸易的顺利进行是不可或缺的。

值得指出的是,在该项协议下,东盟各国宣布承认中国的市场经济地位,明确表示放弃使用反倾销的替代国定价法、特殊保障措施等歧视性做法,显然,这有利于建立公正和透明的区域贸易环境。

2004年11月底,在老挝举行的10+1峰会上,双方正式签署《中国—东盟全面经济合作框架协定之货物贸易协定》和《争端解决机制协议》两项重要文件。

4.降税计划全面启动

从2005年7月20日开始,双方开始执行《货物贸易协定》,启动全面降税进程,首批7445种商品关税已降至20%左右。其中,中国对东盟6个老成员国家平均关税税率已降为8.1%,比最惠国平均税率水平9.9%低1.8个百分点,中国—东盟自贸区由此进入实质性阶段,双方经贸发展开创了全新局面。

5.成功举办中国—东盟博览会

举办中国—东盟博览会,是中国和东盟10国政府为促进双方企业界的合作,加快中国—东盟自由贸易区建设进程而采取的一项重要的措施。2004年11月,首届中国—东盟博览会在中国南宁市成功举行,中国和东盟各国不同行业的企业前来展示自己的产品和服务,累计贸易成效10.3亿美元,并签订投资项目129个,总投资达49.68亿美元。博览会期间接待中国和东盟国家观众30万人次。

2005年10月,又举行第二届中国—东盟博览会,规模超过上届。中国和东盟企业界通过中国—东盟博览会,获得更多进入对方市场的机遇,能更充分地享受到贸易自由化和投资便利化的好处。显然,博览会既是中国—东盟自由贸易区建设过程中的一个成果,又对后者起积极的促进作用。

6.服务贸易协议和投资协议谈判正积极进行中

服务贸易:CAFTA11个成员经济水平差距巨大,服务贸易的成熟程度也有很大差别。一些在服务贸易上有优势的国家,如新加坡,要求尽早开放服务贸易市场,而服务贸易欠成熟的国家则有顾虑。通过数次谈判,大家增加了共识,厘清了服务贸易的规则,一致同意服务贸易领域的市场准入应当比WTO所规定的更深一步。目前,中国与东盟双方已就服务贸易协议文本达成一致。晚些时候,双方还要就服务贸易、保险服务及用人民币结算等问题进一步谈判,达成共识。

投资:双方商定尽早完成“中国—东盟投资协议”的谈判,目前正在对其主要内容进行磋商。其难点在于,FTA中的投资自由化内容通常比WTO更深,后者只涉及“与贸易有关的投资自由化”。而更深的自由化将包括全面开放投资领域,外贸与内资享受同等国民待遇等内容。东盟对投资协议颇为热心,希望它能促使中国增加对自己的投资。而中国也希望藉此鼓励其企业向东南亚进军。

需要强调的是,从2002年10月中国和东盟双方签署《中国—东盟全面经济合作框架协议》到2005年7月实施全面降税,只用了不到3年时间,这在世界各地300多个自由贸易区建设历史上也是不多见的。中国—东盟自由贸易区的建立对东亚经济合作有很大的推动作用,为未来“东亚自由贸易区”的建立打下良好的基础。

二、面临的几个问题

随着“早期收获”计划和货物贸易协议的实施,在双方享受到降税带来的优惠的同时,一些问题也开始显露出来。从中国方面来看,以下一些问题需要引起注意:

1.贸易逆差不断扩大

在中国与东盟的贸易额不断扩大的同时,中国对东盟的贸易逆差也不断扩大,且后者的增速高于前者。自1998年至今,中国对东盟贸易已持续7年出现逆差。据中国商务部统计,2002年贸易逆差为76.3亿美元,2003年达到164.1亿美元,2004年已超出200亿美元。2005年1~12月,中国前10位贸易逆差来源地中,东盟国家占3席,分别是马来西亚、菲律宾和泰国,中国对这三国的贸易逆差总计达248.4亿美元。广东作为中国对东盟贸易额最大的省份,与东盟的贸易长期处于逆差状态,2003年和2004年每年逆差已经连续超过110亿美元。

尽管从目前看,这一逆差对中国影响还不大,但从长远看,仍需引起注意。因为中国的贸易顺差主要来自对美贸易,预期受各种因素影响,今后中国对美贸易顺差会大幅缩小,这将制约中国对台湾省、韩、日、澳大利亚和东盟等主要贸易伙伴的逆差进行平衡的能力。

2.农产品出口面临挑战

“早期收获”计划所列的570个税号均为农副产品,降税已从2004年1月1日开始。中国虽是农产品生产大国,但农产品成本高,质量差,在国际市场上竞争力较低。近年来,中国农产品对东盟的出口增长率已呈下降趋势。例如,2003年广东省对东盟的农产品出口为2.2亿美元,比2002年下降了5.1%;而从东盟进口的农产品达5.5亿美元,大幅增长41.4%,逆差达3.3亿美元。2004年广东向东盟出口蔬菜、水果、水海产品等农产品为2.7亿美元,比2003年增长仅22.7%,自东盟进口的食用植物油、大米、水果等农产品达9.7亿美元,比2003年增长76.3%,逆差进一步扩大到7亿美元。估计到2006年,从东盟6个老成员进口的农产品关税降到零后,情况将更加严重。

3.中泰果蔬贸易不平衡问题突出

“中泰水果、蔬菜零关税协议”的实施,已给中国蔬菜水果市场带来一定冲击。中泰果蔬零关税实施一年来,中方此项贸易逆差达3.5亿美元,占同期双边果蔬进出口总额的

71%。泰国热带水果出口到中国口岸价格总体下降了18%,泰国具有较强竞争力的热带水果对中国出口大幅增加,已使广西等地的果农收入减少。与此同时,泰方对从中国进口的马铃薯、洋葱、大蒜等协议内产品仍实行配额管理,配额外的进口需缴纳较高关税,这制约了在这些产品上有优势的云南、广西两省区对其的出口。这部分产品成了中国对泰国单边实施的零关税优惠产品,凸显出双方贸易不平衡问题。

另外,从中国方面来看,进口手续复杂也是一个需要关注的问题。中国水果商必须具有中央政府颁发的许可证,才能进口泰国水果。申请许可证需费时2—3周,但其有效期仅6个月。水果商每年要更换两次许可证,共需耗时4—6周。

4. 如何处理好敏感产品的降税问题

中国和东盟各国都有一些敏感产品没有纳入降税清单。对中国来说,纸张、天然橡胶、塑料和石化产品、汽车及其零部件、茶叶、家具等都列入了敏感产品清单。尽管目前敏感产品关税还没有大幅度下降。但像天然橡胶等敏感产品不可能长期用高关税来保护。一旦大幅降税,其负面影响不可低估:以天然橡胶为例,中国海南省是全国最大的生产基地,占国产总量的70%。但海南省天然橡胶生产成本较泰国、印尼、马来西亚等国要贵一倍多。如泰国产天然橡胶成本每吨仅人民币3000~4000元,而海南产的要9000元。这主要是由于海南省产胶企业的负担重(自办小社会及职工退休养老)造成的。在这种体制下,海南天然橡胶根本没有竞争力。另外,东盟产天然橡胶质量也比海南的高,在中国市场销路很不错。一旦取消关税,其销量必将猛增。海南10万名胶农的生计将面临生死考验。其他某些产品也存在类似问题。这都是需要慎重对待、妥善解决的问题。

5. 东南亚华人有忧虑

关税下降后,中国产品将大量进入东盟市场。这已经引起一部分华人的忧虑。笔者最近访问雅加达时,一位有影响的印尼华商反映,他开办的几个纺织品厂由于受到廉价的中国纺织品进口的冲击,已难以维持生计,即将破产。他颇为感叹地说:"我们印尼华人天天盼着中国强大,现在中国是强大了,可我们却要破产了"。看来,如何减少自贸区产生的负面影响,做好东南亚华人的工作,是需要关注的问题。

6. 中国企业不了解中国—东盟自由贸易区规则

据有关专家最近对中国数百位知名企业家所作的 一项抽样调查,有高达99%的被调查者从来没有看过《中国—东盟全面经济合作框架协议》的内容。东盟早在1992年就开始建设自由贸易区,而在中国,不少企业至今不知道"自由贸易区"为何物,亦不知道同自己的利益有什么关系,对已经涌到眼前的商机无动于衷或不知该怎么办。

另据中国商务部的统计,2004年中国在"早期收获"计划下对东盟的出口中,只有17.9%的贸易额申领了"优惠原产地证书"(FormE),享受优惠关税。换言之,在中国对东盟的出口中,有80%的货物还是在按老的税率交纳关税。中国企业没有及时享受到本来可以争取到的5%~15%的利润空间。而东盟国家向中国出口的货物有60%享受了优惠关税,减免税款高达6亿元人民币,仅泰国一个国家就减免了4亿元。

另外,从宏观层面来看,中国—东盟自由贸易区(CAFTA)也有其先天不足的缺陷,如双方的主要国际市场都在本区域以外,因此,区域内部贸易额占双方对外贸易总额的比重较小,相互投资规模也不大,与NAFTA,EU等有世界影响的自由贸易区差距很大,这限制了CAFTA对本地区经济的促进作用。另外,双方都是发展中国家,CAFTA基本上是一个"南南型"合作模式,大部分成员经济能力有限,区域内基础设施较薄弱,不能适应贸易自由化和便利化发展的需要,从而影响了自由贸易区效益的发挥。因此,双方都需要加强能力建设。

三、前景展望

尽管CAFTA的进程中存在着一些问题,但其前景看好。两年来,随着CAFTA的建设发展,双边贸易快速增长。据中国商务部的统计,2002~2004年,中国—东盟双边贸易额以年均38.9%的速度增长。2004年,双边贸易额达到1059亿美元,提前一年实现双边贸易额突破1000亿美元的目标。2005年1~7月,双边贸易额已达到707.4亿美元,同比增长30%,中国对东盟贸易额占对外贸易总额比重已提高到9.2%。实际上,从2005年1月起,东盟已超过香港,成为中国第四大贸易伙伴。

最近,中国贸易官员乐观地预言,随着中国—东盟自由贸易区建设的逐步加强,到2010年CAFTA有望在进出口总额上超过北美自由贸易区,到2020年在GDP总量上超过欧盟自由贸易区。中国—东盟自由贸易区将和北美、欧盟自由贸易区一道成为世界三大经济支柱。

同样,东盟国家官员也非常看好CAFTA的前景。越南贸易部副部长潘世锐指出,一个拥有17亿人口、正在形成的中国—东盟自由贸易区是所有成员的重大机遇。该贸易区的建立将逐步排除各成员之间的贸易壁垒,从而使本地区的商品、服务和投资更加自由地灵活流动。以长远的目光来看,这一贸易区将促进本地区资金流动及积累,最终提高本地区经济的效益及在国际经济中的竞争力。

当然,在中国—东盟自由贸易区建设过程中,双方都有会遇到一些局部的困难或问题,但这不会从根本上影响到自贸区建设的大局。无论是中国还是东盟,双方领导人都已下决心要推进CAFTA进程。总的看,敏感产品并不多,不会对双方贸易自由化构成实质性威胁。因此,只要双方持积极、务实的态度,本着互利、互惠、互让的精神,按目前进度,到2010年甚至更早实现CATFA目标是完全有可能的,最终将出现"双赢"的结局。

(作者系中国社会科学院亚洲太平洋研究所研究员　原载《亚太经济》2006年第3期)

中国—东盟自由贸易区与东亚区域经济一体化

李荣林

2004年在老挝举行的第八次东盟(ASEAN)与中日韩领导人会议上,中国与东盟签署了《中国与东盟全面经济合作框架协议货物贸易协议》,标志着中国与东盟自由贸易区(ACFTA)进程的全面启动。这是中国签署的第一个自由贸易区协定,引起了国内外学者的广泛关注。关注的焦点主要集中在两个层面:一是从次区域经济合作的层面考察中国与东盟自由贸易区可能对部分成员国局部地区的经济合作所产生的影响，其中最主要的是澜沧江—湄公河流域的合作开发。二是从国别的层面考察中国与东盟自贸区的形成对各国之间双边贸易和投资可能产生的促进作用，特别是早期收获可能带来的机遇与挑战。

本文将在上述分析的基础上，从东亚区域经济一体化这一更加广泛的角度来探讨中国与东盟自由贸易区的影响，并从经济上考察东亚区域经济一体化进一步整合的必要性和未来的发展趋势。

ACFTA与东亚区域经济一体化

考察中国与东盟自由贸易区对东亚区域经济一体化的影响，主要是看自由贸易区的形成是否会促进贸易和投资的内部化趋势。根据传统的区域经济一体化理论，机制化的区域经济合作以相邻国家之间已经存在的密切的经贸联系为基础。比如欧盟(EU)和北美自由贸易区(NAFTA)，在形成区域经济一体化之前，各国已互为主要贸易伙伴，彼此之间经济联系的发展客观上需要取消各种贸易和投资障碍。但是从区域经济一体化发展的实践来看，双边经贸联系的快速发展却是在经济实现一体化之后。因此，以双边和多边为基础的自由贸易区成为加强有关国家之间经贸联系的手段。中国与东盟是传统的贸易伙伴，彼此之间存在较为密切的贸易和投资联系，而且建成自由贸易区之后相互之间的贸易潜力会进一步得到发挥，从而加强东亚国家的经济内部化趋势。

首先，中国与东盟互为重要的贸易伙伴。根据中国商务部的统计，东盟是中国的第五大贸易伙伴，而中国则是东盟的第六大贸易伙伴。截至2004年，中国与东盟的贸易总额达到1058.8亿美元，占中国对外贸易总额的9.2%。虽然从双边贸易的内部化趋势来看，无论是东盟内部还是东盟与中国之间，区域内贸易所占的比重与一体化程度比较高的欧盟和北美自由贸易区相比还存在一定的差距(见表1)，表明双边的经济增长还在一定程度上依赖区域外的国际市场。但是从发展趋势来看区域内贸易所占的比重不断提高。表1中的数据表明，东盟与中国间的进出口贸易比重由2001年的20.3%增加到2003年的22.9%，呈上升的趋势。

其次，中国与东盟在产业之间和产业内部表现出经济互补性，且内部市场迅速扩大，因此中国与东盟自由贸易区将进一步促进双边贸易和投资的迅速扩张。许多实证分析表明，自由贸易区对促进地区内的贸易和投资以及经济增长具有显著的促进作用。这主要是由于自由贸易区形成之后，随着绝大部分产品的关税和非关税壁垒的消除，以及贸易便利化措施的实施，以比较优势为基础的成员国之间的产业间贸易和产业内贸易必然会增加，从而带动各国经济的进一步增长。另外，贸易投资的自由化和便利化所产生的竞争效应，技术扩散和溢出效应，以及经济资源更为合理的重新配置效应，会显著提高成员国的生产效率，也会带动经济的增长。根据可计算的一般均衡的分析结果，这种生产效率提高对经济增长的促进作用往往比贸易量和贸易利益增加所产生的作用更大。而且成员国之间的关税水平越高，生产效率提高所产生的经济增长效应往往就越大。双边的贸易实践也证明了这一点，自2004年中国与东盟签署货物贸易协定之后，双边经贸发展速度超出了有关经济模型的预测结果。根据中国商务部的统计，2004年双边贸易的增长率为35.3%。2005年第一季度的增长率为25.4%，表现出强劲的增长势头。这意味着中国与东盟自由贸易区的形成将显著地扩大区域内的贸易和投资比重，加强区域内部的引力作用。

再次，中国与东盟之间的贸易潜力与东亚贸易内部化的趋势是相一致的。根据以引力模型为基础所做的实证分析，东亚国家之间也呈现出较强的区域内贸易合作趋势。截至20世纪末，东亚国家区域内贸易水平比标准水平高115%，而向地区外国家的出口比标准水平低11%，从地区外国家的进口低于标准水平约30%。也就是说，东亚地区也与美洲自由贸易区一样存在区域内贸易的倾向。这种区域内贸易倾向为东亚地区开展进一步的贸易合作奠定了基础。

东亚区域经济一体化整合的必要性

东亚经济合作的构想由来已久，从马来西亚前总理马哈蒂尔提出的“东亚经济圈”的设想到当前的10+1和10+3合作，东亚国家在这方面的努力从未停止过。笔者认为10+1和10+3只是迈向东亚经济一体化的重要一步。当前东亚地区各种类型的区域合作很多，除10+3和3个10+1外，还有东盟自由贸易区、亚太经合组织(APEC)、澜沧江—湄公河次区域合作以及各种以双边为基础的自由贸易协定。这些区域性自由贸易安排无论是从涉及的国家(地区)还是从涉及的合作内容来看，都存在着重叠现象，客观上需要整合。原因如下：

一、太多的重叠带来更多的贸易转移

任何自由贸易安排都会带来贸易转移，有时贸易转移还比较大，从而抵消了区域合作所带来的好处。这是因为当组成自由贸易区的国家之间相互取消关税之后，部分与区域外国家之间的贸易会为成员国之间的贸易所替代。如果这种贸易替代以更高的生产成本为代价，那么自由贸易安排就给成员国自身以及国际社会带来损失。比如美国与墨西哥组成自由贸易区后，墨西哥从日本的进口减少了50%，同时取代中国成为美国纺织品的最大进口国。根据美国经济学家贾格迪什·巴格沃蒂的估算，北美自由贸易区形成之后，墨西哥每年因贸易转移而遭受的损失约为30亿美元。另外，根据郑昭阳、李荣林的分析，中国与东盟组成自由贸易区的贸易转移效应平均为30%，北美自由贸易区为22.2%，欧盟

表1 各主要区域合作组织区域内贸易和投资所占的比重及其变化(%)

区域集团 \ 年份	区域内贸易所占比重(进口)			区域内贸易所占比重(出口)		
	2001	2002	2003	2001	2002	2003
ASFAN	22.8	23.5	23.3	23.3	24.0	23.3
ACFTA	20.4	20.3	21.1	20.2	20.8	24.6
NAFTA	39.4	38.1	36.8	55.4	56.5	56.1
EU	60.9	61.9	61.7	61.9	61.6	61.9

为5.9%。因此,当我们寻求区域性的自由贸易区安排时,不仅要强调由此而产生的贸易和投资创造效应,同时也要充分认识到不可避免的贸易转移效应。

由于每个自由贸易区都会产生一定的贸易转移效应,当一个经济体在不同的时间与不同的经济体组成不同的自由贸易区时,贸易转移就会成倍的增加。比如中国与东盟的自由贸易区会将部分东盟与日本之间的贸易转移到东盟与中国之间进行;而当东盟与日本形成自由贸易区之后,也会发生类似的贸易转移。这种在不同的贸易集团之间的贸易转移是由政策性的扭曲因素所导致的,因此不仅会给成员国带来损失,而且还会降低前述的贸易转移所产生的内部化效应。如果不同的贸易集团之间的贸易转移效应足够的大,重叠的自由贸易安排会使得有关国家之间的贸易流量回到原来的起点,但是会经历无谓的贸易转移并导致更多的集团分割。

当然,贸易转移的大小与成员国之间经济的互补性和关税水平密切相关。如果各个国家在进行不同的自由贸易安排时能够从整体战略的角度对协议的内容和政策进行必要的协调,那么就可以在一定的程度上减少或者避免贸易转移的产生,从而为更大范围的区域经济一体化奠定基础。在此笔者想要强调的是减少自由贸易区的数量和建立更大范围的自由贸易安排无疑可以最大限度地减少上述的贸易转移效应。

二、太多的重叠还会重复增加产业结构的调整成本

自由贸易区形成之后,关税和非关税壁垒的消除会加强各个国家的比较优势,资源将由比较劣势部门向比较优势部门转移,从而导致具有比较优势的生产部门扩张而不具有比较优势的生产部门缩减。这种生产结构的调整是比较优势得到加强的一种表现。然而产业结构的调整和资源的重新配置并不是没有成本的,这种调整成本会成为贸易利益的另一个抵消因素。

调整成本包括所有因为资本和劳动在部门之间转移而导致的沉没成本和人力资源成本。导致调整成本的主要原因是资本和劳动这两种生产要素都存在非同质性和部门特性,因此不能够完全自由地从一个部门转移到另一个部门。为了克服这种非同质性和部门特性,就必须支付学习和培训成本。因此即使在产业结构变化的前后都能够实现充分就业,调整成本也会在新增的产值中占有一定的比例。因此,如果将自由贸易所带来的国内生产总值的增长作为一种贸易利益的话,调整成本作为一种抵消因素会使净利益减少。

虽然调整成本作为一个纯经济问题一直被学术界和政府所忽视,但其所导致的政治经济影响或者说对不同利益集团的影响却受到高度重视。在自由贸易谈判中,政府关注的焦点往往并不是自由贸易区可以带来多少国民收入的增加,而是会对国内的哪些产业带来冲击或者造成多少失业。这些可能会产生大量破产和失业的产业被称为敏感部门。这实际上是调整成本的一种极端表现形式,即生产要素即使在支付成本之后也无法实现转移。对此给予特别关注是因为它会在更大的程度上抵消自由贸易的好处。

由于调整成本的大小取决于多个因素,因此会导致不同的估计结果。如前所述,要素的特性是导致调整成本的一个重要原因。因此自由贸易区形成之后,比较劣势部门的要素特性的强弱就决定着可能会导致的调整成本的大小。另外一个重要因素是关税水平的高低。一般来说,组成自由贸易区之前关税水平愈高,取消关税之后的产业转移效应就愈大,因此调整成本也就愈高。由此推论,在发达国家与发展中国家组成的自由贸易区中,发展中国家将承受更多的调整成本。除此之外,还有二些更为重要的原因则存在于制度层面,这些制度性因素制约着生产要素转移的难易程度。

以调整成本作为整合东亚区域经济合作的一个论据,其道理显而易见,即重叠的自由贸易安排会导致更多的调整成本,而且会使企业无所适从,并不得不面对相对更小的市场做出资本转移的选择。例如,当企业家面临再投资的选择时,是以10 + 3、ACFTA还是以更为狭小的两个国家之间的双边自由贸易安排为基础做出决策?这会是两难的选择,即从市场的规模来看应当以10 +3为基础做出选择,但从具体的政策安排来看,更为窄小的双边自由贸易安排似乎更具有吸引力。在比较单一和更大范围的区域合作的条件下这种两难选择是不存在的。

三、太多的重叠还会增加政策制定以及执行成本

每一个自由贸易区的产生都要经历一个比较复杂的谈判过程。从双方领导层达成建立自贸区的共识开始,要经历复杂的国内政策协调和讨论,各个利益集团会通过各种途径表达其意愿并进行游说,政府之间也要投入一定的人力和物力进行必要的可行性研究,然后再经历漫长而频繁的谈判,最后达成协议。在这过程中内外政策协调所导致的社会成本是一个不可忽视的因素。不仅如此,自由贸易区形成之后,在执行的过程中,不同的自由贸易区之间在关税水平、配额、原产地规则、贸易和投资便利化的具体措施等方面的差异和多样性也会增加执行成本。

总而言之,自由贸易区的产生不是没有代价的,其中有的成本也不是一次性的。这些或本的总和可能会减少以至于抵消贸易和投资自由化所带来的好处。因此,相似和重叠的自由贸易区谈判是不经济的。从这个角度看,东亚的区域经济合作需要整合,从独立的双边自由贸易区走向更为广泛的区域经济一体化。这对于每个经济体来说在经济上都是一个最优的选择。如果东盟能够与中国、日本和韩国分别达成自由贸易区协议,为什么不选择更为经济的10+ 3自由贸易区合作呢?这就使我们有必要讨论下一个问题,即东亚区或经济一体化所面临的挑战。

东亚区域经济一体化所面临的挑战

首先,我们面临的挑战不是来自经济方面而是来自政治方面。东亚各国的领导人是否有共同的政治意愿走向经济一体化,美国是否能够认识到东亚经济一体化符合其在亚洲的政治和经济利益以及全球战略,将决定亚洲区域经济一体化是否能够成为现实,以及能够走得多快。

其次,在东亚区域经济一体化中谁将担当领导者也是一个不可回避的问题。东盟、日本还是中国?东盟国家的经济成就举世瞩目,但是其整体的经济实力、在国际分工中的地位和内部各成员国经济发展上的差异性限制了其作为一个经济体所能够发挥的领导作用。日本作为世界第二大经济体和亚洲最发达的国家有这样的能力来领导东亚的区域经济一体化,可以通过产业的转移来带动亚洲的经济发展,而且日本对亚洲的投资也的确对东亚国家的经济增长起到了促进作用。但是从贸易的角度来看,日本还没有发挥出亚洲的发动机的作用。这可以从贸易的流向表现出来。中国和

东亚的大部分国家对日本贸易保持逆差，而对美国保持顺差。这就是说亚洲的发动机不在日本而是在美国或者世界其他国家和地区。东亚区域经济的一体化需要内部的市场，在这方面中国和东盟可以发挥重要作用。中国与东盟自由贸易区作为世界上最大的自由贸易区，潜在的市场是巨大的，它可以吸收愈来愈多的产出，从而形成东亚经济增长的发动机。因此，日本的贡献来自投资和生产方面，而中国与东盟自由贸易区的贡献来自市场和需求方面。这两方面的结合将为东亚的经济增长提供持续的动力。

如果将东盟自由贸易区的形成看作东亚区域经济一体化的第一步，那么中国与东盟自由贸易区就可以看作是迈进的第二步。随着日本和韩国与东盟的10+1合作，以及中日韩三国之间的合作不断取得的进展，东亚经济一体化的雏形必将最终形成。

（作者系南开大学国际经济研究所教授　原文载《当代亚太》2005年第8期）

论 文 摘 要

东盟“和平、自由和中立区”战略构想探讨　喻常森、方倩华（中山大学政务学院东南亚研究所）撰，发表于《南洋问题研究》2005年第2期。指出东盟在20年代初期提出“和平、自由和中立区”战略构想。80年代，由于发生越南入侵柬埔寨事件，使东盟中立区构想遭遇极大挫折。冷战结束后，地区安全结构发生重大变化，新的国际关系格局正在形成，东盟及时调整其安全战略，组建“东盟地区论坛”，实现由“中立”到“中心”的历史性转变。东盟安全战略的基本思路是，在大国均势格局下实现地区安全事务的自治。

从双边主义到多边主义：东盟安全合作模式的转变　方军祥（北京大学国际关系学院）撰，发表于《东南亚研究》2005年第4期。指出东盟框架内的多边主义一直是东盟安全战略的禁区，双边主义成为东盟主要的安全合作方式，但在冷战结束以后，东盟内部以及与外部多边合作的趋势越来越明显。从目前来看，尽管东盟大多数国家认为双边安全合作仍然是主流，但安全领域的多边合作已经开始在东盟地区实施，并取得实质性进展和效果；而且随着东盟提出建立“安全共同体”，多边主义将会在安全合作方面发挥越来越重要的作用。

东盟经济外交的形成、特征和成效　何传添（暨南大学东南亚研究所）撰，发表于《东南亚研究》2005年第3期。认为经过30多年的发展，东盟已在政治、经济和文化上形成一个密不可分的整体，并以集团的力量在对外交往中谋取共同利益。在中国—东盟自由贸易区计划启动后的今天，适当考察东盟经济外交的形成和特征，对中国制定相关政策是很有裨益的。

机制创新与地区合作—以东盟非正式决策机制为例的分析　王子昌（暨南大学东南亚研究所）撰，发表于《东南亚研究》2005年第2期。认为东盟的“5－1”决策方式和抽象肯定、具体否定的决策惯例是东盟正式决策机制所没有的，是东盟在具体的合作过程中的一个创新，是东盟决策机制的创新；这一创新很好地解决了国家利益和地区利益之间的冲突问题，是东盟具体合作得以开展的一个重要因素。

东盟国家间领土边界争端的成因及影响　郑一省（暨南大学国际关系学系）撰，发表于《东南亚研究》2005年第2期。认为二战后东盟国家之间大都存在着领土边界争端，其实这种争端主要有两种：一种是东盟国家之间的陆上疆界或岛屿主权的争端；另一种是东盟国家之间因海洋资源的获取、领海及大陆架疆界的划分问题而出现的争端。东盟国家间所产生的这种领土边界争端的原因主要是“殖民主义的遗产”、历史纠葛和国家之间经济利益的争夺。这种争端不仅给东盟国家之间的关系造成不稳定的影响，而且也影响到东盟的安全协调体制。

“亚洲新闻观”与部分东盟国家新闻自由的发展历程　李异平（暨南大学新闻与传播学院）撰，发表于《东南亚研究》2005年第5期。认为“亚洲价值观”是新加坡前领导人李光耀等人为抵制西方意识形态入侵亚洲国家而提出的，其核心是强调团结与合作、和谐与顺从。在此原则下，新闻媒体被要求与政府保持一致立场，促进民族和睦，此即所谓的“亚洲新闻观”。金融危机后，东盟一些国家执政党的合法性受到前所未有的挑战，各国领导人已经意识到，惟有建立稳定的民主体制才能确保国家的长治久安。各国在政治改革中，都将民主建设纳入政治现代化的进程，新闻自由得到法律上的保护，媒介内容及媒介管理方面发生逆转式的变化。

一党独大下马来西亚多党联盟政治的发展　李一平（厦门大学南洋研究院）撰，发表于《当代亚太》2005年第12期。认为马来西亚“巫统”一党独大下的多党联盟政治体制，在国家政治生活中居领导地位。数十年的政治稳定，成为马来西亚政治发展的重要特色，而谋求多元族群政治仍将是未来马来西亚政治发展的可能趋势。

中国与东盟关系中的美国因素　唐建国（解放军国际关系学院）撰，发表于《亚非纵横》2005年第1期。认为冷战结束后，美国因素对东盟关系的发展起着重要的推动和牵制作用。但这种影响不是决定性的，不断巩固和发展中国与东盟的关系是两者居于地缘政治和长远战略利益的需要，而不仅仅是对抗美国压力的一种策略。

美国在战后东南亚非殖民化过程中的政策　孙建党（南开大学经济研究所）撰，发表于《南洋问题研究》2005年第2期。认为非殖民化是战后美国对东南亚政策中无法回避的问题。二战期间，美国试图为东南亚殖民地区设计非殖民化的道路。然而，战后复杂的国际政治现实使美国在非殖民化问题上趋于保守，基于全球战略及其建立世界经济体系目标的考虑，美国在东南亚非殖民化过程中的政策变得灵活而现实。战后美国决策层未能真正理解东南亚殖民地民族自决以及更深层次的非殖民化的历史动力，其现实主义政策直接影响后殖民时代美国与东南亚的关系。

从军事演习看美国东南亚政策的新变化　郑一省（暨南大学国际关系学系）撰，发表于《当代亚太》2005年第8期。通过分析20世纪90年代中期以来美国与东南亚国家举行的军事演习，认为美国的东南亚政策发生新的变化，即试图在该地区恢复和加强军事存在，将东南亚国家纳入美国全球反恐体系，并介入东南亚国家与中国的南海争端。这给东南亚及其周边地区带来了不安和影响。

日本东南亚政策调整演变中的大国因素　许梅（暨南大学东南亚研究所）撰，发表于《东南亚研究》2005年第6期。认为战后50多年来，在日本东南亚政策的制定和实施过程中，美国因素的影响和作用可以说是主导性的，尤其是在冷战时期表现得尤为突出。中国的影响则是间接的，主要反映在冷战结束后，中国与东盟国家关系的发展在很大程度上成为日本东南亚政策调整的一大诱因。

中缅政治经济关系：战略与经济的层面　徐本钦（日本立命馆大学国际关系学院）撰，发表于《南洋问题研究》2005年第1期。认为从目前来看，缅甸既不是中国的战略棋子也不是其经济枢纽。1988年后的中缅关系是不平衡的、不对称的，但是互惠互利的。两国的战略、经济关系是政治联姻性的。然而，缅甸连接南亚、东南亚和中国的重要地理位置具有战略和经济意义。缅甸是中国实现成为21世纪大国这一战略总计划的重要组成部分。虽然中国对缅甸的影响越来越大，但是仰光将不可能成为中国的战略卫星国。

中国—东盟自由贸易区：中国和平崛起的地缘经济学思考　邱丹阳（暨南大学社会科学部）撰，发表于《当代亚太》2005年第1期。指出中国正在实施和平崛起的发展战略，开展强势经济外交是实施和平崛起战略的主要手段。从地缘经济学角度考察，中国实施和平崛起的战略需要有一个可靠的地区依托，建设中的中国—东盟自由贸易区正在起这样的依托作用。它具有良好的示范效应和扩散效应。我们必须用大战略眼光来经营与东盟的合作。

论东南亚贸易自由化与经济增长　王勤（厦门大学东南亚研究中心）撰，发表于《南洋问题研究》2005年第1期。认为战后东南亚国家的贸易政策大致经历三个阶段。80年代末90年代初开始，各国加快贸易自由化步伐。各国大幅降低关税水平，减少非关税壁垒，使之关税水平和结构呈现新的变化。东南亚国家贸易自由化推动进出口贸易规模的扩大，提升货物与服务的世界市场占有率，促进产业部门尤其是制造业的出口贸易、劳动生产率和最终收入的增长，从而成为国内经济增长的引擎。在世界性和区域性贸易自由化加速发展的背景下，东南亚国家贸易自由化的进程将有所加快。

东盟国家的双边自由贸易协定及其效应　杨玉花（厦门大学南洋研究院）撰，发表于《东南亚纵横》2005年第10期。认为近年来东盟国家与多个国家和地区展开双边自由贸易协定的谈判，以建立双边自由贸易区。新加坡、泰国等国已经率先与多个国家和地区签订双边自由贸易协定，其他国家也展开双边自由贸易协定谈判。在经济全球化与区域化的进程中，东盟国家加速双边自由贸易已初见成效，并引起示范效应。东盟国家加速双边贸易自由化是在全球多边与双边贸易自由化浪潮下各国积极调整对外经贸战略的重要措施：东盟的双边自由贸易协定谈判以全球贸易自由化加速发展为国际背景；东盟加速双边贸易自由化是提高其国际竞争力的重要措施；区域内多边贸易自由化进展缓慢促使东盟加快双边自由贸易的谈判；新加坡经济开放度大且无农业拖累使之易于达成双边自由贸易协定。

后金融危机时代东盟的对外贸易　刘兴华（江西财经大学金融学院）撰，发表于《东南亚》2005年第2期。认为亚洲金融危机之后，全球经济衰退给东盟对外贸易带来的负面影响，激发了东盟继续加强区域经济合作的决心。为更好地实现这一战略目标，东盟制定切实可行的步骤：(1)加强已有的经济合作，按照自由贸易区进程减让关税和降低非关税壁垒；(2)加速东盟橡胶业、木业、汽车业、纺织业等优势产业的市场整合，统一各国条例、程序和检查标准；(3)加快区内贸易争端解决机制建设的步伐，建立公平的区内贸易环境；(4)逐步减少新成员国的特殊政策，缩小东盟各国之间的经济差距。

中国吸引外资对东南亚国家吸引外资影响的实证研究　周毓萍（武汉理工大学经济学院）、桑杰尔·拉尔（牛津大学国际发展中心）撰，发表于《国际贸易问题》2005年12期，指出中国吸引外资的浪潮引起人们普遍的忧虑，中国吸引外资是否会导致流入东南亚国家的外资逐渐减少。本文在假定外资的供应是有弹性的前提下，利用对外投资区位决定因素的模型和固定效应分析方法来检验中国吸引外资与东南亚经济体吸引外资间的关系。结果显示在1986年至2001年间，中国吸引外资的增长实际上提高了邻国经济吸引外资的能力，而不是排挤了邻国外资的流入。

中国与东盟农业合作的现状和对策　柳岸林（厦门大学南洋研究院）撰，发表于《亚洲论坛》2005年第4期。分析中国与东盟农业合作的现状，提出关于加强合作的建议：(1)开辟新的合作领域。(2)发挥各自的品种和技术优势。(3)加强农业合作的针对性。(4)继续加大农业相互投资的力度。(5)促使双方农业合作的进一步发展。

网络·社会资本·投资：对东南亚华商投资中国内地特点的分析　王望波（厦门大学东南亚研究中心）撰，发表于《南洋问题研究》2005年第4期。认为东南亚华商早于西方资本对中国大陆特别是侨乡地区进行投资，为更好地发挥社会资本优势，许多东南亚华商首先对香港进行投资，进而以香港为基地对中国大陆投资。东南亚华商成功地利用社会资本优势以较少的资金成本实现跨国经营，同时也促进中国社会经济的发展。

正确认识对东盟的投资　陈星桥撰，发表于《大陆桥视野》2005年第9期。认为中国与东盟国家正在进入投资黄金期。目前，东盟已是中国海外投资的重要目的地。中国入世后，尤其是中国—东盟自由贸易区进程加速，营造了拓展东盟市场的政策环境，中国到东盟的投资将会扩大。中国企业对东亚和东南亚的投资，主要集中在东亚及南亚的发展中国家。

东南亚金融危机的贸易传染效应分析　乔璟卓撰，发表于《世界经济情况》2005年19期。指出20世纪90年代世界上主要发生了三次带有传染性的金融危机，即欧洲货币体系危机，墨西哥比索危机，以及1997年发生的东南亚金融危机。这三次危机不仅对经济和金融的影响大、持续时间长，而且带有波及整个区域甚至全球其他国家的特征。为此，许多学者提出了"传染效应"的概念，对传染效应提出各自的定义，分析危机传染的渠道并提出增强抵抗传染能力的政策建议。本文的目的不在于研究危机发生的机制，而重在研究东南亚金融危机的传染渠道。本文首先用大量事实证明亚洲国家间存在着紧密的贸易联系，从理论上说明贸易渠道传染的竞争效应，收入效应和双边贸易效应，然后以受危机波及国家的大量宏观数据，通过回归分析，证明贸易渠道在亚洲金融危机的传染中是最显著的。本文也基于这一实证研究，指出了其政策含义。

中泰贸易分析　甘宜沅（广西商学院）撰，发表于《东南亚纵横》2005年第11期。认为随着中国加入WTO与中国—东盟自由贸易区的建立，中国与泰国之间的对外贸易得到长足的发展，加强两国的贸易往来有利于推动中国—东盟自由贸易区的建设和发展。中泰两国商品贸易的基本特征有以下几点:中泰双边贸易额呈现出不断增长的态势,贸易的规模不断扩大;中泰贸易关系表现为互补—竞争型;中泰两国之间的进出口贸易增长率起伏比较大;泰国对中国出口商品集中度高;由于贸易不平衡,中泰两国的相互投资、合作等方面进展缓慢,以及信息不对称,缺乏相互了解,导致中泰两国间经贸关系发展相对滞后。建议中泰两国在经济上的比较优势具有互补—竞争性;积极改变中泰贸易量相对于两国贸易条件发展的滞后现状,加大双方投资力度,扩大双边贸易规模;两国经济的快速增长是中泰贸易健康发展的关键。中泰两国依靠近邻的地缘优势,优化各国出口产品结构,不断加强双边的对话、交流与合作,两国贸易将在21世纪进入共同进步与双边贸易互赢的全新发展阶段。

中国与印尼在基础设施建设方面合作的现状与前景 任红军(厦门大学南洋研究院)撰,发表于《东南亚研究》2005年第5期。认为印尼经济在1997年亚洲金融危机期间遭受重创,国内基础设施建设几乎停滞。为改善落后的基础设施状况,加速经济发展,创造更多的就业机会,印尼计划采取措施首先改善国内投资环境,以吸引更多的外资参与本国基础设施建设。这无疑将为迅速发展中国与印尼基础设施建设合作带来更为广阔的前景。

2005年马来西亚经济展望及农业政策 廖小健(暨南大学华侨华人研究所)撰,发表于《亚太经济》2005年第4期。指出2005年马来西亚政府将特别关注农业发展,提出税务优惠、资金投入、融资便利以及引进外劳等扶持农业发展的措施。关注农业发展,不仅有经济原因,更重要的是政治原因,目的是为了构建和谐社会和巩固政府的执政基础。

中越关系新发展与经贸合作新机遇 项东(郑州大学越南研究所)撰,发表于《南洋问题研究》2005年第3期。认为中越关系正常化以来,中越双方恢复了传统的睦邻友好关系,双边的交往与合作不断发展。经近10年的发展和积累,进入21世纪,中越关系具备新突破新发展的条件,已经从传统的睦邻友好的较低层面,提升到睦邻友好、全面合作的更高层面。

中国与印尼之间的农产品贸易及农业经济合作 林梅、张洁(厦门大学南洋研究院)撰,发表于《南洋问题研究》2005年第4期。对中国与印尼之间的农产品贸易的现状、农业经济合作以及未来在农业方面的贸易和合作前景进行分析和探讨,指出中国可以在以下几个方面展开与印尼的农产品贸易和农业合作:(1)充分利用区位优势和资源差异性,扩大农产品和农用物资贸易。(2)发挥各自优势,开展农业科学技术合作。(3)开展农用基础设施建设的合作。(4)实施“走出去”战略,鼓励中国企业到印尼投资。

促进大湄公河次区域经济合作的政策建议 范爱军、于增成(山东大学经济学院)撰,发表于《亚太经济》2005年第1期。就加快大湄公河次区域开发与经贸合作提出以下政策建议。(1)建立灵活的区域合作运行机制,促进次区域内贸易与投资的便利化。(2)加强次区域内各国间的人力资源开发合作,为经济发展提供高素质人力资源。(3)制定大湄公河全流域可持续发展规划,处理好经济发展与环境保护的关系。(4)采取积极主动措施,加强次区域各国相互之间的谅解与信任,努力成为大湄公河次区域合作的龙头。

大湄公河次区域水电开发与环境安全 李满田(云南大学国际关系学院)撰,发表于《亚洲论坛》2005年第2期。认为冷战结束后,国际形势发生新变化。1992年由亚洲开发银行主导下的大湄公河次区域经济合作正式拉开序幕。经过13年多的合作,次区域内缅甸、老挝、泰国、柬埔寨、越南和中国云南在能源、交通、投资与贸易、科技、环保、人力资源开发、旅游、毒品替代种植等8个重点合作领域取得较大成就。随着次区域合作开发的深入,诸如环境等方面的问题开始显露出来。水电开发是区域开发的重要内容,其对环境的影响是世界关注的焦点。

浅议泛珠三角经济圈与东南亚地区的经济合作 肖茂盛(广东金融学院社科部)撰,发表于《东南亚研究》2005年第2期。介绍泛珠三角地区内部经济合作的现状和特点,分析泛珠三角经济圈与东南亚地区的经济合作的现状,指出经济合作的基础首先在传统的产业方面有很强的互补性,其次还有很大的拓展空间:(1)双方相互间投资成为一个新热点;(2)中国与东盟在互为对方重要的贸易、投资伙伴的同时,双边的经济技术合作也得到拓展;(3)加快跨境旅游业发展。

务实推进中越“两廊一圈”经贸合作 金柏松(中国商务部研究院)撰,发表于《东南亚纵横》2005年第11期。认为中越两国开展“两廊一圈”合作是在中国—东盟FTA合作达成协议的大背景下提出的设想,属于中国—东盟自由贸易区框架体系内的一个有机组成部分。从性质来看,中越开展“两廊一圈”经贸合作,是为了在过渡期内顺利完成计划,并在2015年实现两国贸易投资的自由化,属于中越两国之间建立的过渡性机制,其目标是推动两国相关地区的经贸合作,从而促进两国贸易投资的自由化。对广西参与“两廊一圈”经贸合作有几点建议:一是发展平台经济,突出特色产业,加大对外招商力度,大力改善投资环境。二是在凭祥市发展前沿经济:崇左市政府提出在该地建立物流、运输中心,建议加上作为货物聚集地和信息发布中心,进而发展成为中南半岛的商品交易中心。建议在南宁市打造中南半岛信息中心、信息发布中心、人才交流中心等。三是发展通道经济,灵活地推进通道经济的跨境合作。四是扶植一批重点企业作为跨境合作的主力。

关于南宁—河内—海防经济走廊作用的思考 范泰国(越南社会科学院世界经济政治所)撰,发表于《东南亚纵横》2005年第11期。指出南宁—河内—海防经济走廊是连接中国与东盟的桥梁,连接中国广西和越南北部经济重点地区的桥梁,有助于广西凭祥得到更快的发展。目前需要做好以下一些事情:进一步完善基础设施和口岸服务设施,如增建口岸货仓、发展进出口运输、建设大规模的商品流通中心,形成旅游中枢,增加旅游交通工具;扩大火车站规模,凭祥火车站建成大型国际火车站;发展服务业如仓储、金融、保险、法律咨询、通信、餐饮、宾馆客房服务等;注重人才培养,特别是培养城市管理、建设和发展规划型人才,培养更多的精通外语、熟练业务的导游从业人员。

达成建设“两廊一圈”共识,促进“南宁—河内—海防经济走廊”启动 古小松(广西社会科学院)撰,发表于《东南亚纵横》2005年第11期。系统地总结于2005年10月28~29日在广西凭祥市举行的“南宁—河内—海防经济走廊建设暨崇左及凭祥市开放发展”研讨会特点:一是中越两国学者举行的首次关于“两廊一圈”问题的研讨会;二是与会者层次高，代表性广，中方有中国商务部贸易研究院金柏松研究员等多名中越“两廊一圈”专家组成员和越南贸易部贸易研究院阮文历院长等多位重量级学者参加了会议；三是与会者对“两廊一圈”特别是“南宁—河内—海防经济走廊”的建设达成了诸多共识，并呼吁两国的职能部门加强合作，尽早启动建设进程。会议文章和发言中值得关注的重要内容和观点有：(1)中国与东盟不断推进友好合作；(2)中越两国重视“两廊一圈”的建设；(3)中越参与“两廊一圈”合作邻接地方属于“弱—弱”式合作，这种小范围的“南南合作”要找出一条成功之路，任务比较艰巨，需要中越双方共同努力，创造性的合作，才能取得好的成效；(4)关于“南宁—河内—海防”经济走廊概念和范围；(5)“南宁—河内—海防”经济走廊的经济性；(6)“南宁—河内—海防”经济走廊将促进中越尤其是中国广西与越南北方的合作；(7)“南宁—河内—海防”经济走廊是连接中国与东盟的桥梁；(8)建设“南宁—河内—海防”经济走廊的对策措施；(9)搞好凭祥和谅山的开放和发展，如果双方能合作建立一个带有自由贸易性质的边境经济合作区，将有力地推动“南宁—河内—海防”经济走廊的建设；(10)当前要大力推进中国凭祥和越南谅山口岸的现代化和便利化建设；(11)要建设现代化的交通设施，尤其是南宁到河内的高速公路和现代化铁路。

南宁—谅山—河内—海防—广宁经济走廊合作构想　农立夫(广西社会科学院东南亚研究所)撰，发表于《东南亚纵横》2005年第3期。指出广西有8个边境县市与越南广宁、谅山、高平3个边境省接壤，沿边有东兴、凭祥、友谊关、水口、龙邦5个国家一类口岸，此外，还有7个国家二类口岸和25对边民贸易互市点，海上4个边贸码头。中越关系正常化以来，中央鼓励发展边境贸易的政策相继出台，中越各口岸基础设施建设和管理制度日臻完善，这为开展中国广西与越南间的边境合作创造了良好的前提条件。双方合作的内容主要有：一是交通合作。开通南宁至河内国际汽车客运货运线路和开通桂林至河内、海防、广宁下龙市火车客运线路，促进双方经济、贸易、旅游合作的发展。二是旅游合作。中国广西与越南的旅游合作已有良好的基础。越南游客持旅游签证可以到广西南宁、桂林、北海等地旅游，中国游客持旅游签证可以到越南谅山、河内、海防、广宁等地游览，旅游合作将是今后中越边境合作的重头戏。三是口岸经济合作。以口岸经济合作为龙头带动经济贸易合作。四是投资合作。中国广西与越南投资合作可考虑以下项目：在越南合作建设水电、火电厂，可供越南生产、生活用电，也可售往中国广西和广东；在越南建立农产品、林产品、海产品、矿产品加工及水果保鲜基地，产品可以销往中国市场。越南各边境县农民可以种植甘蔗、木薯，在满足越南需要的前提下，将一部分原料供给广西边境县糖厂和广西各淀粉厂，这也是一条增加越南农民收入的路子；在越南合作生产各种农用机械、家用电器、化工原料、各种纸张、纺织品等越南市场需求量大的产品。

中国—东盟自由贸易区：西南地区经济发展的挑战　吴杨撰，发表于《国际经济合作》2005年第6期。认为中国—东盟自由贸易区的建立将西南地区推到双边经贸合作的前沿地带，突出了中国西南特殊的沿边区位、沿海区位、沿江区位和地缘区位优势。中国—东盟自由贸易区建成后，四川、重庆、广西、云南等西南省区将成为最大受益者，因为目前它们一半出口货物都是流向周边的东盟各国。为此，研究中国—东盟自由贸易区与西南地区经济发展成为西南地区关注的热点问题。中国—东盟自由贸易区的建立将给西南地区经济发展带来挑战。首先，西南地区与东盟国家的产业同构化和产品雷同性较大，加剧市场竞争。其次，西南地区的企业在东盟市场上面临着日趋激烈的竞争。东盟除与中国共建自由贸易区外，还分别与日本、韩国建立了自由贸易区，从而形成更大范围内的国际竞争。西南地区的企业在东盟市场上还面临着国内发达省区市的竞争。第三，关税降低将对西南地区的产业造成冲击。第四，西南地区的服务业将受到较大冲击。第五，对政府角色转换的挑战。西南地区的企业存在散、小、弱的特点，要鼓励企业走出去，政府应着重提供经济合作的政策和制度环境等服务，政府要理顺相应的管理机制，并给予退税、贴息等扶持政策，对能够带动出口的大型基础设施项目，要给予前期勘测、谈判补贴等优惠政策。同时，扩大政府投资，加强西南沿边地区的基础设施建设和交通网络、市场信息网络建设，采取政策激励手段鼓励沿海发达地区向边境口岸进行产业转移，促进西南地区产业结构升级。应对策略：一是分阶段达标。中国—东盟自由贸易区的建设为期10年，将10年作为长远规划，密切关注中国—东盟自由贸易区的谈判和建设进程。当前思考的重点是近期的或近两三年的规划。如何在原有的基础上扩大、发展和提升双边的经贸合作，如何找到新的共同点、切入点、支撑点和热点。二是分国别制定对策。从西南各省区的实际情况出发，研究和提出对东盟、对不同国家的战略和措施，明确重点(包括重点国家和重点行业、领域)，并研究和制定相应的措施。三是多层面全面推进。其中包括：争取中央政府批准的政策或支持，西南各省区政府积极推出确定的行动计划、方案、政策和措施，以及企业的积极参与和行动。

中国—东盟自由贸易区建设对云南省对外经贸关系的影响　邹春萌、李晨阳(云南大学国际关系学院)撰，发表于《东南亚纵横》2005年第9期。认为中国—东盟自由贸易区建设对云南省对外经贸关系有着促进作用：有利于云南与东盟之间贸易总量的增加和贸易层次的提高；有利于加大云南省与东盟的经济技术合作，扩大相互投资；有利于提升云南省企业的国际竞争力，扩大总体对外经贸关系。但中国—东盟自由贸易区建设对云南省对外经贸关系也带来诸多挑战：云南省边贸优势逐步丧失，边贸增长空间有限；东盟各国经济差距和政策的不稳定性，与之经贸合作存在一定的风险；东盟内部经济依赖性增强，不利于云南省与东盟各国的经贸合作；云南省与国内其他省市区的竞争加剧。建议继续加快大通道建设，为云南省开展对外经贸合作提供优势条件；结合云南省“兴边富民工程”，加速边境地区全面发展，提升云南省整体经济实力；实施云南省边境经济增长中心战略，形成多极化经济格局，多层次地带动边境贸易发展；根据东南亚国家不同的经济水平，“走出去”和“请进来”相结合；加强与国内其他省市的区域合作，提高整体竞争力；积极开拓与东盟国家各省市的友好合作关系，为扩大经贸往来奠定基础。

中国云南与东盟国家农业合作的互补性和竞争性研究　蒲文杉(贵州师范大学历史与政治学院)撰，发表于《东南亚纵横》2005年第5期。认为通过云南省与东盟国家在农业合作领域中的农产品贸易、自然资源和产业条件、资金投入与技术合作等方面的比较分析,可以看出双方存在着优势互补和激烈的竞争。互补性体现在由于内生的气候条件所繁育出的自然资源和衍生的产业条件具有差异性,再加上经济发展水平和技术梯度不同,决定了双方在农业合作中存在着优势互补,从而各自具有比较利益可得,这是双方积极开展农业合作的内生前提和基础;竞争性集中于由于气候、自然资源相似性导致的产业同构性、技术雷同性,加之东盟国家内部经济发展水平参差不齐,双方在农业合作中存在竞争性。竞争性不仅来自于东盟国家内部,而且来自东盟外部的国家和地区,因而竞争不仅存在而且激烈。云南省应采取以下对策:一是政策环境建设是合作的前提。二是多层次、多渠道交流是合作的通道。三是企业参与是合作的主题。四是人才培养是合作的基础。五是资金技术投入是合作的保障。

广东与中国—东盟自由贸易区建设 陈建荣、张振江(暨南大学东南亚研究所)撰,发表于《东南亚研究》2005年第3期。认为中国—东盟自由贸易区建设给广东带来机遇挑战,提出四项应对措施。第一,进一步密切与东盟各国的往来。第二,积极向东盟国家宣传推介广东,吸引东盟国家到广东投资。第三,支持广东企业到东盟国家投资。第四,实施东盟差异化合作策略。

广东发展与东盟经贸关系面临的挑战和机遇 郑一省(暨南大学国际关系学系)撰,发表于《亚洲论坛》2005年第4期。认为广东发展与东盟经贸关系既有挑战,也有机遇。挑战来自三个方面:一是广东前期对东盟国家市场开拓不够。即使通过港澳与东盟进行转口贸易,但一直都未能将其纳入重要的经贸对象。二是来自建立中国—东盟自由贸易区热效应的压力。广东周边地区,尤其是广西和云南相继掀起进入"中国—东盟自由贸易区快车道"的热潮。三是出口产品结构亟待调整。广东省主要出口产品均为资源和劳动密集型的制成品,如纺织品、成衣、鞋类、加工食品、电子产品等,或是初级产品,像资源、原料、农产品等。这些产品的增值量相对较小,与东盟的产品种类、档次比较接近,影响了双方贸易的扩大。机遇表现在四个方面:一是先行优势。广东在中国对外开放中先行一步,成为中国最早发展外向型经济的地区。二是人缘优势。广东是众多海外华人的出生地、祖籍地,在开拓与东南亚的经贸进程中,可充分发挥人缘的优势。三是经济技术优势。广东省与东盟在制造业和技术结构方面存在着巨大的互补空间。电子、电气、机械设备、化工等产品对东盟的出口具有很大的潜力,并可以此带动珠江三角洲的产业升级。四是"泛珠三角"经济合作的推力优势。在中国—东盟自由贸易区的建设过程中,广东可通过泛珠三角经济合作促进本区域竞争力的整体提升。

新加坡腾飞过程中的职业教育及其启示 陈伟伟(湖南省岳阳市委讲师团)、文锦(湖南理工学院)撰,发表于《东南亚纵横》2005年第12期。认为新加坡独特的职业教育训练,造成了大批量高素质的劳动者,为新加坡的经济建设注入强大的活力。职业教育不仅是新加坡教育的主体,也是新加坡经济的支柱。新加坡通过多种教育机制保证教育和训练直接对政府的产业政策变化作出迅速的反应,实现人与社会发展进步的和谐互动:政府重视,职业教育顺应时代进步;与时俱进,职业教育与经济升级协调互动;开放创新,职业教育注重培养学生独立的创造性思维;观念领先,职业教育充分利用国际化带来的机遇。

略论朝贡制度的虚幻:以古代中国与东南亚的朝贡关系为例 庄国土(厦门大学东南亚研究中心)撰,发表于《南洋问题研究》2005年第3期。指出很多东西方学者认为中国与东南亚之间长期存在的"朝贡贸易与宗藩关系",实际上并不具备"朝贡"和"宗藩"的实质。将到中国者统称为朝贡者,基本上是中国统治者以及历代史官、文人的一厢情愿。中国朝廷通常没有也不打算利用这种表面上的、自我安慰式的"朝贡宗藩"关系来干预东南亚地区事务。实行"朝贡体制"数百年的明清两朝,其海外政策基本上是不作为的自我封闭政策,并没有获得对东南亚的实际政治影响力。

郑和下西洋与东南亚华侨华人 孔远志(北京大学外国语学院)、杨康善(北京大学宣传部)撰,发表于《华侨华人历史研究》2005年第3期。根据笔者实地考察,东南亚至少有15个郑和寺庙和近30个有关郑和的传说。这些传说反映了早期南洋中国移民的生活状况。东南亚华人纪念郑和活动的特点是"四个结合",即将纪念郑和与继承中华传统文化、吸收定居国文化相结合,与宣扬祖籍国和定居国的友好关系相结合,与发扬华人创业精神相结合以及与争取华族正当权益、促进族群和睦、繁荣当地经济相结合。虽然郑和在东南亚影响很大,但海外对郑和的了解仍十分有限,因此,在海外全面、深入地介绍郑和任重而道远。

东南亚地区城市问题及成因探析 饶本忠(河南师范大学社会发展学院)撰,发表于《东南亚研究》2005年第4期。认为东南亚地区城市化发展中出现了城市首位度高、城市化水平整体较低、城市分布地区差别明显、过度城市化等问题,这些问题的形成既有主观原因,也有客观原因,既有历史原因,也有现代政府发展的原因。

东南亚无核区:历史与现状 王良生(厦门大学南洋研究院)撰,发表于《国际论坛》2005年第5期。认为1984年7月东盟首次提出东南亚无核区的概念后,经过长期的讨论酝酿,1995年底,东南亚10国共同签订《东南亚无核区条约》。然而,它迄今尚未得到核大国的批准。

中国与东南亚的生态环境合作 刘学敏(北京师范大学资源学院)撰,发表于《东南亚纵横》2005年第5期。认为只有中国与东盟各国实行广泛的环境合作才能真正解决区域因发展而产生的环境问题;同时也由于共同的经济发展问题才使中国与东盟各国把环境问题紧密联系在一起。此外,解决区域的环境与生态问题的基本条件之一是区域环境合作,这种合作可以给各国带来共同利益。中国与东盟之间进行环境合作,须建立官方与民间的对话和研究机制;在共同合作中拒绝区外污染源和污染物的进入;加强环境教育方面的合作;加强环境技术和环保产业合作;要落实到具体的环境项目合作上。

中国—东盟合作与东亚一体化 韦红华(华中师范大学政治学研究院)撰,发表于《现代国际关系》2005年第9期。指出最近两年,东亚一体化取得明显进展,但也面临不少障碍。中国—东盟合作一是可以解决主导力量错位问题,为东亚一体化提供强大的推动力量和主导力量;二是可以降低制约国际合作的"不确定性",为东亚一体化奠定信任基础;三是能够将"和平解决争端"价值观念推广到整个东亚地区,为东亚地区安全共同体的价值观建构创造有利条件。加强中国与东盟合作,无疑有助于推进东亚一体进程。

工 商 资 讯

经贸信息

文莱与法中两国合作发展浮法玻璃项目

日前，文莱 HAMIDJOJO 发展有限公司（HAMIDJOJO DEVELOPMENT SDN BHD）与法国斯坦因公司（STEIN HEURTEY）和中国冶金设备总公司签署合作谅解备忘录，标志着文莱第一个优质浮法玻璃项目正式启动。该项目预计投资 1.2 亿欧元，将由法国斯坦因公司和其与中国冶金设备总公司合资的上海斯坦因迈克公司共同合作为文方提供 EPC 交钥匙总承包服务。此项目预计 2005 年底完成可研审批，第一期工程 2007 年建成投产，设计生产能力为日产 600 吨优质浮法玻璃，将为文莱创造大约 230 个直接就业机会。

（据中国驻文莱使馆经商参处网站　2005－08－25）

文莱将推出大摩拉岛深水港口兴建计划

据文莱"联合日报"报道，为推进文莱经济多元化进程，文将在 2006 年初推出大摩拉岛深水港口首期兴建计划，4 月公布大摩拉岛海港计划蓝图，并在 6 月定下合作伙伴。文将在 2007 年成立大摩拉岛海港发展局和大摩拉岛海港出口区管理局来负责项目管理和协调。大摩拉岛海港开发项目将以联营方式进行，项目投资 17 亿美元，其中 70% 资金来自文莱政府，30% 资金来自国际财团。预计 2009 年港口可投入使用。文政府希望借助国际合作伙伴管理国际港口的成功经验和专长，把大摩拉岛发展成世界级集装箱转运港口。大摩拉岛海港项目投资可行性研究报告由英国 HALCROW 公司编制。

（据中国驻文莱使馆经商参处网站）

文莱支持中小企业发挥重要作用

据文莱《国际时报》报道，文莱共有 4 万名注册的私人业者和合伙经营业者，5000 多家公司，其中 92% 属于中小企业，中小企业提供的就业岗位占私人企业提供就业岗位的 92%。文大部分中小企业属于员工数量少于 5 人的微型企业，或者人数在 6 至 10 人之间的小型企业。文莱微型企业占中小企业的 50%，小型企业占 2.5%，而中型企业则占 46%。文政府积极支持中小企业发展，在政策、金融等方面提供支持。除银行提供优惠贷款之外，文政府还鼓励小额信贷，支持当地企业家开设企业。中小企业在文莱非油气产业创造的国内生产总值中占 46%，在服务业和制造业中占 48% 和 40%。中小企业在文莱经济多元化发展的过程中发挥了重要作用。

（据中国驻文莱使馆经商参处网站　2006－02－10）

文莱颁布移民法修正案

文莱苏丹下令重颁移民法（称 2005 年移民法修正案），并从 2005 年 7 月 2 日开始执行。

修正案新增加部分包括对包庇非法移民的处罚以及对雇佣非法移民的刑罚，非法移民则是指没有护照签证进入文莱的外籍人士，其他包括不当使用移民准证者、逾期居留文莱者以及滥用准证者都将面对刑罚。根据修正案，包庇或雇佣非法移民罪名成立将判处最高 2 年的监禁或 3000 至 6000 文元的罚款，或两者兼施。重犯将被判处最高 4 年的监禁或 6000 至 1.2 万文元的罚款或两者兼施。文莱国民登记局及移民厅将与其他执法机构合作，持续频密地展开取缔非法移民行动。

（据《国际时报》　2005－09－15）

文莱与新加坡签署避免双重征税协定

文莱与新加坡于 2005 年 8 月 19 日正式签署避免双重征税协定，该项协定将有助新文两国间的贸易与投资活动。文莱外交部长本基兰莫哈末柏嘉亲王与新加坡外长杨荣文，分别代表双方签署协定。杨荣文在签署仪式致词时表示，此协定的签署有助于深化新文两国贸易和投资，同时也加强两国间的经贸联系，两国企业在对方国家开展投资时将不用担心税务问题。杨荣文指出，协定也将加强两国之间的技术交流，并成为两国加强关系的里程碑。

（据中国驻文莱使馆经商参处网站　2005－08－24）

文莱与甲醇厂项目投资财团签署合作协议

据文莱媒体报道，2006 年 2 月 9 日文莱经济发展理事会与甲醇厂项目投资财团签署合作协议，在文莱双溪岭工业园内建立甲醇厂。甲醇厂项目投资财团是由日本三菱煤气化学公司（MGC）、文莱国家石油公司（PETROLEUMBRUNEI）和日本伊藤忠商社（ITOCHU）组成。文莱甲醇厂财团三大股东在2005年11月达成联营协议，签署了天然气供应协议以及销售协议。预计该厂在2009年第二季度投产，建成后的甲醇厂每年可生产85万吨甲醇，主要销售到亚洲市场。合作协议要求该项目发展文莱当地人力资源，最大限度地雇佣本地人力，鼓励文中小服务商和供应商企业的参与。并要项目积极推行技术转移，鼓励下游产业的开发。该财团将和文莱政府合作，成立一所甲醇科技中心，为准备在甲醇下游产业的投资者提供技术支持。甲醇厂工程是双溪岭工业园内的首个项目，占地16公顷，文莱经济发展理事会是该工业园的开发和管理者。文莱政府希望该工业园的建立将成为文莱继石油工业和液化天然气工业后出现的第三个经济发展阶段，欢迎有更多外国投资者到该工业园内投资设厂，推动文莱经济多元化计划的实施。

（据中国驻文莱使馆经商参处网站　2006－02－13）

文莱越南将开通空中航线

2006年2月28日，文莱皇家航空公司宣布将于5月11日起，开通从文莱首都斯里巴加湾至越南胡志明市的定期空中航班，计划每周3个航班。新航线的开通，将对促进两国经贸往来，尤其是扩大两国旅游合作，带来积极影响。

（中国驻文莱使馆经商处）

柬埔寨筹建柬越铁路

柬埔寨公共工程和运输部长孙占托日前表示，政府计划筹资5亿美元，以兴建连接柬埔寨与越南长达255公里的铁路。这是新加坡至中国昆明的东盟铁路的组成部分。他说，由中国政府援助考察的铁路修建可行性项目已经完成，并已于2006年1月5日将报告呈交运输部。他透露，运输部将在近期组团赴越南考察和讨论这条运输线。东盟铁路从新加坡出发至中国昆明，路经马来西亚、泰国、柬埔寨和越南。孙占托说，“政府没有如此巨资。不过，我们将努力向中国、日本、亚洲开发银行、世界银行和其他国际社会寻求援助。”另一方面，柬埔寨公共工程与运输部国务秘书翁章指出，政府决定向亚洲开展银行（ADB）低息贷款2000万美元，修复从卜迭棉芷省是士芬县至波比柬泰国际边关口岸的48公里铁路，但双方尚未签署正式协约。

（据新华网　2006－02－24）

柬埔寨投资兴建举办西哈努克市自由经济区

2006年8月16日，柬副首相索安代表洪森首相参加了在金边五洲大酒店举行的西哈努克市自由工业区介绍会。该自由经济区位于柬港口城市西哈努克市，是继柴桢经济特区之后的又一特区计划，由Attwood投资集团公司投资兴建。特区申请占地面积200公顷，计划投资8900万美元。公司负责人强调，通过兴建工业开发区，可以解决当地就业问题，改善和提高人民生活水平，是落实王国政府四角战略目标的具体体现。索安副首相对Attwood公司的投资计划表示欢迎，指出柬埔寨具有丰富的土地、劳动力、水利、林业等资源，并可享受普惠制、优惠关税等待遇，而本国生产能力薄弱，因此需要吸引国内外投资者在柬投资。由于获得国际市场优惠待遇的产品必须是在柬埔寨国内生产，因此王国政府制定了针对建立经济特区或出口加工区的优惠政策，以鼓励在国公、波比、拜林、茶胶、柴桢、西哈努克等便于出口运输的省市建立上述经济区。特区按规定可享受免税待遇，并设立“一站式服务”窗口，为投资者办理进出口许可证等文件，为企业运营提供便利条件。在经济特区内，公司从开始运作起可享受9年内免缴所得税、进出口货物增值税等税收优惠，并可拥有土地和不动产产权。索安强调王国政府将私人领域投资作为国家经济发展的主要推动力量，并制定了发展政策，为私人领域投资发展创造条件。

（据中国驻柬埔寨使馆经商处　2005－09－01）

柬埔寨减免458种原料进口税

柬埔寨海关总署日前发布公告，宣布从2005年4月1日开始，将降低458种原料的进口税，以鼓励柬埔寨中小型企业的发展。公告称，将把458种原料的进口税，从目前的15%降至7%，一些则完全免税，其中包括木料、塑料和皮类原料等。

柬埔寨曼哈顿（柴桢）经济特区举行奠基仪式

2005年8月11日，柬首相洪森、副首相兼国防部联合部长涅文才参加了在柴桢省举行的曼哈顿（柴桢）经济特区奠基仪式。该特区位于柬越边境，距胡志明港80公里，距胡志明机场65公里，由曼哈顿国际股份有限公司（台资企业）投资修建，计划投资约3000万美元。一期开发面积约80公顷，建设厂房面积40万平方米，预计容纳职工1.5万人，年出口贸易额可达3亿美元以上。区内实行一站式服务，企业享受5年免缴所得税和设备配件进口免税等优惠政策。

奠基仪式上，洪森首相指出，柬准备在柬越、柬泰边境地区设立更多的经济特区，以鼓励投资者到柬埔寨设厂，并利用柬埔寨优势把产品出口到国际市场。他还呼吁广大投资者前往曼哈顿经济特区投资，并强调政治稳定是国家的生命线，由于人民党、奉辛比克党结盟，柬埔寨国内政局稳定，投资者信心将大大增强。投资方代表在仪式上讲话时，对经济特区的前景表示乐观，并指出柬埔寨是当前最适合投资的国家之一，但由于柬经济发展起步较晚，工业基础设施薄弱，经济特区建设将面临重重困难，因此呼吁柬政府尽快完成经济特区立法工作，同时对于进出口货物、发电所需燃油等给予法律保证、简化通关、减免税负等优惠。

（据柬埔寨《华商日报》　2005－08－24）

柬埔寨服装出口继续增长

柬埔寨商业部主管对外贸易的官员上星期表示，2005年上半年柬埔寨服装、纺织品和鞋类的出口额与2004年同期相比增加7440万美元。

根据柬商业部最新的资料显示，2005年头6个月服装、纺织品和鞋类出口额增至9.06亿美元，与上年同期的8.32

亿美元相比增长8.95%。其中,2005年上半年对美国的服装出口额达到6.5亿美元,比上年同期的5.42亿美元增长近19.6%。但是,出口欧盟却有所下降,由2004年上半年的2.23亿美元下降到2005年前六个月的1.93亿美元。

(据柬埔寨《华商日报》 2005-08-10)

柬埔寨利用私人投资迅速增长

据柬埔寨发展理事会(CDC)提供的最新数据,2005年1~6月,柬政府共批准私人投资总额5.53亿美元,为上年同期4703万美元的11.74倍;批准投资项目共58个,项目数比上年同期上升241%。其中,来自柬国内私人投资1.01亿美元、外商投资4.51亿美元,分别是上年同期的6.67倍和14.16倍。显示柬政局稳定和投资环境得到改善。从投资领域和结构来看,主要投资领域为工业,项目50个,投资金额4.62亿美元(占83%);其次是旅游业,投资金额4639万美元(占8%);服务业(建筑、运输)3690万美元,占(6%);农业723万美元,占(1%)。

(据中国驻柬埔寨使馆经商处 2005-08-05)

柬国会开始审议《商业企业法(草案)》

柬埔寨国会2005年4月27日开始审议由柬商业部起草的《商业企业法(草案)》,该法律草案共有8章304条,是一部加强国内外投资和建立证券市场所必需的重要法律。

据国会公共工程运输、邮电、工业能源和商业委员会主席基隆安夫人介绍,制定商业企业法的主要目的是为了改善和巩固柬埔寨的商业投资环境,并建立法律依据,让注册的商业公司可以合法运作,保护有意成立公司的投资商的合法权益。同时也让柬埔寨每个家庭都能参与成立公司,推动国家的经济发展。她强调,该法律也是一部成立证券市场的重要法律,让投资公司有权利合法集资。同样通过购买股份,外国公司可向正在柬埔寨运行的公司注入投资。

国会议员苏威多指出,尽管目前有许多日本大公司对柬埔寨市场的前景十分看好,但日本大公司尚未真正到柬埔寨投资,原因是日本商人普遍对柬埔寨的法律没有信心。而越南则先后在胡志明市和河内建立了证券市场,如果柬埔寨进一步完善法律,不仅有利于建立证券市场,更有利于吸引日本投资。

商业部国务秘书索西帕纳表示,商业企业法是在王国政府四角战略的基础上制定的,在全球取消制衣出口配额,以及柬埔寨要发展金融业的环境下,通过该法律,能尽快推动柬埔寨证券市场的建立。除上述法律外,索还表示,在2005年底之前,商业部将制定破产法和商业法庭法等法律草案。力求吸引更多外国大企业到柬埔寨投资。

柬埔寨欢迎外商投资建设水电站

柬埔寨工业、矿产和能源部水电司办公室主任沙力斯日前接受当地媒体专访时表示,柬埔寨拥有丰富的水利资源,一直都未开发。全柬拥有超过1万MW的发电水利资源,较易开发的约有5千MW。绝大部分电站的路都没通,如果外资公司有投资意愿,可到工矿能源部申请实地考察。他介绍,在柬申建水电站的有关法律相对宽松,如由投资者自行设计施工、不限定投资额、不指定使用机组等有利条件,只要不危害到环保和当地民众的日常生活即可。在柬建立水电站一般以BOT项目为主,即投资公司自筹资金及自负盈亏,向工业部申报投资额,一般营运期为20~25年,期满后交还国家。他还表示,在柬投资水电站的成本不低,除了投资基础设施和机组等外,还要自拉输电缆,因为全柬的输电网只限于城市内,没有横跨各省市的输电系统。他指出,如正好能搭上政府的输电网络,可提供免费使用,条件是电力必须卖给电网所有方。他透露,政府有计划拉3条输电缆,分别是金边至马德望省、金边至贡不省及金边至磅湛省,何时能实施这一计划尚未确定。

工矿能源部一权威官员告诉媒体,投资水电站者可直接把电力卖给政府经营的电力部门,电价协商确定,双方签订一年至数年不等的购销协约。他介绍,较大型水电站的电价每千瓦时0.04美元左右,不超过0.05美元,小水电站的电价每千瓦时0.06美元左右,不超过0.07美元。他说,供需合同签得越久,电价越低,因为水利资源得到开发后,电价将逐年降低。

据了解,柬埔寨电力紧缺。比邻国高出数倍的电费,造成各行各业的运作成本高昂,直接限制了经济发展和产品的竞争力。近年来有许多国外公司前来寻求建设水电站,但经过考察后都不了了之。水电开发还存在许多不确定因素,例如修路成本高、输电线路长等因素导致投资成本过高。

柬埔寨属亚洲纳税较少国家

2005年3月10日,柬埔寨发展理事会(CDC)秘书长SOK CHENDA在推动吸引投资研讨会上介绍说,据美国传统基金会对世界161个国家和地区经济自由度的评估,2005年柬埔寨经济自由度指数排在第63位。而柬埔寨的纳税率仅排在新加坡和香港后面,属于亚洲国家和地区中商业活动纳税较少的国家。

柬埔寨投资主管部门呼吁改善投资环境

2005年3月8日,柬埔寨发展理事会(CDC)与"东盟—日本中心"在金边举办研讨会,就如何提高吸引外国直接投资进行研讨。柬埔寨投资委员会(CIB)主席孙西提在会上表示,柬埔寨、越南、老挝和缅甸被认为是东盟地区发展最慢的国家,这四个国家所获得的日本援助最多。相反的是,日本在上述四国的投资却无法与援助额成正比。原因是电费高、基础设施不完善和法律不健全等因素,使得日本商家在决定是否到柬埔寨投资时总是犹豫不决。虽然日本是柬埔寨的第一大援助国,但日本在柬埔寨的投资商却寥寥无几,电费高、基础设施不完善、法律不健全等被认为是制约广大日本商家到柬埔寨投资的重要因素。柬埔寨希望通过改善投资环境,吸引日本商家投资兴建农业加工厂。孙最后表示,制衣业过去很长一段时间都是柬埔寨的支柱产业,随着全球纺织服装出口配额制度的取消,柬埔寨不能再把发展的重点局限于制衣业了。柬政府鼓励商家投资农业加工,以推动国家经济的发展。

印度尼西亚与韩国共同建立工业技术中心

据雅加达邮报消息，2006 年 2 月 23 日印尼与韩国政府共同建立的工业技术中心正式运营，该中心由韩国工业技术研究所和印尼工业部联合组建，资金来源于韩国政府赠款，其主要职能是开展联合研究，对印尼当地工业提供技术援助，目前该中心计划帮助印尼优先发展纺织工业和金属加工业。韩国是印尼制造业重要投资者，其投资主要集中在电器产品及零部件。

（据中国驻印度尼西亚使馆经商参处网站　2006－03－06）

印度尼西亚拟通过自贸谈判促日本开放劳务市场

据雅加达邮报报道，在印尼与日本举行的第三轮双边自贸（FTA）谈判中，印尼方已要求日本进一步开放其劳务市场。印尼首席谈判代表对媒体表示，印尼要求日本承认印尼医疗服务、旅游、餐饮等行业从业人员的资格证书。印尼政府一直鼓励本国工人到国外务工，将其视为解决就业、增加外汇收入的一个重要渠道。截至 2005 年底，约有 210 万印尼人在国外工作。

老挝将进一步扩大北部电信网络

老挝电信公司（LTC）2006 年将投入 2500 万美元进一步开发北部地区光缆网络和手机网络。预计到 2010 年，该公司每年将投入至少 2000 万美元用于该项目，以期至 2010 年该公司网络将覆盖老挝所有山区和森林地带。

（据《万象时报》　2006－02－15）

老挝大力吸引各国投资者

老挝国家计划投资委员会副主任联·提乔在第二届东盟博览会投资项目推介会上说，近年来中国企业赴老挝投资的数量快速增长，至 2004 年 4 月，中国在老挝投资项目共 103 项，总投资额 1.69 亿美元。2003～2004 年，在对老挝投资的国家和地区中，中国投资总额排第一。

提乔说，为吸引多方投资，老挝制定新的投资政策，简化投资审批手续，实行优惠的税收政策，投资者可以享受 2～7 年的免税期，过了免税期，投资者还可以享受每年 10%～20% 的税收减免优惠政策。大幅度提升投资者在各个项目中的投资比重，在基础设施，特别是旅游方面的基础设施如道路、酒店等的投资比重最高可达 100%。

老挝中国企业商会成立

随着老中两国政府和民间的经贸友好合作不断扩大，各类中资企业在老挝注册的独资、合资和合作企业越来越多，为发展两国民间的经贸合作，使已有的各类中资公司更好地依法经营，促进两国企业间的合作健康有序发展。原中国企业联谊会代表向老挝政府申请成立中国企业商会。据老挝外交部第 6502 号令批准，老挝中国企业商会于 2005 年 11 月 16 日在首都万象登记注册。12 月 12 日下午，召开原中国企业联谊会领导成员及部分企业代表会议，宣布中国企业商会正式成立，并推选湄公酒店总经理孙磊为会长，老挝万象鸿瑞公司董事长丁国江为秘书长。商会有会员 40 多家。

（据中国驻老挝大使馆经商参处　2006－1－5）

老挝将推广万象重庆农业园区试种成功的水稻品种

老挝与中国重庆市合作，在万象重庆农业园区内推广试种由中方培育的 Q1、Q2、Q5 三个水稻品种。2004 年，老挝政府就已开始与中方合作开展水稻种植项目，由中方提供水稻品种，在老挝经中国农业专家指导和两年试验种植后，Q1、Q2、Q5 每公顷产量分别达到 8.3 吨、7 吨和 6.8 吨，而目前老挝国内普遍种植的水稻每公顷产量仅为 4.5 吨。目前老挝正进行雨、旱两季种植实验，成功推广后预计粮食产量将大幅提高。（据《万象时报》　2006－02－23）

老挝将加快铁路建设步伐

根据老挝交通邮电部第六个五年发展规划，在铁路建设方面，预期在未来五年内将完成万象老泰友谊大桥至塔拉兰码头全长 3.5 公里的铁路建设，提供资金支持进一步勘探塔拉兰码头至万象索坎村段铁路，修复占巴塞孔县 8 公里长的旧铁路并开发为旅游景点，对万象—占巴色、他曲—机穆萨、占巴色—沙拉湾—老越边界、万象—老中边境等段铁路建设进行可行性研究。　（据《万象时报》　2006－02－16）

老挝农业未来 5 年要实现跨越式发展

老挝全国农业可持续发展工作研讨会在万象举行，农业部长主持，通伦副总理出席并讲话。会议回顾过去五年特别是 2004 年以来农业生产取得的成绩与主要不足，并规划下一年及今后五年农业可持续发展方针政策；通伦副总理强调未来五年农业要实现跨越式发展，农业产值年均增长保持在 3.5% 以上；开展农林业发展整体规划、七个平原农业生产战略、生物多样性保护战略等方面研究，实现农业生产与生态保护相结合的快速可持续发展。

（据《万象时报》　2005－09－15）

老挝将建立国内证券股票市场

老挝国内证券专家向媒体表示，根据 2001 年以来国内经济表现，如果政府能采取国际通行的相关法律法规有效保护企业利益，老可于不久将来建立国内证券股票市场，目前至少有老啤等 10 公司具备上市能力。

（据《万象时报》　2005－09－12）

老挝将增加对日大米出口

老挝万象粮食加工企业负责人向媒体表示，每年日本给老方的大米收购订单约 1 万吨，而老方的出口能力不足其中 1%。个别老日合资的大米加工企业正积极筹措资金扩大生产规模，以增加对日大米出口。

（据《万象时报》　2005－08－03）

老挝越南启动一站式海关检测系统

位于老挝沙湾拿吉省与越南广治省之间的丹沙湾—老宝一站式海关检查站正式启用,老挝交通部副部长宋马等官员出席有关仪式。成立该检查站系老越双方落实两国货物贸易过境运输协议具体成果,同时意味着大湄公河次区域货物贸易过境运输合作实质性启动。1999年,老泰越三国首先签署货物过境运输合作协议,之后湄公河次区域其他三国相继加入。(据《万象时报》 2005-07-15)

老挝与中国合作建设电站

2005年5月31日,老挝计划投资委副主任联?提乔代表老挝政府与中国Sinohydro Corporation公司签署南乌8号电站建设合作备忘录。该项目位于老挝北部丰沙里省,电站设计装机容量64万千瓦,以BOT方式投资建设,项目总耗资7亿美元。该中方公司系南力、南梦3、南梦5等电站项目承包建设方,在老挝有10多年从业经验。根据老目前规划,至2020年全国将建设包括南吞2在内至少9个电站项目,届时可确保全国95%以上人口用上照明电。

(据《万象时报》 2005-06-02)

老挝外贸银行首次向外资企业提供大额贷款

据2005年3月30日《老挝报》报道,老挝LXML有限公司与澳大利亚COMMON WEATH银行、MACQUARIE 有限银行等7家国际银行签订1.4亿美元的贷款协议,其中老挝外贸银行出资1000万美元。上述贷款用于老挝沙湾拿吉省色奔红铜矿生产建设项目。这是老挝外贸银行首次向本国的外资企业提供大额贷款,首次参与国际银行联合出资。表明国际银行已经认可老挝外贸银行参与全套投资的能力。

(据《万象时报》 2005-04-03)

老挝越南拟签署自由贸易协定

2004年老挝对越南贸易进出口额达1.45亿美元,比上年增长30%。其中出口0.8亿美元,进口0.65亿美元。老挝和越南已经签署包括降低50%关税等多份贸易协定以推进双边发展贸易投资。万象经贸年度会上,老驻越经商参赞范赫·维拉撒说,老政府正研究将对越农产品出口关税降低至零。老越领导人已对自由贸易协定达成初步共识,具体事宜正在进一步磋商,预计在2006~2008年开始执行。届时,老从越只进口海鲜和相关产品,出口农产品。

(译自《Vientiane Time》 2005-02-26)

马来西亚宣布在沙捞越州发现新的近海气田

马来西亚国家石油公司(简称国油)2005年3月21日宣布在沙捞越州PC4勘探区发现天然气田。该公司的PC4-1号勘探井位于沙捞越州美里省东北180公里处,水深73米,最终勘探深度达到海平面以下3273米。马国油为寻找更多的天然气储量,在上述位置设井勘探,最终在630米深度发现气源。马国油在其声明中表示,上述气田具有开采潜力,同时也表明有类似地质构造的周边地区有天然气开发潜力。同年12月,马国油公司又宣布发现卡罗威特(Kanowit)气田。对于不断的新发现,马国油对努力勘探烃类资源储藏量取得的成功及对国家经济的贡献表示乐观。

马来西亚公布新的国家汽车政策

为兑现马来西亚对东盟汽车进口税优惠的承诺,马内阁3月22日公布新的国家汽车新政策,其中最受关注的是汽车进口准证(AP)制度将在2010年12月31日全面废除。

马内阁22日公布国家汽车政策文件,共列出六大目标、四大宗旨和七大具体措施。六大目标包括:(1)增强马来西亚汽车产业的竞争力和活力;(2)促进马来西亚成为区域汽车中心,注重特定领域和市场;(3)提高汽车附加值及盈利水平;(4)提高汽车出口能力,包括汽车配件及组件等,使汽车产业具备全球市场竞争力;(5)提高土著参与国家汽车领域的竞争力;(6)保障消费者权益,包括价格、产品安全、质量及服务。四大宗旨包括:(1)根据对国家经济的持续贡献,提供政府援助和奖励;(2)扩大工业规模,提高竞争力,提升物流配套能力;(3)促进与国际伙伴的策略联盟;(4)成为区域中心,专注特定领域。七大措施包括:(1)重组国产税架构,以提高车价透明度;(2)定期公布进口汽车价格,杜绝进口车低价报税;(3)东盟范围内汽车进口税降至5%;(4)工业调整基金将提供给具有竞争力和附加值的汽车制造厂作为鼓励;(5)不再发出汽车生产许可证,直至国产车产能过剩问题获得解决为止;(6)汽车进口准证(AP)将在2010年12月31日全面废除;(7)实施汽车种类审核程序和条款。

新的税务构架下,来自东盟的整车进口税一律降至5%,来自东盟和非东盟的进口整车的国产税调低到5%至75%。多用途车/客货车和四轮驱动车方面,来自东盟的整车进口税一律从15%降至5%,国产税有升有降,1.5~1.8升排气量汽车调高5%,1.8~2.0升排气量汽车保持不变,2~3升排气量汽车降低15%~25%,来自非东盟国家多用途车/客货车和四轮驱动车整车的国产税调幅同上。此外,逐步禁止进口二手汽车,至2010年将全面禁止进口,以加大本地生产及装配的汽车的销售,个人用途的二手轿车除外。

为增加进口汽车价格透明度,新的国家汽车政策规定,所有进口汽车价格必须在马政府宪报上予以公布,作为计征税的依据。按照此规定,低价报税偷逃税款的现象将得以杜绝。新的国家汽车政策公布后,汽车经销商可以预先计算销售价格,策划营销策略,这对汽车业投资方有利。由于汽车市场价格受车型、市场供应量及政府公布的进口汽车价格的影响,目前马进口汽车价格尚不明朗,但从长期来看,汽车整体价格将下调。

(据中国驻皮晋总领馆经商室 2006-03-27)

马来西亚跻身世界十大家具国

统计数据显示,2005年马来西亚家具业出口75亿林吉特,比上年增长17.2%。马来西亚已跻身世界十大家具出口国行列。预计到2010年,马家具出口将达到100亿林吉特。马目前是东盟最大、亚洲第二大家具出口国,出口家具以中高档为主。目前家具业遇到的最大问题是橡胶木出现短缺。鉴于此，马政府已禁止出口橡胶木材，并正在拟定保护家具行业的具体政策。

马来西亚对能源市场开放持谨慎态度

马来西亚能源、水务与通讯部长林敬益在新加坡召开的2006年亚洲大会上发表讲话说，为了确保马来西亚有足够能源供应，人民有能力负担，同时能满足重工业需要，马来西亚对能源市场开放持谨慎态度。马来西亚在20世纪90年代开始开放发电领域，之后独立发电站逐渐增加，到目前为止共有19家独立发电站，但政府1997年规定由马国家能源公司专营发电、输电和配电业务。目前，马来西亚面临的主要问题就是用电市场混乱，发电商和电力运营商矛盾突出。由于马来西亚是依赖重工业发展的国家，通过减少或取消政府津贴及提高市场透明度等措施对供电市场开放，可能会造成发电和输电设施投资不足等问题。因此马政府对电力能源供应市场开放一直持谨慎态度。

（据中国驻古晋总领馆经商室　2006－01－16）

马来西亚积极吸引中东资金

马来西亚银行家正积极向富裕的阿拉伯投资者促销马来西亚的回教投资产品。估计在“9·11”事件后，有高达2000亿美元的波斯湾基金转投中东，这些基金成为马来西亚银行追逐的目标。以马来西亚银行为首的马来西亚国内银行，在这之前已经数次拜访石油资源充裕的波斯湾国家，以促销西方传统市场少有的投资产品。马银行业者认为，自美国发生“9·11”恐怖袭击事件后，越来越多的阿拉伯游客转向吉隆坡度假，吉隆坡知名度提高，有助于吸引来自阿拉伯国家的投资 。

（据中国驻古晋总领馆经商室　2005－12－28）

马来西亚CMS公司110亿元投资云南高速公路

马来西亚沙捞越CMS公司与云南路桥集团公司联营，在云南投资建设两条高速公路。这两条大道分别是长达75公里的昆明外环路和长达72公里的昆明武定大道，总投资约110亿元人民币，其中马方占有57%的股份。该工程预计3年内能完成，联营伙伴将获准该大道30年经营权。砂捞越CMS公司公司董事长苏拉曼、云南大路桥集团董事长邓小顺与云南省交通厅长杨广成三方共同签署了该项目备忘录。

（据《国际时报》　2005－10－14）

马来西亚提高外劳人头税

马来西亚从2005年8月起调高园丘业和服务业外劳和聘用第二个以上外国女佣的人头税，幅度是50%。马来西亚副首相纳吉宣布提高外劳人头税措施时指出，当局的目的是鼓励业者减少依赖外来劳工，多雇佣本地人。在新措施下，园丘业外劳的人头税从目前的360林吉特增至720林吉特。服务业方面包括餐厅、清洁公司和集装箱处理公司等外劳的人头税也调高。但当局没有提高工厂、制造业和农业的外劳人头税。

（据《南洋商报》　2005－07－08）

马来西亚与中国渔业合作取得新进展

在2005年9月12日结束的马中渔业商务论坛暨马来西亚—广东渔业经贸合作交流会上，马来西亚农业与农基工业部与中国农业部和广东省人民政府签订15项渔业合作谅解备忘录，双方各有15家渔业公司参与，总价值1.5亿林吉特（约折合4000万美元）。同时，中国将在深海养殖、网箱养殖、水族馆和养殖饲料等方面向马方提供技术援助。

（据中国驻马来西亚大使馆经商参处　2005－09－28）

马来西亚在伊朗投资达40亿美元

《伊朗日报》2006年2月14日消息：据伊朗驻马来西亚使馆外交官 Ahmad Massoumi Fard 对伊媒体称，马来西亚在伊朗投资总额已超过40亿美元。他说，两国已达成10个联合投资项目，其中有的项目已投入运营。他说，目前伊朗在马来西亚还没有任何重大的投资项目，只有一家伊朗石油公司在吉隆坡设立分公司。而马来西亚仅在伊朗油气领域的投资就已达13亿美元。他说，大约有60家伊朗公司在马来西亚从事经营活动，其中有伊朗饮料大企业 ZAMZAM 公司，其产品已成为马来西亚大众饮料。在马来西亚注册的伊朗公司数量相当多，但是其中大多数公司没有太多业务经营。估计今后两年马、伊两国双边贸易额每年将达到10亿美元。马来西亚近一半数量的棕榈油和橡胶出口到伊朗，马来西亚自伊进口的产品80%为石化产品。他说，伊朗很希望扩大同马来西亚在旅游、工业、建筑业等领域的合作。在伊斯兰国家中，伊朗是马来西亚第五大贸易伙伴，2005年两国经贸额达到7.3亿美元，比上一年的6.04亿美元增长18%。目前马、伊两国合资建设的项目有：在伊朗北部靠近里海的马赞德兰省建设一座五星级宾馆；另外在德黑兰建设一个大的商场，合同已于上个月签署，上述项目即将破土动工。去年有50多个马来西亚经贸代表团访问伊朗。

（据中国驻伊朗大使馆经商参处　2006－02－17）

马来西亚对越商品实施关税优惠

据2005年7月7日越南《投资报》报道，越贸易部称，马来西亚工商部已就增加67种越南商品享受 AISP 关税优惠正式通报越方。据此，越南67种商品将获马来西亚 AISP 关税优惠（零关税），取消了“CEPT”5%的关税和“MFN”5%～30%的关税。越南享受关税优惠的主要商品有：水果（葡萄，杏子）、橡胶及橡胶产品、胶合板、卫生纸、包装纸、儿童服装、塑料底运动鞋、食品、厨具、各类电风扇、电视接收器等。现在，马来西亚海关正在补充完善上述67种商品的正式法律文件。

马来西亚新设伊斯兰指数吸引海湾资金

据科威特《阿拉伯时报》报道，2005年6月24日马来西亚交易所设立伊斯兰指数，该指数旨在吸引牟利的阿拉伯投资者的资金，并符合伊斯兰教义的有关规定。该指数由马来西亚 RHB 证券银行－道琼斯指数联合运营，初始将由 45 家 Bursa Malaysia 上市公司组成。该指数中将摒除从事酒精饮料、烟草、猪肉相关产品和金融服务以及国防军火、娱乐等业务的公司。

马来西亚中央银行行长吉提指出，“RHB 证券银行－道琼斯伊斯兰指数将成为伊斯兰金融市场的又一里程碑的事件，该指数将成为美国道琼斯伊斯兰市场系列指数的一支，增强了马来西亚伊斯兰资产吸引外资的潜力”。Negara 银行总经理说，“因伊斯兰金融工具的设施和市场环境良好，马来西亚在吸引外资方面非常有利，并且具有长期经营的经验”。道琼斯伊斯兰指数集团全球总经理拉什迪说，“穆斯林占多数的马来西亚已有科伦坡 Sharia 指数，新指数将推动 Sharia 吸引更多的对伊斯兰教义理解不同的海湾投资者，同时给那些高负债或者资产难以变卖的公司提供一系列金融工具，加快资产的流动。科伦坡将成为海湾资金进入马来西亚，进而进入地区金融市场的跳板。海湾私人资金约为 1.5 万亿美元，其中 80% ~85% 在海湾地区外投资，‘9·11’事件发生后海湾投资者对在西方国家的投资有所不安，东方国家特别是马来西亚自然成为吸引其中部分资金的家园”。

道琼斯已经在其他诸如新加坡等国家设立伊斯兰指数，此次马来西亚是首个设立伊斯兰指数的穆斯林国家。

马来西亚 2007 年实施产品服务增值税

劳勿 2005 年 2 月 16 日讯：财政部副部长拿督黄燕燕说，为重组国家税务架构，促进经济健全成长，政府决定在 2007 年开始实施产品与服务增值税。“有关实施细节仍在探讨中，政府欢迎企业界提供更多资料，也乐于聆听私人界的意见，以便在这项工作上取得预期成果。”她说，马来西亚经济增长良好，截至 2004 年第三季，国内生产总值增长率达 6.8%，通货膨胀率低于 1.4%。这意味着实际增长率高达 5.4%，是令人鼓舞的数字。她还说，财政部将会在征收关税上采取严厉措施，以确保国家取得应有的收入，并且让奉公守法的商家在更健全的公平竞争环境中有效经营。关税局将从 3 月 1 日起实施酒类标签，以有效杜绝私酒及获取应得税收。

（据中国—东盟自由贸易区网　2005－02－21）

马来西亚生物燃料产业发展迅速

马来西亚研发的生物柴油又称“B5 生物柴油”，是一种由 5% 的棕榈油和 95% 柴油配制而成的混合燃油。马是世界棕榈油生产大国，年产棕榈油 1400 万吨，拥有丰富的生物柴油原料，而且马来西亚自上个世纪 80 年代以来一直在开发利用棕榈油代替柴油的技术。马来西亚目前已有 3 家公司和马棕油局（MPOB）成立联营公司，采用后者的专利技术生产生物柴油，每家公司的年产能在 6 万吨左右。

马来西亚官员估计一旦生物柴油投入使用，该国的柴油需求量将减少 10% 以上。为促进生物燃料的生产和使用，马来西亚希望通过立法在 2007 年强制性用生物燃料取代柴油，成为车辆和机械动力燃料。2005 年 8 月马来西亚公布一系列生物柴油政策以促进生物燃料产业发展，其中包括生产、使用、质量标准，以及在马国内设厂生产并出口的具体政策。

由于生产成本、价格比其他食用油偏低，加之世界对于生物柴油的强烈需求，马原棕油产量将增加价格将保持上涨趋势。目前，国际市场对生物柴油的需求量为 250 万吨，而且以每年 25% 的速度增长。马来西亚的目标是占据国际生物柴油市场 10% 的份额。

缅甸利用外资的特点

缅甸官方最新统计数据显示，2005 年是缅甸近几年里吸引外资最多的年份，全年吸引外资为 1.1 亿美元，外国投资协议总金额累计达到 77.6 亿美元。缅甸军政府实行有限度的对外开放，积极争取吸引外国投资，着力发展国家经济。经济专家认为，外国对缅投资至少有四大特点：一是上世纪 90 年代外资流入快而多，相比较而言本世纪则慢而少。二是资源开发性外资多，而农业开发外资投入少，尽管包括土地在内的农业资源非常丰富。三是西方国家虽然制裁缅甸，但西方公司对缅投资最多，主要是石油天然气的开发。四是西方国家和东盟国家在缅投资遥遥领先，而包括日本、中国和印度在内的亚洲其他国家在缅投资则比较少。缅甸是自然资源十分丰富的国家，很多投资的流入正是看这一点。外资投向最多的领域是石油天然气，而且这个领域还有投资空间，缅甸的天然气储量为 2.46 万亿立方米，石油储量为 32 亿桶。

（据东盟经贸网　2006－01－13）

缅甸掸邦将生产达到国际标准的红酒

驻缅甸使馆经商处消息：缅甸首家私人投资建设的达到国际标准的红葡萄酒厂在缅甸掸邦建成，并将于 2006 年生产 4 万瓶葡萄酒。该厂位于缅甸掸邦南部良瑞镇约 4 公里的瑞勒蓬村，于 2002 年开始建设，2004 年底建成，2005 年 3 月投产。由 Ruby Dragon 公司下属八个分公司之一的 Red Mountain Production Co.，Ltd. 公司负责施工建设。厂名为 Ruby Winery Factory（红宝石红酒厂），投资总额 300 万美元，目前主要生产 0.75 升装 Red Mountain Estate 牌红酒、dry 酒和 sweet 白葡萄酒三种，并将根据市场需求情况调整瓶装规格。工厂的生产在意大利公司的两名法国专家指导下进行，葡萄品种由法国、西班牙和以色列进口葡萄嫁接而成。目前已在工厂周围种植面积达 50 公顷、约 22.3 万余株葡萄，其生长期长达 20 到 30 年。从 2008 年开始，年产量可望达到 50 万瓶。据该厂总裁吴奈温吞说，其产品主要供出口，第一年投产先在国内销售，2007 年逐渐向亚州市场突破，并逐步向欧州市场迈进。目前该厂生产的红葡萄酒每瓶售价为 10 美元，与该厂产品质量相当的品牌售价最低的为每瓶 15 美元。该厂已加入国际红酒厂组织。

缅甸菲律宾 209 种商品互降关税

据 2005 年 10 月 31 日版缅甸之声周刊报道：据缅甸商务部市场调研部报告称，同为东盟成员国家的缅甸和菲律宾之间将有 209 种商品互降关税。这一降关税计划源于 2002 年签署并生效的建立东盟—中国自由贸易区的早期收获计划。该早期收获计划已于 2002 年开始实施，当时由于尚未做好准备，直到现在缅甸—菲律宾两国才开始实施这一降税计划。目前双方的贸易额很少。

缅甸—尼泊尔将恢复通航

《缅甸时报》2005年8月26日报道：据尼泊尔驻缅大使说，缅甸与尼泊尔直航谈判已接近尾声，尼泊尔一家私营航空公司和缅甸政府航空公司商定于2005年9月恢复开通仰光—尼泊尔直航线路。这条航线航行时间2小时30分，计划使用FOKKA－100飞机，载客人数100人。恢复此条航线的目的是为进一步发展两国间的旅游合作。1988年以前，两国首都间航线曾由国营航空公司经营。

（据《缅甸时报》）

缅甸出台进出口贸易新规定

据缅甸官方公布，为促进进出口贸易的健康发展，自2005年7月7日开始实行新的贸易规定。按照新规定，允许缅甸的出口收入外汇转账，同时取消过去实行的80%优先商品和20%自选商品的进口规定。此举受到业内人士的广泛欢迎，认为新规定可望在促进缅甸进出口贸易方面发挥作用。按照旧的进出口贸易规定，出口收入的10%交税，进口商品的80%必须是国家规定的优先进口商品，自选商品额仅为20%，同时，不允许将出口收入外汇转入进口账户。

（据中国驻缅甸大使馆经商参赞处　2005－07－28）

缅甸豆类出口位居世界第二

据《缅甸之声》周刊报道，缅甸对日本的黑麦豆和绿豆出口额目前已位居第二，仅次于中国。日本对缅甸黑麦豆和绿豆的进口给予免关税待遇，黑麦豆和绿豆对日出口占缅出口额的12%，价格低于对中国的出口价。为争取在日本和欧洲市场获得较好的价格，缅豆商积极组织优质豆类出口两地市场。2002年以前，除加拿大和澳大利亚，缅甸是第三大豆类出口国。近几年的豆类出口情况分别为：2001～2002财年110万吨；2002～2003财年190万吨；2003～2004财年130多万吨；2004～2005财年，不包括边贸出口，仅一般贸易出口约100万吨。缅甸目前豆类的出口仅次于加拿大，是世界第二大豆类出口国。

（据《缅甸之声》周刊　2006－02－22）

菲律宾软件出口业快速成长

据当地媒体报道，菲律宾以出口为导向的软件业增长迅速，预期到2010年可出口创汇12.8亿美元，为7.5万人提供就业机会。2005年菲软件业出口额2.04亿美元，就业人口1.2万，预计2006年软件出口可达2.72亿美元，比上年增长34%，就业人口增至1.6万。

（据中国驻宿务经商室　2006－03－28）

菲律宾环境资源部看好其矿业发展前景

据当地媒体报道，菲环境资源部认为菲矿业发展前景良好。负责矿业的副部长狄马利波说，到2010年，矿产业中的23个优先矿业方案必将实现60亿美元的利润目标。2004年已有4家处于探索勘探阶段的矿场获得5亿美元的投资，预期在第四和第五年将有更多投资进入，届时大多数矿场全面运作。环境资源部估测菲国有900万公顷的潜在矿产区，而目前只有20万公顷或2.9%的矿产区被预定开发。由于地理位置接近中国、日本、韩国和印度等亚洲大市场，加上运输成本相对较低，菲律宾已经成为这些国家矿业投资的首选地。（据中国驻务经商室　2005－09－20）

菲律宾央行增加其东盟货币交换项目份额

据当地媒体报道，继2005年4月东南亚国家经济部长会议重审本地区域经济发展并决定将货币交换的规模由10亿美元增至20亿美元后，菲律宾央行欲将它在东盟货币交换项目中的份额从1.5亿美元增至3亿美元。制定货币政策的央行货币委员会已于上周批准央行的这一提案。东盟货币交换项目的期限为6个月，可续延一年。菲国以前已利用该项目。（据中国驻宿务经商室　2005－09－16）

菲律宾将进口食糖

来自菲律宾国家物价协调理事会的数据显示，2006年1月精炼食糖价格从每公斤32比索升至38比索，红糖价格从每公斤24比索升至30比索。菲食糖管制署说，糖价上涨是由食糖销售的投机行为、国内食糖供应紧缩的猜测和世界糖价上涨等因素造成的。菲贸工部说，政府将进口5万吨食糖以缓解国内食糖价格上升的压力。

（据中国驻菲律宾使馆经商处　2006－02－14）

菲律宾输出合同海员超过30万人

据菲《联合经贸》报道：菲劳工部日前透露，截至2005年底，菲输出合同海员达到30.23万人，占世界海运工人总数的25%。菲劳工部认为菲海员的技术优势是其获得世界认可的关键，并预测在未来的5～10年内世界海运业还将有3.5万人的海员需求。菲总统阿罗约已要求菲劳工部、教育委员会和专业规范委员会合作举办培训项目，进一步提高输出海员素质，争取在世界海员市场中占有更多份额。

（据中国驻菲律宾使馆经商处　2006－02－06）

菲律宾将建新的“中国城”

据当地媒体2006年1月23日报道，大马尼拉的奎松市政府宣布建立巴纳维菲华商业区，这意味着该地区将兴起一座新的“中国城”。《马尼拉公报》报道说，奎松市长肯定了巴纳维街区的菲华社会对促进经济发展和扩大就业作出的巨大贡献，并宣布从市政府的普通资金中拨出3.2万美元用于兴建“中国城”的基础设施。奎松市政府表示，颁布这项法令将促进巴纳维街区的经济繁荣，并推动该地区菲华社会的经济文化发展。该市政府还表示，将采取措施确保新“中国城”的居民、商人和顾客的安全，整顿市容，并疏导交通。

（据中国驻菲律宾使馆经商处　2006－01－24）

菲律宾希望从中国找到更多出口机会

菲律宾希望能从护理和语言等出口项目中获得中国更大的消费者市场份额。菲律宾贸工部国际贸易展览公司(CITEM)称,中国拥有强烈的教育服务需求,这已经促使菲律宾业内人士进入这一新市场。贸工部部长助理兼 CITEM 执行长黎耶斯说,从护理、医药和英语等项目中,看到中国蕴藏了大量商机,因为中国人非常重视教育训练。菲律宾教育训练服务将参加中国 2006 年 10 月 15 ~ 16 日在北京举行的中国教育博览会。

(据中国驻菲律宾使馆经商处　2006 - 01 - 18)

菲律宾政府将从中国和印度采购廉价西药

菲政府拨出 5 亿比索(1 美元 = 54 比索)专款支持菲总统阿罗约 2004 年提出的"半价药品计划"。该计划是为了解决穷人无钱就医买药的实际困难而提出的一项社会福利措施,也是"菲律宾中期(2005 ~ 2010 年)发展规划"中的一项内容。它的实施将为菲民众特别是穷人提供用得着、买得起的半价药品。该计划将由菲国际贸易公司具体实施,并通过全国各地的国民药店网络向菲民众供应。由于产自中国、印度的普通类西药产品价格低、品质好,菲政府有意向两国购买。

(据中国驻菲律宾使馆经商处　2006 - 01 - 18)

菲律宾信息技术劳工业务能力佳

菲国劳工在处理多国公司的外购业务程序上与其他国家的劳工相比"高出平均水平"。根据富士通菲律宾公司(FPI)于 2004 年 4 月至 2005 年 3 月进行的一份调查,菲律宾的信息技术专业人士在专业、知识和技能,应答和敏捷性以及总体表现上得到 83.7 分。菲贸工部长说,该调查结果对拟与日本公司在网络应用、工程设计和电讯与企业解决方法等领域合作的本地公司有很大的帮助。

菲律宾开始实施"早期收获方案"适用于中国蔬菜水果

根据《中国与东盟自由贸易协定》中的"早期收获方案"以及中菲近年来迅速发展的贸易关系,菲总统阿罗约分别于 2005 年 12 月 29 日和 2006 年 1 月 12 日签署《485 号行政令》和《487 号行政令》。《485 号行政令》规定,适合于早期收获方案的中国蔬菜与水果,菲律宾将对其实施零关税。根据 2004 年 11 月签订的《中国与东盟货物贸易协定》中的关税减让条款,《487 号行政令》规定,"正常轨道"项下的中国产品所实施的关税税率,菲律宾做如下调整:关税率为 20% 以上的降为 20%,15% ~19% 之间的降为 15%,10% ~14% 之间的降为 10%,6% ~9% 之间的降为 5%,0 ~5% 之间的维持原税率。　(据中国商务部网站　2006 - 02 - 09)

新加坡被评为亚太首选会展举行地

亚太会展杂志最近的一项调查显示,新加坡是区域首选的会议和展览举办地。而中国则是 2005 年年举办会展最多的国家。有 68% 的受访人士,将新加坡列为首选的三个会展举行地之一。排在新加坡之后的是曼谷和香港。

(据亚洲新闻网　2006 - 01 - 09)

新加坡获选为未来金融中心

国际著名财经杂志《银行家》推选新加坡为未来的金融中心,以表扬新加坡过去一年在经济和基础建设上取得的卓越成就。《银行家》杂志表示,新加坡具备多项条件,包括稳健的政策结构、高效率的商业环境,和多元化的媒介及服务设施,因此被评选为未来的金融枢纽。这家由伦敦金融时报集团所经营的杂志,同时也对新加坡的政策、条例和监管素质,以及在政治和经济上的稳定,给予肯定。这些优势也让新加坡在亚太区市场的排名中名列第一。

(据亚洲新闻网　2006 - 01 - 09)

新加坡致力发展医药业

新加坡的生物医药业正在迅速增长,生物医药业将很快取代电子业,成为新加坡制造业的龙头。新《商业时报》报道说,2004 年 12 月至 2005 年 11 月,新加坡生物医药业增长率为 28.3%,超过制造业整体增长率 11.6% 的一倍还多。由于全球经济产业结构调整,传统制造业包括电子业正在向中国和印度转移。多年来,新加坡政府致力发展生物医药业,以减少对电子业的过度依赖。有多家国际制药商在新加坡设厂,有多达数百家较小的生物科技公司在新加坡进行各类研究。新加坡希望通过一系列努力将其提升为区域药剂、医疗服务、生物科技和保健业的中心。2002 ~ 2004 年新加坡政府科技部门投入 1.56 亿新元用于 189 个生物医药研究项目。

(据亚洲新闻网　2006 - 01 - 09)

新加坡有望成为氢气生产中心

英国石油公司在新加坡一个氢气燃油研讨会上表示,新加坡具备成为氢气生产中心的潜能。如果采用氢气燃油的汽车价格合理,新加坡将会有更多的人使用这类汽车。由于石油价格走势不稳定,寻找燃油替代品越来越紧迫。英国石油公司近来积极研发氢气替代燃油。目前,英国石油公司每天生产 5000 吨的氢气。英国石油公司表示,新加坡具备生产氢气的设备和条件。英国石油公司预计,只要用氢气替代燃油的价格处于负担得起的水平,新加坡交通业有望成为较早用氢气替代燃油的地区。

(据亚洲新闻网　2005 - 12 - 15)

新加坡经发局将拨 10 亿元发展数码媒体业

新经济发展局将在未来的 10 年内,拨出 10 亿新元,发展新加坡的数码媒体业。据估计,到 2018 年,数码媒体业年产值将达到 100 亿元,并提供 3 万个工作机会。新加坡政府希望媒体业能在 2012 年媒体业产值占达到国内生产总值的 3%,其中包括电子游戏制作、数码动画和电脑特效等数码媒体作业。　(据亚洲新闻网　2005 - 12 - 06)

新加坡将启动"智慧岛"计划

新加坡政府正在酝酿一项名为"智慧岛 2015"(intelligentNation2015,简称"iN2015")的宏伟计划。2005 年 11 月 20 日,新加坡资讯通信管理局(I-DA)首次详细透露这一即将在 2006 年全面启动的计划。IDA 战略发展部门高级司长 WilliamHioe 昨日向记者透露,"iN2015"是一项 10 年期总体计划,其目标是通过信息通信技术发展信息通信领域,确保新加坡拥有持续的国际竞争力。信息通讯业一直是推动新加坡经济增长的重要引擎,该产业产值占该国 GDP 的 6.7%。新加坡信息通讯业总收入已从 2003 年的 328 亿新元增长到 2004 年的 348 亿新元。IDA 同时宣布,作为启动"iN2015"的热身,IDA 将实施一项总金额为 1.2 亿新元的"信息通信人才培养项目"。这一项目由政府和产业界联手打造,将为新加坡的信息通信企业培养具有国际竞争力的人才。从 2006 年 1 月起,新加坡有 30 所学校建立信息通信兴趣小组,这一项目还将向海外学生提供相关领域的奖学金。除了推广以民为本的各项电子政府服务以及建立并管理政府的 IT 基础设施,IDA 的另一职责是帮助本国 IT 企业"抱团"寻找海外商机。据介绍,IDA 帮助本国企业开拓的目标市场包括东盟、中国、印度、中东和美国等。2005 年新加坡 IT 产业对外投标总额达 22 亿新元。另据介绍,早在 2002 年 11 月,I-DA 就曾与当时的上海市信息化办公室(现为上海市信息化委员会)签署谅解备忘录,成立联合工作小组,共同推进新加坡和上海两地的城市信息化。(据《联合早报》 2005-11-21)

泰国将成为日本三菱全球最大的空调生产地

泰《世界日报》报道:日本三菱电器公司计划投资 12 亿泰铢(约 3 千万美元)扩大设在泰国安美德工业区的泰国三菱电机消费产品公司工厂,增加近一倍的产能,2006 年 9 月投产。其产品出口欧洲、东南亚及中国以外的周边市场(因为在中国已经有较大型的三菱工厂)。扩建后的泰国三菱工厂为三菱 4 个生产基地(分别设在日本、中国、苏格兰及泰国)中最大的。2005 年泰国三菱公司销售额达到 60 亿泰铢,空调销售收入占三菱电器总收入的 58%,三菱总部对泰国市场较有信心,2006 年销售目标定为 70 亿泰铢。

泰国投资促进委员会(BOI)与法国签约扩大投资合作

泰《世界日报》报道,泰投资促进委员会(BOI)与法国 UBIFRANCE 签署投资方面的合作协议,扩大两国的投资合作及资讯资料的交流。投资促进委员会秘书长沙提称:泰国工业部部长素里亚和法国外贸部长克里斯汀共同出席该协议的签订仪式。协议内容包括交通及能源方面的大型投资计划,建设航空维修中心和汽车、食品、时装等产业的投资合作。泰国是法国在亚洲地区最有兴趣投资的国家,法国希望将泰国建成其产品的出口中心以及对东南亚和印度的出口基地。法国次泰国政府的大型基础建设项目计划,特别是其中的地铁和能源开发项目有较大兴趣。法国是泰国第四大投资国,仅次于英国、德国和瑞士。2000~2005 年经 BOI 批准,法国在泰国的投资总额达 45.5 亿泰铢(约 1.2 亿美元),大部分投向软件、珠宝、装饰品及汽车零件等领域。

(据中国驻泰国使馆经商参处 2006-03-06)

泰国增加 11 种管制商品

中国驻泰国使馆经商处 2005 年 10 月 11 日消息:据《世界日报》消息,泰国商品及服务价格中央委员会认为部分商品价格涨跌幅度异常,决定增加 11 种管制商品,管制商品的准则:厂商必须申报产品产量、数量和价格,在调增商品价格之前必须先申请核准。未来还会有多种商品及服务纳入管制行列。增加管制的 11 种商品是:炼乳、密封盛装食物的器皿、洗涤精、洗碗产品、卫浴清洁用品、卫生棉、纸浆、瓦楞纸、印刷及书写用纸、汽车及机车轮胎。

泰国拟修订机械进口税减免优惠政策

为提升企业使用本地生产资源的比率及减缓贸易逆差,泰国促进投资委员会拟修订现行鼓励外国投资的机械及原物料进口税减免政策。依据泰国促进投资委员会现行投资奖励政策,投资于开发程度较高的第一(中部,共 6 府)及第二区(共 12 府),机械及原物料进口税可获减半优惠,投资于开发程度不足的第三区(约 60 府),全额获免机械及原物料进口税。部分泰国企业家建议,泰国投资委员会应仿效韩国的投资奖励政策,仅对本地所欠缺的新技术进口减税。

(据中国商务部机械电子频道子站)

泰国梅赛将建经济特区

据缅泰友好协会成员 Mr. Yong Yokomna 说,泰国拟在缅泰边境贸易重镇梅赛南部建一经济特区。该特区占地面积约 40 英亩,计划于 2006 年开始建设。一期建设工程包括货场、仓库和批发市场,投资总额约 100 万美元,将邀请中国台北和新加坡的投资商投资建设。缅甸公民可在该经济特区内购置土地。该经济区将建设成为自由贸易区,主要目的是为缅甸商品在泰国寻求市场提供帮助,不以税收为主要目标,并着眼于促进当地经济发展,以提供电、水、电话和劳务为主要商业服务内容。梅赛经济特区是泰国与邻国相接地区的第四个经济特区,已建成的另三个经济特区分别是:位于马来西亚边境的 Hatyai 经济区、位于柬埔寨边境的 Pilin 经济区和位于老挝边境的 Chaiyanmon 经济区。

(据《当代缅甸周刊》 2006-03-03)

泰国加大引资力度

泰国投资促进委员会(BOI)不断提出各种投资奖励措施,吸引外国投资者到泰国投资。该委员会秘书长称,外资到泰国来投资,最高可享受 8 年的免税优惠,进口设备可免进口关税,可以独资经营、可以拥有土地并获得泰国居留权,这些条件都比以往放宽了许多。另 外,为使高技术人员进出泰国更为便利,泰国投资促进委员会可以在 3 小时内帮助投资者取得签证。这位秘书长在投资说明会上强调泰国发展工业的重要性,表示政府还会制定许多鼓励条例。

(据新桂网 2005-11-30)

泰国日本自由贸易协定谈判结束

泰—日自由贸易(FTA)谈判团团长披讪称:泰日 FTA 谈判已经结束,泰国总理和日本政府在2006年4月初签署并宣布合作协议。泰商业部和日本通产省定于2006年4月3日签订协议,合作范围包括汽车、电子、服装、替代能源和食品加工等。合作协议签订后需经日本下议院审议通过,估计2006年10月实施。泰国增加对日本的大米出口,免税商品包括部分海鲜产品、热带水果(榴莲、木瓜、芒果、山竹、椰子等)及制成品、动物饲料等。

(据中国驻泰国使馆经商参处　2006-02-22)

泰国汽车产量创历史最高纪录

新华社曼谷2006年1月23日电:据丰田汽车泰国公司公布的最新统计数据,2005年泰国汽车生产量达到110万辆,创历史最高纪录,泰国成为全球第14大汽车生产国。统计数据显示,2005年泰国汽车国内销售和出口创下最高纪录,其中国内销售增长超过12%,出口增长30%。皮卡车占泰国汽车出口的绝大部分,比例高达70%。丰田汽车泰国公司和泰国工业协会汽车工业俱乐部预计,受高油价、利率升高和劳动力短缺的影响,2006年泰国汽车国内销售增速将回落至5%~10%,出口增幅仍为30%左右。泰国政府欲使泰国成为“亚洲底特律”,目标是在2010年前使泰国汽车年产量达到200万辆。

(据新华社　2006-01-24)

亚洲银行向越南高速公路项目提供信贷

据越南《经济时报》2006年1月20日报道,越南国家银行与亚洲银行于2006年1月19日在河内签订600万美元的技术信贷协议,该笔款项将用于兴建昆明—海防经济走廊河内—老街段高速公路项目。公路全长260公里,其中河内—安沛段设计为4车道,安沛—老街段为2车道,总投资6.2亿美元,预计2007~2008年亚行还对该项目提供4.3亿美元信贷。该项目的投资业主为越南交通运输部。

(据越南《经济时报》　2006-01-23)

越南鼓励投资水产机械制造业

根据越2010年水产机械发展计划和2020年展望,越水产部鼓励社会资金参与机械设备的研发和制造,以提高机械技术水平和产品质量,取得好的经济效益。越水产行业计划到2010年大修渔船2000艘,中修或小修渔船3500艘,每年日常维修渔船6000多艘。到2020年,培养一支技术队伍和技工队伍,完善现代水产机械生产和服务体系,满足国内50%的水产机械需求。　(据中越科技贸易网)

越南增加从中国购电

据越南《经济时报》近日报道,越南第一电力公司总经理阮福荣在回答该报记者提问时称,自2004年下半年以来,越南第一电力公司通过与中国南方电网公司合作,在越南老街、清水和芒街口岸建设并分别与中国河口、天保和东兴口岸对接110千伏输电网,向中方购买了总电量达4.45亿千瓦时的电力,供应越北部地区。2006年计划通过上述三条电网继续从中国购买11亿千瓦时的电力,供应越南市场,以缓解越南北方电力供应不足的压力。另外,中越双方企业已签署合作文件,并正在实施建设河口(中国)—越池(越南)220千伏输电网,预计2006年10月初建成输电。

(据中国驻越南使馆经商处　2006-02-23)

外商购买越南企业股份的比例最多可占49%

据越《西贡解放报》报道,越政府总理关于外商在证券市场参股比例的第238号文件决定,外商购买越企业股份的比例最多可占49%,此前为19%。据此,越允许外国证券机构购买股份、合资成立证券公司或证券投资基金管理公司,法定资金比例不超过49%。据新规定,越南不再限制购买流通债券的比例。　(据驻胡志明市总领馆经商室)

越南出台进出口报关手续新规定

越南政府颁布最新进出口报关手续,主要内容有:

一、行李、外汇、贵重金属、宝石、越币、印刷品、书籍资料、运输工具等在出入越南国境或和取道越南转口第三国时均需办理海关手续,若属于越南已签订国际公约的适用对象,则按照国际公约条约执行。

二、进口新产品必须在抵达关口后30天内办妥报关手续;出口产品必须最迟离境前8小时办理报关手续;出入境旅客的随身行李必须于其抵达后或于其搭乘的交通工具经营单位结束为旅客办理离境手续前办妥报关手续;过境转口新产品必须尽快于其首个抵达的关口或最后离境的关口办妥报关手续。

三、海运货物必须于抵达港口的港务单位通知撤回领航员后两小时内,或于离港前一小时内办妥报关手续;空运货物必须于飞机抵达后立即办理入境报关手续,或于航空公司结束办理旅客及货物离境手续前办妥;铁路、公路及河道运输新产品必须于抵达关口或首个过境关口或最后离境关口办妥报关手续;过境交通工具必须于首个抵埠关口及最后离境关口办妥报关手续。　(据《国际商报》　2006-01-04)

越南拟削减近9000种商品进口关税

据越南《西贡解放日报》2005年12月4日报道,为履行东盟自贸区关税减让计划(CEPT)的承诺,越南从2006年1月1日起,将8946种产品的进口关税削减至5%以下,采用上述低税率的产品总数达10283种,占越南进出口税表商品种类的96%。自2006年起,越南陆续下调砂糖、蛋类、稻谷、水果等27种敏感商品的税率,除砂糖以外的敏感商品的关税降至5%以下。　(据越南《西南解放日报》　2005-12-06)

越南将对部分国产和进口商品统一税率

据越《投资报》报道,越政府向越国会常务委员会呈报关于修改、补充特别消费税法和增值税法部分条款的报告。据此，从2006年起越对国内生产的和进口的5座以下、6～15座、16～24座汽车征收特别消费税，税率依次为50%、30%和15%。同时，越政府建议实行统一特别消费税税率的越国内生产和进口产品还有香烟，啤酒、白酒、红酒等。其中，香烟特别消费税税率2006～2007年为55%，2008年起为65%；啤酒2006～2007年为40%，2008年起为50%；白酒40度以上为60%、20－40度为30%；20度以下红酒为20%。

（据越《投资报》 2005－08－29）

越南在中国建商贸区项目开始招标

越南商务部对越南在中国广西南宁市建立商贸区项目进行招标，项目总金额2500万美元。据悉，该建设项目是中国—东盟经济、文化合作项目的组成部分，广西在南宁市开始建设东盟10＋2（日本、韩国）联络区，越南商贸区建在其中。越南商贸区占地4万平方米，使用期限为70年，用地定价每亩25万～65万元人民币，其中40%的面积为绿化带，由越南一家中标企业投资建设。越南商务部预测，该区建成后将给越南企业带来巨大的经济效益。

投资贸易指南

文莱外贸政策概要

总体上讲，文莱实行的是自由贸易政策。文莱的贸易政策的制定和实施主要由文莱工业和初级资源部负责，财政部和其他有关部门参与。

一、禁止进口物品

文莱禁止进口鸦片、海洛因、吗啡、淫秽品、印有钞票式样的印刷品、烟花爆竹等。对某些商品实行临时禁止进口，如水泥、锌皮瓦片等。

二、进口许可制度

鉴于环境、健康、安全和宗教方面的原因，文莱海关对少数进口商品实行进口许可制度，植物、农作物和牲畜需由农业局签发进口许可证（植物不能带土），军火由皇家警察局发证，印刷品由皇家警察局、宗教部和内务部发证，木材由森林局发证，大米、食糖、盐由信息技术和国家仓库局发证。二手车由皇家海关，电话装置、无线电由通讯局发证，药品和毒药由卫生部发证，鲜、冷和冻鸡肉、牛肉由宗教部、卫生部和农业局发证，除以上有关部门发放进口许可证之外，机动车、农产品、药品与药品相关的产品进口还需提供相关原产地证书和检查证明。

没有商业价值的样品可免税进口，对于有商业价值的样品进口，需交抵押金，如果样品在3个月内出境，可退还抵押金。

三、贸易中技术性要求

文莱公共卫生（食品）条例规定所有的食品，无论是进口货还是本地产品都安全可靠，具有良好的品质，符合回教清真食品的要求。文莱属于穆斯林国家，对肉类的进口实行严格的穆斯林检验。另外对酒类进口也严加控制，对于某些动、植物产品，如牛肉、家禽需提交卫生检疫证书。进口可食用油不能有异味、不含任何矿物油，动物脂肪须来自在屠宰时身体健康的牲畜并适合人类食用，动物脂肪和食用油须是单一形式而不能将两种或多种脂肪和食用油混合。食用脂肪和食用油的包装标签上不得有“多不饱和的”字眼或其他相似的字。非食用的动物脂肪须出具消毒证明。进口活动物和动物制品须有兽医证明。大豆奶应是从优质大豆中提取的液体食品，可包括糖、无害的植物物质，除了允许的稳定剂、氧化剂和化学防腐剂，不含其他物质。其蛋白质含量不少于2%等。

该食品卫生条例分5个部分，对食品添加剂、包装以及肉类产品、鱼类品、动物脂肪和油、奶产品、冰激凌、糖、酱油和调味品、干果、水果、茶、咖啡、果酱、无酒饮料、盐、香料、粮食等，都有相应的技术标准。

该技术标准对食品的生产日期、有效期、食品容器、散装容器食品以及农药最大残留量、稳定剂、氧化剂、防腐剂等都有明确的规定。

食品卫生检查包括物理的、微生物、化学、血清、放射性检查等。

四、服务贸易中的政府工程项目

文莱政府工程项目招标通告刊登在马来文的政府周报“Petita Brunei”（文莱明灯）上。文莱对政府工程项目规定如下：金额在50万文元以下的项目，一般而言仅限于文莱本国公司有投标资格。金额50万文元以上项目，外国公司与当地公司合资注册的公司可投标。外国公司不得单独投标。

五、出口限制

文莱政府除对石油天然气出口控制以外，对动物、植物、木材、大米、食糖、食盐、文物、军火等少数物品实行出口许可证管理，其他商品出口管制很少。

六、贸易补贴

文莱政府对水稻等农产品的本国生产者在土地、化肥、信贷和农业基础设施方面给予一定的支持和补贴。

文莱海关政策简介

文莱海关于1906年成立，1984年起由文莱财政部管理。文莱海关是《协调制度公约》的正式成员，履行成员的全部义务。1996年文莱海关加入WHO，采用世界贸易组织标准对进口货物征税，按照WTO规定对与贸易有关的知识产权实行检查。

文莱是低关税国家，实行自由贸易政策，在东盟国家中和新加坡一起积极主张在最短的时间内实现85%的商品享有0～5%的关税，1995年4月1日宣布降低650种产品的进口税，文莱继新加坡之后成为东盟国家中第二个实现0～5%关税的国家。目前文莱对东盟成员国除汽车和极少数产品外实行最高税率为5%的关税政策。文莱现行的关税税率是1995年制定颁布的，期间曾进行微调，关税税率为0～5%，食品类等原材料为0，而电器类和以下商品征5%进口税：香水、化妆品、地毯、珠宝、水晶灯、丝绸、运动器材等。汽车征收20%的进口税。烟和酒精饮料有特别税率。对其他国家的极少部分商品的进口关税略高于对东盟成员国的关税。

这些政策的制定是由文莱国情所决定的，文莱除了石油和天然气外，制造业不多，基本都需要从国外进口。文莱具有单一的关税体制。大部分建筑材料，工业机械都免除进口税，作为东盟成员国，文莱将逐步降低关税税率，消除与其他成员国的关税壁垒。（据 http://www.costoms.gov.bn/）

柬埔寨投资移民政策

柬埔寨《移民法》规定，投资移民分为两类：一是前来柬考察投资可能性的外国人，二是已得到柬埔寨发展理事会（CDC）颁发的投资许可证的外国人。根据柬国籍法的规定，外国人可通过一定程序申请加入柬籍。但获得柬籍不是申请人的权利而是柬王国的恩赐。外国申请人必须满足以下要求和条件：(1)有其居住地的乡长或分区长给予的品行端正、道德良好的证明。(2)有无犯罪记录的证明。(3)在柬连续居住7年（从获得居留证之日起算），且有住所。(4)会讲柬语，可在柬社会生活。(5)身体健康。对出生在柬的外国人居住7年时间的要求可减为3年。获得投资理事会许可证或得到其他合法批准，且已投资12.5亿柬币（约31.25万美元）的外国人，可不受居住时间限制。为柬国家捐献10亿柬币（约25万美元）以上的外国人和为柬作出积极和特别贡献的外国人，也可不受居住时间限制。同意外国人加入柬籍，必须由国王下令。有关法规和手续由柬内政部负责。加入柬籍即可有资格购买柬埔寨土地。任何外国人持有或使用非法获得的柬籍身份证或护照应被判入狱5～10年。

（据中国驻柬埔寨使馆经商处　2005－08－17）

柬埔寨利用外资相关政策

柬埔寨目前还没有专门的外商投资法，其吸收外资的法规政策主要体现在《投资法》及其“实施条例”等相关法规和文件中，有关政策主要有：(1)对外资与内资基本给予同等待遇。(2)政府不实行损害投资者财产的国有化政策。(3)已获批准的投资项目，政府不直接干涉商业货物或服务的价格。(4)不实行外汇管制，外汇法对任何外汇经营都不设限，包括转账和国际结算。柬为经济活动高度自由化的国家之一，由美国遗产基金编纂的2003年经济自由度指数，在170个国家中，柬埔寨名列第35位，与日本同名次。(5)在国际市场准入方面，美、欧、日等28个国家将柬作为最不发达国家，对其包括成衣在内的许多产品给予普惠制待遇（GSP），柬于2003年9月成为WTO成员国。(6)鼓励外商投资的行业主要为农业、旅游业、环保、高科技、劳动密集型工业、出口加工型工业、基础设施建设和能源等重要领域。(7)在税收方面，免征投资生产企业的生产设备、建筑材料、零配件和原材料等的进口关税；企业投资后可享受3～8年的免税期，免税期后按税法缴纳20%的所得税；如利润用于再投资，免征所得税；分配红利不征税；产品出口，免征所得税；所得税20%、增值税10%、营业税2%。(8)对土地的使用，其宪法规定外国人不得购买和拥有柬的土地，但外国投资者可长期租赁，期限最长为99年，期满可申请续租。(9)商业组织形式是，进行经济贸易活动比较宽松，可以个人、合伙、公司等不同的商业组织形式注册，且注册费用较低；从事进出口贸易不受国籍限制。

（据《国际商报—中国·东盟商务周刊》　2005－08－17）

中国公民赴柬埔寨注意事项

中国和柬埔寨王国是近邻。目前，到柬埔寨王国寻求发展商机的中国内地及港、澳、台的商人日趋增多。柬埔寨王国政府欢迎包括中国在内的各国公民到柬投资、经商、务工、学习和旅游。中国驻柬埔寨王国大使馆特提请中国公民赴柬时注意如下事项。

一、到柬埔寨王国必须办理签证

目前中柬两国公民往来需要办理赴对方国家的入境签证许可。如需在对方国家长时间经商、务工，还需办妥居留手续。如签证过期，视为非法居留，将被遣返并处以高额罚款。

二、到柬务工要走合法渠道

2004年9月，中国商务部颁布实施的《对外劳务合作经营资格管理办法》规定，只有经商务部批准的具有对外劳务经营资格的企业才有权经营对外劳务业务，商务部负责管理和监督上述企业的运转；劳务公司须获得《中华人民共和国对外劳务合作经营资格证书》才能从事这项业务。该劳务公司须在指定银行存入一定数额的风险抵押金。如用人单位不按合同办事，或出现中国劳务人员人身伤亡和其它纠纷，商务部有权使用劳务公司专用账户里的风险抵押金先行处理，以期最大限度保护中国劳务人员合法正当权益。为防止上当受骗，使馆提醒中国公民不要轻信招工宣传。当事人遇到招聘外派劳务事项，需对中介劳务公司的资格进行查核，并确认有中国驻柬埔寨王国大使馆经商处对该项目的认可，才能签订合同。按合同到柬埔寨从事劳务者，需及时向使馆经商处、领事部报备。已在柬的务工人员需与雇佣公司签订劳务合同，并向使馆经商处、领事部报备。

三、慎重选择合作项目

为避免以“招商”名义行骗，使馆特别提醒：中国国内企业有意赴柬埔寨进行投资，须警惕假合同。做任何投资，事先需向使馆经商处了解或证实对方身份和相关项目情况，了解柬政府有关投资政策，并深入调查研究，避免不必要的损失。

四、善用法律武器维权

目前，中国商会、港澳侨商总会等在柬运转良好，曾联合向柬有关部门反映中国同胞共同遇到的问题，引起柬政府关注，大部分问题得到解决，取得较好成效。中国公民在柬埔寨从事经商、务工，要懂得用柬埔寨的法律、法规维护自己的合法权益。特别是企业法人，须聘请律师，而且要同使馆经商处、领事部建立和保持联系，遇事及时报告，请求使馆提供必要的协助。

五、不涉赌场，远离毒品

目前，除金边有金界娱乐城赌场外，柬境内至少还有20个赌场。俗话说，十赌九输，千万不可涉赌，更要远离毒品及声色场所，以展现中国公民的良好形象。

六、防被抢被盗

柬埔寨王国社会秩序正在逐步恢复，但针对外国人的抢劫、盗窃案件时有发生。中国在柬同胞外出最好结伴而行，深夜不要外出。忌露富、忌耍横。

七、尊重当地习俗

中国华人华侨能够长期立足柬埔寨并有所发展靠的就

是对柬人民和当地风俗习惯的尊重。中国公民赴柬埔寨切忌盲目自大,要懂得尊重当地人民,不做任何有损中国人形象的事。

八、爱惜护照,带齐资料

护照是证明身份的唯一合法证件,护照签证是柬埔寨方面允许中国公民在柬合法停留的证明。要爱护好护照,不要随意折叠、涂改、污损。中国大使馆特别提请中国公民注意,外出除应随身携带护照主页和签证页复印件外,还要携带有关联系单位人员姓名、地址、电话等资料,避免被询问时答不上来,招致不必要的麻烦。护照原件最好保存在安全的地方,不必随身携带。只有办理入出境手续时才须出示护照原件。 (据中国驻柬埔寨使馆 2005-08-08)

印度尼西亚吸引外资政策

一、基本法律和政策:

印尼政府对外国投资始终持欢迎态度,实行开放政策。

(一)印尼涉及外国投资方面的法律:1967 年第 1 号法律:《外资法》,1970 年第 11 号法律(《外资法》修改版),1994 年第 20 号政府令。

(二)禁止外资或内资投资的行业或领域:各类毒品种植及加工、酒类及酒精饮料、爆炸物(爆竹和烟花)、武器及零部件生产、铀矿及放射性矿开采、赌场及博彩业、海绵开采、森林开发、红木加工以及被认为危害人体健康和破坏环境(有毒杀虫剂、有毒生产工艺、氟里昂制冷剂)的行业等。

(三)禁止外商投资行业或领域:印尼珍稀物种育苗、自然林经营权、森林采伐承包商、公共交通(出租和公交客运)、广播电视及新闻媒体、电影业及相关业务、服务贸易及配套行业(不包括:购物商场、超级市场、百货公司、购物中心、分销商、批发商、进出口贸易、展览和会议服务、质量认证、市场调研、售后服务等)。

(四)外资控股不超过 95% 的行业或领域:对港口、电站、通讯、海运、供水、铁路、核电等基础设施,医疗卫生服务(综合性医院、妇产医院、牙科诊所等),规定外资须与内资合资,内资至少占 5%。定期或不定期空运、电讯业外资控股不超过 49%。

(五)有条件(凭许可证)开放的行业或领域:淡水捕鱼和养鱼、海洋深水捕捞、有价证券印刷(邮票、印花税票、银行商业本票或票据、护照等)等。其他领域或行业都对外开放。

(六)外资法规定外国投资者可成立独资企业,投入资本不受限制,但自投产和商业运营 15 年后,须至少象征性地将部分股权转让给印尼公民。外资企业期限一般 30 年,可以延期。印尼对外汇没有管制,印尼货币可自由兑换外币,外国投资所得利润完税后可以自由汇出。外企的外籍人员仅限于管理人员和当地不能提供的技术人员,要求外企必须雇佣一定数量的当地人员并对当地雇员进行培训,为此,外企须按外籍人员数量,每一位每月交纳 100 美元作为当地人员培训费。印尼实行工人区域最低工资制,雅加达和巴丹岛最低工资额最高,合人民币接近 600 元,其他地区在 450~500 元之间。

二、鼓励措施

(一)外企自用机械设备、零配件及辅助设备等资本物资免征进口关税和费用。

(二)外企 2 年自用生产原材料免征进口关税和费用。

(三)生产出口产品的原材料可退还进口关税。

(四)位于印尼东部的外企,65% 产品出口,雇佣外籍人员不受限制。

(五)外企用于研究开发、奖学金、教育和培训以及废物处理的开支可列人成本并从毛收入中提扣。

(六)对政府鼓励的重点领域,可提供 8-10 年亏损结转或提高设备及建筑物折旧率。

(七)在印尼东部地区投资,土地和建筑物税减半 8 年。

(八)在开创性行业投资,企业所得税可由政府承担 10-12 年。

此外,政府对保税区和设在全国 15 个地区的综合开发区的外国投资还给予一些优惠待遇。

三、税收

分个人和企业所得税两种,为累进制,采取自我评估法计算税款,税率为:应税收入 2500 万盾,税率 10%;应税收入 2500~5000 万盾,税率 15%;应税收入 5000 万盾以上,税率 30%。

印度尼西亚海关税收政策简介

一、关税法律概要

印度尼西亚现行《海关法》于 1973 年公布实施,现行的进口关税税率于 1988 年由政府制定。自 1988 年以来,印度尼西亚政府每年以部长令的方式发布一揽子计划,即“放松工业和经济管制”。它是工业和经济政策的总则,其中包括进口关税税率。关税税率的修订程序为:政府部门和商业机构向财政部长提交进口关税修定建议,在建议中提出修订的理由和方案。这项方案由来自金融、贸易、工业和其他相关部门的高级官员组成的进口关税委员会进一步分析、议定。经议定通过后,财政部长将签署部长级关税调整法令。

印度尼西亚关税政策的 4 个目标:(1)按照政府确定的工业发展模式,推进国内工业,特别是具有出口潜力的工业增长;(2)为幼稚工业提供必要的保护;(3)鼓励效益好的能替代进口的国内工业发展;(4)维持对外贸易有秩序地发展。

二、关税优惠政策

近年来,印度尼西亚国家投资协调部出台各种优惠政策,以鼓励与生产加工出口产品有关的设备和原料进口。减免税是其中最优惠措施之一。通过减免税政策,进入印度尼西亚的商品一半以上享受到优惠措施。这类减让的范围正好说明所征的平均税率和进口加权平均税率为 8% 之间的差别。

(一)由国家投资协调局批准的项目,国内外经营者在进口原料和设备时可在享受关税和附加税的减免优惠,以此作为刺激,鼓励各方投资。同时,投资者进口主要设备时可享受免税;进口辅助设备时享受减税 50%;关税税率为 5% 或低于 5% 的生产原料在生产经营的前 2 年进口时免税,关税税率超过 5% 的生产原料减半征税;消耗性材料在生产经营的第一年也可获得免税。

(二)由国外贷款援助的政府项目在进口原料(包括建筑设备)时,可享受关税减免。

(三)减免税政策执行时,把专业出口产品生产者与单纯生产制造者区别开。专业出口产品生产者进口原料、机器设备(包括二手设备)可以享受减免税优惠,不受许可证和配额限制。当然出口商品生产者资格必须得到认可。在申请减免税时需提供出口产品消耗清单。为便于监管,进口原料到出口成品的期限为1年。到1987年12月24日,除纺织品和服装行业外,其他的行业生产商或生产者都能以专业出口商品生产者资格申请减免税。只要出口需要而国内市场又没有供货或在价格和质量上没有竞争力都可以列入申请减免税优惠范围。出口的最低比例要求由85%降至65%。

(四)从减免税措施实施之日起,有19.1亿美元的商品享受到各种关税减免优惠,涉及减免金额达9.1亿美元。

三、其他优惠政策

除了减免税政策和出口退税政策外,印度尼西亚政府还发布了许多优惠政策,以吸引外资投入,鼓励产品出口。

(一)对外国企业开放的经营区域由474个上升到926个。开放区的任何优惠政策也适用于产品85%出口的外国企业。

(二)1986年5月公布的统计显示:进口设备生产出口产品的出口量减少,由85%降至60%(服装除外)。取消111项非关税壁垒,主要涉及钢铁、铝制品、饮料、食品、电器、化工品、重型设备等。

(三)1986年12月25日,简化电子、电器、化工、金属、机械、运输工具的进口手续。这些商品的关税降低一半以上。

(四)1987年1月15日,取消关于进口原材料的一系列政策规定。简化纺织、钢铁、机动车、机械的行政规定。关税降至很低水平(0-10%)。

此外,许多出口手续被简化,总体上说,贸易执照取代所有出口手续。

印度尼西亚贸易壁垒

一、关税及关税管理措施

在乌拉圭回合市场准入谈判中,印尼承诺将原定94.6%的关税税率逐步降至40%。汽车、铁、钢和一部分化工制品的关税税率维持在40%以上,或者不包括在减税计划内。

(一)关税高峰

存在关税高峰,如酒类进口关税高达170%;无任何添加剂或色素的糖类中,蔗糖为每公斤550印尼盾,甜菜糖为每公斤700印尼盾;有添加剂或色素的白糖每公斤700印尼盾;各类润滑油均征收30%的关税;带糠的大米每公斤430印尼盾。

(二)关税升级

印尼存在较为明显的关税升级情况,如摩托车散件进口关税为5%~10%,整套散件为25%,排气量在250毫升以下整车为35%,排气量为250毫升~500毫升为60%。

二、进口限制

(一)进口禁令

印尼禁止进口书籍、杂志、中文报纸、磁带、录像带、彩色复印机,以及一部分二手设备、家电,包括计算机、冰箱、洗衣机、手扶拖拉机、推土机、叉车、各种型号的客车、摩托车、鸡腿、鸡翅等。自2004年12月起,印尼海洋渔业部停止进口包括原产于中国、泰国、印度、越南、巴西和厄瓜多尔等6国的虾类产品,理由是上述6国出口的虾类产品被美国裁定为倾销。印尼政府发布临时禁令,在2005年12月31日前禁止进口各种类型的二手卡车。根据印尼工贸部发布的法令,在2004年7月1日至12月31日印尼产盐季节期间,印尼政府禁止从国外进口盐;2004年稻谷收获季节前1个月、收获季节期间以及收获季节后两个月内禁止进口大米。2004年底,印尼工贸部长宣布将大米禁令延长至2005年6月。根据印尼工贸部颁布的《糖进口制度法令》,仅允许经认可的爪哇的生产企业进口糖;当印尼市场上的糖价低于3100印尼盾/公斤时,禁止进口糖。此外,印尼政府只允许3家注册进口商经营酒类进口,并实行数量限制。

(二)进口许可

根据2002年3月颁布的外贸司司长令,印尼仍对玉米、大米、大豆、固体状的蔗糖、甜菜糖或经化学加工后的糖、79种纺织品、5种鞋类制品或其附件、20种电子或电气产品、2种儿童玩具产品实行特别进口许可管理,经营以上产品的进口商需申请特殊进口商身份证明,否则货物将被扣留在港口。印尼规定,肉类和家禽类产品需获得印尼政府颁发的“进口介绍信”后方能进口,印尼政府可通过颁发“进口介绍信”任意调整进口数量,这一措施使中国出口商对出口数量缺乏可预见性,增加了经营风险。

三、通关环节壁垒

至2004年底,印尼政府仍然对进口的电子产品、纺织品、鞋、玩具实行装船前检验。印尼海关对进口食品的估价不按照进口商单据上列明的实际成交价格核价,但印尼政府未公开其定价方法,估价具有任意性倾向,往往导致进口食品的完税价格被高估,令实际关税高于名义关税。印尼海关要求摩托车进口商提供确切的报价依据,不能提供者则按600美元缴纳保证金。对排气量为100毫升和110毫升的中国产摩托车,印尼海关估价时不考虑中国大陆产摩托车每辆420美元和430美元的平均合同价格,而参照中国台湾省产摩托车价格,均估价为600美元。

(一)对进口产品征收歧视性税费

印尼对某些进口产品征收歧视性增值税和奢侈品税。如对酒类征收10%的增值税与35%的奢侈品税;对摩托车整车征收75%的奢侈品税;对4轮驱动吉普车或面包车征收50%~75%的奢侈品销售税;对1500毫升和3000毫升汽缸的汽车征收15%~20%的奢侈品销售税。

(二)技术性贸易壁垒

所有进口药品都要在印尼食品药品监督局进行注册后,方可在印尼生产或销售。化学药品注册申请人应为药品出口国生产商指定的印尼销售代理商或批发商,进口药品生产商无权申请药品注册。

(三)贸易救济措施

截至2004年,印尼已对原产于中国的进口产品发起4起反倾销调查,涉案产品有钢管、乙酰氨基酚、小麦面粉和碳化钙。2004年10月,印尼对原产于中国的陶瓷餐具发起反补贴调查。目前尚在调查中的反倾销案件有乙酰氨基酚反倾销调查和小麦面粉反倾销调查。自2004年6月起,印尼对原产于中国的碳化钙征收24%的反倾销税,为期5年。

四、服务贸易壁垒

(一)金融

印尼政府规定,凡在印尼开设分行的外资银行其注册资本金最低限额为3万亿印尼盾。外资参股金融公司实缴资本额为内资金融公司的两倍。外国保险公司可在印尼成立合资保险公司。除非被保险人为外资独资实体或投保险种为印尼国内无法办理的特殊险种,所有保单均应由印尼内资或合资保险公司办理。

(二)建筑

为印尼政府项目工作的外国咨询顾问只能按政府规定的费率收取费用。对于印尼企业无法独立实施的建设项目,只允许外国公司作为分包人或以咨询公司名义参与。由政府投资的项目,外国公司必须与印尼公司组成合资公司才能参与。

(三)分销

外资只有在和印尼的小型企业建立合作关系后才被允许进入印尼的分销和零售市场。

(四)视听

印尼不允许外国电影和音像制品分销商在印尼建立分支机构。根据印尼《电影法》,外国电影的进口和分销只能由印尼内资公司经营。此外,印尼政府对外国电影实施的税收、许可证和收费制度,阻碍了外国电影的进口。

(五)法律

印尼执业律师必须是毕业于印尼法律院校或其他得到印尼承认的院校的印尼公民,外国律师在印尼只能从事咨询服务,并需要得到印尼司法及人权部的批准。外国律师事务所必须和印尼律师事务所建立合作关系才有可能进入印尼市场。

(六)会计

外国会计师事务所不能以其原有的国际名称营业,只能使用如"与某某公司联合"等名称,并且必须和印尼当地公司有技术援助协议才能进入印尼市场。外国的会计师和审计师只能以顾问身份在印尼执业且不能在审计报告上签字。注册会计师必须取得印尼公民身份。

(七)运输

印尼禁止外资进入国内公共运输业,如出租车、公共汽车、国内海运业等。

五、投资壁垒

(一)投资准入壁垒

印尼限制外资的领域主要包括:港口、电站、铁路等基础设施和医疗卫生服务领域,外资控股不能超过95%;航空运输业、电讯业,外资控股不能超过49%。印尼禁止投资的领域主要包括:各类毒品种植及加工、酒类及酒精饮料、爆炸物、化学武器及零部件生产、铀矿及放射性矿开采、赌场及博彩业、森林开发、红木加工、某些对环境有害的化学制剂(如有毒杀虫剂、有毒生产工艺等)、珍稀物种育苗、自然林经营权、森林采伐等。外商经印尼政府许可,可以经营捕鱼和养鱼、有价证券印刷等行业。

(二)投资经营壁垒

印尼《商业机构法令》第三章第5条规定,批发商在雇佣员工时,最多可雇佣10个外籍员工作为专家或管理人员,且每雇佣1个外籍员工须至少雇佣3个印尼籍员工。外籍雇员必须是大学毕业或具有同等学力,且必须在其即将服务的领域有3年以上的工作经验。该章第7条还规定,零售商最多只能雇佣3个外籍员工,且须受上述同样的限制。另外,在印尼工作的外籍人士每人每月需缴纳100美元,作为对印尼员工进行培训的基金。2003年8月,印尼教育部决定对在印尼工作或学习的约3万名外籍人士进行印尼文水平测试,未通过考试的外国人不能获得工作签证,需参加由政府组织的印尼语课程培训。目前,作为印尼政府限制和禁止外籍劳工的手段,印尼对专业人士和管理人员市场实施"需求验证制度"。对此,包括中国在内的16个WTO成员方均要求印尼开放劳工市场。

(三)投资退出壁垒

1994年颁布的印尼《投资条例》第7条规定,外商独资企业自投产和商业运营15年后必须向印尼国民出售一部分股权,股权可以直接转让,也可以通过证券市场出让。

印度尼西亚贸易投资管理体制

一、双边贸易投资情况

据中国海关统计,2004年中国和印尼双边贸易总额为134.8亿美元,同比增长31.8%。其中,中国对印尼出口62.6亿美元,同比增长39.6%;自印尼进口72.2亿美元,同比增长25.7%。中方逆差9.7亿美元。中国对印尼出口的主要产品为谷物及谷物粉、机电产品、玉米、原油、成品油、汽油、纺织线纱及制品等,自印尼进口的主要产品为原油、成品油、其他燃料油、纸浆、机电产品、食用植物油、煤、纸及纸板、棕榈油等。

据中国商务部统计,2004年中国公司在印尼完成承包工程营业额2.6亿美元,新签合同额9亿美元;完成劳务合作合同额2300万美元,新签合同额2222万美元;完成对外设计咨询合同额110万美元,新签合同额108万美元。

2004年,经中国商务部批准备案,中国在印度尼西亚设立非金融类中资企业10家,中方协议投资额2645万美元。截至2004年底,中国在印度尼西亚累计投资设立非金融类中资企业75家,中方协议投资总额1.96亿美元。据中国商务部统计,2004年,印尼对中国投资项目122个,合同金额2亿美元,实际使用金额1亿美元。

二、贸易投资法律体系

印尼与贸易和投资相关的法律法规主要包括:《贸易法(修订)》、《海关法》、《外国投资法》、《外国投资法(修正)》、《公司法》、《关于股份份额的政府法规》、《公共健康法》、《精神药品法》、《麻醉药品法》、《环境保护法》。

(一)贸易管理制度

1. 关税制度。目前,印尼的平均关税为7.3%,自2003年以来,约有20%税目的产品关税调至5%以下。2004年1月,印尼政府出台新的关税减让表,此表将关税分为非东盟关税和东盟关税,东盟关税为非东盟关税的一半。印尼对进口产品的关税分4类征收:第一类产品为国内必要的进口产品,包括稻米、面粉、某些钢铁制品、某些化纤产品、棉花、药材、农业机械设备等;第二类商品为一些工业产品必需的零部件和材料;第三类产品为国内市场需求不大或国内相关企业需要进口保护的产品。此类产品的进口关税较一、二类产品要高;第四类产品为奢侈品、某些消费品,以及国内可以生产,应加以进口保护的产品。此类进口产品所征收的关税最高。

2. 进口管理制度。印尼将进口商分为6类,即一级综合进口商、二级综合进口商、指定进口商、生产进口商、进口/生产厂商和私家代理商。一般来说,进口商均需依照相应标准,在印尼工业与贸易部注册并领取营业执照。印尼有141

个税号的产品需要获得进口许可证方可进入印尼市场，分为自动许可和非自动许可。其中自动许可的产品包括：溴化甲烷、危险品、酒精饮料及其原料中含有酒精的饮料、工业用盐、乙烯和丙烯、爆炸物及其原材料、废弃物、旧衣物；非自动许可的产品有香料、纺织品、润滑油、糖、农用工具。进口包括牲畜、宠物、工业用皮革等在内的畜产品，必须取得印尼农业部颁发的进口许可证和经印尼穆斯林大会认可的出口国伊斯兰教组织出具的"清真"证明。

3. 出口管理制度。印尼工业与贸易部将出口产品分为四类：只能由注册的出口商经营的出口产品，需特别许可才能出口的产品，禁止出口的产品和自由出口的产品。其中限制出口的产品包括：主要经济作物，如橡胶、棕榈油、咖啡和干椰子肉；禁止出口的产品主要包括废铁、银、化石、木化石、源自天然森林的天然藤条及半成品藤条（林农种植的藤条除外）。

4. 与贸易相关的其他关税制度。印尼现有10多个保税区，产品由印尼境外进入保税区，无须缴纳关税或其他出口税；由印尼或印尼以外地区输往保税区的商品或原料，免征其在印尼国内的货物税、增值税、关税及其他税收；凡经印尼政府核准在保税区内设立的企业，可享受进口关税、进口货物税、扣缴税及国内货物税等各项税收的减免优惠。

（二）投资管理制度

1994年关于股权份额的政府法规规定外国投资者可成立独资企业，投入资本不受限制。投资企业自合法设立起，准予30年的经营期限，若在此期间内增加投资，将再给予所扩大项目30年的经营期。

1. 印尼给予外资税收优惠：（1）税率优惠：一般新建外资企业的生产设备及所需的零件、原料、与生产设备有关的消耗品享受相应的进口税优惠；采购的机器设备等固定资产，享受增值税及奢侈品税优惠。（2）重点地区与行业的税收优惠：对某些优先发展行业、符合国家出口优先政策的行业或所处位置对偏远地区的发展起促进作用的外资企业，政府将提供所得税优惠。

2. 贸易投资管理部门：印尼工业与贸易部是印尼政府贸易主管部门，其职能包括制定外贸政策，参与外贸法规的制定，划分进出口产品管理类别，进口许可证的申请管理，指定进口商和分派配额，参与解决贸易纠纷及反倾销事务等。印尼投资协调委员会负责受理投资申请和审批。

老挝税法

老挝现行的税法是1995年国会通过的，随着老挝经济社会的发展，2005年5月25日国家主席令第46号公布实行新修改的税法，2005年5月20日第五届国会第七次全会第27号决议通过。

与老税法相比，新修改后的税法定义更加明确，几乎做了全面修改，主要有关税率摘要如下：

一、老挝的税收仍由间接税（营业税、消费税）和直接税（利润税、最低税、所得税、各种手续费和服务费）组成。

二、间接税营业税从3%改为5%和10%两种。

三、中小型个体私营企业所得税从每年120万基普调至240万基普，最高利润税从45%调至35%。

四、工资所得税分为两项：月薪不足150万基普的，个人所得税从每月20万基普调至30万基普，月薪超过150万基普的，个人所得税不得享受减税政策，但可以享受个人所得税最高税率从40%降至25%的优惠。

五、租金税从过去的25%和30%两类合并为同一税率15%。

六、纳税主体除了在老挝开展经营的个人、法人组织和外国人外，还包含前往境外活动但在老挝拥有户籍和经营场所的人。

（据中国商务部　2005－09－01）

老挝鼓励外商投资

老挝政府已经制定一部外商投资法，这部投资法制定的目的是为了吸引包括政府和私人的外商来老挝投资，以便能更好地引进外国先进技术和培训老挝专业人员。这部投资法规定两种投资形式：合资和独资。投资者可以在两种形式中任选一种。老挝政府采用多种方法鼓励外国投资，对用于投资项目的物资、机器、设备等实行减免税甚至在获得投资管理委员会批准后可实行利润减免税。同时，为投资者的各种必要活动提供方便。

老挝政府对依法在老挝的投资者和投资行为采取鼓励的做法，主要有以下几方面：（1）投资者有在经济范围内所有的项目进行投资的权利。（2）投资者在老挝的各种投资及其财产受老挝法律和宪法的完全保护，不得侵犯和收归国有。出于公共利益或应急挪用时，要作全部的赔偿，包括其投资效益。（3）有在老挝的外国大项目承包人或较大公司合资的权利。（4）在老挝境内租用土地并可转让土地使用权。外国投资者对土地的改造和地面上的可移动、不可移动的财产拥有所有权并可转让。（5）老挝政府对产品的定价和生产配额不作规定，对投资活动不作无理的干预。（6）在各项投资项目中有权录用外国技术人员和专家。（7）老挝政府对外国投资者及勤俭陪同人员出入境，以及在老挝境内各地工作提供方便。（8）有将投资中的各种收入和投资本金送出国的权利。（9）按国际规定收取利润税。（10）按国际规定收取进口关税和享受出口优惠。（11）对来老挝的投资者提供良好的机会和各种优惠的待遇。

为了鼓励外商来老挝投资，老挝政府实行如下优惠政策：（1）老挝政府免征国家鼓励项目的税收2～4年。（2）征收利润税为20%。（3）征收机器设备进口税1%。（4）征收个人所得税（全部所得的）10%。（5）老挝工人的工薪按老挝水平支付。（6）租用土地期限30年，并可延长。

自1998年公布实施外国投资法至2001年12月，老挝已批准来自30多个国家和地区的860个投资项目，合同投资金额达到71.12亿美元。外国投资项目集中在电力、交通运输、邮电、建筑、饭店和旅游、工业及手工业等领域。其中，电力部门有7个投资项目，合同投资金额45亿多美元，饭店旅游业有46个投资项目，合同投资金额6.1亿美元。泰国、美国和韩国是在老挝投资较多的国家。外国投资在促进老挝经济发展，逐步摆脱不发达状况方面起着重要作用。

老挝投资环境

一、管理和促进外国在老挝投资法

1988年7月老挝颁布《外国在老挝投资法》，1989年3

月颁布《投资法实施细则》,并成立外资管理委员会,1994 年 3 月通过新的《管理和促进外国在老挝投资法》,2001 年 3 月颁布《投资法实施细则》。新的投资法在互惠互利的基础上,鼓励外国投资者以多种投资方式来老挝各个领域投资,如:农林业、工业、服务业,其中包括进出口贸易、交通、运输、银行、保险、饭店、旅游等。老挝政府对投资者的优惠政策主要是减免利润所得税及进口生产原料、设备和交通工具的关税,满足投资者在土地和自然资源使用以及国内劳务使用的需求,同时在居住和进出境方面给予便利。

根据老挝 1994 年投资法规定,外国投资者到老挝投资有两种形式:外国投资者和老挝国内投资者合资企业方式,合资企业的投资,外国投资者的出资额不得少于注册资金的 30%;外国投资者独资方式,独资企业可以是新设分公司或外国公司驻老挝的代表机构。

外国在老投资者的权利和义务:(1)外国投资者可以选择的投资方式,一是和老挝国内投资者成立合资企业,二是成立独资企业。(2)在老挝人民民主共和国法律的基础上,保障外国投资者的投资和产权。(3)外国投资者有租用、转让老挝的土地并有权转让在自己所租用土地上兴建的动产和不动产。(4)老挝政府不干涉外国投资者的行政、经营管理。(5)在招聘劳务人员时,要优先招聘老挝公民,如果专业特殊,外国投资者也可招聘外国人到自己的企业工作。(6)根据《老挝人民民主共和国关于货币和贵重物品管理法规》,外国投资可以通过设在老挝的银行将自己的合法收入汇回自己的国家或第三国。(7)利润税按老挝法律规定的 20% 交纳。(8)外国投资者需缴纳进口关税,在批准的时间内,生产经营使用的设备和生产工具,按总价的 1% 征收(现已取消),来料加工使用的原料、半成品及出口产品,免进口关税和产品出口税。(9)为外国投资者及外国劳务人员提供方便,包括有关人员家属的出入境签证。

二、管理外国在老挝投资的机构

老挝设有中央一级外国投资管理委员会,该委员会由总理、副总理等人组成。

管理外国在老挝投资的常投机构是国内国外投资管理局,隶属老挝国家计划与合作委员会,下设外国投资管理促进处、项目评估处等。外国在老挝投资须通过投资管理局"一站式"审批,投资局有义务负责审查与投资相关的可行性研究报告及其他文件,向投资委提出项目意见,并按政府的计划和法定程序直接代表政府和外国投资者签订合同;所有相关申请投资文件的收发、审批及向有关部门申请各种执照等须通过投资局办理;投资委有权召集其他政府各部门及有关省市来共同商议、审批投资项目。

三、在老挝申请投资开办企业的程序及有关手续

(一)以法人名义向老挝投资局提出书面申请,申请投资开办企业及经营,后附投资委提供的表格及相关文件:项目的经济技术可行性研究报告、公司章程、经公证的投资者法人资格(包括营业执照全套文件复印件)、银行出具的资金状况证明、公司与老挝有关地方政府签署的投资意向书及地方政府意见、租赁厂房或土地的备忘录或协议、投资者的业绩等。

(二)投资局接到申请文件后,在规定的时间内有权召集有关主管部门和相关省的部门对投资项目进行研究和统一意见,在决定同意批准投资项目后颁发投资许可证。

(三)在获得投资许可证后,投资者可修建厂房、安装设备,并申请主管部门进行检查、取得营业许可证,再到税务局进行税务登记及到银行设立企业账户后,方可进行生产经营活动。

四、外国在老挝投资情况

老挝引进外资工作始于 20 世纪 80 年代末,经过 10 余年的发展,其外资引进工作取得初步成就。据老挝外国投资管理委员会统计,截至 2001 年 4 月,老挝共引进外资 931 项,协议额 72.92 亿美元。外资主要分布在电力、工业手工业、宾馆旅游、电信运输、木材加工、农业、银行、保险等领域。泰国、美国、韩国、马来西亚、法国、中国等位居老挝外资前列。

五、国际社会对老挝援助

联合国、世界银行、亚洲银行、欧盟等国际组织、机构和日本等国家每年都向老挝提供 2 ~ 3 亿美元的援款和贷款,2000 年度外国对老的援助为 3.3 亿美元,其中无偿援助 2.29 亿美元,贷款 1.03 亿美元。2001 年获各类援助 3.85 亿美元,其中无偿无援助 2.85 亿美元,贷款 1 亿美元。

外国援助主要侧重以下行业:交通运输邮电建设、工业手工业、教育、农村、卫生等,其中交通运输邮电建设行业所占比重高达 45% 以上。

马来西亚降税情况

一、肉、水产品食品

(一)香肠

1. 香肠罐头税率 15%,2005 年保持原税率,2007 年降至 8%,2009 年降至 5%,2010 年实现零关税。

2. 其他香肠食品税率 20%,2005 年保持原税率,2007 年降至 12%,2009 年降至 5%,2010 年实现零关税。

(二)用其他方法制作或保藏的肉、食用杂碎或动物血

1. 猪肉罐头(包括均化肉及肉块)税率为 15%,2005 年保持原税率,2007 年降至 8%,2009 年降至 5%,2010 年实现零关税。

2. 禽肉、牛肉食品均已实现零关税。

3. 其他肉制食品税率为 20%,2005 年保持原税率,2007 年降至 12%,2009 年降至 5%,2010 年实现零关税。

(三)动物精汁

包括肉、鱼、甲壳动物、软体动物等,税率为 20%,2005 年保持原税率,2007 年降至 12%,2009 年降至 5%,2010 年实现零关税。

(四)制作或保藏的鱼及鱼子酱

1. 整条或切块的鱼(1)鲑鱼税率 8%,2005 年降至 5%,2009 年实现零关税;(2)鲱鱼税率 20%,2005 年保持原税率,2007 年降至 12%,2009 年降至 5%,2010 年实现零关税;(3)沙丁鱼罐头为零关税;非罐头税率 8%,降税模式同鲑鱼;(4)黍鲱鱼罐头为零关税;非罐头税率 20%,降税模式同鲱鱼;(5)金枪鱼罐头税率 5%,2009 年实现零关税;非罐头税率 20%,降税模式同鲱鱼;(6)鲣鱼税率 20%,降税模式同鲱鱼;(7)鲭鱼罐头为零关税;非罐头税率 8%,降税模式同鲑鱼;(8)鳀鱼罐头为零关税;非罐头税率 20%,降税模式同鲱鱼;(9)竹荚鱼罐头税率 6%,2005 年降为 5%,2009 年实现零关税;非罐头为零关税;(10)其他鱼,罐头为零关税;非罐头税率为 20%,降税模式同鲱鱼。

2. 其他制作或保藏的鱼，罐头为零关税，非罐头产品：(1)鱼翅和鱼酱税率为6%，2005年降至5%，2009年实现零关税；(2)烹煮的鱼税率20%，2005年保持原税率，2007年降至12%，2009年降至5%，2010年实现零关税；(3)其他非罐头产品税率8%，2005年降至5%，2009年实现零关税。

3. 鱼子酱税率8%，2005年降至5%，2009年实现零关税。

(五)甲壳动物、软体动物

甲壳动物。螃蟹、虾、对虾、龙虾及其他甲壳类动物，罐头税率为6%~8%，2005年降至5%，2009年实现零关税；非罐头为零关税。

软体动物。鲍鱼、墨鱼及其他软体动物，罐头税率6%~8%，2005年降至5%，2009年实现零关税。

其他水生无脊椎动物均已实现零关税。

二、糖及糖食

(一)蔗糖、甜菜糖已实现零关税

(二)乳糖及乳糖浆

1. 葡萄糖浆和果糖浆税率15%，2005年保持该税率，2007年降至8%，2009年降至5%，2010年实现零关税。

2. 其他乳糖及糖浆均已实现零关税。糖蜜已实现零关税。不含可可的糖食税率为15%，2005年保持该税率，2007年降至8%，2009年降至5%，2010年实现零关税。

三、可可及可可制品

可可豆(整颗或破碎的、生或焙炒的)是中马之间的早期收获产品，2004年就已实现零关税。可可荚、皮已经实现零关税。可可膏属于中马早期收获产品，2004年税率10%，2005年税率5%，2006年实现零关税。可可脂、可可油和不含糖可可粉也属于中马早期收获产品，2004年税率5%，2005年已实现零关税。巧克力及其他可可食品。(1)含糖可可粉属于中马早期收获产品，2004年税率10%，2005年税率5%，2006年实现零关税。(2)其他可可食品税率15%，2005年保持原税率，2007年降至8%，2009年降至5%，2010年实现零关税。

四、粮食食品

麦精；细粉、淀粉或麦精制的食品。除少数几种商品2005年税率5%、2009年实现零关税外，其余商品均已实现零关税。

(一)面食

1. 生面食(未包馅或未经其他方法制作)。(1)含蛋的生面食税率为5%，2005年保持原税率，2009年实现零关税。(2)不含蛋的生面食中，面条税率5%，2009年实现零关税；其他产品税率6%，2005年降至5%，2009年实现零关税。

2. 包馅面食，包括汤团、馄饨、饺子等。(1)肉馅面食已经实现零关税；(2)以鱼肉、甲壳动物、软体动物为馅的，税率为8%，2005年降至5%，2009年实现零关税；(3)其他包馅面食税率6%，2005年降至5%，2009年实现零关税。

3. 其他面食。(1)面条税率8%，2005年降至5%，2009年实现零关税；(2)米粉，附调料的速食米粉税率8%，降税模式同面条；其他米粉税率5%，2009年实现零关税；(3)粉条税率6%，2005年降至5%，2009年实现零关税；(4)其他产品税率8%，降税模式同面条。

4. 古斯古斯面食税率8%，降税模式同面条。木薯淀粉及其代用品税率5%，2005年保持该税率，2009年实现零关税。

(二)膨化或烘炒食品

1. 膨化或烘炒食品，可可含量不超过总重量的6%的税率为5%，2009年实现零关税；可可含量超过6%的税率2%，2009年实现零关税。

2. 膨化或烘炒食品与未烘炒食品混合食品，税率为7%，2005年降至5%，2009年实现零关税。

3. 碾碎的干小麦，税率7%，2005年降至5%，2009年实现零关税。

4. 其他产品税率7%，降税模式同碎干小麦。

(三)面包、糕点

1. 黑麦脆面包片已实现零关税。

2. 姜饼及类似品，税率6%，2005年降至5%，2009年实现零关税。

3. 甜饼干及华夫饼干税率6%，降税模式同姜饼。

4. 烤面包(面包干、吐司等)，未加糖、蜜、蛋、脂、奶酪或水果的已实现零关税；添加上述物质的税率为6%，2005年降至5%，2009年实现零关税。

5. 其他糕点。未加糖饼干税率6%，2005年降至5%，2009年实现零关税；圣餐饼、医用空胶囊、密封片、米纸及其他不含糖面包已经实现零关税。

五、蔬菜、水果食品

(一)用醋制作或保藏的蔬菜及水果

醋渍黄瓜及小黄瓜税率6%，2005年降至5%，2009年实现零关税。醋渍甜玉米税率8%、洋葱税率6%，其他蔬菜水果及坚果税率6%，上述产品的税率2005年降至5%，2009年实现零关税。醋渍树薯、甘薯等高淀粉含量产品税率7%，2005年降至5%，2009年实现零关税。其他醋渍蔬菜水果税率8%，降税模式同上。

(二)其他方法制作或保藏的蔬菜及水果

1. 番茄。(1)非烹煮番茄已实现零关税。(2)烹煮番茄罐头税率8%，2005年降至5%，2009年实现零关税。(3)烹煮番茄非罐头税率5%，2005年保持原税率，2009年实现零关税。(4)番茄酱罐头已经基本实现零关税。

2. 蘑菇及块菌。(1)伞菌属蘑菇。①非烹煮的蘑菇、婴幼儿食用蘑菇已经实现零关税；②烹煮伞菌属蘑菇罐头税率6%，2005年降至5%，2009年实现零关税；③烹煮伞菌属蘑菇非罐头税率5%，2009年实现零关税。(2)块菌。①非烹煮的块菌、婴幼儿食用块菌已经实现零关税；烹煮块菌罐头税率20%，2005年保持原税率，2007年降至12%，2009年降至5%，2010年实现零关税；②烹煮块菌非罐头税率2%，2009年实现零关税。(3)其他蘑菇及块菌，①非烹煮的蘑菇及块菌、婴幼儿食用的均已实现零关税；②烹煮的，罐头税率6%，2005年降至5%，2009年实现零关税；非罐头税率5%，2009年实现零关税。

3. 冷冻蔬菜(不包括番茄、蘑菇及块菌)。(1)马铃薯。①非烹煮的马铃薯、婴幼儿食用马铃薯均已实现零关税；②马铃薯粉制食品税率7%，2005年降至5%，2009年实现零关税；③烹煮马铃薯罐头税率8%，2005年降至5%，2009年实现零关税；④烹煮马铃薯非罐头税率2%，2009年实现零关税。(2)其他蔬菜。①非烹煮的、供婴幼儿食用的已实现零关税；②烹煮甜玉米(无论是否脱粒)税率8%，2005年降至5%，2009年实现零关税；③烹煮豆类蔬菜或树薯、甘薯等食品税率20%,2005年保持原税率,2007年降至12%,2009年降至5%,2010年实现零关税;④烹煮蔬菜罐头税率8%,2005年降至5%,2009年实现零关税;⑤其他产品税率2%,2009年实现零关税。

4. 未冷冻蔬菜(不包括番茄、蘑菇及块菌)。(1)均化食品,罐头税率8%,2005年降至5%,2009年实现零关税;非罐头均已实现零关税。(2)马铃薯,罐头税率8%,2005年降至5%,2009年实现零关税;非罐头均已实现零关税。(3)泡菜已实现零关税。(4)豌豆,罐头税率20%,2005年保持原税率,2007年降至12%,2009年降至5%,2010年实现零关税;非罐头均已实现零关税。(5)豇豆及菜豆,罐头税率8%,降税模式同马铃薯;非罐头均已实现零关税。(6)芦笋,罐头税率8%,降税模式同马铃薯;非罐头均已实现零关税。(7)油橄榄,罐头税率6%,2005年降至5%,2009年实现零关税;非罐头均已实现零关税。(8)甜玉米(不论是否为罐头)税率为8%,2005年降至5%,2009年实现零关税。(9)其他蔬菜或什锦蔬菜,罐头税率8%,降税模式同马铃薯;非罐头均已实现零关税。糖渍蔬菜水果已实现零关税。烹煮果酱、果冻等已实现零关税。

5. 用其他方法保藏的坚果。(1)花生税率5%,2005年保持原税率,2009年实现零关税。(2)非烹煮保藏且经冷冻的坚果税率20%,2005年保持原税率,2007年降至12%,2009年降至5%,2010年实现零关税。(3)烤制及以其他方式保存的税率6%,2005年降至5%,2009年实现零关税。

6. 用其他方法保藏的水果。(1)菠萝税率10%,2005年保持原税率,2007年降至8%,2009年降至5%,2010年实现零关税。(2)柑橘、梨、樱桃、桃、草莓。①非烹煮保藏且经冷冻的上述水果税率10%,降税模式同菠萝;②加糖或其他甜物质的上述水果的罐头税率6%,2005年降至5%,2009年实现零关税;非罐头已实现零关税;③未加糖上述水果的罐头税率8%,2005年降至5%,2009年实现零关税;非罐头已实现零关税。(3)杏。①非烹煮保藏且经冷冻的杏税率10%,降税模式同菠萝;②(加糖或未加糖)杏罐头税率6%,2005年降至5%,2009年实现零关税;非罐头已实现零关税。

7. 蔬果汁。(1)橙汁、柚子汁、橘桔汁。①供婴幼儿饮用的已实现零关税;②供成人直接饮用的税率6%,2005年降至5%,2009年实现零关税;③供成人不能直接饮用的税率5%,2009年实现零关税。(2)菠萝汁税率30%,2005年降至20%,2007年降至12%,2009年降至5%,2010年实现零关税。(3)番茄汁税率6%,2005年降至5%,2009年实现零关税。(4)葡萄汁、苹果汁。①供婴幼儿饮用的已实现零关税;②供成人直接饮用的税率8%,2005年降至5%,2009年实现零关税;③供成人不能直接饮用的税率5%,2009年实现零关税。(5)其他蔬果汁,供婴幼儿饮用的已实现零关税;供成人饮用的税率6%,2005年降至5%,2009年实现零关税。(6)混合蔬果汁。①供婴幼儿饮用的已实现零关税;②供成人直接饮用的税率10%,2005年保持原税率,2007年降至8%,2009年降至5%,2010年实现零关税;③供成人不能直接饮用的税率5%,2009年实现零关税。

六、杂项食品

(一)咖啡、茶等的精汁

1. 咖啡和茶的浓缩精汁税率5%,2009年实现零关税。

2. 咖啡浓缩精汁制品,"咖啡酱"(已研磨、已焙烤的咖啡同植物脂等混合而成)税率25%,2005年降至20%,2007年降至12%,2009年降至5%,2010年实现零关税;其他咖啡制品税率5%,2009年实现零关税。

3. 茶浓缩精汁制品,含奶、糖的茶制品税率25%,降税模式同咖啡酱;其他茶制品税率5%,2009年实现零关税。

4. 烘焙菊苣及其他烘焙咖啡代用品及其浓缩精汁,税率5%,2009年实现零关税。

(二)酵母

1. 活性酵母税率25%,2005年降至20%,2007年降至12%,2009年降至5%,2010年实现零关税。

2. 其他酵母已实现零关税。调味品。(1)酱油、番茄沙司及其他番茄调味汁,税率20%,2005年保持原税率,2007年降至12%,2009年降至5%,2012年实现零关税。(2)芥子粉及其制品已实现零关税。

3. 汤料。婴幼儿食用的已实现零关税;成人食用的税率20%,2005年保持该税率,2007年降至12%,2009年降至5%,2010年实现零关税。

冰淇淋税率5%,2009年实现零关税。

(三)其他未列名食品

1. 浓缩蛋白及人造蛋白税率20%,2005年保持该税率,2007年降至12%,2009年降至8%,2010年实现零关税。

2. 自溶酵母制品税率20%,降税模式同上。

3. 制作软饮料用制品,酒精复合制品税率20%,降税模式同上;非酒精复合制品已实现零关税。

4. 制作柠檬水、其他软饮料及果冻的制品税率15%,2005年保持原税率,2007年降至8%,2009年降至5%,2010年实现零关税。

5. 食品增补剂税率10%,2005年保持原税率,2007年降至8%,2009年降至5%,2010年实现零关税。

6. 其他食品,供婴幼儿食用的已实现零关税;供成人食用的税率20%,2005年保持该税率,2007年降至12%,2009年降至8%,2010年实现零关税。

(据《国际商报/中国—东盟商务周刊》 2006-02-15)

马来西亚投资优惠政策

马来西亚制造业的有关投资法规政策由马贸工部制定并对外公布。马政府大力鼓励和吸引外商投资,尤其是对制造业的投资,制定了大量的优惠政策:

(一)制造业股权政策及外资股权比例

1. 外资企业出口其产值80%或以上者,没有股权条件限制。

2. 其他出口导向的投资企业的股权参与规定如下:(1)出口其产值51%~79%之间者,外资股权最高可占79%;具体情况视工业技术水平、投资效果、投资规模、地点、产品附加值以及生产产品所有原材料、零配件的本地化程度等因素而定。(2)出口其产值20%~50%之间者,外资股权可占30%~51%,视前述相同因素而定。(3)出口其产值低于20%者,外资股权最高可占30%。但是,生产高科技产品的投资项目,或由政府随时核定为国内市场优先性产品的投资项目,其外资股权可占100%。上述准则不适用于对外资股权有最高比例限制(30%~60%)的行业,如塑料包装材料、纸包装材料、电子、电器零配件等。

由于1997年7月发生东南亚金融危机，马政府为吸引更多外资，对上述规定作暂时性调整：从1998年1月1日起至2000年12月31日，全面放宽制造业产品内销比例限制，允许所有受内销和出口比例限制的外商投资企业，在无需重组原有股权结构的情况下，向贸工部申请将其产品的50%内销。在金融危机一年后，马政府为吸引外资，促进国家经济复苏，又进一步放宽制造业外资股权限制：从1998年7月31日起至2000年12月31日，所有申请投资于制造业的外资（包括扩大生产和多元化计划），均可无限期拥有100%股权。该规定适用于7月31日起申请的新项目和尚待批准的项目，而此前已经批准的项目则不在此限。但新规定不适用于以下7个领域：(1)纸包装；(2)塑料包装（瓶子、薄膜、薄片和袋子）；(3)塑料模具配备；(4)金属压印、金属加工及电镀；(5)电线套配；(6)印刷；(7)钢铁服务中心。

3. 与矿物开采或加工有关的投资，其外资股权参与最高可占100%。政府核定其比例时，会考虑投资额、工业技术水平、风险及投资项目和产品附加值高低等因素。

（二）马来西亚公民股权分配

若外资股权低于100%，则其余股权应依下列原则分配予马来西亚公民：

1. 由外国人发起，但未指定本地合作伙伴的投资项目：(1)外国人若持有70%或以上的股权，则其余股权保留予土著马来人。(2)外国人所持股权若少于70%，则30%保留予土著马来人，其余保留予非土著马来人。若保留予土著马来人之股权无人认购，贸工部会将部分余额分配予非土著马来人。

2. 由土著马来人发起与外国人合资经营的投资项目：(1)外国人若持有70%或以上股权，则其余股权保留予相关的土著马来人。(2)外国人所持有股权若少于70%，则其余额保留予土著马来人。但若土著马来人无能力承受全部股权余额，则贸工部会将部分余额分配予非土著马来人。

3. 由非土著马来人发起与外国人合资经营的投资项目：(1)外国人若持有70%或以上的股权，则其余股权分配予相关非土著马来人。(2) 外国人若持有少于70%的股权，则30%分配予相关非土著马来人，而其余则保留予土著马来人。但在特殊情况下，非土著马来人经贸工部的批准，亦可承受其余全部股权。

（三）外商投资保障

马来西亚已与70个国家和地区（含中国和中国台湾省）签订投资保护协定。协定一般都提供以下保证：(1)不实行国有化征收。(2)特殊情况下被收归国有或征收时，能迅速获得足够之补偿。(3)利润、资本及其他费用自由转移。(4)依“解决投资争端公约”的有关规定处理投资争议。马来西亚自1966年起即为该公约的会员国。

（四）投资奖励措施

1. 为鼓励本国和外国公司投资于制造业，马来西亚政府制定如下奖励措施：投资于制造业的公司享有的最主要奖励为新兴工业地位（Pioneer Status，以下简称PS）及投资税负抵减（Investment Tax Allowance，以下简称ITA）及再投资抵减（Reinvestment Allowance，以下简称RA）。(1)新兴工业地位(PS)。获得PS奖励的公司将可获准部分减免所得税，即仅须就其法定所得的30%课征所得税。免税期为自贸工部核定之生产日起5年。作为一项额外奖励，投资于马来西亚东部的沙巴、砂捞越州及马来西亚半岛“东部走廊”的公司，仅须就其法定所得的15%征收所得税，期限5年。该奖励适用于2005年12月31日前收到的申请。(2)投资税负抵减(ITA)。获得ITA奖励的公司，自符合规定的第一笔资本支出之日起5年内，所发生符合规定资本支出的60%，得以享受投资税负抵减。此抵减额可用于冲销其课税年度法定所得的70%。未加利用的任何抵减额可转结至以后年度使用，直至全部抵减额被用完为止。其余法定所得的30%则依现行公司税率征税。作为一项额外奖励，投资于马来西亚东部的沙巴州、砂捞越州及“东部走廊”的公司，可获得所产生符合规定资本支出的80%的抵减额。此抵减额可用于冲销其课税年度法定所得的85%。(3)再投资抵减(RA)。从事制造业的公司，因需扩充生产能力、为实现生产设备现代化或为实现产品经营多元化而产生符合规定的资本支出者，公司可就其资本支出的60%享受再投资抵减。抵减额可用于冲销其课税年度法定所得的70%。未使用完的抵减额可结转至以后年度使用，直至全部用完为止。在沙巴、砂捞越州及“东部走廊”地区进行再投资的公司其资本支出的60%，用于冲销其课税年度全部法定所得。

2. 马来西亚政府对外商投资于农业、高科技产业、基础设施等领域制定了与制造业类似的鼓励政策。

3. 马来西亚政府也从出口退税的角度对鼓励外商投资于制造业制定了有关优惠政策。

（五）投资于多媒体超级走廊（Multimedia Super Corridor，简称MSC）的有关政策

多媒体超级走廊是马来西亚政府为实现2020年成为工业先进国宏愿而实施的一项跨世纪工程。马政府高度重视MSC计划，视其为国家经济能否成功转型的关键。为推动这一计划的早日实现，马政府制定一整套极富吸引力的财税、金融鼓励政策，具体表现为政府向投资“多媒体超级走廊”（MSC Status）的公司做出10大承诺：(1)提供世界水平的基础设施与通讯设备。(2)聘请本地与外国知识工人不受限制。(3)获得MSC Status的公司豁免本地公司应占公司所有权的规定。(4)来自世界各地，旨在发展MSC的资金可自由流动，并享有向世界各地借贷的权力。(5)提供极具竞争力的财务、金融奖励。(6)明确保护知识产权，制定电子法律。(7)确保不会审查国际网络。(8)提供具备竞争条件的电讯收费率。(9)将公司区域总部设在MSC的公司，可获得建设MSC基础设施的重要合约。(10)提供一个强大的执行机构来推行这一计划（政府已按公司法注册了一个多媒体发展公司，专门负责推动多媒体超级走廊的发展和招商引资工作）。此外，获得MSC Status的公司还可享有其他一些优惠政策，主要有：10年内免缴所得税或享有100%的投资税津贴（Investment Tax Allowance）；免税进口多媒体硬件和软件；研究与开发贷款；可获得多媒体发展公司提供的支持，如在48小时内完成处理“知识工人”的来马签证与工作准证手续等；公司股权与聘用员工完全不受任何种族比例限制；最先参与建设MSC的人员将受邀加入该走廊的理事会和由马哈蒂尔担任主席的国际顾问团。

马来西亚税收政策

一、马来西亚税制

马来西亚税收种类分直接税和间接税。直接税包括：所得税、不动产盈余税和石油所得税等；间接税包括：国产税、

关税和进出口税、销售税、服务税和印花税等。

(一)联邦政府征收的税种税率及税收比重

财政税(约占80%)和非财政税(约占20%,含有关政府性收费)。财政税分为直接税和间接税。(1)直接税约占54%,包括:所得税(公司,税率28%;个人,税率0~28%;石油业,税率38%);印花税,税率0~2%等。(2)间接税约占46%,包括:出口税;进口税,0~300%;服务税,税率5%;销售税,税率0~25%;货物税和其他。

(二)地方政府征收的税种

州政府征收的税种主要有:土地矿山和森林税、执照税(不含机动车、电气设备和商业注册执照)、娱乐税和酒店税等;门牌税由市镇当局征收。

二、马来西亚税收行政管理

中央税、中央与地方共享税和地方税由联邦政府、州政府和市镇当局三套各自独立的税务机构或授权部门分别征收,征税范围与税收收入归属一致。另外,各地邮局可代收税款,大大方便了纳税人。

马来西亚联邦政府财政部统一管理马税务制度,负责制定、实施及管理该国税收政策,由其下属内陆税收局和皇家关税局具体管理和实施。

(一)内陆税收局主要负责评估、征收直接税,如所得税、附加税、房地产税、印花税等。在全国各地设有25个评估分支机构和16个调查中心(主要负责逃税事宜),统筹管理全国各地直接税的评估和调查工作。内陆税收局还具有与外国商签避免双重征税协定的职能。

(二)皇家关税局(又称:皇家关税和货物税局)主要征收间接税,如进口税、出口税、销售税和服务税等。

(三)州政府没有专门的地方税务局,根据征收的税种,由相关的部门进行征收,如土地税、矿产税由州矿务局征收,森林税由州森林局征收。州政府财政部门给予政策上的指导。

三、主要税种税率

(一)公司所得税

一般而言,在马经营的公司一切收入均应课税。但是,居民公司和非居民公司汇入马来西亚的款项得以免税(银行、保险、海运及空运公司除外)。如公司在马来西亚实施其业务控制及管理,该公司即被视为居民公司。一般外资企业所得税与国内企业一样同为28%,获新兴工业地位的公司可按有关规定获得优惠。从事石油生产的公司,所得税税率为38%。

(二)个人所得税

居民在马取得的收入和自马境外汇入国内的收入以及非居民在马工作期间取得的收入均应缴纳所得税。居民个人所得税率采用0-28%的累进税率,对符合相关规定的,可予以减免。非居民个人的所得税率为28%,除在马短期逗留和在马工作不满60天的非居民取得的收入可予免税外,非居民的其他收入不享有减免优惠。

对于非居民个人在马期间取得的下列收入,须预先交纳特定的所得税:(1)因动产的使用、提供技术咨询服务、提供厂房和机械安装服务以及因提供其他无形资产的使用而取得的收入预先缴税税率为10%;(2)因提供专利的所得预先缴税税率为10%;(3)银行存款利息所得预先缴税税率为15%;(4)大众演出所得预先缴税税率为15%。

(三)不动产盈利税

在马出售不动产、土地权益以及不动产公司的股份所得收益须缴纳不动产盈利税,马公民和公司相应税率如下:(1)自取得该不动产(含有关权益)两年内出售的,税率为30%;(2)自取得该不动产(含有关权益)第三年内出售的,税率为20%;(3)自取得该不动产(含有关权益)第四年内出售的,税率为15%;(4)自取得该不动产(含有关权益)第五年内出售的,税率为5%;(5)自取得该不动产(含有关权益)第五年后出售的,公司的税率为5%,马公民无须缴纳。马公民和永久性居民可以享受最高为5000马币或所得额10%的免税。非马公民和居民的不动产所得税,5年内出售不动产及相关权益的,税率为30%,5年后的税率为5%,且不享有减免税优惠。

(四)销售税

销售税为单阶段从价税,所有在马制造的产品和进口的商品(除可免税商品外)均须缴纳销售税,税率为0~25%,但用来制造课税货物的原材料与机械通常可获得免税。一些非主要的食品与建筑材料的税率为5%,烟草和酒类的税率分别为25%和20%;某些原料性产品、基本粮食、建筑材料、农业用具以及供建筑业用途的重型机械可获得免税;一些观光旅游和运动用品、书籍、报章与读物也可获得免税。

(五)服务税/消费税

某些机构场所提供的特定货物(如食物、饮料和烟草等)和服务须缴纳服务税,亦可视为消费税,在提供服务或销售物品时征收,税率通常为在服务收费或产品售价上另加5%。目前,所有大型饭店以及设在饭店内外的餐厅、为会议及表演提供场地、律师、会计师和测绘师等提供的专业服务、保险和电信服务、保安和休闲等服务,均须缴纳服务税。

(六)国产税

本地制造的一些特定产品须缴国产税,主要包括香烟、酒类、纸牌、机动车辆等。

(七)进口税

大多数进口货物须缴付进口税,税率分按值计税和特定税率。按值计税的进口税率介于2%~300%(已装配完成的汽车)之间。近几年来,大部分原材料、零部件和机械设备的进口税已取消。1997年下半年发生金融危机以来,马来西亚政府为压缩进口以减少外汇开支,又调高一些大型机械设备和高档消费品的进口税率,其中豪华汽车整车进口税率从200%提至300%。根据马来西亚承诺的东盟共同有效特惠关税方案,从2003年1月1日起,东盟其他成员国进入马来西亚的商品汽车及零部件除外进口关税减至0-5%。

(八)出口税

马来西亚除对一些资源性商品的出口征收出口税外,通常对制成品的出口免征出口税。马来西亚征收出口税的应税商品包括原油、原木、锯材和棕榈油等资源性商品。

(九)印花税

印花税的课税对象为某些票据和文件,依据票据及文件的种类以及所涉及的交易额采用不同税率。对于企业来说,其资产首次达到10万马币的,征收1%的印花税,超过该金额的,征收2%的印花税。对于可转让政权,印花税税率为0.3%。某些票据,如提货单和版权专利商标等权益转让的票据,免征印花税。

(据中国驻马来西亚大使馆经商参赞处 2005-02-21)

马来西亚贸易壁垒

一、关税高峰

从2004年1月起，马来西亚降低汽车进口关税。完全在东南亚地区组装的汽车的进口关税由42%～300%调整至70%～190%；在马来西亚组装且使用进口部件的散件组装轿车的进口关税由42%～80%降至25%；从东南亚地区以外进口的散件组装汽车的进口关税降至35%，东南亚地区以外的整车进口关税降至80%～200%。

二、关税升级

马来西亚的原材料关税税率较低，而高附加值产品的关税水平则相对较高，形成一定程度的关税升级。

三、进口限制

在马来西亚，占海关税号总量17%的产品受非自动进口许可管理，如建筑设备、农产品、矿产品和汽车等。马来西亚仅授权1家政府公司进口大米，并赋予其较大的进口调控权。马来西亚规定，特定钢材的进口商申请进口许可证，须自行从马来西亚本地钢厂取得书面证明，证明所进口的钢材马来西亚本地无生产后，马贸工部才会颁发进口许可证。对马本地可生产的产品或政府鼓励本国企业发展的领域，马政府对进口许可证和营业执照的发放控制严格。对进口产品征收歧视性税费自2004年1月起，马来西亚在降低汽车进口关税的同时，对所有进口汽车征收60%～100%的货物税。这种税收安排，对外国汽车进入马来西亚造成新的阻碍。

四、技术性贸易壁垒

马来西亚的法律规定，在马市场上销售的药品、保健品必须取得马来西亚卫生部药品监督局注册许可。马来西亚对于中药及保健品的进口实施特别的限制措施：(1)禁止进口川乌、草乌、附子、穿山甲等药；中成药不允许掺入抗生素、激素、安眠药等西药成分。(2)限制在药品包装及广告中提及一些功效，如抗癌、避孕、壮阳补肾、治疗糖尿病、风湿等。(3)进口药品生产企业必须持有“良好品质操作规范”证书。传统中医药生产企业多数未开展“良好品质操作规范”认证工作，其产品无法获得马来西亚的进口许可证，作为保健品的药酒也存在同样问题。(4)马来西亚药品注册程序比较复杂。中医药产品要进入马市场，首先需委托马当地注册公司向马卫生部药监局提出注册申请，并向其公开配方，得到“MAL”许可证后方可进口及销售。注册时间一般为1～2年，也可长达3年。

五、卫生与植物卫生措施

马来西亚对进口动物产品的原产地生产商实施注册检查制度。中国的所有动物产品出口企业，均需通过马农业部和宗教事务局的联合检查注册后才能向马来西亚出口。另外，1962年马来西亚颁布的《动物条例》第八章规定，进口商须向马来西亚农业部下属的兽医局总监或马来西亚国家检疫局局长书面申请《进口准证》，获得进口许可后，才能办理其他进口手续。

2004年2月，马来西亚发布公告，禁止从日本、韩国和中国等9个国家或单独关税区进口家养及野生禽鸟、蛋、肉及其他产品(羽毛和肥料等)。中方对此表示关注。2004年8月，马来西亚对进口用于人类消费的牛、猪、绵羊、山羊、家禽的畜体、肉和可食用内脏及其产品，以及鱼类和渔业产品中的禁用药物及药物残留进行监控。进口上述产品必须随附出口国主管机构出具的卫生证书，证明无以下禁用药物及药物残留：牛、猪、绵羊、山羊的畜体、肉和可食用内脏及其产品内的p收缩剂；家禽的畜体、肉和可食用内脏及其产品，鱼类及渔业产品内的硝基呋喃和氯霉素。中方对此表示关注。

六、政府采购

马来西亚不是WTO《政府采购协定》的签字方。马政府采购一般用于鼓励本国马来族公民参与商业活动、引进外国技术、减少外汇流出、为本国服务业创造机会及提升马出口能力等。在政府采购领域，外国公司和马公司成为合作伙伴后才能参加投标，很难取得与马公司同等竞争的机会。

七、服务贸易壁垒

(一)银行。马来西亚规定，外资银行中30%的管理者必须是马来西亚公民。外资银行在马境内对外资企业和外国机构的贷款，至多占贷款总额的40%。外资银行不允许在本地开设新的分支机构或配置自动提款机。马来西亚不再批准新的外资银行到马设立分行。外资至多参股本地银行30%。外资银行在马设立的代表处只能有2名外籍人。

(二)保险。作为1997年WTO《金融服务协定》的成员方，马来西亚承诺允许合资保险公司中已有的外资股权由49%提高到51%。新进入外资的股权累计不得超过30%。

(三)证券。马来西亚规定，外资在证券、信托公司所占股权分别不得超过49%和30%。马来西亚允许仅对外籍人提供服务的基金管理公司可由外资100%独资经营；如同时对马居民提供服务，外资持股不得超过70%。

(四)建筑。外资建筑公司只能以合营企业合营方身份参与某些特定的项目，不可作为记名股东。外国建筑师可成为马建筑公司的管理者、股东或雇员，但不能获得马来西亚执业资格，不能进行建筑设计。

(五)工程。马来西亚政府规定，在一般情况下，外商投资工程企业中，至少30%股权必须由马来人或其他土著人持有。在一些由马来西亚工程公司承包的特定项目中，外国工程师可获得临时职业证书项目结束即失效。外国工程师不能成为马工程咨询公司的股东，或担任董事。

(六)基础电信。根据WTO《基础电信协定》，马来西亚在大多数基础电信服务行业做出有限的承诺，且部分承诺是以参考文件的方式加以适用。马保证给予某些符合其承诺的外资基础电信服务企业，如公共基础电信经营商、基础电信设备供应商、基础电信增值服务供应商，以市场准入和国民待遇，但外资股权限制在30%以内。

(七)法律服务。马来西亚规定，外籍律师不得以任何名义在马执业。外籍律师的服务范围限于与其母国法和国际法的相关问题提出建议。外资在合资律师事务所中的股份不得超过30%。

(八)劳务。马来西亚尚未完全对中国开放劳务市场。中国属马来西亚的非传统劳务输出国，马方仅允许中方专业技术人员申请赴马工作。根据2003年9月《中马两国劳务合作备忘录》马来西亚有条件的允许引进古建筑维修、陶瓷、家具等专业的中国技术劳工。马来西亚内政部规定，国内雇主只有在无法发现合适的本国公民人选时，才能考虑申请外籍劳工。同时，为了保证本国公民就业，马政府按行业规定了外来劳工的比例，电子行业为2:1，家具业为1:1。比例可根据劳动力市场供求情况，灵活调整。马来西亚不允许外籍劳工参加工会。

马来西亚贸易投资管理体制与投资壁垒

贸易投资法律体系马来西亚与贸易和投资有关的法律法规，主要包括：《促进投资法》、《海关法》、《海关进口管制条例》、《海关出口管制条例》、《海关估价规则》、《工业协调法》、《公司法》、《国产税法》、《外汇管理法令》、《反补贴和反倾销（修正）法》、《反补贴和反倾销（修正）实施条例》、《通讯与多媒体普遍适用条款（修正）条例》、《国内借贷法（修订）》、《马来西亚海运强制代理法》、《保护植物新品种法》、《港口停泊收费法》等。

一、贸易管理制度

（一）关税制度

马来西亚《海关法》授权财政部长以发布命令的形式随时在政府公报上公布进、出口应税产品的应税税率、计税价格等。同时《海关法》也授权海关官员对一些进、出口应税产品进行分类、估价，以作为征税的依据。

1. 进口关税。马来西亚对直接用于生产出口产品的原材料、零部件的进口，可减免进口税。对需进口的机械、设备，如直接用于生产、制造过程和用于控制环境、品质管理等目的，可获减免其进口税和营业税。对进口制造供应国内市场产品所需的原材料、零部件，如该原材料、零部件在国内没有生产制造，通常免征全额进口税。从 2003 年 9 月开始，凡是申请在沙巴、沙捞越及马来半岛“东部走廊”投资创业可以获得“先锋者身份”，在 5 年免税期内享受法定收入 100% 的免税待遇，凡进口在国内无生产的原材料、零部件，无论其产品供应国内或国外市场，均可全额免征进口税。同时，获得“多媒体超级走廊资格”的企业可享受进口多媒体设备免征关税的优惠。马来西亚与日本、泰国、菲律宾 3 国的纺织业界达成协议，自 2004 年 7 月 3 日起进口纺织品互免关税。此外，马来西亚对从越南进口的 170 种产品实施关税优惠，实行税率下调或零关税。

2. 出口关税。马来西亚除对一些资源性产品的出口征收出口税外，通常对制成品的出口免征出口税。马来西亚征收出口税的应税产品包括原油、原木、锯材和棕榈油等资源性商品。

3. 出口退税政策。依照马来西亚《国产税法》的规定，若制造商出口成品，则该制造商可申请退还其制造产品所用的零部件或包装材料已缴纳的国产税。一切用于制造外销产品所采用的原材料、零配件、包装材料，在经海关核准后均可全额退还其已缴纳的进口税。

（二）进口管理制度

根据《海关法》和《海关进口管制条例》，马来西亚对大部分产品实行自由进口政策，仅有小部分产品禁止进口或实行进口许可管理。其中，禁止进口产品涉及 14 类；实行进口许可的产品涉及 40 类 411 个海关税号，如机动车辆、彩色复印机、食糖、大米、面粉等，此类商品的进口须获得海关关长或其指定的其他政府部门或法定机构出具的进口许可证；受自动许可管理的进口产品，主要由发放自动许可证的机构实施总量监控。

（三）出口管理制度

根据《海关法》和《海关出口管制条例》，马来西亚对出口产品的管理分为三类：禁止出口、实行出口许可管理和自由出口。其中，禁止出口产品包括：珊瑚、藤条、海龟蛋、青石棉、多溴化联苯和三磷酸盐等有毒化学制品；实行出口许可管理的产品主要包括一些出于健康、卫生、动植物保护、安全和保证国内需求稳定等原因需加强管理的商品和实行被动配额管理的纺织品等，此类产品在出口前须获得海关关长或其指定的其他政府部门或法定机构出具的出口许可证、特别许可或批文。

二、投资管理制度

马来西亚鼓励吸收外资，发展出口导向性产业，给予外资企业优惠政策。马来西亚鼓励外商投资电子、生物等高新科技产业、农业品种改良、旅游宾馆服务业、环境保护、科技研究开发、技术培训和转让等，相应给予有关税收优惠政策。马来西亚的投资税收鼓励措施主要有：“先锋者身份”、投资税收补贴和基础设施补贴等。自 2004 年 8 月 1 日起，外商在马投资项目除并购马境内企业及在马购置不动产外，无需向马外资委员会申请批准，但部分限制性行业仍需向马行业主管部门申请核准，以确保投资符合国家产业发展政策。

（一）贸易投资管理部门

马来西亚贸工部负责对外贸易的协调和管理。贸工部和农业部、原子能许可局、兽医服务局等专业部门，分别管理有关行业的进出口许可证发放事务，贸工部负责一般产品、机动车辆的进出口许可证发放事务，农业部负责植物及植物产品，原子能许可局负责放射性物质及产生辐射的仪器，兽医服务局负责动物及动物产品等。贸工部还负责配额管理事项。马来西亚海关负责监管产品进出口、关税征收等事务；工业标准局和生产力中心负责产品质量和技术标准，主要采用英制标准控制产品质量；贸工部下属的贸易事务局专门负责反倾销、反补贴调查；外资委员会负责除家具外的制造业外资申请业务。马来西亚对外资实行行业审批管理。贸工部下属的工业发展局负责制造业外资项目审核、延长税务优惠期限等；其他行业和领域由马来西亚外资委员会会同有关行业主管部门审核管理，马来西亚外资委员会只负责审批外资的持股比例和不动产的购置。马来西亚吸引外资政策的重大调整由马来西亚联邦政府相关部门集体讨论决定。

（二）投资壁垒

马来西亚政府投资项目基本不对外国公司开放。马禁止外国投资者在马从事武器、毒品制造和经营，限制外国投资者在马从事烈性酒和烟草的生产。马来西亚鼓励外国直接投资，特别是对外向型制造业和高科技产业的投资，并允许外资制造业独资经营。但规定在纸包装、塑料包装、金属冲压、金属成型和电镀、电线束装、印刷及钢铁等行业的外资股权不得超过 70%。同时，马来西亚对境外个人投资者对马投资限制较多，个案处理范围宽泛，任意性大。另外，马来西亚有关法律规定，部分行业禁止外商独资以及必须有 2 名以上马籍股东。

在缅甸投资须知

一、外国投资方针政策

（一）政策：（1）采用市场机制配置资源；（2）鼓励私人投资和创办企业；（3）为开展对外贸易和吸引外来投资，实行经济开放政策。

(二)投资目标政策:(1)促进和扩大出口;(2)开发需耗巨资的自然资源;(3)获取高新技术;(4)支持和帮助需引进大量资金的生产和服务性项目;(5)创造更多的就业机会;(6)开发节能产品;(7)促进区域发展。

二、外资的涵义

经政府批准的项目中,下述投入均称为外资:(1)外汇;包括美元、日元、英镑等国际货币;(2)机器、设备、零部件、备件、仪器及确实需要而在国内得不到的用具等;(3)经估价的许可经营、商标和专利权;(4)专有技术;(5)上述项目产生的利润或再分配利益用于再生产。

三、与投资相关的法律

1988年缅甸军政府上台后,为吸引外资、鼓励私人发展经济,分别颁布两部法律,即1988年11月颁布的《缅甸联邦外国投资法》和1994年4月颁布的《缅甸公民投资法》

四、管理机构

缅甸联邦投资委员会(MIC)由18位部长组成,副总理任主席,并任命联合秘书负责投资和公司管理指导委员会(DICA)事务;《缅甸外国投资法》和《缅甸公民投资法》有关条款均由该委员会具体批准实施或执行。

五、批准程序

(一)根据《缅甸联邦外国投资法》要求,向MIC提交申请表(FORMI),申请表应含以下文件:(1)企业财务状况表(近几年账务审计情况);(2)开户银行推荐信;(3)项目经济可行性报告;(4)根据合作性质,准备必需的协议草案,如:(A)、合资协议;或(B)租赁协议;或(C)独资项目协议(由有关主管部门代表签字);(5)若该项目是以有限公司的名义经营的,应提交按《缅甸公司法》起草的《公司备忘录》或《公司章程》;(6)按《缅甸联邦外国投资法》第十章26款规提交税务减免申请函。

(二)由投资和公司管理指导委员会(DICA)对所提交项目建议书进行详细研究。并从以下几方面进行审查:(1)实施项目是否符合被推选条件;(2)文件是否齐全一致;(3)经济可行性和项目的商业期限;(4)技术适用性;(5)市场状况;(6)提供就业机会;(7)项目实施对环境影响。

(三)DICA向政府代理公司或投资者及其代表咨询有关技术问题,并将所件提交MIC。

六、批准时限

如果所需提交的文件资料齐全,约在2个月内完成报批手续。

(据中国驻曼德勒总领馆经商室　2005-10-17)

在缅甸经商需办理的手续

凡持商务签证入缅长期经商者,必须办以下几个手续:

(一)劳动卡(LABOUR CARD)

根据缅甸政府规定到缅长期经商者,若欲办理签证延期,首先要办理劳动卡。

办理劳动卡需要以一个当地合法注册登记的公司雇员身份到缅甸劳动部办理劳动卡。办劳动卡需交照片及规定的费用。

(二)办理签证延期(VISA EXTENTION)、逗留许可(STAY PERMIT)

办理劳动卡后,办理签证延期及逗留许可同样要当地合法注册登记的公司开出证明,到商务部办理手续,然后再到中央移民局办理签证延期及逗留许可。一般一次延期3个月。逾期不办者,每天罚款3美元。办理签证延期及逗留许可,需交相片及规费。

(三)办理外侨登记证(即长期居住F. RC)

凡到缅后居住时间超过3个月者,均需提前到国家移民局办理外侨登记证,办理外侨登记证需交照片和规定的费用。超期未办者将给予罚款处理。凡到缅甸后一个月内申请办理外侨登记证的外籍经商者需交9美元,超过2个月后申请的经商者需交18美元。

(四) 离境表(DEPARTURE FORM)

凡到缅后居住时间超过一个月者,离境时均需提前到缅甸移民局办理离境表。

长期居住者办理离境表时,要向移民局交回外侨登记证,并领到2张离境表。其中一张出境时交机场移民局,另一张下一次回缅时,再到移民局换回原有的外侨登记证。返回缅甸后1个月之内换回外侨登记证者只需交纳6美元手续费,超出1个月后换取者需交12美元。办理离境表需交照片2张,及少许缴费。

(五)办理往返签证

往返签证有多次往返签证和一次往返签证。多次往返签证有效期一般有3个月、6个月和1年三种。一次性往返签证有效期一般为1个月。在缅注册的外资合资公司董事可申请6个月或1年有效期的多次往返签证。一般外籍经商人员可申请3个月有效期的多次往返签证。多次往返签证不分效期长短,收费均为180美元。一次性往返签证收费54美元。

(六)更换缅甸汽车驾驶证

凡持有中华人民共和国汽车驾驶证的人员都可以办理更换缅甸交通部发的驾驶证,但需要有一家在当地注册的公司担保。然后凭该公司证明和中国驾驶证及本人照片到交通部办理手续,并通过考核。收费为40美元及少许缅币。

在缅甸设立公司的规定和程序

一、设立公司的法律依据

(一)《缅甸公司法》颁布于1914年4月1日,1989年1月21日重新修改,主要适用于一般公司的设立;

(二)《缅甸特别公司法》颁布于1950年,主要是适用于国营公司的设立。

(三)《缅甸联邦外国投资法》颁布于1988年,主要适用于外国公司在缅投资或合资所设立的公司。

二、按公司法与投资法设立公司的区别与联系

按公司法与投资法设立公司,在程序上基本一样,但所设立公司最终享受政府优惠政策不同。按投资法设立的公司,享受法律规定的各种优惠政策,如免征3年所得税等,而按公司法设立的公司则一般无优惠。

三、设立公司的步骤

(一)提交申请

中国公司如欲在缅甸设立公司,在按规定办理完中国国内有关手续后,应向缅方提供经中国公证机关或中国外交部领事司和缅甸驻华使馆认证或证明的以下资料:(1)企业资金平衡表(近两年经审计的账务情况);(2)银行证明信;(3)

母公司的营业执照、章程、董事会决议和总经理授权书;(4)新公司的名称、章程、董事会名单。而且同时必须取得由中国驻缅甸使馆经商处出示的证明信或推荐函,缅方才会最终认可。

(二)审查

缅甸计划发展部所属的投资和公司管理总局(DICA)对所提交的文件资料进行认真审查,如所提交的资料符合缅甸有关法律要求,方可再提交缅甸联邦投资委员会(MIC)批准。

(三)颁发注册证书

经 MIC 批准后,将由 DICA 下属的公司注册处登记注册并颁发证书,注册证将注明公司名称、成立时间等内容。

(四)公司运作

取得公司注册证书后,新成立的公司才能按有关规定开设外币和缅币账户。如公司拟开展进出口贸易,则还应向缅甸商务部申请进出口经营权。只有办完上述手续后,公司才算正式设立。

四、注册资本

(一)按《缅甸公司法》设立的公司注册资本为:(1)贸易型公司 50 万缅元;(2)服务型公司 30 万缅元;(3)生产与贸易型公司 100 万缅元。只有先汇入注册资金的 50% 后,方算正式成立公司,并可开展业务,而其余 50% 注册资金,则须在公司成立后的一年内付清。

(二)根据投资法设立的公司注册资本为:(1)生产型公司 50 万美元;(2)服务型公司 30 万美元。外国投资者资金所占比例至少为 35%。

五、设立公司形式与合作伙伴

缅甸现有公司形式为:个人所有经营者、合伙人、有限公司、私营公司、外资公司、公有公司和咨询公司等。外国公司可与缅甸国营公司、合作社公司和私人企业举办各种类型的公司,如独资公司、合资公司或合作公司。

六、公司所得税

(一)按公司法设立的公司,其所得税税率如下:(1)一般公司所得税率为 30%,分公司所得税率为 35% 或使用 5% ~40% 之间任何一个较大税率;(2)资产收益税,本地公司为 10%,外国公司 40%。

(二)按《缅甸联邦外国投资法》设立的公司,其所得税如下:在公司设立的头 3 年免征公司所得税,而且还可根据实际情况适当予以延期。如果未获准延期,则 3 年免税期满后,应征收 30% 的所得税,如果该公司产品供出口,其所得税可减半,即 15%。

缅甸海关计征制度及通关程序

一、海关计征制度

(一)估计制度

缅现代估计制度基本原则是货物的真正价格是以货物进口时间地点的价格作为正常价或进口价,前提是货物销售在公开市场的具有独立资格的买卖人之间进行。根据《海洋海关法案》,缅甸基本上进口采用 C. I. F 估价制,出口采用 F. O. B. 估价制。

(二)关税方面

缅海关进口最高关税率为 40%,最低为零税率。农业、医药品以及机械和零配件的进口税率一般 0.5% ~3% 不等。出口一般不收关税,收税商品仅分五挡,即大米和面粉出口每吨征收 100 缅元关税,竹制品出口征收 10% 从量税,米糠、毛皮类,油饼粕类,非大米及大米制品的豆类和粮食类出口征收 5% 的从量税。

由于缅甸官价美元兑缅元的价格与市场价美元兑缅元的价格相差 40 多倍,1996 年后缅政府废弃以前按官价 1 美元兑换 6 缅元的计征方法,采用中间价,即按 1 美元 =100 缅元计征。

1. 进口商品须交纳的税包括:(1)进口税;(2)商业税;(3)许可证费

2. 关税及其他税可以通过以下两种方式支付:(1)现金或支票。不超过 5000 缅元的现金可以在海关局支付。金额超过 5000 缅元的则用从缅甸经济银行和私人银行取得的支票支付。以下情况下超过 5000 缅元的海关税或其他税可以例外用现金支付:①在港口结关;②在邮局结关;③海员和乘客行李;④拍卖保证储蓄金 。(2)从活期存款账户中支付。进出口商和合资企业可以在海关局开立活期账户。他们的进出口关税及其他税可以从这些账户中扣除。

二、海关通关程序

(一)进口方面

根据现行法令法规,所有进口货物必须向海关局报关以便通关。报关时,填写进口申报表格(CUSDEC - 1)进行报关,并随附以下文件:(1)进口许可证;(2)发票;(3)提单或空运托运单;(4)装箱单;(5)其他有关部门颁发的进口所要求的许可证。海关根据海关税率表缴纳进口税。缅甸进口税以 C. I. F. 计价。进口商品不仅要交纳进口税还要交纳商业税,商业税根据商品的到岸成本计征,到岸成本为商品可估量价值及进口税之和。这些税在商品入关地点通关时征收。

(二)出口方面

商品出口装运时,须向海关局申报,填写出口申报表(CUSDEC -2),并随附以下文件:(1)出口许可证;(2)发票;(3)装箱单;(4)销售合同;(5)装运通知;(6)信用证或普通汇款免税单;(7)有关私人电汇汇入号码及有关政府电汇汇入号码付款通知;(8)商品样本;(9)林产品装船通行证;(10)鲜活动物出口健康证书;(11)野生动物出口林业许可;(12)其他各政府机构要求的证书及许可。海关根据税率表对出口商品缴纳关税,出口税以 F. O. B. 价为税基。

(三)转口贸易海关申报格式

所有进口的非本地用的出口贸易商品,即出口贸易商品装运时必须填写规定的表格,即 CUSDEC -3,并附以下文件:(1)提单或空运托运单或路运托运单;(2)由贸易部颁发的转口贸易许可证;(3)商业发票;(4)买卖双方签订的销售合同或出口商与授权代理签订的合同;(5)与法规严格一致的保证合约,如不能出口,则根据现行法律予以处置。转口贸易税以进口货物的 C . I. F. 价为计征基础,征收 2.5% 的从价税。

(四)特殊货物的通关

以下一些通过海运和空运的特殊进口货物予以快速通关:(1)易腐物品;(2)政府和企业急需物品;(3)鲜活动物,人类遗体。

缅甸外国投资法简介

一、外国投资法的宗旨

通过引进外国投资,使缅甸本国经济团体或民族企业家在和外国投资者合作过程中均获得应有的利润。缅甸是一块风水宝地,地面地下、水面水下矿产资源丰富。缅甸政府给予公民开采并且充分使用这些丰富资源的权利。同时,也鼓励缅甸公民成立出口企业,增加对外出口,并以此带动民族经济的发展。通过与外资合作,为缅甸公民增加就业机会,同时经过在国内和国外培训培养出更多的知识技术人才,促进地方经济发展。

二、外国投资法的组成

外国投资法分两部分。第一部分是百分之百资金由外国人投入,第二部分是外国人与缅甸公民合资。在缅外合资中外国资金最少应不低于总投资的35%。在合作过程中,其工作结构、项目运作、账目结算等须按缅甸有关现行法律执行。

为此,缅甸政府成立外国投资委员会。该委员会受理有助缅甸经济发展且无悖缅甸现行法律的投资申请。项目投资的负责人无论是缅甸公民或是外国人都必须向委员会提交申请接受审查。审查内容包括资信情况、项目核算、工业技术等。如审查合格,委员会向项目负责人发放许可证书。

三、外国投资法的优惠规定

(一)所有生产性和服务性企业,自开业第一年起3年免征所得税,对国家有贡献的企业可根据其贡献继续适当减税。

(二)企业用所得利润在一年内再投资,减免其所得税。

(三)外国投资委员会可按规定的比例,对外资企业利润扣除其机器设备、场地和企业办公设备折旧后征税。

(四)生产性企业的产品销往国外,对其利润税减半征收。

(五)投资者有义务为企业聘请的外国人员支付所得税,此项税可从应征税中扣除。

(六)上述税项可按缅甸公民所得税率征收。

(七)如属国内确需的科研项目和开发性项目的费用支出,允许从应交税务中扣除。

(八)企业在享受上述第一款所得税减免后,连续2年内确实出现亏损,从亏损当年起连续3年准予结转和抵消。

(九)企业开办期间确因需要而进口的机械设备、仪器、机器零配件和办公用品,可减免关税或其他国内税或两种税均予免除。

(十)企业建成后头3年,进口生产所需原材料,可减免关税或其他国内税收。

《外国投资法》规定:对以外汇投资与缅甸公民合作的外国投资者有权获得利润并带出缅甸、有权在项目完成后重新立项、在项目执行期政府不收归国有。

四、申请书填写内容

申请书须按下列内容填写:(1)负责人名称、国籍、居住地址、企业所在地、企业组建地及行业种类;(2)合作企业如需新的投资,新加入人的情况按上述要求填写;(3)与上述条款有关的证明;(4)负责人或合资企业参加人的工作和资金证明;(5)有关生产行业或服务行业的证明;(6)在国内投资的组织形式;(7)如果要组建股份合作企业,需有股份合作合同草案、合股人入股金额、利润分成比例和股东的义务和权利;(8)若成立有限公司,须出具合同书草案、公司记录和章程草案、公司开办资金、股份种类、股份收入、入股规模;(9)投资团体的投资总额、国内国外的投资种类和有关引进国内的外资的总价值、单价及外资引进时间;(10)投资期限和基建时间;(11)在国内投资地点;(12)在生产销售地使用的方法和形式;(13)使用的能源种类和规模;(14)在基建期使用的主要机器设备、原料以及相同物资的数量价值;(15)需要使用的土地面积;(16)企业年生产量及价值或从事的服务收入价值;(17)企业周转每年外汇需求量及外汇收入估算;(18)每年向国内国外销售商品数量及价值;(19)需要国内外职员数量种类及期限;(20)经济效益情况。

上述内容和表格填好后由负责人亲自签名递交,同时还要递交合同草案。如果完全引进外资在缅投资,该企业负责人还须递交与经有关部门批准成立的公司签订的合同草案。

五、外国资本

外国资本包括:外国人经批准注入到企业的外国资金、机器设备、机器部件、机器零配件、工具等企业确实需要而国内又没有的物资;执照商标、专利等无法计价的知识、技术;企业增值利润、再投资等。如果经允许组建企业,须签订合同。如合同期限未满签约双方同意终止合同,须向委员会提出申请,经委员会审查认为情况属实,即批准终止合同。经允许成立的企业须向缅甸保险公司投注机器、火灾、水灾、人身伤害保险。如果外国投资者因没有充分享受到外国投资法规定的权利而向外国投资委员会提出投诉,投资委员会应尽快受理。

菲律宾经济区及其管理政策

菲律宾政府一直致力于推动其经济和金融体制改革,以减少政府管制,推进各经济部门自由化,为其经济的发展创造一个良好的宏观环境。经过多年的努力,菲律宾已相继解除了对电讯、航运、石油、银行和保险业的管制,与亚洲国家建立良好的经济贸易关系,实现商业自由化,使菲律宾在吸引外国投资方面的竞争力有明显的提高。

为加大引资力度,吸引更多外国投资进入菲律宾亟待发展的行业,提高菲律宾在国际市场的竞争力,菲律宾政府积极改善投资环境,采取一系列鼓励投资的政策措施,如不断开放外商投资领域;允许外国投资者拥有100%股权;对出口导向型企业实行投资优先计划(IPP)等。建立和发展各类经济区,为国内外投资者提供特殊的优惠待遇,是其重要而卓有成效的引资措施之一。

一、菲律宾经济区概况

(一)菲律宾经济区的发展

菲律宾政府早在20世纪70年代初就开始设立经济区,到1986年相继建成4个出口加工区。此后,由于政治经济危机爆发,经济区的发展处于停滞甚至倒退状态。1986年至1993年间,菲律宾出口加工区署(EPZA)所辖各类经济区的投资总额仅为127亿比索;自20世纪90年代初起,菲律宾经济区逐步恢复生机,1995年进入高速发展阶段,1997年菲律宾经济区署(PEZA)所辖各类经济区的全年投资总额达1597亿比索。在经历4年持续高速发展之后,从2001年开始,由于政局不稳、社会动荡、兵变频繁、绑架成风,使外国投资者对菲律宾望而生畏,对菲律宾投资大幅下滑,2003年1~10月PEZA所辖各类经济区的投资总额仅为223亿比索。

经济区的设立和运营,对菲律宾吸引外国投资、增加就业人口、扩大贸易出口和促进国民经济的发展发挥重要作用。1995～2002年,PEZA所辖各类经济区吸引投资8063亿比索,其中外国投资占6692.3亿比索,累计出口1127.33亿美元。2002年PEZA的总出口额达到227.23亿美元,占菲律宾当年出口总额的65%,经济区内实现就业82万多人。

(二)菲律宾经济区的类型

菲律宾经济区主要由PEZA所辖的96个各类经济区和独立经营的Phividec工业区、Cagayan、Zamboanga、Subic、Clark自由港等组成。菲律宾政府在自行设立和运营经济区的同时,积极鼓励私营部门设立各种类型的经济区。所谓私营部门经营的经济区,是指园区的土地归私人所有,园区内的基础设施由私人经营者投资建设,面向国内外投资者开放,并享受政府经营的经济区的同等优惠待遇。在PEZA所辖的96个各类经济区中,私营部门经营的经济区占92个,区内投资的企业444个;由PEZA直接经营的经济区仅4个,区内投资的企业有436个。菲律宾经济区主要分为以下几类:

1.工业园区(IE)。指在统一管理下,按照综合计划进行规划和开发的特定区域,园区提供基础设施、预先建成的标准厂房和公共设施。

2.出口加工区(EPZ)。指坐落于海关管辖领域以外的特别工业园区,主要生产出口产品。在出口加工区内的企业进口资本设备和原材料免税,并不受其他进口限制。

3.自由贸易区。指临近进口港(或航空港)的独立区域,进口货物在此卸货后进行直接转运、贮存、重新包装、分类、混合或其他处理。如这些进口货物从自由贸易区转到非自由贸易区,须按照海关和国内税收的相关规章制度办理。

4.农业经济区。指按照综合计划进行规划和开发的大片区域,园区位于利于农业或自然资源丰富的地区,为投资者提供由于出口的农业和自然资源性产品加工活动的基础设施。

此外,还有投资、商业、金融中心,旅游消闲中心和促进软件、IT服务以及相关信息产品出口的信息技术园等其他类型的经济区。

(三)菲律宾经济区的投资来源和行业分布

从经济区的投资来源看,日本是菲律宾经济区最大的海外投资来源国。1995～2002年,日本对菲律宾经济区的投资占PEZA投资总额的41%;美国占13%,居第二位;荷兰占8%;英国占6%;新加坡占5%;韩国占4%;德国占2%;台湾和马来西亚分别占1%;其他国家和地区的投资占1%。来自菲律宾国内的投资占投资总额的17%。

从投资的行业分布看,电子业是主要的投资领域。1995～2002年,电子业的投资占投资总额的58%;机电产品制造业占12.8%;运输设备和汽车制造业占7.5%;化工业占3.6%;橡胶和塑料制造业占2.4%;医药和医疗器械制造占2.3%;成衣及纺织品生产占1.5%;IT服务业占1%;其他行业占10.9%。

二、菲律宾经济区的管理

(一)《菲律宾经济特区法》

1995年《菲律宾经济特区法》(R.A.7916)是菲律宾经济区的主要管理法规。根据该法规,菲律宾经济特区是指已高度发展或有潜能发展成为农业、工业、商业、银行、投资、金融、旅游休闲中心的地区,经济特区(SEZ)包括:工业园区(IE)、出口加工区(EPZ)、自由贸易区和旅游消闲中心等。菲律宾建立经济特区的政策目标是积极鼓励、促进、引导和加速在具有战略潜力地区的私人投资,通过提供优惠政策,有效吸引合法的生产性外国投资,以促进工业、经济和社会的发展;鼓励优先使用菲律宾劳动力、原材料和当地产品,为区域内菲律宾人创造就业机会,特别是提高农村地区的生产力和家庭收入,改善生活质量和水平,刺激出口贸易的增长。

菲律宾经济区由中央政府、地方政府和私人部门创立,各经济区在国家授权下实行自我管理,在其区域内自主发展经济、金融、工业和旅游业;外国公民或企业可以独资或与菲律宾人合资在经济区内建立工业、国际贸易和商业企业,外资可拥有100%股权,其资产、收益和其他合法收入受到保护;经济区为投资者提供土地和建筑设施租赁服务,租期50年,可续延25年,但对投资者有最低的可自由兑换货币投资额要求。

(二)菲律宾经济区管理机构和职责

根据《菲律宾经济特区法》的规定,菲律宾经济区署(PEZA)按独立关税区对经济区实施管理和经营。PEZA隶属于菲律宾贸工部,由13人组成的董事会进行管理。贸工部部长任董事会主席,董事成员中有9名是相关部委的副部长。董事会负责审订经济区管理政策、发展规划和计划,批准建立和执行各项规章制度和标准等。

PEZA的主要职责是与相关政府部门和当地政府协调经济区的发展政策、制订和实施经济区发展规划;按《菲律宾经济特区法》规定的原则运营、管理和发展经济区;对经济区内企业实施有效的注册登记管理、规范和监督企业的经营活动;通过建设、租用、许可、BOT、合资、大批购买等方式为经济区发展和运营提供必要的基础设施;监督私营经济区优惠政策的使用情况和守法情况等。

(三)投资菲律宾经济区的优惠政策

1.企业可获得4年所得税免缴期,最长可延至8年。所得税免缴期结束后,可选择缴纳5%的"毛收入税"(GROSS INCOME TAX),以代替所有国家(中央)和地方税,其中3%上缴中央政府,2%上缴地方财政。

2.进口资本货物(设备)、散件、配件、原材料、种畜或繁殖用基因物质,免征进口关税及其他税费。同类物品如在菲国内采购,可享受税收信贷(TAX CREDIT),即先按规定缴纳各项税费,待产品出口后再返还(包括进口关税部分的折算征收、返还)。

3.经批准,允许企业生产产品的30%在菲律宾国内销售,但须根据国内税法纳税。

4.免缴码头税费和出口税费。

5.给予初始投资在15万美元以上的投资者及其配偶和未成年子女(21岁以下)在经济区内永久居留的身份,他们可以自由出入经济区,而不需向其他部门另行申请。

6.简化进出口程序。

7.允许聘用外籍雇员,为外国经理人员和技术人员办理2年的可延续工作签证,但外籍雇员数量不能超过企业总雇员的5%。

8.企业用于员工技术培训和提高管理能力的费用的一半可以从上缴中央政府的3%税收中扣除。

此外,是否给予E.O.226规定的其他优惠待遇,由PEZA自行决定。

(四)投资菲律宾经济区的注册程序

1.投资菲律宾经济区,首先要向PEZA提交申请。(1)

按规定在PEZA领取并填写一系列申请表格，并对PEZA下属的项目评估机构(PRED)提交立项可行性报告2份。PRED需2周时间对此做出评估；(2)PRED评估合格，将评估意见及相关文件转呈PEZA董事会，后者在2周内完成审批。自批准之日起，申办企业有20天时间作出决定，是否在登记注册协议上签字。

2. 经PEZA核发相关证明文件后，申办企业到证券署(SEC)办理登记注册，并提交以下文件：(1)在SEC领取并填写申请表格，一式6份；(2)经SEC确认，不与其他公司重复的注册企业名称；(3)公司章程(英文)；(4)菲移民局出具的外方股东常驻身份证明(ACR/ICR、SIRV及外方股权认购人签证)；(5)菲银行出具的申办企业到位资金(总额)证明；(6)菲银行出具的外方到位资金(汇入汇款)证明；(7)如为合资企业，还需提交菲方董事会决议。

如外国新建企业的性质为个人独资公司，直接到贸工部(DTI)办理登记注册手续。外国投资企业如需对其母国返回资本和汇出利润及收入(包括红利)、并且是以银行系统走账所得的外汇返回或汇出，SEC还要求申办企业到菲央行(BAP)办理登记手续。如无需汇出，央行手续可免。外国公司免缴利润汇出税。

3. 在SEC登记注册完毕，还需到当地税务部门申办纳税编号，再到当地市政府(市长办公室)申办经营许可。如申办企业或公司的注册名称申请保护，还需到投资所在地的DTI地区办公室办理有关手续。上述程序完毕，即可正式开业。

4. 其他注意的事项。(1)在菲PEZA内投资建厂，一般是由申办企业自建厂房。自登记注册之日起，申办企业必须在45天之内提交有关厂房的设计和建筑要求，并自获批之日起一个月内开始施工。新建生产企业自登记注册之日起一年内投产。(2)在PEZA所属的各类经济区、出口加工区和保税区内从事专业仓储业务(WAREHOUSING ACTIVITES)，无论独资或合资，最低注册资本为200万美元。

菲律宾经商注册指南

一、一般规定

(一)经商注册规定

在菲律宾注册企业，须按以下规定到有关部门办理相关手续：(1)申请注册法人企业(5人以上)和合伙企业(3人以上)——证券交易委员会；(2)申请注册商业名称和独资企业(以个人名义办公司)——贸工部；(3)申请注册226号行政令或综合投资编码下的享受优惠企业——投资署；(4)申请注册其他享受优惠的投资促进代理机构——菲律宾经济区署、大苏比克湾自由贸易区署、克拉克发展公司、卡加延经济区署、Phividec行业署和三宝颜经济区署；(5)外国投资(以资本回收和利润汇出为目的)注册——菲律宾中央银行；(6)取得税收证明号——国内税务局；(7)取得在大马尼拉地区的经商许可——大马尼拉发展署；(8)取得顾主社会保险号——社会保险系统；(9)取得政府保健保险系统成员资格——菲律宾健康保险公司；(10)供电服务——由马尼拉供电公司提供辖区内供电服务，辖区以外地区向当地电力公司取得供电服务；(11)供水服务——在大马尼拉地区的公司由马尼拉水公司提供供水服务；大马尼拉以外地区由当地水管理部门提供供水服务；(12)电话连接服务——菲律宾长话公司。

(二)企业经营规定

企业在经营过程中需遵守以下规定：(1)企业修改公司或合伙条例需向证券交易委员会提交报告(财务状况审计报告、总说明表等)；(2)享受优惠企业注册或业务扩展需向投资署、菲律宾经济区署、大苏比克湾自由贸易区署、克拉克发展公司、卡加延经济区署、Phividec行业署和三宝颜经济区署提交报告(财务状况审计报告、ITR等)；(3)企业应向国内税务局正常纳税；(4)企业扩大和变更海关保税仓库，需向海关局港口征收处登记；(5)企业在官方银行代理处开立信用证；(6)企业应向海关局出口协调部提交出口申报单(官方装货及货物原产地证明书)；(7)首次从事出口业务者需向官方银行代理处提交情况说明资料；(8)企业应向菲律宾港口署支付码头费或申请免税。

(三)特定出口交易的批准和特许规定

出口产品需在装运前取得批准和许可：(1)动物或动物源制品出口，需取得动物产业署的许可，应向动物产业署提供动物照片，对珍稀和濒临灭绝动物还需取得公园与野生动植物署的批准。(2)植物出口，需取得植物产业署的许可；(3)食品、药品和化学药品出口，需取得食品与药品署的许可；(4)咖啡出口，需取得国际咖啡组织许可机构的配额许可；(5)成衣和纺织品出口，需取得成衣与纺织品出口管理局的配额许可；(6)渔业产品和其他水产品出口，需取得渔业和水产资源署的许可；(7)手工艺品出口，需向贸工部申请优惠待遇特别证明；(8)管制椰产品出口(包括成熟椰子和种苗)，需取得菲律宾椰品管理局许可；(9)日用品和光纤品出口，需取得光纤行业发展署许可。

(四)特许、许可与注册规定

以下项目或活动需取得相关管理部门的特许、许可和注册：(1)投资者居留特别签证(SIRV)、退休者居留特别签证(SRRV)、47(a)、经商签证、计划工作签证和外侨注册证(ACR)、定居移民证(ICR)、侨居许可证(ECC)和特别返回证(SRC)——移民局；(2)外侨就业许可——劳工和就业部；(3)成衣和纺织品出口——成衣和纺织品出口管理局；(4)经营海关保税工厂的注册——海关局；(5)环境许可证——环境和自然资源部、环境署；(6)含土地使用和转让的项目——房屋和土地使用管理局、国家房屋署、土改部；(7)建造和运营污染控制装置的许可——环境和自然资源部；(8)商标和专利注册——知识产权办公室；(9)电力项目注册——能源部、国家电力公司；(10)菲律宾标准质量标志(保证本地制造消费品符合菲律宾国家标准)——产品标准局；(11)进口日用品许可质量标志(保证进口消费品符合菲律宾国家标准)——产品标准局；(12)含食品、化学药品和其他产品的项目经营许可——食品和药品署；(13)旅游项目注册——旅游部；(14)公共交通运营特许——陆路运输特许和管理局；(15)电讯项目——国家电讯委员会；(16)与国防有关项目的许可——国防部、菲律宾国家警察局；(17)先进技术注册——科技部；(18)与健康有关项目许可——卫生部；(19)石油勘探活动许可——能源部；(20)获得采矿权——矿业和地球科学局。

二、申请注册商号

(一)商号的基本概念

商号是开展业务的名分。在业务开始运作前,商号注册是必要的,也是必需的。在决定所提交的商号能否被接受时,申请人需考虑以下因素:(1)可接受的商号;选用意义最基本的词;能正确表示商业性质;由英语或菲语的字母、数字及符号组成。(2)不可接受的商号:商业性质是非法的;具有挑衅性、侮辱性或不恰当表示的;与已在贸工部、证券交易委、合作发展所、劳工就业部或其他依法注册的政府部门注册的商号相同或相近的;纯粹由一般性词汇组成的;不符合法律规定的;用来指定、辨别、暗示货物、物品、商品或服务等级质量的用语;只能政府部门使用的名称;国家、政府组织、国际组织的名称或简称(除非授权);具有欺骗性、误导性、意思表达错误的商号不予接受。为避免引起混乱,给已注册的同样商号的所有人造成利益损失,申请人应考虑以下因素:商业性质、所经营的产品或服务、业务地址、注册资金、所用词汇的外观、拼写、发音和意思表达、主要词汇、描述性词汇的使用。

(二)商号的申请程序

1. 选择商号。申请人应选择3个以上商号,以防第一选择不适用时可以考虑下一个选择。

2. 寻找商号。申请人可使用在线搜索引擎去检验预想的商号是否已被使用及能否注册。申请人有义务确保预想的商号不与现有的商标相冲突。贸工部商号审查人最终确定商号能否适用。

3. 注册商号。注册商号需要填写申请表。在线申请注册时,有些条款必须填写,否则,申请人会收到督促其填写完整的信息。必填条款包括:报税证号、电子邮箱、邮编。另外,如注册分店、分公司,申请人还需填写许可人的确切商号、注册号、注册日期。填表时,有一些特殊的条款需完成:经营活动、产品或服务、产业等级编码。

4. 提交有关文件。完成填写申请表后,交商号审查员审查其完整性,待将贸工部印制的由申请人签名的交易编码通知单送达贸工部时,注册申请才算完成。

5. 付费。付费地点:贸工部印制的交易编码通知单上指定的地点;付费时间:周一至周五,上午8点到下午5点,但下午4点45分前,必须将注册申请费交给收款人。以上程序完成后,注册审查员将对申请书及商号的可适用性进行审查。如一切条件都符合,申请人会在15~20分钟内得到注册证。

(三)注册商号所具备的条件

1. 个体经营者:年满18岁的菲籍公民;本人2寸免冠照;外国姓名的菲藉人需提交出生证、职业技能证、选举证及护照等;申请费315元。

2. 社团企业、合伙合作企业:(1)申请表;(2)经证券委员会和合作发展署注册的公司注册证复印件及公司章程;(3)如签字人不是公司内部人员时,还需提交有授权签字的董事会决议;(4)对注册分公司或子公司的董事会决议(如有地址,请注明);(5)注册费500元。

3. 外国投资者:(1)根据贸工部颁布的7042号共和国法案,允许在菲经营的授权书复印件;(2)由菲当地政府部门签发的经营许可证复印件;(3)外企注册证复印件及原件;(4)完成贸工部根据共和国7042号法案制定的17号表格;(5)菲律宾常设机构的书面委托书;(6)其他有关机构的许可;如科技部、警察署等;(7)外国零售商需要1180号共和国法案允许经营零售业务的许可证;(8)社团公司或合伙公司中外资占30%以上,需要取得证券委颁发的在菲从业许可证;(9)其他要求。根据实际情况,不同的业务需要不同的条件,如有些业务需要提供职业经历、职业技能证、就业合同等。

(四)特殊文件

1. 申请分公司的商号需提交主公司的商号证复印件、整批销售许可证(如主公司的商号是根据《整销法》的修改件3952号法案注册的)及受让申请人的书面申请。

2. 申请维修行业的商号、申请进口、生产、销售、服务灭火器、灭火装置及灭火器材的商号需提交贸工部颁发的评定书。

3. 申请保税仓库业务的商号需提交贸工部颁发的保税仓库许可证。

4. 申请货物代理或船运中介的商号需提交贸工部颁发的授权证

5. 申请受行业协会管理的行业或职业的商号需提交由行会出具的许可证。不受行会限制的职业除外。特许行业的需提交特许协议和特许人的商号证复印件。

6. 为扩展业务更改已故申请人注册的商号,需提交其合法继承人的授权书。

7. 出让商号时,必须提交先前使用此商号人的弃权公证书。申请人必须做到:所提供的情况真实正确,任何错误的信息将受到法律制裁,如有类似的商号已被他人注册,立即更改或撤销自己已注册的商号。

(五)法人注册分公司所需文件

1. 在证券委等机构注册的注册证复印件。

2. 公司章程的复印件。

3. 发证机关出具的证明。

4. 由董事会授权申请商号的决议。

5. 由公司秘书处出具的确立签字人的证明文件。

6. 证券委授权在菲经营业务的证明书(如外资超过总资本的30%)。

(六)申请人所具备的条件

年满18岁的自然人;在菲做业务的或准备做业务的;没有被菲法律取消资格的法人。服刑人员、道德败坏人员没有资格提出申请。菲总统特赦、刑满释放人员除外。

(七)注意事项

在线注册的商号可免费保留3个工作日,期间,申请人必须根据要求完成必要的注册手续。如预交的商号不适用或提交的文件被退回,申请人必须在接到通知后15个工作日内重新提交。否则,将按放弃处理。已交费用,概不退还。

三、企业的延期注册

经注册的企业,经营期限为5年,有效期满后,如继续用原注册名称经营,需在6个月内办理延期注册手续。3个月后办理延期手续,需多交100比索的附加注册费。

(一)办理延期手续要求

1. 独营企业:(1)业经营执照原件,如原件丢失,业主需出具丢失证明;(2)两张2×2寸身份证近照,申请者需在照片后签名;(3)付300比索;(4)付15比索印花费。

2. 合营企业:(1)经营执照原件,如原件丢失,业主需出具丢失证明;(2)合营公司管理部门颁发的经营证书及经其批准的合作章程复印件;(3)公司董事会关于注册企业名称的决定;(4)如注册签字人不是公司合伙人,公司董事会可重新委派签字人;(5)交500比索;(6)交15比索印花费。

3.注册有商业性质的公司名称:(1)经营执照原件,如原件丢失,业主需出据丢失证明;(2)合营公司管理部门颁发的经营执照及经其批准的公司章程复印件;(3)公司董事会关于注册企业名称的决议;(4)如注册签字人不是公司合伙人,公司董事会可重新委派签字人;(5)付500比索;(6)付15比索印花费。

(二)其他要求

1.如业主/登记者为外籍人士,需提供以下证件的原件及复印件:(1)出生证明;(2)选举证;(3)护照;(4)由非就业管理委员会签发的就业证。

2.从事特殊职业者需提供相关部门证明:(1)属就业管理委员会管理的职业需提供该机构颁发的就业证、就业合同及专业水平证书的原件及复印件;(2)保险代理行业需出具由保险委员会颁发的许可证;(3)房地产经济人/营销商需出具由贸工部颁发的许可证。

3.监管法规定下的维修和服务业,需提供技术鉴定证书。

4.如婚姻状况有变化,需提供结婚证。

5.贸工部还会要求申请者提供其他类似证件,以保护公众利益。

四、企业的注销

(一)定期注销

注册企业,5年经营期满,3个月内未办理延期手续的,将被注销。按国家企业管理部门有关规定,贸工部通过贸易管理局和消费者保护局注销过期企业。根据企业法规定,企业经营期满后,应自觉办理延期手续,主管部门不另行通知。

(二)审批注销

注册企业,如经营亏损,其业主想终止经营活动,经申请,可被批准在经营期满前注销,申请者需向有关部门提供亏损证明。具独立法人资格的企业,还应出据公司董事会(或相应级别)的决议,声明公司自停业之日起无任何债务,否则需提供给其债权人的企业停业通知,或公司解体证明,并向有关部门提交注销申请。如注册人死亡,应出具由其合法继承人或私人代表提供的附有死亡证明的书面说明材料。

(三)企业有下列情况,将予以撤销:

1.按有关规定,该企业名称被认为是不可接受的;

2.申请注册时提供假信息,或伪造证件;

3.自注册之日起15日内未挂牌、不出示经营证书;

4.自注册之日起30天未开始经营;

5.经营属于政府特殊机构从事的业务;

6.签订某项特许经营协议或合同,允许其他人或法律实体使用该公司名称;

7.特许经营协议或合同到期,允许其他人或法律实体在经营有效期内使用该企业名称;

8.公司地址改变;

9.经营业务与批准的经营范围不相关;

10.危害国家安全;

11.以企业名义进行不道德或非法活动。

(四)企业办理注销手续要求

只有注册过的企业才能注销。

1.独营企业的自愿注销:(1)填写申请表;(2)申请函包括:①注销原因;②公司停业时无债务,否则需提供给其债权人的该企业停业通知复印件;③经营执照复印件及注册申请,或企业亏损说明。

2.合营公司的自愿注销:①填申请表;②申请函;③合营公司管理部门出具的该公司解体证明;④经营执照复印件及注册申请,或公司亏损说明。

五、企业变更信息

只有在经营期限内且未注销过的企业能更改其信息。

(一)企业可变更的信息

1.企业地址;

2.资本;

3.经营范围(企业扩大经营范围,必须与已批准的经营范围相关,否则需另注册新公司);

4.产品、服务;

5.注册者的婚姻状况。

(二)企业变更信息要求

1.扩大经营范围:(1)独营企业需提供企业新增业务说明函、经营执照复印件;(2)合营企业需提供企业董事会关于扩大经营范围的决议、有效的公司章程修正条款复印件。

2.更改地址:(1)独营企业需提供更改地址说明函、经营执照复印件;(2)合营公司需提供:①公司关于更改地址的董事会决议;②公司章程的修正案;③给合营公司管理部门的关于公司变更地址的通知函;④经营执照复印件。

(三)企业办理变更信息时需注意:

1.更改企业名称必须告知该企业的所有合营者并经其签名。

2.经营期内更改企业信息,要有更改信息证明,作为原始证书的补充证明。

3.注册者按规定的表格要求,填写企业地址、经营范围、资本等,并向贸工部或贸工部地方机构汇报。对具有法人资格的企业,还应附有董事会决议。

4.被批准有效的信息才能修改。

(据中国驻菲律宾大使馆经商参赞处　2005-02-21)

菲律宾贸易投资管理体制与投资壁垒

一、贸易投资法律体系

目前,菲律宾涉及贸易和投资相关的法律法规主要包括:《烟草法》、《零售法》、《交易法》、《出口发展法》、《电子商务法》、《食品医药法》、《保障措施法》、《价格法》、《反倾销法》、《反补贴法》、《海关法》、《消费者保护法》、《综合投资法典》、《外国投资法》、《经济特区法》、《采矿法》、《钢铁法》、《建设-营运-转让法》、《投资租赁法》等。

(一)贸易管理制度

1.进口管理制度。菲律宾原则上允许所有产品进口,但对与公众健康、国家安全、国际义务、开发问题以及国内工业合理化等有关的特定产品,实行进口限制。菲律宾将进口产品分为3类:自由进口产品、限制进口产品和禁止进口产品。自由进口产品不必经有关政府部门事先批准。限制进口产品有130多种,约占进口产品的4%,主要是农产品,须取得有关菲政府部门核发的进口许可证。禁止进口产品主要包括:枪支弹药、全部或部分有由金、银或其他贵重金属或其合金制成的物品、合成盐或成品盐以及菲律宾有关法律规定禁止进口的其他物品和配件等。

2. 出口管理制度。菲律宾政府实行出口鼓励政策，对出口导向型企业给予优惠政策。出口鼓励政策包括简化出口手续和免于征收出口附加税。菲律宾还对建立出口加工区、保税仓库和各种类型的工业园区，给予原材料、关税等方面的鼓励措施。菲律宾菲政府鼓励出口创汇，除因国家利益和法律规定而限制出口的某些商品外，绝大多数商品不受限制，自由出口。另外，为了限制不公平竞争，菲律宾有反倾销和反补贴税评估规定。

(二)投资管理制度

菲律宾政府每年公布旨在鼓励国内外投资的"投资优先计划"，并以特殊的优惠待遇，单独管理各类经济区、出口加工区和保税区的国内外投资。此外，菲政府还有禁止外资进入或限定外资比例的行业清单。外国企业在菲投资，原则上分为申请优惠待遇和不申请优惠待遇两大类，前者允许准入的领域几乎涵盖了菲所有行业；后者准入的领域则比较有限。

(三)贸易投资管理部门

菲律宾贸工部是菲律宾负责管理和指导全国工商业发展、对外贸易和利用外资的主要政府部门，其主要职能包括：以中小企业部门为中心，促进和发展商业、降低商业成本、贸易促进、投资促进、提供培训服务、提供权益保护、负责有关业务的许可和登记注册等。菲律宾贸工部下设投资署负责外资管理。菲律宾财政部下设的关税局负责执行关税法律并控制货物进出口。菲律宾经济区管理总局按单独关税区对经济区实施管理和经营。

二、投资壁垒

根据菲律宾2004年投资优先计划，要获得税收优惠，外资汽车生产商的投资额必须达到1亿美元，最低出口额必须达到整车1万辆/年；外资摩托车生产商的投资额必须达到400万美元，最低出口额为整车3万辆/年。

菲律宾贸易壁垒

关税及关税管理措施

菲律宾对整车类的汽车和摩托车征收30%的关税，且根据2003年10月颁布的241号行政令将这一关税水平的有效期延长到2007年。菲律宾政府已在事实上否定2004年将关税降至5%的承诺。

1. 关税升级。2003年10月和12月，菲律宾分别对1000多种产品提高税率，包括化学肥料、水泥、服装、鞋类及原材料，将原先3% ~10%的税率提高到5% ~20%之间。同年，菲律宾将进口糖类产品的关税从65%提高至80%。

2. 关税配额。菲律宾对部分产品设有实施进口数量限制，或关税配额限制。对四位税目中15类商品按最低进口量和税率配额加以限制。受关税配额管理的农产品主要包括谷物、牲畜及其肉制品、糖、土豆、洋葱、大蒜、咖啡、烟草、玉米等。

二、进口限制

菲律宾对汽车、拖拉机、小汽车、柴油机、汽油机、摩托车、耐用消费品、新闻出版和印刷设备、水泥、与健康和公共安全有关的产品、新鲜水果和蔬菜、活牲畜、肉及肉类制品实施进口许可。菲律宾农业部还使用动物检疫证书和进口检验来限制禽肉进口，且动物检疫证书只发放给最低量进口配额证书的持有者。由于一些产品的最低进口量在逐渐增加，导致许可证的发放常常具有不可预测性，这使得一些进口商不愿意申请进口许可证。目前，菲律宾仍对大米实行配额限制，2004年进口配额为22.4万吨。

三、通关环节壁垒

菲律宾政府规定，所有进口商或他们的代理商均须向菲海关署提交进口声明，海关署通过识别系统把装船分为低风险(绿色通道)、中风险(黄色通道)或高风险(红色通道)。对黄色通道的装船，菲海关署要求对装船单据实施审核；对红色通道装船，在单据审核的同时，须在港口进行实际检验；菲海关程序操作随意、费用较高，且经常拖延。

四、对进口产品征收歧视性税费

菲律宾对国产和进口烈性酒采用不同的税率标准。对于采用当地原料制作生产的烈性酒，菲政府仅征收每公升8.96比索的消费税；对于基本上采用进口原料生产的烈性酒，根据每瓶750毫升的零售价征收每公升84 ~336比索不等的消费税。对于基本上采用进口原料生产的低度酒，酒精浓度等于或低于14%的，每公升征收13.44比索的消费税，酒精浓度高于14%低于25%的，每公升收26.88比索的消费税；酒精浓度高于25%的则按烈性酒征收消费税。

五、技术性贸易壁垒

2004年2月，菲律宾开始实施关于玉米粒的标准。该标准适用于人类食品或动物饲料的、用包裹包装或散装直接销售给使用者的玉米粒。该标准对整粒臼齿形(顶陷)玉米粒、硬质玉米粒、粘性/蜡质玉米及其杂交品种作出规定。菲律宾政府要求化妆品、医疗器械、照明器材、电线、电缆、水泥、轮胎、卫生器具、家用电器等75种商品原产地检验标准与菲律宾国内标准相一致。对于进口纺织品、衣料、亚麻制品和衣物配件要求强制贴标签。

六、卫生与植物卫生措施

菲律宾规定，进口植物产品必须事先获得菲律宾农业部核发的植物检疫进口许可证。菲政府规定，经菲农业部授权的外国肉类屠宰厂可向菲出口肉类和家禽，向菲律宾出口的肉类产品必须出具由出口国动物检疫部门签发的国际动物检疫证书，在菲农业部注册并取得合格资质的进口商才可进口肉类和家禽产品。相关产品在发往菲律宾前，必须事先获得菲律宾动物检疫局核发的动物检疫进口许可证；通关时须经菲动物检疫局检疫并获得进口许可后，海关才予以放行。海关放行后的48小时内，菲当局有权对任何船运肉类和家禽产品进行抽检。菲律宾对自中国向菲进口的杂交水稻种子，制定严格的入关植物检疫标准，规定在签发进口许可和实际进口之前，出口商要通过中国国家质检总局安排菲律宾检疫官员到原产地进行先期澄清工作，种子须不含杂草和其他掺杂物。须由中国国家种子健康证明机构签发证明，同时附中国国家质检总局颁发的植物卫生证书以及中国国家种子健康机构出具的杂草分析证书。产品抵达菲律宾后须经菲律宾植物检疫部门检查，如果发现异常，该批货将以适当措施进行处理。

自2005年1月起，菲律宾部分执行《国际贸易中木质包装材料管理指南》，自2005年6月4日起，菲律宾全面执行该标准。根据这一标准，所有进入菲律宾的木质包装材料均应按该规定要求进行处理并加贴标识。中国将关注该标准的实施。

七、贸易救济措施

截至2004年底，菲律宾对中国产品发起7起贸易救济措施。其中，4起反倾销措施，3起保障措施。2004年4月，菲律宾关税委员会公布对原产于中国的进口印花玻璃、浮法玻璃及玻璃镜的产业损害调查报告，决定实施保障措施。同月，菲律宾决定对原产于中国的进口三聚磷酸钠的反倾销措施延长3年。2004年10月，菲律宾对原产于中国的进口洋葱采取特别保障措施。2004年11月，菲律宾决定继续对进口瓷砖实行为期3年的保障措施。中方关注菲方采取的贸易救济措施对中国涉案产品出口造成的影响。

八、政府采购

菲律宾政府规定，政府机构、属于政府或受政府控制的公司进行政府采购时，如采购总额在100万美元以上的，被采购方必须进行回购。菲律宾规定，外国供应商在供货时有义务回购价值在其出口总价值一半以上的货物，否则将被罚款。2003年1月颁布的菲律宾《政府采购法》仍然对国产物品和原料给予优惠。菲籍人必须在水、电、电信、运输等公共品的基础设施工程企业中控股60%。

九、出口补贴

2003年11月，菲律宾开始实施国产成品车出口促进计划。该计划规定，出口国产成品车的生产商，在第1、2年，每出口1辆可得400美元的补贴，第3年为300美元，第5年为100美元。出口补贴增强了菲产品的竞争力。

十、服务贸易壁垒

（一）银行

菲律宾只允许10家外国银行以全资附属分行的形式设立分行。每家外国银行的分行限定为6个，1948年前已在菲律宾经营的4家外国银行每家可各再设立6个分行。菲律宾法律规定，在菲律宾注册的银行资产总和的70%及资本金总和的50%应由菲律宾本地银行控制，外资银行分行从其总行及同业拆入资金与存放、拆放总行及同业的资金净额不能超过永久性资本金的4倍。

（二）保险

菲律宾不允许外资保险公司承保以政府资金为来源的工程，并在1994年将这一政策扩展至公用和私营的建设—营运—转让工程。

（三）证券和其他金融服务

菲律宾法律规定，证券、保险公司中的外资限定在60%以内，外资共同基金的董事会必须由菲律宾公民组成。

（四）通信

菲律宾不准外资进入其卫星通信行业，同时规定基础电信企业中的外资股份不能超过40%。

（五）广告

菲律宾有关法律规定，外资在广告企业中的股权不能超过30%，且从事广告代理的所有经营管理者都必须是菲律宾公民。

（六）公用事业

菲律宾有关法律规定，水、电、通讯、运输等基础设施工程的承包商必须具有公用事业特许证，且菲方控股应在60%以上。其他工程（如建设—营运—转让工程）的承包商可不受上述条件约束，但外资承包商必须具备其母国有关机构出具的相关资质证明。

（七）专业服务

菲律宾宪法将律师、医药、护理、会计、建筑、报关员等特定行业的执业资格的获取条件限定为菲律宾公民。菲律宾法律规定，外援工程施工应优先雇佣本地顾问和专家。

（八）航运

菲律宾规定，海运总局禁止外国船只参与国内运输业务。菲律宾《光船租赁法》还规定，菲籍船只除临时雇工以外，只能雇佣菲籍员工和管理人员。

（九）零售

菲律宾有关法律规定，注册资金在250万美元以下的零售业只能由菲律宾公民经营。零售业的投资者需满足互惠的要求，菲律宾《零售法》规定，零售业投资者需满足互惠的要求，只有该国允许菲公民或法人在其国内经营零售业时，其公民或法人方可在菲经营零售业。只有该国允许菲律宾公民或法律实体在其国内从事零售业时，其公民方可在菲律宾从事零售业。

（十）快递服务

外资航空快递公司必须与一家菲律宾全资公司签约，或者建立一家由菲律宾公民至少控股60%的国内公司，方可提供服务。外国的航空快递和航空运输促进公司要提供快递服务必须同一家完全由菲律宾公民投资的公司签约，或者建立一家由菲律宾人至少控股60%的国内公司。

在泰国投资经营相关法律简介

泰国被称作“微笑的国度”，从20世纪80年代以来便是投资的热土。许多西方国家的跨国公司来泰投资设厂，产品返销本国或国外。优越的地理位置、稳定的社会环境及历届政府对商业发展的重视，使得泰国成为亚洲重要的引资国家之一。为吸引海外投资，泰国政府制订一系列税收和优惠措施，鼓励各府经济的发展，以创造更多的就业机会并增加人民收入，各种基础和服务设施完备的工业区也为新投资企业以较低的成本起步创造条件。对于计划来泰国投资的中国公司来说，要实现海外战略投资的目标，充分了解泰国各方面的法律法规，走好第一步十分关键。在泰投资经营应当注意和了解以下六方面内容：

一、投资促进措施方面

泰国投资促进委员会（BOI）是负责投资促进工作的政府机构，制订各种投资优惠政策及原则。在正式做出投资决策前，充分了解BOI提供的服务，有助于提升泰国资本和资产的价值，以及产品和服务的质量，获取最大的投资回报。登录BOI的网站www. boi. go. th（在世界各国投资促进网站中多年连续排名第5位），或访问BOI的地区及海外办事处，可以了解获得奖励措施的200多个行业种类及具体的优惠条件。BOI根据经济和投资形势的发展，不定期调整投资优惠政策，得到BOI促进的行业可获得多项税收及用地等方面优惠，使公司降低运营成本，在出口市场上提高竞争力，这是成功进入的第一步。另外，投资于获得鼓励的行业可以允许雇用外国专家，在手续完备的情况下，通过BOI的一站式服务中心可在3个小时内办妥签证和工作许可证。享受促进的最低投资限额是100万泰铢，不包括土地费用和营运资金。

二、经营行业限制方面

《外籍人经商法》对半数以上资本或股份由外籍人持有的公司经营具有重要意义。该法将不允许外籍人自由从事的行业分成三类：第一类是由于特殊原因不对外籍人士开放的行业,如报业、畜牧业、泰国草药的提炼等;第二类为经商业部长根据内阁的决定批准后外国投资者才可以从事的行业,如国内陆运、国内空运、古董或艺术品交易、采矿业等;第三类为经商业注册厅长根据外籍人经商营业委员会决定批准后可以从事的行业,如会计服务、法律服务行业、广告业等。外籍法人符合以下两个条件,可以从事第二类中规定的行业:(1)泰籍人或按照本法规定的非外国法人所持的股份不少于外国法人公司资本的40%(除非有适当原因,商业部长根据内阁的决议可以放宽上述持股比例,但最低不得低于25%);(2)泰国人所占的董事职位不少于2/5。对属于本法所规定的需得到允许的行业,外籍法人在泰国开始商业经营的最低投资额不得少于300万泰铢。其他行业最低不少于200万泰铢。最低投资额对在泰国注册的法人来说是指注册资本,对未在泰国注册的外国投资者或法人来说是指来泰经商所汇入的外汇。如果外籍人属于《投资促进法》、《工业区管理局法》或其他有关法律规定受鼓励的投资者,则可以从事第二、三类中规定的行业。

三、拥有房地产方面

《民商法典》是规范泰国法人企业和商业经营活动的法律。泰国法人有权购买土地和建筑物。房地产的租期不超过三年,租约双方可自行签订租赁契约,超过三年则需到土地厅办理备案登记手续。一个租期最长不得超过30年,但到期时可办理续租手续,再续30年。然而,根据《工商业不动产租赁法》的规定,如果提供书面材料且经土地厅登记备案,可以允许外国投资者租赁不动产超过30年但不得超过50年,并可在50年届满时再办理50年的续约手续。一般来说禁止外国人拥有土地。但如果从事BOI鼓励的行业,外国投资者则可以根据《投资促进法》购买土地。《土地法典》也规定,如果一个外国人从国外携入不少于4000万泰铢的投资款,按程序申请并经泰国有关部门批准后,可以拥有不超过1莱土地(约合2.4亩,1600平方米)作为居住用地,土地位置应在曼谷市区、芭堤亚或其他《城市规划法》规定的地区,经营的行业必须对泰国有益且投入资金在泰国至少保留3年。

另外,《组屋大厦法》规定,外国人可以购买组屋单位产权,一般来说面积不得超过整个组屋总面积的49%。但在下列情况下,外国人可以拥有超过49%的组屋面积:在2004年4月27日之前申请,组屋坐落在曼谷市区或内务部法规规定的各府、县区划内,大厦坐落的土地总面积不超过5莱。

四、生产经营方面

《商品及服务价格法》和《商业竞争法》保护投资者的生产和经营活动。《商品及服务价格法》的保护措施主要包括规范商品及服务的价格,采取措施防止获取暴利及过度囤积管制商品。《商业竞争法》主要对以下四类商业行为采取限制措施:(1)经营者滥用其独占地位的行为;(2)经营者对某一商品或服务市场进行联合垄断,减少或限制竞争的行为;(3)经营者与国外经营者建立商业往来关系,以使本国的居民在直接向国外经营者购买自用商品或使用服务方面的机会受限的行为,无论其与国外经营者之间的关系是通过合同、政策、合伙关系、股权还是其他类似方式结成;(4)经营者采取任何违反自由公平竞争的手段,导致破坏、毁损、阻碍、妨害、限制他人经营业务,或不让他人从事经营致使其经营终止的行为。《商业竞争法》也是处理经营者给顾客、中小企业经营者及其他人群设置障碍、导致不公平竞争行为的根本法律依据。

五、国际贸易方面

商业部的出口促进厅和财政部的海关厅对从事国际贸易的公司可以提供必要的支持和帮助。通常来说,产品的质量、标准、技术等方面的限制会极大影响一个公司的市场运作。出口促进厅通过提供产品标准措施服务,提升产品和服务质量,达到ISO9000、ISO14000、ISO18000等国际质量体系标准,帮助公司进入国际市场。出口方面,海关厅可以给予出口公司相当多的优惠和鼓励条件,如对于生产出口产品所必需的进口原料免进口税等。

六、财税管理方面

商业部商业注册厅的商业监管局和财政部税务厅可以为公司提供会计和税务方面的帮助。商业监督局下设的商业会计处具体负责监督公司的会计行为,保证公司会计记录和业务符合国际公认会计准则,公司的财务报表经注册会计师审计验证。公司经营者必须在每一会计年度终了后5个月内提交公司的年度财务报表。税务厅负责管理公司的纳税行为,一般公司经营主要涉及四个税种,即按超额累进计算的个人所得税,按净利润30%征收的法人所得税,针对银行、保险、房地产等某些行业征收的特别营业税,以及销售货物或应税劳务按7%税率缴纳的增值税(少数业务为0税率),应纳增值税额 = 销项税金 - 进项税金。银行业、证券业、典当业、保险业等行业属于缴纳特别营业税的范畴,向税务厅及其分支机构缴纳,但销售房地产的特别营业税由土地厅向买卖双方征收。增值税是向销售原材料、产品及应税劳务的经营行为征收,年销售额低于120万泰铢的免征。一些不征增值税的行为要缴纳特种营业税。

(据中国驻泰国大使馆经商参赞处　2005-03-17)

泰国外汇管理规定

一、外汇管理规定

外汇管理法,规范所有涉及外汇的事宜。一般情况下,所有与外汇相关的事宜都由泰国银行来规定。泰国进行外汇管理的法律基础来自《外汇管理法》(1942年)以及根据该法发布的部委法令第13号(1954年)。这些法律构成了外汇管理的基础原则,并根据这些原则发布通告和通知。自1990年5月22日,外汇管制得到放宽。目前泰铢或其他外币的一些交易可以不受任何限制,只有少数交易要求得到泰国银行的批准。

(一)资金的进入

非本国居民:过境的个人通常可不受限制的携带外汇和可流通的票据。他们还可自己将带入泰国的外汇不受限制地全部带出。过境的个人,每人不可携带超过5万铢的泰币出境,除非去邻近泰国的国家旅行(缅甸、老挝、柬埔寨和越南)。但是对携带入境的泰铢,并没有作任何限制。

本国居民:对可以携带入境的外汇和流通票据的数量没有限制。但是所有外汇和票据必须在收到或进入泰国7天内卖给或存在一家商业银行的外汇账户上。

投资者:对进入泰国的外汇如投资基金、离岸贷款等没有限制,但是这些外汇必须在收到或进入泰国7天内卖给或兑换成泰铢,或存在一家授权银行的外汇账户上。对每一宗超过5000美元或相当的上述外汇的出售、兑换或存款业务，都必须提交FT3或FT4的申请表格给一家授权银行。

（二）资金的汇回

在所有适用税务清算之后，投资基金、分红和利润以及贷款的偿还和支付利息，可以自由汇出。同样，本票和汇票也可以自由汇出境外。

二、商业交易中的外汇汇兑

（一）泰国居民的外汇账户

在以下情况，允许泰国个人和法人保留外汇款：（1）在泰国授权银行开立的账户，并存入从国外或从曼谷离岸业务机构借来的外汇。（2）存款人必须提交证据，证明在存款日期三个月内，要向国外的个人、授权银行、泰国进出口银行或泰国工业金融公司偿付外汇。但是存款人的存款不能超过上述偿付数额。（3）外汇存款票据和硬币不能超过2000美元/天。（4）每一位法人的所有账户的日到期余款不得超过500万美元，个人不得超过50万美元。

（二）非泰国居民的外汇账户

非本国居民可以在泰国授权银行开立并保留外汇账户。存款必须来自海外资金。上述账户余款转移不受限制。

（三）非本国居民的银行账户

非本国居民可以在泰国任意一家授权银行开立账户。他们可以自由提取：（1）出售境外外汇所得的收入或非本国居民外汇账户上的外汇；（2）其他非本国居民泰铢账户上转移过来的数额；（3）本国居民与非本国居民间偿付债务的款项。

（四）进口

进口商可为进口的支付而自由购买或从他们自己的外汇账户上提取外汇。进口商不需要得到泰国银行许可，但在进口货物或交易价值超过50万铢时则必须提交F.T.2表格以及货物提单给客户。

（五）出口

出口可不受任何外汇管制。但是出口收入或交易超过50万铢以上时，必须在自出口日120天内收到外汇并交一家授权银行或在收到外汇7天内将其存入授权银行的外汇账户。

（六）无形交易

在提交非支持性文件给授权银行后，非本国居民的汇款被允许用来非资本项目，如服务费、利息、红利、利润和税费。居民的旅行支出或教育费用也可自由使用外汇。无形交易的收入必须交授权银行或在收到收入7日内存入一家授权银行的外汇账户。

（七）黄金

居民可以在国内持有或交易黄金珠宝，金币和金条。从1999年8月开始黄金进出口免于许可控制。

泰国投资优惠政策

一、奖励投资的政策及条文

（一）奖励投资的政策

为减轻政府的财政负担，适应目前的经济形势及未来的经济趋势，投资促进委员会制订以下投资政策：（1）更有效地利用税务优惠，对真正有利于经济发展的项目，给予税务方面的优惠。获得优惠投资的企业必须向投资促进委员会报告其业绩，以便投资促进委员会审核给予该年度的免税优惠。（2）支持各工业企业健全生产标准及质量体系，增强在国际市场上的竞争能力。获优惠投资的企业，投资额在1000万泰铢以上（不包括土地费和流动资金）必须推行ISO9000国际质量标准或其他相等的国际标准。（3）调整泰国投资措施使之和国际贸易与投资协议相一致，取消对出口额的限制及限定使用国内配件的规定。（4）为边远地区或收入低地区和设施未完备地区提供特别优惠待遇，税务优惠权益最高。（5）重视中、小型企业的投资，申请优惠投资的最低投资额为100万泰铢（不包括土地费和流动资金）。（6）重视以下类别企业的投资：农业及农业加工业、人才及科技发展企业、公共事业、基础设施、环境保护和处理等。

（二）审批项目准则

投资促进委员会审批申请优惠投资项目的原则如下：

1. 投资额在5亿铢以下者，（不包括土地费和流动资金）审批原则如下：（1）增值额必须不低于收入的20%。但电子产品及其配件、农产品加工业和特别允许的项目除外。（2）新的投资项目，负债额与注册资金的比例不超过3:1。扩大业务的项目，则视其实际状况而定。（3）使用先进的生产技术和全新的机器设备，若使用旧机器，必须得到可信任的机构验证，并获得投资委的特例批准。（4）必须有足够的环境保护措施。对环境有不良影响的项目，投资委将着重审核其工厂所在地及处理污染的方法。

2. 投资额5亿铢以上者（不包括土地费和流动资金）按2.1的规定执行，并附上投资项目的可行性报告。

3. 独一承包项目和国营企业私有化的项目，投资委使用1998年5月25日国务院的公布，核审如下：（1）国营企业的投资项目，不给予优惠待遇。（2）所有权归国家的承包项目，国家的有关机构若想让承包者获得优惠投资的权益，必须在宣布投标前申请优惠投资。在招标时必须向投标者公布该项目所获得的优惠权益。对需付报酬给国家的承包者投资委不给予任何优惠，除非是某些合情合理的国家投资所应得的报酬。（3）国家项目让私人投资并拥有所有权（BUILD OWN OPERATE），包括让私人以租金作为报酬去租赁或管理，投资委将按常规给予优惠投资待遇。（4）国营企业私有化项目，当该企业已不属于国有后，对企业扩大部分投资委考虑予以优惠投资待遇。

4. 外商持股条例

为方便外商在工业企业方面的投资，投资委放宽对外商的持股限制，审批规定如下：（1）以下行业泰籍投资者的持股量必须不低于51%：农业、畜牧业、渔业、勘探与开采矿业和1999年颁布的外商投资法中的服务行业。（2）工业企业的投资，无论生产场所设在何处，允许外商持大股或全部股份。（3）合理情况下，投资委对某些行业规定外商投资持股比例限额。

（三）按业绩给予优惠待遇的原则

为有效地给予税务方面的优惠待遇以及检查所给予的优惠待遇是否正确、是否与实际情况相符，使投资者在管理和组织上更优良，投资委规定，获优惠待遇的投资者必须向投资委报告企业的经济效益，才能准许享受该年度的优惠待遇。

二、条例以外的规定

以上条例是投资委审核给予扶助投资、享受优惠待遇的

常规条例,条例以外规定如下:

(一)给予优惠投资的业务种类另有税务方面的优惠。

(二)经分析有特殊的理由可成为特列类别的项目。

(三)为放宽设在罗勇府和廉差挽的工业区的项目仍可享受第三区的优惠待遇,规定各工业区若在此份新的投资政策生效以前申请成为优惠投资的工业区,则设在上述工业区里的项目,可享受原第三区的优惠待遇,有效期至2004年。

(四)设在第二区或第三区的工业区或工业村里的项目,(这些工业区或工业村必须在此份新的投资政策生效以前申请成为优惠投资的工业区)可按投资委第1/2536号公布享受如下税务方面的优惠待遇:(1)设在第二区的工业区或工业村里的项目,(不包括设在罗勇和廉差挽的工业区)规定如下:①进口税不低于10%的机器,给予减免一半进口税。②获免缴法人所得税7年。获优惠投资的企业,投资额在1000万泰铢以上(不包括土地费和流动资金)必须在经营两年内获得ISO9000国际质量标准或其他相等的国际标准认证。若无法达到上述要求,削减法人所得税的免税期一年。③获免缴用于生产出口产品所必需的进口原料的进口税1年。(2)设在第三区的工业区或工业村里的项目,包括设在罗勇和廉差挽的工业区的项目,规定如下:①获免缴机器进口税。②获免缴法人所得税8年。获优惠投资的企业,投资额在1000万泰铢以上(不包括土地费和流动资金)必须在经营两年内获得ISO9000国际质量标准或其它相等的国际标准认证。若无法达到上述要求,削减法人所得税的免税期1年。③获免缴用于生产出口产品所必需的进口原料的进口税5年。④内销产品所需的进口原料获减免75%的进口税,每次获准期为1年,共5年。在泰国没有生产质量相当、数量不够供应的原料,方可进口。设在廉差挽里的工业区不在此列。⑤获免缴法人所得税期满后,再获减免上述税项50%,为期5年。⑥允许把水、电和运输费的两倍作为成本扣除,从项目有收入之日起,为期十年。⑦可把基础设施的安装和建设费的25%从净利润中扣除。获准优惠投资的企业,从企业有收入之日起十年内,可选任何一年或几年扣除上述费用。企业资产的折旧费仍按常规扣除。

(五)搬迁到获优惠投资的工业区里的项目(这些工业区或工业村必须在此份新的投资政策生效以前申请成为优惠投资的工业区)可按投资委第1/2536号公布享受税务方面如下优惠待遇:(1)搬迁设在第二区的工业区或工业村(不包括设在罗勇和廉差挽的工业区)的项目,规定如下:获免缴法人所得税7年。获优惠投资的企业,投资额在1000万泰铢以上(不包括土地费和流动资金)必须在经营两年内获得ISO9000国际质量标准或其它相等的国际标准认证。若无法达到上述要求,削减法人所得税的免税期1年。(2)搬迁设在第三区的工业区或工业村的项目,包括设在罗勇和廉差挽的工业区,规定如下:①获免缴法人所得税8年。获优惠投资的企业,投资额在1000万泰铢以上(不包括土地费和流动资金)必须在经营两年内获得ISO9000国际质量标准或其它相等的国际标准认证。若无法达到上述要求,削减法人所得税的免税期一年。②获免缴法人所得税期满后,再获减免上述税项50%,为期5年。③允许把水、电和运输费的两倍作为成本扣除,从项目有收入之日起,为期10年。④把基础设施的安装和建设费的25%作为成本扣除。获准优惠投资的企业,从企业有收入之日起10年内,可选任何一年或几年扣除上述费用。企业资产的折旧费仍按常规扣除。若要享受第4和第5条规定的优惠待遇,必须在2004年12月30日前向投资委提出申请。

泰国贸易壁垒

一、关税及关税管理措施

泰国对WTO成员方的平均关税是14.6%,非WTO成员方的平均关税是16.8%。

(一)关税高峰

泰国现在对大量的进口产品征收超过30%的关税,包括农产品、汽车和汽车零部件、酒精饮料、纤维和一些电子产品。丝织品、羊毛织物、棉纺织品及其他一些纤维织物的进口关税多为60%,摩托车及一些特殊用途车的进口关税达到或超过80%,大米52%,奶制品216%。

(二)关税升级

泰国存在关税升级现象。泰国对绝大多数工业原材料和必需品,如医疗设备实行零关税;对有选择的一些原材料、电子零配件以及用于国际运输的交通工具征收1%的关税;一些化工原料,如氯化铵、氯化钙、氯化镁等氯化物的关税为1%;对初级和资本品大部分征收5%的关税;对中间产品一般征收10%的关税;对成品一般征收20%的关税;对需要保护的特殊产品征收30%的关税。

(三)关税配额

根据WTO《农业协定》,泰国对23种农产品实行关税配额管理,分别是桂圆、椰肉、牛奶、奶油、土豆、洋葱、大蒜、椰子、咖啡、茶、干辣椒、玉米、大米、大豆、洋葱籽、豆油、豆饼、甘蔗、椰子油、棕榈油、速溶咖啡、土烟丝、生丝等。这些产品在配额内实行低关税,在配额外实行高关税,如大蒜进口配额仅64.6吨,配额内关税为27%,配额外关税则高达57%。

二、进口限制

泰国规定26类产品需要进口许可,包括原材料、石油、工业原料、纺织品、医药品及农产品。另外,泰国禁止进口二手摩托车及其零件、游戏机。产品进口必须满足规定的要求,如缴纳特别费用、要求原产地证明等。进口食品、医药产品、矿产品、武器弹药、艺术品,需要相关部长的特别许可。泰国要求在食品进口登记中提供关于食品生产工艺及组成成分的详细的产权经营信息。泰国卫生部食品和药品管理局规定所有食品、药品及部分医疗设备的进口均需符合进口许可证的管理。食品进口许可证每三年更换一次,每次均需要重新认证,并要求到中国驻泰国使馆经商处签章,文件送达食品和药品管理局后还需重新收费;药品进口许可证每年更换一次,同样需要缴纳有关费用。上述规定给中国出口企业造成很大负担。

三、通关环节壁垒

中国加入WTO后,泰国政府改变原来一站式发放进口许可证的做法,生丝进口由农业部负责审批许可证,之后到商业部领取许可证。2003年3月,泰国商业部颁布新的法令,将所有生丝进口配额交由农业部下属的国营企业负责。

四、技术性贸易壁垒

(一)认证制度

泰国对10个领域的60种产品实行强制性认证,包括农产品、建筑原料、消费品、电子设备及附件、PVC管、医疗设备、LPG 气体容器、表层涂料及交通工具等。泰国卫生部食品和药品管理局规定,所有进口食品、药品及部分医疗设备要符合标准、检测、标签和认证要求。进口上述产品必须附有用泰文说明产品名称、重量或容量、生产和失效日期的标签,并经泰国卫生部食品和药品管理局批准。

(二)技术标准

2004 年,泰国提议制定电热水器强制性标准,该提案的评议截至 2004 年 8 月初。该标准制定的安全要求适用于提供低于沸点温度热水的家用和类似用途的快热式电热水器。其中,单相电器的额定电压不得超过 250 伏,其他电器的额定电压不得超过 480 伏。值得注意的是,该标准不适用于烧开水的电器、储存式热水器、用于工业目的专用电器、在粉尘等特定环境中使用的电器及商用售卖机。

五、政府采购

泰国不是 WTO《政府采购协定》的签署国。在政府采购招标中,泰国对外国投标企业设置一系列限制,使中国企业无法投标或难以中标。如泰国常在招标文件中规定非泰国产品不得参与投标;政府采购部门经常随意更改投标资格,有权在任何时候接受或拒绝部分或所有投标,甚至可以在招标过程中修改技术要求,在很大程度上控制着招标结果;投标者对招标结论没有申诉的权利等。根据 2000 年 5 月泰国颁布的《对销贸易法》,对金额超过 3 亿泰铢的政府采购合同,外国中标企业必须易货回购价值不低于合同金额 50% 的泰国产品。该规定提高了中标外国企业的经营成本。

六、服务贸易壁垒

(一)银行

泰国政府规定,外资银行在泰只能设立 3 个分支机构,且只能在曼谷开设 1 个分支机构;外资银行必须至少投资 1.25 亿泰铢购买泰国政府或国有企业的证券或直接将其存于泰国银行。泰国禁止外资银行使用泰资银行的电子网络,外资银行股权投资最多为实收资本的 25%。

(二)建筑

在泰国,建筑业属于受限制的行业。在建筑企业中,外资股权不得超过 49%。外资建筑企业不得承揽民用建筑工程。承揽大中型项目时,外国投标人必须同当地一家或几家企业成立合资公司,并以联营体的名义参与资格审查和投标。泰方对外国承包商引进经营管理类人员有严格限制,规定注册资金在 1 亿泰铢以上的企业,每引进 1 名外籍人员需雇用 4 名泰国劳工;注册资金在 1 亿泰铢以下的企业,每引进 1 名外籍人员需雇用 5 名泰国劳工。

(三)电信服务

1989 年以来,泰国政府虽已允许外商投资电信服务,但泰国国有企业一直控制着电信服务市场。泰国承诺在 2006 年 1 月全面放开电信服务,并于 2004 年建立了国家电信委员会实施电信产业调整,但在经营许可、相互联网、竞争、关税调整、标准制定等方面尚未作出重大调整。

(四)法律

泰国规定,在律师事务所中外资股权不得超过 49%,不允许外籍律师在泰国执业,只能在一定条件下作为代理人从事咨询业务。

(五)劳务

泰国是世界劳务输出大国,同时严格控制劳务输入,外来普通劳务无法取得泰国工作签证。中国向泰国输出劳务每年 2000 人次左右,其中有近一半通过承包工程输出,其余作为当地稀缺工种输出,如纺织、电子、冶炼、港口运行工程师、管理人员及珠宝加工、中文导购等。

(六)快递

泰国规定,陆运快递领域外资股权不得超过 49%。

(七)医疗

泰国政府对保健服务领域(如医院、门诊、体检服务)的市场准入采取严格限制,且缺乏透明度。其他为免受外资企业竞争,泰国政府对本国企业采取保护措施。在医药领域,政府医药企业不需遵守私人企业所需登记与许可方面的规定,政府医药企业可以不按安全控制规定,生产销售国外市场上销售的普通药物。泰国政府关于国有医院采购、配送未列入国家必需药物清单中的药物的规定,在很大程度上阻碍了许多药物产品的进口。泰国政府保留对 20 种产品与服务的定价权,包括药品、录音磁带、牛奶、苏打、燃油、化肥等,且其价格评审机制不透明,价格决定往往建立在对过时数据的推定之上。

七、投资壁垒

(一)投资准入壁垒

泰国《外商经营企业法》规定,在持股比例限制上,农业、畜牧业、渔业、勘探与采矿业和 1999 年颁布的《外籍人经商法》附录第一行业中的服务业,泰资股权不得低于 51%。凡按《外商经营企业法》规定需经许可才能投资的行业,外籍法人开始商业经营时的最低投资额不得少于 300 万泰铢,其他行业不得少于 200 万泰铢。

(二)投资经营壁垒

除从事"建设—营运—转让"项目以外,泰国禁止外国公民拥有泰国土地。泰国限制外商对房地产的投资,泰国《土地法》规定,如果一外国公民从境外带入不少于 4000 万泰铢投资款,经泰国政府批准后,可购置面积不超过 1 莱的土地(约合 2.4 亩,1600 平方米)作为居住用地,位置应在曼谷市区、芭堤亚或其他《城镇规划法》规定的地区,经营的行业必须对泰国有益且投入资金在泰国至少保留 3 年。

越南投资贸易管理体制概况

一、有关的投资贸易法律

越南关于投资贸易的法律法规主要有:《会计法》、《统计法》、《食品安全与卫生法令》、《保护国内改进新植物品种法令》、《反倾销法令》、《反补贴法令》、《外国投资法》及《外国在越南投资法实施细则》等。

二、有关的投资贸易管理部门

越南负责管理投资贸易的部门主要有:贸易部、财政部、计划投资部、农业和农村发展部、文化信息部、邮电部、科学技术部、工业部、交通运输部、建设部、资源环境部、越南国家银行等。2005 年以来越南政府将一些职能下放给地方贸易管理部门。如贸易部将中国从越南过境的货物管理职能下放给河内、岘港和胡志明市的进出口管理处。

三、投资管理制度

越南计划投资部是越南吸收外资和对外投资的中央政府主管部门。下设外国投资局,具体负责外商在越投资和越南企业对外投资管理工作。各省和中央直辖市由计划投资厅负责此项工作。

2003 年 3 月 19 日，越南颁布修订后的《越南外国投资法实施细则》，进一步放松对外资的管制，内容主要包括：在越外国独资企业可互相合作或与外商合作在越南设立新的外资企业；对从事机械、电力、电子零配件生产的外资企业，自投产之日起，5 年免征生产原料、物资、零件进口税；外商以技术转让作价投资的比例由合作各方商定；外资企业可直接招聘越南劳务人员而不再要求通过越南劳务机构推荐等。此外，该细则对特别鼓励、限制、禁止投资领域也做了相应调整。该《外国投资法实施细则》对限制投资和禁止投资领域规定如下：

（一）限制投资领域

1. 只许以合作经营合同方式投资的领域且越方属以下领域专营单位：合作各方设立公共通信网，提供电信业务服务；从事国内国际邮件收发业务经营；新闻出版、广播电视经营。

2. 只许以合作经营合同或合资方式投资的领域：油气、稀贵矿产开采、加工；空运、铁路、海运；公共客车运输；港口、机场建设（BOT，BTO，BT 等投资项目不在此限）；海运、空运业务经营；文化（科技材料印刷，包装品、货物商标印制，纺织服装、皮革印制；使用微机三维技术加工制作动画片；体育娱乐休闲区投资项目不在此限）；造林（外国投资者用间接方式以资金、种子、技术、化肥形式出资，通过越南的单位和个人获政府批准交付、出租的生产林和防护林地并按合同包销产品的投资项目不在此限）；工业炸药生产；旅游；咨询服务（技术咨询不在此限）。

3. 加工与原料开发捆绑投资的领域：乳制品生产与加工；植物油、蔗糖生产；木材加工（使用进口木材的项目不在此限）。

4. 从事进出口业务、国内营销业务及远海海产品捕捞、开发的投资项目，由政府总理特批办理。越南禁止投资的领域包括：对国家安全、国防及公共利益有害的投资项目；损害越南历史古迹、文化、传统、风俗的投资项目；损害生态环境的投资项目；处理从国外输入有毒废料投资项目；生产有毒化学品投资项目，或使用国际条约禁止的毒素之投资项目。

（二）越南的投资壁垒

1. 投资准入壁垒。

在矿产资源开采加工领域，越南《外资法实施细则》规定，政府鼓励外商投资矿产勘探、开发和深加工项目，但对石油、稀贵矿产开采、加工项目实行限制投资政策。2005 年 4 月越政府总理关于加强国家对矿产勘探开采加工和出口管理的指示（第 10/2005/CT－TTg 号），要求中央有关职能部门和各地方政府对矿产活动进行一次全面清理整顿，实行更为严格的矿产活动许可管理。越对外商投资一些重要和大型矿产开采项目，如中方正在与越南商谈的多农铝矿和贵沙铁矿项目，只许以合资方式进行合作，且提出必须由越方控股。2005 年 10 月，越政府做出规定，对于年产 100 万吨氧化铝以上规模的项目及 2010 年后设立的铝冶炼项目，将与外商合资建设，但须由越方控股。在汽车和摩托车工业领域，越南政府于 2003 年 11 月出台政策规定，除产品全部外销的投资项目外，暂停批准外商设立新的汽车和摩托车组装生产项目，而对越内资企业则不受此限。2005 年上半年越南政府总理特批，分别向日本本田（HONDA）公司和马来西亚 JRD 公司发放了汽车组装生产项目投资许可证。2005 年 7 月中越两国政府签署的关于越南加入 WTO 组织双边市场准入协议中规定，越南同意中方在越投资设立一个汽车组装生产项目和新增设立一个摩托车组装生产项目（此前没有中国企业获准在越设立汽车组装项目，只合资设立一个摩托车组装项目）。在钢铁、水泥、煤炭工业领域越方规定只许外商以合资或合作经营方式投资。越各级对各类投资项目的受理审批时限均有明文规定，5～30 个工作日不等。

2. 投资经营壁垒。

2005 年 4 月，越南政府办公厅发出第 1854/VPCP－HTQT 号通知，决定取消摩托车整车组装生产企业的整车产量限制，改由市场和企业决定产量。但越政府直接干预企业的生产，规定整车组装厂必须生产车架等 20% 以上的摩托车零部件，发动机厂必须生产 8 个发动机部件中的 1 个。此外，对电子、汽车、蔗糖、乳品、纸业、木材等产业的加工生产仍然规定了国产化比例要求。2005 年 2 月，越南政府颁布第 11/2005/ND－CP 号法令，决定取消外商投资以技术入股不得超过投资额的 20% 的限制规定，改由合作双方或各方商定。

四、贸易管理制度

（一）关税制度

2005 年 6 月 14 日越南国会通过的《越南进出口税法》规定，越南实行 3 种税率：一是最惠国关税税率，适用于与越南签订双边贸易协议国家的进口产品；二是特惠关税税率，适用于来自与越南实行特惠关税国家的进口产品；三是普通关税税率，比最惠国关税税率高出 70%，适用于未与越建立正常贸易关系国家的进口产品。

（二）进出口管理制度

按照 2001 年 4 月发布的关于“2001～2005 年进出口产品管理”决定，越南对进出口产品实施分类管理，包括禁止进出口产品、贸易部按照许可证管理的进出口产品和由专业机构管理的进出口产品。越南禁止出口的产品主要包括：武器、弹药、爆炸物和军事装备器材，毒品，有毒化学品，古玩，伐自国内天然林的圆木、锯材，来源于国内天然林的木材、木炭，野生动物和珍稀动物，用于保护国家秘密的专用密码及密码软件。2005 年 10 月 10 日，越南贸易部下文禁止以暂进再出、转口形式经营武器、弹药、爆炸物（除法律特别规定的工业用爆炸物）、军用技术装备、木制品、各类麻醉品（除特别规定外）、野生动物和珍稀动物、有毒化学品、属保护国家机密的各类专用密码和软件、废弃物品（除经批准进口用作国内生产原料外）。

（三）贸易壁垒

1. 关税高峰。

越南财政部 2005 年 10 月 13 日公布的优惠进口税率表修改补充商品目录中不少商品仍保持高关税，如部分瓷砖 30%、油漆 30%、各种盐 50%、教学用品 40%、办公用品 40%、酒类 65%、部分纸 40%～50%、水泥 40%、部分空调机 50%、手套 40%、雨衣 40%、皮带 40 %、部分服装辅料 40%。

2. 进口限制。

目前，越南部分产品施行数量限制，如：糖、水泥与溶渣、烟草、特别是对国内能够生产的普通化学品、化肥、油漆、轮胎、纸、丝绸、陶瓷制品、建筑玻璃、建筑钢材、某些发动机、某些汽车、摩托车、自行车及其部件和船舶等。

3. 出口限制。

越南对多数自然资源及其产品征收出口税，其中出口废旧金属的税率高达45%。越南贸易部对全国粮食、大米出口企业实行统一措施。2005年大米出口控制在380万吨,所有大米经营企业必须向越南粮食协会登记大米出口合同。2005年1月25日,越南财政部海关总局颁布文件,暂不受理初级矿产品出口通关手续。2005年8月2日越南工业部下发通知,只允许出口经过加工并达到一定标准的矿石。

(四)贸易救济措施

越南分别于2004年4月29日和2004年8月20日颁布了《反倾销法》和《反补贴法》。《越南进出口税法》规定,对已构成倾销损害的进口商品、有补贴的进口商品和来自对越南商品采取歧视性行为国家的商品,越南将按照法律的有关规定,除征收进口税外,还分别对这些商品增收反倾销税、反补贴税和反歧视税。至今越南尚无针对中国出口产品的反倾销和反补贴调查。

(五)服务贸易壁垒

2005年10月17日越南财政部《关于落实政府总理有关外商在越南证券市场持股比例规定的通知》规定,外国组织、个人可以自有资金在证券交易中心自行或委托证券公司和基金管理者买卖上市股票、登记交易;外国证券经营组织可使用合股资金购买股份或成立合资证券或基金管理公司。外资同时也可以在证券公司购买上市债券。但外资持有单个股票、基金和债券的最高比例为49%,在外资证券公司和基金管理公司中出资比例也不得超过49%。

(六)双轨制收费和个人所得税

长期以来,越在水电、邮电通信、宾馆饭店、交通运输、广告、旅游区门票等实行的是内外有别的双轨制收费。此种做法不合理地增加了在越外资企业的生产成本,使其在竞争中处于不利地位。自2000年起,上述双轨收费制度已逐步得到缩小和取消,到2005年基本取消了所有双轨收费制度。2004年7月,越政府第147/2004/ND-CP号法令规定,从2004年7月1日起,上调个人所得税的起征点。对原来的个人收入所得税税率进行放宽调整,具体如下:

1. 对在越南国内定居的越南公民和其他个人,其个人所得税为:收入500万越盾(约合2500元人民币,越南盾和人民币的兑换比例大约为1930)以下,税率为0%;500万~1500万,税率为10%;1500万~2500万,税率为20%;2500万~4000万,税率为30%;4000万以上,税率为40%。

2. 对在越南居住的外国人及在国外工作的越南人,其个人所得税为:收入800万越盾以下,税率为0;800万~2000万,税率为10%;2000万~5000万,税率为20%;5000万~8000万,税率为30%;8000万以上,税率为40%(1美元=15800越盾)。

(据《中国—东盟商务周刊》 2006-01-18)

外国投资者如何在越南开户

越南目前没有对外国投资者进入越南股市做出限制性规定,但外国投资者的开户手续比较麻烦,而中国投资者要想到越南炒股,开户的手续更要麻烦些。

一、外国个人投资者在越南做股票投资需申请交易账号(就相当于在沪深股市炒股要开户一样),在申请账号时要提交外国个人投资者交易账号申请单和个人简历一份,个人简历还要经过公证,以上两份资料的样本可以向越南交易所和证券公司索取。

二、如果是外国法人或组织,申请交易账号时需提供以下资料:交易账号申请单,组织或公司的简要资料单(要经过政府验证及公证),组织授权交易代表人的个人简历(要经过政府验证及公证),组织或公司成立文件复印件(要经过政府验证及公证),组织董监事授权代表人代表公司交易的会议记录(要经过验证及公证)。

三、由于中国没有开放中国公民到国外投资,上述资料无法在越南完成,对中国公民申请交易账号还有特别规定:(1)上述资料要翻译成英文,并到县、市公证处验证及公证。(2)上述资料还要送到中国外交部领事司授权机构验证签字属实,再送往越南驻中国领事馆领事司证实(领事合法化证实)。(3)将证实后的资料邮寄到越南一证券公司,由该公司将资料送往越南公证处翻译成越文并公证。(4)公证完成后再送往证券交易所审核,如无误,交易所将在2~5天后颁发交易账号。手续费为25美元。

四、除申请交易账号外,投资者还应到具有外汇买卖功能的商业银行(越南当地银行或国外银行驻越南分行)开立外汇储蓄账户及越南盾储蓄账户。这可以让证券公司代办。客户的外汇先汇入外汇储蓄账户,再兑成越南盾并存入越南盾储蓄账户。

五、在交易账户和储蓄账户办好后,投资者就可以到证券公司申请开立证券交易账户。申请资料有:个人和法人开户申请一份;个人和法人的代表人签名式样和开户合约(两份)。

上述手续完成后才可以买卖证券,当地证券公司用电话将交易结果通知客户,并以传真和电邮的方式将当天的交易结果记录寄给客户。(据中国驻越南大使馆经商参赞处)

统 计 资 料

中国国民经济主要指标

指　　标	单　位	2004 年①	2005 年②	2005 年比 2004 年增长(%)③
一、年末总人口	万人	129988	130756	0.6
二、国内生产总值	亿元人民币	136876	182321	9.9
第一产业增加值	亿元人民币	20768	22718	5.2
第二产业增加值	亿元人民币	72387	86208	11.4
其中:工业增加值	亿元人民币	62815	76190	11.4
第三产业增加值	亿元人民币	43720	73395	9.5
人均国内生产总值	元人民币	10561	13944	32.0
三、人民币对美元汇价	元人民币	8.3	8.1	-2.4
四、城镇登记失业率	%	4.2	4.2	0
五、农业				
粮食产量	万吨	46947	48401	3.1
油料产量	万吨	3066	3078	0.4
糖料产量	万吨	9571	9551	-0.2
水果产量	万吨	15341	16076	4.8
蔬菜产量	万吨	54927	56284	2.2
棉花产量	万吨	632	570	-9.8
六、工业				
原煤产量	亿吨	19.56	21.9	9.9
原油产量	亿吨	1.8	1.8	2.8
发电量	亿千瓦时	21870	24747	12.3
钢产量	万吨	27279.8	35239	24.6
十种有色金属产量	万吨	1430	1635	13.2
七、全社会固定资产投资	亿元人民币	70073	88604	25.7
八、对外贸易				
进出口总额	亿美元	11545	14221	23.2
其中:出口额	亿美元	5933	7620	28.4
进口额	亿美元	5612	6601	17.6
九、外商直接投资				
合同金额	亿美元	1534.8		
实际利用金额	亿美元	606.3	603	-0.5
十、交通运输				
货物周转量	亿吨公里	69445	78329.8	12.8
旅客周转量	亿人公里	16309	17473	7.1
港口完成货物吞吐量	亿吨	40	49	17.7
十一、金融				
年末各项存款余额	亿元人民币	253188	300209	18.2
年末各项贷款余额	亿元人民币	188566	206838	12.8
十二、旅游业				
国内旅游总收入	亿元人民币	4711	5286	12.2
国际旅游外汇收入	亿美元	257	293	23.8
入境人数	万人次	10904	12029	10.3
入境过夜人数	万人次	4176	4681	12.1
出境人数	万人次	2885	3103	7.5
因私出境人数	万人次	2298	2514	9.4

注:①栏数来自《中国统计年鉴·2005》(中国统计出版社,2005.9)和《中华人民共和国2004年国民经济和社会发展统计公报》。②③两栏统计数据均来自《中华人民共和国2005年国民经济和社会发展统计公报》。

文莱国民经济主要指标

指　　标	单　位	2004 年	2005 年	2005 年比 2004 年增长(%)
一、年末总人口	万人	35.8	37	3.4
二、国内生产总值	亿文莱元	87.7	98.2	3.6
人均国内生产总值	文莱元	24500	26000	6.1
三、文莱元对美元汇价	文莱元	1.6	1.7	2.5
四、通货膨胀率	%	0.3		
五、工业				
石油日产量	万桶	20.4	20	-1.9
油气收入	亿文莱元	7.6	42.3	457.4
非油气收入	亿文莱元	5.7	56	876.4
六、对外贸易总额	亿文莱元	118.8	128.8	8.4
出口总额	亿文莱元	93	104	21.4
进口总额	亿文莱元	25.8	24.8	2.8
七、引进外资总额	亿文莱元		44	
八、外汇储备	亿美元		200	
黄金储备	亿美元		30	

注:统计数据来自文莱首相府经济统计公报。

柬埔寨国民经济主要指标

指　　标	单　位	2004 年	2005 年	2005 年比 2004 年增长(%)
一、年末总人口	万人	1420	1440	1.4
二、国内生产总值	亿美元	45.8	54	7
人均国内生产总值	美元	322	388	20.5
三、柬埔寨瑞尔对美元汇价	瑞尔	4035	4100	1.6
四、通货膨胀率	%	3.9	4	0.1
五、失业率	%	10		
六、工业				
工业总产值	亿美元	11.9	15.4	15.7
服装业出口额	亿美元	18.6	24.2	29.9
服装业占出口额比重	%	67	90	23
七、农业				
农业总产值	亿美元	15.6	16.4	4
稻谷产量	万吨	417	598.6	43.5
橡胶产量	万吨	2.6	2	-21.4
八、旅游入境人数	万人次	90	140	55.5
九、旅游业收入	亿美元		10.7	
十、财政、金融				
财政收入	亿美元	5.1	5.6	10.5
财政支出	亿美元	6.9	7.8	5.5
外汇储备	亿美元	7.6	8.3	9.2
十一、对外贸易				
进出口贸易总额	亿美元	48.5	52.4	8
其中:进口总额	亿美元	20.6	25.5	23.8
出口总额	亿美元	27.9	26.9	-3.6

注:统计数据来自柬埔寨财经部,中国商务部网站。

印度尼西亚国民经济主要指标

指　　标	单　位	2004 年	2005 年	2005 年比 2004 年增长(%)
一、年末总人口	万人	23800	24100	1.3
二、国内生产总值	亿美元	2558.8	2702.1	5.6
人均国内生产总值	美元	912.6	1232.5	35.1
三、印尼盾对美元汇价	盾	8600	9739	13.2
四、通货膨胀率	%	6.4	17.1	10.7
五、旅游业				
旅游入境人数	万人次	510		
旅游外汇收入	亿美元	52		
六、财政、金融				
财政收入	万亿盾	403.8	495.4	22.7
财政支出	万亿盾	430	509.4	18.5
外汇储备	亿美元	363.2	347	4.5
七、对外贸易总额	亿美元	1108.9	1433.6	21.4
出口总额	亿美元	697.1	856.6	19.7
进口总额	亿美元	346.6	575.5	24
八、引进外资协议金额	亿美元	104.1	135.7	30
九、引进外资实际金额	亿美元	46	89.1	93.7

注:统计数据来自印尼国家统计局、财政部、工贸部、经济学家信息部、中国商务部网站。

老挝国民经济主要指标

指　　标	单　位	2004 年	2005 年	2005 年比 2004 年增长(%)
一、年末总人口	万人	583.6	584	0.1
二、国内生产总值	亿美元	21.5	22.4	4.2
人均国内生产总值	美元	370	491	32.7
工业国内生产总值增长率	%	12.5	25.3	13
服务业国内生产总值增长率	%	6.5	14.5	8
农业国内生产总值增长率	%	4	7.5	3.5
三、老挝基普对美元汇价	基普	10569	10400	-1.6
四、通货膨胀率	%	15	8	-7
五、工业总产值	亿基普	5.9	6.7	13
六、农林业总产值	亿基普	11.2	11.6	3.5
七、旅游入境人数	万人次	90	91.7	1.8
八、财政、金融				
财政收入	亿基普	2.8		
财政支出	亿基普	4		
外汇储备	亿美元	2.2		
外债	亿美元	13.9		
九、对外贸易				
出口总额	亿美元	3.7	4.5	19.3
进口总额	亿美元	5.6		
十、引进外资				
外资项目协议金额	亿美元	5.3	12.5	135.8
获外援资金	亿美元	2.2	4.4	100

注:统计数据来自《老挝统计年鉴》、《东南亚纵横》2006.4 期、中国外交部网站。

马来西亚国民经济主要指标

指　　标	单　位	2004 年	2005 年	2005 年比 2004 年增长(%)
一、年末总人口	万人	2558	2626	2.6
二、国内生产总值	亿林吉特	4475.5	4845.4	5.3
服务业部门国内生产总值增长率	%	7.8	6.5	-2.3
农业部门国内生产总值增长率	%	3	3.8	0.8
三、失业率	%	3.5	3.8	0.3
四、通货膨胀率	%	1.4	3	1.6
五、马来西亚林吉特对美元汇价	林吉特	3.8	3.8	0
六、造纸和纸浆行业				
从业人数	人	3063		
投资总额	亿林吉特	47.2		
国内投资额	亿林吉特	33.6		
国外投资额	亿林吉特	13.6		
产品销售额	亿林吉特	50.9		
纸浆、纸张销售额	亿林吉特	18.4		
容器和纸箱销售额	亿林吉特	21.1		
纸板制品销售额	亿林吉特	11.4		
七、旅游业				
旅游入境人数	万人次	1570	1640	4.6
旅游业收入	亿林吉特	314	320	1.9
八、财政、金融				
财政收入	亿林吉特	969.2	1058.6	9.2
财政支出	亿林吉特	1168.3	1245.4	6.6
外汇储备	亿美元	669	728.3	8.9
外债总额	亿美元	511	518.2	1.4
九、对外贸易				
进出口总额	亿林吉特	8803	9678	10.6
其中:进口总额	亿林吉特	3996	4340.1	8.9
出口总额	亿林吉特	4807	5337.9	12.0
十、引进外资	亿林吉特	132	175	32.6

注:统计数据来自马来西亚财政部 2005/2006 年度经济报告、中国外交部网站。

缅甸国民经济主要指标

指　　标	单　位	2004 年	2005 年	2005 年比 2004 年增长(%)
一、年末总人口	万人	5430	5540	2
二、国内生产总值	亿缅元	32970.5	36926.9	12.2
人均国内生产总值	万缅元		16	
农业国内生产总值增长率	%	2		
服务业国内生产总值增长率	%	9		
制造业国内生产总值增长率	%	22.6		
三、缅甸元对美元汇价				
官方汇价	缅元	6	6.5	8.3
市场汇价	缅元	930	1325	42.5
四、通货膨胀率	%	24.9	9	-15.9
五、旅游入境人数	万人次	65.7		
六、金融				
外汇储备	亿美元	562		
外债总额	亿美元	59		
七、对外贸易总额	亿美元	40.1	43.7	8.9
进口总额	亿美元	17.6	16	-9
出口总额	亿美元	22.5	27.7	23.1
八、累计引进外资总额	万美元	9117		

注:资料来自 IMF 统计、《缅甸时报》、国际在线综合网站、中国贸易部网站。

菲律宾国民经济主要指标

指　　标	单　位	2004 年	2005 年	2005 年比 2004 年增长(%)
一、年末总人口	万人	8400	8500	1.2
二、国内生产总值	亿美元	864.1	1030	5.1
人均国内生产总值	美元		1084	
三、菲律宾比索对美元汇价	比索	56	53.1	-5.2
四、通货膨胀率	%	5.5		
五、失业率	%	11.8	11.8	0
六、工业				
工业增加值	亿比索	3832		
其中:采矿业	亿比索	211.1		
制造业	亿比索	2743		
建筑业	亿比索	523.9	551.7	5.3
电、气、水	亿比索	361.7		
七、农业				
农业增加值	亿比索	2226.8	2271.3	2
其中:农牧渔	亿比索	2210.3		
林业	亿比索	28.8		
八、服务业				
服务业增加值	亿比索	5368.5	5706.7	6.3
交通、通信服务	亿比索	952.9		
贸易服务	亿比索	1963.1		
财政服务	亿比索	559.2		
房产服务	亿比索	527.3		
私有服务	亿比索	865.1		
政府服务	亿比索	551.7		
九、旅游入境人数	万人次	226	265	17
十、财政、金融				
财政收入	亿比索	6983		
财政支出	亿比索	8844		
外债总额	亿美元	556	699	25.7
外汇储备	亿美元	160.5	132	-17.8
十一、对外贸易				
进出口贸易总额	亿美元	838	900	7.4
其中:进口总额	亿美元	387	482	24.5
出口总额	亿美元	451	418	-7.3
十二、引进外资总额	亿比索	367.2		

注:按 1985 年不变价统计,资料来自《菲律宾 2004 年经济情况及 2005 年展望》、《中国东盟博览》、中国商务部网站。

新加坡国民经济主要指标

指　　标	单　位	2004 年	2005 年	2005 年比 2004 年增长(%)
一、国内生产总值	亿美元	1092	1162	6.4
二、人均国民收入	美元	25211	26706	5.9
三、制造业总产值	亿美元	278	304	9.3
四、建筑业总产值	亿美元	40	39	-1.1
五、批发零售业总产值	亿美元	166	184	10.5
六、酒店餐饮业总产值	亿美元	20	21	4.6
七、运输及通讯业总产值	亿美元	131	137	4.5
八、金融服务业总产值	亿美元	117	125	6.5
九、对外贸易额	亿美元	3778	4300	13.8
进口额	亿美元	1762	2002	13.6
出口额	亿美元	2016	2298	14
十、就业人口	万人	220.6	231.7	5
十一、失业率	%	4.6	7.8	3.2
十二、制造业投资额	亿美元	50	51	2
十三、游客入境人数	万人	832	894	7.4
十四、官方外汇储备	亿美元	1128	1166	3.4
十五、新元对美元汇价	新元	1.6	1.7	1.8

注:统计数据来自中国外交部亚洲司二处。

泰国国民经济主要指标

指　　标	单　位	2004 年	2005 年	2005 年比 2004 年增长(%)
一、年末总人口	万人	6487	6476	-0.2
二、国内生产总值	亿铢	65000	69504	6.9
农业增加值	亿铢	3361		
非农业增加值	亿铢	33333		
人均国内生产总值	铢	101540	103256	1.7
三、泰铢对美元汇价	铢	40.3	40.3	0
四、通货膨胀率	%	2.7	4.2	1.5
五、失业率	%	2.1		
六、旅游业				
旅游收入	亿铢	3806	3920	2.9
旅游入境人数	万人次	1170	1962	67.7
七、对外贸易总额	亿美元	1923.7	2279.6	18.5
出口总额	亿美元	961	1098.5	13.1
进口总额	亿美元	944	1181.1	24.1
贸易差额	亿美元	17	82.6	385.9
八、财政、金融				
财政收入	亿铢	11176	14739.5	31.9
财政支出	亿铢	11093		
政府储备	亿美元	498	521	4.6
九、未清偿外债	亿美元	511		
政府外债	亿美元	151	505	234.4
十、引进外资总额	亿铢	208		

注:统计数据来自泰国财政部、商业部、经济社会发展委员会、中国商务部网站。

越南国民经济主要指标

指　　标	单　位	2004 年	2005 年	2005 年比 2004 年增长(%)
一、年末总人口	万人	8200	8312	1.4
二、国内生产总值	亿美元	454	490	8
人均国内生产总值	美元	560	640	14.3
三、越南盾对美元汇价	越盾	15700	15775	0.5
四、城市失业率	%		5.3	
五、工业				
工业总产值	万亿越盾	354	414.9	17.2
其中:国有企业产值	万亿越盾	131.1	142.5	8.7
非国有企业产值	万亿越盾	93.2	115.7	24.1
外资企业产值	万亿越盾	127	126.5	-0.4
主要工业产品产量				
化肥	万吨	300.8	220	-26.9
水泥	万吨	2533.1	2800	10.5
煤	万吨	2541	3260	28.3
六、农业				
农林渔业总产值	万亿越盾	172.3	182	4.9
农业产值	万亿越盾	132.5	136.7	3.2
林业产值	万亿越盾	6.2	6.9	1.2
渔业产值	万亿越盾	33.6	37.6	12.1
七、商业、服务业				
商业服务业收入总额	万亿越盾	372.5		
其中:国有经济	万亿越盾	57.7		
集体经济	万亿越盾	3.61		
个体经济	万亿越盾	68		
私营经济	万亿越盾	234.6		
外资企业	万亿越盾	8.6		
八、旅游总收入	万亿越盾	25.5	30	17.6
游客入境人数	万人	346	409.7	18.4
九、交通运输业				
交通运输客运量	亿人次	8.2	12.7	7.5

指　　标	单　位	2004 年	2005 年	2005 年比 2004 年增长(%)
交通运输货运量	亿吨	2.6	3.2	7.3
十、财政、金融				
财政收入	万亿越盾	171	199.4	16.6
财政支出	万亿越盾	210.2	251.2	19.5
侨汇收入	亿美元	38	38	0
外汇储备	亿美元		83	
十一、对外贸易				
进出口总额	亿美元	575	691	18.2
其中:出口总额	亿美元	260	322	21.6
进口总额	亿美元	315	369	15.4
十二、引进外资总额	亿美元	40.2	58	25
协议投资额	亿美元	20.84	21.3	2.0
实际利用外资	亿美元	28.5		

注:统计数据来自越南统计总局、计划投资部。

中国与东南亚国家贸易情况(2005年)

国家(地区)	金额(亿美元)			同比增幅(%)			贸易平衡状况	
	进出口	出口	进口	进出口	出口	进口	金额(亿美元)	增幅(%)
东盟	1303.70	553.71	749.99	23.1	29.1	19.1	-196.28	-2.2
文莱	2.61	0.53	2.08	-12.7	11.0	-17.3	-1.55	-23.9
柬埔寨	5.63	5.36	0.27	16.8	18.5	-8.8	5.09	20.4
印度尼西亚	167.89	83.51	84.38	24.5	33.5	16.8	-0.86	-91.1
老挝	1.29	1.03	0.26	13.6	2.5	101.9	0.78	-11.8
马来西亚	307.03	106.07	200.96	16.9	31.2	10.6	-94.89	-5.9
缅甸	12.90	9.35	2.74	5.6	-0.4	32.6	6.61	-9.7
菲律宾	175.58	46.88	128.70	31.7	9.8	42.1	-81.82	70.8
新加坡	331.49	166.33	165.16	24.2	31.3	18.0	1.16	-108.9
泰国	218.12	78.20	139.92	25.8	34.8	21.2	-61.71	7.5
越南	81.96	56.44	25.52	21.6	32.5	2.8	30.93	73.8
东帝汶	0.01	0.01	0.00	-25.5	-25.5	704.5	0.01	-25.5

数据来源:中国商务部网站。

中国与东盟进出口所占中国对外贸易的比重(1994～2005年)

年份	进出口			出口			进口		
	金额(亿美元)	比上年增减(%)	占比重(%)	金额(亿美元)	比上年增减(%)	占比重(%)	金额(亿美元)	比上年增减(%)	占比重(%)
1994	132.09	23.5	5.58	63.79	36.2	5.27	68.30	13.6	5.90
1995	203.69	39.4	6.57	104.74	4106.0	6.07	98.95	37.4	7.12
1996	211.59	4.6	7.04	103.10	-0.5	6.42	108.49	9.8	7.70
1997	251.56	19.4	7.49	127.00	24.0	6.59	124.56	15.2	8.66
1998	236.44	-6.2	7.25	110.35	-13.6	5.94	126.09	1.2	8.96
1999	272.02	14.3	7.40	122.75	11.4	6.24	149.27	18.2	8.97
2000	395.22	45.3	8.33	173.41	41.3	6.96	221.81	48.6	9.85
2001	416.15	5.3	8.16	183.85	6.0	6.91	232.29	4.7	9.54
2002	547.66	31.7	8.82	235.68	28.3	7.24	311.97	34.3	10.57
2003	782.52	42.8	9.19	309.25	31.1	7.05	473.27	51.7	11.46
2004	1058.80	35.3	9.20	429.00	38.7	7.20	630.00	33.1	11.20
2005	1303.70	23.1	9.20	553.70	29.1	7.30	750.00	19.1	11.40

数据来源:中国商务部、中国海关总署统计数据。

柬埔寨部分经济指标（2002～2007年）

指　标（单位/统计机构）	2002年	2003年	2004年	2005年	2006年	2007年
国内生产总值增长率（%）						
CDRI	5.2	5.0	4.3	1.9	7.0	n.a.
ADB	5.5	5.1	6.0	2.3	4.1	4.7
EIU	5.5	5.1	4.8	3.5	4.0	n.a.
地区展望	4.0	4.5	5.0	4.5	4.5	5.0
工业增长率（%/ADB）	17.7	6.6	16.9	-2.0	2.9	4.0
服务业增长率（%/ADB）	4.3	2.1	7.3	5.0	5.5	6.0
农业增长率（%/ADB）	-3.2	9.6	-2.4	3.2	3.5	3.7
出口额增长率（%）	1.8	2.0	2.5	2.5	2.8	n.a.
进口额增长率（%）	2.6	2.6	3.2	3.3	3.7	n.a
贸易差额增长率（%）	-0.8	-0.6	-0.7	-0.8	-0.9	n.a.
通货膨胀年平均值（%/ADB）	4.4	3.3	4.2	4.3	3.9	3.8
外汇储备（百万美元/EIU）	775.6	815.5	943.1	n.a.	n.a.	n.a.
外国直接投资（百万美元）	139.1	77.0	115.0	n.a.	n.a.	n.a.
兑换率（瑞尔/1美元/ADB）	3912.0	3980.0	4019.0	n.a	n.a	n.a

注:2005年为估计数据,2006年、2007年为预测数据。

信息来源:柬埔寨发展研究所（CDRI）;亚洲发展银行（ADB）;经济学家信息中心（EIU）。

印度尼西亚部分经济指标（2001～2007年）

指　标（单位）	2001年	2002年	2003年	2004年	2005年	2006年	2007年
国内生产总值增长率（%）	3.8	4.3	5.0	5.1	6.0	6.5	7.5
出口额（百万美元）	56320.9	57158.8	61058.8	71584.6	81557.3	95000.0	115000.0
进口额（百万美元）	30962.1	31288.9	3255.8	46524.5	56862.9	70000.0	85000.0
贸易顺差（百万美元）	25358.8	25929.9	285.8.1	25060.1	24694.4	25000.0	30000.0
物价涨幅（%）	12.6	10.0	5.1	6.4	12.0	7.0	6.0
债务占国内生产总值的比重（%）	133.1	131.3	135.4	136.1	134.4	133.0	132.0
年均利率（%）	13.4	11.4	6.3	5.9	10.0	5.0	5.0
年终汇率（印尼盾/1美元）	10400.0	8940.0	8465.0	9290.0	9470.0	8000.0	8000.0

注:2005年为估计数据,2006年、1007年为预测数据。

资料来源:亚洲发展银行;作者的估计。

老挝部分经济指标（2001～2007年）

指　标（单位）	2001年	2002年	2003年	2004年	2005年	2006年	2007年
国民生产总值增长率（%）	5.8	5.9	5.9	6.5	7.0	6.5	5.8
工业增长率（%）	10.1	10.1	11.5	11.4	11.9	11.5	9.8
服务业增长率（%）	5.7	5.7	7.5	7.3	7.3	7.0	6.0
农业增长率（%）	3.8	4.0	2.2	3.5	4.1	3.0	3.0
出口额（百万美元）	320.0	324.0	373.0	455.0	600.0	550.0	562.0
进口额（百万美元）	511.0	470.0	500.0	600.0	710.0	751.0	800.0
贸易顺差（百万美元）	-191.0	-146.0	-127.0	-145.0	-110.0	-201.0	-238.0
通货膨胀率（%）	7.8	10.7	15.8	10.6	7.0	5.0	5.0
未偿清的总债务（百万美元）	1205.0	1248.0	1390.0	1961.0	—	—	—
外汇储备（百万美元）	133.0	196.0	216.0	225.0	240.0	260.0	280.0
年终汇率（基普/1美元）	8955.0	10056.0	10652.0	10380.0	10400.0	10600.0	10800.0

注:2005年为估计数据,2006年、2007年为预测数据。

资料来源:亚洲发展银行;作者的估计。

马来西亚部分经济指标(2001～2007 年)

指　标(单位)	2001 年	2002 年	2003 年	2004 年	2005 年	2006 年	2007 年
国内生产总值增长率(%)	0.3	4.1	5.3	7.5	5.0	5.2	5.3
工业增长率(%)	-3.8	4.1	7.2	7.8	4.8	4.1	4.4
服务业增长率(%)	6.2	6.4	4.3	7.8	5.4	6.5	6.0
农业增长率(%)	-0.6	2.6	5.7	3.0	3.0	3.2	3.2
出口额(百万美元)	88.0	93.4	105.0	126.6	146.6	165.2	183.5
进口额(百万美元)	-69.6	-75.2	-79.3	-99.3	-118.7	139.7	158.2
贸易顺差(百万美元)	18.4	18.1	25.7	27.5	27.9	25.3	25.5
通货膨胀年平均值(%)	1.4	1.8	1.1	1.5	2.8	2.4	1.9
外债总债务(百万美元)	44.6	48.6	50.5	52.3	51.4	52.2	55.1
外国直接投资(百万美元)	0.3	1.3	0.8	1.3	1.1	1.3	1.6
年终汇率(基普/1 美元)	3.8	3.8	3.8	3.8	3.8	3.8	3.7

注:2005 年为估计数据,2006 年、2007 年为预测数据。
资料来源:亚洲发展银行;马来西亚民加拉银行;作者预测。

缅甸部分经济指标(2001～2007 年)

指　标(单位/统计机构)	2001～2002 年度	2002～2003 年度	2003～2004 年度	2004～2005 年度	2005～2006 年度	2006～2007 年度
国内生产总值增长率(%)						
官方	11.3	12	13.8	12.6	11.6[b]	11.3[a]
英国经济学家信息中心	5.3	5.3	-2	-2.7	1.5	2.2
亚洲开发银行	11.3	10	10.1	n. a.	n. a	n. a
国际货币基金组织	10.5	5.5	5.1	4.3	3.7	n. a.
地区展望	5	4.5	4.2	4	4	3
制造业增长率(%/CSO)	21.8	35.4	20.5	21.1	14.7[b]	14.7[b]
服务业增长率(%/CSO)	15.7	14.8	14.5	13.8	9.0[b]	9.0[b]
农业增长率(%/CSO)	12.3	6	-3.5[c]	9.6	2.0[a]	1.2[a]
出口额(百万美元/CSO)	2544	3063	2357	2900	2500[a]	2600[a]
进口额(百万美元/CSO)	2735	2300	2240	2000	2200	2300[a]
贸易差额(百万美元)	-191	763	117	900	300	300
通货膨胀年平均值(%/CSO)	34.5	58.1	24.9	20.0[a]	25.0[c]	30.0[a]
外债(百万美元)	5.7	6.6	7.3	7.5	7.2[a]	7.7[a]
外汇储备(百万美元)	401	470	550	672	774[c]	n. a.
外商直接投资(百万美元)	19.1	86.9	91.2	128.1	n. a.	n. a.
官方汇率(缅元/1 美元)	6.7	6.6	6.1	6.5	6.7	6.7
市场汇率(缅元/1 美元)	710	900	950	1000	1300	1350

注:①以上数字均来自国际货币基金组织、亚洲开发银行和经济学家信息中心历年 12 月底的统计。其中 2005～2006 年和 2006～2007 年的数据均为预测数据。
②a. 经济学家信息中心,EIU 国家报告——2004 年 8 月和 2004 年 5 月;
b. 国际货币基金组织,世界发展展望 2004,政府第三个五年计划;
c. 本年度第一季度;
资料来源:缅甸国家计划与经济发展部;中央统计局(CSO),仰光。

菲律宾部分经济指标（2001～2007年）

指　标（单位）	2001年	2002年	2003年	2004年	2005年	2006年	2007年
国内生产总值增长率（%）	4.5	4.4	3.3	6.1	4.8	5.0	5.2
个人消费增长率（%）	3.6	4.1	5.3	5.8	4.9	5.1	5.3
政府消费增长率（%）	-5.3	2.4	-3.6	0.0	3.5	2.0	2.5
固定投资总额增长率（%）	12.0	2.4	-7.8	4.2	-5.1	4.0	4.5
农业增长率（%）	4.7	3.3	3.9	4.9	31.4	4.6	4.1
工业增长率（%）	4.8	3.7	0.2	5.2	4.6	4.7	5.2
服务业增长率（%）	4.3	5.4	5.4	7.1	6.3	6.9	7.3
出口额（百万美元）	31243	34377	35342	38728	41110	43900	44930
进口额（百万美元）	31986	33970	40797	45109	45230	47745	48145
贸易顺差（百万美元）	-743	407	-5455	-6381	-4120	-3845	-3215
通货膨胀率年平均值（%）	6.1	3.0	3.5	6.0	7.7	6.5	5.8
外债占国内生产总值比重（%）	73.3	71.9	74.3	63.9	63.4	60.1	58.7
外汇储备（10亿美元）	15.6	16.3	17.1	16.2	15.7	15.8	16.1
利率*（%）	9.7	5.5	5.9	7.3	8.0	8.5	9.0
年末汇率（比索/1美元）	51.4	53.1	55.6	56.5	53.5	53.0	54.0

注：2005年为估计数据，2006年、2007年为预测数据。

资料来源：菲律宾国家网站；经济学家智囊机构；作者的估算。

*：91天短期公债利率。

新加坡部分经济指标（2001～2007年）

指　标（单位）	2001年	2002年	2003年	2004年	2005年	2006年	2007年
国内生产总值增长率（%）	-2.0	3.2	1.4	8.4	4.8	6.4	6.5
工业增长率（%）	-11.6	7.8	2.7	13.9	7.2	11.4	8.0
服务业增长率（%）	2.4	3.1	1.3	7.5	4.0	4.7	6.0
农业增长率（%）	0.1	0.1	0.1	0.1	n. a.	n. a.	n. a.
出口额（百万美元）	121685	125044	144127	179540	201983	232280	255508
进口额（百万美元）	115917	116338	127892	163814	181834	209109	230019
贸易顺差（百万美元）	5768	8706	16235	15726	20149	23171	25489
外汇储备（百万美元）	75800	82276	96324	112808	125000.0	135000.0	140000
年末汇率（新元/1美元）	1.9	1.7	1.7	1.6	1.6	1.6	1.5

注：2005年为估计数据，2006年、2007年为预测数据。

资料来源：CEIC数据库；新加坡财政部。

泰国部分经济指标（2001～2007年）

指　标（单位）	2001年	2002年	2003年	2004年	2005年	2006年	2007年
国内生产总值增长率（%）	2.2	5.3	6.9	6.1	3.9	4.0	5.2
工业增长率（%）	1.7	6.9	9.4	8.3	5.0	4.3	5.1
服务业增长率（%）	2.3	4.5	4.2	6.2	4.3	4.6	5.6
农业增长率（%）	3.2	1.0	8.7	-3.9	-3.4	-0.5	3.5
出口额（百万美元）	63070	66092	78105	94941	108707	128275	153930
进口额（百万美元）	60576	63353	74346	93706	120412	137270	157860
贸易顺差（百万美元）	2494	2793	3759	1235	-11705	-8995	-3931
一般通货膨胀率（%）	1.8	0.7	1.8	2.8	4.4	3.5	2.5
总体外债（百万美元）	65.0	58.1	46.8	36.2	31.3	28.1	26.0
外汇储备（百万美元）	33.0	38.9	42.1	49.8	49.0	49.2	49.6
主要借贷利率（%）	7.00～7.50	6.50～7.00	5.50～5.75	5.75～6.25	6.00～6.50	6.25～6.75	6.25～6.75
平均汇率（铢/1美元）	44.5	43.0	41.5	40.3	40.3	41.0	41.0

注：2005年为估计数据，2006年、2007年为预测数据。

资料来源：泰国银行；CEIC数据库；经济学家智囊机构；作者的估算。

越南部分经济指标（2001～2007年）

指　标（单位）	2001年	2002年	2003年	2004年	2005年	2006年	2007年
国内生产总值增长率（%）	5.8	6.4	7.1	7.5	7.6	7.6	7.5
工业增长率（%）	9.7	8.9	9.6	10.2	10.1	9.9	9.7
服务业增长率（%）	4.4	6.0	6.8	7.4	7.6	7.6	7.5
农业增长率（%）	2.3	3.0	3.1	2.8	2.6	2.7	2.7
出口额（百万美元）	15029	16706	20176	26660	30660	38000	45600
进口额（百万美元）	14556	18001	24776	31600	36348	44582	53288
贸易顺差（百万美元）	473	-1295	-4600	-4940	-5688	-6582	-7688
通货膨胀年平均值（%）	-0.4	3.9	3.2	7.7	5.7	5.2	5.2
未偿债务（百万美元）	13242	13100	14100	14410	—	—	—
长期债务（百万美元）	11429	12181	—	—	—	—	—
外汇储备（10亿美元）	3540	3815	5577	6027	—	—	—
年末汇率（盾/1美元）	14725	15280	15656	15781	15900	16000	16200

注：2005年为估计数据，2006年、2007年为预测数据。

资料来源：亚洲开发银行；作者的估算。

印度尼西亚与主要贸易伙伴进出口情况（2005年1－9月）

国家和地区	进口			出口		
	金额（百万美元）	占比重（%）	同比增减（%）	金额（百万美元）	占比重（%）	同比增减（%）
总　值	43857	100.0	30.9	62699	100.0	21.0
新加坡	6858	15.6	68.1	5909	9.4	43.2
日本	5437	12.4	24.0	13431	21.4	15.6
中国	4537	10.4	52.0	4597	7.3	41.9
美国	2872	6.6	26.2	7327	11.7	11.4
泰国	2754	6.3	40.5	1656	2.6	21.9
韩国	2170	5.0	58.0	4891	7.8	41.7
澳大利亚	1888	4.3	15.5	1696	2.7	21.9
马来西亚	1558	3.6	36.8	2489	4.0	13.5
德国	1359	3.1	5.7	1307	2.1	9.2
中国台湾省	992	2.3	7.0	1941	3.1	-6.0
印度	820	1.9	-5.8	2033	3.2	34.5
亚太经合组织	32234	73.5	41.7	47659	76.0	21.6
东盟10国	12853	29.3	61.4	11690	18.6	29.8
欧盟15国	4345	9.9	12.3	7218	11.5	16.2
北美自由贸易区	3460	7.9	25.9	7895	12.6	10.5
南方共同市场	660	1.5	21.6	378	0.6	24.9
中东欧自由贸易区	99	0.2	33.0	298	0.5	23.5
安第斯共同体	41	0.1	23.8	151	0.2	16.4

资料来源：中国海关总署。

马来西亚与主要贸易伙伴进出口情况(2005年)

国家和地区	进口			出口		
	金额（百万美元）	占比重（%）	比上年增减（%）	金额（百万美元）	占比重（%）	比上年增减（%）
总　值	114626	100.0	8.9	140979	100.0	12.0
日本	16634	14.5	-0.8	13181	9.4	3.7
美国	14768	12.9	-3.1	27743	19.7	17.7
新加坡	13425	11.7	14.7	22009	15.6	16.0
中国	13177	11.5	27.4	9303	6.6	11.0
中国台湾省	6331	5.5	11.1	3913	2.8	-4.6
泰国	6045	5.3	4.4	7585	5.4	25.9
韩国	5706	5.0	9.1	4737	3.4	7.6
德国	5088	4.4	8.3	2973	2.1	8.5
印度尼西亚	4375	3.8	4.3	3322	2.4	8.4
菲律宾	3219	2.8	14.2	1974	1.4	2.7
中国香港	2852	2.5	-0.3	8241	5.9	25.9
澳大利亚	2157	1.9	20.7	4766	3.4	15.1
英国	1722	1.5	-1.4	2501	1.8	-8.8
亚太经合组织	92146	80.62	7.95	110958	78.71	12.45
东盟10国	29270	25.5	11.8	36764	26.1	16.1
北美自由贸易区	15487	13.5	-2.4	29189	20.7	16.7
欧盟15国	13065	11.4	5.4	15705	11.1	6.0
南方共同市场	1170	1.0	58.9	487	0.4	23.1
中东欧自由贸易区	221	0.2	9.2	792	0.6	-16.1
安第斯共同体	28	0.0	37.8	119	0.1	14.9

资料来源：中国海关总署。

新加坡与主要贸易伙伴进出口情况(2005年)

国家和地区	进口			出口		
	金额（百万美元）	占比重（%）	比上年增减（%）	金额（百万美元）	占比重（%）	比上年增减（%）
总值	200.075	100.0	22.0	229681	100.0	27.8
马来西亚	27345	13.7	9.4	30392	13.2	11.4
美国	23288	11.6	13.9	23437	10.2	5.6
中国	20511	10.3	26.5	19749	8.6	28.3
日本	19243	9.6	0.7	12537	5.5	8.3
中国台湾省	11837	5.9	26.3	8969	3.9	7.6
印度尼西亚	10453	5.2	—	22112	9.6	—
韩国	8598	4.3	22.4	8054	3.5	9.0
泰国	7518	3.8	12.0	9405	4.1	21.4
德国	5955	3.0	4.8	6310	2.8	1.0
中国香港	4207	2.1	15.1	21514	9.4	21.8
印度	4077	2.0	46.2	5897	2.6	41.2
英国	3932	2.0	25.1	6316	2.8	0.2
亚太经合组织	144814	72.4	23.1	177486	77.3	30.5
东盟10国	52136	26.1	38.6	71950	31.3	64.8
北美自由贸易区	24703	12.4	13.4	25369	11.1	2.7
欧盟15国	22200	11.1	5.8	26076	11.4	6.3
南方共同市场	752	0.4	18.9	932	0.4	69.8
中东欧自由贸易区	642	0.3	8.6	862	0.4	9.2
安第斯共同体	295	0.2	111.5	79	0.0	26.2

资料来源：中国海关总署。

泰国与主要贸易伙伴进出口情况(2005年)

国家和地区	进口			出口		
	金额（百万美元）	占比重（%）	比上年增减（%）	金额（百万美元）	占比重（%）	比上年增减（%）
总值	118112	100.0	24.1	109848	100.0	13.1
日本	26042	22.1	15.9	15030	13.7	11.5
中国	11148	9.4	36.4	9104	8.3	28.5
美国	8679	7.4	20.0	16915	15.4	9.6
马来西亚	8090	6.9	46.6	5676	5.2	7.4
新加坡	5373	4.6	29.3	7425	6.8	6.5
中国台湾省	4498	3.8	13.1	2682	2.4	4.2
韩国	3872	3.3	8.1	2243	2.0	21.4
澳大利亚	3253	2.8	47.4	3153	2.9	28.5
德国	3201	2.7	12.9	1979	1.8	10.3
印度尼西亚	3132	2.7	34.6	3959	3.6	23.9
菲律宾	1880	1.6	21.6	2045	1.9	12.3
亚太经合组织	82812	70.1	23.4	79353	72.2	14.5
东盟10国	22984	19.5	32.1	23892	21.8	13.3
欧盟15国	10461	8.9	14.9	14154	12.9	3.0
北美自由贸易区	9442	8.0	19.1	18483	16.8	8.8
南方共同市场	1526	1.3	26.0	736	0.7	48.8
中东欧自由贸易区	292	.3	16.3	686	0.6	31.8
安第斯共同体	60	0.1	-7.6	317	0.3	74.1

资料来源：中国海关总署。

印度尼西亚与中国进出口主要商品构成(2005年1~9月)

商品类别	进口			出口		
	金额（百万美元）	占比重（%）	同比增减（%）	金额（百万美元）	占比重（%）	同比增减（%）
矿物燃料、矿物油及其产品；沥青等	1791.6	39.0	115.7	1110.1	24.5	84.2
有机化学品	434.4	9.5	14.4	156.9	3.5	11.7
橡胶及其制品	231.1	5.0	24.3	26.9	0.6	13.4
纸及纸板；纸浆、纸或纸板制品	132.9	2.9	-16.5	28.8	0.6	-7.0
电机、电气、音像设备及其零附件	113.4	2.5	-24.9	402.6	8.9	21.2
核反应堆、锅炉，机器，机械器具及零件	100.2	2.2	5.9	687.7	15.2	86.2
塑料及其制品	76.9	1.7	0.8	72.4	1.6	9.6
钢铁	51.4	1.1	-2.3	483.8	10.7	204.6
杂项化学产品	42.7	0.9	8.8	52.0	1.2	33.8
车辆及其零附件，但铁道车辆除外	29.6	0.6	48.5	90.3	2.0	4.2
棉花	26.0	0.6	-37.9	57.3	1.3	0.7
化学纤维长丝	25.1	0.6	5.8	38.5	0.9	55.8
无机化学品；贵金属等的化合物	18.2	0.4	344.5	167.6	3.7	51.3
盐：硫磺：土及石料；石灰及水泥等	12.5	0.3	-0.4	34.4	0.8	-8.2
鞋靴、护腿和类似品及其零件	12.0	0.3	104.5	23.3	0.5	27.2
食用蔬菜、根及块茎	11.0	0.2	167.5	52.6	1.2	6.8
鞣料；着色料；涂料；油灰；墨水等	10.8	0.2	35.0	62.6	1.4	22.0
铝及其制品	9.0	0.2	72.1	74.6	1.6	42.7

资料来源：中国海关总署。

马来西亚与中国进出口主要商品构成(2005年)

商品类别	进口			出口		
	金额（百万美元）	占比重（%）	比上年增减（%）	金额（百万美元）	占比重（%）	比上年增减（%）
电机、电气、音像设备及其零附件	3102.3	33.4	29.4	4818.9	36.6	36.3
核反应堆、锅炉、机械器具及零件	1337.5	14.4	16.2	4216.3	32.0	26.2
塑料及其制品	588.3	6.3	18.0	261.2	2.0	34.1
木及木制品;木炭	435.5	4.7	52.3	47.9	0.4	35.1
矿物燃料、矿物油及其产品;沥青等	406.7	4.4	-48.5	236.5	1.8	190.8
有机化学品	279.6	3.0	-33.4	141.7	1.1	22.7
光学、照相、医疗等设备及零附件	252.4	2.7	75.8	259.0	2.0	16.9
钢铁	156.4	1.7	36.5	401.0	3.0	21.8
杂项化学产品	148.6	1.6	-6.7	42.2	0.3	28.8
铜及其制品	87.2	0.9	39.6	54.4	0.4	38.9
化学纤维长丝	55.1	0.6	40.2	48.4	0.4	1.0
纸及纸板;纸浆、纸或纸板制品	55.0	0.6	147.5	87.7	0.7	39.3
钢铁制品	37.8	0.4	46.9	199.9	1.5	41.6
化学纤维短纤	33.8	0.4	5.1	41.1	0.3	-3.9
鱼及其他水生无脊椎动物	31.9	0.3	8.0	95.1	0.7	53.1
玻璃及其制品	31.8	0.3	-44.9	69.0	0.5	16.1
车辆及其零附件,但铁道车辆除外	24.2	0.3	0.5	76.4	0.6	26.8
家具;寝具等;灯具;活动房	23.9	0.3	25.0	100.1	0.8	20.9
盐;硫磺;土及石料;石灰及水泥等	21.6	0.2	39.4	45.6	0.4	30.8
无机化学品;贵金属等的化合物	20.1	0.2	112.3	162.2	1.2	16.4
铝及其制品	15.8	0.2	-26.2	69.8	0.5	28.5
针织物及钩编织物	9.7	0.1	36.6	47.3	0.4	32.7

资料来源:中国海关总署。

新加坡与中国进出口主要商品构成(2005年)

商品类别	进口			出口		
	金额（百万美元）	占比重（%）	比上年增减（%）	金额（百万美元）	占比重（%）	比上年增减（%）
电机、电气、音像设备及其零附件	8632.6	43.7	41.6	8720.1	42.5	28.3
核反应堆、锅炉、机械器具及零件	4443.2	22.5	35.6	5100.4	24.9	18.9
矿物燃料、矿物油及其产品;沥青等	1534.5	7.8	2.4	1337.7	6.5	72.2
塑料及其制品	1377.8	7.0	28.3	196.6	1.0	27.9
有机化学品	1185.9	6.0	11.2	158.2	0.8	15.2
光学、照相、医疗等设备及零附件	566.7	2.9	14.8	650.7	3.2	17.6
杂项化学产品	246.1	1.3	8.3	98.4	0.5	19.9
橡胶及其制品	159.3	0.8	5.3	118.9	0.6	19.6
车辆及其零附件,但铁道车辆除外	124.1	0.6	8.3	76.1	0.4	27.5
贱金属器具、利口器、餐具及零件	87.8	0.4	67.2	61.4	0.3	19.8
钢铁制品	82.3	0.4	5.7	349.0	1.7	62.2
钢铁	76.2	0.4	12.4	314.2	1.5	2.2
铝及其制品	30.7	0.2	-68.6	299.8	1.5	74.5
精油及香膏;香料制品及化妆盥洗品	27.6	0.1	16.0	61.4	0.3	71.1
照相及电影用品	21.6	0.1	-70.3	12.4	0.4	53.1
木及木制品;木炭	16.1	0.1	43.5	54.9	0.3	0.0

资料来源:中国海关总署。

泰国与中国进出口主要商品构成(2005年)

商品类别	进口			出口		
	金额(百万美元)	占比重(%)	比上年增减(%)	金额(百万美元)	占比重(%)	比上年增减(%)
核反应堆、锅炉、机械器具及零件	2605.3	28.6	50.2	2519.6	22.6	39.1
电机、电器、音像设备及其零附件	1228.6	13.5	29.6	3423.7	30.7	46.0
矿物燃料、矿物油及其产品;沥青等	805.5	8.9	22.1	61.2	0.6	-12.5
塑料及其制品	805.2	8.8	30.9	248.8	2.2	25.5
有机化学品	478.3	5.3	45.3	203.6	1.8	42.4
食用蔬菜、根及块茎	295.7	3.3	38.7	48.8	0.4	36.4
钢铁	233.0	2.5	109.9	1148.9	10.3	74.4
化学纤维短纤	101.8	1.1	21.1	96.0	0.9	9.0
食用水果及坚果;甜瓜等水果的果皮	99.1	1.1	35.9	72.7	0.7	8.2
铜及其制品	95.1	1.1	71.1	52.5	0.5	52.4
纸及纸板;纸浆、纸或纸板制品	74.3	0.8	5.7	58.3	0.5	70.8
车辆及其零附件,但铁道车辆除外	71.7	0.8	20.1	105.1	0.9	9.0
光学、照相、医疗等设备及零附件	71.3	0.8	13.6	150.7	1.4	17.1
棉花	48.5	0.5	-32.6	180.9	1.6	17.7
钢铁制品	25.1	0.3	26.6	289.2	2.6	49.4
玻璃及其制品	23.9	0.3	-33.6	66.8	0.6	48.7
鞣料;着色料;涂料;油灰;墨水等	19.4	0.2	50.2	82.5	0.7	21.1
铝及其制品	16.3	0.2	5.0	136.3	1.2	8.2

资料来源:中国海关总署。

中国云南省与东盟各国贸易情况(2005年)

(金额单位:万美元)

国家(地区)	进出口	比重(%)	出口	进口	贸易差额	比上年增长(%)		
						进出口	出口	进口
全省外贸总计	473822	100.0	264158	209664	54494	26.6	18	39.4
东盟合计	155687	32.9	109053	46634	62419	22.7	13.4	52.2
文莱	2	0.0	2	0	2	-33.3	-33.3	0.0
柬埔寨	309	0.1	308	1	307	123.9	123.2	0.0
印度尼西亚	19650	4.1	8717	10933	-2216	103.7	62.5	155.3
老挝	4144	0.9	2877	1267	1610	22.7	8.0	77.7
马来西亚	4245	0.9	2981	1264	1717	99.3	55.1	507.7
缅甸	63612	13.3	41063	22099	18964	14.6	6.2	34.1
菲律宾	2962	0.6	2800	162	2638	-43.2	-45.8	285.7
新加坡	13800	2.9	10965	2835	8130	212.6	326.5	53.7
泰国	15125	3.2	12975	2150	10825	17.0	17.6	13.2
越南	32289	6.8	26366	5923	20443	-4.6	-8.1	14.4

数据来源:中国云南省商务厅。

附　　录

中国驻东南亚各国大使馆

（名称／大使／地址／电话／电子邮箱）

驻文莱达鲁萨兰国大使馆／杨燕怡／N0. 1,3,5 SIMPANG 462, KAMPUNG SUNGAI HANCHING BARU, JALAN MUARA, BC 2115, BANDAR SERI BEGAWAN, BRUNEI DARUSSALAM/ +673 -2 -334163, +673 -2 -335710（传真）/embproc@ brunet. bn

驻柬埔寨王国大使馆／张金凤／N0. 156, BIVD. MAO TSE-TUNG, PHNOM PENH, CAMBODIA/00855 -12 -810928, 00855 -23 -364738（传真）/chinaemb_kh@ mfa. gov. cn

驻印度尼西亚共和国大使馆／兰立俊／JL. MEGA KUNINGAN NO. 2 JAKARTA SELATAN 12950 INDONESIA/0062 -21 -5761037,5761038（传真）/administrative@ chnemb. or. id

驻老挝人民民主共和国大使馆／刘永兴／WAT NAK ROAD, SISATTANAK, VIENTIANE, LAO P. D. R./ +856 -21 -315100, +856 -21 -315104（传真）/chinamb_la@ mfa. gov. cn

驻马来西亚大使馆／王春贵／229, JALAN AMPANG, 50450 KUALA LUMPUR, MALAYSIA/ +603 -21428495, +603 -21414552（传真）/china embmy@ mfa. gov. cn

驻缅甸联邦大使馆／管木／NO. 1 PYIDAUNGSU YEIKTHA ROAD, YANGON, UNION OF MYANMAR/ +95 -1 -221280, +95 -1 -227019（传真）/chinaemb_mm@ mfa. gov. cn

驻菲律宾共和国大使馆／李进军／4896 PASAY ROAD, DAS-MARINAS VILLAGE, MAKATI, METRO MANILA, THE PHIL-IPPINES/（00632）8443148, 8452465（传真）/chinaemb_ph@ mfa. gov. cn

驻新加坡共和国大使馆／张云／东陵路 150 号新加坡 247969 邮区／（0065）64180252,64793250（传真）/chinaemb_sg@ mfa. gov. cn

驻泰王国大使馆／张九恒／57 RACHADAPISAKE ROAD HUAY KWANG, BANGKOK 10310, THAILAND/ +66 -2 -2457044, +66 -2 -2468247（传真）/chinaemb_th@ mfa. gov. cn

驻越南社会主义共和国大使馆／胡乾文／46 HOANG DIEU ROAD, HANOI, VIETNAM/ +844 -8453736, +844 -8232826（传真）/chinaemb_vn@ mfa. gov. cn

驻东帝汶民主共和国大使馆／苏健／东帝汶帝力灯塔区塞尔帕·罗莎总督路／（00670）3325168,3325169,390 -365166（传真）/chinaemb_tp@ mfa. gov. cn

东盟各国驻中国外交机构

（名称／大使／地址／电话／电子邮箱）

文莱达鲁萨兰国大使馆／阿卜杜勒·哈密德／北京市朝阳区亮马桥北街 1 号／（010）65324093,65324097（传真）

柬埔寨王国大使馆／凯·勒昂／北京市东直门外大街 9 号／（010）65321889,65323507（传真）/cambassy@ public2. bta. net. cn

印度尼西亚共和国大使馆／苏德加／北京市朝阳区东直门外大街 4 号／（010）65325488,65325368（传真）/Kombei@ Public 3. bta. net. cn

老挝人民民主共和国大使馆／维吉·欣达翁／北京市三里屯东 4 街 11 号／（010）65321224,65326748（传真）/Laoemcn@ public. east. cn. net

马来西亚大使馆／赛义德·诺尔扎曼／北京市朝阳区亮马桥北街 2 号／（010）65322531,65325032（传真）/mwbeijing@ kln. gov. my

缅甸联邦大使馆／吴登伦／北京市东直门外大街 6 号／（010）65321425,65321344（传真）/info@ myanmarembassy. com

菲律宾共和国大使馆／卫和世／北京市建国门外秀水北街 23 号／（010）65321872,65323761（传真）/beijingpe@ cinet. com. cn

新加坡共和国大使馆／陈燮荣／北京市朝阳区建国门外秀水北街 1 号／（010）65321115,65329405（传真）

泰王国大使馆/祝立鹏/北京市光华路40号/(010)65321749,65321748(传真)/thaibej@ public. bta. net. cn

越南社会主义共和国大使馆/陈文律/北京市建国门外光华路32号/(010)65321155,65325720(传真)

中国驻东盟各国总领馆

(名称/总领事/地址/电话/电子邮箱)

驻古晋总领馆(马来西亚)/张铁根/马来西亚沙捞越州古晋市道刚花园 lot3716 - 3719/ + 6082 - 453344, + 6082 - 461424(传真)/zhicun@ tm. net. my

驻曼德勒总领馆(缅甸)/段雅荃/YADANAR LANE, YANGYI AUNG ROAD/00952 - 34457,35944(传真)/chinaconsul_man_mm@ mfa. gov. cn

驻宿务总领馆(菲律宾)/崔罗生/CEBU FIL - CHINESE VOLUNTEERS FIRE BRIGADE BUILDING, DON JULIO LIORENTE STREET, BARANGAY CAPITOL SITE, CEBU CITY 6000, PHILIPPINES/0063 - 32 - 2563422, 2563499(传真)/chinaconsul_cb_ph@ mail. maf. gov. cn

驻清迈总领馆(泰国)/彭仁东/111 CHANGLO ROAD, HAIYA DISTRICT, CHIANGMAI, THAILAND 50100/ + 66 - 53 - 276125, +66 - 53 - 274614(传真)/cgprccm@ loxinfo. co. th

驻宋卡总领馆(泰国)/姚伯民/NO. 9, SADAO ROAD, AMPUR MUANG, SONGKHLA 90000/0066 - 74 - 326793/cgprcsk@ loxinfo. co. th

驻胡志明市总领事馆(越南)/高德可/39 NGUYEN THI MINH KHAI STREET, DISTRUCT 1, HO CHI MINH CITY, VIETNAM/ +848 - 8292457, +848 - 8295009(传真)/chinaconsul_hcm_vn@ mfa. gov. cn

(据中华人民共和国外交部网站)

中国和东南亚各国首都简况

国家	首都	面积(平方公里)	人口(万)	年平均气温(°C)	行政区划	主要景点
中国	北京	16807.8	1492.7(2004年)	13	辖16个区和2个县	紫禁城、天坛、北海公园、颐和园、长城等
文莱	斯里巴加湾	16	约6(2002年)	28		努鲁尔·阿里·赛义夫汀清真寺、水上村落——艾尔村、邱吉尔纪念馆、腾云殿、文莱博物馆等
柬埔寨	金边	375	约110		辖7个区和76个社区	皇宫、银寺、国家博物馆、塔山、杀人场等
印度尼西亚	雅加达	661.5	970			独立广场公园、印度尼西亚缩影公园、安佐尔梦幻公园、千岛群岛、伊斯蒂赫拉尔清真寺、中央博物馆等
老挝	万象	约3920	66.9(2004年)	22.6~31.7		塔銮、瓦帕娇寺、瓦细刹吉寺、瓦翁第寺、凯旋门、塔当塔、尤鲁纪念碑等
马来西亚	吉隆坡	243.6	155		辖13个州	王宫、国会大厦、国立博物馆、国家回教堂、黑风洞、云顶高原等
缅甸	仰光	578	约500(2000年)	25	辖33个镇	仰光大金塔、昂山博物馆、雪利大金塔等
菲律宾	大马尼拉	38.3	1090(2004年)	28	辖4个市和13个自治市	千岛缩影、黎剎公园、国立博物馆、西班牙古城、唐人街、马拉坎阑宫、柯里基多岛、美军纪念公墓等
新加坡	新加坡	697.1	424	24~27	辖6个地区	圣淘沙、鱼尾狮公园、知新馆、苏丹回教堂、裕廊飞禽公园等
泰国	曼谷	1568	679.6			大皇宫、金佛寺、云石寺、四面佛、玉佛寺、郑皇庙、水上市场等
越南	河内	921	308	23.4		巴亭广场、胡志明陵堂、独柱寺、文庙等
东帝汶	帝力		18.1(2004年)	26	辖13个县	联合国沙滩等

中国和东南亚各国简况

国　家	国名全称	首　都	主要语言	主要宗教	货币	省级行政区（个）	2005年人口（万人）	民族（个）
中国	中华人民共和国	北京	汉语	佛教	人民币	34	130756	56
文莱	文莱达鲁萨兰国	斯里巴加湾	马来语	伊斯兰教	文莱元	4	37	20
柬埔寨	柬埔寨王国	金边	高棉语	佛教	瑞尔	24	1440	20多
印度尼西亚	印度尼西亚共和国	雅加达	印尼语	伊斯兰教	印尼盾	30	24100	100多
老挝	老挝人民民主共和国	万象	老挝语	佛教	基普	18	584	68
马来西亚	马来西亚联邦	吉隆坡	马来语	伊斯兰教	林吉特	16	2626	30多
缅甸	缅甸联邦	仰光	缅甸语	佛教	缅元	14	5540	135
菲律宾	菲律宾共和国	大马尼拉	菲律宾语	天主教	比索	15	8500	约90
新加坡	新加坡共和国	新加坡	马来语		新加坡元	6	424	
泰国	泰王国	曼谷	泰语	佛教	铢	76	6476	30多
越南	越南社会主义共和国	河内	越南语		越南盾	64	8312	54
东帝汶	东帝汶民主共和国	帝力	德顿语	天主教	美元	13	92	

注：根据《中国—东盟自由贸易区与广西》（广西社会科学院编）有关资料编制。

中国和东南亚各国自然状况简表

国　家	国土总面积（万平方公里）	气　候	年平均气温（℃）	海岸线长度（公里）	主　要　资　源
中国	960.0000	热带、亚热带、温带季风		32000	石油、天然气、煤炭、铁矿、锰矿、铬矿、铜矿、铅锌矿、铝矿、镍矿、钨矿、锡矿、金矿、银矿、森林、水力、动植物等
文莱	0.5765	热带雨林	28	161	石油、天然气、金矿、煤炭、锑矿、铝矿、矾土等
柬埔寨	18.1035	热带季风	27	460	金矿、磷酸盐、宝石、石油、铁矿、煤炭、森林、渔业等
印度尼西亚	191.4443	热带雨林	25～27	108920	石油、天然气、煤炭、锡矿、铝矾土、镍矿、金矿、银矿、森林等
老挝	23.6800	热带、亚热带季风	20～30		锡矿、铅矿、钾矿、铜矿、铁矿、金矿、石膏、煤炭、盐、森林等
马来西亚	33.0257	热带海洋性	25～30	4192	石油、天然气、锡矿、铁矿、金矿、钨矿、煤炭、铝土、锰矿、森林等
缅甸	67.6581	热带季风	27	3200	锡矿、钨矿、锌矿、铝矿、锑矿、锰矿、金矿、银矿、宝石、玉石、石油、天然气、森林、水力等
菲律宾	29.9700	热带海洋性	27	18533	铜矿、金矿、银矿、铁矿、铬矿、镍矿、地热、石油、渔业等
新加坡	0.0699	热带海洋性	24～27		植物
泰国	51.3115	热带季风	24～30	2705	钾盐、锡矿、褐煤、油页岩、天然气、锌矿、铅矿、钨矿、铁矿、铬矿、重晶石、宝石、石油、森林等
越南	32.9556	热带季风	23～27	3260	煤炭、铁矿、锰矿、铬矿、铝矿、锡矿、磷矿、水产、森林等
东帝汶	1.4874	热带雨林	26	735	石油、天然气、金矿、锰矿、铬矿、锡矿、铜矿等

注：根据《中国—东盟自由贸易区与广西》（广西社会科学院编）有关资料编制。

东南亚国家独立时间及与中国建立外交关系时间一览表

国　家	独立前的宗主国	独立时间	与中国建交时间
文莱	英国	1984 年 1 月 1 日	1991 年 9 月 30 日
柬埔寨	法国	1953 年 11 月 9 日	1958 年 7 月 19 日
印度尼西亚	荷兰	1945 年 8 月 17 日	1950 年 4 月 13 日
老挝	法国	1945 年10月 12 日	1961 年 4 月 25 日
马来西亚	英国	1957 年 8 月 31 日	1974 年 5 月 31 日
缅甸	英国	1948 年 1 月 4 日	1950 年 6 月 8 日
菲律宾	美国	1946 年 7 月 4 日	1975 年 6 月 9 日
新加坡	英国	1965 年 8 月 9 日	1990 年 10 月 3 日
泰国			1975 年 7 月 1 日
越南	法国	1945 年 9 月 2 日	1950 年 1 月 18 日
东帝汶	印度尼西亚	1999 年 8 月 30 日	2002 年 5 月 20 日

注：根据《中国—东盟自由贸易区与广西》(广西社会科学院编)有关资料编制。

中国和东南亚各国的主要港口及国际航空港名录

国　家	主　要　港　口	国际航空港(机场)
中国	海港：大连、营口、秦皇岛、天津、烟台、青岛、日照、连云港、上海、宁波、厦门、汕头、广州、湛江、北海、钦州、防城、海口、香港、澳门、基隆、高雄 河港：重庆、万州、武汉、芜湖、南京、扬州、常州、张家港、南通、广州、梧州、贵港	北京首都、广州白云、上海浦东、上海虹桥、深圳宝安、昆明巫家坝、成都双流、西安咸阳、厦门高崎、重庆江北、天津滨海、大连周水子、杭州萧山、福州长乐、南京禄口、沈阳桃仙、桂林两江、南宁吴圩、哈尔滨阎家岗
文莱	海港：穆阿拉、斯里巴加湾、马来亦、卢穆	斯里巴加湾
柬埔寨	海港：西哈努克	金边、暹粒
印度尼西亚	海港：丹戎不碌、泗水(丹戎佩拉)、三宝垄、勿拉湾	巴厘岛登帕萨、雅加达苏加诺—哈达
老挝		琅勃拉邦、万象瓦岱、巴色
马来西亚	海港：巴生港、槟城、关丹、新山、纳闽(拉布安)、哥打基纳巴卢。河港：古晋	吉隆坡、槟城、兰卡威、哥打基纳巴卢、古晋
缅甸	海港：仰光。河港：勃生	仰光敏加拉洞、曼德勒
菲律宾	海港：宿务、马尼拉、怡朗、三宝颜	马尼拉阿基诺、宿务马克丹、达沃、苏比克、克拉克、拉瓦格
新加坡	海港：新加坡	新加坡樟宜
泰国	海港：宋卡、普吉。河港：曼谷	曼谷廊曼、清迈、普吉、合艾
越南	海港：海防、岘港、金兰湾、广宁、炉门、归仁、义安、芽庄、西贡	河内内排、岘港、胡志明市新山一
东帝汶	帝力、欧库西	帝力

注：根据《中国—东盟自由贸易区与广西》(广西社会科学院编)有关资料编制。

中国和东南亚各国重点风景名胜区名录

国家	景区名称
中国	八达岭—十三陵、承德避暑山庄、外八庙、秦皇岛北戴河、五台山、恒山、鞍山千山、镜泊湖、五大连池、太湖、南京钟山、杭州西湖、富春江—新安江、雁荡山、普陀山、黄山、九华山、天柱山、武夷山、庐山、井冈山、泰山、青岛崂山、鸡公山、洛阳龙门、嵩山、武汉东湖、武当山、衡山、肇庆星湖、桂林漓江、峨眉山、长江三峡、黄龙寺、九寨沟、重庆缙云山、青城山—都江堰、剑门蜀道、黄果树瀑布、云南石林、大理、西双版纳、华山、临潼骊山、麦积山、天山天池、野三坡、苍岩山、黄河壶口瀑布、鸭绿江、金石滩、兴城海滨、大连海滨—旅顺口、松花湖、八大部—净月潭、云台山、蜀岗瘦西湖、楠溪江、琅琊山、清源山、鼓浪屿—万石山、太姥山、三清山、龙虎山、胶东半岛海滨、大洪山、武陵源、岳阳楼—洞庭湖、西樵山、丹霞山、桂平西山、花山、贡嘎山、金佛山、蜀南竹海、织金洞、红枫湖、龙宫、三江并流、昆明滇池、丽江玉龙雪山、雅隆江、西夏王陵等
文莱	水村、王室陈列馆、赛福鼎清真寺、杰鲁东公园等
柬埔寨	吴哥古迹、金边、西哈努克港等
印度尼西亚	巴厘岛、婆罗浮屠佛塔、“美丽的印度尼西亚”缩影公园、日惹苏丹王宫、多巴湖等
老挝	琅勃拉邦古城、巴色瓦普寺、万象塔銮、玉佛寺、占巴色孔埠瀑布、琅勃拉邦光西瀑布等
马来西亚	吉隆坡、云顶、槟城、马六甲、兰卡威岛、刁曼岛、乐浪岛、邦咯岛等
缅甸	仰光大金塔、文化古都曼德勒、万塔之城蒲甘、额不里海滩等
菲律宾	百胜滩、蓝色港湾、碧瑶市、马荣火山、伊富高省巴纳韦高山梯田等
新加坡	圣淘沙岛、植物园、夜间动物园等
泰国	曼谷、普吉、清迈、巴堤雅、清莱、华欣、苏梅岛等
越南	还剑湖、胡志明陵墓、文庙、巴亭广场、统一宫、古芝地道、下龙湾等

注：中国的重点风景名胜区为1982年11月8日和1988年8月1日公布的第一、第二批名单。

东盟欧盟北美自由贸易区简况

名称	成立时间	成立文件	成员国	人口和面积	生产总值和贸易额	宗旨和特点	组织机构
北美自由贸易区	1994年1月1日	《北美自由贸易协定》	美国、墨西哥、加拿大	人口3.6亿	国民生产总值6.45万亿美元，年贸易总额1.37亿美元。	宗旨是取消贸易壁垒，创造公平竞争的条件，增加投资机会，对知识产权提供适当的保护，建立执行协定和解决争端的有效程序，促进三边的、地区的以及多边的合作。特点是大国主导型、经济互补型、战略过渡型。	贸易委员会（秘书处、辅助组织等）、环境合作委员会（理事会、秘书处、联合咨询委员会）、劳工委员会（理事会、秘书处、国别行政办公室）
欧盟（欧洲联盟）	1993年11月	《欧洲联盟条约》（又称《马斯特里赫特条约》）	德国、法国、意大利、荷兰、比利时、卢森堡、英国、丹麦、爱尔兰、希腊、西班牙、葡萄牙、奥地利、芬兰、瑞典、波兰、匈牙利、捷克、斯洛伐克、斯洛文尼亚、马耳他、塞浦路斯、爱沙尼亚、拉脱维亚、立陶宛	人口4.55亿，面积400多万平方公里。	国内生产总值10.88万亿美元（2003年）	通过建立无内部边界的空间，加强经济、社会的协调发展和建立最终实现统一货币的经济货币联盟，促进经济和社会的均衡、持久进步，并通过实行最终包括共同防务政策的共同外交和安全政策，在国际舞台上弘扬联盟的个性。	理事会、委员会、欧洲议会、欧洲法院、欧洲审计院、经社委员会、地区委员会、欧洲中央银行等。现任欧盟委员会主席巴罗佐。
东盟（东南亚国家联盟）	1967年8月	《东南亚国家联盟成立宣言》（也称《曼谷宣言》）	印度尼西亚、马来西亚、菲律宾、泰国、新加坡、文莱、越南、老挝、缅甸、柬埔寨	人口5.3亿（1998年），面积450万平方公里。	国民生产总值7000亿美元，商品外贸总额超过6000亿美元。	宗旨是以平等协作精神，共同努力促进本地区的经济增长、社会进步和文化发展；遵循正义、国家关系准则和《联合国宪章》，促进本地区的和平与稳定；同国际和地区组织进行紧密和互利的合作。特点是以经济合作为基础的政治、经济、安全一体化合作组织。	首脑会议、外长会议、常务委员会、经济部长会议、其他部长会议、秘书处、专门委员会以及民间和半官方机构。现任东盟秘书长王景荣。

中国—东盟自由贸易区部分关税削减时间表

起始时间	关 税 税 率	覆盖关税条目	参与的国家
2000 年	对所有东盟成员国 0～5%	85% 的 CEPT 条目	原东盟 6 国
2002 年 1 月 1 日	对所有东盟成员国 0～5%	全部 CEPT 条目	原东盟 6 国
2003 年 7 月 1 日	WTO 最惠国关税税率	全部	中国与东盟 10 国
2003 年 10 月 1 日	中国与泰国果蔬关税降至 0	中泰水果蔬菜	中国、泰国
2004 年 1 月 1 日	农产品关税开始下调	农产品	中国与东盟 10 国
2005 年 1 月	对所有成员开始削减关税	全部	中国与东盟 10 国
2006 年	农产品关税降至 0	农产品	中国与东盟 10 国
2010 年	对所有东盟成员国 0	全部减税产品	原东盟 6 国
2010 年	关税降至 0	全部产品（部分敏感产品除外）	中国与原东盟 6 国
2015 年	对所有东盟成员国 0	全部产品（部分敏感产品除外）	东盟新成员国
2015 年	对中国—东盟自由贸易区成员国关税降至 0	全部产品（部分敏感产品除外）	东盟新成员国
2018 年	对东盟自由贸易区和中国—东盟自由贸易区所有成员国 0	剩余的部分敏感产品	东盟新成员国

注：资料来自 2002 年 11 月签署的《中国与东盟全面经济合作框架协议》。

中国和东南亚国家世界文化遗产世界自然遗产世界文化和自然双重遗产名录

国 家	文 化 遗 产	自然遗产、文化和自然双重遗产
中国	北京故宫（1987），长城（1987），周口店北京猿人遗址（1987），陕西秦始皇陵及兵马俑（1987），甘肃敦煌莫高窟（1987），西藏布达拉宫（1994），河北承德避暑山庄及周围寺庙（1994），山东曲阜孔庙、孔府、孔林（1994），湖北武当山古建筑群（1994），江西庐山风景名胜区（1996），山西平遥古城（1997），江苏苏州古典园林（1997），云南丽江古城（1997），北京天坛（1998），北京颐和园（1998），重庆大足石刻（1999），皖南古村落—西递、宏村（2000），明清皇室陵寝（2000），云南三江并流保护区（2003），中国高句丽王城、王陵及贵族墓葬（2004）。	自然遗产：四川九寨沟风景名胜区（1992），四川黄龙风景名胜区（1992），湖南武陵源风景名胜区（1992）。 文化和自然双重遗产：山东泰山风景名胜区（1987），安徽黄山风景名胜区（1990），四川峨眉山—乐山风景名胜区（1996），福建武夷山风景名胜区（1999）。
柬埔寨	吴哥窟区（1992）	
印度尼西亚	婆罗浮屠寺庙群（1991），普兰班南寺庙群（1991），桑义兰早期人类遗址（1996）。	自然遗产：乌绒库伦国家公园（1991），科莫多国家公园（1991），洛伦茨国家公园（1999），苏门答腊热带雨林（2004）。
老挝	琅勃拉邦古城（1995），占巴塞文化风景区（2001）。	
马来西亚		自然遗产：基纳巴卢山公园（2000），穆鲁山国家公园（2000）。
菲律宾	菲律宾巴洛克教堂（1993），菲律宾巴纳韦高山梯田（1995），维甘历史古城（1999）。	自然遗产：图巴塔哈礁群公园（1993），普林塞萨港地下河国家公园（1999）。
泰国	素可泰历史城镇及相关历史城镇（1991），阿育他亚（大城）历史城镇及相关城镇（1991），班清阿考古遗址（1992）。	自然遗产：童·艾·纳雷松野生生物保护区（1991）
越南	顺化历史建筑群（1993），美山遗址（1999），会安古镇（1999）。	自然遗产：下龙湾（1994），丰芽格邦国家公园（2003）。

注：括号中数字为列入《世界遗产名录》的年份。

东盟国家的主要报纸

国 家	本国文报纸	华文报纸	英文(其他语文)报纸
文莱	《婆罗洲公报》、《文莱灯塔》	《文莱美里日报》、《文莱诗华日报》	《婆罗洲公报》
柬埔寨	《柬埔寨之光报》、《人民报》、《和平岛报》、《柬埔寨日报》、《柬埔寨时报》	《华商日报》、《柬华日报》、《星洲日报》、《大众日报》、《新时代日报》	《柬埔寨日报》、《金边邮报》、《柬埔寨时报》
印度尼西亚	《罗盘报》、《专业之声报》、《印尼媒体报》、《共和国日报》、《革新之声报》、《印尼商报》、《华文邮报》	《印度尼西亚日报》、《华文邮报》、《国际日报》、《世界日报》、《商报》、《新生日报》、《和平日报》、《龙阳日报》、《广告日报》、《千岛日报》	《雅加达邮报》、《印尼观察家报》
老挝	《人民报》、《新万象报》、《人民军报》、《青年报》		《VINTIANETIMES》(英文报)、《LE RENOVATEUR》(法文报)
马来西亚	《马来西亚使者报》、《每日新闻》、《祖国报》	《南洋商报》、《星洲日报》、《中国报》等	《新海峡时报》、《星报》、《马来邮报》
缅甸	《缅甸之光》、《镜报》、《首都报》、《曼德勒报》、《雅德那崩报》	《缅甸华报》	《缅甸新光》
菲律宾	《消息报》、《菲律宾快报》	《世界日报》、《商报》、《菲华时报》、《联合日报》、《环球日报》	《马尼拉公报》、《菲律宾星报》、《菲律宾询问日报》、《自由报》、《马尼拉时报》、《马尼拉纪事报》
新加坡	《每日新闻》、《泰米尔日报》	《联合早报》、《联合晚报》、《新明日报》	《海峡时报》、《商业时报》、《新报》
泰国	《泰叻报》、《民意报》、《每日新闻》、《国家报》、《沙炎叻报》、《经理报》等	《新中原报》、《中华日报》、《星暹日报》、《亚洲日报》、《京华中原日报》、《世界日报》等	《曼谷邮报》、《民族报》等
越南	《人民报》、《人民军队报》、《大团结报》、《西贡解放日报》	《西贡解放日报》	《西贡时报》

中国和东南亚各国主要通讯社、电台、电视台

国 家	通 讯 社	电 台	电 视 台
中国	新华通讯社、中国新闻社	中央人民广播电台、中国国家广播电台(1949年12月5日正式开播)、中国国际广播电台(中国唯一以外国语言向全世界广播的电台)	中国中央电视台(1958年9月2日正式开播)
文莱		文莱广播电视台(创建于1957年5月)	文莱广播电视台(从1975年起开设彩色电视频道)
柬埔寨	柬新社(成立于1980年)	FM96(国家台)	国家电视台(以柬语广播为主)、仙女11台(人民党资产)、第9台(私人台)、第5台(军队台)、首都第3台(官方台)、巴戎台(私人台)
印度尼西亚	安塔拉通讯社(官方)、印尼民族通讯社(私营)、武装部队新闻社(国防安全部)	印尼共和国广播电台(成立于1945年9月)	印尼共和国电视台、印尼鹰记电视台、太阳电视台、教育电视台、美都电视台
老挝	巴特寮通讯社(1968年1月成立,国营)	老挝国家广播电台、老挝人民军广播电台	老挝国家电视台(建于1983年12月)

国　家	通　讯　社	电　　台	电　视　台
马来西亚	马来西亚国家新闻社(简称马新社,半官方	马来西亚广播电台(建于1946年)、马来西亚之声电台(建于1963年)	马来西亚电视台(建于1963年)、第三电视台(TV3)、城市电视台(METRO VISION)、国民电视台(NTV)、ASTRO卫星有线电视频道
缅甸	缅甸通讯社	缅甸之声(建于1937年)	缅甸电视台(建于1980年)、妙瓦底电视台(创办于1995年3月27日)
菲律宾	菲律宾通讯社(成立于1973年)	菲律宾广播台	人民电视台
新加坡		新加坡广播电台(于1936年开播)	新加坡电视台
泰国	泰国通讯社	泰国国家广播电台	泰国国家电视台
越南	越南通讯社(1945年成立,1976年越南南方解放通讯社与之合并)	越南之声广播电台(成立于1954年)	越南中央电视台(成立于1971年)
东帝汶		东帝汶国家电台(RNTL)、东帝汶民族解放军电台–希望之声(RADIO FALINTIL–VOZ DAESPERANCA)	东帝汶电视台(TVTL)

注:根据中国网、新华网有关资料编制。

中国和东南亚各国主要文化设施一览表

国　家	博物馆	图书馆	体育馆	剧院(游乐场馆)	著名大学
中国	中国国家博物馆、故宫博物院等	中国国家图书馆等	中国奥林匹克体育馆等	中国国家大剧院等	北京大学、清华大学、中国人民大学、复旦大学、南开大学、中山大学等
文莱	文莱国家博物馆、丘吉尔纪念馆、工艺美术中心等	文莱国家图书馆等	文莱多功能综合中心等	杰鲁东游乐场、青年宫、电影院等	文莱大学(唯一综合性大学,成立于1985年)等
柬埔寨	柬埔寨皇家博物馆、军事博物馆、吴哥保护中心等	柬埔寨国家图书馆、国立图书档案馆、佛教研究所图书馆等	金边国家体育场、柬埔寨体育馆(1966年中国援建)等	金边国家剧院等	金边皇家大学、皇家农业大学、皇家艺术大学、柬埔寨技术学院等
印度尼西亚	雅加达国家博物馆、雅加达历史博物馆、雅加达哇杨博物馆、阿樊迪博物馆、巴厘勒·马尤尔博物馆等	印度尼西亚国家图书馆等	雅加达赛纳扬体育馆等	雅加达印尼缩影公园、雅加达伊斯尔·玛佐基公园、雅加达安佐尔梦幻公园、三宝垄麻若巴歇王宫娱乐场等	印度尼西亚大学、加查马达大学、艾尔朗卡大学、班查查兰大学、迪波尼哥罗大学等
老挝	历史博物馆、民族文化馆、革命传统展览馆、军事博物馆、凯山·丰威汉纪念馆、国家文化馆(中国1990年援建)等	老挝国家图书馆等	老挝国家体育馆等	万象大剧院、万象艺术剧院、中央歌舞剧院、中央艺术剧院等	老挝国立大学、占巴塞大学、苏发努冯大学等
马来西亚	马来西亚国家博物馆、国家清真寺、国家艺术馆等	马来西亚国家图书馆等	默迪卡体育场、沙阿兰综合体育场等	马来西亚国家剧院等	马来西大学、国民大学等
缅甸	缅甸国家博物馆等	缅甸国家图书馆等	缅甸国家第一体育馆、昂山体育馆等	缅甸国家剧院、总统电影院、首都电影院等	仰光大学、曼德勒大学等

国　家	博物馆	图书馆	体育馆	剧院(游乐场馆)	著名大学
菲律宾	阿亚拉博物馆、马拉卡南宫、菲律宾文化村等	菲律宾国家图书馆(最大的华文图书馆)、陈延金纪念图书馆等	马尼拉体育馆等	菲律宾国家大剧院、克拉克度假城等	菲律宾大学、阿特尼奥大学、东方大学、远东大学、圣托玛斯大学等
新加坡	新加坡国家博物馆、新加坡美术馆、亚洲文明博物馆、新加坡蜡像馆、海洋博物馆、昆虫博物馆等	新加坡国家图书馆等	龙岗体育馆、碧山体育馆、碧山体育场、碧山游泳中心、裕廊体育及康乐中心等	戏剧中心、维多利亚剧院、嘉龙剧场、海港之苑等	新加坡国立大学、南洋理工大学、新加坡管理大学等
泰　国	国家博物馆、吉姆·汤普森博物馆、龙舟博物馆、国家科学博物馆、自然历史博物馆、环境与生态学博物馆、航空与通讯博物馆、国家艺术馆等	泰国国家图书馆、泰国中文图书馆等	政法大学体育中心、孟通他尼体育中心、华目体育中心等	国家剧院、丽都剧院、艺城剧院等	朱拉隆功大学、清迈大学、孔敬大学、宋卡纳卡琳大学、玛希敦大学、诗纳卡琳威洛大学、易三仓大学、亚洲理工大学、兰甘亨大学等
越　南	胡志明博物馆、历史博物馆、革命博物馆、胡志明主席纪念区、美术博物馆、音乐和舞台艺术博物馆、军队博物馆、河内大学动物博物馆、越南妇女博物馆、地质博物馆、公安博物馆等	国家图书馆、中央医学科学情报研究所图书馆、中央科学技术图书馆、胡志明市科学技术图书馆、中央社会科学图书馆、社会科学图书馆等	美廷国家体育馆等	中央剧院、嘲剧剧场、河内大型杂技场、水上木偶剧院等	河内国家大学、胡志明市国家大学、顺化大学、太原大学、岘港大学等
东帝汶					东帝汶国立大学(2000 年 11 月重新开办)等

中国采取行动的多边条约一览表(2005 年)

条　约　名　称	签订日期	签订地点
中华人民共和国政府向菲律宾共和国政府提供贷款框架协议	4 月 27 日	菲律宾马尼拉
中华人民共和国政府和菲律宾共和国政府经济技术合作协定	4 月 27 日	菲律宾马尼拉
中华人民共和国政府与菲律宾共和国政府关于中国与东盟综合经济合作框架协定早期收获项目的谅解备忘录	4 月 27 日	菲律宾马尼拉
中华人民共和国与亚洲开发银行关于湖南公路发展项目二期的贷款协定	5 月 26 日	菲律宾马尼拉
中华人民共和国与亚洲开发银行关于辽宁环境改善项目贷款协定	5 月 26 日	菲律宾马尼拉
中华人民共和国政府向柬埔寨政府提供贷款的框架协议	7 月 4 日	中国昆明
中华人民共和国政府和缅甸联邦政府经济技术合作协定	7 月 4 日	中国昆明
中华人民共和国政府与越南社会主义共和国政府关于中国向越南提供优惠贷款的框架协议	7 月 18 日	中国北京
中华人民共和国政府和泰王国政府贸易投资和经济合作联合委员会第二次会议纪要	9 月 22 日	泰国清迈
中华人民共和国与亚洲开发银行关于吉林供排水设施建设项目贷款协定	9 月 29 日	菲律宾马尼拉

注:根据中国外交部网站资料编制。

东南亚国家贸促机构与商协会通讯录

国家	机构名称	地　　址	电话、传真
文莱	文莱国际工会	Post Box 2246,1922 Bandar Seri Beganoan	Tel:00673 -2 -2236601
	中华商会	Dowan Pernigaan Tionghua, P. O. 1. Box 281, B. S. Begawan 1902, Negara	
柬埔寨	商业部	20A, borlevard Norodom	Tel:0085623 -210365 Fax:0085623 -217353
印尼	工贸部国家出口发展局	8, JI. Gajah Mada, P. O. Box 443/JKT	Tel:006221 -6341082 Fax:006221 -6338360
	中华工业委员会	20, M. H. Thamrin, Jakarta	
	印度尼西亚商工会	Chandra Builoling, 20 Jalan M. N. Thamrin, Jakarta 10350	
老挝	老挝商工会	Rue Ponexay Post Box 4596 Vieentiane	Tel:0085621 -414383 Fax:0085621 -414383
马来西亚	国际贸易工业部	Blick 10, Gov. Building Complex, Jalan Data 50622	Tel:00603 -6200033 Fax:00603 -62031303
	马来西亚中华商工会	Office Tower, 8 th floor, Plaza Berjaya -12, Jalan Imb, 55100 Kuala Lumpur	Tel:00603 -2452503 Fax:00603 -2452562
	马来西商会	Plaza Pekeliling, 17 th floor 2, Jalan Tun Razak, 50400 Kuala Lumpar	Tel:00603 -4427664 Fax:00603 -4414502
缅甸	缅甸商工联合会	504 - 506 Merchant Street GPO Box 1557, 11141 Yangon	Tel:00951 -246495 Fax:00951 -248177
菲律宾	菲律宾商工会	14th floor, 6805 Ayala Avenue Makati City	Tel:00632 -8433374 Fax:00632 -8434102
新加坡	贸易工业部	Znfo Centre 100, High Street NO. 04 -01 The Treasary	Tel 0065 -3327258 Fax:0065 -3327634
	中小企业协会	Information and Doc. Centre 141, Market Street, Internat. Factor Buliding 04 -03/04	Tel:0065 -2240868 Fax:0065 -2241507
	太平洋经济合作委员会	4, Nassim Road	Tel:0065 -7379823 Fax:0065 -7379824
	新加坡工业联合会	20, Orchard Rock 23883 Singapore	Tel:0065 -3388787 Fax:0065 -3383358
	新加坡商业工业联合会	47 Hill Street # 03 -1, Chimese Chamber of Commerce Bulidtng 179365 Singapore	Tel:0065 -3389761 Fax:0065 -3395630
	新加坡中华机械进出口商协会	6001 Beach Road, No, 1101, Golden Mile Tower, Songapore 0719	
	新加坡中华商工会	47 Hill Wtreet, # 09 -00, Singapore 0617	
泰国	泰国贸易局	150, Rajorpit Road, 10200 Bang KoK Thailand	Tel:00662 -221827 Fax:00662 -2219350
	泰国商会	150 Rajopit Road, BangKoK 10200	
	泰国中华商会	233 Sathorn Road, Bangkok	
	国际贸易经济合作处	1.22 Ac. Pilyuain St. ,2,2 Vnited Natians Buliding, Rajadnmnern Avenue, Bangkok 10i	
越南	越南商工会	9 Dao Duy Anh Street 10000 Dong Da Hanoi	Tel:00844 -5742162 Fax:00844 -5742020

索　引

说　明

一，本索引是《中国—东盟年鉴·2006》的内容分析索引。正文（包括条目、文献、资料、图片和表格）中凡具有独立检索意义的完整资料，都可以通过本索引进行检索。

二，索引按汉语拼音字母（同音字按声调）顺序排列。类目、分目作索引款目用黑体字排印，其余款目用宋体字排印。表格、图片在其款目后分别注明“表”、“图”。

三，索引款目后的数字表示内容所在的页码，数字后的拉丁字母（a、b）表示栏别（即版面的1、2栏）。

四，空两字起排的款目为上一主题的“附见”。同一主题的“参见”，只标页码。内容有交叉的款目，为便于读者检索，在本索引中重复出现。

A

B

C

D

F

G

K

L

M

N

O

P

T

W

X

Y

中国年鉴资源全文数据核心年鉴
广西壮族自治区人民政府主办
广 西 年 鉴 社 编 辑 出 版

广西年鉴

《广西年鉴》是广西壮族自治区人民政府主办的地方综合性年刊，每年全面、系统、客观地记录广西经济社会发展变化的基本情况，展示广西改革开放和经济建设的重大成果。它体例严谨，知识丰富，数据翔实，地方特点鲜明，是广西各级党政机关和社会各界掌握广西区情的必备工具和广西对外宣传的重要窗口。自1985年创刊以来，它的编纂始终坚持实事求是、严谨办鉴的宗旨，保持较高的编纂质量，曾获广西社会科学优秀成果奖，多次评为广西优秀期刊。三次获全国年鉴编纂出版质量评比特等奖。2004年获中国年鉴奖。

电话：(0771)5867475　　传真：(0771)5863047　　电子邮箱：gxnjs@126.com

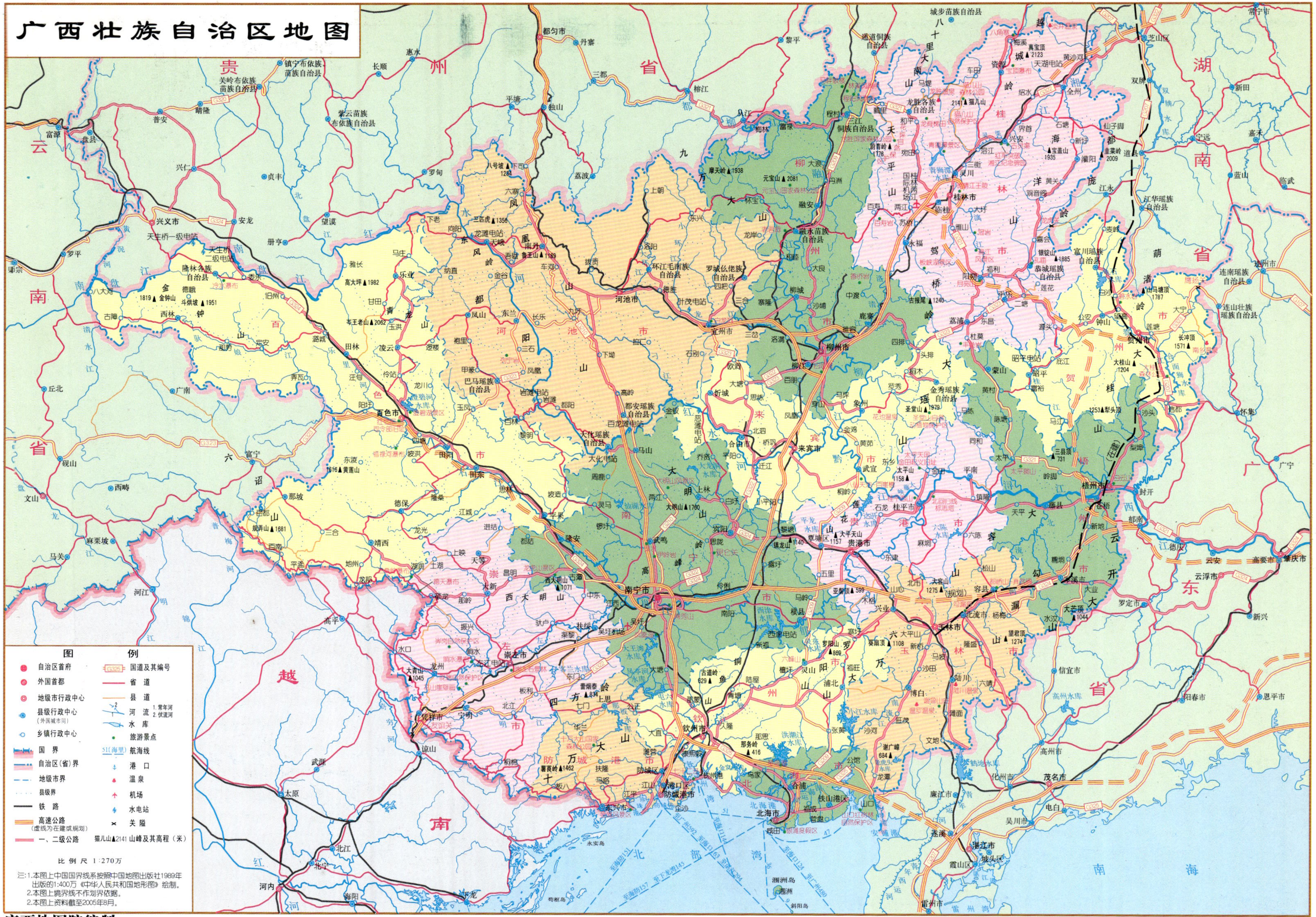

广西地图院编制

审图号：桂S（2005）57号

2005年9月